내가 뽑은 원픽! 최신 출제경향에 맞춘 최고의 수험서

2024



# 정보처리 기사 필기

기술사/공학박사 **최주원** 편저

PROFILE

# 저자약력


### 이력 사항

(주)아이전스(www.openitrun.com) 대표이사
보건복지부 산하 공공기관 보안전략 수석
해양수산부 산하 공공기관 정보화팀장
조달청 대형 SW 사업 전문 평가위원
교육부 NCS 학습모듈 집필위원
한국정보통신기술사협회 이사 및 스마트융합위원회 위원장
한국산업인력공단 기술사 시험문제 출제 및 채점위원
법원 정보통신분야 감정 전문위원
한국인터넷진흥원(KISA) 개인정보보호 전문강사
한국인터넷진흥원(KISA) 평가위원
한국지능정보사회진흥원(NIA) 전문 평가위원
한국정보통신산업진흥원(NIPA) 평가위원
한국정보통신기획평가원(IITP) 전문위원
서울시 정보화사업 전문평가위원
한국데이터산업진흥원 과제 평가위원
중소기업벤처부 기술보호전문가
한국데이터산업진흥원 과제 평가위원
해양수산부 빅데이터 및 공공데이터 자문위원
한국수자원공사 제안평가위원
(주)SR 제안평가위원
한국환경산업기술원 제안평가위원
울산항만공사 4차산업혁명 추진위원회 자문위원
한국항만협회 4차산업분과 자문위원
한국네트워크산업협회 기술자문위원
해양수산과학기술진흥원(KIMST) 사업평가위원
쌍용IT교육센터 전문강사
한이음 ICT 멘토

### 자격 사항

컴퓨터공학 박사
컴퓨터시스템응용 기술사
ISMS-P 인증심사원(정보보호 및 개인정보보호 관리체계 인증심사원)
정보시스템 수석감리원
정보통신 특급감리원
국제공인 정보시스템 감사사(CISA)
개인정보영향평가 전문인력(PIA)

### 수상 이력

2018년 한국네트워크산업협회 감사패(국내 네트워크산업 발전 공로)
2020년 과학기술정보통신부 장관 대상(공공안전 기술개발 공모전 1위 수상)
2021년 중소벤처기업부 장관 표창(국내기업 기술보호체계 고도화 유공)

# 머리말

안녕하세요. 컴퓨터시스템응용 기술사 · 컴퓨터공학 박사 최주원입니다. 정보처리기사 시험은 2020년부터 이론 중심의 시험 경향에서 탈피, 이론과 실무가 융합된 문제들로 출제 방향이 전환되었습니다. 이에 따라 실무 측면의 인사이트가 부족한 비전공자들이나 대학생들은 수험공부의 피로도가 증가하였고 어느 때보다 수험서의 선택이 중요한 시점이 되었습니다. 이러한 패러다임 변화는 수험서를 집필하는 저자의 역량 또한 훌륭한 수험서의 성공요인으로 요구하게 되었는데요.

본 수험서는 IT 분야 기술사 및 정보화팀 관리자로서 산업계, 공공기관에서 정보통신 실무를 수행하면서 심도 깊게 내재화된 암묵지와 대학원에서 컴퓨터공학 박사 학위를 취득하며 습득한 고도의 형식지를 융합한 저의 역량을 모두 쏟아부었으며, 아직 체계가 확립되지 않은 신규 정보처리기사 출제기준에 적합한 내용과 탄탄하고 짜임새 있는 구성으로 구조화하였습니다.

이와 함께 교육부 NCS 학습모듈 집필위원, 한국산업인력공단 기술사 시험문제 출제 및 채점위원, 한국정보통신기술사협회 이사 및 스마트융합위원회 위원장, 조달청의 대형 SW사업 전문평가위원, 한국지능정보사회진흥원의 전문평가위원, 한국데이터산업진흥원 및 정보통신기획평가원의 평가위원, 한국인터넷진흥원의 정보보호 및 개인정보보호 체계 인증심사원 등 국가 핵심 정보화 프로젝트와 관련한 집필, 문제출제, 심사, 자문, 평가, 인증, 기획 등 다양한 전문경력 활동과 국내 네트워크산업 발전 공로에 따른 한국네트워크산업협회 감사패, 공공안전 기술개발 공모전 1위에 따른 과학기술정보통신부 장관 대상, 국내기업 기술보호체계 발전 공로에 따른 중소벤처기업부 장관 표창 등 수상 이력의 풍부한 경험에서 얻은 암묵지까지 최대한 서적에 반영하였으며, 수험생들의 실무 관점 인사이트 향상을 위해 서적 중간중간에 실제 정보시스템 구축과 관련한 실무 사례를 기술하였습니다.

아울러 기사 취득 후 공공기관 취업이나 혹은 미래 IT 엔지니어로 성장하고자 하는 수험생과 초급기술자들을 위해 다양한 조언도 수록하였습니다. 본 서적이 단순히 정보처리기사 자격 취득을 넘어 정보처리와 유관한 다양한 직군에서 공부하시는 여러분들이 한층 성장하시는 계기가 될 수 있기를 희망합니다.

**저자 최주원**

# 추천글

본 서적 집필을 위해 학술계의 정보처리학회 회장님, 품질경영학회 회장님, 기술사 협회의 회장님, 부회장님, 그리고 후배 기술사님들, 중앙부처의 이사관님, 서기관님, 사무관님, 금융계의 KB증권 전무님, 현대카드 기술사님, 산업계의 삼성, LG 기술사님, 한화 박사님 등 사회 각계 저명 인사들께서 도움을 주셨으며, 아울러 실제 대학과 공무원 조직, 산업현장의 경험을 담아 수험생 여러분께 격려와 조언을 주셨습니다. 여러분들이 희망하는 미래의 진로와 매핑하여 참조하시길 바랍니다.

**26대 한국정보처리학회 회장 신용태(숭실대학교 컴퓨터학과 교수)**

안녕하십니까. 제26대 한국정보처리학회 회장 신용태 교수입니다.

대학에서 강의를 수행하다 보면, 정보처리 분야와 관련하여 기준 및 자격의 필요성을 느낄 때가 많습니다. 정보처리기사 자격증은 바로 이러한 학습 범위 및 분야, 수준에 대한 기준과 이에 대한 지식과 경험의 역량을 평가해주는 인증제도라고 할 수 있습니다. 본 자격증을 통해서 기업이나 공공기관, 공무원 취업 시에 지식 · 경험을 인정받을 수 있으며, 더욱 고차원의 업무 경험과 지식을 얻기 위한 발판으로 활용 가능하겠습니다.

시간이 흐를수록 우리 정보통신 분야는 빠르게 기술이 발전하고 있습니다. 본 서적은 저자가 정보처리 분야의 암묵지와 형식지를 조화롭게 융합하여 신기술과 새로운 출제기준에 적합하도록 집필한 최고의 수험서라고 할 수 있겠습니다. 본 서적을 통해서 기사 시험은 물론 정보통신 분야의 기반 지식을 확실히 다져 더욱 고수준의 엔지니어로 성장할 수 있는 기회를 얻으시길 기원합니다.

**한국정보공학기술사회(구 한국정보통신기술사협회) 회장 백형충**

안녕하세요. 한국정보공학기술사회 회장 백형충입니다.

우리 한국정보공학기술사회는 IT분야 기술사(정보관리, 컴퓨터시스템응용, 정보통신, 전자응용) 1,800여 명의 회원이 활동하고 있는 국내 최고의 정보통신 전문가 단체이며, 2022년 2월 기존 한국정보통신기술사협회에서 새로이 명칭을 변경하였습니다. 특히 우리 기술사회는 산업현장에서 직무를 수행하기 위해 요구되는 국가직무능력표준(NCS ; National Competency Standards) 개발 및 학습모듈 집필을 주도하고 있습니다. 수험생 여러분들도 아시다시피 국가기술자격인 정보처리기사 시험이 NCS를 활용한 출제기준으로 정비되었으며, 앞으로도 우리 기술사들이 NCS 개발과 발전을 선도하고자 노력할 예정입니다. 본 서적은 이러한 이론과 현장 실무를 잘 융합하여 NCS 기반의 새로운 출제경향을 반영하였고, 세밀한 NCS 분석 기준을 제시하고 있어 수험생들을 위한 최고의 수험서라고 확신합니다.

**한국품질경영학회 회장 최정일(숭실대학교 경영학부 교수)**

안녕하십니까. 한국품질경영학회 회장 최정일 교수입니다.

최근의 기업은 4차산업혁명이 가속화되면서 Digital Transformation이 진행되고 있으며, 자율주행, 스마트홈, 메타버스까지 최신 정보기술들이 확산되고 사람들의 라이프사이클 역시 패러다임이 급격하게 변화되고 있습니다. 이러한 정보화시대에 정보처리 기술은 민간기업이나 공기업, 공공기관 등 조직 경영의 핵심 역량이자 역량 측도의 기준이라고 할 수 있겠습니다.

본 수험서는 단순히 자격 취득에만 목적을 둔 내용이 아니라, 이러한 현대 정보처리환경과 기본 지식이 되는 내용을 이해하기 쉽게 설명하고, 실제 업무 수행 시에는 용이하게 체화할 수 있도록 기초이론과 실무 사례를 적정히 포함하고 있습니다. 부디 본 수험서를 통해서 자격 취득은 물론 성공적인 취업이나, 이직, 실무 활용에 도움이 되시길 기원드립니다.

**한국정보공학기술사회 부회장 유은숙(전 고위공무원)**

한국정보공학기술사회 유은숙 부회장입니다. 정보관리 기술사로서, 소프트웨어공학 교수로서 대학에서 많은 학생들을 지도하고 있습니다. 정보통신 이론과 실무지식을 필요로 하는 정보처리기사 시험은 대학생은 물론, 정보통신 관련 업무를 다루는 직장인들까지도 중요하게 생각하는 자격시험 중 하나입니다. 이해하기 쉽도록 체계적인 이론과 설명으로 풀이한 풍부한 예상문제를 통하여 합격의 영광을 차지하고 IT전문가로서 푸른 꿈을 펼쳐 나가시길 적극 응원합니다.

**(주)KB증권 홍성우 전무(CIO : Chief of Information Officer)**

안녕하십니까. 정보관리 기술사인 KB증권 IT본부장 홍성우 전무입니다. 4차 산업 혁명이라는 산업 전반의 디지털 융복합화 추세와 같이 금융 산업에서도 신기술 기반의 변화와 혁신을 꾸준히 추진하고 있으며, 금융 서비스 경쟁력의 확보를 위해 디지털 신기술을 통한 기존 서비스와의 차별화 및 가치 혁신은 전 금융사의 주요한 과제입니다.

이러한 과제를 실행할 수 있는 가장 중요한 요소가 IT 역량이라고 할 수 있으며, IT 역량을 객관적으로 평가할 수 있는 방법 중의 하나가 정보처리기사, 정보보안기사 등의 자격증 보유 여부입니다.

본 정보처리기사 수험서는 저자가 오랜 기간 학습한 고도의 이론과 풍부한 실무경험이 적절하게 조화되어 최신 자격시험 출제기준에 최적화된 수험서라고 할 수 있겠습니다. IT 수험생분들께서는 본 서적을 통하여 자신의 가치를 증명할 수 있는 기회를 얻으시고 더 큰 미래로 도약하시기 바랍니다.

**농림축산식품부 정보통계정책 담당관 이원석**

수험생 여러분. 농림축산식품부 정보통계정책 담당관 이원석 서기관입니다. 저는 농림축산식품부의 정보화를 위해 IT 기획에서부터 시스템 구축 및 운용 등을 총괄하고 있습니다. 정보처리기사는 우리 IT 분야의 대표 자격증이자 소프트웨어 공학을 기본으로 개발과정의 선수 역량을 묻는 기본 자격증이라 생각합니다. 본 자격증 취득을 통해 빅데이터 분석기사 자격증, 정보보안기사 자격증 등 자기 개발이나 취업에 도움이 되는 타 자격증의 연계 취득으로 이어지기 위해서는 이론과 실무를 꼼꼼히 이해하고 학습해야 합니다.

본 수험서는 저자가 여러분의 진로까지 염두하여 단순한 자격 취득이 아닌 기초를 다지는 기반 확립을 목표로 하여 비전공자도 쉽게 이론과 실무를 이해할 수 있도록 기술하였습니다. 본 서적을 통해 정보처리기사 자격 취득은 물론 타 자격증까지 학습할 수 있는 역량 강화의 기회로 삼으시기 바랍니다.

**소방청 정보통신과 홍대원 사무관(정보보안계장)**

기업이나 공공기관에서 발주하는 사업을 수행할 시 정보처리기사 자격을 보유하고 있으면 많은 혜택을 받을 수 있습니다. 이는 정보처리기사를 취득하려는 노력을 통해 소프트웨어 설계부터 데이터베이스 구축, 그리고 정보시스템 구축에 이르는 다양한 지식습득과 체계적인 정보처리에 대한 역량을 보유할 수 있기 때문입니다.

전문지식과 오랜 정보화 경험을 가진 저자가 산업현장에서의 지식 · 기술과 국가직무능력표준(NCS) 체계를 정리한 본 서적을 통해 수험생들이 효과적으로 정보처리기사 수험 준비를 할 수 있다고 생각합니다. 단순한 암기가 아닌 핵심 내용과 기출문제 정리를 통해 정보처리기사를 취득하여 인공지능 시대의 주인공이 되어 산업현장에서 동료로 만나 뵙기를 기대합니다.

**해양수산부 미래전략팀 임병묵 사무관**

이 책에는 정보처리기사 시험에 합격하기 위해 필요한 핵심 IT 지식이 함축되어 있을 뿐 아니라 또 어떻게 가장 효율적으로 내 것이 되게 할 수 있는지에 대한 노하우를 제공하고 있습니다. 저자가 기술사 수험 준비와 석 · 박사과정을 거치며 체험한 학습 경험과 조언들이 응축되어 있어, 학업 · 직장을 병행하면서 단기간에 정보처리기사 시험 합격을 목표로 하는 분들에게 최고의 길라잡이가 되어 줄 수 있는 책입니다. 본 수험서를 통해 꼭 합격의 영광을 얻으시길 기원합니다.

**(주)한화시스템 김명화 박사**

안녕하세요. 저는 한화시스템에서 소프트웨어 개발방법론을 가이드하고 있는 공학박사 김명화입니다. NCS 기반으로 출제되는 정보처리기사 자격증을 취득하기 위해서는 SW 개발에 대한 정확한 지식과 더불어 인공지능, 블록체인 등 최신 ICT 기술에 대한 정확한 이해가 필요합니다.

이 책은 저자의 다년간 공공분야 및 실무 경험이 녹아 들어간 책으로, 최단기 합격을 위해 꼭 필요한 내용을 IT 비전공자 입장에서 쉽게 이해할 수 있는 수험서입니다. 정보통신 분야의 취업 준비생이나 전산직 공무원을 준비하는 수험생 등 자격증 취득이 목표인 많은 분들에게 꼭 도움이 되는 지침서가 될 것이라고 확신합니다.

**(주)삼성SDS 정지영 기술사**

안녕하세요. 저는 삼성SDS에서 업무시스템 분석을 담당하는 정지영 기술사입니다. 정보처리기사는 S/W 개발 관련, 정보시스템의 생명주기 전반에 걸친 프로젝트 업무(계획수립, 분석, 설계, 구현, 시험, 운영, 유지보수 등)를 수행할 수 있는 능력을 검증하는 시험이며, 2020년부터 NCS 표준에 맞춰 시험 과목이 필기, 실기 모두 대폭 개편되었습니다.

본 교재는 최종 확정되어 발표된 출제기준을 적용하였고, 기사 준비와 실무를 위해 체계적으로 구성하였습니다. 수많은 해당 분야의 이론이 정리되어 있으며, 출제 비중이 높은 내용이 수록되어 최소한의 시간으로 최대의 효과를 끌어낼 수 있어, 자격증 취득을 위한 바이블이라고 생각합니다. 정보처리기사 자격 취득으로 업무의 효율성을 높이고, 본 교재에서 학습한 내용을 토대로 정보시스템에 관한 전문적인 지식과 기술을 갖춘 인력이 될 것을 확신합니다.

**(주)LG CNS 이보람 기술사**

4차 산업혁명 시대는 소프트웨어의 시대라 할 수 있습니다. 소프트웨어 중심 사회에서 정보처리 기술은 전 산업에 걸쳐 핵심이 되었습니다. 이에 기업에서도 IT 역량을 평가하는 지표로 정보처리기사 자격증을 활용하고 있습니다. 이 책의 저자는 다양한 환경에서 체득한 IT 기술의 핵심을 포함하여 독자들이 이해하기 쉽도록 실무 관점의 내용을 풍성하게 반영하여 책을 집필하였습니다. 본 수험서 학습을 통해서 정보처리의 전 범위를 아우르는 지식체계 학습은 물론 자격증 취득까지 두 마리 토끼를 모두 잡아보세요.

**(주)현대카드 손기완 기술사**

안녕하세요 수험생 여러분! 저는 현대카드에서 IT 비즈니스 분석을 담당하고 있는 손기완 기술사입니다. 정보처리기사 자격증은 정보처리 이론을 학습함으로써 실무 수행 시 이론과 경험 지식을 체계적으로 융합해 정보처리 전문가로 발전하기 위한 기본 자격증입니다. 더불어 2020년부터 정보처리기사 자격증이 국가직무능력표준(NCS) 기준으로 전면 개편됨에 따라 산업현장에서 직무를 수행하기 위해 요구되는 지식 · 기술 · 태도 등의 내용을 기반으로 변경되었습니다. 본 서적은 민간부터 공공까지 많은 산업 실무를 경험한 저자가 자신의 경험 기반으로 누구나 이해하기 쉽게 정보처리 기본 이론을 풀어냈습니다. 제4차 산업혁명 시대의 핵심 기술인 AI, BigData 또한 정보처리 지식이 필수적으로 요구되므로 본 서적을 통해 디지털 시대의 전문가가 되기 위한 기본 역량도 함께 발전시키길 바랍니다.

# 정보처리기사 자격소개

## 기본 개요

- 과학기술정보통신부 주관, 한국산업인력공단에서 시행, 국내 IT 분야 대표 자격증
- 컴퓨터를 활용하여 우수한 프로그램 개발 역량과 전문적인 지식을 갖춘 사람을 양성하고자 발행하는 자격증
- 공공기관이나 공무원 취업 시 가산점 획득 혹은 민간기업에서의 IT 역량 인정
- IT 분야에서 기본이라고 할 수 있는 SW 개발 역량을 중점으로 학습함으로써 향후 빅데이터, 정보보안, 전자계산기 등 타 자격증 학습 시 선수지식으로 활용 가능
- 정보처리기사 취득 후 4년 동안 실무 경력을 쌓으면 정보관리 기술사나 컴퓨터시스템응용 기술사 시험응시 자격 확보 가능

<table>
<tr><th>자격등급</th><th colspan="4">← SW [정보기술 자격증] HW →</th></tr>
<tr><td>기술사</td><td colspan="2">정보관리기술사</td><td colspan="2">컴퓨터시스템응용 기술사</td></tr>
<tr><td rowspan="2">기사</td><td>정보처리기사</td><td>정보보안기사</td><td>전자계산기 조직응용 기사</td><td>전자계산기 기사</td></tr>
<tr><td>빅데이터 분석 기사</td><td colspan="2">로봇소프트웨어 개발 기사</td><td>임베디드 기사</td></tr>
<tr><td>산업기사</td><td>정보처리산업기사</td><td>정보보안산업기사</td><td>전자계산기 제어 산업기사</td><td>사무자동화 산업기사</td></tr>
<tr><td>기능사</td><td>정보처리기능사</td><td>웹디자인 기능사</td><td>전자계산기 기능사</td><td>정보기기 운용기능사</td></tr>
</table>

※ 전파와 통신을 다루는 정보통신기사 및 정보통신기술사 계열은 제외

IT 분야 자격증 소개

## 시험 방식

| | |
|---|---|
| 필기시험 | • 시험 시간 150분, 객관식 4지 택일형<br>• 5과목 100문항(과목당 20문항)<br>• 100점 만점 기준 전 과목 평균 60점(과목별 과락 40점) 이상 획득 시 합격 |
| 실기시험 | • 시험 시간 총 150분, 필답형<br>• 100점 만점 기준 60점 이상 획득 시 합격 |

※ 필기 합격자에 한하여 2년간 실기 시험 응시 가능

- 1년 3회 시험 시행
- 시험료 : 필기 19,400원, 실기 22,600원

### 출제 문제 경향 분석

2020년부터 정보처리기사 시험의 출제 방향이 기존의 SW와 HW 기반의 이론 지식을 묻는 경향에서 NCS 기반의 SW 개발 실무지식을 묻는 형태로 대폭 변화되었습니다. 이에 따라 비전공자들은 기존의 암기방식만으로는 시험 합격이 어려우며, 이론과 실무에 대한 이해를 기반으로 문제에 접근해야 합니다. 특히 소프트웨어 공학 전반에 대한 학습을 바탕으로 개발 프로세스, 방법론, 프로그래밍 기초 지식을 확실하게 학습하여야 필기는 물론 실기시험에 대응 가능합니다. 아울러 이와 함께 IT 신기술 동향, 네트워크, 컴퓨터 구조, 정보 보안에 대한 유관 학습 병행도 필요합니다.

| 구분 | 2019년 | 2020년 |
|---|---|---|
| 필기 | • 데이터베이스<br>• 전자계산기 구조<br>• 운영체제<br>• 소프트웨어 공학<br>• 데이터통신 | • 소프트웨어 설계<br>• 소프트웨어 개발<br>• 데이터베이스 구축<br>• 프로그래밍 언어 활용<br>• 정보시스템 구축관리 |
| 실기 | • 업무 프로세스 실무응용<br>• 데이터베이스 실무응용<br>• 실무 알고리즘 응용<br>• IT 신기술 동향 및 시스템 관리<br>• 전산 영어 실무 | • 요구사항 확인<br>• 데이터 입출력 구현<br>• 통합 구현<br>• 서버 프로그램 구현<br>• 인터페이스 구현<br>• 화면 설계<br>• 애플리케이션 테스트 관리<br>• SQL 응용<br>• 소프트웨어 개발 보안 구축<br>• 프로그래밍 언어 활용<br>• 응용 SW 기초 기술 활용<br>• 제품소프트웨어 패키징 |

2019년 이전 시험출제 기준과 2020년 이후 시험출제 기준 비교

2022년 7월에는 2023년부터 2025년 12월까지 3개년 정보처리기사 출제기준이 새로 공고되었습니다. 전체적인 주요 항목이나 내용에서는 크게 변경이 없습니다. 세부 항목이나 세세 항목에서 약간의 변경이 있는 정도이며, 구체적으로 PART 02 소프트웨어 개발에서 논리 데이터 저장소, 물리 데이터 저장소, ORM(Object-Relational Mapping) 프레임워크 등 타 파트와 중복성이 있는 몇몇 내용이 삭제되어서 범위는 좀 줄어들었으나 그렇다고 하더라도 삭제된 내용 역시 시험에 한두 문제 나올 수 있기 때문에 기존 내용을 포함해서 학습하는 것이 바람직합니다.

이와 함께 기존의 PART 04에 해당하는 프로그래밍 언어 활용의 공통모듈 구현이 PART 01 소프트웨어 설계 부분으로 이동하였습니다.

## 합격률 분석

1차 필기시험 합격률을 살펴보면 시험 출제 경향이 변경되기 전인 2016~2019년까지 약 42~58% 수준을 보이고 있으며, 시험 경향이 변경된 2020년에도 약 57.3%, 근래인 2022년에도 56.1% 정도로 큰 변경이 없었습니다. 하지만 2차 실기시험의 경우는 2016~2019년까지 27~65%를 기록하고 있으나, 2020년에는 17.7%, 근래 2022년에는 20.8%로 저조한 합격률을 보이며, 상당히 어려운 난이도를 방증하고 있습니다.

| 종목명 | 연도 | 필기 | | | 실기 | | |
|---|---|---|---|---|---|---|---|
| | | 응시 | 합격 | 합격률(%) | 응시 | 합격 | 합격률(%) |
| 정보처리기사 | 2022 | 48,470 | 27,208 | 56.1% | 53,307 | 11,111 | 20.8% |
| | 2021 | 51,640 | 32,865 | 63.6% | 52,945 | 16,323 | 30.8% |
| | 2020 | 43,279 | 24,820 | 57.3% | 41,457 | 7,341 | 17.7% |
| | 2019 | 52,845 | 30,740 | 58.2% | 43,763 | 22,495 | 51.4% |
| | 2018 | 44,665 | 22,976 | 51.4% | 33,101 | 16,272 | 50.5% |
| | 2017 | 46,812 | 19,937 | 42.6% | 27,202 | 7,452 | 27.4% |
| | 2016 | 54,325 | 26,040 | 47.9% | 35,696 | 23,371 | 65.5% |
| | 2015 | 51,615 | 26,511 | 51.4% | 39,168 | 22,024 | 56.2% |
| | 2014 | 51,446 | 24,132 | 46.9% | 31,175 | 12,916 | 41.4% |
| | 2013 | 47,659 | 21,864 | 45.9% | 30,107 | 19,762 | 65.6% |
| | 2012 | 50,098 | 21,395 | 42.7% | 27,718 | 17,851 | 64.4% |
| | 2011 | 47,602 | 18,919 | 39.7% | 29,167 | 16,874 | 57.9% |

2011~2022년 정보처리기사 연도별 필기/실기시험 합격률 분석표

## 정보처리기사 취득 후 진로

공무원 및 공공기관에서 인력 채용 시 정보처리기사 자격의 보유를 기본 충족사항으로 제시하거나 혹은 우대사항·가점을 주는 경우가 많습니다. 비단 전산 분야뿐만 아니라 일반 사무 분야에서도 요구하는 경우가 많으니 공무원이나 공공기관에 입사 계획이 있다면, 거의 필수로 자격을 보유하고 있는 것이 바람직합니다.

또한 정보처리와 관련한 SI 업체 혹은 대기업의 IT 부서 취업 시에 가점을 반영할 수 있습니다. 특히 국가연구과제를 수행하는 IT 업체의 경우 정보처리기사는 반드시 필수 요인이 될 수 있는데 이는 정보처리기사 자격이 있어야만 국가연구과제 연구원의 특정 등급 기준을 충족할 수 있기 때문입니다. 이 외에도 한국정보시스템감리협회에서 관리하는 정보시스템 감리원 자격을 발급받거나 정보통신감리원 자격을 취득 시에 기본 요건이 되기도 합니다.

| 채용분야<br>(응시코드) | 채용직급<br>(신입/경력) | 자격요건 및 수행직무 | 채용인원 |
|---|---|---|---|
| 정보기술 개발 및 운영관리<br>(지원-10) | 원급<br>(경력) | • 자격요건 : 학위 및 전공 무관<br>• 수행직무<br>– 정보화사업 기획, 시행에 관한 기술적 · 법적 검토, 사업수행 PMO<br>– 전자정부 프레임워크 기반 정보시스템 개발 및 운영/관리<br>– 정보시스템(포털/MIS/그룹웨어 서버, 스토리지 등) 운영/관리<br>• 우대사항<br>– 학사학위 이상 소지자<br>– 정보화사업 기획 및 사업 PMO 유경험자<br>– 공공기관, 정부출연연구기관 등에서 관련업무 경험자<br>– 정보처리기사, 정보보안기사 등 컴퓨터정보통신 관련 자격증 소지자<br>• 지원 시 참고사항<br>– 최대 계약기간 : 임용일로부터 최대 2년까지 | 1명 |

2021년 11월 모 공공기관의 경력직(사원~대리 수준) 모집공고

## NCS 설명

NCS(National Competency Standards)란 산업현장에서 직무를 수행하기 위해 요구되는 지식, 기술, 태도 등의 내용을 국가가 체계화하고 표준화한 것입니다. 각 개인의 직업기초능력(직업인으로서 기본적으로 갖추어야 할 공통 능력)과 직무수행능력(해당 직무를 수행하는 데 필요한 역량)을 평가하여 일과 교육, 훈련, 자격에 연계함으로써 능력 있는 인재를 양성하고 적정히 활용하는 데 목적이 있습니다.

현재 NCS 직업분류체계는 총 24개 대분류, 79개 중분류, 253개 소분류, 1,001개 세분류로 구성되어 있고 이를 기반으로 각 직무별 학습모듈이 구성되어 있습니다. 아울러 이렇게 세분화한 직업 분류체계는 개인별 수준에 맞게 1~8수준까지 분류체계가 설정되어 있습니다. 자격시험기관에서는 이러한 직업별, 수준별 체계와 NCS 학습모듈을 출제기준과 시험 문항 및 평가 방법에 적용함으로써 이론 중심의 자격시험에서 탈피, 실무중심의 자격시험으로 전환하고 있습니다.

2020년 개정된 정보처리기사 시험문제는 국가직무능력표준의 중분류 중 정보기술과 관련된 소분류, 세분류 학습모듈을 기준으로 하여 출제되고 있습니다. 이에 본서는 정보기술 학습모듈을 철저히 분석하고 해당 수준인 3~6수준에 맞춰 학습을 최적화하였습니다.

# 도서 구성 및 개요

## 기본 구성

본 수험서는 변경된 출제기준에 맞춰 비전공자도 쉽게 이해를 도울 수 있도록 내용을 구성하였으며, 필기 서적에서는 별도의 1,100제 문제집을, 실기 서적에는 별도의 IT 용어 해설집을 제공하고 있습니다. 비전공자들은 전공자들에 비해 부족한 실무 경험과 문제에 대한 감각을 별도 문제집과 용어 해설집을 통해 빠르게 학습할 수 있습니다. 아울러 본문에서 암기가 필요한 부분은 두음 암기를 통해서 재미있고 오래 암기가 될 수 있도록 포인트를 제안하고 있습니다.

그 외에도 각 페이지 양옆의 지면을 활용하여 핵심 키워드, 이해 포인트를 제공하고 챕터별 기출 문제 풀이 등을 적절히 배치함으로써 학습 효율을 높이고 시간을 단축할 수 있습니다. 마지막으로 각 섹션별로 반복 횟수를 체크하는 다회독 체크박스와 정오표 게시판에 연동 가능한 QR코드를 제공하며 저자가 직접 운영하는 오픈잇런에서 무료 특강도 제공하고 있습니다.

## 학습 전략

### 기본 학습 전략

가장 좋은 학습전략은 충분한 시간을 갖고 이해 → 암기 → 문제 풀이를 반복하는 것입니다. 충분한 시간이란 3개월 정도 학습시간을 갖고 하루에 2~3시간씩 공부하는 것을 제안하나, 시간이 부족할 시에는 한 달여 기간 동안 집중해서 반복 학습하는 것도 좋습니다.

먼저 충분한 이해에는 시간이 많이 소요됩니다. 따라서 1회차 학습 시에는 이해가 부족해도 빠르게 스킵하고 가시는 방향으로, 즉 전체적으로 한번 읽어보시고 전 과정을 훑어본다는 느낌으로 접근하시면 되겠습니다. 2회차부터는 정독이 필요한데요. 특히 시험에 자주 출제되는 부분은 충분한 이해를 바탕으로 암기를 해야 합니다. 최소 한 달 정도 남았을 때 2회차 학습을 수행해야 시간적으로 부족함이 없습니다. 3회 이상부터는 내가 잘 모르는 부분과 기출문제를 중심으로 학습을 수행해야 합니다. 시험 경향이 현장학습 중심의 NCS 기반으로 변경되었다고는 하나 이론 부분도 70% 이상 출제 빈도가 높기 때문에 과거 기출문제에서 다수 출제된 문제는 별도로 추려 학습할 필요가 있습니다.

### 최적화 학습 방안 조언

세부 토픽은 암기 위주의 이론, 실무 위주의 프로세스, 혹은 이론과 실무가 융합된 토픽의 3개 분류로 나누어지며, 시험은 아무래도 암기 위주의 이론에서 다수 출제되고 있습니다. 이는 실무 위주의 프로세스는 학자마다 프로세스의 절차가 조금씩 상이할 수 있으며 바라보는 관점 또한 다를 수 있기 때문입니다. 그렇다고 프로세스 학습을 무시할 수 없습니다. 실무 프로세스를 이해하지 못하고 학습을 수행하면 학습에 한계가 발생하고 정확한 암기가 불가능하기 때문입니다. 따라서 반드시 실무를 이해하고 그 바탕에 이론 학습을 하시기를 권장합니다.

아울러 수험생들께서 하나 고려해야 할 사항이 전문용어나 단어의 선택과 이해입니다. NCS 수험서로 변경되면서, 어느 문제에서는 원자성이라고 명명하고 어느 문제에서는 원자값이라고도 하며 또 다른 문제에서는 영어인

Atomicity라고 표기하는데 이는 모두 같은 토픽의 같은 단어입니다. 이런 부분을 충분히 이해하시고 단어가 약간 다르다고 해당 내용이 아닌 개념이라고 오판하시는 우를 범하지 않길 바랍니다. 아울러 학습 내용에서 자세하게 나오지 않는 내용이 시험 문제에 나올 때에는 선지 중 확실히 답인 것 하나가 있습니다. 다른 선지에 너무 헷갈리거나 어려워하지 말고 분명한 하나를 선택하는 습관을 가져야 합니다.

본서에서는 각 파트의 도입부에는 챕터별로 전체적인 학습 내용이나 방향을 총평하고 있습니다. 이를 통해서 각 챕터의 핵심 내용이 무엇인지, 그리고 출제 빈도에 대한 정보 소개나 학습 태도를 어떻게 갖고 가야 하는지 판단이 가능하겠습니다.

중간에 이론 암기가 필요한 내용은 두음 암기를 제공하고 있습니다. 두음 암기는 외워야 할 단어들의 두문자만 따서 외우는 기법으로 다양한 분야에서 응용되고 있는 학습 방법론이며, 특히 기술사 시험은 워낙 방대한 양을 암기해야 하기 때문에 전 기술사 항목 학습에 다수 활용되고 있습니다.

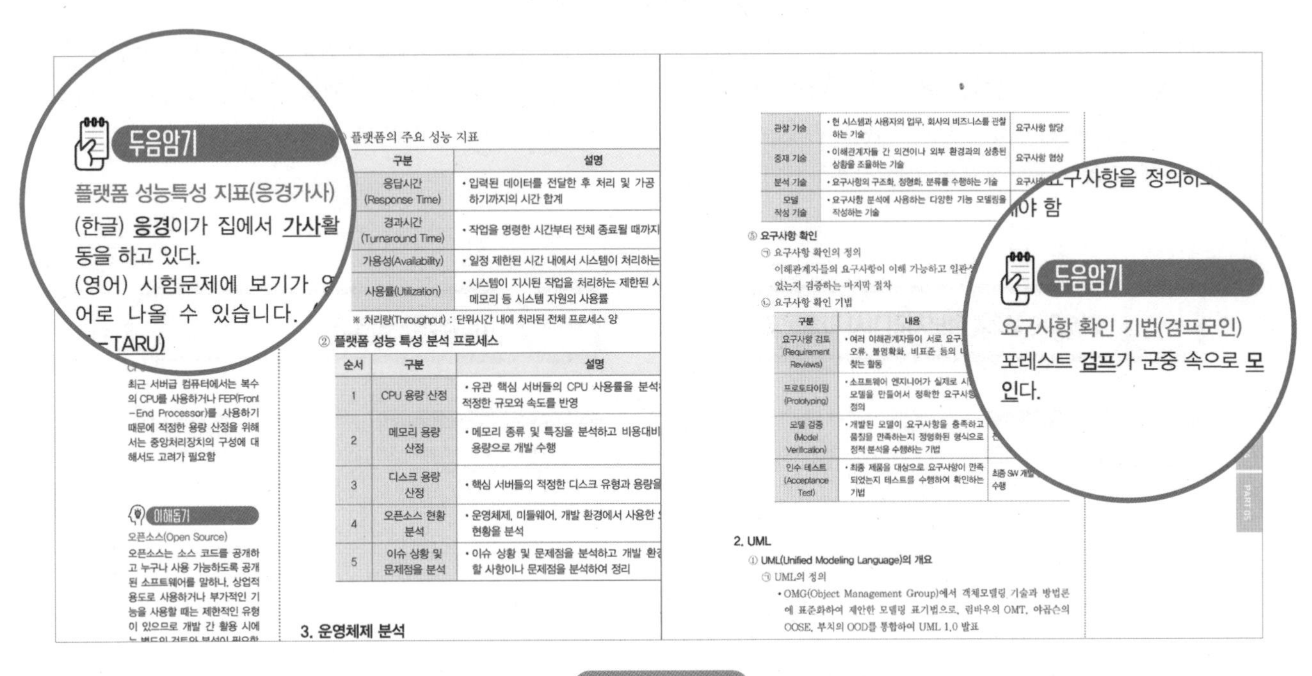


두음암기 예시

또한 헷갈리는 부분의 이해를 돕기 위한 'Point'나 추가적인 이해를 돕는 '이해돕기' 등도 수록되어 있습니다. 이를 잘 활용하여 효율적인 학습이 가능합니다.

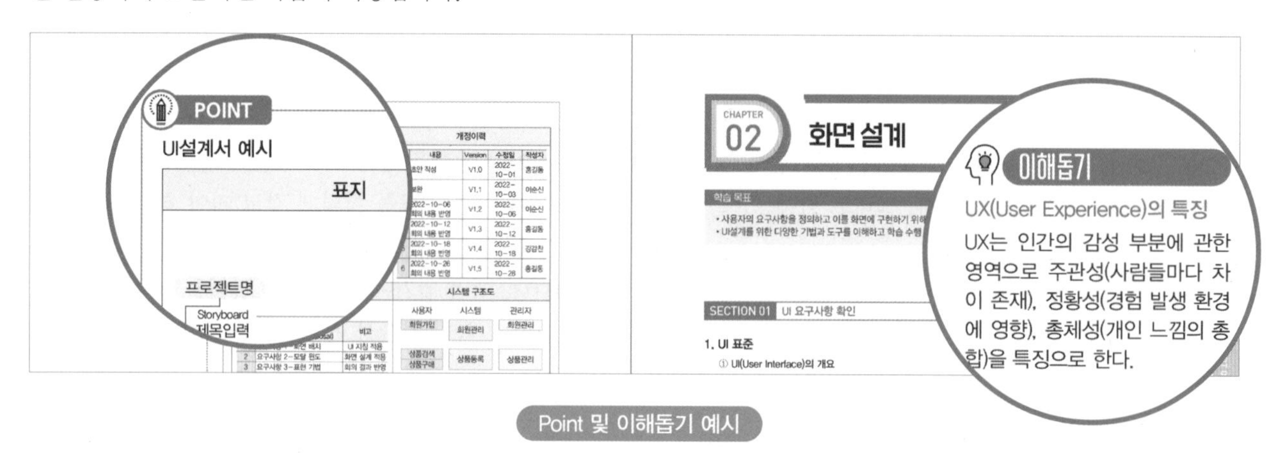


Point 및 이해돕기 예시

각 챕터의 마지막에는 기출문제와 해설을 수록하였고, 단기 합격을 위해 예상문제도 제안하고 있습니다. 본문 내용을 모두 학습하고 난 다음에는 꼭 챕터 말미의 기출문제를 풀어서 역량을 고도화하는 습관을 가져야 합니다. 그리고 최초 1회 학습을 마치고 2회 정독 학습 이후에는 별도 제공된 1,100제 문제집의 과목별 문제와 최신기출문제, 3회분의 기출유형 모의고사로 실력을 퀀텀 점프하시기 바랍니다.

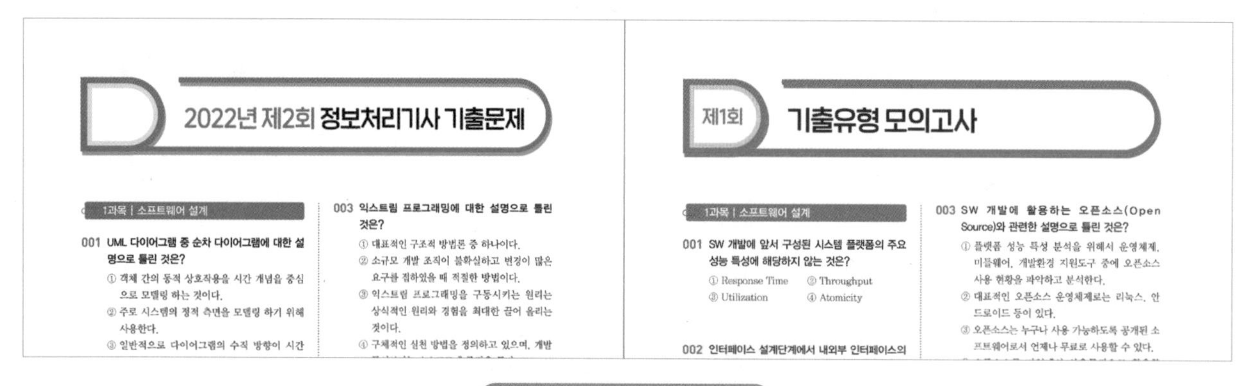


기출문제 및 모의고사 예시

## 저자가 직접 운영하는 '오픈잇런'으로 완벽한 연계학습

학습 과정에서 추가적인 학습을 원하거나 어려움을 겪는 수험생 여러분들께 도움이 되고자, 각 섹션별 다회독 체크박스, Q&A 및 FAQ, 기출 풀이 동영상 해설, 진로 상담 등 다양한 콘텐츠를 '오픈잇런(www.openitrun.com)'을 통해 기술사들이 직접 제공하고 있습니다. 오픈잇런은 다음 QR 코드를 통해서도 접속 가능하오니, 많은 이용 바랍니다.

# 목차

# 출제 동향 분석

## CHAPTER 01 요구사항 확인

- 전체적으로 소프트웨어 설계의 기본이 되는 사용자 요구사항의 확인과 관련한 내용을 다루는 챕터로서, 시험에는 나오지 않으나 이해를 돕는 내용이 주로 기술되어 있고, 시험 문제는 정확한 팩트 기반의 문제만 출제되고 있습니다.
- 현행 시스템 분석의 경우 시험 출제보다는 이해를 요하는 부분이며, 플랫폼 성능 측정 지표는 시험 출제 사례가 있습니다.
- 섹션 2 '요구사항 확인'과 섹션 3 '분석모델 확인'은 충분한 이해와 학습이 필요합니다.

## CHAPTER 02 화면설계

- 챕터 1 '요구사항 확인'과 함께 전반적인 UI 화면 설계에 대한 이해 위주의 학습 내용을 다루고 있으며, 이해 기반으로 몇몇 암기가 필요한 문제들이 시험에 출제되고 있습니다.
- 화면 설계를 위한 업무 흐름의 이해와 핵심 내용 위주로 학습이 필요합니다.

## CHAPTER 03 애플리케이션 설계

- 파트 1에서 가장 핵심적인 내용을 다루는 챕터로, 이해를 바탕으로 다수의 암기 방식의 학습이 필요합니다.
- 특히 소프트웨어 아키텍처와 디자인 패턴은 비전공자의 경우 이해하고 접근하기가 어려우나, 반복 학습을 통해서 확실히 학습하고 시험에 임해야 합니다.
- 객체지향 부분은 시험에 자주 출제되고 있으며, 현재 프로그램 개발에서 가장 많이 사용하는 개발 방법론으로 기초부터 단단한 학습이 필요합니다.
- 챕터 3의 모듈화의 경우 '20~'22년까지는 파트 4에 포함되어 있었으나 '23년부터는 파트1의 챕터 3으로 학습 내용이 이동되었습니다. 특히 모듈화의 응집도와 결합도를 묻는 문제는 매 시험마다 출제되고 있는 아주 중요한 학습 범위이므로 기출문제 풀이 등에 혼동 없으시길 바랍니다.

## CHAPTER 04 인터페이스 설계

- 내외부 시스템 간의 연동과 관련한 설계 부분으로 전체적으로 이해하는 학습 태도가 필요합니다.
- 시험에는 서술보다는 확실한 답이 있는 팩트 기반의 문제가 출제되고 있습니다.
- 인터페이스 설계 이후의 구현에 관한 학습은 파트 2의 챕터 5 인터페이스 구현에서 수행하니 연계 학습이 필요합니다.

# 소프트웨어 설계

## PART 01

# 사전 학습

## 1. 소프트웨어의 개요

### ① 소프트웨어(Software)의 정의

㉠ 컴퓨터의 기계장치인 하드웨어(Hardware)상에서 구현되는 컴퓨터 프로그램 및 관련 문서

㉡ 컴퓨터 하드웨어를 제어하기 위한 시스템 소프트웨어와 시스템 소프트웨어상에서 특정 기능을 수행하기 위한 응용 소프트웨어로 구분됨

| 설명 | 컴퓨터시스템 계층 | 예시 |
|---|---|---|
| 컴퓨터 시스템 사용주체 | [사용자] | 개인 유저, 게이머, 개발자, 서버 관리자 등 |
| | ↓↑ | |
| 특정 목적을 수행하기 위해 개발된 기능성 프로그램 | [응용 소프트웨어] | 워드프로세서, 동영상 플레이어, 인터넷 브라우저 등 |
| | ↓↑ | |
| 컴퓨터 하드웨어를 제어하고 사용자의 편의성, 응용 소프트웨어의 실행을 지원하는 프로그램 | [시스템 소프트웨어] | 윈도우, 리눅스, 유닉스 등 운영체제 |
| | ↓↑ | |
| CPU, 메모리, 저장장치, 입출력 장치 등으로 구성된 컴퓨터 기계장치 | [하드웨어] | 데스크탑 PC, 노트북, 서버 |

**이해돕기**

미들웨어

분산 컴퓨터 환경에서 시스템 소프트웨어와 응용 소프트웨어, 혹은 다수 응용 소프트웨어 간에 연결을 지원하고 데이터 교환이 가능하게 지원해주는 중계 소프트웨어

### ② 소프트웨어의 특성

㉠ 소프트웨어는 복잡성, 순응성, 상품성, 견고성, 비가시성, 비마모성, 비제조성, 비과학성 등의 특성이 있음

| 특성 | 설명 |
|---|---|
| 복잡성 | • 정형적 구조가 없어 개발과정이 복잡하고 비정규적 |
| 순응성 | • 사용자 요구나 환경 변화에 의해 변경됨 |
| 상품성 | • SW는 개발과정을 통하여 가치가 생성되고 판매됨 |

| 견고성 | • 프로그램 내부 로직이 서로 연관되어 있어서 특정 부분을 수정하면 전체를 수정해야 함 |
| --- | --- |
| 비가시성 | • SW 구조가 외부에 노출되지 않음 |
| 비마모성 | • 외부 환경이나 사용에 의해 마모되지 않음 |
| 비제조성 | • 제조되거나 생산하는 방식이 아닌 논리적인 개발로 제작됨 |
| 비과학성 | • 정형화된 방식이 아닌 조직이나 인력에 의해서 개발됨 |

ⓛ 정보통신산업이 발달하면서 소프트웨어의 규모는 증가하나 고유한 소프트웨어 특성의 한계(복잡성, 비과학성 등으로 비용증가)로 인하여 소프트웨어의 위기가 발생

ⓒ 이를 해결하기 위하여 학문적 관점에서 소프트웨어를 접근하기 위한 소프트웨어 공학이 등장하였으며, 본 수험서에서는 SW를 개발하기 위한 표준, 원리, 방법론, 절차 및 산출물 등의 학습을 수행함

 두음암기

소프트웨어의 특성(복순상견 비가마제과)

복순이가 상견례를 위해 비오는 날 가마타고 제과점에 갔다.

※ 가시성, 마모성, 제조성, 과학성은 모두 반대(비) 특성임을 꼭 기억해야 한다.

## 2. 소프트웨어 설계

① **소프트웨어(Software) 개발 절차**

㉠ 소프트웨어의 개발은 SDLC(Software Development Life Cycle) 모델에 의해서 절차가 표준화되어 있음.

ⓛ 소프트웨어 개발 모델별로 다소 차이는 있으나 통상적으로 요구사항 정의 → 설계 → 구현 → 테스트 단계로 개발됨

② **소프트웨어 설계의 정의**

㉠ 소프트웨어 설계는 SW 사용자의 요구사항을 정의하고 본격적인 개발을 위해서 기능을 명시하는 단계

ⓛ 요구되는 기능, 비기능 조건들을 충족하는 소프트웨어 개발을 위하여 기능 단위 정의, 구조 및 행위들을 정형화하여 표현하는 과정 및 산출물을 의미

이해돕기

소프트웨어 개발 생명주기(SDLC)

요구사항 정의 → 설계 → 구현 → 테스트 → 이후 운영 · 유지보수 → 폐기

## 3. 요구사항 확인

㉠ 설계에 앞서 최종 소프트웨어를 사용하는 사용자의 의사요구를 정확히 파악하기 위한 일련의 활동과 방법론으로 요구공학에서 정의됨

ⓛ 요구사항 도출 → 요구사항 분석(분류) → 요구사항 명세(정의) → 확인의 순서로 진행됨

# 요구사항 확인

다회독 Check! 1 2 3

학습 목표

- 향후 개발하고자 하는 시스템의 개발범위나 방향성 도출 등 계획을 수립하기 위해 현재 시스템의 구성을 다각적으로 파악하는 활동 수행
- 사용자의 요구사항을 표준화된 방법으로 정의하고, 문서화 및 관리하는 요구공학을 활용하여 소프트웨어의 범위를 산정하고 기능 정의, 외부 환경과의 작용을 분석하여 설계와 개발에 반영하는 활동

## SECTION 01 현행 시스템 분석

### 1. 플랫폼 기능 분석

① 플랫폼의 개요

㉠ 플랫폼의 정의

- 하드웨어와 소프트웨어를 포함하는 아키텍처나 프레임워크를 의미 : 경우에 따라서 하드웨어 아키텍처, 혹은 소프트웨어 프레임워크를 지칭하기도 하고 둘 모두를 의미하기도 함
- 컴퓨터 아키텍처, 운영체제, 라이브러리를 포함하는 프로그래밍 언어 환경과 특정 SW를 통해 서비스되는 개발 기술 및 구동 환경을 의미함

㉡ 플랫폼과 유사 개념의 비교

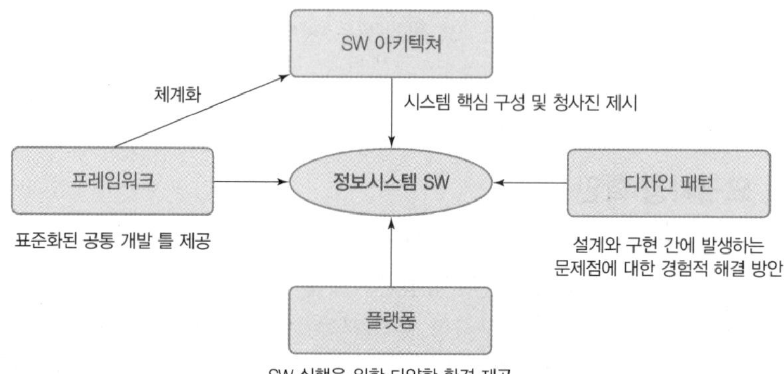


〈정보시스템에서 플랫폼, 프레임워크, 아키텍처 및 디자인 패턴의 상호 관계〉

이해돕기

플랫폼은 IT산업 외의 타 산업에도 널리 사용되는 개념이며, 타 산업에서는 비즈니스 모델이나 상거래를 위한 개념 등 IT 분야와는 다른 형태로 사용됨. 정보처리기사 시험에서는 IT산업에 국한하는 개념으로 한정됨

② 플랫폼의 분류

| 구분 | 설명 | 사례 |
|---|---|---|
| 컴퓨터 아키텍처 | • CPU, 메모리 등 컴퓨터의 핵심장치와 이를 활용하기 위한 환경 | INTEL, AMD |
| 운영체제 | • 특정 장치나 시스템 등 하드웨어를 효율적으로 사용하고 응용 프로그램 실행을 지원하는 기능성 소프트웨어 | 윈도우, 리눅스, 안드로이드 |
| 프로그래밍 언어환경 | • 응용 소프트웨어를 개발하거나 운영할 수 있는 프로그래밍 언어별 설정 환경 | 자바 플랫폼, JDK |
| SW 서비스환경 | • 특정 업무를 수행하기 위한 소프트웨어 구성 및 실행 환경 | ORACLE, Hadoop |

③ 플랫폼의 기능

| 구분 | 설명 |
|---|---|
| 환경 제공 | • 비즈니스, 시스템 구성, SW 구동 환경 제공 |
| 의사소통 창구 | • 표준화된 공통 관심사 제공으로 의사소통이 용이하며, 채널 활성화 가능 |
| 비즈니스 모델 제공 | • 플랫폼을 둘러싼 이해관계자 간에 다양한 비즈니스 모델을 도출하고 사업화 가능 |

④ 플랫폼의 기능분석 절차

| 순서 | 구분 | 설명 |
|---|---|---|
| 1 | 현 플랫폼 구성상황 및 자료 수집 | • 현재 정보시스템의 구성 및 설정 상황, 기능과 인터페이스를 확인<br>• 문서화되어 있지 않은 내용은 관리자에 대한 인터뷰를 통해서 확인하고 문서화 |
| 2 | 현황 및 자료 분석 | • 수집된 자료 및 외부 전문자료나 매뉴얼을 통하여 플랫폼의 기능 분석 |
| 3 | 산출물 작성 및 검토 | • 분석을 통해 도출된 결과를 구성 현황 리스트, 기능 구성도, 인터페이스 현황표 등으로 작성<br>• 작성이 완료되면 다른 이해관계자와 상호 검토를 수행하여 내용 개선 후 완료 |

## 2. 플랫폼 성능 특성 분석

### ① 플랫폼 성능 특성 개요

㉠ 플랫폼 성능 특성 정의

시스템 구축 완료 후 시스템 사용 간에 실제 사용자들이 부하 없이 적정히 서비스를 사용할 수 있도록 플랫폼 전반의 성능에 대한 지표와 특성을 분석하는 활동

이해돕기

정보처리기사에서 플랫폼은 소프트웨어의 정상적인 실행을 위한 환경을 조성하는 하드웨어와 미들웨어, 기반 소프트웨어 전체 영역을 포함하는 개념임

이해돕기

최근 IT산업에서는 다양한 이해관계자가 자유롭게 상품이나 서비스를 생산하고 판매할 수 있는 다면 비즈니스 플랫폼이 각광받고 있으며, 대표적으로 구글 플레이스토어나 애플 앱스토어 등이 해당됨

두음암기

플랫폼 성능특성 지표(응경가사)
(한글) 응경이가 집에서 가사활동을 하고 있다.
(영어) 시험문제에 보기가 영어로 나올 수 있습니다. (따루-TARU)

이해돕기

CPU 용량 산정
최근 서버급 컴퓨터에서는 복수의 CPU를 사용하거나 FEP(Front-End Processor)를 사용하기 때문에 적정한 용량 산정을 위해서는 중앙처리장치의 구성에 대해서도 고려가 필요함

이해돕기

오픈소스(Open Source)
오픈소스는 소스 코드를 공개하고 누구나 사용 가능하도록 공개된 소프트웨어를 말하나, 상업적 용도로 사용하거나 부가적인 기능을 사용할 때는 제한적인 유형이 있으므로 개발 간 활용 시에는 별도의 검토와 분석이 필요함

㉡ 플랫폼의 주요 성능 지표

| 구분 | 설명 |
|---|---|
| 응답시간 (Response Time) | • 입력된 데이터를 전달한 후 처리 및 가공 후 결과를 제시하기까지의 시간 합계 |
| 경과시간 (Turnaround Time) | • 작업을 명령한 시간부터 전체 종료될 때까지 시간의 간격 |
| 가용성(Availability) | • 일정 제한된 시간 내에서 시스템이 처리하는 일의 전체 양 |
| 사용률(Utilization) | • 시스템이 지시된 작업을 처리하는 제한된 시간 내의 CPU나 메모리 등 시스템 자원의 사용률 |

※ 처리량(Throughput) : 단위시간 내에 처리된 전체 프로세스 양

② **플랫폼 성능 특성 분석 프로세스**

| 순서 | 구분 | 설명 |
|---|---|---|
| 1 | CPU 용량 산정 | • 유관 핵심 서버들의 CPU 사용률을 분석하고 개발 시에 적정한 규모와 속도를 반영 |
| 2 | 메모리 용량 산정 | • 메모리 종류 및 특징을 분석하고 비용대비 적정한 속도와 용량으로 개발 수행 |
| 3 | 디스크 용량 산정 | • 핵심 서버들의 적정한 디스크 유형과 용량을 도출하여 산정 |
| 4 | 오픈소스 현황 분석 | • 운영체제, 미들웨어, 개발 환경에서 사용한 오픈소스에 대한 현황을 분석 |
| 5 | 이슈 상황 및 문제점을 분석 | • 이슈 상황 및 문제점을 분석하고 개발 환경에서 고려해야 할 사항이나 문제점을 분석하여 정리 |

## 3. 운영체제 분석

① **운영체제의 개요**

㉠ 운영체제의 정의

컴퓨터 하드웨어를 제어하고 사용자의 편의성, 응용 소프트웨어의 실행을 지원하는 프로그램으로 서버나 개인용 PC 외에도 스마트폰 등 모바일 시스템이나 임베디드 기기에서도 설치되어 운영됨

㉡ 운영체재의 유형

| 구분 | 운영체제 | 개발자 | 상업화 유무 | 비고 |
|---|---|---|---|---|
| 컴퓨터 기반 | 유닉스 | IBM, SUN 등 | 상용화 | 서버용 OS |
| | 리눅스 | Linus Torvalds | 무상 오픈소스 | PC 및 서버용 OS |
| | 윈도우 | Microsoft | 상용화 | PC 및 서버용 OS |
| 모바일 기반 | iOS | Apple | 제품 번들 | 스마트폰 OS |
| | 안드로이드 | Google | 무상 오픈소스 | 스마트폰 OS |

| 임베디드 기반 | QNX | BlackBerry | 상용화 | 차량 및 임베디드 OS |
|---|---|---|---|---|
| | COS | COS Group | 상용화 | 스마트카드용 OS |

### ② 운영체제 분석 시 고려사항

| 분류 | 고려사항 | 내용 |
|---|---|---|
| 기능성 | 신뢰도 | • 시스템 운영 간 장애 발생 빈도와 정도 |
| | 성능 | • 시스템의 업무 처리 능력<br>• HW 및 부품 구성 정도 |
| | 주변기기 연동성 | • 주변기기 연동 용이성 및 지원성, 동시 연결 수 |
| 상업성 | 기술지원 | • 설치 및 운영 간 트러블 슈팅 및 업데이트 지원 |
| | 비용 | • 초기 구축 및 유지보수에 대한 비용 정도 |

## 4. 네트워크 분석

### ① 네트워크의 개요

㉠ 네트워크의 정의

각 컴퓨터 장치들을 연결하거나 데이터를 교환하는 구성체계로 국제표준기관인 ISO에서 제안한 OSI(Open System Interconnection) 7계층 모형으로 구조화되어 있음

㉡ 네트워크 분석의 정의

현행시스템의 네트워크 구성현황을 확인 후 분석을 통하여 신규 개발 시스템에 대한 최적화된 설계 추진

### ② 네트워크 분석 방법

| 순서 | 절차 | 세부 내용 |
|---|---|---|
| 1 | 네트워크 구성도 확인 | • 내외부 네트워크 망구조와 구성현황을 확인 |
| 2 | 네트워크 자산 식별 | • 구성도상의 네트워크 장비에 대한 식별 |
| 3 | 네트워크 통신 기술 식별 | • 각 네트워크 구성 구간에 대한 통신 기술을 OSI 레이어별로 식별하고 확인 |
| 4 | 네트워크 분석서 작성 및 검토 | • 분석된 결과를 정리하여 명세하고 분석서 작성 |

## 5. DBMS 분석

### ① DBMS의 개요

㉠ DBMS의 정의

- 사용자, 다른 컴퓨터와 상호 작용이 필요한 데이터를 용이하게 저장, 관리, 분석하기 위한 애플리케이션 소프트웨어
- 데이터에 대한 접근통제, 인터페이스, 파티셔닝, 무결성 검증, 백업 등 다양한 기능을 제공

**이해돕기**

OSI(Open System Interconnection) 7계층

1계층 물리층, 2계층 데이터링크층, 3계층 네트워크층, 4계층 전송층, 5계층 세션층, 6계층 표현층, 7계층 응용계층으로 구성되어 있음(자세한 학습은 파트 4에서 수행)

**이해돕기**

데이터베이스 관리 시스템(DBMS ; DataBase Management System)

응용 프로그램이 필요로 하는 데이터들을 효율적으로 관리하도록 서비스를 제공하는 별도의 데이터 관리시스템(자세한 학습은 파트3에서 수행)

㉡ DBMS의 유형

| 분류 | 대상 | 개발사 | 상용화 유무 | 주요 용도 |
|---|---|---|---|---|
| 관계형 DBMS | Oracle | Oracle | 상용화 | 일반 어플리케이션 |
| | IBM DB2 | IBM | 상용화 | 일반 어플리케이션 |
| | MS-SQL | Microsoft | 상용화 | 일반 어플리케이션 |
| | MySQL | MySQL AB 등 | 오픈소스 | 일반 어플리케이션 |
| | SQLite | D. Richard Hipp | 오픈소스 | 스마트폰 |
| NoSQL | MongoDB | Mongo DB Inc. | 오픈소스 | 빅데이터 |
| | Cassandra | Facebook 등 | 오픈소스 | 빅데이터 |
| InMemory DB | Redis | Salvatore Sanfilippo | 오픈소스 | 임베디드 |

② DBMS 분석 시 고려 사항

| 분류 | 고려사항 | 내용 |
|---|---|---|
| 기능성 | 가용성 | • 시스템 운영 간 장애 발생 없이 사용 가능한 정도 |
| | 성능 | • 대규모 데이터 처리 능력 |
| | 상호 호환성 | • 다양한 운영체제나 프레임워크에서 활용 가능한 정도 |
| 상업성 | 기술지원 | • 설치 및 운영 간 트러블 슈팅 및 업데이트 지원 |
| | 비용 | • 초기 구축 및 유지보수 비용 정도 |

이해돕기

비즈니스 융합 분석

정보시스템 구축을 통해서 해결하거나 개선, 상품화하고자 하는 산업 도메인을 분석하는 것

## 6. 비즈니스 융합 분석

① 비즈니스 융합의 개요

㉠ 비즈니스 융합의 정의

• IT 기술을 활용하여 기존 산업의 개방, 연결, 협업을 촉진하고 새로운 비즈니스를 창출하거나 혁신하는 활동

• 기존 산업인 자동차, 조선, 건설, 의료, 제조, 농식품 등 1~3차 산업에 IT 기술이 접목되어 새로운 비즈니스 기회와 가치를 창출하는 활동

㉡ 비즈니스 융합 유형

| 구분 | 내용 |
|---|---|
| 서비스 융합 | • 복수의 서비스나 기능, 혹은 서비스에 IT 등의 타 산업을 융합함 |
| 제품 융합 | • 복수의 제품을 융합하거나 혹은 SW 및 IT 부품 등을 융합함 |

② **비즈니스 융합 분석**

| 순서 | 구분 | 내용 | 주요기법 |
|---|---|---|---|
| 1 | 기업 환경 분석 | • 기업을 둘러싼 법제도, 경제, 사회, 기술에 대해서 분석 | PEST 분석 |
| 2 | 비즈니스 도메인 분석 | • 현 비즈니스 모델 및 정보시스템 현황분석 | BCG 분석 |
| 3 | IT 융합 모델 분석 | • 미래 IT융합 정보시스템 모형 도출 | 요구공학 아키텍처 작성 |
| 4 | 산출물 작성 | • 관련 산출물 작성 | 보고서 작성 |

## SECTION 02 요구사항 확인

### 1. 요구분석 기법

① **요구분석 기법의 개요**

㉠ 요구분석의 정의

- 요구사항 확인 절차의 한 과정으로 사용자의 요구사항을 도출하여 모델링하고 명세를 통해 문서화 및 검증하는 다양한 요구공학 방법
- 요구사항 분석을 통해 다수 요구사항 간에 트레이드 오프 관계인 모순을 해결하고, 전체 개발 범위 산정, 비용 산정, 외부 환경과의 상호 작용 등을 정의하는 기법

㉡ 요구사항 유형

| 구분 | 요구사항 유형 | 내용 |
|---|---|---|
| 기능/비기능 분류 | 기능 | • 시스템이 수행하는 역할과 업무에 관한 사항으로 사용자가 시스템을 통해 제공받기 원하는 기능정의 |
| | 비기능 | • 시스템의 성능이나 제약사항에 관한 요구사항 정의 |
| 사용자/시스템 분류 | 사용자 | • 사용자의 관점에서 시스템이 제공해야 하는 요구사항 |
| | 시스템 | • 개발자나 엔지니어 관점에서 바라보는 시스템이 제공해야 하는 요구사항 |

**이해돕기**

요구사항 확인과 요구사항 분석
요구사항 확인 절차는 '도출 → 분석 → 명세 → 확인(검토 및 검증)'이며, 이 중 요구사항 분석은 협의의 개념에서는 2번째 단계, 요구사항 확인(검토 및 검증)은 4번째 단계만 의미하기도 하나, 광의의 개념에서는 요구사항 확인의 전 과정을 분석 혹은 확인으로 통칭하기도 함

**이해돕기**

요구사항 유형 중 기능은 사용자가 정보시스템을 통해서 해결이나 개선하고자 하는 목표를 단위로 정의한 것이며, 비기능은 기능을 수행하기 위해서 정보시스템이 당연히 지원해야 하는 보안, 성능 등을 의미함

② **요구사항 확인 절차**

| 순서 | 절차 | 내용 |
|---|---|---|
| 1 | 도출 | • 요구사항 확인의 첫 단계로 요구사항을 어디에서, 어떻게 수집할 것인지 조사<br>• 이해관계자의 식별을 통해서 고객, 개발팀 등 관계가 형성 |
| 2 | 분석 | • 요구사항을 도출하여 상충되는 것을 확인, 범위와 비용을 산정, 외부 환경과의 상호작용을 분석<br>• 전체 시스템 요구사항을 정의하고 그중에서 소프트웨어 요구사항을 도출 |
| 3 | 명세 | • 분석된 요구사항을 표준화된 문서로 작성<br>• 시스템 정의서, 시스템 요구사항 정의서, 소프트웨어 요구사항 정의서 등을 작성 |
| 4 | 확인 | • 작성된 요구사항 정의서를 분석가, 이해관계자 등이 확인하고 검증<br>• 요구관리 툴을 이용하여 요구사항 정의서 버전을 형상관리 수행 |

**이해돕기**

요구분석은 정보시스템 개발에서 상당히 중요한 요소로, 실제 현장에서는 사용자의 요구사항을 제대로 분석하지 못하여 프로젝트가 실패하거나 개발된 시스템의 품질 저하가 빈번히 발생하기도 함

③ **요구분석 기법 유형**

㉠ 요구사항 분류

요구사항의 기능 · 비기능 여부와 범위를 파악, 요구사항의 변경성 확인 및 원천 발생 요인을 분류

㉡ 개념 모델링

- 시스템을 통해 해결하고자 하는 실세계 문제나 기능에 대한 정형화
- 문제 도메인의 엔티티 들을 정의하고 각 엔티티들 간의 관계와 종속성을 표현
- 통상 UML(Unified Modeling Language) 표기법을 사용하며, 유즈케이스 다이어그램이나 데이터 흐름 모델, 데이터 모델이나 객체모델, 사용자 인터랙션 등의 모델을 작성함

㉢ 요구사항 할당

구체적으로 요구사항을 충족하기 위해 아키텍처 구성 요소를 도출, 각 구성 요소와의 상호작용을 분석하여 추가적인 요구사항 발견 가능

㉣ 요구사항 협상

각 이해관계자 간의 상충작용에 대한 중재나, 기능의 실제 구현 간 배타적인 사항 등에 대한 정의 및 조정

㉤ 정형 분석

요구사항 분석의 최종 단계에서 사전 형식화된 시멘틱 언어로 요구사항을 정형화해서 표현하는 분석 방식

**두음암기**

요구분석 기법(청인관중분모)
청인이가 관중속에서 분석모델을 하고 있다.

④ **요구분석 기술**

| 절차 | 내용 | 기법 |
|---|---|---|
| 청취 기술 | • 다수 사용자의 의견을 듣는 기술 | 요구사항 분류 |
| 인터뷰 · 질문 기술 | • 청취된 의견에 대해서 세부사항을 문의하는 기술 | 요구사항 분류 |

| 관찰 기술 | • 현 시스템과 사용자의 업무, 회사의 비즈니스를 관찰하는 기술 | 요구사항 할당 |
|---|---|---|
| 중재 기술 | • 이해관계자들 간 의견이나 외부 환경과의 상충된 상황을 조율하는 기술 | 요구사항 협상 |
| 분석 기술 | • 요구사항의 구조화, 정형화, 분류를 수행하는 기술 | 요구사항 할당 |
| 모델 작성 기술 | • 요구사항 분석에 사용하는 다양한 기능 모델링을 작성하는 기술 | 정형 분석 |

⑤ **요구사항 확인**

㉠ 요구사항 확인의 정의

이해관계자들의 요구사항이 이해 가능하고 일관성 있게, 완전하게 구성되었는지 검증하는 마지막 절차

㉡ 요구사항 확인 기법

| 구분 | 내용 | 특징 |
|---|---|---|
| 요구사항 검토 (Requirement Reviews) | • 여러 이해관계자들이 서로 요구사항의 오류, 불명확화, 비표준 등의 내용을 찾는 활동 | IEEE 830 표준으로 정의됨 |
| 프로토타이핑 (Prototyping) | • 소프트웨어 엔지니어가 실제로 시범용 모델을 만들어서 정확한 요구사항을 정의 | 디자인에 치중되는 부분이 있으며 비용이 발생하는 단점 |
| 모델 검증 (Model Verification) | • 개발된 모델이 요구사항을 충족하고 품질을 만족하는지 정형화된 형식으로 정적 분석을 수행하는 기법 | 전문 분석가가 수행 |
| 인수 테스트 (Acceptance Test) | • 최종 제품을 대상으로 요구사항이 만족되었는지 테스트를 수행하여 확인하는 기법 | 최종 SW 개발 단계에서 수행 |

이해돕기

요구사항을 정확히 도출하고 확인하기 위해서는 사용자들의 적극적인 참여가 필요하며, 실제로 프로젝트 수행 시에 이해관계자들을 정확히 파악하고 정형화된 회의나 인터뷰 등을 수행하여 올바른 요구사항을 정의하고 확인해야 함

두음암기

요구사항 확인 기법(검프모인)

포레스트 검프가 군중 속으로 모인다.

## 2. UML

① **UML(Unified Modeling Language)의 개요**

㉠ UML의 정의

• OMG(Object Management Group)에서 객체모델링 기술과 방법론에 표준화하여 제안한 모델링 표기법으로, 럼바우의 OMT, 야곱슨의 OOSE, 부치의 OOD를 통합하여 UML 1.0 발표

• 2015년 8월 2.5버전까지 지속적으로 업데이트되면서 발표 중

㉡ UML의 기초 모델 분석

| 유형 | 설명 |
|---|---|
| OMT | • Object Mdeling Technology<br>• 제임스 럼바우(James Rumbaugh)가 개발한 설계 방법론으로 사용자 요구 측면의 기능 모델링, 시스템 구조 기반의 정적 모델링, 프로세스 및 흐름 기반의 동적 모델링으로 설계 |

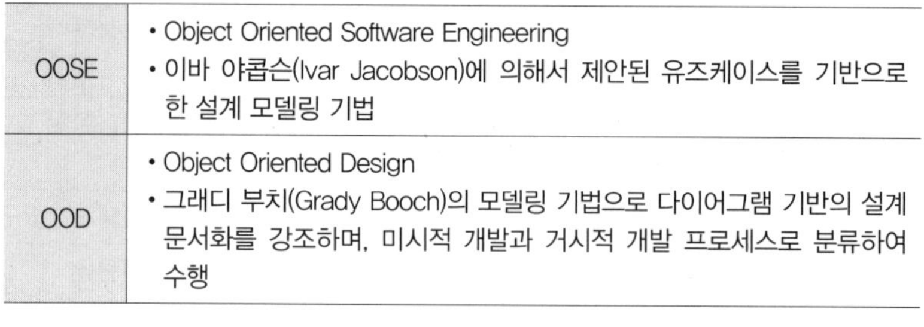

| | |
|---|---|
| OOSE | • Object Oriented Software Engineering<br>• 이바 야콥슨(Ivar Jacobson)에 의해서 제안된 유즈케이스를 기반으로 한 설계 모델링 기법 |
| OOD | • Object Oriented Design<br>• 그래디 부치(Grady Booch)의 모델링 기법으로 다이어그램 기반의 설계 문서화를 강조하며, 미시적 개발과 거시적 개발 프로세스로 분류하여 수행 |

두음암기

UML의 특징(가구명문)
**가구**의 **명문**은 정기사 가구다.

② UML의 특징

| 구분 | 설명 |
|---|---|
| 가시화 | • 그래픽 언어로 개념 모델 설계 시에 오류가 적고, 이해관계자 간 의사소통을 용이하고 명확하게 함 |
| 구현 | • 다양한 프로그래밍 언어와 연계되어 개발을 수행할 수 있고 왕복 공학 가능(순공학 ↔ 역공학) |
| 명세화 | • 사용자 요구에 적합한 모델 제시가 가능하며 정확한 모델의 분석, 작성, 설계 표현이 가능 |
| 문서화 | • 시스템에 대한 평가와 통제, 의사소통이 가능하도록 문서(요구사항, 아키텍처, 소스코드 등) 제공 |

두음암기

UML의 구성 요소(사관도)
**사관**의 **도**를 지켜야 한다.

③ UML의 구성 요소

| 구성 | 설명 | 세부구성 |
|---|---|---|
| 사물<br>(Things) | • 시스템 기능이나 행위를 유즈케이스 다이어그램으로 기술하고 제약사항이나 주석을 표현 | 구조, 행위, 그룹, 주해 |
| 관계<br>(Relationship) | • 각 사물의 의미를 명확하게 정의하고 사물과 사물을 연결하는 관계를 표현 | 의존, 연관, 포함, 일반화, 실체화 |
| 도해<br>(Diagram) | • 사물과 관계를 그래픽적인 도해 형태로 표현<br>• 요구사항, 구조, 행위 등 중점적으로 표현하고자 하는 목적에 따라서 다이어그램을 선택하여 표현 | • 요구 모델링(Use Case)<br>• 구조적 모델링(Class, Object, Component)<br>• 행위 모델링(Sequence, Activity, Communication, State, Interaction Overview, Timing) |

두음암기

UML의 매커니즘(공명확장)
**공명**이 국토 **확장**을 추진했다.

④ UML의 매커니즘

| 구성 | 설명 | 예시 |
|---|---|---|
| 공통분할<br>(Common Division) | • 유사하거나 밀접하게 관련된 것들의 구분 방법 제공 | 클래스와 오브젝트, 인터페이스와 구현 |
| 명세(Specification) | • 그래픽 표기의 표준화된 명세법으로 의미를 전달 | 클래스의 이름, 속성, 오퍼레이션을 표현하는 방법 제공 |
| 확장 메커니즘<br>(Extension mechanism) | • UML 모델에서 부족한 표현을 확장하여 제공 | 스테레오타입(타입 추가), Tagged Value(속성 확장), Constraint(규칙 생성 및 수정), Profile(용이한 확장 메커니즘) |

| | | |
|---|---|---|
| 장식(Adornment) | • UML 요소들의 고유한 그래픽 표기법으로 구현 | 클래스 다이어그램의 속성, 오퍼레이션의 그래픽 표현 |

## 3. 애자일(Agile)

### ① 애자일의 개요

㉠ 애자일의 정의

- 절차나 형식보다는 사람이 중심이 되어 사용자의 요구변화에 신속하게 대응하며 고객과 소통 및 상호협력을 중요시하는 소규모 반복적 SW 개발 방법론
- 정보시스템의 적시 개발, 배포가 중요하고 사용자의 요구가 다양해지며, 기존의 문서와 절차 위주의 개발 방법론이 신속한 대처에 어려움이 있다는 지적을 배경으로 애자일이 등장함

㉡ 애자일의 핵심가치

| 구분 | 내용 |
|---|---|
| 사람 중심 | • 개발 절차나 도구, 형식에 앞서 이해관계자 개인 간의 상호 협력과 의사소통을 중시 |
| 소프트웨어 중심 | • 포괄적이고 형식적인 문서에 앞서 실제 작동하는 소프트웨어를 중시 |
| 협업 중심 | • 계약 협상에 앞서 고객과의 협동과 협업을 중시 |
| 변화 대응 | • 계획을 수립하고 수행에 앞서 요구나 환경 변화 대응을 중시 |

### ② 애자일의 특징 및 개념도

㉠ 애자일의 특징

| 구분 | 내용 |
|---|---|
| 요구변화 민첩 | • 사용자의 요구사항이 자주 변경되는 환경에 적합 |
| 신속한 피드백 | • 사용자가 실제 개발 프로세스에 참여하여 협업하기 때문에 신속한 피드백이 가능 |
| 점진적 반복개발 | • 전체 개발 프로젝트를 각각의 단위 모듈화하고 점진적으로 반복 개발 수행하여 효율적 |
| 소규모 개발 | • 사용자의 요구사항이 불명확한 소규모 개발에 적합 |

㉡ 애자일 개념도

…

이해돕기

애자일 방법론의 장단점

- 장점 : 사용자 요구 변화에 신속히 대처가 가능하며, 중소형 개발 프로젝트에 효율성이 높음
- 단점 : 소프트웨어 개발 방법론으로 적용하기에는 각 프로세스별 정형화가 부족하고 대형 개발 프로젝트에는 적용에는 한계가 있음

이해돕기

애자일의 방법론 유형 세부내용

XP, SCRUM 등 각 유형별 세부 내용은 파트 5에 포함되어 있으며, 연계학습이 필요함

이해돕기

애자일 방법론 유형

애자일은 다양한 유형이 있으나 실제 시험에는 XP와 SCRUM이 출제 빈도가 상당히 높으며, 매 회 회차가 진행될수록 출제 난도 역시 높아지고 있음. XP와 SCRUM은 반드시 개념의 이해와 함께 핵심 요소들을 학습하고 암기할 것

③ **애자일의 유형**

| 종류 | 특징 | 비고 |
|---|---|---|
| XP | • eXtreme programming<br>• 이해관계자 간에 의사소통 방식을 개선하여 즉각적인 피드백을 통해 요구변화 대응<br>• 단순하게 코딩하여 S/W 품질 향상<br>• 테스트 강조, 5가지 가치(용기, 단순화, 커뮤니케이션(의사결정), 피드백, 존중)와 12개 실천항목으로 구성<br>• 1~3주 단위의 짧은 반복 개발 주기 수행 | • 애자일 기법 중 가장 주목을 받고 있으며 개발 관점의 방법론에 집중 |
| SCRUM | • 프로젝트를 30일 단위의 스프린트로 분리하여 반복 수행하고, 스크럼 마스터와 팀은 매일 15분가량의 짧은 스크럼 회의를 통하여 계획 수립 | • 반복(Iteration) 계획과 팀 구성원의 업무 추적(Tracking)에 중점 |
| UP | • 애자일 방뻐론을 기반의 S/W 개발 모델을 완벽하게 제시<br>• 비주얼 기반의 모델링 도구 지원 | • Agility 원칙과 특징을 강조 |
| Crystal | • 다양한 형태의 프로젝트 상황에 맞춤형 방법론을 적용할 수 있도록 다양한 세부적인 기법과 테일러링(Tailoring) 원칙 제공 | • 프로젝트 범위와 중요도에 따라 최적화 방법 제안 |
| FDD | • 프로젝트의 특징을 기반(Feature Driven Development)으로 하여 기능모델 도출, 설계와 구현, 수행의 3단계 사이클 반복하여 수행<br>• 이때 구현 단계에서는 2주 간의 짧은 Iteration과 5단계 세부 프로세스를 통해서 개발 추진 | • 명료한 설계와 구현 프로세스의 반복 수행 |

## SECTION 03 분석모델 확인

### 1. 모델링 기법

① **모델링 기법의 개요**

㉠ 모델링 기법의 정의

- 현실 세계에서 발생하는 현상을 정의하고 특정한 목적에 대응하여 SW 개발에 대응하기 위한 표현 기법
- 개발자, 사용자 등 이해관계자 간에 소통이 용이하도록 쉬운 형식으로 표현

㉡ 모델링의 수행 절차

| 특징 | 단계 | 세부 내용 | 산출물 |
|---|---|---|---|
| 추상화 ↕ 구체화 | 요구 분석 | • 업무 수행을 위해 기능 및 데이터 측면의 요구사항 분석 후 도출 | 요구사항 명세서 |
| | 개념 모델링 | • 전체적인 요구사항을 상위 수준에서 정의하고 엔티티와 관계를 도출 | 개념 E-R 모델 |
| | 논리 모델링 | • 요구사항과 조건을 완전하게 표현<br>• 성능 및 기술적 제약조건과는 독립적으로 작성 | 상세 E-R 모델 |
| | 물리 모델링 | • 시스템 개발 중에 구현될 DBMS의 특징을 정의하고 설계 측면의 구성 기술 | 물리적 구성도 |
| | 데이터 베이스 | • 물리적인 모델을 기반으로 하여 DBMS에 구현하기 위한 내용 기술 | DB 설계도 |

### ② 모델링의 유형

㉠ 기능적 모델링

<table>
<tr><th>구성 요소</th><th>주요 내용</th></tr>
<tr><td>배경도<br>(Context Diagram)</td><td>• 시스템 및 외부 객체와의 자료 흐름을 개략적으로 표현하는 도구<br>• 시스템의 범위를 전반적으로 표현</td></tr>
<tr><td>자료흐름도<br>(DFD ; Data Flow Diagram)</td><td>• 배경도를 기반으로 기능을 분할하고 분할된 기능을 버블 단위로 표현한 구조도</td></tr>
<tr><td>자료 사전<br>(Data Dictionary)</td><td>• 자료별 단위나 자료의 의미에 대한 사항을 정의<br>• 자료 흐름도에 표현된 자료의 저장소를 구체적으로 명시
<table>
<tr><th>표기법</th><th>표기 내용</th><th>설명</th></tr>
<tr><td>=</td><td>자료명과 내용과의 연결</td><td>다음과 같이 구성됨</td></tr>
<tr><td>+</td><td>순차(sequence)</td><td>~과</td></tr>
<tr><td>[ | ]</td><td>선택(selection)</td><td>~ 중</td></tr>
<tr><td>{ }n</td><td>반복(repetition)</td><td>n번을 반복</td></tr>
<tr><td>( )</td><td>선택사양(option)</td><td>추가될 수 있음</td></tr>
</table>
〈자료 사전 표기법〉</td></tr>
<tr><td>구조도<br>(Structure Chart)</td><td>• 시스템의 처리기능을 블랙박스로 분할한 후 모듈로 표현하고 이들 간의 인터페이스를 계층구조로 연결하여 표현</td></tr>
<tr><td>소단위명세서<br>(Mini-Specification)</td><td>• 자료 흐름도의 최하위 단계에서 어떤 일이 처리되는지 로직(Logic)을 개략적으로 기술하는 구조도</td></tr>
</table>

**이해돕기**

기능적 모델링

구조적 개발 방법론에서 자주 사용하는 분석기법으로 시험 출제 빈도가 상당히 높으며, 파트 5의 챕터 1 정보시스템 구축관리에서도 중복되는 부분이 있어 연계 학습 필요

이해돕기

E-R 모델링

E-R 모델링에 관한 세부 내용은 파트 3에 포함되어 있으며, 연계 학습이 필요함

ⓛ 자료 모델링

| 종류 | 특징 | 주요 구성 요소 |
|---|---|---|
| E-R 모델링 | • 현실세계를 개체, 관계, 속성으로 정의하는 개념을 도입하여 표현하는 모델 | 개체(Entity), 관계(Relationship), 속성(Attributes), 연결(Link) |

ⓒ 동적 모델링

| 종류 | 특징 | 주요 구성 요소 |
|---|---|---|
| 유즈케이스 다이어그램 | • 시스템의 기능적 요구사항과 외부 환경 요소를 행위자(Actor)와 일의 목표인 유즈케이스(Use Case)로 표현하는 모형 | 액터, 유즈케이스, 연관관계, Include, Extend |
| 상태 변화도 | • 시스템을 제어의 흐름, 동작의 순서를 기반으로 하여 표현하는 모델 | 상태(State), 사건(Event), 동작(Action) |

## 2. 분석자동화 도구

### ① 분석자동화 도구의 개요

㉠ 분석자동화 도구의 정의

사용자 요구사항을 자동으로 정의, 분석하고 산출물을 작성하도록 지원하는 솔루션

ⓛ 분석자동화 도구의 특징

| 구분 | 상세 내용 |
|---|---|
| 정확성 증가 | • 분석과 문서화에 표준화된 방법과 자동화를 통해서 품질 확보 가능 |
| 추적 가능 | • 사용자 요구의 변경에 대해서 추적과 이력 관리가 가능 |
| 비용 감소 | • 분석을 위한 인력 투입과 요구사항 유지보수 비용, 이해관계자 간 의사소통 비용 등 축소 가능 |

### ② CASE(Computer-Aided Software Engineering)의 개요

㉠ CASE의 개요

컴퓨터 지원 소프트웨어 공학이라고 불리며, 시스템 개발의 자동화를 지원하는 프로그램 도구로 요구사항 분석 및 모델링뿐만 아니라 실제 코드를 생성하여 프로그램 개발 전체를 지원

ⓛ CASE의 기능

| 구분 | 상세 내용 |
|---|---|
| 다이어그램 자동생성 | • 그래픽을 사용하여 시각화된 다이어그램 자동 생성 기능 제공 |
| 화면 및 보고서 생성 | • 화면 설계 및 중요 산출물에 대한 보고서 기능 제공 |

| | |
|---|---|
| 데이터사전 생성 | • 데이터의 의미나 자료 단위의 값에 대한 정의를 자동으로 생성 |
| 요구사항 분석, 검사 | • 요구사항을 분석 및 정의하고 변경에 대한 검사 수행 |
| 코드 생성 | • 도출된 요구사항 명세서와 다이어그램을 통하여 프로그램을 자동을 구현 |
| 문서 생성 | • 소프트웨어 개발과 관련한 문서를 자동으로 생성하고 변경 관리 |

㉢ CASE의 주요 특징

| 구분 | 상세 내용 |
|---|---|
| 그래픽 지원 | • GUI 기반 사용자 인터페이스를 통하여 시각화를 지원하며 사용 용이성 증대 |
| SDLC 지원 | • 소프트웨어 전 개발과정에서 활용 가능하고 각 단계별 연결 지원 |
| 표준화 지원 | • 표준화된 개발 방법론과 산출물, 형식을 지원 |
| 공동 개발환경 지원 | • 복수 개발자들이 참여하여 공동 개발할 수 있는 환경을 지원 |
| 문서 자동화 지원 | • 명세서, 설계도, 형상관리 등 관련 문서의 자동화 생성으로 편의성과 비용 감소 가능 |
| 의사소통 지원 | • 프로그램 개발과 관련한 각 이해관계자 간 의사소통 편의성 제공 |

㉣ CASE의 활용 유형

| 구분 | 상세 내용 |
|---|---|
| 상위 CASE | • SDLC 모형에서 요구분석, 설계까지의 단계에 대한 CASE 활용을 목표로 하며, 다이어그램 생성, 오류 검증 및 설계에 대한 가시화 수행 |
| 하위 CASE | • 상위 CASE에서 도출된 명세를 바탕으로 소스코드를 생성하고 소프트웨어 구현 수행 |

### ③ HIPO(Hierarchy Input Process Output)의 개요

㉠ HIPO의 정의

소프트웨어의 요구사항 분석, 설계 단계에 대하여 문서화를 지원하는 하향식 개발지원 도구

㉡ HIPO의 특징

| 구분 | 상세 내용 |
|---|---|
| 입력, 처리, 출력 중심 | • 시스템의 수행의 기본 요건인 입력, 처리, 출력 개념을 기반으로 하여 분석, 설계, 문서화 수행 |
| 사용 용이성 | • 기호와 도표를 통해 정형적이고 가시적인 문서관리 수행 가능 |
| 관계 표현 | • 각 요구사항에 해당하는 기능과 자료 간의 의존관계를 동시 표현 |

**이해돕기**

CASE는 비용측정이나 요구분석, 설계 등의 특정 도구로 활용되기도 하나, 소스 코드 개발까지 통합하여 지원하는 도구로 활용 가능함. 도구 자체의 가격이 높으나 자동화 구현으로 인하여 전체 개발 비용은 저렴해지는 효과가 있음

㉢ HIPO 차트의 개요

사용자의 요구로부터 도출된 소프트웨어의 기능을 모듈 단위로 분할하고 각 단위 간 인터페이스를 계층형으로 표현한 표

㉣ HIPO 차트의 유형

| 구분 | 상세 내용 |
|---|---|
| 가시적 차트 | • 시스템의 전체적인 기능과 자료의 흐름을 보여주는 Tree 형태의 직관적 구조로 표현한 도표 |
| 총체적 차트 | • 프로그램 핵심 기능인 입력, 처리, 출력에 관한 단위 기능 구성에 대해 도표 |
| 세부적 차트 | • 총체적 차트에 추가로 기능구성을 위한 세부사항까지 상세히 기술하는 도표 |

**이해돕기**

TAGS, PLS/PSA, SREM 등의 도구는 CASE 도구의 유형으로 분류되기도 한다.

### ④ 기타 분석자동화 도구

| 구분 | 상세 내용 |
|---|---|
| SADT | • 블록다이어그램 기반의 요구사항 분석 및 설계 자동화 도구 |
| SREM | • RT(Real Time) 소프트웨어 개발을 위한 요구사항 정의 및 분석 자동화 관리 도구 |
| PSL/PSA | • 요구사항 기술언어를 기반으로 다양한 문서화를 지원하는 자동화 도구 |
| TAGS | • SDLC 전 주기에 활용 가능한 요구사항 분석, 설계, 구현 자동화 도구 |

**이해돕기**

요구사항 베이스라인

사용자가 제시한 요구사항을 분석, 정리하여 최종 확정되는 시점이며, 이때부터 요구사항 관리가 시작됨

## 3. 요구사항 관리도구

### ① 요구사항 관리도구의 개요

㉠ 요구사항 관리도구의 정의

사용자의 요구사항을 관리하여 설계, 개발, 테스트 등 수행에 일관되게 적용되고 추적될 수 있도록 지원하는 도구

㉡ 요구사항 관리도구의 기능

| 구분 | 상세 내용 |
|---|---|
| 일반 기능 | • 신규 프로젝트 생성, 신규 요구사항 작성, 요구사항 파일 저장, 불러오기 |
| 관리 기능 | • 요구사항 버전 관리, 베이스라인 설정 및 변경 관리, 상태 추적 |
| 부가 기능 | • 접근제어, 의사소통, 보고서 기능 |

### ② 대표적인 요구사항 관리도구

| 구분 | 상세 내용 |
|---|---|
| 오픈소스 도구 | OSRMT, Redmine |
| 상용도구 | IBM Rational DOORS, ReQtest, Visure, SpiraTeam, ReqSuite, Atlassian Jira, Helix 등 |

# 기출문제 분석

1, 2회

**01** 소프트웨어 설계 시 구축된 플랫폼의 성능특성 분석에 사용 되는 측정 항목이 아닌 것은?

① 응답시간(Response Time)
② 가용성(Availability)
③ 사용률(Utilization)
④ 서버 튜닝(Server Tuning)

해설 플랫폼 성능 특성 분석 측정 항목은 응답시간(Response Time), 경과시간(Turnaround Time), 가용성(Availability), 사용률(Utilization)로 정의된다. 서버 튜닝은 서버의 성능을 개선하는 작업 활동이다.

1, 2회

**02** 자료 사전에서 자료의 생략을 의미하는 기호는?

① { }　　② **
③ =　　④( )

해설 자료 사전에서 사용하는 기호는 내용연결 '=', 순차 '+', 선택 'ㅣ', 반복 '{}', 선택 생략 '()'으로 구성된다.

1, 2회

**03** CASE가 갖고 있는 주요 기능이 아닌 것은?

① 그래픽 지원
② 소프트웨어 생명주기 전 단계의 연결
③ 언어 번역
④ 다양한 소프트웨어 개발 모형 지원

해설 CASE는 컴퓨터 지원 소프트웨어 공학이라고 불리며, 시스템 개발의 자동화를 지원하는 프로그램 도구로서 프로그램 개발 전주기 연결, 그래픽 기반 다이어그램 생성, 화면 및 보고서 생성, 데이터 사전 생성, 요구사항 분석 및 검사, 코드 생성, 문서 생성 등을 지원한다.

1, 2회

**04** XP(eXtreme Programing)의 5가지 가치로 거리가 먼 것은?

① 용기　　② 의사소통
③ 정형 분석　　④ 피드백

해설 XP의 5가지 가치는 용기, 단순화, 커뮤니케이션(의사소통), 피드백, 존중으로 구성된다.

1, 2회

**05** DBMS 분석 시 고려사항으로 거리가 먼 것은?

① 가용성　　② 성능
③ 네트워크 구성도　　④ 상호 호환성

해설 DBMS는 데이터베이스 관리 시스템으로 네트워크 구성 영향보다는 성능과 호환성이 더욱 중요하다.

정답 01 ④　02 ④　03 ③　04 ③　05 ③

1, 2회

**06** **HIPO(Hierarchy Input Process Output)에 대한 설명으로 거리가 먼 것은?**

① 상향식 소프트웨어 개발을 위한 문서화 도구이다.

② HIPO 차트 종류에는 가시적 도표, 총체적 도표, 세부적 도표가 있다.

③ 기능과 자료의 의존 관계를 동시에 표현할 수 있다.

④ 보기 쉽고 이해하기 쉽다.

해설 소프트웨어의 요구사항 분석, 설계 단계에 대하여 문서화를 지원하는 하향식 개발지원 도구이다.

1, 2회

**07** **데이터 흐름도(DFD)의 구성 요소에 포함되지 않는 것은?**

① process ② data flow

③ data store ④ data dictionary

해설 데이터 흐름도는 process, data flow, data store로 구성되며, 자료 사전(data dictionary)은 데이터 흐름도와 같이 요구사항 기능적 모델링에 적용하는 방법이다.

3회

**08** **요구사항 분석 시에 필요한 기술로 가장 거리가 먼 것은?**

① 청취와 인터뷰 · 질문 기술

② 분석과 중재 기술

③ 설계 및 코딩 기술

④ 관찰 및 모델 작성 기술

해설 요구사항 분석은 소프트웨어 개발 시에 가장 먼저 수행하는 단계여서 아직 설계와 코딩을 고려하진 않는다.

3회

**09** **애자일 기법에 대한 설명으로 맞지 않은 것은?**

① 절차와 도구보다 개인과 소통을 중요하게 생각한다.

② 계획에 중점을 두어 변경 대응이 난해하다.

③ 소프트웨어가 잘 실행되는 데 가치를 둔다.

④ 고객과의 피드백을 중요하게 생각한다.

해설 애자일 개발 방법론은 유연한 소프트웨어 개발 프로세스로 진행되며, 변경에 대응이 용이하다.

4회

**10** **XP(eXtreme Programming)의 기본원리로 볼 수 없는 것은?**

① Linear Sequential Method

② Pair Programming

③ Collective Ownership

④ Continuous Integration

해설 XP는 애자일 개발 방법론의 일종이며, 절차적이고 순차적인 프로세스가 아닌 소규모 반복 개발의 성격을 띠고 있다.

4회

**11** **DFD(Data Flow Diagram)에 대한 설명으로 틀린 것은?**

① 자료 흐름 그래프 또는 버블(bubble) 차트라고도 한다.

② 구조적 분석 기법에 이용된다.

③ 시간 흐름을 명확하게 표현할 수 있다.

④ DFD의 요소는 화살표, 원, 사각형, 직선(단선/이중선)으로 표시한다.

해설 자료흐름도는 배경도를 기반으로 기능을 분할하고 버블 단위로 표현한 구조도이며 프로세스 흐름을 표현할 수 있으나 시간의 흐름을 나타내는 것은 아니다.

4회

**12** **소프트웨어 개발 단계에서 요구 분석 과정에 대한 설명으로 거리가 먼 것은?**

① 분석 결과의 문서화를 통해 향후 유지보수에 유용하게 활용할 수 있다.
② 개발 비용이 가장 많이 소요되는 단계이다.
③ 자료흐름도, 자료 사전 등이 효과적으로 이용될 수 있다.
④ 보다 구체적인 명세를 위해 소단위 명세서(Mini-Spec)가 활용될 수 있다.

해설 요구 분석은 설계를 위한 사전 작업이며, 자료흐름도, 자료 사전, 소단위 명세서를 통해서 모델링할 수 있다. 개발 비용이 가장 많이 소요되는 단계는 주로 구현 단계에서 발생한다.

4회

**13** **애자일 방법론에 해당하지 않는 것은?**

① 기능 중심 개발
② 스크럼
③ 익스트림 프로그래밍
④ 모듈 중심 개발

해설 애자일 개발 방법론의 대표적인 유형은 익스트림 프로그래밍과 스크럼 방식이며, 기능 중심이고 변화에 유연하게 대응 가능하다. 모듈 중심 개발은 객체지향 개발 방법론이나 컴포넌트 기반 개발 방법론에 적합하다.

5회

**14** **현행 시스템 분석에서 고려하지 않아도 되는 항목은?**

① DBMS 분석 ② 네트워크 분석
③ 운영체제 분석 ④ 인적 자원 분석

해설 현행 시스템 분석은 플랫폼 기능, 플랫폼 성능, 운영체제, 네트워크, DBMS, 비즈니스 융합 분석 등을 수행한다.

6회

**15** **시스템의 구성 요소로 볼 수 없는 것은?**

① Process ② Feedback
③ Maintenance ④ Control

해설 몇몇 독립된 요소가 결합하여 전체가 유기적으로 작동하는 것을 총칭하여 시스템이라고 하며 정보통신 분야에서는 하드웨어와 소프트웨어가 통합되어 하나의 기능을 수행하는 것을 의미한다. 이때 프로세스, 피드백, 컨트롤은 시스템 구성 요소이며, 유지보수를 뜻하는 Maintenance는 구성 요소가 아닌 시스템을 관리하는 활동으로서 작업을 의미한다.

6회

**16** **요구사항 개발 프로세스의 순서로 옳은 것은?**

| ㉠ 도출(Elicitation) | ㉡ 분석(Analysis) |
| --- | --- |
| ㉢ 명세(Specification) | ㉣ 확인(Validation) |

① ㉠-㉡-㉢-㉣ ② ㉠-㉢-㉡-㉣
③ ㉠-㉣-㉡-㉢ ④ ㉠-㉡-㉣-㉢

해설 요구사항 개발은 도출 → 분석 → 명세 → 확인의 순서로 수행된다.

7회

**17** **익스트림 프로그래밍(XP)에 대한 설명으로 틀린 것은?**

① 빠른 개발을 위해 테스트를 수행하지 않는다.
② 사용자의 요구사항은 언제든지 변할 수 있다.
③ 고객과 직접 대면하며 요구사항을 이야기하기 위해 사용자 스토리(User Story)를 활용할 수 있다.
④ 기존의 방법론에 비해 실용성(Pragmatism)을 강조한 것이라고 볼 수 있다.

해설 소프트웨어 개발은 모두 테스트를 중요하게 생각하며 수행한다. 익스트림 프로그래밍 역시 반복 개발 과정에서 테스트를 수행한다.

정답 06 ① 07 ④ 08 ③ 09 ② 10 ① 11 ③ 12 ② 13 ④ 14 ④ 15 ③ 16 ① 17 ①

7회

**18** **요구 분석(Requirement Analysis)에 대한 설명으로 틀린 것은?**

① 요구 분석은 소프트웨어 개발의 실제적인 첫 단계로 사용자의 요구에 대해 이해하는 단계라 할 수 있다.
② 요구 추출(Requirement Elicitation)은 프로젝트 계획 단계에 정의한 문제의 범위 안에 있는 사용자의 요구를 찾는 단계이다.
③ 도메인 분석(Domain Analysis)은 요구에 대한 정보를 수집하고 배경을 분석하여 이를 토대로 모델링을 하게 된다.
④ 기능적(Functional) 요구에서 시스템 구축에 대한 성능, 보안, 품질, 안정 등에 대한 요구사항을 도출한다.

해설 요구 분석은 사용자가 원하는 기능적인 측면의 요구와 기능적 요구를 달성하기 위한 성능, 보안, 품질, 안정 등의 비기능적 요구로 구분될 수 있다. ④는 비기능적 요구에 대한 설명이다.

8회

**19** **애자일(Agile) 기법 중 스크럼(Scrum)과 관련된 용어에 대한 설명이 틀린 것은?**

① 스크럼 마스터(Scrum Master)는 스크럼 프로세스를 따르고, 팀이 스크럼을 효과적으로 활용할 수 있도록 보장하는 역할 등을 맡는다.
② 제품 백로그(Product Backlog)는 스크럼 팀이 해결해야 하는 목록으로 소프트웨어 요구사항, 아키텍처 정의 등이 포함될 수 있다.
③ 스프린트(Sprint)는 하나의 완성된 최종 결과물을 만들기 위한 주기로 3달 이상의 장기간으로 결정된다.
④ 속도(Velocity)는 한 번의 스프린트에서 한 팀이 어느 정도의 제품 백로그를 감당할 수 있는지에 대한 추정치로 볼 수 있다.

해설 스프린트는 30일 단위의 반복된 소규모 프로젝트로 진행된다.

정답 18 ④ 19 ③

# 화면 설계

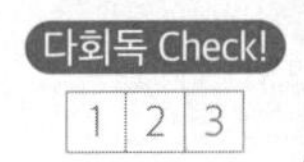


**학습 목표**

- 사용자의 요구사항을 정의하고 이를 화면에 구현하기 위해서 UI(User Interface)를 정의하고 설계 수행
- UI설계를 위한 다양한 기법과 도구를 이해하고 학습 수행



## SECTION 01 UI 요구사항 확인

### 1. UI 표준

#### ① UI(User Interface)의 개요

㉠ UI의 정의

사용자가 시스템과 소통하기 위한 창구를 의미하여, 접속 하드웨어부터 소프트웨어 화면까지 접속 매개체 모두를 포함하는 개념

㉡ UI의 특징

| 구분 | 상세 내용 |
|---|---|
| 비용 절감 | • 사용자가 원하는 요구를 최소의 노력으로 구현하고 오류는 배제 |
| 명확한 처리 | • 구체적인 방법을 제안하여 사용자의 요구 처리 명확화 |
| 편의성 제공 | • 사용자의 편의성을 높여서 사용성을 높이고 다수 사용자 확보 가능 |
| 의사소통 | • 사용자와 서비스 제공자 사이의 매개 역할 기능을 제공하고 마케팅에 활용 가능 |

**이해돕기**

최근 정보시스템과 디지털 서비스에서는 UI와 UX에 대한 개발과 연구를 상당히 중요시하고 있으며, 특히 사용자들의 만족도가 제품의 성공과 연계되는 만큼 디자인이나 편의성 측면에서 다양한 기술을 적용하고 있음

#### ② UI의 유형

㉠ UI의 유사 개념

| 구분 | 상세 내용 |
|---|---|
| UI(User Interface) | • 사용자가 시스템에 원하는 제어와 표현의 소통 매체 중심 |
| UX(User Experience) | • 사용자가 시스템과 소통할 때의 경험의 품질에 중심 |
| CX<br>(Customer Experience) | • 고객이 시스템과 소통할 때의 경험의 품질에 중심(상업적, 마케팅 중심에서 활용) |

**이해돕기**

UX(User Experience)의 특징

UX는 인간의 감성 부분에 관한 영역으로 주관성(사람들마다 차이 존재), 정황성(경험 발생 환경에 영향), 총체성(개인 느낌의 총합)을 특징으로 한다.

ⓒ 대표적인 UI 유형

사용자의 편의성과 친화성을 극대화하는 방향으로 발전하고 있으며, 하기 대표 유형 외에도 매체의 특성에 따라서 웹 기반 사용자 인터페이스(WUI), 모바일기반 사용자 인터페이스(MUI) 등 다양한 유형으로 분류함

| 특징 | 구분 | 설명 | 매체 | 사례 |
|---|---|---|---|---|
| ↓ | CLI | • 명령어 라인 인터페이스(Command Line Interface)<br>• 사용자가 원하는 결과를 얻기 위해서 명령어를 줄 단위로 입력해서 소통하는 사용자 환경 | 명령어 | 운영체제 |
| | GUI | • 그래픽 사용자 인터페이스(Graphical User Interface)<br>• 사용자가 쉽게 적용 가능한 시각화 된 그래픽을 사용해서 소통하는 사용자 환경 | 그래픽 | 모바일앱 |
| | AUI | • 오디오 사용자 인터페이스(Auditory User Interface)<br>• 사용자의 목소리와 스피커 시스템을 기반으로 인터페이스하며 최근 AI 비서와 스피커 시스템에서 적용 | 소리 | 음성인식 스피커 |
| 사용자 친화적 | NUI | • 자연스런 사용자 인터페이스(Natural User Interface)<br>• 전통적인 기존 입력장치 없이 사람의 감각과 행동을 통해서 디지털기기를 제어하거나 소통하는 환경 | 신체 | 증강현실, 상황인식 컴퓨팅 |

> **이해돕기**
> CLI를 간단하게 경험해 보려면 윈도우의 검색창에서 cmd를 입력해서 명령 프롬프트 창이 열리면 줄 단위로 명령어를 입력하여 결과를 얻을 수 있음(예 디렉터리 확인 : dir/w)

③ **UI 요구사항 확인**

㉠ UI 요구사항 확인 정의

SW 개발과정 중 최초 사용자 요구 분석 시에 UI에 해당하는 요구사항을 확인하기 위한 일련의 과정

ⓒ UI 요구사항 확인 프로세스

| 구분 | 절차 | 세부 내용 |
|---|---|---|
| 비즈니스 요구사항 확인 | 비즈니스 요구사항 확인 | • 대상 사용자를 정의하고 요구 목표 수립<br>• 인터뷰 및 UI/UX 디자인 프로세스 정의 |
| | 활동 사항 정의 | • 사업 전략과 시스템 목표, 이해관계자 및 회의 계획 등을 선정하고 단위업무 파악 |
| | 인터뷰 진행 | • 한 시간 이내 범위의 핵심 인터뷰를 통해서 비즈니스 요구사항들을 도출하고 정리 |
| 요구사항 작성 | 요구사항 요소 확인 | • 데이터 요구, 기능 요구, 제품 및 서비스 품질, 제약사항 등을 확인하고 설계서에 기술<br>• 페르소나(Persona) 개념을 활용하여 사용자 입장의 요구사항 정의 |
| | 정황 시나리오 작성 | • 요구사항 정의의 가장 기초가 되는 정황 시나리오를 작성하고 이상적인 시스템 모델과 사용자 관점 기능 기술<br>• 작성된 시나리오를 전문가에게 검토 |

> **이해돕기**
> 페르소나(Persona) 의미
> 본래 배우나 특정 역할을 수행하는 등장인물을 의미하는 단어로 IT나 광고업계에서는 실제 고객인 '사용자'라는 개념을 대표적으로 설정하여 형상화한 가상의 인물

④ **UI 표준의 개요**

㉠ UI 표준의 정의

- 시스템 내의 UI 구성 요소들에 대한 기준과 적용 방법 등을 상세화하고 기술한 규정과 문서
- 시스템 개발에 일관된 UI 규격, 디자인, 설계의 기준을 제시하고 시스템의 사용성을 높이는 목적으로 활용되며, 'UI 표준 정의서'를 수립하여 활용

㉡ UI 표준 수립 및 개발 절차

| 순서 | 구분 | 설명 |
|---|---|---|
| 1 | 사용자 요구분석 | • 사용자의 요구사항을 분석하고 UX와 UI 측면에서 접근하는 부분은 별도 분석 |
| 2 | UX 컨설팅 | • 사용자 입장에서 편의성, 학습성, 가독성 등을 분석하여 최대한 경험 측면에서 높은 품질을 구현할 수 있도록 컨설팅 수행 |
| 3 | UI 표준정의 | • 전체 시스템에 대한 분석 및 도출된 UI 구성 요소를 기준으로 하여 공통되고 일관된 UI 개발 규정 수립<br>• 별도의 UI 표준정의 조직에서 작성하며, UI 패턴모델을 도출하고 유즈케이스를 이용하여 패턴별 개발 방법론 매칭 |
| 4 | 화면 설계 | • UI 표준 정의서를 기반으로 하여 효율성, 접근성, 오류 최소화 기반 화면을 설계 |
| 5 | 디자인 및 개발 | • 구조화된 화면 설계에 맞춰서 그래픽 디자인 작업을 수행하고 시스템 개발 추진 |

㉢ UI 표준정의 구성 요소

UI 표준정의를 위한 세부 내용을 분석, 도출하고 전담 UI 조직 구성을 통해 표준정의 후 실제 프로젝트에 참조 및 매핑하여 개발 추진

| 구분 | 설명 |
|---|---|
| UI 스타일 가이드 정의 | • 운영체제 및 웹 브라우저 확인<br>• 해상도 및 리사이즈 여부 파악<br>• Top, Left, Contents 영역의 프레임셋 구조 정의 |
| 레이아웃 정의 | • 단일화면(SDI)과 멀티화면(MDI) 구성에 따른 기능 정의<br>• Top, Left, Contents 영역별로 세부 구성 요소 정의 |
| 네비게이션 정의 | • 메뉴 네비게이션 형태를 응용 프로그램에 맞춰 정의<br>• 결합도와 응집도를 고려하여 모델뷰를 정의 |
| 기능 정의 | • 시스템 요구사항의 개념적 모델링을 기반으로 하여 업무 프로세스를 분석하고 UI 설계로 상세화<br>• 그리드, 버튼 등 상세요소를 정의 |
| UI 패턴 모델 정의 | • CRUD 기반으로 데이터의 흐름을 분석 후 UI 패턴모델을 도출하고 유즈케이스를 통해서 최적의 패턴별 표준을 수립 |

**이해돕기**

UI 표준의 의미

- 원래 표준이라고 하면 ISO25000(SW품질평가 표준), IEEE 802.11(무선랜 표준) 처럼 국제표준을 연상하는데, 이외에도 산업계에서 널리 사용하는 기술표준과 기업 및 기관 내부에서 자체적으로 제정하는 규정들도 표준이라고 지칭함
- 본 UI 표준은 SW 개발 기업에서 내부적으로 사용하는 UI에 대한 전반적인 규약 등을 정의한 자체적인 표준을 의미

이해돕기

UI 표준과 지침

- UI 표준은 실제 UI에 포함되는 화면구성, 버튼이나 메뉴 등 구체적인 내용(미시적)의 기술인 반면, UI 지침은 접근성, 호환성 등의 조건이나 법 · 제도적 기준을 명기(거시적)
- 외부의 UI 지침과 관련해서는 정보통신산업진흥원의 '2013년 소프트웨어 개발 UI/UX 참조모델 가이드' 혹은 행정안전부의 '2019년 전자정부 웹사이트 UI/UX 가이드라인'을 참조 가능(정보통신산업진흥원의 2013년 가이드는 너무 오래된 버전이므로 행정안전부의 2019년 가이드라인 참조를 권고함)

## 2. UI 지침

### ① UI 지침의 개요

㉠ UI 지침(Guideline) 정의

외부의 UI/UX 관련 참조 가이드 혹은 내부의 UI 표준과 연계해서 UI 요구사항 및 구현 시 조건 등에 관한 공통 기준을 명시한 참조문건

㉡ UI 지침 구성 개념도

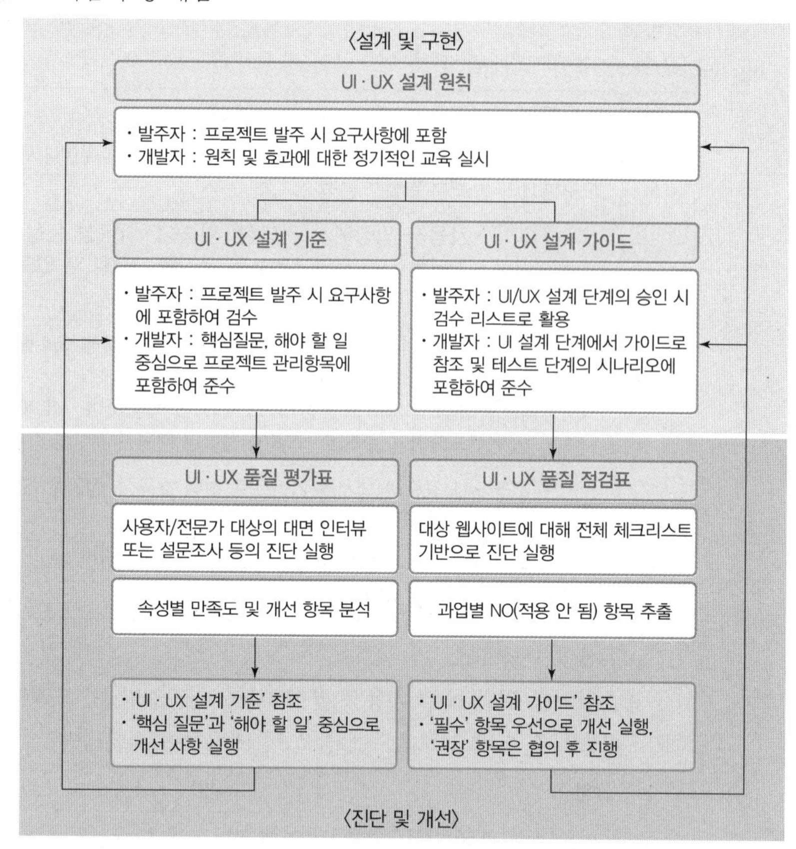


㉢ UI 지침의 구성

| 구분 | 상세 내용 |
|---|---|
| UI 설계 원칙 | • 사용자 경험 설계를 위해서 반드시 준수해야 할 기본 원칙과 방향성 제시 |
| UI 설계 기준 | • 개발 시스템에 대한 사용자 경험 특성에 대한 설명과 설계 시 점검과 수행해야 할 사항들 제시 |
| UI 설계 가이드 | • 개발 시스템의 효과적인 사용 경험을 제공하기 위한 인터페이스 설계 방법 제공 |
| UI 품질진단 기준 | • 개발 완료된 시스템에 대해서 UI 및 UX 측면의 설계와 개발이 잘되었는지 지표를 설정하고 평가하는 방법 제공 |
| UI 자가진단 기준 | • 개발 완료된 시스템의 품질 측정을 내부 UI팀 혹은 개발자 등 이해관계자 스스로 평가할 수 있는 기준 제공 |

② UI 지침 세부내용

㉠ UI 지침 내 설계 기준

| 기준 | 개념 |
|---|---|
| 사용자에게 필요한 정보와 기능 제공 | 맞춤형 서비스 제공 |
| 작업에 소요되는 시간과 단계 최소화 | 효율적 서비스 |
| 직관적이고 일관성 있게 개발 | 가독성 서비스 |
| 사용자가 원하는 방식으로 이용 가능하게 개발 | 경험적 서비스 |
| 사용자가 실수하지 않게 개발 | 오류 방지 |
| 모든 유형의 사용자가 이용할 수 있게 개발 | 접근성 강화 |
| 원하는 서비스와 정보를 쉽게 찾도록 개발 | 검색 서비스 제공 |

㉡ UI 지침 내 설계 가이드

| 구분 | 개념 | 구성 요소 |
|---|---|---|
| 브랜드 | • 헤더(Header)와 푸터(Footer)를 포함하는 영역으로 직관적이고 간결한 디자인, 안내와 설명 필요 | Logo, CI, 저작자 등 |
| 탐색 | • 탐색 패턴은 특정 페이지에서 다른 페이지로 이동할 수 있게 지원하는 상세 패턴의 집합으로 적절한 유형의 탐색 메뉴 제공 필요 | 대메뉴, 세부메뉴, 탭 등 |
| 검색 | • 순차적 접근의 탐색을 이용하지 않고 사용자가 원하는 문구나 페이지를 직접 입력하여 접근하는 기능 | 통합검색, 고급검색 등 |
| 콘텐츠 | • 페이지에 표현되는 텍스트, 영상, 이미지 및 사운드로서 효과적인 전달이 필요 | 콘텐츠 목록, 보조 콘텐츠 등 |
| 회원 | • 시스템 기능에 사용자 관리가 필요할 경우 가입, 로그인, 계정 찾기 등 UI 구성 | ID/PW, 약관 동의, 마이 페이지 등 |
| 신청/조회/발생 | • 시스템의 비즈니스 목적에 맞춰 입력 폼, 출력 폼, 조회 폼 등을 기획하고 UI구성 | CMS, 입력 필드, 조회 창 등 |
| 구매/결재 | • 상업적인 용도의 시스템에서 상품관리, 판매 기능과 외부 금융기관과의 연계를 통한 결재 UI 구성 | 장바구니, 카드 결제 등 |
| 안내 | • 사용자가 기능을 수행하거나 정보 탐색 시 발생 가능한 문제를 미리 알려주고 의도치 않은 사용에 대한 안내나 요청한 동작 수행 결과에 따른 알람 구현 | 모달창, 알림창, 오류창 등 |
| 지원/기타 | • 시스템 이용 간에 발생할 수 있는 문제에 대한 해결안을 제시하고 필요한 정보를 탐색하는 UI 구성 | 도움말 찾기, 연락처 연동 등 |

이해돕기

CMS(Contents Management System)

웹 어플리케이션에서 관리자가 콘텐츠를 관리하고 게시판을 생성하거나 이력관리가 가능한 시스템

이해돕기

모달창

모달 윈도(Modal Window), 혹은 대화상자라고도 하며 자식 윈도우와 부모 윈도우 사이에서 사용자의 동작을 요구하는 경우에 활용됨(예. 대표적으로 파일의 열기나 저장 시에 별도의 윈도우 탐색 창이 열리는 경우)

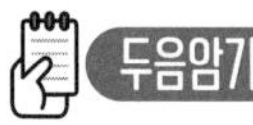


웹 접근성(인운이견)
**인운**이는 **이견**을 받아들였다.

㉢ UI 지침 내 자가 수준 진단 기준

| 구분 | 개념 | 구성 요소 |
|---|---|---|
| 웹 접근성 | • 한국형 웹접근성(Korean Web Content Accessibility Guidelines ; KWCAG)<br>• 신체적 특성이나 지식의 정도, 기술적 환경 등에 제한되지 않고 차별 없이 UI를 통해서 시스템에 접속할 수 있도록 참조 가능한 지침<br>• 준수 여부를 인증을 통해서 검증 | • 인식의 용이성<br>• 운영의 용이성<br>• 이해의 용이성<br>• 견고성 |
| 웹 표준화 | • 시스템의 호환성을 확보하고 개방성이 우수한 시스템 및 UI를 만들기 위한 가이드 | • 정규화 문법<br>• 내용과 표현 분리<br>• 플러그인 호환성 |
| 웹 최적화 | • 시스템 접속의 속도와 페이지 용량 구성의 적절성, 링크의 오류가 없는지 관리하기 위한 가이드 | • 접속 속도(3초 이내)<br>• 페이지 용량(3Mb 이내)<br>• 링크 단절 없음 |

## 3. 스토리보드

### ① 스토리보드(Storyboard)의 개요

㉠ 스토리보드의 정의

- UI 표준 정의서를 기반으로 하여 실제 시스템의 화면 설계를 위해서 각 화면별 구성 요소, 레이아웃을 규정하는 화면 정의서이며, 디자이너 및 개발자 등 이해관계자들이 최종 개발에 참고하는 산출물
- UI 스토리보드 혹은 UI 시나리오, 워크플로우라고도 함

스토리보드 작성요건(가완일이추수)
**가완일**이 벼를 **추수**했다.

㉡ 스토리보드의 작성 요건

| 작성 요건 | 설명 |
|---|---|
| 가독성<br>(Readable) | • 스토리보드를 쉽게 읽고 이해할 수 있도록 작성<br>• 각 문서의 버전 넘버링을 규칙에 맞게 작성(예 v1.0, v2.0) |
| 완정성<br>(Complete) | • 스토리보드의 내용에 누락이 없고 상세히 작성<br>• 시스템적 기능보다는 사용자의 태스크 관점으로 기술 |
| 일관성<br>(Consistent) | • 구현 목표 서비스 및 사용자 요구가 일관되게 작성<br>• 문서 스타일을 일관성 있게 작성 |
| 이해성<br>(Understandable) | • 일반 사용자나 처음 문건을 보는 사람도 이해하기 쉽도록 작성<br>• 추상적이거나 모호한 표현, 어려운 용어는 지양 |
| 추적 용이성<br>(Traceable) | • 사용자 요구사항이나 변경사항이 쉽게 추적 가능하도록 작성<br>• 변경사항은 6하 원칙에 의거해서 추적 이력 기록 |
| 수정 용이성<br>(Modifiable) | • 스토리보드는 쉽게 수정이 가능하도록 작성<br>• 하나의 수정으로 여러 문서가 변경되지 않도록 수립 |

② **스토리보드의 절차 및 구성내용**

㉠ 스토리보드의 작성 절차

| 단계 | 구분 | 설명 |
|---|---|---|
| 1 | 메뉴 구성도 만들기 | • 시스템 전체 메뉴 구성도를 수립하고 메뉴의 순서와 세부 단계, 용어 등을 정의 |
| 2 | 스타일 확정 | • 실제 레이아웃이나 폰트, 크기 및 색상 등을 정의하며 그래픽 요소의 일관성을 유지하여 정의 |
| 3 | 설계 | • 실제 화면에 보이는 디자인 콘셉트를 기획하고 설계하며 시각화<br>• 내용 작성 시 문단 구성, 기호, 번호 등 일관된 형식을 적용해서 일관되고 명확한 표현으로 작성 |

㉡ 스토리보드 구성내용

| 유의사항 | 설명 |
|---|---|
| 문서버전 | • 보드의 신규 작성과 갱신 시에 버전과 날짜를 기록하여 추적과 관리 수행 |
| 하드웨어 특성 | • 사용자 단말에 대한 특성을 파악하고 멀티지원, 해상도, 프레임 구성 등 정의 |
| 메뉴 구조 | • 전체적인 메뉴 구성을 계층화하고 세부적으로 정의 |
| 화면구성 세부 내용 | • 텍스트 및 콘텐츠에 대한 스타일을 정의하고 공통영역에 대한 일관된 구성과 세부 페이지별 설명을 기술 |
| 태스크 흐름 | • 업무 처리를 위한 데이터 입출력 흐름을 정의하고 수록 |

## SECTION 02 UI 설계

### 1. 감성공학

① **감성공학의 개요**

㉠ 감성공학의 정의

- 공학 분야에 인간의 감성이나 인체 특성을 반영하여 제품이나 서비스의 설계부터 최종 결과물의 생산까지 인간 친화적인 철학을 적용하는 공학 사상
- SW 개발에서는 사용자와 의사소통을 수행하는 UI 측면에서 접근이 필요하며, UI 요구 확인을 마치고 설계 시에 감성공학 사상을 반영하여 UX 만족도를 제고

이해돕기

감성공학

- 감성공학은 IT분야에서도 다수 활용되고 있으나 신발 디자인, 식품 포장 등 일반 제조업에서도 많이 사용하는 개념임
- IT 산업에서는 SW UX가 모바일 기기, 스마트 제품 등에 널리 활용되고 있음.

㉡ 감성공학의 특징

| 구분 | 설명 |
|---|---|
| 융합과학 | • 인문사회과학, 공학, 의학, 디자인학 등 여러 분야 학문의 기초가 융 · 복합된 종합과학 |
| 복합기술 | • 감성을 과학적으로 측정, 구현하기 위해서 생체 계측, 감각 계측, 인공지능 처리, 생체 제어 등 기술이 필요 |
| 측정평가기반 | • 인간 감성을 정량적으로 측정, 평가하여 공학에 적용 |
| 인간공학기반 | • 인간공학은 인간과 시스템 간에 일어나는 상호작용을 과학적으로 연구하는 학문으로 감성공학의 기반이 됨 |

**② 감성공학의 핵심 기술 및 주요 사례**

㉠ 감성공학의 핵심 기술

| 구분 | 설명 | 기술예시 |
|---|---|---|
| 생체 측정기술 | • 인간의 신체나 행동 등에서 생성된 생체 정보를 측정, 정량화해서 분석하는 기술 | 인공지능 학습 |
| 인터페이스 기술 | • 다양한 센서를 통해서 인간에 대한 정보를 수집하고 처리하는 기술 | 오감센서 |
| 감성디자인 기술 | • 인체구조적인 특성을 산업디자인 측면에서 구성하고 디자인하는 기술 | 인포그래픽 |
| 마이크로 가공기술 | • 신체에 부착, 적용이 용이하도록 제품을 미세화하고 웨어러블 형태로 구현하기 위한 기반 기술 | 스마트웨어러블 |
| 사용성 평가 및 응용기술 | • 감성공학 제품을 사용하여 경험을 평가하거나 시뮬레이션, 혹은 새로운 감성을 창출하는 데 활용하기 위한 기술 | 증강현실 |

㉡ 감성공학의 주요 응용 사례

| 구분 | 설명 |
|---|---|
| 제로 UI | • 화면 기반의 인터페이스가 아닌 행동이나 소리를 통해서 시스템과 인터페이스하는 기술 |
| HCI | • 감성공학을 통해서 사람과 시스템의 인터페이스를 효율적으로 구성하고자 연구하는 학문 및 기술 |
| 멀티모달 | • 인간의 음성, 제스처, 시선, 표정, 신체 등 다양한 정보를 기반으로 하여 컴퓨터와 소통하는 인간친화형 인터페이스 기술 |

이해돕기

인포그래픽(Infographic)

정보나 지식 등을 쉽고 이해가 용이하게 시각화하여 표현한 디자인 방법론으로 IT나 디지털 서비스에서도 다양하게 활용되고 있음

## 2. UI 설계 도구

### ① UI 설계의 개요

㉠ UI 설계의 정의

- UI 요구사항을 정의하고 설계에 전반적으로 활용할 UI 표준지침 수립 후에 UI 흐름 설계를 수행하고 화면 설계 및 상세 설계를 수행한 후 최종적으로 UI 설계서를 작성하는 일련의 SW 개발 과정
- 성공적인 UI 설계를 위해서 감성공학을 고려하고 적정한 설계 도구를 통해서 산출물(UI 설계서) 작성이 필요

㉡ UI 설계 구성항목

| 단계 | 구분 | 설명 |
|---|---|---|
| 1 | 표지 | • 개발 프로젝트명, 작성자 정보, 개발 일시 및 최종 문서 버전 등을 명기하는 표지 작성 |
| 2 | 개정 이력 | • 최초 작성 버전에 대한 이력 사항과 이후 수정한 개정 이력 사항을 정리하여 작성 |
| 3 | 요구사항 정의 | • 사용자 요구를 순번대로 정의하여 기록 |
| 4 | 시스템 구조 작성 | • 사용자 UI 요구사항들을 전체적으로 정의해서 도식화 |
| 5 | 사이트 맵 구성 | • 시스템 구조를 메뉴 형태로 계층화해서 정의 |
| 6 | 프로세스 정의 | • 사용자 측면에서 요구사항들의 기능처리 흐름을 구조화하여 작성 |
| 7 | 화면 설계 | • UI 화면별로 스토리보드를 반영해서 콘셉트(와이어프레임)를 작성하고 콘텐츠에 대한 설명이나 및 페이지 이동 흐름을 명기 |
| 8 | 최종 검토 | • 이해관계자 간의 회의를 통해서 상호 검토 및 수정을 하고 구현 단계로 이행 |

㉢ UI 화면 설계 기본구성

| 구분 | 설명 |
|---|---|
| 아이콘(ICON) | • 기능을 예측할 수 있는 대표적인 명칭을 정의하고 디자인으로 표현한 조그만 그림 형태의 인터페이스 |
| 메뉴(MENU) | • 시스템 전체, 혹은 특정 화면에서 수행이 가능한 기능들을 종합하여 정리한 선택형 인터페이스 |
| 윈도우(WINDOW) | • 사용자와의 입출력 인터페이스 결괏값을 표출하는 화면 표시 영역 |
| 포인터(POINTER) | • 사용자의 입력 대기 지점을 알려주거나 시스템의 상태 등을 표시해주는 조그만 알림 인터페이스 |

두음암기

UI 화면설계 기본구성(아메윈포)
아메리카노는 윈도우 포에버~!

POINT

UI설계서 예시

**표지**

프로젝트명
Storyboard
제목입력
설계서 버전
작성자 정보

| Document Version | Last Updated | Organization | Authot |
|---|---|---|---|
| 1.0 | yyyy.mm.dd | 개발 2팀 | 홍길동 |

최종 업데이트 일자

**개정이력**

| NO | 내용 | Version | 수정일 | 작성자 |
|---|---|---|---|---|
| 1 | 초안 작성 | V1.0 | 2022-10-01 | 홍길동 |
| 2 | 보완 | V1.1 | 2022-10-03 | 이순신 |
| 3 | 2022-10-06 회의 내용 반영 | V1.2 | 2022-10-06 | 이순신 |
| 4 | 2022-10-12 회의 내용 반영 | V1.3 | 2022-10-12 | 홍길동 |
| 5 | 2022-10-18 회의 내용 반영 | V1.4 | 2022-10-18 | 강감찬 |
| 6 | 2022-10-26 회의 내용 반영 | V1.5 | 2022-10-26 | 홍길동 |

**요구사항정의서**

| NO | RFP (Request For Proposal) | 비고 |
|---|---|---|
| 1 | 요구사항 1-화면 배치 | UI 지침 적용 |
| 2 | 요구사항 2-모달 윈도 | 화면 설계 적용 |
| 3 | 요구사항 3-표현 기법 | 회의 결과 반영 |
| 4 | 요구사항 4-페이지 구현 | 화면 설계 적용 |
| 5 | 요구사항 5-화면 이동 | 회의 결과 반영 |

**시스템 구조도**

| 사용자 | 시스템 | 관리자 |
|---|---|---|
| 회원가입 | 회원관리 | 회원관리 |
| 상품검색<br>상품구매 | 상품등록 | 상품관리 |
| | 이용안내 | 내용 갱신 |
| 구매이력 | 마이페이지 | |

**사이트맵 구조도**

| 대메뉴 | 소메뉴 |
|---|---|
| 회원가입 | 회원가입 |
| | 개인정보 동의 |
| 로그인 | ID 찾기 |
| | PW 찾기 |
| 상품 검색 | 상품 안내 |
| | 구매 |
| 마이페이지 | 개인정보 수정 |
| | 구매이력 보기 |

**프로세스 정의서**



**화면설계서**

㉣ UI 설계 원칙

| 설계원칙 | 설명 |
|---|---|
| 유연성 | • 사용자가 원하는 요구사항을 우선적으로 수용하고 오류는 배제할 수 있도록 구성 |
| 유효성 | • 사용자가 원하는 목표 사항을 정확하게 달성할 수 있도록 구성 |
| 직관성 | • 익숙하지 않은 사용자도 쉽게 이해하고 사용 가능하도록 구성 |
| 학습성 | • 사용자 누구나 쉽게 배우고 체화 가능하도록 구조화 |

㉤ UI 설계 지침

| 설계 지침 | 설명 |
|---|---|
| 가시성 | • 다수 사용자가 원하는 핵심 기능을 메인에 구성하거나 가독성 있게 구성 |
| 결과 예측 가능 | • 사용자가 인터페이스만 보고도 결과를 예측할 수 있도록 직관성 확보 |
| 단순성 | • 조작이 간단하게 수행할 수 있도록 인지적 부담 최소화 구성 |
| 명확성 | • 사용자가 원하는 요구사항을 명확하게 표현하도록 구성 |
| 사용자 중심 | • 사용자의 편의성과 가독성 등 경험 기반으로 환경을 구축 |
| 오류 발생 해결 | • 요구사항 처리에 발생하는 오류에 대해서 사용자가 인지하고 인터페이스를 통해서 대응할 수 있도록 구성 |
| 일관성 | • 각 인터페이스 내부 구성 요소들은 일관성 있게 구현해서 혼돈이 없어야 함 |
| 접근성 | • 사용자의 신체적, 환경적 상황 차이에도 쉽게 사용할 수 있도록 구성 |
| 표준화 | • 디자인이나 인터페이스 설계 지침을 준수하여 사용자의 사용성과 학습성을 높이도록 구조화 |

㉥ UI 설계 절차

UI 설계는 사용자 요구를 분석하고 구조화하는 프로세스 중심 흐름 설계와 실제 시스템의 메뉴를 구성하고 세부 화면을 그리는 상세 설계로 추진

| 구분 | 순서 | 프로세스 | 세부 단위 | 상세 설명 |
|---|---|---|---|---|
| 흐름 설계 | 1 | UI 설계안 적정성 검토 | 실행차를 고려 UI 설계 원리 확인 | • 사용자 목적을 정확히 확인하고 행위 순서를 규정 |
| | 2 | | 평가차를 고려 UI 설계 원리 확인 | • 사용자의 원래 의도와 시스템 결과 간의 유사도를 사용자가 파악 가능한지 확인 |

두음암기

UI 설계원칙(유유직학)

유유하게 직접 학습하다.

이해돕기

UI 설계 절차는 크게 흐름 설계와 상세 설계로 분류되며 암기보다는 개요에 대한 이해를 위주로 학습

| | | | | |
|---|---|---|---|---|
| 흐름 설계 | 3 | 화면과 양식 폼의 흐름 설계 | 기능 작성 | • 기능적 요구 사항과 비기능적 요구사항을 검토하여 화면에 표현할 기능을 작성 |
| | 4 | | 화면의 입력 요소 확인 | • 화면에 표현할 기능, 입력 요소, 추가 요소를 확인하고 필요한 페이지와 화면 간 이동 및 흐름 확인 |
| | 5 | | 유즈케이스 기반 UI 요구사항 확인 | • 유즈케이스를 확인해서 화면에 표현되는 구성 요소를 파악하고 확인 |
| | 6 | | 유즈케이스 설계 | • 구현할 기능을 기반으로 액터별 시나리오 도출, 액터 세분화 및 행위 등을 설계 |
| | 7 | | 기능 및 양식 폼을 작성 | • Input Box, Combo Box, Radio Box, Check Box 등을 확인하고 양식 폼을 정의 |
| 상세 설계 | 1 | 메뉴 구조 설계 | 요구사항 최종 확인 | • UI 요구사항, UI 표준, UI 지침을 최종 확인 |
| | 2 | | 설계서 표지 및 개정이력 작성 | • 표지 및 개정 이력에 기록한 내용을 확인하고 작성 |
| | 3 | | UI 구조 설계 | • UI 요구사항과 프로토타입을 참조하여 UI 설계 수행 |
| | 4 | | 메뉴 구조 설계 | • 사이트 맵 구성을 검토하고 메뉴구조를 설계 |
| | 5 | | 화면 설계 | • UI 프로토타입과 UI 프로세스 정의서를 기반으로 하여 각 페이지별 화면 설계 |
| | 6 | 하위 단위 화면 및 폼 설계 | 실행차 고려 UI 설계 원리 검토 | • 사용자 요구와 행위 순서를 확인하고 행위의 순서대로 실행을 검토 |
| | 7 | | 평가차 고려 UI 설계 원리 검토 | • 사용자의 원래 요구 의도와 시스템 결과 간의 유사도를 사용자가 파악하고 검토 가능한지 확인 |
| | 8 | UI 검토 | 검토, 보완, 검증 | • UI 설계의 품질을 높이도록 반복 검토를 수행하고 사용자와 시연을 통해서 보완 후 전문가 평가 및 검증 수행 |

POINT

**UI 설계 시의 유용성과 실행차, 평가차**

| 구분 | 설명 |
|---|---|
| 유용성 | • 사용자가 구현된 시스템을 활용하여 목표 대비 달성을 얼마나 효과적으로 얻을 수 있는지에 관한 척도 |
| 실행차 | • 구현된 시스템에서 실행 기능과 사용자가 의도한 목적의 차이 |
| 평가차 | • 구현된 시스템에서 실행 결과와 사용자가 의도한 목적의 차이 |

**② UI 설계 도구의 개요**

㉠ UI 설계 도구의 정의

- 사용자의 요구사항을 UI 화면으로 구조화할 시 요구분석, 화면 설계, 검토를 지원하는 도구
- 협의적 개념에서는 확인, 설계, 검토를 위한 산출물인 프로토타입, 와이어프레임 등을 의미하나 광의의 개념에서는 이러한 산출물을 구현을 지원하는 툴 개념의 소프트웨어까지 포함

㉡ UI 개발 도구의 필요성

사용자와 개발자 간의 대화만으로는 소통의 차가 커서 실제 그림을 그려서 설명하거나 완성된 화면의 디자인을 제시하여 요구사항을 정형화할 경우에 활용

㉢ UI 개발 도구의 유형

각 개발 도구 유형들은 모두 UI 화면 설계를 위한 도구 및 산출물이지만 각각 활용 목적이나 구성 내용에서 차이가 존재

| 구분 | 설명 | 활용 툴 |
|---|---|---|
| 와이어프레임 (Wireframe) | • 서비스 흐름 화면에 대한 스케치와 콘티 수준으로 그려진 페이퍼나 문서 파일 | 종이 그림, 워드프로세서 등 |
| 목업 (Mockup) | • 그래픽 디자인을 활용하여 실제 구현될 화면 구성과 유사하게 구현한 정적인 모형 | 파워 목업, 발사믹 목업 등 |
| 프로토타입 (Prototype) | • 실제 구현될 결과물 화면을 그래픽 디자인 등을 활용하여 동적으로 개발한 모형 | 프로토나우, 오븐 등 |
| 스토리보드 (Storyboard) | • 와이어프레임을 정형화하고 기능 및 DB 연동을 포함하는 전체적인 UI 화면 설계 내용이 담긴 문서 | 액슈어, 워드프로세서 등 |
| 유즈케이스 (Use Case) | • 사용자의 요구사항을 액터와 행위로 묘사하는 다이어그램 | 비지오, 루시드 차트 등 |

이해돕기

**UI개발도구 유형**

UI 설계 부분에서 출제 빈도가 높은 항목이므로 이해와 함께 암기가 필요하며, 특히 각 도구별 특징을 확인하고 분류할 줄 알아야 함

㉣ UI 개발을 위한 대표적인 지원 툴

| 분류 | 도구 | 설명 |
| --- | --- | --- |
| 목업 | 파워 목업 (Power Mockup) | • 파워포인트에 애드온 형태로 설치되는 상업용 목업 지원 툴로, 파워포인트와의 기능 공유를 통해서 쉽게 사용이 가능 |
| | 발사믹 목업 (Balsamiq Mockup) | • 파워포인트와 유사한 인터페이스에 스케치 형식의 작업을 지원하는 상업용 UI/UX 개발 툴 |
| 프로토타입 | 카카오 오븐 (Oven) | • UI 설계를 지원하는 무료 소프트웨어로서 직관적인 구조로 이해하기 용이하고 사용이 쉬우며 이해관계자 간에 공유가 가능 |
| 스토리보드 | 액슈어 (Axure) | • 동적인 화면 구성과 HTML로 추출이 가능한 시스템 기획 및 스토리보드용 툴 |
| 유즈케이스 | 마이크로소프트 비지오(Visio) | • 마이크로소프트 오피스에 포함된 도면이나 다이어그램, 순서도 작성을 위한 지원 툴 |

# 기출문제 분석

1, 2회

**01 UI 설계 원칙에서 누구나 쉽게 이해하고 사용할 수 있어야 한다는 것은?**

① 유효성　② 직관성
③ 무결성　④ 유연성

해설 UI 설계 원칙은 유연성, 유효성, 직관성, 학습성으로 이루어져 있으며, 직관성은 익숙하지 않은 사용자도 쉽게 이해하고 사용 가능하도록 구성되어야 함을 의미한다.

4회

**02 소프트웨어의 상위 설계에 속하지 않는 것은?**

① 아키텍처 설계
② 모듈 설계
③ 인터페이스 정의
④ 사용자 인터페이스 설계

해설 소프트웨어 개발 과정 중 설계 단계에서 수행하는 아키텍처 설계, 인터페이스 설계, UI 설계는 상위 설계에 해당되며, 모듈 설계는 구현 단계에서 고려되는 하위 설계에 해당된다.

4회

**03 소프트웨어의 사용자 인터페이스 개발 시스템(User Interface Development System)이 가져야 할 기능이 아닌 것은?**

① 사용자 입력의 검증
② 에러 처리와 에러 메시지 처리
③ 도움과 프롬프트(prompt) 제공
④ 소스 코드 분석 및 오류 복구

해설 소스 코드 분석 및 오류 복구는 별도의 테스트 툴로 수행한다.

6회

**04 사용자 인터페이스(UI)의 특징으로 틀린 것은?**

① 구현하고자 하는 결과의 오류를 최소화한다.
② 사용자의 편의성을 높임으로써 작업시간을 증가시킨다.
③ 막연한 작업 기능에 대해 구체적인 방법을 제시하여 준다.
④ 사용자 중심의 상호 작용이 되도록 한다.

해설 사용자 인터페이스는 오류를 최소화하고, 사용자 편의성을 높이며, 작업 기능을 수행하기 위해 구체적인 방법을 제시하고 사용자와의 소통을 중요시하여 작업 시간을 최소화한다.

정답 01 ② 02 ② 03 ④ 04 ②

7회

**05** **사용자 인터페이스(User Interface)에 대한 설명으로 틀린 것은?**

① 사용자와 시스템이 정보를 주고받는 상호작용이 잘 이루어지도록 하는 장치나 소프트웨어를 의미한다.

② 편리한 유지보수를 위해 개발자 중심으로 설계되어야 한다.

③ 배우기가 용이하고 쉽게 사용할 수 있도록 만들어져야 한다.

④ 사용자 요구사항이 UI에 반영될 수 있도록 구성해야 한다.

해설 사용자 인터페이스는 개발자가 아닌 사용자 중심으로 설계되어야 한다.

7회

**06** **대표적으로 DOS 및 Unix 등의 운영체제에서 조작을 위해 사용하던 것으로, 정해진 명령 문자열을 입력하여 시스템을 조작하는 사용자 인터페이스(User Interface)는?**

① GUI(Graphical User Interface)

② CLI(Command Line Interface)

③ CUI(Cell User Interface)

④ MUI(Mobile User Interface)

해설 사용자 인터페이스는 GUI, CLI, CUI, MUI 등등 다양한 인터페이스 유형이 있으며, DOS나 UNIX처럼 명령어를 입력하는 인터페이스는 CLI(Command Line Interface)이다.

8회

**07** **User Interface 설계 시 오류 메시지나 경고에 관한 지침으로 가장 거리가 먼 것은?**

① 메시지는 이해하기 쉬워야 한다.

② 오류로부터의 회복을 위한 구체적인 설명이 제공되어야 한다.

③ 오류로 인해 발생될 수 있는 부정적인 내용을 적극적으로 사용자들에게 알려야 한다.

④ 소리나 색의 사용을 줄이고 텍스트로만 전달하도록 한다.

해설 사용자 인터페이스 설계 시 오류나 경고는 사용자가 쉽게 확인이 가능하도록 소리나 색으로 전달하는 것이 바람직하다.

8회

**08** **다음 내용이 설명하는 UI 설계 도구는?**

> • 디자인, 사용 방법 설명, 평가 등을 위해 실제 화면과 유사하게 만든 정적인 형태의 모형
> • 시각적으로만 구성 요소를 배치하는 것으로 일반적으로 실제로 구현되지는 않음

① 스토리보드(Storyboard)

② 목업(Mockup)

③ 프로토타입(Prototype)

④ 유즈케이스(Usecase)

해설 사용자 인터페이스 설계 도구는 목업, 프로토타입, 스토리보드, 유즈케이스 등이 있으며, 이 중 정적인 형태의 모형은 목업이다.

8회

**09 사용자 인터페이스를 설계할 경우 고려해야 할 가이드라인과 가장 거리가 먼 것은?**

① 심미성을 사용성보다 우선하여 설계해야 한다.
② 효율성을 높이게 설계해야 한다.
③ 발생하는 오류를 쉽게 수정할 수 있어야 한다.
④ 사용자에게 피드백을 제공해야 한다.

해설 사용자 인터페이스는 효율성이 높아야 하며, 오류 수정이 용이해야 한다. 아울러 사용자와의 소통을 중심으로 하여 피드백을 제공하고 사용성을 높여야 한다.

8회

**10 입력되는 데이터를 컴퓨터의 프로세서가 처리하기 전에 미리 처리하여 프로세서가 처리하는 시간을 줄여주는 프로그램이나 하드웨어를 말하는 것은?**

① EAI
② FEP
③ GPL
④ Duplexing

해설 FEP(Front-End Processor)는 입력 데이터를 미리 처리하는 프로그램이나 하드웨어를 의미한다.

정답 05 ② 06 ② 07 ④ 08 ② 09 ① 10 ②

CHAPTER 03

# 애플리케이션 설계

다회독 Check!

| 1 | 2 | 3 |
|---|---|---|

**학습 목표**

• 애플리케이션 설계를 수행하기 위해서 모듈화, 컴포넌트에 대한 이해와 객체지향언어의 모델링에 대해서 학습 수행
• 소프트웨어 아키텍처와 품질 속성에 대해서 학습하여 애플리케이션 설계의 기초에 대한 이해 수행
• 기존 파트 4와 중복 기술되어 있던 응집도와 결합도가 파트 1의 챕터 3으로 통합되었으며, 기출 풀이 시에는 기존 파트4와 연계하여 학습 필요함(응집도와 결합도는 언제나 2문제가량 출제되는 고빈도 토픽임)

## SECTION 01 공통 모듈 설계

### 1. 설계 모델링

**① 모델과 모델링의 개요**

㉠ 모델의 정의

현실에서 시스템을 통하여 해결하고자 하는 문제의 단순화, 가시화를 통해 프로그램 및 하드웨어를 계획하고 구상한 산출물

㉡ 모델링의 개요

고품질의 시스템을 개발하기 위해 모델을 만드는 활동으로 각 시기별 IT 개발 방법론의 패러다임에 맞춰 설계 모델링 방법론이 다양화되어 있음

㉢ 설계 모델링의 유형

현재 가장 많이 사용하는 객체지향 개발 방법론, CBD 방법론 등에 의해서 UML이 널리 사용되며, 부수적으로 배경도, 자료흐름도, 소단위 명세서 및 ERD 등이 활용됨

| 구분 | 설명 | 주요 모델링 기법 |
|---|---|---|
| 구조적 방법론 기반 | • 정보시스템 개발을 기능 단위로 분할하고 개별 개발하여 이를 통합하는 방식의 하향식 개발 방법론 | 배경도, 자료흐름도, 자료 사전, 구조도, 소단위 명세서 |
| 정보공학 방법론 기반 | • 정보시스템 개발을 데이터를 중심으로 하는 계획, 분석, 설계, 구축 과정으로 정형화한 개발 방법론 | ERD, 데이터 흐름도, 결정 트리 |
| 객체지향 방법론 기반 | • 프로그램을 객체와 객체 간의 인터페이스를 통해서 기능을 수행하는 형태의 설계 모델로 변환하여 구현하는 개발 방법론 | UML |

**이해돕기**

설계 모델링의 이해

• 모델링 기법은 설계에도 활용되나 요구사항 분석, 확인 등의 단계에서도 활용됨
• 소프트웨어 설계를 세부적으로 분류하면 상위의 아키텍처 설계, 인터페이스 설계, 프로시저 설계와 하위의 코드 설계 등이 있으며 정보처리기사 시험에서는 각 방법론별 요구분석 후의 구현을 위한 내부 기능, 구조, 동적 행위의 모델링을 주로 다룸

**이해돕기**

설계 모델링 유형에서 구조적 방법론, 정보공학방법론, 객체지향방법론, CBD 방법론, SOA 방법론은 모두 소프트웨어 개발 방법론이며 자세한 학습은 파트 5의 챕터 1 소프트웨어 개발 방법론의 활용에서 수행할 예정

| | | |
|---|---|---|
| CBD 방법론 기반 | • 재사용 가능한 컴포넌트 조립과 통합을 기반으로 프로그램을 개발하는 방법론 | UML |
| SOA 방법론 기반 | • 공통으로 사용 가능한 서비스들을 느슨한 결합으로 모델링하여 통합서비스를 지향하는 아키텍처 | UML, EA |

㉣ 객체지향 모델 분석 방법론

| 유형 | 설명 |
|---|---|
| OMT | • Object Modeling Technology<br>• 제임스 럼바우(James Rumbaugh)가 개발한 설계 방법론으로 사용자 요구 측면의 기능 모델링, 시스템 구조 기반의 정적 모델링, 프로세스 및 흐름 기반의 동적 모델링으로 설계 |
| OOSE | • Object Oriented Software Engineering<br>• 이바 야콥슨(Ivar Jacobson)에 의해서 제안된 유즈케이스 기반 설계 모델링 기법 |
| OOD | • Object Oriented Design<br>• 그래디 부치(Grady Booch)의 모델링 기법으로 다이어그램 기반의 설계 문서화를 강조하며, 미시적 개발과 거시적 개발 프로세스로 분류하여 수행 |
| Coad & Yourdon | • E-R 다이어그램을 사용하여 객체 행위를 모델링<br>• 객체 식별>구조 식별>주제 정의>속성 정의>인스턴스 연결 정의>메시지 연결 정의 수행 |
| Wirfs & Brock | • 고객 명세서를 기반으로 사용자 요구분석과 설계를 연속적으로 수행 |

**이해돕기**

객체지향모델 분석 방법론의 유형은 시험에 다수 출제되므로 암기 필요

### ② UML 기반 설계 모델링 개요

㉠ UML 기반 설계 모델링 정의

- UML 표기법을 활용하여 객체지향 분석 및 설계를 수행하는 방법 및 활동
- 현재 객체지향 언어가 널리 사용됨에 따라서 표준 표기법인 UML이 설계에 다수 적용

㉡ UML 설계 시 고려 요소

| 구성 | 내용 |
|---|---|
| 관점(View) | • 모델화된 시스템을 다른관점의 서로 다른 모형 제공 |
| 도해(Diagram) | • 관점(View)의 내용을 표현하기 위한 9가지 다이어그램 제공 |
| 모델 요소 (Model Element) | • 클래스, 속성, 오퍼레이션의 3가지 구성요소를 통하여 객체지향 개념을 표현 |
| 매커니즘 (General Mechanism) | • 모델 요소에 대하여 여분의 주석 정보와 의미를 제공함 |

㉢ UML 관점

- UML 설계를 바라보는 이해관계자 입장을 정리한 도식
- 4개의 관점과 하나의 핵심관점 구성으로 총 4+1의 Views로 설명

**이해돕기**

UML의 기본적인 내용은 챕터 1 섹션 2 'UML'에 정리되어 있으며, 본 챕터에서는 설계와 관련한 내용을 기술하므로 두 개 챕터를 연계하여 학습하는 것이 필요함

End User
– Functionality
– Vocabulary

System Integrators
– Performance
– Throughout

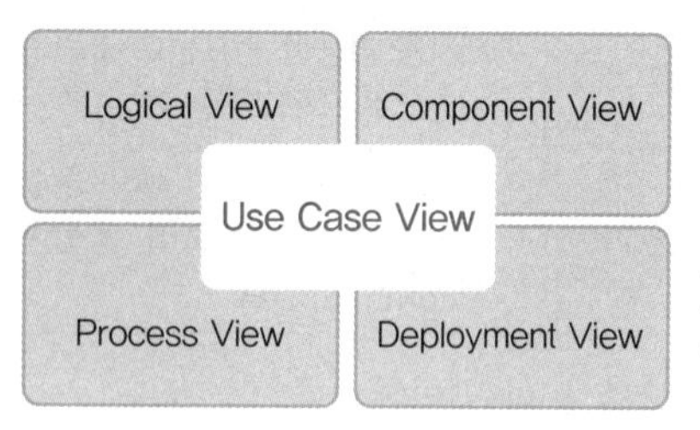


Programmer
– SW management

System Engineers
– Delivery&Installation
– Communication

| View | 내용 |
|---|---|
| Use Case View | • 최초 요구 분석 단계에서 사용되는 관점<br>• 시스템의 이벤트와 기능 위주로 표현(Use Case Diagram) |
| Logical View | • 객체 모델을 뜻하며 클래스 다이어그램으로 나타냄<br>• 시스템 내부 클래스 및 컴포넌트를 파악하고 정의(Class Diagram, Object Diagram) |
| Process View | • 동적 모델을 뜻하며 Sequence 다이어그램과 Collaboration 다이어그램으로 나타냄<br>• 시스템의 내부구조인 클래스와 클래스의 관계 및 상호작용에 중심(Sequence Diagram, Collaboration Diagram) |
| Component View | • 대규모의 시스템을 복수 서브 시스템으로 나눌 때 사용<br>• 물리적 시스템을 조립, 배포하는데 사용하는 컴포넌트와 파일들로 구성(Component Diagram) |
| Deployment View | • S/W가 H/W의 어떤 부분에 배치되고 실행될 것인지를 표현(Deployment Diagram) |

이해돕기

UML의 4+1 관점은 UML 설계에도 활용되나 아키텍처 프레임워크의 한 유형으로서 아키텍처 구현 시에도 활용됨

㉣ UML 모델링의 세분류

| 구분 | 설명 | 주요 다이어그램 |
|---|---|---|
| 기능적 모델 | • 사용자 입장에서 시스템의 요구사항들을 분석, 정의하고 설계 | 유즈케이스 |
| 정적 모델 | • 클래스와 속성, 객체와 오퍼레이션 등을 기반으로 시스템의 구조를 표현 | 클래스, 패키지, 컴포넌트, 배치 |
| 동적 모델 | • 정보시스템 내부의 시간에 따른 동작과 상태의 변화를 표현 | 상호작용, 시퀀스, 협동, 액티비티, 상태 |

두음암기

UML 세분류(시험에 다수 출제)
유클컴퓨터회사가 패배
상시협(렵)은 늘 액상상태이다.

㉤ 세분류별 다이어그램

| 구분 | 설명 | 주요 다이어그램 |
|---|---|---|
| 기능적 모델 | 유즈케이스 | • 사용자 입장에서 본 시스템의 행동/기능적 요구 표현 |
| 정적모델 | 클래스 | • 시스템 내 클래스들의 정적인 구조 |
| | 패키지 | • 시스템의 컴파일 시의 계층적인 구조 |
| | 컴포넌트 | • 논리적 혹은 물리적 컴포넌트의 구조를 표현 |
| | 배치 | • 시스템 하드웨어 및 소프트웨어 간 물리적 구조 표현 |

| 동적모델 | 상호작용 | • 시퀀스+협동 다이어그램 |
|---|---|---|
| | 시퀀스 | • 객체와 객체 간의 상호작용을 메시지 흐름으로 표현 |
| | 협동 | • 객체들 사이에 동적인 협력 사항을 표현 |
| | 액티비티 | • 행위의 순서적 흐름을 표현 |
| | 상태 | • 클래스가 가지는 모든 가능한 상태와 전이를 표현 |

③ **UML 다이어그램 작성 기법**

㉠ UML 스테레오 타입 개요

- UML의 기본 요소 외에 새로운 요소를 만들기 위한 확장 메커니즘 및 관련 표기법
- 길러멧(《 》) 기호를 사용하여 표현

㉡ UML 스테레오 타입 유형

<table>
<tr><th>스테레오 타입</th><th>설명</th><th>비고</th></tr>
<tr><td>《include》</td><td>• 하나의 유즈케이스가 특정 시점에서 반드시 다른 유즈케이스를 실행하는 포함 관계</td><td>관계</td></tr>
<tr><td>《extend》</td><td>• 하나의 유즈케이스가 특정 시점에서 다른 유즈케이스를 실행할 수도, 실행하지 않을 수도 있는 확장 관계</td><td>관계</td></tr>
<tr><td>《interface》</td><td>• 전체 메소드가 추상 메소드이고 바로 인스턴스를 만들 수 없는 클래스<br>• 추상 메소드와 상수로만 구성된 클래스</td><td>클래스</td></tr>
<tr><td>《entity》</td><td>• 통상적으로 정보나 오래 지속되는 연관된 행위를 형상화하는 클래스<br>• 유즈케이스 내의 처리 흐름이 수행되는 동안 기억장치에 저장되어야 할 정보를 기술하는 클래스</td><td>클래스</td></tr>
<tr><td>《boundary》</td><td>• 시스템과 외부의 경계에 위치하는 클래스로서 시스템을 둘러싼 주변 환경과 시스템 내부의 소통을 담당하며 3개의 인터페이스로 구성
<table>
<tr><th>구성요소</th><th>내용</th></tr>
<tr><td>User Interface</td><td>• 시스템과 사용자 간 상호 작용에서 사용자에게 제공되는 부분(웹 및 클라이언트 사이트의 페이지로 구현)</td></tr>
<tr><td>System Iinterface</td><td>• 내 · 외부 시스템 간 상호 작용을 정의할 때 도출되는 인터페이스로서 API 등이 클래스 단위로 도출됨</td></tr>
<tr><td>Device Interface</td><td>• 외부디바이스나 센서와의 상호 작용을 정의하기 위해 활용하는 클래스</td></tr>
</table></td><td>클래스</td></tr>
<tr><td>《control》</td><td>• 특정 객체와 연계되지 않은 기능을 모델링할 때 정의<br>• 유즈케이스 내에서 처리 흐름에 대한 제어나 조정, 트랜잭션 관리에 활용되는 클래스</td><td>클래스</td></tr>
</table>

**이해돕기**

UML CLASS 표기법 유형은 시험에 한글과 영문으로 모두 출제되고 있으니, 정확한 명칭을 암기해야 함

ⓒ UML CLASS 관계 표기법

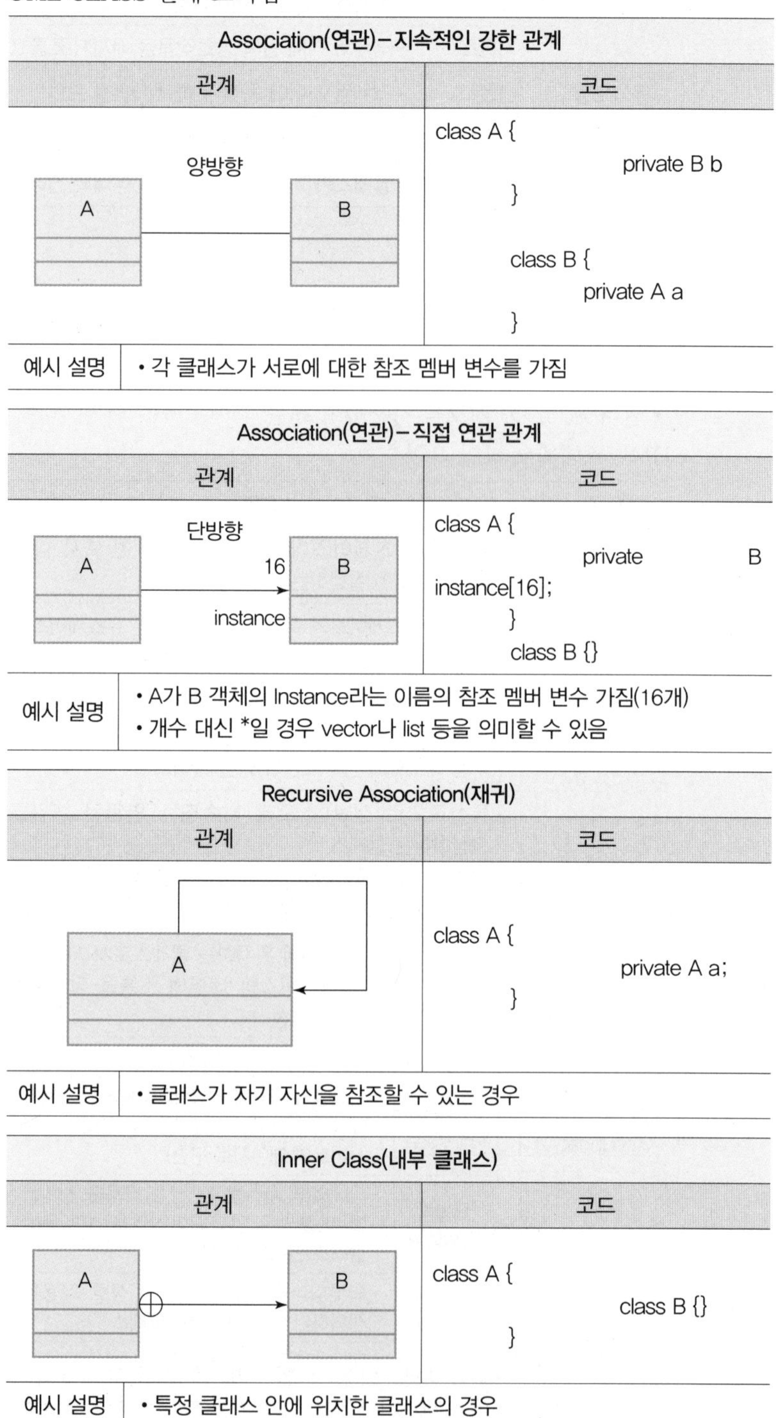

| Association(연관)–지속적인 강한 관계 | |
|---|---|
| 관계 | 코드 |
| 양방향 A — B | class A { private B b } class B { private A a } |
| 예시 설명 | • 각 클래스가 서로에 대한 참조 멤버 변수를 가짐 |

| Association(연관)–직접 연관 관계 | |
|---|---|
| 관계 | 코드 |
| 단방향 A → B (16, instance) | class A { private B instance[16]; } class B {} |
| 예시 설명 | • A가 B 객체의 Instance라는 이름의 참조 멤버 변수 가짐(16개)<br>• 개수 대신 *일 경우 vector나 list 등을 의미할 수 있음 |

| Recursive Association(재귀) | |
|---|---|
| 관계 | 코드 |
| A | class A { private A a; } |
| 예시 설명 | • 클래스가 자기 자신을 참조할 수 있는 경우 |

| Inner Class(내부 클래스) | |
|---|---|
| 관계 | 코드 |
| A ⊕→ B | class A { class B {} } |
| 예시 설명 | • 특정 클래스 안에 위치한 클래스의 경우 |

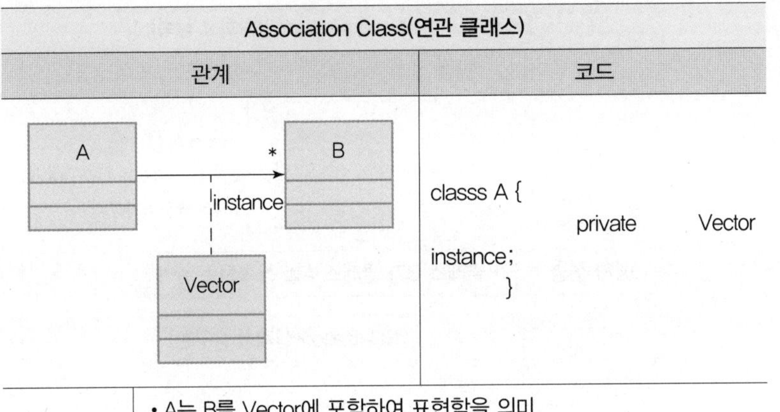

| Association Class(연관 클래스) | |
|---|---|
| 관계 | 코드 |
| A * B instance Vector | classs A {<br>private Vector<br>instance;<br>} |
| 예시 설명 | • A는 B를 Vector에 포함하여 표현함을 의미<br>• Association Class보다는 스테레오 타입의 사용이 유리함 |

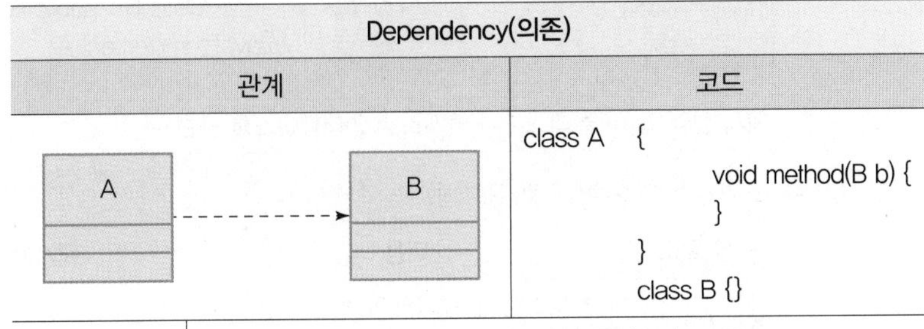

| Dependency(의존) | |
|---|---|
| 관계 | 코드 |
| A B | class A {<br>void method(B b) {<br>}<br>}<br>class B {} |
| 예시 설명 | • 클래스 간에 일시적으로 약한 관계 형성 |

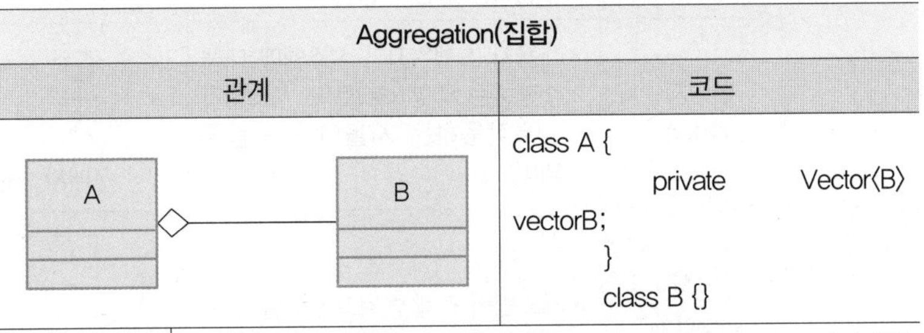

| Aggregation(집합) | |
|---|---|
| 관계 | 코드 |
| A B | class A {<br>private Vector〈B〉<br>vectorB;<br>}<br>class B {} |
| 예시 설명 | • 클래스 A가 클래스 B의 집합을 포함하나 생명주기가 이질적인 경우(A가 소멸해도 B는 소멸하진 않음)<br>• UML2에서는 연관관계(Association)와 유사하여 제외 |

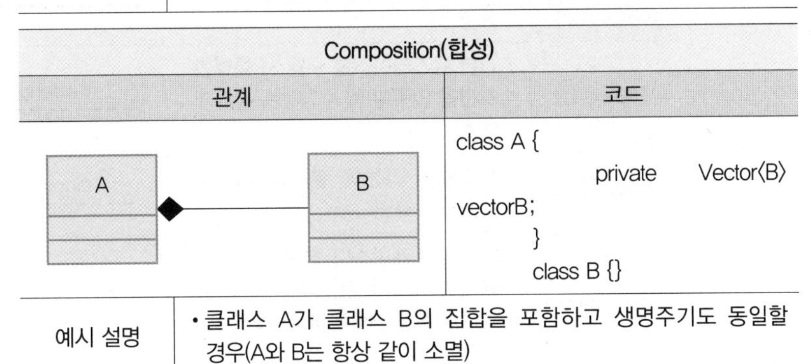

| Composition(합성) | |
|---|---|
| 관계 | 코드 |
| A B | class A {<br>private Vector〈B〉<br>vectorB;<br>}<br>class B {} |
| 예시 설명 | • 클래스 A가 클래스 B의 집합을 포함하고 생명주기도 동일할 경우(A와 B는 항상 같이 소멸) |

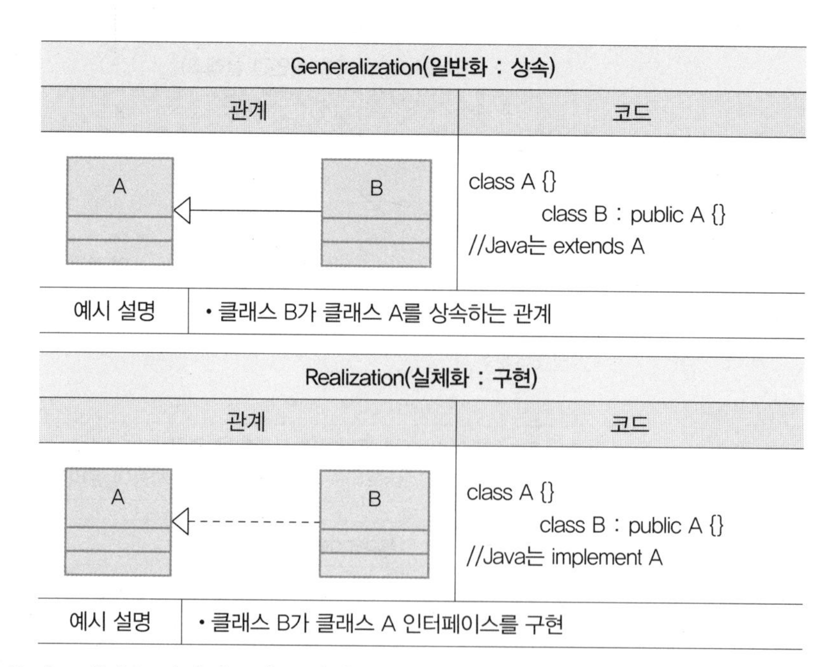

| Generalization(일반화 : 상속) | |
|---|---|
| 관계 | 코드 |
| A ◁── B | class A {}<br>class B : public A {}<br>//Java는 extends A |
| 예시 설명 | • 클래스 B가 클래스 A를 상속하는 관계 |

| Realization(실체화 : 구현) | |
|---|---|
| 관계 | 코드 |
| A ◁- - - B | class A {}<br>class B : public A {}<br>//Java는 implement A |
| 예시 설명 | • 클래스 B가 클래스 A 인터페이스를 구현 |

㉣ 유즈케이스 다이어그램 표기법

| 구성 요소 | 내용 | 표기법 |
|---|---|---|
| 유즈케이스<br>(Use Case) | • 시스템이 제공해야 하는 서비스이며, 행위자가 시스템을 통해 수행하는 일련의 행위 | 상품 구매를 한다 |
| 행위자<br>(Actor) | • 사용자인 행위자가 시스템에 대해 수행하는 역할(role)로써, 시스템과 상호작용하는 사물이나 사람을 의미 | 구매자 판매자 |
| 시스템<br>(System) | • 시스템의 전체 범위와 영역을 표현 | System<br>상품 구매를 한다<br>상품 조회를 한다<br>구매자 |
| 연관<br>(Association) | • 유즈케이스와 행위자의 관계를 표현 | ──── |
| 확장(Extend) | • 기본 유즈케이스를 수행 시 특별한 조건을 만족할 때 수행하는 유즈케이스 | ≪extend≫<br>- - - - - -▸ |
| 포함(Include) | • 시스템의 기능에 별도의 기능을 포함될때 표현 | ≪include≫<br>- - - - - -▸ |
| 일반화<br>(Generalization) | • 하위 유즈케이스나 행위자가 상위 유즈케이스나 행위자에게 기능이나 역할을 상속받을 때 표현 | ──▷ |

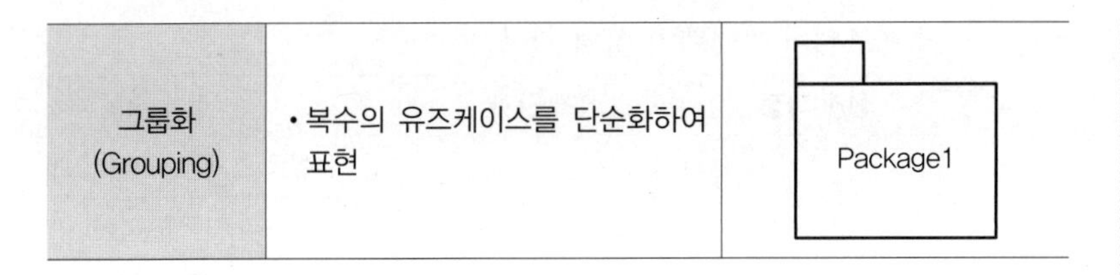

| 그룹화 (Grouping) | • 복수의 유즈케이스를 단순화하여 표현 | Package1 |
|---|---|---|

## 2. 소프트웨어 아키텍처

### ① 소프트웨어 아키텍처(Software Architecture)의 개요

㉠ 소프트웨어 아키텍처의 정의

소프트웨어를 구성하는 컴포넌트와 컴포넌트 관계를 정의하여 시스템 설계 및 개발 시 적용되는 원칙과 지침을 제공하는 시스템 구조

㉡ 소프트웨어 아키텍처의 역할

| 역할 | 내용 |
|---|---|
| 개발 청사진 | • 복잡한 개발환경의 유기적 분할, 통합 지원 |
| 품질 향상 도구 | • 구현 이전에 아키텍처 품질 특성을 추론, 목표 달성 지원 |
| 의사소통 도구 | • 개발과 관련된 여러 이해당사자와 개발자 간 원활하고 합리적 의사소통 |
| 변화에 유연한 대응 | • 아키텍처가 제공하는 기술 및 플랫폼 독립적 개발 모형기반, 민첩한 대응 |

㉢ 소프트웨어 아키텍처의 구성 요소

| 요소 | 내용 |
|---|---|
| 원리 | • 소프트웨어 디자인과 진화를 이끄는 기본 이론<br>• 소프트웨어 아키텍처 패턴, 소프트웨어 아키텍처 스타일 등 |
| 컴포넌트 | • 구체화된 시스템의 기본 조직, 소프트웨어 개발 구성 요소 |
| 관계 | • 각종 소프트웨어 컴포넌트 간의 관계, 이해관계자 뷰에 따라 관계 설정(Interface) |

### ② 소프트웨어 아키텍처 설계의 개요

㉠ 소프트웨어 아키텍처 설계의 정의

최종 목표 시스템의 요구를 충족하기 위하여 품질 속성을 중심으로 컴포넌트 간의 구성과 연결 관계를 설계하고 검증

**이해돕기**

소프트웨어 아키텍처 관련 학습은 아키텍처 프레임워크, 아키텍처 스타일, 아키텍처 품질 평가 방법론의 각각 정확한 개념을 이해하고 각 개념의 유형을 암기해야 함

㉡ 소프트웨어 아키텍처 설계 절차

| 설계 과정 | 설계 단계 | 설계 활동 |
|---|---|---|
| 1. 요구사항 분석 | 1.1 요구사항 검토 | 1.1.1 활동 소개 및 역할 소개 |
| | | 1.1.2 비즈니스 목표(미션) 이해 |
| | | 1.1.3 시스템 환경 이해 |
| | 1.2 중요 속성 식별 | 1.2.1 중요 기능 요구사항 식별 |
| | | 1.2.2 핵심 품질 속성 식별 |
| | 1.3 시나리오 작성 | 1.3.1 시나리오 도출 |
| | | 1.3.2 시나리오 우선 순위화 |
| | | 1.3.3 시나리오 정제 |
| 2. 설계 뷰 작성 | 2.1 아키텍처 요구사항 검토 | 2.1.1 아키텍처 요구사항 확인 |
| | | 2.1.2 기능 요구사항 확인 |
| | | 2.1.3 아키텍처 드라이버 식별 |
| | 2.2 아키텍처 실체화 | 2.2.1 아키텍처 패턴 선정 |
| | | 2.2.2 모듈 분할 및 책임 할당 |
| | | 2.2.3 아키텍처 뷰 작성 |
| | 2.3 아키텍처 정제 및 명세화 | 2.3.1 인터페이스 및 모듈 정제 |
| | | 2.3.2 아키텍처 검토 및 반복 |
| 3. 설계 검증 | 3.1 아키텍처 이해 | 3.1.1 활동 소개 및 역할 소개 |
| | | 3.1.2 비즈니스/아키텍처 목표 소개 |
| | | 3.1.3 작성된 아키텍처 소개 |
| | 3.2 아키텍처 분석 | 3.2.1 아키텍처 접근 방법 식별 |
| | | 3.2.2 품질속성 시나리오 작성 |
| | | 3.2.3 시나리오/아키텍처 상세 분석 |
| | 3.3 아키텍처 검증 | 3.3.1 품질 속성 시나리오 검증 |
| | | 3.3.2 아키텍처 접근방법 검증 |
| | | 3.3.3 검증 결과 발표 및 문서화 |

**③ 아키텍처 품질 속성**

㉠ 아키텍처 품질 속성의 정의

시스템 품질 기준을 달성하기 위한 소프트웨어의 성능, 사용 용이성, 신뢰도, 보안성, 유지보수성 등 행위적 특성이며 기능 외적인 사항

㉡ 아키텍처 품질 속성의 유형

| 구분 | 품질 속성 | 설명 |
|---|---|---|
| 시스템 | 상호 운영성 | • 특정 소프트웨어와 상호 작용하는 능력에 영향을 미치는 속성 |
| | 보안성 | • 프로그램이나 데이터에 불법적인 접근을 차단하고 막을 수 있는 능력에 영향을 미치는 속성 |
| | 정밀성 | • 합의된 기능 및 명문화한 권리에 영향을 미치는 속성 |
| | 오류 허용성 | • SW에 오류가 발생해도 최소 정해놓은 수준으로 동작하는 능력에 영향을 미치는 속성 |
| | 회복성 | • 장애가 발생할 시에 다시 동작하는 능력과 이때 필요한 시간과 노력에 영향을 미치는 속성 |
| 비즈니스 | 적합성 | • 특정 업무를 처리하는 기능의 적정성에 영향을 미치는 속성 |
| | 준거성 | • 표준, 법률, 규격, 협정 등 내외부의 정해진 규칙을 준수하는 속성 |
| | 이해성 | • 구현된 SW의 개념에 대한 사용자의 노력에 영향 |
| | 습득성 | • 구현된 SW의 활용 방법을 배우는 데 필요한 사용자의 노력에 영향 |
| 아키텍처 | 변경성 | • SW의 수정이나 개선, 변경할 때 드는 노력에 영향 |
| | 시험성 | • 개선, 변경이 발생할 시 소프트웨어를 검증하는 데 필요한 비용에 영향을 미치는 속성 |
| | 적응성 | • 소프트웨어가 동작하는 환경에 대한 변경 가능성의 영향을 미치는 속성 |
| | 일치성 | • 소프트웨어에 대한 이식이 발생할 시 관련된 표준이나 관례를 잘 따르는지 정도 |
| | 대체성 | • 특정한 대상 소프트웨어를 다른 소프트웨어로 대체할 수 있는지의 정도 |

**④ 아키텍처 프레임워크의 개요**

㉠ 아키텍처 프레임워크의 정의

시스템을 둘러싸고 있는 다양한 이해관계자들의 관점에서 바라보는 아키텍처 관심사를 정의하여 문서화 작성을 지원하는 툴

이해돕기

아키텍처 품질속성은 소프트웨어의 비기능요구사항측면의 개념으로 '시비아'로 암기

> **이해돕기**
> 아키텍처 프레임워크는 아키텍처를 구현하기 위한 기준이자 틀이라고 보면 이해가 쉬움

ⓛ 아키텍처 프레임워크의 유형

| 유형 | 구성 요소 | 설명 |
| --- | --- | --- |
| Perry and Wolf's Model | 요소(Elements) | • 데이터(Data) 요소와 프로세싱(Processing) 요소, 연결(Connecting) 요소의 3가지로 정의 |
| | 표현법(Form) | • 속성과 관계에 대하여 표기 |
| | 근거(Rationale) | • 아키텍처를 정의하는 데 고려되는 성능, 기능, 신뢰성 및 비용 등 다양한 선택에 대한 근거 |
| Shaw and Garlan's Model | 컴포넌트(Components) | • 정의된 임무를 제공하는데 실행 가능한 요소 |
| | 커넥터(Connectors) | • 컴포넌트와 컴포넌트 간의 상호 작용의 중재 |
| | 패턴(Patterns) | • 컴포넌트와 커넥터가 조합되는 기법의 제약사항 |
| Siemens Four view | 개념적 아키텍처 뷰 | • 시스템 상위레벨 컴포넌트들 간의 관계를 식별 |
| | 모듈 뷰 | • 시스템을 분할하고 레이어로 모듈을 나눔 |
| | 코드 아키텍처 뷰 | • 프로그램 코드를 특정 형식 및 단위로 구조화 |
| | 실행 뷰 | • 시스템의 런타임 개체와 메모리 사용량, 하드웨어 자원 할등 등 개체의 속성을 정의 |
| 4+1 View Model | 사용 사례 관점<br>(Use Case View) | • 사용자 관점에서 시스템의 사용 사례(use cases)들에 대한 관계를 정의하고 이를 통하여 시스템 아키텍처를 도출<br>• 시스템의 기능과 사용 이벤트에 대한 표현 |
| | 논리관점<br>(Logical View) | • 상위 레이어 관점에서 시스템의 논리측면 구조와 행위를 클래스와 인터페이스, 협력 관계로 정의하고 기능 요구사항 표현 |
| | 구현 관점<br>(Implementation View) | • 각 실행 컴포넌트 간의 관계를 정의하고 소스코드 구성에 대해서 묘사 |
| | 프로세스 관점<br>(Process View) | • 시스템의 병렬 처리 등 비기능 요구사항을 처리하기 위한 프로세스 및 스레드 등을 정의 |
| | 배치 관점<br>(Deployment View) | • 시스템 하드웨어와 소프트웨어의 관계를 구조화하고 정의 |

⑤ **아키텍처 스타일의 개요**

㉠ 아키텍처 스타일의 정의

아키텍처를 설계할 시에 자주 발생하는 문제를 해결하고 품질 속성을 달성할 수 있도록 Best Practice를 정리한 유형

㉡ 아키텍처 스타일의 유형

| 유형 | 특징 | 설명 |
|---|---|---|
| Layered | 정의 | • Stack 형태로 서비스를 계층적으로 분리, 상/하위 계층 간 I/F를 통해 통신하는 Loosely Coupled 아키텍처 스타일 |
| | 장점 | • 구성 레이어 모듈의 재사용성 증가, 유지보수 용이, 높은 확장성/이식성 |
| | 단점 | • 구현 유연성 저하, 개발 과정의 경직성, 서비스 호출, 시스템 효율 저하 |
| Pipe & Filter | 정의 | • 시스템 입력데이터를 출력으로 변환하는 기능 모듈을 분해, 일련의 데이터 흐름을 Pipe 따라 이동하면서 Filter에 의해 처리하는 패턴 |
| | 장점 | • Pipe : 커넥터 형식, 데이터 스트림을 필터의 입/출력과 연결<br>• Filter : 데이터 스트림을 읽고 변형, 표준에 맞게 출력 |
| | 단점 | • 문제 분산, 요구사항의 모듈별 구현, 프로세싱 단계가 상황에 맞게 조정<br>• 필터 간 정보 공유가 어렵고, 데이터 교환 시 오버헤드, 공통 데이터 변환 필요 |
| MVC(Model/View/Controller) | 정의 | • 시스템 구조를 모델/뷰/컨트롤러로 나누어 설계하는 패턴 |
| | 구성 | • 모델 : 유효성 검증/비즈니스 로직/데이터 설계사항 포함<br>• 뷰 : 사용자 인터페이스, 웹 프로그래밍 시 HTML 생성<br>• 컨트롤러 : 뷰와 모델 사이에서 데이터나 로직의 흐름을 제어 |
| | 장점 | • 병행개발 가능, 모델/뷰 의존관계 제거로 인한 융통성/유연성 증가 |
| | 단점 | • 여러 뷰의 상호작용 시 병목현상 발생 |
| Repository | 정의 | • 중앙에 하나의 DB를 두고 모든 컴포넌트가 해당 DB에 접근, Pool 모델 |
| | 구성 | • Repository(데이터 공유), 접근자(Repository 데이터 read/write 수행) |
| | 장점 | • 대용량 데이터 효과적 공유, 유연한 접근자 추가 |
| | 단점 | • 보안, 가용성, 시스템 응답성 저하, 수동적 데이터 접근(Client 주도) |

**이해돕기**

**아키텍처 스타일**

소프트웨어 유형에 따라 아키텍처 설계 시에 발생하는 어려움에 쉽게 대응하고 기존의 사례를 활용할 수 있도록 정리한 유형으로, 객체지향 소프트웨어 개발 시 활용하는 디자인 패턴과 유사한 개념

**이해돕기**

**MVC 모델**

웹상에서 서비스를 제공하기 위한 소프트웨어 개발 시에 활용되는 중요한 유형으로 웹 화면과 인터페이스인 뷰, 백그라운드에서 실행되는 비즈니스 로직인 모델, 그리고 뷰와 모델 사이에서 데이터 흐름을 담당하는 컨트롤러로 구성됨

| | | |
|---|---|---|
| Publish & Subscribe | 정의 | • 데이터 생성/보관을 담당하는 게시자와 이를 구독하는 구독자로 구성되는 패턴으로 불특정 다수가 하나의 메시지를 대기하고 있을 때 유용 |
| | 장점 | • 게시자와 구독자의 약한 결합, 자유로운 가입/탈퇴 가능 |
| | 단점 | • 이벤트 방식으로 복잡도 증가, 보안에 취약한 단점 보유 |

**이해돕기**

아키텍처 품질 평가는 구현된 아키텍처가 제대로 품질특성을 충족하는지에 판단하는 방법론을 제시함

### ⑥ 아키텍처 품질 평가의 개요

㉠ 아키텍처 품질 평가의 정의

작성된 소프트웨어 아키텍처가 실제 개발될 SW의 품질 특성을 충족할 수 있는지 평가하는 작업 및 방법론

㉡ 아키텍처 품질 평가의 효과

| 평가의 효과 | 설명 |
|---|---|
| 대규모 SW 시스템의 품질 달성 | • SW 품질은 시스템 설계 초기 단계의 중요한 설계 결정을 포함하고 이는 SW 아키텍처의 품질에 의존함 |
| 위험 요소 감소 | • 완성된 시스템으로 실체화되기 전에 아키텍처를 평가해 시스템의 품질을 저해하는 위험 요소를 크게 줄임 |
| 프로젝트 성공 요소 | • 아키텍처는 프로젝트의 성공을 위한 핵심 요소로 간주됨 |

㉢ 아키텍처 품질 평가의 유형

| 평가 방법 | 설명 |
|---|---|
| ATAM(Architecture Tradeoff Analysis Method) | • 아키텍처의 품질 속성을 만족시키는지 판단 및 품질 속성들의 이해 상충(Trade-off) 관계를 분석하여 평가하는 방법 |
| ADR(Active Design Review) | • SW 아키텍처 구성 요소 간 응집도 평가 |
| SAAM(Software Architecture Analysis Method) | • ATAM의 전신으로 소프트웨어 아키텍처를 쉽게 평가할 수 있는 접근법을 명세화한 최초의 아키텍처 평가방법<br>• 주로 수정 가능성(Modifiability)과 기능성(Functionality) 관점에서 아키텍처 분석/평가 |
| ARID(Active Reviews for Intermediate Designs) | • 아키텍처가 아닌 특정 부분에 대한 품질 요소에 집중 |
| CBAM(Cost Benefit Analysis Method) | • ATAM 방법에 경제성 평가를 보완한 평가 방법 |

## 3. 재사용

### ① 재사용의 개요

㉠ 기존 시스템의 유지보수 혹은 유사한 시스템의 개발 시의 비용을 절감하기 위해서 소스코드, 라이브러리부터 경험과 유무형의 지식 및 산출물까지 재사용하는 방법론

㉡ 재사용의 유형

| 구분 | 대상 |
|---|---|
| Black Box 유형 | • 모듈, 컴포넌트, 패키지 소프트웨어 등 |
| White Box 유형 | • SW관련 지식, 설계 정보, 데이터, 소스코드 등 |

### ② 재사용의 목적

| 구분 | 내용 |
|---|---|
| 신뢰성 | • 사전 검증되었던 산출물을 재사용함으로써 기능, 속도, 안정성 등 확보 |
| 확장성 | • 실제 사용 경험을 바탕으로 업그레이드 용이 |
| 생산성 | • 기 개발된 산출물 활용은 비용, 시간 등 전체적 개발 프로세스 향상에 기여 |
| 사용성 | • 독립된 모듈이나 컴포넌트 등을 조립함으로써 코드 및 산출물 사용성 높음 |
| 유지보수성 | • 기존 사용 경험을 바탕으로 업그레이드, 품질 향상, 오류 수정 등이 용이 |
| 적응성 | • 기 분석된 내용을 바탕으로 새로운 시스템 및 프로세스 적용 용이 |

### ③ 재사용의 구현기법

| 구분 | 기법 | 내용 |
|---|---|---|
| 활용 기법 | Copy | • 소프트웨어 코드를 Copy하여 목적에 맞게 수정하여 사용하는 방법 |
| | Pre-Processing | • Include 함수를 사용하여 Compile 시에 포함되도록 하는 방법 |
| | Library | • Sub Program 집합인 Library를 활용해 Link 시에 포함되도록 하는 방법 |
| | Package | • Global Variable, Package Interface를 통한 정적인 활용 방법 |
| | Object | • Global Variable, Object Interface를 통한 실행 중의 동적인 활용방법 |
| | Generics | • Object의 다형성을 이용하는 방법 |
| | 객체지향 | • 객체 지향 방법의 상속성, 다형성 등의 성질을 활용하는 방법 |

**이해돕기**

실제 IT산업 현장에서는 소프트웨어 개발 시에 모듈이나 컴포넌트 등을 지속적으로 활용하여 개발함

**이해돕기**

Black Box, White Box

- Black Box : 사용자의 요구사항 명세서를 보면서 구현된 기능 테스트
- White Box : 프로그램의 수행 경로 구조, 루프(Loop, 반복) 등의 내부 로직을 보면서 테스트

| | | |
|---|---|---|
| 구현 기법 | Component | • 컴포넌트의 독립성, 조립성, 표준성 등을 활용하는 방법 |
| | Classification | • 코드, 객체, 변수 등의 속성에 대해 표준 Pool을 활용하여 분류<br>• Code Dictionary, Variable Standardization 등 |
| | Design Pattern | • 특정 도메인에 대한 시스템 경험자의 설계 및 구현 결과 재활용<br>• 비즈니스 프로세스, 공통 함수/언어 등 |
| | Modulation | • 시스템 분해, 추상화 등으로 Debugging, Test, Modification을 수행<br>• Loosely Coupled, Tightly Cohesion 추구 고품질 SW 생산 |
| | 객체지향 방법론 | • 상속성, 추상화, 다형성, 동적 Binding 등의 활용<br>• Class, 4GL에서의 Component 등 |
| | CBD | • ITA, EAP 기반의 Component 활용<br>• Active X, DCOM, EJB, CORBA 등 |

POINT

소프트웨어의 3R

- 역공학(Reverse Engineering), 재공학(Re-Engineering), 재사용(Reuse)의 원리를 적용, 기존 SW의 소스코드나 산출물을 활용하여 유지보수 및 신규 시스템을 개발하는 비용절감 기법
- SW 3R의 유형

| 구성요소 | 설명 | 기법 |
|---|---|---|
| 역공학 (Reverse Engineering) | • 기존 구현이 완료된 산출물을 분석하여 최초의 설계기법, 문서 등의 자료를 확보하는 방법 | • 논리 역공학<br>• 자료 역공학 |
| 재공학 (Re-Engineering) | • 역공학으로 도출된 자료를 기반으로 소프트웨어를 다시 추상한 후 필요한 기능이나 요소를 적용하여 재 현실화하는 작업 | • 재구조화<br>• 재모듈화<br>• 시스템 캡슐화 |
| 재사용 (Reuse) | • 재사용이 필요한 소프트웨어나 산출물을 분석하고 식별, 분류, 재구성하여 새로운 대상 시스템에 적용하는 활동 | • 모듈<br>• 컴포넌트<br>• 방법론 |

## 4. 모듈화

### ① 공통 모듈의 개요

㉠ 모듈화의 정의

복잡하고 난해한 프로그램을 기능 단위로 독립시켜 구조화함으로써 개발의 효율성과 생산성, 재사용성을 높이는 설계 및 구현 기법

㉡ 공통 모듈의 정의

- 복수의 프로그램에서 공통적으로 사용이 가능한 모듈

- 다수 프로그램에서 재사용이 가능한 로그인 및 사용자 인증, 회원관리 등의 기능 모듈을 설계 단계에서 식별하고 개발자들에게 명확하게 이해 가능하도록 명세 작성

### ② 모듈화의 특징 및 원리

㉠ 모듈화의 특징

| 구분 | 설명 |
|---|---|
| 분할과 정복 | • 전체 프로그램의 복잡한 구조를 모듈 단위로 분할하여 점진, 통합적으로 정복해 가면서 해결 |
| 정보 은닉 | • 함수 내의 자료구조, 표현 내역을 숨기고 인터페이스를 통해서 접근 |
| 모듈 독립성 | • 낮은 결합도와 높은 응집도를 기반으로 독립적인 구조를 가지며, 이를 통해 오류의 파급효과가 최소화 |
| 비용 상관관계 | • 모듈수가 적정 수준을 넘어 과도하면 오히려 인터페이스 비용이 증가하므로 모듈수와 인터페이스 비용의 Trade off 관계를 고려하여 설계 |

㉡ 모듈화의 원리

| 구분 | 설명 |
|---|---|
| 응집도 | • 한 개 모듈 내에서 내부 요소 간에 기능적인 연관성에 관한 척도<br>• 응집도를 높게 추구하여 독립성을 높이고 유지보수 용이성 확보가 필요 |
| 결합도 | • 외부 다른 모듈과의 상호관계와 의존도에 관련한 척도<br>• 다른 모듈과의 의존성을 낮추고 독립성을 높여 단순한 구성을 추구하고 오류 전파를 최소화 |

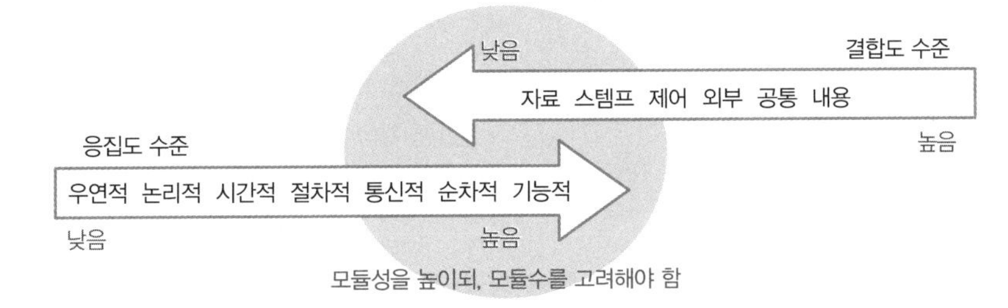


㉢ 모듈화의 방향

| 구분 | 설명 |
|---|---|
| 응집도와 결합도 | • 응집도는 높이고 결합도는 낮도록 설계 및 구현 |
| 기능 예측 | • 모듈의 기능은 하나의 모듈이 하나를 수행하는 것을 원칙으로 하며, 기능을 예측 가능하여야 함 |
| 적정 크기 | • 모듈 크기는 너무 짧거나 길면 안 되며, 지나치게 제한적이면 안 됨 |
| 비용 고려 | • 모듈 개수와 인터페이스 비용을 고려하여 적정하게 개발 |
| 유지보수 용이 | • 오류 전파를 최소화하고 유지보수가 용이하도록 개발 |

**이해돕기**

모듈화와 응집도 및 결합도
- 모듈화의 효율성을 높이기 위해서는 응집도는 높이고, 결합도는 낮춰야 함
- 모듈성을 위한 결합도와 응집도의 관계도

**이해돕기**

모듈화는 '20년 출제기준으로 파트 1과 파트 4에 중복하여 학습 내용이 구성되어 있었으며, 이에 따라 기출문제는 파트 1과 파트 4에서 모두 출제되었고, 본 수험서에서도 일부 문제는 파트 1과 파트 4에 출제되고 있으니 연계하여 학습이 필요함

**이해돕기**

모듈화와 관련하여 Fan-in은 높게, Fan-out은 낮게 설계해야 복잡도가 낮아짐

㉣ 모듈화와 Fan-in, Fan-out

| 구분 | 설명 | |
|---|---|---|
| Fan-in | • 계층적으로 구성된 모듈 구조에서 하위 모듈들이 특정 상위 모듈을 호출하는 개수 | |
| Fan-out | • 계층적으로 구성된 모듈 구조에서 상위 모듈들이 특정 하위 모듈을 호출하는 개수 | |
| 예시 | A B C D E F G | [Fan-in]<br>A:0, B:0, C:1, D:1, E:1, F:3, G:1<br><br>[Fan-out]<br>A:2, B:1, C:1, D:1, E:1, F:1, G:0 |

㉤ 모듈화 구현기법

| 구분 | 명칭 | 설명 |
|---|---|---|
| 모듈화 방법 | Macro | • 전처리기 단위로 특정 코드 부분에 이름을 부여하고 반복적으로 호출하여 재사용하는 프로그램 기법 |
| | Function | • 전체 프로그램 중에서 특정 작업을 수행하는 일부 코드를 독립적으로 구성하고 기능단위 호출 |
| | Inline | • 컴파일러 단위로 특정 코드 부분에 이름을 부여하고 반복적으로 호출하여 재사용하는 프로그램 기법 |
| 모듈구현 유형 | Routine | • 특정 기능을 수행하는 코드들의 집합 군 |
| | Main Routine | • 프로그램의 핵심 기능을 수행하는 프로세스 루틴 |
| | Sub Routine | • 프로그램 핵심 기능이 아닌 부가적인 기능을 수행하는 루틴으로 메인루틴이 필요시에만 호출해서 사용하는 루틴 |

### ③ 공통 모듈의 명세기법 및 확장 방향

**두음암기**

공통 모듈의 명세기법(명완일추정)

**명완일**의 몸무게를 **추정**해라!

㉠ 공통 모듈의 명세기법

| 구분 | 설명 |
|---|---|
| 명확성 | • 해당 모듈이 하나의 기능을 수행하는 것이 모호하거나 중의적으로 해석되지 않도록 작성 |
| 완전성 | • 공통 모듈과 관련하여 시스템 구현에 필요한 내용을 모두 작성 |
| 일관성 | • 해당 공통 모듈이 다른 기능과 상호 충돌되지 않고 본연의 기능을 수행할 수 있도록 작성 |
| 추적성 | • 대상 시스템과 해당 모듈의 필요한 요구사항의 관계를 분석 가능하도록 작성 |
| 정확성 | • 설계 및 구현 시 해당 기능의 필요성을 정확히 작성 |

㉡ 공통 모듈의 실체화 유형

공통 모듈은 실무에서 공통클래스, 라이브러리, 컴포넌트, 프레임워크 형태로 활용

| 구분 | 설명 |
|---|---|
| 공통 클래스 | • 구조나 행위가 유사한 객체들을 모듈화를 통해서 공통 클래스로 정의하고 반복, 재사용 수행 |
| 라이브러리 | • 프로그래밍 언어에 종속된 함수 형태로서 사용하며 동적 링킹이나 정적 링킹 형태로 사용 |
| 컴포넌트 | • 모듈보다 큰 소스코드 단위로서 하나의 기능을 수행하는 단독 실행 가능한 독립적 프로그램 |
| 프레임워크 | • 여러 기능으로 구성된 다수 클래스와 라이브러리가 특정 결과물 구현에 최적화되어 구성된 반구조 형태의 틀 |
| 애플리케이션 서비스 | • 컴포넌트보다 더욱 큰 하나의 프로그램 전체 혹은 일부를 모듈화 개념을 적용 후 재활용하여 사용 |

④ **컴포넌트 설계**

㉠ 컴포넌트 설계의 정의

• 모듈보다 큰 규모로 단독으로 실행가능 한 소스코드 단위인 컴포넌트를 기반으로 프로그램을 설계하거나 혹은 컴포넌트만을 단독으로 설계하는 SW 개발 단계

• 단독으로 실행 불가능한 모듈과는 달리 컴포넌트는 단독 실행이 가능하여 상용화 가능

㉡ 컴포넌트 개발 방법

| 구분 | 설명 |
|---|---|
| 컴포넌트 개발 | • CD(Component Development)<br>• SW 구성에 필요한 단위 부품을 만드는 과정<br>• 기존 프로그램을 분석, 활용해서 컴포넌트에 활용한 소스코드를 추출 후 개발하는 방법과 신규로 제로 베이스에서 컴포넌트를 개발하는 방법으로 분류됨 |
| 컴포넌트 기반 SW 개발 | • CBD(Component Based Development)<br>• 기존에 개발된 컴포넌트들을 요구사항에 맞게 조립하여 새로운 소프트웨어 제품 개발하는 과정<br>• 기존 프로그램에서 컴포넌트를 도출해서 활용하거나 신규로 컴포넌트를 개발해서 활용하거나 혹은 상용 컴포넌트를 구매해서 전체 프로그램 개발 |

⑤ **관점지향 프로그래밍(Aspect Oriented Programming ; AOP)**

㉠ 관점지향 프로그래밍의 개요

• 사용자 요구사항을 핵심 관심 사항과 부가적인 횡단 관심 사항으로 분류하고 분할하여 설계, 개발, 통합함으로써 모듈화를 극대화하는 프로그래밍 기법

• 관심사를 핵심과 횡단으로 나누어 프로그램을 설계하고 구현함으로써 모듈 기반의 설계와 구현의 극대화가 목적

이해돕기

특정 기능을 수행하는 모듈과 컴포넌트는 프로그램 개발 시에 재사용이 많이 되나, 모듈은 단독으로 실행이 안 되는 반면 컴포넌트는 단독으로 실행이 가능하며, 유료 소프트웨어로 판매되기도 함

**이해돕기**

관점지향 프로그래밍(AOP)은 아직 시험에 출제된 적이 없으나, 공통 모듈 설계와 관련하여 중요도가 높은 개념이므로 시험 대비가 필요

㉡ 관점지향 프로그래밍의 개요도 예시

| 구분 | 설명 |
|---|---|
| 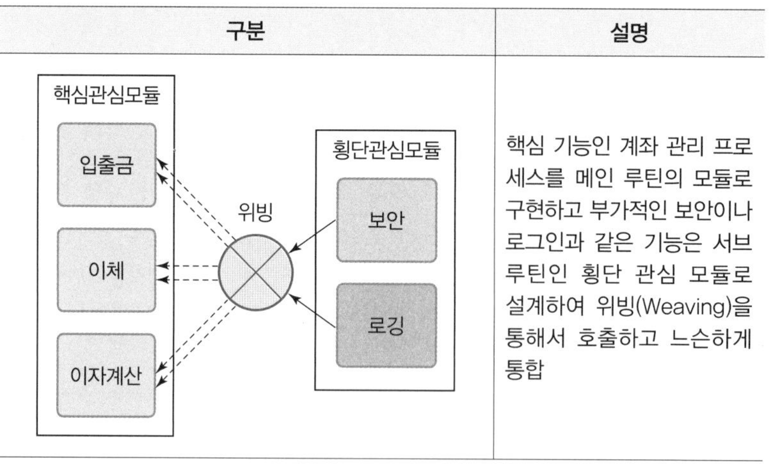 | 핵심 기능인 계좌 관리 프로세스를 메인 루틴의 모듈로 구현하고 부가적인 보안이나 로그인과 같은 기능은 서브루틴인 횡단 관심 모듈로 설계하여 위빙(Weaving)을 통해서 호출하고 느슨하게 통합 |



⑥ **코드 설계**

㉠ 코드의 정의

소프트웨어를 통해서 사용자의 요구사항을 기능으로 구현하기 위한 명령어나 정보의 집합

㉡ 코드의 특징

| 구분 | 설명 |
|---|---|
| 공통성 | • 코드 구성요소나 흐름에 공통된 성질이 있어야 하고 표준화되어야 함 |
| 확장성 | • 코드를 추가하거나 두개 이상의 코드를 융합해서 사용 가능해야 함 |
| 체계성 | • 코드 스케일, 단위별로 분류가 가능하며 전체가 체계적이고 짜임새가 있어야 함 |
| 일관성 | • 코드의 처음부터 끝까지 일관된 성질이 있어야 함 |
| 간결성 | • 복잡하지 않고 단순하고 효과적으로 코드를 구현해야 함 |
| 식별성 | • 가독성이 좋고 누구나 알아보기 용이해도록 표준성이 있어야 함 |

㉢ 코드의 유형

| 구분 | 설명 |
|---|---|
| 순차 코드 | • 자료 순서나 논리적 배열에 따라 번호를 부여하고 코드를 구현 |
| 십진 코드 | • 코드를 좌우로 분리하고 좌측에는 그룹분류, 우측에는 10진수 기준으로 세분화 코드 구현 |
| 블록 코드 | • 구분 순차코드라고도 하며 코드를 미리 공통 특성으로 임의 크기 블록으로 분류한 후 블록내에서 순차 번호를 부여하고 코드 구현 |
| 그룹 분류 코드 | • 전체 코드를 대, 중, 소 분류로 구분하여 코드를 구현하고 통합하는 방식 |
| 표의 숫자 코드 | • 구현하고자 하는 대상의 수치를 코드에 적용시켜 코드화 |
| 연상 코드 | • 기호식 코드라고도 하며 코드 대상의 품목이나 명칭 등을 약어로 코드화 |

## 5. 결합도

### ① 결합도의 개요

㉠ 외부 모듈 간의 상호관계와 의존도를 측정하는 개념 및 기준

㉡ 이해하기 용이한 구현과 개발 및 에러 발생 시 파급력을 낮추기 위해서 결합도는 낮을수록 우수함

### ② 결합도의 스펙트럼

| 결합도 | 단계 | 사례 |
|---|---|---|
| 자료<br>(Data) | • 두 모듈 간 필요한 자료만을 매개별수로 전달하여 참조하는 경우<br>• 가장 낮은 모듈 결합도 지원 가능 | 모듈A: Call B(자료) / 모듈B |
| 스탬프<br>(Stamp) | • 두 모듈이 동일한 복합 자료구조를 매개변수로 전달하여 참조하는 경우 (예 배열, 레코드, 구조체 등)<br>• 배열, 레코드, 구조체 중에 관련 없는 내용 포함이 가능 | 모듈A: Call B(배열) / 모듈B |
| 제어<br>(Control) | • 한 모듈이 다른 모듈의 내부에서 작용하는 논리적 흐름을 제어하기 위하여 제어플래그나 정보를 매개변수로 전달하는 경우 | 모듈A: Call B(flag) / 모듈B: while(flag) |
| 외부<br>(External) | • 모듈들이 외부환경과 연관되어 있는 경우(예 특수H/W, 통신 프로토콜, OS 등)<br>• 음성적 정보교환 방법 | *.ini / 모듈A: Read *.ini / 모듈B: Write *.ini |
| 공통<br>(Common) | • 두 모듈이 동일한 자료영역을 공통으로 조회하는 경우(예 전역변수)<br>• 동일한 자료영역 내의 오류발생 시 타 모듈로 오류 전파가능성 큼 | 모듈A / 모듈B / 동일 자료 영역 |
| 내용<br>(Contents) | • 한 모듈이 다른 모듈의 내부기능 및 자료를 직접 참조하는 경우<br>• 한 모듈의 제어가 다른 모듈 내부로 분기하는 경우로, 모듈이라는 개념 무시 | 모듈A: LA:Goto LB; / 모듈B: LB:Goto LA; |

결합도(내공외제스자)
내공을 높이기 위해서는 외제를 쓰자~!

## 6. 응집도

### ① 응집도의 개요

㉠ 하나의 모듈 내부에서 각 요소 간의 기능적 연관성을 측정하는 개념 및 척도

㉡ 단일 모듈 내 요소들의 관계성으로써 응집도가 높을수록 유지보수의 용이성 확보

응집도(우논시절통순기)
우는 시절을 통으로 순전히 기록했다.

② 응집도의 스펙트럼

| 응집도 | 응집대상 | 설명 |
|---|---|---|
| 우연적 (Coincidental) | 서로 관련 없는 활동 | • 모듈 내 요소들이 뚜렷한 관계없이 존재<br>• 모듈 개념이 상실되어 이해하고 유지보수 어려움 |
| 논리적 (Logical) | 상호 배제 없이 병행 | • 논리적으로 유사한 기능을 수행하지만 서로의 관계는 밀접하지 않음 |
| 시간적 (Temporal) | 비 공통 데이터 | • 프로그램 초기화 모듈같이 한 번만 수행되는 요소들이 포함된 형태<br>• 모듈의 기능 요소들이 같은 시간대에 처리되어야 하는 것들을 모음 |
| 절차적 (Procedural) | 비 공통 데이터 | • 모듈진행 요소들이 서로 관계되고 특정 순서로 진행 |
| 통신적 or 교환적 (Communication) | 공통 데이터 | • 동일한 입/출력 자료를 이용하여 서로 다른 기능을 수행하는 기능(예 출력 파일을 출력하고 저장) |
| 순차적 (Sequential) | 공통 데이터 | • 작업의 결과가 다른 모듈의 입력자료로 사용(예 다음 거래를 읽고 마스터 파일을 변경함) |
| 기능적 (Functional) | 1개의 Task | • 모듈 내의 모든 요소들이 단일기능을 수행하는 모듈(예 판매 세금 계산(동사+목적어 형태)) |

## SECTION 02 객체지향 설계

### 1. 객체지향(OOP)

#### ① 객체지향 설계의 개요

㉠ 객체지향 설계의 정의

객체지향 개발 방법론을 기반으로 하여 분석, 설계, 구현을 분리하고 모델링을 통해서 객체지향 설계를 수행하는 SW 개발 단계

㉡ 객체지향 프로그램 개발 절차

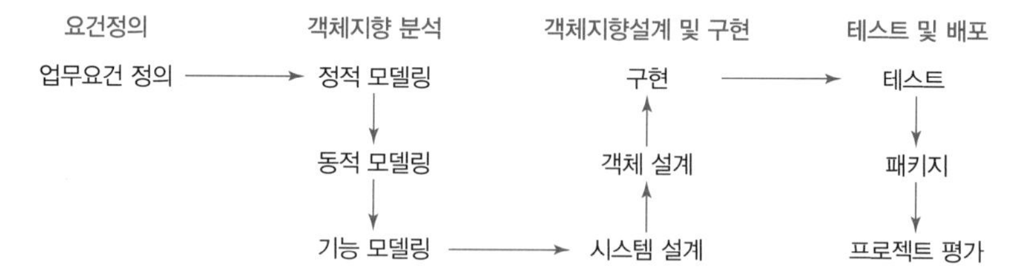

ⓒ 객체지향 프로그램 개발 각 단계별 작업 항목

| 단계 | 작업항목 | 설명 |
|---|---|---|
| 객체지향 분석 (3가지 모델링) | 정적 모델링–객체 다이어그램 | • 시스템의 정적인 구조 분석 |
| | 동적 모델링–상태 다이어그램 | • 시간의 흐름에 따라 객체와 객체 간의 변화를 조사 |
| | 기능 모델링–자료 흐름도 | • 정보 입력 후 처리된 결과의 확인 |
| 객체지향 설계 (3가지 모델 통합) | 시스템 설계 | • 시스템의 구조를 설계하고 성능 최적화 방안과 적정한 자원분배 정의 |
| | 객체 설계 | • 구체적으로 적합한 자료의 구조와 알고리즘을 구현 |
| 객체지향 구현 | 객체지향 프로그래밍 | • 객체지향 프로그래밍 언어(C++, JAVA)와 객체지향 DBMS 정의 |

### ② 객체지향 기본원리 및 설계 원칙

㉠ 객체지향 기본원리

| 구분 | 설명 | 특징 |
|---|---|---|
| 캡슐화 | • 하나의 기능을 수행하는 함수와 데이터를 그룹핑하고 메시지만으로 객체와 상호 작용함으로써 재사용성과 보안성을 향상 | 접근지정자 (Public/Private) |
| 추상화 | • 공통성질을 기반으로 하여 추상 클래스를 설정하고 설계의 편의성을 높임 | 자료/기능/제어 추상화 |
| 다형성 | • 동일 인터페이스에 각 객체가 서로 다른 응답을 하는 특성 | Overriding, Overloading |
| 정보은닉 | • 객체의 내부구조와 실체를 분리하여 인터페이스를 통해서만 접근이 가능하도록 설계하는 보안성 향상 기법 | 멤버 변수 접근 제한 |
| 상속성 | • 수퍼클래스의 성질을 서브클래스에 자동 부여하여 설계 편의성 향상 | 단일/다중/반복/선택 |

객체지향 기본원리(캡추다정상)
**캡**틴 **추다**가 **정상**에 섰다.

㉡ 객체지향 설계원칙

| 원칙 | 설명 |
|---|---|
| 단일 책임의 원칙 (SRP) | • Single Responsibility Principle<br>• 객체는 하나의 책임을 갖도록 설계되어야 하며, 두 개 이상의 책임을 가지면 분리하여 구성 |
| 개방 · 폐쇄의 원칙 (OCP) | • Open Close Principle<br>• 기능 구현상 변화가 필요한 부분에서는 확장 가능하지만, 변경은 어려운 구조로 설계하며, 불변하는 부분만 클라이언트에 제공 |
| 리스코프 치환의 원칙(LSP) | • Liskov Substitution Principle<br>• 상속받은 자식 타입들은 부모 타입들이 사용되는 곳에서 대체 가능하도록 설계 |

객체지향 설계원칙(SOLID)
S–O–L–I–D

| 인터페이스 분리의 원칙(ISP) | • Interface Segregation Principle<br>• 객체의 기능과 입출력 기능을 구체적으로 분할하여 설계 |
|---|---|
| 의존관계 역전의 원칙 (DIP) | • Dependency Inversion Principle<br>• 참조의 대상은 파생 클래스가 아닌 추상 클래스이어야 하며, 객체의 참조는 부모 클래스의 인터페이스에 의존하게 됨 |

**이해돕기**

객체지향 구성요소는 정보처리기사 시험에서 상당히 중요한 개념으로 충분한 이해가 필요하며, 특히 실제 개발자로서 역량을 키워야 하는 경우에 반드시 정확한 개념 정리와 함께 별도의 객체지향언어 관련 서적으로 학습이 요구됨

㉢ 객체지향 설계 시 구성 요소

| 구성 요소 | 설명 |
|---|---|
| 클래스 (Class) | • 데이터를 추상화하는 단위이며, 객체를 생성하는 틀<br>• 단일 객체를 생성하거나 혹은 유사한 객체들을 그룹핑하여 한 개의 공통 특성을 도출 |
| 객체 (Object) | • 프로그램을 구성하는 속성(상태, 변수)과 기능(행위, 함수)의 집합<br>• 속성은 멤버 변수로 선언하고, 행위는 메소드로 선언하여 구현 |
| 메소드 (Method) | • 클래스로부터 생성된 객체에 메시지를 발송하여 실행해야 할 행동을 정의한 함수 혹은 프로시저 |
| 메시지 (Message) | • 객체 간에 상호 역할을 수행하기 위한 내용 |
| 인스턴스 (Instance) | • 하나의 클래스 내에 속한 각각의 객체 |
| 속성 (Property) | • 클래스 내의 여러 객체들이 가지고 있는 공통된 데이터 값들의 특성 |

㉣ 객체지향 설계 시 연관성 유형

| 유형 | 설명 | 구분 |
|---|---|---|
| 연관화 (association) | • 복수의 엔티티에서 데이터를 상호 참조할 때 객체들의 물리적, 개념적 연결(Link)을 2개 이상의 객체와 클래스로 표현 | 멤버 (is-member-of) |
| 분류화 (classification) | • 공통된 특성을 갖는 객체들이 모여서 클래스를 구성 | 사례 (is-instance-of) |
| 일반화 (generalization) | • 객체들의 공통 특성은 상위 객체로 정의 | 정의 (is-a) |
| 특수화 (specialization) | • 객체들의 공통 특성을 하위 부분형 객체로 정의 | 정의 (is-a) |
| 집단화 (aggregation) | • 서로 유관된 여러 개의 객체를 묶어서 한 개의 상위 객체로 생성 | 부분 (is-part-of) |

## 2. 디자인 패턴

### ① 디자인 패턴의 개요

㉠ 디자인 패턴의 정의

- 객체지향 설계 원칙을 준수하여 프로그램 개발 시 자주 나타나는 설계 문제를 해결하기 위한 방법과 사례를 경험 기반으로 정리한 설계 패턴
- 전문가들의 경험을 토대로 설계 지식을 다른 개발자가 쉽게 이해하고 설계에 반영할 수 있도록 패턴화

㉡ 디자인 패턴의 특징

| 구분 | 내용 |
|---|---|
| 인터페이스 중심 (Interface) | • 구현 클래스보다는 인터페이스를 활용 |
| 위임 중심 (Delegation) | • 위임과 상속을 중심으로 활용 |
| 약결합 중심 (Loosely Coupling) | • 유관 관계를 최소화하여 낮은 결합도 중심으로 활용 |

### ② GoF 디자인 패턴

㉠ GoF(Gang of Four) 디자인 패턴의 개요

'갱 오브 포'라는 별칭의 개발자 4명(에리히 감마, 리차드 헬름, 랄프 존슨, 존 블리시디스)이 개발한 디자인 패턴이며 총 3개 분류, 23개 패턴으로 정리됨

㉡ GoF(Gang of Four) 디자인 패턴의 형식

| 구분 | 설명 | 요소 |
|---|---|---|
| 패턴 이름 (Pattern name) | • 설계 의도에 대해서 설명하고 개발자 및 이해관계자들 간의 의사소통 지원 | • 패턴 이름과 분류<br>• 별칭 |
| 문제 (Problem) | • 해당 패턴을 통해서 해결해야 하는 문제와 필요 배경에 대해서 설명 | • 의도/목적<br>• 적용대상 |
| 해법 (Solution) | • 패턴들을 언제, 어떻게 적용할지 패턴의 구성 요소와 관계를 설명 | • 구조(클래스 다이어그램)<br>• 구성 요소<br>• 협력 방법<br>• 구현/샘플 코드 |
| 결과 (Consequence) | • 패턴 적용 시의 장단점과 적용효과에 대해서 설명 | • 효과<br>• 주의사항<br>• 활용 사례<br>• 관련 패턴 |

디자인 패턴의 형식(패문해결)
**패문**(폐문)을 **해결**했다.

디자인 패턴의 유형(생구행)
**생**쥐를 **구**해서 **행**복해!

이해돕기

실제 정보처리기사 시험에서는 각 패턴별 세부 유형을 묻는 문제도 출제되고 있는데, 암기가 상당히 어려우나 시험에 출제된 보기의 몇몇 유형들을 중심으로 암기할 것

ⓒ GoF(Gang of Four) 디자인 패턴의 분류

| 구분 | | 목적 | | |
|---|---|---|---|---|
| | | 생성 패턴 (Creational) | 구조 패턴(Structural) | 행위 패턴 (Behavioral) |
| 의미 | | • 객체의 생성 방식을 결정<br>• 클래스의 정의, 객체 생성 방식의 구조화, 캡슐화 제안 | • 객체를 조직화하는 일반적인 방식 제시<br>• 클래스 라이브러리 통합 시에 유용 | • 객체의 행위를 조직화, 관리, 연합하고 객체나 클래스 연동에 대한 유형을 제시 |
| 범위 | 클래스 | Factory Method | Adapter(Class) | Interpreter<br>Template Method |
| | 객체 | Abstract Factory<br>Builder<br>Prototype<br>Singleton | Adapter(Object)<br>Bridge<br>Composite<br>Decorator<br>Façade<br>Flyweight<br>Proxy | Chain of Responsibility<br>Command<br>Iterator<br>Mediator<br>Memento<br>Observer<br>State<br>Strategy<br>Visitor |

③ GoF(Gang of Four) 각 패턴 유형별 세부 설명

㉠ 생성 패턴

| 패턴 | 설명 |
|---|---|
| Factory Method (팩토리 메소드) | • 객체를 생성하는 인터페이스를 미리 정의하고 인스턴스를 만들 클래스 결정은 서브 클래스 쪽에서 수행하는 패턴<br>• 클래스의 인스턴스를 만드는 시점을 서브 클래스로 미룸 |
| Abstract Factory (추상 팩토리) | • 특정 클래스를 지정하지 않고, 관련성이 있는 객체들의 집합을 생성, 혹은 서로 독립적 객체들의 집합을 생성할 수 있는 인터페이스를 제공 |
| Builder (빌더) | • 복합 객체의 생성 과정과 표현 방법을 분리, 동일한 생성 절차에서 각각 서로 다른 표현 결과를 만들 수 있게 하는 패턴 |
| Prototype (원형) | • 생성할 객체 종류를 명세 후, 원형이 되는 샘플을 이용하여 그 원형을 복사함으로써 새로운 객체를 생성하는 패턴 |
| Singleton (단일체) | • 특정 클래스의 인스턴스는 오직 하나임을 보장하고, 이 인스턴스에 접근할 수 있는 전역적인 접촉점을 제공하는 패턴 |

㉡ 구조 패턴

| 패턴 | 설명 |
|---|---|
| Adapter (적응자) | • 특정 클래스의 인터페이스를 사용자가 원하는 다른 인터페이스로 변환, 호환성이 없는 인터페이스 때문에 함께 동작할 수 없는 클래스들이 함께 작동하도록 지원 |

| | |
|---|---|
| Bridge<br>(가교) | • 구현부에서 추상적인 레이어를 분리하여 각자 독립적으로 변형할 수 있게 지원 |
| Composite<br>(복합체) | • 객체들 간의 관계를 트리 형태의 구조로 구조화하여 부분-전체 계층을 표현하는 패턴 |
| Decorator<br>(장식자) | • 주어진 환경에 따라 특정 객체에 책임을 정의하는 패턴으로, 기능 확장이 필요할 때 서브 클래스 대신 쓸 수 있는 유연한 대안 제공 |
| Facade<br>(퍼사드) | • 서브 시스템의 인터페이스 집합에 대해 하나의 통합된 인터페이스를 제공하는 패턴으로, 서브 시스템을 활용 편의성으로 높이는 상위 수준의 인터페이스를 정의 |
| Flyweight<br>(경량) | • 복수 개의 크기가 작은 객체를 공유를 통해 효율적으로 활용하기 위한 패턴 |
| Proxy<br>(프록시) | • 특정 타 객체로 접근하는 것을 제한하기 위해서 해당 객체의 대리자나 자리채움자를 제공하는 패턴 |

㉢ 행위 패턴

| 패턴 | 설명 |
|---|---|
| Chain of Responsibility<br>(책임 연쇄) | • 요청처리 기회를 복수의 객체에게 부여하여 요청 객체와 수청 객체 사이의 결합을 피하는 패턴 |
| Command<br>(명령) | • 업무 처리 요청을 객체의 형태로 캡슐화하며 서로 요청이 다른 사용자의 매개변수와 요청을 저장, 로깅, 연산의 취소가 가능하도록 지원 |
| Interpreter<br>(해석자) | • 해당 언어와 소스코드에 대하여 문법의 표현 수단을 정의하고, 해당 언어로 작성된 문장을 해석하는 해석기를 정의 |
| Iterator<br>(반복자) | • 내부 표현부의 비노출을 기반으로 특정 객체 집합에 속한 원소들을 순차적으로 접근가능하도록 방법을 제공 |
| Mediator<br>(중재자) | • 하나의 집합에 속해있는 객체들 간에 약한 결합을 촉진하고 독립성을 다양화하기 위해 상호작용을 캡슐화하는 객체로 정의하는 패턴 |
| Memento<br>(메멘토) | • 객체의 상태 정보를 저장한 후 사용자의 필요에 따라 원하는 시점의 데이터를 복원하는 패턴 |
| Observer<br>(감시자) | • 하나의 특정 개체가 여러 개체의 상태변화를 감지하는 역할을 수행하는 패턴 |
| State<br>(상태) | • 객체의 내부 상태에 따라 스스로 행동을 변경할 수 있게끔 허가하는 패턴<br>• 객체는 마치 자신의 클래스를 바꾸는 것처럼 보임 |
| Strategy<br>(전략) | • 유사한 동일 계열의 알고리즘 군을 분류, 정의한 후 각각의 알고리즘을 캡슐화하고 상호 교환이 가능하도록 지원 |
| Template Method<br>(템플릿 메소드) | • 객체의 연산을 위한 알고리즘의 뼈대를 정의한 후 각 단계별 수행할 구체적 처리는 서브 클래스 쪽으로 미루는 패턴 |
| Visitor<br>(방문자) | • 객체 구조를 이루는 각 원소에 대해 수행할 연산을 정의하고 표현하는 패턴 |

# 기출문제 분석

1, 2회

**01** GoF(Gang of Four)의 디자인 패턴에서 행위 패턴에 속하는 것은?

① Builder ② Visitor
③ Prototype ④ Bridge

해설 '갱 오브 포'라는 별칭의 개발자 4명(에리히 감마, 리차드 헬름, 랄프 존슨, 존 블리시디스)이 개발한 디자인 패턴이며 생성 패턴, 구조 패턴, 행위 패턴의 총 3개 분류, 23개 패턴으로 구성되어 있다. Builder와 Prototype은 생성 패턴, Bridge는 구조 패턴이며, Visitor가 행위 패턴에 속한다.

1, 2회

**02** 객체지향 프로그램에서 데이터를 추상화하는 단위는?

① 메소드 ② 클래스
③ 상속성 ④ 메시지

해설 클래스는 데이터를 추상화하는 단위이며, 객체를 생성하는 툴이다. 메소드는 함수 혹은 프로시저로서 행동을 의미하며, 메시지는 객체 간에 상호 역할을 수행하기 위한 내용을 담고 있다.

1, 2회

**03** 객체지향 기법에서 클래스들 사이의 '부분-전체(part-whole)' 관계 또는 '부분(is-a-part-of)'의 관계로 설명되는 연관성을 나타내는 용어는?

① 일반화 ② 추상화
③ 캡슐화 ④ 집단화

해설 객체지향 기법에서 연관성은 복수 객체들이 상호 참조하는 관계를 의미하며, 연관화, 분류화, 집단화, 일반화, 특수화로 분류된다. 집단화는 유관된 객체들을 하나의 상위객체로 묶어 구성하는 것을 의미한다.

1, 2회

**04** 객체지향 분석 방법론 중 E-R 다이어그램을 사용하여 객체의 행위를 모델링하며, 객체식별, 구조식별, 주체 정의, 속성 및 관계 정의, 서비스 정의 등의 과정으로 구성되는 것은?

① Coad와 Yourdon 방법
② Booch 방법
③ Jacobson 방법
④ Wirfs-Brocks 방법

해설 Coad와 Yourdon 방법은 E-R 다이어그램을 사용하여 객체 행위를 모델링하는 방법론이다.

1, 2회

**05** 럼바우(Rumbaugh)의 객체지향 분석 절차를 가장 바르게 나열한 것은?

① 객체 모형 → 동적 모형 → 기능 모형
② 객체 모형 → 기능 모형 → 동적 모형
③ 기능 모형 → 동적 모형 → 객체 모형
④ 기능 모형 → 객체 모형 → 동적 모형

해설 럼바우의 객체지향 분석 절차는 클래스, 컴포넌트 및 배치를 수행하는 객체 모형(정적 모형), 상호작용, 시퀀스 등을 분석하는 동적 모형, 유즈케이스를 작성하는 기능 모형 순으로 진행한다.

1, 2회

**06** UML 확장 모델에서 스테레오 타입 객체를 표현할 때 사용 하는 기호로 맞는 것은?

① 《 》
② (( ))
③ {{ }}
④ [[ ]]

해설 UML 스테레오 타입은 UML의 기본 요소 외에 새로운 요소를 만들기 위한 확장 메커니즘 및 관련 표기법으로 길러멧(《 》) 기호를 사용하여 표현한다.

1, 2회

**07** 공통 모듈에 대한 명세 기법 중 해당 기능에 대해 일관되게 이해되고 한 가지로 해석될 수 있도록 작성하는 원칙은?

① 상호작용성
② 명확성
③ 독립성
④ 내용성

해설 공통 모듈의 명세기법은 명확성, 완전성, 일관성, 추적성, 정확성으로 정의되며, 이 중 명확성은 해당 모듈이 하나의 기능을 수행하는 것이 모호하지 않고 일관되게 이해되도록 기술하는 원칙이다.

1, 2회

**08** UML 모델에서 사용하는 Structural Diagram에 속하지 않은 것은?

① Class Diagram
② Object Diagram
③ Component Diagram
④ Activity Diagram

해설 UML 2.0은 Structural Diagram과 Behavioral Diagram의 2개 카테고리에 모두 13개 다이어그램이 있다. Structural Diagram에는 Class, Component, Composit, Deployment, Object, Package Diagram이 있으며, Behavioral Diagram에는 Activity, Communication, Sequence, State Machine, Timing, Use Case, Interaction Overview Diagram으로 구성되어 있다.

3회

**09** 다음 내용이 설명하는 디자인 패턴은?

- 객체를 생성하기 위한 인터페이스를 정의하여 어떤 클래스가 인스턴스화될 것인지는 서브 클래스가 결정하도록 하는 것
- Virtual-Constructor 패턴이라고도 함

① Visitor 패턴
② Observer 패턴
③ Factory Method 패턴
④ Bridge 패턴

해설 Factory Method 패턴은 Virtual-Constructor 패턴이라고도 하며, 생성 패턴에 해당된다.

정답 01 ② 02 ② 03 ④ 04 ① 05 ① 06 ① 07 ② 08 ④ 09 ③

3회

**10** UML에서 시퀀스 다이어그램의 구성 항목에 해당하지 않는 것은?

① 생명선 ② 실행
③ 확장 ④ 메시지

해설 시퀀스 다이어그램은 Behavioral Diagram에 해당되며 생명선, 실행, 메시지 등으로 구성된다.

3회

**11** 객체지향에서 정보 은닉과 가장 밀접한 관계가 있는 것은?

① Encapsulation ② Class
③ Method ④ Instance

해설 정보은닉은 객체의 내부구조와 실체 분리하여 인터페이스를 통해서만 접근이 가능하도록 설계하는 보안성 향상 기법이며, 캡슐화(Encapsulation)의 특성으로 인하여 발생한다.

3회

**12** 디자인 패턴 중에서 행위적 패턴에 속하지 않는 것은?

① 커맨드(Command) 패턴
② 옵저버(Observer) 패턴
③ 프로토타입(Prototype) 패턴
④ 상태(State) 패턴

해설 행위적 패턴은 Interpreter, Template Method, Chain of Responsibility, Command, Iterator, Mediator, Memento, Observer, State, Strategy, Visitor 패턴으로 분류된다. 프로토타입(Prototype) 패턴은 생성 패턴에 해당된다.

3회

**13** 다음 ( ) 안에 들어갈 내용으로 옳은 것은?

> 컴포넌트 설계 시 "( )에 의한 설계"를 따를 경우, 해당 명세에서는 (1) 컴포넌트의 오퍼레이션 사용 전에 참이 되어야 할 선행조건, (2) 사용 후 만족되어야 할 결과조건, (3) 오퍼레이션이 실행되는 동안 항상 만족되어야 할 불변조건 등이 포함되어야 한다.

① 협약(Contract) ② 프로토콜(Protocol)
③ 패턴(Pattern) ④ 관계(Relation)

해설 협약에 의한 설계는 컴포넌트 설계 시에 클래스에 대한 가정을 공유하고 명세하는 방식으로 선행조건, 결과조건, 불변조건을 정의하고 설계를 수행한다.

3회

**14** 다음의 UML 모델에서 '차' 클래스와 각 클래스의 관계로 옳은 것은?

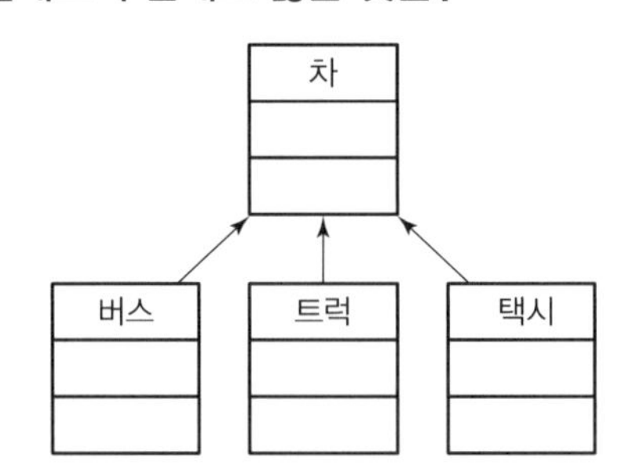


① 추상화 관계 ② 의존 관계
③ 일반화 관계 ④ 그룹 관계

해설 일반화는 실선 화살표로 표현하며, 버스, 트럭, 택시가 차의 속성을 상속하는 것을 의미한다.

3회

**15 객체지향 소프트웨어 설계 시 디자인 패턴을 구성하는 요소로서 가장 거리가 먼 것은?**

① 개발자 이름 ② 문제 및 배경
③ 사례 ④ 샘플 코드

해설 디자인 패턴은 패턴 이름, 문제 및 배경, 해법 및 샘플 코드, 결과 및 사례로 구성된다. 개발자 이름이 반드시 포함되는 것은 아니다.

3회

**16 객체지향 설계 원칙 중, 서브 타입(상속받은 하위 클래스)은 어디에서나 자신의 기반 타입(상위 클래스)으로 교체할 수 있어야 함을 의미하는 원칙은?**

① ISP(Interface Segregation Principle)
② DIP(Dependency Inversion Principle)
③ LSP(Liskov Substitution Principle)
④ SRP(Single Responsibility Principle)

해설 객체지향 설계원칙은 단일 책임의 원칙(SRP), 개방 · 폐쇄의 원칙(OCP), 리스코프 치환의 원칙(LSP), 인터페이스 분리의 원칙(ISP), 의존관계 역전의 원칙(DIP)으로 정의된다. 이 중 리스코프 치환 원칙은 상속받은 자식 타입들은 부모 타입들이 사용되는 곳에서 대체 가능하도록 설계되어야 한다는 원칙이다.

4회

**17 객체지향 기법의 캡슐화(Encapsulation)에 대한 설명으로 틀린 것은?**

① 인터페이스가 단순화된다.
② 소프트웨어 재사용성이 높아진다.
③ 변경 발생 시 오류의 파급효과가 적다.
④ 상위 클래스의 모든 속성과 연산을 하위 클래스가 물려받는 것을 의미한다.

해설 캡슐화(Encapsulation)는 하나의 기능을 수행하는 함수와 데이터를 그룹핑하고 메시지만으로 객체와 상호작용함으로써 재사용성과 보안성을 향상시키고 오류 파급을 작아지게 하는 것을 말한다. 상위 클래스의 모든 속성과 연산을 하위 클래스가 물려받는 것을 의미하는 것은 상속성이다.

4회

**18 파이프&필터 형태의 소프트웨어 아키텍처에 대한 설명으로 옳은 것은?**

① 노드와 간선으로 구성된다.
② 서브 시스템이 입력 데이터를 받아 처리하고 결과를 다음 서브 시스템으로 넘겨주는 과정을 반복한다.
③ 계층 모델이라고도 한다.
④ 3개의 서브 시스템(모델, 뷰, 제어)으로 구성되어 있다.

해설 소프트웨어 아키텍처 스타일은 Layered, Pipe & Filter, MVC(Model/View/Controller), Repository, Publish & Subscribe 등의 유형이 있으며, 이중 Pipe & Filter는 시스템 입력 데이터를 출력으로 변환하면서 일련의 데이터 흐름을 파이프를 따라 이동하고 필터의 의해 처리되도록 하는 패턴이다.

4회

**19 디자인 패턴 사용의 장 · 단점에 대한 설명으로 거리가 먼 것은?**

① 소프트웨어 구조 파악이 용이하다.
② 객체지향 설계 및 구현의 생산성을 높이는 데 적합하다.
③ 재사용을 위한 개발 시간이 단축된다.
④ 절차형 언어와 함께 이용될 때 효율이 극대화된다.

해설 디자인 패턴은 객체지향 언어 기반으로 구성되어 있다.

정답 10 ③ 11 ① 12 ③ 13 ① 14 ③ 15 ① 16 ③ 17 ④ 18 ② 19 ④

4회

**20** UML의 기본 구성 요소가 아닌 것은?

① Things ② Terminal
③ Relationship ④ Diagram

해설 UML의 기본 구성 요소는 사물(Things), 관계(Relationship), 도해(Diagram)이다.

5회

**21** 기본 유즈케이스 수행 시 특별한 조건을 만족할 때 수행하는 유즈케이스는?

① 연관 ② 확장
③ 선택 ④ 특화

해설 확장은 '《extend》' 표시와 점선의 화살표로 표현하며, 기본 유즈케이스 수행 시에 특별 조건을 만족할 때 수행한다.

6회

**22** 유즈케이스(Usecase)에 대한 설명 중 옳은 것은?

① 유즈케이스 다이어그램은 개발자의 요구를 추출하고 분석하기 위해 주로 사용한다.
② 액터는 대상 시스템과 상호 작용하는 사람이나 다른 시스템에 의한 역할이다.
③ 사용자 액터는 본 시스템과 데이터를 주고받는 연동 시스템을 의미한다.
④ 연동의 개념은 일방적으로 데이터를 파일이나 정해진 형식으로 넘겨주는 것을 의미한다.

해설 유즈케이스는 사용자의 요구를 추출하고 분석하기 위한 표기법이며, 이때 액터는 시스템과 상호작용하는 사람이나 다른 시스템에 의한 역할을 의미한다.

6회

**23** 소프트웨어 아키텍처 설계에서 시스템 품질 속성이 아닌 것은?

① 가용성(Availability)
② 독립성(Isolation)
③ 변경 용이성(Modifiability)
④ 사용성(Usability)

해설 소프트웨어 아키텍처의 품질 속성은 시스템 품질 기준을 달성하기 위해 소프트웨어의 성능, 사용 용이성, 신뢰도, 보안성, 유지보수성 등 행위적 특성이며 기능 외적인 사항을 의미한다.

6회

**24** 객체에 어떤 행위를 하도록 지시하는 명령은?

① Class ② Package
③ Object ④ Message

해설 객체지향 기법에서 메시지는 객체 간에 상호 역할을 수행하기 위한 내용과 명령을 담고 있다.

7회

**25** 분산 시스템을 위한 마스터-슬레이브(Master-Slave) 아키텍처에 대한 설명으로 틀린 것은?

① 일반적으로 실시간 시스템에서 사용된다.
② 마스터 프로세스는 일반적으로 연산, 통신, 조정을 책임진다.
③ 슬레이브 프로세스는 데이터 수집 기능을 수행할 수 없다.
④ 마스터 프로세스는 슬레이브 프로세스들을 제어할 수 있다.

해설 마스터-슬레이브 구조는 실시간 시스템에서 활용된다. 마스터가 슬레이브 프로세스들을 통제 · 제어하고, 슬레이브는 마스터로부터 데이터를 제공받아 활용하는 형태로 구성된다.

8회

## 26 다음의 설명에 해당하는 언어는?

> 객체지향 시스템을 개발할 때 산출물을 명세화, 시각화, 문서화하는 데 사용된다. 즉, 개발하는 시스템을 이해하기 쉬운 형태로 표현하여 분석가, 의뢰인, 설계자가 효율적인 의사소통을 할 수 있게 해준다. 따라서, 개발 방법론이나 개발 프로세스가 아니라 표준화된 모델링 언어이다.

① JAVA  ② C
③ UML  ④ Python

**해설** UML은 OMG(Object Management Group)에서 객체 모델링 기술과 방법론에 표준화하여 제안한 객체지향 기반의 모델링 표기법으로 럼바우의 OMT, 야콥슨의 OOSE, 부치의 OOD가 통합되어 개발된 모델 언어이다.

8회

## 27 아키텍처 설계 과정이 올바른 순서로 나열된 것은?

> ㉮ 설계 목표 설정
> ㉯ 시스템 타입 결정
> ㉰ 스타일 적용 및 커스터마이즈
> ㉱ 서브 시스템의 기능, 인터페이스 동작 작성
> ㉲ 아키텍처 설계 검토

① ㉮ → ㉯ → ㉰ → ㉱ → ㉲
② ㉲ → ㉮ → ㉯ → ㉱ → ㉰
③ ㉮ → ㉲ → ㉯ → ㉱ → ㉰
④ ㉮ → ㉯ → ㉰ → ㉲ → ㉱

**해설** 아키텍처 설계는 설계 목표 설정 및 요구 분석, 시스템 타입 결정 및 스타일 적용, 서브 시스템 기능 및 인터페이스 작성 후 설계 검토 순으로 수행된다.

정답 20 ② 21 ② 22 ② 23 ② 24 ④ 25 ③ 26 ③ 27 ①

# 인터페이스 설계

다회독 Check! 1 2 3

**학습 목표**

- 내부 시스템과 외부 시스템을 연계하기 위한 인터페이스의 기초 개념과 이를 설계하는 방법에 대해서 학습
- 인터페이스 요구사항에 대한 분석과 연계 구조, 송수신 데이터에 대해서 학습

## SECTION 01 인터페이스 요구사항 확인

### 1. 내외부 인터페이스 요구사항

**① 내외부 인터페이스의 개요**

㉠ 내외부 인터페이스의 정의

시스템 개발 과정에서 조직 내부나 외부에 있는 타 독립된 시스템과의 연동을 위한 물리적 매개체 혹은 프로토콜

㉡ 내외부 인터페이스 요구사항 확인의 정의

시스템 개발 시에 사용자 요구사항 중에서 내외부 인터페이스 측면의 요구사항을 분석하여 도출한 후 검증하는 단계 및 활동

**② 내외부 인터페이스 요구사항 분석**

㉠ 내외부 인터페이스 요구사항 분석의 정의

시스템 인터페이스와 관련한 기능, 비기능 요구사항을 분류하고 구체적인 명세서를 작성하는 작업

㉡ 내외부 시스템 인터페이스 요구사항 명세서 구성

| 구성 | 설명 |
|---|---|
| 인터페이스 이름 | • 요구사항의 세부 분류명 및 번호로 활용 |
| 연계 대상 시스템 | • 상호 연동될 시스템의 식별 및 정의 |
| 연계 범위, 내용 | • 연동이 필요한 기능, 데이터 등을 정의하고 구체화 |
| 연계 방식 | • 연동을 위한 통신 프로토콜 정의 |
| 송신 데이터 | • 실제 송수신 되는 데이터의 행태, 크기, 범위 등 정의 |
| 인터페이스 주기 | • 실시간 동기식 혹은 주기적인 비동기식 연동 등 정의 |
| 기타 고려 사항 | • 인터페이스와 관련한 제약사항, 조건 등을 정의 |

**이해돕기**

시스템 인터페이스 요구사항과 사용자 인터페이스 요구사항

인터페이스 요구사항은 크게 시스템 인터페이스 요구사항과 사용자 인터페이스 요구사항으로 분류되며, 사용자 인터페이스 요구사항은 챕터 2 세션 1의 UI 요구사항 확인을 참조할 것

**이해돕기**

인터페이스 설계를 위해서는 요구사항 확인>대상 식별>상세 설계 순서로 진행함

㉢ 내외부 시스템 인터페이스 요구사항의 분류

| 구분 | 설명 | 예시 |
|---|---|---|
| 기능적 요구사항 | • 사용자가 시스템을 통해서 해결하기를 원하는 구체적인 기능들 | • 회원 관리<br>• 자료 검색 등 |
| 비기능적 요구사항 | • 사용자가 원하는 기능들을 원활하게 수행하기 위한 시스템의 내외부 제약조건 | • 시스템 성능<br>• 시스템 보안성 |

㉣ 내외부 시스템 인터페이스 요구사항 분석 기법

| 구성 | 설명 |
|---|---|
| 요구사항 분류 | • 유형별, 우선순위별, 제품이나 프로세스 등의 연관성별로 분류 수행 |
| 요구기능 분석 | • 개념 모델링 기법을 활용하여 사용자, 이해관계자, 주변 환경 등 상호 작용하는 요소들을 시나리오 기반으로 모델화 |
| 요구사항 할당 | • 요구사항을 충족하기 위한 아키텍처 구성 요소를 식별 |
| 요구사항 협상 | • 요구사항 분석 간에 이해관계자 간에 상충이나, 자원 제약 등을 협의하고 기능과 비기능 등을 적절할 수준에서 협의 |

③ **내외부 인터페이스 요구사항 검증**

㉠ 내외부 인터페이스 요구사항 검증의 정의

요구사항 분석을 통해서 작성된 명세서에 오류가 없고, 사용자의 요구가 올바르게 기술되었는지 검토하고 기준으로 설정하는 활동 및 단계

㉡ 내외부 인터페이스 요구사항 검증 절차

| 절차 | 설명 |
|---|---|
| 계획 수립 | • 품질관리자 및 담당자, 프로젝트 관리자 등 이해관계자가 검토 기준이나 방법, 일정 및 참여자 등을 정의하고 계획화 |
| 검토 및 수정 | • 검토 기준 및 방법에 따라서 요구사항 명세서 검토를 수행하고 도출된 오류나 개선 내용을 반영하여 수정 |
| 베이스라인 설정 | • 검증된 요구사항을 승인하고 설계와 구현을 수행할 수 있게 명세서 베이스라인을 설정<br>• 베이스라인 설정 후에는 요구사항 변경 시 공식적인 통제 절차로만 변경 가능 |

ⓒ 내외부 인터페이스 요구사항 검증 방법

| 구성 | | 설명 |
|---|---|---|
| 요구사항 검토 | 동료 검토 (Peer Review) | • 이해관계자 2~3명의 집단을 구성하고 작성자의 설명을 청취하면서 결함을 발견하는 방법 |
| | 워크 스루 (Walk Through) | • 요구사항 검증이나 소프트웨어 개발 단계에서 오류의 조기 발견을 목적으로 수행하는 비정형 검토 회의 |
| | 인스펙션 (Inspection) | • 소프트웨어 요구나 설계, 코드 등에 대하여 작성자 외에도 다른 전문가 등을 초빙, 오류를 찾아내는 공식적인 검토 방법 |
| 프로토타이핑 (Prototyping) | | • 개발 시스템에 대한 주요 기능만 약식 개발하고 이해관계자 간에 회의를 통해서 요구사항을 검토 |
| 테스트 설계 | | • 요구사항 테스트 케이스를 생성하고 요구사항이 현실적으로 가능한지 검토 수행 |
| CASE 도구 활용 (Computer Aided Software Engineering) | | • 요구사항을 자동으로 분석하고 명세서를 기술하도록 지원하는 CASE 도구를 활용하여 결함 검증 |

**이해돕기**

파트 1의 챕터 4 인터페이스 설계에서 학습하는 요구공학 관련 내용은 일반적인 소프트웨어 개발 초기의 요구공학과 동일하며. 파트 5의 챕터 1에도 요구공학 학습 내용이 나오므로 연계 학습 필요

## 2. 요구공학

### ① 요구공학의 개요

ⓐ 요구공학의 정의

- 시스템 개발을 위해 요구사항 설정부터 개발 최종 단계까지 매 단계마다 요구사항들이 제대로 지켜지고 있는지 검증하는 프로세스 및 학문
- 요구 수집부터 분석, 명세, 검증 및 변경을 관리하고 원칙이 잘 지켜지는지 검토하는 학문적 체계

ⓑ 요구공학의 필요성

| 필요성 | 내용 |
|---|---|
| 분석의 어려움 | • 각 이해관계자 간의 이해 부족, 의사소통, 잦은 요구사항의 변경 발생 등으로 인한 분석 어려움 |
| 요구사항 변화 | • 통상적으로 요구사항은 개발초기에 불완전하고, 개발하는 동안 지속적으로 변화가 발생 |
| 관점 차이 발생 | • 묵시적 요구사항, 변경과 추적에 대한 문제, 해당 업무에 대한 지식 차이 등으로 인하여 사용자와 개발자 간의 갭 발생 |

**두음암기**

요구사항 프로세스(추분정검관)
<u>추분정</u>이 <u>검관</u>이 되었다네!

### ② 요구사항 프로세스

ⓐ 요구사항 프로세스 구성도

요구공학은 CMM Level 3의 요구사항 개발 및 CMM Level 2의 요구사항 관리 프로세스로 표준화되어 참고되고 있음

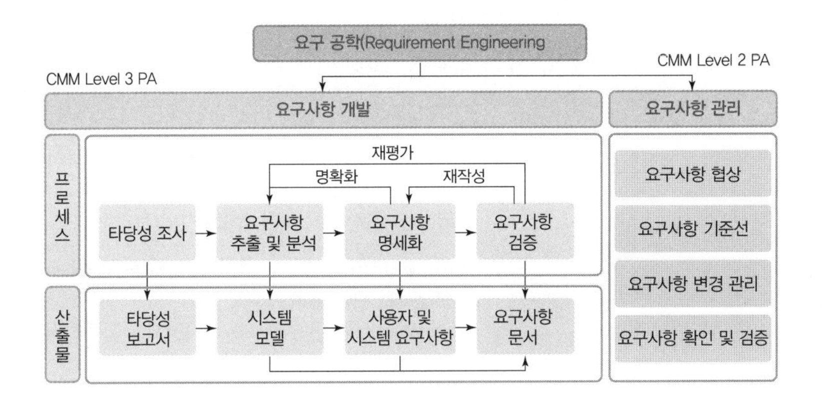


| 구분 | 단계 | 활동 |
|---|---|---|
| 개발 | 요구사항 추출 | • 문제를 이해하고 요구사항 도출 |
| | 요구사항 분석 | • 추출된 요구사항의 명확성, 구현 가능성, 난이도 등 요구사항 자체 분석 |
| | 요구사항 정의 | • 문제를 이해하면서 문장으로 기술, 설명(분석, 정의) |
| | 요구사항 검증 | • 문제를 기술하고 서로 다른 부분들과 일치성 확인 |
| 관리 | 요구사항 관리 | • 요구사항 개발 전 단계 지원 및 형상, 변경, 추적관리 |

ⓛ 요구사항 프로세스 단계별 세부 설명

| 절차 | 핵심 요소 | 설명 |
|---|---|---|
| 추출 | 추출 기법 | • 인터뷰, 시나리오, 작업분석, BPR, 프로토타이핑<br>• 워크샵, 설문조사, 브레인스토밍, 스토리보딩, 롤플레잉, JAD 등 |
| | 요구사항 | 수집 → 분석, 분류 → 충돌의 해결 → 우선순위 |
| | 요구사항 평가 | 위험평가, 우선순위평가 |
| 분석 | 분석 기법 | • 구조적 분석 : DFD, Data Dictionary, Mini Spec 등<br>• 객체분석 : Use Case<br>• 기반 분석 : UML, 모델링 등 |
| | 분석 활동 | • 도메인 분석 : 문제영역 분석, 인터페이스 설정<br>• 요구사항 분석 : 목표분석, 요구사항 구조화, 구조 모델링<br>• 행위 분석 : I/F 조건에 대한 행위 정의/분석, 참여자들의 조건/행위 분석 |
| | 분석기준 | • 시스템을 계층적이고 구조적으로 표현<br>• 외부 사용자/내부 시스템의 구성 요소와의 인터페이스를 정확히 분석<br>• 분석단계 이후의 설계와 구현단계에 필요한 정보를 제공 |

| | | |
|---|---|---|
| 정의 / 명세 | 명세 원리 | 명확성/완전성/검증 가능성/일관성/수정 용이성/추적 가능성/개발 후 이용성 |
| | 명세 기술 | E-R 모델링, 유한상태 머신, 구조적 분석과 디자인 기술 |
| | 표현 방법 | • 수행할 What? 기술 : 형식 언어, 자연어, 다이어그램, Use Case, 시나리오<br>• 목표 달성을 위한 해결 방법은 기술하지 않음 |
| 검증 | 검증 기법 | • Validation(검증) : 요구들을 충족시키는지의 여부를 판단하기 위한 활동<br>• Verification(확인) : 요구에 적합한지를 입증하기 위한 활동<br>• 프로토타이핑, 테스트케이스 |
| | 검증 항목 | 타당성, 명세구조, 공통 어휘 |
| | 검증 근거 | 요구사항 명세서, 조직지식, 조직표현 |
| | 승인 기준 | 문서화/명확성/간결성/이해성/시험성/사용성/추적성/검증성 |
| | 검증 결과 | 요구사항 문제 보고서 |
| 관리 | 주요 관리 | • 요구사항의 유지보수, 변경관리<br>• 비즈니스 요구 변화, 요구사항 점진적 상세화, 이해 당사자 간 요구 충돌<br>• 요구사항 변경관리, 요구사항 추적관리, 자동화 |
| | 관리 절차 | • 협상 : 가용한 자원과 수용 가능한 수준에서 구현 가능한 기능을 협상<br>• 기준선 : 공식적으로 검토되고 합의된 요구사항 명세서(개발 기준선)<br>• 변경관리 : 요구사항 기준선을 기반으로 모든 변경을 공식적으로 통제<br>• 확인/검증 : 구축된 시스템이 이해관계자가 기대한 요구사항에 부합되는지 확인 |

## SECTION 02 인터페이스 대상 식별

### 1. 시스템 아키텍처

**① 시스템 아키텍처(System Architecture)의 개요**

㉠ 시스템 아키텍처의 정의

시스템의 구조와 처리 행위, 관련된 이해관계자의 뷰를 정의하는 개념적 모형으로서, 목적을 수행하기 위해 시스템의 각 구성요소를 정의하고 상호작용, 정보교환 내용 등을 설명하는 청사진

**이해돕기**

시스템 아키텍처

소프트웨어 아키텍처가 컴포넌트 등 소프트웨어의 구성 단위 청사진이라면 시스템 아키텍처는 소프트웨어는 물론 하드웨어 레벨을 포함하는 아키텍처임

ⓛ 시스템 아키텍처의 특징

| 구성 | 설명 |
|---|---|
| 구조와 원리 | • 목표 시스템에 대한 구조와 구성 요소, 동작 원리를 포함 |
| 설계와 구현 | • 시스템 구성 요소에 대해서 설계와 구현 수준으로 자세하게 기술 |
| 관계 묘사 | • 구성 요소들 간의 관계 및 외부 환경과의 연계 상황이 묘사 |
| 요구 사양 정의 | • 시스템에 대한 요구사양들이 정의되어 포함 |
| 수명 주기 반영 | • 목표 시스템의 전체 수명 주기를 고려하여 기술 |
| 구성 방식 정의 | • 하드웨어와 소프트웨어를 모두 포함하는 논리적 기능과 그것을 실현하기 위한 구성 방식을 정의 |
| 최적화 목표 | • 시스템의 구성과 작동을 위한 최적화를 목표로 수립 |

ⓒ 시스템 아키텍처의 예시(빅데이터 기반 멀티미디어 제공 플랫폼)

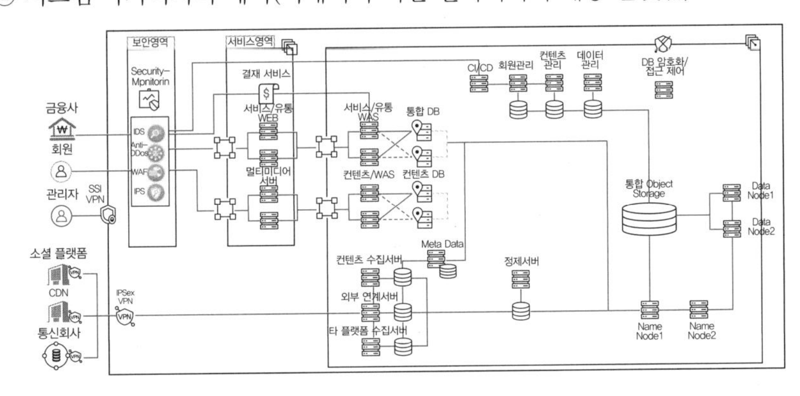


## ② 시스템 아키텍처의 주요 내용

㉠ 시스템 아키텍처의 세부 구성

| 구성 | 세부 구성 | 설명 | 예시 |
|---|---|---|---|
| HW | Server Platform | • 서버 및 레거시 시스템의 유형 정의 | IBM 메인프레임 |
| | Storage | • 스토리지 및 백업 저장장치 등 정의 | SAN 스위치 |
| | Network | • 시스템 대내외 통신과 트래픽 분산 장치 등 정의 | L4 Switch |
| | Redundancy | • 가용성을 위한 이중화 장치 등 정의 | WAS Cluster |
| SW | Framework | • 애플리케이션 개발을 위한 프레임워크 명시 | Spring Framework |
| | OS | • 서버 운영체제 정의 및 표시 | WIN Server |
| | DBMS | • 데이터베이스에 대한 정의 및 표시 | ORACLE |
| | Middleware | • 특정 기능을 수행하는 미들웨어에 대한 정의 및 표시 | ONS |
| | WAS | • 웹 애플리케이션을 지원하는 미들웨어 응용 정의 및 표시 | Jeus |

**두음암기**

시스템 아키텍처 품질속성(상보정오회)

상보는 정오회의에 참여했다.

**이해돕기**

아키텍처 유형

아키텍처는 업무 프로세스를 정의한 비지니스 아키텍처, 소프트웨어 구성 요소를 정의한 소프트웨어 아키텍처, 시스템 중심의 시스템 아키텍처, 데이터 중심의 데이터 아키텍처로 분류된다.

㉡ 시스템 아키텍처 품질속성

| 구성 | 설명 |
|---|---|
| 상호 운영성 | • 매칭되는 소프트웨어와 상호 작용하는 속성 및 관련 능력에 대한 영향도 |
| 보안성 | • 고의적이거나 혹은 사고 등에 의한 비정상적인 접근을 차단할 수 있는 능력의 영향도 |
| 정밀성 | • 시스템 운영의 정확도와 관련하여 합의된 내용을 준수할 수 있는 능력의 영향도 |
| 오류 허용성 | • 소프트웨어에 오류가 발생해도 사전 최소한의 수준으로 동작하는 능력에 대한 영향도 |
| 회복성 | • 장애로 직접 영향 받은 데이터를 복구하고 일정 수준으로 복귀하는 능력에 대한 영향도 |

## 2. 인터페이스 시스템

### ① 인터페이스 시스템의 개요

㉠ 인터페이스 시스템의 정의

신규 개발하는 시스템과 내외부의 타 독립 시스템과의 연결을 수행하는 중계 시스템

㉡ 인터페이스 시스템의 구성

| 구성 | 설명 |
|---|---|
| 송신 시스템 | • 데이터베이스 및 어플리케이션으로부터 연계를 진행할 데이터에 대하여 테이블이나 파일 형태로 생성 후 송신하는 시스템 |
| 수신 시스템 | • 수신한 테이블이나 파일을 수신 시스템의 데이터 형식으로 변환하여 데이터베이스에 저장하거나 어플리케이션에 활용 가능하도록 지원하는 시스템 |
| 중계 서버 | • 송신 시스템과 수신 시스템 사이에서 데이터 송수신을 담당하고 모니터링하는 시스템<br>• 부가적으로 보안 기능 제공 및 다중 플랫폼 지원 등을 수행 |

㉢ 인터페이스 시스템 개념도

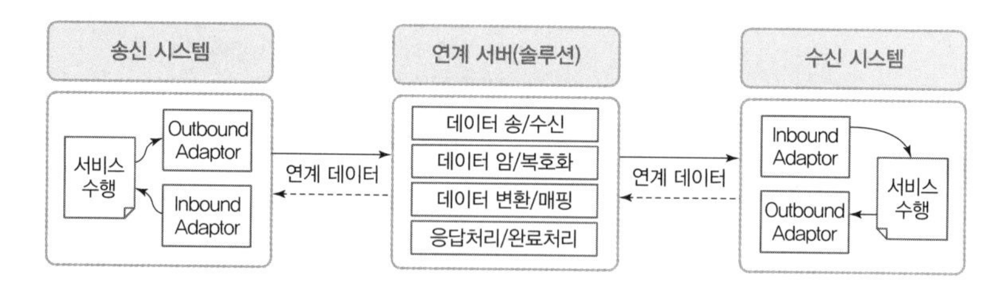


㉣ 인터페이스 시스템의 식별 절차

시스템 인터페이스를 구성하는 대내외 시스템 식별을 위한 분류체계와 정보를 도출

| 순서 | 구성 | 설명 |
|---|---|---|
| 1 | 분류체계 확인 | • 조직 내부에서 사용하고 있는 정보시스템에 대해 사전 정의된 시스템 분류체계를 기반으로 하여 대내외 시스템의 식별 수행 |
| 2 | 식별정보 확인 | • 송신 시스템과 수신 시스템에 대한 상세 식별 정보를 정의하고 명세화<br>• 통상 대내외 구분, 기관명, 시스템 ID, 네트워크 특성 및 IP, URL 등의 정보를 확인 |

### ② 인터페이스 송수신 데이터의 식별

㉠ 인터페이스 송수신 데이터의 정의

인터페이스 시스템 간에 송수신되는 데이터로서, 규격화된 표준 형식에 따라 전송되며 사전 데이터의 대상과 범위를 식별하고 인터페이스 설계를 수행

㉡ 인터페이스 송수신 데이터의 개념도

| 전문 공통부(고정) | | | 전문 개별부(가변) | 전문 종료부(고정) |
|---|---|---|---|---|
| 전문 길이 (8 byte) | 시스템 공통부 (248 byte) | 거래 공통부 (256 byte) | 데이터부 (n byte) | 전문 종료부 (2 byte) |

㉢ 인터페이스 송수신 데이터 핵심 구성 요소

| 구분 | 구성 요소 | 설명 |
|---|---|---|
| 전문 공통부 | 시스템 공통부 | • 시스템 간에 연동 수행 시 필요한 공통 정보로서, IP 주소, 포트 번호, 서비스 ID 등으로 구성되고 송수신시스템이 공통으로 관리함 |
| | 거래 공통부 | • 연동 수행 시 부가적으로 필요한 직원 정보, 승인자 정보, 시스템 기기 정보, 매체 정보 및 테스트 정보 등으로 구성 |
| 전문 개별부 | 송수신 데이터 항목 | • 실제 업무 수행을 위한 데이터이며, 인터페이스별로 데이터 항목 및 순서가 상이함<br>• 송수신 데이터 식별을 통해 인터페이스 시 데이터 항목, 매핑 정의, SQL문의 설계 수행 |
| 공통 코드 | | • 대내외 시스템 연동 시 사용하는 상태 코드, 오류 코드 등과 공통 코드 항목에 대한 코드값, 코드명, 코드 설명 정도 등을 공통 코드로 정의하고 관리 |

㉣ 송수신 데이터 식별을 위한 데이터베이스 산출물 검토

| 구성 | 설명 |
|---|---|
| 개체 정의서 | • 데이터의 개념 모델링 과정에서 도출된 개체 타입, 관련된 속성, 식별자 등에 대한 정보를 통해서 인터페이스 수행 시 송수신 데이터 항목 도출 |

| | |
|---|---|
| 테이블 정의서 | • 데이터의 논리 및 물리 모델링 과정에서 도출된 컬럼들의 구성 항목(컬럼명, 데이터 타입, 길이, Key 여부 등), 인덱스, 업무 규칙 등을 분석하고 송수신 데이터 항목 도출 |
| 코드 정의서 | • 코드 정의를 문서화한 정의서로 코드 ID, 코드명, 코드 및 코드 속성 등을 분석하여 송수신 데이터 항목 도출 |

## SECTION 03 인터페이스 상세 설계

### 1. 내외부 송수신

#### ① 연계 방식과 연계 기술

㉠ 연계 방식

| 구성 | 설명 |
|---|---|
| 직접 연계 | • 중간 매개체가 없이 송신 시스템과 수신 시스템이 직접 인터페이스하는 방식<br>• 처리 속도가 빠르고 구현이 단순하며 비용 절감 효과가 있음<br>• 두 시스템 간의 결합도가 높아 시스템 변경이 어려우며, 보안이나 모니터링 등의 부가적인 기능은 별도로 구현이 필요하고 전사 통합 시스템 환경 구축이 어려움 |
| 간접 연계 | • 송신 시스템과 수신 시스템 사이에 EAI(Enterprise Application Integration) 서버와 같은 중계 서버를 활용하는 방식<br>• 서로 상이한 환경과 구성이라고 해도 중계 시스템을 통해 용이하게 통합 관리가 가능<br>• 부가적으로 보안 및 모니터링 등의 기능을 제공하며 전사 통합환경 구축이 용이함<br>• 비용이 증가하고 처리 속도의 저하, 복잡성 증대 등의 단점이 존재함 |

> **이해돕기**
> 인터페이스를 위한 내외부 송신 연계기술 유형은 시험에 빈출되므로 각 유형별 이해와 함께 암기가 필요함

㉡ 연계 기술

| 구성 | 설명 |
|---|---|
| DB Link | • 데이터베이스에서 직접 제공하는 DB Link 객체 기능을 활용하여 송신 시스템에서 수신 시스템의 DB Link를 직접 참조 |
| DB Connection | • 수신 시스템 WAS에서 송신 시스템 DB에 연결하는 DB Connection Pool을 생성하고 연계 애플리케이션을 통해 직접 참조 |
| API | • 특정 시스템에서만 사용되는 Closed API 혹은 Open API를 통해서 송신 시스템의 DB를 직접 참조 |
| JDBC | • 수신 시스템 애플리케이션에서 JDBC 드라이버를 활용해 송신 시스템 DB와 직접 연동 |
| Hyper Link | • 웹 애플리케이션 수준에서 하이퍼링크 기능을 활용하여 연동 |
| Socket | • 송신 시스템과 수신 시스템 사이에 애플리케이션 통신을 위한 소켓 연동을 구성하여 데이터 송수신 |
| Web Service Link | • 웹 서비스를 구성하는 표준 프로토콜 WSDL, UDDI, SOAP를 활용하여 연동 |

② **통신 유형**

㉠ 인터페이스 통신의 정의

인터페이스 송신 시스템과 수신 시스템 간 최적의 연동을 수행하기 위해 통신 방식, 주기 등에 대한 정의가 필요

㉡ 인터페이스 통신 유형

| 구성 | 유형 | 설명 |
|---|---|---|
| 실시간 | 단방향 | • 데이터 소요 시스템에서 필요 시 일방적으로 연동을 요청하고 데이터를 전송받는 방식 |
| | 동기 | • 데이터 소요 시스템에서 연동을 요청하고 응답을 통해서 연동 및 데이터를 전송받는 방식<br>• 응답을 바로 처리해야 하는 거래, 혹은 거래량이 적고 상대 시스템의 응답 속도가 빠른 경우 활용 |
| | 비동기 | • 데이터 소요 시스템에서 거래 요청 서비스와 응답 처리 서비스를 분리하여 운영<br>• 요청 전송 후 타 작업을 수행하다가 응답 신호 수신 후 연동 및 수신하는 방식으로 거래량이 많거나 데이터 처리에 시간이 소요되는 업무에 적용 |
| | 지연 처리 | • 순차적이고 지연 처리가 필요한 업무에 활용하는 방식으로 비동기와 단방향 특성 보유 |
| 배치 | DB/File 거래 | • 배치 스케줄러에 의해서 정해진 일정에 일괄적으로 처리하는 방식이며 이벤트 방식과 타이머 방식으로 분류 |

## 2. 데이터 명세화

① **인터페이스 데이터 명세화의 개요**

㉠ 인터페이스 데이터 명세화의 정의

인터페이스 송수신 시스템 간에 전송되는 데이터에 대한 테이블, 파일 레이아웃, 코드 정의 등을 정의하고 명세화하여 문서화하는 작업

㉡ 인터페이스 데이터 명세화 절차

| 절차 | | 설명 |
|---|---|---|
| 정의서 준비 | | • 인터페이스 요구사항 분석에서 식별한 연계 정보 그룹의 테이블 정의서, 파일 레이아웃, 코드 정의서 준비 |
| 명세서 작성 | 송수신 데이터 항목 정의 | • 데이터 타입, 길이, 필수 입력 여부, 식별자 여부 등을 정의 |
| | 코드성 데이터 항목 정의 | • 코드성 데이터 항목에 대해서 공통 코드 여부, 코드값 여부 등을 정의 |
| | 보안데이터의 암호화 여부 판단 | • 법적 준거성과 내부 규정을 참조하여 암호화 대상 컬럼을 식별하고 적용 여부 확인 |
| | 코드값 변환 방법 결정 | • 코드성 데이터 항목은 코드값 범위를 확인하고 코드를 통합하여 표준화한 후 전환 |

**이해돕기**

인터페이스 통신 유형 중 배치 형태

특정 시간이 되거나 혹은 특정한 조건이 발생하면 사전 정의된 대량의 데이터나 파일이 일괄 전송되는 형태(예 자정 12시가 되면 전날 매출 내역 데이터 전체 전송)

**이해돕기**

인터페이스 데이터 명세화

인터페이스 간에 통신을 위한 포맷 등을 정의하며 실제 JSON, XML, YAML 등의 데이터 포맷이 활용됨

② **데이터 암호화 필수 항목**

㉠ 데이터 암호화의 정의

특정 데이터 군에 대해서 통신 간에 해독이 불가능하도록 평문을 암호문으로 변환하는 활동 및 기술

㉡ 데이터 암호화의 필수 항목

| 관련 법령 | 대상 | 처리내용 |
|---|---|---|
| 정보통신망 이용 촉진 및 정보 보호 등에 관한 법률 | 주민등록번호, 패스워드, 미동의 개인정보 | • 주민번호, 고유식별정보, 계좌번호, 미동의 개인정보는 암호화<br>• 패스워드는 일방향 암호화 |
| 전자금융 거래법, 신용 정보의 이용 및 보호에 관한 법률 | 주민등록번호, 패스워드, 계좌번호 | • 주민번호, 고유식별정보, 계좌번호, 미동의 개인정보는 암호화<br>• 패스워드는 일방향 암호화 |
| 개인정보보호법 | 주민등록번호, 고유식별정보, 패스워드 | • 주민번호, 고유식별정보, 계좌번호, 미동의 개인정보는 암호화<br>• 패스워드는 일방향 암호화 |

**이해돕기**

인터페이스 설계와 구현 이후 검증을 통해 오류를 최소화하고 사전에 오류코드 등을 정의하는 것이 중요함. 구현 검증에는 xUnit, STAF, NTAF 등의 도구가 활용되며 자세한 학습은 파트 2의 챕터 5에서 수행

## 3. 오류 처리방안 명세화

① **인터페이스 오류의 개요**

㉠ 인터페이스 오류의 정의

시스템 연동 과정에서 발생하는 오류나 장애 현상이며, 오류의 영향을 최소화하고 빠른 처리가 가능하도록 인터페이스 설계가 필요

㉡ 인터페이스 오류 유형

| 구성 | 설명 |
|---|---|
| 연계 서버 | • 연계 서버에서 발생하는 오류에 의한 장애 현상으로 서버 다운, 접속 오류, 형식변환 기능 에러 등으로 발생 |
| 송신 시스템 연계 프로그램 | • 송수신 데이터의 접근 오류, 변환 예외 상황 발생 등에 따라 연계 프로그램 오류가 발생 |
| 연계 데이터 | • 데이터 값의 불일치, 유효하지 않은 데이터 참조 등에 따른 오류 |
| 수신 시스템 연계 프로그램 | • 수신 데이터의 데이터베이스 반영 과정에서 접근 권한 오류, 변환 예외 발생 등으로 인한 오류 발생 |

② **인터페이스 오류 처리 방법**

㉠ 인터페이스 오류 처리 절차

| 순서 | 구성 | 설명 |
|---|---|---|
| 1 | 프로그램 설정 및 오류 코드 정의 | • 사전 송수신 시스템에 오류가 발생 시 로그 파일에 기록이 가능하도록 설정 조치<br>• 오류 유형별로 오류 코드를 정의하고 공통 코드로 등록 |
| 2 | 오류 원인 분석 | • 오류 발생 시 로그 파일의 내용을 확인하고 원인 분석 |

| 3 | 해결 방안 수립 | • 오류 유형에 따라서 적절한 해결 방안을 선택하고 재전송, 재부팅 등을 통해서 문제 해결 |
|---|---|---|
| 4 | 점검 및 완료 | • 오류가 해결되었는지, 추가적인 오류가 없는지 확인 후 종결 |

㉡ 인터페이스 오류 코드

| 구성 | 설명 |
|---|---|
| 오류 코드 | • 오류를 식별할 수 있는 코드<br>• 오류 발생지, 유형, 일련번호 등 핵심 내용이 포함되도록 명명규칙을 기반으로 정의하고 표준 매뉴얼 문서로 정리해서 공유 |
| 내용 | • 오류 코드와 매핑하여 발생 내용, 원인 등을 포함하여 설명을 기술 |

이해돕기

인터페이스 오류 코드

인터페이스 중에 발생할 수 있는 전체 오류를 분석하고 분류하여 사전에 메뉴얼 형태로 미리 정의해 두는 형태로 작성하며, 실제 오류가 발생하면 오류를 빠르게 식별하고 조치가 가능하도록 기준을 제공함

## 4. 인터페이스 설계

### ① 인터페이스 설계서 구성

㉠ 인터페이스 설계서 구성 내용

인터페이스 설계서는 크게 인터페이스 목록 및 인터페이스 정의서로 구성되며, 인터페이스 방식별로 필요한 정보를 정의하여 기술함

㉡ 인터페이스 설계 구성

| 구성 | 설명 |
|---|---|
| 인터페이스 목록 | • 연계 업무와 연계에 필요한 송수신 시스템의 정보, 연계 방식, 통신 유형 등의 정보를 항목별로 작성 |
| 인터페이스 정의서 | • 송신 시스템과 수신 시스템 간의 데이터 저장을 위한 장치, 속성 등의 상세 내역을 작성<br>• 연계 방식에 따라 명세 항목의 차이가 있어, 사전 연계 방식을 확인 후에 작성 |

### ② 인터페이스 설계서 작성 절차

| 순서 | 절차 | 설명 |
|---|---|---|
| 1 | 사전 준비 | • 인터페이스 설계를 위한 가이드와 설계서 작성 양식을 준비 |
| 2 | 기본 정보를 인터페이스 목록 양식에 맞춰 작성 | • 식별(분석) 단계에서 정의한 인터페이스 기본 정보를 인터페이스 목록 양식에 맞춰 작성 |
| 3 | 송수신 시스템 정보를 양식에 작성 | • 인터페이스 정의서 작성 양식에 맞춰 송신 시스템과 수신 시스템 각각 작성 |
| 4 | 서비스 프로그램 명세서를 확인하고 수정 | • 식별 당시 작성한 서비스 프로그램 명세서 확인 및 보완 수정 |
| 5 | 송수신 데이터 항목 상세 작성 | • 인터페이스 설계서 작성 양식에 따라 송수신 데이터 항목을 상세히 작성 |

| 6 | 코드 매핑 테이블 작성 | • 송수신 시스템 간 코드 변환을 위한 매핑 규칙을 정의서에 작성하고 참조 가능하도록 별도의 코드 매핑 테이블을 작성 |
|---|---|---|
| 7 | 내용 검토 및 보완 | • 인터페이스 설계서 작성 내용을 전체적으로 검토하고 필요 시 보완 수행 |

## 5. 미들웨어 솔루션

### ① 미들웨어 솔루션의 개요

㉠ 미들웨어 솔루션의 정의

시스템 소프트웨어와 응용 소프트웨어, 혹은 다수 응용 소프트웨어 간에 연결을 지원하고 데이터 교환이 가능하게 지원해주는 중계 소프트웨어

㉡ 미들웨어 솔루션의 특징

| 구분 | 설명 |
|---|---|
| 중계성 | • 서로 다른 시스템이나 애플리케이션을 연동하고 통신 지원 |
| 호환성 | • 각 연동 시스템의 운영체자, 프로토콜 등이 달라도 연계가 가능한 환경적 특성 |
| 편의성 | • 미들웨어 솔루션 도입으로 별도의 연동 개발 없이 쉽게 연동 가능 |

**이해돕기**

미들웨어 솔루션은 시험에 다수 출제되고 있으며, 파트 2의 챕터 5 인터페이스 구현에도 반복하여 학습 내용이 있으니 연계 학습이 필요함

### ② 미들웨어 솔루션의 유형

| 구분 | 설명 |
|---|---|
| 데이터베이스 미들웨어 | • 원격의 데이터베이스와 연결하여 데이터를 송수신하는 미들웨어 |
| EAI<br>(Enterprise Application Integration) | • 조직 내외부에 산재해 있는 이기종 애플리케이션을 비즈니스 프로세스 차원에서 연동하고 통합해주는 솔루션 |
| ESB<br>(Enterprise Service Bus) | • 웹 서비스를 기반으로 하여 다양한 시스템들을 대상으로 느슨한 결합을 구성하고 비동기식 연결을 지원하는 미들웨어 플랫폼<br>• 메시지를 주고받아 연동하는 메시지 지향 미들웨어의 일종(Message-Oriented Middleware ; MOM) |
| 객체 기반(Object Request Brokers ; ORB) 미들웨어 | • 소프트웨어 컴포넌트들을 이기종 언어와 환경에 상관없이 통합을 지원하는 CORBA 표준을 기반으로 분산객체 기술을 통해 이기종 시스템 연동이 가능한 미들웨어 |
| 원격 프로시저 호출(Remote Procedure Call ; RPC) | • 대상 시스템에 원격으로 접속하여 데이터 전송 및 제어를 수행하는 미들웨어 |
| 트랜잭션 처리<br>(Transaction Processing ; TP) 모니터 | • 빠른 응답 처리를 위해서 온라인상으로 분산된 트랜잭션 처리를 지원하고 모니터링하는 미들웨어 |
| WAS<br>(Web Application Server) | • 동적인 웹 콘텐츠 처리와 웹 환경을 지원하는 다양한 시스템을 연동하는 미들웨어 |

# 기출문제 분석

1, 2회

**01 코드 설계에서 일정한 일련번호를 부여하는 방식의 코드는?**

① 연상 코드 ② 블록 코드
③ 순차 코드 ④ 표의 숫자 코드

해설 코드를 설계할 시 일련번호에 맞춰서 설계하는 방식은 순차 코드이다.

3회

**02 다음 중 미들웨어 솔루션의 유형에 포함되지 않는 것은?**

① WAS ② Web Server
③ RPC ④ ORB

해설 미들웨어 솔루션에는 데이터베이스 미들웨어, EAI 및 ESB(MOM), ORB, RPC, TP 모니터, WAS 등이 있다.

3회

**03 코드의 기본 기능으로 거리가 먼 것은?**

① 복잡성 ② 표준화
③ 분류 ④ 식별

해설 코드는 표준화된 방법론을 사용해서 작성해야 하며, 분류와 식별이 용이하도록 최대한 복잡하지 않게 작성해야 한다.

3회

**04 인터페이스 요구 사항 검토 방법에 대한 설명으로 옳은 것은?**

① 리팩토링 : 작성자 이외의 전문 검토 그룹이 요구사항 명세서를 상세히 조사하여 결함, 표준 위배, 문제점 등을 파악
② 동료 검토 : 요구 사항 명세서 작성자가 요구 사항 명세서를 설명하고 이해관계자들이 설명을 들으면서 결함을 발견
③ 인스펙션 : 자동화된 요구 사항 관리 도구를 이용하여 요구 사항 추적성과 일관성을 검토
④ CASE 도구 : 검토 자료를 회의 전에 배포해서 사전 검토한 후 짧은 시간 동안 검토 회의를 진행하면서 결함을 발견

해설 동료 검토는 이해관계자 2~3명가량이 집단을 구성하고 작성자의 설명을 청취하면서 결함을 발견하는 방법이다.
① 리팩토링 : 소스코드를 재사용하는 방법론에 관한 내용
③ 인스펙션 : 요구사항 검토 방법에 해당하나 작성자, 외부 전문가 등을 초빙 후 공식적인 토론을 통해서 오류를 검토하는 방법
④ CASE 도구 : 자동화된 요구사항을 관리하는 도구

정답 01 ③ 02 ② 03 ① 04 ②

4회

**05** **코드화 대상 항목의 중량, 면적, 용량 등의 물리적 수치를 이용하여 만든 코드는?**

① 순차 코드
② 10진 코드
③ 표의 숫자 코드
④ 블록 코드

해설 표의 숫자 코드(Significant digit code)는 유의 숫자 코드라고도 하며, 코드화 대상의 물리적 수치를 활용해서 작성한다.

4회

**06** **클라이언트와 서버 간의 통신을 담당하는 시스템 소프트웨어를 무엇이라고 하는가?**

① 웨어러블 ② 하이웨어
③ 미들웨어 ④ 응용 소프트웨어

해설 미들웨어는 클라이언트와 서버, 혹은 타 시스템 간의 연결을 지원하는 솔루션이다.

5회

**07** **통신을 위한 프로그램을 생성하여 포트를 할당하고, 클라이언트의 통신 요청 시 클라이언트와 연결하는 내외부 송 · 수신 연계 기술은?**

① DB 링크 기술
② 소켓 기술
③ 스크럼 기술
④ 프로토타입 기술

해설 통신 포트를 통해서 클라이언트와 연결하는 기술은 소켓 기술이다.

5회

**08** **응용프로그램의 프로시저를 사용하여 원격 프로시저를 로컬 프로시저처럼 호출하는 방식의 미들웨어는?**

① WAS(Web Application Server)
② MOM(Message Oriented Middleware)
③ RPC(Remote Procedure Call)
④ ORB(Object Request Broker)

해설 RPC는 원격 프로시저를 사용해서 시스템 간 연동을 지원한다.

6회

**09** **다음 설명에 해당하는 시스템으로 옳은 것은?**

> 시스템 인터페이스를 구성하는 시스템으로, 연계할 데이터를 데이터베이스와 애플리케이션으로부터 연계 테이블 또는 파일 형태로 생성하여 송신하는 시스템이다.

① 연계 서버 ② 중계 서버
③ 송신 시스템 ④ 수신 시스템

해설 인터페이스 시스템은 송신 시스템, 수신 시스템, 중계 시스템으로 구성되며, 이 중 데이터를 테이블 혹은 파일 형태로 송신하는 시스템은 송신 시스템이다.

7회

**10 분산 시스템에서의 미들웨어(Middleware)와 관련한 설명으로 틀린 것은?**

① 분산 시스템에서 다양한 부분을 관리하고 통신하며 데이터를 교환하게 해주는 소프트웨어로 볼 수 있다.
② 위치 투명성(Location Transparency)을 제공한다.
③ 분산 시스템의 여러 컴포넌트가 요구하는 재사용 가능한 서비스의 구현을 제공한다.
④ 애플리케이션과 사용자 사이에서만 분산 서비스를 제공한다.

해설 미들웨어는 시스템과 시스템 간에 연동을 지원한다.

정답 05 ③ 06 ③ 07 ② 08 ③ 09 ③ 10 ④

# 출제 동향 분석

## CHAPTER 01 데이터 입출력 구현

- 정통적인 정보시스템 자료 구조에 대한 이론 문제와 파트 3 데이터베이스 구축에 앞서 사전 학습이 필요한 데이터 조작에 관련한 문제가 다수 출제되고 있습니다. 특히 '23년 출제기준이 변경되면서 기존 '20년 출제기준에 포함되었던 논리 데이터 저장소 확인, 물리 데이터 저장소 설계와 관련된 세부 항목이 파트 3과의 중복성으로 삭제되었으나 시험에 나올 가능성이 적은 ORM(Object-Relational Mapping) 프레임워크 및 트랜잭션 인터페이스는 삭제하고 그 외 논리 데이터 저장소와 물리 데이터 저장소 관련 내용은 섹션 4로 별도 구성하였으니 학습에 참조하시기 바랍니다.
- 업무 절차 및 실제 실무 내역보다는 정보, 데이터, 실제 물리적인 수준의 데이터 처리를 위한 이론적인 문제가 집중됩니다.
- 파트 3과의 연계 학습을 통해 데이터의 개념과 이론에 대한 충분한 이해와 암기가 요구됩니다.

## CHAPTER 02 통합 구현

- 단위 모듈과 컴포넌트, 서비스에 개념에 대한 이론적 숙지와 소프트웨어 개발 및 재사용 측면에서 이해 기반의 학습이 필요합니다.
- 소프트웨어 개발 간에 필요한 통합도구, 형상관리도구, 배포도구 등 각 도구의 활용 목적과 특징을 이해하고, 실무 관점에서 어떻게 활용되고 있는지에 대해 폭넓은 학습이 필요합니다.

## CHAPTER 03 제품소프트웨어 패키징

- 이론적인 문제보다는 실무 위주의 절차와 업무 프로세스를 묻는 문제가 다수 출제되고 있으며, 패키징을 위한 절차 중 필요한 도구, 핵심 기법 등에 대해서 학습이 필요합니다.
- 국제 소프트웨어 품질과 관련해서는 프로세스 측면과 제품 품질 측면에서 각각 표준 정의, 특징, 구성 및 추가적인 학습요소에 대한 이해와 암기가 병행되어야 합니다.

## CHAPTER 04 애플리케이션 테스트 관리

- 소프트웨어 개발에서 테스트는 상당히 비중 있는 영역이며, 테스트에 관련한 원리, 프로세스, 방법, 산출물에 대해서 정확한 이해와 암기가 요구됩니다.
- 알고리즘과 소스 코드 품질에 관련된 도구의 유형과 특징을 구별하고 최적화 기법에 대해서 학습해야 합니다.

## CHAPTER 05 인터페이스 구현

- 인터페이스 구현 챕터는 이론적인 학습보다 실무 활동에 대한 이해 기반의 학습이 요구 됩니다.
- 각 인터페이스 구현 단계별로 핵심 업무, 절차, 보안 구성 방안 등에 대해 이해해야 합니다.
- 인터페이스 구현에 앞서 설계와 관한 학습은 파트 1의 챕터 4 인터페이스 설계에서 다루고 있으니 본 챕터와 연계학습이 필요합니다.

# 소프트웨어 개발

PART 02

# 데이터 입출력 구현

다회독 Check!
1 2 3

## 학습 목표

- 본격적으로 소프트웨어를 개발하기 위해 데이터의 자료 구조를 학습하고 논리 데이터 저장소, 물리 데이터 저장소에 대해서 설계 수행
- 데이터를 조작하는 프로시저를 작성하고 최적화하여 소스코드의 품질을 제고하기 위한 방안에 대해서 학습

## SECTION 01 자료 구조

### 1. 자료 구조

#### ① 자료 구조의 개요

㉠ 자료 구조의 정의

- 정보시스템에서 자료를 처리하기 위한 데이터 객체 및 이들 객체들의 연산집합에 관한 구성
- 시스템 개발 시에 데이터 객체들을 효율적이고 신속하게 처리하기 위한 적절한 자료 구조 선정이 필요

㉡ 자료 구조의 분류

| 구분 | 자료 유형 | 특징 | 종류 |
|---|---|---|---|
| 선형 구조 | 배열 구조 | 물리적 연속성 | 스택, 큐, 링크리스트 |
| | 연결 구조 | 논리적 연속성 | |
| 비선형 구조 | 트리 구조 | 사이클 허용 안 함 | 이진 트리, M원 트리 |
| | 그래프 구조 | 사이클 허용 | 방향, 무방향 그래프 |

**이해돕기**

자료 구조 선택 시 고려사항
개발 시스템의 특성을 반영하여 데이터 양과 사용 빈도, 저장 방식, 하드웨어 특성 등을 반영하여 최적의 자료 구조를 선정

#### ② 자료 구조의 유형

| 자료 유형 | 세부 내용 |
|---|---|
| 배열 구조 | • 동일 자료형의 데이터들을 하나의 변수로 이름으로 정의하고 저장소에 연속적으로 할당하고 관리하는 자료 구조 형태 |
| 연결 구조 | • 하나 이상의 데이터와 링크 필드로 구성되는 노드를 활용하여 데이터를 선형적인 논리적 순서로 관리하는 자료 구조 형태 |
| 트리 구조 | • 노드를 계층적인 구조로 구성하고 관리하는 비선형 자료 구조 |
| 그래프 구조 | • 도형 형태의 비선형 자료 구조이며 연결할 객체의 집합 V와 연결하는 간선의 집합 E로 구조화됨 |

## 2. 스택(Stack)

### ① 스택의 개요

㉠ 스택의 정의

데이터의 삽입 및 삭제가 한쪽 방향의 끝인 톱(top)에서만 이루어지는 유한 순서 리스트

㉡ 스택의 구조

| 구분 | 설명 |
|---|---|
| 운영 방식 | 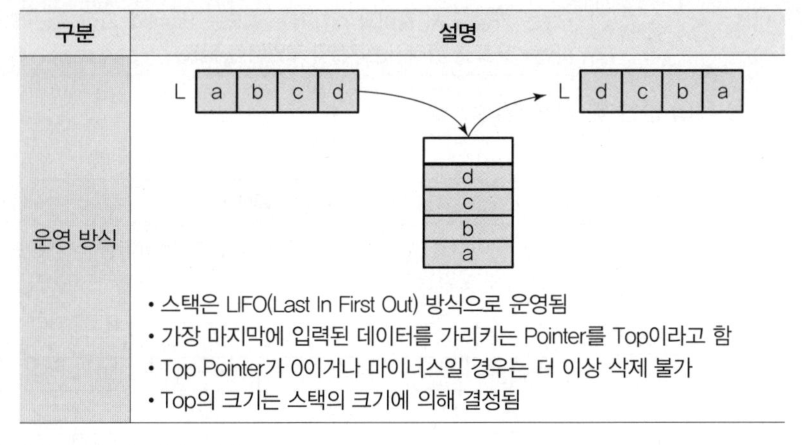<br>• 스택은 LIFO(Last In First Out) 방식으로 운영됨<br>• 가장 마지막에 입력된 데이터를 가리키는 Pointer를 Top이라고 함<br>• Top Pointer가 0이거나 마이너스일 경우는 더 이상 삭제 불가<br>• Top의 크기는 스택의 크기에 의해 결정됨 |

### ② 스택의 연산 및 응용 분야

㉠ 스택의 연산

| 구분 | 설명 |
|---|---|
| 스택의 연산 | • 스택은 데이터를 삽입하는 Push 연산과 데이터를 삭제하는 Pop 연산으로 운영됨<br>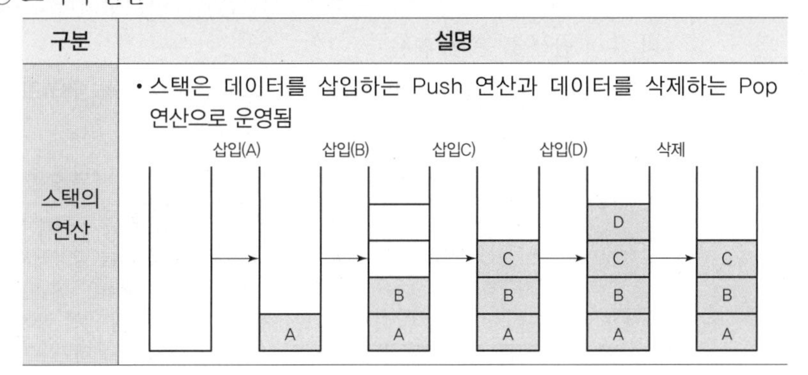 |

㉡ 스택의 응용 분야

스택은 순환프로그램이나 서브루틴 호출 시 복귀 주소의 지정, 이진 트리의 운행, 그래프의 깊이 우선 탐색(DFS)에 활용됨

## 3. 큐(Queue)

### ① 큐의 개요

㉠ 큐의 정의

데이터의 한쪽 방향 끝(rear)에서는 삽입(enqueue)만 진행되고, 또 다른 끝(front) 방향에서는 삭제(dequeue)만 수행하도록 관리되는 유한 순서 리스트

> **이해돕기**
> 자료 구조 중 스택, 큐, 트리와 관련한 실제 연산 및 작동 방법을 묻는 시험문제가 다수 출제되므로 충분한 학습 필요

> **이해돕기**
> 스택의 응용 분야 중 운영체제에서는 인터럽트나 서브루틴 호출 및 복귀에 활용됨

이해돕기

스택이 한쪽 입구에서만 삽입과 삭제가 이루어지는 반면, 큐는 삽입 입구와 삭제 출구가 별도로 구성됨

ⓛ 큐의 구조

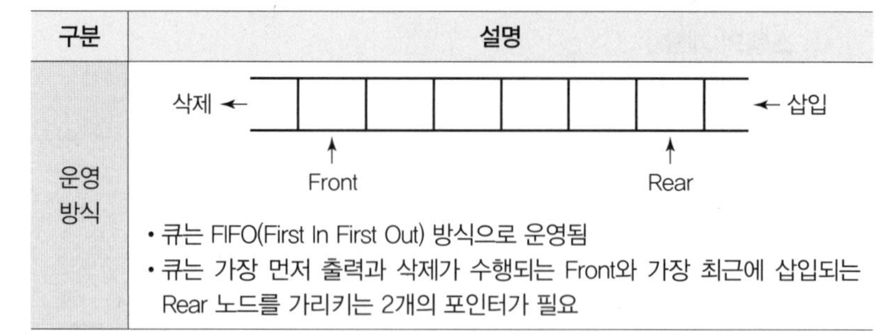

| 구분 | 설명 |
|---|---|
| 운영 방식 | 삭제 ← / ← 삽입 / Front / Rear<br>• 큐는 FIFO(First In First Out) 방식으로 운영됨<br>• 큐는 가장 먼저 출력과 삭제가 수행되는 Front와 가장 최근에 삽입되는 Rear 노드를 가리키는 2개의 포인터가 필요 |

② **큐의 연산 및 응용 분야**

㉠ 큐의 연산

| 구분 | 설명 |
|---|---|
| 큐의 연산 | • 큐는 데이터를 삽입하는 ENQUE 연산과 데이터를 삭제하는 DEQUE 연산으로 운영됨<br>f=0 r: A 삽입(A) / f r: A B 삽입(B) / f r: A B C 삽입(C) / f r: A B C D 삽입(D) / f=1 r: B C D 삭제 / f=2 r: A B 삭제 |

ⓛ 큐의 응용 분야

- 큐는 운영체제나 응용 소프트웨어에서 작업 스케줄링이나 그래프의 너비 우선 탐색(BFS)에 활용
- 선형 구조의 큐를 변형하여 원형 큐나 데크 형태의 응용 구조로도 활용됨

③ **큐의 활용 유형**

| 구분 | 구조도 | 세부 설명 |
|---|---|---|
| 데크(DEQUE) | 입력 → / 출력 ← A B C D ← 입력 / → 출력 | • 원래의 큐가 한쪽 방향에서는 삭제, 다른 방향에서는 삽입만 되는 구조인 데 반해, 데크는 리스트의 양쪽 끝에서 노드의 삽입과 삭제가 모두 가능한 유한 순서 리스트<br>• 두 개의 스택을 연결하고 큐를 복합한 운영 방식이며 단순 연결 리스트나 이중 연결 리스트로 표현 |
| 원형 큐 | … [n−2] [n−1] [0] [1] [2] $a_1$ $a_0$ | • 원래의 큐에서 처음과 끝을 연결하여 원형으로 표현하는 방법으로 원래 큐에서 발생하는 Overflow 문제의 해결이 가능함 |

## 4. 연결 리스트(Linked List)

### ① 연결 리스트의 개요

㉠ 연결 리스트의 정의

- 하나 이상의 데이터와 링크 필드로 구성되는 저장공간인 노드를 활용하여 데이터를 선형적인 논리 순서로 관리하는 자료 구조 형태
- 각 노드는 논리적 구조로서 물리적으로 연속적이지 않고, 별도 구성되는 링크 필드로 인해 기억공간이 많이 필요하며, 임의 노드 탐색 시에는 맨 처음 노드부터 접근하므로 효율성이 낮음

㉡ 연결 리스트의 구조

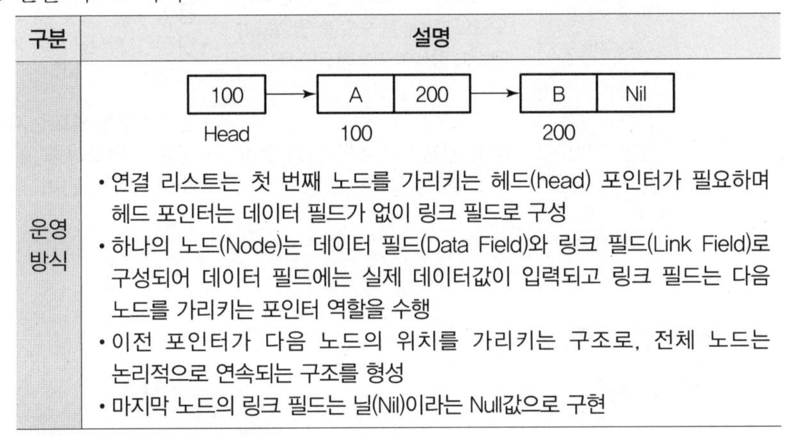


| 구분 | 설명 |
|---|---|
| 운영 방식 | (위 그림)<br>• 연결 리스트는 첫 번째 노드를 가리키는 헤드(head) 포인터가 필요하며 헤드 포인터는 데이터 필드가 없이 링크 필드로 구성<br>• 하나의 노드(Node)는 데이터 필드(Data Field)와 링크 필드(Link Field)로 구성되어 데이터 필드에는 실제 데이터값이 입력되고 링크 필드는 다음 노드를 가리키는 포인터 역할을 수행<br>• 이전 포인터가 다음 노드의 위치를 가리키는 구조로, 전체 노드는 논리적으로 연속되는 구조를 형성<br>• 마지막 노드의 링크 필드는 닐(Nil)이라는 Null값으로 구현 |

### ② 연결 리스트의 연산과 유형

㉠ 연결 리스트의 연산

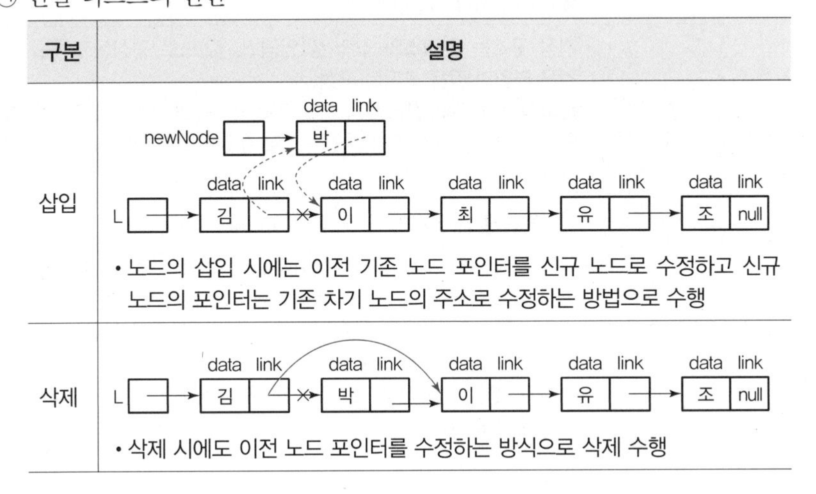


| 구분 | 설명 |
|---|---|
| 삽입 | (위 그림)<br>• 노드의 삽입 시에는 이전 기존 노드 포인터를 신규 노드로 수정하고 신규 노드의 포인터는 기존 차기 노드의 주소로 수정하는 방법으로 수행 |
| 삭제 | (위 그림)<br>• 삭제 시에도 이전 노드 포인터를 수정하는 방식으로 삭제 수행 |

㉡ 연결 리스트의 유형

| 종류 | 설명 | 특징 |
|---|---|---|
| 단순 연결 리스트 | • 각 노드가 하나의 포인터를 갖는 기본 구조 | • 탐색 시간 복잡도는 O(n)으로 정의됨 |
| 원형 연결 리스트 | • 단순 연결 리스트의 마지막 노드의 포인터가 null link 대신 리스트의 처음 노드의 포인터를 갖도록 구성하여 원형 구조로 구성한 연결 리스트 | • 장점 : 임의의 노드 검색 시에 첫 번째 노드가 아닌 현재 노드부터 검색 가능<br>• 단점 : 노드 검색 시에 무한 루프에 빠질 수 있는 경우 발생 |
| 이중 연결 리스트 | • 각 노드에 2개 포인트를 두어 다음 노드와 함께 전 노드를 연결하여 양방향 탐색이 가능한 리스트 | • 장점 : 양방향 검색으로 검색 용이<br>• 단점 : 저장공간이 추가적으로 소요 |
| 이중 원형 연결 리스트 | • 이중 연결 리스트와 원형 연결 리스트를 결합하여 운영 | • 장점 : 무한 루프 방지가 가능함<br>• 단점 : 알고리즘 구현이 복잡하고 저장공간이 추가적으로 소요 |

## 5. 기타 자료 구조

### ① 배열(Array)

| 구분 | 설명 |
|---|---|
| 정의 | • 크기와 성격이 동일한 자료 유형이 기억장소의 특정 메모리에 연속적으로 할당되어 저장되는 자료 구조 |
| 구조 | • 저장 구조는 인덱스와 값의 쌍(인덱스, 값)으로 구성되고 원소들이 모두 같은 타입과 같은 크기로 구성<br>• 순차적인 메모리 할당 방식으로 임의의 장소에 있는 원소값을 쉽게 확인할 수 있으나 기억 장소를 정적으로 운영하므로 저장공간 사용 효율성이 부족 |
| 종류 | • 1차원 배열, 다차원 배열, 희소 행렬(Sparse Matrix) |
| 배열의 문제점 | • 삽입 시에 삽입 지점 이후의 데이터를 전체 뒤로 이동<br>• 삭제 시에 삭제 지점 이후의 데이터를 전체 앞으로 이동<br>• N개의 원소로 구성된 배열구조에서 특정 원소 한 개를 삭제 혹은 삽입하기 위한 평균 이동 횟수는 N/2임<br>• 크기가 변경될 시에는 연속적으로 저장할 수 있는 메모리를 확보해야 하는 경우도 발생 |

## ② 트리(Tree)

### ㉠ 트리(Tree)

| 구분 | 설명 |
|---|---|
| 정의 | • 하나 이상의 노드(Node)로 이루어진 계층구조의 유한집합으로 두 정점 사이에는 사이클이 존재하지 않는 연결 그래프 |
| 구조 | 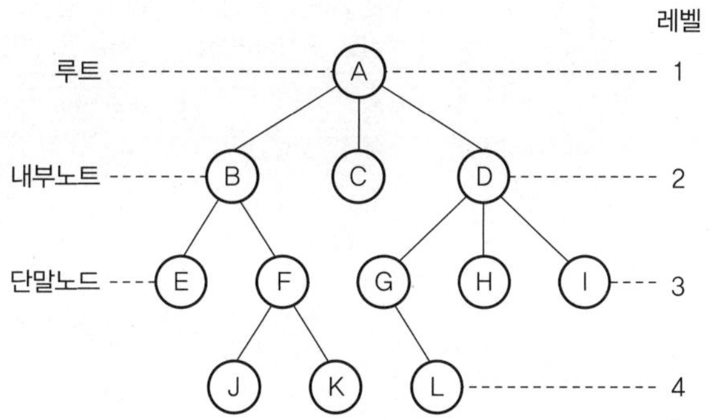 레벨 / 루트 — A — 1 / 내부노트 — B, C, D — 2 / 단말노드 — E, F, G, H, I — 3 / J, K, L — 4<br>• 가장 상위에 루트(root)라고 하는 노드가 하나 있고, 그 외 노드들은 n(>=0)개의 분리 집합 $T_1, \cdots, T_n$으로 분할될 수 있음<br>• 여기서 $T_1, \cdots, T_n$은 각각 하나의 트리이며, 루트의 서브 트리 |
| 구성 | (아래 표) |

| 구성 | 설명 |
|---|---|
| 노드(Node) | • 트리를 구성하는 핵심 요소로 데이터와 포인터로 구성 |
| 차수(Degree) | • 부모 노드에서 파생된 직계 노드의 수 |
| 트리의 차수 | • 각 노드의 차수 중에서 가장 큰 값 |
| 루트 노드 (Root Node) | • 맨 상위 부모 노드 |
| 단말 노드 (Terminal Node) | • 직계 자식 노드를 가지지 않은 노드 |
| 부모 노드 (parent Node) | • 하위 레벨 노드들과 연결된 상위 노드 |
| 형제 노드 (Brother Node) | • 동일한 부모를 갖는 노드 |
| 자식 노드 (Children Node) | • 하위 레벨에 연결된 노드 |
| 서브 트리(Subtree) | • 특정 노드의 자손으로 이루어진 하위 트리 |
| 조상(Ancestor) | • 루트 노드에 이르기까지 경로를 형성하는 노드 집합 |
| 레벨 | • 루트 레벨은 1이며 내려갈수록 1씩 증가 |
| 높이(Heigh) | • 근노드에서 가장 큰 깊이(레벨) |
| 포레스트(Forest) | • 트리에서 루트를 제거한 형태로, 사이클은 없지만 연결되지는 않은 무방향 그래프 |
| 간선 | • 노드와 노드를 연결하는 선으로 간선 수 e와 노드 수 n의 관계는 항상 e=n−1 |

> **이해돕기**
> 이진 트리의 유형
> 이진 트리는 아래 유형 외에도 2-3 트리, Red-Black 트리가 있으며, 이 중 AVL 트리, 2-3 트리, Red-Black 트리는 Balanced 트리라고 하여 시간 복잡도가 O(log n)으로 양호함

> **이해돕기**
> 한쪽 방향으로 기울어진 경사(사향) 이진 트리는 최악의 조건에서는 시간 복잡도가 O(n)으로 불리하게 정의됨

ⓛ 이진 트리(Tree)

| 구분 | 설명 |
|---|---|
| 정의 | • 전체 노드들이 2개 이하의 자식 노드를 갖는 트리 |
| 특성 | • 이진 트리가 N개의 노드를 가질 때 항상 N+1개의 Null 링크 존재<br>• 이진 트리는 레벨 i에서 최대 노드 수 2i−1(i>=1), 깊이 k일 때 최대의 노드 수는 2k−1, 완전 이진 트리의 높이는 log2(n+1)로 정의<br>• 이진 트리를 구성하는 각 노드들을 탐색하는 방법을 운행이라고 함 |
| 유형 | (아래 표 참조) |

| 유형 | 이진 트리 구조 | 세부 설명 |
|---|---|---|
| 포화 이진 트리 (Full Binary Tree) | 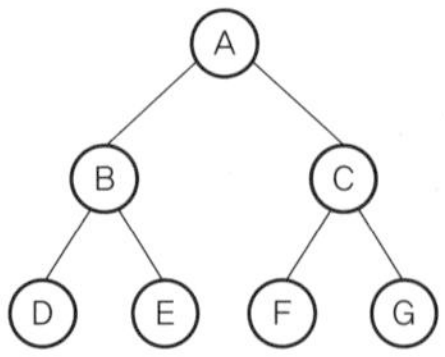 A B C D E F G | 모든 노드가 구성된 이진 트리로 높이가 h이면 노드의 수가 항상 2h−1인 이진 트리 |
| 완전 이진 트리 (Complete Binary Tree) | 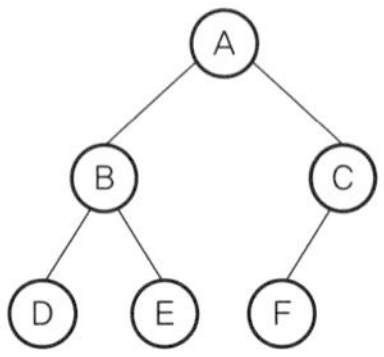 A B C D E F | 포화 이진 트리의 단말 노드들을 오른쪽 리프부터 제거한 트리 |
| Knuth 이진 트리 | 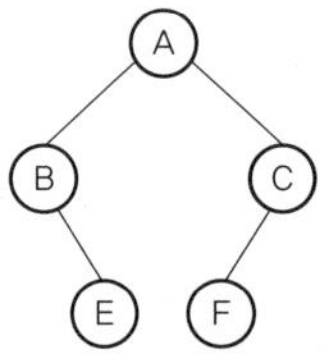 A B C E F | 모든 노드의 차수가 0이나 1, 혹은 2인 트리 |
| 엄밀한 이진 트리 | 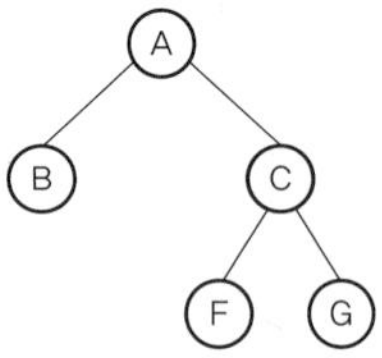 A B C F G | 모든 노드의 차수가 0이나 2인 이진 트리 |
| 경사(사향) 이진 트리 (Skewed Binary Tree) | 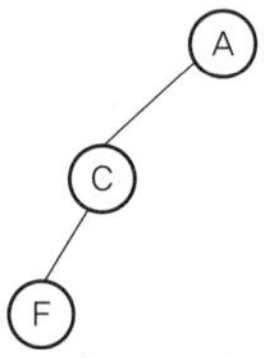 A C F | 한쪽 방향으로 기울어진 이진 트리 |

| | 유형 | 개념도 | 설명 |
|---|---|---|---|
| 이진 트리 운행 | 전위 (Pre-Order) 운행 | 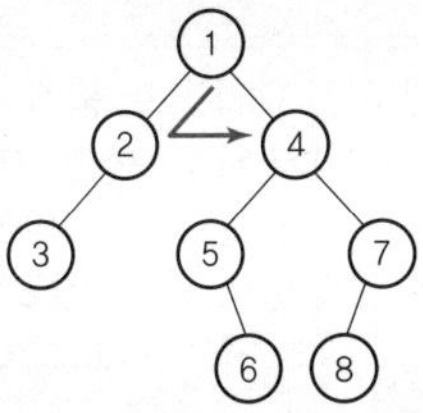 | 중간 → 왼쪽 → 오른쪽 순으로 운행 |
| | 중위 (Inorder) 운행 | 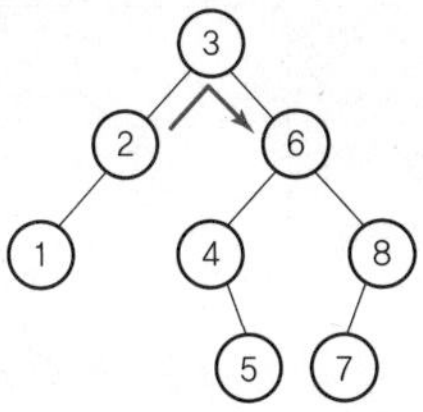 | 왼쪽 → 중간 → 오른쪽 순으로 운행 |
| | 후위 (Postorder) 운행 | 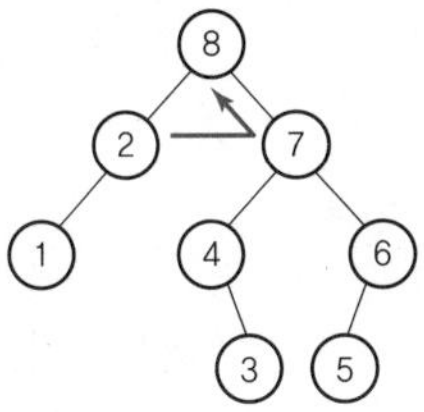 | 왼쪽 →오른쪽 → 중간 순으로 운행 |

㉢ 스레드 이진 트리

| 구분 | 설명 |
|---|---|
| 정의 | • 이진 트리가 N개의 노드를 가질 때 발생하는 n+1개의 null 링크를 활용하여 선행 노드나 후행 노드를 가리키는 포인터로 사용하는 이진 트리 |
| 특성 | • 이진 트리에서 모든 노드에 접근하기 위해선 별도의 필드 구성이나 스택을 이용하나 스레드 이진 트리를 통해서 모든 노드 접근이 가능하며 반복적 순회가 가능 |
| 구조 | 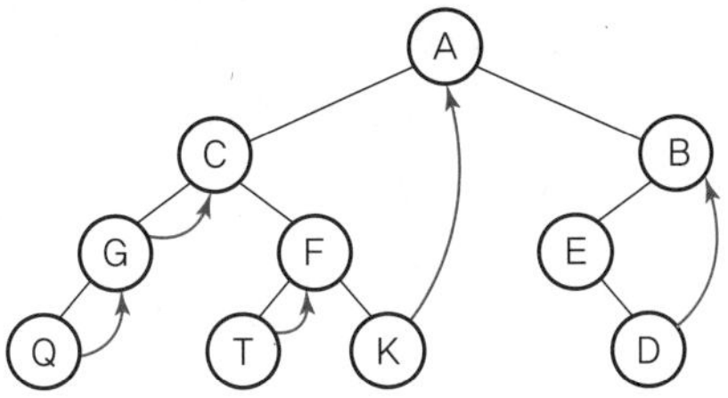 • 링크 필드에서 포인터를 구별하기 위해 tag 비트를 첨가하여 표시<br>• 스레드 이진 트리를 구성해도 중위 운행은 2개, 전위와 후위 운행은 1 개의 null 링크가 존재하며 이를 해결하기 위해 헤드 노드를 활용 |

**이해돕기**

이진 트리 운행과 관련한 문제는 시험에서 다수 출제되고 있으므로 정확한 개념을 바탕으로 기출문제를 풀어 보고 대응이 필요함

㉣ 히프(Heap)

| 구분 | 설명 |
|---|---|
| 정의 | • 완전 이진 트리 노드 중에 키 값이 가장 큰 노드 혹은 키 값이 가장 작은 노드를 찾기 위해 구성된 자료 구조<br>• 히프는 우선 순위 큐 구현에 적합하며, 히프 정렬 형태로 구현한 우선 순위 큐 정렬의 시간복잡도는 O(nlog n)로 정의됨 |
| 유형별 구조 | (아래 표 참조) |

| 유형 | 세부 설명 |
|---|---|
| 최대 히프 트리 | 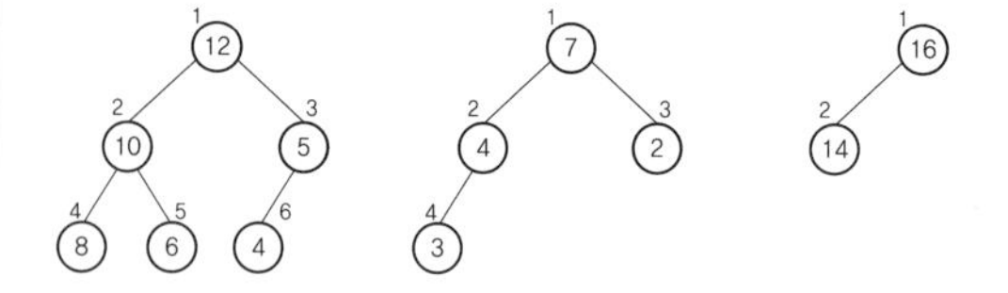 • 각 노드의 키 값이 그 자식의 키 값보다 작지 않은 트리 |
| 최소 히프 트리 | 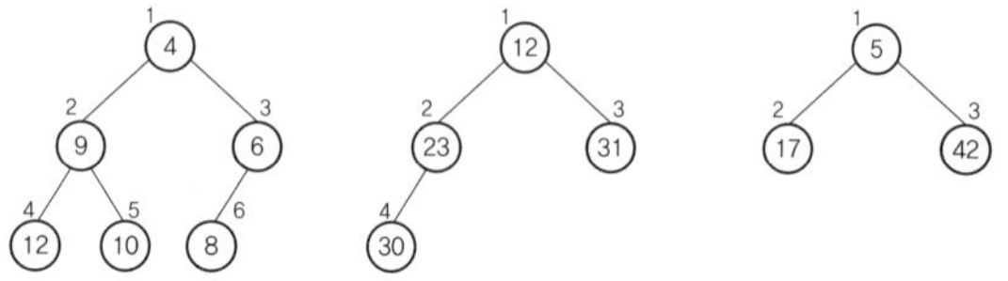 • 각 노드의 키 값이 그 자식의 키 값보다 크지 않은 트리 |

㉤ AVL(Adelson－Velski와 Landis) 트리

| 구분 | 설명 |
|---|---|
| 정의 | • 트리의 왼쪽과 오른쪽 부트리의 높이가 1 이하인 균형 트리<br>• 균형 트리는 왼쪽 부트리와 오른쪽 부트리의 높이가 서로 균형된 트리로 대표적으로 AVL트리가 있음 |
| 특성 | • 삽입과 삭제가 트리의 균형에 영향을 미쳐서 되도록 삽입이나 삭제가 적고 검색이 많은 자료 구조에 적합<br>• 실제 구현 시 삽입과 삭제를 수행하게 되면 균형 여부 검사 시간과 균형 재구성 시간이 필요하며 탐색 효율은 O(log2n)을 보장<br>• 불균형 노드의 위치를 기준하여 LL, LR, RL, RR 노드를 분류하며, 회전(Rotation)에 의한 균형 회복을 수행 |
| 구조 예시 | • 원소 리스트(8, 9, 10, 2, 1, 5, 3, 6, 4, 7, 11)를 차례대로 삽입하면서 AVL 트리를 구축하는 예 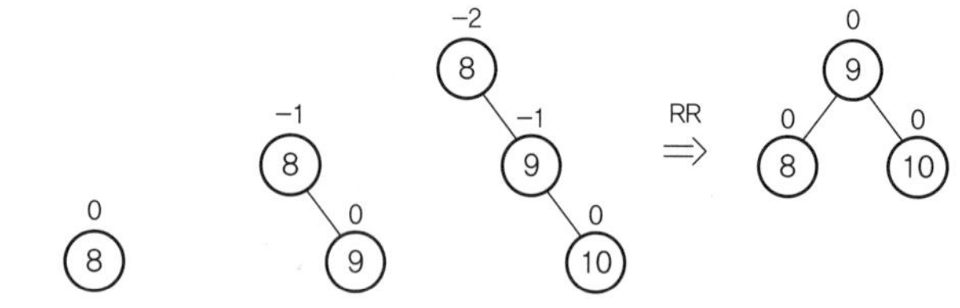<br>(a) 원소 8 삽입 (b) 원소 9 삽입 (c) 원소 10 삽입 |

**이해돕기**

Blanced Tree(균형 트리)

AVL 트리와 2-3 트리, 2-3-4 트리, Red-Black 트리 등은 Blanced Tree(균형 트리)라고 하며, 균형 트리는 모든 노드의 오른쪽 부분 트리와 왼쪽 부분 트리 높이의 차이가 1 이하인 이진 탐색 트리를 의미함

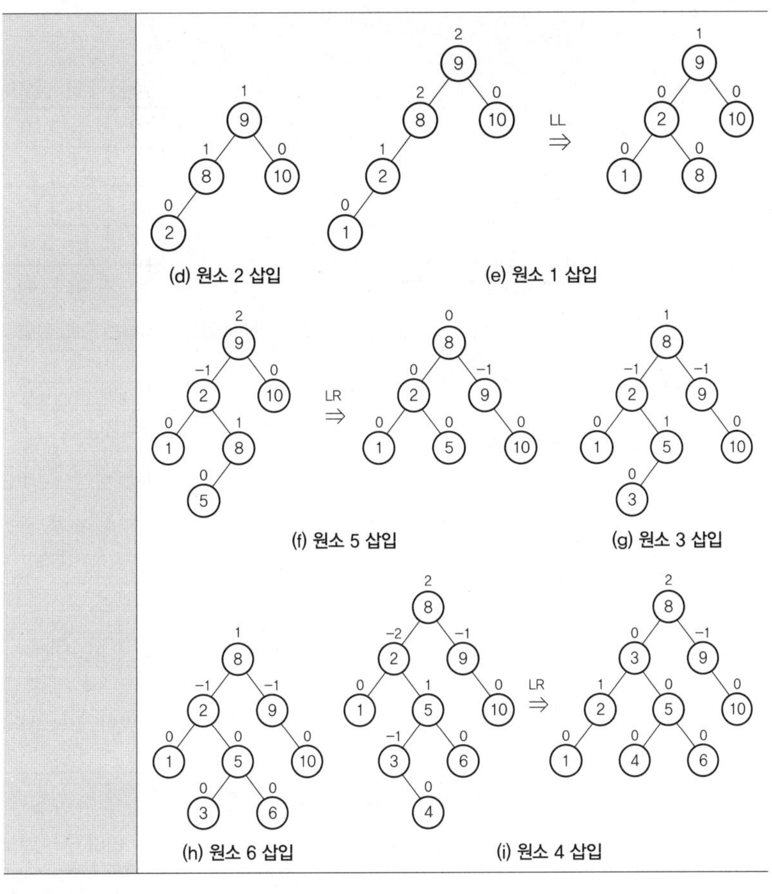
(d) 원소 2 삽입 (e) 원소 1 삽입

(f) 원소 5 삽입 (g) 원소 3 삽입

(h) 원소 6 삽입 (i) 원소 4 삽입

### ③ 그래프(Graph)

<table>
<tr><th>구분</th><th colspan="2">설명</th></tr>
<tr><td>정의</td><td colspan="2">• 도형 형태의 비선형 자료구조이며 연결할 객체의 집합 V와 연결하는 간선의 집합 E로 구조화된 그래프 G로 표현</td></tr>
<tr><td rowspan="4">유형</td><th>유형</th><th>세부 설명</th></tr>
<tr><td>무방향 그래프<br>(Undirected Graph)</td><td>• 간선을 나타내는 정점의 쌍의 순서가 없는 그래프로 간선의 표현은()으로 나타내며((V1, V2)=(V2, V1)), 이때 최대 간선수는 n(n−1)/2으로 구성</td></tr>
<tr><td>방향 그래프<br>(Directed Graph)</td><td>• 간선을 화살표로 표현하며 방향을 표시한 그래프로 간선의 표현은 〈〉로 나타내며 〈V1, V2〉 기록</td></tr>
<tr><td>다중 그래프<br>(Multigraph)</td><td>• 두 정점 사이에 2개 이상의 간선이 존재하는 그래프</td></tr>
</table>

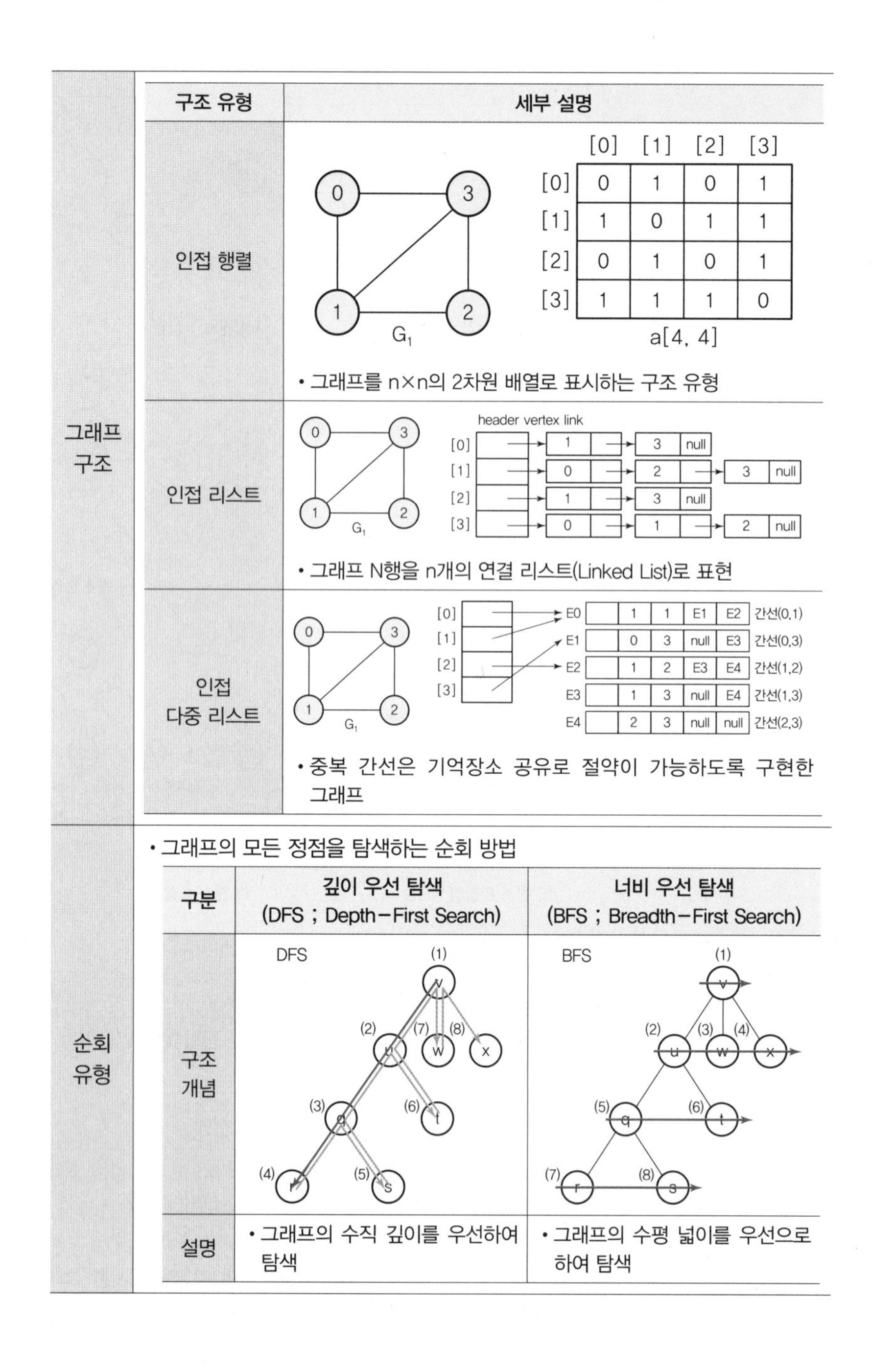

| | |
|---|---|
| 그래프 구조 | 구조 유형 / 세부 설명 (see below) |
| 순회 유형 | • 그래프의 모든 정점을 탐색하는 순회 방법 (see below) |

**그래프 구조**

| 구조 유형 | 세부 설명 |
|---|---|
| 인접 행렬 | • 그래프를 n×n의 2차원 배열로 표시하는 구조 유형 |
| 인접 리스트 | • 그래프 N행을 n개의 연결 리스트(Linked List)로 표현 |
| 인접 다중 리스트 | • 중복 간선은 기억장소 공유로 절약이 가능하도록 구현한 그래프 |

a[4, 4]

| | [0] | [1] | [2] | [3] |
|---|---|---|---|---|
| [0] | 0 | 1 | 0 | 1 |
| [1] | 1 | 0 | 1 | 1 |
| [2] | 0 | 1 | 0 | 1 |
| [3] | 1 | 1 | 1 | 0 |



**순회 유형**

• 그래프의 모든 정점을 탐색하는 순회 방법

| 구분 | 깊이 우선 탐색 (DFS ; Depth-First Search) | 너비 우선 탐색 (BFS ; Breadth-First Search) |
|---|---|---|
| 구조 개념 | DFS | BFS |
| 설명 | • 그래프의 수직 깊이를 우선하여 탐색 | • 그래프의 수평 넓이를 우선으로 하여 탐색 |

## SECTION 02 데이터 조작 프로시저 작성

### 1. 프로시저

#### ① 프로시저의 개요

㉠ 프로시저의 정의

- 프로그램에서 특정 동작을 수행하도록 정의된 함수들의 집합이며 함수와 달리 로직 처리 후 결괏값을 반환하지 않는 서브 프로그램
- 데이터베이스 부분에서는 특정 테이블에서 데이터 추출 후 조작하고 그 결과를 저장하거나 갱신하는 등의 일련 처리 업무를 할 때 주로 사용

㉡ 프로시저의 특징

| 장점 | 단점 |
| --- | --- |
| • 한 번의 실행으로 여러 SQL문의 실행이 가능하며, 일련의 처리로 네트워크 소요 시간을 줄여 성능 개선 가능<br>• API처럼 여러 애플리케이션과 공유 가능<br>• 모듈화가 가능하여 프로시저 내의 특정 기능 변경 시 프로시저만 변경함으로써 수정이 용이<br>• 컴파일 없는 스크립트 기반으로 실행 속도 빠름<br>• 예외처리문을 작성하여 오류 처리 가능 | • 문자나 숫자열 연산이 느려서 C, JAVA 보다 느린 성능<br>• 프로그램의 정확한 로직을 모르면 프로시저가 소프트웨어의 어느 부분에서 작동하는지 몰라 유지보수가 더 어려울 수 있음 |

#### ② 프로시저 구성 및 활용 유형

㉠ 프로시저 구성

| 구분 | 코드 | 설명 |
| --- | --- | --- |
| 생성 | CREATE OR REPLACE PROCEDURE<br>프로시저명<br>(매개변수명1[IN] 데이터타입 [:=디폴트값],<br>매개변수명2[OUT] 데이터타입 [:=디폴트값],<br>매개변수명3[INOUT] 데이터타입<br>[:=디폴트값],<br>...);<br><br>IS<br>변수, 상수 선언<br><br>BEGIN<br>실행 쿼리문<br><br>[EXCEPTION]<br>예외 처리문<br><br>END 프로시저 이름; | • 프로시저 생성 시 선언부, 실행부, 예외 처리부로 구성하여 코딩<br>• 매개변수는 IN, OUT, INOUT으로 구성되며 디폴트값은 IN<br><br>구분 / 내용:<br>IN – 입력<br>OUT – 출력<br>INOUT – 입출력 동시 수행<br><br>• 예외 처리문은 오류 처리를 위한 처리문 기술 |

이해돕기

PL/SQL 프로시저

- 대표적인 상업용 DBMS ORACLE에서 프로시저 작성 시 사용하는 표준기반 절차형 SQL문
- 본 수험서에서는 NCS 학습 모듈에 따라 PL/SQL 기반의 프로시저 기준으로 설명

| 실행 | EXEC 프로시저명(매개변수1, 매개변수2, ...); | 프로시저는 EXEC(EXECUTE)문으로 실행하며, 함수와 달리 결괏값 반환이 없어서 SELECT 절에는 사용할 수 없음 |
|---|---|---|

㉡ 프로시저 활용 유형

| 구분 | 설명 |
|---|---|
| 저장된 함수<br>(Stored Function) | • 로직을 처리하고 결괏값 반환이 필요한 경우에 구현<br>• 대부분 구성은 프로시저와 유사하지만 IN 파라미터만 사용 가능하며 반환될 결괏값의 데이터 유형은 RETURN문으로 선언 필요 |
| 저장된 프로시저<br>(Stored Procedure) | • 모듈화로 구성하여 이름을 명명하고 반복적으로 사용 가능<br>• 일련의 복잡한 작업이나 연속작업을 수행하고 DB에 저장하기 위해 구현 |
| 저장된 패키지<br>(Stored Package) | • 오라클 데이터베이스에 이미 저장되어 있는 유관된 프로시저와 함수들의 집합<br>• 선언부와 본문으로 구성되어 호출 시에 실행 |
| 트리거(Trigger) | • 특정 명령어(INSERT, UPDATE, DELETE)문이 TABLE에 수행될 때 자동적으로 수행되는 프로시저로서 TABLE과는 별도로 데이터베이스에 저장 |

## 2. 프로그래밍 디버깅

### ① 프로그램 디버깅의 개요

㉠ 프로그램 디버깅의 정의

- 프로그램 개발 시 구현된 소스코드에 오류가 없는지 찾아보고 수정하는 일련의 과정과 작업
- 데이터베이스 개발 시에는 구현된 프로시저에 대해 오류를 검토하며 수정하는 작업을 주로 의미

㉡ 프로그램 디버깅 툴

- ORACLE DBMS에서는 SQL PLUS를 사용하여 디버깅 및 테스트 수행 가능
- PL/SQL은 디버깅을 위한 환경과 관련한 명령어를 활용 가능

### ② SQL PLUS의 특징

| 구분 | SQL Command | SQL PLUS Command |
|---|---|---|
| 개요 | 데이터베이스와 통신 언어 | SQL 명령어를 서버에 전송하는 툴 |
| 기반 | ANSI 표준 기반 | ORACLE(벤더) 기반 |
| 정의 | 데이터베이스 내의 데이터를 처리, 테이블 정의 | 데이터베이스 내의 자료를 처리할 수 없음 |
| 버퍼 | SQL Buffer 사용 | SQL Buffer 미사용 |

**이해돕기**

디버깅과 테스트

- 예전에는 디버깅과 테스트를 광의의 개념에서 혼동해 사용하였으나 현재는 다른 과정이며 다른 개념으로 보고 있음
- 디버깅은 소스 코드 수준에서 결함의 원인을 밝히고 수정 및 개선하는 작업(주목적 수정 및 개선)이며 개발 과정의 일환이나, 테스트는 결함에 의해 발생된 장애를 확인하는 활동이며(주목적 장애 확인), 개발 과정 이후 별도의 소프트웨어 개발 과정으로 분류

| 행입력 | 다수행 입력 가능 | 다수행 입력 불가 |
|---|---|---|
| 종료문자 | 명령어 실행 종료 시 ';' 사용 | 종료 문자 사용 안 함 |
| 축약 | 키워드 축약 불가 | 키워드 축약 가능 |
| 사례 | –select * from dept; | –set head off |

## 3. 단위테스트 도구

### ① 단위테스트의 개요

㉠ 단위테스트의 정의

- 구현 단계에서 프로그램 개발자에 의해서 수행되는 하위 레벨 테스트
- 데이터베이스 구축 시에는 프로시저에 대한 소스 코딩 검토, 처리 결과 검토 등을 수행

㉡ SQL PLUS의 테스트 수행 관련 명령어

| 구분 | SQL | 주요 명령어 |
|---|---|---|
| 파일 명령어 | 버퍼에 대한 제어와 저장 스크립트 실행, 조회 결과 파일 저장 및 운영체로의 복귀 등 수행 | EDIT, SAVE, START, HOST, EXIT, SPOOL 등 |
| 편집 명령어 | 현재 버퍼 내용 수정, 행 삭제 및 출력 등 수행 | DEL, CLEAR BUFFER 등 |
| 실행 명령어 | SQL SCRIPT 실행, 버퍼 내용 실행 등 수행 | START, RUN 등 |
| 환경 명령어 | 특정 명령어 실행 시 세부 내용 설정 | SET ECHO, PAGESIZE, SPACE 등 |
| 형식 명령어 | 컬럼이나 보고서의 형식을 지정 | COLUMN, TITLE 등 |
| 대화 명령어 | 사용자 변수 생성 및 해제, 특정 컬럼에 가변 값 입력 등을 지정 | DEFINE, PROMPT, ACCEPT 등 |

### ② SQL PLUS를 활용한 PL/SQL 테스트 수행 방안

| 테스트 구분 | 유형 | 설명 |
|---|---|---|
| PL/SQL 테스트 | DBMS_OUTPUT 패키지 활용 | 메시지를 버퍼에 저장하고 읽어오는 DBMS_OUTPUT 코드를 활용하여 오류가 발생하면 'SHOW ERRORS' 명령어를 통해 내용 확인 및 조치 |
| 저장객체 테스트 | Stored Function | 함수의 반환값 저장 변수를 선언하고 실행 후 PRINT 문을 활용해서 변수값 확인 |
| | Stored Procedure | 프로시저 실행 전의 값을 확인하고 실행 후 데이터 수정 내용 확인 |
| | Stored Package | 패키지 실행명은 '패키지명.프로시저명'으로 기술하고 DBMS_OUTPUT.PUT_LINE 출력을 위한 SET SERVEROUTPUT ON을 실행한 뒤 수행 결과를 확인 |
| | Trigger | DBMS_OUTPUT.PUT_LINE 출력을 위한 SET SERVEROUTPUT ON을 실행하고 Trigger 처리 조건 SQL을 수행한 뒤 결과 확인 |

이해돕기

전체 테스트 프로세스와 단위 테스트의 심화 학습은 챕터 4의 애플리케이션 테스트 관리에서 수행

## SECTION 03 데이터 조작 프로시저 최적화

### 1. 쿼리(Query) 성능 측정

#### ① 쿼리 성능 측정의 개요

㉠ 쿼리의 정의

- 시스템에서 명령어나 툴을 활용하여 정보를 검색하거나 수집하는 방법
- SQL : 명령어를 활용하여 데이터베이스와 정보시스템에 질의를 수행하는 고급 컴퓨터 언어

㉡ 쿼리 성능 측정의 정의

- 구현된 프로시저의 로직을 처리할 시에 적정한 방법으로 성능을 측정하고 효율성이 떨어지거나 퍼포먼스에 이상이 발생 시 대응하기 위한 작업으로 APM(Application Performance Management) 등의 툴로 측정
- ORACLE DBMS의 경우 TKPROF와 EXPLAIN PLAN 도구가 제공되며, 두 도구를 병행 사용하여 성능 측정의 다양성과 정확도를 높임

#### ② 쿼리 성능 측정 방법

㉠ TKPROF 활용 : TKPROF는 실행 시 SQL문장별로 분석 정보를 제공하여 개발자가 특정 SQL문장을 효율적으로 사용할 수있도록 가이던스를 제공하는 도구임

| 구분 | 설명 | 세부 내역 |
|---|---|---|
| 분석 정보 | 소프트웨어 및 하드웨어 측면의 성능 측정 정보 확인 | • Parse, Execute, Fetch 등의 수<br>• CPU 처리 시간<br>• 물리적, 논리적 Reads 수<br>• 처리된 로우 수<br>• 미싱된 라이브러리 캐시 수<br>• 커밋, 롤백 수 등 |
| 활용 유형 | TKPROF를 활용하여 추적하고자 하는 수준 정의 | • Instance Level 추적<br>• Session Level 추적 |
| 활용 방법 | SQL Trace가 생성한 Trace 파일을 다양한 명령어를 통해 분석하여 정보 확인 | • PARSE : SQL구문 분석 발생 통계치 확인<br>• FETCH : SELECT문 등 데이터 추출 시 통계치 확인<br>• Count : 문장이 분석되고 실행된 횟수<br>• CPU : 각 처리별 CPU 소요 시간<br>• DISK : 각 처리별 물리적인 디스크 블록 Reads 수 등 |

㉡ EXPLAIN PLAN 활용 : SQL문의 액세스 경로를 확인하고 분석을 통해 최적화 실행 계획과 성능 개선을 지원할 수 있도록 관련 정보를 테이블에 저장하는 기능 제공

| 구분 | 설명 | 세부 내역 |
|---|---|---|
| 분석 정보 | TKPROF와 달리 SQL 문의 분석 및 해석 관련 정보 위주 | • Recursive Call : 재귀 호출된 횟수<br>• DB Block Gets : 현재의 블록이 요구된 횟수<br>• Physical Reads : 물리 디스크로부터 읽은 데이터 블록 수<br>• Redo Size : 로그가 만들어진 사이즈<br>• Sort Memory : 메모리에서 일어난 정렬 수<br>• Sort Disk : 디스크에서 일어난 정렬 수<br>• Row Processed : 연산 수행 중 처리한 row 수 |
| 활용 절차 | EXPLAIN PLAN 준비 → 실행 → 결과 분석의 과정으로 수행 | • DB 접속 후 PLAN TABLE 생성 및 PLUSTRACE role 생성 script 실행<br>• Autotrace mode를 on으로 전환하고 종료 시 Off로 전환<br>• Plan Table 확인 후 분석 수행 |

## 2. 소스코드 인스펙션

### ① 소스코드 인스펙션의 개요

㉠ 소스코드 인스펙션의 정의

- 소프트웨어 설계와 코드에 대해서 검토를 수행하고 개발 초기에 결함을 제거하여 품질을 개선하고 비용을 절감하는 테스트 기법
- 데이터베이스 구축 시 프로시저에 대한 소스코드 인스펙션을 통해서 결함을 제거하고 비용 절감 추진 필요

㉡ SQL 소스코드 인스펙션 검토 대상

| 구분 | 인스펙션 대상 | 설명 |
|---|---|---|
| 옵티마이저 통계 기반 | 입출력 속도 저하 | 디스크의 과입출력, 쿼리 비효율적인 처리 등 입출력 속도에서 저하가 발생되는 SQL문을 식별 |
| | CPU 사용량 과다 | CPU 성능의 과다 사용이 발생하는 쿼리의 블록 갯수, 개체 속성 등 분석을 통해서 SQL문 식별 |
| SQL 구문 분석 기반 | 미사용 변수와 쿼리 | 코드에는 구현되어 있으나 실제로는 수행하지 않는 변수와 쿼리문 식별 |
| | Null 값과 비교 | 특정 프로시저에서 Null 값과 비교를 수행하는 코드 식별 |
| | 과거의 데이터 타입 적용 | 데이터 타입이 변경되었으나 기존의 데이터 타입을 그대로 적용하는 경우 |

**이해돕기**

옵티마이저(Optimizer)

- DBMS의 핵심모듈로 SQL문을 가장 효율적으로 수행하는 처리경로를 생성하고 실행
- Oracle은 CBO(Cost Based Optimizer)와 RBO(Rule Based Optimizer)의 2개 모드를 지원하고, 이 중 비용 기반인 CBO 모드를 기본으로 지원
- 옵티마이저와 관련한 세부 학습은 파트 3에서 재학습 필요

㉡ 소스코드 인스펙션 수행 절차

| 순서 | 절차 | 주요 내용 | 고려사항/산출물 |
|---|---|---|---|
| 1 | 계획 | • 문제점에 대한 검토 및 인식<br>• 검토 대상 SQL 코드 식별<br>• 인스펙션 참여자 결정 | Inspection 계획서, 체크리스트 |
| 2 | 사전교육 | • 인스펙션 개요 및 계획 공지<br>• SQL 코드 및 성능에 대한 문제점 공유 | 주재자 생략 결정 가능, 착수회의록 |
| 3 | 준비 | • 각 SQL 소스코드 분석 및 문제점 제안<br>• 관련 자료 배포 | 개별 검토 부적합사항 로그 |
| 4 | Inspection 회의 | • 주재자 중심의 검토 회의 수행<br>• 공식적인 의제 발언 및 대응안 제안 | • 체크리스트 활용<br>• 부적합사항 명세서 |
| 5 | 수정 | • 도출된 문제점 및 대응 방안에 대해 수정 추진<br>• 개선된 코드 기반의 성능 재측정 | 변경계획/결과서 |
| 6 | 후속조치 | • 개선된 효과를 분석하고 최종 결과 보고서 도출 | Inspection 결과서 |

② SQL 성능 개선 조치 내용

| 성능개선 | 세부 설명 |
|---|---|
| SQL문 재구성 | • 비정상적인 SQL 수정<br>• 옵티마이저가 비정상적인 처리 시 힌트를 구성해서 액세스 경로 및 조인 순서 제어<br>• 가능한 'Where='문으로 범위가 아닌 특정 값 설정 및 처리 속도 향상 기대<br>• 부분 범위 처리는 서브 쿼리에서 Exists를 사용하여 불필요한 검색 배제 |
| 인덱스 재구성 | • 성능에 중요한 액세스 경로는 인덱스화<br>• 실행계획을 검토하고 기존 인덱스의 열 순서를 변경하거나 추가<br>• 인덱스 추가 시 기존 SQL에 영향이 있는지 분석<br>• 사용하지 않은 인덱스는 삭제 |
| 실행계획 유지관리 | • DBMS 정기 모니터링 및 업데이트 수행<br>• 유지보수를 위한 실행계획 수립 및 유지 |

SECTION 04 논리 저장소 확인 및 물리 저장소 설계

# 1. 논리 데이터 저장소

## ① 논리 데이터 저장소의 개요

㉠ 논리 데이터 저장소의 정의

- 데이터, 데이터 간의 연관성 및 제약조건 등을 분석하고 논리적인 구조로 구성하여 물리적인 저장소에 대입하기 위한 개념
- 데이터베이스 개발의 첫 과정이며, 논리적 데이터 모델링을 통해서 구체적인 논리 데이터 저장소가 도출되고 이후 물리 데이터 저장소를 구축하여 데이터베이스를 완성

㉡ 논리 데이터 저장소의 구성 요소 : 논리 데이터 저장소를 기획하기 위해서 개체, 속성, 관계를 도식화하고 모델링 수행

| 구조 | 표현 | 설명 | 예시 |
|---|---|---|---|
| 개체<br>(Entity) | 직사각형 : | 업무에 필요한 정보의 대상 | 사람 |
| 속성<br>(Attribute) | 타원 : | 개체에서 관리하고자 하는 데이터 단위 | 나이, 이름 |
| 관계<br>(Relationship) | 마름모 : | 2개 개체 사이의 논리적인 관계 | 부서-사원 |

## ② 논리 데이터 저장소의 작성 및 검증 절차

㉠ 논리 데이터 저장소의 작성 절차

| 구분 | 절차 | 설명 |
|---|---|---|
| 1 | 엔티티 도출 | 엔티티들을 정의하고 정렬 후 배열 시작 |
| 2 | 업무흐름 고려 | 업무 흐름과 순서를 고려해서 좌에서 우로, 상에서 하로 중심부 기준 배열 |
| 3 | 관계성 고려 | 중심에 배열된 엔티티와 관계가 있는 엔티티를 근접하여 배열 |
| 4 | 관계 도식 | 관계 있는 엔티티 간에 수직, 수평선으로 표기 |
| 5 | 가독성 고려 | 공간을 활용하여 가독성을 고려하고 복잡하지 않게 표기 |
| 6 | 관계선 정리 | 관계선이 교차되지 않도록 조정하고 너무 길지 않게 정리 |
| 7 | 그룹핑 | 관계 있는 엔티티는 그룹핑 |

이해돕기

논리 저장소 확인 및 물리 저장소 설계

본 섹션은 '20년 출제기준에는 학습 내용이 있었으나 '23년 기준에 삭제된 부분으로, 파트 3의 데이터베이스 구축과 중복되는 부분이 다수 있으나, 독자적인 학습 내용도 있으며, 시험에도 충분히 출제 가능한 주제이므로 선행 학습 및 심화 학습 차원에서 학습하는 것을 추천함

이해돕기

데이터 저장소는 논리적 저장소와 물리적 저장소로 구분되며, 이와 관련한 논리적 데이터 모델링은 파트 3 챕터 2 논리 데이터베이스 설계를 참조하여 학습 필요

㉡ 논리 데이터 저장소의 검증 절차

| 순서 | 절차 | 설명 |
|---|---|---|
| 1 | 데이터 식별 확인 | 입력 및 출력 데이터, 연계 데이터가 식별되었는지 확인하고 신규 데이터 요구사항 식별 여부 확인 |
| 2 | 데이터 현황 분석 확인 | • 시스템별 데이터베이스 구조, 분산 및 백업 현황 파악 확인<br>• 데이터 속성 및 공통 코드, 외부 연계 데이터 속성 파악 여부 확인 |
| 3 | 요구사항 분석확인 | • 구조, 제약조건 등과 관련한 요구사항이 분석되었는지 확인<br>• 연계, 백업 및 복구, 무결성 및 보안성에 대한 요구사항 반영 여부 확인 |
| 4 | 데이터 흐름 확인 | 프로세스별 입출력 데이터 정의 및 공유, 연계 데이터 정의 확인 |
| 5 | 데이터 설계 기준 확인 | 데이터베이스 및 데이터 모델 설계표준 지침 작성 여부 및 적절성 확인 |
| 6 | 데이터 모델링 적절성 확인 | 논리 데이터 모델의 완전성, 정확성, 무결성, 적합성, 일관성 확인 |
| 7 | 엔티티 및 프로세스 간 연관 관계 확인 | 프로세스상의 데이터 생성, 조회, 수정, 삭제 등의 기능이 적절하고 명확하게 도출되었는지 확인 |
| 8 | 데이터 접근 권한 및 통제 확인 | 데이터의 인증, 권한, 통제 분석 여부와 중요도 및 이에 따른 암호화 대상 여부 등을 확인 |

## 2. 물리 데이터 저장소

### ① 물리 데이터 저장소의 개요

㉠ 물리 데이터 저장소의 정의

- 논리 데이터 저장소에 설계된 데이터와 구조들을 시스템 환경의 물리적 특성을 고려하여 하드웨어적인 저장장치에 설계하고 구축한 저장소
- 실제 서버에 DBMS를 설치 및 환경설정을 수행하고, 적정 저장장치 및 구조화를 통해서 최적의 데이터베이스를 구축

㉡ 논리적 데이터의 물리적 데이터 변환 절차

| 순서 | 변환 단계 | 수행 |
|---|---|---|
| 1 | 엔티티의 테이블 변환 | • 논리 모델에서 정의된 엔티티를 동일한 명칭을 사용해서 테이블로 작성<br>• 엔티티는 한글명으로 작성하고 테이블은 가독성을 위해 영문명을 사용하며, 메타데이터의 경우 사전 등록된 단어를 사용하여 명명 |
| 2 | 속성의 칼럼 변환 | • 개발자와 사용자 간의 의사소통을 위해 가능한 한 표준화된 약어를 사용하여 변환하고 SQL 예약어는 지양 |

| 3 | UID를 기본키<br>(Primary Key)로 변환 | 논리 모델의 UID에 해당하는 전체 속성은 기본키로 선언하고 속성별 제약조건을 추가적으로 정의 |
|---|---|---|
| 4 | 관계를 외래키<br>(Foreign Key)로 변환 | • n 관계에서 1에 해당하는 영역의 기본키를 n영역의 외래키로 정의하고, 특별한 이슈가 있으면 변경하여 명명<br>• 순환관계에서는 자신의 기본키는 외래키로 정의 |
| 5 | 컬럼 유형과 같이 정의 | 각 컬럼에 대해 DBMS의 데이터 유형 중 적절한 유형으로 정의하고 설정 |
| 6 | 반 정규화<br>(Denormalization) 수행 | 성능이나 처리 효율화를 위해서 필요한 경우 테이블 중복이나 조합, 분할, 컬럼 중복 등을 수행 |

**POINT**

**Oracle 시스템에서 자주 사용되는 데이터 유형**

| 데이터 유형 | 데이터 | 설명 |
|---|---|---|
| BLOB, | 바이너리 | 바이너리(Binary) 데이터를 최대 4GB까지 저장 |
| CLOB | 문자 | 텍스트 데이터를 최대 4GB까지 저장 |
| CHAR | 문자열 | 최대 2000byte의 고정 길이 문자열 저장 |
| DATE | 날짜 | 날짜 형식의 값을 저장 |
| NUMBER | 숫자 | 38개 자릿수의 숫자를 저장 가능 |
| VARCHAR2 | 문자열 | 최대 4000byte의 가변 길이 문자열 저장 |

**② DBMS(Database Management System) 개요**

㉠ DBMS의 정의

- 응용 프로그램들이 데이터베이스를 공용하여 사용할 수 있도록 지원하고 자원관리를 수행하는 미들웨어
- 데이터베이스를 운영하고 응용이 필요한 기능을 제공하며, 관련 하드웨어 자원까지 효율적으로 관리하는 시스템 소프트웨어

㉡ DBMS의 핵심 기능

| 기능 | 종류 | 내용 |
|---|---|---|
| 저장장치 관리자 | 권한과 무결성에 관한 관리자 | 무결성 제약 조건이 만족하는지 검사하고, 데이터에 액세스하는 사용자의 권한을 확인 |
| | 트랜잭션 관리자 | 시스템 fail 시 데이터베이스가 일관성 있는 정확한 상태를 유지하도록 관리 |
| | 파일 관리자 | 디스크 공간의 할당과 디스크상에 저장된 정보 표현 |
| | 버퍼 관리자 | 디스크로부터 메인 메모리로 데이터를 인출하는 과정 |
| | 데이터 파일 | 데이터베이스 자체를 저장 |
| | 데이터 사전 | 데이터베이스 구조에 관한 메타데이터를 저장 |
| | 인덱스 | 특정한 값을 가지고 있는 데이터에 빠르게 액세스하기 위한 것 |

| | | |
|---|---|---|
| 질의<br>처리기 | DDL interpreter | DDL문을 해독하여 데이터 사전 내에 기록 |
| | DML Compiler | 질의어 내의 DML문을 질의 평가 엔진이 이해할 수 있는 하위 단계 명령어로 구성된 질의 수행 계획으로 변경 |
| | Query evaluation Engine | DML 컴파일러가 생성한 하위 단계 명령을 실행 |

# 기출문제 분석

1, 2회

**01 다음 트리의 차수(degree)와 단말 노드(terminal node)의 수는?**

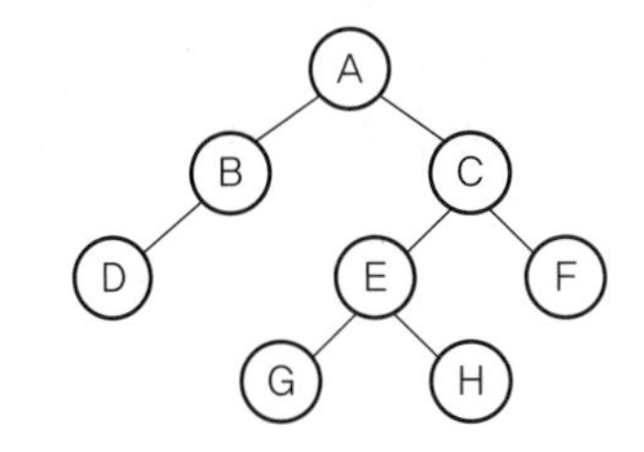


① 차수 : 4, 단말 노드 : 4
② 차수 : 2, 단말 노드 : 4
③ 차수 : 4, 단말 노드 : 8
④ 차수 : 2, 단말 노드 : 8

해설 트리의 차수는 파생된 직계 노드의 수 중에서 가장 큰 차수를 의미하며, 제시된 그림은 최대 2개의 노드를 갖고 있다. 단말 노드는 가지를 갖지 않은 노드는 D, G, H, F가 해당되며 총 4개이다.

1, 2회

**02 반정규화(Denormalization) 유형 중 중복 테이블을 추가하는 방법에 해당하지 않는 것은?**

① 빌드 테이블의 추가
② 집계 테이블의 추가
③ 진행 테이블의 추가
④ 특정 부분만을 포함하는 테이블 추가

해설 빌드 테이블은 데이터베이스 조인의 3가지 방법 중 해쉬 조인에 활용되는 해쉬 테이블 방식에서 대상 테이블을 의미한다. 자세한 내용은 파트 3에서 학습한다.

1, 2회

**03 다음 트리를 전위 순회(preorder traversal)한 결과는?**

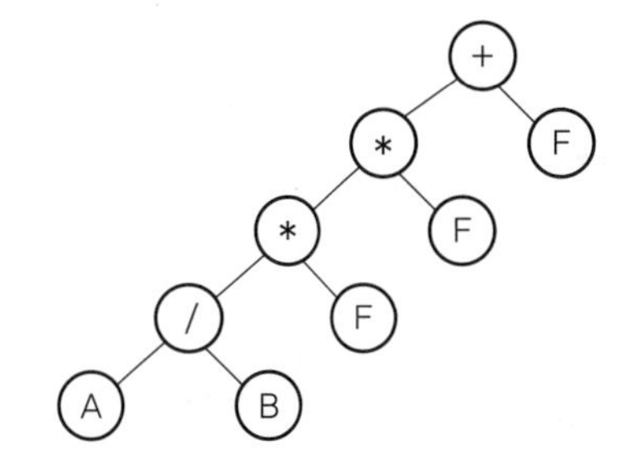


① + * A B / * C D E
② A B / C * D * E +
③ A / B * C * D + E
④ + * * / A B C D E

해설 이진 트리는 전위, 중위, 후위 순회를 통해서 데이터를 관리하며, 전위 순회는 근 노드에서 중간 → 왼쪽 → 오른쪽 순으로 트리를 운행하는 방식이다. 제시된 트리는 중간인 근노드 +에서 시작해서 왼쪽 우선으로 *, *, /, A에 접근한 다음 오른쪽 방향인 B, C, D, E, 순으로 운행한다.

정답 01 ② 02 ① 03 ④

3회

## 04 다음 트리를 Preorder 운행법으로 운행할 경우 가장 먼저 탐색 되는 것은?

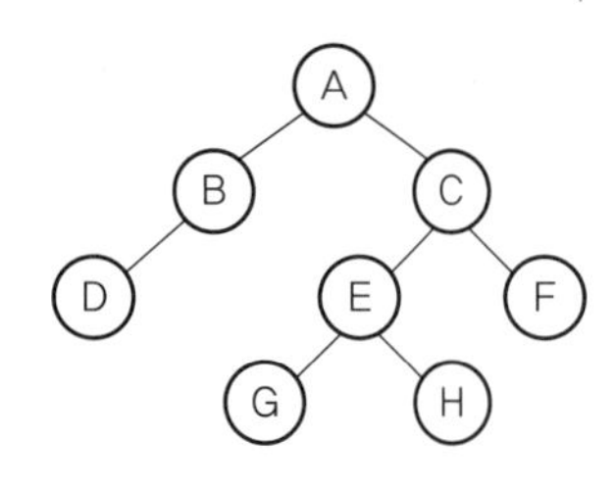


① A　② B
③ D　④ G

**해설** 전위 순회(Preorder)는 중간 → 왼쪽 → 오른쪽 순으로 이동하며 노드에 접근하므로 A 먼저 접근한다.

3회

## 05 물리데이터 저장소의 파티션 설계에서 파티션 유형으로 옳지 않은 것은?

① 범위분할(Range Partitioning)
② 해시분할(Hash Partitioning)
③ 조합분할(Composite Partitioning)
④ 유닛분할(Unit Partitioning)

**해설** 물리데이터 자장소 파티션은 크게 4종류로 구분되며, 레인지, 해시, 리스트, 컴포지트로 파티셔닝을 수행한다.

3회

## 06 다음 트리의 차수(degree)는?

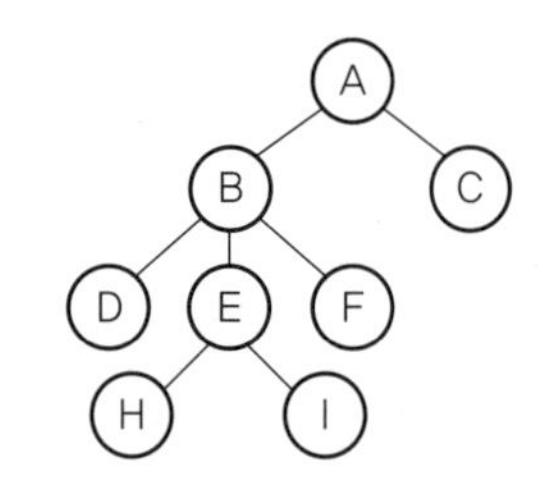


① 2　② 3
③ 4　④ 5

**해설** 트리의 차수는 해당 트리에서 가장 자식 수가 많은 노드의 자식 수를 의미한다. B는 자식 D, E, F를 자식으로 가지므로 정답은 3이다.

4회

## 07 다음 〈보기〉에서 설명하는 것은?

> 〈보기〉
> 물리적 저장장치의 입장에서 본 데이터베이스 구조로서 실제로 데이터베이스에 저장될 레코드의 형식을 정의하고 저장 데이터 항목의 표현 방법, 내부 레코드의 물리적 순서 등을 나타낸다.

① 외부 스키마　② 내부 스키마
③ 개념 스키마　④ 슈퍼 스키마

**해설** 스키마란 데이터베이스 구조와 관련한 사항과 제약 조건에 대해서 정의하고 명세한 내용으로, 〈보기〉는 외부 사용자 관점을 정의하여 개념적 스키마를 구성하고 물리적 데이터베이스에 접근하는 방법을 정의한 내부 스키마를 설명하고 있다.

4회

## 08 다음 트리에 대한 INORDER 운행 결과는?

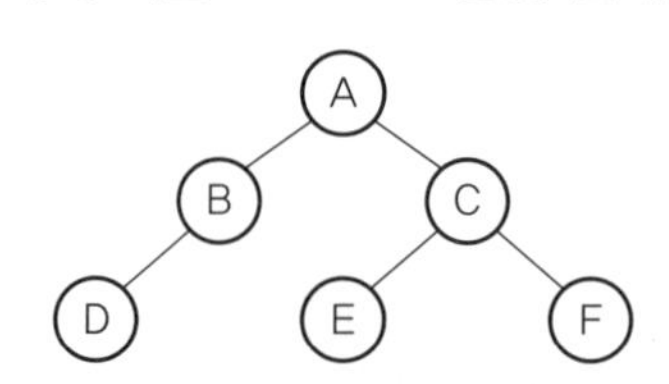


① D B A E C F　② A B D C E F
③ D B E C F A　④ A B C D E F

**해설** 중위 순회(Inorder)는 왼쪽 → 중간 → 오른쪽 순서로 트리를 운행한다. 따라서 제시된 트리의 경우 가장 왼쪽의 D부터 시작해서 D, B, A, E, C, F 순으로 접근한다.

4회

**09** n개의 노드로 구성된 무방향 그래프의 최대 간선수는?

① n−1 ② n/2
③ n(n−1)/2 ④ n(n+1)

해설 무방향 그래프는 자료 구조의 한 형태로 간선을 나타내는 정점의 쌍의 순서가 없는 그래프이며, 최대 간선수는 n(n−1)/2로 구성된다.

5회

**10** 그래프의 특수한 형태로 노드(Node)와 분기(Branch)로 되어 있고, 정점 사이에 사이클(Cycle)이 형성되어 있지 않으며, 자료 사이의 관계성이 계층 형식으로 나타나는 비선형 구조는?

① tree ② network
③ stack ④ distributed

해설 트리는 하나 이상의 노드로 이뤄진 유한집합의 자료 구조 유형이며, 자료 간 관계성이 계층 형태로 구성되어 있다.

5회

**11** 스택에 대한 설명으로 틀린 것은?

① 입출력이 한쪽 끝으로만 제한된 리스트이다.
② Head(front)와 Tail(rear)의 2개 포인터를 갖고 있다.
③ LIFO 구조이다.
④ 더이상 삭제할 데이터가 없는 상태에서 데이터를 삭제하면 언더플로(Underflow)가 발생한다.

해설 스택은 삽입과 삭제가 한쪽 끝에서만 이뤄지는 유한 순서 리스트로서, TOP이라고 불리는 하나의 포인트만 있다. 2개의 포인터를 갖는 것은 큐이다.

5회

**12** 자료 구조에 대한 설명으로 틀린 것은?

① 큐는 비선형 구조에 해당한다.
② 큐는 First In−First Out 처리를 수행한다.
③ 스택은 Last In−First out 처리를 수행한다.
④ 스택은 서브루틴 호출, 인터럽트 처리, 수식 계산 및 수식 표기법에 응용된다.

해설 큐는 선형 구조로서 2개의 포인터를 갖고 한쪽에서 입력, 다른 한쪽에서는 출력을 수행하는 형태로 운영된다.

5회

**13** 이진 검색 알고리즘에 대한 설명으로 틀린 것은?

① 탐색 효율이 좋고 탐색 시간이 적게 소요된다.
② 검색할 데이터가 정렬되어 있어야 한다.
③ 피보나치 수열에 따라 다음에 비교할 대상을 선정하여 검색한다.
④ 비교 횟수를 거듭할 때마다 검색 대상이 되는 데이터의 수가 절반으로 줄어든다.

해설 이진 검색 알고리즘은 오름차순으로 정렬된 배열 형태의 리스트에서 특정 데이터 위치를 찾는 알고리즘이며, 찾고자 하는 값과 크고 작음을 비교하는 방식으로 구현된다. 피보나치 수열을 활용하는 알고리즘은 피보나치 검색 알고리즘이다.

6회

**14** 다음 중 스택을 이용한 연산과 거리가 먼 것은?

① 선택정렬
② 재귀호출
③ 후위표현(Post−fix expression)의 연산
④ 깊이우선탐색

해설 선택정렬은 원소의 개수만큼 순환을 돌면서 매순환마다 가장 작은 수를 찾아 앞으로 보내는 정렬이다. 스택을 사용한 정렬은 스택 정렬이다.

정답 04 ① 05 ④ 06 ② 07 ② 08 ① 09 ③ 10 ① 11 ② 12 ① 13 ③ 14 ①

7회

## 15 다음 중 선형 구조로만 묶인 것은?

① 스택, 트리　② 큐, 데크
③ 큐, 그래프　④ 리스트, 그래프

해설 큐는 2개의 포인터를 통해 한쪽은 입력을, 한쪽은 출력을 담당하는 선형 구조이며, 데크는 큐와 유사하게 선형 구조를 이루고 있으나 입력과 출력이 각 2개 포인트에서 구형 가능하다.

7회

## 16 다음 〈보기〉에서 설명하는 용어로 옳은 것은?

〈보기〉
- 소프트웨어 구조를 이루며, 다른 것들과 구별될 수 있는 독립적인 기능을 갖는 단위이다.
- 하나 또는 몇 개의 논리적인 기능을 수행하기 위한 명령어들의 집합이라고도 할 수 있다.
- 서로 모여 하나의 완전한 프로그램으로 만들어질 수 있다.

① 통합 프로그램　② 저장소
③ 모듈　④ 데이터

해설 모듈은 소프트웨어의 기본 구조이며, 캡슐화를 통해 독립적으로 구성되어 있다.

7회

## 17 다음 중 최악의 경우 검색 효율이 가장 나쁜 트리 구조는?

① 이진 탐색 트리　② AVL 트리
③ 2−3 트리　④ 레드−블랙 트리

해설 이진 탐색 트리 중에 한쪽 쏠림 현상이 있는 이진 경사 구조 트리는 최악의 경우 탐색시간이 O(n)이다. AVL 트리, 2−3 트리, Red−Black 트리는 Balanced 트리라고 하여 시간복잡도가 O(log n)로 상대적으로 양호하다.

7회

## 18 다음 그래프에서 정점 A를 선택하여 깊이 우선 탐색(DFS)으로 운행한 결과는?

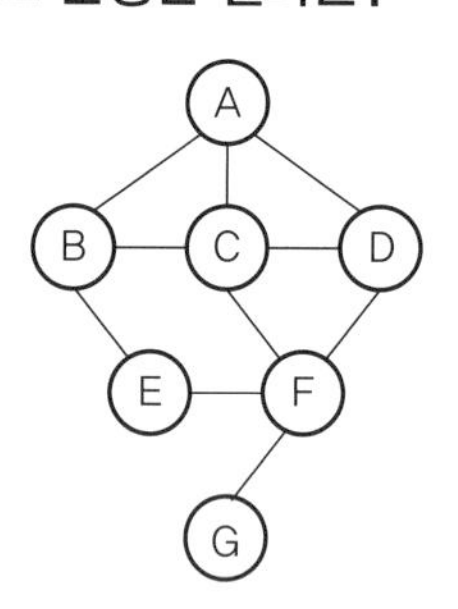


① ABECDFG　② ABECFDG
③ ABCDEFG　④ ABEFGCD

해설 깊이 우선 탐색은 그래프의 모든 정점을 탐색하는 대표적인 방법으로 중간에서 시작해서 왼쪽, 오른쪽 순서로 순회한다. 이에 따라 A에서 시작해서 B, E, F로 이동한 후 왼쪽인 G, C, D로 진행한다.

7회

## 19 다음은 스택의 자료 삭제 알고리즘이다. ㉠에 들어갈 내용으로 옳은 것은?(단, Top : 스택포인터, S : 스택의 이름)

```
If Top=0 Then
    ( ㉠ )
Else {
    remove S(Top)
    Top=Top−1
}
```

① Overflow　② Top=Top+1
③ Underflow　④ Top=Top

해설 스택 구조는 1개의 Top 포인트에 입력과 출력이 이뤄진다. 제시된 코드는 0이 될 때까지 하나씩 자료가 삭제되는 형태의 코드이며, 만약 Top이 0에 도달하면 Underflow에 해당된다.

8회

**20 〈보기〉에서 스택(Stack)에 대한 내용으로 옳은 것만을 나열한 것은?**

〈보기〉

㉠ FIFO 방식으로 처리된다.
㉡ 순서 리스트의 뒤(Rear)에서 노드가 삽입되며, 앞(Front)에서 노드가 제거된다.
㉢ 선형 리스트의 양쪽 끝에서 삽입과 삭제가 모두 가능한 자료 구조이다.
㉣ 인터럽트 처리, 서브루틴 호출 작업 등에 응용된다.

① ㉠, ㉡　② ㉡, ㉢
③ ㉣　④ ㉠, ㉡, ㉢, ㉣

해설 FIFO 방식으로 처리되며, 2개의 포인터에서 입력과 출력이 발생하는 것은 큐와 같은 구조이다. 스택은 하나의 Top 포인터에서 입력과 출력이 이뤄지며, 통상 인터럽트 처리나 서브루틴 호출 작업 등에 응용된다.

8회

**21 다음 자료 구조의 분류 중 선형 구조가 아닌 것은?**

① 트리　② 리스트
③ 스택　④ 데크

해설 리스트, 스택, 데크는 선형 구조로 구성되어 있으나, 트리는 노드와 가지로 구성된 비선형 구조로 되어 있다.

정답 15 ② 16 ③ 17 ① 18 ④ 19 ③ 20 ③ 21 ①

# 통합 구현

다회독 Check!
1 2 3

**학습 목표**

- 단위모듈과 컴포넌트, 서비스에 대한 체계적인 이해를 통해 역공학의 필요성 등 연계 학습이 필요
- 소프트웨어 개발 간에 필요한 다양한 도구의 유형과 각 도구별 특징에 대해서 이론과 실무 관점의 융합된 학습이 필요

## SECTION 01 모듈 구현

### 1. 단위모듈 구현

**① 단위모듈의 개요**

㉠ 단위모듈의 정의

- 소프트웨어 개발 시에 사용자 요구사항에 맞춰 필요한 한 가지 동작을 수행하도록 코딩된 기능 단위 소스코드
- 설계 과정에서 정의된 UI, 인터페이스, 기능 및 비기능 요구사항에 대해서 모듈화를 수행하고 실제 프로그램 언어를 통해 단위모듈을 구현 및 통합하여 프로그램 개발 추진

㉡ 단위모듈의 통합 구현 개요 : 각 기능별 모듈을 통합하여 컴포넌트, 서비스 수준으로 향상하며 개발의 방향성 수립

| 개념 | 개념 및 특성 | 규모 |
|---|---|---|
| 모듈<br>(독자 실행 불가) | 특정한 하나의 기능을 수행하도록 독립적으로 기능 단위 소스코드 구현(독자 실행 불가) | • 작은 규모의 소스코드 수 |
| 컴포넌트(CBD)<br>(독자 실행 가능) | 특정 업무나 기능을 수행하는 독립적 소프트웨어 모듈인 컴포넌트를 개발하고 이러한 컴포넌트들을 조립하여 새로운 애플리케이션을 구현 | • 중간 규모의 소스코드 수<br>• 통상 복수 개의 모듈로 구성 |
| 서비스(SOA)<br>(SOAP 프로토콜) | 기존 애플리케이션의 서비스들을 조합 · 통합하여 새로운 신규 애플리케이션을 구현하는 웹서비스 기반의 아키텍처 모델 | • 대규모의 소스코드 수<br>• 이미 완성된 애플리케이션, 컴포넌트를 결합해서 추가적인 프로그램 구현 |

**이해돕기**

모듈
객제지향언어 개발의 핵심과 소프트웨어 재사용을 위한 핵심 개념으로 응집도와 결합도를 고려하여 설계되어야 함

### ② 단위모듈의 구현 원리 및 유형

㉠ 단위모듈 구현 원리

| 구분 | 설명 |
|---|---|
| 분할과 정복<br>(Divide&Conquer) | 복잡한 문제를 분해, 모듈 단위로 점진/통합적 문제 해결 |
| 자료 추상화 | 함수 내의 자료 구조, 표현 내역을 숨기고, Interface 함수를 이용하여 접근 |
| 모듈 독립성 | 결합도는 낮게 하고 응집도는 높게 구현 |
| 정보은닉 | 어렵거나 변경 가능성이 있는 모듈의 구현사항을 타 모듈로부터 은닉 |

㉡ 단위모듈의 유형

| 구분 | 유형 | 세부내용 |
|---|---|---|
| 구현 기법에 따른 분류 | Macro | 소프트웨어 개발 시에 반복되는 코드에 특정 이름을 명명한 후 호출하여 실행할 수 있도록 하는 프로그래밍 개발 기법으로 전처리기가 대체 수행 |
| | Function | 전체 소프트웨어 코드 중 특정한 작업을 수행하는 일부 코드로 독립적인 모듈화로 구현 |
| | Inline | 소스코드 중 반복되는 부분에 이름을 명명하고 호출하여 실행하는 프로그램 개발 기법으로 컴파일러를 활용 |
| 모듈 활용에 따른 분류 | UI | 사용자 화면 구성과 관련 있는 기능을 수행하는 모듈 |
| | 인터페이스 | 데이터베이스, 혹은 내외부 데이터 송수신과 관련된 모듈 |
| | 기능 | 사용자 업무 처리를 위한 기능적인 모듈 |
| | 비기능 | 보안, 성능 등 기능 외의 사용자 요구를 충족하기 위한 모듈 |

### ③ 3R(Reverse Engineering, Re-Engineering, Reuse) 활용

㉠ 3R의 정의

기존에 이미 개발된 단위모듈이나 컴포넌트를 역공학(Reverse Engineering), 재공학(Re-Engineering), 재사용(Reuse) 기법을 통해 통합 개발 단계에서 재활용함으로써 SW 생산성을 극대화하는 기법

㉡ 3R의 유형

| 구성 요소 | 내용 설명 | 기법 |
|---|---|---|
| 역공학(Reverse Engineering) | 구현된 것을 분석하여 최초 개발 시의 관련 문서나 설계 기법 등의 자료 등을 얻어 내는 기법 | • 논리 역공학<br>• 자료 역공학 |
| 재공학<br>(Re-Engineering) | 역공학으로 재구조화된 소프트웨어를 기반으로 다시 추상개념을 현실화하는 작업 | • 재구조화<br>• 재모듈화<br>• 시스템 캡슐화 |
| 재사용<br>(Reuse) | 재사용 SW 식별, 분류 및 재구성, 새로운 시스템에 전파시키는 활동 | • 모듈 재활용<br>• 컴포넌트 재활용 |

**이해돕기**

단위모듈과 보안성

단위모듈은 소프트웨어 재사용성을 높이는 효과가 우선이나 부가적으로 보안성 향상의 효과도 있음

## 2. 단위모듈 테스트

### ① 단위모듈 테스트의 개요

㉠ 단위모듈 테스트의 정의

- 개별 모듈 단위로 테스트를 수행하기 위한 소프트웨어 단계 및 방법 등을 의미
- 여러 테스트 단계 중 하위 테스트 단계에 속하며, 개발 과정의 디버깅 이후에 제일 먼저 수행하는 테스트

㉡ 단위모듈 테스트의 특징

| 특징 | 내용 설명 | 사례 |
|---|---|---|
| 화이트박스 테스트 중심 | 하나의 기능단위모듈을 테스트해야 하기 때문에 실행 불가한 경우가 많으며 이에 따라 주로 화이트박스 테스트 수행 | – |
| 정적 테스트 중심 | 코드를 수동이나 자동화 툴을 사용하여 점검하는 방식 | • 인스펙션<br>• 동료검토 |
| 드라이버 및 스텁 필요 | 미완성된 단위모듈 실행을 통해서 블랙박스 테스트를 수행할 시에는 미완성 기능을 보조해주는 드라이버와 스텁을 통해서 실행하면서 테스트 수행 | • Dummy Code |

### ② 단위모듈 테스트의 유형

| 종류 | 설명 |
|---|---|
| 블랙박스 테스트 | • 프로그램 외부 명세를 보면서 기능 테스트를 수행<br>• 단위모듈이 블랙박스 테스트를 수행하기 위해서는 테스트 드라이버와 스텁 등이 필요 |
| 화이트박스 테스트 | • 단위모듈 테스트의 통상적인 테스트 수행 방법<br>• 프로그램의 내부 로직과 소스코드를 보면서 테스트 수행 |
| 메서드 기반 테스트 | • JAVA에서 외부에 공개된 메서드를 기반 단위로 테스트 수행<br>• 단위 모듈의 메서드 파라미터 값을 변경하면서 호출하는 형태로 진행 |
| 화면 기반 테스트 | • UI 화면을 통해서 직접 화면에 값을 입력하면서 테스트를 수행하는 기법<br>• 유관된 다른 모듈, 컴포넌트와 통합하여 단위테스트에 참여 가능 |

**이해돕기**

테스트 드라이버(Driver)와 스텁(Stub)

- 테스트 드라이버 : 단위모듈 테스트에서 모듈만으로는 실행하면서 테스트가 불가능하므로 임시로 테스트를 수행하기 위해서 상위에서 테스트 모듈을 호출하기 위한 임시 프로그램
- 테스트 스텁 : 테스트 드라이버와 반대로 특정 모듈 앞단에서 실행하면서 테스트를 수행하기 위해 임시 모듈을 만드는 것

SECTION 02 통합 구현관리

## 1. IDE(Integrated Development Environment) 도구

### ① IDE 도구의 개요

㉠ IDE 도구의 정의

- 애플리케이션을 구축하기 위하여 필요한 개발자 툴을 하나의 사용자 인터페이스 환경하에 통합한 소프트웨어
- 과거 컴파일러, 텍스트 편집, 디버거 등을 따로 운영함에 따라 발생하는 연속성 결여, 호환성 문제 등을 해결하고 개발자의 업무 편의성과 효율성을 향상하기 위한 통합 환경 제공

㉡ IDE 도구의 주요 기능

| 종류 | 설명 |
|---|---|
| 코딩 | 특정 언어 기반으로 프로그램 개발을 지원하고 실제 코딩 편의성 제공을 위한 기능 탑재 |
| 디버깅 | 프로그램 코딩 간에 발생하는 오류를 탐색하고 정정하는 기능 제공 |
| 컴파일 | 특정 프로그래밍 언어를 저급 프로그래밍 언어로 변환하고 번역 |
| 배포 | 사용자에게 배포가 가능하도록 패키징하고 실행 파일 및 인스톨러 형태로 변환하는 기능 제공 |

### ② 대표적인 IDE 도구

| 비교 | 비주얼 스튜디오 (Visual Studio) | 이클립스 (Eclipse) | IntelliJ IDEA |
|---|---|---|---|
| 운영체제 | 윈도우 | 윈도우, 리눅스, 솔라리스, 맥OS | 윈도우, 맥OS, 리눅스 |
| 언어 | Visual Basic, Visual C++, 닷넷 | 자바, C, C++, PHP, JSP | 자바, 코틀린, 그루비, 스칼라 |
| 개발사 | Microsoft | IBM, 이클립스 재단 | 젯 브레인즈 |
| 라이선스 | 상용 | 오픈소스 | 상용 |
| 특징 | MS 언어 중심 | Java 개발 최적화 | 기능 제약된 무료버전 존재 |

이해돕기

소프트웨어 개발 현장에서 사용하고 있는 대표적인 실제 툴 명칭이 시험에 출제되기도 하므로, 기출 풀이를 통해서 널리 사용되는 툴들의 명칭은 확실하게 암기하고 학습하는 태도가 필요함

## 2. 협업 도구

### ① 협업 도구의 개요

㉠ 협업 도구의 정의

프로젝트 추진 간에 의사소통, 일정 관리, 파일 공유, 메모 및 노트 작성 등의 업무를 이해관계자와 협업을 통해 효율적으로 수행 가능하도록 기능을 지원하는 소프트웨어

이해돕기

협업 도구

IT 프로젝트 개발에 활용되는 툴 외에도 범용적으로 사용되는 잔디나 구글 드라이브 등 개발에 도움이 되는 의사소통, 파일 교환, 공유 등의 기능과 서비스를 제공하는 툴 전체를 의미함

㉡ 협업 도구의 주요 기능

| 종류 | 설명 |
|---|---|
| 의사소통 | 인스턴트 메시지를 통해서 이해관계자 간에 물리적 거리 제한을 극복하고 실시간으로 소통 가능 |
| 일정 관리 | 업무 및 프로젝트의 중요 마일스톤을 확인하고 진척률 등을 확인 가능 |
| 파일 공유 | 권한과 인증 정의를 통해서 중요한 파일들을 공유 |
| 노트 작성 | 중요 정보나 지식, 현황 등의 문서를 공유하고 공지하는 기능 제공 |
| 프로젝트 관리 | 프로젝트의 성공적인 수행을 위한 자원관리, 범위관리 등의 기능을 포함하는 통합관리 기능 제공 |

② **협업 도구의 유형**

㉠ 협업 도구의 분류

| 종류 | 설명 | 예시 |
|---|---|---|
| 메신저툴 기반 | 메신저 시스템에 부가적인 일정 관리, 노트 작성 등의 기능이 구현된 툴 | 그룹웨어 메신저 플랫폼 |
| 팀협업툴 기반 | 이메일 시스템을 기반으로 발전하여 대화 히스토리를 관리하고 중요 정보 공지 등의 추가 기능을 지원하는 형태의 툴 | 다기능 이메일 플랫폼 |

㉡ 대표적인 협업 도구

| 구분 | 툴명 | 설명 | 주요 기능 |
|---|---|---|---|
| 메신저툴 기반 | 플로우 | SNS 메신저와 유사한 UI를 통해서 용이한 업무관리 및 메신저 기능을 제공하는 메신저 툴 | • 화상회의<br>• 간트차트<br>• 통합메신저 |
| | 라인 웍스 | 네이버 메일, 캘린더, 드라이브 등을 통합하여 제공하는 WorkPlace | • 이메일<br>• 스티커<br>• 파일드라이브 |
| | 잔디 | 업무용 메신저 기반의 다국적 대화방형 협업툴 | • 스마트 검색<br>• 화상회의<br>• 파일드라이브 |
| | 와플 | 티맥스에서 개발한 기업용 협업과 개인용 협업을 모두 지원하는 협업 툴 | • 메신저<br>• 화상회의<br>• 드라이브 |

| 팀협업툴 기반 | 구글 드라이브 | 구글에서 제공하는 클라우드 저장소 기반의 협업 툴 | • 이메일<br>• 드라이브 |
|---|---|---|---|
| | 에버노트 | 노트 문서 작성 및 공유 기반의 팀 협업툴 | • 노트<br>• 파일 공유 |
| | JIRA | Agile 개발방법론, DevOps 프로젝트 협업용 툴 | • 일정 관리<br>• 배포 관리<br>• 프로젝트 관리 |
| | 콜라비 | 다국적 문서기반 협업툴로 히스토리 관리, 업무관리 편리성 제공 | • 메신저<br>• 히스토리 관리<br>• 검색 |
| | 티그리스 | 전자 결재 및 인사, 근태관리가 가능한 타임라인 기반의 클라우드 협업툴 | • 이메일<br>• 그룹웨어<br>• 드라이브 |

## 3. 형상관리 도구

### ① 형상관리의 개요

㉠ 형상관리의 정의

SW 개발 시에 도출되는 산출물의 가시성을 확보하고 각 개발 단계별 이력사항 추적 기능을 제공하는 품질보증 툴

㉡ 형상관리 주요 절차

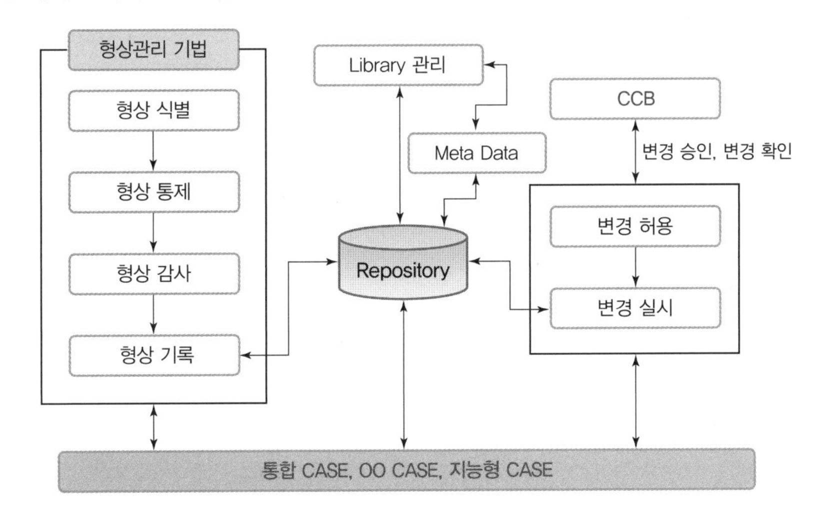


㉢ 형상관리 절차별 설명

| 활동 | 활동 내역 |
|---|---|
| 계획 수립 | • 형상관리 계획 수립, 산출물 중 관리대상 지정 |
| 형상 식별 | • 형상관리 항목 대상 구분 및 형상번호 부여 |
| 형상 통제 | • 형상목록 변경 요구 검토 및 승인 |

두음암기

형상관리 기법(식통감기)
식사후 통증과 감기가 왔다.

PART 01 PART 02 PART 03 PART 04 PART 05

| 형상 감사 | • 단계별 기준선 베이스라인의 무결성 평가<br>• 계획대로 식별, 통제, 기록활동이 수행됨을 보증 |
|---|---|
| 형상 기록 | 변경내용 기록 및 도구에 의한 관리/보고 |

### ② 형상관리 도구의 개요

㉠ 형상관리 도구의 정의

소프트웨어 개발 간의 형상관리를 용이하고 체계적으로 수행하도록 기능을 제공하는 관리 툴

㉡ 형상관리 도구의 주요 처리 기능

| 기능 | 설명 |
|---|---|
| 체크인<br>(Check-In) | 개발자가 수정한 소스를 형상관리 저장소로 업로드하는 기능 |
| 커밋<br>(Commit) | 개발자가 소스를 형상관리 저장소에 업로드 후 최종적으로 업데이트가 되었을 때 관리 서버에서 반영하도록 하는 기능 |
| 체크아웃<br>(Check-Out) | 형상관리 저장소로부터 최신 버전을 개발자 PC로 다운로드받는 기능 |

㉢ 대표적인 형상관리 도구

| 구분 | CVS | SVN | GIT |
|---|---|---|---|
| 정의 | 1980년대 개발된 형상관리 도구로 안정적이나 기능적 제한 있음 | 2000년에 개발된 형상관리 도구로 CVS의 단점을 보완하고 개선 | 2005년에 리누스 토발즈가 개발한, 다양한 최신 기능을 제공하는 형상관리 도구 |
| 관리방식 | 중앙형 관리 | 중앙형 관리 | 분산형 관리 |
| 롤백 | 커밋 실패 시 롤백 미지원 | 롤백 가능(커밋 단위) | 롤백 가능(커밋 단위) |
| 장단점 | 속도가 느림 | 속도가 빠름 | 로컬 저장으로 오프라인 작업 가능 |

이해돕기

형상관리 도구 학습

형상관리 도구는 실제 버전 관리 도구 및 배포 도구의 기능을 포함하고 있어서 챕터 3의 섹션 3 버전 관리 도구 및 배포 관리 도구와 연계하여 학습이 필요함

# 기출문제 분석

1, 2회

## 01 소프트웨어 형상관리의 의미로 적절한 것은?

① 비용에 관한 사항을 효율적으로 관리하는 것
② 개발 과정의 변경 사항을 관리하는 것
③ 테스트 과정에서 소프트웨어를 통합하는 것
④ 개발 인력을 관리하는 것

해설 형상관리는 SW 개발 시에 도출되는 산출물의 가시성을 확보하고 각 개발 단계별 변경이력사항을 관리하는 품질보증 활동이다.

3회

## 02 형상관리 도구의 주요 기능으로 거리가 먼 것은?

① 정규화(Normalization)
② 체크인(Check-in)
③ 체크아웃(Check-out)
④ 커밋(commit)

해설 형상관리 도구의 주요 처리 기능은 개발자가 수정한 소스를 형상관리 저장소로 업로드하는 체크인과 개발자가 소스를 형상관리 저장소에 업로드 후 최종적으로 업데이트되었을 때 관리 서버에서 반영하도록 하는 커밋, 형상관리 저장소로부터 최신 버전을 개발자 PC로 다운로드받는 체크아웃 등이 있다. 정규화는 관계형 데이터베이스의 구조에서 중복을 최소화하게 설계하는 프로세스를 의미한다.

3회

## 03 제품 소프트웨어의 형상관리 역할로 틀린 것은?

① 형상관리를 통해 이전 리버전이나 버전에 대한 정보에 접근 가능하여 배포본 관리에 유용
② 불필요한 사용자의 소스 수정 제한
③ 프로젝트 개발비용 절감효과
④ 동일한 프로젝트에 대해 여러 개발자 동시 개발 가능

해설 형상관리를 통해 버전 관리, 배포 관리에 유리함을 가질 수 있으며, 과도한 소스 수정 제한과 산출물 관리를 통한 품질 보증, 개발비용 절감 효과 등이 있다. 동일한 프로젝트에 여러 개발자가 동시 개발하는 기능은 협업 도구를 통해서 활용 가능하다.

3회

## 04 소프트웨어 재공학이 소프트웨어의 재개발에 비해 갖는 장점으로 거리가 먼 것은?

① 위험부담 감소
② 비용 절감
③ 시스템 명세의 오류억제
④ 개발시간의 증가

해설 소프트웨어 재공학은 기존에 개발이 완료되고 검증된 소스코드를 재사용함으로써 위험부담을 감소시키고 비용과 시간을 절감하며 오류를 억제하는 효과가 있다.

정답 01 ② 02 ① 03 ④ 04 ④

4회

## 05 소프트웨어 형상관리에서 관리 항목에 포함되지 않는 것은?

① 프로젝트 요구 분석서
② 소스 코드
③ 운영 및 설치 지침서
④ 프로젝트 개발 비용

해설 형상관리의 주요 관리 대상은 소프트웨어 개발 간에 도출되는 산출물로 프로젝트 요구 분석서, 설계서, 소스 코드, 운영 및 설치 지침서(매뉴얼) 등이다. 프로젝트 개발 비용을 직접 관리하지는 않는다.

5회

## 06 소프트웨어 형상관리(Configuration management)에 관한 설명으로 틀린 것은?

① 소프트웨어에서 일어나는 수정이나 변경을 알아내고 제어하는 것을 의미한다.
② 소프트웨어 개발의 전체 비용을 줄이고, 개발 과정의 여러 방해 요인이 최소화되도록 보증하는 것을 목적으로 한다.
③ 형상관리를 위하여 구성된 팀을 "chief programmer team"이라고 한다.
④ 형상관리의 기능 중 하나는 버전 제어 기술이다.

해설 chief programmer team은 책임프로그래머 팀이라고 하며, 소규모 중앙집중식 구성의 프로젝트에서 프로그램 개발을 리딩하는 팀이다. 형상관리는 CCB(Configuration Control Board)라고 불리는 형상통제위원회에서 변경을 관리하고 베이스라인을 설정한다.

6회

## 07 다음 중 단위 테스트를 통해 발견할 수 있는 오류가 아닌 것은?

① 알고리즘 오류에 따른 원치 않는 결과
② 탈출구가 없는 반복문의 사용
③ 모듈 간의 비정상적 상호작용으로 인한 원치 않는 결과
④ 틀린 계산 수식에 의한 잘못된 결과

해설 단위 테스트는 하나의 모듈 내에서의 소스 코드에 대한 이상을 검증한다. 모듈 간의 테스트는 통합 테스트 단계에서 수행한다.

6회

## 08 소프트웨어 형상관리에 대한 설명으로 거리가 먼 것은?

① 소프트웨어에 가해지는 변경을 제어하고 관리한다.
② 프로젝트 계획, 분석서, 설계서, 프로그램, 테스트 케이스 모두 관리 대상이다.
③ 대표적인 형상관리 도구로 Ant, Maven, Gradle 등이 있다.
④ 유지보수 단계뿐만 아니라 개발 단계에도 적용할 수 있다.

해설 대표적인 형상관리 도구로는 CVS, SVN, GIT 등이 널리 활용되고 있다. Ant, Maven, Gradle 등은 대표적인 빌드 자동화 도구 유형이다.

7회

**09 테스트 드라이버(Test Driver)에 대한 설명으로 틀린 것은?**

① 시험대상 모듈을 호출하는 간이 소프트웨어이다.
② 필요에 따라 매개 변수를 전달하고 모듈을 수행한 후의 결과를 보여줄 수 있다.
③ 상향식 통합 테스트에서 사용된다.
④ 테스트 대상 모듈이 호출하는 하위 모듈의 역할을 한다.

해설 테스트 드라이버와 스텁은 시험 대상 모듈을 호출하는 간이 소프트웨어로서 아직 모든 소프트웨어 개발이 완성되지 않았을 때 테스트를 수행하게 하는 임시 프로그램이다. 이때 테스트 드라이버는 상향식 통합 테스트에서 사용되며, 테스트 대상 모듈이 호출하는 상위 모듈의 역할을 수행한다. 하위 모듈의 역할을 수행하는 것은 스텁이다.

7회

**10 형상관리의 개념과 절차에 대한 설명으로 틀린 것은?**

① 형상 식별은 형상관리 계획을 근거로 형상관리의 대상이 무엇인지 식별하는 과정이다.
② 형상관리를 통해 가시성과 추적성을 보장함으로써 소프트웨어의 생산성과 품질을 높일 수 있다.
③ 형상 통제 과정에서는 형상 목록의 변경 요구를 즉시 수용 및 반영해야 한다.
④ 형상 감사는 형상관리 계획대로 형상관리가 진행되고 있는지, 형상 항목의 변경이 요구사항에 맞도록 제대로 이뤄졌는지 등을 살펴보는 활동이다.

해설 형상관리는 무분별하고 빈번한 사용자 요구 변경을 제한하는 기능을 수행한다. 형상 통제 과정에서 형상 목록의 변경 요구는 형상통제위원회의 정식 변경 승인을 거치고 나서 반영된다.

8회

**11 단위 테스트에서 테스트의 대상이 되는 하위 모듈을 호출하고 파라미터를 전달하는 가상의 모듈로, 상향식 테스트에 필요한 것은?**

① 테스트 스텁(Test Stub)
② 테스트 드라이버(Test Driver)
③ 테스트 슈트(Test Suites)
④ 테스트 케이스(Test Case)

해설 테스트 드라이버는 상위에 구성된 임시 소프트웨어로 이때 하위 실제 테스트 대상인 하위 모듈을 호출하게 되며, 상향식 테스트에 필요하다. 테스트 스텁과 다소 혼동이 있을 수 있으므로 정확한 개념 정립이 필요하다.

8회

**12 소프트웨어 모듈화의 장점이 아닌 것은?**

① 오류의 파급 효과를 최소화한다.
② 기능의 분리가 가능하여 인터페이스가 복잡하다.
③ 모듈의 재사용 가능으로 개발과 유지보수가 용이하다.
④ 프로그램의 효율적인 관리가 가능하다.

해설 모듈화를 통해서 오류 파급이 제한적이며, 재사용을 통한 비용 및 유지보수 노력이 절감된다. 그러나 모듈화가 지나치게 심화되면 각 모듈 간의 인터페이스가 복잡해지고 오히려 비용이 증가하는 문제가 발생하여 적정한 트레이드오프 기반의 설계가 필요하다.

정답 05 ④ 06 ③ 07 ③ 08 ③ 09 ④ 10 ③ 11 ② 12 ②

8회

**13** **소프트웨어 재공학의 주요 활동 중 기존 소프트웨어 시스템을 새로운 기술 또는 하드웨어 환경에서 사용할 수 있도록 변환하는 작업을 의미하는 것은?**

① Analysis
② Migration
③ Restructuring
④ Reverse Engineering

해설 기존 소프트웨어나 하드웨어 혹은 데이터베이스를 새로운 환경으로 변환하는 것은 마이그레이션(Migration)이라고 한다.

8회

**14** **소프트웨어를 재사용함으로써 얻을 수 있는 이점으로 가장 거리가 먼 것은?**

① 생산성 증가
② 프로젝트 문서 공유
③ 소프트웨어 품질 향상
④ 새로운 개발 방법론 도입 용이

해설 소프트웨어 재사용은 생산성을 증가시키고 기존 프로젝트 산출물과 문서를 공유해서 재활용이 가능하도록 한다. 아울러 검증된 소프트웨어를 활용함으로써 품질 향상에 기여하나, 기존 소프트웨어 개발 방법론을 고려해야 하는 사항이 발생할 수도 있어 새로운 개발 방법론 도입이 어려울 수 있다.

정답 13 ② 14 ④

# 제품소프트웨어 패키징

다회독 Check!
1 2 3

**학습 목표**

- 소프트웨어가 개발되고 나서 최종 사용자에게 전달하기까지 빌드 및 패키징 등 필요한 핵심 업무를 이해하고 각 단계별 절차 숙지
- 소프트웨어 국제표준과 관련해서는 이해와 함께 암기가 필요하며, 특히 시험에 반복 출제되는 표준에 대해서는 깊은 레벨까지 심도학습이 필요

## SECTION 01 제품소프트웨어 패키징

### 1. 애플리케이션 패키징

#### ① 애플리케이션 패키징의 개요

㉠ 애플리케이션 패키징의 정의

소프트웨어 개발이 완료된 시점에서 최종 결과물을 사용자에게 쉽게 전달, 설치, 활용할 수 있도록 완성제품, 매뉴얼 등을 제작하고 이후 패치 개발 및 버전 업데이트를 고려하고 관리하는 활동 및 작업 단계

㉡ 애플리케이션 패키징의 적용 목표

| 구분 | 상세 설명 |
|---|---|
| 사용자 중심 | • 소프트웨어 개발자나 테스터가 아닌 실제 사용자 중심으로 개발 |
| 모듈화 기반 패키징 | • 소프트웨어 모듈을 빌드하는 기법으로 패키징 추진 |
| 버전 관리 | • 제품의 신규, 변경이력을 관리하고 이를 버전 관리와 릴리즈 노트 관리를 통해서 체계적 수행 |
| 범용환경 지향 | • 사용자가 제품을 실행하고 운영할 환경을 충분히 고려하고 범용적인 환경에서 사용 가능하도록 구현 |
| UI 기반 매뉴얼 | • 실제 제품의 UI와 동일한 매뉴얼 작성으로 가독성과 이해성 필요 |
| Managed Service지원 | • 제품의 설치, 실행 등 하드웨어와 통합하여 문의나 요청에 대한 대응 형태의 서비스 필요 |
| 안정적 배포 | • 고객이 쉽게 전송 및 배송받을 수 있도록 안정적인 배포 환경을 조성하고 이를 통해서 업데이트 버전도 용이하게 수행 가능 |

**이해돕기**

원시 코드

프로그래머가 특정 언어를 사용해서 개발한 소스 코드를 원시 코드라고 하며, 이는 텍스트 형태로 이를 실제 사용자의 PC나 단말기에 설치하고 실행하기 위해서는 별도의 작업이 필요함. 이를 애플리케이션 패키징이라고 하며 컴파일, 배포 매체화, 매뉴얼 작성 등을 수행함

② **애플리케이션 패키징의 수행 절차**

㉠ 애플리케이션 패키징 수행 절차도

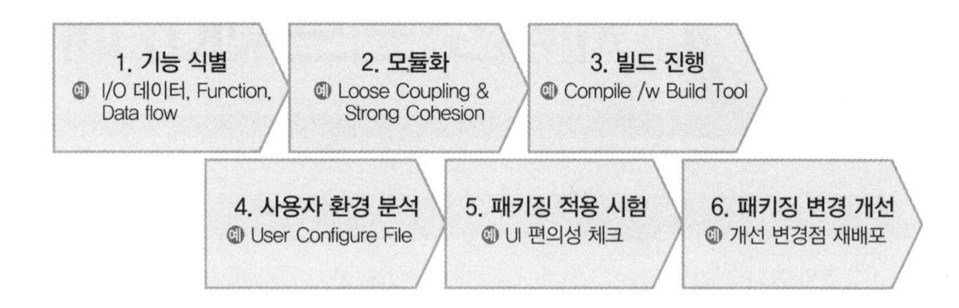


㉡ 애플리케이션 패키징 수행 절차

| 순서 | 단계 | 상세 내용 |
|---|---|---|
| 1 | 기능 식별 | • 시스템의 목적, 사용자 요구사항과 기능을 분석하고 정의 |
| 2 | 모듈화 | • 소프트웨어 개발 시 모듈화를 통해 기능 및 서비스 단위 구현 |
| 3 | 빌드 진행 | • 빌드 자동화 도구를 이용해서 소스 결과물을 빌드 |
| 4 | 사용자 환경 분석 | • 사용자를 페르소나로 정의 · 설치 · 운영할 시스템 환경을 예측하고 최적화 |
| 5 | 패키징 적용 시험 | • 사용자 환경과 입장에서 사용성 테스트를 수행 |
| 6 | 패키징 변경 개선 | • 패키지 적용 시 변경점을 정리하고 개선 사항 반영<br>• 버전 업 후 재배포 실행 |

**이해돕기**

페르소나(Persona)

고대 배우들이 얼굴에 쓰는 가면을 의미하는 단어로 현대에서는 비즈니스 분야에 사용하면서 공통된 성격을 갖고 있는 특정인들의 집단을 대표적으로 지칭하는 추상적 개념으로 사용됨

## 2. 애플리케이션 배포 도구

① **애플리케이션 배포 도구의 개요**

㉠ 애플리케이션 배포 도구의 정의

소프트웨어 개발 이후 패키징이나 변경사항을 배포하고 설치를 지원하기 위한 기능을 제공하는 관리 도구

㉡ 애플리케이션 배포 수준

| 구분 | 설명 | 배포 표기 예시 |
|---|---|---|
| 대규모 (Major) | • 대규모의 소프트웨어 Release나 하드웨어 업그레이드<br>• Minor Release와 Emergency fixes가 포함되어 함께 Release될 수 있음 | ERP 시스템 v.1, v.2, v.3 |
| 소규모 (Minor) | • 소규모의 소프트웨어 Release나 하드웨어 업그레이드 | ERP 시스템 v.1.1, v.1.2, v.1.3 |
| 긴급 (Emergency fixes or patches) | • 긴급한 소프트웨어와 하드웨어 수정<br>• 알려진 여러 문제들 중에서 긴급하게 해결해야 하는 소수의 수정 사항 | ERP 시스템 v.1.1.1, v.1.1.2, v.1.1.3 |

㉢ 애플리케이션 배포 형태

| 구분 | 설명 |
|---|---|
| Delta Release | • 부분적인 릴리즈로 변경된 하드웨어와 소프트웨어 컴포넌트만 포함<br>• 주로 긴급 수정에서 사용됨 |
| Full Release | • 변경되지 않은 컴포넌트를 포함해 릴리즈 단위의 모든 컴포넌트를 전체적으로 구현/테스트/릴리즈하는 것 |
| Package Release | • 장기간 동안 발생한 관련 인프라스트럭처 및 애플리케이션 전체 릴리즈와 델타 릴리즈 번들 |

② **릴리즈(Release)의 개요**

㉠ 릴리즈의 정의

소프트웨어 소스 코드에 발생하는 승인된 변경들의 모음으로, 통상적으로 소프트웨어 배포 시에 릴리즈 노트를 포함하여 배포하며 배포 도구를 활용하여 자동화 관리 가능

㉡ 릴리즈 노트의 정의

소프트웨어의 변경사항 등에 관한 정보를 정리한 문서로 테스트 결과 정보가 포함되며, 사용자에게 확실한 정보를 제공하고 제품의 기능과 서비스 번호 내용을 공유

㉢ 릴리즈 노트의 구성 항목

| 구분 | 설명 |
|---|---|
| Header | • 문서 이름, 제품 이름, 버전 번호, 릴리즈 날짜, 릴리즈 노트 버전 등 |
| 개요 | • 제품 및 변경 사항에 대한 전반적인 개요 |
| 목적 | • 이번 릴리즈 사항에 대한 목적, 수정 내용 등 기술 |
| 이슈 | • 수정된 버그 및 테스트와 관련한 설명 |
| 재현 | • 버그에 대한 재현 설명 및 관련 내용 기술 |
| 수정내용 | • 수정이나 개선된 사항에 대한 설명 |
| 사용자 영향도 | • 변경에 따른 사용자 측면에서 발생할 수 있는 환경 및 기능에 대한 내용 기술 |
| SW지원 영향도 | • 버전 변경에 따른 SW 지원에 관한 사항과 영향도에 대하여 기술 |
| 노트 | • 제품 변경 시 재설치, 변경 적용, 문서 변경 등을 정리 |
| 면책 조항 | • 제품의 라이선스, 신지식재산권 등에 관한 내용 정리 |
| 연락 정보 | • 서비스 지원을 위한 연락처 정보 기술 |

### ③ 애플리케이션 배포 절차 및 자동화도구

㉠ 애플리케이션 배포 절차

| 구분 | 설명 | 산출물 |
|---|---|---|
| 릴리즈 정책 수립 | • 릴리즈 관리 프로세스의 범위를 정의하고 릴리즈 타입, 긴급도 정의, 롤백 정책 등을 수립<br>• 릴리즈 작업을 위한 Naming 규정을 정의<br>• 고객의 비즈니스에 영향을 미치지 않을 정도의 Release 빈도 정의 | • Release Policy |
| 릴리즈 계획 수립 | • 릴리즈와 관련된 이해관계자들의 책임과 역할을 정의하고 필요한 자원의 수준, 일정과 절차 정의<br>• 적절하고 효율적인 개발 및 테스트 환경 구축, 운영에 관련한 사항 등을 상세하게 정의<br>• 서드파티와 지원에 대한 협상을 수행하고 릴리즈 품질계획 수립 | • Release Plan |
| 릴리즈 구성 | • 릴리즈와 관련한 디자인 작업, 설치 및 테스트 계획서 수립<br>• 저장된 마스터 사본 관리 및 설치 지침서 제작과 롤백 계획 수립 | • 릴리즈 설계서<br>• Release Set<br>• Install & Test Plan<br>• 사본, 지침서<br>• Back–out paln |
| 테스트 및 릴리즈 승인 | • 기능, 비기능 테스트 수행<br>• 회귀 테스트 및 사용자 테스트 수행 | • 설치 절차<br>• 테스트된 Release Unit<br>• 발견된 결함<br>• 승인문서<br>• 지원부서, 교육계획 |
| 롤아웃 계획 수립 | • 수행에 필요한 태스크 리스트와 리소스 정의하고 롤아웃 계획 수립<br>• 이해관계자들의 미팅과 분산된 사이트들의 실행 계획 수립 | • Roll–out Plan |
| 커뮤니케이션, 교육 훈련 | • 이해관계자 대상 릴리즈 관련 소통 수행<br>• 서비스 데스크에 신규 릴리즈로 인해 발생하는 사고와 문제점 대응 교육 수행 | • 갱신된 Release Plan<br>• 교육자료<br>• 문서 최종 버전 |
| 릴리즈 설치 | • 릴리즈를 테스트 환경에서 사용자 환경으로 설치 후 수행<br>• 릴리즈 설치 및 형상관리 수행 | • 갱신된 IT 서비스<br>• 갱신된 사용자 문서 서비스 지원 문서<br>• 사용 중지된 CI들<br>• Release로 인한 오류들 |

**이해돕기**

롤아웃(Rollout)

공급 혹은 배포를 의미하는 단어로, 실제 애플리케이션을 배포하기 위해 필요한 인프라와 자원 등을 정리해서 롤아웃 계획을 수립함

ⓒ 대표적인 애플리케이션 배포 자동화 도구

| 구분 | 설명 |
|---|---|
| AWS CodeDeploy | • 아마존에서 제공하는 완전관리형 소프트웨어 배포 서비스 솔루션으로 배포 동안 가동 중지 시간 최소화 수행 |
| Octopus 배포 | • API 우선 접근, 다중 테넌시 지원이 가능한 자동화 릴리즈 관리 도구 |
| Jenkins | • 다양한 언어를 지원하는 지속적 통합과 자동화 배포 환경 구축 도구 |
| 구글 클라우드 배포 관리자 | • 구글에서 클라우드 기반으로 제공하는 Devops 생태계 적합 배포 관리 도구 |

## 3. 애플리케이션 모니터링 도구

### ① 애플리케이션 모니터링 도구의 개요

㉠ 애플리케이션 모니터링 도구의 정의

소프트웨어 개발의 요구사항 관리, 코딩, 테스트 및 이슈 추적과 배포관리 등 모든 과정을 체계적으로 관리하는 전문화된 도구와 애플리케이션이 설치된 이후 성능을 측정하고 모니터링하는 도구를 총칭

ⓒ 애플리케이션 모니터링 도구의 분류

| 구분 | 설명 | 주요 관리 |
|---|---|---|
| 라이프사이클 모니터링 | • 소프트웨어 개발 간에 요구사항 관리부터 최종 배포까지 일관되고 체계화된 관리를 위해 자원, 이슈, 버전 및 배포를 모니터링하고 관리 수행 | ALM (Application Lifecycle Management) |
| 성능 모니터링 | • 애플리케이션이 배포되고 나서 사용자 환경에서 실행 시 성능을 측정하고 수정이나 추후 개선에 반영하기 위한 시스템 자원 모니터링 및 관리 수행 | APM (Application Performance Management) |

### ② ALM 기반 애플리케이션 모니터링 도구의 주요 기능

㉠ ALM 기반 애플리케이션 모니터링 도구의 개념도

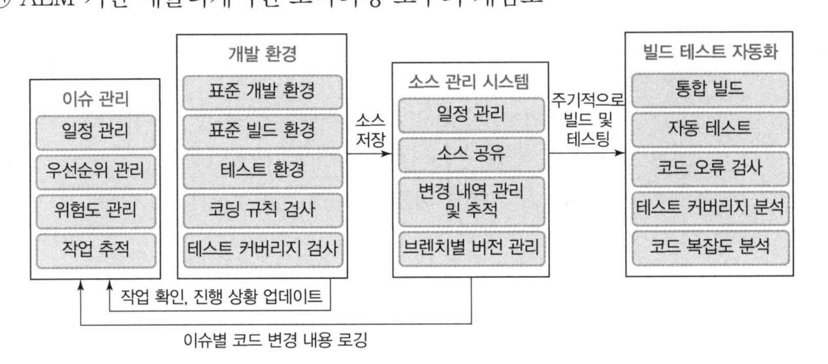


이해돕기

애플리케이션 모니터링 도구

애플리케이션 모니터링은 크게 애플리케이션 라이프사이클을 모니터링하는 ALM(Application Lifecycle Management)과 성능을 모니터링하는 APM(Application Performance Management)이 있으며, 배포와 릴리즈의 업무 관점에서는 ALM의 모니터링을 기반으로 검토하고 애플리케이션이 설치된 이후 성능을 검토할 시에는 APM 모니터링 기반으로 검토가 필요함

㉡ ALM 기반 애플리케이션 모니터링 도구의 주요 기능

| 구분 | 구분 | 설명 |
|---|---|---|
| 이슈 관리 | 일정 관리 | • 중요한 이슈별로 진행 상황을 실시간 추적하고 주요 마일스톤 관리 |
| | 위험도 관리 | • 핵심 작업별 우선순위 도출 및 위험도를 지정하여 리스크 관리 |
| | 작업 관리 | • 작업 진척 사항 모니터링 및 성과 측정 |
| 개발 환경 | 표준 개발 환경 | • Daily Build 가능한 통합 환경 제공, 테스트 자동화 연계 |
| | 테스트 환경 | • 개발자가 손쉽게 테스트 케이스 생성이 가능하도록 테스트 도구와 환경을 제공<br>• 소스 코드 체크인 시 자동 테스트 후 오류 발생 시 즉시 모니터링 |
| | 코딩 규칙 검사 | • 코딩 규칙을 검사를 통한 코드 표준 강제로 코드 가독성 품질 향상 및 조직 내 의사소통 강화 |
| | 테스트 커버리지 검사 | • 테스트 커버리지 측정을 통한 테스트 범위 명확화 |
| 소스 관리 | 소스 공유 | • 팀원 간 소스 및 형상을 공유, 공동 작업 기능 지원 |
| | 변경 내역 추적 및 관리 | • 소스 코드 변경에 대한 이력을 관리(체크아웃, 체크인)하고, 변경오류 시 롤백 기능 제공 |
| | 브렌치별 버전 관리 | • 릴리즈 버전별로 소스/문서 등의 형상물을 관리하고 소규모 업데이트가 가능하도록 별도 관리 |
| 빌드 자동화 | 통합 빌드 | • 매일 통합 빌드를 통해서 코드 통합 오류 방지 |
| | 자동 테스트 | • 빌드 시 통합 테스트 자동화로 변경 시 문제 조기 검출 |
| | 코드 오류 검사 | • 코딩 룰 검사, 잠재적인 오류 보유 코드 제거 |
| | 복잡도 분석 | • 코드 복잡도 분석으로 테스트 위험도 높은 코드의 자동 검출 |

③ APM 기반 애플리케이션 모니터링 도구의 주요 기능

| 구분 | 설명 | 도구 예시 |
|---|---|---|
| 변경 모니터링 | • 애플리케이션들 간의 관계를 모니터링하고 변경 발생 시 영향도 분석 기능 제공 | Change Miner |
| 성능 모니터링 | • 애플리케이션 서버의 트랜잭션 수, 처리시간, 응답률 등 성능 관점의 모니터링 기능 제공 | Jeniffer |
| | • 리눅스 기반의 애플리케이션 서버 자원을 가시화된 그래프로 확인 | Nmon |
| 코드 모니터링 | • 애플리케이션 소스 코드를 정적으로 분석하고 모니터링 | PMD |
| | • 실제 수행 중인 애플리케이션의 소스 코드를 분석하고 메모리 및 쓰레드 차원 모니터링 수행 | Avalanche |

## 4. DRM(Digital Rights Management)

### ① DRM의 개요

㉠ DRM의 정의

소프트웨어 실행 코드나 디지털 콘텐츠를 암호화하여 인증된 사용자에게만 서비스를 인가하는 보호 기술

㉡ DRM의 특징

| 특징 | 설명 |
|---|---|
| 거래 투명성 | • 콘텐츠의 저작권자와 유통업자 간에 거래구조 투명성을 제공 |
| 사용규칙 제공 | • 콘텐츠의 유효기간, 사용 횟수, 사용 환경 등에 대한 설정 기능을 제공함으로써 통제기능 확보가 가능하고 이에 따라 다양한 비즈니스 모델 구현이 가능 |
| 자유로운 유통 | • 콘텐츠 통제를 통해서 이메일, 디지털 미디어, 네트워크 등 자유롭고 다양한 상거래 및 유통 형태가 가능함 |

> **이해돕기**
> DRM은 전자상거래를 통한 소프트웨어나 디지털 콘텐츠의 배포에만 활용되는 것이 아니라 일반 기업이나 조직 내의 문서 유출 방지나 콘텐츠의 정보 보안 영역 등에도 활용됨

### ② DRM의 구성

㉠ DRM의 구성도

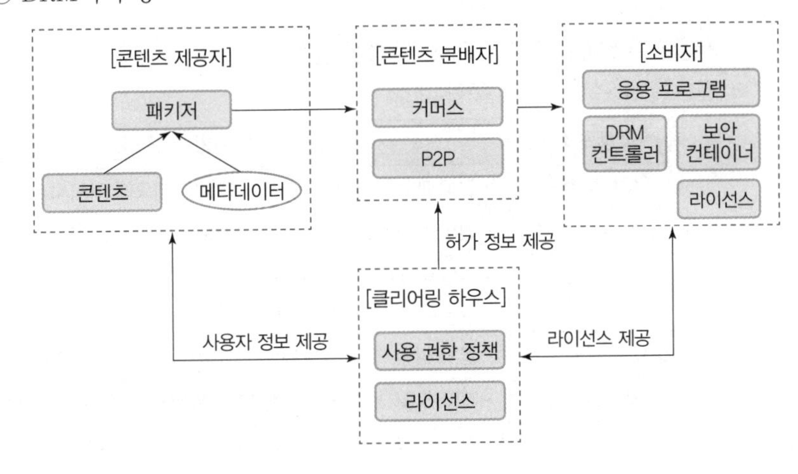


㉡ DRM 구성 기능

| 특징 | 설명 |
|---|---|
| 패키저<br>(Packager) | • 콘텐츠 혹은 소프트웨어 코드와 메타데이터를 배포 가능한 단위로 묶는 기능 |
| 보안컨테이너<br>(Secure Container) | • 원본 자료를 안전하게 유통하기 위한 전자적인 보안 장치 |
| 클리어링하우스<br>(Clearing House) | • 디지털 자료의 배포 정책이나 라이선스 발급 관리를 담당하는 기능 |
| DRM 컨트롤러<br>(DRM Controller) | • 기배포된 디지털 자료의 이용 인증과 권한을 통제 |

## SECTION 02 제품소프트웨어 매뉴얼 작성

### 1. 제품소프트웨어 매뉴얼 작성

**① 제품소프트웨어 매뉴얼의 개요**

㉠ 제품소프트웨어 매뉴얼의 정의

소프트웨어 개발 간에 적용 기준, 패키징 설치, 사용자 실행 및 운영과 관련한 주요 내용 등을 문서로 작성한 기록물

㉡ 제품소프트웨어 매뉴얼의 작성 방향

| 특징 | 설명 |
|---|---|
| 사용자 중심 | • 개발자나 구현 이해관계자가 아닌 실제 소프트웨어 사용 고객의 관점으로 기술 |
| 순차적 작성 | • 설치 준비부터 설치, 실행 및 운영까지 순차적으로 작성 |
| 화면 중심 | • 각 단계별로 해당 UI 화면, 메시지 및 결과를 캡쳐하여 설명 |
| 오류 설명 | • 설치 및 실행, 운영 간에 발생할 수 있는 이상 및 오류에 대한 설명과 해결 방법 기술 |

**이해돕기**

제품 소프트웨어 매뉴얼의 키 포인트는 개발자 중심이 아닌 사용자 중심으로 작성해야 하는 방향성에 있음. 개발자 환경과 달리 사용자의 PC나 단말기의 환경은 다양하며, 이러한 환경적 특성을 고려해서 매뉴얼을 작성해야 함

**② 제품소프트웨어의 구성 요소 및 작성 절차**

㉠ 제품소프트웨어의 구성 요소

| 작성 항목 | 설명 |
|---|---|
| 목차 및 개요 | • 전체 매뉴얼의 목차 순서와 매뉴얼 개요에 대해서 설명 |
| 서문 | • 매뉴얼 버전과 주석 내용, 제품의 구성 등 소개 |
| 기본 사항 | • 소프트웨어 제품의 개요, 설치와 관련한 파일 및 아이콘, 프로그램 삭제 방법 등을 소개 |
| 설치 매뉴얼 내용 | • 설치 환경, 화면, 관련 메시지, 완료 및 기능, FAQ 설명 |
| 고객지원 방법 | • 개발사 및 서비스 지원조직의 연락처와 지원 방법 소개 |
| 준수 정보 | • 저작권 및 라이선스 정보, 제한사항 등을 설명 |

㉡ 제품소프트웨어의 작성 절차

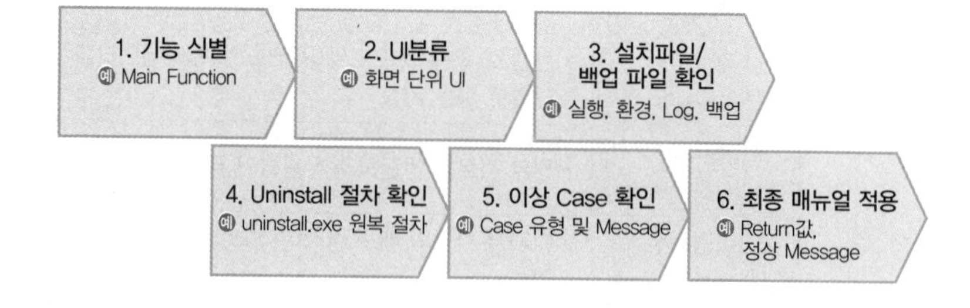

| 순서 | 프로세스 | 설명 |
|---|---|---|
| 1 | 기능 식별 | • 해당 소프트웨어의 개요, 주요 기능을 식별하고 설명 |
| 2 | UI 분류 | • 화면 단위로 매뉴얼에 적용될 UI 분류 및 확보 |
| 3 | 설치/백업파일 확인 | • 설치와 관련한 파일, 백업할 파일을 확인하고 세부 내용 확인 |
| 4 | Uninstall 확인 | • Uninstall 진행 시에 관련 파일 설명, 절차 및 원복과 관련한 내용 확인 |
| 5 | 이상현상 확인 | • 설치, 실행 등과 관련한 이상 현상을 확인하고 테스트 수행, 관련 메시지 내용 등을 정의 |
| 6 | 최종 매뉴얼 적용 | • 최종 설치 완료 후의 화면, 메시지 확인, 화면 캡쳐 및 매뉴얼 반영 후 완성 |

## 2. 국제 표준 제품 품질 특성

### ① 국제 표준 제품 품질 개요

㉠ 국제 표준 제품 품질의 정의

소프트웨어와 관련하여 기능과 비기능적 요구사항을 충족시키기 위한 프로세스 준수와 제품의 성능 준수 관리사항을 국제적인 표준기관에서 제정한 기준

㉡ 국제 표준 제품 품질의 분류

| 구분 | 설명 | 대표표준 |
|---|---|---|
| 프로세스 품질 | • S/W구현 프로세스 품질에 따라 최종 S/W 품질이 좌우됨<br>• QA 관점에서의 품질 | • ISO12207<br>• ISO15504<br>• CMMI |
| 제품 품질 | • 사용자 요구기능에 대하여 S/W가 제공하는 유효한 품질<br>• QC 관점에서의 품질 | • ISO9126<br>• ISO14598<br>• ISO12119<br>• ISO25000 |

### ② 프로세스 품질표준 설명

| 표준 | 구분 | 설명 |
|---|---|---|
| ISO 12207 | 정의 | • 소프트웨어의 획득, 공급, 개발, 운영, 유지보수의 전 주기를 체계적으로 관리하기 위한 소프트웨어 생명주기 표준 제공<br>• SDLC를 표준화한 모델이며 총 23개 프로세스, 95개 활동, 224개의 산출물로 정의되어 있음 |
| | 특징 | • SDLC 프로세스의 활동(Activity)이나 What만 정의되어 있으며, how는 SPICE(155404)에서 정의<br>• 크게 기본 프로세스(획득, 공급, 개발, 운영, 유지보수)와, 조직 운영 프로세스(관리, 기반구조, 훈련, 개선 프로세스), 지원 프로세스(품질보증, v&v, 검토, 감사, 문서화, 형상관리, 문제해결)의 3개 구조로 구성됨 |

**이해돕기**

소프트웨어 국제표준과 관련한 학습은 파트 5의 챕터 1 내용과 중복되므로 연계 학습 및 반복 학습이 필요

**이해돕기**

국제 표준과 국가 표준, 산업 표준

표준은 국제 표준기관인 ISO, IEEE, IEC 등의 기관에서 제정한 세계적 통용 표준과 한 국가에서 통용되는 표준(예 한국 KS, 영국 BS 등), 그리고 특정 기업에서 정의한 기술 표준이 산업계에서 널리 활용되는 산업 표준(구글 안드로이드, 시스코 네트워크 디바이스)으로 정의됨

**이해돕기**

QA(Quality Assurance)와 QC(Quality Control)

QA는 품질 보증이라고 하며 제품 생산 과정의 활동에 대한 역량과 수준의 적정성을 의미하고, QC는 품질 관리라고 하며 불량 발생 원인을 제거하여 좋은 제품을 생산하는 제품 측면의 적정성 개념임

<table>
<tr>
<td rowspan="2"></td>
<td>표준 프레임워크</td>
<td>
기본 생명주기 프로세스<br>
CUS.1 획득 / CUS.2 공급<br>
CUS.3 요구사항 도출 / CUS.4 운영<br>
ENG.1 개발(Engineering)<br>
ENG.2 시스템과 소프트웨어 유지보수<br><br>
지원 생명주기 프로세스<br>
SUP.1 문서화<br>
SUP.2 형상관리<br>
SUP.3 품질보증<br>
SUP.4 확인<br>
SUP.5 검증<br>
SUP.6 활동 검토<br>
SUP.7 감리<br>
SUP.8 문제해결<br><br>
조직 생명주기 프로세스<br>
MAN.1 관리<br>
MAN.2 프로젝트 관리<br>
MAN.3 품질 관리<br>
MAN.4 위험 관리<br>
ORG.1 조직상의 정렬<br>
ORG.2 개선<br>
ORG.3 인적자원 관리<br>
ORG.4 기반 구조<br>
ORG.5 측정<br>
ORG.6 재사용
</td>
</tr>
<tr>
<td>표준 프레임워크 세부 내용</td>
<td>
<table>
<tr><th>프로세스</th><th>내용</th></tr>
<tr><td>획득<br>(acquisition)</td><td>• 시스템이나 소프트웨어 제품 등을 획득하는 조직이 수행해야 하는 활동 정의</td></tr>
<tr><td>공급<br>(supply)</td><td>• 시스템이나 소프트웨어 제품 등을 공급하는 조직이 수행해야 하는 활동 정의</td></tr>
<tr><td>개발<br>(development)</td><td>• 시스템이나 소프트웨어 제품 등을 개발하는 조직이 수행해야 하는 활동 정의</td></tr>
<tr><td>운영<br>(operation)</td><td>• 실제 시스템이나 소프트웨어 제품의 사용자를 위해 실제 운영 서비스를 제공하는 운영 조직이 수행해야 할 활동 정의</td></tr>
<tr><td>유지보수<br>(maintenance)</td><td>• 시스템이나 소프트웨어 제품 등의 유지보수 서비스를 제공하는 유지보수 조직이 수행해야 할 활동 정의</td></tr>
</table>
</td>
</tr>
<tr>
<td rowspan="3">ISO 15504 (SPICE)</td>
<td>정의</td>
<td>
• Software process Improvement and capability determination<br>
• 여러 개의 프로세스 개선과 관련한 모형들을 통합한 후 ISO의 국제표준으로 정의한 소프트웨어 프로세스 모형<br>
• 소프트웨어 프로세스에 대한 개선과 능력 측정에 관한 기준 제시
</td>
</tr>
<tr>
<td>특징</td>
<td>
• SDLC 프로세스의 활동(Activity)이나 What만 정의되고 How가 없는 ISO12207에 대한 개선을 하고 CMM에 대응하기 위해 ISO/IEC가 개발<br>
• ISO12207 생명주기 프로세스 및 프로세스의 2차원 능력평가 모델로 구성
</td>
</tr>
<tr>
<td>구성</td>
<td>
<table>
<tr><th>차원</th><th>기준</th></tr>
<tr><td>프로세스 차원</td><td>• ISO 12207의 소프트웨어 생명주기 프로세스를 기반으로 하는 총 5개의 프로세스와 40개 세부 프로세스로 구성<br>• 각 프로세스에 따라 목적 달성을 위한 기준 제시</td></tr>
<tr><td>프로세스 수행 능력 차원</td><td>• 수행조직(OU ; Organization Unit)이 특정 프로세스를 성공적으로 완수할 수 있는 능력 수준<br>• 0~5까지의 총 6개 역량 레벨(Capability Level)로 구성</td></tr>
</table>
</td>
</tr>
</table>

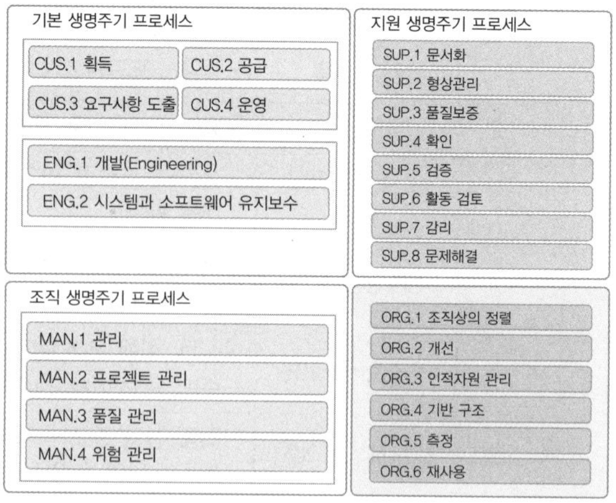

**이해돕기**

ISO15504 SPICE와 CMMi는 소프트웨어 개발 역량과 관련한 성숙도 측정 모델이라는 부분에서 유사한 점이 있으나, SPICE는 국제 표준으로 ISO에서 제안했으며, CMMi는 미국의 MIT Sloan 대학에서 제안하였음

<table>
<tr>
<td rowspan="4">CMMi</td>
<td>프로세스 수행능력 차원 세부 설명</td>
<td>
최적화 단계 Optimizing — 5 — 프로세스의 지속적인 개선<br>
예측 단계 Predictable — 4 — 프로세스의 정략적 이해 및 통계<br>
확립 단계 Established — 3 — 표준 프로세스의 사용<br>
관리 단계 Managed — 2 — 프로세스 수행 계획 및 관리<br>
수행 단계 Performed — 1 — 프로세스의 수행 및 목적 달성<br>
불안정 단계 Incomplete — 0 — 미구현 또는 목표 미달성
</td>
</tr>
<tr>
<td>정의</td>
<td>
• SW 개발과 관련한 능력 및 조직성숙도 평가와 지속적인 품질 개선을 제안하는 모델<br>
• 총 4개의 평가 모델(SW-CMM, SA-CAM, SE-CAM, IPD-CMM)을 통합하여 CMMi의 심사 방법인 SCAMPI-M 모형 제공
</td>
</tr>
<tr>
<td>모형 구성</td>
<td>
• 크게 단계적 표현(Staged) 모형과 연속적 표현(Continuous) 모형으로 분류
<table>
<tr><th>구분</th><th>세부내용</th></tr>
<tr><td>단계적 표현 방법 (Staged Representation)</td><td>• 조직의 프로세스 개선을 위한 방향 제시<br>• 성숙도(Maturity) 모형 조직 간의 비교 지원</td></tr>
<tr><td>연속적 표현 방법 (Continuous Representation)</td><td>• 특정 프로세스 영역을 개선할 수 있도록 개별 프로세스 능력 평가</td></tr>
</table>
</td>
</tr>
<tr>
<td>모형 비교</td>
<td>
• 단계적 표현(Staged) 모형과 연속적 표현(Continuous) 모형의 특징
<table>
<tr><th>구분</th><th>단계적 표현 (Staged Rep.)</th><th>연속적 표현 (ontinuous Rep.)</th></tr>
<tr><td>목적</td><td>• 조직 전체 성숙도 평가 후 프로세스 개선</td><td>• 개별 프로세스 영역별 능력평가 후 PA(Process Area) 중심으로 업무 프로세스 개선</td></tr>
<tr><td>성숙도 측정 방식</td><td> 각 단계는 다음 단계의 기반<br>ML : Maturity Level<br>ML5<br>ML4<br>ML3<br>ML2<br>ML1<br>Organization</td><td> 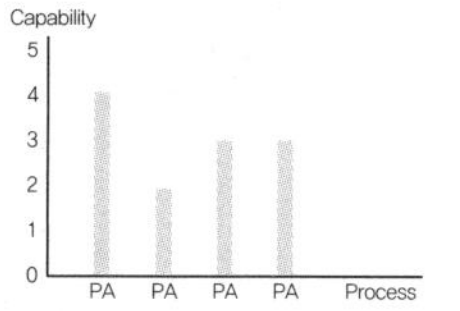Capability<br>5<br>4<br>3<br>2<br>1<br>0<br>PA PA PA PA Process</td></tr>
<tr><td>평가 범위</td><td>• 성숙 수준(Maturity Level)<br>• 1~5단계 : 초기 → 관리 → 정의 → 정량적 관리 → 최적화</td><td>• 능력 수준(Capability Level)<br>• 0~5단계</td></tr>
<tr><td>활용 조직</td><td>• CMMi를 처음 도입하는 조직<br>• 단기간의 조직의 성과 향상을 목적으로 하는 조직</td><td>• 기존에 CMMi 모델을 활용하고 있던 조직<br>• 특정 프로세스의 능력 향상</td></tr>
<tr><td>예제 모델</td><td>• SW-CMM(단계적 표현), Level별 KPI, Bottom-Up</td><td>• SE-CMM(연속적 표현), SPICE와 호환 가능, Top-Down</td></tr>
</table>
</td>
</tr>
</table>

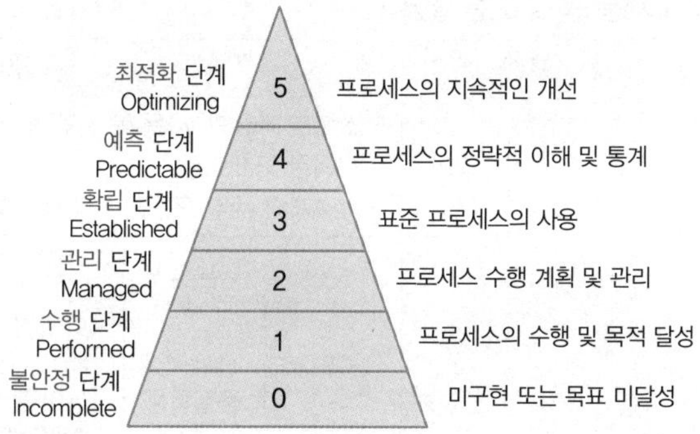

### ③ 제품 품질표준 설명

| 표준 | | 설명 |
|---|---|---|
| ISO 9126 | 정의 | • 소프트웨어의 사용자 관점에서 품질특성과 품질평가 척도를 정의한 국제표준<br>• 총 4개의 세부 표준과 6개 품질특성, 21개의 부특성으로 구성됨 |
| | 표준 구성 | (아래 표) |
| | 품질 특성 | (아래 표) |

**ISO 9126 – 표준 구성**

| 구분 | 분류 | 특성 | 관점 |
|---|---|---|---|
| ISO9126 −1 | Part 1 : 품질특성 | • 다양한 이해관계자 간에 서로 다른 관점으로 소프트웨어 품질평가<br>• 6개 품질특성, 21개 부특성 | 이해관계자 |
| ISO9126 −2 | Part 2 : 외부 매트릭스 | • 소프트웨어 시험과 운영 상태에 관한 품질 정의<br>• 소프트웨어 사용 시의 외부적 특성을 정의 | 사용자 / 관리자의 소프트웨어 실행 관점 |
| ISO9126 −3 | Part 3 : 내부 매트릭스 | • 소프트웨어 개발 단계에서 설계 명세서나 코드 분석 등 측정<br>• 중간산출물의 품질요구사항 중심 분석 | 설계자 / 개발자의 소스코드 관점 |
| ISO9126 −4 | Part 4 : 사용 중 품질 | • 소프트웨어 사용 시의 효율성, 생산성, 안전성, 만족성 등의 규정 목표를 준수하지 설문조사나 관찰 등을 통해 수행 능력 평가 | 사용자 |

**ISO 9126 – 품질 특성**

| 특성 | 내용 | 부특성 |
|---|---|---|
| 기능성 (Functionality) | • 요구사항을 통해 도출된 기능들과 사양으로 정의된 항목들을 실현하는 특성의 집합 | • 적합성<br>• 정확성<br>• 상호호환성<br>• 유연성<br>• 보안성 |
| 신뢰성 (Reliability) | • 요구정의서에 명시된 조건하에서 기간이나 실행 수준을 유지하기 위한 능력과 만족에 관한 속성 집합 | • 성숙성<br>• 오류허용성<br>• 회복성 |
| 사용성 (Usability) | • 명시적, 묵시적으로 사용자가 실제 소프트웨어 사용을 위해 노력하는 수준과 평가를 나타내는 속성의 집합 | • 이해성<br>• 습득성<br>• 운용성 |
| 효율성 (Efficiency) | • 명시적인 조건하에서 실행 수준과 소요되는 자원 간의 관계에 관한 속성 집합 | • 실행효율성<br>• 자원효율성 |
| 유지보수성 (Maintainability) | • 정의된 개선사항을 처리하기 위해 소요되는 노력의 속성 집합 | • 해석성<br>• 변경성<br>• 안정성<br>• 시험성 |
| 이식성 (Portability) | • 임의의 사용 환경에서 다른 시스템 환경으로 이식하기 위한 속성의 집합 | • 환경적용성<br>• 이식작업성<br>• 일치성<br>• 치환성 |

**이해돕기**

ISO 9126의 6가지 품질특성

시험에도 자주 출제되며 특히 영어로도 출제되니 이해와 함께 암기학습이 필요함. 아울러 ISO 25010에서는 6가지 특성에 보안성과 호환성 2개를 추가하여 8개 품질특성으로 정의하기도 함

<table>
<tr><td rowspan="3">ISO 12119</td><td>정의</td><td>• 소프트웨어 패키지 제품이나 정보기술 제품에 대한 품질 요구사항 및 시험을 위한 국제표준</td></tr>
<tr><td>평가 대상 유형</td><td>
<table>
<tr><th>서비스</th><th>평가대상</th><th>내용</th></tr>
<tr><td>1단계</td><td>• 패키지 소프트웨어</td><td>• 패키지 소프트웨어 제품의 관련 문서, 사용자 문서, 실행 프로그램에 대한 요구사항</td></tr>
<tr><td>2단계</td><td>• 소프트웨어 패키지, 개발 소프트웨어</td><td>• 최종 제품, 중간 산출물</td></tr>
<tr><td>3단계</td><td>• 소프트웨어 패키지, 고위험 개발 소프트웨어</td><td>• 최종 제품, 개발 과정, 유지보수 과정</td></tr>
</table>
</td></tr>
<tr><td>구성 요소</td><td>
<table>
<tr><th>구성 요소</th><th>설명</th><th>평가항목<br>(품질요구사항)</th></tr>
<tr><td>제품 설명서</td><td>• 소프트웨어 패키지의 속성 설명, 잠재적인 구매자를 위한 문서화 요구사항의 만족성 여부 평가</td><td>• 일관성, 제품 소개의 명시 내용, 각 품질 특성 내용</td></tr>
<tr><td>사용자 문서</td><td>• 제품 구매자에게 제품 사용과 관련한 정보 제공</td><td>• 완전성, 정확성, 일관성, 이해성, 개괄 용이성</td></tr>
<tr><td>실행 프로그램</td><td>• 구동 소프트웨어가 갖추어야 할 기능 만족성, 통제 불능 회피성, 사용자 편의성 등의 요구사항 만족 여부를 평가</td><td>• 문서에 정의된 사항을 기반하여 실행하는지 여부, 신뢰성, 사용성</td></tr>
</table>
</td></tr>
<tr><td rowspan="2">ISO 14598</td><td>정의</td><td>• 소프트웨어의 제품 품질을 측정 혹은 평가하는 데 필요한 방법과 절차를 6개의 파트로 분류하고 정의한 표준<br>• 소프트웨어의 획득자와 개발자 간의 개발과정이나 제품 품질에 관한 객관적 평가 기준과 프로세스 제시</td></tr>
<tr><td>특징</td><td>
<table>
<tr><th>특성</th><th>내용</th></tr>
<tr><td>반복성<br>(Repeatability)</td><td>• 특정 소프트웨어 제품에 대해 동일 평가자가 동일사양 평가 시에 동일한 결과가 도출되는 특성</td></tr>
<tr><td>재현성<br>(Reproducibility)</td><td>• 특정 소프트웨어 제품에 대해 다른 평가자가 동일사양 평가 시 동일한 결과가 도출되는 특성</td></tr>
<tr><td>공정성<br>(Impartiality)</td><td>• 평가가 특정 결과에 편향되지 않는 특성</td></tr>
<tr><td>객관성<br>(Objectivity)</td><td>• 평가 결과가 평가자의 감정이나 의견에 영향을 받지 않는 특성</td></tr>
</table>
</td></tr>
</table>

ISO14598(반재공객)
반재가 공격(객)했다.

| 구분 | 항목 | 세부 | 내용 |
|---|---|---|---|
| | 구성 요소 | 구성 요소 | 내용 |
| | 구성 요소 | ISO14598-1 | • 표준에 관한 일반 개요 정의 |
| | 구성 요소 | ISO14598-2 | • 계획 및 관리를 정의한 파트로 제품의 품질 측정 계획과 구현, 제품평가 기능관리가 명기됨 |
| | 구성 요소 | ISO14598-3 | • 개발자 프로세스를 정의한 파트로 개발자의 소프트웨어 제품 평가활동과 개발 단계 준수 내용을 명기 |
| | 구성 요소 | ISO14598-4 | • 획득 프로세스를 정의한 파트로 획득자의 소프트웨어 제품 평가 활동과 S/W 구매, 기존 소프트웨어의 개선과 관련한 평가 등을 정의 |
| | 구성 요소 | ISO14598-5 | • 평가 프로세스를 정의한 파트로 평가자의 소프트웨어 제품평가 활동에 대하여 정의 |
| | 구성 요소 | ISO14598-6 | • 평가 모듈을 정의한 파트로 평가자료와 명령의 구조적 집합과 평가 모듈에 관하여 문서화 |
| | 평가 절차 | 절차 | 내용 |
| | 평가 절차 | 평가 요구사항 정의 | • 평가 목표 정의, 제품 유형 식별, 평가모델 명세화 |
| | 평가 절차 | 평가 명세화 | • 척도 선정, 척도의 수준 정의, 평가 기전 정의 |
| | 평가 절차 | 평가 설계 | • 평가 계획 정의 |
| | 평가 절차 | 평가 실행 | • 특성 측정, 평가 기준과 비교, 결과 평가 정의 |
| | 평가 절차 | 평가 결론 | • 평가보고서 검토, 평가데이터 관리에 대한 검토 |
| ISO 25000 (SQuaRE) | 정의 | | • Software product Quality Requirement and Evaluation<br>• 소프트웨어 개발 프로세스에서 각 단계의 산출물이 사용자 요구를 만족하는지 검증하기 위한 품질 측정과 평가모델, 측정 기법, 평가 방안을 정의한 표준 |
| ISO 25000 (SQuaRE) | 표준 프레임워크 | | **[두음 암기 : 요모관측평]**<br>품질 요구(Quality Requirement Division) → 품질 모형(Quality Model Division) / 품질 관리(Quality Management Division) / 품질 측정(Quality Measurement Division) → 품질 평가(Quality Evaluation Division) |

이해돕기

ISO 25000

ISO 25000은 기존 품질과 관련한 표준을 통합한 표준으로 ISO 15288, ISO 9126, ISO 14598, ISO 12119를 모두 융합함

|  | 구분 | 설명 | 참조 표준 |
|---|---|---|---|
| 표준 프레임워크 설명 | S/W 품질 요구사항 (2503n) | • 품질 요구사항 설정을 위한 프로세스 정의<br>• 기존 표준인 ISO15288을 참조하여 정의한 새로운 표준 | ISO 15288 |
|  | S/W 품질 모형 (2501n) | • 제품 품질의 평가 일반모형 정의<br>• 기존 표준 ISO9126-1을 참조 | ISO 9126-1 |
|  | S/W 품질 관리지침 (2500n) | • SQuaRE의 일반 가이드라인 정의<br>• 품질 평가 관리모델로 기존 ISO 14598-2 참조 | ISO 14598-2 |
|  | S/W 품질 측정지침 (2502n) | • 품질측정 척도를 정의하기 위한 표준<br>• 기존 표준 ISO9126-2,3,4을 참조 | ISO 9126-2,3,4 |
|  | S/W 품질 평가지침 (2504n) | • 품질 평가 절차를 5개의 항목으로 정의(1 : 평가모듈, 2 : 개발자, 3 : 획득자, 4 : 평가자, 5 : 회복성 평가)<br>• 기존 표준 ISO14598-1,3,4,5,6을 참조 | ISO 14598-1,3,4,5,6 |
|  | 확장 (2505n) | • 소프트웨어 패키지 제품의 품질 평가<br>• 기존 표준 ISO 12119을 참조 | ISO 12119 |

### ④ 프로젝트 관리 표준

㉠ 프로젝트 관리 표준의 정의

제한된 기간과 예산, 자원의 범위 내에서 사용자가 만족할 만한 소프트웨어 제품을 구현하기 위한 업무 프로세스 관리의 국제적인 표준으로, ISO 21500으로 정의

㉡ 프로젝트 관리 표준 세부 내용

| 구분 | 설명 |
|---|---|
| 통합 관리 | • 프로젝트 계획, 실행, 변경 통제를 정의하고 전체 세부 관리의 통합과 조정 정의 |
| 이해관계자 관리 | • 이해관계자 식별과 관리 방안 정의 |
| 자원 관리 | • 프로젝트 팀 구성 및 관리와 필요자원에 대한 예측 및 통제 정의 |
| 일정 관리 | • 작업분할구조도(WBS ; Work Breakdown Structure) 승인, 일정 개발, 수행 및 평가조정 등을 정의 |
| 범위 관리 | • 요구사항과 범위를 정의하고 관리, 산출물 및 베이스 라인 관리 |
| 의사소통 관리 | • 의사소통 계획 작성 및 관리, 의사소통 기술 및 PMS 관리, 협상 관리, 정보 분배 정의 |
| 원가 관리 | • 프로젝트 완료를 위한 전체 비용과 예산 관리 |
| 위험 관리 | • 예상 위험 식별과 위험 분석, 위험 대응 계획 수립 |
| 품질 관리 | • 품질 관리 계획 절차 수립 및 품질 요구사항 준수, 품질보증 활동 산출물 등 관리 정의 |
| 조달 관리 | • 프로젝트 수행에 필요한 자원 구매 시기, 방법, 분량 등을 정의 |

## SECTION 03 제품소프트웨어 버전 관리

이해돕기

소프트웨어 개발 과정에서 다양한 도구가 등장하고 있는데, 크게 통합 도구, 형상 관리 도구, 협업 도구, 버전 관리 도구, 빌드 자동화 도구 등이 시험에 출제됨

### 1. 소프트웨어 버전 관리 도구

#### ① 소프트웨어 버전 관리 도구의 개요

㉠ 소프트웨어 버전 관리 도구의 정의

애플리케이션의 수정이나 개선이 발생할 시 형상관리나 변경관리를 수행하면서 일환으로 진행되는 소프트웨어 버전에 대한 관리를 지원하는 도구

㉡ 소프트웨어 버전 관리 도구의 주요 요소

| 구분 | 설명 |
|---|---|
| Import | • 버전 관리에 아직 반영되지 않은 원본 파일을 저장소에 업로드 |
| Check out | • 개발자 혹은 관리자 등 버전 관리 이해관계자가 저장소에서 파일을 다운로드 |
| Commit | • 체크인이 발생할 때 오류나 충돌 발생 시 알람, 수정 등 정정 과정 수행 |
| Check in | • 버전 관리 담당자가 저장소에 수정된 원본 파일을 새로운 버전으로 저장 및 등록 |
| Repository | • 현재 파일 버전, 변경 이력 정보 등을 보관하는 저장소 |

#### ② 소프트웨어 버전 관리 도구의 버전 등록 절차

㉠ 소프트웨어 버전 관리 도구의 버전 등록 절차 개요도

㉡ 소프트웨어 버전 관리 도구의 버전 등록 절차

| 순서 | 구분 | 설명 |
|---|---|---|
| 1 | Add | • 개발자 혹은 버전 관리 담당자가 개발된 파일을 저장소에 업로드 |
| 2 | Check out | • 개발된 파일에 대해서 수정이나 개선이 발생하면 개발자나 담당자가 다운로드 수행 |
| 3 | Commit | • 개발자가 다운로드된 파일을 수정한 후 저장소에 업로드 및 커밋 수행 |
| 4 | Update | • 커밋 이후 개발자가 작업한 공간을 본 파일을 관리하는 저장소와 동기화 및 추가 파일 업로드 완료 |
| 5 | Diff | • 새로운 추가 파일 수정 기록과 기존 개발 이력의 차이를 검토 |

## 2. 빌드 자동화 도구

### ① 빌드 자동화 도구의 개요

㉠ 빌드 자동화 도구의 정의

개발자가 구현한 소스코드 파일을 컴퓨터에서 실행 가능하도록 제품 단위로 변환하는 컴파일 과정을 지원하는 도구

㉡ 빌드 자동화 도구의 역할

| 구분 | 설명 |
|---|---|
| 편리한 패키징 | • 로컬, 원격 등 분산된 외부 라이브러리나 기타 리소스들을 프로젝트에 연결하여 패키징하는 데 편리한 기능을 제공 |
| 라이브러리 버전 통일 | • 서로 다른 환경에서 개별 개발하는 분산형 환경에서 라이브러리 버전을 동일하게 관리하는 편의 기능 제공 |
| 테스트 지원 | • 빌드하는 과정에 오류나 이상을 파악하기 위한 테스트 기능 지원 |
| 자동화 배포 | • 프로덕션 환경에 지속적으로 배포하고 관리하는 수작업들을 자동화하는 기능 제공 |

### ② 빌드 자동화 도구의 처리 절차 및 유형

㉠ 빌드 자동화 도구의 처리 절차

| 순서 | 구분 | 설명 |
|---|---|---|
| 1 | 종속성 다운로드 | • 관련 라이브러리를 자동으로 추가하고 관리 |
| 2 | 컴파일 | • 실제 개발언어로 작성된 소스코드를 바이너리 코드로 컴파일 수행 |
| 3 | 패키징 | • 컴파일된 바이너리 코드를 개별적으로 실행 가능하도록 압축 처리 |
| 4 | 테스트 | • 변환된 패키지가 이상 없이 변환되고 실행되는지 테스트 수행 |
| 5 | 배포 | • 테스트가 완료되어 빌드를 마친 패키지의 배포 수행 |

㉡ 대표적인 빌드 자동화 도구 유형

| 구분 | Maven | Gradle | Ant |
|---|---|---|---|
| 개요 | • 2002년 프로젝트에 필요한 종속성들을 리스트 형태로 관리 가능 | • 2012년 JVM 기반으로 Ant와 Maven을 보완 | • 2000년 Java 기반으로 개발이 오래되었으며, 유연성 있는 빌드 기능 지원 |
| 특징 | • XML과 레포지토리를 가져올 수 있으며 자동으로 필요한 라이브러리 파일을 불러옴 | • 오픈소스 기반<br>• 멀티 프로젝트 빌드를 지원<br>• 설정 주입 방식으로 사용 용이 | • XML 기반 빌드스크립트<br>• 특별한 규칙이 없어 정의가 필요<br>• 생명주기가 없어 각각 해당 소스의 의존관계와 작업 정의가 필요 |

**이해돕기**

빌드 자동화 도구의 품질

시기상 Ant → Maven → Gradle 순으로 개발되었으므로 기능 및 품질은 Gradle이 가장 우수함

| | | | |
|---|---|---|---|
| 장점 | • 계층적 데이터 표현에는 유리<br>• 종속성 관리 유리 | • XML이 아닌 DSL기반 작성으로 가독성 우수<br>• 설정 시간 절약 및 개발자 의도 설계 용이<br>• 빌드 속도가 상대적으로 빠름 | • 다른 빌드에 비해서 유연한 규칙 수립 가능 |
| 단점 | • 플로우 및 조건부 상황 표현은 어려움<br>• 라이브러리가 서로 종속일 경우 XML이 복잡 | • 없음(Maven과 Ant의 장점만 취합) | • 스크립트 재사용이 어려움<br>• 프로젝트가 복잡해지면 빌드 과정 정의가 어려움 |

# 기출문제 분석

1, 2회

**01 소프트웨어 품질 측정을 위해 개발자 관점에서 고려해야 할 항목으로 거리가 먼 것은?**

① 정확성 ② 무결성
③ 사용성 ④ 간결성

해설 맥콜의 제품 품질 특성에 따른 개발자 관점에서 품질을 확보하기 위한 고려 항목으로는 정확성, 신뢰성, 효율성, 무결성, 사용성, 유지보수성, 시험성, 유연성, 이식성, 재사용성, 상호운영성 등이 있다.

1, 2회

**02 디지털 저작권 관리(DRM)의 기술 요소가 아닌 것은?**

① 크랙 방지 기술 ② 정책 관리 기술
③ 암호화 기술 ④ 방화벽 기술

해설 DRM(Digital Rights Management)은 소프트웨어 실행코드나 디지털 콘텐츠를 암호화하여 인증된 사용자에게만 서비스를 인가하는 보호기술로서, 크랙 방지 기술, 정책 관리 기술, 암호화 기술 등을 활용한다. 방화벽은 네트워크 보안에 관련한 장비 및 관련 기술을 의미한다.

1, 2회

**03 SW 패키징 도구 활용 시 고려 사항과 거리가 먼 것은?**

① 패키징 시 사용자에게 배포되는 SW이므로 보안을 고려한다.
② 사용자 편의성을 위한 복잡성 및 비효율성 문제를 고려한다.
③ 보안상 단일 기종에서만 사용할 수 있도록 해야 한다.
④ 제품 SW 종류에 적합한 암호화 알고리즘을 적용한다.

해설 SW 패키징 도구는 소프트웨어 개발이 완료된 시점에서 최종 결과물을 사용자에게 쉽게 전달, 설치, 활용할 수 있도록 완성 제품으로 변환하는 관리 툴로서, 보안을 고려하고 사용자 입장에서의 편의성을 최대한 고려해야 한다. 이때 다양한 기종에서 사용할 수 있도록 배려하는 것이 좋다.

1, 2회

**04 ISO/IEC 9126의 소프트웨어 품질 특성 중 기능성(Functionality)의 하위 특성으로 옳지 않은 것은?**

① 학습성 ② 적합성
③ 정확성 ④ 보안성

해설 ISO/IEC 9126은 소프트웨어의 품질 특성에 대한 국제 표준으로서 기능성, 신뢰성, 사용성, 효율성, 유지보수성, 이식성이 있으며 이때 기능성의 하위 부특성으로는 적합성, 정확성, 상호호환성, 유연성, 보안성 등이 있다.

정답 01 ④ 02 ④ 03 ③ 04 ①

3회

**05 소프트웨어 공학의 기본 원칙이라고 볼 수 없는 것은?**

① 품질 높은 소프트웨어 상품 개발
② 지속적인 검증 시행
③ 결과에 대한 명확한 기록 유지
④ 최대한 많은 인력 투입

해설 소프트웨어 공학은 개발, 운영, 유지보수, 폐기까지의 소프트웨어 생애주기 전반에 대한 체계적인 접근을 위해 수학적, 과학적, 공학적 원리 및 방법을 적용하는 학문이며 품질, 비용을 중요시한다. 검증이나 결과 기록은 모두 품질 관리 활동에 대한 해당 사항이나 최대한 많은 인력 투입은 비용 과다를 초래하여 소프트웨어 공학 취지에 어긋난다.

3회

**06 패키지 소프트웨어의 일반적인 제품 품질 요구사항 및 테스트를 위한 국제 표준은?**

① ISO/IEC 2196
② IEEE 19554
③ ISO/IEC 12119
④ ISO/IEC 14959

해설 ISO/IEC 12119는 정보기술, S/W 패키지 제품에 대한 품질 요구사항 및 시험을 위한 국제표준이다.

3회

**07 소프트웨어 품질 목표 중 주어진 시간 동안 주어진 기능을 오류 없이 수행하는 정도를 나타내는 것은?**

① 직관성 ② 사용 용이성
③ 신뢰성 ④ 이식성

해설 ISO/IEC 9126의 품질 특성 중 신뢰성은 정해진 시간 동안에 주어진 기능을 오류 없이 수행하는 정도를 목표로 하는 특성이다.

3회

**08 제품소프트웨어 패키징 도구 활용 시 고려사항이 아닌 것은?**

① 제품소프트웨어의 종류에 적합한 암호화 알고리즘을 고려한다.
② 추가로 다양한 이기종 연동을 고려한다.
③ 사용자 편의성을 위한 복잡성 및 비효율성 문제를 고려한다.
④ 내부 콘텐츠에 대한 보안은 고려하지 않는다.

해설 제품소프트웨어 패키징 도구 활용 시 대칭키, 비대칭키 등 적정한 암호화 알고리즘을 선택하고 사용자 입장에서 최대한 편하게 사용할 수 있도록 환경과 이기종 연동을 고려한다. 내부 콘텐츠에 대한 보안을 위해 디지털 저장권 관리(DRM) 도구와의 연계도 고려한다.

3회

**09 디지털 저작권 관리(DRM) 기술과 거리가 먼 것은?**

① 콘텐츠 암호화 및 키 관리
② 콘텐츠 식별체계 표현
③ 콘텐츠 오류 감지 및 복구
④ 라이선스 발급 및 관리

해설 디지털 저작권 관리(DRM) 기술은 패키징에 따른 라이선스 관리 및 보안성에 초점을 맞추고 있다. 콘텐츠 오류 감지 및 복구는 시스템 유지보수에 관련한 사항으로 DRM과 직접적인 관계는 적다.

4회

**10** **소프트웨어 설치 매뉴얼에 대한 설명으로 틀린 것은?**

① 설치 과정에서 표시될 수 있는 예외상황에 관련 내용을 별도로 구분하여 설명한다.
② 설치 시작부터 완료할 때까지의 전 과장을 빠짐없이 순서대로 설명한다.
③ 설치 매뉴얼은 개발자 기준으로 작성한다.
④ 설치 매뉴얼에는 목차, 개요, 기본사항 등이 기본적으로 포함되어야 한다.

해설 소프트웨어 설치 매뉴얼은 반드시 사용자 기준으로 작성하고 사용자의 환경을 고려하여야 한다.

4회

**11** **저작권 관리 구성 요소에 대한 설명으로 틀린 것은?**

① 콘텐츠 제공자(Contents Provider) : 콘텐츠를 제공하는 저작권자
② 콘텐츠 분배자(Contents Distributor) : 콘텐츠를 메타 데이터와 함께 배포 가능한 단위로 묶는 기능
③ 클리어링 하우스(Clearing House) : 키 관리 및 라이선스 발급 관리
④ DRM 컨트롤러 : 배포된 콘텐츠의 이용 권한을 통제

해설 콘텐츠를 메타 데이터와 함께 배포 가능한 단위로 묶는 기능은 패키저(Packager)이며 콘텐츠 분배자는 이커머스, P2P 서비스를 통해 제품을 배포하는 제공자를 의미한다.

4회

**12** **빌드 자동화 도구에 대한 설명으로 틀린 것은?**

① Gradle은 실행할 처리 명령들을 모아 태스크로 만든 후 태스크 단위로 실행한다.
② 빌드 자동화 도구는 지속적인 통합개발환경에서 유용하게 활용된다.
③ 빌드 자동화 도구에는 Ant, Gradle, Jenkins 등이 있다.
④ Jenkins는 Groovy 기반으로 한 오픈소스로 안드로이드 앱 개발 환경에서 사용된다.

해설 Jenkins는 다양한 언어를 지원하는 지속적 통합과 자동화 배포 관리 도구이다. Groovy를 기반으로 한 오픈 소스로 안드로이드 앱 개발 환경에서 활용되는 툴은 Gradle이다.

5회

**13** **구현 단계에서의 작업 절차를 순서에 맞게 나열한 것은?**

| ㉠ 코딩한다.<br>㉡ 코딩 작업을 계획한다.<br>㉢ 코드를 테스트한다.<br>㉣ 컴파일한다. |
|---|

① ㉠-㉡-㉢-㉣ ② ㉡-㉠-㉣-㉢
③ ㉢-㉠-㉡-㉣ ④ ㉣-㉡-㉠-㉢

해설 구현 단계에서는 상세설계 및 계획 → 코딩 → 컴파일 → 테스트 순으로 수행한다(코딩 작업 후 컴파일 전에 검증 작업을 수행하나 본 보기에는 해당 절차가 없으므로 답은 2번으로 제한된다).

정답 05 ④ 06 ③ 07 ③ 08 ④ 09 ③ 10 ③ 11 ② 12 ④ 13 ②

5회

**14** 소프트웨어 품질 목표 중 쉽게 배우고 사용할 수 있는 정도를 나타내는 것은?

① Correctness ② Reliability
③ Usability ④ Integrity

해설 ISO/IEC 9126 표준의 소프트웨어 품질 목표는 시험 문제에 자주 출제되며 영어로도 내용을 숙지하는 것이 중요하다. 사용자가 쉽게 배우고 사용할 수 있는 정도를 의미하는 것은 사용성(Usability)이다.

5회

**15** 소프트웨어 설치 매뉴얼에 포함될 항목이 아닌 것은?

① 제품 소프트웨어 개요
② 설치 관련 파일
③ 프로그램 삭제
④ 소프트웨어 개발 기간

해설 소프트웨어 매뉴얼은 소프트웨어 개발 간에 적용 기준, 패키징 설치, 사용자 실행 및 운영과 관련한 주요 내용 등을 문서로 작성한 기록물로서 개요, 설치관련 파일 안내, 프로그램 삭제(Uninstall), 저작권 정보 및 연락처 등이 수록된다. 소프트웨어 개발 기간 등은 명기되지 않는다.

6회

**16** 공학적으로 잘된 소프트웨어(Well Engineered Software)의 설명 중 틀린 것은?

① 소프트웨어는 유지보수가 용이해야 한다.
② 소프트웨어는 신뢰성이 높아야 한다.
③ 소프트웨어는 사용자 수준에 무관하게 일관된 인터페이스를 제공해야 한다.
④ 소프트웨어는 충분한 테스팅을 거쳐야 한다.

해설 공학적으로 잘 개발된 소프트웨어는 유지보수성과 신뢰성이 높으며, 충분한 검증과 테스팅이 필요하다. 아울러 사용자 수준을 고려하고 적절한 맞춤형 인터페이스를 제공하는 것이 좋다.

6회

**17** 다음에서 설명하는 소프트웨어 버전 관리 도구 방식은?

- 버전 관리 자료가 원격 저장소와 로컬 저장소에 함께 저장되어 관리된다.
- 로컬 저장소에서 버전 관리가 가능하므로 원격 저장소에 문제가 생겨도 로컬 저장소의 자료를 이용하여 작업할 수 있다.
- 대표적인 버전 관리 도구로 Git이 있다.

① 단일 저장소 방식
② 분산 저장소 방식
③ 공유폴더 방식
④ 클라이언트 · 서버 방식

해설 Git은 대표적인 버전 관리 도구이며, 원격저장소와 로컬 저장소에 함께 저장되는 분산 저장소 방식으로 운영된다.

7회

**18** 제품 소프트웨어의 사용자 매뉴얼 작성 절차로 (가)~(다)와 〈보기〉의 기호를 바르게 연결한 것은?

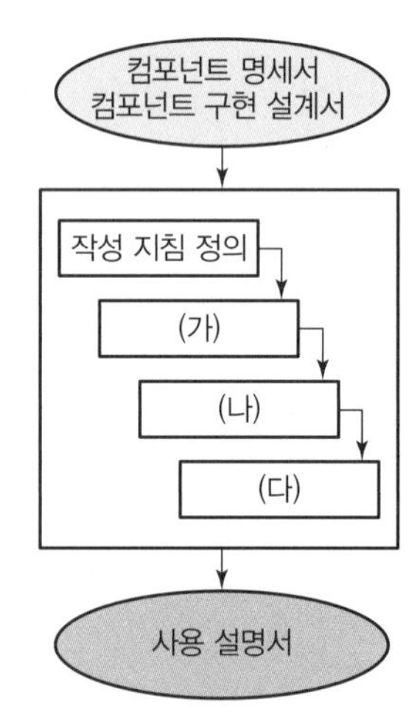


〈보기〉
㉠ 사용 설명서 검토
㉡ 구성 요소별 내용 작성
㉢ 사용 설명서 구성 요소 정의

① (가)－㉠, (나)－㉡, (다)－㉢
② (가)－㉢, (나)－㉡, (다)－㉠
③ (가)－㉠, (나)－㉢, (다)－㉡
④ (가)－㉢, (나)－㉠, (다)－㉡

해설 사용자 매뉴얼 작성은 작성 지침을 정의한 후 사용 설명서 구성 요소 정의 → 구성 요소별 내용 작성 → 사용자 설명서 검토 순으로 진행한다.

8회

**19 소프트웨어 프로젝트 관리에 대한 설명으로 가장 옳은 것은?**

① 개발에 따른 산출물 관리
② 소요 인력은 최대화하되 정책 결정은 신속하게 처리
③ 주어진 기간은 연장하되 최소의 비용으로 시스템을 개발
④ 주어진 기간 내에 최소의 비용으로 사용자를 만족시키는 시스템을 개발

해설 소프트웨어 프로젝트 관리는 정해진 기간 내에서 최소 비용으로 사용자의 요구사항을 반영하고 고객이 만족할 만한 시스템 개발을 목표로 한다.

8회

**20 프로젝트에 내재된 위험 요소를 인식하고 그 영향을 분석하여 이를 관리하는 활동으로서, 프로젝트를 성공시키기 위하여 위험 요소를 사전에 예측, 대비하는 모든 기술과 활동을 포함하는 것은?**

① Critical Path Method
② Risk Analysis
③ Work Breakdown Structure
④ Waterfall Model

해설 프로젝트관리는 ISO21500으로 표준화되어 있으며, 세부적으로 통합 관리, 이해관계자 관리, 자원 관리, 일정 관리, 범위 관리, 의사소통 관리, 원가 관리, 위험 관리, 품질 관리, 조달 관리로 구성되어 있다. 이중 위험요소를 분석, 관리하는 활동은 위험 관리이다.

8회

**21 소프트웨어 품질 관련 국제 표준인 ISO/IEC 25000에 관한 설명으로 옳지 않은 것은?**

① 소프트웨어 품질 평가를 위한 소프트웨어 품질평가 통합모델 표준이다.
② System and Software Quality Requirements and Evaluation으로 줄여서 SQuaRE라고도 한다.
③ ISO/IEC 2501n에서는 소프트웨어의 내부 측정, 외부 측정, 사용 품질 측정, 품질 측정 요소 등을 다룬다.
④ 기존 소프트웨어 품질 평가 모델과 소프트웨어 평가 절차 모델인 ISO/IEC 9126과 ISO/IEC 14598을 통합하였다.

해설 ISO/IEC 25000은 SQuaRE(Software product Quality Requirement and Evaluation)라고 하며, S/W 개발 공정 각 단계에서 산출되는 제품이 사용자 요구를 만족하는지 검증하기 위한 품질 측정과 평가를 위한 모델, 측정기법, 평가방안에 대한 국제 표준이다. ISO/IEC 2501n에서는 제품 품질평가 일반 모형으로 ISO 9126-1을 기반으로 하고 있으며, 기능성, 신뢰성, 사용성, 효율성, 유지보수성, 이식성을 목표로 한다.



정답 14 ③ 15 ④ 16 ③ 17 ② 18 ② 19 ④ 20 ② 21 ③

# 애플리케이션 테스트 관리

다회독 Check! 1 2 3

**학습 목표**

- 소프트웨어 개발에서 테스트는 핵심 단계이며, 이에 필요한 기반 지식은 빠짐없이 암기와 이해가 요구됨
- 시험에서는 상당히 깊은 레벨까지 문제가 출제되고 있으며, 원리, 절차, 기법, 산출물 등 전반적으로 꼼꼼한 학습이 필요함

## SECTION 01 애플리케이션 테스트 케이스 설계

### 1. 테스트 케이스

**① 테스트 케이스의 개요**

㉠ 테스트 케이스의 정의

소프트웨어의 특정 부분이나 경로를 실제 실행해보거나 사용자 요구사항에 부합하는지 확인을 위해 별도로 계획한 입력값, 조건, 예상 결괏값 등을 정의한 테스트 기준

㉡ 테스트 케이스의 목적

| 구분 | | 설명 |
|---|---|---|
| 개발자 측면 | 경제성 | • 오류 조기 발견으로 복구 및 오류 손실 비용 절감 |
| | 신뢰성 | • 고객, 사용자의 신뢰성 확보, 인지도 증가 |
| 사용자 측면 | 품질 | • 사용 SW의 품질 수준 확보, 오류 예방 |
| | 가시성 | • 요구사항의 만족 여부, 기술적 기능 수준 확인 |

㉢ 테스트 케이스 구성 요소

| 항목 | 설명 |
|---|---|
| 식별자(Identifier) | • 테스케이스를 구성하는 항목별 식별자 |
| 테스트 항목(Test Item) | • 테스트할 모듈이나 기능 |
| 입력명세(Input Specification) | • 테스트에 이용되는 입력값 또는 조건 |
| 출력명세(Output Specification) | • 테스트 케이스 실행 시 기대되는 출력값 결과 |
| 환경설정(Environmental Needs) | • 테스트를 수행할 때 필요한 하드웨어나 소프트웨어 환경 |
| 특수절차요구 (Special Procedure Requirement) | • 테스트 케이스 수행 시 특별히 요구되는 절차 |
| 의존성 기술 (Inter-case Dependencies) | • 테스트 케이스 간의 의존성 |

**이해돕기**

애플리케이션 테스트와 관련한 2가지 중요 법칙-Snow Ball Effect(눈덩이 효과)와 Pareto's Law(팔레토 법칙)

- Snow Ball Effect : 초기 테스트로 발견하지 못한 결함은 개발 완료 시기에는 눈덩이처럼 커져서 수정에 막대한 비용이 들어감을 의미
- Pareto's Law : 전체 소프트웨어의 특정 20% 모듈에서 전체 오류의 80%가 발생한다는 오류 집중의 법칙

② **테스트 케이스의 유형 및 절차**

㉠ 테스트 케이스의 설계유형

| 구분 | 내용 | 테스트 종류 |
|---|---|---|
| 명세기반 | • 시스템의 메뉴 구조, 기능 등 명세를 기반으로 테스트 케이스를 설계 | • 동등분할, 경계값, 페어와이즈 조합, 결정 테이블 등 |
| 구조기반 | • 설계와 코딩 등의 SW 구현정보를 기반으로 테스트 케이스를 설계 | • 제어 흐름, 커버리지, 최소 비교 테스팅 등 |
| 경험기반 | • 개발자 및 테스터 등 이해관계자들의 경험을 기반으로 테스트 케이스를 설계 | • 탐색적, 분류트리 기법 등 |

㉡ 테스트 케이스의 절차

| 순서 | 단계 | 수행내용 |
|---|---|---|
| 1 | 테스트 계획검토 | • 프로젝트 범위와 접근 방법의 이해<br>• 테스트 총괄계획 재검토 |
| 2 | 테스트 범위 대상 선정 | • 사용자 요구사항, 명세서 수립<br>• 위험평가, 우선순위 결정 |
| 3 | 테스트 케이스 정의/작성 | • 테스트 수행 방법 결정<br>• 테스트 케이스 구조설계 |
| 4 | 타당성 확인 | • 테스트 케이스 디버깅 및 수정<br>• 각종 Script, Stub, Driver 작성 |
| 5 | 테스트 케이스 유지관리 | • 환경 변화에 따른 테스트 케이스<br>• 유기적 변경 추가 |

## 2. 테스트 레벨

① **테스트 레벨의 개요**

㉠ 테스트 레벨의 정의

소프트웨어 개발 단계별로 단계 초기에 설정된 조건의 만족 연부와 구현된 코드의 사용자 요구사항 및 기대치를 만족하는지 검증 및 확인하는 절차로, 개발 단계와 매핑된 V자 형태의 모형으로 설명함

㉡ 테스트 레벨의 특징

| 특징 | 설명 |
|---|---|
| 단계별 테스트 레벨 구성 | • 각 레벨은 서로 독립적이며 각각의 계획이나 전략, 기법, 주체가 존재 |
| 조기 테스팅의 중요성 | • 개발 초기부터 정적 테스팅(리뷰 형태)을 수행하면 개발 후기 오류 수정 때보다 리스크 및 비용 절감 가능 |
| 결함 예방 차원의 테스팅 | • 적극적인 결함 발견과 수정 비용은 오류 발생에 따른 대응 비용보다 저렴 |

두음암기

테스트케이스 설계유형(달(명)구경)
**달(명)구경** 가자.

PART 01 PART 02 PART 03 PART 04 PART 05

| 검증 (Verification) | • 소프트웨어 각 개발 단계별 산출물이 전 단계의 요구사항과 조건에 부합하고 제품을 정확하게 만들고 있는가를 코딩 간의 동료 검토나 인스펙션, 워크스루 등을 통해 검증 |
|---|---|
| 확인 (Validation) | • 소프트웨어 컴포넌트나 제품이 고객의 요구사항을 충족하고 올바른 제품을 만들어졌는지 확인하는 과정으로 통합 테스트 이후에 각 개발 단계별 테스트를 수행하여 확인 |

**이해돕기**

V&V 모델

간단히 V모델 혹은 검증과 확인 모델이라고도 하는데, 테스트는 검증과 확인을 수행하는 활동이며, 테스트를 모두 마친 후에도 완벽함을 평가하려면 다음으로 공인 활동(외부 제3자가 공식적으로 평가하는 활동)을 수행함

### ② 테스트 레벨의 단계

㉠ 테스트 레벨의 개념도

V&V(Verification & Validation) 모델은 왼편에 소프트웨어 구현 단계가, 오른편에는 테스트레벨이 정의되어 있음

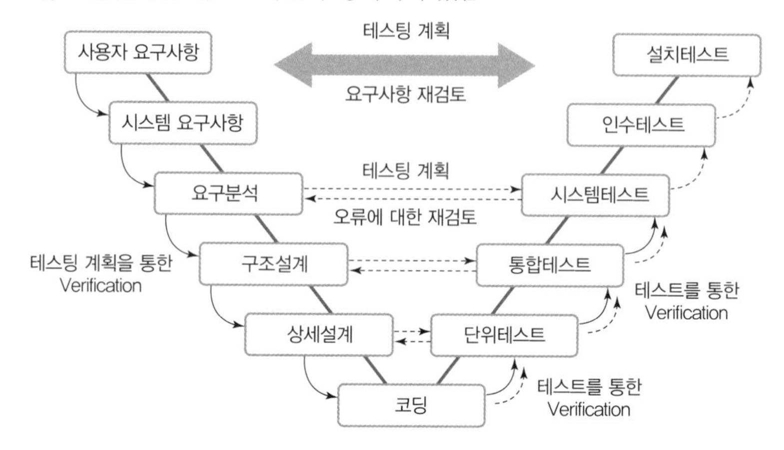


㉡ 테스트 레벨 각 단계별 수행기법

| 구분 | 기법 | 내용 |
|---|---|---|
| 검증 (Verification) | 점검 (Inspection) | • 공식적인 이해관계자 모임으로 중재자가 회의를 주관하며, 소프트웨어 설계와 코드상의 오류에 대하여 검토하고 문제점을 발견, 개발 초기에 결함을 제거<br>• 워크스루, 동료검토와 함께 정형 기술 검토(FTR)의 유형 |
| | 워크스루 (Walkthrough) | • 설계서나 프로그램의 오류를 검토하고 발견하기 위한 이해관계자 회의로서, 설계서나 코드를 대상으로 오류, 모순, 탈락 등의 여부를 심의 |
| | 동료 검토 (Buddy Checks) | • 소규모 이해관계자 회의로 개발자 동료와 기술 리더 등이 코드나 디자인을 검토 |
| 확인 (Validation) | 단위테스트 (Unit Test) | • 개별적으로 테스트가 가능한 모듈 단위 소프트웨어 기능만을 분리하여 테스트<br>• 내부 로직 등을 검토하는 화이트박스(White box) 테스트 중심으로 수행하며 모듈 레벨의 테스트를 수행하며 필요 시 테스트 드라이버(Driver)나 스텁(Stub)을 활용 |

<table>
<tr><td></td><td>통합테스트<br>(Integration Test)</td><td>• 소프트웨어 컴포넌트나 모듈 간의 통합된 상호작용을 테스트하는 과정<br><table><tr><th>세부유형</th><th>내용</th></tr><tr><td>Big-Bang</td><td>• 각 모듈이나 컴포넌트를 한꺼번에 테스트</td></tr><tr><td>Top-Down</td><td>• 상위부터 하위 방향으로 테스트를 수행하며 필요 시 스텁 활용</td></tr><tr><td>Bottom-up</td><td>• 하위부터 상위 방향으로 테스트를 수행하며 필요 시 테스트 드라이브 활용</td></tr><tr><td>Sandwich</td><td>• 상위와 하위 양방향에서 중심으로 테스트</td></tr></table></td></tr>
<tr><td></td><td>시스템테스트<br>(System Test)</td><td>• 통합된 모듈들에 대한 시스템 테스트를 수행하여 신뢰성, 견고성, 성능, 안전성 등의 비기능적 요구사항에 대해 오류나 준거성 검증</td></tr>
<tr><td></td><td>인수테스트<br>(Acceptance Test)</td><td>• 최종적으로 시스템이 사용자의 요구사항을 만족시키는지 제한된 수의 고객들을 대상으로 실제 사용성 테스트 수행<br><table><tr><th>세부유형</th><th>내용</th></tr><tr><td>알파 테스트</td><td>• 개발 환경에 접속해서 사용자가 테스트 수행</td></tr><tr><td>베타 테스트</td><td>• 실제 사용자 환경에서 제한된 수의 사용자들이 테스트를 수행하과 결과 리포트</td></tr><tr><td>감마 테스트</td><td>• 베타 테스트용 버전을 다수 사용자에게 배포 후 테스트</td></tr></table></td></tr>
<tr><td></td><td>설치 테스트</td><td>• 완성된 소프트웨어를 시스템에 설치 시 수행하는 테스트로 하드웨어 구성이나 타 시스템과의 인터페이스 등을 포함하여 테스트</td></tr>
</table>

**이해돕기**

베타테스트

베타테스터라는 소수 사용자를 선정하여 수행하며, 흔한 예로 게임회사에서 새로운 제품 출시에 맞춰 일정 기간, 일정 사용자에게 먼저 게임을 제공하고 운영간에 발생하는 문제와 오류를 해결하는 테스트를 수행하는 것을 들 수 있음

## 3. 테스트 시나리오

### ① 테스트 시나리오의 개요

㉠ 테스트 시나리오의 정의

소프트웨어 테스트 수행을 위해 정의한 여러 테스트 케이스들의 집합으로 각 테스트 케이스들의 동작 순서와 절차 등을 정의한 문서

㉡ 테스트 시나리오의 주의점

| 구분 | 설명 |
|---|---|
| 분리 작성 | • 항목별, 시스템별, 모듈별로 시나리오를 분리하여 작성 |
| 유관문서 참조 | • 사용자 요구분석 및 설계 문서 등을 기반으로 작성 |
| 항목 준수 | • 식별자 번호, 순번, 테스트 데이터, 케이스 및 예상 결과 등 항목 등이 빠짐없이 작성하여 포함 |
| 테스트 환경 및 데이터 이해 | • 실제 테스트를 수행할 시스템의 환경 및 데이터 등을 이해하고 고려 |

② **테스트 시나리오의 수립 절차**

| 순서 | 구분 | 설명 |
|---|---|---|
| 1 | 테스트 계획 검토 | • 기수립된 테스트 계획을 검토하고 테스트 목적, 범위 설정, 전략을 수립 |
| 2 | 조직 및 역할 정의 | • 각 테스트 참가 조직별 역할, 책임을 정의하고 구성 |
| 3 | 통합 테스트 준비 | • 테스트 데이터를 준비하고 수행 시작 조건과 종료 조건을 준비 |
| 4 | 테스트 시나리오 정의 | • 테스트 시나리오 작성 방법을 결정하고 통합 테스트 시나리오 및 비기능 테스트 시나리오를 작성하며 유즈케이스 흐름, 모듈간 연계, 서브 시스템 연계 등 고려할 사항을 반영 |
| 5 | 테스트 환경 준비 | • 시나리오 기반으로 하드웨어 환경, 소프트웨어 환경을 구성하고 준비 |

두음암기

테스트의 원리(결완초집살정오)
결완이가 초가집에 살다 정오에 떠났다.

## 4. 테스트 지식 체계

① **테스트의 개요**

㉠ 테스트의 정의

소프트웨어 프로그램 및 시스템의 동작이나 성능, 안정성이나 보안 사항, 혹은 사용자의 요구한 기능이 수준을 만족하는지 확인하기 위해 결함을 발견하는 매커니즘

㉡ 테스트의 필요성

| 구분 | 내용 |
|---|---|
| 구조 측면 | • 시스템 구조의 복잡도 증가, 잠재된 발견되지 않은 오류의 증가 |
| 비용 측면 | • 시스템 오류 증가에 따른 재작업은 시스템 구축의 시간 및 비용 증가를 초래 |
| 품질 측면 | • 테스트를 통한 시스템 신뢰도 확보 및 고객 만족의 필요 |

② **테스트의 원리 및 구분**

㉠ 테스트의 원리

<table>
<tr><th>원리</th><th>설명</th></tr>
<tr><td>결함 존재 밝힘의 원리</td><td>• 테스트 메커니즘의 정의는 결함을 발견하고 조치하는데 있으나 결함이 발견되지 않았다고 무결함을 증명할 수는 없다는 원리</td></tr>
<tr><td>완벽한 테스팅 불가능의 원리</td><td>• 소프트웨어의 모든 조건이나 경로는 무수하게 다양하기 때문에 모든 경우의 수를 완벽하게 테스트하기는 불가능하다는 원리
<table>
<tr><th>불가 이유</th><th>세부 내용</th></tr>
<tr><td>무한 입력값</td><td>• 입력값의 범위나 조합이 무수히 많음</td></tr>
<tr><td>무한 경로</td><td>• 소프트웨어 내부 경로나 조건이 무수히 많음</td></tr>
<tr><td>무한 타이밍</td><td>• GUI상 이벤트 발생 순서나 조합도 무수히 많음</td></tr>
</table></td></tr>
</table>

| 초기 테스팅 시작의 원리 | • 소프트웨어를 개발할 때에는 전략적으로 개발 시작과 동시에 테스트를 계획하고 착수, 통제를 수행하여야 함<br>• 초기에 발견하지 못한 오류는 개발이 진행되면 진행될수록 눈덩이처럼 커져서(Snowball Effect) 개발 말기나 배포 후에 조치하면 커다란 비용이 발생 |
|---|---|
| 결함 집중의 원리 | • 팔레토 법칙(Pareto Principle)에 의거한 원리로서 20%의 소수 모듈에서 80%의 다수 결함이 존재함을 의미<br>• 최근 소프트웨어의 구조는 복잡하고, 난이도가 높으며, 최신 기술 사용함으로써 신규 개발 모듈에 오류가 집중된다는 원리 |
| 살충제 패러독스의 원리 | • 소프트웨어를 개발할 때에 동일한 테스트 케이스를 계속해서 반복 사용하게 되면 신규 결함을 발견할 가능성 낮다는 원리<br>• 벌레들이 특정 살충제에 내성이 생기듯이 동일 테스트 케이스 반복사용 지양을 제안하며 잠재된 결함 발견 위해 지속적인 테스트 케이스 개선과 리뷰 필요 |
| 정황 의존성의 원리 | • 소프트웨어는 의료용, 전자상거래용 등 비즈니스의 성격에 따라 테스트 수행 방법과 절차가 상이함을 의미<br>• 각 비즈니스 도메인과 상황에 맞춰 표준기법을 적용하고 독립적 테스트 환경을 조성하며 정식 리포팅 활용 등 수행 |
| 오류-부재의 궤변의 원리 | • 완성된 소프트웨어가 사용자 요구사항을 충족하지 못한 경우에는 모든 결함을 찾아서 해결한다고 해도 결국 품질이 높다고 할 수 없음을 의미 |

㉡ 테스트의 구분

| 구분 | 관점 비교 | 유형 |
|---|---|---|
| 정보획득 대상 | • 내부 로직, 외부 명세 | • 화이트박스, 블랙박스 |
| 프로그램 실행 여부 | • 실행, 미실행 | • 동적, 정적 |
| 테스트 시각 | • 프로세스, 제품, 사용자 | • 검증(Verification), 확인(Validation), 공인(Certification) |
| 테스트 단계 | • 개발, 통합, 인수 | • 단위, 통합, 시스템, 인수, 설치 |
| 테스트 목적 | • 기능, 비기능 | • 기능, 비기능 |

### ③ 비기능적 테스팅 기법

㉠ 비기능적 테스팅의 정의

ISO9126 소프트웨어 품질표준 6개 특성 중 기능성을 제외한 신뢰성, 사용성, 효율성, 유지보수성, 이식성을 기본 개념으로 하여 테스트 수행

㉡ 비기능적 테스팅의 유형

| 구분 | 설명 |
|---|---|
| 성능(Performance) | • 응답 속도, 처리량, 처리 속도 등과 같은 SW의 목표성능을 테스트 |
| 부하(Load) | • 시스템에 처리 능력 이상의 트래픽을 발생시켜 종합적으로 테스트 |

| | |
|---|---|
| 스트레스(Stress) | • 짧은 시간에 많은 양의 자료 처리 여부와 다양한 스트레스 적용 |
| 사용성(Usability) | • 인간공학적인 시각에서 테스트 |
| 부피(Volume) | • 소프트웨어에 대용량의 자료들을 처리해 보도록 테스팅 |
| 신뢰성(Reliability) | • 오류나 고장이 발생하는 정도를 테스트 |
| 설치용이성(Installability) | • 사용자 시스템이 설치가 용이한가를 테스트 |
| 보안성(Security) | • 불법 침입이나 불법적인 자료 참조 방지를 위해 SW 자체의 보안체계를 점검 |
| 복구(Recovery) | • 자체 결함이나 HW 고장, 자료의 오류로부터 어떻게 회복되는지 평가 |
| 구성(Configuration) | • 시스템이 지원하는 HW 구성이나 SW 구성에 대한 테스트 |
| 유지보수성(Serviceability) | • 고장진단, 보수절차, 문서화 등 유지보수 단계에서의 정의 만족 여부 |

**이해돕기**

블랙박스 테스트는 실제 소스 코드나 내부 로직은 테스트하지 않고 입력값을 대입하거나 실행 결과를 분석하여 테스트함

### ④ 블랙박스 테스트 유형

| 기법 | 설명 |
|---|---|
| 동등분할 기법 (Equivalence Partitioning) | • 테스트 케이스의 입력값을 상식적이고 경험적인 방법으로 분류하고 그룹핑하여 테스트를 수행하는 유형<br>예 입력값 x가 0~10 사이여야 한다면 시험 사례를 (x<0), (0<=x<=10), (x>10)의 3개 군으로 분할 후 테스트를 수행 |
| 경계값 분석 기법 (Boundary value Analysis) | • 경험적으로 테스트 수행 시 입력조건의 중간값보다 경계값에서 오류 발생 확률이 높다는 점을 적용, 이를 중점적으로 테스트할 수 있도록 케이스를 만드는 방법<br>예 입력값 x가 0~10 사이여야 한다면 (x=0), (x=10), (x=10.1), (x=−0.01) 등의 입력값으로 테스트 수행 |
| 오류 예측 기법 (Error Guessing) | • 테스터의 경험을 기반으로 오류 발생 가능성이 높은 부분을 중점적으로 테스트하는 기법<br>예 입력값을 넣는 폼에 입력값 없이 제출 버튼을 눌러서 수행하거나 숫자를 넣는 폼에 문자를 넣는 등 테스트 수행 |
| 원인-결과 그래프 기법 (Cause-Effect Graphing) | • 입력데이터들을 분류하고 대입한 후 도출된 출력값들을 매핑하여 입력값이 결과값에 미치는 영향을 분석하고 그래프로 표현하여 정상적인 그래프를 벗어나는 부분을 확인, 오류를 발견 |
| 제어흐름 기법 | • 요구사항 문서에서 전체 동적인 제어흐름 모델을 도출한 후 특정 Test 제어 흐름 Path를 선정, 선택한 Test path를 순회하는 입력값을 정의하고 테스트 수행 |
| CRUD 테스팅 | • 소프트웨어 설계 등을 분석하여 데이터 및 프로세스 모델의 상관관계를 정의하는 CRUD 매트릭스를 작성한 후 적정한 테스트 케이스를 산출하는 기법 |

| | |
|---|---|
| 결정 테이블 테스팅 | • 소프트웨어의 실행 프로세스에서 요구되는 사용자 의사결정이나 조건 등 모든 동작을 정의하고 각 결정과 조건의 조합을 테이블 표로 표현한 후 표를 기반으로 테스트를 수행하는 기법<br>• 테이블 분석을 수행한 후 발생 불가능한 상황, 중복상황, 모순 상황을 제외하고 정상적인 결정(decision)과 액션(action)의 조합으로 테스트 케이스 구성 |
| 예외 테스팅 | • 프로그램 실행 시 발생하는 에러 메시지와 예외 상황과 그 조건들을 식별한 후 이를 중점적으로 테스트하는 기법 |
| 상태 전이 테스트 | • 시스템의 상태나 모드가 변경되는 조건이나 행위들을 정의 한후 테스트 케이스에 중점적으로 반영하고 테스트 수행 |
| 긍정과 부정적 테스팅<br>(Positive and Negative Testing) | • 대상 소프트웨어가 잘못되었음을 가정하고 입력값을 선정하는 부정적(Negative) 테스트와 대상 소프트웨어가 올바로 작동함을 가정하고 입력값을 선정하는 긍정적(Positive) 테스트로 분류하여 수행하고 비교하는 기법 |
| 랜덤 테스팅<br>(Random Testing) | • 입력 가능한 모든 값 중에서 특정 값을 랜덤하게 샘플링하여 테스트를 수행하는 기법 |
| 회귀 테스팅<br>(Regressing Testing) | • 소프트웨어를 수정하고 나서 요구사항을 계속 만족하는지 혹은 수정으로 인하여 새로운 오류가 생성되었는지를 검증하는 테스트 기법 |
| 쓰레드 테스팅<br>(Thread Testing) | • 시스템 전체의 흐름을 경유할 수 있는 처리 단계들과 동작을 정의하고 테스트하는 기법으로 주로 실시간 시스템이나 객체 지향 시스템에 적합 |
| 프로토타입 테스팅<br>(Prototyping Test) | • 개발 전에 기획된 프로토타입을 이용하여 각 개발 단계에서 반복적으로 프로토타입 대상으로 테스트를 먼저 수행하는 기법 |

### ⑤ 화이트박스 테스트 유형

| 기법 | 설명 |
|---|---|
| 제어 구조 시험<br>(Control Structure Testing) | • McCabe가 고안한 대표적인 화이트박스 시험기법으로 프로그램의 논리적인 복잡도를 평가한 후에 이 기준에 따라 테스트 경로들의 집합을 도출 |
| 루프 테스팅<br>(Loop Testing) | • 소프트웨어의 구조에서 루프의 시작이나 끝 부분에 다수의 오류가 발생한다는 경험에 기반한 테스트 기법으로 단순 루프, 연결 루프, 중첩 루프, 비구조적 루프에 대해서 집중적으로 테스트 수행 |
| 기본 경로 테스팅<br>(Basis Path Testing) | • 소프트웨어 내의 유일한 단일 경로인 기본 경로를 중점적으로 테스팅하는 기법 |
| 분기 커버리지 테스팅<br>(Branch Coverage Testing) | • 소프트웨어 내의 모든 분기문을 대상으로 테스트할 수 있는 테스트 케이스를 산정하고 테스트 수행 |
| 조건 커버리지 테스팅<br>(Condition Coverage Testing) | • 분기문 내의 모든 조건(condition)들을 모두 포함하는 테스트케이스를 구성하고 테스트 수행 |

**이해돕기**

화이트박스 테스트

소프트웨어의 소스 코드나 로직을 분석하고 테스트하는 방식

| 데이터 흐름 테스팅 (Data Flow Testing) | • 소프트웨어 내의 모든 변수들이 값을 할당받거나 사용된 지점을 중심으로 경로들을 선택하고 테스트 수행 |
|---|---|
| 돌연변이 테스팅 (Mutation Testing) | • 소프트웨어 코드에 일부러 오류를 추가하고 테스트를 수행한 후 원래소프트웨어 테스트의 결과와 비교하는 테스팅 기법 |
| 샌드위치 테스팅 (Sandwich Testing) | • 통합 테스트에서 상향식 테스트와 하향식 테스트를 동시에 실행하는 테스트 기법 |
| 상태 커버리지 테스팅 (Statement Coverage Testing) | • 소프트웨어 내에 모든 상태를 정의하고 각 상태별로 테스팅을 수행하는 기법 |

⑥ **테스트 오라클**

㉠ 테스트 오라클의 정의

테스트를 수행한 결괏값을 참이나 거짓으로 판단하기 위해 미리 정의된 참값을 대입하여 비교하는 기법

㉡ 테스트 오라클의 유형

테스트오라클 유형(참샘휴일)
참새(샘)는 휴일에 쉰다.

| 유형 | 설명 | 적용 범위 |
|---|---|---|
| 참 오라클 | • 정상적 테스트 결과 재사용<br>• 프로그램 수정 후 테스트 검증 활용 | • 회귀 테스트<br>• 임베디드 SW |
| 샘플링 오라클 | • 전 범위의 테스트가 어려울 경우<br>• 경계값, 구간별 예상값 결과 작성 | • 통계분석 SW |
| 휴리스틱 오라클 | • 실험 결과 수치데이터 처리 시 사용<br>• 확률이나 직관에 의한 예산 결과 작성 | • 연구용 SW<br>• 인공지능 SW |
| 일관성 검사 오라클 | • 리그레션 테스트, 수정 전후 프로그램 실행 결과 확인 | • 대부분<br>• 테스트 자동화 도구 |

⑦ **테스트 표준**

| 구분 | 설명 | 구성 |
|---|---|---|
| TMMi | • 소프트웨어 테스트와 관련한 계획, 명세, 실행, 기록, 마감 등 활동에 대한 프로세스 성숙도를 평가하고 향상시키기 위해 CMMi와 호환될 수 있도록 설계한 테스트 성숙도 모델 | • 총 5레벨로 향상 : 초기 → 관리 → 정의 → 측정 → 최적화 |
| TPI | • 테스트 조직의 프로세스 성숙도를 심사하여 장점 및 약점을 결정하고 이에 대한 적절한 개선사항을 제시하여 프로세스 개선을 지원할 수 있는 모델 | • 20개 핵심영역<br>• 총 3레벨로 향상 : 제어수준 → 효율수준 → 최적화 |
| ISO29119 | • 소프트웨어 개발 생명주기 전 과정에 있는 테스팅 프로세스와 관련 산출물에 대한 국제 표준 | • 총 4개의 세부요소로 구성 |
| ISO33063 | • ISO29119-2를 기반으로 하여 소프트웨어 테스팅 프로세스 심사 국제 표준모델 | • 총 6개의 세부요소로 구성<br>• 총 5레벨로 프로세스 성숙도 측정 |

## 1. 결함관리 도구

### ① 결함관리의 개요

㉠ 결함의 정의

- 소프트웨어에서 기능, 비기능 요구사항 중에 계획되지 않고 원치 않는 결과를 발생하게 하는 이상 요인
- 통상적으로 결함 ID, 결함 내용, 결함 유형, 발견일, 심각도, 우선순위, 시정 조치 예정일, 수정 담당자, 재테스트 결과, 종료일 등의 항목으로 관리

㉡ 결함과 관련한 용어 정의

| 구분 | 설명 |
|---|---|
| 에러/오류 | • 결함의 원인으로 통상 이해관계자인 사람에 의해 생성된 실수에서 발생 |
| 결함/결점/버그 | • 에러나 오류가 원인이 되어 소프트웨어 제품에 포함되어 있는 결함이며 제거하지 않으면 제품의 실패나 문제가 발생 |
| 실패/문서 | • 최종 소프트웨어 제품에 포함된 결함이 발생되는 현상 |

㉢ 결함 유입분류

| 단계 | 설명 |
|---|---|
| 기획 | • 사용자 요구사항 표준 미준수에 기인하여 발생하며 테스트 불가, 요구사항 불명확 및 불완전, 불인치 등 발생 가능 |
| 설계 | • 기획 단계에서 유입된 결함이나 설계 표준 미준수로 인해 결함 발생 |
| 코딩 | • 설계 단계에서 유입되거나 코딩 표준 미준수 등으로 데이터, 인터페이스 등 결함이 발생 |
| 테스트 | • 테스트 완료 기준의 미준수, 테스트팀과 개발팀의 의사소통 부족, 개발자의 코딩 실수 등으로 발생 |

㉣ 결함 심각도 및 우선순위

| 단계 | 설명 |
|---|---|
| 심각도 | • 결함으로 인해 발생하는 영향력을 치명적, 주요, 보통, 경미, 단순 결함 순으로 분류 |
| 우선순위 | • 결함을 처리해야 하는 우선순위를 의미하며 결정적, 높음, 보통, 낮음 혹은 즉시 해결, 주의 요망, 대기, 개선 권고 등으로 분류 |

### ② 결함관리 도구의 처리 프로세스 및 유형

㉠ 테스트 결함관리 도구의 정의

각 단계별 테스트 수행 후에 발생한 결함의 재발을 방지하고 유사 결함 발생 시 신속한 처리를 위한 결함 추적, 관리 활동 및 관련 기능을 지원하는 도구

**이해돕기**

테스트와 관련한 도구로는 결함관리 도구와 테스트 자동화 도구, 소스 코드 품질 분석 도구가 시험에 출제됨

**이해돕기**

시험에서 결함을 때때로 영어인 Failure로 표기함

㉡ 결함관리 도구의 처리 프로세스

| 순서 | 구분 | 설명 |
|---|---|---|
| 1 | 에러 발견 | • 요구사항 분석이나 테스트 실행 중 에러가 발견될 경우 테스트 전문가 및 프로젝트 팀과 논의 |
| 2 | 에러 등록 | • 결함관리 대장 혹은 지원 도구에 에러 등록 |
| 3 | 에러 분석 | • 발견된 에러가 단순 에러인지 실제 결함에서 유래된 것인지 분석 |
| 4 | 결함 확정 | • 등록된 에러가 실제 결함으로 확정되면 결함 상태 설정 |
| 5 | 결함 할당 | • 결함 해결 담당자를 지정하고 할당 상태로 설정 |
| 6 | 결함 조치 | • 결함 수정 활동을 수행하고 완료된 경우 결함 조치 상태로 설정 |
| 7 | 검토 및 승인 | • 수정이 완료된 결함에 대해 확인 테스트를 수행하고 정상적으로 조치가 완료되면 결함 조치 완료 상태로 설정 |

㉢ 결함관리 도구의 유형

| 유형 | 구분 | 설명 |
|---|---|---|
| 수동 | 결함관리대장 | • 결함관리 대장을 작성하고 수동으로 결함을 추적하고 관리 |
| 자동<br>(상용) | HP QC | • HP ALM(Application Lifecycle Management) 플랫폼 기반으로 테스트의 구축, 구현, 실행 및 결함 추적이 가능한 중앙 집중형 관리 도구 |
| | IBM Clear Quest | • IBM에서 개발한 소프트웨어 개발 프로젝트 테스트를 위한 버그 및 변경요청 추적 도구 |
| | JIRA | • 프로젝트 협업 도구로서 DevOps를 지원하고 이와 함께 버그 관리 및 배포 지원 |
| 자동<br>(오픈소스) | Bugzilla | • 모질라 프로젝트에서 개발한 웹 기반의 버그 추적기 및 테스트 도구 |
| | Trac | • 버그 관리, 이슈 관리, 소스 코드 형상관리, 위키 기반 문서관리 기능 제공 오픈소스 |
| | Mantis | • 버그 관리에 최적화되어 있으며 설치와 사용법이 매우 쉬운 결함관리 도구 |

## 2. 테스트 자동화 도구

### ① 테스트 자동화 도구의 개요

㉠ 테스트 자동화 도구의 정의

- 테스트 수행을 위한 반복적인 작업을 스크립트 형태로 구현하여 테스트 시간과 인력, 비용을 절감하고 효율적이고 용이한 테스트를 수행할 수 있는 지원 도구
- 기능 테스트와 UI 테스트 등 단위 테스트 및 통합 테스트를 지원

㉡ 테스트 자동화 도구의 장단점

| 구분 | | 설명 |
|---|---|---|
| 장점 | 반복 처리 | • 반복되는 테스트 데이터 입력이나 처리의 자동화로 노력 절감 |
| | 검증 유리 | • 사용자 요구 기능의 추적이나 일관적인 검증에 유리 |
| | 기준 제공 | • 테스트 결괏값에 대한 객관적인 평가 기준 제공 가능 |
| | 결과 분석 | • 테스트 결과에 대해서 다양한 통계나 분석 지원 가능 |
| | 정밀 테스트 | • UI가 없는 도구의 경우에도 정밀한 테스트 수행 가능 |
| 단점 | 학습 필요 | • 도구를 도입한 후에 사용 교육 및 학습이 요구됨 |
| | 노력 소요 | • 프로세스 단계별 도구를 설정하기 위해서 시간과 노력 필요 |
| | 투자 소요 | • 상용 도구의 경우 초기 구입, 운영 중 유지비 발생 |

### ② 테스트 자동화 도구의 유형

| 구분 | 설명 |
|---|---|
| 정적 분석 | • 애플리케이션을 실행하지 않고 소스코드에 대한 표준, 스타일, 복잡도 및 결함을 발견하기 위한 도구 |
| 동적 분석 | • 애플리케이션을 직접 실행하는 방식으로 테스트 데이터를 스프레드시트에 저장하고 읽고 실행할 수 있도록 구성하는 테스트 주도 접근 방식과 테스트를 수행할 동작을 나타내는 키워드 주도 접근 방식으로 분류 |
| 성능 테스트 | • 애플리케이션의 성능과 관련하여 처리량, 응답 시간, 경과 시간, 자원 사용률 등을 테스트하는 도구 |
| 테스트 통제 | • 테스트 계획과 관리를 지원하고 수행에 필요한 데이터 관리, 형상관리, 결함 관리나 추적, 협업을 지원하는 도구 |
| 테스트 장치 | • 미완성된 소스코드와 모듈에서 자동화된 도구를 수행하기 위해 하위 모듈을 호출하기 위한 상향식 테스트 드라이버, 상위 모듈에 응답하기 위한 하향식 스텁, 테스트 케이스 들의 집합인 테스트 슈트 등이 필요 |

## 이해돕기

**단위 테스트와 통합 테스트**

단위 테스트는 하나의 모듈을 대상으로 테스트를 수행하는 반면, 통합 테스트는 복수 개의 모듈이나 콤포넌트를 대상으로 통합 및 개발을 완료하고 테스트를 수행

# 3. 통합 테스트

## ① 통합 테스트의 개요

㉠ 통합 테스트의 정의

소프트웨어를 구성하고 있는 각 모듈 간의 인터페이스 오류와 결함을 탐색하는 체계적인 테스트 단계 활동 및 기법

㉡ 통합 테스트의 방향성

소프트웨어 개발 간의 단위 테스트를 마치고 완성된 모듈이나 컴포넌트 단위의 프로그램이 설계 단계에서 제시한 구조와 기능으로 제대로 구현되었는지 확인

## ② 통합 테스트의 유형

| 구분 | | 설명 |
|---|---|---|
| 비점증적 방식<br>(빅뱅 방식) | | • 모든 모듈이나 컴포넌트를 구현 완료하고 사전 통합하여 전체 프로그램을 동시에 테스트하는 방식 |
| 점증적 방식 | 하향식 통합 | • 메인 제어 모듈로부터 아래 방향으로 제어의 흐름을 따라 이동하면서 하향식으로 통합하면서 테스트 수행<br>• 메인 제어 모듈에 통합되는 하위 모듈과 최하위 모듈은 '깊이-우선'이나 '너비-우선' 방식으로 통합하며 테스트<br>• 아직 완성되지 않은 하위 모듈의 호출을 위해 일시적으로 스텁을 제작하여 테스트 수행 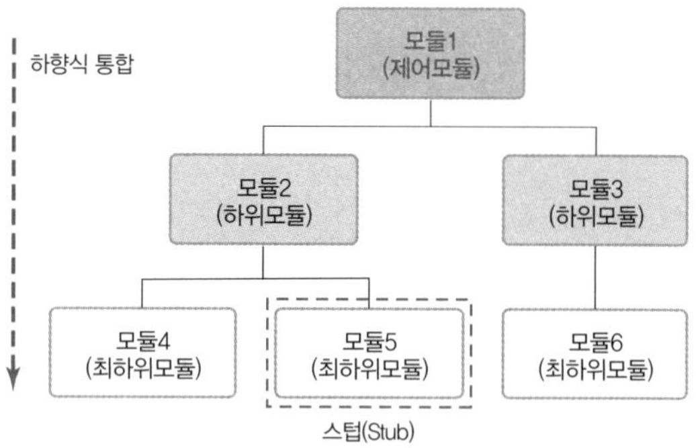<br>하향식 통합<br>모듈1 (제어모듈)<br>모듈2 (하위모듈) 모듈3 (하위모듈)<br>모듈4 (최하위모듈) 모듈5 (최하위모듈) 모듈6 (최하위모듈)<br>스텁(Stub) |
| | 상향식 통합 | • 최하위 레벨의 모듈이나 컴포넌트를 기준으로 하여 상위 방향으로 제어의 흐름을 따리 이동하면서 테스트 수행<br>• 아직 완성되지 않은 상위 모듈이나 컴포넌트는 드라이버를 이용해서 일시적으로 테스트 수행 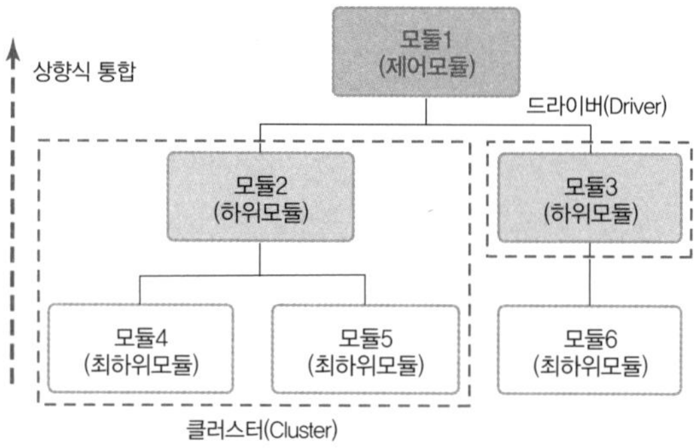<br>상향식 통합<br>모듈1 (제어모듈)<br>드라이버(Driver)<br>모듈2 (하위모듈) 모듈3 (하위모듈)<br>모듈4 (최하위모듈) 모듈5 (최하위모듈) 모듈6 (최하위모듈)<br>클러스터(Cluster) |

③ **회귀 테스트(Regression Test)**

㉠ 회귀 테스트의 정의

통합 테스트 이후 결함을 정정하여 변경이나 개선된 모듈 혹은 컴포넌트에 대해서 새로운 오류가 있는지 확인하는 테스트

㉡ 회귀 테스트 케이스 선정 방법

| 구분 | 설명 |
|---|---|
| 전체 샘플링 | • 전 애플리케이션 기능을 수행할 테스트 케이스의 대표적인 샘플 도출 |
| 영향도 기반 | • 변경에 의해 영향도가 가장 높은 애플리케이션 기능에 집중된 테스트 케이스 도출 |
| 실제 수정 기반 | • 실제 수정이 발생한 모듈이나 컴포넌트에서 시행하는 테스트 케이스 도출 |

## SECTION 03 애플리케이션 성능 개선

### 1. 알고리즘(Algorithm)

① **알고리즘의 개요**

㉠ 알고리즘의 정의

소프트웨어에서 특정 작업을 처리하기 위한 유한개의 명령어 집합군으로 특정 입력을 받아 원하는 출력값을 도출

㉡ 알고리즘의 조건

| 조건 | 설명 |
|---|---|
| 입출력 | • 0개 이상의 외부 입력과 1개 이상의 출력이 존재해야 함 |
| 명확성 | • 구성된 명령어들은 모호하지 않으며 의미가 명확해야 함 |
| 유한성 | • 알고리즘은 실행 뒤에 꼭 종료되어야 함 |
| 유효성 | • 구성된 모든 명령어들은 오류가 없이 완전하게 실행 가능해야 함 |
| 효율성 | • 입력 내용에 따라 알고리즘의 처리 시간 차이가 발생하기 때문에 효율적으로 수행될 수 있어야 함 |

② **알고리즘의 설계기법 및 복잡도 유형**

㉠ 알고리즘의 설계기법

| 기법 | 설명 |
|---|---|
| 욕심쟁이 방법<br>(greedy method) | • 해를 구하는 전체 과정에서 각 단계별로 최선이라 할 수 있는 조건들을 선택 후 점차 수행하면서 결과론적으로 최적해를 구하는 알고리즘 설계 유형<br>• 전체 방향성과는 달리 결괏값이 반드시 최적의 해는 아님<br>예 대표적으로 다익스트라 알고리즘, 크루스칼 알고르즘, 허프만 알고리즘 등이 있음 |

| | |
|---|---|
| 분할과 정복 방법 (divide and conquer method) | • 복잡하고 커다란 문제를 더 이상 분류할 수 없을 때까지 나누고, 나누어진 세부 문제들을 각각 해결하여 궁극적으로 전체 문제의 답을 얻는 기법<br>• 문제를 분류하는 기준이나 규칙이 없음<br>예 대표적으로 병합정렬이나 거듭제곱 등의 알고리즘에 활용 |
| 동적 프로그래밍 방법 (dynamic programming method) | • 특정 문제가 복수 단계의 반복되는 부분 문제로 구성될 때, 각 단계별 부분 문제의 답을 해결하고 이를 기반으로 하여 전체 문제의 답을 구하는 기법<br>• 부분 문제의 최적해를 통하여 다음 부분 문제의 최적해가 결정<br>예 대표적으로 피보나치 수나 LCS 알고리즘 등에 활용 |
| 백트래킹 (back tracking) | • 전체 문제를 해결하기 위한 여러 후보의 해들 중에서 특정한 조건을 충족하는 해를 찾는 알고리즘<br>• 해가 될 조건을 만족시키는 해들의 집합 중에서 최적해를 효율적으로 찾는 기법<br>예 대표적으로 N-Queen 알고리즘 등에 활용 |

**이해돕기**

알고리즘과 시간복잡도

알고리즘에서 점근적 표현이란 입력값이 무한대로 수렴할 때의 실행 추이를 의미함. 예를 들어 특정 알고리즘의 입력값이 10개 이내의 소수일 때 시간 복잡도와 100만개의 대규모로 구성될 때의 시간 복잡도는 다를 수 있으며, 빅오는 시간복잡도 계산에서 상한을 중심으로 표기하고, 빅오메가는 하한을 중심으로 표기, 빅세타는 평균을 중심으로 표기함

㉡ 알고리즘의 복잡도 유형

| 구분 | 설명 |
|---|---|
| 시간 복잡도 (Time Complexity) | • 입력값에 대하여, 단위 연산의 수행 숫자를 계산함으로써, 알고리즘의 수행 시간을 평가하며 프로그램의 컴파일 시간과 실행 시간의 합으로 정의<br>• 시간복잡도는 O-빅오(점근적 상한 표기), Ω-오메가(점근적 하한 표기), Θ-세타(점근적 상한과 하한을 동시에 만족)의 3가지 점근적 표현법으로 표기되며 주로 빅오가 다수 활용됨 |
| 공간 복잡도 (Space Complexity) | • 알고리즘 실행과 처리에 필요한 메모리의 양을 평가하며, 이때 필요한 고정 공간과 가변 공간의 합으로 계산됨 |

㉢ O-notation

- 알고리즘의 효율성을 평가하기 위해 복잡도 개념 기반으로 표기하는 점근적 방법
- 알고리즘 계산 시간 : $O(1) < O(\log N) < O(N) < O(N\log N) < O(N^2) < O(N^3) < O(2^n)$
- 복잡도 표기

| 복잡도 표기 | 설명 | 형태 |
|---|---|---|
| O(1)=1 | • 입력 크기와 상관없이 바로 해를 구함, 해쉬함수가 대표적임 | • 상수형 |
| O(logN) | • 입력자료를 분류하고 나누어 그중 하나만 처리하는 경우 | • 로그형 |
| O(N) | • 입력 자료를 순서대로 하나씩 모두 처리 | • 선형 |
| O(NlogN) | • 입력 자료를 분할하여 각각 처리하고 합병 | • 분할과 합병형 |
| $O(N^2)$ | • 주요 연산이 loop 구조이며 2중인 경우 | • 제곱형 |
| $O(N^3)$ | • 주요 연산이 loop 구조이며 3중인 경우 | • 세제곱형 |
| $O(2^n)$ | • 가능한 전체 해결 방법 모두 검사하며 처리함 | • 지수형 |

㉣ 정렬 알고리즘 시간 복잡도

| Name | Best | Avg | Worst | Run-time(정수 60,000개) ※ 단위 : sec |
|---|---|---|---|---|
| 삽입 정렬 | n | $n^2$ | $n^2$ | 7.438 |
| 선택 정렬 | $n^2$ | $n^2$ | $n^2$ | 10.842 |
| 버블 정렬 | $n^2$ | $n^2$ | $n^2$ | 22.894 |
| 셸 정렬 | n | $n^{1.5}$ | $n^2$ | 0.056 |
| 퀵 정렬 | $n\log_2 n$ | $n\log_2 n$ | $n^2$ | 0.014 |
| 힙 정렬 | $n\log_2 n$ | $n\log_2 n$ | $n\log_2 n$ | 0.034 |
| 병합 정렬 | $n\log_2 n$ | $n\log_2 n$ | $n\log_2 n$ | 0.026 |

### ③ 알고리즘 유형

| 유형 | 구분 | 내용 |
|---|---|---|
| 삽입 정렬 | 개요 | • 두개 수의 비교를 통하여 자리를 교환하는 형태의 간단한 정렬 방법으로 소량의 자료 시 유용한 알고리즘<br>• 이미 정렬이 되어 있는 자료에서 한 번에 한 개의 새로운 레코드를 입력하고 연산을 통해 적당한 위치를 찾아 레코드를 삽입 수행하여 항상 정렬된 형태를 유지 |
| | 과정 | 1) 두 번째 원소를 기준으로 하여 첫 번째 원소와 비교하고 값의 크기에 따라서 순서대로 나열<br>2) 세 번째 원소를 기준으로 두 번째 원소와 값의 크기를 비교하여 값의 크기에 따라 순서대로 나열<br>3) 계속하여 n번째 원소를 앞의 n-1개의 원소의 크기와 비교하여 삽입될 적당한 위치를 찾아 삽입 |
| | 예시 | 1) 34 10 20 19 43 → 초기 상태 식별<br>2) 34 10 20 19 43 → 10 이전의 수를 비교해서 10<34이므로 삽입<br>3) 10 34 20 19 43 → 20 이전 수만 비교, 20<34이므로 삽입<br>4) 10 20 34 19 43 → 19 이전 수만 비교, 19<20이므로 삽입<br>5) 10 19 20 34 43 → 43 이전 수 비교, 삽입은 없음<br>6) 10 19 20 34 43 → 정렬 완료 |
| 선택정렬 | 개요 | • 원소의 수(N)만큼 연산을 순환하면서 각 순환마다 가장 작은 수를 식별한 후 가장 앞으로 보내는 정렬 방식<br>• 매번 원소의 수만큼 순환 연산을 수행함으로 총 실행 시간은 입력 자료의 순서에 상관없으며, 추가적인 기억장소가 필요하지 않음<br>• 동일한 크기의 원소의 레코드는 교환에 의해 상대적인 위치가 유지되지 않을 수 있으며, 이로 인하여 불안정적인 특성 존재 |
| | 과정 | 1) 주어진 원소열 중에 최솟값을 식별<br>2) 최솟값을 맨 앞에 위치한 값과 교체<br>3) 맨 처음 위치한 원소를 제외한 나머지 원소에서 같은 방법으로 교체 수행 |

이해돕기

정보처리기사에서는 각 알고리즘 유형별로 실제 데이터 값을 주고 실행되는 프로세스나 결괏값을 물어보므로, 다수의 기출문제를 풀어보고 각 정렬 알고리즘의 연산 방식을 이해하고 있어야 함

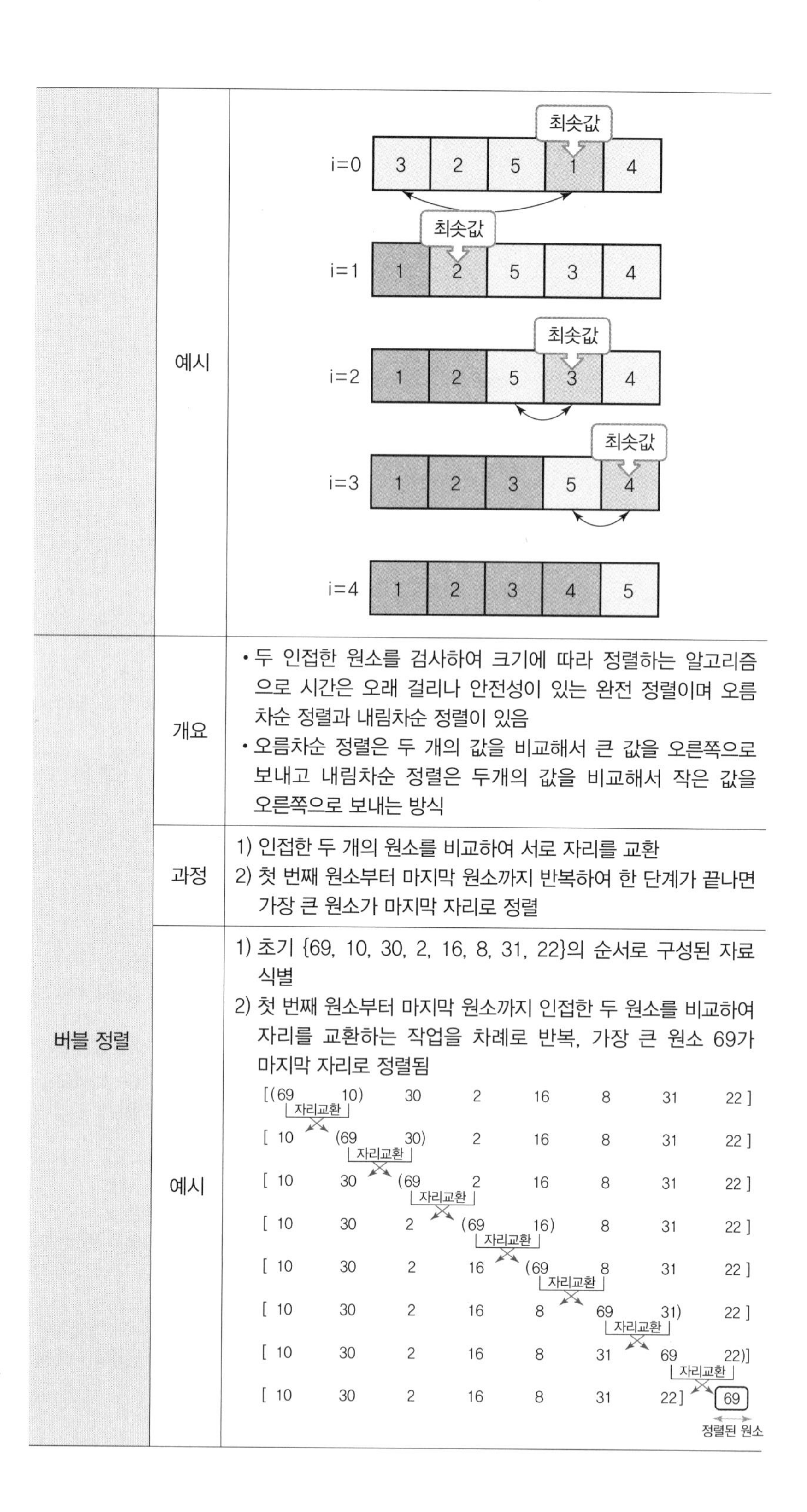

| | | |
|---|---|---|
| | 예시 | i=0 [3, 2, 5, 1, 4] 최솟값: 1<br>i=1 [1, 2, 5, 3, 4] 최솟값: 2<br>i=2 [1, 2, 5, 3, 4] 최솟값: 3<br>i=3 [1, 2, 3, 5, 4] 최솟값: 4<br>i=4 [1, 2, 3, 4, 5] |
| 버블 정렬 | 개요 | • 두 인접한 원소를 검사하여 크기에 따라 정렬하는 알고리즘으로 시간은 오래 걸리나 안전성이 있는 완전 정렬이며 오름차순 정렬과 내림차순 정렬이 있음<br>• 오름차순 정렬은 두 개의 값을 비교해서 큰 값을 오른쪽으로 보내고 내림차순 정렬은 두개의 값을 비교해서 작은 값을 오른쪽으로 보내는 방식 |
| | 과정 | 1) 인접한 두 개의 원소를 비교하여 서로 자리를 교환<br>2) 첫 번째 원소부터 마지막 원소까지 반복하여 한 단계가 끝나면 가장 큰 원소가 마지막 자리로 정렬 |
| | 예시 | 1) 초기 {69, 10, 30, 2, 16, 8, 31, 22}의 순서로 구성된 자료 식별<br>2) 첫 번째 원소부터 마지막 원소까지 인접한 두 원소를 비교하여 자리를 교환하는 작업을 차례로 반복, 가장 큰 원소 69가 마지막 자리로 정렬됨<br>[(69 10) 30 2 16 8 31 22 ] 자리교환<br>[ 10 (69 30) 2 16 8 31 22 ] 자리교환<br>[ 10 30 (69 2) 16 8 31 22 ] 자리교환<br>[ 10 30 2 (69 16) 8 31 22 ] 자리교환<br>[ 10 30 2 16 (69 8) 31 22 ] 자리교환<br>[ 10 30 2 16 8 (69 31) 22 ] 자리교환<br>[ 10 30 2 16 8 31 (69 22)] 자리교환<br>[ 10 30 2 16 8 31 22] 69<br>정렬된 원소 |

| | | |
|---|---|---|
| | | 3) 69를 제외한 나머지 원소 중에서 연산을 반복하여 가장 큰 원소 31이 끝에서 두 번째 자리로 정렬됨 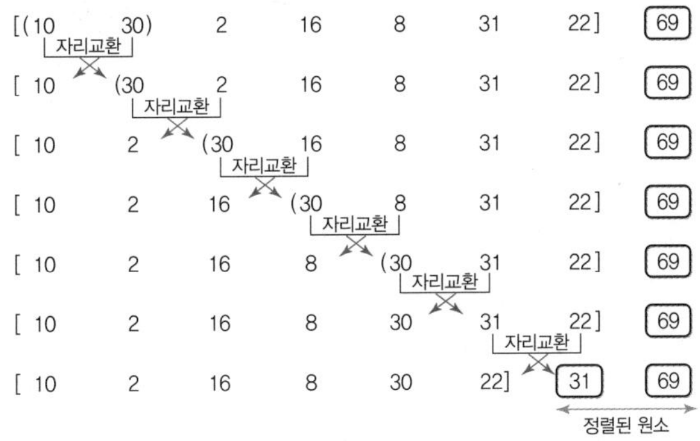<br>[(10 30) 2 16 8 31 22] [69]<br>자리교환<br>[ 10 (30 2) 16 8 31 22] [69]<br>자리교환<br>[ 10 2 (30 16) 8 31 22] [69]<br>자리교환<br>[ 10 2 16 (30 8) 31 22] [69]<br>자리교환<br>[ 10 2 16 8 (30 31) 22] [69]<br>자리교환<br>[ 10 2 16 8 30 31 22] [69]<br>자리교환<br>[ 10 2 16 8 30 22] [31] [69]<br>정렬된 원소<br>4) 위의 과정을 반복하여 버블 정렬을 수행한 후, 최종 2개의 원소가 남았을 때 나머지 원소 중에서 가장 큰 원소 8을 끝에서 일곱 번째 자리로 정렬하고 종료 <br>[(2 8)] [10] [16] [22] [30] [31] [69]<br>자리교환 안함<br>[ 2 ] [8] [10] [16] [22] [30] [31] [69]<br>정렬된 원소<br>[2] [8] [10] [16] [22] [30] [31] [69]<br>정렬된 원소 |
| 퀵정렬 | 개요 | • 병합 정렬, 퀵 정렬, 힙 정렬과 함께 고급 정렬 알고리즘 중 하나로 정렬할 전체 원소들 중에 피봇(Pivot)이라는 특정 기준값을 선정하고 이를 중심으로 왼쪽 부분 집합과 오른쪽 부분 집합으로 분할하고 정복하여 정렬하는 방법<br>• 왼쪽 부분 집합에는 기준값보다 작은 원소들을 이동시키고, 오른쪽 부분집합에는 기준값보다 큰 원소들을 이동 |
| | 과정 | 1) 일반적으로 전체 원소 중에서 가운데(n/2)에 위치한 원소를 기준값인 피봇으로 선택<br>2) 정렬할 자료들을 피봇을 중심으로 2개의 부분 집합으로 분할(Divide)<br>3) 부분 집합의 원소들 중에서 기준값보다 작은 원소들은 왼쪽 부분 집합으로, 기준값보다 큰 원소들은 오른쪽 부분 집합으로 정복(Conquer)하고 정렬하며 이때 교환된 피봇값은 정렬이 완료됨<br>4) 부분 집합의 크기가 1 이하로 작지 않으면 순환호출을 이용하여 다시 분할 반복 |

| | | |
|---|---|---|
| | 예시 | 1) 정렬되지 않은 [69, 10, 30, 2, 16, 8, 31, 22]의 자료 식별<br>2) 원소의 개수가 8개이므로 네 번째 자리에 있는 원소 2를 첫 번째 피봇으로 선택하고 퀵정렬 시작<br>3) 식별자 L이 오른쪽 방향으로 이동하면서 피봇보다 크거나 같은 원소를 찾고, 식별자 R은 왼쪽 방향으로 이동하면서 피봇보다 작은 원소를 찾음<br>피봇(Pivot)<br>[ 69 10 30 (2) 16 8 31 22 ]<br>L R<br>• L은 원소 69를 찾았지만, R은 피봇보다 작은 원소를 찾지 못한 채로 원소 69에서 L과 만나게 됨<br>• L과 R이 만나면 원소 69를 피봇과 맞교환<br>피봇(Pivot)<br>[ (69) 10 30 (2) 16 8 31 22 ]<br>L R 자리 교환<br>[2] [ 10 30 69 16 8 31 22 ]<br>Pivot < 오른쪽 부분 집합<br>4) 교환된 피봇(Pivot) 2의 왼쪽 부분 집합은 원소값이 없는 공집합이므로 퀵 정렬을 수행하지 않고, 오른쪽 부분 집합에 대해서만 다시 퀵 정렬을 수행<br>• 오른쪽의 부분 집합은 원소가 7개이므로 정 가운데 있는 원소 16을 새로운 피봇으로 선택<br>피봇(Pivot)<br>[2] [ 10 30 69 (16) 8 31 22 ]<br>L R<br>[2] [ 10 30 69 (16) 8 31 22 ]<br>L 자리 교환 R<br>[2] [ 10 8 69 (16) 30 31 22 ]<br>L R<br>• 새로운 부분집합의 맨 왼쪽 10과 맨 오른쪽 22에서 L과 R의 작업을 반복<br>• L은 원소 69를 찾았지만, R은 피봇인 16보다 작은 원소를 찾지 못한 채로 원소 69에서 L과 만남<br>• L과 R이 만났으므로, 원소 69를 피봇인 16과 맞교환<br>[2] [ 10 8 (69) (16) 30 31 22 ]<br>L R 자리 교환<br>[2] [ 10 8 ] [16] [ (69) 30 31 22 ]<br>왼쪽 부분 집합 < 피봇(PIVOT) < 오른쪽 부분 집합<br>5) 기존 피봇 16의 왼쪽 부분 집합에서 원소 10을 신규 피봇으로 선택하여 퀵 정렬 수행<br>피봇(Pivot)<br>[2] [ (10) 8 ] [16] [ 69 30 31 22 ]<br>L R |

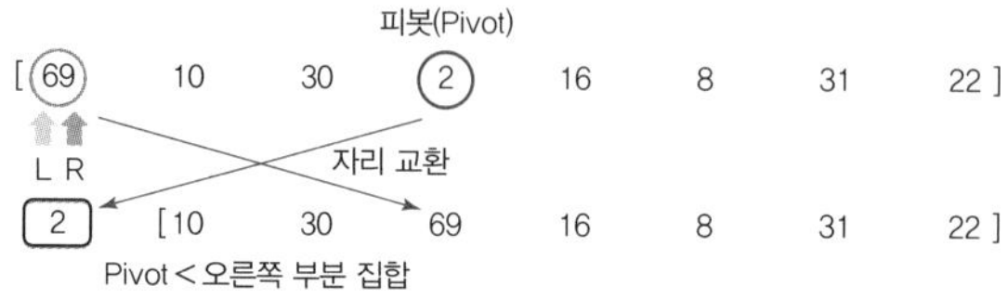

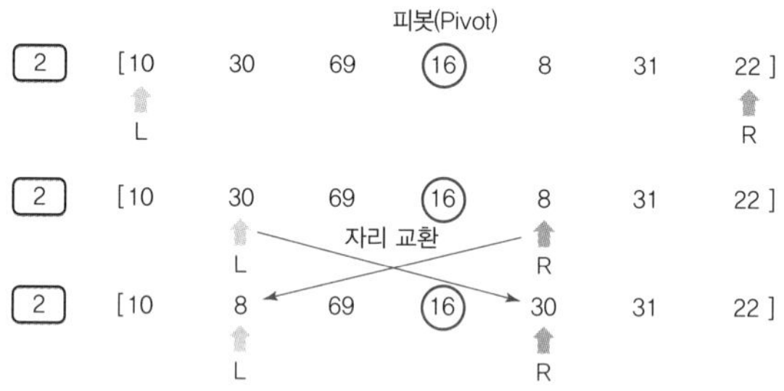

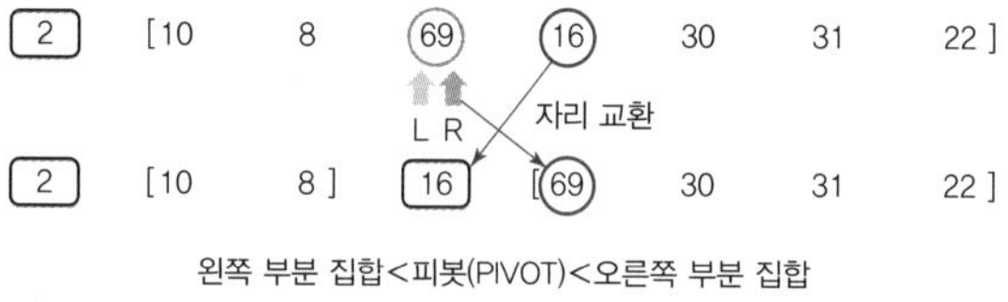

• R의 원소 8은 10보다 작은 상태로 L과 R이 만나게 되며, 이때 피봇 10과 8을 맞교환

피봇(Pivot)

[2] [(10) 8 ] [16] [ 69 30 31 22 ]

L R 자리 교환

[2] [ 8 ] [10] [16] [ 69 30 31 22 ]

왼쪽 부분 집합<피봇(PIVOT)

6) 피봇(Pivot) 10의 왼쪽 부분 집합의 원소가 8, 한 개이므로 퀵 정렬을 수행하지 않고, 오른쪽 부분 집합은 공집합이므로 역시 퀵 정렬을 수행하지 않음

• 현재까지 교환이 완료된 2, 10, 16 외의 원소들 정렬을 위해 첫 단계의 피봇(Pivot) 이었던 원소 16의 오른쪽 부분 집합에 대해 퀵 정렬을 시작

• 오른쪽 부분 집합의 원소는 4개이므로 원소 30을 피봇으로 선택

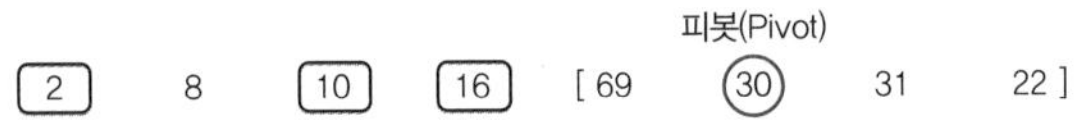

피봇(Pivot)

[2] 8 [10] [16] [ 69 (30) 31 22 ]

• L이 찾은 69를 R이 찾은 22와 서로 맞교환 수행

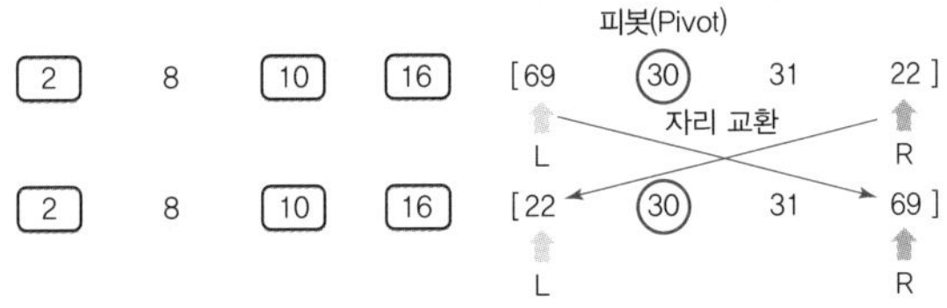

피봇(Pivot)

[2] 8 [10] [16] [69 (30) 31 22 ]

자리 교환

L R

[2] 8 [10] [16] [22 (30) 31 69 ]

L R

• 다시 L과 R의 작업을 반복

• L은 오른쪽 방향으로 이동하면서 피봇보다 크거나 같은 원소인 30을 찾고, R은 왼쪽 방향으로 이동하면서 피봇보다 작은 원소를 못 찾은 상태로 원소 30에서 L과 만남

• L과 R이 만나면 피봇과 교환을 수행하는데, R의 원소가 피봇이므로 교환 없이 자리가 확정

피봇(Pivot)

[2] 8 [10] [16] [22 (30) 31 69 ]

L R

[2] 8 [10] [16] [22] [30] [ 3 ] 69 ]

왼쪽 부분 집합 < 피봇(Pivot) < 오른쪽 부분 집합

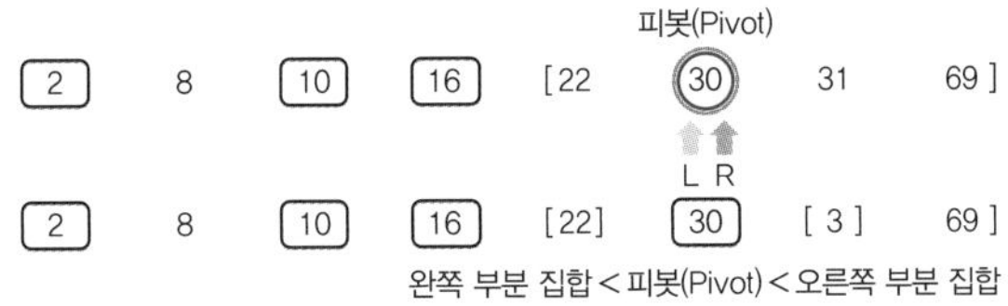

7) 피봇 30의 왼쪽 부분 집합의 원소가 22, 한 개이므로 퀵 정렬을 수행하지 않고, 오른쪽 부분 집합에 대해서 퀵 정렬을 수행

• 오른쪽 부분 집합의 원소 2개 중에서 원소 31을 피봇으로 선택

피봇(Pivot)

[2] 8 [10] [16] 22 [30] [(31) 69 ]

• L은 오른쪽 방향으로 이동하면서 원소 31을 찾고, R은 왼쪽 방향으로 이동하면서 피봇보다 작은 원소를 못 찾은 채로 원소 31에서 L과 만나게 됨

• L과 R이 만나면 피봇과 교환을 수행하는데, R의 원소가 피봇이므로 교환 없이 자리가 확정

<table>
<tr><td></td><td></td><td>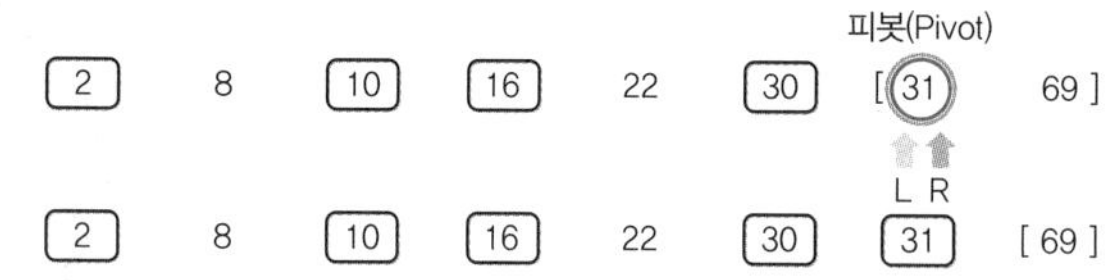
피봇(Pivot)
2 8 10 16 22 30 [ 31 69 ]
L R
2 8 10 16 22 30 31 [ 69 ]
8) 피봇 31의 오른쪽 부분 집합의 원소가 한 개이므로 퀵 정렬을 수행하지 않고, 전체 퀵 정렬이 모두 종료됨</td></tr>
<tr><td rowspan="3">힙 정렬</td><td>개요</td><td>• 힙(Heap) 자료 구조를 이용한 정렬 알고리즘으로 가장 큰 원소를 루트 노드로 지정하는 최대 힙을 구성하고, 삭제 연산을 수행하면 항상 루트 노드의 원소를 삭제하여 정렬하는 알고리즘<br>• 최대 힙에 대해서는 원소의 개수만큼 삭제 연산을 수행 후 내림차순으로 정렬을 수행하고, 최소 힙에 대해서는 원소의 개수만큼 삭제 연산을 수행한 후 오름차순으로 정렬하는 합병정렬 방식</td></tr>
<tr><td>과정</td><td>1) 정렬한 원소들을 최대 힙으로 구성<br>2) 삭제 연산을 수행하여 얻은 원소를 마지막 자리에 배치<br>3) 나머지 원소에 대해서 다시 최대 힙으로 재구성<br>4) 원소의 개수만큼 2에서 3번을 반복 수행 후 정렬 완성</td></tr>
<tr><td>예시</td><td>정렬되지 않은 [69, 10, 30, 2, 16, 8, 31, 22]의 자료들을 힙 정렬 방법으로 정렬하는 과정<br>1) 초기 상태 [69, 10, 30, 2, 16, 8, 31, 22]에서 정렬할 원소가 8개이므로 노드가 8개인 완전 이진 트리를 만든 후 최대 힙(Max Heap)으로 구성

| [0] | [1] | [2] | [3] | [4] | [5] | [6] | [7] | [8] |
|---|---|---|---|---|---|---|---|---|
| – | 69 | 10 | 30 | 2 | 16 | 8 | 31 | 22 |

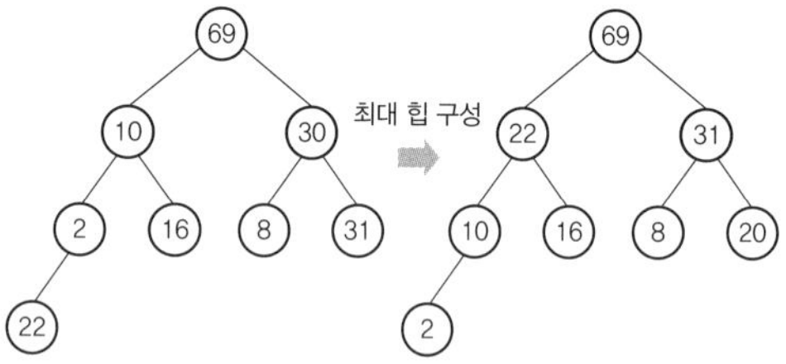
69
10
30
2
16
8
31
22
최대 힙 구성
69
22
31
10
16
8
20
2
2) 힙에 삭제 연산을 수행하여 루트 노드의 원소 69를 제거하고 별도의 배열 마지막 자리에 저장 후, 나머지 원소들에 대해서 루트 노드가 31인 최대 힙으로 재구성

| [0] | [1] | [2] | [3] | [4] | [5] | [6] | [7] | [8] |
|---|---|---|---|---|---|---|---|---|
| | | | | | | | | 69 |

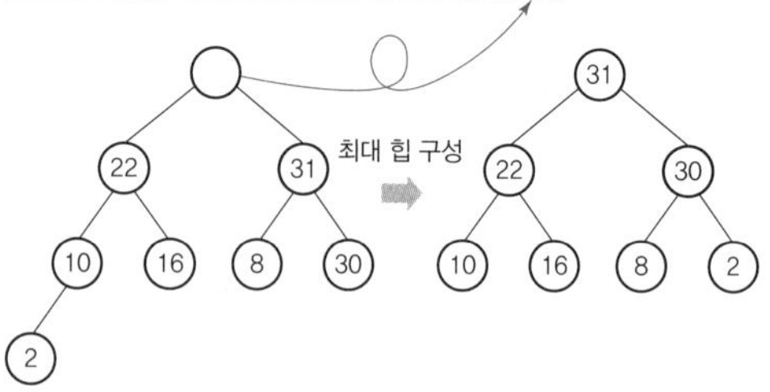
22
31
10
16
8
30
2
최대 힙 구성
31
22
30
10
16
8
2
3) 재구성된 최대 힙의 루트 노드 원소 31을 제거하고 별도 배열의 비어있는 마지막 자리에 저장, 나머지 원소들에 대해서 다시 루트노드가 30인 최대 힙으로 재구성</td></tr>
</table>

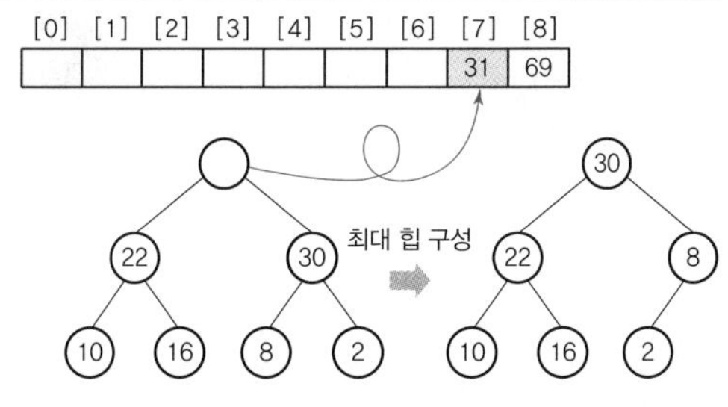


4) 루트 노드의 원소 30을 제거해서 별도 배열의 비어있는 마지막 자리에 저장, 나머지 원소들에 대해서 다시 최대 힙으로 재구성

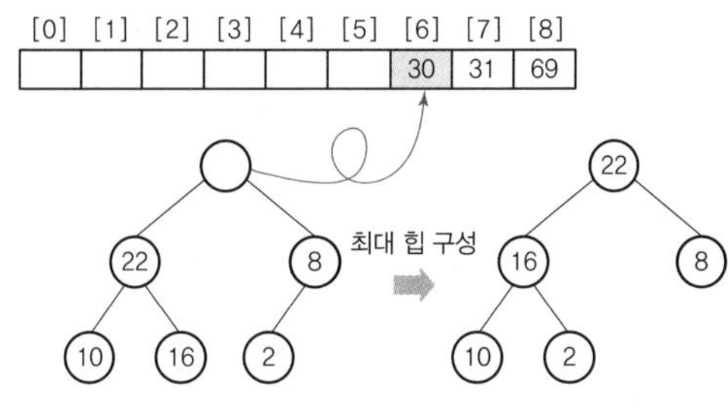


5) 루트 노드의 원소 22를 구해서 배열의 비어있는 마지막 자리에 저장, 나머지 원소들에 대해서 반복해서 최대 힙으로 재구성

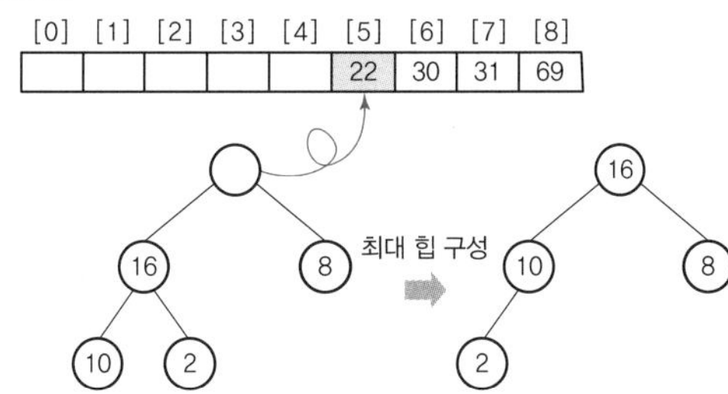


6) 루트 노드의 원소 16을 제거하고 배열의 비어있는 마지막 자리에 저장, 나머지 원소들에 대해서 반복해서 최대 힙으로 재구성

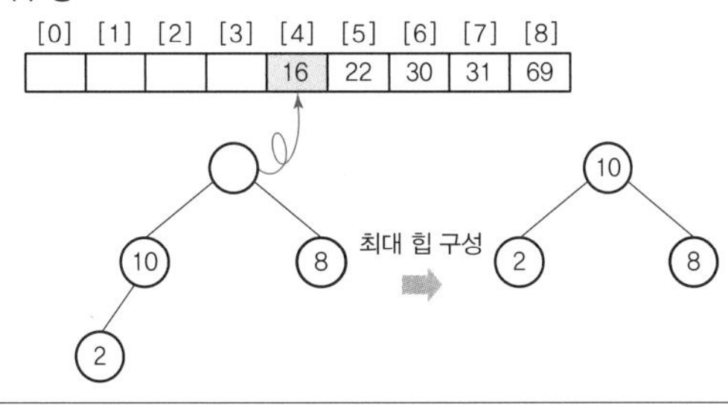

7) 루트 노드의 원소 10을 제거하고 배열의 비어있는 마지막 자리에 저장, 나머지 원소들에 대해서 반복해서 최대 힙으로 재구성함

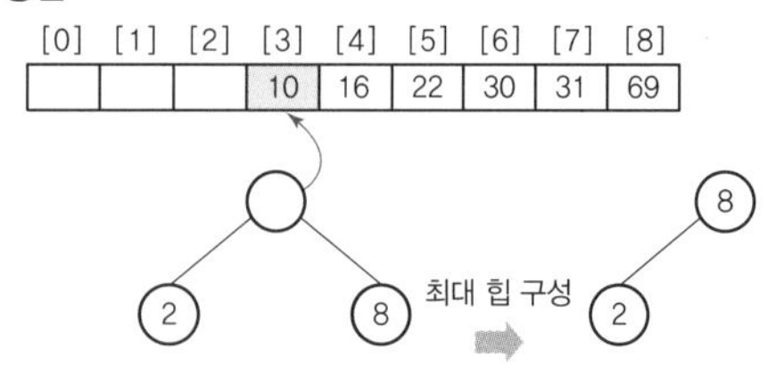


8) 루트 노드의 원소 8을 제거하고 배열의 비어있는 마지막 자리에 저장, 나머지 원소들에 대해서 반복해서 최대 힙으로 재구성

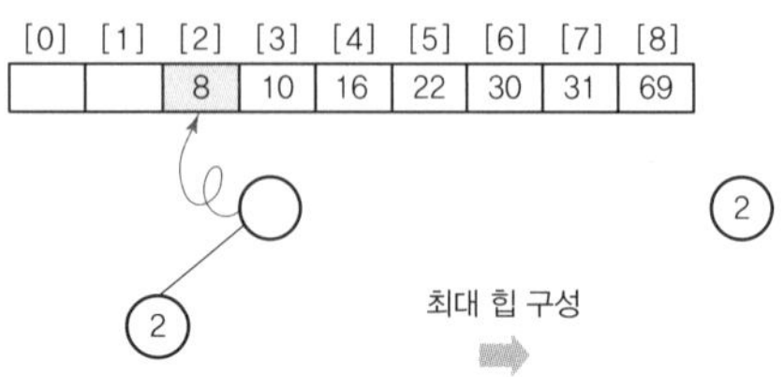


9) 힙에 삭제 연산을 수행하여 루트 노드의 원소 2를 구해서 배열의 비어있는 마지막 자리에 저장하고 정렬을 완성

| [0] | [1] | [2] | [3] | [4] | [5] | [6] | [7] | [8] |
|---|---|---|---|---|---|---|---|---|
|  | 2 | 8 | 10 | 16 | 22 | 30 | 31 | 69 |

## 2. 소스코드 품질 분석 도구

**이해돕기**

소스 코드 품질 분석 도구는 단순하게 복잡도를 분석하는 도구도 해당되나, 정적 도구나 동적 도구를 통해서 오류를 발견하는 기능도 수행하며, 광의의 개념으로는 테스트 도구로 보기도 함

### ① 소스코드 품질 분석 도구의 개요

㉠ 소스코드 품질 분석 도구의 정의

개발된 소스코드의 코딩 스타일, 코딩 표준, 코드 복잡도, 코드 내의 메모리 누수 현상, 스레드 결함 등을 탐색하는 소스코드 최적화를 위한 분석 도구

㉡ 소스코드 품질 분석도구의 유형

| 구분 | 설명 |
|---|---|
| 정적 도구 | • 소스코드를 실행시키지 않고 코드 내용을 검토하여 표준 준수 여부, 스타일 적정성, 잔존 결함 발견 여부를 확인하는 분석 도구 |
| 복잡도 분석 도구 | • 정적 분석 도구의 일종이며 소스 코드의 복잡도를 분석하는 기능을 수행 |
| 동적 도구 | • 애플리케이션을 실행하여 코드에 존재하는 메모리 누수나 스레드 결함을 발견하는 도구 |

② **소스코드 품질 분석 도구**

| 구분 | 도구명 | 설명 | 대상 개발 도구 |
|---|---|---|---|
| 정적 분석 | checkstyle | • 자바 코드에 대한 코딩 표준 준수 검사 수행 | Ant, Eclipse, NetBeans |
| | cppcheck | • C, C++ 코드에 대한 메모리 누수, 오버플로우 등 결함 분석 | Eclipse, gedit |
| | pmd | • 자바 및 타 언어 소스코드에 대한 버그 및 데드 코드 분석 | Eclipse, NetBeans |
| | SonarQube | • 소스코드 품질 통합 플랫폼으로 플러그인으로 확장 가능 | Eclipse |
| 코드 복잡도 | ccm | • CLI 기반의 다양한 언어 코드의 복잡도 분석 도구 | Visual Studio |
| | cobertura | • jooverage 기반의 테스트 커버리지 측정 도구 | Ant, Maven |
| 동적 분석 | Avalanche | • Valgrind 프레임워크 및 STP기반 소프트웨어 에러와 취약점 분석 도구 | Valgrind |
| | Valgrind | • 자동화된 메모리 및 쓰레드 결함 발견 분석 도구 | Eclipse, NetBeans |

## 3. 코드 최적화

① **코드 최적화의 개요**

㉠ 코드 최적화의 정의

소프트웨어 개발 시 소스코드 품질을 위한 기본 원칙과 기준을 준용하여 가독성이 좋고 변경과 추가가 용이한 클린코드를 작성하는 개념

㉡ 소스코드 최적화를 위한 주요 코드 개념

| 구분 | 설명 | 문제점/효과성 |
|---|---|---|
| Bad Code | • 다른 개발자가 로직을 이해하기 어렵게 작성된 코드<br>• 로직의 제어가 정제되지 않고 얽혀 있는 스파게티 코드와 변수나 메소드에 대한 이름 정의를 알수 없는 코드, 동일한 처리 로직이 중복되는 코드 등이 해당 | • 스파게티 코드는 작은 오류 발생 가능성 높음<br>• 소스코드 이해가 어려울 경우 지속적 덧붙이기가 이루어져 코드 복잡도 증가 |
| Clean Code | • 가독성이 높고, 구조가 단순하며 의존성을 줄이고 중복을 최소화한 잘 정리된 코드 | • 중복 제거로 설계 개선<br>• 소스코드 이해도 증가<br>• 버그 검색이 용이하며 프로그래밍 속도 개선 |

### ② 소스코드 최적화를 위한 원칙 및 기법 유형

㉠ 소스코드 최적화를 위한 클린코드 작성 원칙

| 원칙 | 설명 |
|---|---|
| 가독성 | • 표준 지침을 준수하여 이해하기 쉬운 용어를 사용하고 들여쓰기를 사용하여 누구나 읽기 쉽게 작성 |
| 단순성 | • 한 번에 한 가지 처리만 수행하고 클래스, 메소드, 함수를 최소 단위로 분리하여 최대한 간결하고 복잡하지 않게 작성 |
| 의존성 | • 특정 모듈의 변경이 다른 모듈에 미치는 영향 최소화하여 작성 |
| 중복성 | • 중복된 코드는 제거하고 공통코드를 사용함으로써 최대한 중복을 최소화 할 수 있도록 작성 |
| 추상화 | • 상위 클래스, 메소드, 함수를 통해 애플리케이션 특성을 간략하게 나타내고 상세 내용은 하위 클래스, 메소드, 함수에서 구현 |

㉡ 소스코드 최적화 기법의 유형

| 기법 | 설명 |
|---|---|
| 클래스 분할배치 | • 클래스는 하나의 역할, 책임만 수행할 수 있도록 응집도를 높이고 결합도는 낮게 해서 크기를 작게 작성 |
| 느슨한 결합 | • 클래스의 자료 구조, 메소드를 추상화할 수 있는 인터페이스 클래스를 이용하여 클래스 간 의존성을 최소화 |
| 표준 코딩 형식 준수 | • 줄바꿈, 종속 함수 사용, 호출 함수 먼저 배치, 지역변수는 각 함수 맨 처음 선언 등 형식 준수 |
| 좋은 이름 사용 | • 기억하기 좋고 발음이 쉬운 명명 규칙을 사용하여 정의된 이름 활용 |
| 적절한 주석문 사용 | • 소스 코드 작업 간에 필요한 기록이나 중요한 부분을 강조할 때 적절하게 주석문을 사용 |

# 기출문제 분석

1, 2회

**01** 하향식 통합에 있어서 모듈 간의 통합 시험을 위해 일시적으로 필요한 조건만을 가지고 임시로 제공되는 시험용 모듈을 무엇이라고 하는가?

① Stub ② Driver
③ Procedure ④ Function

해설 테스트 스텁과 드라이버는 모두 아직 완성이 안 된 소프트웨어 개발 중에 테스트를 수행하기 위해 상위, 혹은 하위의 임시 소프트웨어를 만들어 모듈의 호출을 수행하는 역할을 한다. 이때 하향식 통합시험은 스텁, 상향식 통합시험은 드라이버로 수행 가능하다.

1, 2회

**02** 검증 검사 기법 중 개발자의 장소에서 사용자가 개발자가 앞에서 행하는 기법이며, 일반적으로 통제된 환경에서 사용자와 개발자가 함께 확인하면서 수행되는 검사는?

① 동치 분할 검사 ② 형상 검사
③ 알파 검사 ④ 베타 검사

해설 사용자가 구현된 시스템을 사용하는 인수 테스트는 알파와 베타로 분류하여 시행하며, 이때 알파 테스트는 통제된 환경에서 개발자와 함께 수행하고 이후 다수의 사용자를 대상으로 베타 테스트를 수행한 후 오류 정정 및 납품을 완료한다.

1, 2회

**03** 소프트웨어 테스트에서 오류의 80%는 전체 모듈의 20% 내에서 발견된다는 법칙은?

① Brooks의 법칙 ② Boehm의 법칙
③ Pareto의 법칙 ④ Jackson의 법칙

해설 팔레토(Pareto)의 법칙은 소프트웨어 테스트에서 오류의 80%는 전체 모듈의 20% 내에서 발견된다는 법칙이다.
① 브룩스의 법칙 : 지체된 소프트웨어 프로젝트에 개발 인력을 추가하는 것은 의사소통의 문제로 오히려 개발기간이 늘어난다는 법칙

1, 2회

**04** White Box Testing에 대한 설명으로 옳지 않은 것은?

① Base Path Testing, Boundary Value Analysis가 대표적인 기법이다.
② Source Code의 모든 문장을 한 번 이상 수행함으로써 진행된다.
③ 모듈 안의 작동을 직접 관찰할 수 있다.
④ 산출물의 각 기능별로 적절한 프로그램의 제어구조에 따라 선택, 반복 등의 부분들을 수행함으로써 논리적 경로를 점검한다.

해설 화이트박스 테스트(White Box Testing)은 모듈 내의 제어 흐름 등을 살펴보고 논리적 경로를 점검하는 테스트 방식으로 Base Path Testing, Control Structure Testing, Loop Testing 등이 있다. 경계값 분석(Boundary Value Analysis)은 대표적인 블랙박스 테스트 기법이다.

정답 01 ① 02 ③ 03 ③ 04 ①

**05** **외계인코드(Alien Code)에 대한 설명으로 옳은 것은?**

① 프로그램의 로직이 복잡하여 이해하기 어려운 프로그램을 의미한다.
② 아주 오래되거나 참고문서 또는 개발자가 없어 유지보수 작업이 어려운 프로그램을 의미한다.
③ 오류가 없어 디버깅 과정이 필요 없는 프로그램을 의미한다.
④ 사용자가 직접 작성한 프로그램을 의미한다.

해설 외계인코드(Alien Code)는 아주 오래된 프로그래밍 언어로 작성되어 참고문서 또는 개발자가 없어 유지보수 작업이 어려운 소스 코드를 의미한다.
① 프로그램 로직이 복잡하고 이해하기 어려운 소스코드는 스파게티 코드라고 한다.

1, 2회

**06** **알고리즘 시간복잡도 O(1)이 의미하는 것은?**

① 컴퓨터 처리가 불가
② 알고리즘 입력 데이터 수가 한 개
③ 알고리즘 수행 시간이 입력 데이터 수와 관계없이 일정
④ 알고리즘 길이가 입력 데이터보다 작음

해설 알고리즘 시간복잡도 O(1)은 상수형으로, 입력 크기와 무관하게 바로 해를 구할 수 있는 알고리즘을 의미하며 해쉬함수가 해당된다.

1, 2회

**07** **정렬된 N개의 데이터를 처리하는 데 $O(N\log_2 N)$의 시간이 소요되는 정렬 알고리즘은?**

① 선택 정렬　② 삽입 정렬
③ 버블 정렬　④ 합병 정렬

해설 합병 정렬에 해당하는 힙(Heap) 정렬은 힙 자료구조를 이용한 정렬 방법이다. 항상 가장 큰 원소가 루트 노드가 되고 삭제 연산을 수행하면 항상 루트 노드의 원소를 삭제하여 반환하는 형태로 처리되며 이때 N개 데이터 처리에는 $O(N\log_2 N)$의 시간이 소요된다.

3회

**08** **블랙박스 테스트의 유형으로 틀린 것은?**

① 경계값 분석　② 오류 예측
③ 동등 분할 기법　④ 조건, 루프 검사

해설 조건, 루프 검사는 화이트박스 테스트의 대표적인 유형이다. 블랙박스 테스트는 실행 결과를 기반으로 테스트를 수행하며 경계값 분석, 오류 예측, 동등 분할 기법 등을 사용한다.

3회

**09** **다음 자료에 대하여 선택(Selection) 정렬을 이용하여 오름차순으로 정렬하고자 한다. 3회전 후의 결과로 옳은 것은?**

| 37, 14, 17, 40, 35 |
|---|

① 14, 17, 37, 40, 35
② 14, 37, 17, 40, 35
③ 17, 14, 37, 35, 40
④ 14, 17, 35, 40, 37

해설 선택 정렬은 정렬 알고리즘의 하나로 원소의 수(N)만큼 순환을 돌면서 매 순환마다 가장 작은 수를 찾아 가장 앞으로 보내는 정렬 방법이다. 1회에서 가장 작은 수인 두 번째 자리 14가 첫 번째 자리 37과 교환되어 14, 37, 17, 40, 35가 되며, 2회에서 세 번째 자리 17이 두 번째 자리 37과 교환되어 14, 17, 37, 40, 35가 된다. 3회에서는 35가 37과 교환되어 14, 17, 35, 40, 37이 된다.

3회

**10** 다음 중 알고리즘 설계 기법으로 거리가 먼 것은?

① Divide and Conquer
② Greedy
③ Static Block
④ Backtracking

해설 알고리즘 설계는 욕심쟁이 방법(greedy method), 분할과 정복 방법(divide and conquer method), 동적 프로그래밍 방법(dynamic programming method), 백트래킹(back tracking) 방법 등을 활용한다.

3회

**11** 다음 〈보기〉에서 설명하는 애플리케이션 통합 테스트 유형은?

> • 깊이 우선 방식 또는 너비 우선 방식이 있다.
> • 상위 컴포넌트를 테스트하고 점증적으로 하위 컴포넌트를 테스트한다.
> • 하위 컴포넌트 개발이 완료되지 않은 경우 스텁(Stub)을 사용하기도 한다.

① 하향식 통합 테스트
② 상향식 통합 테스트
③ 회귀 테스트
④ 빅뱅 테스트

해설 하향식 통합 테스트는 스텁을 사용하여 상위부터 하위 컴포넌트 순으로 테스트를 수행한다.

4회

**12** 다음 초기 자료에 대하여 삽입 정렬(Insertion Sort)을 이용하여 오름차순 정렬할 경우 1회전 후의 결과는?

> 8, 3, 4, 9, 7

① 3, 4, 8, 7, 9 ② 3, 4, 9, 7, 8
③ 7, 8, 3, 4, 9 ④ 3, 8, 4, 9, 7

해설 삽입 정렬은 매우 간단한 정렬 방법으로 소량의 자료를 처리하는 데 유용하며, 한 번에 한 개의 새로운 레코드를 입력하여 정렬이 되어 있는 사이트의 적당한 위치를 찾아서 레코드를 삽입하는 행태로 활용되는 정렬 방식이다. 실제 처리 과정은 두 번째 키를 기준으로 하여 첫 번째 키와 비교하며 키 값의 순서대로 나열하는데, 제시된 초기 자료의 경우 두 번째 키 3을 8과 비교해서 3이 작기 때문에 3과 8을 교환한 3, 8, 4, 9, 7로 결과가 도출된다.

4회

**13** 다음에서 설명하는 테스트 용어는?

> • 테스트의 결과가 참인지 거짓인지를 판단하기 위해서 사전에 정의된 참값을 입력하여 비교하는 기법 및 활동을 말한다.
> • 종류에는 참, 샘플링, 휴리스틱, 일관성 검사가 존재한다.

① 테스트 케이스 ② 테스트 시나리오
③ 테스트 오라클 ④ 테스트 데이터

해설 테스트 오라클은 테스트를 수행한 결괏값을 참이나 거짓으로 판단하기 위해 미리 정의된 참값을 대입하여 비교하는 기법이다.

정답 05 ② 06 ③ 07 ④ 08 ④ 09 ④ 10 ③ 11 ① 12 ④ 13 ③

5회

**14** **테스트 케이스에 일반적으로 포함되는 항목이 아닌 것은?**

① 테스트 조건　② 테스트 데이터
③ 테스트 비용　④ 예상 결과

해설 테스트 케이스는 소프트웨어의 특정 부분이나 경로를 실제 실행해보거나 사용자 요구사항에 부합하는지 확인을 위해 별도로 계획한 입력값, 조건, 예상 결괏값 등을 정의한 테스트 기준이다. 이때 테스트 비용 등은 포함되어 있지 않다.

5회

**15** **퀵 정렬에 관한 설명으로 옳은 것은?**

① 레코드의 키 값을 분석하여 같은 값끼리 그 순서에 맞는 버킷에 분배하였다가 버킷의 순서대로 레코드를 꺼내어 정렬한다.
② 주어진 파일에서 인접한 두 개의 레코드 키 값을 비교하여 그 크기에 따라 레코드 위치를 서로 교환한다.
③ 레코드의 많은 자료 이동을 없애고 하나의 파일을 부분적으로 나누어 가면서 정렬한다.
④ 임의의 레코드 키와 매개변수(h)값 만큼 떨어진 곳의 레코드 키를 비교하여 서로 교환해 가면서 정렬한다.

해설 퀵 정렬은 고급 정렬 알고리즘 중 하나로 정렬할 전체 원소에 대해서 정렬을 수행하지 않고, 기준값을 중심으로 왼쪽 부분 집합과 오른쪽 부분 집합으로 분할하여 하나의 파일을 부분적으로 나누어 가면서 정렬을 수행한다.

5회

**16** **필드 테스팅(field testing)이라고도 불리며 개발자 없이 고객의 사용 환경에 소프트웨어를 설치하여 검사를 수행하는 인수검사 기법은?**

① 베타 검사　② 알파 검사
③ 형상 검사　④ 복구 검사

해설 인수 테스트는 알파 검사와 베타 검사로 나누어 수행한다. 알파 검사는 개발자와 함께 특정 환경 내에서 사용자가 수행하고 이후 베타 검사는 다수 사용자 고객을 대상으로 고객의 환경에서 수행한다.

6회

**17** **힙 정렬(Heap Sort)에 대한 설명으로 틀린 것은?**

① 정렬할 입력 레코드들로 힙을 구성하고, 가장 큰 키 값을 갖는 루트 노드를 제거하는 과정을 반복하여 정렬하는 기법이다.
② 평균 수행 시간은 $O(nlog_2n)$이다.
③ 완전 이진 트리(complete binary tree)로 입력 자료의 레코드를 구성한다.
④ 최악의 수행 시간은 $O(2n^4)$이다.

해설 힙 정렬에서 N개의 요소를 정렬할 때 시간 복잡도는 $O(nlog_2n)$이다.

6회

**18** **다음에서 설명하는 소프트웨어 테스트의 기본 원칙은?**

- 파레토 법칙이 좌우한다.
- 애플리케이션 결함의 대부분은 소수의 특정한 모듈에 집중되어 존재한다.
- 결함은 발생한 모듈에서 계속 추가로 발생할 가능성이 높다.

① 살충제 패러독스
② 결함 집중
③ 오류 부재의 궤변
④ 완벽한 테스팅은 불가능

해설 파레토의 법칙은 애플리케이션의 결함 중 80%가 20%의 특정 모듈에서 발생한다는 이론으로 결함 집중의 원리를 의미한다.

6회

**19 소프트웨어 테스트에 대한 설명으로 틀린 것은?**

① 화이트 박스 테스트는 모듈의 논리적인 구조를 체계적으로 점검할 수 있다.
② 블랙박스 테스트는 프로그램의 구조를 고려하지 않는다.
③ 테스트 케이스에는 일반적으로 시험 조건, 테스트 데이터, 예상 결과가 포함되어야 한다.
④ 화이트 박스 테스트에서 기본 경로(Basis Path)란 흐름 그래프의 시작 노드에서 종료 노드까지의 서로 독립된 경로로 사이클을 허용하지 않는 경로를 말한다.

해설 기본 경로(Basis Path)란 프로그램 내에서 반복이 허용되지 않는 유일한 경로를 의미하며, 테스트하고자 하는 프로그램은 basis path의 조합으로 나타낼 수 있다.

6회

**20 애플리케이션의 처리량, 응답 시간, 경과 시간, 자원사용률에 대해 가상의 사용자를 생성하고 테스트를 수행함으로써 성능 목표를 달성하였는지를 확인하는 테스트 자동화 도구는?**

① 명세 기반 테스트 설계 도구
② 코드 기반 테스트 설계 도구
③ 기능 테스트 수행 도구
④ 성능 테스트 도구

해설 성능 테스트 도구는 APM(Application Performance Management)을 수행하며, 처리량, 응답 시간, 자원 사용률 등을 모니터링하고 검증한다.

6회

**21 블랙박스 테스트를 이용하여 발견할 수 있는 오류가 아닌 것은?**

① 비정상적인 자료를 입력해도 오류 처리를 수행하지 않는 경우
② 정상적인 자료를 입력해도 요구된 기능이 제대로 수행되지 않는 경우
③ 반복 조건을 만족하는데도 루프 내의 문장이 수행되지 않는 경우
④ 경계값을 입력할 경우 요구된 출력 결과가 나오지 않는 경우

해설 반복 조건이나 제어의 흐름은 화이트 박스 테스트로만 검증 가능하다.

6회

**22 테스트와 디버그의 목적으로 옳은 것은?**

① 테스트는 오류를 찾는 작업이고 디버깅은 오류를 수정하는 작업이다.
② 테스트는 오류를 수정하는 작업이고 디버깅은 오류를 찾는 작업이다.
③ 둘 다 소프트웨어의 오류를 찾는 작업으로 오류 수정은 하지 않는다.
④ 둘 다 소프트웨어 오류의 발견, 수정과 무관하다

해설 테스트는 소프트웨어 개발 간에 오류를 탐색하는 작업이며 디버깅은 구현 단계에서 오류를 수정하는 작업이다.

정답 14 ③ 15 ③ 16 ① 17 ④ 18 ② 19 ④ 20 ④ 21 ③ 22 ①

7회

**23** 테스트 케이스 자동 생성 도구를 이용하여 테스트 데이터를 찾아내는 방법이 아닌 것은?

① 스텁(Stub)과 드라이버(Driver)
② 입력 도메인 분석
③ 랜덤(Random) 테스트
④ 자료 흐름도

해설 스텁과 드라이버는 하향식, 혹은 상향식 통합 테스트를 수행할 시 아직 완성되지 않은 모듈을 대체하는 임시 소프트웨어이다.

7회

**24** 소프트웨어 테스트에서 검증(Verification)과 확인(Validation)에 대한 설명으로 틀린 것은?

① 소프트웨어 테스트에서 검증과 확인을 구별하면 찾고자 하는 결함 유형을 명확하게 하는 데 도움이 된다.
② 검증은 소프트웨어 개발 과정을 테스트하는 것이고, 확인은 소프트웨어 결과를 테스트 것이다.
③ 검증은 작업 제품이 요구 명세의 기능, 비기능 요구사항을 얼마나 잘 준수하는지 측정하는 작업이다.
④ 검증은 작업 제품이 사용자의 요구에 적합한지 측정하며, 확인은 작업 제품이 개발자의 기대를 충족시키는지를 측정한다.

해설 검증은 제품 생산의 과정에서 산출물의 요구사항 적합성을 측정하고 제품을 올바르게 생산하는지 검증하는 활동이며, 확인은 생산된 제품 대상으로 사용자 요구사항 및 기대치의 만족 여부를 확인하는 과정이다.

7회

**25** 개별 모듈을 시험하는 것으로 모듈이 정확하게 구현되었는지, 예정한 기능이 제대로 수행되는지를 점검하는 것이 주요 목적인 테스트는?

① 통합 테스트(Integration Test)
② 단위 테스트(Unit Test)
③ 시스템 테스트(System Test)
④ 인수 테스트(Acceptance Test)

해설 단위 테스트는 개발 단계에서 하나의 모듈이 정상적으로 개발되었는지 확인하는 테스트 과정이며, 이후 복수의 모듈을 대상으로 통합 테스트를 수행한다.

7회

**26** 테스트를 목적에 따라 분류했을 때, 강도(Stress) 테스트에 대한 설명으로 옳은 것은?

① 시스템에 고의로 실패를 유도하고 시스템이 정상적으로 복귀하는지 테스트한다.
② 시스템에 과다 정보량을 부과하여 과부하 시에도 시스템이 정상적으로 작동되는지를 테스트한다.
③ 사용자의 이벤트에 시스템이 응답하는 시간, 특정 시간 내에 처리하는 업무량, 사용자 요구에 시스템이 반응하는 속도 등을 테스트한다.
④ 부당하고 불법적인 침입을 시도하여 보안시스템이 불법적인 침투를 잘 막아내는지 테스트한다.

해설 강도 테스트는 짧은 시간에 많은 양의 자료를 부과하고 처리 여부와 다양한 스트레스 적용하는 테스트 방식이다.

8회

**27** **클린 코드(Clean Code)를 작성하기 위한 원칙으로 틀린 것은?**

① 추상화 : 하위 클래스/메소드/함수를 통해 애플리케이션의 특성을 간략하게 나타내고, 상세 내용은 상위 클래스/메소드/함수에서 구현한다.
② 의존성 : 다른 모듈에 미치는 영향을 최소화 하도록 작성한다.
③ 가독성 : 누구든지 읽기 쉽게 코드를 작성한다.
④ 중복성 : 중복을 최소화 할 수 있는 코드를 작성한다.

해설 클린 코드 작성을 위해서는 가독성, 단순성, 의존성, 중복성, 추상화를 고려해야 하며 이 중 추상화는 상위 클래스, 메소드, 함수를 통해 애플리케이션 특성을 간략하게 나타내고 상세 내용은 하위 클래스, 메소드, 함수에서 구현하는 것을 의미한다.

8회

**28** **정형 기술 검토(FTR)의 지침으로 틀린 것은?**

① 의제를 제한한다.
② 논쟁과 반박을 제한한다.
③ 문제 영역을 명확히 표현한다.
④ 참가자의 수를 제한하지 않는다.

해설 정형 기술 검토는 소프트웨어 개발 산출물을 대상으로 요구사항 일치 여부, 표준 준수 및 결함 발생 여부를 검토하는 정적 분석기법이며 동료 검토, 인스펙션, 워크스루 등이 해당된다. 이때 참가자 역할 및 수는 제한하여 진행한다.

8회

**29** **분할 정복(Divide and Conquer)에 기반한 알고리즘으로 피벗(pivot)을 사용하며 최악의 경우 $\frac{n(n-1)}{2}$회의 비교를 수행해야 하는 정렬(Sort)은?**

① Selection Sort　② Bubble Sort
③ Insert Sort　④ Quick Sort

해설 퀵 정렬은 하나의 파일을 부분으로 나누는 피벗을 사용하여 정렬을 수행하며, 최악의 경우 $\frac{n(n-1)}{2}$회의 비교를 수행한다.

8회

**30** **다음 〈보기〉에서 화이트박스 검사 기법에 해당하는 것으로만 짝지어진 것은?**

〈보기〉
㉠ 데이터 흐름 검사
㉡ 루프 검사
㉢ 동등 분할 검사
㉣ 경계값 분석
㉤ 원인 결과 그래프 기법
㉥ 오류 예측 기법

① ㉠, ㉡　② ㉠, ㉣
③ ㉡, ㉤　④ ㉢, ㉥

해설 제어 흐름과 데이터 흐름을 검사하거나 루프 구조를 검사하는 방식은 모두 내부 구조를 확인하여야 하는 화이트 박스 테스트에 해당된다.

정답 23 ① 24 ④ 25 ② 26 ② 27 ① 28 ④ 29 ④ 30 ①

8회

**31** **코드 인스펙션에 대한 설명으로 틀린 것은?**

① 프로그램을 수행시켜보는 것 대신에 읽어보고 눈으로 확인하는 방법으로 볼 수 있다.
② 코드 품질 향상 기법 중 하나이다.
③ 동적 테스트 시에만 활용하는 기법이다.
④ 결함과 함께 코딩 표준 준수 여부, 효율성 등의 다른 품질 이슈를 검사하기도 한다.

**해설** 코드 인스펙션, 워크 스루, 동료 검토 등은 정적 테스트 기법으로 정형 기술 검토(FTR)에 해당된다.

정답 31 ③

# 인터페이스 구현

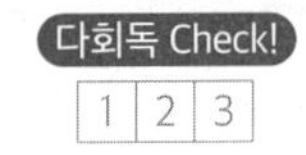


학습 목표

- 이론보다는 실무 관점의 학습이 필요하며, 시험 문제 출제 빈도는 낮은 편임
- 내외부 시스템에 대한 연계의 필요성, 목적, 전체 인터페이스 구현 절차와 각 수행 단계별 핵심 업무에 대해서는 이해와 암기가 필요함

PART 01 PART 02 PART 03 PART 04 PART 05

## SECTION 01 인터페이스 설계 확인

### 1. 인터페이스 기능 확인

① 인터페이스 기능 확인의 개요

㉠ 인터페이스 기능 확인의 정의

인터페이스 설계서 및 관련 참조 문서를 기반으로 하여 외부 및 내부 모듈들의 기능을 식별하고 확인하는 과정

㉡ 공통기능 및 데이터 인터페이스 확인 절차

인터페이스 기능을 확인하기 위해 먼저 내외부 모듈 간 공통 기능 및 데이터 인터페이스 확인이 필요

| 순서 | 구분 | 설명 |
|---|---|---|
| 인터페이스 설계서의 외부 내부 모듈 기능 확인 | 인터페이스 정의서 확인 | • 시스템인터페이스 정의서와 상세 기능 인터페이스 정의서를 분석하여 외부, 내부 모듈의 기능을 확인 |
| | 정적, 동적 모형 확인 | • 정적, 동적 다이어그램을 통해 외부 및 내부 모듈의 기능을 확인 |
| 인터페이스 설계서의 외부 내부 모듈 기반 공통 기능 확인 | 공통 제공 기능 확인 | • 외부, 내부 모듈의 주요 기능을 나열하고 그중 공통되는 기능을 확인 |
| | 인터페이스 확인 | • 인터페이스 설계서의 외부, 내부 모듈을 기반으로 공통 기능을 식별한 후 이를 중심으로 필요한 데이터 인터페이스 항목을 확인 |

이해돕기

인터페이스 설계는 파트 1의 챕터 4에서도 다루고 있으며, 본 장에서는 설계 이후 확인 및 구현과 관련한 학습을 다룸

**이해돕기**

내외부 모듈 연계 방법은 파트 1의 챕터 4 인터페이스 설계에서도 다루고 있으며, 연계 학습이 필요함

## ② 외부 및 내부 모듈 연계를 위한 인터페이스 기능 식별

㉠ 내외부 모듈 연계 방법

<table>
<tr><th>유형</th><th>구분</th><th colspan="3">세부내용</th></tr>
<tr><td rowspan="7">EAI<br>(Enterprise Application Integration)</td><td>정의</td><td colspan="3">• 서로 다른 플랫폼이나 애플리케이션들 간에 정보의 전달, 연계, 통합을 가능하게 해주는 솔루션으로 구현하는 방식에 따라서 5개의 유형이 존재함</td></tr>
<tr><td rowspan="6">구성 유형</td><td>통합 방식</td><td>설명</td><td>장점</td></tr>
<tr><td>Point-to-point 방식</td><td>• 가장 기본적인 애플리케이션 통합 유형으로 1:1 통합 수행</td><td>• 별도의 솔루션 도입 없이 애플리케이션 간 통합</td></tr>
<tr><td>Peer-to-Peer 방식</td><td>• 중간 미들웨어 없이 각 애플리케이션이 Peer Server가 되어 Point-to-Point 방식으로 연결하는 방법</td><td>• 상대적인 저렴한 비용으로 통합 가능</td></tr>
<tr><td>Hub & Spoke 방식</td><td>• 애플리케이션 중간에 미들웨어를 두어 처리하는 방식<br>• 중앙의 단일 허브시스템을 구현하여 데이터를 전송하는 중앙 집중식 방식</td><td>• 모든 데이터가 허브를 경유하여 데이터 전송 보장</td></tr>
<tr><td>Messaging Bus 방식</td><td>• 애플리케이션 사이에 버스 방식의 미들웨어를 두어 통합 구현</td><td>• 어댑터가 각 시스템과 버스를 연결하므로 뛰어난 확장성, 대용량 처리 환경 제공</td></tr>
<tr><td>Hybrid 방식</td><td>• Hub & Spoke와 Messaging Bus 방식의 혼합형으로 내부 그룹 내에서는 Hub & Spoke 방식을, 그룹 간에는 Messaging Bus 방식을 사용</td><td>• 대규모 환경에 적합한 통합 작업 가능</td></tr>
</table>

<table>
<tr><td rowspan="6">ESB<br>(Enterprise<br>Service<br>Bus)</td><td>정의</td><td colspan="2">• 웹 서비스 중심의 표준화된 버스를 통해 다양한 이 기종 애플리케이션을 느슨하게 통합하는 플랫폼 기술</td></tr>
<tr><td rowspan="5">구성<br>요소</td><td>구성 요소</td><td>설명</td></tr>
<tr><td>Adapter</td><td>• 레거시와의 연동을 위한 메시지 변환 기술을 제공하는 솔루션 미들웨어</td></tr>
<tr><td>메시지의<br>변환 및<br>가공</td><td>• XML, Xpath, XSLT 등의 다양한 프로토콜 지원을 위한 메시지 변환 및 연동 기능</td></tr>
<tr><td>보안</td><td>• 분산 환경에서도 안정적이며 신뢰성 있는 서비스를 위한 보안 기술</td></tr>
<tr><td>트랜잭션<br>지원</td><td>• 동기방식이나 비동기 방식의 트랜잭션 처리를 안정적으로 지원하는 기술 및 기능</td></tr>
</table>

㉡ 외부 및 내부 모듈 연계를 위한 인터페이스 기능 식별 순서

<table>
<tr><th colspan="2">세부절차</th><th>설명</th></tr>
<tr><td colspan="2">내외부 모듈 연계 기능 식별</td><td>• 인터페이스가 포함된 외부 및 내부 모듈의 연계된 기능을 시나리오 형태로 구체화하고 기능을 식별</td></tr>
<tr><td rowspan="3">내외부 모듈<br>간 연계된<br>인터페이스</td><td>외부 모듈과 연계된 기능에 따른 인터페이스 기능 식별</td><td>• 외부 모듈과 인터페이스 모듈 간의 동작 기능에 기반해 인터페이스 기능을 식별</td></tr>
<tr><td>내부 모듈과 연계된 기능에 따른 인터페이스 기능 식별</td><td>• 해당 업무 시나리오를 기반으로 내부 모듈에 관한 인터페이스 기능을 식별</td></tr>
<tr><td>외부 및 내부 모듈과 연계된 기능에 따른 인터페이스 기능 식별</td><td>• 외부, 공통, 내부 모듈 기능 분석을 통한 인터페이스 기능을 종합적으로 식별</td></tr>
</table>

## 2. 데이터 표준 확인

### ① 데이터 표준 확인의 개요

㉠ 데이터 표준의 정의

인터페이스를 위해 연동 범위의 데이터들의 형식과 표준을 정의하는 개념으로 기존의 데이터 중 공통의 영역을 추출 후 정의하거나 혹은 한쪽의 데이터를 변환하여 정의

㉡ 데이터 표준의 정의 유형

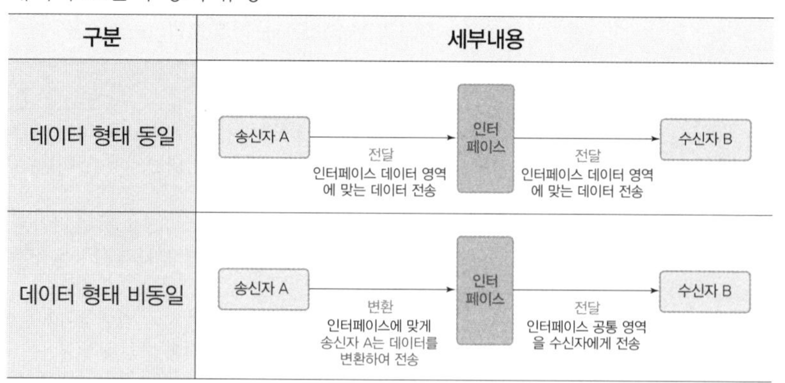

| 구분 | 세부내용 |
| --- | --- |
| 데이터 형태 동일 | 송신자 A → 전달 (인터페이스 데이터 영역에 맞는 데이터 전송) → 인터페이스 → 전달 (인터페이스 데이터 영역에 맞는 데이터 전송) → 수신자 B |
| 데이터 형태 비동일 | 송신자 A → 변환 (인터페이스에 맞게 송신자 A는 데이터를 변환하여 전송) → 인터페이스 → 전달 (인터페이스 공통 영역을 수신자에게 전송) → 수신자 B |

② **데이터 표준확인 절차**

| 구분 | | 세부내용 |
| --- | --- | --- |
| 데이터 표준 확인 | 데이터 인터페이스 의미 파악 | • 식별된 각 데이터 인터페이스의 입력값, 출력값의 의미를 파악 |
| | 의미 파악 통한 데이터 표준 확인 | • 데이터 인터페이스의 각 항목의 의미를 이해하고 확인 후 이를 기반으로 데이터 표준 확인 |
| 식별된 인터페이스 기능 통해 데이터 표준 확인 | | • 식별 인터페이스 기능을 통해 데이터 항목 식별<br>• 필요한 항목이 무엇들인지 분석하고 나열<br>• 필요 데이터 항목과 이전에 식별된 데이터 인터페이스 항목에서 조정 항목 검토 |
| 식별 인터페이스 기능을 통해 데이터 표준 확인 | | • 데이터 인터페이스 기능 확인을 통해 필요한 데이터 표준 및 조정 항목을 검토하고 이에 따라 최종 데이터 표준 확인<br>• 확인된 데이터 표준을 어디에서 도출하였는지 구분하여 작성 |

## SECTION 02 인터페이스 기능 구현

### 1. 인터페이스 보안

> **이해돕기**
> 정보 보안에 관한 내용은 파트 5의 챕터 3 소프트웨어 개발 보안 구축에서 다루고 있으며, 본 장과 연계 학습이 필요함

① **인터페이스 보안의 개요**

㉠ 인터페이스 보안의 정의

인터페이스 구현에 따른 시스템 모듈 상호 통신 구간에 데이터 변조, 탈취 및 인터페이스 모듈 자체의 보안 취약점 발생 가능성이 있으며, 이에 대한 보안 방안이 요구됨

㉡ 인터페이스 보안 취약점 유형

<table>
<tr><th colspan="2">구분</th><th>세부내용</th></tr>
<tr><td>취약점</td><td>데이터 탈취</td><td>• 스니핑(Sniffing) 공격을 통해 데이터 통신 내역을 중간에서 감청 후 기밀성을 훼손<br>• OWASP(Open Web Application Security Project) top10 취약점 이용</td></tr>
<tr><td rowspan="2">대응 방안</td><td>시큐어 코딩</td><td>총 7개 항목의 취약점에 대해서 보안 코딩 구현
<table>
<tr><th>구분</th><th>내용</th></tr>
<tr><td>입력 데이터 검증 및 표현</td><td>• 크로스 사이트 스크립 공격(XSS), SQL 인젝션 공격을 방지하기 위해 소스코드의 취약점 점검 및 개선</td></tr>
<tr><td>API 이용</td><td>• get(), system exit() 등 시스템에 접근하는 API 오용 방지</td></tr>
<tr><td>보안 특성</td><td>• 인증, 접근제어, 기밀성, 암호화, 권한 관리 등 보안 구성의 잘못으로 인한 취약점 대응</td></tr>
<tr><td>시간 및 상태</td><td>• 프로세스 동시 수행이나 system call 등을 동시 수행할 시 발생하는 취약점 점검 및 대응</td></tr>
<tr><td>에러 처리</td><td>• 에러 처리의 부적절 대응이나 에러에 대한 정보가 과도하게 설정하는 경우 대응</td></tr>
<tr><td>코드 품질</td><td>• 복잡하고 명료하지 않은 배드 소스코드의 품질 점검 및 대응</td></tr>
<tr><td>캡슐화</td><td>• 중요 데이터에 대한 불충분한 캡슐화로 악의적 접근 가능성 점검 및 대응</td></tr>
</table></td></tr>
<tr><td>데이터베이스 암호화</td><td>데이터의 기밀성을 유지하기 위해 암호화 알고리즘 및 기법 활용하여 중요하거나 민감한 데이터 보호
<table>
<tr><th colspan="2">구분</th><th>내용</th></tr>
<tr><td rowspan="3">암호화 알고리즘 암호화</td><td>대칭키 방식</td><td>• 암호화키와 복호화키가 동일<br>• ARIA, AES128/192/256, SEED</td></tr>
<tr><td>해시 알고리즘</td><td>• 평문을 일방향 압축<br>• SHA-256/384/512, HAS-160</td></tr>
<tr><td>비대칭키 방식</td><td>• 암호화키와 복호화키가 비동일<br>• RSA, ECDSA</td></tr>
<tr><td rowspan="3">데이터베이스 암호화 기법</td><td>API 방식</td><td>• 애플리케이션 레벨에서 암호 모듈 API를 적용하여 데이터 암호화</td></tr>
<tr><td>Plugin 방식 (Filter 방식)</td><td>• DBMS의 프로시저나 플러그인 방식 모듈을 통한 데이터 암호화</td></tr>
<tr><td>Hybrid 방식</td><td>• API 방식과 Plugin 방식을 융합하여 수행허가나 플러그인 방식에 추가로 SQL문에 대응하는 어플라이언스 제공</td></tr>
</table></td></tr>
</table>

② 인터페이스 보안 기능 적용 절차

| 구분 | | 세부내용 |
|---|---|---|
| 인터페이스 보안 취약점 분석 | 인터페이스 각 구간별 구현 현황 분석 | • 보안 취약점 분석을 위해 송수신 영역 구현기술과 특성을 파악하고 분석 |
| | 각 구간 보안 취약점 분석 | • 인터페이스 기능을 대상으로 각 단계 영역별 발생 가능한 시나리오를 가정하여 보안 취약점 분석 |
| 인터페이스 보안 기능 적용 | 네트워크 구간 보안 기능 적용 | • 네트워크 트래픽에 대한 암호화 구현을 위해 인터페이스 아키텍처를 분석하고 다양한 방식으로 보안 기능 적용 |
| | 애플리케이션에 보안 기능 적용 | • 애플리케이션 코드상에 보안 취약점을 보완하기 위한 시큐어 코딩 가이드를 참조하며 적용 |
| | 데이터베이스에 보안 기능 적용 | • 데이터베이스 접근 권한 설정, 동작 객체 보안 취약점 대응, 중요한 데이터 암호화 수행 |

## 2. 소프트웨어 연계 테스트

### ① 소프트웨어 연계 테스트의 개요

㉠ 소프트웨어 연계 테스트의 정의

구현된 인터페이스의 작동을 검증하기 위해 인터페이스 구현 및 감시도구를 통해 동작 상태를 검증하고 감시하는 활동

㉡ 소프트웨어 연계 테스트의 유형

| 인터페이스 기능 | 검증도구 필요 기능 | 감시도구 필요 기능 |
|---|---|---|
| 송신 측 인터페이스 대상 선택 전송 | • 입력 대상과 생성 인터페이스 객체의 정보 일치 여부 확인 가능 | • 데이터베이스의 SQL 모니터링 기능<br>• 조회 트랜잭션 모니터링 기능<br>• JSON 생성 객체 모니터링 기능 |
| 인터페이스 객체 전송 | • 암호화 통신으로 수신 측에 정확히 전달되어 있는지 확인<br>• 전달된 정보와 수신된 정보의 일치 여부 확인<br>• 파싱된 정보와 송신된 정보의 일치 여부 확인 | • 연결된 트랜잭션 변수 모니터링 기능<br>• 암호화 통신 모니터링 기능<br>• 통신 간 패킷 정보 모니터링 기능 |
| 수신 후 수신 측 트랜잭션과 결과 반환 | • 수신 데이터와 연관된 트랜잭션의 기댓값과의 일치 여부 확인 | • 객체 입력 및 출력값 모니터링 기능<br>• 객체의 동작 성공과 실패 여부 모니터링 기능 |

② **소프트웨어 연계 테스트의 절차**

| 구분 | | 세부내용 |
|---|---|---|
| 검증 및 감시 도구 준비 | 도구 요건 분석 | • 구현된 인터페이스 명세서 참조 후 구현 검증을 위한 검증 및 감시도구 요건 분석 |
| | 도구 준비 | • 요건 분석을 통해 최적화 검증 및 감시도구 선택 및 도입 |
| 외부 시스템과의 연계 모듈 상태 확인 | 동작 상태 확인 | • 외부 시스템과 연계 모듈의 송수신 간 동작 상태를 인터페이스 검증 도구를 통해 확인<br>• 최초 입력값과 생성되는 객체의 데이터 등 인터페이스 프로세스상 예상 결과와 검증값 비교<br>• 각 단계의 에러 처리 적절성도 검토 |
| | 동작 상태 감시 | • 외부 모듈이 서비스를 제공하는 동작이 정상적인지 감시도구를 통해 확인<br>• 인터페이스 동작 여부, 에러 발생 여부 등 감시도구의 리포트 기능 활용 |

## SECTION 03 인터페이스 구현 검증

### 1. 설계 산출물

① **설계 산출물의 개요**

㉠ 설계 산출물의 정의

이 기종 시스템 및 컴포넌트 간의 데이터 교환이나 처리를 위한 목적을 위해 각 시스템의 교환 데이터, 업무 프로세스, 송수신 주체 등이 정의된 설계서

㉡ 설계 산출물의 유형

| 구분 | 유형 | 설명 |
|---|---|---|
| 인터페이스 설계서 | 시스템 인터페이스 정의서 | • 특정 시스템의 인터페이스 현황을 인터페이스 목록과 명세로 보여주는 설계 문서 |
| | 상세 기능별 인터페이스 정의서 | • 인터페이스를 통한 각 세부 개요, 기능 동작 전에 필요한 사전 조건 및 사후 조건, 인터페이스 파라미터, 호출 이후 결과 반환값 등이 정의된 문서 |
| 모형 및 형태에 따른 설계서 | 정적, 동적 모형 인터페이스 설계서 | • 시스템을 구성하는 주요 구성 요소 간에 트랜잭션을 표현하고 인터페이스를 통해 상호 교환되는지 표기한 설계서 |
| | 데이터 정의를 통한 인터페이스 설계서 | • 제공하는 인터페이스 서비스에 대하여 상세 명세를 기술한 산출물로 서비스 목록, 인터페이스 방식, 리턴 형태 등을 정의하여 표기한 설계서 |

② 각 설계 산출물 기반 인터페이스 구현 검증 도구

| 순서 | 구분 | 설명 |
|---|---|---|
| 검증 도구 | 인터페이스 구현 검증 | • 웹 기반 테스트 케이스 설계, 실행, 결과 확인 지원 테스트 도구 |
| | NTAF | • STAF와 FitNesse를 통합한 Naver 테스트 자동화 점검 도구 |
| | Selenium | • 여러 유형의 브라우저 지원 및 개발언어를 지원하는 웹 애플리케이션 테스트 도구 |
| | STAF | • 서비스 호출, 컴포넌트 재사용 등 다양한 환경을 지원하는 테스트 도구 |
| | watir | • Ruby 기반의 웹 애플리케이션 테스트 도구 |
| | xUnit | • C++(Cppunit), java(Junit), .Net(Nunit) 등 다양한 프로그래밍 언어를 지원하는 단위테스트 지원 도구 |
| 감시 도구 | APM | • 애플리케이션 모니터링 툴(Application Performance Management ; APM)을 활용하여 데이터베이스와 웹 애플리케이션의 트랜잭션과 변수값, 호출 함수, 로그 및 시스템 부하 등 정보 분석 가능 |

## 2. 인터페이스 명세서

### ① 인터페이스 명세서의 개요

㉠ 인터페이스 명세서의 정의

컴포넌트 명세서에 정의된 인터페이스 클래스의 세부적인 조건과 기능을 명시한 명세서

㉡ 인터페이스 명세서와 컴포넌트 명세서 특징

| 구분 | 설명 |
|---|---|
| 컴포넌트 명세서 | • 컴포넌트의 개요 및 내부 클래스 동작, 인터페이스 통한 외부 통신 명세 정의<br>• 실제 코드 수준의 클래스 명칭이나 설계수준 논리적 클래스 명칭 사용 |
| 인터페이스 명세서 | • 명칭과 설명, 사전 · 사후 조건, 인터페이스 데이터, 인터페이스 후 성공 여부 및 반환 값 등이 정의된 명세 정의 |

### ② 인터페이스 기능 구현 도구

<table>
<tr><th>구분</th><th>도구</th><th>설명</th></tr>
<tr><td rowspan="2">데이터<br>통신<br>인터페이스</td><td>JSON<br>(JavaScript<br>Object<br>Notation)</td><td>• 데이터 오브젝트를 속성–값의 쌍으로 구성하여 전달하기 위한 개방형 표준 포맷
<table>
<tr><th>자료형</th><th>설명</th><th>예시</th></tr>
<tr><td>배열<br>(Array)</td><td>• 배열은 대괄호로 표현하며 배열의 각 요소는 기본 자료형이거나 객체, 배열로 구성</td><td>[20, {"x" : 30},<br>[50, "일곱"]]</td></tr>
<tr><td>숫자<br>(Number)</td><td>• 정수나 실수의 형태의 기본 자료형으로 8진수나 16진수 표현은 미지원</td><td>정수 : 1111, 12<br>실수(고정소수점)<br>: 0.12, −1.3<br>실수(부동소수점)<br>: 3e7, 1.4e11</td></tr>
<tr><td>객체<br>(Object)</td><td>• 객체의 '이름:값' 쌍의 집합으로 중괄호를 사용하고 이름은 문자열이기 때문에 따옴표로 표현</td><td>{"name1" : 10,<br>"name2" : true}</td></tr>
<tr><td>문자열<br>(String)</td><td>• 큰따옴표로 표현하며 '/'는 특수 기호문자를 표현하기 위해 사용</td><td>"1122", "Apple",<br>"한글"</td></tr>
</table></td></tr>
<tr><td>XML<br>(eXtensible<br>Markup<br>Language)</td><td>• 다목적으로 확장 가능한 마크업 언어로 다양한 형태의 데이터를 기술하고 이기종 시스템끼리 데이터를 쉽게 전송 가능
<table>
<tr><th>특징</th><th>내용</th></tr>
<tr><td>XML 선언</td><td>• 자신에 대한 정보 일부를 선언하여 시작</td></tr>
<tr><td>속성</td><td>• 앨리먼트 태그 속에 위치한 속성 정보</td></tr>
<tr><td>앨리먼트</td><td>• 문서의 논리 요소이며 시작 태그와 끝 태그의 쌍으로 구성하거나 빈 앨리먼트 태그로 구성</td></tr>
<tr><td>유니코드 문자</td><td>• XML 문서는 문자로 이루어져 있으며, 대부분의 유니코드 문자로 구성 가능</td></tr>
<tr><td>XML 파서</td><td>• 마크업을 분석하고 필요한 정보를 추출하여 애플리케이션에 전달</td></tr>
<tr><td>마크업과<br>콘텐츠</td><td>• XML 구성 문자들은 마크업과 내용으로 구분되며 간단한 문법 규칙으로 구성</td></tr>
</table></td></tr>
<tr><td colspan="2">인터페이스 엔티티</td><td>• 인터페이스가 필요한 시스템 간에 별도의 인터페이스 엔티티를 구성하여 상호 연계 수행<br>• 엔티티 역할은 데이터베이스의 인터페이스 테이블을 두고 각 시스템 간 데이터 교환에 활용</td></tr>
</table>

**이해돕기**

JSON

JSON은 최근 정보시스템에서 다양하게 활용되고 있으며, 데이터 통신 인터페이스 외에도 인공지능 데이터 학습의 Anotation 등에도 적용됨

### ③ 인터페이스 기능 구현 및 검증

| 구분 | | 세부내용 |
|---|---|---|
| 사전에 정의된 기능 구현 | 기능 구현 정의내용 분석 | • 개발 중인 애플리케이션과 연계 대상 모듈 간의 세부 설계서를 확인하여 기능 구현을 정의하고 분석하여 활용<br>• 상세하게 정의된 기능 구현 내용을 토대로 어떻게 구현할지 분석<br>• 분석 시 구현 방법, 범위, 구체성 정도까지 분석 후 빠르고 정확하게 구현 준비 |
| 인터페이스 구현 | 데이터 통신 인터페이스 구현 | • JSON이나 XML을 이용하여 인터페이스 구현<br>• 인터페이스 객체를 생성하기 위한 데이터를 선택하고 인터페이스 객체 구현 및 전송 후 전송 결과를 수신 측에서 반환 |
| | 엔티티 기반 인터페이스 구현 | • 독립적으로 인터페이스 엔티티를 사용하여 인터페이스를 구현하는 경우 인터페이스 테이블을 엔티티로 활용<br>• 송신 측 인터페이스 테이블에 데이터를 쓰고 전송한 후 수신 측 인터페이스 테이블에서 데이터를 읽고 처리 |
| 인터페이스 기능 구현 검증 | 검증 및 감시 도구 활용 | • 인터페이스 기능 구현 후 검증 도구 및 감시 도구를 활용하여 검증을 수행하고 인터페이스 오류 처리 확인 및 보고서를 작성 |

### ④ 인터페이스 오류 확인 및 보고서 작성 절차

| 구분 | | 세부내용 |
|---|---|---|
| 인터페이스 오류 사항 확인 | 오류 발생 즉시 확인 | • 인터페이스 오류 발생 시 화면을 통한 인지, 관리자에게 오류 발생 메시지 전달 |
| | 주기적으로 오류 발생 확인 | • 시스템 로그나 오류 관련 테이블, 인터페이스 감시 도구를 활용, 관리자가 주기적으로 확인하여 오류 발생 여부 및 원인 확인, 추적 가능<br>• 지속적인 관리를 통해 오류의 원인을 분석하고 오류 재발생을 방지 |

**이해돕기**

인터페이스 오류 확인 및 보고서 작성 절차는 비단 인터페이스 오류뿐만 아니라 통상적인 정보시스템 오류 처리에도 유사하게 적용됨

<table>
<tr>
<td>인터페이스<br>오류 보고서<br>작성</td>
<td>보고서<br>작성 후<br>보고 수행</td>
<td>
• 인터페이스 오류 발생 시 상황인지 및 조치 사항을 시간 경과에 따라 작성<br>
• 인터페이스에 대한 오류 보고는 조치가 완료된 후 보고하면 시기가 늦으므로 시기에 따라 조직 업무 프로세스에 맞춰 보고
<table>
<tr><th>구분</th><th>특징</th><th>보고 내용</th></tr>
<tr><td>최초<br>발생<br>보고</td><td>• 상황 인지 및 대응 조직 구축</td><td>• SMS, 메일, 간이보고서 등을 활용하여 오류 발생 구간, 시점, 영향도 보고</td></tr>
<tr><td>오류<br>처리<br>경과<br>보고</td><td>• 최초 인지 후 진행 상황 보고</td><td>• 오류 조치 사항 위주 보고, 대안 서비스 및 공지 사항으로 완료 예상 시점 공유 및 보고</td></tr>
<tr><td>완료<br>보고</td><td>• 최종 조치 완료 및 이해관계자에게 완료 보고</td><td>• 최초 발생 시점, 조치 경과, 오류 원인, 재발 방지 대책 등 종합적 결과 보고</td></tr>
</table>
</td>
</tr>
</table>

# 기출문제 분석

1, 2회

**01 인터페이스 보안을 위해 네트워크 영역에 적용될 수 있는 솔루션과 거리가 먼 것은?**

① IPSec ② SMTP
③ SSL ④ S-HTTPS

해설 내외부 모듈간의 인터페이스 보안을 위해서 IPSec, SSL, S-HTTPS 등의 네트워크 보안 솔루션 적용이 가능하다. SMTP는 우편 전송 프로토콜(Simple Mail Transfer Protocol)로 보안 통신과는 관계가 적다.

1, 2회

**02 다음에서 설명하는 인터페이스 구현 검증 도구는?**

- 서비스 호출, 컴포넌트 재사용 등 다양한 환경을 지원하는 테스트 프레임워크
- 각 테스트 대상 분산 환경에 데몬을 사용하여 테스트 대상 프로그램을 통해 테스트를 수행하고, 통합하여 자동화하는 검증 도구

① xUnit ② STAF
③ FitNesse ④ RubyNode

해설 서비스 호출, 컴포넌트 재사용 등 다양한 환경을 지원하는 테스트 도구는 STAF이다.

1, 2회

**03 EAI(Enterprise Application Integration)의 구축 유형으로 옳지 않은 것은?**

① Point-to-Point ② Hub & Spoke
③ Message Bus ④ Tree

해설 EAI는 서로 다른 플랫폼 및 애플리케이션들 간의 정보 전달, 연계, 통합을 가능하게 해주는 솔루션으로 구축 유형은 Point-to-Point, Peer-to-Peer, Hub & Spoke, Message Bus, Hybrid 등이 있다. Tree는 자료 구조의 한 형태이다.

1, 2회

**04 소스코드 품질 분석 도구 중 정적분석 도구가 아닌 것은?**

① pmd ② cppcheck
③ valMeter ④ checkstyle

해설 대표적인 소스코드 품질 분석 도구 중 정적분석 도구로는 checkstyle, cppcheck, pmd, SonarQube 등이 있다.

3회

**05 인터페이스 구현 시 사용하는 기술 중 다음에서 설명하는 것은?**

JavaScript를 사용한 비동기 통신기술로 클라이언트와 서버 간에 XML 데이터를 주고받는 기술

① Procedure ② Trigger
③ Greedy ④ AJAX

해설 AJAX는 Asynchronous JavaScript and XML의 준말로 자바 스크립트를 활용하여 비동기 통신을 수행하며 XML을 교환한다.

4회

**06** EAI(Enterprise Application Integration) 구축 유형 중 Hybrid에 대한 설명으로 틀린 것은?

① Hub & Spoke와 Message Bus의 혼합 방식이다.
② 필요한 경우 한 가지 방식으로 EAI 구현이 가능하다.
③ 데이터 병목현상을 최소화할 수 있다.
④ 중간에 미들웨어를 두지 않고 각 애플리케이션을 point to point로 연결한다.

해설 Hybrid 방식은 중간에 Bus라는 미들웨어를 두어 그룹 내에서는 Hub & Spoke방식을, 그룹 간에는 Messaging Bus 방식을 활용한다.

4회

**07** 소스코드 품질 분석 도구 중 정적분석 도구가 아닌 것은?

① pmd ② checkstyle
③ avalanche ④ cppcheck

해설 대표적인 정적 소스코드 품질 분석 도구 중 정적 분석 도구로는 checkstyle, cppcheck, pmd, SonarQube 등이 있다. avalanche는 동적 소스코드 품질 분석 도구이다.

4회

**08** 다음 중 인터페이스 구현 검증 도구가 아닌 것은?

① ESB ② xUnit
③ STAF ④ NTAF

해설 ESB(Enterprise Service Bus)는 웹 서비스 중심으로 표준화된 데이터, 버스를 통해 이 기종 애플리케이션을 느슨하게 통합하는 플랫폼 기술이다.

4회

**09** 해싱 함수 중 레코드 키를 여러 부분으로 나누고, 나눈 부분의 각 숫자를 더하거나 X O R한 값을 홈 주소로 사용하는 방식은?

① 제산법 ② 폴딩법
③ 기수변환법 ④ 숫자분석법

해설 해시함수에서 폴딩법은 키를 몇 부분으로 나눈 다음 그 값을 더하여 해시 함수 결과를 도출하는 방법이다.
① 제산법 : 레코드 키가 해시표 크기보다 큰 수 중에서 가장 작은 소수로 나눈 나머지 값을 주소로 지정하는 방식
③ 기수 변환법 : 키 숫자의 진수를 다른 진수로 변환시켜 주소 크기를 초과한 자리수는 절단하고 이를 주소 범위에 맞추는 방식
④ 숫자 분석법(계수 분석법) : 키 값을 이루는 숫자의 분포를 분석하여 비교적 안정적인 자리를 필요한 만큼 택해서 홈 주소로 삼는 방식
※ 자세한 사항은 파트 3에서 추가 학습 필요

PART 01 PART 02 PART 03 PART 04 PART 05

정답 01 ② 02 ② 03 ④ 04 ③ 05 ④ 06 ④ 07 ③ 08 ① 09 ②

7회

## 10 소스코드 정적 분석(Static Analysis)에 대한 설명으로 틀린 것은?

① 소스 코드를 실행시키지 않고 분석한다.
② 코드에 있는 오류나 잠재적인 오류를 찾아내기 위한 활동이다.
③ 하드웨어적인 방법으로만 코드 분석이 가능하다.
④ 자료 흐름이나 논리 흐름을 분석하여 비정상적인 패턴을 찾을 수 있다.

해설 소스코드 정적 분석(Static Analysis)은 소스 코드를 실행하지 않고 분석을 수행하며, 코드의 오류나 잠재적인 오류를 찾아낸다. 반드시 하드웨어적인 방법으로 코드를 분석하는 것이 아니라 소프트 측면의 검토(문서 검토 등)를 통해서도 코드 분석을 수행한다.

8회

## 11 인터페이스 간의 통신을 위해 이용되는 데이터 포맷이 아닌 것은?

① AJTML ② JSON
③ XML ④ YAML

해설 XML과 JSON은 대표적인 인터페이스 간 통신 데이터 포맷이다. YAML은 Yaml Ain't Markup Language, Yet Another Markup Language의 준말로 최신 마크업 언어이며, 사람들이 이해하기 쉬운 형태를 가진 데이터 포맷이다.

정답 10 ③ 11 ①

# 출제 동향 분석

## CHAPTER 01 SQL 응용

- 데이터베이스를 효율적으로 활용하기 위한 SQL 관련 학습 내용들로 구성되어 있으며, 실제 코딩이나 활용 요소인 트리거, 이벤트, 사용자 함수 등을 묻는 문제가 출제되고 있으나 비중이 높지는 않습니다.
- 이와 함께 SQL의 문법 유형인 DDL, DML, DCL 등에 대한 이해와 주요 명령어에 대해서는 반드시 이해와 함께 암기가 요구됩니다.
- 데이터베이스 구축은 각 챕터가 유기적으로 연계되며, 이에 따른 챕터별 독자학습이 아닌 유기적인 연계 학습이 필요합니다.

## CHAPTER 02 SQL 활용

- 챕터 1 SQL 응용과 연계하여 SQL 유형과 명령어가 지속적으로 출제되고 있으며 이외에도 데이터베이스의 핵심 구성 요소인 트랜잭션, 테이블의 구조와 뷰, 인덱스, 집합연산자, 조인 및 서브 쿼리 등 기본 요소들에 대한 학습이 필요합니다.
- 단순한 암기로는 문제 풀이에 한계가 있어 반드시 이해를 기반으로 하는 암기가 필요한 챕터입니다.

## CHAPTER 03 논리 데이터베이스 설계

- 개채, 속성, 식별자, 관계 등 관계형 데이터모델 개념 및 기초 지식과 함께 개념적, 논리적 데이터 모델링에 대한 출제 비중이 높으므로 체계적인 학습이 요구됩니다.
- 실제로 데이터 모델을 수립하고 개념적 모델을 논리적 모델로 변환해보는 실습이 필요하며, 특히 비정보통신전공자는 실무 측면의 학습도 필요합니다.
- 이와 함께 챕터 4의 물리 데이터베이스 설계와도 연계 학습을 수행해야 합니다.

## CHAPTER 04 물리 데이터베이스 설계

- 파트 3에서 가장 많은 학습 분량을 포함하고, 팩트에 기반한 암기 문제가 출제되고 있습니다.
- 타 챕터와 달리 물리 관점에서 데이터베이스를 구축하기 위한 내용을 학습해야 하며 이에 따라 소프트웨어가 아닌 하드웨어 측면의 접근 자세가 필요하고, 이러한 태도에 기반하여 이론과 실무 측면 암기 문제가 출제됩니다.

## CHAPTER 05 데이터 전환

- 신규 데이터베이스를 구축하고 기존 데이터베이스 혹은 정보시스템에서 데이터를 이전하기 위한 방법론 측면의 학습 내용과, 데이터베이스를 개선하고 효율적으로 운영하기 위한 백업, 정제 등을 다루고 있습니다. 그러나 시험 출제 비중은 상당히 낮은 편입니다.
- 이론보다는 실무를 충분히 이해하는 자세의 학습이 필요하고 구축 이후의 상황을 가정해서 생각하고 문제를 풀어야 합니다.

# 데이터베이스 구축

PART 03

CHAPTER 01

# SQL 응용

다회독 Check! 1 2 3

**학습 목표**

- 애플리케이션 구축단계에서 데이터베이스를 구축하고 이를 제어하기 위한 SQL의 문법과 이를 활용한 트리거, 이벤트 등 학습
- 주요 문법 유형과 각 유형별 명령어에 대해서 체계적인 이해와 학습이 필요

## SECTION 01 절차적 SQL 작성

### 1. 트리거

**① 트리거의 개요**

㉠ 트리거의 정의

데이터베이스에서 특정 조건인 이벤트가 발생하게 되면 자동으로 작동하도록 설정된 프로그램

㉡ 트리거의 목적

특정 테이블의 데이터 변경을 시작점으로 설정하고 그와 유관되는 작업을 자동적으로 수행하기 위해서 사용

㉢ 트리거의 특징

- DBMS에 의해서 자동으로 호출되며 사용자가 직접 호출 불가
- 이벤트 명령어를 통해 트리거 실행을 위한 이벤트 인지
- 외부 변수 IN, OUT이 없으며, 트리거 내에 COMMIT, ROLLBACK 등의 데이터 제어어(DCL ; Data Control Language)를 사용할 수 없음
- 트리거 실행 중 오류가 발생하면 트리거 실행의 원인을 제공한 데이터 작업에도 영향을 주는 경우가 있음

**이해돕기**

트리거

트리거는 사용자 함수나 저장 프로시저와 달리 이벤트 발생 시 자동으로 특정 프로그램이 실행되도록 구성됨

### ② 트리거의 구문 구성

㉠ 트리거의 구성도

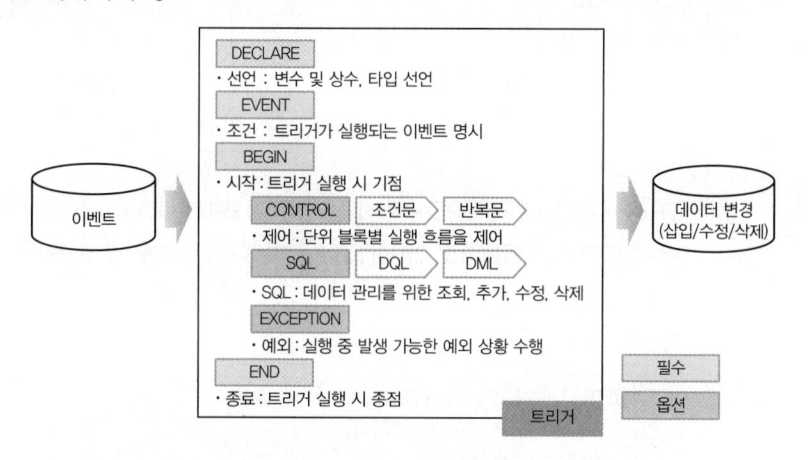


| 구문 | 내용 |
|---|---|
| DECLARE | • 트리거의 명칭과 변수 및 상수 등 타입을 선언 |
| EVENT | • 트리거가 실행되기 위한 시간이나 조건을 명기 |
| BEGIN | • 트리거의 시작을 표시하고 END와 함께 박스 형태로 구성 |
| CONTROL | • 순차적인 조건문이나 반복문을 나열하여 흐름의 제어 처리 |
| SQL | • DML 등 SQL 문법을 사용하여 데이터의 조회, 추가, 삭제 등 담당 |
| EXCEPTION | • BEGIN~END까지 나열된 SQL문이 실행될 때 발생하는 예외 처리 방법을 기술 |
| END | • 트리거 종료를 표시 |

㉡ 트리거의 문법 구성

```
CREATE [OR REPLACE] TRIGGER [TRIGGER_NAME]
AFTER [TRANSACTION TYPE]
ON [TABLE NAME]
[FOR EACH ROW]
BEGIN

...
  [SQL]
  [CONTROL]

...
  [EXCEPTION]

...

END;
```

> **이해돕기**
> 데이터베이스에서 트리거와 이벤트는 통상적으로 데이터의 무결성 유지를 위해서 사용됨

## 2. 이벤트

### ① 이벤트의 개요

㉠ 이벤트의 정의

트리거가 작동되기 위한 조건이며, 통상적으로 특정 테이블에 삽입이나 삭제, 수정 등의 데이터 변경 등에 의해서 이벤트가 발생

㉡ 이벤트의 유형

TRANSACTION TYPE이나 데이터의 INSERT, UPDATE, DELETE 등이 해당되며, BEFORE, AFTER 등 이벤트 순서에 맞게 트리거 수행을 위한 조건 입력

㉢ 이벤트 구문

```
CREATE EVENT [EVENT NAME]
ON SCHEDULE [스케쥴:시간:간격]
[ON COMPLETION [NOT]
PRESERVE]
[ENABLE ¦ DISABLE]
[COMMENT '주석문']
DO
[BEGIN]
  [실행할 SQL 구문;]
[END]
```

| 구문 | 내용 |
|---|---|
| EVENT | • 트리거 실행을 위한 EVENT 호출 시 사용할 이름 명기 |
| SCHEDULE | • 이벤트 조건을 충족시키기 위한 실행 시간과 간격을 명기<br>[구문]<br>• AT 연월일시 : 특정 시간에 이벤트가 실행(AT '2022-07-07 00:01:00'<br>• EVERY 간격 : 간격마다 이벤트가 실행(EVERY 24 HOUR) |

### ② 이벤트 기반 트리거 작성 절차

| 구분 | | 내용 |
|---|---|---|
| 트리거 작성 | 이벤트 정의 | • 요구 사항을 충족하기 위해 처리해야 하는 데이터 트랜잭션을 확인하고 인식이 가능한 이벤트를 정의 |
| | 이벤트 대상 확인 | • 추가, 수정, 삭제하려는 이벤트 데이터와 기존 테이블, 구조 확인 |
| | 관계 분석 | • 기존 테이블과 데이터 간의 관계를 분석하고 PK(Primary Key), FK(Foreign Key)를 확인 |
| | 트리거 설계 | • 트리거 데이터 흐름도를 작성하고 변수 분석 및 예외 처리를 고려한 후 트리거 기능 설계 |
| | 트리거 작성 | • 트리거 변수를 선언하고, 기능 설계를 기반으로 코드를 작성한 후 예외 처리 구현 |
| | 트리거 컴파일 | • 트리거를 컴파일하여 DBMS 적용 |

| 이벤트 발생 및 검토 | 이벤트 발생 | • 테이블 내에 데이터 삽입, 수정, 삭제 등 사전 이벤트로 정의된 부분을 실행 |
|---|---|---|
| | 자동 실행 점검 | • 이벤트가 비정상 완료되는 경우나 에러가 발생하는 경우를 점검하고 수정 후 이벤트 재실행 |

## 3. 사용자 정의 함수

### ① 사용자 정의 함수의 개요

㉠ 사용자 정의 함수의 정의

- 사용자가 의도하는 연산들을 단일 값의 결과로 반환할 수 있는 절차형 SQL문의 집합으로 DBMS에서 기본으로 내재된 함수 이외에 사용자가 원하는 대로 직접 정의하고 작성하며 호출을 통해 실행
- 기본적인 개념은 프로시저와 유사하나 종료 시 결괏값 반환이 없는 프로시저와 달리 단일값을 반환하고 반환되는 결괏값을 수정, 삽입, 조회 등의 처리 작업에 활용

㉡ 사용자 정의 함수 호출 쿼리 형식

```
SQL> SELECT [USER_FUNCTION_NAME] (PARAMETER_1, PARAMETER_2...)
FROM DUAL;

SQL> UPDATE [TABLE_NAME] SET [COLUMN_NAME]=[USER_FUNCTION_NA
ME] (PARAMETER_1,
...) WHERE ...
```

> **이해돕기**
> 사용자 정의 함수와 저장 프로시저, 트리거는 사전 사용자가 정의한 SQL문이 실행된다는 점에서는 공통점이 있으며, 사용자 정의 함수는 결괏값의 반환이 있고, 저장 프로시저는 결괏값 반환이 없으며, 트리거는 자동으로 실행된다는 차이가 있음

### ② 사용자 정의 함수 구성

㉠ 사용자 정의 함수 구성도

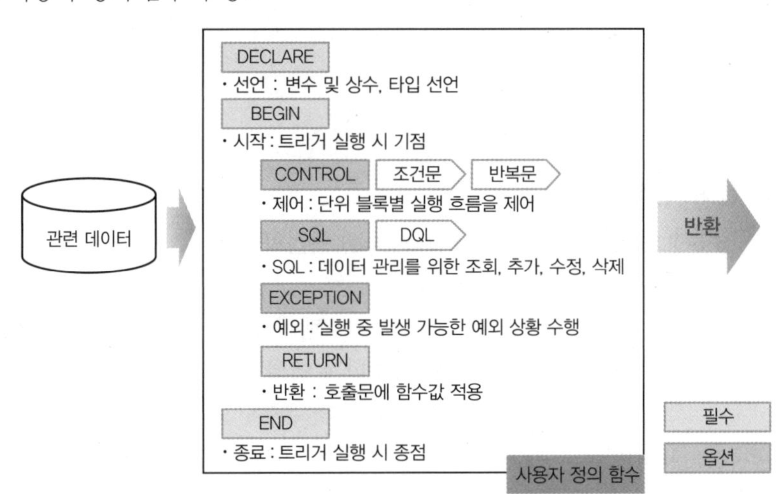

| 구문 | 내용 |
|---|---|
| DECLARE | • 사용자 정의 함수의 명칭과 변수, 상수 및 데이터 타입을 명기 |
| BEGIN | • 사용자 정의 함수의 시작과 종료를 표기하고 END와 함께 박스 형태로 구성 |
| CONTROL | • 순차적인 조건문이나 반복문을 나열하여 흐름의 제어 처리 |
| SQL | • SQL 문법을 사용하여 데이터의 조회, 추가, 삭제 등 담당 |
| EXCEPTION | • BEGIN~END까지 나열된 SQL문이 실행될 때 발생하는 예외 처리 방법을 기술 |
| RETURN | • 호출문에 대한 함수값을 반환 |
| END | • 사용자 정의 함수 종료 표기 |

㉡ 사용자 정의 함수 문법

```
CREATE [OR REPLACE] FUNCTION [FUNCTION_NAME]
(PARAMETER_1 [MODE] DATA_TYPE_1,
 PARAMETER_2 [MODE] DATA_TYPE_2,
...
)
IS [AS]
...
BEGIN



...
   [SQL]
   [CONTROL]
...
   [EXCEPTION]
...
   RETURN [VALUE];
END;
```

## 4. SQL 문법

### ① SQL(Structured Query Language) 문법의 개요

㉠ SQL의 정의

- 관계형 데이터베이스 관리시스템에서 데이터를 관리하고 의도에 맞춰 활용하기 위해 개발된 특수한 목적의 프로그래밍 언어
- 통상적으로 DDL, DML, DCL의 유형으로 분류하나 SELECT 명령어를 기반으로 하는 DQL(Data Query Language), COMMIT과 ROLLBACK, SAVEPOINT 명령어를 기반으로 하여 TCL(Transaction Control Language)을 추가로 분류하기도 함

㉡ SQL 문법의 유형

| 구분 | 내용 |
|---|---|
| DDL(Data 정의어) | • Database 정의와 수정 목적으로 사용하는 언어(Data Definition Language)<br>예 CREATE TABLE, ALTER TABLE 등 |
| DML(Data 조작어) | • 정의된 데이터베이스에 레코드를 조회, 수정, 삭제하는 역할의 언어(Data Manipulation Language)<br>예 SELECT, UPDATE 등 |
| DCL(Data 제어어) | • Database의 규정이나 기법을 정의하고 제어하는 언어(Data Control Language)<br>예 GRANT 권한 TO USER 등 |

**이해돕기**

시험에서는 DDL, DML, DCL문의 각각 명령어를 묻는 문제가 다수 출제되고 있으며, 이에 따라 각 명령어의 실행 내용과 암기가 필요함

**POINT**

**DCL과 TCL의 이해**

DCL과 TCL은 정보처리기사 목차에는 포함되어 있지 않으나 SQL 문법과 연계하여 문제가 출제될 수 있으므로 본 장에서 학습이 필요함

1. 데이터 제어어(DCL) 명령어
   ① GRANT : 객체의 소유자가 자신이 소유한 모든 권한 중에 특정 권한을 GRANT문을 사용하여 다른 사용자에게 부여

```
GRANT [PRIVILEGES] ON [OBJECT] TO [USER_GROUP] (WITH GRANT OPTION)
```

   ② REVOKE : 객체의 소유자가 자신이 소유한 모든 권한 중에 특정 권한을 GRANT문을 사용하여 다른 사용자에게 부여한 후 다시 권한을 회수할 때 사용

```
REVOKE [PRIVILEGES] ON [OBJECT] FROM [USER_GROUP]
```

2. 트랜잭션 제어어(TCL) 명령어

| 구문 | 내용 |
|---|---|
| COMMIT; | • 데이터베이스에서 트랜잭션 발생 내용을 영구적으로 확정하고 알람 발생 |
| ROLLBACK TO SAVEPOINT NAME; | • 데이터베이스에서 오류나 특정 사항이 발생하여 SAVE된 지점으로 복구 수행 |
| SAVEPOINT NAME; | • 복구하고자 하는 지점을 정하고 이름 부여 |

### ② SQL의 주요 명령어

㉠ DDL

| 구분 | 내용 |
|---|---|
| CREATE | • 데이터베이스, 테이블 등을 생성 |
| ALTER | • 데이터베이스, 테이블 등을 수정 |
| DROP | • 데이터베이스, 테이블을 삭제 |
| TRUNCATE | • 테이블을 초기화 |

㉡ DML

| 구분 | 내용 |
|---|---|
| SELECT | • 특정 테이블의 데이터를 조회 |
| INSERT | • 특정 테이블의 데이터를 삽입 |
| UPDATE | • 특정 테이블의 데이터를 수정 |
| DELETE | • 특정 테이블의 데이터를 삭제 |

㉢ DCL

| 구분 | 내용 |
|---|---|
| GRANT | • 특정 데이터베이스 사용자에게 특정 작업 수행 권한 부여 |
| REVOKE | • 특정 데이터베이스 사용자로부터 특정 작업 권한 회수 |
| COMMIT | • 트랜잭션 작업을 정상적으로 완료 |
| ROLLBACK | • 트랜잭션 작업 중 문제가 발생했을 때, 트랜잭션 처리 과정에서 발생한 변경 사항을 취소하고, 트랜잭션 과정을 종료 |

③ **SQL 작성 절차**

㉠ SQL 작성 개요도

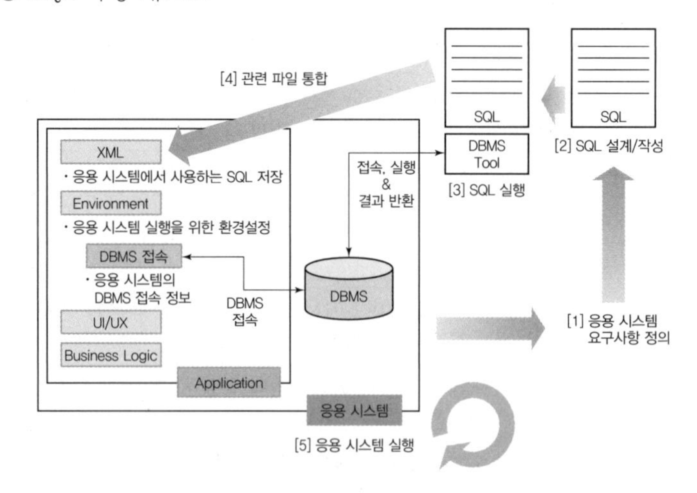


㉡ SQL 작성 절차

| 순서 | 구분 | 내용 |
|---|---|---|
| 1 | 요구 분석 | • 응용 시스템 서비스 기능 중에서 DBMS와 관련한 부분 확인 |
| 2 | SQL 설계 | • 기능 수행을 위해 DQL, DML 등 필요한 SQL 정의 후 설계 |
| 3 | SQL 실행 | • 단순한 구조 기반으로 설계하고 실행한 후 결과 점검 및 수정 |
| 4 | 관련파일 통합 | • 응용 시스템 내에 관련 파일을 통합하고 구현 |
| 5 | 응용 시스템 실행 | • 최종 응용 시스템을 실행하고 테스트 수행 후 구현 완료 |

## SECTION 02 응용 SQL 작성

### 1. DML

① **DML(Data Manipulation Language)의 개요**

㉠ DML의 정의

데이터의 생명주기를 제어하고 조작하는 명령어

㉡ DML의 명령 유형

<table>
<tr><th>구분</th><th>내용</th></tr>
<tr><td>SELECT</td><td>• 테이블에서 특정 데이터를 읽어오는 구문<br>[문법]<br>SELECT field1, field2, ... FROM table {WHERE 조건};<br>[예시]<br>SELECT * FROM document WHERE no between 1 and 50;<br>(Document 테이블 내에서 1~50까지 번호를 가지는 항목을 읽음)</td></tr>
<tr><td>INSERT</td><td>• 테이블에 데이터를 입력하는 구문<br>[문법]<br>INSERT INTO table(field1, field2, ...) VALUES(value1, value2, ...);</td></tr>
<tr><td>UPDATE</td><td>• 테이블의 데이터를 수정하는 구문<br>[문법]<br>UPDATE table SET field1=value1, field2=value2, {WHERE 조건};</td></tr>
<tr><td>DELETE</td><td>• 테이블의 데이터를 삭제하는 구문<br>[문법]<br>DELETE FROM table {WHERE 조건};</td></tr>
</table>

② **DML 활용 절차**

<table>
<tr><th colspan="2">구분</th><th>내용</th></tr>
<tr><td>테이블 설계서 준비</td><td>테이블 생성</td><td>• 사용자 요구사항 및 설계에 맞춰 DML을 이용하여 데이터 조작을 위한 테이블을 생성</td></tr>
<tr><td rowspan="3">데이터 삽입</td><td>단일 레코드 삽입</td><td>• 필요시 INSERT 등의 명령어를 사용하여 단일 레코드 삽입</td></tr>
<tr><td>복수 레코드 삽입</td><td>• 필요시 INSERT 등의 명령어를 사용하여 복수 레코드 삽입</td></tr>
<tr><td>INSERT 명령문 오류 조사</td><td>• INSERT 명령문은 테이블 구조에 민감하여 필수로 넣어야 하는 값<br>• 컬럼의 순서 등을 조사하고 데이터 타입이 틀린 값이 입력되지 않도록 유의</td></tr>
</table>

<table>
<tr><td rowspan="2">데이터 조회 및 수정</td><td>데이터 조회</td><td>• 필요 시 삽입한 데이터를 조회하기 위하여 SELECT 등의 명령어를 사용하고 조회를 수행</td></tr>
<tr><td>데이터 수정</td><td>• 데이터를 수정하기 위해서 특정 조건인 Condition, 특정 대상인 What, 실제 값인 How 등을 정의하고 UPDATE 등의 명령어를 통해서 수행</td></tr>
<tr><td rowspan="2">데이터 삭제</td><td>데이터 삭제</td><td>• 필요 시 삽입한 데이터를 삭제하기 위하여 DELETE 등의 명령어를 사용하고 삭제를 수행</td></tr>
<tr><td>데이터 삭제 오류 조사</td><td>• 삭제 명령어 수행 시 외래키 제약조건 등 무결성 보호 등에 의해서 오류가 발생할 수 있으며 이러한 사항들을 조사 후 수정</td></tr>
</table>

## 2. DQL

### ① DQL(Data Query Language)의 개요

㉠ DQL의 정의

데이터 질의어라고 하며 상대적으로 자주 빈번히 사용하는 DML의 SELECT 명령어를 별도로 DQL로 정의하여 분류

㉡ DQL의 구문

```
SELECT [ALL ¦ DISTINCT ¦ DISTINCTROW] 속성명1, 속성명2
  FROM 테이블명1,
[WHERE 조건]
```

㉢ DQL의 명령어 설명

<table>
<tr><th>구분</th><th>내용</th></tr>
<tr><td>SELECT</td><td>• 특정 테이블에서 데이터를 조회하며 통상 '속성명, 계산식'으로 표기<br>• 2개 이상의 테이블을 대상으로 할 시에는 '테이블명, 속성명'으로 표현
<table>
<tr><th>구분</th><th>내용</th></tr>
<tr><td>ALL</td><td>• 디폴트 설정값으로 SELECT 뒤에 명시하지 않을 경우 ALL로 인식하며 테이블 내 모든 대상 검색</td></tr>
<tr><td>DISTINCT</td><td>• 속성이 중복적으로 조회될 경우에는 그중에서 하나만 검색 수행</td></tr>
<tr><td>DISTINCTROW</td><td>• 속성들과 상관없이 ROW 전체가 중복된 튜플들을 제거하고 조회</td></tr>
</table></td></tr>
</table>

| 구분 | 내용 |
|---|---|
| WHERE, LIKE | • 데이터를 조회할 때 부가적인 조건 부여<br>• WHERE 및 LIKE 연산자 |

| 구분 | | 연산자 | 내용 |
|---|---|---|---|
| 비교 연산자 | | == | • 일치 |
| | | != | • 불일치 |
| | | 〈〉 | • 크거나 작음 |
| | | 〉= | • 크거나 같음 |
| | | 〈= | • 작거나 같음 |
| | | !〈 | • 작지 않음 |
| | | !〉 | • 크지 않음 |
| 논리 연산자 | | AND | • 둘 다 참인 경우 |
| | | OR | • 하나 이상 참인 경우 |
| | | NOT | • 아닌 경우 |
| | | BETWEEN | • 범위 안에 포함되는 경우 |
| | | EXISTS | • 존재하는 경우 |
| 집합 | | IN | • 여러 값들 중 하나인 조건 |
| | | NOT IN | • 여러 값들 중 하나가 아닌 조건 |
| LIKE | LIKE | + | • 문자열과 문자열을 연결 |
| | | _ | • '_' 개수만큼 단일문자로 일치 |
| | REGEXP_LIKE | % | • 0개 이상의 문자열과 일치 |
| | | [ ] | • 목록의 문자 중 1개의 문자와 일치 |
| | | [^] | • 목록에 있는 문자를 포함하지 않음 |
| NULL | | IS NULL | • NULL 값인 조건 |
| | | IS NOT NULL | • NULL 값이 아닌 조건 |

| 구분 | 내용 |
|---|---|
| JOIN | • 연결성이 있는 테이블을 결합 |

### ② DQL의 활용 예시

| 구분 | 내용 |
|---|---|
| SELECT * FROM table_name; | • 테이블의 모든 데이터 조회 |
| SELECT music.title FROM music; | • 현재 music 테이블에서 노래 제목 컬럼만 조회 |
| SELECT music.title, music.lyrics FROM music; | • music 테이블에서 노래 제목과 가사만 조회 |
| SELECT music.lyrics FROM music WHERE music.title='나무'; | • music 테이블에서 노래 제목이 '나무'인 데이터 조회 |
| SELECT music.title, music.lyrics FROM music WHERE music.lyrics LIKE '%사랑사랑%'; | • music 테이블에서 가사 중 '사랑사랑' 단어가 들어간 노래 제목과 가사 조회 |

**이해돕기**

SELECT문

DML 혹은 DQL로 분류하며, SQL문의 핵심문으로 다양한 활용법을 모두 이해하고 있어야 함

## 3. 윈도우 함수

### ① 윈도우 함수의 개요

㉠ 윈도우 함수의 정의

- 데이터베이스를 사용하는 온라인 분석 처리를 위한 표준 SQL 추가 기능
- 시장 분석, 통계 작성, 경영 계획 분석 등 온라인 기반의 비즈니스에 자주 사용하는 분석 기법이며 OLAP(OnLine Analytical Processing) 함수라고도 함

㉡ 윈도우 함수의 문법

```
SELECT 〈WINDOWS_FUNCTION〉 [ARGUMENTS] OVER
        ([PARTITION BY 〈COLUMN_1, COLUMN_2, COLUMN_3...〉]
        [ORDER BY 〈COLUMN_A, COLUMN_B, COLUMN_C...〉])
FROM TABLE
```

이해돕기

데이터베이스의 특정 데이터를 기반으로 통계나 분석을 수행하는 함수에는 윈도우 함수, 그룹 함수, 집계 함수 등이 있으며, 이 중 집계함수는 그룹 함수에 포함되는 개념임

### ② 윈도우 함수의 유형

| 구분 | | 내용 |
|---|---|---|
| 집계 함수 | | • GROUP BY 구문을 활용, 복수 행을 그룹핑하여 분석 결과 데이터를 반환하는 함수 |
| 순위 함수 | RANK | • 레코드의 순위를 계산하고 동일 순위 레코드 존재 시에는 후순위로 선정<br>예 2위, 2위, 2위, 5위, 6위 |
| | DENSE_RANK | • 레코드의 순위를 계산하며 동일 순위 레코드 존재 시에도 후순위로 넘어가지 않음<br>예 2위, 2위, 2위, 3위, 4위 |
| | ROW_NUMBER | • 레코드의 순위를 계산하며 동일 순위 레코드가 존재해도 무관하게 연속 번호를 부여<br>예 2위, 3위, 4위, 5위, 6위 |
| 행 함수 | FIRST_VALUE | • 파티션별로 윈도우에서 가장 먼저 나오는 값을 찾음<br>• 집계 함수의 경우 MIN과 같은 결과 출력 |
| | LAST_VALUE | • 파티션별로 윈도우에서 가장 늦게 나오는 값을 찾음<br>• 집계 함수의 경우 MAX와 같은 결과 출력 |
| | LAG | • 파티션별로 윈도우에서 1부터 이전의 특정 번째 행의 값을 읽음 |
| | LEAD | • 파티션별로 윈도우에서 1부터 이후의 특정 번째 행의 값을 읽음 |
| 비율 함수 | | • CUME_DIST, NTILE, RATIO_TO_REPORT, PERCENT_RANK 등의 그룹 내에 비율 함수 존재 |

# 4. 그룹 함수

## ① 그룹 함수의 개요

㉠ 그룹 함수의 정의

- 윈도우 함수, 집계 함수 등과 같이 데이터 분석을 위한 다중 행 처리가 가능한 함수
- 집계 함수를 포함하는 개념이며 소그룹 간의 소계나 중계 등의 중간 합계 분석 데이터를 산출

㉡ 집계 함수의 개요

<table>
<tr><th>구분</th><th>내용</th></tr>
<tr><td>개요</td><td>• 복수행을 그룹별로 지정한 후 그룹당 단일 계산 결과를 반환하는 함수<br>• 단순한 명령어를 기반으로 하며 그룹 함수나 윈도우 함수에 적용</td></tr>
<tr><td>구문</td><td>SELECT [COLUMN_1, COLUMN_2, COLUMN_3]<br>        , 〈GROUP FUNCTION〉<br>FROM 〈TABLE_NAME〉<br>  [WHERE ...]<br>  GROUP BY 〈COLUMN_1, COLUMN_2, COLUMN_3...〉<br>[HAVING 조건식(GROUP FUNCTION 포함)]</td></tr>
<tr><td>분류</td><td>
<table>
<tr><th>집계 함수</th><th>대상</th><th>입력값</th></tr>
<tr><td>COUNT</td><td>복수 행의 줄 수</td><td>• COUNT(*)인 경우 테이블에 존재하는 전체 행의 개수<br>• 특정 컬럼에 대해 COUNT를 수행하면 해당 컬럼이 NULL이 아닌 행의 개수</td></tr>
<tr><td>SUM</td><td>복수 행의 해당 컬럼 간의 합계</td><td>• 선택한 컬럼의 합을 계산<br>• MIN/MAX와 다르게 숫자인 값에 대해서만 연산이 가능하며, NULL값은 무시하고 계산함</td></tr>
<tr><td>AVG</td><td>복수 행의 해당 컬럼 간의 평균</td><td>• 선택한 컬럼의 평균을 계산<br>• MIN/MAX와 다르게 숫자인 값에 대해서만 연산이 가능하며, NULL값은 무시하고 계산하므로, NULL을 0으로 취급하고 싶다면 NULL을 0으로 변경하는 작업을 추가해야 함</td></tr>
<tr><td>MAX</td><td>복수 행의 해당 컬럼 중 최댓값</td><td>• 선택한 컬럼의 최댓값(문자열, 날자 형식 가능)</td></tr>
<tr><td>MIN</td><td>복수 행의 해당 컬럼 중 최솟값</td><td>• 선택한 컬럼의 최솟값(문자열, 날자 형식 가능)</td></tr>
<tr><td>STDDEV</td><td>복수 행의 해당 컬럼 중 표준편차</td><td>• 선택한 컬럼의 표준편차값<br>• 보통 통계를 낼때 사용하는 표준편차</td></tr>
<tr><td>VARIAN</td><td>복수 행의 해당 컬럼 간의 분산</td><td>• 선택한 컬럼의 분산</td></tr>
</table>
</td></tr>
</table>

② 그룹 함수의 유형

<table>
<tr><th>구분</th><th>내용</th></tr>
<tr><td>ROLLUP</td><td>• 지정한 컬럼에 대한 소계를 작성하고 중간 집계값을 산출하기 위해 사용<br>• 지정 컬럼은 계층별로 구성되기 때문에 순서가 바뀌면 수행 결과가 바뀜<br><br>[문법]<br>SELECT [COLUMN_1, COLUMN_2, COLUMN_3]<br>, 〈GROUP FUNCTION〉<br>FROM 〈TABLE_NAME〉<br>[WHERE ...]<br>GROUP BY [COLUMN...] ROLLUP (〈COLUMN...〉)<br>[HAVING ...]<br>[ORDER BY ...]</td></tr>
<tr><td>CUBE</td><td>• 결합 가능한 모든 값에 대해서 다차원집계를 생성하는 그룹 함수<br>• ROLLUP과 달리 GROUP BY절에 명시한 모든 컬럼에 대해 소그룹 합계를 계산<br><br>[문법]<br>SELECT [COLUMN_1, COLUMN_2, COLUMN_3]<br>, 〈GROUP FUNCTION〉<br>FROM 〈TABLE_NAME〉<br>[WHERE ...]<br>GROUP BY [COLUMN...] CUBE (〈COLUMN...〉)<br>[HAVING ...]<br>[ORDER BY ...]</td></tr>
<tr><td>GROUPING SETS</td><td>• 다양한 소계 집합을 만들고 집계 대상 컬럼들에 대한 개별 집계를 구할 수 있으며, ROLLUP이나 CUBE 함수와는 달리 컬럼 간 순서와 무관하게 동일 결괏값 확인<br><br>[문법]<br>SELECT [COLUMN_1, COLUMN_2, COLUMN_3]<br>, 〈GROUP FUNCTION〉<br>FROM 〈TABLE_NAME〉<br>[WHERE ...]<br>GROUP BY [COLUMN...] GROUPING SETS 〈COLUMN...〉<br>[HAVING ...]<br>[ORDER BY ...]</td></tr>
</table>

## 5. 오류 처리

**이해돕기**

오류 처리는 다양한 프로그래밍 언어에서 지원하는 기능이며, SQL에서는 핸들러와 ROLLBACK을 통해서 수행함

① 오류 처리의 개요

㉠ 오류 처리의 정의

- 소프트웨어 실행 중에 발생하는 오류에 대해서 대응하기 위한 방법을 정의하는 활동
- 데이터베이스에서는 프로시저나 SQL 구문에서 발행하는 오류에 대해 대응하기 위해서 SQL 핸들러 사용

ⓛ 오류의 유형

| 구분 | 내용 |
|---|---|
| 연결 오류 | • 대부분의 오류가 해당되며, 실행 시에 운영체제, 파일 시스템과 데이터베이스 파일의 상호작용에 문제가 있을 시 발생 |
| 구문 오류 | • 잘못된 SQL 구문 형식으로 인해서 발생하는 오류 |
| 제약 조건 오류 | • INSERT나 UPDATE문에서 데이터를 열에 추가할 시에 발생하는 오류<br>• 새 데이터가 테이블이나 열에 대하여 정의된 UNIQUE 제약조건, PRIMARY KEY 제약조건, NOT NULL 제약조건, CHECK 제약조건, DATA TYPE 제약조건에서 오류가 발생 |

② **오류 처리 방안**

㉠ 핸들러 수행

| 구분 | | 내용 |
|---|---|---|
| 구문 | DECLARE '액션' HANDLER FOR '에러 코드'<br>'실행 명령'; | |
| 액션 | Continue | 명령어 부분을 계속 실행 |
| | Exit | 명령어 부분에 대한 실행이 종료 |
| | Undo | 문법에는 나오나 실제 지원하지 않음 |
| 에러 상태 | 특정 에러 | 에러 코드가 발생하거나 5자리 문자열의 SQLSTATE 발생 |
| | SQLWARNING | 에러가 아닌 경고로 발생하며 SQLSTATE가 '01'로 시작하는 문자열 발생 |
| | NOTFOUND | 커서가 마지막 레코드에 도달한 후 다음 레코드를 Fetch 못 했을 때 SQLSTATE가 '02'로 시작하는 문자열 발생 |
| | SQLEXCEPTION | SQLSTATE가 '00', '01', '02'로 시작하지 않는 나머지 에러가 발생 |
| 실행 명령 | 핸들러가 호출될 때 실제 실행되는 명령 구문 | |

ⓛ ROLLBACK 수행

| 구분 | 내용 | 예시 |
|---|---|---|
| ROLLBACK 수행 | • 에러 발생 시 세이브포인트로 롤백을 수행하여 복구 수행 | ROLLBACK TO SAVEPOINT NAME; |
| HANDLER를 통한 ROLLBACK 수행 | • 핸들러 구문과 롤백을 결합하여 특정 지점으로 복구 수행 | DECLARE EXIT HANDLER<br>FOR SQLEXCEPTION<br>BEGIN<br>ROLLBACK;<br>END; |

# 기출문제 분석

1, 2회

**01 DML에 해당하는 SQL 명령으로만 나열된 것은?**

① DELETE, UPDATE, CREATE, ALTER
② INSERT, DELETE, UPDATE, DROP
③ SELECT, INSERT, DELETE, UPDATE
④ SELECT, INSERT, DELETE, ALTER

해설 DML(Data Manipulation Language)은 데이터 조작어로서 데이터베이스의 레코드를 조회하거나 수정, 삭제하는 역할을 하는 언어이며, 이에 해당하는 명령어는 SELECT, INSERT, DELETE, UPDATE이다.

1, 2회

**02 데이터베이스 시스템에서 삽입, 갱신, 삭제 등의 이벤트가 발생할 때마다 관련 작업이 자동으로 수행되는 절차형 SQL은?**

① 트리거(trigger) ② 무결성(integrity)
③ 잠금(lock) ④ 복귀(ROLLBACK)

해설 트리거는 데이터베이스에서 특정 조건인 삽입, 갱신, 삭제 등의 이벤트가 발생하게 되면 자동으로 작동하도록 설정된 프로그램이다.

1, 2회

**03 데이터 제어언어(DCL)의 기능으로 옳지 않은 것은?**

① 데이터 보안
② 논리적, 물리적 데이터 구조 정의
③ 무결성 유지
④ 병행수행 제어

해설 DCL(Data Control Language)은 데이터 제어어로 데이터베이스의 규정이나 기법 등을 정의하고 제어하는 기능을 수행하며, 권한 부여 및 회수를 통한 데이터 보안이나, 커밋이나 롤백을 통한 무결성 유지 및 병행수행 제어를 담당한다. 논리적, 물리적 데이터 구조 정의는 DDL을 통해서 수행한다.

3회

**04 DCL(Data Control Language) 명령어가 아닌 것은?**

① COMMIT ② ROLLBACK
③ GRANT ④ SELECT

해설 DCL은 데이터 제어어로 권한의 부여를 담당하는 GRANT, 권한 회수의 REVOKE, 트랜잭션 완료의 COMMIT, 트랜잭션 복구의 ROLLBACK의 명령어를 지칭한다. SELECT, INSERT, DELETE, UPDATE 등의 명령어는 데이터 조작어인 DML에 포함된다.

3회

**05 다음 중 SQL의 집계함수(aggregation function)가 아닌 것은?**

① AVG ② COUNT
③ SUM ④ CREATE

해설 집계함수는 데이터 분석을 목적으로 복수행을 그룹별로 지정한 후 그룹당 단일 계산 결과를 반환하는 함수이며 COUNT, SUM, AVG, MAX, MIN, STDDEV, VARIAN 등의 함수로 구성된다. CREATE는 데이터 정의어인 DLL 명령어로 데이터베이스나 테이블을 생성한다.

5회

**06** **SQL에서 스키마(schema), 도메인(domain), 테이블(table), 뷰(view), 인덱스(index)를 정의하거나 변경 또는 삭제할 때 사용하는 언어는?**

① DML(Data Manipulation Language)
② DDL(Data Definition Language)
③ DCL(Data Control Language)
④ IDL(Interactive Data Language)

해설 DDL(Data Definition Language)은 데이터 정의어로, 데이터베이스를 정의하고 수정하는 목적으로 사용하는 언어이며 대표적인 명령어로는 데이터베이스나 테이블을 생성하는 CREATE, 테이블을 수정하는 ALTER, 데이터베이스 및 테이블을 삭제하는 DROP, 테이블을 초기화하는 TRUNCATE 등이 있다.

8회

**07** **데이터 제어어(DCL)에 대한 설명으로 옳은 것은?**

① ROLLBACK : 데이터의 보안과 무결성을 정의한다.
② COMMIT : 데이터베이스 사용자의 사용 권한을 취소한다.
③ GRANT : 데이터베이스 사용자의 사용 권한을 부여한다.
④ REVOKE : 데이터베이스 조작 작업이 비정상적으로 종료되었을 때 원래 상태로 복구한다.

해설 GRANT는 데이터베이스 사용자에게 특정 작업 권한을 부여하고 REVOKE는 다시 권한을 회수한다. COMMIT은 데이터베이스의 트랜잭션 작업을 정상적으로 완료시키며, ROLLBACK은 트랜잭션 작업이 비정상적으로 종료되었을 때 원래대로 복구하는 기능을 수행한다.

정답 01 ③ 02 ① 03 ② 04 ④ 05 ④ 06 ② 07 ③

# SQL 활용

다회독 Check! 1 2 3

**학습 목표**

- 애플리케이션에서 데이터베이스를 제어하고 운영하기 위한 SQL 문법 및 명령어 심화학습 내용으로 구성되어 있으며, 이와 함께 관계형 데이터 모델에 대한 기본 구성 개념 내용임
- 데이터베이스 기본 구성 요건과 트랜잭션 처리에 관한 내용을 학습하고 뷰나 인덱스 등 부수적으로 데이터베이스 구축 및 운영에 필요한 내용 학습

## SECTION 01 기본 SQL 작성

### 1. DDL

#### ① DDL(Data Definition Language)의 개요

㉠ DDL(Data Definition Language)의 정의

데이터를 구조화하는 틀인 DBMS의 오브젝트를 정의하는 언어

> **이해돕기**
> DBMS의 오브젝트
> 데이터베이스를 구성하는 테이블, 뷰, 인덱스 등의 요소들을 의미함

㉡ DDL의 요소

| 구분 | 내용 |
|---|---|
| Schema | • DBMS의 특성 및 구현 환경을 고려한 데이터의 구조로 하나의 데이터베이스를 의미 |
| Domain | • 속성의 타입이나 크기, 제약 조건 등과 관련한 정보를 정의 |
| Table | • 실제 데이터의 저장 공간 |
| View | • 하나 이상의 물리적 테이블에서 케싱되는 가상의 논리 테이블 |
| Index | • 검색을 효율적이고 빠르게 수행하기 위한 별도의 데이터 구조 |

#### ② DDL 조작 방법

㉠ DDL 조작 유형

| 구분 | DDL 명령어 | 내용 |
|---|---|---|
| 생성 | CREATE | • 데이터베이스 오브젝트 생성<br>• 테이블 생성 과정에 제약조건을 적용 |
| 변경 | ALTER | • 데이터베이스의 오브젝트를 변경 |
| 삭제 | DROP | • 데이터베이스의 오브젝트 전체를 삭제 |
| | TRUNCATE | • 데이터베이스의 오브젝트 내용을 삭제 |

ⓛ DDL 조작 문법

| 명령어 | 구분 | 내용 |
| --- | --- | --- |
| CREATE | 기본 SQL 작성 | CREATE TABLE 테이블 이름 (<br>열이름 데이터 타입 [DEFAULT 값] [NOT NULL]<br>{,열이름 데이터 타입 [DEFAULT 값] [NOT NULL] }*<br>[PRIMARY KEY (열 리스트),]<br>{[FOREIGN KEY (열 리스트) REFERENCES 테이블 이름 [(열 이름)]<br>[ ON DELETE 옵션 ]<br>[ ON UPDATE 옵션 ] ], }*<br>[CHECK (조건식) \| UNIQUE(열 이름) ] ) ; |
| | 다른 테이블 정보 활용 테이블 생성 | CREATE TABLE 테이블 이름 AS SELECT문; |
| ALTER | 컬럼 추가 | ALTER TABLE 테이블 이름 ADD 컬럼 이름 데이터 타입 [DEFAULT 값] |
| | 컬럼 삭제 | ALTER TABLE 테이블 이름 MODIFY 컬럼 이름 데이터 타입 [DEFAULT 값] |
| | 컬럼 데이터 타입 변경 | ALTER TABLE 테이블 이름 DROP 컬럼 이름 |
| DROP TABLE | 테이블 삭제 | DROP TABLE 테이블 이름 |
| TRUNCATE TABLE | 테이블 내용 삭제 | TRUNCATE TABLE 테이블 이름 |
| RENAME TABLE | 테이블 이름 변경 | RENAME TABLE 이전 테이블 이름 TO 새로운 테이블 이름 |
| | | ALTER TABLE 이전 테이블 이름 RENAME 새로운 테이블 이름 |

ⓒ 테이블 생성 시 제약조건 유형

| 구분 | DDL 명령어 |
| --- | --- |
| PRIMARY KEY | • 테이블의 기본키를 정의<br>• 기본적으로 NOT NULL과 UNIQUE 제약 포함 |
| FOREIGN KEY | • 외래키를 정의<br>• 참조 대상을 테이블 이름과 컬럼 이름의 명시 필요<br>• 참조 무결성에 대한 위배 상황이 발생할 시 대응 방법을 옵션으로 지정이 가능함 |
| UNIQUE | • 테이블 내에서 특정 컬럼은 유일한 값이어야 함<br>• 테이블 내에서 동일 값이면 안 되는 항목을 지정 |
| NOT NULL | • 테이블 내에서 관련 특정 컬럼의 값은 NULL일 수가 없음<br>• 필수 입력 항목에 대해서 제약조건으로 설정 가능 |
| CHECK | • 개발자가 정의하는 제약조건으로 상황에 따라 다양한 조건 설정 가능 |

**이해돕기**

DELETE와 DROP TABLE
DML문의 DELETE는 특정 데이터를 삭제하는 문이며, 테이블의 삭제는 DROP TABLE임

**이해돕기**

데이터베이스의 무결성 제약조건의 심화학습은 챕터 4 물리 데이터베이스 설계의 섹션 3에서 다룸

## 2. 관계형 데이터 모델

### ① 관계형 데이터 모델의 개요

㉠ 관계형 데이터 모델의 정의

현실 세계의 업무를 추상화하고 관계형 데이터베이스의 데이터로 표현하기 위해 설계하는 과정

㉡ 관계형 데이터 모델의 구성

| 구성 | 내용 | 핵심 |
|---|---|---|
| 데이터 | • 업무가 어떤 데이터와 관련이 있는지? → 업무 정보 | • 정보 분석 |
| 프로세스 | • 실제 업무에서 해야 할 일은 무엇인지? → 비즈니스 | • 프로세스 분석 |
| 관계 | • 업무처리 방법에 따른 영향도는? → 데이터 간의 관계 | • 연관성 분석 |

### ② 관계형 데이터 모델의 개념도 및 절차

㉠ 관계형 데이터 모델의 개념도

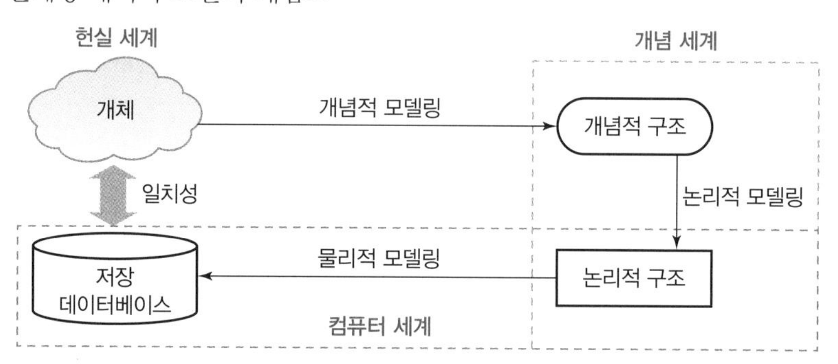


㉡ 관계형 데이터 모델의 절차

| 절차 | 내용 | 비교 |
|---|---|---|
| 요구사항 분석 | • 조직의 업무 및 기능의 수행을 위한 데이터 요구분석 | • 요구사항 명세서 |
| 개념 모델링 | • 조직 전체 정보의 요구사항 표현, 상위 수준의 모델 | • E–R/EER모델 |
| 논리 모델링 | • 업무 요건을 명확히 하는 상세한 모델 | • 정규화 |
| 물리 모델링 | • DBMS에 적합한 데이터 모델 | • 반정규화 |
| DB 구현 | • 물리 모델의 데이터베이스 구현 | • 성능 고려 |

**이해돕기**

데이터 모델

데이터 모델은 데이터베이스의 구성이나 형태, 내부 연산 등의 제약 조건을 포함하는 개념으로, 관계형 데이터 모델 외에도 계층형, 네트워크형, 객체지향형 데이터 모델이 있으며, 이 중 관계형 데이터 모델은 역사도 오래되고 다양한 상용제품으로 인하여 가장 널리 사용됨

## 3. 트랜잭션

### ① 트랜잭션의 개요

㉠ 트랜잭션의 정의

데이터베이스에서 한 번에 수행되어야 하는 일련의 Read와 Write 연산을 수행하는 업무 처리 단위

㉡ 트랜잭션의 특성

| 특징 | 기본 개념 | 기법 | 관리자 |
|---|---|---|---|
| Atomicity (원자성) | • 트랜잭션이 더 이상 분해가 불가능한 최소 단위로서 연산 전체가 성공하거나 또는 실패(All or Nothing)하는 성질<br>• 트랜잭션 중 한 가지라도 실패할 경우에는 전체가 취소되어 무결성이 보장됨 | COMMIT/ ROLLBACK | 트랜잭션 관리자 |
| Consistency (일관성) | • 트랜잭션 실행이 성공한 후에는 항상 오류 없이 일관성 있는 DB 상태를 보존 | 참조 무결성 기법 | 무결성 제어기 |
| Isolation (고립성) | • 트랜잭션 실행 중에 수행하는 연산의 중간 결과를 다른 트랜잭션에서는 접근 불가<br>• 고립성을 고수준으로 실행 시에는 임시 갱신 및 연쇄 복귀가 불필요함 | • 직렬화, 반복 읽기 허용<br>• Read COMMIT/ UnCOMMIT | 병행 제어 관리자 |
| Durability (지속성) | • 트랜잭션 연산이 성공적으로 완료된 결과는 영구적으로 데이터베이스에 저장됨 | 회복 기법 | 연관 회복 관리자 |

두음암기

트랜잭션의 특징(원일고지)

**원일**이가 **고지**를 점령했다.

### ② 트랜잭션의 상태 변화

㉠ 트랜잭션의 상태 변화

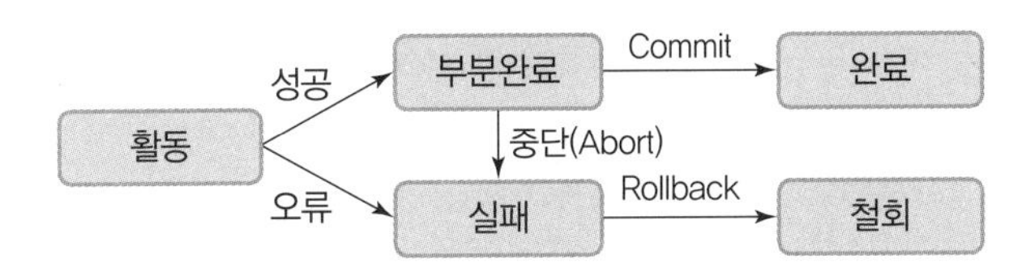


| 구분 | 상태(State) | 세부내용 |
|---|---|---|
| 활동 | Active | • 트랜잭션이 시작되어 각 연산들이 정상적으로 실행 중인 상태 |
| 부분완료 | Partially COMMITted | • 트랜잭션에 구성되어 있는 모든 연산의 실행이 종료되었으나, COMMIT 연산이 수행되기 직전의 상태 |
| 완료 | COMMITted | • 트랜잭션이 성공적으로 종료되어 데이터베이스에 반영된 상태 |
| 실패 | Failed | • 트랜잭션 연산에 오류가 발생하여 실행이 중지된 상태 |
| 철회 | Aborted | • 트랜잭션 처리가 실패한 후 최초 실행되기 이전으로 복귀한 상태 |

㉡ 트랜잭션 연산

| 구분 | 연산 | 내용 |
|---|---|---|
| 성공/취소 연산 | COMMIT | • 데이터의 새로운 변경내용을 데이터베이스에 저장<br>• 새로운 트랜잭션은 COMMIT 수행 후 다음에 시작 |
| | ROLLBACK | • 해당 트랜잭션을 즉시 중지 및 폐기하고, 데이터베이스 변경 내용을 취소<br>• 새로운 트랜잭션은 ROLLBACK 수행 후 다음에 시작 |
| 철회 연산 | 트랜잭션 재실행(Restart) | • 철회된 트랜잭션이 내부의 오류가 아닌 HW, SW 오류인 경우 다시 새로운 트랜잭션으로 정의하고 재시작하는 기법 |
| | 트랜잭션 폐기(Kill) | • 트랜잭션 철회의 원인이 트랜잭션의 내부적인 논리 오류가 원인인 경우 폐기하는 기법 |

## 4. 테이블

### ① 테이블(Table)의 개요

㉠ 테이블(Table)의 정의

데이터베이스에서 실제 데이터가 저장되는 공간으로, 가로로 구성된 행(ROW)과 세로로 구성된 열(Column)로 구조화된 표 형식의 데이터 집합

㉡ 테이블(Table)의 구조

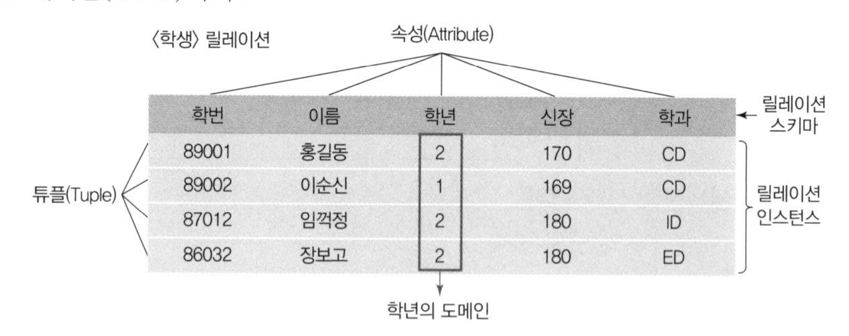


이해돕기

테이블의 행은 로우, 레코드, 튜플이라고 다양하게 불리며, 열은 컬럼, 속성, 필드라고 불리므로 시험에서 혼동이 발생하지 않도록 주의할 것

| 구분 | 내용 |
|---|---|
| 행 (ROW) | • 레코드(Record), 튜플(Tuple) 이라고도 하며, 릴레이션이 나타내는 엔티티(개체)의 특정 값들의 모임<br>• 카디날리티(Cardinality)는 릴레이션 튜플의 개수를 의미 |
| 열 (COLOMN) | • 속성(Attribute), 필드(Field) 라고도 하며, 하나의 릴레이션은 현실 세계의 어떤 개체에 대해서 표현하고 저장<br>• 이때 개체는 사물, 추상적 개념 모두 사용 가능<br>• 차수(Degree)는 한 릴레이션에 포함된 속성의 개수를 의미 |
| 도메인 (DOMAIN) | • 하나의 속성이 갖는 타입의 원자값들의 집합으로 실제 속성값이 나타날 때 그 값의 적합 여부를 시스템이 검사 |
| 릴레이션 인스턴스 | • 데이터 개체를 구성하고 있는 속성에 대하여 데이터 타입을 정의하고 구체적으로 데이터 값을 갖는 것 |

② **테이블 관련 문법**

| 구분 | 내용 |
|---|---|
| 생성 | CREATE TABLE 테이블명 (<br>　　컬럼명1 DATATYPE [DEFAULT 형식],<br>　　컬럼명2 DATATYPE [DEFAULT 형식],<br>　　컬럼명3 DATATYPE [DEFAULT 형식]<br>　　........<br>); |
| 수정 | ALTER TABLE 테이블명; |
| 삭제 | DROP TABLE 테이블명 [CASCADE CONSTRAINT]; |
| 목록 조회 | SHOW TABLES; |
| 조회 | SELECT * FROM 테이블명; |
| 컬럼 추가 | ALTER TABLE 테이블명<br>ADD 추가할 컬럼명 데이터 타입; |
| 컬럼 수정 | ALTER TABLE 테이블명<br>MODIFY COLUMN 컬럼명; |
| 컬럼명 수정 | ALTER TABLE 테이블명<br>RENAME COLUMN 이전 컬럼명 TO 신규 컬럼명; |
| 컬럼 삭제 | ALTER TABLE 테이블명<br>DROP COLUMN 컬럼명; |

## 5. 데이터 사전(Data Dictionary)

① **데이터 사전의 개요**

㉠ 데이터 사전의 정의

데이터와 데이터베이스 구조를 내용하는 메타데이터로 구성된 DBMS 내 구성 요소로서 데이터베이스의 실제 데이터를 제외한 모든 정보를 포함

㉡ 데이터 사전의 내용

| 구분 | 내용 |
|---|---|
| 사용자 정보 | • 아이디, 패스워드, 권한과 관련한 정보 등 |
| 객체 정보 | • 데이터베이스를 구성하는 테이블, 뷰, 인덱스 등 |
| 제약 정보 | • 무결성과 관련한 제약사항 등에 관한 정보 등 |
| 함수 | • 프로시저나 트리거, 기타 함수에 관련된 정보 등 |

### ② 데이터 사전 검색 방법

<table>
<tr><th>구분</th><th colspan="3">내용</th></tr>
<tr><td rowspan="5">ORACLE</td><td colspan="3">[데이터 사전 검색 범위]<br>DBA_ 〉 ALL_ 〉 USER_</td></tr>
<tr><td colspan="3">[데이터 사전 영역]</td></tr>
<tr><td>영역</td><td>검색 범위</td><td>예시</td></tr>
<tr><td>DBA</td><td>• 데이터베이스의 모든 객체 조회 가능</td><td>select * from DBA_TABLES</td></tr>
<tr><td>ALL</td><td>• 자기가 소유한 계정과 타 계정의 접근 권한을 가진 모든 객체 조회 가능</td><td>select * from ALL_TABLES</td></tr>
<tr><td></td><td>USER</td><td>• 현재 자기가 소유한 계정의 객체 조회</td><td>select * from USER_TABLES</td></tr>
<tr><td>MS-SQL</td><td colspan="3">• use Information_schema; -- 이동<br>• show tables; -- 테이블 목록 보기</td></tr>
</table>

## SECTION 02 고급 SQL 작성

> **이해돕기**
> 본 섹션에서는 SQL을 통해 데이터베이스를 효율적으로 활용하기 위한 방법을 학습하며, 대표적으로 뷰, 인덱스, 집합연산자, 서브쿼리 등의 내용을 다룸

### 1. 뷰

#### ① 뷰(View)의 개요

㉠ 뷰(View)의 정의

- 사용자 관점에서는 일반 테이블과 동일하게 보이나 물리 테이블을 캐싱하여 별도의 논리 테이블을 구성
- 하나 이상의 물리 테이블로부터 생성이 가능하며 복수 테이블이나 다른 뷰를 이용해 작성 가능

㉡ 뷰(View)의 특징

| 구분 | 항목 | 내용 |
|---|---|---|
| 장점 | 논리적 독립성 | • 기본적으로 논리 테이블이며, 실제 테이블의 구조가 변경되어도 뷰 응용 프로그램은 미변경 |
| | 관리 용이 | • 복수 개의 테이블에 존재하는 다양한 유형의 데이터를 단순하게 질의하여 사용 가능 |
| | 보안 용이 | • 뷰를 사용하여 중요한 데이터는 접근 제한하고 일반적인 데이터나 일부 데이터만 뷰를 통해 접근 가능 |
| 단점 | 인덱스 불가 | • 인덱스는 물리적인 데이터를 기반으로 하여 뷰는 인덱스 생성 불가 |
| | 변경 불가 | • 뷰의 정의를 변경하려면 삭제하고 재구성 필요 |
| | 변경 제약 | • 뷰의 내용에 대한 삽입, 삭제, 변경은 제약 사항이 있음 |

### ② 뷰의 문법 구문

<table>
<tr><th>구분</th><th>내용</th></tr>
<tr><td>생성</td><td>[문법]<br>CREATE VIEW 〈뷰 이름〉(컬럼 목록) AS 〈뷰를 통해 보여줄 데이터 조회용 쿼리문〉<br><br>[뷰 생성 기법]
<table>
<tr><th>구분</th><th>뷰 생성 쿼리문</th></tr>
<tr><td>특정 테이블 그대로</td><td>CREATE VIEW 뷰A AS select * from 특정 테이블;</td></tr>
<tr><td>특정 테이블 일부 컬럼</td><td>CREATE VIEW 뷰X AS select 컬럼1, 컬럼2, 컬럼3 from 특정 테이블;</td></tr>
<tr><td>특정 테이블 2개 조인 결과</td><td>CREATE VIEW 뷰Y AS select * from 특정 테이블1 a, 특정 테이블2 b where a.컬럼1=b.COL1;</td></tr>
</table></td></tr>
<tr><td>삭제</td><td>[문법]<br>DROP VIEW 〈View Name〉;</td></tr>
<tr><td>변경</td><td>뷰 정의 자체는 변경 불가</td></tr>
<tr><td>데이터 변경</td><td>뷰를 통해 접근 가능한 데이터의 변경이 가능하나 일부 제약이 존재<br>예 PK에 해당하는 컬럼이 뷰에 정의되어 있지 않다면 INSERT 불가</td></tr>
</table>

## 2. 인덱스

### ① 인덱스(Index)의 개요

㉠ 인덱스(Index)의 정의

- 데이터의 검색 속도 개선을 위해서 별도로 테이블의 Row를 동일한 경로로 식별 가능하도록 구조화된 데이터군
- PK 컬럼은 PK를 생성할 때 자동으로 인덱스가 생성되고 인덱스 검색 주체는 DBMS가 수행

㉡ 인덱스의 특징

| 특징 | 내용 |
|---|---|
| 성능 향상 | • 데이터의 Row 검색 및 조회 속도 향상 |
| 독립성 | • 관련 테이블과 논리적, 물리적으로 별도의 인덱스 테이블 생성 |
| 알고리즘 | • Hash 알고리즘, B-Tree, B+-Tree, B*-Tree 등 알고리즘 활용 |
| Trade-Off | • 조회 속도 향상 Vs 수정/삭제 속도 저하의 Trade-Off 고려 |
| 중복 생성 | • 한 테이블에 다수의 Index 구성 가능 |

ⓒ 인덱스의 문법

<table>
<tr><th>구분</th><th>내용</th></tr>
<tr><td>생성</td><td>
[문법]<br>CREATE [UNIQUE] INDEX 〈index_name〉 ON 〈table_name〉 (〈column(s)〉);
<br><br>
[인덱스 파라미터]
<table>
<tr><th>파라미터</th><th>내용</th></tr>
<tr><td>[UNIQUE]</td><td>인덱스 걸린 컬럼에 중복값을 허용하지 않음</td></tr>
<tr><td>〈index_name〉</td><td>생성하고자 하는 인덱스 이름</td></tr>
<tr><td>〈table_name〉</td><td>인덱스 대상 테이블 이름</td></tr>
<tr><td>〈column(s)〉</td><td>인덱스 대상 테이블의 특정 컬럼 이름</td></tr>
</table>
</td></tr>
</table>

### ② 인덱스의 유형

ⓐ 인덱스의 구조 유형

| 분류 | 종류 | 내용 |
| --- | --- | --- |
| 키 사용 | 기본 인덱스 | • 기본키를 포함한 인덱스 |
| | 보조 인덱스 | • 기본 인덱스 이외의 인덱스 |
| 파일조직 | 클러스터 인덱스 | • 파일 인덱스 엔트리 순서와 동일하게 유지되는 인덱스 |
| | 넌클러스터 인덱스 | • 클러스터 인덱스 형태가 아닌 인덱스 |
| 데이터 범위 | 밀집(Dense) 인덱스 | • 데이터 레코드마다 인덱스 엔트리가 하나씩 만들어지는 인덱스 |
| | 희소(Spare) 인덱스 | • 데이터 파일의 레코드 그룹이나 데이터 블록마다 엔트리가 하나씩 만들어지는 인덱스 |

ⓑ 인덱스의 분류

| 유형 | 내용 |
| --- | --- |
| 순서 인덱스<br>(Ordered) | • 데이터가 정렬(Sorting)된 순서로 인덱스 생성 관리<br>• B-Tree 알고리즘 이용, 오름차순, 내림차순 지정 |
| 해시 인덱스<br>(Hash) | • 해시함수에 의하여 직접 데이터에 키값으로 접근하는 인덱스<br>• 데이터에 접근 비용이 균일, 레코드(Row) 양에 무관 |
| 비트맵 인덱스<br>(Bitmap) | • 각 컬럼에 적은 개수의 값이 저장된 경우 선택(OLAP성 업무에 적합)<br>• 수정 변경이 적은 경우 유용(예 성별, 직급, 색상 등) |
| 함수 기반 인덱스<br>(Functional) | • 함수 기반으로 사전에 인덱스를 설정하면 인덱스 가능 및 속도 향상<br>예 CREATE INDEX IDX_EMP01_ANNSAL ON EMP01 (SAL*12); |
| 단일 인덱스<br>(Singled) | • 하나의 컬럼으로만 인덱스를 지정하는 방식<br>• 업무적 특성에 의해 주로 사용되는 컬럼이 하나인 경우 |

| 결합 인덱스 (Concatenated) | • 복수 개의 컬럼을 이용하여 인덱스 지정하는 방식<br>• 동시에 WHERE 조건으로 사용되는 빈도가 많은 경우 |
|---|---|
| 클러스터드 인덱스 (Clustered) | • 저장된 데이터의 물리적 순서에 따라 인덱스가 생성<br>• 특정 범위의 검색 시 유리<br>예 일자구간 |

### ③ 인덱스의 설계

㉠ 인덱스 설계 절차

| 단계 | 인덱스 설계 과정 | 내용 |
|---|---|---|
| 1 | 접근경로 수집 | • 테이블에서 데이터를 검색하는 방법을 의미하며 인덱스 스캔을 해야 하는 검색 조건들을 수집 |
| 2 | 분포도 조사를 통한 후보 컬럼 선정 | • 수집된 접근경로에 대해 분포도를 조사<br>• 분포도는 데이터별 평균 Row 수를 테이블 총 Row 수로 나누어서 계산하며 통상적으로 10~15% 정도이면 인덱스 컬럼 후보로 지정 |
| 3 | 접근 경로 결정 | • 인덱스 후보들의 목록을 작성하고 접근 유형에 따라서 어떤 인덱스 후보를 구현할 것인가를 결정 |
| 4 | 컬럼 조합 및 순서 결정 | • 단일 컬럼의 분포도가 양호하면 단일 컬럼 인덱스로 확정하고 하나 이상의 컬럼 조합이 필요한 경우는 추가 고려하여 인덱스 컬럼 순서를 결정 |
| 5 | 적용 시험 | • 설계된 인덱스를 적용하고 접근 경로별 인덱스가 사용되는지 시험하고 의도한 실행 계획대로 동작하는지 확인 |

㉡ 인덱스 설계 시 접근 경로 유형

| 접근경로 유형 | 내용 |
|---|---|
| 반복 수행되는 접근 경로 | • 업무 처리를 위해서 반복적으로 액세스하는 조인 컬럼 후보 선택 |
| 분포도가 양호한 컬럼 | • 단일 컬럼 인덱스로도 충분한 수행 속도를 보장받을 수 있는 후보 |
| 조회 조건에 사용되는 컬럼 | • 상품명, 성명 등 자주 조회되는 컬럼 |
| 자주 결합되어 사용되는 컬럼 | • 판매일+판매 부서 등 자주 조합되는 컬럼 |
| 데이터 정렬 순서와 그룹핑 컬럼 | • 오름차순이나 내림차순 등으로 정렬 순서를 고려하여 조사 |
| 일련번호를 부여한 컬럼 | • 이력을 관리하기 위해 일련번호를 부여한 컬럼 |
| 통계 자료 추출 조건 | • 결과를 추출하기 위해 사용하는 통계 자료는 넓은 범위의 데이터가 필요하며 인덱스 생성에 반영 |
| 조회 조건이나 조인 조건 연산자 | • 상기 유형의 컬럼과 함께 '=', 'Between', 'Like' 등의 비교 연산자를 병행하여 조사 |

이해돕기

해시함수는 데이터베이스의 인덱스나 주소지정 방식 등에 활용되며, 이 외에도 정보보안 영역에서 패스워드의 암호화, 전송 데이터의 무결성 확보 방안으로 활용됨

④ **해시 인덱스**

㉠ 해시 인덱스의 정의

임의 길이의 메시지를 고정된 길이의 출력값으로 바꿔주는 해시함수를 인덱스 생성에 활용

㉡ 해시 인덱스의 핵심 구성요소

| 구성요소 | 내용 |
|---|---|
| 해싱함수 | • 수식계산법으로 해시 테이블의 주소를 생성해 내는 함수 |
| 해시 테이블 | • 해시함수에 의해 참조되는 테이블 |
| 버킷 | • 한 개의 주소를 갖는 파일 내의 한 구역 |
| 슬롯 | • 버킷을 형성하는 기억공간으로 n개의 슬롯이 모여서 버킷이 됨 |
| 동거자(synonym) | • 동일한 주소를 갖는 레코드들의 집합군 |
| 충돌(Collision) | • 서로 상이한 복수 개의 레코드가 같은 주소를 갖는 현상 |
| 오버플로우(Overflow) | • 버킷 내의 슬롯 공간이 없는 현상 |

㉢ 해시 함수 기법

| 기법 | 내용 |
|---|---|
| 중간 제곱 함수 | • 키값의 중간 N자리를 뽑아서 제곱한 후 상대 번지로 사용 |
| 중첩법(Folding) | • 여러 개의 동일한 길이로 나누고, 더하거나 XOR연산 수행 |
| 숫자 추출법 | • 각 숫자의 분포를 이용해서 균등한 분포의 숫자를 추출해서 사용 |
| 이동법(Shifting) | • 키값을 중앙을 중심으로 양분, 길이만큼 숫자 이동시켜 주소 결정 |
| 진법 변환 함수 | • 키값의 진수를 다른 진수로 변환 후 주소 범위에 맞도록 조정 |

## 3. 집합 연산자

① **집합 연산자의 개요**

㉠ 집합 연산자의 정의

테이블을 집합 개념으로 정의하고 여러 테이블 연산 결과에 집합연산자를 사용하는 쿼리 방식으로 여러 질의 결과를 연계한 후 하나로 결합하는 형태로 수행

㉡ 집합 연산자의 목적

| 구분 | 내용 |
|---|---|
| 서로 다른 테이블 | • 유사한 형태의 결과를 반환하고 이 결과들을 하나의 결과로 통합 |
| 동일 테이블 | • 서로 다른 질의를 수행하고 각각의 결과를 하나의 결과로 통합 |

② **집합 연산자의 유형**

| 구분 | 내용 |
|---|---|
| UNION | • 여러 SQL문의 결과에 대한 합집합이며 중복행은 제거 |
| UNION ALL | • 여러 SQL문의 결과에 대한 합집합이며 중복행을 제거하지 않음 |
| INTERSECTION | • 여러 SQL문의 결과에 대한 교집합으로 중복행은 제거 |
| EXCEPT(MINUS) | • 앞의 SQL문 결과에서 뒤의 SQL문 결과에 대한 차집합으로 중복행은 제거하며 일부 제품의 경우는 MINUS 실행 |

## 4. 조인

① **조인(Join)의 개요**

㉠ 조인(Join)의 정의

두 테이블 간의 곱으로 데이터를 연결하는 대표적인 데이터 연결 방법

㉡ 조인(Join)의 구분

| 구분 | 내용 |
|---|---|
| 논리적 | • 사용자의 SQL문에 사용되고 활용되는 테이블의 결합 방식 |
| 물리적 | • 데이터베이스 내의 옵티마이저가 수행하여 내부적으로 발생하는 테이블 결합 방식으로 Nested-Loop, Merge, Hash 조인으로 분류 |

② **조인(Join)의 종류**

㉠ Nested-Loop 조인

| 구분 | 내용 |
|---|---|
| 개념 | • 복수 개의 테이블에서 하나의 테이블을 기준(Driving Table)으로 순차적으로 다른 Row와 결합하는 방식으로 결과를 도출하는 조인 방식 |
| 특징 | • 조인 칼럼에 인덱스가 있어야만 함<br>• 처리량이 작은 경우에 유리하고, 부분 범위 처리에 유리 |
| 고려사항 | • 조인 순서에 따라서 처리량 및 성능에 영향<br>• 기준 테이블인 드라이빙 테이블의 조건은 Row가 작은 것이 유리하고 확인 조건은 Row가 큰 것이 유리<br>• 조인의 순서에 의해서 수행 속도가 결정되므로 드라이빙 조건의 선택이 중요 |

㉡ Sort-Merge 조인

| 구분 | 내용 |
|---|---|
| 개념 | • 각 테이블의 처리 범위를 각각 정렬하고 순서대로 스캔하면서 연결 기준으로 통합하는 방식 |
| 특징 | • 조인을 수행할 대상의 범위가 넓을 경우나 연결고리에 적정 인덱스가 없을 때 수행<br>• 처리 대상이 전체 테이블일 때는 랜덤 I/O 부하가 큰 Nested-Loop 조인보다 유리<br>• 효과적인 수행을 위해서 정렬 영역 사이즈 설정 필요 |

| 고려사항 | • 정렬에 참여하는 행의 수에 의해서 수행 속도가 결정<br>• 배치 작업처럼 정렬할 행의 수가 많은 경우는 정렬하는 데 수행되는 시간이 길어지므로 OLTP 환경에서 사용할 수 없음 |
|---|---|

㉢ Hash 조인

| 구분 | 내용 |
|---|---|
| 개념 | • 임의 길이의 메시지를 고정된 길이의 출력값으로 바꿔주는 해시함수를 조인에 활용 |
| 특징 | • Sort-Merge 조인에서 발생하는 정렬 부하를 줄이기 위해 해시값을 이용<br>• 두 테이블을 스캔 후 크기가 작은 테이블을 선행 테이블로 결정하고 별도의 해시 테이블을 구성<br>• 후행 테이블은 해시값을 적용, 선행 테이블과 조인(Probe Input) |
| 고려사항 | • 대용량 데이터에 대한 배치처리나 접근, 전체 테이블 규모의 조인에 유리<br>• 병행 처리나 메모리 크기 조정을 통해 처리 속도 향상이 가능 |

## 5. 서브 쿼리

### ① 서브 쿼리(Sub Query)의 개요

㉠ 서브 쿼리의 정의

SQL문 내부에 포함된 또 다른 SQL문을 의미하며, 메인 쿼리와 서브 쿼리는 주종 관계로서 서브 쿼리에 사용되는 컬럼 정보는 메인 쿼리의 컬럼 정보를 사용할 수 있으나 반대로는 성립 불가

㉡ 서브 쿼리의 구조 개념

### ② 서브 쿼리 유형

| 구분 | 유형 | 내용 |
|---|---|---|
| 동작방식 | 비연관 서브 쿼리 | • 서브 쿼리가 메인 쿼리 컬럼을 포함하지 않은 형태 |
| | 연관 서브 쿼리 | • 서브 쿼리가 메인 쿼리 컬럼을 포함하고 있는 형태 |
| 반환 데이터 | Single Row | • 서브 쿼리 결과가 항상 1건 이하인 서브 쿼리로 단일행 비교 연산자(=, 〈, 〈=, 〉, 〉=, 〈〉)가 사용됨 |
| | Multiple Row | • 서브 쿼리 실행 결과가 여러 건인 서브 쿼리로 다중 행 비교 연산자(IN, ALL, ANY, SOME, EXISTS)가 사용됨 |
| | Multiple Column | • 서브 쿼리 결과가 여러 컬럼으로 표현되는 서브 쿼리<br>• 메인 쿼리의 조건절에 여러 컬럼을 동시에 비교하거나 서브 쿼리와 메인 쿼리에서 비교하는 컬럼 개수 및 위치가 동일해야 함 |

# 기출문제 분석

1, 2회

**01 SQL의 분류 중 DDL에 해당하지 않는 것은?**

① UPDATE ② ALTER
③ DROP ④ CREATE

해설 DDL(Data Definition Language)은 데이터 정의어로 데이터베이스의 선언과 수정 등의 목적으로 사용하는 언어이다. 데이터베이스나 테이블의 생성을 위한 CREATE, 테이블 수정을 위한 ALTER, 데이터베이스나 테이블을 삭제하는 DROP, 테이블을 초기화하는 TRUNCATE 등의 명령어로 구성된다.

1, 2회

**02 STUDENT 테이블에 독일어과 학생 50명, 중국어과 학생 30명, 영어영문학과 학생 50명의 정보가 저장되어 있을 때, 다음 두 SQL문의 실행 결과 튜플 수는? (단, DEPT 컬럼은 학과명)**

```
ⓐ SELECT DEPT FROM STUDENT;
ⓑ SELECT DISTINCT DEPT FROM STUDENT;
```

① ⓐ 3, ⓑ 3 ② ⓐ 50, ⓑ 3
③ ⓐ 130, ⓑ 3 ④ ⓐ 130, ⓑ 130

해설 'SELECT 컬럼명 FROM 테이블명;' 명령어는 테이블을 조회하는 명령어이며, 첫 번째 명령어 줄에서는 전체 행(ROW, 튜플)을 표기하도록 명령되어 있어 모두 130개 행이 표기되며, 두 번째 명령어에서는 STUDENT 테이블에서 DEPT 학과 수를 조회하나 DISTINCT 문에 의해서 중복된 필드를 모두 제거하고 결국 독일어과, 중국어과, 영어영문과 3개의 조회만 표기된다

1, 2회

**03 뷰(view)에 대한 설명으로 옳지 않은 것은?**

① 뷰는 CREATE 문을 사용하여 정의한다.
② 뷰는 데이터의 논리적 독립성을 제공한다.
③ 뷰를 제거할 때에는 DROP 문을 사용한다.
④ 뷰는 저장장치 내에 물리적으로 존재한다.

해설 뷰는 물리적 테이블을 논리적으로 사상하고 캐싱하기 때문에 저장장치 내에 물리적으로 존재하지 않는다.

1, 2회

**04 다음 SQL문의 실행 결과는?**

```
SELECT 가격 FROM 도서가격
WHERE 책번호=(SELECT 책번호 FROM 도서
WHERE 책명='자료구조');
```

[도서]

| 책번호 | 책명 |
|---|---|
| 111 | 운영체제 |
| 222 | 자료구조 |
| 333 | 컴퓨터구조 |

[도서가격]

| 책번호 | 가격 |
|---|---|
| 111 | 20,000 |
| 222 | 25,000 |
| 333 | 10,000 |
| 444 | 15,000 |

① 10,000 ② 15,000
③ 20,000 ④ 25,000

해설 먼저 괄호 안에 'SELECT 책번호 FROM 도서' 쿼리의 수행 결과는 책번호 222번이며, 괄호 밖에서는 'SELECT 가격 FROM 도서가격 WHERE 책번호=222'의 명령어가 실행되어 도서가격 테이블의 책번호 222번의 가격 컬럼 데이터인 25,000이 결괏값으로 도출된다.

3회

## 05 관계 데이터베이스인 테이블 R1에 대한 아래 SQL문의 실행 결과로 옳은 것은?

[R1]

| 학번 | 이름 | 학년 | 학과 | 주소 |
|---|---|---|---|---|
| 1000 | 홍길동 | 1 | 컴퓨터공학 | 서울 |
| 2000 | 김철수 | 1 | 전기공학 | 경기 |
| 3000 | 강남길 | 2 | 전자공학 | 경기 |
| 4000 | 오말자 | 2 | 컴퓨터공학 | 경기 |
| 5000 | 장미학 | 3 | 전자공학 | 서울 |

[SQL 문]

```
SELECT DISTINCT 학년 FROM R1 ;
```

①

| 학년 |
|---|
| 1 |
| 1 |
| 2 |
| 2 |
| 3 |

②

| 학년 |
|---|
| 1 |
| 2 |
| 3 |

③

| 이름 | 학년 |
|---|---|
| 홍길동 | 1 |
| 김철수 | 1 |
| 강남길 | 2 |
| 오말자 | 2 |
| 장미화 | 3 |

④

| 이름 | 학년 |
|---|---|
| 홍길동 | 1 |
| 강남길 | 2 |
| 장미화 | 2 |

해설 SELECT DISTINCT는 학년 컬럼에서 중복된 내용을 삭제하고 표기하기 때문에 1, 1, 2, 2, 3에서 1, 2, 3만 표기된다.

3회

## 06 COMMIT과 ROLLBACK 명령어에 의해 보장 받는 트랜잭션의 특성은?

① 병행성　　② 보안성
③ 원자성　　④ 로그

해설 트랜잭션의 특성은 원자성, 일관성, 고립성, 영속성의 성격을 갖고 있으며, 이 중 원자성은 분해가 불가능한 최소 단위로 연산 전체가 성공 혹은 실패를 수행하여 무결성을 확보하는 개념이다.

3회

## 07 뷰(View)의 장점이 아닌 것은?

① 뷰 자체로 인덱스를 가짐
② 데이터 보안 용이
③ 논리적 독립성 제공
④ 사용자 데이터 관리 용이

해설 뷰는 실제 물리데이터에 대한 접근을 우회할 수 있어 보안성을 갖고 있으며, 물리적 테이블에 대한 논리적 사상으로 독립성이 제공되고 관리가 용이하나 인덱스를 가질 수 없다.

3회

## 08 player 테이블에는 player_name, team_id, height 컬럼이 존재한다. 아래 SQL문에서 문법적 오류가 있는 부분은?

```
(1) SELECT player_name, height
(2) FROM player
(3) WHERE team id='Korea'
(4) AND height BETWEEN 170 OR 180 ;
```

① (1)　　② (2)
③ (3)　　④ (4)

해설 SELECT 문의 BETWEEN 연산자는 'BETWEEN X AND Y' 형태로 사용되며, X에서 Y까지 범위의 모든 행을 리턴한다. 따라서 '170 OR 180'를 '170 AND 180'으로 수정해서 구현해야 된다.

정답 01 ① 02 ③ 03 ④ 04 ④ 05 ② 06 ③ 07 ① 08 ④

4회

**09** **다음 설명과 관련 있는 트랜잭션의 특징은?**

| 트랜잭션의 연산은 모두 실행되거나, 모두 실행되지 않아야 한다. |
|---|

① Durability ② Isolation
③ Consistency ④ Atomicity

해설 트랜잭션의 4가지 성질인 원자성(Atomicity), 일관성(Consistency), 고립성(Isolation), 영속성(Durability)을 묻는 문제이며, 영어로도 자주 출제가 된다.

4회

**10** **학생 테이블을 생성한 후, 성별 필드가 누락되어 이를 추가하려고 한다. 이에 적합한 SQL 명령어는?**

① INSERT ② ALTER
③ DROP ④ MODIFY

해설 DDL(Data Definition Language)은 데이터 정의어이며, 이 중 테이블 수정을 위한 ALTER 명령어를 사용하여 성별 필드를 추가한다.

4회

**11** **다음 SQL문에서 빈칸에 들어갈 내용으로 옳은 것은?**

```
UPDATE 회원 (              ) 전화번호='010-14'
WHERE 회원번호='N4';
```

① FROM ② SET
③ INTO ④ TO

해설 UPDATE 명령어는 'UPDATE [TABLE_NAME] SET [COLUMN_NAME]=[USER_FUNCTION_NAME](PARAMETER_1, ...) WHERE ...' 형태로 구성된다. 따라서 SET이 정답이다.

4회

**12** **DBA가 사용자 PARK에게 테이블 [STUDENT]의 데이터를 갱신할 수 있는 시스템 권한을 부여하는 하는 SQL문을 작성하고자 한다. 다음에 주어진 SQL문의 빈칸을 알맞게 채운 것은?**

```
SQL>GRANT __㉠__ __㉡__ STUDENT TO PARK;
```

① ㉠ INSERT, ㉡ IN TO
② ㉠ ALTER, ㉡ TO
③ ㉠ UPDATE, ㉡ ON
④ ㉠ REPLACE, ㉡ IN

해설 권한을 부여하는 GRANT 명령어는 'GRANT [PRIVILEGES] ON [OBJECT] TO [USER_GROUP]'으로 구성되며, 데이터를 갱신하는 UPDATE 명령과 ON으로 작성된다.

4회

**13** **사용자 X1에게 department 테이블에 대한 검색 연산을 회수하는 명령은?**

① delete select on department to X1;
② remove select on department from X1;
③ revoke select on department from X1;
④ grant select on department from X1;

해설 GRANT는 권한을 부여하는 명령어이고 REVOKE는 권한을 회수하는 명령어이며 'REVOKE [PRIVILEGE] ON [OBJECT] FROM [USER_GROUP]'과 같은 형식으로 구성된다.

4회

## 14 다음 SQL문의 실행 결과는?

```
SELECT 과목이름
FROM 성적
WHERE EXISTS (SELECT 학번
FROM 학생 WHERE 학생.학번=성적.학번 AND
학생.학과 IN ('전산', '전기') AND 학생.주소='경기'
```

[학생] 테이블

| 학번 | 이름 | 학년 | 학과 | 주소 |
|---|---|---|---|---|
| 1000 | 김철수 | 1 | 전산 | 서울 |
| 2000 | 고영준 | 1 | 전기 | 경기 |
| 3000 | 유진호 | 2 | 전자 | 경기 |
| 4000 | 김영진 | 2 | 전산 | 경기 |
| 5000 | 정현영 | 3 | 전자 | 서울 |

[성적] 테이블

| 학번 | 과목번호 | 과목이름 | 학점 | 점수 |
|---|---|---|---|---|
| 1000 | A100 | 자료구조 | A | 91 |
| 2000 | A200 | DB | A+ | 99 |
| 3000 | A100 | 자료구조 | B+ | 88 |
| 3000 | A200 | DB | B | 85 |
| 4000 | A200 | DB | A | 94 |
| 4000 | A300 | 운영체제 | B+ | 89 |
| 5000 | A300 | 운영체제 | B | 88 |

①

| 과목이름 |
|---|
| DB |

②

| 과목이름 |
|---|
| DB |
| DB |

③

| 과목이름 |
|---|
| DB |
| DB |
| 운영체제 |

④

| 과목이름 |
|---|
| DB |
| 운영체제 |

해설 먼저 괄호 안의 SELECT 학번 FROM 학생 WHERE 문을 보면 '학생.학번=성적.학번'으로 학생 테이블의 학번과 성적 테이블의 학번이 같아야 하고, 학생 테이블에서는 학과가 전산, 전기이며 주소가 경기인 학번을 조회한 후 성적 테이블에서 학번에 해당하는 과목명을 결괏값으로 도출하여 학번 2000의 DB, 학번 4000의 DB와 운영체제가 표기된다.

4회

## 15 뷰(VIEW)에 대한 설명으로 틀린 것은?

① 뷰 위에 또 다른 뷰를 정의할 수 있다.
② 뷰에 대한 조작에서 삽입, 갱신, 삭제 연산은 제약이 따른다.
③ 뷰의 정의는 기본 테이블과 같이 ALTER문을 이용하여 변경한다.
④ 뷰가 정의된 기본 테이블이 제거되면 뷰도 자동적으로 제거된다.

해설 뷰는 다른 뷰를 정의할 수 있고 삽입, 생신, 삭제 등에 제약이 따르며 기본테이블 제거 시 자동으로 제거된다. 그리고 뷰는 자체적으로 변경이 불가하다.

5회

## 16 시스템 카탈로그에 대한 설명으로 틀린 것은?

① 시스템 카탈로그의 갱신은 무결성 유지를 위하여 SQL을 이용하여 사용자가 직접 갱신하여야 한다.
② 데이터베이스에 포함되는 데이터 객체에 대한 정의나 명세에 대한 정보를 유지관리한다.
③ DBMS가 스스로 생성하고 유지하는 데이터베이스 내의 특별한 테이블의 집합체이다.
④ 카탈로그에 저장된 정보를 메타 데이터라고도 한다.

해설 시스템 카탈로그는 데이터베이스 시스템과 관련한 다양한 객체와 환경에 대한 메타데이터 정보의 집합으로 DBMS가 직접 자동으로 생성 및 관리하고 사용자는 SQL을 사용하여 카탈로그 직접 갱신은 불가하다.

정답 09 ④ 10 ② 11 ② 12 ③ 13 ③ 14 ③ 15 ③ 16 ①

5회

## 17 다음에서 설명하는 스키마(Schema)는?

> 데이터베이스 전체를 정의한 것으로 데이터 개체, 관계, 제약조건, 접근권한, 무결성 규칙 등을 명세한 것

① 개념 스키마 ② 내부 스키마
③ 외부 스키마 ④ 내용 스키마

해설 데이터베이스 전체에 대해서 개체, 관계, 제약사항 및 권한 등을 명기하는 스키마는 개념 스키마이다.

5회

## 18 다음과 같은 트랜잭션의 특성은?

> 시스템이 가지고 있는 고정요소는 트랜잭션 수행 전과 트랜잭션 수행 완료 후의 상태가 같아야 한다.

① 원자성(atomicity)
② 일관성(consistency)
③ 격리성(isolation)
④ 영속성(durability)

해설 트랜잭션 특성 중 수정 전과 수행 후가 동일함을 의미하는 것은 일관성을 의미한다.

5회

## 19 결괏값이 다음과 같을 때 SQL 질의로 옳은 것은?

[공급자] Table

| 공급자번호 | 공급자명 | 위치 |
|---|---|---|
| 16 | 대신공업사 | 수원 |
| 27 | 삼진사 | 서울 |
| 39 | 삼양사 | 인천 |
| 62 | 진아공업사 | 대전 |
| 70 | 신촌상사 | 서울 |

[결과]

| 공급자번호 | 공급자명 | 위치 |
|---|---|---|
| 16 | 대신공업사 | 수원 |
| 70 | 신촌상사 | 서울 |

① SELECT * FROM 공급자 WHERE 공급자명 LIKE '%신%';
② SELECT * FROM 공급자 WHERE 공급자명 LIKE '%대%';
③ SELECT * FROM 공급자 WHERE 공급자명 LIKE '%사%';
④ SELECT * FROM 공급자 WHERE 공급자명 IS NOT NULL;

해설 결과 테이블에서 공급자명에 '신'이라는 단어가 포함되려면 LIKE '%신%'으로 명기되어야 한다.

5회

## 20 『회원』 테이블 생성 후 『주소』 필드(컬럼)가 누락되어 이를 추가하려고 한다. 이에 적합한 SQL 명령어는?

① DELETE ② RESTORE
③ ALTER ④ ACCESS

해설 데이터 정의어인 DDL(Data Definition Language) 중 테이블 수정을 위한 ALTER 명령어를 사용하여 주소 필드를 추가한다.

5회

## 21 아래의 SQL문을 실행한 결과는?

[R1 테이블]

| 학번 | 이름 | 학년 | 학과 | 주소 |
|---|---|---|---|---|
| 1000 | 홍길동 | 4 | 컴퓨터 | 서울 |
| 2000 | 김철수 | 3 | 전기 | 경기 |
| 3000 | 강남길 | 1 | 컴퓨터 | 경기 |
| 4000 | 오말자 | 4 | 컴퓨터 | 경기 |
| 5000 | 장미화 | 2 | 전자 | 서울 |

[R2 테이블]

| 학번 | 과목번호 | 성적 | 점수 |
|---|---|---|---|
| 1000 | C100 | A | 91 |
| 1000 | C200 | A | 94 |
| 2000 | C300 | B | 85 |
| 3000 | C400 | A | 90 |
| 3000 | C500 | C | 75 |
| 3000 | C100 | A | 90 |
| 4000 | C400 | A | 95 |
| 4000 | C500 | A | 91 |
| 4000 | C100 | B | 80 |
| 4000 | C200 | C | 74 |
| 5000 | C400 | B | 85 |

[SQL문]

```
SELECT 이름
FROM R1
WHERE 학번 IN
(SELECT 학번
FROM R2
WHERE 과목번호='C100');
```

①

| 이름 |
|---|
| 홍길동 |
| 강남길 |
| 장미화 |

②

| 이름 |
|---|
| 홍길동 |
| 강남길 |
| 오말자 |

③

| 이름 |
|---|
| 홍길동 |
| 김철수 |
| 강남길 |
| 오말자 |
| 장미화 |

④

| 이름 |
|---|
| 홍길동 |
| 김철수 |

해설 먼저 괄호 안의 문에서 R2테이블의 C100에 해당하는 학번은 1000, 3000, 4000 번이며 이를 R1 테이블에서 이름 컬럼을 보면 홍길동, 강남길, 오말자가 해당된다.

5회

## 22 트랜잭션을 수행하는 도중 장애로 인해 손상된 데이터베이스를 손상되기 이전의 정상적인 상태로 복구시키는 작업은?

① Recovery ② COMMIT
③ Abort ④ Restart

해설 데이터베이스 회복은 특정 시점으로 복구하여 무결성을 보장하는 트랜잭션 관리 기법이다.

6회

## 23 SQL 문에서 SELECT에 대한 설명으로 옳지 않은 것은?

① FROM절에는 질의에 의해 검색될 데이터들을 포함하는 테이블명을 기술한다.
② 검색결과에 중복되는 레코드를 없애기 위해서는 WHERE절에 'DISTINCT' 키워드를 사용한다.
③ HAVING절은 GROUP BY절과 함께 사용되며, 그룹에 대한 조건을 지정한다.
④ ORDER BY절은 특정 속성을 기준으로 정렬하여 검색할 때 사용한다.

해설 DISTINCT 키워드는 WHERE절이 아닌 SELECT 명령어 다음에 표기한다.

정답 17 ① 18 ② 19 ① 20 ③ 21 ② 22 ① 23 ②

PART 01 PART 02 PART 03 PART 04 PART 05

6회

**24** **SQL에서 VIEW를 삭제할 때 사용하는 명령은?**

① ERASE ② KILL
③ DROP ④ DELETE

해설 뷰는 CREATE로 생성하고 DROP으로 삭제한다.

6회

**25** **테이블 R1, R2에 대하여 다음 SQL문의 결과는?**

```
(SELECT 학번 FROM R1)
INTERSECT
(SELECT 학번 FROM R2)
```

[R1] 테이블

| 학번 | 학점 수 |
|---|---|
| 20201111 | 15 |
| 20202222 | 20 |

[R2] 테이블

| 학번 | 과목번호 |
|---|---|
| 20202222 | CS200 |
| 20203333 | CS300 |

①

| 학번 | 학점 수 | 과목번호 |
|---|---|---|
| 20202222 | 20 | CS200 |

②

| 학번 |
|---|
| 20202222 |

③

| 학번 |
|---|
| 20201111 |
| 20202222 |
| 20203333 |

④

| 학번 | 학점 수 | 과목번호 |
|---|---|---|
| 20201111 | 15 | NULL |
| 20202222 | 20 | CS200 |
| 20203333 | NULL | CS300 |

해설 SELECT 문의 결과를 합치고 빼는 집합연산자에 대한 문제로 합집합은 UNION, 차집합은 EXCEPT, 교집합은 INTERSECT이다. 본 문에서는 R1 테이블의 학번과 R2 테이블의 학번 교집합인 20202222를 결과로 하는 SQL문이다.

6회

**26** **다음 R1과 R2의 테이블에서 아래의 실행 결과를 얻기 위한 SQL문은?**

[R1 테이블]

| 학번 | 이름 | 학년 | 학과 | 주소 |
|---|---|---|---|---|
| 1000 | 홍길동 | 1 | 컴퓨터공학 | 서울 |
| 2000 | 김철수 | 1 | 전기공학 | 경기 |
| 3000 | 강남길 | 2 | 전자공학 | 경기 |
| 4000 | 오말자 | 2 | 컴퓨터공학 | 경기 |
| 5000 | 장미화 | 3 | 전자공학 | 서울 |

[R2 테이블]

| 학번 | 과목번호 | 과목이름 | 학점 | 점수 |
|---|---|---|---|---|
| 1000 | C100 | 컴퓨터구조 | A | 91 |
| 2000 | C200 | 데이터베이스 | A+ | 99 |
| 3000 | C100 | 컴퓨터구조 | B+ | 89 |
| 3000 | C200 | 데이터베이스 | B | 85 |
| 4000 | C200 | 데이터베이스 | A | 93 |
| 4000 | C300 | 운영체제 | B+ | 88 |
| 5000 | C300 | 운영체제 | B | 82 |

[실행결과]

| 과목번호 | 과목이름 |
|---|---|
| C100 | 컴퓨터구조 |
| C200 | 데이터베이스 |

① SELECT 과목번호, 과목이름 FROM RI, R2 WHERE R1.학번=R2.학번 AND R1.학과='전자공학' AND R1.이름='강남길' ;
② SELECT 과목번호, 과목이름 FROM RI, R2 WHERE R1.학번=R2.학번 OR R1.학과='전자공학' OR R1.이름='홍길동' ;
③ SELECT 과목번호, 과목이름 FROM R1, R2 WHERE R1.학번 R2.학번 AND R1.학과='컴퓨터공학' AND R1.이름 '강남길' ;
④ SELECT 과목번호, 과목이름 FROM R1, R2 WHERE R1.학번=R2.학번 OR R1.학과='컴퓨터공학' OR R1.이름='홍길동' ;

해설 R1 테이블과 R2 테이블의 학번이 같고 R1에서 학과는 전자공학, 이름은 강남길인 학생의 학번 3000의 R2 테이블 과목과 과목 이름은 C100 컴퓨터구조와 C200 데이터베이스이다.

6회

**27 다음 SQL문에서 (    ) 안에 들어갈 내용으로 옳은 것은?**

```
UPDATE 인사급여 (          ) 호봉=15 WHERE
성명='홍길동'
```

① SET ② FROM
③ INTO ④ IN

해설 UPDATE 명령어는 'UPDATE [TABLE_NAME] SET [COLUMN_NAME]=(PARAMETER_1, ...) [USER_FUNCTION_NAME] WHERE ...' 형태로 구성된다. 따라서 SET이 정답이다.

6회

**28 트랜잭션의 실행이 실패하였음을 알리는 연산자로 트랜잭션이 수행한 결과를 원래의 상태로 원상복귀시키는 연산은?**

① COMMIT 연산
② BACKUP 연산
③ LOG 연산
④ ROLLBACK 연산

해설 데이터베이스 회복기법 중에서 트랜잭션 실패 시 원래 상태로 복귀하는 명령어는 ROLLBACK이다.

7회

**29 다음 두 릴레이션 R1과 R2의 카티션 프로덕트(cartesian product) 수행 결과는?**

R1

| 학년 |
|---|
| 1 |
| 2 |
| 3 |

R2

| 학과 |
|---|
| 컴퓨터 |
| 국문 |
| 수학 |

①

| 학년 | 학과 |
|---|---|
| 1 | 컴퓨터 |
| 2 | 국문 |
| 3 | 수학 |

②

| 학년 | 학과 |
|---|---|
| 2 | 컴퓨터 |
| 2 | 국문 |
| 2 | 수학 |

③

| 학년 | 학과 |
|---|---|
| 3 | 컴퓨터 |
| 3 | 국문 |
| 3 | 수학 |

④

| 학년 | 학과 |
|---|---|
| 1 | 컴퓨터 |
| 1 | 국문 |
| 1 | 수학 |
| 2 | 컴퓨터 |
| 2 | 국문 |
| 2 | 수학 |
| 3 | 컴퓨터 |
| 3 | 국문 |
| 3 | 수학 |

해설 카티션 프로덕트는 곱집합을 의미하며, R1 테이블 데이터와 R2 테이블 데이터가 모든 경우의 수를 합쳐 테이블로 출력된다. 이를 위한 명령어는 'SELECT * FROM 테이블1, 테이블 2;'로 동시에 2개 테이블을 조회한다.

정답 24 ③ 25 ② 26 ① 27 ① 28 ④ 29 ④

7회

## 30 SQL의 논리 연산자가 아닌 것은?

① AND ② OTHER
③ OR ④ NOT

SQL의 논리 연산자는 AND, OR, NOT, BETWEEN, EXISTS 등이 있다.

7회

## 31 학적 테이블에서 전화번호가 Null 값이 아닌 학생명을 모두 검색할 때, SQL 구문으로 옳은 것은?

① SELECT 학생명 FROM 학적 WHERE 전화번호 DON'T NULL;
② SELECT 학생명 FROM 학적 WHERE 전화번호 != NOT NULL;
③ SELECT 학생명 FROM 학적 WHERE 전화번호 IS NOT NULL;
④ SELECT 학생명 FROM 학적 WHERE 전화번호 IS NULL;

해설 SQL의 연산자 중 NULL 값 조건은 'IS NULL'로, NULL 값이 아닌 조건은 'IS NOT NULL'로 표기한다.

7회

## 32 데이터베이스에서 하나의 논리적 기능을 수행하기 위한 작업의 단위 또는 한꺼번에 모두 수행되어야 할 일련의 연산들을 의미하는 것은?

① 트랜잭션 ② 뷰
③ 튜플 ④ 카디널리티

해설 트랜잭션은 데이터베이스에서 한 번에 수행되어야 하는 일련의 Read와 Write 연산을 수행하는 업무 처리 단위를 의미한다.

7회

## 33 데이터베이스에서 인덱스(Index)와 관련한 설명으로 틀린 것은?

① 인덱스의 기본 목적은 검색 성능을 최적화하는 것으로 볼 수 있다.
② B-트리 인덱스는 분기를 목적으로 하는 Branch Block을 가지고 있다.
③ BETWEEN 등 범위(Range) 검색에 활용될 수 있다.
④ 시스템이 자동으로 생성하여 사용자가 변경할 수 없다.

해설 인덱스는 데이터의 검색 속도 개선을 위해서 별도로 테이블의 Row를 동일한 경로로 식별 가능하도록 구조화된 데이터군으로, 순서 인덱스는 B-Tree 알고리즘을 이용하며 BETWEEN 등의 논리 연산자를 사용할 수 있고 사용자가 직접 생성 · 구현한다.

7회

## 34 SQL문에서 HAVING을 사용할 수 있는 절은?

① LIKE절 ② WHERE절
③ GROUP BY절 ④ ORDER BY절

해설 HAVING은 GROUP BY절과 함께 사용하여 SELECT 문에서 표시되는 그룹화된 레코드를 지정하고 표시한다.

8회

**35** **DELETE 명령에 대한 설명으로 틀린 것은?**

① 테이블의 행을 삭제할 때 사용한다.

② WHERE 조건절이 없는 DELETE 명령을 수행하면 DROP TABLE 명령을 수행했을 때와 동일한 효과를 얻을 수 있다.

③ SQL을 사용 용도에 따라 분류할 경우 DML에 해당한다.

④ 기본 사용 형식은 “DELETE FROM 테이블 [WHERE 조건] ; ”이다.

해설 DML언어인 DELETE는 테이블의 특정 데이터를 삭제하는 구문이고 DDL인 DROP은 아예 테이블을 삭제하는 명령어로 서로 효과가 다르다.

8회

**36** **SQL과 관련한 설명으로 틀린 것은?**

① REVOKE 키워드를 사용하여 열 이름을 다시 부여할 수 있다.

② 데이터 정의어는 기본 테이블, 뷰 테이블, 또는 인덱스 등을 생성, 변경, 제거하는 데 사용되는 명령어이다.

③ DISTINCT를 활용하여 중복값을 제거할 수 있다.

④ JOIN을 통해 여러 테이블의 레코드를 조합하여 표현할 수 있다.

해설 REVOKE는 GRANT로 부여된 권한을 회수하는 명령어이다.

8회

**37** **다음 SQL 문의 실행 결과로 생성되는 튜플 수는?**

```
SELECT 급여 FROM 사원 ;
```

**〈사원〉 테이블**

| 사원ID | 사원명 | 급여 | 부서ID |
|---|---|---|---|
| 101 | 박철수 | 30000 | 1 |
| 102 | 한나라 | 35000 | 2 |
| 103 | 김감동 | 40000 | 3 |
| 104 | 이구수 | 35000 | 2 |
| 105 | 최초록 | 40000 | 3 |

① 1　　② 3

③ 4　　④ 5

해설 튜플은 행(ROW)을 의미하며 급여 컬럼의 5개 행의 수가 표시된다.

8회

**38** **다음 SQL 문에서 사용된 BETWEEN 연산의 의미와 동일한 것은?**

```
SELECT *
FROM 성적
WHERE (점수 BETWEEN 90 AND 95) AND 학과
='컴퓨터공학과' ;
```

① 점수> =90 AND 점수< =95

② 점수>90 AND 점수<95

③ 점수>90 AND 점수< =95

④ 점수> =90 AND 점수<95

해설 BETWEEN은 SQL 논리연산자로서 범위를 설정하며, 이때 ‘BETWEEN X AND Y’는 X 이상 Y 이하를 의미한다.

정답 30 ② 31 ③ 32 ① 33 ④ 34 ③ 35 ② 36 ① 37 ④ 38 ①

8회

**39** 트랜잭션의 상태 중 트랜잭션의 수행이 실패하여 ROLLBACK 연산을 실행한 상태는?

① 철회(Aborted)
② 부분 완료(Partially COMMITted)
③ 완료(COMMIT)
④ 실패(Fail)

해설 ROLLBACK은 트랜잭션을 이미 처리하였으나 이상이 생겨 그동안 수행한 처리를 철회하는 개념이다.

8회

**40** 테이블 R과 S에 대한 SQL문이 실행되었을 때, 실행 결과로 옳은 것은?

R

| A | B |
|---|---|
| 1 | A |
| 3 | B |

S

| A | B |
|---|---|
| 1 | A |
| 3 | B |

```
SELECT A FROM R
UNION ALL
SELECT A FROM S ;
```

①
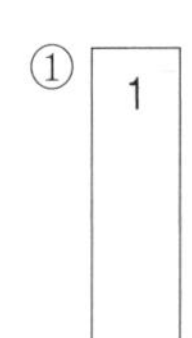
1

② 3, 2

③

1, 3

④ 1, 3, 1, 2

해설 SELECT 문의 결과를 합치고 빼는 집합연산자에 대한 문제로, 합집합은 UNION, 차집합은 EXCEPT, 교집합은 INTERSECT이다. 본 문에서는 R 테이블의 A와 S 테이블의 A의 합집합인 1, 3, 1, 2를 결과로 하는 SQL문이다.

8회

**41** 테이블 두 개를 조인하여 뷰 V_1을 정의하고, V_1을 이용하여 뷰 V_2를 정의하였다. 다음 명령 수행 후 결과로 옳은 것은?

```
DROP VIEW V_1 CASCADE ;
```

① V_1만 삭제된다.
② V_2만 삭제된다.
③ V_1과 V_2 모두 삭제된다.
④ V_1과 V_2 모두 삭제되지 않는다.

해설 뷰는 원 테이블이 삭제되면 같이 삭제된다. 이에 따라 뷰 V_1을 삭제하는 명령어는 V_2까지 삭제하고 종료된다.

정답 39 ① 40 ④ 41 ③

# 논리 데이터베이스 설계

다회독 Check!
1 2 3

학습 목표

- 본격적으로 데이터베이스를 설계하기 위해서 관계형 데이터베이스의 기본 개념과 함께 데이터 모델링에 대한 이해 기반의 학습 내용이 제안되고 있음
- 개념적 모델링을 구현하고 논리적 모델링으로 변환하기 위한 E-R 모델 작성 절차 등을 숙지하여야 하며, 논리 데이터 품질검증에 대한 이해가 필요

## SECTION 01 관계형 데이터베이스 모델

### 1. 관계 데이터 모델

① **관계 데이터 모델의 개요**

㉠ 관계 데이터 모델의 정의

현실 세계의 업무를 추상화하고 관계형 데이터베이스의 데이터로 표현하기 위해 설계하는 과정

㉡ 관계 데이터 모델의 주요 요소

| 구분 | 내용 |
|---|---|
| 개체<br>(Entity) | • 정보시스템을 통해 구축하고자 하는 업무 활동과 관련하여 관심의 대상으로 동질성을 지닌 개체들의 집합이나 행위들의 집합 |
| 속성<br>(Attribute) | • 업무에 필요한 개체에서 관리하고자 목표로 하는 분리되지 않은 최소의 데이터 단위 |
| 식별자<br>(Identifier) | • 복수 개의 집합체를 담고 있는 하나의 개체 타입에서 각각의 개체를 구분할 수 있도록 정의되어 진 결정기준 |

② **개체(Entity)**

㉠ 개체 특성

| 구분 | 내용 |
|---|---|
| 업무정보 | • 시스템을 통해서 해결하고자 하는 업무와 관련된 정보로 정의 |
| 식별 가능 | • 유일하고 분명한 식별자에 의해서 식별 가능해야 함 |
| 영속성 | • 영속적으로 존재하는 개체의 집합이어야 함 |
| 업무 프로세스 | • 업무 프로세스가 반드시 그 개체 타입을 이용해야 함 |
| 속성 포함 | • 개체 타입에는 반드시 속성이 포함되어 있어야 함 |
| 관계 존재 | • 개체 타입은 다른 개체 타입과 한 개 이상의 관계가 있어야 함 |

**이해돕기**

관계 데이터 모델은 챕터 2의 관계형 데이터 모델과 연계하여 학습이 필요하며, 파트 3은 전체적으로 중복된 학습목차와 구성으로 되어 있으니 상호 연계하여 이해해야 함

이해돕기

데이터 흐름도(DFD ; Data Flow Diagram)

구조적 방법론의 요구사항 분석 등에 활용되는 기법으로, 프로세스인 원, 자료 흐름인 화살표, 자료저장소인 직선, 단말인 사각형 등으로 표현됨

이해돕기

업무 프로세스 재설계(BPR ; Business Process Re-engineering)

경영혁신 기법으로 BPR 산출물을 통해서 업무의 구성 확인 가능

ⓛ 개체 타입 도출 방법

| 구분 | 내용 |
|---|---|
| 업무기술서 활용 | • 업무의 전체적인 개요를 담고 있는 업무 기술서를 이용 |
| 인터뷰 수행 | • 이해관계자 및 현업 담당자와 인터뷰를 통해 핵심 사항 정의 |
| 장표 활용 | • 현업 장표를 활용하여 개체 타입 검토 |
| 기존 산출물 점검 | • 기존 시스템 존재 시 산출물을 검토하고 반영 |
| DFD 활용 | • DFD를 통한 업무 분석을 수행하였을 경우 DFD의 Data Store를 추출 |
| 검토 | • 현업 업무 견학 및 인터뷰, 업무 기술서 등을 확인한 결과 누락된 정보가 없는지 검토 |
| BPR 검토 | • BPR 산출물이 있거나 업무가 재정의되었을 때 신규 업무에서 개체 타입 확인 |

ⓒ 개체 타입 명명 기준

| 구분 | 내용 |
|---|---|
| 현업 용어 | • 되도록 실제 현업에서 사용하는 용어를 정의 |
| 약어 배제 | • 유추하기 힘들거나 모호한 경우를 배제하기 위해 되도록 약어 배제 |
| 단수 명사 | • 확실하고 정확하게 의미를 정의할 수 있도록 단수 명사 활용 |
| 유일 명명 | • 중복되지 않도록 유일한 명칭 부여 |
| 의미 참조 | • 가급적 개체 타입이 생성되는 의미에 따라 명칭을 부여 |

③ **속성(Attribute)**

㉠ 속성의 분류

| 구분 | | 내용 |
|---|---|---|
| 특성에 따른 분류 | 기본 속성 | • 업무로부터 도출된 모든 속성이 해당되며, 개체 타입에 가장 일반적이고 많은 속성을 차지<br>• 코드성 데이터나 개체타입 식별을 위한 일련번호, 다른 속성에서 파생된 속성을 제외한 모든 속성이 해당 |
| | 설계 속성 | • 업무에 필요한 데이터 외에 데이터 모델링을 위하여 업무를 규칙화하려고 속성을 새로 만들거나 변형하여 정의<br>• 대부분의 코드 속성이나 단일 식별자를 부여하기 위해 모델에서 새로 정의하는 속성 |
| | 파생 속성 | • 다른 속성에 영향을 받아 발생하는 속성으로 보통 계산된 값이 해당되며, 다른 속성에 영향을 받기 때문에 데이터 정합성이 중요하고 되도록 파생 속성은 적게 정의 |
| 개체 구성방식의 분류 | | • 기본키 속성, 외래키 속성, 개체에 포함되어 있으나 기본키와 외래키에 포함되지 않는 일반 속성 |

㉡ 속성 후보 선정 원칙

| 구분 | 내용 |
|---|---|
| 원시 속성 후보 검토 | • 다른 속성에 의해서 다시 재현할 수 있는 가공 속성이 아닌 경우를 원시 속성이라고 하며, 재현이 불가능한 속성은 절대 보유 필요 |
| 후보군 작성 | • 각 속성 후보들을 적절한 데이터 그룹으로 생성하고 가장 근접한 개체에 할당 |

㉢ 속성의 명명

| 구분 | 내용 |
|---|---|
| 현업 용어 | • 해당 업무에서 실제로 사용하는 이름을 부여 |
| 서술식 배제 | • 서술식으로 명기된 속성명은 배체 |
| 약어 배제 | • 혼란이 발생할 수 있는 약어는 사용 배제 |
| 타입명 주의 | • 개체 타입명은 속성명으로 사용 금지 |
| 유일 식별 | • 개체 타입에서 유일하게 식별 가능하도록 정의 |

이해돕기

챕터 4의 컬럼 속성과 연계하여 학습 필요

이해돕기

속성 명명, 개체타입 명명 등은 실제 사례 형식으로 시험에 출제될 수 있으므로 정확한 이해가 필요함

④ **식별자(Identifier)**

㉠ 식별자 특징

| 구분 | 내용 |
|---|---|
| 유일 구분 | • 식별자에 의해서 개체 타입 내 모든 개체들이 유일하게 구분되어야 함 |
| 식별자 불변 | • 특정 개체 타입에 식별자 지정 시 식별자 불변 |
| 주 식별자 속성 | • 주 식별자 속성에 반드시 데이터 값 포함 |

㉡ 식별자 구분

| 구분 | 식별자 | 내용 |
|---|---|---|
| 주/보조 | 주식별자 | • 개체 타입 대표성을 나타내는 유일한 식별자 |
| | 보조식별자 | • 주 식별자를 대신해 보조적으로 개체를 식별할 수 있는 속성 |
| 내부/외부 | 내부식별자 | • 타 개체 타입에서 식별자를 가져오지 않고 자신의 개체 타입 내에서 스스로 생성되어 존재하는 식별자 |
| | 외부식별자 | • 다른 개체 타입과의 관계에 의해서 주 식별자 속성을 상속받아 자신의 속성에 포함하는 식별자 |
| 단일/복합 | 단일식별자 | • 주 식별자 구성이 한 가지 속성으로만 이뤄진 식별자 |
| | 복합식별자 | • 주 식별자가 두 개 이상의 속성으로 구성된 식별자 |
| 원조/대리 | 원조식별자 | • 업무에 의해서 만들어지는 가공되지 않은 원래의 식별자 |
| | 대리식별자 | • 주 식별자 속성이 두 개 이상일 경우 속성들을 하나의 속성으로 묶어 구성하는 식별자 |

㉢ 후보 식별자 조건

| 구분 | 내용 |
|---|---|
| 인스턴스 식별 | • 각 인스턴스를 유일하게 식별 가능 |
| 속성 직접 식별 | • 인스턴스 간 외에도 나머지 속성을 식별할 수 있는 기능 |
| NULL 배제 | • 후보 식별자는 널 값 배제 |
| 유일성 | • 속성 집합을 선택하는 경우에는 개념적으로 유일 |
| 변경 지양 | • 후보 식별자의 데이터는 잦은 변경 지양 |

㉣ 인조식별자 조건

| 구분 | 내용 |
|---|---|
| 범용 값 | • 회사 내의 공인된 번호, 코드 등 기존에 업무상 범용적으로 사용하던 것을 그대로 사용 |
| 문제 해결 | • 본질 식별자 등의 사용에 문제가 있을 시 인조 속성 도입 검토 |
| 형태 주의 | • 인조 속성 구상 시 이 속성이 본질 식별자에서 대체하는 부분을 구체적이고 분명하게 정의 |
| 편의성 | • 속성 길이가 길거나 어려운 경우 편의성과 단순성 확보를 위해서 인조 식별자 사용 |
| 체계화 | • 의미의 체계화, 코드화를 위해서 인조 식별자 사용 |
| 내부적 사용 | • 시스템 내부에서만 사용하는 형태의 경우 관리 필요성에 의해 사용 |

⑤ **개체 정의서**

㉠ 개체 정의서의 정의

논리적 개체와 속성, 식별자들이 모두 확정되고 난 후, 이들에 대하여 작성된 명세서

㉡ 개체 정의서 구성 요소

| 구분 | 내용 |
|---|---|
| 개체 타입명 | • 확정된 개체 타입들의 이름을 기술 |
| 개체 타입 설명 | • 확정된 개체 타입의 의미를 기술 |
| 동의어/유의어 | • 해당 개체 타입과 유사한 동의어나 유의어를 기술 |
| 개체 타입 구분 | • 개체타입의 구분에 따라서 유형들을 기술 |
| 관련 속성 | • 개체타입의 구분 기준에 따라 유형을 기술 |
| 식별자 | • 해당 개체 타입의 주 식별자와 대체 식별자 기술 |
| 기타 | • 개체 타입 기술과 관련하여 필요하다고 판단되는 항목 추가 |

## 2. 관계 데이터언어(관계대수, 관계해석)

### ① 관계(Relationship)의 개요

㉠ 관계의 정의

- 관계형 데이터베이스에서 복수 개 개체들 간에 명명된 의미 있는 연결
- 두개의 엔티티 타입 사이에서 논리적인 관계로서 엔티티와 엔티티가 존재의 형태나 행위로써 서로에게 영향을 주는 형태

㉡ 관계 정의의 목적

| 구분 | 내용 |
|---|---|
| 업무 흐름의 표현 | • 관계를 통해 업무의 흐름과 구성이 표현됨<br>• 업무 규칙에 따라 관계의 표현형식이 달라짐 |
| Key의 상속관계 | • 부모의 Primary Key가 자식의 Foreign Key로 상속 |
| 참조무결성 | • 엔티티 간의 데이터가 논리적인 모순이 없이 정확성과 일관성을 유지하게 함 |

### ② 관계의 분류 및 표기법

㉠ 관계 특성에 따른 분류

| 유형 | 내용 | |
|---|---|---|
| 정상적인 관계 (Normal) | • 엔티티 타입 간에 독립적으로 분리되어 있으면서 한 개의 관계만 상호 간 존재하는 형태 | 부서 사원 |
| 자기참조 관계 (Recursive) | • 하나의 엔티티 타입 내에서 엔티티와 엔티티가 서로 관계를 맺고 있는 형태<br>• 부서, 부품, 메뉴 등과 같이 계층 구조 형태를 표현할 때 유용한 관계 형식 | 컴퓨터 부품 컴퓨터 본체 HDD 모니터 메모리 CPU 헤드 패널 케이스 |
| 병렬 관계 (Parallel) | • 엔티티 타입과 엔티티 타입이 독립적으로 분리되어 있으면서 두 개 이상의 관계가 상호 간 존재하는 형태 | 고객 계약 |
| 수퍼타입 서브타입 관계 (Super-Sub type) | • 공통의 속성을 가지는 수퍼타입과 공통부분을 제외하고 두 개 이상의 엔티티 타입에 속성이 상호 간 차이가 있을 때 별도의 서브타입으로 존재할 수 있음. 이때 수퍼타입과 서브타입이 1:1관계를 가지게 되는데 이것이 수퍼타입과 서브타입의 관계형식으로 배타적 관계와 포함 관계로 분류됨<br>• 서브타입을 구분할 수 있는 구분 형식에 따라 수퍼타입의 특정 엔티티가 반드시 하나의 서브타입에만 속해야 하는 배타적 관계(Exclusive)와 수퍼타입의 특정 엔티티가 두개 이상의 서브타입에 포함될 수 있는 포함관계(Inclusive)로 구분할 수 있음 | 직원 직원구분코드 배타적 관계 일반직원 계약직원 / 이력서 직원구분코드 포함 관계 현장접수 인터넷접수 |

㉡ 관계 카디널리티에 따른 표기

두 개의 엔티티 타입 간의 관계에서 참여자의 수를 표현하는 것을 카디널리티라고 함

| 구분 | 내용 |
| --- | --- |
| 1:1관계 | 구매신청 —신청한다/작성한다— 주문서 |
| 1:M관계 | 부서 —포함한다/소속된다— 사원 |
| M:N관계 | 주문 —포함한다/소속된다— 상품 |

③ **관계데이터 연산**

㉠ 관계데이터 연산의 정의

- 정보시스템을 통한 업무처리를 위해 릴레이션에 필요한 데이터를 정의하고 분석하기 위한 데이터 언어로서 SQL 언어와 동일한 수준으로 표현이 가능함
- 관계 데이터 연산은 절차적 언어인 관계대수와 비절차적 언어인 관계해석으로 분류

㉡ 관계데이터 연산의 유형

| 구분 | 내용 | 연산자 예시 |
| --- | --- | --- |
| 관계대수 | • 절차 중심의 언어로서 순수 관계 연산자와 일반 집합 연산자, 연산 규칙을 활용해서 릴레이션 처리에 필요한 사항(How)을 정의 | • 조인(join, ⋈)<br>• 교차곱(Cartesian Product, X) |
| 관계해석 | • 결과 중심의 비절차적, 선언적 언어로서 튜플 간의 관계나 도메인 간의 관계(What)를 해석하는 데이터 언어 | • OR<br>• AND |

**이해돕기**

관계대수와 관계해석은 절차/비절차, How/What 등의 반대 특성을 내포하고 있으므로 정확한 이해와 함께 실제 연산자를 암기해서 학습해야 함

ⓒ 관계대수 연산자

| 구분 | 유형 | 표기 | 내용 |
|---|---|---|---|
| 순수관계 연산자 | 조인(join) | ⋈ | • 두 개의 릴레이션을 하나로 합쳐 새로운 릴레이션을 만드는 연산 |
| | 셀렉트(select) | σ | • 조건을 만족하는 튜플의 부분 집합을 범위화하는 연산 |
| | 프로젝션(Projection) | π | • 중복을 제거한 속성들의 부분 집합 연산 |
| | 디비전(DIVISION) | ÷ | • 도메인 값과 일치하는 릴레이션 내 튜플을 검색하는 연산 |
| 일반집합 연산자 | 합집합(UNION) | ∪ | • 중복 제거 후 합을 추출하는 연산 |
| | 교집합(INTERSECTION) | ∩ | • 중복되는 값들을 추출하는 연산 |
| | 차집합(DIFFERENCE) | − | • 중복되지 않는 값들만 별도로 추출하는 연산 |
| | 교차곱 (Cartesian Product) | X | • 전체 튜플의 집합으로 카디널리티는 곱셈 연산을 하고, 차수는 더하기 연산을 수행 |

ⓔ 관계해석 연산자

| 구분 | 표기 | 내용 | 비고 |
|---|---|---|---|
| 연산자 | θ | • 비교연산자를 의미하며 x θ y 형태로 표현하고 원자식의 참 또는 거짓을 의미함 | 조건식 (비교 연산자) |
| | OR | • 정량자와 튜플의 OR 연산을 의미(둘 중의 하나) | 정형식 (부울 연산자) |
| | AND | • 정량자와 튜플의 AND 연산을 의미(두 개 모두) | |
| | NOT | • 정량자와 튜플의 NOT 연산을 이미(반대인 것) | |
| 정량자 | ∀ | • 전칭 정량자로 모두 가능한 혹은 모든 것에 대하여(For All)를 의미 | |
| | ∃ | • 존재 정량자로 하나라도 존재하는 튜플(There exist)을 의미 | |

이해돕기

관계대수 연산자는 시험에 자주 출제되며, 유형과 함께 표기법도 암기하여 학습이 필요함

## 3. 시스템 카탈로그와 뷰

### ① 시스템 카탈로그(System Catalog)의 개요

㉠ 시스템 카탈로그의 정의

- 데이터베이스 시스템과 관련한 다양한 객체와 환경에 대한 메타데이터 정보의 집합
- 광의의 개념에서는 데이터사전과 동일한 단어로 사용되나 협의의 개념으로는 메타데이터의 집합이 카탈로그이며 저장되는 공간 및 그 데이터베이스를 데이터사전이라고 명함

ⓛ 시스템 카탈로그의 특징

| 구분 | 내용 |
|---|---|
| 검색 가능 | • 카탈로그 자체도 시스템 테이블이며 일반 사용자도 SQL을 이용하여 내용 검색 가능 |
| SQL 제한 | • INSERT, DELETE, UPDATE 등의 일반적인 SQL문으로 카탈로그의 직접 갱신은 불가 |
| 다양한 구조 | • 데이터베이스 시스템에 따라서 상이하고 다양한 구조로 구성 |
| DBMS 관리 | • DBMS가 자동으로 생성하고 유지 및 관리 수행 |
| 자동 갱신 | • 사용자가 SQL 문을 통해서 테이블이나 뷰, 인덱스 등을 개선하면 시스템이 자동으로 갱신 |
| 분산 시스템은 모든 제어 정보 관리 | • 분산 시스템에서는 릴레이션, 인덱스, 사용자 정보 등 기본정보 외에도 위치 투명성과 중복 투명성을 제공하기 위해 모든 제어 정보 관리 |

**이해돕기**

시스템 카탈로그는 챕터 2 데이터 사전과 연계학습이 필요하며, 뷰는 챕터 2 뷰 섹션으로 학습

**② 시스템 카탈로그 테이블 유형**

| 구분 | 내용 |
|---|---|
| SYSCOLAUTH | • 데이터베이스의 각 속성에 설정된 권한 사항들을 저장, 관리 |
| SYSCOLUMNS | • 전체 테이블에 관한 정보를 컬럼 중심으로 저장하고 관리 |
| SYSTABLES | • 기본 테이블과 뷰 테이블의 정보를 저장하고 관리 |
| SYSTABAUTH | • 각 테이블에 설정된 권한 사항들을 저장, 관리 |
| SYSVIEW | • 전체 뷰에 대한 정보를 저장하고 관리 |

## SECTION 02 데이터모델링 및 설계

## 1. 데이터모델 개념

### ① 데이터모델의 개요

㉠ 데이터모델의 정의

현실세계의 문제 해결이나 업무 수행을 위한 정보시스템 개발 시 업무를 추상화하고 데이터베이스의 데이터로 표현하기 위해 설계하는 과정

**두음암기**

데이터모델의 수행 절차(개논물)
저 호수는 개가 논 물이다.

㉡ 데이터모델의 수행절차

| 순서 | 절차 | 내용 |
|---|---|---|
| 1 | 개념적 데이터 모델 | • 추상화 수준에서 업무 중심적이며 포괄적인 수준의 모델링을 진행하고 개념적인 형태의 E-R모델 도출 |
| 2 | 논리적 데이터 모델 | • 시스템으로 구현하고자 하는 업무의 모습을 키와 관계, 속성 등으로 명확하고 분명하게 정의하여 DBMS의 특성에 적합하도록 스키마와 트랜잭션 인터페이스 등을 설계 |

| 3 | 물리적 데이터 모델 | • 개념적 데이터 모델을 기반으로 도출된 논리적 데이터 모델을 대상으로 저장 공간 및 방식 등 물리적인 스키마를 설계 |
|---|---|---|

**② 개념 데이터모델의 수행 절차**

㉠ 개념 데이터모델 개요도

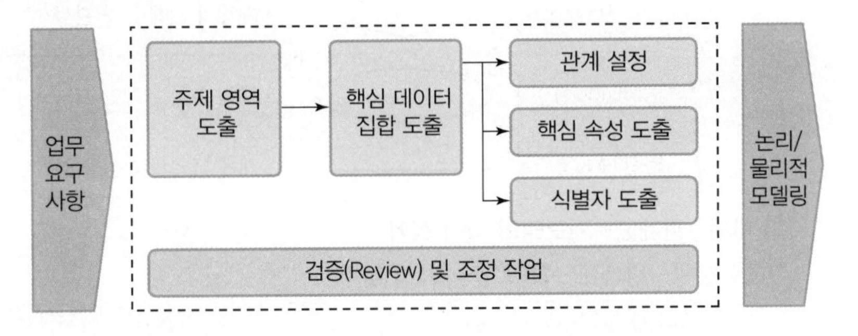


㉡ 개념데이터모델 절차

| 절차 | 내용 | 기법 및 유형 |
|---|---|---|
| 주제 영역 도출 | • 업무 기능과 관련한 하위 주제 영역을 분석하고 관련 데이터 집합들로 구성하여 주제 영역을 정의 | • 상향식, 하향식, Inside-out 방식, 혼합식 |
| 핵심 데이터 집합 도출 (Entity) | • 데이터의 보관 단위인 엔티티를 기반으로 하여 주제 영역에서 중심이 되는 데이터 집합을 도출 | • 독립 중심, 의존 중심, 의존 특성, 의존연관데이터 |
| 관계 설정 (Cardinality) | • 업무적 성격에 따라 개체 간에 갖는 관계성을 설정 | • 1:1, 1:N, M:N, 순환관계 |
| 핵심 속성 정의 (Attribute) | • 각 데이터 집합들의 특성을 대표하는 항목을 분석하고 정의 | • 원자단위검증, 유일값 유무 판단, 관리수준 상세화 |
| 식별자 도출 (Identifier) | • 각 데이터 집합들을 유일하게 식별해 주는 속성을 분석하여 Primary Key로 구현 | • PK, CK, AK, FK로 구분 |

## 2. 개체-관계(E-R) 모델

**① 개체-관계(E-R)의 개요**

㉠ 개체-관계(E-R)의 정의

개체(Entity), 관계(Relationship), 속성(Attribute) 등 관계데이터베이스의 핵심 요소를 기반으로 하여 현실세계를 개념적으로 표현하는 모델

이해돕기
E-R모델 도출은 개념적 모델 단계에서 수행함

㉡ 개체-관계(E-R)의 요소

| 구성 요소 | 표현 | 내용 |
|---|---|---|
| 개체(Entity) | | • 현실 세계 클래스 표현, 실세계 존재 실체 |
| 관계(Relationship) | | • 개체와 개체 간 연관성 |
| 속성(Attribute) | | • 개체 또는 관계의 기본적 성질 |
| 연결(Link) | | • 개체 타입과 속성을 연결 |

② **개체-관계(E-R)모델의 작성 절차**

㉠ 개체-관계(E-R)모델의 작성 절차

| 순서 | Task | 내용 |
|---|---|---|
| 순서 구분 없이 수행됨 | Entity Type 도출 | • 기본, 중심, 행위 엔티티 타입 도출 |
| | 관계도출 | • 엔티티 타입들 간의 관계성을 정의하고 도출 |
| | 식별자 도출 | • 각 데이터 집합들을 식별하는 PK, FK, UK 등에 대한 정의 |
| | 속성 도출 | • 기본 속성, 설계 속성, 파생 속성 등을 도출 |
| | 세부사항 도출 | • 도메인이나 용어사전 정의, 기본값, 체크값 등 속성의 규칙을 정의 |
| | 정규화 | • 정규화 수행을 위하여 1차, 2차, 3차, BCNF, 4차, 5차 정규화 요건 정의 |
| | 통합/분할 | • 엔티티 타입의 특성을 반영하여 통합, 분할 수행 |
| 단계 마지막 | 데이터 모델 검증 | • 엔티티 타입이나 관계, 속성 등에 관한 적합성을 검증 |

㉡ ERD모델 예시(도서 반납 시스템)

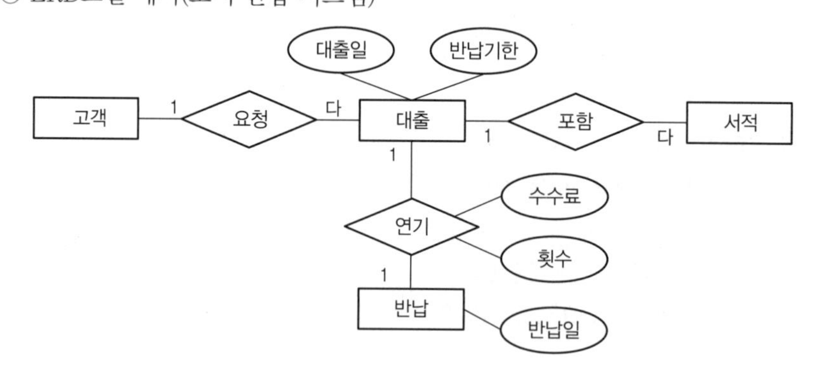

## 3. 논리적 데이터모델링

### ① 논리적 데이터모델링의 개요

㉠ 논리적 데이터모델링의 정의

개념적 데이터모델링 이후에 데이터의 액세스 방법, 대상 등을 전산화와 독립적으로 고려하고 기획하는 모델화 방법

㉡ 논리적 데이터모델링의 주요 방법

| 주요활동 | | 내용 |
|---|---|---|
| 속성 상세화 | | • 개념 데이터 모델링에서 추출된 Entity 속성의 검증 및 확정<br>• 속성이 가질 수 있는 도메인 값에 대한 나열 |
| 개체 상세화 | 식별자 확정 | • Entity에 대해 유일성을 식별할 수 있는 기본키(Primary Key) 확정<br>• 대체키(Alternate Key), 외래키(Foreign Key) 등 확정 |
| | 정규화 | • 데이터 구조상에 있어, 삽입, 삭제, 갱신의 이상현상 해결을 위해 정규화를 수행(1~5차정규화, BCNF) |
| | N:M 관계 | • N:M 관계인 Entity의 관계를 1:M 관계로 해소 |
| | 개체 무결성 규칙 정의 | • 개체 무결성 : 어떤 기본키 값이 NULL값이 될 수 없음<br>• 참조 무결성 : 관계 테이블의 외부 식별자(FK)는 관계 테이블의 주 식별자여야 함 |

### ② 논리적 데이터모델링의 수행 절차

㉠ 논리적 데이터모델링의 변환 과정

개념 모델인 E-R 모델을 논리 모델인 Relation 모델로 전환

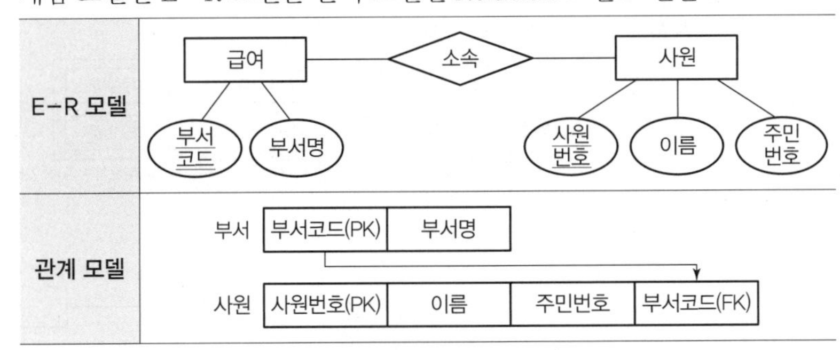


㉡ 논리적 데이터모델링의 수행 절차

| 단계 | 내용 |
|---|---|
| Relation(테이블) 전환 | • 개념 모델링에서의 Entity를 유일성을 보장하는 기본키를 지정하여 실제 데이터가 저장될 논리적 Relation으로 전환 |
| Relation(관계) | • Entity 간에 연결고리를 1:1 또는 1:M 형태로 전환 |
| 정규화 수행 | • 데이터 중복 저장, 이상 현상 방지를 위해 1차, 2차, 3차, BCNF, 4차, 5차 정규화 수행 후, 오류 발생 시 이전 단계를 재검토 |
| 사용자 트랜잭션 검증 | • 도출된 논리적 데이터 모델이 사용자가 원하는 트랜잭션을 모두 만족시키는지를 확인함 |

| ERD검증 | • 수정 및 보완해야 할 사항에 대해서 ERD에 재반영 |
|---|---|
| 무결성 제약 정의 | • 관계형 DB에서 무결성을 만족하기 위한 제약조건을 설정 |

## 4. 데이터베이스 정규화

**이해돕기**
데이터베이스의 정규화는 논리적 모델링 단계에서 수행함

### ① 데이터베이스 정규화의 개요

㉠ 데이터베이스 정규화의 정의

데이터베이스의 이상현상을 발생시키는 종속성, 중복성 등의 요인을 제거하고 무결성을 보장하기 위해 릴레이션을 무손실 분해하고 정리하는 과정

㉡ 정규화의 목적

| 필요성 | 내용 |
|---|---|
| 자료 일관성 확보 | • 데이터 종속성의 제거를 통해 삽입, 수정, 삭제 시 이상현상 제거 |
| 저장공간 효율화 | • 중복을 최소화하여 데이터 저장공간 절약 |
| 자료검색 효율화 | • 논리적 구조의 강화를 통해 다양한 검색기능의 구현 용이 |
| DB 유연성 증대 | • 관리데이터의 추가 발생 시 데이터베이스 재구성 요구 감소 |

㉢ 정규화 대상 함수적 종속성 유형

| 구분 | 내용 | 사례 |
|---|---|---|
| 완전함수 종속성 | • XY à Z일 때, X à Z가 성립하지 않고 Y à Z가 성립하지 않는 경우 Z는 XY에 완전함수종속 | 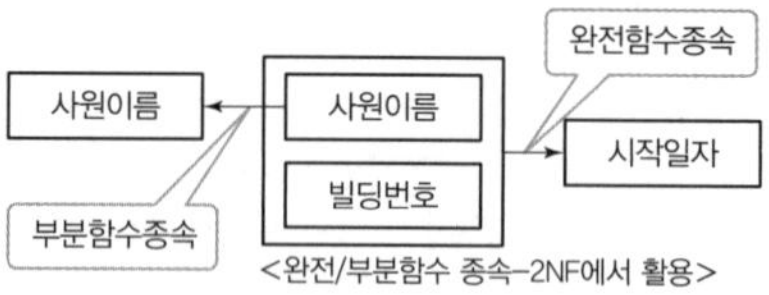 사원이름 / 사원이름, 빌딩번호 → 시작일자 (완전함수종속, 부분함수종속)<br><완전/부분함수 종속-2NF에서 활용> |
| 부분함수 종속성 | • XY à Z일 때, X à Z와 Y à Z 중 하나만 성립하는 경우 부분함수종속<br>• 제2정규화 필요 | |
| 이행함수 종속성 | • X à Y이고 Y à Z일 때 X à Z가 성립하면 이행함수종속<br>• 제3정규화 필요 | 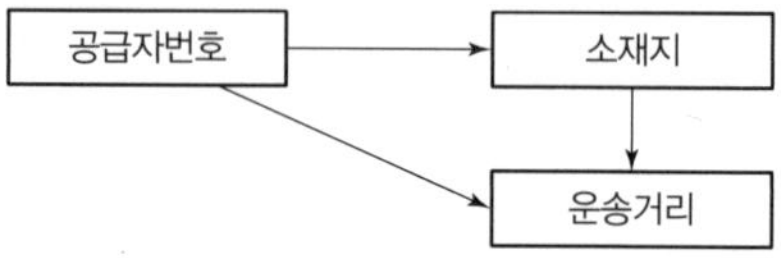 공급자번호 → 소재지 → 운송거리, 공급자번호 → 운송거리<br><이행함수 종속-3NF에서 활용> |
| 결정자함수 종속성 | • 릴레이션에 대해 모든 결정자가 후보 키인 경우 결정자함수 종속<br>• BCNF 필요 | 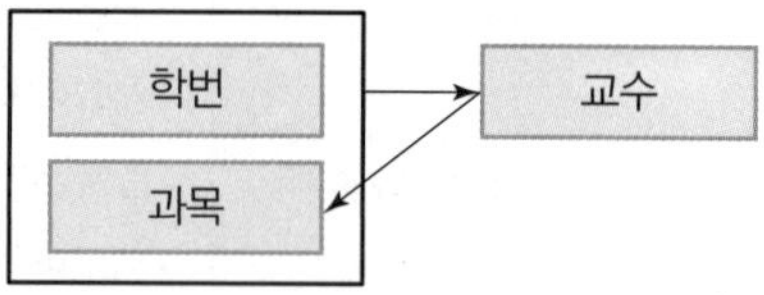 학번, 과목 → 교수, 교수 → 과목 |

② **정규화의 원리 및 수행 절차**

㉠ 정규화의 원리

| 구분 | 내용 |
|---|---|
| 정보 표현의 무손실 | • 하나의 스키마에서 다른 스키마로 변환 시 정보의 손실 배제 |
| 최소 데이터의 중복성 | • 최소의 중복으로 여러 가지 이상현상 제거<br>• 중복으로 인한 이상현상 방지 |
| 분리의 원칙 | • 하나의 독립된 관계성은 하나의 독립된 릴레이션으로 표기 |

㉡ 정규화의 수행 절차

| 구분 | | 단계 | 해당 조건 | 내용 |
|---|---|---|---|---|
| 기초적 정규화 | 함수적 종속성 | 1차 정규화(1NF) | • 모든 도메인들이 원자값만으로 구성된 경우 | • 속성의 원자화로 다중값이나 반복되는 속성을 제거 |
| | | 2차 정규화(2NF) | • 1NF를 만족하고 릴레이션의 기본키가 아닌 속성들이 완전함수적으로 종속성을 가질 경우 | • 부분함수의 종속성을 제거 |
| | | 3차 정규화(3NF) | • 2NF를 만족하고 기본키 외의 속성들 간에 함수적 종속성을 가지지 않는 경우 | • 이행함수의 종속성을 제거 |
| | | BCNF (Boyce Code Normal Form) | • 릴레이션의 모든 결정자가 후보키일 경우 | • 결정자가 후보키가 아닌 종속성을 제거 |
| 진보적 정규화 | 다중값 종속성 | 4차 정규화 (4NF) | • BCNF를 만족하면서 다중값 종속을 포함하지 않는 경우 | • 함수종속이 아닌 다중값의 종속성을 제거 |
| | 결합(Join) 종속성 | 5차 정규화 (5NF) | • 4NF를 만족시키면서 후보키를 통해서만 조인 종속이 성립되는 경우 | • 후보키를 통하지 않는 조인의 종속성을 제거 |
| 이론상 완벽한 정규화 | | 영역키 정규화 (DKNF ; Domain-Key Norman Form) | • 어떠한 유형의 이상현상(Anomaly)도 가지지 않는 이론상 완벽한 정규형 | |

**이해돕기**

실제로 논리적 모델링 단계에서 정규화를 제대로 수행하지 않으면 시스템 구성 이후 이상 현상이나 오류가 발생할 수 있으므로, 정규화를 포함한 논리적 모델링 단계에서 정확한 설계가 상당히 중요함

## 5. 논리 데이터모델 품질검증

**이해돕기**

반정규화

실제 데이터베이스 구축 시에 중복을 최대한 배제하고 정규화를 충실히 수행하나, 처리 속도나 업무 효율성을 위해서는 일부 데이터군을 중복하고 통계치 등은 별도의 테이블로 만들기도 함. 이처럼 성능 향상을 위해서 일부 중복을 허용하는 기법을 반정규화라고 하며, 이는 DB 튜닝의 한 유형임

### ① 논리 데이터모델 품질검증의 개요

㉠ 논리 데이터모델 품질검증의 정의

개념적 데이터모델과 논리 데이터모델을 수행한 후 특정 요건의 충족 여부를 검토하고 품질을 향상시키기 위한 활동

㉡ 우수 데이터 모델의 요건

| 구분 | 내용 |
|---|---|
| 완전성 | • 업무에 필요한 모든 데이터가 빠짐없이 모델에 정의 필요 |
| 중복 배제 | • 하나의 데이터베이스 내 동일한 사실은 한 번만 기록 |
| 비즈니스 룰 | • 현실세계의 업무 규칙과 프로세스가 데이터 모델에 표현되고 포함됨 |
| 데이터 재사용 | • 데이터의 재사용을 향상시키기 위해 데이터의 통합성과 독립성에 충분히 고려 필요 |
| 안정성과 확장성 | • 데이터베이스와 정보시스템의 안정성과 비즈니스 변화에 유연한 확장성 고려 |
| 간결성 | • 합리적으로 데이터들을 잘 정리하고 통합하여 이를 데이터 모델로 구현 |
| 의사소통 | • 데이터 모델을 활용하여 업무 분석을 수행하고 이를 기반으로 의사소통 도구로 활용 가능하도록 정의 |
| 통합성 | • 분리되고 파편화되어 있는 데이터들을 체계적으로 통합하고 아키텍처 구현 |

### ② 논리 데이터모델 품질검증의 기준

| 구분 | 내용 |
|---|---|
| 정확성 | • 정해진 표기법에 따라 정확하고 분명하게 기술되었으며, 업무 영역과 요구사항이 정확히 반영되었는지 검증 |
| 완전성 | • 누락되는 영역이나 데이터가 없으며, 요구사항 및 업무영역 전반을 포함하는지 검증 |
| 준거성 | • 관련 법적 요건을 충족하고 데이터 표준, 표준화 규칙 등을 준수하였는지 검증 |
| 최신성 | • 데이터 모델들이 최신 상태를 반영하고 있으며, 이와 관련한 이슈 사항들이 모두 반영되었는지 검증 |
| 일관성 | • 공통적으로 사용되는 데이터 요소가 전사적으로 한 번만 정의되고 다른 영역에서 참조 활용될 시 모델 표현상의 일관성이 유지되었는지 검증 |
| 활용성 | • 작성된 모델이나 관련 내용들이 전체 이해관계자 및 업무에 충분히 설명되고 활용되는지 검증<br>• 업무 변화 시에 설계 변경이 최소화 되도록 유연하게 정의 |

# 기출문제 분석

1, 2회

**01 정규화 과정 중 1NF에서 2NF가 되기 위한 조건은?**

① 1NF를 만족하고 모든 도메인이 원자값이어야 한다.

② 1NF를 만족하고, 키가 아닌 모든 애트리뷰트들이 기본키에 이행적으로 함수 종속되지 않아야 한다.

③ 1NF를 만족하고 다치 종속이 제거되어야 한다.

④ 1NF를 만족하고 키가 아닌 모든 속성이 기본키에 대하여 완전 함수적 종속 관계를 만족해야 한다.

해설 1차 정규화에서 2차 정규화가 되기 위한 조건은 1NF를 만족하고 Relation의 기본키가 아닌 속성들이 완전 함수적으로 종속할 경우이다.

1, 2회

**02 이행적 함수 종속 관계를 의미하는 것은?**

① A → B이고 B → C일 때, A → C를 만족하는 관계

② A → B이고 B → C일 때, C → A를 만족하는 관계

③ A → B이고 B → C일 때, B → A를 만족하는 관계

④ A → B이고 B → C일 때, C → B를 만족하는 관계

해설 X à Y이고 Y à Z일 때 X à Z가 성립하면 이행함수 종속관계이며 3차 정규화가 필요하다.

1, 2회

**03 관계대수 연산에서 두 릴레이션이 공통으로 가지고 있는 속성을 이용하여 두 개의 릴레이션을 하나로 합쳐서 새로운 릴레이션을 만드는 연산은?**

① ⋈ ② ⊃

③ π ④ σ

해설 관계대수는 릴레이션을 처리하기 위한 연산의 집합으로 순수 관계 연산자로는 조인(join, ⋈), 셀렉트(select, σ), 프로젝션(Projection, π), 디비전(DIVISION, ÷)이 있으며, 일반 집합 연산자는 합집합(UNION, ∪), 교집합(INTERSECTION, ∩), 차집합(DIFFERENCE, −), 교차곱(Cartesian Product, X) 등이 있다. 이 중 두 개의 릴레이션을 하나로 합쳐 새로운 릴레이션을 만드는 연산은 조인(join, ⋈)이다.

1, 2회

**04 데이터베이스의 논리적 설계(logical design) 단계에서 수행하는 작업이 아닌 것은?**

① 레코드 집중의 분석 및 설계

② 논리적 데이터베이스 구조로 매핑(mapping)

③ 트랜잭션 인터페이스 설계

④ 스키마의 평가 및 정제

해설 저장공간의 적정성 분석, 경로 설계, 레코드 집중 분석 및 설계는 물리적 설계 단계에서 수행한다.

정답 01 ④ 02 ① 03 ① 04 ①

1, 2회

**05 E-R 모델의 표현 방법으로 옳지 않은 것은?**

① 개체타입 : 사각형
② 관계타입 : 마름모
③ 속성 : 오각형
④ 연결 : 선

해설 E-R 모델에서 속성은 타원으로 표기하며 개체 또는 관계의 기본적 성질을 의미한다.

1, 2회

**06 하나의 애트리뷰트가 가질 수 있는 원자값들의 집합을 의미하는 것은?**

① 도메인 ② 튜플
③ 엔티티 ④ 다형성

해설 도메인은 속성이 가질 수 있는 원자값들을 대표하는 개념으로, 논리 데이터 모델링 구현 시에 속성 상세화 과정에서 정의된다.

3회

**07 릴레이션 R의 모든 결정자(determinant)가 후보키이면 그 릴레이션 R은 어떤 정규형에 속하는가?**

① 제1정규형
② 제2정규형
③ 보이스/코드 정규형
④ 제4정규형

해설 BCNF(Boyce Code Normal Form)는 릴레이션의 모든 결정자가 후보키일 때 수행하는 정규화로 결정자가 후보키가 아닌 종속을 제거한다.

3회

**08 정규화의 목적으로 옳지 않은 것은?**

① 어떠한 릴레이션이라도 데이터베이스 내에서 표현 가능하게 만든다.
② 데이터 삽입 시 릴레이션을 재구성할 필요성을 줄인다.
③ 중복을 배제하여 삽입, 삭제, 갱신 이상의 발생을 야기한다.
④ 효과적인 검색 알고리즘을 생성할 수 있다.

해설 정규화는 중복을 배제하고 삽입, 삭제, 갱신 이상 발생을 저지한다.

3회

**09 관계대수의 순수관계 연산자가 아닌 것은?**

① Select
② Cartesian Product
③ Division
④ Project

해설 관계대수 연산자 중 순수관계 연산자는 조인(join, ⋈), 셀렉트(select, σ), 프로젝션(Projection, π), 디비전(DIVISION, ÷)이 있다.

3회

**10** 다음과 같이 위쪽 릴레이션을 아래쪽 릴레이션으로 정규화를 하였을 때 어떤 정규화 작업을 한 것인가?

| 국가 | 도시 |
|---|---|
| 대한민국 | 서울, 부산 |
| 미국 | 워싱턴, 뉴욕 |
| 중국 | 베이징 |

↓

| 국가 | 도시 |
|---|---|
| 대한민국 | 서울 |
| 대한민국 | 부산 |
| 미국 | 워싱턴 |
| 미국 | 뉴욕 |
| 중국 | 베이징 |

① 제1정규형 ② 제2정규형
③ 제3정규형 ④ 제4정규형

해설 1차 정규화는 속성의 원자화, 다중값이나 반복되는 속성을 제거하는 것으로 도시의 다중값을 제거하여 결괏값이 도출된다.

3회

**11** 릴레이션 조작 시 데이터들이 불필요하게 중복되어 예기치 않게 발생하는 곤란한 현상을 의미하는 것은?

① normalization ② ROLLBACK
③ cardinality ④ anomaly

해설 정규화 전에 중복이 발생하고 이를 통해 삽입, 삭제, 갱신 이상이 발생하는 현상을 Anomaly라고 한다.

3회

**12** 릴레이션에 대한 설명으로 거리가 먼 것은?

① 튜플들의 삽입, 삭제 등의 작업으로 인해 릴레이션은 시간에 따라 변한다.
② 한 릴레이션에 포함된 튜플들은 모두 상이하다.
③ 애트리뷰트는 논리적으로 쪼갤 수 없는 원자값으로 저장한다.
④ 한 릴레이션에 포함된 튜플 사이에는 순서가 있다.

해설 릴레이션은 관계형 데이터베이스에서 복수 개 개체들 간에 명명된 의미 있는 연결을 의미하며, 튜플의 작업으로 시간에 따라 변경이 발생하고 한 릴레이션에 포함된 튜플들은 모두 상이하다. 애트리뷰트는 논리적으로 쪼갤 수 없는 원자값으로 저장해서 중복을 배제하고 이상 현상을 방지하나 한 릴레이션의 튜플 사이에 순서가 있지는 않다.

4회

**13** 정규화된 엔티티, 속성, 관계를 시스템의 성능 향상과 개발 운영의 단순화를 위해 중복, 통합, 분리 등을 수행하는 데이터 모델링 기법은?

① 인덱스정규화 ② 반정규화
③ 집단화 ④ 머징

해설 반정규화는 정규화와 달리 성능과 운영 편의성을 위해서 통합, 중복을 용인하는 과정이다. 정규화와 반정규화는 트레이드 오프 관계로서 지나친 정규화는 조인수가 증가하여 조회 성능이 떨어지고, 지나친 반정규화는 정합성과 데이터 무결성이 훼손될 가능성이 높다.

정답 05 ③ 06 ① 07 ③ 08 ③ 09 ② 10 ① 11 ④ 12 ④ 13 ②

4회

**14** **정규화의 필요성으로 거리가 먼 것은?**

① 데이터 구조의 안정성 최대화
② 중복 데이터의 활성화
③ 수정, 삭제 시 이상 현상의 최소화
④ 테이블 불일치 위험의 최소화

해설 정규화는 중복을 최소화하여 삽입, 삭제, 갱신 등 여러 이상 현상을 방지하는 릴레이션 무손실 분해 과정이다.

4회

**15** **데이터 모델에 표시해야 할 요소로 거리가 먼 것은?**

① 논리적 데이터 구조
② 출력 구조
③ 연산
④ 제약조건

해설 데이터 모델링 시에 데이터 구조나 제약조건을 표기하고 연산을 포함하나 출력 구조는 애플리케이션 설계에서 수행한다.

4회

**16** **제3정규형에서 보이스코드 정규형(BCNF)으로 정규화하기 위한 작업은?**

① 원자 값이 아닌 도메인을 분해
② 부분 함수 종속 제거
③ 이행 함수 종속 제거
④ 결정자가 후보키가 아닌 함수 종속 제거

해설 제3정규형에서 결정자가 후보키가 아닌 종속은 모두 제거하고 릴레이션의 모든 결정자가 후보키일 경우를 수행한다.

4회

**17** **관계대수에 대한 설명으로 틀린 것은?**

① 주어진 릴레이션 조작을 위한 연산의 집합이다.
② 일반 집합 연산과 순수 관계 연산으로 구분된다.
③ 질의에 대한 해를 구하기 위해 수행해야 할 연산의 순서를 명시한다.
④ 원하는 정보와 그 정보를 어떻게 유도하는가를 기술하는 비절차적 방법이다.

해설 관계대수는 릴레이션 조작을 위한 연산의 집합군이며, 일반 집합연산과 순수관계 연산으로 분류되고 연산의 순서를 명시하는 절차적 방법이다.

4회

**18** **A1, A2, A3 3개 속성을 갖는 한 릴레이션에서 A1의 도메인은 3개 값, A2의 도메인은 2개 값, A3의 도메인은 4개 값을 갖는다. 이 릴레이션에 존재할 수 있는 가능한 튜플(Tuple)의 최대 수는?**

① 24 ② 12
③ 8 ④ 9

해설 한 릴레이션에서 튜플 최대 수는 각 도메인의 곱으로 구성되며 이 경우 $3 \times 2 \times 4 = 24$로 정의된다.

4회

**19** **한 릴레이션 스키마가 4개 속성, 2개 후보키 그리고 그 스키마의 대응 릴레이션 인스턴스가 7개 튜플을 갖는다면 그 릴레이션의 차수(degree)는?**

① 1 ② 2
③ 4 ④ 7

해설 차수(Degree)는 한 릴레이션에 포함된 속성의 개수이므로 총 4개이다.

5회

**20** 다음 릴레이션의 카디널리티와 차수가 옳게 나타낸 것은?

| 아이디 | 성명 | 나이 | 등급 | 적립금 | 가입연도 |
|---|---|---|---|---|---|
| yuyu01 | 원유철 | 36 | 3 | 2000 | 2008 |
| sykim10 | 김성일 | 29 | 2 | 3300 | 2014 |
| kshan4 | 한경선 | 45 | 3 | 2800 | 2009 |
| namsu52 | 이남수 | 33 | 5 | 1000 | 2016 |

① 카디널리티 : 4, 차수 : 4
② 카디널리티 : 4, 차수 : 6
③ 카디널리티 : 6, 차수 : 4
④ 카디널리티 : 6, 차수 : 6

해설 카디널리티(Cardinality)는 릴레이션 튜플(행, ROW)의 개수를 의미하고 차수(Degree)는 한 릴레이션에 포함된 속성의 개수를 의미한다. 주어진 문제에서 카디널리티는 4, 차수는 6이다.

5회

**21** 다음 정의에서 말하는 기본 정규형은?

> 어떤 릴레이션 R에 속한 모든 도메인이 원자값(Atomic Value)만으로 되어 있다.

① 제1정규형(1NF)
② 제2정규형(2NF)
③ 제3정규형(3NF)
④ 보이스/코드 정규형(BCNF)

해설 제1정규형은 다중값이나 반복되는 속성을 제거하고 속성의 원자값만으로 되어 있다.

5회

**22** 정규화를 거치지 않아 발생하게 되는 이상(anomaly) 현상의 종류에 대한 설명으로 옳지 않은 것은?

① 삭제 이상이란 릴레이션에서 한 튜플을 삭제할 때 의도와는 상관없는 값들이 함께 삭제되는 연쇄 삭제 현상이다.
② 삽입 이상이란 릴레이션에서 데이터를 삽입할 때 의도와는 상관없이 원하지 않는 값들이 함께 삽입되는 현상이다.
③ 갱신 이상이란 릴레이션에서 튜플에 있는 속성값을 갱신할 때 일부 튜플의 정보만 갱신되어 정보에 모순이 생기는 현상이다.
④ 종속 이상이란 하나의 릴레이션에 하나 이상의 함수적 종속성이 존재하는 현상이다.

해설 정규화 미이행으로 발생하는 이상 현상은 삽입 이상, 삭제 이상, 갱신 이상으로 구성된다.

6회

**23** 릴레이션 R의 차수가 4이고 카디널리티가 5이며, 릴레이션 S의 차수가 6이고 카디널리티가 7일 때, 두 개의 릴레이션을 카티션 프로덕트한 결과의 새로운 릴레이션의 차수와 카디널리티는 얼마인가?

① 24, 35　② 24, 12
③ 10, 35　④ 10, 12

해설 카티션 프로덕트는 관계대수 중 교차곱(Cartesian Product, X)으로 릴레이션 간에 차수는 더하고 카디널리티는 곱으로 계산한다. 문제에서 교차곱을 수행한 차수는 4+6=10이며, 카디널리티는 5×7=35이다.

정답 14 ② 15 ② 16 ④ 17 ④ 18 ① 19 ③ 20 ② 21 ① 22 ④ 23 ③

6회

**24** **속성(attribute)에 대한 설명으로 틀린 것은?**

① 속성은 개체의 특성을 기술한다.
② 속성은 데이터베이스를 구성하는 가장 작은 논리적 단위이다.
③ 속성은 파일 구조상 데이터 항목 또는 데이터 필드에 해당된다.
④ 속성의 수를 "cardinality"라고 한다.

해설 속성은 개체의 특성이며 컬럼, 필드라고도 한다. 카디널리티(Cardinality)는 릴레이션 튜플(행, ROW)의 개수를 의미하고 속성의 수는 차수(Degree)이다.

7회

**25** **이전 단계의 정규형을 만족하면서 후보키를 통하지 않는 조인 종속(JD ; Join Dependency)을 제거해야 만족하는 정규형은?**

① 제3정규형 ② 제4정규형
③ 제5정규형 ④ 제6정규형

해설 제5차 정규화는 후보키를 통하지 않는 조인 종속성을 제거하며, 제4차를 만족시키면서 후보키를 통해서만 조인 종속이 성립되는 경우이다.

7회

**26** **어떤 릴레이션 R에서 X와 Y를 각각 R의 애트리뷰트 집합의 부분 집합이라고 할 경우 애트리뷰트 X의 값 각각에 대해 시간에 관계없이 항상 애트리뷰트 Y의 값이 오직 하나만 연관되어 있을 때 Y는 X에 함수 종속이라고 한다. 이 함수 종속의 표기로 옳은 것은?**

① Y → X ② Y ⊂ X
③ X → Y ④ X ⊂ Y

해설 함수 표기는 화살표로 표기하고 시간에 관계없이 속성 Y가 X에 함수 종속일 시 종속 대상을 오른쪽에 표기한다.

8회

**27** **E-R 모델에서 다중값 속성의 표기법은?**

① 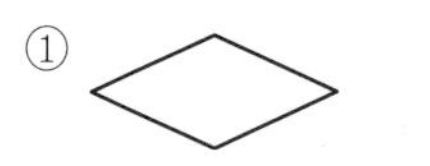 ②
③ 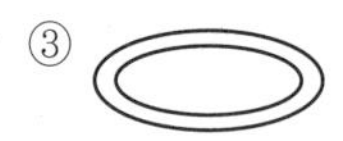 ④

해설 E-R 모델에서 속성은 타원으로 표기하며, 다중값 속성은 중복 타원으로 표기한다.

8회

**28** **정규화 과정에서 함수 종속이 A → B이고 B → C일 때 A → C인 관계를 제거하는 단계는?**

① 1NF → 2NF ② 2NF → 3NF
③ 3NF → BCNF ④ BCNF → 4NF

해설 함수 종속이 A → B이고 B → C일 때 A → C인 관계는 이행 함수 종속이며, 제2차 정규형에서 이행함수의 종속성을 제거하는 정규화를 수행한다.

8회

**29** **관계해석에서 '모든 것에 대하여'의 의미를 나타내는 논리 기호는?**

① ∃ ② ∈
③ ∀ ④ ⊂

해설 관계해석은 관계대수의 식을 표현한 비절차적, 선언적 언어이다. 연산자는 OR, AND, NOT으로 구성되고 정량자는 모든 가능한 튜플을 의미하는 ∀와 '모든 것에 대하여'를 의미하는 ∃로 구성된다.

8회

**30 관계 대수식을 SQL 질의로 옳게 표현한 것은?**

| $\pi_{이름}(\sigma_{학과='교육'}(학생))$ |
|---|

① SELECT 학생 FROM 이름 WHERE 학과 ='교육' ;

② SELECT 이름 FROM 학생 WHERE 학과 ='교육' ;

③ SELECT 교육 FROM 학과 WHERE 이름 ='학생' ;

④ SELECT 학과 FROM 학생 WHERE 이름 ='교육' ;

**해설** 관계 대수는 릴레이션을 처리하기 위한 연산의 집합으로 순수 관계 연산자로는 조인(join, ⋈), 셀렉트(select, σ), 프로젝션(Projection, π), 디비전(DIVISION, ÷) 등이 있다. 이때 프로젝션(π)은 테이블인 '이름', 셀렉트(σ)는 '학생' 컬럼, WHERE절에서는 '학과가 교육'인 범위를 조회한다.

정답 24 ④ 25 ③ 26 ③ 27 ③ 28 ② 29 ① 30 ①

PART 01 PART 02 PART 03 PART 04 PART 05

CHAPTER 04

# 물리 데이터베이스 설계

다회독 Check! 1 2 3

**학습 목표**

- 개념적 데이터모델을 논리적 데이터모델로 변환하고 이를 다시 물리적 데이터베이스 모델로 변환 후 적정한 용량 산정 및 하드웨어 측면의 설계를 수행하기 위한 방법론에 대해서 학습
- 이와 함께 각 키의 유형에 대한 분류와 물리 데이터 모델의 품질 검토 개념 및 절차 등에 대한 내용으로 구성

## SECTION 01 물리요소 조사 분석

### 1. 스토리지

#### ① 스토리지의 개요

㉠ 스토리지의 정의

최적화된 데이터베이스 물리 요소를 구성하기 위해 DB서버의 종류, 운영체제 유형과 함께 스토리지 구성방식과 적정 용량을 산정하고 구축

㉡ 스토리지의 유형

| 구분 | 내용 | 예시 |
|---|---|---|
| 서버 종속적 | • 데이터베이스 서버 내에 디스크 형태로 구성 | DISK RAID 구성 |
| 서버 독립적 | • 서버와 독립적인 형태의 네트워크 스토리지로 구성 | SAN Switch 구성 |

#### ② 스토리지 구성방식 세부 유형

| 구분 | 유형 | 내용 |
|---|---|---|
| 서버 내장형 | HDD | • 자기 플래터 기반의 대용량 고속 스토리지로 SAS, SATA 방식으로 연결 |
| | SSD | • NAND 플래시 메모리 기반의 저장장치로 비휘발성 고속의 저장 장치 |
| | MEMORY | • IN Memory DB에 사용하는 형태의 저장장치로 통상적으로 DRAM을 다수 사용하며, 휘발성 저장장치로 상시 전력 보급이 필요한 초고속 저장 장치 |
| 네트워크 스토리지 형 | NAS | • 서버 시스템과 하드웨어를 독립적으로 구성하고 사용자가 저장 파일 및 데이터를 직접 관리하는 스토리지 관리 기법 |
| | SAN | • 이기종의 복수 서버들과 분산 저장장치들을 초고속의 광케이블 연결하고, 논리적으로 하나의 저장장치인 것처럼 공유하고 관리해주는 통합 스토리지 관리 기법 |
| | DAS | • 서버와 외장형 스토리지를 전용 케이블로 직접 연결하여 저장, 관리하는 스토리지 관리 기법 |

**이해돕기**

In Memory DB

주기억장치인 DDR RAM에 데이터베이스를 구성하고 운영하는 초고속 데이터베이스 시스템으로, 성능과 속도가 우수하나 전원이 꺼지면 주기억장치의 데이터도 휘발되므로 별도의 보완 장치가 필요함

**이해돕기**

네트워크 스토리지형은 파트 5의 챕터 2 IT 프로젝트 정보시스템 구축관리에서 심화 학습 가능

## 2. 분산 데이터베이스

### ① 분산 데이터베이스의 개요

㉠ 분산 데이터베이스의 정의

복수 개의 병렬 데이터베이스 시스템으로 구성된 형태의 구조에서 트랜잭션의 원자성을 보장하기 위해 모든 노드가 COMMIT하거나 ROLLBACK 하는 메커니즘 기반으로 구축한 데이터베이스

㉡ 분산 데이터베이스의 특징

| 구분 | 내용 |
|---|---|
| N Phase COMMIT | • 분산 트랜잭션 원자성 보장을 위해 모든 노드가 커밋하거나 롤백하기 위해서 2단계 이상의 커밋(2PC)을 수행 |
| 모든 트랜잭션 성공 | • 분산 DB에서 전 데이터베이스의 트랜잭션이 모두 성공 확인되어야 트랜잭션 처리가 완료 |
| 오버헤드 절충 | • 여러 단계의 커밋 확인을 거칠수록 신뢰도는 증가하나 오버헤드 비용 증가 |

### ② 2PC 실행 개요 및 구성 요소

㉠ 2PC(Phase Commit) 실행 개요

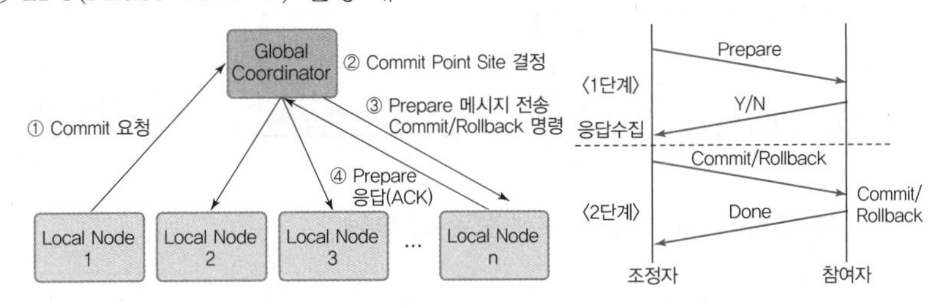


| 단계 | 수행 내역 |
|---|---|
| Prepare 단계 | • 특정 원격지의 노드(Local Node)에서 COMMIT을 요청<br>• 조정자(Global Coordinator)가 COMMIT을 요청한 원격 사이트를 선택<br>• 조정자가 전체 원격 노드에 준비 메시지를 전송하고 응답 요청 |
| COMMIT 단계 | • 모든 원격지 노드에서 COMMIT 준비되었다는 메시지 응답 메시지를 회신 받았을 경우에 COMMIT을 명령하고 수행<br>• 조정자가 다른 노드로부터 에러 메세지를 받았을 경우에는 ROLL BACK 명령함 |

㉡ 2PC 실행 개요

| 구성 요소(참여자) | 역할 |
|---|---|
| 서버(Server) | • 분산 데이터베이스의 트랜잭션에 참여하는 모든 지역 노드(Local Node)의 조정자 혹은 참여자 |
| 중앙 조정자 (Global Coordinator) | • 분산 데이터베이스에서 트랜잭션을 총괄 관리하는 역할을 수행<br>• 분산 트랜잭션 처리를 위한 전체 참여자 목록을 관리하고, 분산 트랜잭션 및 Global COMMIT을 시작 |
| 지역 노드 (Local Node) | • 분산 트랜잭션에서 지역(local) 트랜잭션을 수행하는 분산 데이터베이스 구성 서버 |

| COMMIT Point Site(Local Coordinator) | • COMMIT이나 ROLLBACK을 제일 먼저 수행하는 원격지 조정자로서 지역노드에 포함되어 구성되거나 별도 구성<br>• 통상적으로 중요한 데이터를 포함하는 원격지의 핵심 노드로써 준비 상태 없이 COMMIT 단계만 수행 |
|---|---|

## 3. 데이터베이스 이중화 구성

### ① 데이터베이스 이중화의 개요

㉠ 데이터베이스 이중화의 정의

데이터베이스의 안정성과 가용성 확보를 위해서 2개 이상의 시스템을 복수로 구성하고 병렬로 연동하여 하나의 시스템에 장애가 발생할 시에도 정상 작동하도록 구현한 시스템

㉡ 데이터베이스 이중화의 개요도

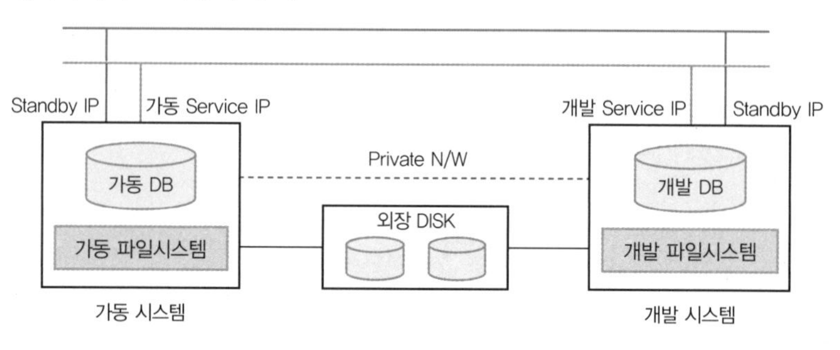


이해돕기

데이터베이스 이중화는 Database Redundancy라고도 함

### ② 데이터베이스 이중화의 구성 요소 및 유형

㉠ 데이터베이스 이중화 구성 요소

| 구성 요소 | 핵심기술 | 내용 |
|---|---|---|
| 프로세서 | Dynamic Deal location | • SMP(Symmetric Multi Processing) 등 병렬처리 프로세서 시스템에서 CPU의 상태를 점검하고 특정 CPU에 장애가 발생할 시 장애 발생 CPU가 처리하고 있는 프로세스를 다른 정상적인 CPU로 이관하고 장애가 발생한 CPU를 중단시키는 기능 |
| 메모리 | ECC(Error Checking and Correction) | • 분산 시스템에서 메인 메모리에 패리티 비트를 활용<br>• 메모리상의 에러를 검출하고 수정하는 기술 |
| 디스크 저장 장치 | RAID | • SAN 시스템에 Raid 기술인 Twin-Tailed 디스크 구성을 통해 디스크를 서버와 별도로 구성하여 서버의 장애를 디스크와 분리하고 특정 디스크 장애 시에도 중단없는 업무 환경을 조성 |
| 네트워크, I/O 어댑터들 | Hot-Pluggable | • HA 솔루션을 활용, 특정 노드에서 장애 발생 시 IP 어드레스를 Take-over, Dynamic Path Optimization 등의 기능을 활용하여 네트워크 경로를 수정<br>• Hot-Pluggable 기능을 통해 전원이 켜져 있는 상태에서도 네트워크나 I/O 장비 교체가 가능하도록 지원 |

SMP(Symmetric Multi Process ing)

복수 개의 동일 프로세서가 하나의 메모리와 I/O 디바이스를 공유해서 사용하는 병렬 시스템

| 전원 장치 | UPS(Uninterrupted Power Supply) | • 시스템들의 전원 장치를 복수 개로 이중화하고 배터리를 이용하여 정전에도 운영 가능하도록 구현 |
|---|---|---|
| 네트워크 연결 | Multi-Homed | • 복수 개의 네트워크 회선과 경로를 준비하여 하나의 회선에 이상이 있더라도 운영 가능하도록 설계 |
| 서비스 프로세서 | Failure Detecting | • 시스템을 모니터링하고 이상 발생 시에 복구 지원을 위해 활용되는 별도의 프로세서 및 시스템 |
| 재난대비 솔루션 | Backup/Mirroring | • 한 지역에 자연재해 등, 재난이 발생해도 정상적인 운영 및 빠른 복구를 지원하는 솔루션<br>• 통상적으로 원격 지역에 백업이나 DR(Disaster Recovery) 센터를 구성하고 재난에 대한 대응 수행 |

ⓛ 데이터베이스 이중화 구성 유형

| HA 유형 | 구분 | 특성 | 구성 |
|---|---|---|---|
| Hot Standby | 개요 | • Active 시스템이 평상시 가동되다가 장애 발생 시 연동된 Standby 시스템이 백업을 맡아 가동되는 형태 | 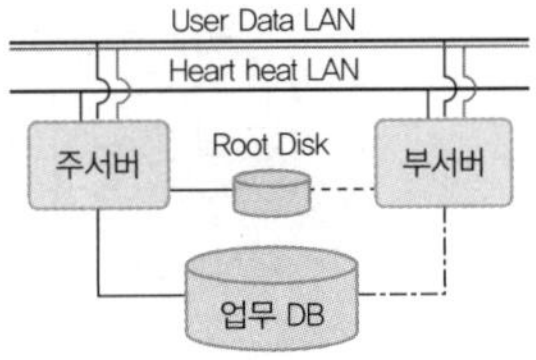 User Data LAN<br>Heart heat LAN<br>주서버<br>Root Disk<br>부서버<br>업무 DB |
| | 특성 | • 백업 시스템은 평상시 미활용되며, 이에 따른 시스템 자원 활용성 낮음<br>• 외장 스토리지는 가동 시스템만 접근 | |
| Mutual Takeover | 개요 | • 각자 다른 기능을 처리하는 독립된 복수 시스템 구성에서 장애가 발생한 서버의 업무를 다른 정상적인 서버가 이관받아 수행하는 구조 | 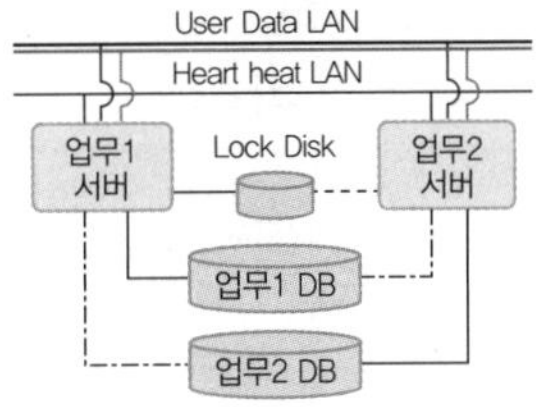 User Data LAN<br>Heart heat LAN<br>업무1 서버<br>Lock Disk<br>업무2 서버<br>업무1 DB<br>업무2 DB |
| | 특성 | • 두 대 이상의 서버가 서로 다른 장애 서버의 작업을 인계하는 형태로 인계받는 서버의 부하 발생 가능성이 있음<br>• 외장 스토리지는 해당 업무를 수행하는 시점의 시스템에서만 접근 가능 | |

**이해돕기**

UPS(Uninterrupted Power Supply)
무정전 전원공급 장치로서 실제 IDC센터 현장에는 꼭 필요한 장치

| Concurrent Access | 개요 | • 복수 개의 시스템이 병렬로 가동되며 하나의 업무를 나누어서 처리하는 방식 | 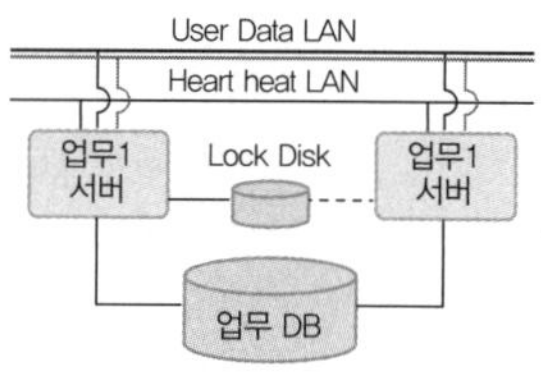 User Data LAN<br>Heart heat LAN<br>업무1 서버<br>Lock Disk<br>업무1 서버<br>업무 DB |
|---|---|---|---|
| | 특성 | • 실시간으로 복수 개의 시스템이 운영됨으로 장애가 발행하더라도 Fail-Over 시간이 없거나 빠름<br>• 자원의 효율적인 이용이 가능하고 장애 대응성이 좋으나 비용이 다소 높음 | |

## 4. 데이터베이스 암호화

### ① 데이터베이스 암호화의 개요

㉠ 데이터베이스 암호화의 정의

중요하거나 민감한 데이터들에 대해서 법적 요건을 충족하고 보안성을 강화하기 위해 암호문들로 변환하고 관리하는 방법

㉡ 데이터베이스 암호화 시 고려사항

| 구분 | 내용 |
|---|---|
| 법규의 충족 | • 현행 개인정보보호법의 형사처벌 면제기준 충족 |
| 일관성 확보 | • 향후 암호화 대상 확대 시에도, 전체 서버 적용 가능할 수 있도록 검토 |
| 데이터 연동성 | • ERP 등 데이터 연동이 필요한 서버들의 통합지원 가능 여부 검토 |
| 데이터 성능 | • 암호화 적용 시 초기암호화, OLTP, Batch 영역별 성능 영향 확인 |
| 암호화 기술 | • 인증 여부 및 암호화 방식별 특징, 장/단점을 고려한 적용 검토 |

**이해돕기**

데이터베이스 암호화 기술

Plug-In, API 구현, TDE 방식 등이 있으며, 이를 혼합한 Hybrid 방식도 사용됨

### ② 데이터베이스 암호화 기술의 유형

㉠ Plug-in 방식

| 구분 | 내용 |
|---|---|
| 개요 | • 데이터의 암복호화를 수행하는 플러그인 모듈을 데이터베이스 서버 내에 설치하고 운영하는 방식 |
| 개요도 | 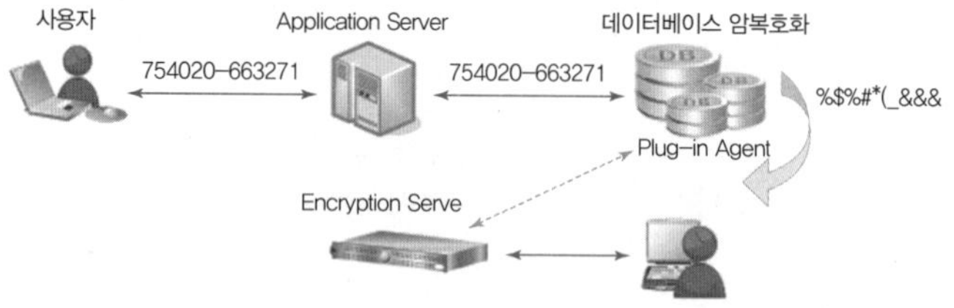 사용자<br>Application Server<br>데이터베이스 암복호화<br>754020-663271<br>754020-663271<br>%$%#*(_&&&<br>Plug-in Agent<br>Encryption Serve |
| 특징 | • 별도의 웹 애플리케이션 수정이 필요 없이 데이터베이스 서버의 플러그인에서 암복호화 수행<br>• 암복호화 수행에 따른 부하로 인해 데이터베이스 서버의 성능 저하 우려 |

ⓛ API 방식

| 구분 | 내용 |
| --- | --- |
| 개요 | • 웹 애플리케이션 서버에 데이터의 암복호화를 수행하는 API를 설치하고 데이터를 저장이나 검색 시 데이터베이스의 데이터를 암복호화한 후 사용자에게 전송 |
| 개요도 | 사용자 / Application Server 데이터베이스 암복호화 / 754020–663271 / %$%#*(_&&& / API / Encryption Serve |
| 특징 | • 웹 애플리케이션 서버의 소스코드 수정이 발생하고 DB 서버에 부하를 주지 않는 장점이 있는 반면, 애플리케이션 서버의 부하나 데이터 저장 및 검색 성능이 저하<br>• 초기 암호화 작업에 장시간 시간이 소요되며, 배치업무에서는 성능 문제가 발생 |

ⓒ TDE(Transparent Data Encryption) 방식

| 구분 | 내용 |
| --- | --- |
| 개요 | • 데이터베이스 DBMS에 내장되어 있거나 별도의 옵션으로 제공되는 암복호화 기능을 이용하여 암호화를 수행하는 방식 |
| 특징 | • DBMS의 내장 기능을 사용하는 경우 상대적으로 구현 비용이 저렴하며, 애플리케이션의 별도 수정 불필요<br>• 선택 가능한 암호화 알고리즘이나 방식의 제한이 있고, 데이터베이스 성능에 부하가 발생할 수 있음 |

## 5. 접근제어

### ① 접근제어의 개요

㉠ 접근제어의 정의

데이터베이스에 허가받은 주체가 허가받은 정도의 범위에서 권한을 취득하고 객체에 접근할 수 있도록 관리하는 방법 및 기술

ⓛ 접근제어의 정의

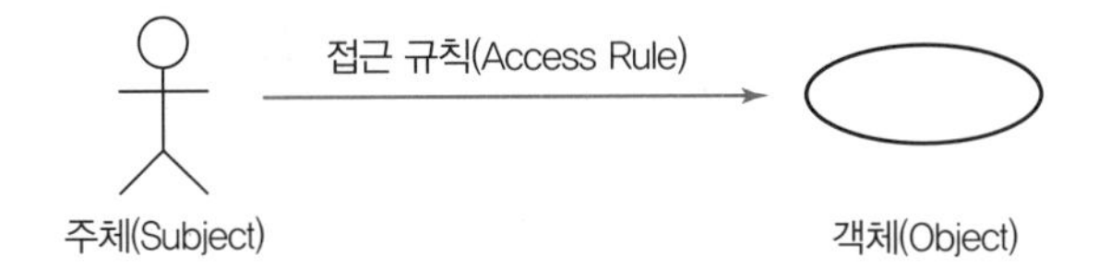


이해돕기

접근제어는 데이터베이스에만 국한된 내용이 아니고 정보시스템 전체에 해당되는 내용이며, 파트 5 정보 보안 부분에도 추가 학습 내용이 수록됨

| 구성 요소 | 내용 | 예시 |
|---|---|---|
| 주체(Subject) | • 특정 객체에 접근을 수행하는 사용자 | • DBA, 개발자, 사용자 등 |
| 객체(Object) | • 사용자가 접근하는 대상으로 통제되어 보호되어야 하는 정보 | • 테이블, 컬럼, 뷰, 프로그램 등 논리적인 정보의 단위 |
| 규칙<br>(Access Rule) | • 사용자가 접근하고자 하는 객체에 대한 사용 방식 | • 기본규칙 : 입력, 수정, 삭제, 읽기<br>• 확장규칙 : 실행, 출력 |

② **데이터베이스 접근통제 모델 유형**

㉠ 임의적 접근제어(DAC ; Discretionary Access Control)

<table>
<tr><th>구분</th><th>내용</th></tr>
<tr><td>정의</td><td>• 주체 혹은 주체 그룹의 신원에 근거하여 객체에 대한 접근을 제한하는 방법</td></tr>
<tr><td>특징</td><td>• 객체의 소유자가 규칙을 생성하고 접근 여부를 결정<br>• ID 기반 통제가 해당되며 단일 사용자의 정보 단위로 적용되어 모든 사용자의 정보가 다름<br>• ID에 대한 유출로 문제 발생 가능성 있음</td></tr>
<tr><td>방법</td><td>• 상황에 따라 CL과 ACL를 작성하고 주체가 객체에 대한 접근을 통제
<table>
<tr><th>구분</th><th>개요</th><th>내용</th><th>예시</th></tr>
<tr><td>Capability List(CL)</td><td>행 중심의 표현 형태</td><td>• 한 주체에 대해 접근 가능한 객체와 허가받은 접근 종류의 목록<br>• 객체가 소수일 경우 적합</td><td>사람 A에 대하여 [파일1 : RX], [프린터1:PRINT] 등 객체 정의</td></tr>
<tr><td>Access Control List(ACL)</td><td>열 중심의 표현 행태</td><td>• 한 객체에 대해 접근 허가받은 주체들과 허가받은 접근 종류의 목록<br>• 주체가 소수일 경우 적합</td><td>파일 B에 대해 [사용자1 : RX], [사용자2 : RW], [사용자3 : R] 등 주체 정의</td></tr>
</table></td></tr>
</table>

㉡ 강제적 접근제어(MAC ; Mandatory Access Control)

| 구분 | 내용 |
|---|---|
| 정의 | • 기밀성이 있는 객체에 대해 주체 및 주체 그룹의 설정된 권한에 근거하여 객체에 대한 접근을 제어하는 방법 |
| 특징 | • 관리자가 정보자원을 분류하고 설정 및 변경 수행<br>• 모든 객체에 대하여 정보의 비밀성에 근거한 보안 레벨이 주어지고 각 레벨별로 허가된 사용자만이 접근할 수 있도록 통제<br>• 시스템 성능 문제와 구현의 어려움 때문에 주로 군이나 정부에서 사용 |

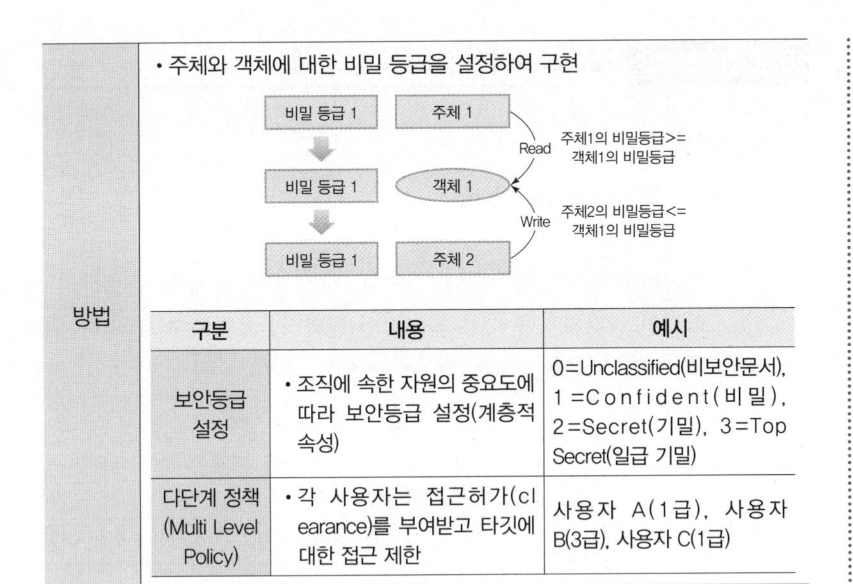


| 구분 | 내용 | 예시 |
|---|---|---|
| 보안등급 설정 | • 조직에 속한 자원의 중요도에 따라 보안등급 설정(계층적 속성) | 0=Unclassified(비보안문서), 1=Confident(비밀), 2=Secret(기밀), 3=Top Secret(일급 기밀) |
| 다단계 정책 (Multi Level Policy) | • 각 사용자는 접근허가(clearance)를 부여받고 타깃에 대한 접근 제한 | 사용자 A(1급), 사용자 B(3급), 사용자 C(1급) |

㉢ 역할기반 접근제어(RBAC ; Role Based Access Control)

| 구분 | 내용 |
|---|---|
| 정의 | • 중앙의 별도 관리자가 주체와 객체의 상호 관계와 사용자의 맡은 역할에 기반하여 접근 허용 여부를 설정하고 관리 |
| 특징 | • 관리자에 의한 권한 지정을 및 관리를 통해 논리적, 독립적인 운영이 가능<br>• 계층적 역할 분배가 가능하며 사용자에게 최소한의 권한만 부여하는 최소 권한 정책 적용 필요<br>• 상호 배타적인 업무에는 동시에 권한이 부여되지 않도록 직무의 분리 정책 적용 필요<br>• 주로 기업이나 기관에서 ERP(Enterprise Resource Planning) 패키지에 활용 |
| 방법 | • 사용자의 역할과 인가가 필요한 권한 정보를 설정하는 정책을 수립하여 운영<br>사용자 (User) / 사용자 배정 (UA) / 역할 계층(RH) / 역할 (Role) / 권한 배정 (PA) / 인가권한 (Permission) / 세션(Session) / 정보 |

| 구분 | 내용 | 예시 |
|---|---|---|
| 사용자 역할 | • 주체가 수행해야 하는 사전 정의된 직무 | • 회계 관리<br>• 인사 관리 |
| 권한 정보 | • 직무를 수행하기 위한 적정한 권한 | • ERP 관리자 접근<br>• 그룹웨어 사용자 접근 |

## SECTION 02 데이터베이스 물리 속성 설계

### 1. 파티셔닝

**이해돕기**

파티셔닝

전체 데이터 유실 가능성을 줄이고 데이터가 증가 시 저장공간의 확장도 용이하며, I/O 분산으로 UPDATE 속도가 향상되나, 별도의 연산이 발생하고 시스템 구성이 복잡해짐

#### ① 파티셔닝(Partitioning)의 개요

㉠ 파티셔닝의 정의

데이터베이스의 성능이나 가용성, 정비 용이성 등을 확보하기 위해서 논리적인 엔티티들을 다른 물리적인 엔티티들로 나누어 관리하는 개념

㉡ 파티셔닝의 유형

| 구분 | 내용 |
|---|---|
| 수평 파티셔닝 | • 샤딩이라고 하며 스키마를 복제한 후에 데이터는 샤드키를 기준으로 분리하여 관리 |
| 수직 파티셔닝 | • 스키마를 나누고 데이터가 분리된 스키마에 따라 이동 |

#### ② 파티셔닝의 세부 유형

| 방법 | 내용 | 사례 | 특징 |
|---|---|---|---|
| 버티컬 파티셔닝 (Vertical Partitioning) | • 각각의 테이블을 기준으로 하여 서버를 분할하는 방식 | • 사용자 회원정보, 제공 콘텐츠정보, 소셜 게시정보 등을 분할하여 저장 | • 구현이 용이하며 전체 시스템에 큰 변화 불필요<br>• 각 서버별로 데이터가 축적되면 추가 샤딩이 필요 |
| 범위 기반 파티셔닝 (Range Based Partitioning) | • 테이블이 점차 커지는 경우 하나의 규칙을 범위로 정의하여 서버를 분리하는 방식 | • 거래 내역 5년 이전 데이터는 별도로 분리하여 다른 서버에 저장하고 관리 | • 데이터를 분할하는 방법을 효율적으로 계획하고 데이터별 규모를 예측 가능해야 함 |
| 해쉬 기반 파티셔닝 (Hash Based Partitioning) | • 해시함수에 엔티티 값을 넣어서 나오는 결괏값을 이용해서 서버를 분할 운영하는 방식 | • 사용자 ID가 일련의 숫자로 구성되었을 시 전체 사용자 ID를 해쉬함수에 대합하고 결괏값에 따라 분할 관리 | • 해시 결과 데이터가 균형 있게 분포되도록 해시 함수를 설계해야 함<br>• 서버의 수를 늘리기 위해서 해시함수에 대한 변경이 필요함 |
| 디렉토리 기반 파티셔닝 (Directory Based Partitioning) | • 파티셔닝을 제공하는 서비스를 기준으로 디렉토리를 생성하고 파티셔닝 수행 | • 데이터베이스와 캐쉬를 적절히 조합하고 샤드 키를 기준으로 하여 분할 운영 | |

## 2. 클러스터링

### ① 클러스터링(Clustering)의 개요

㉠ 클러스터링의 정의

대용량 데이터베이스의 성능을 구현하기 위해 여러 대의 컴퓨터를 병렬로 연결하고 하나의 시스템처럼 동작하게 만드는 기술

㉡ 클러스터링의 장단점

| 구분 | 내용 |
|---|---|
| 장점 | • 가격 대비 성능이 우수하며, 유휴 장비 이용 시 시스템 유지비용 절감<br>• 부하가 분산되고 장애 발생 시 가용성이 높으며 확장성 우수 |
| 단점 | • 네트워크의 안정성이나 속도에 영향<br>• 복잡한 구조로 관리가 어려움 |

### ② 클러스터링 구성도 및 핵심기술

㉠ 클러스터링 구성도

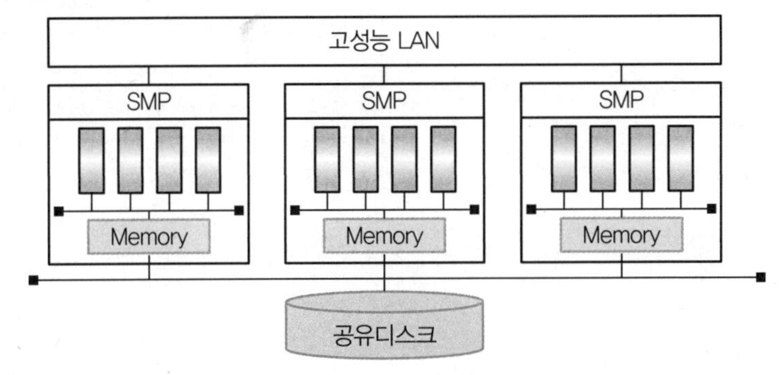


㉡ 클러스터링 핵심기술

| 구분 | 내용 |
|---|---|
| 고 가용성 기술 | • 하나의 컴퓨터가 고장이 나더라도 다른 컴퓨터가 업무 수행<br>• 시스템 전체의 중단 없는 서비스가 가능하도록 하는 기술 |
| 관리 기술 | • 클러스터를 관리하는 소프트웨어 구현 기술로 프로그램을 병렬화 처리하여 부하 균등화 및 동적 시스템 재구성을 수행 |
| 확장성 기술 | • 클러스터로 연결되는 노드들이 확장될수록 시스템의 전체 성능도 최대한 선형적으로 증가하도록 하는 기술 |
| Single System Image | • 여러 노드들로 병렬 구성된 클러스터링 시스템을 사용자에게는 마치 하나의 시스템인 것처럼 보이게 하는 기술 |

이해돕기

클러스터링

복수 개의 컴퓨터를 병렬로 연결하고 활용하는 기술로, 비단 데이터베이스에만 사용하는 것이 아니라 대용량 고성능 컴퓨팅 파워나 가용성 증가를 위한 시스템 구성에서도 사용됨

이해돕기

SMP(Symmetric Multi Processing)

복수 개의 프로세서가 공유된 메인메모리를 통해서 병렬로 프로세스를 처리하는 고성능 다중 프로세서 컴퓨터

### ③ 클러스터링 유형

㉠ 기술 분류에 따른 유형

| 구분 | 유형 | 내용 |
|---|---|---|
| 성능 향상 | 병렬 처리형 Clustering | • 프로세서 간 메시지 송수신을 통해서 병렬처리를 수행하며, 대용량 고성능이 필요한 과학 수치 연산에 사용 |
| | HPC 공유 프로세싱 (High Performance Computing) | • 복수 시스템의 프로세싱 능력을 최대로 조합하여 대용량의 프로세싱 능력을 갖는 하나의 시스템을 구현<br>• 주로 과학용 시스템 등 처리 능력의 극대화를 목표로 설계 |
| | 로드 밸런싱형 Clustering | • 전체 클러스터 구성 시스템에 가능한 균등하게 프로세싱 로드를 공유하도록 설계하여 성능을 높이는 구조 |
| 내 장애성 | 고가용성 Clustering | • 하드웨어와 소프트웨어의 오류 가능성을 고려하여 장애가 발생해도 최대한 모든 서비스가 운영되도록 설계 |
| | Fail-over Clustering | • 시스템 장애 시 작동되는 백업용 시스템으로 구성되어 평소에는 미동작하다가, Primary 시스템에 문제 발생 시 작동 |

㉡ 구성 분류에 따른 유형

| 구분 | 유형 | 내용 |
|---|---|---|
| 시스템 구성 | Active / Standby | • 가장 단순한 방식으로 한 대의 시스템은 운영하고, 나머지는 특정 조건이 발생할 시 작동하는 형태 |
| | Active/Active | • 전체 시스템들이 모두 가동되며 서비스를 제공하는 형태로 문제 발생 시 상호 백업 수행 |
| 공유 형태 | Shared Everything | • 두 개의 시스템 사이에 있는 저장공간을 같이 액세스하여 프로세스를 처리하는 구조 |
| | Shared Nothing | • 하나의 물리적 디스크를 가상화를 통해 두 개 이상의 논리적 디스크로 분할하고 각각의 구성 시스템들이 독립적으로 사용하는 형태 |
| | Shared Memory | • 각 시스템이 독자적으로 메모리를 사용하여 동일 프로세스를 처리 시 한 시스템의 오류로 전체 데이터의 무결성 훼손이 발생할 수 있음<br>• 이를 해결하기 위하여 메인 메모리를 공유하고 단일 프로세스를 처리함으로써 무결성 훼손 방지와 대규모 병렬처리가 가능 |

**이해돕기**

병렬 처리형 클러스터링 기법은 최근 다양한 인공지능 시스템에서 활용되는 기법임

## 3. 데이터베이스 백업

### ① 데이터베이스 백업의 개요

㉠ 데이터베이스 백업의 정의

데이터베이스의 하드웨어 및 소프트웨어적인 장애에 대비하여 데이터를 보호하고 복구를 수행하기 위한 작업이며 데이터 회복의 한 유형

㉡ 데이터베이스 장애의 유형

| 종류 | 내용 | 조치 |
|---|---|---|
| 트랜잭션 장애 | • 트랜잭션 간 수행 간에 발생하는 실행 순서 오류나 Deadlock 등 내부적인 오류로 트랜잭션이 완료되지 못한 경우 발생 | 트랜잭션 롤백, 데드락 제거 및 재실행 |
| 시스템장애 | • 전원공급 문제나 하드웨어, 소프트웨어 등의 고장으로 발생 | 시스템 장애로 발생할 수 있는 무결성 훼손 검토 및 롤백 |
| 디스크장애 | • 디스크 스토리지의 일부 또는 전체에 장애가 발생하는 경우 | 로그와 덤프를 이용해서 롤백 및 트랜잭션 재실행 |
| 사용자장애 | • 사용자나 DBA의 실수에 의해서 데이터베이스 관리 수행 중에 발생하는 오류 | 오류 체크 및 수정 조치 |

㉢ 데이터베이스 백업의 유형

| 구분 | 내용 |
|---|---|
| 논리적 백업 | • DBMS가 논리적 개념으로 백업을 수행하고 객체들을 저장<br>• 백업 시 속도가 느리며 백업 시점으로 복구됨 |
| 물리적 백업 | • 운영체제나 애플리케이션을 활용하여 물리적 개념으로 DB 파일을 백업<br>• 백업 시 상대적으로 속도가 빠르며 완벽한 백업이 가능하나 백업 시점으로 복구됨 |

### ② 데이터베이스 회복의 개요

㉠ 데이터베이스 회복의 정의

데이터베이스 운영 도중에 장애가 발생할 경우 장애발생 이전의 일관성이 확보된 상태로 복원시키는 활동이며 백업을 포함하는 개념

㉡ 데이터베이스 회복의 원리

| 구분 | 요소 | 개념 |
|---|---|---|
| 회복의 기본원칙 (중복) | 데이터 | • 실시간 처리 데이터를 메모리나 디스크 등 저장장치에 중복 보관 |
| | Archive, Dump, Backup | • 데이터를 처리하는 저장공간이 아닌 다른 디스크, 테이프 등의 저장장치로 자료를 복사하거나 덤프를 저장 후 보관 |
| | Log 또는 journal | • 데이터베이스 내용이 갱신이나 변경될 때마다 변경 내용을 온라인로그는 디스크에, 보관로그는 테이프에 로그파일 저장 |

**이해돕기**

소산백업

데이터 백업은 현업에서 상당히 중요한 업무이며, 물리적 백업 시 별도의 저장 매체에 저장한 후 원격지에 분산 저장하여 배치하기도 하는데, 이를 소산백업이라고 함

| | | |
|---|---|---|
| 회복을 위한 조치 | REDO | • 장애 발생 시 로그를 읽고 재실행함으로 데이터베이스 내용을 복원하는 조치 수행<br>• Archive에 저장된 데이터의 사본과 로그를 읽어 트랜잭션을 재실행함으로써 COMMIT 후의 상태로 복원 가능 |
| | UNDO | • 장애 시 모든 변경내용을 모두 취소, 원래 데이터베이스 상태로 복원하는 조치 수행<br>• 로그를 읽고 Backward 취소 연산을 수행함으로써 해당 트랜잭션의 수행 이전 상태로 복원 |
| 시스템 | 회복관리기능 | • DBMS 서브시스템에서 제공하는 신뢰성 제공을 위한 회복관리 기능 활용 |

ⓒ 데이터베이스 회복 기법 유형

| 회복기법 | 내용 |
|---|---|
| 지연 갱신기법 (Differed Update) | • 트랜잭션 처리 중에 부분 완료 상태에 도달하면 이전까지 발생한 전체 변경 사항을 로그파일에만 저장하여 데이터베이스에 저장하는 것을 지연하여 회복을 유연하게 수행하는 기법 |
| 즉시 갱신기법 (Immediate Update) | • 트랜잭션 처리 중에 발생하는 변경내용들을 매번 즉시 데이터베이스에 반영하는 기법으로 갱신 정보는 로그파일에도 저장하여 복원 시 로그파일을 통해 최신 갱신시점으로 회복하는 기법 |
| Check Point 회복기법 | • 트랜잭션 처리 중에 발생하는 변경내용들을 일정 단위인 체크포인트 시점 단위로 로그파일에 기록하고, 복원 시 체크포인트 시점으로 복귀하는 방법 |
| 그림자 페이징 (Shadow Paging) | • 트랜잭션 처리 동안 현재 페이지 테이블과 그림자 페이지 테이블을 각각 운영 및 관리하여 복원 시 그림자 페이지 테이블을 통해 회복하는 기법 |
| 미디어 회복기법 (Media Recovery) | • 데이터베이스 변경 내용을 주기적으로 외부 저장장치에 덤프로 저장하고 디스크 장애 등 오류 발생 시 로그를 이용하여 가장 최신 덤프로 복원하고 이후 완료된 트랜잭션에 대해 Redo를 수행 |

## 4. 테이블 저장 사이징

### ① 테이블 저장 사이징의 개요

㉠ 테이블 저장 사이징의 정의

식별된 객체의 데이터 타입이나 사이즈, 용량 증가분 등을 고려하여 저장 공간을 산출하고 해당 오브젝트에 대한 테이블 스페이스를 할당하는 설계 활동

㉡ 테이블 스페이스의 정의

테이블에서 사용하는 논리적 단위이며, 물리적 데이터 파일을 지정 저장하여 논리적 구성이 물리적 구성에 종속되지 않고 투명성 보장 가능

② **테이블의 유형 및 저장공간 설계기법**

㉠ 테이블의 유형

| 구분 | 내용 |
|---|---|
| 일반유형 | • 통상적인 상용 DBMS에서 사용하고 있는 표준 테이블 형태로 테이블 내 로우의 저장 위치는 특성 속성 값에 기초하지 않고 해당 로우가 삽입될 때 결정 |
| 클러스터 인덱스 | • 기본키 혹은 인덱스 키 값 등의 순서를 기반으로 하여 데이터 저장 |
| 파티셔닝 | • 대용량의 테이블을 파티션이라는 작은 단위 논리단위로 나누어 성능 저하 방지 및 관리의 편의성 증대 |
| 외부 | • 데이터베이스 내의 일반 테이블과 같은 형태로 이용할 수 있는 외부에 위치한 객체 |
| 임시 | • 일반 테이블과 별도로 트랜잭션 및 세션별로 데이터를 저장하고 처리할 수 있는 테이블 |

㉡ 테이블 저장공간 설계기법

| 구분 | 내용 |
|---|---|
| 목적 이해 | • 정확한 용량을 산정하여 디스크의 효율성을 높이고 입출력 부하 분산 및 접근 성능 향상 추진 |
| 기초 데이터 수집 | • 분산 유무 및 형태, 엔티티 타입명, 테이블명, 로우 길이, 보존기간, 초기건수 및 발생 건수, 증가율 등의 분석을 위한 데이터 수집 |
| 오브젝트별 용량 산정 | • 객체별 용량 산정을 위해 객체 설계와 테이블 스페이스, 디스크, 인덱스 용량 등을 분석 |

## 5. 데이터 지역화(Locality)

① **데이터 지역화의 개요**

㉠ 데이터 지역화의 정의

애플리케이션이 데이터를 읽거나 저장할 때 데이터베이스의 데이터들을 균형 있게 접근하는 것이 아니라 특정 시기에 특정 영역만을 집중적으로 참조하는 특성

㉡ 데이터 지역화의 유형

| 종류 | 내용 | 사례 |
|---|---|---|
| 시간적 지역성 (Temporal Locality) | • 근래에 액세스 된 데이터나 프로그램은 가까운 기간 내에 다시 액세스될 가능성이 높은 특성 | • Loop<br>• Subroutine |
| 공간적 지역성 (Spatial Locality) | • 기억장치에 저장된 데이터와 인접한 데이터들이 연속적으로 액세스될 가능성이 높은 특성 | • Array, Table<br>• 순차코드 실행 |
| 순차적 지역성 (Sequential Locality) | • 특정 명령어들이 기억장치에 저장된 순서대로 인출되어 실행되는 특성 | • 구조적 프로그래밍 |

**이해돕기**

지역화(Locality)는 데이터베이스에 국한된 내용이 아니며, 운영체제 등에서도 자주 사용되는 데이터나 정보를 효율적으로 사용하기 위한 기법으로 활용됨

**두음암기**

지역화의 유형(시공순)

닥터스트레인지는 시공순으로 워프한다

### ② 데이터 지역화의 해소 방법

㉠ 소프트웨어 측면 해소 방법

| 활용 | 내용 |
|---|---|
| 선인출 (pre-fetching) | • 캐시에서 적중이 예상되는 부분을 예측 후 미리 가져와서 miss 방지 |
| 예상 Paging | • 가상 메모리에서 사용이 예상되는 페이지를 예상하여 미리 가져오는 방법 |
| 워킹 셋 (Working set) | • 페이지 교체에 다수의 시간이 소요되는 스레싱을 방지하기 위해 페이지 집합을 구성하고 주기적 갱신 사용 |
| LRU 교체 정책 | • 지역성을 고려하여 최근에 가장 적게 사용한 페이지를 우선 교체하는 정책 |
| LFU 교체 정책 | • 지역성을 고려하여 사용 빈도수가 가장 작은 페이지를 우선 교체하는 정책 |

㉡ 하드웨어 측면 해소 방법

| 활용 | 내용 |
|---|---|
| 기억장치 계층 구조 | • 데이터 지연 현상을 해결하기 위해 CPU와 메인 메모리 사이에 레지스터, 캐시 등 여러 단계의 메모리 계층 구조를 두고 자주 접근하는 데이터 보관 |
| 캐시 메모리 | • 주기억장치와 CPU 사이에서 캐시 메모리를 이용하여 자주 접근하는 데이터 저장하고 주기억장치 접근 소요 시간 최소화 및 캐시 적중률 향상을 위해 관리 |
| CDN 서버 | • 지역성 원리를 이용한 콘텐츠의 신속한 전송을 위해 콘텐츠를 다수의 캐시 서버에 저장한 후 사용자의 요청이 있는 지역과 가장 인접한 서버에서 빠른 서비스 제공 |

**이해돕기**

CDN서버

콘텐츠 배포 서버(Contents Delivery Network)라고도 하며, 특정 콘텐츠나 소프트웨어를 효율적으로 배포하기 위해 사용자가 다운로드를 요청한 네트워크와 가장 가까운 배포 서버로 접속을 유도하고 다운로드 가능하도록 분산한 서버 구성을 의미함

## SECTION 03 물리 데이터베이스 모델링

## 1. 데이터베이스 무결성

### ① 데이터베이스 무결성의 개요

㉠ 데이터베이스 무결성의 정의

데이터가 정확하고 일관되었다고 보장하는 상태로, 데이터의 정확성, 유효성, 일관성, 신뢰성을 확보하기 위해 갱신 무효로부터 데이터를 보호하는 개념

㉡ 데이터베이스 무결성의 개념도

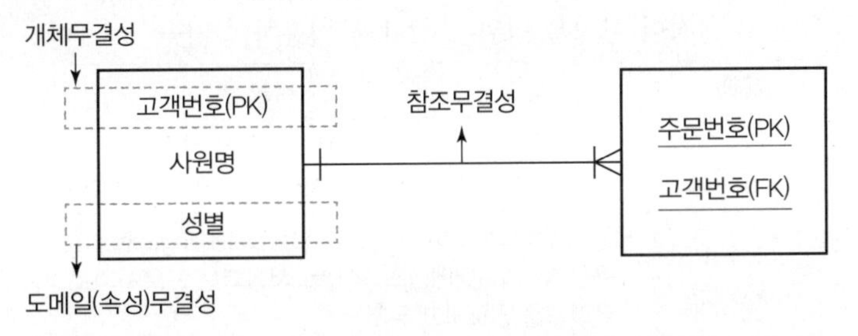


㉢ 데이터베이스 무결성의 제약조건 유형

| 무결성 종류 | 제약조건 | 종류 |
|---|---|---|
| 개체 무결성 (Entity) | • 릴레이션의 기본 키 속성은 널(Null)을 가질 수 없으며 유일성을 보장해주는 최소한의 집합이어야 함 | Primary Key, Unique index |
| 참조 무결성 (Referential) | • 외래키는 그 외래키가 기본 키로 사용된 릴레이션의 기본 키이거나 널(Null)이어야 하며 참조가 안 되는 값을 가질 수 없음 | Foreign Key |
| 속성 무결성 (Domain) | • 릴레이션의 각 속성들은 그 속성이 정의된 도메인에 속한 값이어야 하며 이때 데이터의 속성, 기본값, Null 여부 등 조건에 한정되어야 함 | Check Constraints, Null/Not Null, Default, Rule |
| 사용자 정의 무결성 | • 사용자의 비즈니스 요구에 따라 업무규칙 및 프로세스에 대한 데이터 규칙을 준수해야 함 | Trigger, User Define Data Type |
| 키 무결성 (Key Integrity) | • 중복배제를 위해 한 릴레이션에 같은 키값을 가진 튜플은 허용 불가함 | Primary Key, Unique index |

**이해돕기**

데이터베이스 무결성 제약조건은 시험에 다수 출제되므로 각 유형별 정확한 이해와 암기가 요구됨

### ② 데이터 무결성 유지방안

㉠ 선언적 방법

관리자가 DDL을 이용하여 무결성 제약 조건을 기술하고 데이터 사전에 저장되어 실행

| 유형 | 내용 |
|---|---|
| Primary Key | • 하나 이상의 고유한 식별자로 구분되는 키를 보장 |
| Foreign Key | • Foreign 키의 값은 참조되는 테이블의 Primary Key |
| Unique | • 테이블의 지정된 행, 열의 집합에서 중복되지 않는 값을 보장 |
| Check | • 데이터의 조작 시 해당 값의 Check 제약 위배를 검증 |
| Data Type | • 데이터의 유형을 제한하여 무결성을 유지 |
| Default | • 특정 열의 데이터를 지정하여 데이터의 유실 방지 |

ⓒ 절차적 방법

DDL로 설정이 어려운 범위는 DML을 이용하여 기술

| 유형 | 내용 |
|---|---|
| Trigger | • 데이터베이스가 특정 조건에 도달하면 자동으로 작동하도록 설정된 프로그램으로 트리거를 사용하여 업무규칙을 시행하도록 정의 |
| Stored Procedure | • SQL 언어와 SPL(Stored Procedure Language) 언어를 활용하여 구현 후 데이터베이스 엔진에 저장되는 프로시저로 데이터에 대한 무결성을 검토하고 유지 |
| Application | • 응용 프로그램 소스코드에 업무규칙을 하드코드 형태로 구현하고 데이터 무결성 확보 |

## 2. 컬럼 속성

### ① 컬럼 속성의 개요

㉠ 컬럼 속성의 정의

정보시스템을 통해서 처리하려는 업무를 분석하고 도출된 엔티티에서 관리하고자 하는 최소한의 데이터 단위

ⓒ 컬럼 속성과 엔티티 타입 간의 관계

| 구분 | 내용 |
|---|---|
| 엔티티 타입과의 관계 | • 한 개의 엔티티 타입은 복수 개의 엔티티 집합으로 구성<br>• 한 개의 엔티티는 복수 개의 속성을 가짐<br>• 한 개의 속성은 다수의 속성값을 가짐 |

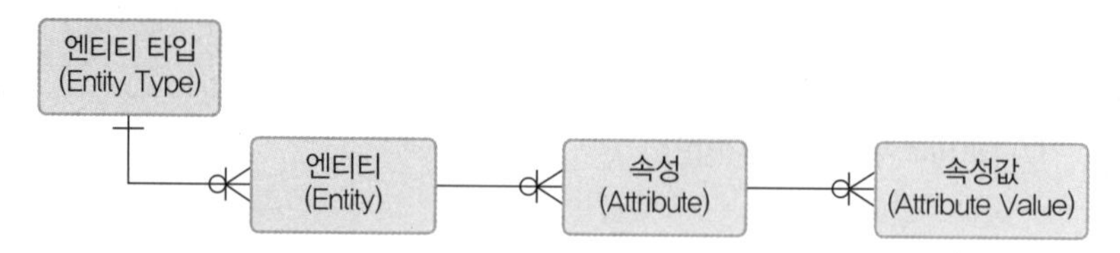


### ② 속성의 분류

㉠ 속성의 특성에 따른 분류

| 유형 | 내용 | 사례 |
|---|---|---|
| 기본 속성 | • 업무 분석으로 바로 도출된 속성 | 이름, 주소 |
| 설계 속성 | • 원래 업무상에는 존재하지 않으나 처리의 효율을 위해서 설계를 통해 도출되는 속성 | 코드 |
| 파생 속성 | • 다른 속성으로부터 계산이나 변형이 되어 파생되는 속성 | 급여총액, 평균값 |

㉡ 엔티티 구성방식에 따른 분류

엔티티 구성에 따라서 PK속성, FK속성, 일반속성으로 분류

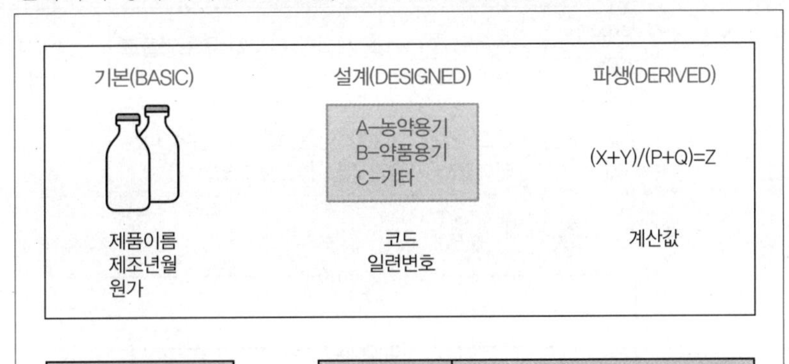


| 사원번호(PK) |
| --- |
| 부서코드(FK)<br>사원명<br>우편번호<br>주소<br>전화번호 |

| 속성분류 | 속성명 |
| --- | --- |
| PK속성 | 사원번호 |
| FK속성 | 부서코드 |
| 일반속성 | 사원명, 우편번호, 주소, 전화번호 |

## 3. 키 종류

### ① 키 종류의 개요

㉠ 키 종류의 정의

릴레이션에서 튜플인 Row를 유일하게 식별 가능하게 하는 속성의 집합으로 하나의 엔티티 타입에서 각각의 엔티티를 구분하는 결정자

㉡ 키 종류의 특징

| 특징 | 내용 |
| --- | --- |
| 유일성 | • 속성의 집합인 키의 내용이 릴레이션 내에서 유일하다는 특성으로 하나의 릴레이션 내의 후보키는 하나의 튜플만을 식별 |
| 최소성 | • 릴레이션의 모든 튜플을 유일하게 식별하기 위해서 꼭 필요한 최소한의 속성으로 정의되는 성질<br>• 유일성을 위해 둘 이상의 애트리뷰트가 필요한 경우 꼭 필요한 애트리뷰트만으로 구성되어야 하는 성질 |

### ② 키 유형 간 개념 및 관계도

㉠ 키 유형

| 유형 | 내용 | 특성 |
| --- | --- | --- |
| Super Key<br>(슈퍼키) | • 튜플을 유일하게 식별할 수 있는 하나 이상의 속성 집합 | 유일성<br>(Uniqueness) |
| Candidate Key(후보키) | • 튜플을 유일하게 구분할 수 있는 최적화된 필드의 집합 | 유일성,<br>최소성(Minimal),<br>Not null |

**이해돕기**

데이터베이스의 키 유형은 DB의 기본 지식으로 정확한 개념 숙지와 암기가 필요하며, 각 키별 특성 및 제약 조건도 학습해야 함

| Primary Key (기본키) | • 후보키 중에서 튜플을 효율적으로 관리하도록 선택한 메인키 | 유일성, 최소성, Not null |
|---|---|---|
| Alternate Key (대체키) | • 선정된 기본키를 제외한 나머지 후보키들로 보조키로 활용 | 유일성, 최소성, Not null |
| Foreign Key (외래키) | • 상호 연관 관계가 있는 테이블 간에 다른 테이블의 기본키 값을 참조하고 있는 키 | |

㉡ 데이터 키의 관계 개념도

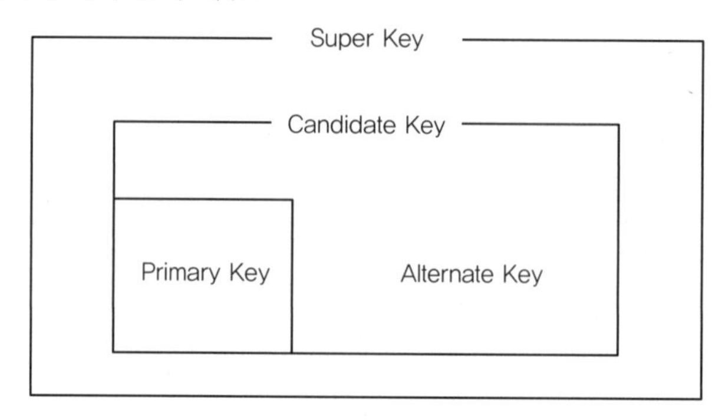


| 구분 | 후보키 | 기본키 | 대체키 | 슈퍼키 | 외래키 |
|---|---|---|---|---|---|
| 유일성 | ○ | ○ | ○ | ○ | – |
| 최소성 | ○ | ○ | ○ | – | – |

## SECTION 04 데이터베이스 반정규화

### 1. 반정규화

**이해돕기**

데이터베이스의 이상 현상을 방지하기 위한 정규화는 논리적 모델링에서 반드시 수행해야 하는 업무 과정이나, 정규화가 시스템 속도의 저하를 유발하기도 하며 이때는 반정규화를 고려하는 경우가 있음

**① 반정규화의 개요**

㉠ 반정규화의 정의

- 더 이상 나눌 수 없는 최소화 릴레이션 기반의 정규화된 데이터 모델을 필요에 의해 일부 혹은 전부 릴레이션 통합하여 DB 성능을 향상시키는 과정
- 정규화와 반정규화는 트레이드 오프 관계로서 지나친 정규화 시 조인수가 증가하고 조회성능이 떨어지며, 지나친 반정규화 시에는 정합성과 데이터 무결성이 훼손될 가능성이 높음

㉡ 반정규화의 기법

| 구분 | 기법 | 세부 구분 | 내용 |
|---|---|---|---|
| 테이블 레벨 | 테이블 병합 | • 1:1 관계의 테이블 병합 | • 테이블 조회 시 2개의 테이블을 함께 조회하는 경우가 많은 경우 테이블 병합 |
| | | • 1:N 관계의 테이블 병합 | • 1대 n의 관계에서 Join 수를 감소하기 위해 테이블 병합 |
| | | • 슈퍼 타입, 서브 타입 테이블 병합 | • 슈퍼 타입 테이블에 서브 타입 테이블의 속성을 삽입 |
| | | • 코드 테이블 병합 | • 코드테이블이 존재할 시 코드명을 속성으로 추가하고 Join을 제거 |
| | 테이블 분할 | • 테이블 수직 분할 | • 테이블 내에서 다수 빈도로 접근되는 열과 빈도가 적은 열을 분리해서 구성 |
| | | • 테이블 수평 분할 | • 테이블이 거대할 시 특정 기준을 마련하고 튜플 집단을 2개 이상으로 분류하여 테이블 분리 |
| | 테이블 추가 | • 통계테이블 추가 | • 통계성 정보 조회가 필요할 경우 별도의 통계 테이블을 추가 |
| | | • 이력테이블 추가 | • 이력성 정보 조회가 필요할 경우 별도의 이력 테이블 추가 |
| | | • 중복 테이블이나 부분 테이블 추가 | • 업무 처리의 효율화를 위해서 테이블을 중복해서 구성하거나 부분 요소를 갖는 테이블을 재정의 |
| 칼럼 레벨 | 중복 컬럼 추가 | • 조인을 피하고 DB 접근 횟수 감소를 위해 갱신 횟수보다 조회 횟수가 많거나, 조회 성능 중요시 조인으로 읽어올 속성을 양쪽 테이블에 중복해서 저장 | |
| | 계산 컬럼 추가 | • 여러 개의 숫자 필드를 조인하여 계산할 경우, 가장 조회가 많은 속성을 지닌 테이블에 계산 결괏값 속성을 추가 | |
| | 이력 컬럼 | • 변경 이력이나 발생 이력 최신 정보가 필요한 경우 컬럼 추가 | |
| 관계 레벨 | 중복 관계 | • 데이터 조회하는 접근 경로를 단축하기 위해 부모, 자식 관계를 추가하여 중복관리 | |

② **반정규화 수행 절차**

| 구분 | 항목 | 내용 |
|---|---|---|
| 반정규화 대상 조사 | 범위 처리 빈도수 조사 | • 테이블이 자주 사용되고 접근하는 프로세스 수가 많거나 항상 정해진 범위만을 조회하는 경우 |
| | 대량의 범위 처리 조사 | • 특정 데이터 범위를 대량으로 빈번하게 처리하는 경우 |
| | 통계성 프로세스 조사 | • 업무상 통계 처리가 필요할 경우 별도의 통계 테이블 고려 |
| | 테이블 조인 개수 | • 다수의 조인이 걸려 있어서 데이터 조회 처리가 어려운 경우 |
| 다른 방법 유도 검토 | 뷰 테이블 | • 뷰 테이블에 다수의 조인이 걸려 있어서 데이터 조회 처리가 어려운 경우 |
| | 클러스터링 또는 인덱스 적용 | • 큰 규모의 테이블은 기본 키의 성격에 따라서 부분적인 테이블로 분리하고 파티셔닝 수행 |
| | 애플리케이션 | • 애플리케이션의 성능 향상을 위해 반정규화를 고려하고 로직을 변경 |
| 반정규화 적용 | | • 성능의 향상을 위하여 테이블, 속성, 관계 대상으로 반정규화 고려하고 수행 |

## SECTION 05 물리데이터 모델 품질검토

### 1. 물리데이터 모델 품질 기준

① **물리데이터 모델 품질 기준의 개요**

㉠ 물리데이터 모델 품질 기준의 정의

- 물리 데이터 모델 설계 완료 후에 데이터베이스 객체로 생성하고 개발 단계로 넘어가기 전에 이해관계자들이 모여 물리 데이터 모델에 대한 리뷰를 통해 작성된 데이터 모델의 품질을 검토하는 활동 및 그 기준
- 물리데이터 모델 품질 기준에 따라서 체크리스트를 작성하고 이를 통해 용이하게 품질 측정 가능

㉡ 물리데이터 모델 품질 기준의 예시

| 항목 | 내용 |
|---|---|
| 정확성 | • 데이터 모델이 사전 정해진 표기법에 따라 정확히 표기되고 기술되었으며, 업무 영역과 요구사항이 정확하게 반영되었는지 검토 |
| 완전성 | • 데이터 모델 구성 요소의 정의에 누락을 최소화하고 요구사항 및 업무 영역에 누락 없이 반영되었는지 검토 |
| 준거성 | • 데이터 표준이나 법적 요건을 준수하였는지 검토 |

| | |
|---|---|
| 최신성 | • 데이터 모델의 현행 시스템 최신 상태 반영 여부와 변경 및 업데이트에 대한 이슈 사항들이 신속히 반영되는지 검토 |
| 일관성 | • 공통으로 사용되는 데이터 요소가 전사 수준에서 일회 정의되고 이를 여러 영역에서 참조 활용되면서 모델 표현의 일관성 있음을 검토 |
| 활용성 | • 작성 모델과 그 설명 내용이 이해관계자에게 내용과 의미를 충분하게 전달<br>• 업무의 변화가 발생 시에도 설계 변경이 최소화되고 유연하게 적용되도록 설계되었는지 검토 |

② **물리데이터 모델 품질검토 절차**

| 구분 | 항목 | 내용 |
|---|---|---|
| 기준 수립 및 체크리스트 작성 | 데이터 품질 정책 및 기준 확인 | • 데이터 아키텍처의 품질정책, 표준화 방안, 기준 등 품질 관련 자료 준비 및 확인 |
| | 물리 데이터 품질 기준 수립 및 체크리스트 작성 | • 물리데이터 모델 특성 반영 품질 기준 작성<br>• 작성 기준을 기반으로 물리 데이터 모델 품질 검토 체크리스 작성 |
| 모델 비교 | 논리데이터 모델과 물리 데이터 모델 비교 | • 논리 데이터베이스의 모델 산출물인 논리 ERD, 개체 관계정의서 등과 물리데이터 모델 산출물인 물리데이터베이스 모델 설계서 등의 비교 분석을 수행<br>• 중요 체크 항목인 테이블, 컬럼, 키, 객체 구성 요소의 누락 및 일치 여부 등을 확인 |
| 품질 검토 | 체크리스트 기반 이해관계자 리뷰 수행 | • 각 모델링 단계의 이해관계자들을 대상으로 품질 검토 리뷰를 수행 |
| | 물리 데이터베이스 모델 품질 검토 보고서 작성 | • 모델러와 이해관계자가 수립한 체크리스트의 내용을 검토하여 물리 데이터베이스 모델 품질 검토 보고서 작성 |

## 2. 물리 E-R 다이어그램

① **물리 E-R 다이어그램의 개요**

㉠ 물리 E-R 다이어그램의 정의

논리 데이터 모델을 물리데이터 모델로 변환하기 위한 표기법으로 엔티티는 테이블로 변환하고 속성은 컬럼으로 변환

㉡ 모델 변환 개요

| 논리적 설계(데이터모델링) | 물리적 설계 | 데이터베이스 |
|---|---|---|
| 엔티티(entity) | 테이블(table) | 테이블 |
| 속성(attribute) | 컬럼(column) | 컬럼 |
| 주 식별자(primary identifier) | 기본키(primary key) | 기본키 |
| 외래 식별자(foreign identifier) | 외래키(foreign key) | 외래키 |
| 관계(relationship) | 관계(relationship) | – |

② **모델 변환 순서**

<table>
<tr><th>구분</th><th>항목</th><th>내용</th></tr>
<tr><td rowspan="5">단위<br>엔티티를<br>테이블로<br>변환</td><td>슈퍼 타입 기준<br>테이블 변환</td><td rowspan="3">• 서브 타입을 슈퍼 타입에 통합하여 하나의 테이블로 구현<br>• 하나의 통합 테이블에는 서브 타입의 모든 속성이 포함<br><table><tr><th>구분</th><th>내용</th></tr><tr><td>장점</td><td>• 데이터의 액세스가 용이하며 수행 속도 향상<br>• 뷰를 이용하여 각각의 서브 타입 액세스 및 수정 가능<br>• 다수 서브 타입 통합의 경우 조인 감소<br>• 복잡한 처리를 하나의 SQL로 통합 용이</td></tr><tr><td>단점</td><td>• 특정 서브 타입 NOT Null 제한 어려움<br>• 테이블 컬럼의 증가로 디스크 공간 감소<br>• 인덱스 크기 증가로 효율 저하</td></tr></table></td></tr>
<tr><td>서브 타입 기준<br>테이블 변환</td></tr>
<tr><td>개별 타입 기준<br>테이블 변환</td></tr>
<tr><td>서브 타입 기준<br>테이블 변환</td><td>• 서브 타입에 속성이나 관계가 많은 경우에는 슈퍼 타입 속성들을 각각의 서브 타입에 추가하여 서브 타입들을 개별적 테이블로 작성<br><table><tr><th>구분</th><th>내용</th></tr><tr><td>장점</td><td>• 각 서브 타입 속성들의 선택상에 명확할 경우에 사용하며 서브 타입 유형에 대한 구분 처리 필요 없음<br>• 단위 테이블 크기가 감소하고 전체 테이블 스캔에 유리</td></tr><tr><td>단점</td><td>• 서브 타입 구분 없이 데이터 처리 시 UNION 발생<br>• 처리 속도 감소가 발생할 가능성이 높고 트랜잭션 처리 시에 다수 테이블 처리 경우 발생<br>• 복잡한 처리를 하는 SQL 통합이 어렵고 UID 유지관리가 어려움</td></tr></table></td></tr>
<tr><td>개별 타입 기준<br>테이블 변환</td><td>• 슈퍼 타입과 서브 타입을 각각의 개별적 테이블로 변환하고 슈퍼 타입, 서브 타입 각각 테이블 사이에 1:1 관계 형성<br>• 적용 기준<br>– 전체 데이터 처리가 자주 발생하는 경우<br>– 서브 타입 처리가 대부분 독립적인 경우<br>– 통합하는 테이블 컬럼 수가 지나치게 많은 경우<br>– 서브 타입 칼럼 수가 다수인 경우<br>– 트랜잭션이 주로 슈퍼타입에서 발생하는 경우 등</td></tr>
<tr><td colspan="2">속성을 컬럼으로 변환</td><td>• 컬럼 명칭은 속성 명칭과 일치할 필요는 없으나 개발자와 사용자 간 의사소통 위해 표준화된 약어 사용</td></tr>
<tr><td colspan="2">UID를 기본키로 변환</td><td>• 엔티티의 UID는 기본키로 선언하고 Not Null, Unique 등 제약 조건 추가 정의</td></tr>
<tr><td colspan="2">관계를 외래키로 변환</td><td>• 1:n 관계에서 1영역에 있는 기본키를 n영역의 외래키로 선언하고 외래키 명은 1영역의 기본키 이름을 그대로 사용하거나 다른 의미를 가질 경우 변경하여 명명<br>• 순환관계에서는 자신의 기본키는 외래키로 정의</td></tr>
</table>

| 관리 목적 테이블과 컬럼 추가 | • 논리 모델링에서는 필요 없으나 프로그래밍 속도 개선이나 데이터베이스 관리를 위한 속도향상 기법으로 테이블이나 컬럼 추가 |
|---|---|
| 컬럼 유형과 길이 정의 | • 정의된 각 컬럼에 대하여 DBMS에서 제공하는 데이터 유형을 정의하고 해당 데이터의 최대 길이를 파악하여 길이 설정 |
| 데이터 표준 적용 | • 데이터베이스, 스토리지, 테이블 스페이스, 컬럼, 인덱스 등 명명 규칙 및 표준 용어를 활용하여 각 객체의 데이터 표준 수행 |

## 3. CRUD 분석

### ① CRUD 분석의 개요

㉠ CRUD 분석의 정의

시스템 개발 과정에서 프로세스와 DB에 저장되는 데이터 사이의 의존성을 나타내기 위한 매트릭스

㉡ CRUD 분석의 목적

| 구분 | 내용 |
|---|---|
| 상관모델 검증 | • 데이터 모델과 프로세스 모델과의 상호 간 관계를 정의하고 도출된 데이터모델의 검증에 사용 |
| 주요 산출물 | • 애플리케이션을 개발 시 시스템 구축 단계에서 필요한 주요 산출물로써 프로세스가 수행되기 위한 사전조치, 사후조치의 정보 제공 |
| 테스트 활용 | • 애플리케이션 테스트 단계에서 객관적인 자료로 사용하여 테스트 성공에 기여 |
| 인터페이스 파악 | • 전체 시스템 프로세스의 인터페이스 파악 시에 활용 |

### ② CRUD 분석

㉠ 상관모델링 검증 방법

| 분류 | 체크리스트 |
|---|---|
| 데이터 (엔티티) 모델 검증 | • 모든 엔티티 타입에 CRUD가 한 번 이상 표기되었는지 검증<br>• 모든 엔티티 타입에 "C"가 한 번 이상 존재하는지 검증<br>• 모든 엔티티 타입에 "R"이 한 번 이상 존재하는지 검증 |
| 프로세스 모델 검증 | • 모든 ELEMENTARY PROCESS는 하나 이상의 엔티티 타입에 표기되었는지 검증<br>• 두 개 이상의 ELEMENTARY PROCESS가 하나의 엔티티 타입을 생성하는지 검증 |

**이해돕기**

CRUD 분석의 C는 CREATE, R은 READ, U는 UPDATE, D는 DELETE를 의미

ⓛ CRUD 분석 예시

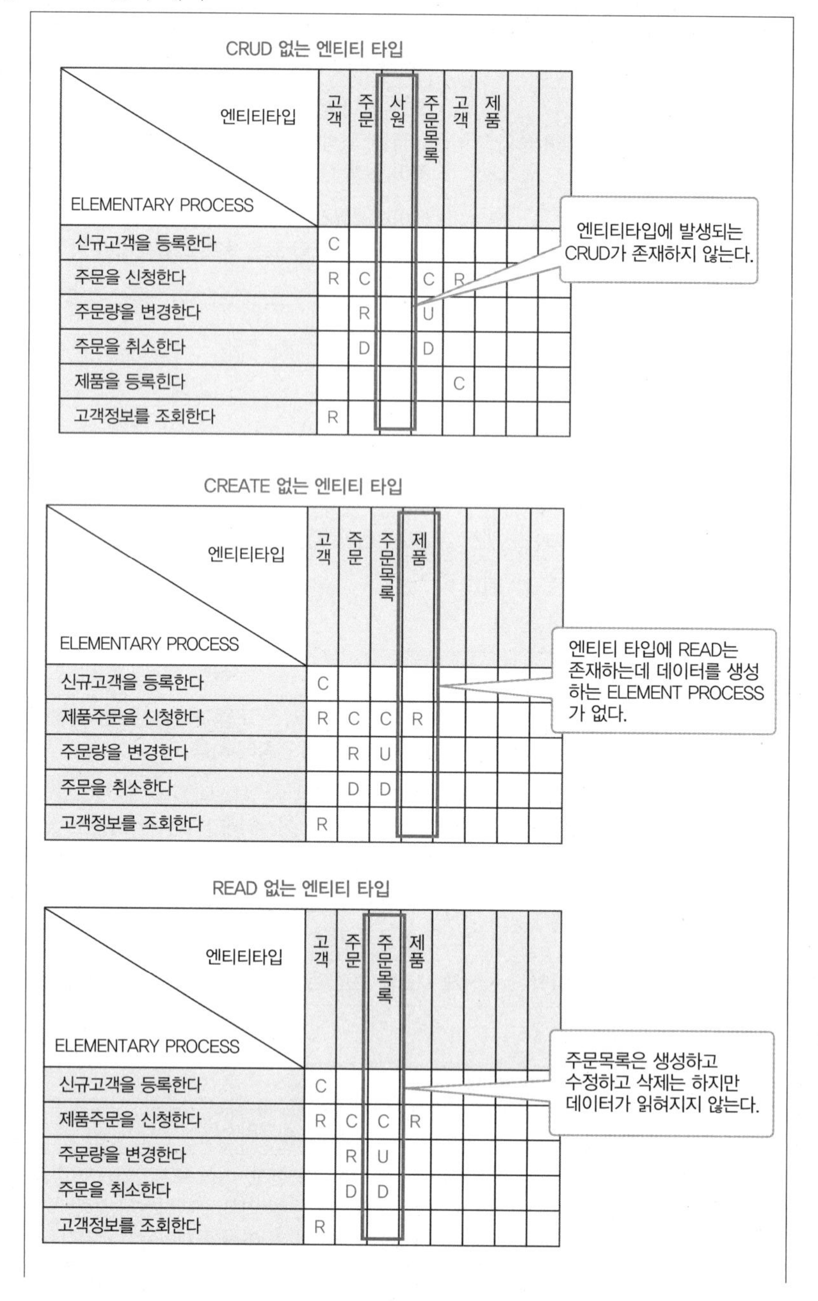

CRUD 없는 엔티티 타입

| ELEMENTARY PROCESS \ 엔티티타입 | 고객 | 주문 | 사원 | 주문목록 | 고객 | 제품 | | |
|---|---|---|---|---|---|---|---|---|
| 신규고객을 등록한다 | C | | | | | | | |
| 주문을 신청한다 | R | C | | C | R | | | |
| 주문량을 변경한다 | | R | | U | | | | |
| 주문을 취소한다 | | D | | D | | | | |
| 제품을 등록힌다 | | | | | C | | | |
| 고객정보를 조회한다 | R | | | | | | | |



CREATE 없는 엔티티 타입

| ELEMENTARY PROCESS \ 엔티티타입 | 고객 | 주문 | 주문목록 | 제품 | | | | |
|---|---|---|---|---|---|---|---|---|
| 신규고객을 등록한다 | C | | | | | | | |
| 제품주문을 신청한다 | R | C | C | R | | | | |
| 주문량을 변경한다 | | R | U | | | | | |
| 주문을 취소한다 | | D | D | | | | | |
| 고객정보를 조회한다 | R | | | | | | | |



READ 없는 엔티티 타입

| ELEMENTARY PROCESS \ 엔티티타입 | 고객 | 주문 | 주문목록 | 제품 | | | | |
|---|---|---|---|---|---|---|---|---|
| 신규고객을 등록한다 | C | | | | | | | |
| 제품주문을 신청한다 | R | C | C | R | | | | |
| 주문량을 변경한다 | | R | U | | | | | |
| 주문을 취소한다 | | D | D | | | | | |
| 고객정보를 조회한다 | R | | | | | | | |

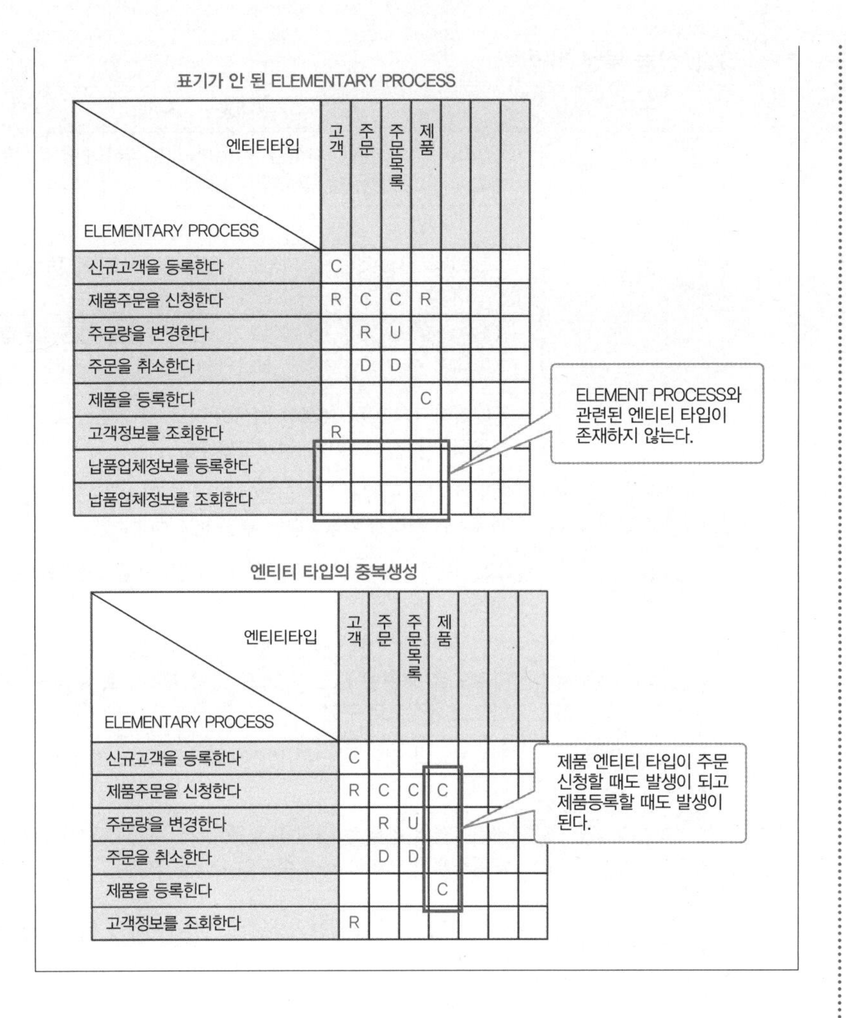


| ELEMENTARY PROCESS \ 엔티티타입 | 고객 | 주문 | 주문목록 | 제품 | | | |
|---|---|---|---|---|---|---|---|
| 신규고객을 등록한다 | C | | | | | | |
| 제품주문을 신청한다 | R | C | C | R | | | |
| 주문량을 변경한다 | | R | U | | | | |
| 주문을 취소한다 | | D | D | | | | |
| 제품을 등록한다 | | | | C | | | |
| 고객정보를 조회한다 | R | | | | | | |
| 납품업체정보를 등록한다 | | | | | | | |
| 납품업체정보를 조회한다 | | | | | | | |



| ELEMENTARY PROCESS \ 엔티티타입 | 고객 | 주문 | 주문목록 | 제품 | | | |
|---|---|---|---|---|---|---|---|
| 신규고객을 등록한다 | C | | | | | | |
| 제품주문을 신청한다 | R | C | C | C | | | |
| 주문량을 변경한다 | | R | U | | | | |
| 주문을 취소한다 | | D | D | | | | |
| 제품을 등록힌다 | | | | C | | | |
| 고객정보를 조회한다 | R | | | | | | |



## 4. SQL 성능 튜닝

### ① SQL 성능 튜닝의 개요

㉠ SQL 성능 튜닝의 정의

DB튜닝의 한 가지 관점의 수행 분야로 SQL 구문을 개선하고 효율화해서 데이터베이스의 성능을 최적화하는 기술 및 절차

㉡ SQL 성능 튜닝의 원리

| 구분 | 내용 |
|---|---|
| 선정 연산은 일찍 수행 | • 선정 연산을 먼저 수행하고 꼭 필요한 중간 결과만을 작성하게 구현 |
| 프로젝션 연산 먼저 수행 | • 프로젝션 연산 역시 선정연산과 동일하게 필요할 경우만 중간 결괏값을 구현 |
| 조인연산 순서 최적화 | • 다수 릴레이션이 조인되어 결과 산출 시 가급적 중간 결과가 적게 생기도록 조인 순서 조정 |
| 릴레이션 속성 검토 | • 릴레이션 속성 정보는 주기억장치에 저장되어 부하가 발생할 수 있음으로 통계치를 활용하여 적절하게 구현 |

**이해돕기**

옵티마이저(Optimizer)

DBMS의 핵심 구성 요소로 SQL 문을 효율적으로 처리하기 위한 경로와 계획을 수립하는 엔진. 크게 RBO 방식과 CBO 방식으로 분류되며, 하나의 DBMS에 두 가지 방식을 모두 지원하기도 함

### ② SQL 성능 튜닝 기법

<table>
<tr><th>구분</th><th>내용</th></tr>
<tr><td>옵티마이저 선택/변경</td><td>• 옵티마이저의 실행 계획을 검토하고 분석하여 최적화된 실행 계획 수립이 가능하도록 기준을 제시
<table>
<tr><th>유형</th><th>내용</th></tr>
<tr><td>RBO(Rule Based Optimizer)</td><td>• 통계정보가 없는 경우 사전에 정해진 Rule에 따라 실행 계획을 수립</td></tr>
<tr><td>CBO(Cost Based Optimizer)</td><td>• 통계정보가 있을 시 모든 접근 경로를 고려하고 실행 계획을 수립</td></tr>
</table></td></tr>
<tr><td>힌트 사용</td><td>• 옵티마이저가 실행 계획이 최선이 아닐 시 힌트를 사용하여 더욱 효율적인 실행 계획이 가능하도록 유도</td></tr>
<tr><td>부분범위 처리</td><td>• 업무 처리를 위해서 전체집합이 아닌 조건을 만족하는 일부분만의 액세스로 처리가 가능하다면 부분 범위처리 수행</td></tr>
<tr><td>인덱스 활용</td><td>• SQL 구현이 비효율적으로 구현되어 인덱스를 미활용하는 부분을 개선</td></tr>
<tr><td>조인방식/조인순서</td><td>• 조인 방식과 조인 순서에 따라 동일한 SQL 문도 처리 속도가 다르므로 구현된 SQL이 어떤 실행 계획으로 수행되는지 분석하고 효율적으로 구현</td></tr>
<tr><td>다중처리<br>(Array Processing)</td><td>• 배치처리의 경우에는 한 번의 데이터베이스 호출로 다중처리가 실행되도록 구현</td></tr>
<tr><td>병렬쿼리<br>(Parallel Query)</td><td>• 배치작업의 경우 하나의 SQL을 여러 개의 CPU가 병렬로 분할 처리하게 함으로써 처리 속도의 향상을 가져옴</td></tr>
<tr><td>동적 SQL 지양(Dynamic SQL 지양)</td><td>• 동적 SQL은 파싱 과정의 부하로 성능 문제가 있어 가급적 정적 SQL을 활용하여 구현</td></tr>
</table>

**DB 튜닝**

- 데이터베이스와 관련한 시스템, 모델링, SQL 및 애플리케이션에 대한 개선을 통해 데이터베이스의 성능을 최적화하는 기술 및 절차
- DB 튜닝의 주요 기법

| 구분 | 내용 | 방법 |
|---|---|---|
| 설계관점<br>(모델링 관점) | • 데이터 모델링, 인덱스 설계<br>• 데이터파일, 테이블 스페이스 설계<br>• 데이터베이스 용량 산정 | • 반정규화, 분산 파일 배치 |
| DBMS 관점 | • 비효율적 메모리 I/O에 대한 관점 | • Buffer 크기, Cache 크기, Redo log, ROLLBACK |
| SQL 관점 | • 성능을 고려하여 SQL 문장 작성<br>• Join, Indexing<br>• SQL Execution Plan | • Hash/Merge Join |
| 비즈니스관점 | • 중복 불필요한 업무 프로세스 | • 업무 프로세스 통합 |
| 외부환경 | • 잘못된 OS Parameter 변경 | • CPU, 메모리 스토리지, 버퍼 파라미터 조절 |

# 기출문제 분석

1, 2회

**01 병행제어의 로킹(Locking) 단위에 대한 설명으로 옳지 않은 것은?**

① 데이터베이스, 파일, 레코드 등은 로킹 단위가 될 수 있다.
② 로킹 단위가 작아지면 로킹 오버헤드가 감소한다.
③ 로킹 단위가 작아지면 데이터베이스 공유도가 증가한다.
④ 한꺼번에 로킹할 수 있는 객체의 크기를 로킹 단위라고 한다.

해설 병행제어 로킹은 트랜잭션이 사용하는 자원에 대하여 상호 배제(Mutual Exclusive)를 제공하는 기법으로 데이터베이스, 파일, 튜플 등이 로킹 단위가 될 수 있다. 이때 로킹 단위가 크면 구현이 용이하고 오버헤드는 감소하나 동시성이 약해진다. 반면 로킹 단위가 작으면 구현이 복잡하고 오버헤드가 발생하나 동시성은 강해진다.

1, 2회

**02 다음의 (　　) 안에 들어갈 내용으로 적합한 것은?**

> 후보키는 릴레이션에 있는 모든 튜플에 대해 유일성과 (　　　　)을 모두 만족시켜야 한다.

① 중복성　　② 최소성
③ 참조성　　④ 동일성

해설 후보키는 레코드를 유일하게 구분할 수 있는 최적화되어 있는 필드의 집합으로 최소성, 유일성, Not Null의 특성이 있다.

1, 2회

**03 분산 데이터베이스 목표 중 "데이터베이스의 분산된 물리적 환경에서 특정 지역의 컴퓨터 시스템이나 네트워크에 장애가 발생해도 데이터 무결성이 보장된다."는 것과 관계있는 것은?**

① 장애 투명성　　② 병행 투명성
③ 위치 투명성　　④ 중복 투명성

해설 분산 데이터베이스 목표는 위치 투명성(Location Transparency), 병행 투명성(Concurrency Transparency), 중복 투명성(Replication Transparency), 장애 투명성(Failure Transparency) 등 4개가 있으며, 이 중 국지적 장애가 발생해도 데이터 무결성이 보장되는 특성은 장애 투명성이다.

3회

**04 분산 데이터베이스의 투명성(Transparency)에 해당하지 않는 것은?**

① Location Transparency
② Replication Transparency
③ Failure Transparency
④ Media Access Transparency

해설 분산 데이터베이스 목표는 위치 투명성(Location Transparency), 병행 투명성(Concurrency Transparency), 중복 투명성(Replication Transparency), 장애 투명성(Failure Transparency) 등 4개를 목표로 한다.

정답 01 ② 02 ② 03 ① 04 ④

3회

**05** **관계 데이터모델의 무결성 제약 중 기본키 값의 속성 값이 널(Null)값이 아닌 원자값을 갖는 성질은?**

① 개체 무결성 ② 참조 무결성
③ 도메인 무결성 ④ 튜플의 유일성

해설 데이터베이스 무결성의 제약조건 유형은 모두 5가지가 있으며, 그중 개체 무결성은 기본키 값이 Not Null인 특성이며, 참조 무결성은 관계 테이블의 외부 식별자인 Foreign Key가 관계테이블의 주 식별자이어야 함을 의미한다. 그 외에 릴레이션의 각 속성값들은 그 속성이 정의된 도메인에 속한값을 정의한 속성 무결성(도메인 무결성)과 사용자의 비즈니스 요구에 의미적 제한을 준수하는 사용자 정의 무결성, 한 릴레이션에 같은 키 값을 가진 튜플들이 허용 안되는 키 무결성으로 정의된다.

4회

**06** **데이터베이스에 영향을 주는 생성, 읽기, 갱신, 삭제 연산으로 프로세스와 테이블 간에 매트릭스를 만들어서 트랜잭션을 분석하는 것은?**

① CASE 분석
② 일치 분석
③ CRUD 분석
④ 연관성 분석

해설 CRUD 분석은 시스템 개발 과정에서 연산 프로세스와 DB에 저장되는 데이터 사이의 의존성을 나타내기 위한 매트릭스로써 트랜잭션을 분석한다.

4회

**07** **정규화된 엔티티, 속성, 관계를 시스템의 성능 향상과 개발 운영의 단순화를 위해 중복, 통합, 분리 등을 수행하는 데이터 모델링 기법은?**

① 인덱스 정규화 ② 반정규화
③ 집단화 ④ 머징

해설 반정규화는 더 이상 나눌 수 없는 최소화 릴레이션 기반의 정규화된 데이터 모델을 필요에 의해 일부 혹은 전부 릴레이션 통합하여 DB 성능을 향상시키는 과정이다. 정규화와 반정규화는 트레이드 오프 관계로서 지나친 정규화는 조인수가 증가하고 조회 성능이 떨어지며, 지나친 반정규화는 정합성과 데이터 무결성이 훼손될 가능성이 높다.

4회

**08** **데이터베이스 설계 시 물리적 설계 단계에서 수행하는 사항이 아닌 것은?**

① 저장 레코드 양식 설계
② 레코드 집중의 분석 및 설계
③ 접근 경로 설계
④ 목표 DBMS에 맞는 스키마 설계

해설 논리적 데이터모델을 기반으로 저장 공간 설계, 레코드 분석 및 설계, 접근 경로 등의 설계를 수행한다. 목표 DBMS에 맞는 스키마 설계는 물리적 설계 단계가 아닌 논리적 설계 단계에서 수행한다.

6회

**09** **병렬 데이터베이스 환경 중 수평 분할에서 활용되는 분할 기법이 아닌 것은?**

① 라운드-로빈 ② 범위 분할
③ 예측 분할 ④ 해시 분할

해설 병렬 데이터베이스 환경은 하나의 테이블 내 각 행을 다른 테이블로 분산하는 수평 분할과 테이블의 열을 분할하는 수직 분할로 분류한다. 이중 수평 분할은 범위 분할, 라운드-로빈 분할, 목록 분할, 해시 분할 등이 있다.

6회

**10** 병행제어 기법의 종류가 아닌 것은?

① 로킹 기법 ② 시분할 기법
③ 타임스탬프 기법 ④ 다중 버전 기법

해설 분산 데이터베이스 환경에서 무결성을 보장하기 위해 병행제어를 수행하며 이때 로킹, 타임스탬프, 다중 버전 기법 등을 적용한다.

7회

**11** 물리적 데이터베이스 설계에 대한 설명으로 거리가 먼 것은?

① 물리적 설계의 목적은 효율적인 방법으로 데이터를 저장하는 것이다.
② 트랜잭션 처리량과 응답시간, 디스크 용량 등을 고려해야 한다.
③ 저장 레코드의 형식, 순서, 접근 경로와 같은 정보를 사용하여 설계한다.
④ 트랜잭션의 인터페이스를 설계하며, 데이터 타입 및 데이터 타입들 간의 관계로 표현한다.

해설 물리적 데이터베이스 설계단계에서는 효율적 데이터 저장과 관리를 위해서 저장공간 산정, 저장 레코드 형식, 접근 경로 등을 설계한다. 트랜잭션 인터페이스나 데이터 타입 등은 논리적 설계에서 구현한다.

7회

**12** 동시성 제어를 위한 직렬화 기법으로 트랜잭션 간의 처리 순서를 미리 정하는 방법은?

① 로킹 기법 ② 타임스탬프 기법
③ 검증 기법 ④ 배타 로크 기법

해설 동시성 제어는 트랜잭션의 무결성을 확보하기 위한 기법이며 로킹, 타임스탬프, 다중 버전 등을 활용한다. 이중 타임스탬프는 트랜잭션의 순서를 시간 단위로 설정함으로써 상호배제를 구현하는 기법이다.

7회

**13** 관계형 데이터베이스에서 다음 설명에 해당하는 키(Key)는?

| 한 릴레이션 내의 속성들의 집합으로 구성된 키로서, 릴레이션을 구성하는 모든 튜플에 대한 유일성은 만족시키지만 최소성은 만족시키지 못한다. |
|---|

① 후보키 ② 대체키
③ 슈퍼키 ④ 외래키

해설 슈퍼키는 튜플을 유일하게 식별할 수 있는 하나 또는 그 이상의 속성 집합으로 유일성은 만족시키나 최소성은 만족시키지 못하는 특성을 갖고 있다.

7회

**14** 데이터베이스의 무결성 규정(Integrity Rule)과 관련한 설명으로 틀린 것은?

① 무결성 규정에는 데이터가 만족해야 될 제약 조건, 규정을 참조할 때 사용하는 식별자 등의 요소가 포함될 수 있다.
② 무결성 규정의 대상으로는 도메인, 키, 종속성 등이 있다.
③ 정식으로 허가 받은 사용자가 아닌 불법적인 사용자에 의한 갱신으로부터 데이터베이스를 보호하기 위한 규정이다.
④ 릴레이션 무결성 규정(Relation Integrity Rules)은 릴레이션을 조작하는 과정에서의 의미적 관계(Semantic Relationship)를 명세한 것이다.

해설 접근제어는 정식으로 허가 받은 사용자가 아닌 불법적인 사용자에 의한 갱신으로부터 데이터베이스를 보호하기 위한 규정이다.

정답 05 ① 06 ③ 07 ② 08 ④ 09 ③ 10 ② 11 ④ 12 ② 13 ③ 14 ③

8회

**15** **데이터베이스 설계 단계 중 물리적 설계 시 고려 사항으로 적절하지 않은 것은?**

① 스키마의 평가 및 정제
② 응답시간
③ 저장 공간의 효율화
④ 트랜잭션 처리량

해설 물리적 설계 단계에서는 저장공간의 적정성 평가 및 효율화 계획, 트랜잭션 처리량 및 응답속도 등을 고려한다. 스키마의 평가 및 정제는 논리적 설계 단계에서 수행한다.

8회

**16** **다른 릴레이션의 기본키를 참조하는 키를 의미하는 것은?**

① 필드키 ② 슈퍼키
③ 외래키 ④ 후보키

해설 외래키(Foreign key)는 연관관계가 있는 다른 테이블의 기본키 값을 참조한다.

8회

**17** **분산 데이터베이스 시스템(Distributed Database System)에 대한 설명으로 틀린 것은?**

① 분산 데이터베이스는 논리적으로는 하나의 시스템에 속하지만 물리적으로는 여러 개의 컴퓨터 사이트에 분산되어 있다.
② 위치 투명성, 중복 투명성, 병행 투명성, 장애 투명성을 목표로 한다.
③ 데이터베이스의 설계가 비교적 어렵고, 개발 비용과 처리 비용이 증가한다는 단점이 있다.
④ 분산 데이터베이스 시스템의 주요 구성 요소는 분산 처리기, P2P 시스템, 단일 데이터베이스 등이 있다.

해설 분산 데이터베이스 시스템의 주요 구성 요소는 분산 데이터베이스, 분산 처리기, 통신네트워크 시스템 등이 있다.

8회

**18** **데이터베이스에서 병행제어의 목적으로 틀린 것은?**

① 시스템 활용도 최대화
② 사용자에 대한 응답시간 최소화
③ 데이터베이스 공유 최소화
④ 데이터베이스 일관성 유지

해설 데이터베이스에서 병행제어는 트랜잭션을 공유하고 이를 통해 시스템 활용도를 최대화하고 일관성을 유지하면서 응답시간도 최소화하는 데 목적을 둔다.

정답 15 ① 16 ③ 17 ④ 18 ③

# 데이터 전환

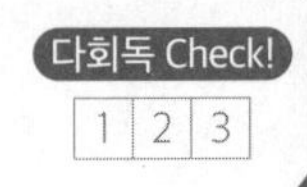


**학습 목표**

- 기존 데이터베이스에서 신규 데이터베이스로 전환(마이그레이션) 하기 위한 프로세스에 대한 학습을 수행
- 병행하여 성능을 개선하고 안정적인 데이터베이스 운영을 위한 백업 등의 개념 및 수행 방법 등을 학습함



## SECTION 01 데이터 전환 기술

### 1. 초기데이터 구축

#### ① 초기데이터 구축의 개요

㉠ 초기데이터 구축의 정의

데이터 전환과정에서 기존 유관 데이터 및 파일과 신규 대상 시스템에서 필요로 하는 추가 자료를 신규 데이터베이스로 변환, 적재를 수행하는 일련의 과정

㉡ 초기데이터 구축 시 고려 사항

| 구분 | 내용 |
|---|---|
| 일정 | • 초기 데이터 구축 시점 및 진행 일시, 데이터 전환 공식 일정 등을 정의 |
| 대상 | • 신규 시스템과 인터페이스할 시스템이나 산출물 등을 정의 |
| 범위 | • 각 연동이나 전달할 시스템의 데이터 및 파일 범위, 산출물 등 확인 |

#### ② 초기데이터 구축 절차

㉠ 초기데이터 구축 전략

| 구분 | 내용 |
|---|---|
| 중단 | • 기존 시스템과 신규 시스템 운영을 모두 중단하고 데이터와 파일 전환 및 전송 |
| 무중단 | • 실시간 운영 간에 기존 시스템 데이터와 파일을 신규 시스템으로 변환하여 전송 |

㉡ 초기데이터 구축의 절차

| 구분 | 내용 |
|---|---|
| 계획 수립 | • 데이터전환 계획의 일부로 초기데이터 구축을 위한 조직, 일정, 전략 등을 수립 |
| 범위 확인 | • 대상 시스템과 변환 데이터 및 파일의 범위를 확인 |
| 실행 | • 정의된 전략과 일정, 범위에 맞춰 데이터 및 파일의 추출, 변환, 정제 및 전송, 적재를 수행 |
| 검토 | • 신규 시스템의 정상 작동 여부, 전수 데이터 및 파일 전송 완료 여부, 오류 및 이상 여부를 확인하고 테스트 수행 |
| 종료 | • 보고서 작성 및 회고를 통해서 이해관계자 간 중요사항을 공유하고 종료 |

## 2. ETL(Extraction, Transformation, Loading)

이해돕기

ETL은 현장에서 보통 솔루션 형태의 소프트웨어로 실행되며, 대표적으로 FlyData, Integrate.io, Talend 등의 제품이 있음

### ① ETL(Extraction, Transformation, Loading)의 개요

㉠ ETL(Extraction, Transformation, Loading)의 정의

- 대상 정보시스템에서 데이터를 추출하고 정제 및 변환한 후 목표 시스템에 적재하는 작업 및 과정
- 특정 업무 시스템에서 대상 데이터베이스 시스템 간에 이동이나 구 데이터베이스 시스템에서 신규 데이터베이스 시스템으로의 이전, 혹은 데이터웨어하우스 등으로 전환 시 적용

㉡ ETL 처리 방식의 유형

| 구분 | 내용 |
|---|---|
| Off-Line 방식 | • 대상 시스템에서 데이터를 SAM 파일로 만든 후 메일이나 파일 배달을 통해 Data Warehouse로 전달 |
| On-Line 방식 | • 대상 시스템의 데이터베이스와 Data Warehouse의 DB를 직접 연결하고 데이터를 로딩 방식 |
| Semi-Online 방식 | • 데이터베이스 시스템 내에 사용자 로그를 만들고 Data Warehouse 서버가 이 로그 파일을 주기적으로 읽어 데이터를 가져오는 방식 |

### ② ETL 작업 절차

㉠ ETL 작업 절차

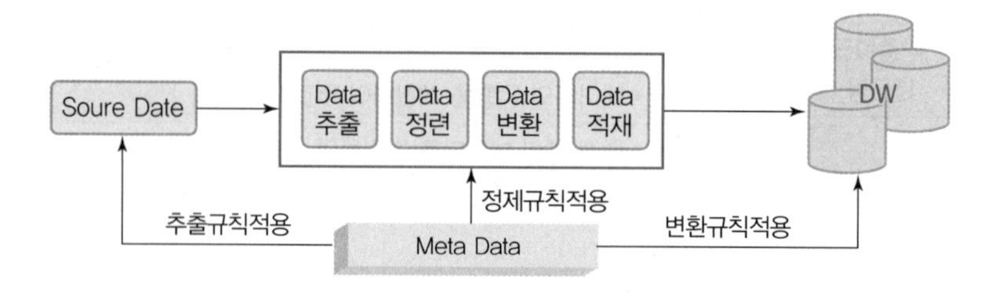

㉡ ETL 작업 절차

| 처리단계 | 내용 |
|---|---|
| 데이터 확인 | • 소스 데이터에서 추출할 데이터를 분석하고 정의 |
| 데이터 추출 | • 소스 데이터로부터 필요한 데이터를 추출 |
| 데이터 정제 | • 데이터 품질을 높이기 위해 중복 필드를 조정하고, 오류의 가능성이 있는 데이터를 비즈니스 규칙이나 기준 데이터에 적합하도록 개선 |
| 데이터 변환 | • 정제된 데이터를 이관 시스템의 데이터 형식으로 정의하고, 표준화 및 메타데이터 정리 등 선결 작업 수행 |
| 데이터 통합(전송) | • 변환된 데이터를 통합하여 Data Warehouse로 통합 전송 및 적재 |

## 3. 파일 처리 기술

### ① 파일 처리 기술의 개요

㉠ 파일 처리 기술의 정의

디지털 데이터를 효과적으로 관리하기 위해 구조화한 파일을 체계적으로 처리하여 주는 기술들의 총칭으로 데이터 전환 간에 여러 유형의 파일을 처리하여 기존 시스템에서 신규 시스템으로 변환 및 전송이 요구됨

㉡ 파일 유형

| 저장매체 | 운영체제 | 파일시스템 종류 |
|---|---|---|
| 디스크장치 | Windows | FAT(FAT12,FAT16,FAT32,exFAT), NTFS |
| | Linux | Ext2, Ext3, Ext4 |
| | Unix-like | UFS |
| | OS2 | HPFS |
| | Mac OS | HFS, HFS+ |
| | Solaris | UFS , ZFS(Solaris 10부터 지원 신기술) |
| | HP-UX | HFS, VXFS(디스크 관리를 위한 별도 파일시스템) |
| 광학장치 | • ISO 9660, UDF | |
| 데이터베이스 기반 | • GNOM VFS, BFS, WinFS<br>• 파일을 계층 구조로 관리하지 않고 파일의 형식, 주제, 만든이, 내용과 같은 여러 특성에 따라 시스템에서 자동으로 분류하여 관리 | |
| 트랜잭션 기반 | • 트랜잭션 기반 파일 시스템은 파일에 일어난 이벤트나 트랜잭션을 기록하는 시스템 | |
| 특수용도 | • '/proc'이라는 파일 시스템에서 프로세스나 운영체제 여러 기능에 접근 | |

② **파일 복제 기술 및 미러링 기술**

㉠ 파일 복제기술 방식

| 구분 | 디스크장치 이용 | 운영체제 이용 | DBMS 이용 |
| --- | --- | --- | --- |
| 복제대상 | • 디스크 변경 분 | • 데이터 블록 | • SQL문 혹은 변경 로그 |
| 구성조건 | • 동일한 디스크 사용 | • 동일한 논리볼륨 수준<br>• 복제 솔루션 사용 | • 동일한 DBMS 사용 |
| 복제 시 소요 자원 | • 디스크 자체 자원 | • 해당 서버 자체 혹은 별도의 관리서버 자원 | • DBMS 서버 자원 |

㉡ 파일 미러링기술 방식

| 요소기술 | 내용 |
| --- | --- |
| 동기식 | • 각 I/O는 Primary와 Secondary에 동시 Write |
| 비동기식 | • Primary에 Write 이후 Secondary에 Write 수행 |
| 반동기식 | • Mirror queue limit을 초과하는 경우 Secondary에 Write 수행 |

## SECTION 02 데이터 전환 수행

### 1. 데이터 전환 수행 계획

**이해돕기**

데이터 전환 수행 계획에는 데이터 전환 과정 간에 문제가 발생할 경우 롤백이나 복구에 대한 방안도 같이 포함되어야 함

① **데이터 전환 수행 계획의 개요**

㉠ 데이터 전환 수행 계획의 정의

기존 시스템에서 데이터를 추출하고 신규 목표 시스템의 데이터베이스에 적합한 형식으로 정제 및 변환한 후 적재하는 과정으로 체계적인 전략기반의 계획을 통해 전환 수행

㉡ 데이터 전환 수행 계획의 주요 항목

| 구분 | 내용 |
| --- | --- |
| 개요 | • 전환작업에 대한 전체적인 개요와 범위에 대한 정의 |
| 일정 | • 전체 일정과 함께 세부 단위 업무별 일정 도출 |
| 방안 | • 데이터 전환 절차와 품질 검증 방법, 데이터 모델 변경관리 절차 등 기술 |
| 환경 구성 | • 전환 구축 단계 및 통합테스트, 전환 단계 환경 구성안 도출 |
| 정비 방안 | • 데이터 정비에 대한 개요와 정비 일정, 조직 등 구성 |

② **데이터 전환 수행 절차**

㉠ 데이터 전환 전체 절차

| 구분 | 내용 |
|---|---|
| 계획 수립 | • 프로젝트 계획 수립, 현행 시스템과 목표 시스템의 분석 및 요건 정의 |
| 전환 설계 | • 로지컬 매핑, 코드 매핑, 검증 규칙 등을 정의하고 전환 설계서 작성 |
| 전환도구 개발 | • 전환 개발 환경 구축 및 전환 프로그램, 검증 프로그램 개발 |
| 검증 | • 전환 검증 각 단계별 테스트 방안 설계 및 테스트 환경 기획 |
| 전환 완료 | • 최종 전환 수행 후 모니터링 및 개선 통한 안정화 추진 |

㉡ 데이터 전환 핵심 절차

| 구분 | 내용 | 비고 |
|---|---|---|
| 추출 | • 필요 시스템에서 전환대상 데이터를 추출 | ETL 도구 |
| 정비 | • 추출된 데이터의 형식이나 개선사항 정제 | ETL 도구 |
| 전환 | • 여러 전환 도구들을 이용해서 데이터 추출 파일을 변환 | ETL 도구 |
| 적재 | • 신규 대상 시스템의 구조와 동일한 데이터 추출 파일을 적재 | SQL 로더 등 |
| 검증 | • 추출, 전환, 적재의 각 단계별로 데이터 검증 | 검증 프로그램 |

## 2. 체크리스트

① **체크리스트의 개요**

㉠ 체크리스트의 정의

전환 프로그램의 에러, 시간의 제약, 업무 프로세스의 변경, 빈번한 데이터 요건 변경, 하드웨어 장애 등의 위험요소에 최대한 대응하기 위해 체크해야 하는 목록

㉡ 체크리스트의 유형

| 구분 | 내용 |
|---|---|
| 작업자 | • 작업자가 데이터 전환 각 단계별 수행할 작업내용 중심으로 핵심 사항들을 체크리스트로 도출 |
| 작업 담당자 | • 각 작업자가 해당 업무를 수행한 후 작업 시간 및 데이터 전환 건수 등을 관리하는 작업담당자가 기록할 수 있도록 체크리스트 구축 |

② **체크리스트 예시**

㉠ 데이터 전환 시 작업 내용(작업자 용) 체크리스트 예시

| 단계 | 작업 내용 | 작업자 | 특이 사항 |
|---|---|---|---|
| 사전 준비 | 1. 운영 환경에 대한 설정 및 점검 | | |
| | 2. 전환 환경에 대한 사전 점검 | | |
| | 3. DB 상태 점검 수행(가동 · 접속 여부, 스페이스 확인) | | |
| 데이터 전환 | 4. 수작업 테이블 이관 〈총 000개〉 | | |
| | 5. 데이터 추출, 변환, 적재, 수행 〈총 000개〉 | | |
| | 6. 인덱스 리빌드, 권한 재설정 | | |
| 데이터 점검 | 7. 전환 검증 요건 항목 검증 〈000개 항목 검사 수행〉 | | |
| | 8. 업무 0개 테이블에 대한 후속 SQL 작업 | | |

㉡ 데이터 전환 시 작업 내용(작업담당자 용) 체크리스트 예시

| 단계 | 작업 내용 | 작업자 | 수행 실적 | 작업 예정 시간 | |
|---|---|---|---|---|---|
| | | | | 시작 시간 | 종료 시간 |
| 사전 준비 | 1. 운영 환경에 대한 설정 및 점검 | | | | |
| | 2. 전환 환경에 대한 사전 점검 | | | | |
| | 3. DB 상태 점검 수행(가동 · 접속 여부, 스페이스 확인) | | | | |
| 데이터 전환 | 4. 수작업 테이블 이관 〈총 000개〉 | | | | |
| | 5. 데이터 추출, 변환, 적재, 수행 〈총 000개〉 | | | | |
| | 6. 인덱스 리빌드, 권한 재설정 | | | | |
| 데이터 점검 | 7. 전환 검증 요건 항목 검증 〈000개 항목 검사 수행〉 | | | | |
| | 8. 업무 0개 테이블에 대한 후속 SQL 작업 (응용 팀) | | | | |

## 3. 데이터 검증

① **데이터 검증의 개요**

㉠ 데이터 검증의 정의

데이터 전환을 수행하고 나서 정적, 동적 검증 방법론을 통한 데이터 전환 프로젝트 성공 및 품질에 대해서 검증하는 절차 및 방법

㉡ 데이터 검증의 유형

| 구분 | 내용 |
|---|---|
| 로그 검증 | • 데이터 전환 시에 도구를 통해 수행되는 추출이나 전환 관련 로그를 검증 |
| 기본항목 검증 | • 응용 파트의 별도 검증 요청 항목을 기준으로 검증 프로그램을 작성하여 파일이나 데이터 검증 |
| 응용프로그램 검증 | • 응용 애플리케이션을 이용하여 검증 수행 |
| 응용 데이터 검증 | • 사전 정의된 업무 규칙 등 기준 문서를 활용하여 데이터 정합성 검증 |
| 개수 검증 | • 원천시스템과 목적시스템의 디렉토리나 파일 개수 등을 검증 |
| 크기 검증 | • 각 파일의 용량 등을 비교하여 검증 수행 |

**② 데이터 검증 절차**

| 구분 | | 내용 |
|---|---|---|
| 전환 실행 및 결과 검증 | 정상 동작 확인 | • 전환 프로그램의 정상 동작 여부를 확인하고 실제 전환 중에 오류가 발생하지 않는지 주의 |
| | 전환 결과 검증 | • 전환 계획서와 체크리스트 기반으로 작업 내용을 확인하고 각 이해관계자별 결과 검증 수행<br>• 각 단계별로 수행 결과에 대해서 검증 |
| 결과보고서 작성 | 전환결과 분석 | • 상세한 결과와 집계를 작성하고 목표로 한 전환의 완전성을 확보하기 위해 오류 분석 및 정제 등 고려 |
| | 결과보고서 작성 | • 분석 결과를 반영하여 결과보고서를 작성하고 추후 개선이나 정제, 오류 제거 등에 활용 |

## SECTION 03 데이터 정제

### 1. 데이터 정제

**① 데이터 정제의 개요**

㉠ 데이터 정제의 정의

데이터의 완전성이나 유효성, 정합성이 저하, 훼손되고 중복 등의 문제가 있을 때 데이터를 개선하고 검증하는 절차 혹은 방법

㉡ 데이터 정제의 유형

| 구분 | 내용 | 비고 |
|---|---|---|
| 완전성 | • 업무에 반드시 있어야 하는 핵심 데이터가 누락된 경우 | • 운전면허 관리프로그램에서 면허번호 부재 |
| 유효성 | • 데이터의 형태나 크기가 정해진 기준치를 넘거나 오류가 있는 경우 | • 생년월일에서 13월 표시 |

| | | |
|---|---|---|
| 일치성 | • 상호 관련 있는 자료 항목이 서로 상이한 경우 | • 남자인데 woman 표기 |
| 유일성 | • 유일한 데이터가 중복되어 저장되어 있는 경우 | • 동일 주민등록번호 존재 |
| 기타 | • 특정 데이터 형식과 맞지 않을 경우 등 | • 소수점 표기 오류 등 |

㉢ 데이터 정제 대상

| 구분 | 내용 |
|---|---|
| 원천 | • 데이터 전환 시 기존 원천데이터를 기준으로 수정 |
| 전환 | • 데이터 전환 시 신규 전환데이터를 기준으로 수정 |
| 모두 | • 원천데이터와 전환데이터를 모두 수정 |

### ② 데이터 정제의 절차 및 검증 방법

㉠ 데이터 정제의 절차

| 구분 | | 내용 |
|---|---|---|
| 정제요청서 작성 | 수정 부분 확인 | • 정제가 필요한 원천 데이터 및 전환 프로그램의 수정 부분을 확인 |
| | 정제요청서 작성 | • 전환 시 발생한 오류를 해결하기 위해 데이터 정제 요청 내용을 작성 |
| 정제보고서 작성 | 정제 수행결과 확인 | • 기존 오류 데이터에 대한 육안 검사, 전환 프로그램 구동 후 오류 내역 확인, 전환되어 적재된 데이터의 확인으로 수행 |
| | 정제보고서 작성 | • 정체 결과 확인 후 오류 데이터 원인과 향후 대응 방안을 작성 |

㉡ 데이터 정제의 검증 방법

| 구분 | 내용 |
|---|---|
| 데이터 통계학 | • Row 개수, 고유값 개수, 특정 값에 대한 변동 등을 확인 |
| 도메인 위반 | • 특정 컬럼의 형식에 맞지 않은 값이 있는지 확인 |
| 집계 | • 특정 컬럼의 값들을 그룹화해서 개수나 합계 등을 확인 |
| 외부조인 분석 | • 외부 조인을 통해서 양쪽 테이블에 포함되지 않은 데이터들을 비교하고 분석 |
| 카티션 곱 분석 | • 상호 가질 수 없는 값들의 모든 경우들을 확인하고 분석 |
| 업무 규칙 유효성 | • 업무 규칙과 비교해서 누락된 부분이나 오류가 있는 부분이 없는지 확인 |
| 리포트 비교 | • 최종 결과 리포트를 작성하고 내용 중 오류 부분 확인 |

## 2. 데이터 품질 분석

### ① 데이터 품질 분석의 개요

㉠ 데이터 품질 분석의 정의

고품질의 데이터를 구축, 운영, 관리하기 위해 정책, 운영관리, 모델관리, 흐름관리, 데이터베이스 관리 및 보안 관리 등의 품질을 체계적으로 보증하기 위한 프로세스

㉡ 데이터 품질 요소

| 대상 | 내용 |
|---|---|
| 데이터 값 | • 업무처리에 사용되는 디지털화 된 데이터 혹은 디지털화에 필요한 데이터 값 |
| 데이터 구조 | • 데이터가 저정되어 있는 모양이나 틀 |
| 데이터 관리 프로세스 | • 데이터나 데이터 구조의 품질을 안정적이고 개선 가능하도록 관리하는 활동 |

### ② 데이터 품질관리 프레임워크(DQM ; Data Quality Management)

㉠ 데이터 품질관리 모형 개요도

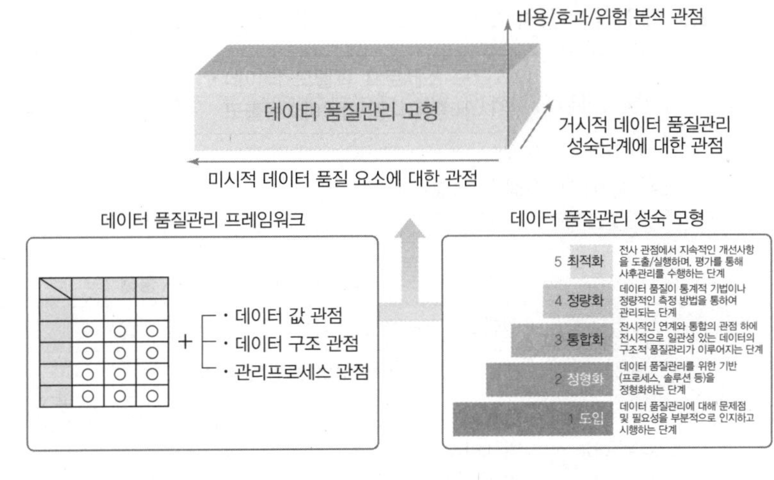


| 관점 | 내용 | 방안 |
|---|---|---|
| 미시적 관점 | • 데이터 품질관리 수행을 위한 각 요소를 확인하고 요소별 데이터 품질 향상 방안 도출 | • 데이터 품질관리 프레임워크 적용 |
| 거시적 관점 | • 거버넌스 측면에서 데이터 관리 성숙도 레벨을 정의하고 조직별 성숙도를 측정 후 상위단계로 발전하도록 개선 | • 데이터 품질관리 성숙도 모델 적용 |
| 부가가치적 관점 | • 데이터 품질관리 도입이 조직의 경영성과에 미치는 영향을 정량적, 정성적으로 측정 가능한 모형 제시 | • BSC를 활용한 IT ROI 분석 등 수행 |

㉡ 데이터 품질관리 이해관계자

| 관점 \ 대상 | 데이터 값 | 데이터 구조 | 데이터 관리 프로세스 |
|---|---|---|---|
| CIO 관점<br>(개괄적 관점) | • 데이터 관리정책<br>• 모델관리정책, 품질관리정책(데이터 품질관리 규정, 문서 관리 규정) | | |
| DA 관점<br>(개념적 관점) | • 표준 데이터 | • 개념 데이터 모델<br>• 데이터 참조 모델 | • 데이터 표준 관리<br>• 요구사항 관리 |
| Modeler 관점<br>(논리적 관점) | • 모델 데이터 | • 논리 데이터 모델 | • 데이터 모델 관리<br>• 데이터 흐름 관리 |
| DBA 관점<br>(물리적 관점) | • 관리 데이터 | • 물리 데이터 모델<br>• 데이터베이스 | • DB 관리<br>• DB 보안 관리 |
| User 관점<br>(운용적 관점) | • 업무 데이터 | • 사용자 뷰 | • 데이터 활용 관리 |

## 3. 오류 데이터 측정

### ① 오류 데이터 측정의 개요

㉠ 오류 데이터 측정의 정의

데이터 전환과정에서 원천 데이터를 분석 후 정합성 여부 및 오류 데이터를 확인하는 과정

㉡ 오류 데이터 측정의 상태

| 구분 | 내용 |
|---|---|
| Open | • 오류가 측정되었으나 아직 분석되지 않은 상태 |
| Assigned | • 영향도를 분석하고 수정을 위하여 오류를 개발자에게 전달한 상태 |
| Fixed | • 개발자가 오류를 분석하고 수정한 상태 |
| Closed | • 오류가 수정되었는지 확인을 하고 회귀테스트 수행 시 오류가 발생하지 않은 상태<br>• 회귀 테스트 종료 후 문제가 있을 시 다시 Open 단계로 이전 |
| Deferred | • 오류의 순위가 중요치 않아 오류 수정을 연기한 상태 |
| Classified | • 확인된 오류가 당해 팀에 해당되는 오류가 아니라고 판단된 상태 |

### ② 오류 데이터 관리 목록 및 측정 · 보고서 작성 절차

㉠ 오류 데이터 관리 목록(예시)

| 프로젝트 | ○○○ 시스템 재구축 프로젝트 | | | | | | | | |
|---|---|---|---|---|---|---|---|---|---|
| 시스템 | ERP 시스템 | | | | | | | | |
| 순번 | 오류 ID | 정제 ID | 오류 내용 (원인) | 해결 방안 | 심각도 | 상태 | 발생 일자 | 예상 해결 일자 | 담당자 |
| 1 | ERR001 | 20170812 | 국가 코드 미존재 | 코드 정보에 미반영 국가 추가 | 상 | Open | 2017-07-01 13:00 | - | |
| 2 | ERR002 | 20170815 | Default 값 없음 | NULL 데이터의 초기값 부여 | 하 | Assigned | 2017-07-01 13:20 | - | |
| | | | | | | | | | |
| | | | | | | | | | |

㉡ 오류 데이터 측정 및 보고서 작성 절차

| 구분 | | 내용 |
|---|---|---|
| 품질 분석 및 오류 | 원천데이터 및 대상데이터베이스 품질 분석 | • 원천데이터에 대한 품질 분석과 전환 목적의 데이터베이스에 대한 품질을 분석 |
| | 정상 데이터와 오류 데이터 측정 | • 데이터 품질 기준에 준거하여 정상 데이터와 오류 데이터를 분리하고, 정량적으로 측정 후 오류 관리 목록에 기록하고 관리 |
| 오류 원인 파악 및 정제 결정 | 발견 오류 데이터 분석 | • 오류관리 목록에 기록된 오류 내용을 확인하여 오류 원인, 상태, 심각도를 분석하고 대응방안 도출 |
| | 원천데이터와 전환프로그램의 정제 여부 결정 | • 분석된 오류 원인을 기반으로 도출된 해결 방안을 논의하고 원천데이터, 전환프로그램 등의 정제 여부를 결정 |

# 기출문제 분석

3회

**01 데이터베이스 로그(log)를 필요로 하는 회복 기법은?**

① 즉각 갱신 기법
② 대수적 코딩 방법
③ 타임스탬프 기법
④ 폴딩 기법

해설 데이터베이스 회복기법에는 지연 갱신기법, 즉시 갱신기법, 체크포인트 회복기법, 그림자 페이징, 미디어 회복기법 등이 있다. 이 중 로그를 필요로 하는 기법은 지연 갱신 기법, 즉시 갱신 기법, 체크포인트 회복기법이 있다.

8회

**02 데이터웨어하우스의 기본적인 OLAP(on-line analytical processing) 연산이 아닌 것은?**

① translate ② roll-up
③ dicing ④ drill-down

해설 데이터웨어하우스는 기업 및 조직의 의사결정을 지원하기 위해 전사 데이터를 통합하고 Pivot, Slice/Dice, Drill Up/Down, Roll-up 등의 연산 기능을 제공하는 OLAP 엔진으로 구성된다.

정답 01 ① 02 ①

Memo

# 출제 동향 분석

### CHAPTER 01 서버프로그램 구현

- 출제기준 '20~'22년 과정에서는 섹션 2번에 재사용성, 모듈화, 응집도와 결합도 학습파트가 있었으나, '23~'25년 과정에서는 파트 1의 챕터 3 애플리케이션 설계 부분으로 이동되었습니다. 기출 문제 풀이에서는 파트 4의 챕터 1로 수록되어 있으니 이 부분에 대한 혼란이 없도록 주의가 필요합니다.
- 소프트웨어 개발 과정에서는 다양한 도구가 활용되며, 본 챕터에서는 각 단계별 도구의 유형을 개략적으로 살펴볼 수 있습니다.
- 그 외 단락은 전체적인 이해 기반의 학습이 필요합니다.

### CHAPTER 02 프로그래밍 언어 활용

- 실제 다양한 프로그래밍 언어별로 소스 코드 문제가 나오고 있습니다. 정보처리기사 전 분야에서 가장 어렵고 실무적이며, 실습이 필요한 영역입니다.
- 필기시험에서는 2~3문제가량의 실제 코드 문제가 나오고 있으나 점점 빈도와 문제수가 증가하고 있으며, 실기시험과 연계되는 부분이 있으니 평소에 충분한 실습이 필요합니다.

### CHAPTER 03 응용SW 기초기술 활용

- 하드웨어, 운영체제, 네트워크에 대해서 학습하는 챕터로서 상당히 어렵고 심도 깊은 문제가 출제되고 있어 학습량이 많은 챕터입니다.
- 운영체제에서 수행하는 메모리 관리, 프로세스 관리와 네트워크의 OSI 7계층에 대한 고도의 이해 및 암기가 필요합니다.

# 프로그래밍언어 활용

PART 04

CHAPTER 01

# 서버프로그램 구현

다회독 Check!
1 2 3

## 학습 목표

- 응용소프트웨어 개발에 앞서 필요한 소프트웨어나 하드웨어 자원을 파악하고 실제 설치 및 구성을 통해 효율적인 개발을 추진하는 단계
- 개발하려는 최종 시스템의 특성에 맞춰 가장 최적화된 개발 환경을 조성하고 성공적인 프로젝트 수행이 될 수 있도록 기반을 마련
- 섹션 2의 경우 시스템에 대한 보안 취약성의 개념과 대응 방법 등을 학습하여야 하며, 특히 파트 5의 보안 챕터와의 연계학습이 필요합니다.
- 섹션 3은 배치 프로그램에 대한 이해가 필요하며 출제 빈도가 높지 않아 가볍게 학습하고 넘어가는 섹션임

## SECTION 01 개발환경 구축

### 1. 개발환경 구축

#### ① 개발환경의 개요

㉠ 개발환경의 정의

- 최종 응용소프트웨어를 개발하기 위해서 필요한 소프트웨어 및 하드웨어를 파악하고 개발에 최적화된 환경을 조성하기 위한 개념
- 소프트웨어 개발의 생애주기와 프로젝트 관리 과정에서 필요한 개발지원 도구와 적정 개발용 하드웨어 자원의 유형을 분석 · 도출하고 설치 및 구성을 수행하는 단계

**이해돕기**

정보시스템 개발을 위해서는 현 운영시스템과는 별도의 개발시스템과 환경 구성이 선행되어야 함

㉡ 개발지원 도구의 분류

| 구분 | 내용 | 예시 |
|---|---|---|
| 소프트웨어 생애주기별 개발지원 도구 | • 소프트웨어 개발 각 단계(요구분석 → 설계 → 구현 → 테스트 → 배포 및 유지보수)별로 개발자의 업무를 지원하는 솔루션 | • 요구사항관리<br>• 설계관리<br>• 테스팅 지원 등 |
| 프로젝트 관리 과정 개발지원 도구 | • 개발자들의 소프트웨어 개발 전 업무과정을 통합적 · 체계적으로 관리 및 지원하는 도구 | • 형상관리<br>• 프로젝트 관리 등 |

② **개발지원 도구의 유형**

㉠ 소프트웨어 생애주기별 개발지원 도구의 유형

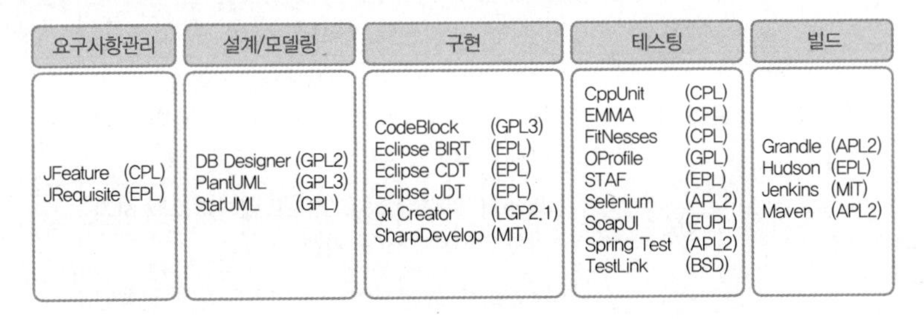


㉡ 프로젝트 관리과정 개발지원 도구의 유형

| 형상관리 | 품질관리 | 이슈관리 | 프로젝트 관리 |
|---|---|---|---|
| CVS (GPL)<br>EGit (GPL2)<br>Git (GPL2)<br>Mercurial (APL2)<br>Subclipse (EPL) | Checkstyle (EPL)<br>Cobertura (GPL2)<br>Cppcheck (GPL3)<br>JDepend (BSD)<br>PMD (BSD)<br>SonarQude (LGPL3)<br>Splint (GPL) | Bugzilla (MPL)<br>Mantis (GPL)<br>Trac (BSD) | GanttProject (GPL3)<br>Mylyn (EPL)<br>OpenProj (CPAL1)<br>Redmine (GPL2) |

③ **개발 하드웨어 환경**

㉠ 개발 하드웨어 환경의 정의

소프트웨어 및 시스템 개발을 위해서 서버와 클라이언트 사이드에 적정한 환경을 구성하고 사용자 요구분석부터 테스트 및 배포까지 개발 전 생애주기를 수행하는 하드웨어 구성과 설정을 구축하는 작업 및 단계

㉡ 개발 하드웨어 환경의 분류

| 구분 | 내용 | 대상 |
|---|---|---|
| 클라이언트 환경 구성 | • 서버 시스템에 서비스를 요청하고 기능을 수행하기 위한 사용자 측면의 하드웨어이며, 웹 브라우저 등 SW 환경을 통해서 서비스를 이용할 수 있도록 개발환경 조성 | PC, 스마트폰, 태블릿 등 |
| 서버 환경 구성 | • 클라이언트에게 서비스를 제공하기 위해서 구성되는 하드웨어로서 사용자 클라이언트와 인터페이스를 구성하여 개발환경 조성 | 웹 서버, 웹 애플리케이션 서버, 데이터베이스 서버, 파일 서버 등 |

**이해돕기**

**빌드 도구와 형상관리 도구**

- 빌드 도구는 개발환경을 구성하고 컴파일이나 패키징을 통해서 소스 코드에서 어플리케이션을 생성하는 자동화 도구를 의미하며 대표적으로 Ant, Maven Gradle 등이 있다.
- 형상관리 도구는 소프트웨어 개발 간에 변경사항을 지속적으로 관리하고 추적하기 위한 활동을 지원하는 도구로서 대표적으로 GIT과 SVN 등이 있다.

### ④ 개발환경 소프트웨어 환경

이해돕기

효율적인 개발환경 조성을 위해서는 개발하려는 정보시스템의 특성과 개발 방법론, 프로그래밍 언어 특성과 개발자의 의견을 반영하여 선정해야 함

㉠ 시스템 소프트웨어

| 구분 | 내용 | 구성 예시 |
|---|---|---|
| 운영체제 | • 클라이언트 및 서버에서 설치, 운영되는 운영체제로서 Windows, Linux, UNIX 등의 운영체제와 설정을 의미 | • Windows, Linux, UNIX |
| JVM | • Java와 관련한 응용 소프트웨어를 가동하기 위한 인터프리터 및 환경 | • JDK, JRE |
| Web Server | • 서비스를 요청하는 클라이언트에게 정적인 측면의 웹 서비스를 제공하는 어플리케이션이 설치되어 있는 하드웨어 | • WebToB, Nginx, Apache |
| Web Application Server | • 동적인 웹서비스를 제공하기 위한 유관 서비스가 설치되어 있는 하드웨어 | • Tomcat, IIS, Jeus |
| Database Server | • 데이터를 용이하게 관리하고 서비스를 제공하기 위한 서비스가 설치되어 있는 하드웨어 | • Oracle, MS<br>• SQL, MySql |
| File Server | • 문서, 콘텐츠 등 서비스와 유관한 파일을 제공하기 위한 저장과 공유 기반의 하드웨어 | • SAN, DAS, NAS |

㉡ 개발 소프트웨어

| 구분 | 내용 | 구성 예시 |
|---|---|---|
| 개발 요구사항 관리 도구 | • 사용자의 요구사항을 추적하고 목표 시스템의 기능, 제약조건과의 수렴 여부, 수정 여부, 추적 여부를 쉽게 제공 | • JFeature, OSRMT, Trello |
| 설계, 모델링 도구 | • 각 기능을 논리적으로 설계하기 위한 설계와 모델화를 지원하는 도구 | • ArgoUML, StarUML, DB Designer |
| 구현 도구 | • 기능을 수행하기 위한 각 프로그래밍 언어별 설정과 개발 간 용이성을 제공하기 위한 지원 툴 | • Eclipse, IntelliJ, Visual Studio |
| 테스트 도구 | • 개발된 단위 모듈이나 시스템 등 단계별 요구사항의 적합성을 검증하는 테스트 지원 툴 | • JUnit, Spring Test |
| 형상관리 도구 | • 개발 수행 간에 산출된 자료와 버전을 관리하고 목표 시스템의 품질 향상을 지원하는 도구 | • SVN, Git |

### ⑤ 개발환경 구축 절차

| 구분 | 내용 |
|---|---|
| 계획 및 요구사항 분석 | • 전체 프로젝트 범위(특히 비용), 목표시스템의 요구사항 등에서 필요한 하드웨어, 개발언어, 지원도구, 설정 환경 등을 유추 |
| 지원도구 및 필요 환경 설계 | • 분석된 결과를 바탕으로 구체적인 지원도구와 하드웨어 · 소프트웨어 환경을 도출하고 구비 계획 수립 |
| 하드웨어 환경 구축 | • 개발 단계에서 필요한 서버와 클라이언트 디바이스를 설치하고 필요한 설정 수행 |

| 소프트웨어 환경 구축 및 지원도구 설치 | • 하드웨어 환경 조성 이후 운영체제, 개발지원 도구를 설치하고 최적화 설정 수행 |
|---|---|
| 환경 설정 및 완료 | • 최종적으로 시스템 간 조정사항을 반영하여 복합적인 환경 조성 완료<br>• 작업수행 간에 지속적인 지원도구의 업그레이드 및 패치 수행 필요 |

## 2. 서버 개발 프레임워크

### ① 개발 프레임워크 개요

㉠ 개발 프레임워크의 정의

- 소프트웨어의 개발 시에 용이성, 호환성, 표준성을 확보하고 품질을 제고하기 위해 활용하는 반제품 형태의 틀
- 최소한의 코드 구현만으로도 완제품이 구현될 수 있도록 공통개발환경과 표준 기능 제공

㉡ 개발 프레임워크 특징

| 특징 | 상세설명 |
|---|---|
| 재사용성 | • 비슷한 요구사항을 구현하는 어플리케이션을 만들 때 지속적으로 재사용할 수 있음 |
| 다양성 | • 프레임워크의 목표시스템 대상의 추상화 수준에 따라 달라짐 |
| 구체성 | • 프레임워크는 각 구성요소가 다루는 내용과 형식, 구성요소 사이의 관계, 사용 예제를 구체적으로 포함하고 있어야 함 |
| 실체성 | • 단순한 개발 사상이나 개념으로 끝나는 것이 아니라 구체적인 실체를 담고 있어야 함 |

두음암기

개발프레임워크(재다구실)
이제야 **재다**이 **구실** 좀 하겠군.

**POINT**

**개발 프레임워크와 유사한 개념 정리**

- 소프트웨어를 개발하거나 공부하다보면 프레임워크, 플랫폼, 아키텍처, 디자인 패턴 등 다양한 용어가 등장하고 혼란스러울 때가 있다.
- 붕어빵 장사를 하려면 제조기기, 판매 장소, 판매 방법, 문제 발생 시 대안 등이 필요한데, 이때 밀가루 및 팥앙금은 개발자 코딩, 붕어빵 틀은 프레임워크, 판매대나 장소는 플랫폼, 판매 방법을 정리한 문서는 아키텍처, 판매 중에 발생하는 문제에 대한 해결책을 정리해둔 건 디자인 패턴이라고 보면 된다.

| 구분 | 내용 | 예시 |
|---|---|---|
| 프레임워크 | • 반제품 형태의 틀로서 공통개발환경 및 표준 기능 제공 | • Spring FW, Struts FW |
| 플랫폼 | • 하드웨어 및 소프트웨어 구동 환경 조성 | • Windows, Linux |
| 아키텍처 | • 설계 관점에서 시스템 핵심 기능을 구체화하고 시스템의 방향성 제안 | • MVC, Layered, Repository |
| 디자인 패턴 | • 설계와 구현 작업에서 발생하는 반복적 문제점들에 대해 경험적인 해결책 제시 | • Factory Method, Adapter, Interpreter |

개발프레임워크 구성요소(개실관운)

개실이는 관운이 있어서 공무원에 합격했네.

㉢ 개발 프레임워크 구성요소

| 구성 | 상세설명 |
|---|---|
| 개발환경 | • 프로그램 개발에 필요한 분석, 설계, 구현, 테스트 등 지원 도구 기능을 제공 |
| 실행환경 | • 개발된 프로그램의 서버, 클라이언트 등 실행이 가능하도록 가상머신 등의 기능 제공 |
| 관리환경 | • 프레임워크의 업데이트, 배포 등을 각 개발 프로젝트에 제공하기 위한 관리 기능 제공 |
| 운영환경 | • 실행환경에서 서비스를 운영하기 위한 모니터링, 배포관리, 배치실행 등을 지원하는 환경 제공 |

② **대표적인 프레임워크 사례**

㉠ 스프링 프레임워크(Spring Framework)

- 기존 자바엔터프라이즈 에디션(EJB)의 복잡함과 무거움을 극복하고 단순하면서도 고품질의 시스템 개발을 위한 경량의 오픈소스 웹 애플리케이션 프레임워크
- 한국 전자정부프레임워크의 핵심 기술이며 공공기관 웹 서비스 제공 시 권장되는 오픈소스 개발 프레임워크

㉡ 전자정부 표준 프레임워크

- 행정안전부 산하 한국지능정보사회진흥원(구 한국정보화진흥원)에서 개발한 웹기반 애플리케이션 프레임워크로서 국가기관 및 공공기관에서 웹 개발 시 적용하는 표준
- 22년 3월 SpringBoot를 지원하는 버전 4가 배포되었으며, Spring 프레임워크는 기존 버전 4.3에서 5.3으로 변경

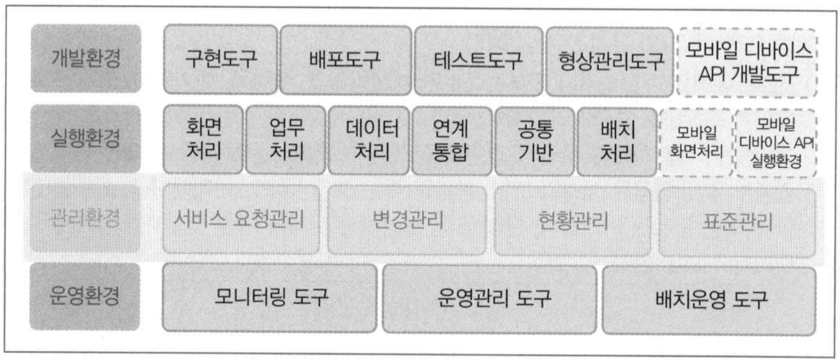


※ 관리환경은 한국지능정보사회진흥원에서 운영하는 시스템으로 외부 직접 제공 불가

## SECTION 02 서버프로그램 구현

### 1. 보안 취약성 식별

**① 보안 취약성 개요**

㉠ 보안 취약성의 정의

- 공격자가 대상 정보시스템에 대해 불법적인 접근이나 중요 데이터의 위변조, 탈취 혹은 정상적인 서비스 제공을 방해하는 행동에 활용되는 약점
- 사전 보안 취약성을 분석하고 식별하여 공격에 대한 대응책을 마련하는 데 활용

㉡ 보안 취약성 식별 절차

| 구분 | 내용 | 세부 내용 |
|---|---|---|
| 취약점 점검 | 점검 및 결과 수집 | • 서버, 네트워크, DBMS, WEB, 보안 디바이스 등 시스템에 대한 자동, 수동 방식으로 약점 점검 및 침투 테스트 수행<br>• 일부 점검 항목은 담당자의 인터뷰 등 수행 |
| 취약점 분석 | 점검 결과 분석 | • 각 시스템별 취약점 취합 및 결과 분석 |
| | 취약점 평가 | • 각 취약점 종합 및 위험도와 우선순위 평가 |
| 결과 검토 및 보고서 작성 | 담당자 검토 | • 점검 결과 및 평가 내용에 대해서 담당자 검토 |
| | 최종 취약성 식별 | • 담당자가 제기한 개선 내용 반영 여부 결정 및 취약성 식별 완료 |
| | 보고서 작성 | • 점검 시스템 리스트, 현황, 각 시스템 취약점 및 분석 자료 문서화 |

㉢ 침투 테스트

- 화이트 해커가 타겟 정보시스템을 대상으로 취약점 분석 및 모의 사이버 공격을 수행하는 시험이며, 사전 모의 공격을 통해 취약점을 식별하고 실제 공격에 대응하는 역량을 강화하는 활동
- 대표적으로 Kali Linux, nmap, John the Ripper 등의 공격 툴을 사용하여 시스템, 네트워크, 패스워드 등에 대한 취약성을 분석하고 평가

**② 대표적인 보안 취약성 공격 유형**

| 구분 | 내용 | 세부 내용 |
|---|---|---|
| 메모리 보안 침입 | 서버 프로그램 구현 | • 메모리 영역에서 발생한 오류를 취약점으로 이용하여 비정상적인 프로그램이나 공격 프로그램을 실행하는 공격기법 |
| | 허상 포인터 | • 컴퓨터 프로그램에서 유효하지 않은 목적지 주소를 참조하여 발생하는 오류를 이용하여 공격자가 원하는 포인터의 주소를 호출하여 공격 실행 |

이해돕기

정보 보안 관련 내용은 파트 5의 챕터 4 시스템 보안 구축에 심화 학습이 포함되어 있으니 연계 학습이 요구됨

PART 01 PART 02 PART 03 PART 04 PART 05

이해돕기

실제 보안관제 센터에서 공격을 분석해보면 SQL Injection 공격과 XSS(Cross Site Script) 공격 비중이 상당히 높음

| | | |
|---|---|---|
| 입력확인 오류 침입 | SQL 인젝션 | • 취약점이 있는 응용 프로그램에서 악의적인 SQL문을 실행한 후 비정상적으로 DBMS를 조작하는 코드 인젝션 |
| | XSS | • 웹 애플리케이션의 대표적인 취약점 이용 공격으로 공격자가 웹페이지의 게시판에 악성 스크립트를 삽입하여 공격하는 방식 |
| | 포맷 스트링 버그 | • 특정한 C 함수에서 검사되지 않은 사용자 입력을 파라미터로 사용할 때 발생하며, 이를 통해 공격자는 메모리의 다른 데이터를 확인 가능 |
| | 코드 인젝션 | • 공격자가 취약점이 있는 컴퓨터에 프로그램 코드를 삽입하고 실행을 하는 방식의 인젝션 공격<br>• SQL 인젝션이나 LDAP, NoSQL 쿼리 등을 이용한 코드 삽입 공격을 총칭함 |
| 경쟁상태 오류 침입 | 심볼릭 링크 해킹 | • 심볼릭 링크는 윈도우즈의 바로가기와 유사한 개념으로서 공격자가 임시파일과 심볼릭 링크 파일을 악용하여 권한 오류에 따른 원본 파일까지 수정되면서 파일 손상을 일으키는 방식 |
| | 레이스 컨디셔닝 | • 심볼릭 링크 공격을 해소하고자 임시파일의 취약점을 보완하였으나 임시파일의 삭제와 생성을 반복하면서 비정상적인 심볼릭 링크를 생성한 후 권한 오류 및 특정 파일의 손상, 파괴 등을 일으키는 방식 |
| 권한 오류 침입 | 클릭 재킹 | • 공격자가 사전 준비한 감춰진 링크나 전혀 다른 기능을 사용자가 클릭함으로써 의도되지 않은 행동을 수행하게 하는 취약점 공격 |
| | FTP 바운스 | • FTP 프로토콜 구조의 허점을 이용하여 클라이언트가 자료 전송을 요청한 목적지를 검사하지 않은 취약점을 이용, 전혀 다른 곳으로 자료를 전송 후 탈취하는 공격 방식 |
| 서비스 거부 오류 침입 | DDoS | • 다수의 좀비 PC를 일제히 동작하게 하여 특정 사이트에 대한 접속을 시도하거나 대량의 패킷을 범람시켜 시스템 마비를 유도하는 공격 기법 |
| | RDoS | • 별도의 좀비 PC 없이 정상적인 다수의 TCP 서버들에 공격 대상 IP로 위조된 SYN 패킷을 전송하여 목표 시스템에 과부화를 일으키는 반사 형태의 서비스 거부 공격 |
| | Slow Read DDoS | • 공격 대상 웹서버가 다수의 정상적인 HTTP 요청을 아주 느리게 읽게 하여 서버 자원에 부하를 일으키는 방식의 서비스 거부 공격<br>• 서버와의 다수 커넥션을 최대한 장시간 유지하게 하여 웹서버의 자원을 소모시키고 정상적인 이용자가 접속을 못 하게 유도하는 공격 형태 |

## 2. API

### ① API의 개요

㉠ API의 정의

컴퓨터 간 혹은 컴퓨터 프로그램 사이를 연결하여 서비스와 기능을 제공하는 소프트웨어 매개체

㉡ API의 특징

| 구분 | 상세설명 | 구현 예시 |
|---|---|---|
| 연동 편의성 | • API를 사용하면 다수의 시스템을 연동을 포함하는 신규 프로그램 설계, 개발 시 효율성과 편의성이 대폭 상승 | 마이데이터 서비스, 공공데이터 서비스 |
| 개발 편의성 | • 최근에는 웹상에서 오픈 API를 활용하여 신규 서비스를 아주 쉽게 구현하는 방식의 프로그래밍이 등장 | 매쉬업 프로그래밍(Mashup) |

### ② API의 유형

| 구분 | 내용 | 세부 내용 | 사례 |
|---|---|---|---|
| 공개 여부에 따른 유형 | 오픈 API | • 누구나 사용이 가능하도록 공개된 API 유형이며, 이러한 공개 API를 이용하여 다양한 서비스를 쉽게 개발할 수 있음 | 구글 지도, 네이버 지도 |
| | 프라이빗 API | • 특정 조직이나 프로그램에서만 사용 가능한 API 유형이며, 오픈 API를 활용해서 프라이빗 API 구현 가능 | 아마존 프라이빗 API |
| 연결 대상에 따른 유형 | 웹 API | • 웹 네트워크 구조나 인터넷 브라우저를 활용하는 API 형태<br>• 웹 서비스가 발달한 현재는 API라고 하면 웹 API를 대신하여 사용되기도 함 | web GL, web CL |
| | 프로그래밍 언어 | • 특정 프로그램 언어 간의 연동과 통신을 통해 확장 가능하고 다중패러다임 언어로 활용하는 기능 제공 | 스칼라 API |
| | 소프트웨어 라이브러리 | • 특정 언어를 활용하여 개발이 용이하도록 사전 구현한 클래스 라이브러리 집합 | 자바 API |
| | 컴퓨터 운영체제 | • 특정 운영체제하에서 다양한 소프트웨어를 개발하고 하드웨어를 제어할 수 있도록 기능을 제공하는 API | 윈도우즈 API, 다이렉트X |
| | 컴퓨터 하드웨어 | • CPU, GPU 등의 프로세서나 오디오, 인터페이스 장치 등의 하드웨어를 제어하기 위한 프레임워크와 연동 기능을 제공하는 API | Open CL |

이해돕기

인터페이스의 이해

인터페이스란 각 객체의 경계와 다른 객체의 경계를 통신 및 접속이 가능하도록 매개하는 것을 의미하며 API가 각 컴퓨터 및 프로그램 사이를 연결하는 반면, UI는 컴퓨터와 사람을 연결하는 기능을 수행함

## SECTION 03 배치 프로그램 구현

### 1. 배치 프로그램

**① 배치 프로그램의 개요**

㉠ 배치 프로그램의 정의

일련의 컴퓨터 작업들을 하나의 처리 단위로 정의하고 특정 규칙에 따라 일괄로 처리하는 형태의 프로그램 방식

㉡ 배치 프로그램의 특징

| 구분 | 설명 | 요구 특성 |
|---|---|---|
| 완전한 배치처리 | • 예외 값이 있는 데이터도 비정상적 동작이나 중단 없이 처리 필요 | 견고성 |
| 대량의 데이터 처리 | • 특정 시점에 단순한 업무를 대량으로 일괄 처리 | 대용량 데이터 처리 |
| 주어진 시간 내 처리 | • 주로 야간이나 다른 부하가 없는 시간에 시작해서 사전 정해진 시간 내에 처리 완료 | 성능 효율 |
| 이력 관리 | • 처리한 업무 수행 이력을 기록하고 관리하여 예외 상황, 처리 내용 등을 추적 가능 | 안전성 |
| 자동 수행 | • 수동 방식이 아닌 자동화 방식으로 지속적으로 업무 수행 | 자동화 |

**② 배치 프로그램의 분류**

㉡ 배치프로그램 구분

| 구분 | 설명 | 예시 |
|---|---|---|
| 정기 배치 | • 사전에 정해진 규칙과 일정에 의해서 정기적인 배치 업무 수행 | • 밤 12시 마감 처리 |
| 이벤트 배치 | • 규칙에 의해 특정 조건하에서만 수행하는 배치 | • 매출액 1억 이상 일시 정산 |
| 사용자 배치 | • 사용자가 별도로 요청하는 방식의 배치 업무 | • 현재 시점 기준 회원 포인트 확인 |

㉢ 대표적인 배치 스케줄러

| 유형 | 구분 | 설명 |
|---|---|---|
| 운영체제 배치 스케줄러 | 윈도우 배치파일 스케줄러 | • 윈도우 운영체제 내에 포함된 배치파일 스크립트를 스케줄러를 활용하여 일괄 처리 가능 |
| | Cron | • 리눅스에 포함된 스케줄러 도구로 편집기에서 일정과 수행할 명령어를 지정한 후 예약을 통해 처리 |
| 프로그래밍 배치 스케줄러 | 스프링 쿼츠 | • 배치처리 업무와 로그 관리, 통계 등이 가능한 스프링 프레임워크 기반의 오픈소스 |
| | 쿼츠 스케줄러 | • 스프링 프레임워크로 구현되는 다양한 프로그램들의 배치 처리를 위한 환경과 기능을 제공하는 오픈소스 |

③ **배치 프로그램 개발 절차**

| 절차 | 구분 | 설명 |
|---|---|---|
| 1 | 요구사항 정의 | • 사용자 요구사항에서 배치 형태의 요구사항을 도출하고 요구대장에 기록 |
| 2 | 설계서 개발 | • 요구대장에 명기된 사용자 배치 요구사항 ID를 설계서에 반영 |
| 3 | 프로그램 개발 | • 설계서에 도출된 내용을 바탕으로 적정 솔루션, 라이브러리 도출 후 소스 코드 개발 |

# 기출문제 분석

1, 2회

**01 시스템에서 모듈 사이의 결합도(Coupling)에 대한 설명으로 옳은 것은?**

① 한 모듈 내에 있는 처리요소들 사이의 기능적인 연관 정도를 나타낸다.
② 결합도가 높으면 시스템 구현 및 유지보수 작업이 쉽다.
③ 모듈 간의 결합도를 약하게 하면 모듈 독립성이 향상된다.
④ 자료결합도는 내용결합도보다 결합도가 높다.

해설 결합도는 응집도와 배타적인 관계이며, 소프트웨어 개발에서 결합도는 낮고 응집도는 높을수록 재사용성과 구현성이 좋다. 모듈 간의 결합도를 약하게 하면 모듈만을 독자적으로 재활용하여 다른 소프트웨어 개발에 활용성이 좋아진다.

1, 2회

**02 응집도가 가장 낮은 것은?**

① 기능적 응집도 ② 시간적 응집도
③ 절차적 응집도 ④ 우연적 응집도

해설 응집도 두음암기는 "우논시절통순기"로, 우연적 응집도가 가장 낮고 기능적 응집도가 가장 높다.

3회

**03 다음 내용이 설명하는 소프트웨어 취약점은?**

| 메모리를 다루는 데 오류가 발생하여 잘못된 동작을 하는 프로그램 취약점 |
|---|

① FTP 바운스 공격 ② SQL 삽입
③ 버퍼 오버플로 ④ 디렉토리 접근 공격

해설 버퍼 오버플로우는 메모리 영역에서 발생하는 취약점이며 이러한 취약점을 악용하여 해커들은 비정상적인 악성 프로그램을 실행시키는 공격을 수행하기도 한다.

3회

**04 효과적인 모듈 설계를 위한 유의사항으로 거리가 먼 것은?**

① 모듈 간의 결합도를 약하게 하면 모듈 독립성이 향상된다.
② 복잡도와 중복성을 줄이고 일관성을 유지시킨다.
③ 모듈의 기능은 예측이 가능해야 하며 지나치게 제한적이어야 한다.
④ 유지보수가 용이해야 한다.

해설 모듈은 정보은닉 원리를 기반으로 보안성을 위해 모듈의 구현사항을 은닉하는 것이 좋으며 하나의 기능을 수행하는 것이 좋으나 지나치게 제한적일 필요는 없다.

3회

**05** **배치 프로그램의 필수 요소에 대한 설명으로 틀린 것은?**

① 자동화는 심각한 오류 상황 외에는 사용자의 개입 없이 동작해야 한다.
② 안정성은 어떤 문제가 생겼는지, 언제 발생했는지 등을 추적할 수 있어야 한다.
③ 대용량 데이터는 대용량의 데이터를 처리할 수 있어야 한다.
④ 무결성은 주어진 시간 내에 처리를 완료할 수 있어야 하고, 동시에 동작하고 있는 다른 애플리케이션을 방해하지 말아야 한다.

해설 주어진 시간 내에 처리를 완료하는 것은 배치 프로그램의 성능 효율에 관한 특성이다.

3회

**06** **다음이 설명하는 응집도의 유형은?**

> 모듈이 다수의 관련 기능을 가질 때 모듈 안의 구성 요소들이 그 기능을 순차적으로 수행할 경우의 응집도

① 기능적 응집도 ② 우연적 응집도
③ 논리적 응집도 ④ 절차적 응집도

해설 응집도의 두음암기는 "우논시절통순기"로, 모듈 안에서의 기능이 그 기능을 순차적으로 수행하는 경우 절차적 응집도(내부)에 해당하고, 작업의 결과가 다른 모듈의 입력 자료로 사용될 때는 순차적 응집도(외부)에 해당한다.

3회

**07** **다음 중 가장 결합도가 강한 것은?**

① date coupling
② stamp coupling
③ common coupling
④ control coupling

해설 결합도의 두음암기는 "내공외제스자"로 내용(contents) 다음으로 높은 결합도는 공통 결합도(common)이다.

3회

**08** **어떤 모듈이 다른 모듈의 내부 논리 조직을 제어하기 위한 목적으로 제어신호를 이용하여 통신하는 경우이며, 하위 모듈에서 상위 모듈로 제어신호가 이동하여 상위 모듈에 처리 명령을 부여하는 권리 전도 현상이 발생하게 되는 결합도는?**

① data coupling
② stamp coupling
③ control coupling
④ common coupling

해설 특정 모듈이 타 모듈이 내부에서 작용하는 논리적 흐름을 제어하는 경우는 제어(control) 결합도에 해당한다.



정답 01 ③ 02 ④ 03 ③ 04 ③ 05 ④ 06 ④ 07 ③ 08 ③

4회

**09 공통모듈의 재사용 범위에 따른 분류가 아닌 것은?**

① 컴포넌트 재사용
② 더미코드 재사용
③ 함수와 객체 재사용
④ 애플리케이션 재사용

해설 모듈의 재사용은 함수와 객체 이상의 재사용을 의미하며, 모듈의 집합인 컴포넌트나 완성된 프로그램 형태인 애플리케이션은 모듈의 재사용 범위에 해당한다. 더미코드는 모듈보다 작은 개념으로 모듈의 재사용에 해당하지 않는다.

4회

**10 응집도의 종류 중 서로 간에 어떠한 의미 있는 연관관계도 지니지 않은 기능 요소로 구성되는 경우이며, 서로 다른 상위 모듈에 의해 호출되어 처리상의 연관성이 없는 서로 다른 기능을 수행하는 경우의 응집도는?**

① Functional Cohesion
② Sequential Cohesion
③ Logical Cohesion
④ Coincidental Cohesion

해설 응집도가 가장 낮아서 각 모듈 간에 연관성이 전혀 없는 형태이며, 두음암기 "우논시절통순기" 중에서 가장 낮은 우연적 응집도(coincidental)를 의미한다.

5회

**11 WAS(Web Application Server)가 아닌 것은?**

① JEUS　　② JVM
③ Tomcat　　④ WebSphere

해설 JVM(JAVA Virtual Machine)은 플랫폼 독립적으로 JAVA 프로그램을 실행하기 위해서 실행되는 가상 머신이다.

5회

**12 결합도가 낮은 것부터 높은 순으로 옳게 나열한 것은?**

| | |
|---|---|
| (ㄱ) 내용결합도 | (ㄴ) 자료결합도 |
| (ㄷ) 공통결합도 | (ㄹ) 스탬프결합도 |
| (ㅁ) 외부결합도 | (ㅂ) 제어결합도 |

① (ㄱ) → (ㄴ) → (ㄹ) → (ㅂ) → (ㅁ) → (ㄷ)
② (ㄴ) → (ㄹ) → (ㅁ) → (ㅂ) → (ㄷ) → (ㄱ)
③ (ㄴ) → (ㄹ) → (ㅂ) → (ㅁ) → (ㄷ) → (ㄱ)
④ (ㄱ) → (ㄴ) → (ㄹ) → (ㅁ) → (ㅂ) → (ㄷ)

해설 응집도 결합도 문제는 매번 시험에 출시되고 있다. 결합도 두음암기는 "내공외제스자"이며 낮은 것부터 높은 순이니 반대로 정렬하면 된다.

6회

**13 프레임워크(Framework)에 대한 설명으로 옳은 것은?**

① 소프트웨어 구성에 필요한 기본 구조를 제공함으로써 재사용이 가능하게 해준다.
② 소프트웨어 개발 시 구조가 잡혀 있기 때문에 확장이 불가능하다.
③ 소프트웨어 아키텍처(Architecture)와 동일한 개념이다.
④ 모듈화(Modularity)가 불가능하다.

해설 소프트웨어 프레임워크는 반구조 형태의 틀로서 개발 노력을 최소화 해주며, 재사용성을 높이고 프로그램 호환성과 품질을 높여준다. 확장이 가능하고, 아키텍처와는 다른 개념이며, 모듈화가 가능하다.

7회

**14** **모듈화(Modularity)와 관련한 설명으로 틀린 것은?**

① 소프트웨어의 모듈은 프로그래밍 언어에서 Subroutine, Function 등으로 표현될 수 있다.
② 모듈의 수가 증가하면 상대적으로 각 모듈의 크기가 커지며, 모듈 사이의 상호교류가 감소하여 과부하(Overload) 현상이 나타난다.
③ 모듈화는 시스템을 지능적으로 관리할 수 있도록 해주며, 복잡도 문제를 해결하는 데 도움을 준다.
④ 모듈화는 시스템의 유지보수와 수정을 용이하게 한다.

해설 모듈 수가 증가하면 상대적으로 모듈의 크기는 작아지고, 모듈 사이의 상호교류가 활발하여 이를 해결하기 위한 비용이 많이 증가한다.

8회

**15** **소프트웨어 개발에서 모듈(Module)이 되기 위한 주요 특징에 해당하지 않는 것은?**

① 다른 것들과 구별될 수 있는 독립적인 기능을 가진 단위(Unit)이다.
② 독립적인 컴파일이 가능하다.
③ 유일한 이름을 가져야 한다.
④ 다른 모듈에서의 접근이 불가능해야 한다.

해설 모듈은 다른 모듈에서 접근하여 컴포넌트 형태나 완성된 애플리케이션 형태로 재사용이 가능해야 한다. 다른 모듈에서 접근이 불가능하다면 재사용조차 못하게 된다.

7회

**16** **모듈의 독립성을 높이기 위한 결합도(Coupling)와 관련한 설명으로 틀린 것은?**

① 오류가 발생했을 때 전파되어 다른 오류의 원인이 되는 파문 효과(Ripple Effect)를 최소화해야 한다.
② 인터페이스가 정확히 설정되어 있지 않을 경우 불필요한 인터페이스가 나타나 모듈 사이의 의존도는 높아지고 결합도가 증가한다.
③ 모듈들이 변수를 공유하여 사용하게 하거나 제어 정보를 교류하게 함으로써 결합도를 낮추어야 한다.
④ 다른 모듈과 데이터 교류가 필요한 경우 전역변수(Global Variable)보다는 매개변수(Parameter)를 사용하는 것이 결합도를 낮추는 데 도움이 된다.

해설 모듈들이 변수를 공유하거나 제어정보를 교류하는 것은 모듈 간의 결합도를 높이는 형태이다. 모듈들이 독립적으로 변수를 구성하고 기능을 수행하는 것이 바람직하며 이때 결합도가 낮아진다.

8회

**17** **개발 환경 구성을 위한 빌드(Build) 도구에 해당하지 않는 것은?**

① Ant ② Kerberos
③ Maven ④ Gradle

해설 Ant, Maven, Gradle 등은 개발환경을 구성하고 컴파일이나 패키징을 통해서 소스 코드에서 어플리케이션을 생성하는 자동화 도구이다. Kerberos는 보안 영역에서 사용하는 알고리즘으로서 개방 네트워크에서 인증과 암호화를 위한 키 분배를 수행한다.

정답 09 ② 10 ④ 11 ② 12 ③ 13 ① 14 ② 15 ④ 16 ③ 17 ②

CHAPTER 02

# 프로그래밍 언어 활용

다회독 Check! 1 2 3

학습 목표

- 실제 프로그래밍 언어에 대한 기본적인 이해와 유형, 실제 사례들을 학습
- 실제 정보처리기사에서 가장 핵심이 되는 영역이며, 난도가 높아 지속적인 프로그래밍 언어에 대한 학습이 필요. 특히 필기시험에서 출제되는 실제 코드 문제는 2문제 정도이나 실기 시험에서는 상당한 부분을 차지하여 체계적인 학습이 요구됨
- 섹션 2는 다양한 프로그래밍 언어에 대한 기본적인 이해와 실무 연습이 필요하며, 각 언어별 특성과 문법의 차이를 확실히 이해하고 있어야 함
- 필기시험에서는 기본적인 문법과 연산자를 숙지하고 있어야 하며, 실기 시험을 대비하여 평상시에도 충분히 코딩을 실습하고 대비하여야 함
- 섹션 3의 경우는 프로그램 개발 환경에서 라이브러리의 개요를 정확히 숙지하고 있어야 하며, 실제 학습자가 자신 있는 프로그래밍 언어 환경을 구축하고 라이브러리를 설치, 활용할 수 있도록 숙달 학습이 필요
- 필기시험에서의 본 섹션 출제 빈도는 높지 않으나, 충분한 이해가 필요

## SECTION 01 기본문법 활용

### 1. 데이터 타입(Data Type)

이해돕기

데이터 타입의 정의는 프로그래밍 언어 학습의 기초이며, 시험에서는 자바나 C언어를 기반으로 별도의 심화 학습이 필요함

#### ① 데이터 타입의 개요

㉠ 데이터 타입의 정의

자료형이라고도 하며, 프로그래밍 언어에서 문자, 실수, 정수 같은 다양한 데이터의 형태를 의미

㉡ 데이터 타입의 특징

| 구분 | 상세설명 |
|---|---|
| 언어 종속 | • 프로그래밍 언어별로 데이터를 식별하는 분류 및 표현에 대한 방법이 각각 정의되어 있음 |
| 변환 가능 | • 프로그래밍 언어에 따라서 데이터 타입 간에 변환이 가능하도록 함수를 제공함 |

#### ② 데이터 타입의 유형

㉠ 데이터 타입 및 메모리 크기

| 구분 | 유형 | 설명 | 메모리 크기 (Byte) |
|---|---|---|---|
| 조건 | 불린 (Boolean Type) | • 값이 참(True)인지 거짓(False)인지 조건을 판별<br>예 boolean b=TRUE; | 1 |

| 숫자<br>숫자 | 정수<br>(Int Type) | • 정수 형태를 저장<br>예 Int c=1; | byte(1)<br>Short(2)<br>int(4)<br>long(8) |
|---|---|---|---|
| | 부동 소수점<br>(Float Type) | • 실수 형태를 저장<br>예 float a=3.2; | float(4)<br>double(8) |
| 문자<br>문자 | 문자<br>(Char Type) | • 하나의 문자를 저장<br>예 char a='P'; | 2 |
| | 문자열<br>(String Type) | • 여러 개의 나열된 문자를 저장<br>예 String B="Apple"; | 운영체제 및<br>언어 특성에<br>따라 다름 |

㉡ 데이터 타입 변환 예시(C언어 기준)

| 구분 | 유형 | 설명 |
|---|---|---|
| 문자 → 정수 | int atoi(문자열) | • 문자열을 int형 정수로 변환 |
| | int atol(문자열) | • 문자열을 long형 정수로 변환 |
| | int atof(문자열) | • 문자열을 double형 정수로 변환 |
| 정수 → 문자 | sprintf(문자열,"%d",정수) | • 정수를 문자열로 변환 |
| | sprintf(문자열,"%x",정수) | • 정수를 16진수 문자열로 변환 |

> **이해돕기**
> 프로그래밍 3대 요소
> 데이터 타입, 변수, 할당을 프로그래밍의 3대 요소라고 함

## 2. 변수

### ① 변수(Variable)의 개요

㉠ 변수의 정의

- 특정 데이터를 저장하기 위해서 할당받은 메모리 공간
- 데이터 타입에 따라서 변수를 선언하고 메모리 공간에 데이터 값을 저장한 후 저장된 메모리 번지를 등록하는 변수목록표(Symbol Table)에 의해서 관리 수행

> **이해돕기**
> 변수는 메모리공간에 저장된 저장값과 매칭되고, 포인터는 변수가 저장된 주소값과 매칭됨

㉡ 변수의 개념도

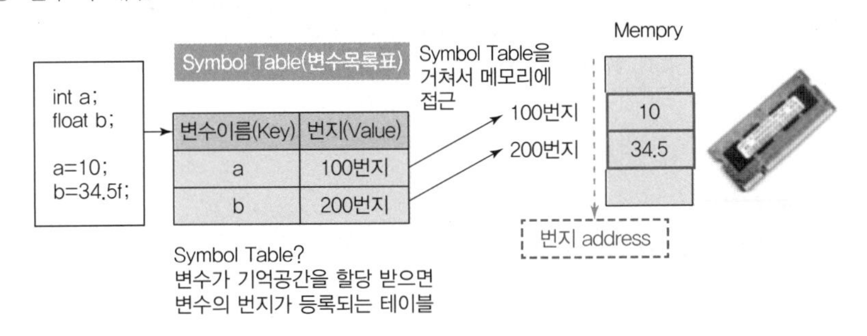

② **변수 설정 규칙**

㉠ 변수 설정 규칙

- 변수명은 대소문자 영문자, 숫자, 언더스코어(_), 달러($) 기호로 명명 가능
- 처음 문자는 숫자 불가
- 변수 사이에 공백 불가
- 언어에서 미리 정의된 예약어(키워드) 사용 불가
- 프로그램 소스코드의 가독성을 위해서 데이터 값의 역할이나 정의를 고려하여 명명

㉡ 변수 설정 예시

| 구분 | 사용 가능 예시 | 사용 불가 예시 | 설명 |
|---|---|---|---|
| 변수명 | a, B, c1, _, _age, $aa | *a, ?b, 〈C1, tcp* | • 특수 문자 등은 사용 불가(언더스코어나 달러기호는 맨 처음 쓸 수는 있으나 통상 오류와 가독성을 위해서 실무에서는 사용 안함) |
| 처음 숫자 | a1, BB1, a333 | 1, 3a, 5C, 1111 | • 맨 처음 숫자 사용 불가 |
| 변수 공백 | female_age | female age | • 변수 중간에 공백은 사용 불가 |
| 예약어 | apple | for | • 언어에서 사전 등록한 예약어(키워드)는 사용 불가 |
| 정의 명명 | education_class | continue_job | • 사전 예약어(continue)가 포함되지 않도록 주의 필요 |

㉢ 예약어 예시

| 구분 | 주요 예약어 |
|---|---|
| C언어 | auto, beak, case, char, continue, default, do, double, else, float, for, goto, if, int, long, register, return, short, static, switch, typedef, union, void, while 등 |
| JAVA | abstract, boolean, break, byte, case, catch, char, class, continue, default, do, double, else, extends, false, float, for, if, implements, import, int, long, new, null, package, public, return, super, true, void, while 등 |

**이해돕기**

시험에서는 변수명의 사례를 제시하고 규칙에 적정치 않은 사례를 고르는 형태의 문제 등이 출제됨

## 3. 연산자

① **연산자(Operator) 개요**

㉠ 연산자의 정의

프로그램 산술이나 연산 형식을 표현하고 실제 연산을 수행하기 위해 제공되는 사전 정의된 다양한 기호를 의미

㉡ 대표적인 연산자 분류

| 연산자 | 설명 |
|---|---|
| 산술 연산자 | • 사칙연산, 모듈러와 같은 산술을 수행하는 연산자이며, 기본적이고 가장 많이 사용<br>• 두 개의 값이나 변수를 필요로 하는 이항 연산자이며 피연산자들은 왼쪽에서 오른쪽으로 연산 진행 |
| 증감 연산자 | • 피연산자를 1씩 증가나 감소시키는 연산자<br>• 단항 연산자로서 피연산자가 하나뿐이며, 연산자가 피연산자의 앞에 있으면 전위(증가), 뒤에 있으면 후위(감소) 수행 |
| 비교 연산자 | • 관계 연산자라고도 하며, 피연산자 사이의 상대적 크기 판단<br>• 이항 연산자로서 2개의 피연산자가 있으며, 큰지, 작은지, 같은지 비교 |
| 논리 연산자 | • 이항 혹은 단항 연산자로서 피연산자의 논리식을 판단 후 참(true) 혹은 거짓(false)을 결정<br>• C언어에서는 거짓은 0이고, 0 외의 것들은 모두 참으로 인식 |
| 비트 연산자 | • 비트 단위로 논리 연산을 수행하거나 혹은 전체 비트를 왼쪽이나 오른쪽으로 이동하는 연산자 |
| 대입 연산자 | • 이항 연산자로서 변수에 값을 대입할 때 사용<br>• 산술 연산자와 결합하여 복합 대입 연산도 수행 |
| 삼항 연산자 | • 피연산자를 3개 가지며, 조건식 결과에 따라서 반환값이 달라지는 연산 수행 |

② **연산자 유형 및 우선순위**

㉠ 연산자 유형

| 유형 | 연산자 | 설명 |
|---|---|---|
| 산술 연산자 | +, −, *, / | • 왼쪽의 피연산자에 오른쪽의 피연산자를 덧셈, 뺄셈, 곱셈, 나눗셈 등 사칙연산 수행 |
| | a%b | • a를 b값으로 나눈 나머지를 계산하는 모듈러 연산 |
| 증감 연산자 | ++a | • 정수계열, 부동형식 피연산자 a를 정수 1만큼 증가한 후 연산 수행(전위 증가) |
| | −−a | • 정수계열, 부동형식 피연산자 a를 정수 1만큼 감소한 후 연산 수행(전위 감소) |
| | a++ | • 연산을 먼저 실행하고 1만큼 증가되는 값을 다음 변수에 반영(후위 증가) |
| | a−− | • 연산을 먼저 실행하고 1만큼 감소되는 값을 다음 변수에 반영(후위 감소) |
| 비교 연산자<br>(관계 연산자) | a>b | • a가 b보다 크면 1(참)을 반환 |
| | a<b | • a가 b보다 작으면 1(참)을 반환 |
| | a>=b | • a가 b보다 크거나 같으면 1(참)을 반환 |
| | a<=b | • a가 b보다 작거나 같으면 1(참)을 반환 |
| | a==b | • a와 b가 같으면 1(참)을 반환 |
| | a!=b | • a와 b가 다르면 1(참)을 반환 |

**이해돕기**

연산자 우선순위와 연산 방식은 시험에 다수 출제되고 있으며, 특히 특정 프로그래밍 언어의 소스 코드로 출제되므로 충분한 이해와 암기가 필요함

<table>
<tr><td rowspan="3">논리 연산자</td><td>a&&b</td><td>• a와 b 논리값이 모두 참이면 1(참)을 반환, 하나라도 참이 아니면 0(거짓)을 반환(AND 연산)</td></tr>
<tr><td>a ∥ b</td><td>• a와 b 논리값 중 하나라도 참이면 1(참)을 반환, 모두 거짓이면 0(거짓)을 반환(OR 연산)</td></tr>
<tr><td>!a</td><td>• a의 논리값이 1(참)이면 0(거짓)을 반환하고, 0(거짓)이면 1(참) 반환(NOT 연산)</td></tr>
<tr><td rowspan="6">비트 연산자</td><td>a&b</td><td>• a와 b를 비트 단위로 비교하여 같은 비트 위치가 모두 1이면 해당 비트값이 1이 되고, 그렇지 않으면 0이 되는 비트를 연산하는 연산자(AND 연산)</td></tr>
<tr><td>a|b</td><td>• a와 b를 비트 단위로 비교하여 같은 비트의 위치가 하나라도 1이면 해당 비트 값이 1이 되고, 그렇지 않으면 0이 되는 비트를 연산하는 연산자(OR 연산)</td></tr>
<tr><td>a^b</td><td>• a와 b를 비트 단위로 비교하여 같은 비트의 위치가 서로 다르면 해당 비트 값이 1이 되고, 그렇지 않으면 0이 되는 비트를 연산하는 연산자(XOR 연산)</td></tr>
<tr><td>~a</td><td>• 모든 비트의 값을 반대로 바꾸는 논리부정 연산자(NOT)</td></tr>
<tr><td>a≪b</td><td>• a 비트를 b만큼 왼쪽으로 이동</td></tr>
<tr><td>a≫b</td><td>• a 비트를 b만큼 오른쪽으로 이동</td></tr>
<tr><td rowspan="6">대입 연산자</td><td>a=b</td><td>• a에 b 피연산자를 대입</td></tr>
<tr><td>a+=b</td><td>• a에 b 피연산자를 더한 후, 그 결괏값을 왼쪽 피연산자에 대입</td></tr>
<tr><td>a-=b</td><td>• a에 b 피연산자를 뺀 후, 그 결괏값을 왼쪽 피연산자에 대입</td></tr>
<tr><td>a*=b</td><td>• a에 b 피연산자를 곱한 후, 그 결괏값을 왼쪽 피연산자에 대입</td></tr>
<tr><td>a/=b</td><td>• a에 b 피연산자를 나눈 후, 그 결괏값을 왼쪽 피연산자에 대입</td></tr>
<tr><td>a%=b</td><td>• a에 b 피연산자를 나눈 후, 그 나머지 값을 왼쪽 피연산자에 대입</td></tr>
<tr><td>삼항 연산자</td><td>(조건식)<br>? a : b</td><td>• 조건식이 참일 경우 반환값 a가 실행되고 조건식이 거짓일 경우 반환값 b가 실행</td></tr>
</table>

㉡ 연산자 우선순위 : 1순위부터 14순위 순서로 우선순위가 낮아짐

<table>
<tr><th>순위</th><th colspan="2">구분</th><th>연산자 종류</th></tr>
<tr><td>1</td><td colspan="2">괄호, 구조체, 공용체</td><td>(), [], ., −→</td></tr>
<tr><td>2</td><td colspan="2">단항 연산자</td><td>!, ~, ++, −−, −, *, &</td></tr>
<tr><td>3</td><td rowspan="10">이항<br>연산자</td><td>승제</td><td>*, /, %</td></tr>
<tr><td>4</td><td>가감</td><td>+, −</td></tr>
<tr><td>5</td><td>쉬프트</td><td>≪, ≫</td></tr>
<tr><td>6</td><td>비교</td><td><=, >=</td></tr>
<tr><td>7</td><td>등가</td><td>==, !=</td></tr>
<tr><td>8</td><td>비트 AND</td><td>&</td></tr>
<tr><td>9</td><td>비트 XOR</td><td>^</td></tr>
<tr><td>10</td><td>비트 OR</td><td>|</td></tr>
<tr><td>11</td><td>논리 AND</td><td>&&</td></tr>
<tr><td>12</td><td>논리 OR</td><td>||</td></tr>
<tr><td>13</td><td colspan="2">조건 연산자</td><td>?:</td></tr>
<tr><td>14</td><td colspan="2">대입 연산자</td><td>=, +=, −=, *=, /=, %= ≫=, ≪=, &=, ^=, |=</td></tr>
</table>

## 4. 배열

① **배열(Array) 개요**

㉠ 배열의 정의

- 같은 데이터 타입의 변수들로 구성된 유한한 집합
- 배열에 포함된 각각의 값을 배열요소라 하고, 배열에서 위치를 가리키는 숫자는 인덱스라고 함

㉡ 배열의 특징

- 다차원 배열도 선언이 가능하나 복잡성 증가에 따라 통상 1차원 배열과 2차원 배열을 다수 사용
- 인덱스는 0부터 시작하며, 0을 포함하는 양의 정수만 정의 가능

**이해돕기**

배열과 관련한 시험은 자바나 C언어 프로그램 소스 코드를 묻는 형태로 출제되며 특히 포인터와 결합하여 문제가 출제되기도 함

② **C언어의 배열 선언**

㉠ C언어의 배열 선언 형식

- 1차원 배열 선언

| 문법 | 타입 배열명[배열 길이]; |
|---|---|
| 예시 | int grade[3]; |

- 1차원 배열 선언과 초기화

| 문법 | 타입 배열명[배열 길이]={배열요소1 초깃값, 배열요소2 초깃값, ...}; |
|---|---|
| 예시 | int grade[3]={90, 60, 65}; |

㉡ C언어의 배열 선언 방법
- 타입은 배열 요소로 들어가는 변수의 데이터 타입 명시
- 배열명은 배열이 선언된 후에 배열로 접근하기 위해 사용
- 배열의 길이는 해당 배열의 배열요소 개수 명시

㉢ C언어의 배열 선언 특징
- 배열 길이에 지정된 숫자만큼 같은 동일 데이터 타입의 데이터 공간이 배정
- 초기화를 하지 않으면 아무 의미 없는 값이 저장
- 초기화 리스트 개수가 배열 길이보다 작으면, 맨 앞부터 초기화되고 나머지 배열은 0으로 자동 초기화됨(예 int age[4]={8,6}; // 배열요소 1은 8, 2는 6, 3은 0, 4는 0으로 정의)
- 배열의 길이를 따로 입력하지 않으면 배열 초기화 갯수에 맞춰 자동으로 배열 길이가 설정(예 int score[]={10, 13, 11}; // 배열 길이는 자동으로 3으로 정의)

㉣ C언어의 배열 활용 예시 : 배열을 활용하여 정보처리기사 필기시험 점수 합계와 평균을 표시하는 코드 예제

```
#include <stdio.h>
int main(void)
{
        int i;
        int sum=0;
        int grade[5];                // 길이가 5인 int형 배열 선언

        /* 배열의 초기화 */
        grade[0]=90;                 // 1과목 점수
        grade[1]=60;                 // 2과목 점수
        grade[2]=65;                 // 3과목 점수
        grade[3]=85;                 // 4과목 점수
        grade[4]=90;                 // 5과목 점수

        for (i=0; i < 5; i++)
        {
                sum+= grade[i];      // 인덱스를 이용한 배열의 접근
        }

        printf("정보처리기사 필기시험 총 점수 합계는 %d점이고, 평균 점수는 
%f점입니다.\n", sum, (double)sum/5);
        return 0;
}
```

**이해돕기**

C언어 배열과 포인터 예시

```
int array[3]={1,2,3}
int *p=null;
p=array;
```

상기 소스코드에서
*p와 *(p+0), p[0]은 모두 첫 번째 배열 1을 의미
*(p+1), *&p[1]은 두 번째 배열 2을 의미
*(p+2), *&p[2]는 세 번째 배열 3을 의미

### ③ 자바 언어의 배열 선언

㉠ 자바 언어의 배열 선언 형식

- 1차원 배열 선언

<table>
<tr><td rowspan="2">문법</td><td>1</td><td>타입 [] 배열명; = new타입[배열길이];</td><td rowspan="2">두 형식 모두 사용 가능하지만, 실무에서는 1번 형식을 다수 사용</td></tr>
<tr><td>2</td><td>타입 배열명[]; = new타입[배열길이];</td></tr>
<tr><td colspan="2">예시</td><td colspan="2">int[] grade1=new int[5]</td></tr>
</table>

- 1차원 배열 선언과 초기화

<table>
<tr><td rowspan="2">문법</td><td>1</td><td>타입[] 배열이름={배열요소1 초깃값, 배열요소2 초깃값, ...};</td></tr>
<tr><td>2</td><td>• 타입[] 배열이름=new 타입[]{배열요소1 초깃값, 배열요소2 초깃값, ...};<br>• 배열 선언과 초기화를 따로 진행하거나 재초기화를 할 시에는 반드시 2번 형식을 사용</td></tr>
<tr><td colspan="2">예시</td><td>int[] grade1=new int[]{10, 13, 12};</td></tr>
</table>

㉡ 자바 언어의 배열 선언 방법

- 타입은 배열 요소로 들어가는 변수의 데이터 타입 명시
- 배열명은 배열이 선언된 후에 배열로 접근하기 위해 사용
- 배열의 길이는 해당 배열의 배열 요소 개수 명시

㉢ 자바 언어의 배열 선언 특징

- 배열길이에 지정된 숫자만큼 같은 동일 데이터 타입의 데이터 공간이 배정
- 초기화를 하지 않으면 정수는 0, 실수는 0.0, 문자열은 NULL(0)값이 저장
- 배열이 길이를 따로 입력하지 않으면 배열 초기화 개수에 맞춰 자동으로 배열 길이가 설정

  예 int[] score=new int[]{11, 12, 15}; // 배열 길이는 자동으로 3으로 정의

㉣ 자바 언어의 배열 활용 예시

배열을 활용하여 정보처리기사 필기시험 점수 합계와 평균을 표시하는 코드 예제

```
public class Operator {
public static void main(String[] args) {

int[] grade=new int[]{90, 60, 65, 85, 90}; // 길이가 5인 배열선언, 초기화

int sum=0;

for (int i=0; i < grade.length; i++) {

sum += grade[i];

}

System.out.println("정보처리기사 필기시험 과목 총점은 "+sum+"입니다.");

System.out.println("평균 점수는 "+(sum/grade.length)+"입니다.");
}

}
```

## 5. 명령문과 제어문

### ① 명령문(Statement) 개요

㉠ 명령문의 정의

- 컴퓨터가 특정 작업을 수행하도록 명령을 내리는 문장을 의미하며 명령형 프로그래밍이라고도 함
- 프로그램의 상태를 변경시키는 구문의 관점으로 연산을 수행하며, 선언문으로 구성된 선언형 프로그래밍과 반대되는 개념으로 입출력문과 제어문으로 구성됨

㉡ 제어문의 정의

상하, 좌우 순서로 수행되는 프로그램 실행 순서를 변경하는 데 사용되는 명령어로서 조건문과 반복문으로 분류됨

**이해돕기**

정보처리기사의 경우 C언어와 자바, 파이선 등의 소스 코드에 다양한 제어문이 프로그래밍되어 시험에 출제됨

### ② 제어문의 유형

㉠ 조건문

특정 조건에 따라서 분기하고 실행 경로를 달리하는 제어문

| 조건문 유형 | 설명 |
|---|---|
| if(조건) | • 조건의 참, 거짓 여부에 따라서 실행을 제어하는 제어문<br>• 단순 if문, 선택 if문, 중첩 if문으로 분류하며 else 구문을 추가하여 거짓일 때 다른 경로 선택 가능 |
| switch(변수)~<br>case(변수 해당 번호) | • 조건에 따라 경로 중 하나를 선택하여 조건의 동일 여부와 case 뒤의 상수와 일치 여부를 확인하고 분기<br>• 명령어를 벗어나려면 break문을 사용하고, switch문 없이 여러 개의 case문을 활용하기도 함 |

㉡ 반복문

정의된 조건을 만족할 때까지 특정 영역을 반복하여 실행하는 제어문

| 반복문 유형 | 설명 |
|---|---|
| while(조건식) | • 특정 조건식이 거짓에 도달할 때까지 명령어를 반복해서 수행<br>• 조건식 대신에 (1)이 지정되면 별도의 조건식을 통해서 Break되기 전까지는 무한반복 수행 |
| for(초기값, 최종값, 증감값) | • 정의된 초깃값이 최종 값에 도달할 때까지 증감 값만큼 반복 수행<br>• 설정 값을 공백으로 입력 시( ; ; ) 무한반복 수행 |

## SECTION 02 언어특성 활용

### 1.프로그래밍 언어의 개요

**① 프로그래밍 언어의 정의**

㉠ 사람이 컴퓨터를 통해 연산이나 명령을 수행하도록 지시하고 의사소통이 가능하도록 지원하는 언어

㉡ 소프트웨어를 만드는 기본이며 사람이 이해하기 쉽게 정의된 명령어를 컴퓨터가 이해할 수 있도록 컴파일러나 인터프리터로 전환하여 실행됨

**② 프로그래밍 언어의 구조**

㉠ 언어의 표기는 크게 언어의 외형적인 표기방법인 구문론과 구문이 내포하고 있는 코드의 수행작업인 의미론의 2개 파트로 구성됨

㉡ 세부 구성으로는 문자열(string), 문장(sentence)과 어휘항목(lexeme)이 있음

이해돕기

어휘 항목

식별자나 연산자, 예약어 등을 의미하며 이를 통틀어서 토큰(Token)이라고 함

### 2. 절차적 프로그래밍 언어

**① 절차적 프로그래밍 언어(Procedural Programming Language) 개요**

㉠ 절차적 프로그래밍 언어의 정의

- 로직과 알고리즘에 의하여 순서대로 단계를 진행하며 프로그램이 실행되도록 구성되는 언어
- 프로시저 호출을 주개념으로 하여 명령형 프로그래밍이라고도 하며 유지보수가 쉽고 복잡도가 낮음

ⓛ 절차적 프로그래밍 언어의 장단점

| 구분 | 세부 내용 |
|---|---|
| 장점 | • 프로시저를 통하여 같은 코드를 다른 부분에서 다시 사용 가능<br>• GOTO나 JUMP 등의 분기문을 사용하는 것보다 훨씬 단순하게 프로그램 흐름을 파악 가능<br>• 프로시저 등을 활용하여 모듈화 및 구조화가 가능 |
| 단점 | • 복잡한 구조의 대형 프로젝트에 부적합<br>• 코드가 길어지면 가독성 결여되고 유지보수 어려움<br>• 정해진 순서대로 진행됨으로 입력 순서 변경 시 의도치 않은 결과 발생 가능 |

② **절차적 프로그래밍 언어의 종류**

| 종류 | 설명 |
|---|---|
| C언어 | • 1972년 데니스 리치가 개발한 유닉스 기반의 범용 프로그래밍 언어<br>• 이식성이 좋고 저수준 및 고수준 제어가 모두 가능하며, 다양한 연산자를 갖춘 모듈러 언어<br>• 초기 유닉스 기반으로 개발되어 유닉스의 단점이 동일하며, 사용이 다소 어렵고 모듈화가 안 되어 있으면 이해나 분석이 어려움<br>• C언어의 장점으로 인하여 C++, C#, 비주얼 C++ 등 다양한 언어가 개발됨<br>• 구조체를 활용하여 하나의 객체의 여러 속성을 정의, 활용 가능하며 struct 선언을 통해서 등록 |
| 포트란<br>(FORTRAN) | • 1953년 등장한 이후로 현재까지도 지속적으로 개선되며 사용 중<br>• 최신 버전은 Fortran 2018 버전<br>• 과학계산 분야의 전문적인 문제 해결을 위하여 개발되었으며, 간단명료함<br>• 신속한 프로그램이 가능하고 계산속도 고속 |
| 피엘 원<br>(PL/I) | • 1964년 미국 IBM의 메인프레임용 컴퓨터 언어<br>• 포트란의 계산 개념과 코볼의 파일처리 개념을 융합하여 과학기술 계산 및 사무 처리 계산 모두 적합 |

## 3. 객체지향 프로그래밍 언어

① **객체지향 프로그래밍 언어(Object Oriented Programing Language) 개요**

㉠ 객체지향 프로그래밍 언어의 정의

데이터와 데이터를 처리할 메서드를 하나로 묶어서 객체를 만들고 객체들을 조립하고 이들 간의 상호작용을 서술하는 방식으로 개발

**이해돕기**

최근 정보시스템 개발은 객체지향 개발 방법론이 주로 활용되고 있으며, 이에 맞춰 프로그래밍 언어도 객체지향언어가 다수 활용되고 있음. 객체지향 설계 부분과 병행하여 학습이 필요함

㉡ 객체지향 프로그래밍 언어의 구성요소

| 구분 | 내용 |
|---|---|
| 클래스<br>(Class) | • 현실 세계에서 존재하는 객체의 속성(attribute)과 행위(behavior)를 정의한 디자인으로 정보시스템을 통해 처리하고자 하는 객체지향언어의 핵심 개념<br>• 클래스는 변수, 함수, 생성자 및 메서드만 사용 가능하며, 클래스 이름은 대문자로 시작<br>• 하나의 자바 파일 내에 여러 개의 클래스를 만들 수 있으나 Public 클래스는 단 하나로 정의됨 |
| 객체<br>(Object) | • 클래스를 통해 현실 세계의 특정 개념을 실제로 메모리상에 할당한 것<br>• 자신만의 고유한 속성 데이터를 가지며 클래스에서 정의한 행위를 수행<br>• 클래스에 정의된 행위를 공유하여 메모리를 효율적으로 사용 가능 |
| 메서드<br>(Method) | • 객체지향언어의 함수로서 클래스에서 생성된 객체를 목적에 따라 사용하는 방법을 정의하고 객체에 명령을 하달 |
| 메시지<br>(Message) | • 객체 간의 소통을 위해 전달되는 메시지 |

㉢ 객체지향 프로그래밍 언어의 장단점

| 구분 | 요소 | 세부 내용 |
|---|---|---|
| 장점 | 실세계를 정확히 반영 | • 현실의 실체를 닮은 객체를 중심으로 하여 자연스러운 프로그램 모델링 가능 |
| | 생산성 향상 | • 독립적인 객체를 사용함으로써 개발의 생산성 향상 |
| | 재사용성 향상 | • 상속과 캡슐화를 통해 기존 프로그램의 재사용 가능성을 극대화 |
| | 높은 안정성 | • 객체는 결합도가 낮고 독립성이 강하여 프로그램 수정 시에도 주변 영향이 적어 유지보수 용이 |
| 단점 | 느린 개발 속도 | • 객체 처리에 대한 정확한 이해가 필요하여 설계부터 구현까지 시간 소모 큼 |
| | 느린 실행 속도 | • 복잡성과 호출 등으로 인하여 다소 느린 속도 |
| | 고도의 코딩 난도 | • 다중 상속 등 내용이 어려우며 코딩 난도 증가 |

PART 01 PART 02 PART 03 PART 04 PART 05

객체지향 프로그래밍언어 속성 (캡추다정상)

**캡**틴 **추**장이 **다정상**을 받았다.

이해돕기

객체지향 프로그래밍언어의 5가지 속성은 시험에 자주 출제되며 특히 영어로도 출제되므로 이해와 함께 암기가 요구됨

### ② 객체지향 프로그래밍 언어 기능

㉠ 객체지향 프로그래밍 언어 속성

| 종류 | 상세 내용 | | |
|---|---|---|---|
| 캡슐화 (Encapsulation) | 정의 | • 객체지향언어에서 객체의 속성 데이터와 메서드인 함수를 묶어서 객체로 구성하는 개념 | |
| | 개념도 | 속성(Data) / 메소드(함수) ↔ 메시지 ↔ 외부정보 / 캡슐 | |
| | 특징 | • 클래스를 "Public"으로 선언 시 외부에서 해당 객체를 사용 가능하며 "Private" 선언 시에는 사용 불가 | |
| | 장점 | • 코드의 블록화에 따른 가독성 향상으로 유지보수가 용이해지며, 모듈화의 기본 개념으로 소프트웨어 재사용성 향상<br>• 정보은닉(Information Hiding)에 따른 보안성 향상과 객체 간의 메시지를 통한 소통으로 각 클래스 간의 종속성 최소화 | |
| 추상화 (Abstraction) | 정의 | • 복수 개의 클래스에서 공통 성질을 추출하고 별도의 슈퍼클래스로 설정하는 개념 | |
| | 유형 | 기능 추상화 | • 메서드를 공통 성질로 추출 |
| | | 데이터 추상화 | • 객체 클래스를 공통 데이터로 정의 |
| | | 제어추상화 | • 특정한 제어 행위를 공통 성질로 정의 |
| | 개념도 | 아빠 → 객체화 → 길동아빠, 둘리아빠 → 추상화 → 아빠 | |
| | 특징 | • 클래스의 데이터 및 프로세스를 추상화하고 활용함으로써 설계와 개발의 편의성 도모 | |
| | 장점 | • 현실 세계를 객체 중심의 안정적인 모델로 정의할 수 있으며 업무 분석의 정확성 향상 | |
| 다형성 (Polymorphism) | 정의 | • 동일 명명된 메서드가 각각의 클래스마다 다른 사양으로 정의될 수 있는 개념 | |
| | 유형 | Overloading | • 동일 명명 메서드를 복수 개로 구성하고 매개변수의 개수와 유형을 다르게 하는 설계 기법 |
| | | Overriding | • 상위 클래스 메서드를 하위 클래스가 재정의 해서 재사용하는 기법 |

<table>
<tr><td>정보은닉<br>(Information Hiding)</td><td colspan="3">• 객체의 속성 데이터와 메서드를 캡슐화한 클래스가 다른 객체에서는 보이지 않는 성질로, 다른 클래스의 메서드 호출을 위해서는 메시지 전달로만 가능하여 보안성을 높일수 있음</td></tr>
<tr><td rowspan="4">상속성<br>(Inheritance)</td><td>정의</td><td colspan="2">• 상위 클래스의 속성과 메서드를 하위 클래스에 활용할 수 있게 허용하는 개념</td></tr>
<tr><td rowspan="3">유형</td><td>단일</td><td>• 부모 클래스와 자식 클래스의 관계가 수퍼 클래스와 서브 클래스로 구현되고 유지</td></tr>
<tr><td>다중</td><td>• 하나의 하위 클래스가 하나 이상의 상위 클래스로부터 상속을 받은 개념</td></tr>
<tr><td>반복</td><td>• 동일한 조부모 클래스에서 상속받은 두 개의 부모 클래스로부터 재상속을 받는 개념</td></tr>
</table>

ⓛ 객체지향 프로그래밍 언어의 접근 제어자

클래스나 변수, 메서드 등을 외부에서 접근 제어하는 기능 제공

| 범위 | 종류 | 설명 |
|---|---|---|
| 좁음<br>↑ | private | • 같은 클래스 내에서만 접근이 가능 |
| | default | • 같은 패키지 내에서만 접근이 가능 |
| | protected | • 같은 패키지 내와 다른 패키지의 자식 클래스에서 접근이 가능 |
| ↓<br>넓음 | public | • 접근 제한이 없음 |

**③ 객체지향 프로그래밍 언어의 종류**

㉠ JAVA

| 구분 | 설명 |
|---|---|
| 정의 | • 1995년 썬 마이크로시스템즈의 제임스 고슬링이 개발한 대표적인 객체지향 프로그래밍 언어이며 JSP는 JAVA를 기반으로 개발된 웹용 스크립트 언어<br>• 자바 가상머신(JVM)상에서 실행되어 플랫폼에 독립적으로 다양하게 실행 가능하며 사람들이 이해하기 쉽게 가독성 높은 고급언어로 개발<br>• 자바 가상머신의 Garbage Collector 기능을 활용하여 더 이상 사용하지 않는 변수 및 메모리 공간을 자동으로 정리함으로써 효율적인 시스템 관리 가능<br>• 오픈소스가 많은 대중적인 언어로서 안정성과 보안성이 높음 |

**이해돕기**

자바 언어

자바 언어는 가상머신(JVM) 위에서 실행되기 때문에 구동되는 플랫폼이 다양해도 문제없이 작동되며, 특히 사용하지 않는 메모리 공간을 수집하여 정리하는 Garbage Colletion을 통해서 효율적인 프로그램 운영이 가능함

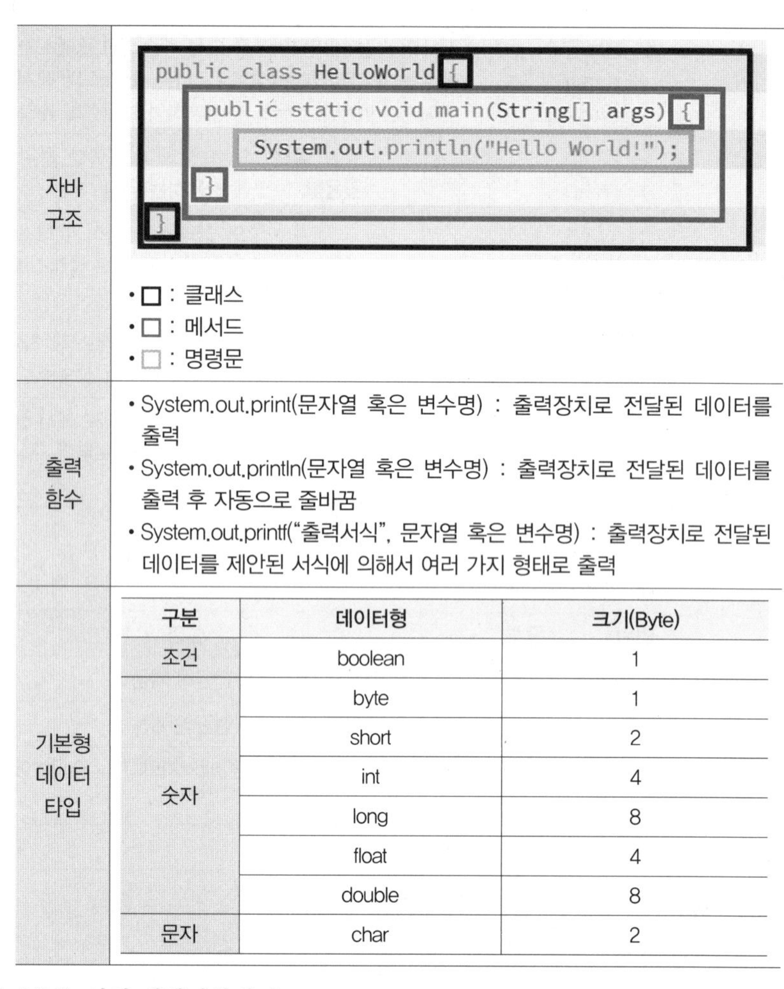

**자바 구조**

```
public class HelloWorld {
    public static void main(String[] args) {
        System.out.println("Hello World!");
    }
}
```

- □ : 클래스
- □ : 메서드
- □ : 명령문

**출력 함수**

- System.out.print(문자열 혹은 변수명) : 출력장치로 전달된 데이터를 출력
- System.out.println(문자열 혹은 변수명) : 출력장치로 전달된 데이터를 출력 후 자동으로 줄바꿈
- System.out.printf("출력서식", 문자열 혹은 변수명) : 출력장치로 전달된 데이터를 제안된 서식에 의해서 여러 가지 형태로 출력

**기본형 데이터 타입**

| 구분 | 데이터형 | 크기(Byte) |
|---|---|---|
| 조건 | boolean | 1 |
| 숫자 | byte | 1 |
| | short | 2 |
| | int | 4 |
| | long | 8 |
| | float | 4 |
| | double | 8 |
| 문자 | char | 2 |

㉡ JAVA 외의 객체지향언어

| 구분 | 내용 |
|---|---|
| C++ | • 1983년 비야네 스트롭스트룹이 개발한 C언어 확장 프로그래밍 언어<br>• C언어의 절자 지향적 언어의 특징을 포함하고 동시에 객체지향적 언어의 특징<br>• C언어를 대체하기 위한 언어로서 저수준 작업들을 그대로 지원하고 다수 추상적인 고수준의 기능까지 제어 가능<br>• 대규모 수준의 개발도 가능하고 이식성과 범용성이 높으나 학습과 코딩 난도가 높음 |
| C# | • C++을 닷넷 플랫폼에서도 작업할 수 있도록 개량한 객체지향언어로서 비주얼 C#이라고 함<br>• JAVA의 단점을 보완하고 대체할 수 있도록 개발된 컴포넌트 지향 언어로서 닷넷 프레임워크상에서 실행<br>• 분산환경에 적합하고 다양한 운영체제에 실행 가능하며 높은 생산성과 강력한 디버깅 기능을 제공하는 차세대 언어 |

| Delphi | • 파스칼이 객체지향화한 Object Pascal을 기반으로 하여 구현된 통합 개발환경<br>• 현재는 닷넷을 기반으로 하며 경쟁 제품인 비주얼 스튜디오에 비해서 다수 단점 존재 |
|---|---|

## 4. 스크립트 언어

### ① 스크립트 언어(Script Language) 개요

㉠ 스크립트 언어의 정의

- 이미 개발된 응용소프트웨어를 제어하는 컴퓨터 프로그래밍언어로 컴파일을 하지 않고 작성해서 바로 실행 가능함
- 변수타입을 선언하지 않으며, 응용프로그램과 독립적으로 사용함으로써 사용자가 응용 프로그램을 커스터마이징해서 사용할 수 있도록 프로그래밍 가능

㉡ 스크립트 언어의 장단점

| 구분 | 요소 | 세부 내용 |
|---|---|---|
| 장점 | 개발 용이성 | • 쉽게 코딩이 가능하고 짧은 소스코드에 적합 |
| | 단순한 구조 | • 선언이 없고 단순한 구문과 의미로 문법 구성 |
| | 단순한 실행 | • 빌드 과정이 없이 한 줄씩 순차적으로 실행 |
| 단점 | 시스템 리소스 제약 | • 경우에 따라서 시스템 리소스를 많이 차지함 |
| | 복잡한 기능 구현 제약 | • 고도의 과학적 계산이나 대규모 구조적 프로그램이 필요한 복잡한 기능 구현 불가 |
| | 보안성 위험 존재 | • 보안상 중요한 프로그램 적용 위험 |
| | 하드웨어 제어 제약 | • 하드웨어 제어 직접 제어 등 어려움 |

### ② 스크립트 언어의 종류

㉠ 파이썬(Python)

| 구분 | 설명 |
|---|---|
| 개요 | • 1991년 귀도 반 로섬이 개발한 고급 스크립트 프로그래밍 언어<br>• 객체 지향적인 범용 프로그래밍 언어로 동적 타이핑 대화형의 특징<br>• 들여쓰기를 이용한 블록구조 문법으로 가독성을 높이고 복잡도를 낮춤<br>• 다른 스트립트 언어와 달리 빠르게 수치 연산이 가능하여 과학 및 공학 분야에 적용성이 아주 높음<br>• 문자열에 대한 인덱싱과 슬라이싱 기능 지원으로 텍스트 처리에 장점 |

**이해돕기**

컴파일 언어, 인터프리터 언어, 스크립트 언어

- 컴파일 언어 : 기계어로 변환되어 실행되는 언어로, 이때 변환 과정을 빌드라고 함
- 인터프리터 언어 : 컴파일과 기계어 변환(빌드) 과정 없이 바로 실행되는 언어
- 스크립트 언어 : 인터프리터 방식에 사용되기 위해 개발된 언어

**문자열 인덱싱**

- 특정 문자열의 요소에 접근하는 기능

| 문법 | 문자열[인덱스] |
|---|---|

- 양수뿐만 아니라 음수로도 접근 가능하며 양수일 때는 처음이 0으로 시작하고 음수일 때는 -1로 끝부터 시작

[코드 예시]

```
a1="Apple Tree"
print(f"a1[0] : {a1[0]}")
print(f"a1[3] : {a1[3]}")
print(f"a1[-1] : {a1[-1]}")
print(f"a1[-3] : {a1[-3]}")
```

[결과]

```
a1[0] : A
a1[3] : l
a1[-1] : e
a1[-3] : r
```

**문자열 슬라이싱**

- 특정 문자열을 잘라내서 발췌하는 기능
- 최초 시작 인덱스가 처음 (0)일 시 생략 가능

| 문법 | 문자열[시작 인덱스:종료 인덱스:증가폭] |
|---|---|

[코드 예시]

```
a2=[1, 2, 3, 4, 5, 6, 7, 8, 9, 10]
print(f"a2[1:9:2] : {a2[;1:9;2]}")
print(f"a2[:6:3] : {a2[:6:3]}")
```

[결과]

```
a2[1:9:2] : 2468
a2[6:3] : 14
```

**이해돕기**

배시 등 셀 스크립트 언어는 파트 3에서도 다루고 있음

ⓛ 파이썬 외의 스크립트 언어

<table>
<tr><th>구분</th><th>내용</th></tr>
<tr><td>배시<br>(BASH)</td><td>• 리눅스의 표준 셸이며 유닉스의 Bourne Shell(sh)셸을 기반으로 개발<br>• 오픈 소스로서 현재 널리 사용되고 있으며, 명령어 단축, 히스토리, 연산, 자동이름완성 및 프롬프트 제어 등 다양한 기능 내포<br>• 리눅스에서 사용하는 명령어를 사용 가능하며, 대표적인 제어문은 다음과 같음<br><table><tr><th>구분</th><th>제어문</th></tr><tr><td>반복문</td><td>for, while, until</td></tr><tr><td>조건문</td><td>if</td></tr></table></td></tr>
</table>

<table>
<tr><td>베이직<br>(BASIC)</td><td>• 1964년 교육용 목적으로 개발된 절차적 언어로 자연어를 활용하여 사람이 이해하기 용이<br>• 초기 버전은 인터프리터 방식이었으나 최근 컴파일 방식이 다수<br>• 버전과 유형이 다양하고 각 유형별로 문법 차이가 커서 호환성 결여</td></tr>
<tr><td>자바스크립트<br>(JaveScript)</td><td>• 다수의 웹 브라우저에 내장된 인터프리터로 수행이 가능한 객체지향 스크립트 프로그래밍 언어<br>• HTML, CSS와 함께 웹을 구성하는 대표적인 요소 중 하나로 클라이언트 사이드의 웹페이지 동작을 수행<br>• JAVA와는 이름의 유사성이 있으나 상표권의 허락을 통해 사용하는 것일 뿐 언어적으로는 C언어에서 파생되었다는 유사성만 있음</td></tr>
<tr><td>펄(Perl)</td><td>• 유닉스 계열에서 C언어와 함께 디폴트로 내장되는 스크립트 언어로 오픈소스 기반<br>• C언어와 유사한 구문에 셸 스크립트 기능을 포함하여 자유도가 높고 코딩이 용이<br>• 특히 특정 문자열의 검색, 치환, 일치 여부 확인 등이 가능하여 전체 컴퓨터 프로그래밍 언어 중에 가장 강력한 문자열 처리기능 내장</td></tr>
<tr><td>PHP</td><td>• C언어를 기반으로 개발된 동적 웹 페이지 개발용 서버사이드 스크립트 언어<br>• HTML에 PHP 언어 작성 코드를 추가하여 쉽게 동적 페이지 구성 가능<br>• 다수의 운영체제와 웹서버를 지원하여 호환성이 높음<br>• PHP 언어도 산술, 대입, 증감, 논리, 삼항 연산자 등이 있으며 오류 제어 연산자 등 특별한 연산자가 존재<br>[PHP 연산자 예시]
<table>
<tr><th>구분</th><th>예시</th><th>설명</th></tr>
<tr><td>오류 제어 연산자</td><td>a@b</td><td>• 코드에 오류가 있더라도 메세지를 출력하지 않도록 제어하는 연산자</td></tr>
<tr><td>비교 연산자</td><td>a===b</td><td>• a와 b가 값과 형이 다르면 참을 반환</td></tr>
<tr><td>비교 연산자</td><td>a<>b</td><td>• a와 b가 같지 않으면 참을 반환</td></tr>
</table></td></tr>
</table>

**이해돕기**

베이직의 경우 다양한 버전이 있는데, 일부는 절차적 언어로 분류되고 일부는 스크립트언어로 정의됨

## 5. 선언형 언어

**① 선언형 언어(Declarative Language)의 정의**

전통적으로 프로그램이 수행해야 할 알고리즘을 설계하고 개발하는 형태가 아닌 웹페이지의 형태, 제목, 글꼴, 내용과 같이 결과물에 대한 설명으로 프로그래밍하는 언어

이해돕기

마크업 언어

데이터를 기술하는데 활용되는 형태의 언어이며 XML(eXtensible Markup Language)을 기반으로 작성됨

② 선언형 언어 유형

| 유형 | 설명 | 대표 언어 |
|---|---|---|
| 논리형 언어 | • 논리적인 문법과 문장을 활용하여 프로그램을 표현하고 계산하고 수행하는 언어<br>• 주어진 사실에 논리적인 규칙을 정의하고 적용하여 새로운 사실을 추론하거나 프로그램화하여 소프트웨어를 개발 | 머큐리, 엘리스, 오즈, 프롤로그 |
| 선언형 마크업 언어 | • 문서의 표시 형식을 정의하거나 데이터의 구조를 설명하고 선언하는 규칙들을 정의한 언어<br>• 데이터를 정의하고 기술하는 측면에서 전통적인 프로그래밍 언어와 차이가 존재 | LaTex, MXML, SMIL, XAML |
| 함수형 언어 | • 처리할 데이터를 순수 함수에 적용 및 조합하고 프로그래밍화하여 소프트웨어를 개발하는 언어로 가독성이 높고 유지보수 용이<br>• LISP에 기반을 두고 발전하여 최근에는 하스켈로 발전한 언어로 수학이론의 원리를 바탕으로 함 | 리스프, 하스켈, 클로저, 얼랭 |
| 특수분야 언어 | • DBMS을 활용하기 위한 구조화된 질의어(SQL)가 해당되며 데이터를 조회, 수정, 생성, 제거 등 기능을 수행할 때 선언 형태의 구문을 사용하여 수행 | SQL |

## SECTION 03 라이브러리 활용

### 1. 라이브러리

① 라이브러리(Library) 개요

㉠ 라이브러리의 정의

- 라이브러리는 SW 개발 시 자주 사용하는 기능을 별도로 미리 구현하여 모듈화해서 제공하는 프로그램의 집합
- 라이브러리가 개별적인 파일 형태일 경우 모듈이라고도 하며, 복수 개의 파일 묶음 구성은 패키지라고 함

POINT

**라이브러리와 공통모듈 패키지**

- 라이브러리
  - 라이브러리는 SW 개발 시 자주 사용하는 기능을 별도 구현하여 모듈화해서 제공하는 프로그램이며, 개별 파일은 모듈, 복수 개의 파일 묶음은 패키지라고 한다.
  - 라이브러리 구성은 도움말, 설치파일, 샘플코드로 구성되어 있다.
  - 라이브러리는 프로그래밍 언어에서 기본적으로 포함하고 있는 표준 라이브러리와 별도의 설치 파일을 필요로 하는 외부 라이브러리로 분류된다.
- 공통 모듈 : 시스템 개발 시 개발 시간 및 비용 절감을 위해서 기존에 자주 사용되는 기능 단위 프로그램을 모듈화해서 재사용성을 높이기 위한 프로그램 집합이다.

㉡ 라이브러리의 구성

| 구성 | 설명 |
|---|---|
| 도움말 | • 라이브러리 사용을 용이하도록 도와주는 도움말 형태의 문서 |
| 설치 파일 | • 라이브러리를 사용할 수 있도록 초기 설치하는 파일 |
| 샘플 코드 | • 라이브러리 사용자들이 쉽게 이용하고 학습할 수 있도록 사전 참조용으로 제공되는 샘플 소스 코드 |

② **라이브러리 유형**

㉠ 라이브러리 분류

라이브러리는 프로그래밍 언어가 기본적으로 가지고 있는 표준 라이브러리와 별도의 설치 파일을 필요로 하는 외부 라이브러리로 분류됨

| 분류 | 설명 |
|---|---|
| 표준 라이브러리 | • 각 프로그래밍 언어별로 사전 언어에 포함되어 있는 라이브러리이며 추가적인 설치 불필요<br>• 각 표준 라이브러리별로 국제표준이나 산업표준, 혹은 사용자들의 비공식적인 커뮤니티의 결정 등이 반영되어 적용됨<br>• 각 언어 특성을 반영하고 널리 사용되는 알고리즘이나 데이터구조, 입출력을 위한 매커니즘 등을 정의 |
| 외부 라이브러리 | • 표준 라이브러리 외에 별도의 설치가 필요한 부가적인 라이브러리<br>• 오랜 기간 동안 다수의 개발자들이 프로그램하면서 도출된 다양한 문제들을 정의하고 해결한 코드들을 모아 안정성이 높음 |

㉡ 대표적인 표준 라이브러리

| 표준 라이브러리 | 설명 | 예시 |
|---|---|---|
| C 표준 | • ANSI 국제 표준화 기구 정의(ISO C Library)<br>• C언어를 위한 라이브러리이며 상위 C POSIX 라이브러리와 동시에 개발 | 〈stdio.h〉, 〈time.h〉 |
| C++ 표준 | • ISO C90 C 표준 라이브러리 18 헤더가 포함된 표준 라이브러리 | 〈algorithm〉, 〈string〉 |
| 자바 클래스 | • JDK(Java Developer Kit)상에 포함된 다양한 클래스 라이브러리 | IOException, Integer |
| PHP 표준 | • SPL(Standard PHP Library)로서 PHP-FIG 그룹에서 제정한 산업표준 라이브러리 | SplFileInfo, SplFileObiect |

## 2. 데이터 입출력

① **데이터 입출력(Data Input/Output) 개요**

㉠ 데이터 입출력의 정의

- 사용자 요구사항 수행을 위하여 프로그램이 데이터 입력을 받아 시스템에서 처리 후 결괏값을 출력하는 프로세스 및 방법

- 각 언어별로 파일 형태의 데이터나 프로그램에서 생성된 데이터를 입력하고 출력하는 함수가 있으며, 이를 통해서 데이터 입출력 기능 수행

㉡ 데이터 입출력 방식

| 유형 | 설명 |
|---|---|
| 표준 입출력 함수 | • 표준 라이브러리에 포함되어 있는 입출력 함수를 활용하여 키보드, 마우스 등의 입력장치를 통해 입력받은 데이터를 모니터나 프린터 등의 출력장치로 출력하는 함수 |
| 파일 입출력 함수 | • 언어별로 표준 입출력 함수와 유사한 함수가 준비되어 있으며, 함수를 사용하기 전에 먼저 Fopen() 함수로 파일을 열고, 닫는 fclose() 함수가 있음<br>• C언어의 경우 표준 입출력 함수 앞에 f를 붙이는 형태로 함수명이 구성되어 있음 |

② C언어의 데이터 입출력 함수

| 유형 | 설명 | | | |
|---|---|---|---|---|
| | 구분 | 문자 | 문자열 | 형식화 |
| 표준 입출력 함수 | 입력 | getchar() | gets() | scanf() |
| | 출력 | putchar() | puts() | printf() |
| 파일 입출력 함수 | 입력 | fgetc() | fgets() | fscanf() |
| | 출력 | fputc() | fputs() | fprintf() |

## 3. 예외 처리

① 예외 처리(Exception Handling) 개요

오류 대응

프로그래밍 언어에서는 예외처리를 통해서 오류에 대응하며, SQL에서는 핸들러와 롤백을 통해서 오류에 대응함

㉠ 예외 처리의 정의

오류처리라고도 하며 프로그램 실행 중에 발생하는 의도치 않은 특정 문제에 대응하여 진행 중인 처리를 중단하고 다른 처리 프로세스로 진행하는 구조 및 기법

㉡ 예외 처리 발생 원인

| 원인 | 설명 |
|---|---|
| 하드웨어 문제 | • CPU나 주기억장치, 보조기억장치 등의 기기 오류에서 발생 |
| 운영체제 설정 | • 운영체제 환경 변수 등의 설정이 프로그램 실행과 충돌 시에 발생 |
| 라이브러리 손상 | • 라이브러리의 설치 중에 오류나 온전치 못한 파일 등에서 발생 |
| 잘못된 입력 | • 데이터 타입의 오류나 존재하지 않는 파일명 입력 시 발생 |
| 잘못된 연산 | • 0으로 나누거나 잘못된 산술식 수행 시 발생 |
| 기억장치접근 실수 | • 페이지 할당 실패나 잘못된 기억장치 주소 접근 시 발생 |

② **대표적인 예외 처리 방법**

| 구성 | 설명 |
|---|---|
| catch | • C++이나 JAVA 등에서 try함수 내 catch 블록으로 예외 처리 |
| throw | • try 함수 내 예외 처리를 위해 추가로 지정하는 예외 처리이며, 중의적으로 전체적으로 예외 처리 시에 별도로 수행되는 처리를 의미함 |
| trap | • 리눅스 bash에서 trap을 활용하여 다양한 오류에 대한 트랩 설정이 가능 |
| try | • 사전에 예외가 발생할 만한 영역을 try와 except를 사용하여 예외 처리 수행 |

## 4. 프로토타입

① **프로토타입(Prototype) 개요**

㉠ 프로토타입의 정의

객체지향 프로그래밍의 한 유형으로 클래스가 없는 언어에서 객체를 원형인 프로토타입으로 해서 복제 과정을 통해 객체의 동작 방식을 재사용하는 방법

㉡ 프로토타입의 특징

| 유형 | 설명 |
|---|---|
| 개발 편의성 | • 객체의 동작을 재사용하여 설계 및 코드 구현 시 효율적이며, 이에 따라 인스턴스 기반 프로그래밍 혹은 클래스리스(classless) 프로토타입 지향 프로그래밍이라고 함 |
| 메모리 효율화 | • 코드 재사용성 증가로 인하여 메모리 사용량 감소 |

② **대표적인 프로토타입 기반 언어**

JavaScript, Perl, R 등의 언어가 해당되며 클래스가 없지만 Prototype Link 및 Prototype Object 개념과 함수를 통해 클래스와 유사하게 프로그램 개발이 가능

**이해돕기**

시험에서 프로토타입은 소프트웨어 개발방법론 유형, UI 설계 시 최초 의사소통 도구, 그리고 객체지향 프로그래밍의 유형의 3가지 형태로 단어가 활용됨

# 기출문제 분석

1, 2회

## 01 C언어에서 배열 b의 값은?

```
static int b={1, 2, 3};
```

① 0 ② 1
③ 2 ④ 3

해설 배열 길이가 9개로 선언되었으나, 3개만 초기화되었으며, 이에 따라 나머지 값은 모두 0으로 정의된다.

1, 2회

## 02 C언어에서 사용할 수 없는 변수명은?

① student2019 ② text－color
③ _korea ④ amount

해설 "－"와 같이 특수기호가 있으면 사용할 수 없다. 변수명으로 사전 예약어는 사용 불가하고, 변수명에 공백이나 언더스코어(_), 달러($) 외의 특수 기호가 있으면 안 된다.

1, 2회

## 03 JAVA 언어에서 접근제한자가 아닌 것은?

① public ② protected
③ package ④ private

해설 JAVA 등의 객체지향언어에서는 클래스나 변수, 메서드 등을 외부에서 접근 제어하기 위한 제어자(제한자)가 있으며, private, default, protected, public 순으로 접근 범위가 상승한다. ③은 해당되지 않는다.

1, 2회

## 04 스크립트 언어가 아닌 것은?

① PHP ② Cobol
③ Basic ④ Python

해설 스크립트 언어는 별도의 컴파일 없이 인터프리터로 수행 가능한 언어이며, PHP, JavaScript, Python 등이 해당된다. Basic은 최초 스크립트 언어로 개발되었으나, 최근에는 유형이 다양화되면서 일부는 스크립트 언어에 해당되지 않기 때문에 문제에 유의해야 한다(문제에서는 스크립트 언어로 봄).

3회

## 05 다음 자바 프로그램 조건문에 대해 삼항 조건 연산자를 사용하여 옳게 나타낸 것은?

```
int i=7, j=9 ;
int k ;
if (i>j)
  k=i-j ;
else
  k=i+j ;
```

① int i=7, j=9 ; int k ; k=(i>j)?(i−j):(i+j) ;
② int i=7, j=9 ; int k ; k=(i<j)?(i−j):(i+j) ;
③ int i=7, j=9 ; int k ; k=(i>j)?(i+j):(i−j) ;
④ int i=7, j=9 ; int k ; k=(i<j)?(i+j):(i−j) ;

해설 삼항식 연산자의 문법은 (조건식)?a:b이며 이때 a는 조건식이 참일 때 반환값 1, b는 조건식이 거짓일 때 반환값이 2이다. 문제에서는 조건식 k=(i>j) ? 반환값 1 (i−j) : 반환값 2 (i+j) ; 를 순서대로 표기하면 된다.

3회

## 06 다음 사용자로부터 입력받은 문자열에서 처음과 끝의 3글자를 추출한 후 합쳐서 출력하는 파이썬 코드에서 ㉠에 들어갈 내용은?

```
string=input("7문자 이상 문자열을 입력하시오 : ")
m=( ㉠ )
print(m)
```

```
입력값 : Hello World
최종 출력 : Helrld
```

① string[1 : 3]+string[-3 : ]
② string[ : 3]+string[-3 : -1]
③ string[0 : 3]+string[-3 : ]
④ string[0 : ]+string[ : -1]

해설 파이썬은 문자열의 인덱싱과 슬라이싱 기능이 있으며, 인덱싱은 문자열 앞에서는 0부터 시작하고 양수로 정의하며, 뒷부분에서는 1부터 음수로 시작한다. 문제에서는 앞 3글자, 뒤 3글자로 출력이 되었으며, 앞에는 0부터 3자, 뒤에는 -3부터 문자열 끝까지 정의되어야 한다. 즉 ③이 정답이다. 최초 시작이 0부터이면 0은 생략 가능하며, 문자열 끝부분도 마지막까지 포함이면 생략이 가능하다. 따라서 3번은 string[0:3]+string[-3:-1]로 표기하여도 된다.

3회

## 07 다음 C 프로그램의 결괏값은?

```
main(void) {
int i ;
int sum=0 ;
for(i=1 ; i<=10 ; i=i+2) ;
  sum=sum+i ;
printf("%d", sum) ;
}
```

① 15　　② 19
③ 25　　④ 27

해설 문제는 제어문 중 for를 사용하는 반복문에 대한 이해를 묻는 문제이며, 변수 i는 2씩 증가하면서 10을 초과할 때까지 해당 값의 합산을 반복하는 소스 코드이다. 이에 따라 1+3+5+7+9의 합계인 25가 정답으로 출력된다.

3회

## 08 C언어에서 정수 자료형으로 옳은 것은?

① int　　② float
③ char　　④ double

해설 C언어는 데이터 타입으로 총 5가지 유형을 갖는데, 조건형태인 Boolean, 정수 형태인 int, 실수 형태인 float, 문자 형태인 char, 문자열 형태인 String으로 구성된다. double은 실수형 데이터 타입이며, Float의 2배 길이에 사용하는 형태이다.



정답 01 ① 02 ② 03 ③ 04 ② 05 ① 06 ③ 07 ③ 08 ①

4회

**09** Java 프로그래밍 언어의 정수 데이터 타입 중 'long'의 크기는?

① 1byte ② 2byte
③ 4byte ④ 8byte

해설 정수형 데이터 타입의 메모리 사용크기는 byte 1, short 2, int 4, long 8byte로 정의된다.

4회

**10** Java에서 사용되는 출력 함수가 아닌 것은?

① System.out.print( )
② System.out.println( )
③ System.out.printing( )
④ System.out.printf( )

해설 Java에서 사용되는 출력 함수는 단순히 출력장치로 전달된 데이터를 출력하는 System.out.print( ) 함수와 전달된 데이터를 출력 후 자동으로 줄바꿈하는 System.out.println( ) 함수, 전달된 데이터를 서식에 의해서 여러 형태로 출력 가능한 System.out.printf( ) 함수로 정의된다. ③의 함수는 정의되어 있는 함수가 아니다.

4회

**11** 다음 파이썬으로 구현된 프로그램의 실행 결과로 옳은 것은?

```
>>> a=[0, 10, 20, 30, 40, 50, 60, 70, 80, 90]
>>> a[:7:2]
```

① [20, 60] ② [60, 20]
③ [0, 20, 40, 60] ④ [10, 30, 50, 70]

해설 파이썬의 문자열 인덱싱의 실행 결과로, 배열의 첫 번째 요소에서 7번째까지 2개씩 증가하는 요소를 의미한다. 따라서 본 문제는 배열요소 7개인 [0, 10, 20, 30, 40, 50, 60]의 범위 내에서 최초 배열요소와 2개 증가분 요소가 해당되며, 정답은 [0, 20, 40, 60]이다.

4회

**12** C언어에서 구조체를 사용하여 데이터를 처리할 때 사용하는 것은?

① for ② scanf
③ struct ④ abstract

해설 구조체는 객체지향언어에서 하나의 객체의 다양한 속성을 구조화하여 활용하는 개념이며, struct 함수를 사용하여 정의한다.

4회

**13** PHP에서 사용 가능한 연산자가 아닌 것은?

① @ ② #
③ < > ④ = = =

해설 PHP언어에서 "@"는 오류 메세지를 표시하지 않는 오류 제어 연산자이며, "==="와 "<>"는 비교연산자이다. "#"는 연산자로 사용하지 않는다.

4회

**14** 다음 JAVA 코드 출력문의 결과는?

```
...생략...
System.out.prihtln("5+2="+3+4);
System.out.prihtln("5+2="+(3+4));
...생략...
```

① 5+2=34<br>5+2=34
② 5+2+3+4<br>5+2=7
③ 7=7<br>7+7
④ 5+2=34<br>5+2=7

해설 첫 번째 줄 ("5+2="+3+4);은 모두 문자열로 인식하여 "5+2=34"가 출력되고, 두 번째 줄 ("5+2="+(3+4));은 3+4가 연산된 7이 "5+2="와 함께 출력되어 "5+2=7"로 표시된다.

5회

**15** **C언어에서 문자열을 정수형으로 변환하는 라이브러리 함수는?**

① atoi() ② atof()
③ itoa() ④ ceil()

해설 atoi() 함수는 stdlib.h 헤더 파일에 선언되어 있으며, 숫자로 정의된 문자열 등을 정수로 변환한다.

5회

**16** **C언어에서 산술 연산자가 아닌 것은?**

① % ② *
③ / ④ =

해설 "*"와 "/"는 사칙연산 중 곱하기와 나누기이며, "%" 연산은 나눈 나머지를 계산하는 모듈러 연산자이다. "="는 산술 연산자가 아닌 대입 연산자로서 왼쪽 피연산자에 오른쪽 피연산자 값을 대입한다.

6회

**17** **다음 JAVA 프로그램이 실행되었을 때의 결과는?**

```
public class Operator {
public static void main(String[] args) {
        int x=5, y=0, z=0 ;
        y = x++ ;
        z = --x ;
        System.out.print(x+","+y+","+z)
    }
}
```

① 5, 5, 5 ② 5, 6, 5
③ 6, 5, 5 ④ 5, 6, 4

해설 증감연산자에 대한 계산 문제이며, y=x++ 연산은 후위 증가연산자로서 y에 5를 먼저 대입한 후 1을 더해서 6이 되고, Z=--x는 전위 감소연산자로서 연산 전에 6에서 1을 감소시킨 5가 Z에 대입된다. 따라서 x=5, y=5, z=5의 값이 된다.

6회

**18** **C언어에서 연산자 우선순위가 높은 것에서 낮은 것으로 바르게 나열된 것은?**

| | |
|---|---|
| ㉠ ( ) | ㉡ == |
| ㉢ < | ㉣ ≪ |
| ㉤ \|\| | ㉥ / |

① ㉠, ㉥, ㉣, ㉢, ㉡, ㉤
② ㉠, ㉣, ㉥, ㉢, ㉡, ㉤
③ ㉠, ㉣, ㉥, ㉢, ㉤, ㉡
④ ㉠, ㉥, ㉣, ㉤, ㉡, ㉢

해설 연산자 순위는 괄호나 구조체가 가장 순위가 높고 그 다음은 단항 연산자, 이항 연산자, 조건 연산자, 대입연산자 순이며, 이항 연산자 중에서는 승제, 가감, 쉬프트, 비교 및 등가, 논리 연산자 순으로 진행된다.

6회

**19** **C언어 라이브러리 중 stdlib.h에 대한 설명으로 옳은 것은?**

① 문자열을 수치 데이터로 바꾸는 문자 변환함수와 수치를 문자열로 바꿔주는 변환함수 등이 있다.
② 문자열 처리 함수로 strlen()이 포함되어 있다.
③ 표준 입출력 라이브러리이다.
④ 삼각 함수, 제곱근, 지수 등 수학적인 함수를 내장하고 있다.

해설 문자열을 수치로 변환하는 atoi() 함수와 수치를 문자열로 변환하는 sprintf() 함수가 포함되어 있다. strlen()함수는 문자열에서 문자의 개수를 구하는 함수이다.

정답 09 ④ 10 ③ 11 ③ 12 ③ 13 ② 14 ④ 15 ① 16 ④ 17 ① 18 ① 19 ①

7회

**20** JAVA에서 힙(Heap)에 남아있으나 변수가 가지고 있던 참조값을 잃거나 변수 자체가 없어짐으로써 더 이상 사용되지 않는 객체를 제거해주는 역할을 하는 모듈은?

① Heap Collector
② Garbage Collector
③ Memory Collector
④ Variable Collector

해설 자바가상머신(JVM)은 Garbage Collector 기능을 자동으로 수행하여 더 이상 사용하지 않는 변수 및 데이터 공간을 효율적으로 관리한다.

7회

**21** C언어에서의 변수 선언으로 틀린 것은?

① int else;　② int Test2;
③ int pc;　④ int True;

해설 적정한 변수명 정의를 묻는 문제이며, 변수명에 공백, 언더스코어(_), 달러($) 기호 외의 특수 기호는 있으면 안 되고, 특히 언어별로 예약어로 정의된 변수명은 사용이 안 된다. 문제에서 "else"는 C언어의 예약어로 변수로 선언하면 안 된다.

7회

**22** 귀도 반 로섬(Guido van Rossum)이 발표한 언어로 인터프리터 방식이자 객체지향적이며, 배우기 쉽고 이식성이 좋은 것이 특징인 스크립트 언어는?

① C++　② JAVA
③ C#　④ Python

해설 파이썬은 1991년 귀도 반 로섬이 개발한 고급 스크립트 언어이며, 가독성과 개발 용이성이 좋아서 최근에는 널리 사용되고 있다.

7회

**23** 다음 C언어 프로그램이 실행되었을 때의 결과는?

```
#include <stdio.h>
#include <string.h>
int main(void) {
        char str="nation";
        char *p2="alter";
        strcat(str, p2) ;
        printf("%s", str) ;
    return 0 ;
}
```

① nation　② nationalter
③ alter　④ alternation

해설 문제는 C언어에서 문자열을 합치는 strcat함수를 활용한 소스 코드를 구현하였다. char str="nation"; 의 문자열 배열에서 처음 요소에 nation을 넣고 나머지 배열 요소는 0으로 채워졌으며, "*"는 포인터로서 p2주소에는 alter라는 문자열이 배당되었다. strcat은 문자를 합치는 함수로서 "nation"과 "alter"과 합쳐진 ②가 정답이다.

8회

**24** C언어에서 두 개의 논리값 중 하나라도 참이면 1을, 모두 거짓이면 0을 반환하는 연산자는?

① ||　② &&
③ **　④ !=

해설 논리 연산자 "||"를 묻는 문제로서 OR의 연산을 뜻하며, "&&"은 모두 참이어야 1을 반환하는 AND 연산이다. "!="는 비교 연산자로서 a와 b가 다르면 참 값 1을 반환한다.

8회

**25** **JAVA의 예외(exception)와 관련한 설명으로 틀린 것은?**

① 문법 오류로 인해 발생한 것
② 오동작이나 결과에 악영향을 미칠 수 있는 실행 시간 동안에 발생한 오류
③ 배열의 인덱스가 그 범위를 넘어서는 경우 발생하는 오류
④ 존재하지 않는 파일을 읽으려고 하는 경우에 발생하는 오류

해설 JAVA의 예외 오류로서는 하드웨어 문제, 운영체제 설정문제 등의 환경적인 문제나 잘못된 연산 수식, 라이브러리 손상, 기억장치접근 실수 등 대체로 프로그램 외적인 오류에서 기인하며, 단순히 문법오류는 해당이 안 된다.

8회

**26** **다음 C언어 프로그램이 실행되었을 때, 실행 결과는?**

```
#include <stdio.h>
#include <stdlib.h>
int main(int argc, char *argv[ ] ) {
   int i=0 ;
   while(1) {
     if(i==4) {
       break ;
     }
     ++i ;
     }
   printf("i=%d", i) ;
   return 0 ;
}
```

① i=0　　② i=1
③ i=3　　④ i=4

해설 C언어의 제어문 중 반복문 while을 묻는 문제이며, 통상 while(조건식)을 통해서 조건식만큼 반복을 수행하나 while(1)은 무한반복을 하다가 별도의 조건식이 충족되어 break를 통해 정지된다. 문제에서는 i가 0부터 4가 될 때까지 반복하면서 1씩 증가하는 소스 코드이며, 총 4회 수행되어 최종 결괏값이 i=4가 되는 소스 코드이다.

8회

**27** **다음 Python 프로그램이 실행되었을 때, 그 결과는?**

```
a=100
list_data=['a', 'b', 'c']
dict_data={'a' : 90, 'b' : 95}
print(list_data[0])
print(dict_data['a'])
```

① a<br>90　　② 100<br>90
③ 100<br>100　　④ a<br>a

해설 파이선의 집합 자료형 문자열을 묻는 문제이며, list는 배열형, dict는 사전형 문자열로 key와 value 형태로 구성되어 있다. 첫 번째 열에서 a=100으로 선언되었으나, list_data=에서 'a'는 문자형 배열요소 1번으로 print(list_data)에서 첫 번째 요소 'a'가 출력된다. 두 번째 dict_data={'a' : 90, 'b' : 95}에서는 사전형으로 a=90으로 정의되었으며, print(dict_data)에서 90으로 출력된다.

정답 20 ② 21 ① 22 ④ 23 ② 24 ① 25 ① 26 ④ 27 ①

# 응용SW 기초기술 활용

다회독 Check! 1 2 3

**학습 목표**

- 소프트웨어 개발을 위한 플랫폼으로서의 운영체제의 특성과 기본적인 원리, 구조를 이해하고 대표적인 운영체제의 인터페이스, 환경변수, 특성 등을 학습하고 암기가 필요함
- 운영체제에서 수행하는 메모리 관리, 프로세스 관리 등 핵심 기능 등에 대해서 심도 깊은 이해와 학습이 필요하며 지속적으로 높은 출제 빈도를 보이고 있음
- 섹션 2는 OSI 7계층에 대한 이해를 바탕으로 각 계층별 프로토콜, 장비, 핵심 원리를 학습하고 암기가 필요함
- 특히 2계층과 4계층의 전송 매커니즘과 IPv4, IPv6의 주소 관리체계는 출제 빈도가 높음
- 섹션 3은 시스템을 구성하고 있는 각 서버에 대한 이해와 특성 파악이 필요하며 특히 웹서버에 대한 실무 측면의 접근이 필요함

## SECTION 01 운영체제 기초 활용

### 1. 운영체제 종류

**① 운영체제의 개요**

㉠ 운영체제의 정의

사용자가 컴퓨터를 효율적이고 용이하게 사용하도록 상호소통과 자원관리를 지원하는 시스템 소프트웨어

㉡ 운영체제 커널(Kernel)의 정의

운영체제의 핵심 영역은 커널이라는 코어로 구성되어 있으며, 커널 구조, 사용 목적 등에 따라 운영체제의 특성이 분류됨

**이해돕기**

최근의 윈도우 버전도 NT 계열의 커널을 사용 중이며, 기존 마이크로 커널 기반의 혼합 커널로 분류됨

**② 운영체제별 종류**

㉠ 커널의 구조에 따른 유형

| 구분 | 모놀리틱 커널 (Monolithic Kernel) | 마이크로 커널 (Micro kernel) |
|---|---|---|
| 개념도 | Application / System Call / VFS / IPC, File System / Scheduler, Virtual Memory / Device Drivers, Dispatchor, ... / Hardware | User Mode / Kernel Mode / Application IPC, UNIX Server, Device Server, File Server / Basic IPC, Virtual Memory, Scheduling / Hardware |
| Kernel의 크기 | 대용량 | 소용량 |
| 대표적 OS | Unix, Linux | Mac OS, windows NT/2000/XP |
| 성능 | 높음 | 비교적 낮음 |

| 확장성 | 확장 어려움 | 확장이 용이함 |
|---|---|---|
| 구현기능 범위 | 운영체제의 모든 기능을 구현 | 운영체제 최소한의 기능만 구현 |
| 장점 | • 표준 유닉스 인터페이스나 파일 시스템, 네트워크 프로토콜 스택 등 다양한 운영체제 상위 레이어 기능 포함 | • 소규모 커널 운용으로 메모리 자원 소모 최적화와 하드웨어 종속성 최소화 |
| 단점 | • OS의 모든 기능이 로딩되어 메모리 자원 소모 과다<br>• 하드웨어 종속성 발생으로 확장성 및 이식성의 제한적 | • 필요한 서비스 모듈을 추가로 로딩하게 되고 이에 따른 커널과 모듈 간의 잦은 자료 교환으로 문맥 교환(Context Switch)에 따른 오버헤드 발생 |
| 공통점 | 프로세스 관리, 하드웨어 자원 관리, 프로세스 간 통신 등 | |

ⓛ 운영체제 사용 목적에 따른 유형

| 종류 | 상세 설명 | 사례 |
|---|---|---|
| 범용 OS | • 일반적인 사용자들을 위해 하드웨어 자원을 효율적으로 관리하고 다양한 소프트웨어 서비스를 제공하는 운영체제 | 윈도우 10, 우분투 |
| 임베디드 OS | • 특정 하드웨어에 내장되어 있는 운영체제<br>• 전자제품, 휴대전화, 디지털 카메라나 자동차 등에 탑재되는 형태로 개발 | TinyOS, COS |
| RTOS | • 실시간 응용 프로그램의 운영과 관리를 위해 개발된 운영체제로서 CPU의 시간관리에 중점<br>• 정해진 시간 내에 응용프로그램 요청을 처리하는 시스템 | NEOS, Windows CE |
| SecureOS | • 컴퓨터 운영체제상 기포함된 결합을 최소화하고 부가적인 보안 기능을 포함하여 공격자로부터 견고한 방어가 가능한 운영체제 | 보안 커널을 기반으로 독자개발 |

ⓒ 대표적인 운영체제

| 구분 | Linux | Unix | NT |
|---|---|---|---|
| 주환경모델 | C/S 컴퓨팅, 객체지향 | 호스트 중심, 단말 컴퓨터 | C/S 컴퓨팅, 객체지향 |
| 주요 용도 | 인터넷 서버 | 기간 MS 시스템 | • 파일서버<br>• 인터넷서버 |
| OS 기반 | 모놀리틱 커널 | 모놀리틱 커널 | 마이크로 커널 |
| 사용 플랫폼 | 중형 이하 PC 서버 | 중형 컴퓨터 이상 | 중형 이하 PC 서버 |
| UI | GUI+CLI | CLI 기반 | GUI 기반 |
| 소스코드 | 공개 | 비공개 | 비공개 |

**이해돕기**

임베디드(Embeded)

하드웨어와 소프트웨어가 하나의 장치에 내장된 시스템

| | | | |
|---|---|---|---|
| 특징 | • 소스코드 공개로 저렴한 비용으로 구축 가능<br>• 강력한 멀티태스킹과 리얼타임 페이지로드 구현<br>• UNIX와 호환성 높음 | • 다양한 UNIX 버전 간 OSF의 표준화로 호환성 높음<br>• 분산된 자원의 공유성 및 다양한 DB 지원성 높음 | • Windows Interface로 윈도우 계열 호환성과 확장성 높음<br>• 다양한 사용자 편의 기능으로 범용성 높음 |

### ③ 유닉스(UNIX)의 개요

㉠ 유닉스의 정의

- 미국의 벨 연구소에서 C와 어셈블리어 기반으로 개발된 범용 OS
- 멀티태스킹이 가능한 대화식 운영체제이며 다중 사용자와 계층적 파일 시스템 지원

㉡ 유닉스 구성도

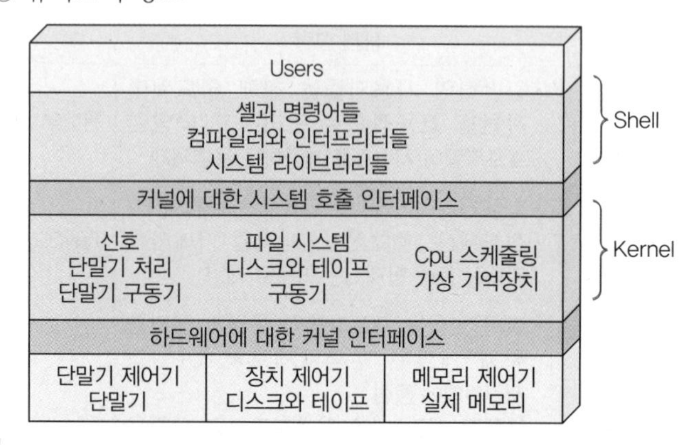


㉢ 유닉스 핵심 구성요소

| 구분 | 설명 |
|---|---|
| 커널 | • 운영체제의 핵심 영역으로 컴퓨터를 부팅 시 보조 기억장치에서 주기억장치로 이동<br>• 항상 주기억장치에 상주하며 프로세스 관리, 입출력 관리, 네트워크 관리, 프로세스 간 통신 등을 관리함 |
| Shell | • 사용자와 시스템 간의 인터페이스 역할<br>• 명령어 해석기(Interpreter)를 통해 사용자 명령의 해석과 커널, 유틸리티 활용<br>• 사용자가 임의로 프로그래밍 가능한 언어 기능을 제공하며 CS Shell, BASH Shell, Korn Shell 등 셸마다 다른 명령어 체계로 구성됨 |
| 시스템 호출 | • 사용자 프로그램이 Kernel에 접근하여 프로세스를 수행가능하도록 인터페이스를 제공<br>• 커널 내에 서브루틴 형태로 존재하며 입출력 시스템 호출, 프로세스 간 통신 시스템 호출, 프로세스 관리 시스템 호출로 분류 |
| 파일 시스템 | • 트리 자료구조 형식으로 구성되며 시스템 내의 디렉토리와 파일 접근, 관리 기능 제공 |

**이해돕기**

셸 스크립트는 동일 섹션의 ⑤에 심화 내용이 수록됨

## 2. 메모리 관리

### ① 메모리의 관리의 개요

㉠ 메모리의 정의

- 사용자가 임의로 데이터를 자유롭게 내용을 읽고 저장할 수 있는 기억장치이며 중앙처리장치와 함께 컴퓨터 하드웨어의 핵심
- 데이터가 임의접근, 저장되는 레지스터, 캐시, 메인 메모리, 디스크 및 SSD 등을 활용한 가상메모리 장치를 총칭

㉡ 메모리 관리의 필요성

| 유형 | 설명 |
| --- | --- |
| 비용 효율화 | • 고속 메모리는 가격이 비싸고 용량이 적으며, 저속 메모리는 가격이 저렴하고 용량이 커서 가격과 성능을 고려해서 다양하고 효율적인 메모리 관리가 필요함 |
| 지역성 대응 | • 운영체제나 특정 응용에서는 특정 메모리 영역을 주로 참고하는 특성이 있어서 이를 기반으로 메모리 관리 필요 |

㉢ 메모리 구성도

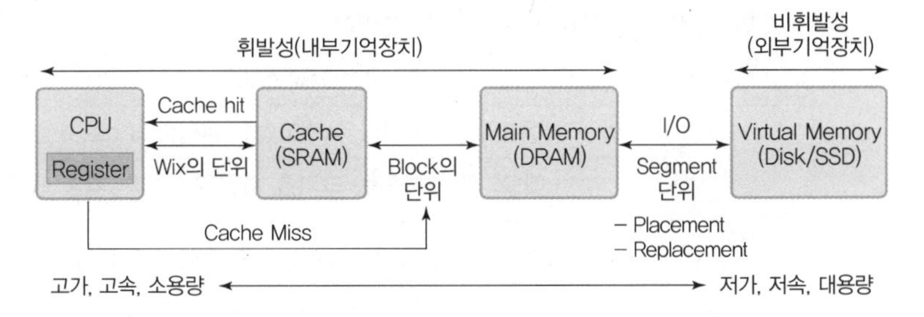


㉣ 메모리 유형

| 종류 | 정의 | 특징 |
| --- | --- | --- |
| 레지스터 | • 현재 처리 중인 데이터나 결괏값을 임시 보관하는 CPU 내부의 소규모 기억장치 | • 초고가이며 칩 내부에 포함할 수 있는 공간의 한계 존재 |
| 캐시 메모리 | • CPU와 주기억장치의 속도 차이에서 발생하는 성능 저하를 완화시키기 위해서 CPU와 주기억장치 중간에 설치한 고속 기억장치 | • 고속, 고가이며 저용량 지역성원리와 캐시 일관성 필요 |
| 메인 메모리 | • 실제 실행하는 프로그램이나 처리 데이터값을 저장하고 관리하는 주 기억장치로서 전원이 공급되어야만 데이터가 보존 | • 기억밀도가 높고 가격이 저렴<br>• DRAM과 SRAM의 2종류로 분류 |
| 가상 메모리 | • 주기억장치보다 큰 프로그램을 실행하기 위해 보조기억장치의 일부 공간을 주기억장치처럼 활용하는 공간 및 기법 | • 용량이 크고 가격이 저렴<br>• 속도가 가장 늦고 데이터 저장과 교환에 시간 소요 |

**이해돕기**

SSD(Solid State Drive)

반도체를 이용한 비휘발성 저장장치로 최근에는 NAND 플래시를 주로 이용함

**이해돕기**

가상메모리

주기억장치가 아닌 보조기억장치의 일부 공간을 주기억장치 메모리처럼 활용하는 기법 및 저장 공간

이해돕기

지역성(Locality)은 파트 3 데이터베이스 부분에서도 학습한 바 있음

ⓜ 메모리 관리 원리

프로그램이 기억장치 내에서 한순간 특정 영역에 집중적으로 참고하는 특성을 지역성이라고 하며, 이러한 지역성의 원리를 이용하여 메모리를 효율적으로 관리함

| 종류 | 상세 설명 | 사례 |
|---|---|---|
| 시간적 지역성 (Temporal Locality) | • 근래에 액세스 된 데이터나 프로그램은 가까운 기간 내에 다시 액세스될 가능성이 높다는 특성 | • Loop<br>• Subroutine |
| 공간적 지역성 (Spatial Locality) | • 기억장치에 저장된 데이터와 인접한 데이터들이 연속적으로 액세스될 가능성이 높다는 특성 | • Array, Table<br>• 순차코드 실행 |
| 순차적 지역성 (Sequential Locality) | • 특정 명령어들이 기억장치에 저장된 순서대로 인출되어 실행되는 특성 | • 구조적 프로그래밍 |

ⓑ 메모리 분할

제한적인 메모리 공간 활용성을 더욱 높이기 위해 공간을 일정 크기 혹은 가변 크기로 분할하여 관리하는 방법

| 구분 | | 상세 설명 |
|---|---|---|
| 고정분할 | 정의 | • 주기억장치를 일정 수의 고정된 일정한 크기로 분할하는 방식 |
| | 장점 | • 메모리에 적재되는 크기를 확인 가능하여 다중 프로그래밍이 가능<br>• 기억장치 관리 방법이 간단하고 수행 속도 증가 |
| | 단점 | • 단편화로 인한 저장공간의 자원 낭비 발생<br>• 수행 프로그램의 크기가 미리 확인되어야 함 |
| 가변분할 | 정의 | • First fit, Best fit, Worst fit 등 다양한 기법을 활용해서 프로그램 적재에 가장 적합한 분할 크기를 결정하고 각 작업 및 상황에 맞춰 다양한 크기로 할당하는 방식 |
| | 장점 | • 내부 단편화에 대한 대응성이 높음<br>• 다중 프로그래밍 알고리즘을 잘 구성하면 자원효율성 향상 |
| | 단점 | • 기억장치를 집약하는 데 많은 시간이 소비됨<br>• 저장공간의 외부 단편화가 발생 |

두음암기

메모리 관리 기법 (할호배교)

**할**아버지 **호**랑이를 사냥꾼 **배교**가 잡았다.

② **메모리 성능 극복 방법**

㉠ 메모리 관리 기법 활용

- 메모리 공간보다 큰 프로그램을 효율적으로 실행하기 위해 제한적인 메모리 공간에 데이터의 할당, 반입, 배치, 교체를 효율적으로 통제하고 관리하는 기법이 필요
- 고가이며 저용량인 캐시메모리와 저가이며 대용량의 메모리인 가상메모리 등을 효율적으로 관리하기 위한 기법

| 구분 | 상세 설명 | 종류 |
|---|---|---|
| 할당정책 | • 각 프로세스에 할당할 메모리 양 관리<br>• 프로세스 실행 중 메인 메모리 할당량 변화 알고리즘 | • 고정할당 기법(페이징 기법)<br>• 가변할당 기법(세그먼트 기법)<br>• 혼용 기법 |
| 호출정책 (Fetch Policy) | • 프로그램의 한 블록을 주기억장치에 적재시킬 시점 결정 | • 요구 호출<br>• 예측 호출 |
| 배치정책 (Placement Policy) | • 프로그램의 한 블록을 적재시킬 주기억장치의 위치 결정 | • First Fit<br>• Best Fit<br>• Worst Fit<br>• Next Fit |
| 교체정책 (Replacement Policy) | • 주기억장치에 적재할 공간이 없는 경우 교체할 블록 선정 | • FIFO<br>• LRU<br>• LFU<br>• Optimal<br>• NUR 등 |

㉡ 메모리 성능 향상기술 적용

메모리 관리기법을 통한 활용 효율화와 함께 캐시 메모리나 가상 메모리를 구성하고, 메모리 인터리빙 등 성능향상을 위한 기술 적용으로 용량과 성능의 한계 극복

| 구분 | 상세 설명 |
|---|---|
| 캐시 메모리 구조 적용 | • CPU 내부 레지스터와 주 기억장치의 속도와 용량을 극복하기 위해 단층 혹은 계층형으로 구성되는 메모리<br>• 멀티 프로세서가 캐시메모리의 내용을 참조하고 저장하는 데 일관성을 유지하기 위한 프로토콜을 통해서 관리 수행 |
| 가상 메모리 기법 적용 | • 주기억장치의 용량 제한으로 큰 용량의 프로그램 실행을 위해 보조기억장치 일부를 주기억장치처럼 사용하는 메모리 관리기법<br>• 운영체제에서 메모리 관리처럼 할당, 반입, 배치, 교체를 통해서 효율적으로 관리 수행<br>• 가상기억장치는 저속의 보조기억장치를 활용하기 때문에 페이지 교체에 시간이 과다 발생할 수 있으며, 이러한 스레싱(Thrashing) 문제를 해결하기 위한 별도의 관리기법 수행 |
| 메모리 인터리빙 기술 적용 | • 메모리의 성능을 증가시키기 위해서 주소 지정방식을 효율적으로 조정하고 순차적으로 실행되는 명령어 및 데이터들을 기억장치 모듈에 적절하게 분산 저장하는 기억장치 버스의 시분할 활용 기술<br>• 주기억장치를 다수의 주소버퍼 레지스터, 데이터버퍼 레지스터로 구성하고 병렬로 동시처리를 수행하는 메모리 관리기법<br>• 메모리 어드레스 구성에 따라서 하위 인터리빙, 상위 인터리빙, 혼합 인터리빙으로 분류 |

**이해돕기**

메모리 성능 향상

고가이며 저용량인 메모리의 성능향상을 하기 위해 운영체제는 메모리 관리기법이나 성능 향상 기술을 통해 효율적으로 사용하고, 하드웨어 차원에서는 DDR 메모리, L3 캐시, 플래시메모리 등을 적용

**이해돕기**

최근 CPU는 캐시메모리를 중복으로 구성하여 더욱 효율적으로 구조화하였는데, 인텔 최신 CPU의 경우 L1, L2, L3의 캐시메모리 구조를 가짐

> **이해돕기**
> 
> 메모리 인터리빙 기술
> 
> 최근 듀얼 채널 메모리라는 기술로 호칭되기도 하며, 메모리 대역폭의 2배를 활용하는 효과가 있음

> **이해돕기**
> 
> 페이징 기법과 세그멘테이션 기법, 혼합 기법은 각각 장단점이 분명하며, 각 기법별로 정확한 개념과 함께 특징을 정확히 학습해야 함

### ③ 메모리 관리기법 상세

#### ㉠ 할당 정책

<table>
<tr><th colspan="2">구분</th><th>상세 설명</th></tr>
<tr><td rowspan="4">페이징<br>(Paging)<br>기법</td><td>개요</td><td>• 주기억장치의 주소를 미리 고정된 크기의 프레임 단위로 나누고 데이터를 적재하는 방식<br>• 프로그램상의 실제 주소와 주기억장치의 주소가 상이하여 페이지 테이블(Page Map Table)이 별도로 필요</td></tr>
<tr><td>특징</td><td>• 페이지 테이블은 페이지 번호와 프레임 번호로 구성되어 있으며 가상기억장치 주소를 주기억장치 주소 변환에 활용<br>• 주기억장치의 외부단편화는 해결 가능하지만 내부에서 단편화가 발생 가능하며 이에 따라 적정한 프레임의 크기를 설정해서 단편화 정도와 관리 오버헤드 간 Trade−off 관계로 최적화 조정이 필요함</td></tr>
<tr><td>개념도</td><td> 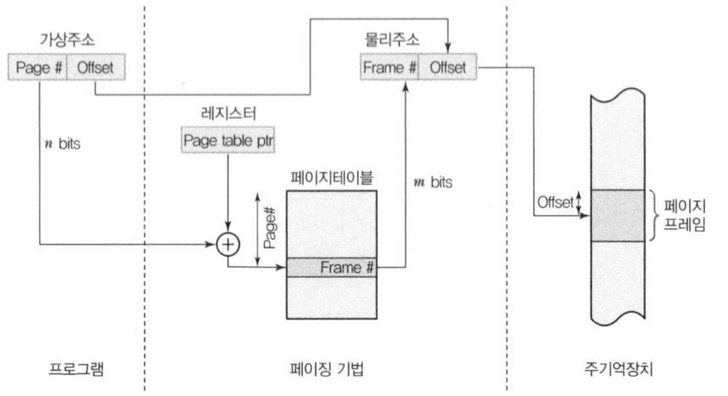가상주소 Page # | Offset<br>n bits<br>레지스터 Page table ptr<br>페이지테이블 Page# Frame #<br>m bits<br>물리주소 Frame # | Offset<br>Offset 페이지 프레임<br>프로그램 / 페이징 기법 / 주기억장치</td></tr>
<tr><td>주소<br>맵핑<br>기법</td><td>
<table>
<tr><th>구분</th><th>상세 설명</th></tr>
<tr><td>직접사상<br>(Direct Mapping)</td><td>• 페이지 테이블이 주기억장치에 위치<br>• 데이터 접근 시 페이지 테이블과 실제 데이터 각각 한 번씩 주기억장치에 접근함으로써 접근 시간이 길어지는 단점 존재</td></tr>
<tr><td>연관사상<br>(Associative Mapping)</td><td>• 페이지 테이블을 별도의 연관 버퍼(Associative buffer)라는 고속 메모리에 저장<br>• 속도가 높으나 별도 메모리 구현으로 비용 발생</td></tr>
<tr><td>혼합사상<br>(Direct/ Associative Mapping)</td><td>• 페이지 테이블을 주기억장치와 연관 버퍼에 분산 저장<br>• 연관사상 테이블은 지역성에 기반하여 최빈도 참조 페이지만 저장 관리하고 페이지테이블은 연관사상 테이블 외의 나머지 페이지들을 모두 관리<br>• 경제성과 성능을 모두 충족하는 방법으로 소수의 연관 버퍼를 먼저 검색한 후 관련 주소가 없으면 페이지 테이블에서 검색</td></tr>
</table>
</td></tr>
</table>

| | | 구분 | 항목 | 상세내역 |
|---|---|---|---|---|
| | 장단점 | 장점 | 외부단편화 방지 | • 페이지 프레임이 넓게 분포되어 있어도 마치 연속적인 공간처럼 활용 가능 |
| | | | 논리적 구성 | • 물리적 구성과 관계없이 동일 크기의 페이지로 논리적인 주소공간을 확보 |
| | | | 메모리 공간 확보 | • 물리적 메모리 크기보다 더 큰 가상 메모리 공간을 사용 가능 |
| | | 단점 | 페이지 폴트 | • 실제 적재되지 않은 페이지가 참조될 경우에는 페이지 폴트 예외가 발생 |
| | | | 페이지 테이블 크기 | • 가상주소공간의 크기와 페이지 테이블의 크기가 비례하여 증가 |

| 구분 | | 상세 설명 | | |
|---|---|---|---|---|
| 세그멘테이션(Segmentation) 기법 (가변 분할) | 개요 | • 주기억장치에서 실제 프로그램 코드나 데이터의 단위인 세그먼트가 적재될 때마다 필요한 만큼씩 분할하여 적재 | | |
| | 특징 | • 세그먼트 테이블은 세그먼트 번호, 세그먼트 시작 주소와 세그먼트 크기로 구성<br>• 외부 단편화는 존재하나 내부 단편화는 없음 | | |
| | 개념도 | 가상주소 / Seg # / Offset=d / 실주소 / Base+d / 레지스터 / Seg table ptr / 페이지테이블 / Seg# / Length / Base / d / 세그먼트 / 프로그램 / 세그먼테이션 기법 / 주기억장치 | | |
| | 장단점 | 구분 | 항목 | 상세내역 |
| | | 장점 | 단순화 | • 자료구조가 추가적으로 확장되는 특성이 있을 시에도 처리 방식이 단순 |
| | | | 모듈단위 관리 | • 세그먼트별로 독립적으로 데이터 값 변경이나 재컴파일이 가능함<br>• 프로그램의 명령과 데이터가 논리적으로 독립적인 공간으로 구분하여 적재 |
| | | | 공유와 보호 | • 프로그램의 명령과 데이터가 논리적으로 독립된 세그먼트로 각각 설정 가능하며 이에 따라 세그먼트 단위별 공유와 보호가 가능함 |
| | | 단점 | 외부 단편화 | • 메모리 동적 할당과 같은 운영 방식으로 외부단편화 문제가 발생함 |
| | | | 연속 공간 확보 | • 외부단편화를 해결하기 위해서는 연속된 공간에 대해서 추가 확보가 필요 |

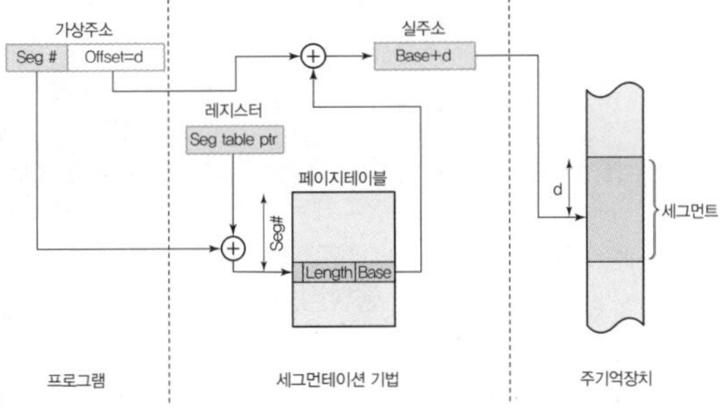

<table>
<tr><th colspan="2">구분</th><th>상세 설명</th></tr>
<tr><td rowspan="5">페이징/<br>세그멘테이션<br>혼용 기법</td><td>개요</td><td>• 페이징 기법의 메모리 관리효율 측면의 장점과 세그멘테이션 기법의 논리적 관리 장점을 모두 활용하기 위한 기법</td></tr>
<tr><td>특징</td><td>• 파일 관리 측면은 세그먼트 단위로 운영하고 메모리에 올라오는 프로그램 조각은 페이지 단위로 관리<br>• 각 세그먼트 안에 있는 저장공간 주소들은 고정 길이의 페이지로 분할하여 운영</td></tr>
<tr><td>개념도</td><td> 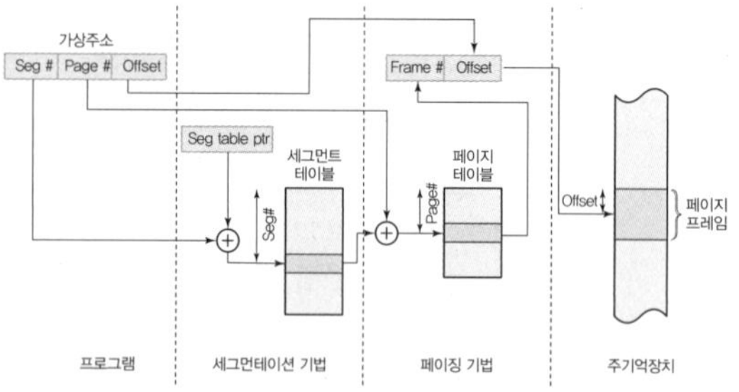가상주소<br>Seg # / Page # / Offset<br>Seg table ptr<br>세그먼트 테이블<br>Seg#<br>Frame # / Offset<br>페이지 테이블<br>Page#<br>Offset<br>페이지 프레임<br>프로그램 / 세그먼테이션 기법 / 페이징 기법 / 주기억장치</td></tr>
<tr><td>주소 운영</td><td>• 가상주소는 세그먼트 번호와 세그먼트 오프셋으로 구성<br>• 세그먼트 오프셋은 페이지 번호와 페이지 오프셋으로 구성</td></tr>
<tr><td>장단점</td><td>
<table>
<tr><th>구분</th><th>항목</th><th>상세내역</th></tr>
<tr><td rowspan="2">장점</td><td>페이징 기법 장점</td><td>• 외부단편화 제거가 가능하며 정교한 메모리 관리로 프로그래밍 편의성 제공</td></tr>
<tr><td>세그멘테이션 기법</td><td>• 세그먼트를 모듈 단위로 관리 가능하여 공유나 보호가 유리하며 자료의 확장성이 우수</td></tr>
<tr><td>단점</td><td>구현 복잡성</td><td>• 페이징 기법이나 세그먼테이션 단일 기법보다 구현이나 운영이 복잡함</td></tr>
</table>
</td></tr>
</table>

㉡ 반입(호출) 정책

| 인출방식 | 상세설명 |
|---|---|
| 요구 반입 (Demand fetch) | • 프로세스 처리 과정 중 데이터의 요청이 있을 때마다 메모리에서 인출하는 방식 |
| 선반입 (pre-fetch) | • 지역성의 원리를 기반으로 하여 미리 예상되는 데이터를 메모리에 적재하고 인출하는 방식 |

㉢ 배치 정책

| 구분 | First Fit | Best Fit | Worst Fit |
|---|---|---|---|
| 원본 | 현재 메모리 공간 : ■ □ □ □ ■ ■ □ □ □ □ ■ □ □ ■ / 적재 데이터 : ■ ■ | | |
| 그림 | ■■■□■■□□□□■□□■ | ■□□□■■□□□□■■■■ | ■□□□■■□■■□■□□■ |

이해돕기

시험에서 배치와 관련한 예제 문제가 다수 출제되고 있으므로 본문의 예시와 기출문제를 풀어보고 정확한 개념을 숙지해야 함

| 설명 | 데이터를 가장 처음 잉여 공간에 배치하는 기법 | 잉여 공간 전체를 스캔 후 단편화가 가장 적은 최적의 공간에 할당하는 기법 | 단편화가 가장 많이 발생하는 최악의 공간에 할당하는 방법 |
|---|---|---|---|
| 장점 | 처리속도 우수 | 최적의 공간에 할당 | 없음 |
| 단점 | 단편화 발생 | 스캔 시간 소요 | 단편화 발생 |

㉣ 교체 정책

- FIFO(First – In First – Out) 알고리즘

<table>
<tr><th>구분</th><th colspan="2">설명</th></tr>
<tr><td>정의</td><td colspan="2">• 각 페이지가 주기억장치 적재될 시 각 페이지별로 타임스탬프(time-stamp)를 발급 후 카운터에서 관리하다가 가장 먼저 주기억장치에 적재되어있는 페이지와 교체하는 기법</td></tr>
<tr><td>개념 설명</td><td>페이지 호출 순서<br>8 1 2 3<br>[8] [8, 1] [8, 1, 2] [3, 1, 2]<br>페이지 프레임</td><td>• 최초 8페이지를 호출하고 페이지 프레임에 적재 후 데이터 사용<br>• 두 번째 1페이지 호출하고 페이지 프레임에 적재 후 데이터 사용<br>• 세 번째 2페이지 호출하고 페이지 프레임에 적재 후 데이터 사용<br>• 네 번째 3페이지 호출하였는데, 페이지 프레임에 추가 여유 공간이 없어서 가장 먼저 적재된 페이지 8을 삭제하고 그 공간에 3페이지 적재 후 데이터 사용<br>• 이후 페이지 프레임에 적재되지 않은 새로운 페이지 호출이 있을 시 8페이지 다음으로 오래 적재된 1페이지가 삭제되면서 신규 페이지로 교체 적재됨</td></tr>
<tr><td>특징</td><td colspan="2">• 통상적으로 페이지를 적재해서 활용하는 버퍼 공간인 프레임이 크면 클수록 페이지 부재의 수가 감소하지만 FIFO 페이지 교체 방법에서 프레임의 수가 증가함에도 오히려 페이지 부재율이 증가하는 모순 현상이 발생하는 경우가 드물게 있으며 이를 FIFO 알고리즘의 모순 혹은 Belady의 이변이라고 함</td></tr>
</table>

- 최적 교체(Optimal Replacement) 알고리즘

| 구분 | 설명 |
|---|---|
| 정의 | • 사전 예측을 통해서 가장 긴 시간 동안 사용하지 않을 페이지를 교체하는 알고리즘 |
| 특징 | • 페이지 호출 순서를 사전에 미리 예측하고 있어야 하기 때문에 구현이 어렵고 비현실적임 |

이해돕기

교체 정책에서는 해당 알고리즘을 묻는 예제 문제와 함께 FIFO의 실제 페이지 호출에 관련된 문제가 출제됨

• LRU(Least Recently Used) 알고리즘

| 구분 | 설명 |
|---|---|
| 정의 | • 각 페이지별로 마지막으로 사용되었던 시간을 기억하는 타임스탬프용 카운터를 두고 페이지 교체가 발생할 시 현 시점에서 가장 오래전에 사용되었던 페이지를 제거하는 방법 |
| 특징 | • 타임스탬프 카운터를 기반으로 페이즈 교체를 관리하여 효율적이나 알고리즘이 다소 복잡해짐 |

• 2차 기회(second chance) 알고리즘

| 구분 | 설명 |
|---|---|
| 정의 | • LRU 알고리즘에 추가로 참조 비트를 두고 추가로 참조된 페이지는 좀 더 오래 페이지 프레임에 적재하여 효율적으로 사용할 수 있도록 구현한 알고리즘 |
| 기타 | • 실제 참조된 발생한 페이지는 참조 비트 값을 0에서 1로 바꾸고 운영되다가 새로운 페이지가 주기억장치에 적재되어야 할 경우, 그 페이지의 참조 비트를 조사하여 0인 페이지를 우선 페이지를 교체하고, 1인 페이지에게는 1에서 0으로 변경하여 한 번 더 기회를 주는 방식 |

• 그 외 교체 알고리즘

| 구분 | 설명 |
|---|---|
| LFU 알고리즘 (Least Frequently Used) | • 가장 참조 횟수가 작은 페이지를 우선 교체하는 방법 |
| MFU 알고리즘 (Most Frequently Used) | • 가장 사용 횟수가 많은 페이지를 우선 교체하는 방법으로 현실적으로 사용하지 않음 |
| NUR 알고리즘 (Not Used Recently) | • 참조 비트와 최근 적재된 페이지임을 확인하는 변형 비트를 두고 복합적 계산하여 가장 사용이 적을 페이지를 우선 교체하는 방식<br>• 참조비트와 변형비트가 모두 1인 경우 가장 오래 동안 적재될 예정이며, 참조비트와 변형비트가 모두 0인 경우 가장 먼저 교체 예정임<br>• 참조비트가 1이고 변형비트가 0인 페이지와 참조비트가 0이고 변형비트가 1인 경우는 참조비트를 우선으로 기준하여 참조비트가 0이고 변형비트가 1인 페이지가 먼저 교체 예정임 |

### ④ 메모리 관리 문제점 및 해결 방법

㉠ 스레싱(Thrashing)

| 구분 | | 설명 |
|---|---|---|
| 정의 | | • 가상메모리에서 프로세스 실행보다 오히려 페이지 교체에 더 많은 시간을 소요하는 비정상적인 현상<br>• 가상메모리 공간이 작거나 지역성을 고려하지 않은 상태에서 잦은 페이지 교체로 인해 발생<br>• 지역성 원리를 이용한 워킹셋 방식과 프레임 수를 조절하는 PFF 방식으로 스레싱을 최소화 가능 |
| 해결 방안 | Working Set | • 워킹셋은 특정 시간에 지역성이 있는 페이지들의 집합을 의미함<br>• 시간적 지역성과 공간적 지역성을 활용하여 자주 참조되는 페이지 집합을 워킹셋으로 정의하고 주기억장치에 유지 관리 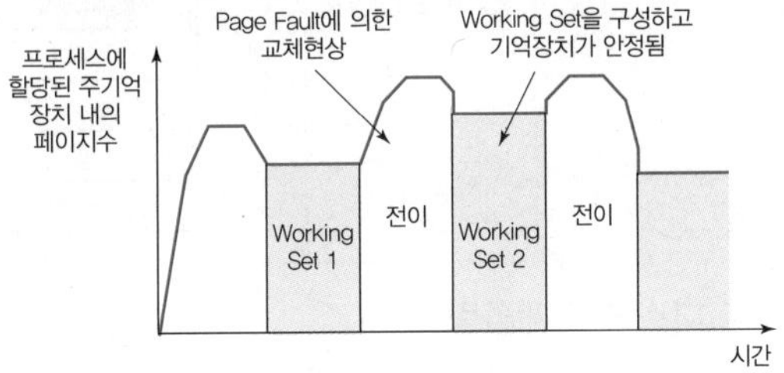 |
| | PFF (Page Fault Frequency) | • 페이지 프레임에서 부재가 발생 시 페이지 프레임 수를 능동적으로 조절하는 방식으로 PFF가 상한이면 프레임을 확장하고, PFF가 하한이면 프레임을 축소하여 배정함<br>• 페이지 부재 발생 시에만 프레임 수를 조정함으로 워킹셋 방법에 비해 오버헤드가 낮음 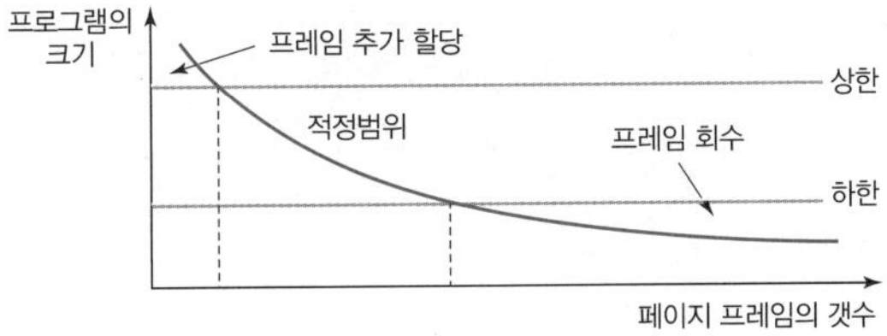 |

㉡ 단편화

| 구분 | | 설명 |
|---|---|---|
| 정의 | | • 주기억장치에 프로그램이나 데이터를 반복적으로 할당하고 반납하는 과정에서 기억장치 빈 공간이 조각나는 단편화 현상 발생 |
| 유형 | 내부 단편화 | • 분할된 영역 공간이 할당된 프로그램이나 데이터보다 커서 사용되지 않고 남아있는 빈 공간<br>• 내부 단편화는 할당된 기억 공간에서 적재된 공간을 제외한 빈 공간으로 정의됨 |
| | 외부 단편화 | • 분할된 영역 공간이 할당될 프로그램이나 데이터보다 작아서 아예 사용되지 않고 남아있는 빈 공간<br>• 외부 단편화는 공간 한계로 프로그램이나 데이터를 적재하지 못하고 남아있는 빈 공간으로 정의됨 |

**이해돕기**

내부 단편화에 대한 예제 문제가 자주 출제됨

| | | |
|---|---|---|
| 해결 방안 | 통합<br>(Coalescing) | • 단편화된 인접한 복수의 빈 공간을 하나로 통합하는 방식<br>• 주소공간 리스트에서 빈 공간의 주소가 인접한 경우 통합<br>• 통합 과정의 예<br>Program A / 빈 공간 / Program B / 빈 공간 / Program C<br>Program B 종료<br>Program A / 빈 공간 / 빈 공간 / 빈 공간 / Program C |
| | 집약/압축<br>(Compaction) | • 주 기억장치에 분포된 빈 분할 영역을 한 곳에 합치는 쓰레기 수집(Garbage Collection) 작업<br>• 쓰레기 수집 및 압축 수행 시에는 다른 모든 작업을 정지하고 수행해야 하며, 수행 시 시스템의 속도 저하를 고려해야 함<br>Program A / 빈 공간 / Program B / 빈 공간 / Program C<br>압축<br>Program A / Program B / Program C / 한끝으로 합친 후 빈 공간 |

**이해돕기**

디스크 스케줄링은 최근 SSD 등 저장장치의 고속화로 문제 출제 빈도가 줄고 있으나 앞으로도 출제는 지속될 것으로 예상됨

**⑤ 디스크 스케줄링**

㉠ 디스크 스케줄링의 정의

HDD 혹은 디스크 저장장치에 사용할 데이터가 분산저장되어 있을 경우 디스크 헤드가 움직이는 경로를 최적으로 결정하는 기법

㉡ 디스크 스케줄링 목표

| 목표 | 설명 |
|---|---|
| 디스크 접근시간 최적화 | • Disk I/O에 걸리는 시간 최적화(암의 이동 최소화) |
| 처리량(Throughput)의 최대화 | • 일정 시간 내 I/O 서비스 처리 최대화 |
| 응답시간 최소화 | • 요청부터 응답까지의 시간 최소화 |
| 응답시간 편차 최소화 | • 각 요청의 응답시간과 응답시간 평균 간 편차 최소화 |

㉢ 디스크 스케줄링 알고리즘 유형

| 유형 | 특성 | 사례 |
|---|---|---|
| FCFS<br>(First Come First Served) | 정의 | • 프로세스 요청에 의해서 큐에 들어온 순서대로 처리하는 알고리즘 |
| | 장점 | • 알고리즘이 단순하여 구현이 용이하며 모든 프로세스에 대해서 공정한 스케줄링을 제공 |
| | 단점 | • 효율성을 고려하지 않아 최악의 경우 전체 수행시간 지연 발생 |

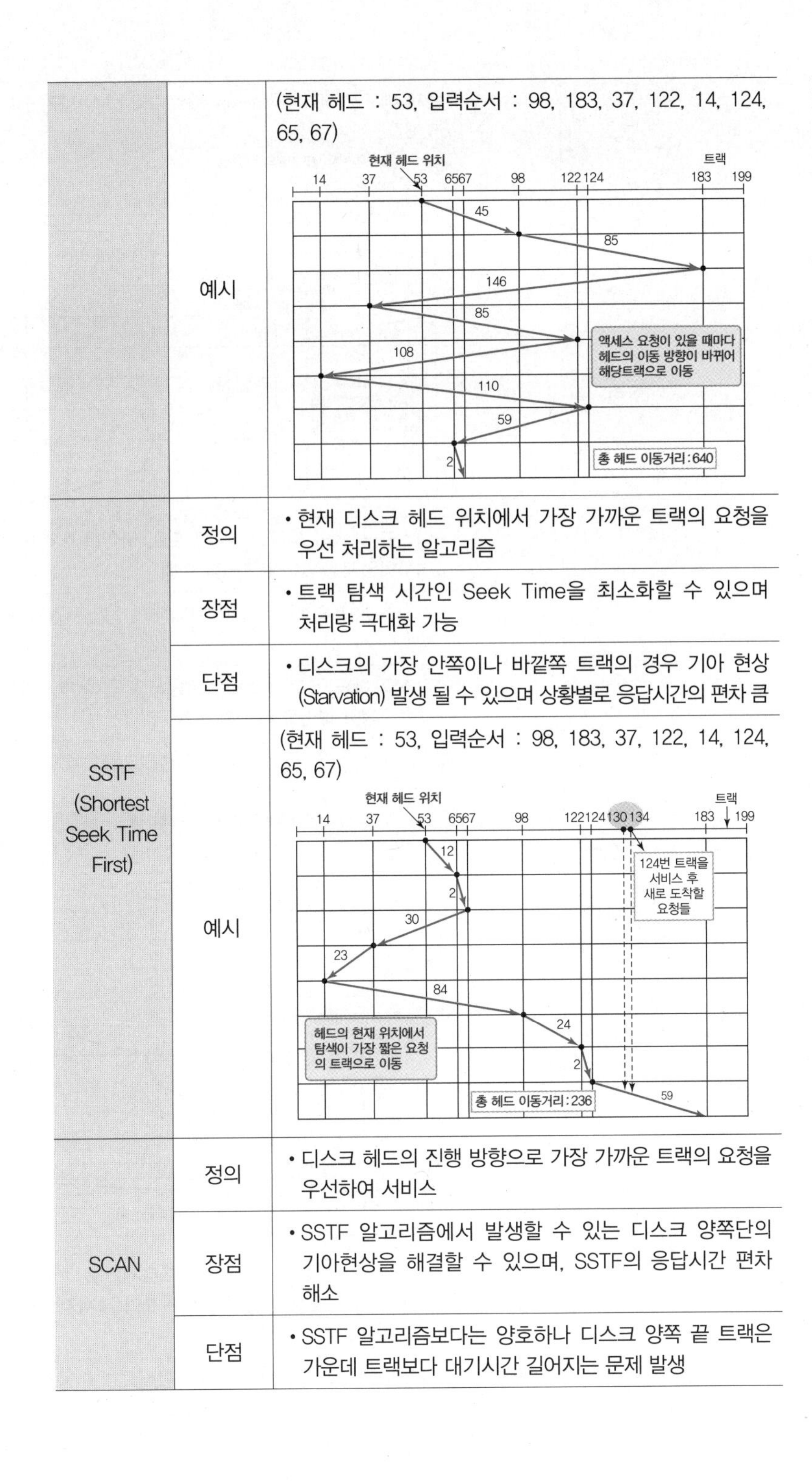


| | | |
|---|---|---|
| | 예시 | (현재 헤드 : 53, 입력순서 : 98, 183, 37, 122, 14, 124, 65, 67) |
| SSTF (Shortest Seek Time First) | 정의 | • 현재 디스크 헤드 위치에서 가장 가까운 트랙의 요청을 우선 처리하는 알고리즘 |
| | 장점 | • 트랙 탐색 시간인 Seek Time을 최소화할 수 있으며 처리량 극대화 가능 |
| | 단점 | • 디스크의 가장 안쪽이나 바깥쪽 트랙의 경우 기아 현상(Starvation) 발생 될 수 있으며 상황별로 응답시간의 편차 큼 |
| | 예시 | (현재 헤드 : 53, 입력순서 : 98, 183, 37, 122, 14, 124, 65, 67) |
| SCAN | 정의 | • 디스크 헤드의 진행 방향으로 가장 가까운 트랙의 요청을 우선하여 서비스 |
| | 장점 | • SSTF 알고리즘에서 발생할 수 있는 디스크 양쪽단의 기아현상을 해결할 수 있으며, SSTF의 응답시간 편차 해소 |
| | 단점 | • SSTF 알고리즘보다는 양호하나 디스크 양쪽 끝 트랙은 가운데 트랙보다 대기시간 길어지는 문제 발생 |

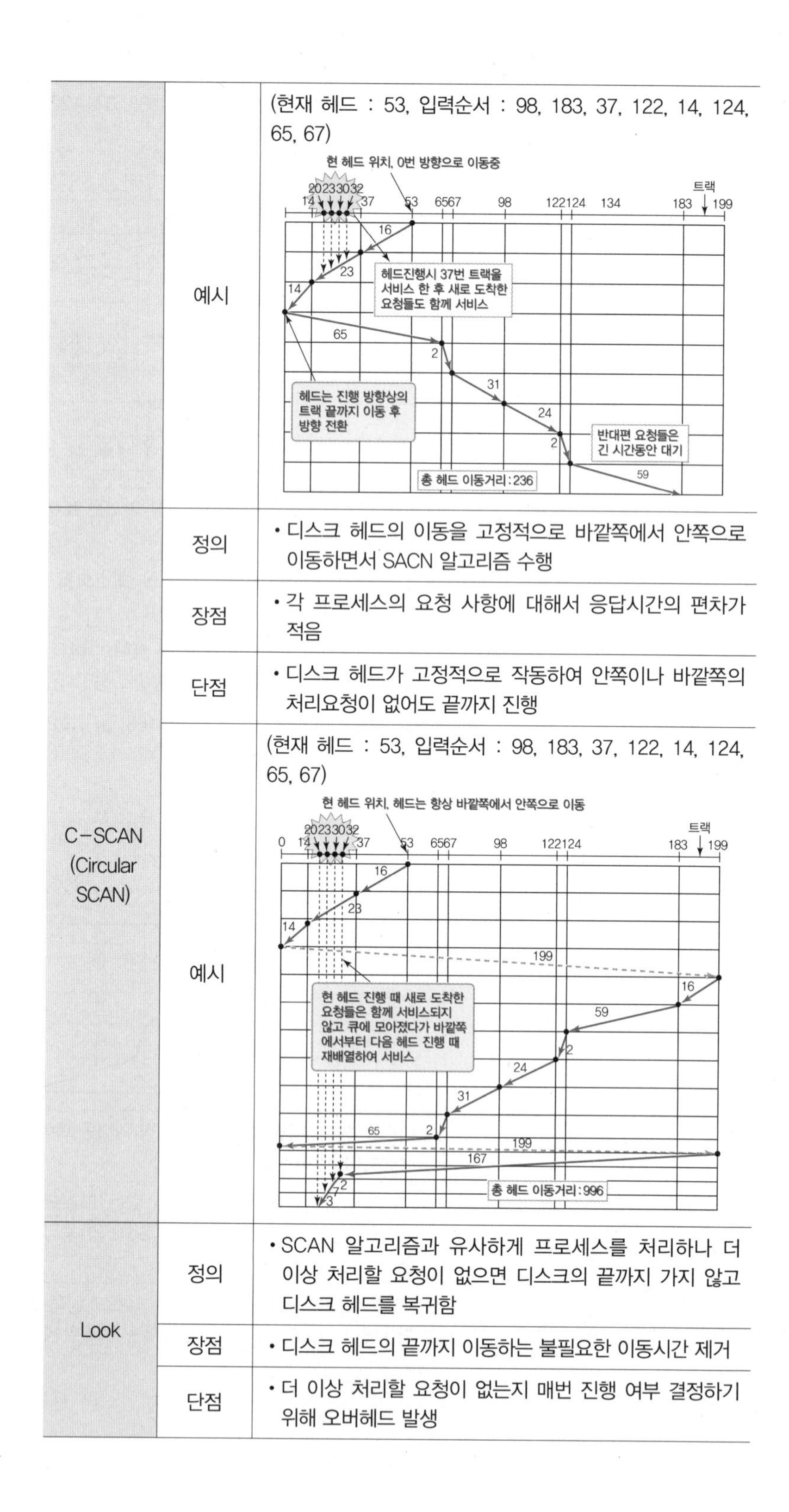


| | | |
|---|---|---|
| | 예시 | (현재 헤드 : 53, 입력순서 : 98, 183, 37, 122, 14, 124, 65, 67) |
| C-SCAN (Circular SCAN) | 정의 | • 디스크 헤드의 이동을 고정적으로 바깥쪽에서 안쪽으로 이동하면서 SACN 알고리즘 수행 |
| | 장점 | • 각 프로세스의 요청 사항에 대해서 응답시간의 편차가 적음 |
| | 단점 | • 디스크 헤드가 고정적으로 작동하여 안쪽이나 바깥쪽의 처리요청이 없어도 끝까지 진행 |
| | 예시 | (현재 헤드 : 53, 입력순서 : 98, 183, 37, 122, 14, 124, 65, 67) |
| Look | 정의 | • SCAN 알고리즘과 유사하게 프로세스를 처리하나 더 이상 처리할 요청이 없으면 디스크의 끝까지 가지 않고 디스크 헤드를 복귀함 |
| | 장점 | • 디스크 헤드의 끝까지 이동하는 불필요한 이동시간 제거 |
| | 단점 | • 더 이상 처리할 요청이 없는지 매번 진행 여부 결정하기 위해 오버헤드 발생 |

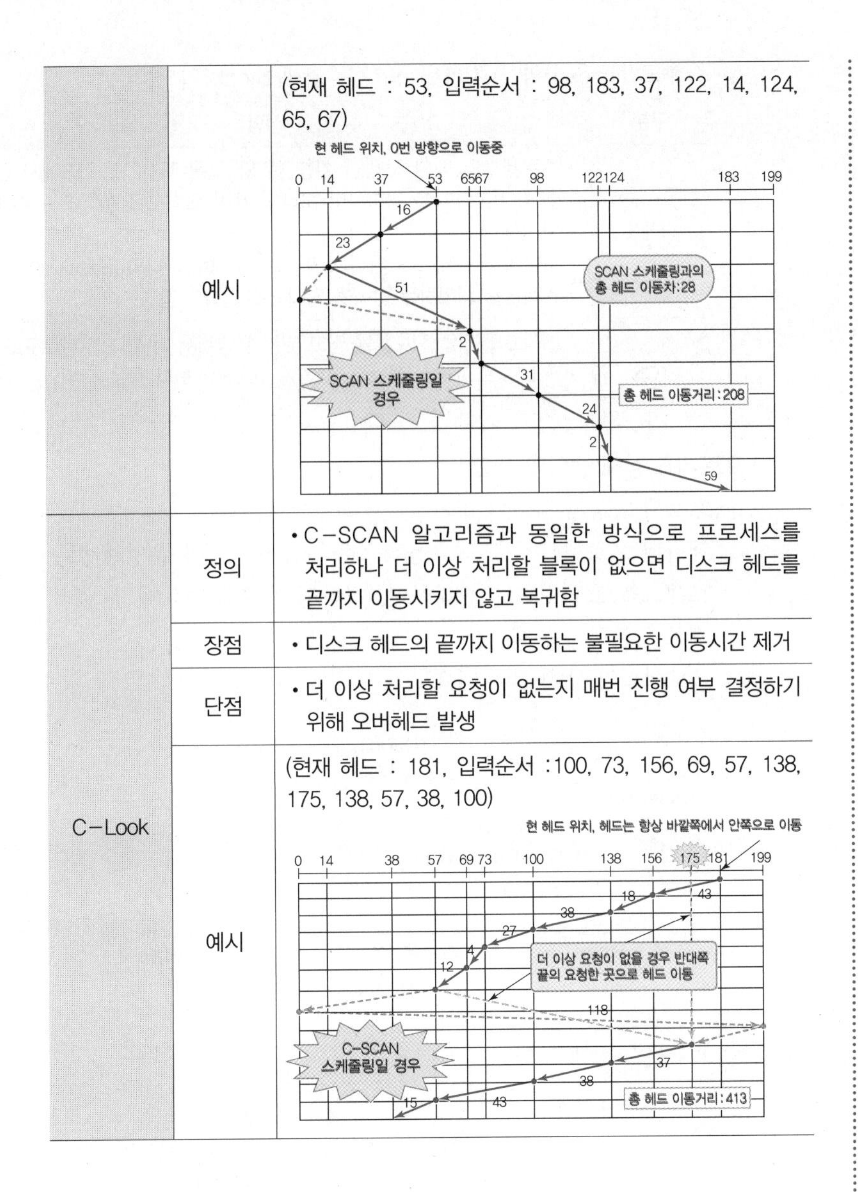


| | | |
|---|---|---|
| | 예시 | (현재 헤드 : 53, 입력순서 : 98, 183, 37, 122, 14, 124, 65, 67) |
| C-Look | 정의 | • C-SCAN 알고리즘과 동일한 방식으로 프로세스를 처리하나 더 이상 처리할 블록이 없으면 디스크 헤드를 끝까지 이동시키지 않고 복귀함 |
| | 장점 | • 디스크 헤드의 끝까지 이동하는 불필요한 이동시간 제거 |
| | 단점 | • 더 이상 처리할 요청이 없는지 매번 진행 여부 결정하기 위해 오버헤드 발생 |
| | 예시 | (현재 헤드 : 181, 입력순서 :100, 73, 156, 69, 57, 138, 175, 138, 57, 38, 100) |

## 3. 프로세스 스케줄링

### ① 프로세스 개요

㉠ 프로세스(Process)와 PCB(Process Control Block)의 정의

| 구분 | 설명 |
|---|---|
| 프로세스 | • 프로세서에 의해서 수행되는 프로그램 실행 단위로 현재 실행 중이거나 곧 실행 가능한 PCB를 가진 프로그램<br>• 프로세스와 관련한 정보는 PCB에 저장되고 CPU에 의해서 Dispatch<br>• 프로그램 수행을 위한 자원 할당 및 수집, 지원하는 최소 단위 |
| PCB | • 운영체제가 시스템의 작업들을 관리하기 위하여 프로세스 작업 단위로 상태 및 유지를 위한 정보를 담는 커널 내부 저장소 |

**이해돕기**

FCB(File Control Block)

• 운영체제에서 PCB, TCB와 함께 구성됨
• 파일 제어 블록이라고 하며 유닉스의 파일을 관리하는 파일 디스크립터(File Descriptor)에서 파일 ID, 파일 크기, 디스크 주소 등의 정보를 저장하여 블록 형태로 운영
• 관리자의 직접 접근은 제한되며 보조기억장치에서 파일 호출 시 주기억 장치로 이관됨

㉡ 스레드(Thread)와 TCB(Thread Control Block)의 정의

| 구분 | 설명 |
|---|---|
| 스레드 | • 프로세스의 핵심 구성인 실행단위와 실행환경 2개 요소에서 전자인 실행 기본단위를 의미하며 하나의 제어 흐름으로 실행되는 수행경로 및 실행코드<br>• 하나의 프로세스에 여러 스레드가 있으며, 하나의 프로세서에서 여러 스레드를 처리하는 방식을 멀티 스레드라고 함 |
| TCB | • 스레드의 작업 정보들을 담고 있는 운영체제 커널 내의 자료구조<br>• PCB는 프로세스 정보를, TCB는 프로세스보다 작은 단위인 스레드의 정보를 담는 자료 구조 |

**② 프로세스 상태 전이의 개요**

㉠ 프로세스 상태 전이의 정의

제한된 프로세서 수량을 효율적으로 사용하기 위해 운영체제는 다수의 프로세스를 효율적으로 관리하며, 하나의 프로세스를 대기, 준비, 실행 단계로 구분하여 통제

㉡ 프로세스의 상태 전이 개요도

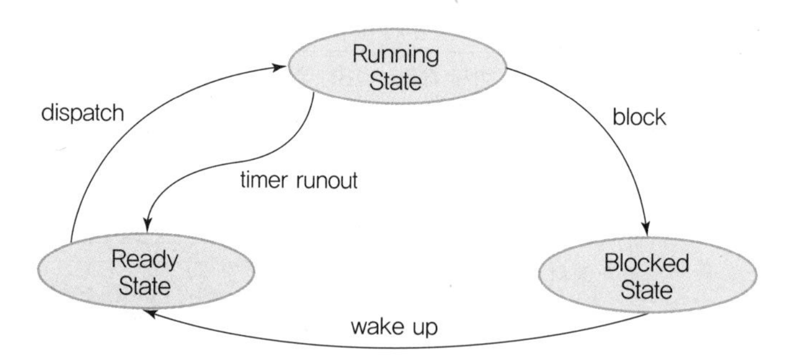


㉢ 프로세스 상태

| Process 상태 | 설명 |
|---|---|
| 실행(Run) | • 프로세스가 CPU 자원을 할당받아 실행 중인 상태<br>• 디스패치를 통해 실행 상태로 전이<br>• 디스패치 : 준비 상태의 프로세스가 CPU를 배정받아 실행 상태로 바뀌는 것 |
| 준비(Ready) | • 프로세스가 실행을 준비하고 있는 상태<br>• Timer Run Out : 시간 주기 내에 작업이 끝나지 않으면 인터럽트를 발생시켜 제어권을 운영체계로 넘기고 준비 상태로 전이<br>• Block : 실행 상태의 프로세스가 입출력이나 다른 작업을 수행하는 경우, 제어권을 운영체제에 넘기고 작업이 끝날 때까지 대기 상태로 전이 |
| 대기(Block, Exit) | • 프로세스가 어떤 Event를 기다리는 상태<br>• Wake-up 입출력이나 다른 작업이 끝났을 때, 프로세스가 준비 상태로 전이하는 것 |

### ③ 기타 프로세스 관리

| 구분 | 설명 |
| --- | --- |
| IPC<br>(Inter Process Communication) | • 복수의 프로세스들 사이에서 서로 데이터를 송수신하는 행위, 방법, 경로를 관리하는 운영체제의 프로세스 관리 기법<br>• 프로세스 공유메모리나 메시지 전달 방법을 사용하여 송수신 |
| 문맥교환<br>(Context Switching) | • 하나의 프로세서에서 실행 중인 프로세스를 다른 프로세스로 교환하는 과정을 의미하며 운영체제 내의 내부 모듈인 디스패처(Dispatcher)가 처리<br>• 문맥교환이 발생하면 기존 수행하던 프로세스 정보는 레지스트리에 저장하고 새로이 배정된 프로세스가 종료하면 저장된 프로세스 정보를 호출하여 재실행<br>• 빈번한 문맥교환은 오버헤드가 발생하며, 스레드의 효율적인 스케줄링 관리를 통해 오버헤드 최소화 지향 |
| 인터럽트<br>(Interrupt) | • 프로그램 실행 중 예기치 않은 상황이 발생 시, 실행중인 작업을 중지하고 긴급 상황 처리 후 다시 이전 작업으로 복귀하여 프로그램 수행의 연속성을 보장하는 운영체제 매커니즘<br>• 기계적 문제, 프로그램상의 오류, 의도적 조작 및 입출력장치 동작 시에 발생하는 이슈로 인하여 프로세스 문맥교환과 유사한 형태로 ISR(Interrupt Service Routine)처리 수행<br>[그림: 프로그램 수행 / 인터럽트 요청 / 인터럽트 처리 루틴 / 복귀(RETI) / 인터럽트 서비스 루틴]<br>**인터럽트 요청 신호회로**: • 인터럽트가 발생하면 현재 수행 중인 프로그램 처리는 일시 중단되고 제어권이 제어 프로그램으로 넘어감<br>**인터럽트 처리/서비스루틴**: • 제어 프로그램 중에 준비된 인터럽트 처리 루틴과 인터럽트 서비스 루틴이 처리됨<br>**인터럽트 복귀**: • 이 루틴들의 처리가 끝나면 시스템은 인터럽트가 발생하기 이전의 상태로 돌아가서 먼저 실행하던 처리 프로그램의 실행을 다시 시작 |

### ④ 프로세스 스케줄링

㉠ 프로세스 스케줄링의 정의

- 멀티 프로세서 시스템에서 프로세서 간의 우순 순위를 지정하고 CPU 활용을 극대화하기 위해 운영체제가 프로세스 스케줄링 관리 수행하며 선점 스케줄링과 비선점 스케줄링으로 분류

**이해돕기**

프로세스 관리 문제점

- 무한연기 문제 : 멀티 프로세서 시스템에서 프로세서 간의 우선순위를 지정하고 CPU 활용을 극대화하기 위해 스케줄링을 하나, 적절하지 못한 스케줄링은 낮은 우선순위의 프로세스가 우선순위 높은 프로세스가 끝나기를 무한정 기다리는 현상인 기아 현상(Starvation) 발생 가능. 이를 해결하기 위해 특정 시간 동안 대기하면 인센티브를 주는 Aging 기법을 활용함
- 교착상태(Dead Lock) 문제 : 멀티 프로세싱 시스템에서 복수 개의 프로세스가 서로 다른 프로세스가 소유하고 있는 자원이 양도되길 무한정 기다리고 있는 대기 상태 발생 가능

- 적절하지 못한 스케줄링은 높은 우선순위의 프로세스가 우선순위가 낮은 프로세스가 끝나기를 무한정 기다리는 현상인 기아 현상(Starvation) 발생 가능

ⓛ 프로세스 스케줄링의 목표

| 요건 | 설명 |
|---|---|
| 처리능력(Throughput) 최대화 | • 정해진 할당 시간 내에 최대한 다수 작업을 처리하는 개념으로 처리된 프로세스 수/시간으로 정의됨 |
| CPU 이용률(Utilization) 극대화 | • 정해진 할당 시간 동안 CPU을 가동하여 100%를 목표로 함 |
| 공정성(Fairness) 최대화 | • 복수 개의 프로세스가 공정하게 CPU 자원 할당을 받도록 조정 |
| 마감시간(Deadline) 준수 최대화 | • 실시간 처리가 중요한 RTOS(Real Time OS) 등에서 마감 시간 준수를 최대로 수행 |
| 반환 시간(Turnaround time) 최소화 | • 프로세서의 전체작업 수행시간을 최소할 수 있도록 계획 |
| 대기시간(waiting time) 최소화 | • 각 프로세스가 처리를 기다리는 시간에 대해서 최소화를 목표로 계획 |
| 응답시간(Response time) 최소화 | • 대화식 업무처리에서 응답까지의 시간에 대해서 최소화를 목표로 계획 |

ⓒ 스케줄링 기법 비교

| 구분 | 선점(Preemptive) 스케줄링 | 비선점(Non-preemptive) 스케줄링 |
|---|---|---|
| 개념 | • 특정 프로세스가 CPU 자원을 할당받아 작업을 처리하고 있을 때 우선순위가 더 높은 다른 프로세스가 현재의 프로세스 작업을 중지시키고 CPU 자원을 점유하는 스케줄링 기법 | • 특정 프로세스가 CPU 자원을 할당받아 작업을 처리 중에는 다른 프로세스의 CPU 점유가 불가한 스케줄링 기법 |
| 장점 | • 비교적 신속한 응답률 확보 가능<br>• 대화식 시분할 시스템 등 특정 프로세스들이 빠른 처리를 요구하는 시스템에 적합 | • 응답시간에 대한 예측이 쉬우며 모든 프로세스의 자원요구를 공정하게 처리 가능 |
| 단점 | • 높은 우선순위 프로세스들이 계속 자원할당 요청 시 오버헤드 발생 | • 짧은 작업의 프로세스가 긴 작업 종료 전까지 대기하는 비효율 문제 발생 |
| 기법 | • Round Robin, 다단계 큐(Multilevel Queue), 다단계 피드백 큐, SRT | • FCFS, SJF, HRN(High Response Rate Next), Priority, Deadline |

**이해돕기**

기아 문제(Starvation)

선점 스케줄링의 경우 우선순위가 낮은 프로세스의 경우 계속해서 대기하는 문제가 발생할 수 있는데 이를 기아문제(Starvation)라고 함. 이를 해결하기 위해 기다리는 시간을 우선순위 선정에 고려해주는 보조적 기법[에이징(Ageing)]을 활용하기도 함

ⓡ 선점 스케줄링 알고리즘

| 알고리즘 | 처리 방식 |
| --- | --- |
| 라운드로빈 (Round Robin) | • 프로세스 할당을 위한 FCFS(First Come First Service) 방식의 대기큐를 구현하고 각 프로세스는 동일한 CPU 시간을 할당받음<br>• 특정 프로세스가 할당된 시간 내에 작업 처리를 못 하면 대기 큐의 가장 뒤로 보내지고 CPU는 대기 중인 다음 프로세스에 할당되며 순환됨<br>• 시분할 시스템(Time Sharing System) 등 대화식 사용자 서비스에 적합 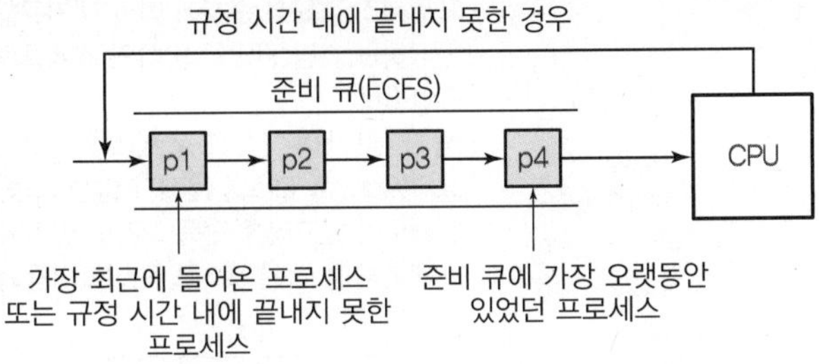<br>규정 시간 내에 끝내지 못한 경우<br>준비 큐(FCFS)<br>p1 p2 p3 p4 CPU<br>가장 최근에 들어온 프로세스 또는 규정 시간 내에 끝내지 못한 프로세스<br>준비 큐에 가장 오랫동안 있었던 프로세스 |
| 다단계 큐 (Multi-level Queue) | • 프로세스 작업들을 여러 그룹으로 분류하고 각 그룹별로 큐를 운영하는 방식<br>• 상위그룹의 작업에 의해 하위그룹의 작업이 선점당하며, 상위그룹의 큐가 모두 소요되면 하위 큐 프로세스가 수행됨 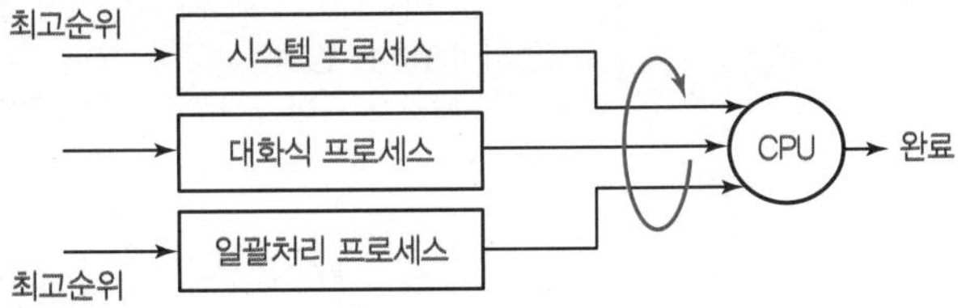<br>최고순위<br>시스템 프로세스<br>대화식 프로세스<br>일괄처리 프로세스<br>최고순위<br>CPU 완료 |
| 다단계 피드백 큐 (Multi-level Feedback Queue) | • 프로세스 큐를 복수로 운영하며 큐의 분할 시간(CPU Time Slice(Quantum))을 하위로 갈수록 길게 계획하는 스케줄링 기법<br>• 신규 프로세스는 높은 우선순위를 배당받고 분할 시간이 짧은 큐에서 프로세스를 처리하다가 미종료 시에는 점점 실행 시간이 긴 우선순위 낮은 큐로 이동<br>• 맨 하위 큐에서는 Round Robin으로 프로세스 할당을 수행<br>• 다단계 큐에서 발생하는 프로세스 기아(Starvation) 문제에 대응하는 Aging 기법 반영 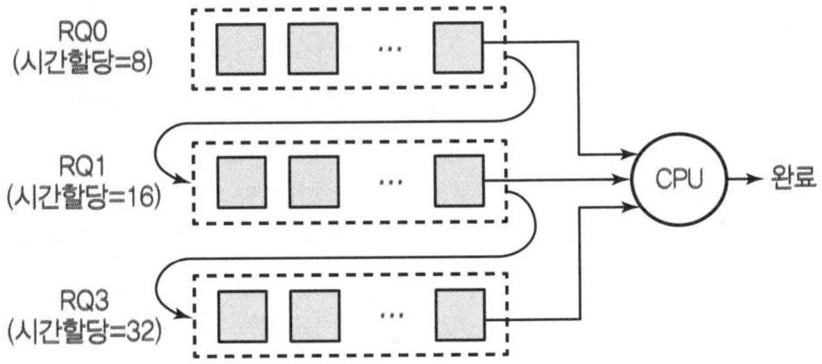<br>RQ0 (시간할당=8) …<br>RQ1 (시간할당=16) …<br>RQ3 (시간할당=32) …<br>CPU 완료 |



PART 01 PART 02 PART 03 PART 04 PART 05

| | |
|---|---|
| SRT (Short Remaining Time) | • 프로세스 처리 시간을 예측하고 가장 짧은 시간이 소요되는 프로세스 먼저 수행<br>• 특정 프로세스 처리 중에도 처리 시간이 더 짧다고 예측되는 프로세스가 자원 요청 시 프로세스 먼저 할당<br>• 프로세스 처리가 긴 작업은 비선점 알고리즘 중 유사한 SJF 알고리즘보다 대기 시간이 더욱 길게 반영됨 |

**이해돕기**

비선점 스케줄링에서는 HRN 알고리즘이 중요하며 응답률 계산식을 숙지하여 실제 예제 문제도 풀 수 있어야 함

㉤ 비선점 스케줄링

| 알고리즘 | 처리 방식 |
|---|---|
| 선입선처리 스케줄링 (FCFS ; First Come First Service) | • 프로세스의 요청 순서에 따라 대기큐를 운영하고 먼저 CPU 자원을 할당하는 가장 간단한 방식의 스케줄링 알고리즘(FIFO ; First Input First Out)<br>• 처리 시간이 긴 프로세스가 CPU 자원을 독점하는 호위 효과(Convoy Effect) 문제가 발생 가능<br>• 실제로는 알고리즘 단독으로 구현보다는 라운드 로빈이나 우선순위 스케줄링 등 다른 스케줄링 알고리즘에 보조적으로 활용됨<br>대기 큐<br>C B A → CPU → 완료<br>FIFO 스케줄링 |
| 최단작업우선 스케줄링 (SJF ; Shortest Job First) | • 대기 큐의 프로세스 중 각 프로세스별 CPU 집중 사용((Burst Time) 길이를 비교하여 수행 시간이 가장 짧다고 예측되는 프로세스를 먼저 수행하는 방식<br>• CPU 처리 시간이 긴 프로세스와 짧은 프로세스 간에 대기시간 불평등이 크며 긴 프로세스의 경우는 기아 문제(Starvation) 발생<br>D → C → B → A → CPU<br>10 6 3 2<br>요구 시간이 작은 프로세스 우선 |
| HRN 스케줄링 (Highest Response Ratio Next) | • 최단작업우선(SJF) 스케줄링 알고리즘에서 발생할 수 있는 기아 문제(Starvation)를 보완한 기법으로 긴 작업의 프로세스와 짧은 작업 프로세스 간의 불평등을 완화<br>• 작업 시간에 대기 시간을 반영한 응답률을 계산하고 대기 중인 프로세스에서 응답률이 가장 높은 프로세스를 선택<br>• 응답률(Response Ratio)은 대기시간과 서비스 시간을 더한 후 서비스 시간으로 나누어서 도출 |
| 우선순위 스케줄링 (Priority) | • 각 프로세스의 우선순위를 관리자나 자원요구량, CPU 처리시간 등으로 결정하여 사용 우선순위를 배당하고 우선순위에 맞춰 CPU 자원을 할당하는 방식<br>• 동일한 우선순위 프로세스 간에는 FCFS 알고리즘으로 처리하고, 계속해서 높은 프로세스 발생에 따른 기아 문제를 해결하기 위해서 Aging 기법 등 활용 |
| 기한부 스케줄링 (Deadline) | • 작업 전에 프로세스 작업이 요구하는 정확한 자원을 예측하고 명기된 시간 내에 완료되도록 스케줄링하는 기법<br>• 실제로는 정확한 예측이 어려워 제한적으로 사용 |

⑤ **교착상태(Dead Lock)**

㉠ 교착상태의 정의

멀티 프로세싱 시스템에서 두 개의 프로세스가 서로 다른 프로세스가 소유하고 있는 자원이 양도되기를 무한정 기다리고 있는 상태

㉡ 교착상태 개념도

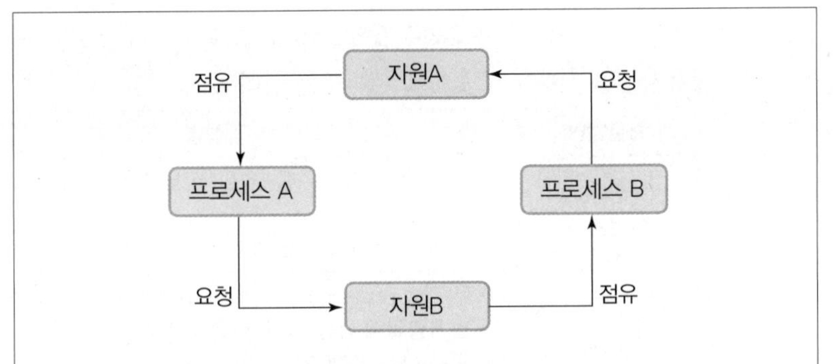


- 프로세스 A가 자원 A를 점유하면서 자원 B를 요청
- 프로세스 B가 자원 B는 점유하면서 자원 A를 요청
- 프로세스 A와 B는 각자의 자원을 보유한 상태에서 서로의 자원을 기다리며 교착상태 발생

㉢ 교착상태 발생 요건

| 발생 조건 | 설명 |
|---|---|
| 상호배제 (Mutual Exclusion) | • 각 프로세스들이 필요 자원을 배타적으로 점유하여 타 프로세스들이 해당 자원 사용 불가 |
| 점유와 대기 (Hold and Wait) | • 특정 프로세스가 이미 특정 자원을 점유하고 있으면서 다른 자원을 부가적으로 요구하고 대기 |
| 비선점 (Non-Preemption) | • 프로세스 스케줄링 방식이 비선점 방식으로 다른 프로세스 처리가 끝나야 해당 자원을 할당받을 수 있음 |
| 환형(순환) 대기 (Circular Wait) | • 각 프로세스들과 자원들이 원형의 형태로 상대방의 자원을 서로 요청하면서 대기하는 상황 |

**두음암기**

교착상태 발생 요건(상점비환)

저 **상점**에는 **비환**이가 일한다.

㉣ 교착상태 해결방안

| 해결방안 | 설명 |
|---|---|
| 예방 | • 상호배제 조건을 예방하기 위해 동시 자원 접근 허락<br>• 특정 프로세스가 일부 자원만 보유하고 추가 자원을 요구하며 대기하는 자원의 부분 할당 문제를 예방하기 위해 필요한 자원 전체를 일시 할당<br>• 환형 대기를 예방하기 위해 모든 자원에 고유번호를 지정하고 선형으로 관리 |
| 회피 | • 교착 회피 알고리즘인 은행가 알고리즘 활용<br>• 상호배제 조건을 제거하기 위해 동시 자원 접근 허락<br>• 자원의 부분할당 조건을 제거하기 위해 필요한 자원 전체를 일시 할당<br>• 비 선점 조건 제거하기 위해서 자원요구 시에 프로세스가 이미 보유하고 있는 점유자원을 반납 처리<br>• 환형 대기 조건을 제거하기 위해 자원 할당을 위한 순서를 계획하고 할당 수행 |

| 발견 | • 주기적이고 지속적으로 자원 할당 그래프를 활용하여 교착상태를 모니터링 |
|---|---|
| 회복 | • 교착상태가 없어질 때까지 관련 프로세스를 순차적으로 하나씩 제거(Kill) |

ⓜ 상호배제 알고리즘

특정한 프로세스가 공유자원을 점유하고 있을 때 다른 프로세스가 해당 공유자원을 사용하지 못하게 제어하는 원리

| 해결방안 | 설명 |
|---|---|
| 데커(Dekker) 알고리즘 | • 두 개의 프로세스를 위한 상호배제의 최초 소프트웨어 해결법<br>• 두 개의 Boolean Flag와 Int turn의 공유변수를 가짐 |
| 피터슨(Peterson) 알고리즘 | • 두 개의 Boolean Flag와 Int turn의 공유변수를 가짐<br>• 임계영역에 진입하려면 먼저 Flag 하나를 true로 하여 의사표시 이후에 임계영역에 진입 |
| 램포트(Lamport) 알고리즘 | • 분산처리 환경에서 유용한 상호배제 해결 알고리즘으로 수행순서를 위한 번호를 부여받고 낮은 번호가 먼저 수행되는 알고리즘 |
| 세마포어(Semaphores) | • 운영체계 또는 프로그램 작성 내에서 상호배제를 지원하는 메커니즘<br>• 세마포어 변수(S) 및 두 개의 연산(P, V)으로 임계영역에 접근하는 잠금장치에 대한 이론적 기반 |

ⓑ 교착회피 알고리즘

- 특정 프로세스가 자원을 요구할 때 자원 배당 후에도 안정적인 상태로 유지가 가능한지 사전에 검사하는 방법으로서 대표적인 교착 회피 알고리즘은 은행가 알고리즘이 있음
- 사전 모든 자원에 대하여 제공 가능 수량을 시뮬레이션하여 교착상태 발생 가능성을 예측하는 회피 방식 알고리즘

## 4. 환경변수

### ① 환경변수의 개요

㉠ 환경변수의 정의

- 운영체제 등 시스템 SW 동작에 영향을 주는 동적인 설정 속성값들의 모임으로 변수명 및 값으로 구성
- 시스템 전반에 적용되는 시스템 환경변수와 사용자 계정 내에서만 적용되는 사용자 환경변수로 분류

**이해돕기**

상호배제

세마포어가 운영체제 혹은 프로그램 작성 시 제공하는 상호배제 메커니즘이라면, 자바나 파스칼 등에서는 프로그램언어 수준에서 모니터라는 소프트웨어 모듈을 사용하여 상호배제 수행

**이해돕기**

은행가 알고리즘(Banker's Algorithm)

사전에 자원 상황과 프로세스별로 최대 사용량을 파악하고 프로세스가 자원 할당을 요구하면 상황을 점검하고 Safe 상태에서는 자원 할당, Unsafe 상태에서는 기존 자원을 사용하고 있는 프로세스의 작업이 해제되기까지 대기함

**이해돕기**

셸 스크립트와 환경변수

환경변수는 셸 스크립트와 함께 사용하여 운영체제와 관련 정보의 확인 및 표시, 설정 및 변경을 수행함

ⓛ 환경변수 확인 및 수정

| 명령어 | 윈도우 및 도스 | 리눅스 및 유닉스 |
|---|---|---|
| 변수 보기 | set | $ env(전역 환경변수)<br>$ setenv(사용자 환경변수)<br>$ printenv(현재 설정된 환경변수) |
| 변수 지정 | set 변수=값 | $ env 변수=값 |
| 변수 삭제 | set 변수= | $ env −u 변수 |

ⓒ 환경변수 예제

| DIR %windir% | 윈도우가 설치된 디렉터리 표시 |
|---|---|
| CHKDSK %SystemDrive% | 윈도우가 설치된 디스크 체크 |

② **주요 환경변수**

㉠ 윈도우 환경변수

| 변수 | 내용 |
|---|---|
| %AppData% | • 기설치된 프로그램 운영에 필요한 데이터가 저장된 폴더<br>• C: \ Users \ {username}) \ AppData \ Roaming |
| %AllUsersProfile% | • 운영체제의 전체 사용자 프로필이 저장된 폴더<br>• C: \ ProgramData |
| %CommonProgramFiles% | • 공용 프로그램이 설정된 폴더<br>• C: \ Program Files \ Common Files |
| %ComputerName% | • 컴퓨터의 이름이 정의<br>• {computername} |
| %ComSpec% | • 기본 명령 프롬프트 프로그램<br>• C: \ Windows \ system32 \ cmd.exe |
| %HomePath% | • 로그인한 계정의 폴더<br>• \ Users \ {username} |
| %SystemDrive% | • 운영체제가 부팅된 드라이브<br>• C; |
| %SystemRoot% | • 부팅된 운영체제가 설치되어 있는 폴더<br>• %SystemDrive%₩Windows |
| %Path% | • 실행 시 참조용 폴더 지정 목록<br>• C:₩Windows₩System32₩Wbem; |
| %ProgramFiles% | • 기본적으로 프로그램이 설치되는 폴더<br>• C; \ Program Files |
| %UserName% | • 로그인한 계정 이름<br>• {username} |
| %WinDir% | • 윈도우 디렉터리 위치 반환<br>• %SystemDrive%₩Windows |

이해돕기

윈도우 환경변수는 윈도우 CMD (명령 프롬프트 창)에서 실행 가능

㉡ 리눅스 및 유닉스 환경변수

| 변수 | 내용 |
|---|---|
| $DISPLAY | • 현재 X윈도우 프로그램이 기본적으로 사용할 디스플레이 위치 |
| $HOME | • 사용자의 홈 디렉터리의 위치 |
| $LANG | • 기본적으로 제공되는 언어 |
| $PATH | • 실행 파일을 검색하는 경로(윈도우의 %Path% 변수) |
| $PWD | • 현재 작업하는 디렉터리 경로명 |
| $SHELL | • 로그인 셸의 절대 경로명 |
| $TERM | • 로그인 터미널 타입의 이름 |
| $USER | • 사용자 계정 이름 |

## 5. Shell Script

① **셸 스크립트 개요**

㉠ 셸 스크립트 정의

- 운영체제 상 셸이나 명령 줄 인터프리터(CLI)에서 수행되도록 정의된 스크립트
- 통상 유닉스에서는 셸 스크립트(.sh)라고 하고 윈도우 및 도스에서는 배치파일(.bat)이라고 명명하며 리눅스는 CLI에서 최상위 사용자는 #, 일반 사용자는 $로 표시

POINT

**셸과 스크립트**

| 구분 | 상세 설명 |
|---|---|
| 셸 | • 운영체제에서 사용자와 운영체제 내부의 커널을 연결해주는 인터페이스 계층(명령어 해석)이며 이러한 기능을 수행하기 위해서 CLI(Command Line Interface)와 GUI(Graphic User Interface) 이 두 종류 방식을 제공 |
| 스크립트 | • 응용 소프트웨어를 제어하기 위한 별도의 독립적인 컴퓨터 프로그래밍 언어로 스크립트 프로그래밍 언어라고도 함<br>• 사용자가 응용프로그램 동작을 사용자 추가 요구에 맞게 수행할 수 있는 조정 기능을 제공하여 작업제어 언어 혹은 배치 언어라고 함 |

ⓒ 셸 인터페이스의 유형

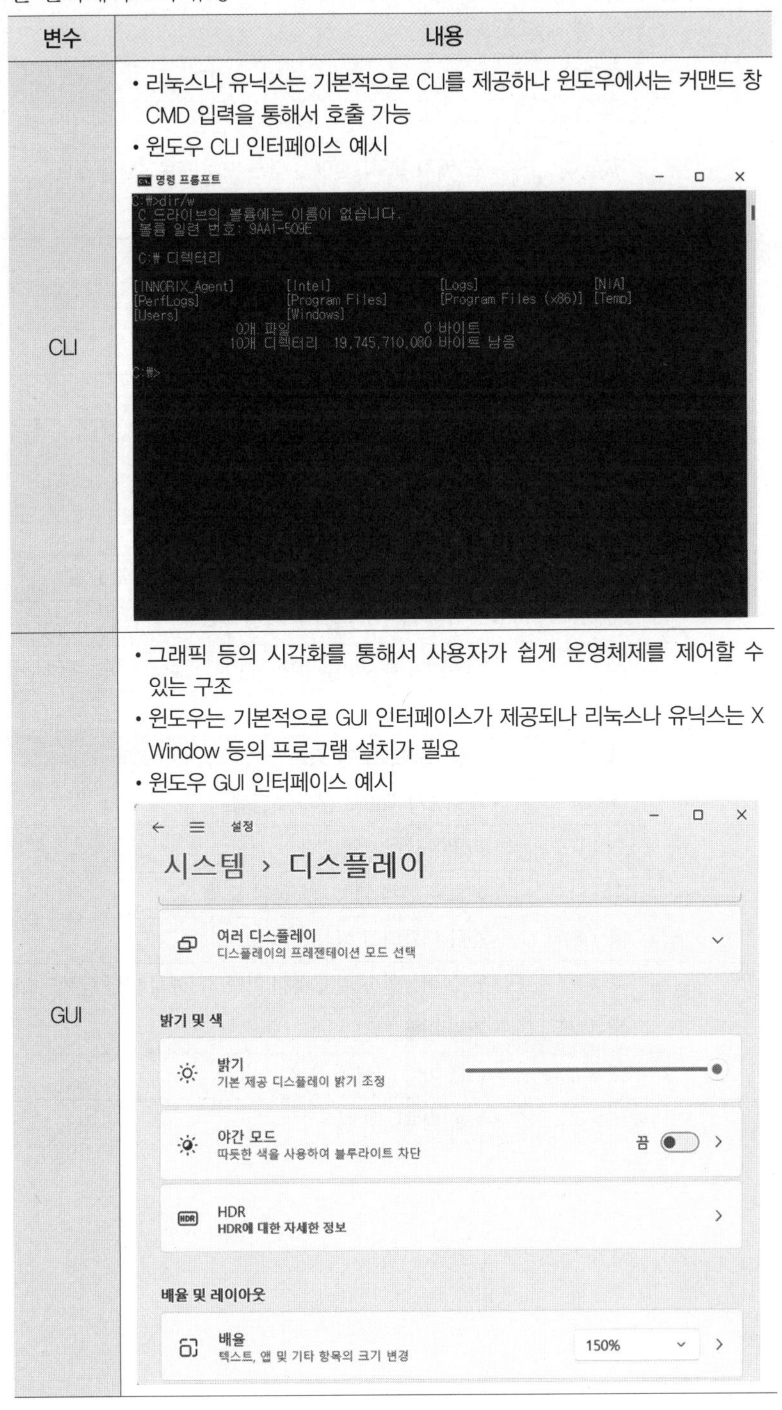

| 변수 | 내용 |
| --- | --- |
| CLI | • 리눅스나 유닉스는 기본적으로 CLI를 제공하나 윈도우에서는 커맨드 창 CMD 입력을 통해서 호출 가능<br>• 윈도우 CLI 인터페이스 예시 |
| GUI | • 그래픽 등의 시각화를 통해서 사용자가 쉽게 운영체제를 제어할 수 있는 구조<br>• 윈도우는 기본적으로 GUI 인터페이스가 제공되나 리눅스나 유닉스는 X Window 등의 프로그램 설치가 필요<br>• 윈도우 GUI 인터페이스 예시 |

이해돕기

윈도우 셸 스크립트는 CMD창에서 CLI 형태로 입력하고 실행 가능

### ② 셸 스크립트 유형

㉠ 윈도우 셸 스크립트

| 명령어 | 설명 |
|---|---|
| ATTRIB | • 파일 속성정보를 나타내거나 변경 |
| CALL | • 현 배치 프로그램에서 다른 배치 프로그램을 호출 |
| CD | • 현재 디렉터리 이름을 나타내거나 변경 |
| CHKDSK | • 디스크 상태검사 수행 후 상태 보고서 표시 |
| CLS | • 화면을 지우고 정리 |
| COPY | • 단수 혹은 복수의 파일을 복사 |
| CMD | • 명령 프롬프트 창을 실행 |
| COMP | • 두 개 이상의 파일을 비교 |
| DATE | • 날짜 표시 및 설정 |
| DEL | • 단수 혹은 복수의 파일을 삭제 |
| DIR | • 현 디렉터리의 파일 및 하위 디렉터리 목록 표시 |
| DISKPART | • 디스크 파티션 속성 표시 및 구성 |
| ECHO | • 명령어나 배치파일 실행 시 메시지를 표시하는 ECHO를 On/Off |
| ERASE | • 단수 이상의 파일 삭제 |
| EXIT | • 명령 프롬프트 창 종료 |
| FIND | • 파일에서 텍스트 문자열 검색 |
| FINDSTR | • 파일에서 문자열 검색 |
| HELP | • 윈도우 전체 명령어 도움말 표시 |
| MKDIR | • 신규 디렉터리 생성 |
| MOVE | • 단수 이상의 파일을 특정 디렉터리에서 다른 디렉터리로 이동 |
| RENAME | • 파일 이름 변경 |
| REPLACE | • 특정 파일 교체 |
| RMDIR | • 특정 디렉터리 삭제 |

㉡ 리눅스 및 유닉스 셸 스크립트

| 구분 | 명령어 | 설명 |
|---|---|---|
| 사용자 정보 | id | • 사용자의 로그인명, id, 그룹 id 등 출력 |
| | last | • 부팅부터 현재까지 전 사용자의 로그인 및 로그아웃 정보 표시 |
| | who | • 현재 로그인한 사용자 정보 출력 |
| 시스템 정보 | uname ~a | • 시스템 이름, 사용 중인 운영체제와 버전, 호스트명 등 모든 정보 출력 |
| | uname ~r | • 현재 운영체제 배포 버전 출력 |
| | cat | • 파일 내용을 화면 출력 |
| | uptime | • 시스템의 가동 시간 및 현재 사용자 수, 평균 부하량 등 표시 |
| 디스크 정보 | df | • 시스템에 마운트 되어 있는 하드디스크의 사용량 표시 |
| | du | • 파일 및 디렉토리의 사이즈를 표시 |
| 네트워크 정보 | ifconfig | • 네트워크 인터페이스 설정 및 표시 |
| | host | • 도메인(호스트) 명 혹은 ip주소 확인 |
| 프로세스 관리 | ps | • 현재 실행 중인 프로세스 목록 출력 |
| | pmap | • pmap pid 수행 프로세스 ID 기준으로 메모리 맵 관련 정보 출력 |
| | kill pid | • 실행 중인 특정 프로세스 종료 |
| | fork | • 신규 프로세스 생성 |
| 파일 관리 | ls | • 현 폴더 내의 파일 및 폴더 표시 |
| | pwd | • 현 디렉토리 절대 경로 출력 |
| | rm | • 특정 파일이나 디렉토리 삭제 |
| | cp | • 특정 파일이나 디렉토리 복사 |
| | mv | • 특정 파일이나 디렉토리 이동 |
| 파일 권한 관리 | chmod | • 특정 파일이나 디렉터리 퍼미션 수정 |
| | chown | • 파일 혹은 디렉터리의 소유자, 소유 그룹 등 퍼미션 수정 |
| 디렉터리 관리 | cd | • 특정 디렉터리로 이동 |
| 파일/디렉터리 동기화 관리 | rsync | • 로컬이나 원격에 위치한 파일 혹은 디렉터리를 복사하고 동기화 수행 |
| 압축 관리 | tar | • 복수 파일을 하나의 파일로 통합 혹은 해제(비압축) |
| | gzip | • 파일 압축 수행 |
| 검색 | grep | • 파일 내용에서 특정 문자열 검색 |
| | find | • 특정한 파일 검색 |

## SECTION 02 네트워크 기초 활용

### 1. 인터넷 구성의 개념

#### ① 인터넷의 개요

㉠ 인터넷의 정의

TCP/IP 기반의 인터넷 표준 프로토콜을 기반으로 하는 컴퓨터 네트워크 통신망으로 전 세계적으로 분포한 컴퓨터를 상호 연결하여 웹 사이트, 전자 메일, P2P 파일 전송서비스 등 다양한 서비스를 제공하는 네트워크 통신망

㉡ 인터넷 4계층 구조

인터넷은 OSI 7계층 구조를 실제 인터넷 환경에 적합하도록 실무적이고 현실적으로 단순화하여 TCP/IP 4계층 모형으로 구성

| 계층 | 내용 | |
|---|---|---|
| Application<br>응용 계층 | • 응용 프로그램들의 네트워크, 메일, 웹 서비스를 위한 표준 인터페이스를 제공 | |
| | • WWW-HTTP<br>• E-mail-SMTP(송신), POP/IMAP(수신)<br>• 파일전송-FTP<br>• 원격접속-Telnet | • DNS<br>• DHCP<br>• TFTP<br>• SNMP |
| Transport<br>전송 계층 | • TCP 연결지향 | • UDP 비연결지향 |
| Internet<br>인터넷 계층 | • 통신 노드 간 IP패킷 전송 및 라우팅 담당<br>• IP/ARP/RARP/ICMP/IGMP | |
| Host-to-Network<br>네트워크 접속 | • 데이터링크 LLC/MAC IEEE 802 … CSMA/CD, MAC, LAN, 위성통신 | |
| | • 물리(하드웨어적 요소와 관련된 모든 것)<br>• 프로토콜 : 토큰링, Bluetooth, wifi | |

| 계층 | 역할 |
|---|---|
| **응용 계층** | • 응용 애플리케이션으로부터 통신 요청을 받아 이를 HTTP, FTP, SMTP 등의 프로토콜을 활용한 메시지로 변환하고 하위계층으로 전달하는 역할을 하는 기능을 담당 |
| **전송 계층 (트랜스포트층)** | • TCP와 UDP의 데이터 전송 제어 프로토콜에 의해 전달되는 패킷의 오류를 검사하고 재전송을 요구 등을 수행 |
| **인터넷 계층** | • 전송 메시지 단위인 데이터 그램을 정리하고 패킷 분할과 복구, IP 정보를 패킷에 전달하는 역할을 함 |
| **네트워크 인터페이스 계층** | • 전송 매체 사이의 물리적인 회선을 연결 |

> **이해돕기**
> 인터넷 4계층
> OSI 7계층 모델을 TCP/IP 기준으로 해석한 모델로, 내용은 거의 유사함

② **인터넷망 구조**

㉠ 규모별 네트워크망 구조

인터넷은 전 세계적으로 다양한 규모의 망이 연결되어 있으며, 다음과 같이 분류됨

| 유형 | 설명 |
|---|---|
| WAN (Wide Area Network) | • 국가와 국가 간이나 혹은 국가 내에서 여러 도시들을 연결하는 광역 네트워크 통신 범위 및 시스템<br>• 수많은 네트워크 시스템과 스위칭 장치, 호스트 컴퓨터들을 포함하는 대규모 네트워크 |
| MAN (Metropolitan Area Network) | • 하나의 대도시 정도를 목표로 하는 네트워크 구성 형태로 LAN의 확장 형태<br>• 수십 Km부터 수백 Km까지 특정 지역 범위를 수용하는 네트워크 시스템이며 대표적으로 지역 케이블 TV 네트워크가 해당 |
| LAN (Local Area Network) | • 특정 대학 캠퍼스나 기업, 특정 건물 등과 같이 일정한 지역 범위 내의 근거리 통신 네트워크 형태<br>• 통상적으로 10~100Mbps의 전송속도로 동작하며 Star, Bus, Ring 형의 망 구조로 구성 |
| PAN (Personal Area Network) | • 한 명의 사람이 복수의 기기를 통신하여 사용 가능한 망 범위<br>• 최근에는 주로 Wireless 방식으로 통신 수행(WPAN ; Wireless Personal Area Network) |

㉡ 형태별 네트워크망 구조

네트워크 형태와 노드 구성에 따라서 표와 같은 유형으로 분류됨

| 구조 | 구조도 | 설명 | 주 적용규모 |
|---|---|---|---|
| 링형 | | • 원형 모양의 선로를 따라서 자기 차례가 올 때만 데이터를 송수신<br>• 자기 차례는 토큰을 발행해서 순차적으로 전달 | PAN, LAN |
| 성형 | | • 중앙 집중형이며 서버-클라이언트 방식에 적합<br>• 중앙 시스템이 다운되면 전체 망이 다운되나 중앙이 정상이면 일부 시스템 이상에도 작동 가능 | |
| 버스형 | | • 필요할 때마다 회선을 연결해서 사용하는 방식으로 구현이 용이하나 한 선에 데이터 폭증 시 병목 현상 발생 | |
| 트리형 | | • 통상적으로 MAN 규모의 망에서 고속 백본에 브릿지된 회선을 최종 단말에 분배하는 형태로 구성 | MAN |

**이해돕기**

대표적인 PAN 통신 유형
블루투스, NFC, 지그비 등

| 그물형 | 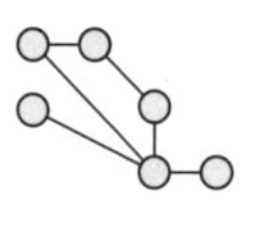 | • 대규모 네트워크의 구조 형태로서 인터넷망이 이에 해당되며, 한쪽의 경로가 단절되어도 우회해서 통신 가능 | MAN, WAN |
|---|---|---|---|

㉢ 무선 통신망의 유형

최근에는 통신 기술의 발달로 유선과 함께 무선 통신 기술도 다양화되고 발달됨

| 망 분류 | 설명 | 망범위 | 예시 |
|---|---|---|---|
| 고정통신 | • 통상적으로 송수신 위치가 고정적인 형태의 무선망 | • 근거리 | • WBAN<br>• WPAN<br>• WLAN |
| 이동통신 | • 송수신 위치가 수시로 변경되며 이동 중에도 통신 가능 | • 광대역 | • LTE<br>• 5G |
| 위성통신 | • 통신 위성을 경유하며 데이터를 송수신하며 이동과 고정 무선 통신 모두 가능 | • 초광대역 | • GPS<br>• VSAT |

이해돕기

LAN의 무선 유형

WLAN이라고 하며, Wifi를 의미함

㉣ 고정 무선통신망의 유형

스마트폰, 노트북, 태블릿 등 WLAN 장치와 블루투스, 지그비 등 WPAN 장치 등 연동을 위한 고정 무선통신망 유형은 다음과 같음

| 망 분류 | 설명 | 망 범위 | 예시 |
|---|---|---|---|
| WBAN | • 한 사람이 신체 내에 착용하는 정도의 초 근거리 무선통신 기술 및 망 | 3m 이내 | • 신체 이식형 WBAN통신<br>• 신체 장착형 WBAN통신 |
| WPAN | • 개인이 접속 가능한 범위 내의 근거리 무선통신 기술 및 망 | 10~50m | • IEEE802.15.1(블루투스)<br>• IEEE802.15.3(UWB)<br>• IEEE802.15.4(Zigbee) |
| WLAN | • 무선 주파수 기술을 활용하여 무선랜카드와 AP 간 데이터를 송수신하는 기술 및 망 | 100m 이내 | • IEEE802.11a/g/n/ac/ad 등 |

㉤ 인터넷 통신 관련 LAN 표준

LAN과 WLAN을 위한 무선 통신 기술의 표준은 다음 표와 같음

| 통신 표준 | | 무선랜 표준 | |
|---|---|---|---|
| 유형 | 설명 | 유형 | 설명 |
| IEEE802.3 | • CSMA/CD 방식 기반의 이더넷 물리, 데이터 링크 계층 표준 | IEEE802.11a | • 5Ghz 대역대<br>• OFDM 전송방식<br>• 54Mbps |
| IEEE802.3af | • 이더넷 케이블을 이용한 데이터와 전원 전송 표준(POE) | IEEE802.11b | • 2.4Ghz 대역대<br>• DQPSK 전송방식<br>• 54Mbps |

| IEEE802.4 | • 버스형 및 트리형의 LAN망에서 토큰 기반의 네트워크 표준 | IEEE802.11c | • 무선브릿지나 AP에 브리징하기 위한 MAC 브리징 표준 |
|---|---|---|---|
| IEEE802.5 | • 토큰 고리형의 LAN망에서 적용되는 물리, 데이터 링크 계층 표준 | IEEE802.11d | • 지역 간의 로밍을 확장하기 위한 기술 표준 |
| IEEE802.8 | • 광통신 기반의 LAN 표준 | IEEE802.11e | • 무선랜에서 QoS 기능을 지원하기 위한 표준 |
| IEEE802.9 | • 음성과 데이터통합형 LAN통신 표준 | IEEE802.11f | • 무선 AP 상호 간에 통신을 제공하는 표준 |
| IEEE802.11 | • CSMA/CA 방식 무선랜 표준 | IEEE802.11g | • 2.4Ghz 대역대<br>• OFDM 전송방식<br>• 54Mbps |

ⓑ LAN 망에서 통신 간 충돌 방지 프로토콜 유형

| 유형 | 내용 | 표준 | 방식 |
|---|---|---|---|
| CSMA/CD(Carrier Sense Multiple Access with Collision Detection) | • 데이터 송신 전에 전송매체 유휴 여부 확인 후 전송하고 전송 후에는 충돌이 있는지 확인하는 통신 기법(충돌 감지)<br>• 충돌 발생 및 감지 후에는 일정 시간 이후 재전송 | IEEE802.3 | 유선랜 |
| CSMA/CA(Carrier Sense Multiple Access with Collision Avoidance) | • 데이터 송신 전에 채널 유휴 여부를 확인하고 일정 시간 대기 후 전송(충돌 회피)<br>• 이후 전송 성공 여부 확인 | IEEE802.11 | 무선랜 |

## 2. 네트워크 7계층

### ① OSI 7계층 개요

㉠ OSI 7계층의 정의

국제 표준기구인 ISO에서 제정한 네트워크 통신에 대한 표준화 참조모델로 이기종 시스템 간에 연결이나 정보 교환, 이해관계자 및 개발자들의 의사소통을 위한 표준 개념 제공

㉡ OSI 7계층의 특징

| 구분 | 내용 |
|---|---|
| 독립적 구성 | • 네트워크 기능별로 레이어를 구성하고 각 레이어의 변경이 타 레이어에 영향을 주지 않음 |
| 기준 제공 | • 실제 구현에 대한 구체적인 규정이 아닌 개념적인 정의와 설명을 제시하여 의사소통이나 기준, 도구로 활용 |
| 레이어 간 연동 | • 상위 레이어에서 하위 레이어로 내려올 때 Header, Trailer 등을 추가하여 네트워크 전송 수행 |

ⓒ OSI 7계층의 개요도

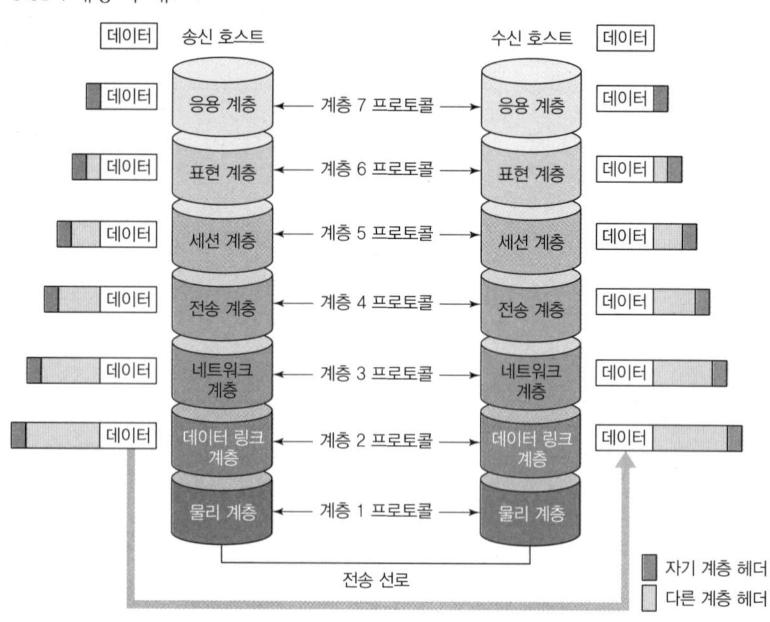


ⓓ OSI 계층의 기능

| 구분 | Layer | 기능 |
|---|---|---|
| 상위 계층 | Application | • 최상위 레이어로 응용프로그램이 통신망에 연동되어 정보 교환이 시작되는 계층 |
| | Presentation | • 특정 응용프로그램이 타 응용프로그램과 상호 간에 다른 형태의 정보 형식, 설정을 호환성 있게 변환하고 암호 등을 해독하여 서로 연결을 지원하는 계층 |
| | Session | • 두 응용프로그램 간의 프로세스 사이에서 데이터가 송수신될 수 있도록 가상 경로를 수립하고 해제를 수행 |
| | Transport | • 두 시스템의 종점 간에 링크를 통한 정확한 데이터를 전송하기 위한 오류제어, 흐름제어, 혼잡 제어 등을 수행하는 계층 |
| 하위 계층 | Network | • 시스템 단말끼리 데이터를 전송하기 위한 통신경로를 설정하고 기능 제공 |
| | Data Link | • 물리 계층의 통신매체를 통해서 발생하는 데이터 블록의 송수신 간의 에러에 대한 검출 및 제어를 관리 |
| | Physical | • 통신 하드웨어 단말 간의 물리적인 접속을 연결하고 제어하기 위한 기능 제공 |

OSI 7계층 암기(APS TND P)
아파서 티난다 피~!

ⓜ OSI 7계층의 핵심 프로토콜

| Layer | 프로토콜 | 주요 기능 |
|---|---|---|
| Application | FTP (File Transfer Protocol) | • 응용 프로그램을 통해서 파일을 효율적으로 전송하기 위한 프로토콜 |
| | POP (Post Office Protocol) | • 메일 서버와 메일 클라이언트 간에 메일 송수신을 지원하는 프로토콜 |
| | SMTP (Simple Mail Transport Protocol) | • 메일 서버와 메일 서버 간에 메일 송수신을 지원하는 프로토콜 |
| | Telnet | • 다른 시스템으로 접속하기 위한 로그인 기능을 제공하는 프로토콜 |
| | HTTP (Hypertext Transfer Protocol) | • 인터넷상에서 웹 서비스를 제공하기 위한 프로토콜 |
| | SNMP (Simple Network Management Protocol) | • 네트워크와 호스트의 상태를 모니터링하고 장애 발생 시에 경고메시지 전송을 지원하는 프로토콜 |
| | DNS (Domain Name System/Service) | • 호스트 이름을 기반으로 IP 주소를 확인하는 기능을 제공하는 프로토콜 |
| | DHCP (Dynamic Host Configuration Protocol) | • 동적 호스트 설정 프로토콜, IP 구성 관리를 단순화 |
| Presentation | JPEG, MPEG | • 응용 프로그램에서 사진이나 동영상을 전송하기 위한 표준 규약 |
| | SMB (Server Message Block) | • 윈도우나 도스에서 파일이나 디렉토리, 주변 장치들의 공유를 지원하는 메시지 형식 |
| Session | SSH (Secure Shell) | • 네트워크의 다른 컴퓨터에 로그인하고 원격 명령 실행, 시스템 간 파일 복사를 지원하는 프로토콜 |
| | TLS (Transport Layer Security) | • 네트워크 종단 간 보안과 무결성을 제공하는 프로토콜 |

이해돕기

DNS

인터넷 주소창에 도메인 주소 이름을 입력하면 해당 물리적 서버 IP로 변환해주는 프로토콜이자 서버

이해돕기

DHCP 프로토콜

하나의 공인 아이피를 다수의 사설 IP로 매핑해주며, 대표적으로 가정에서 널리 사용하는 공유기에 적용됨

| Transport | TCP (Transmission Control Protocol) | • IP와 함께 인터넷 핵심 프로토콜로 네트워크 정보 전달을 관리하고 통제하는 기능을 제공 |
|---|---|---|
| | UDP (User Datagram Protocol) | • 가벼운 비연결, 비신뢰성 전송 프로토콜 |
| Network | IP(Internet Protocol) | • 출발지 주소와 목적지 주소를 지정하여 목적지까지 패킷을 안전하게 전달할 수 있게 지원하는 프로토콜 |
| | ICMP (Internet Control Message Protocol－Ping) | • IP 패킷의 전송 간에 발생하는 오류를 체크하여 확인하고, 제어를 수행하는 프로토콜 |
| | IGMP (Internet Group Management Protocol) | • 인근의 라우터에 멀티캐스트 그룹을 알리는 기능 제공 |
| | ARP (Address Resolution Protocol) | • 목적지 IP 주소를 기반으로 MAC 주소를 찾는 기능을 제공 |
| | RARP (Reverse Address Resolution Protocol) | • MAC 주소를 기반으로 할당된 IP 주소 정보를 확인하는 프로토콜 |
| Data Link | MAC (Media Access Control) | • 네트워크상에 다수 사용자가 접속할 수 있도록 물리적인 접속주소 제공 |
| | LLC (Logical Link Control) | • 네트워크 레이어에서 프로토콜을 식별하고 캡슐화 기능 제공 |
| | ATM (Asynchronous Transfer Mode) | • 53바이트의 셀 단위로 패킷을 분할하여 전송하는 비동기 방식 시분할 다중화 통신 프로토콜 |
| | Frame Relay | • 데이터 프레임들의 중계 및 다중화를 지원하는 프로토콜 |
| | HDLC (High－level Data Link Control) | • 컴퓨터 단말 간에 데이터 링크를 구성하고 비트 기반의 프레임 전송 기술 |
| | PPP (Pint－to－point Protocaol) | • 두 통신 노드 간의 직접적인 연결을 수행하기 위한 인증, 암호화, 압축 등의 기능을 제공하는 프로토콜로 ADSL 등에 활용 |

이해돕기

ICMP 프로토콜

특정 네트워크 장비의 호출을 통해 오류를 체크하는 프로토콜로 PING으로 널리 알려짐

| Physical | CSMA/CD (Carrier Sense Multiple Access with Collision Detection) | • 네트워크 송수신간에 충돌 문제를 극복하기 위한 기능을 제공하는 프로토콜 |
|---|---|---|
| | RS-232C (Recommended Standard-232C) | • 컴퓨터와 외부 단말 간에 자료를 주고받기 위한 직렬 통신 방식 프로토콜 |

ⓗ OSI 계층별 장비

| 계층 | 장비 | 주요 기능 | |
|---|---|---|---|
| Physical | Repeater | • 네트워크 전송 거리를 증가시키기 위한 신호 증폭기 기능 제공 | |
| Data Link | Hub | Dummy | • 멀티 포트를 지원하는 리피터로 입력받은 신호를 모든 포트로 증폭시킨 후 재전송 |
| | | Intelligent | • 허브의 상태를 원격에서 모니터링하고 관리할 수 있는 기능 제공 |
| | | 스택 | • 허브끼리 연동하여 확장 가능하도록 전용 포트를 구성한 허브 |
| | Bridge | • 충돌 발생을 감지하는 충돌 도메인(Collision Domain)을 세분화하고, MAC주소의 테이블 관리 기능 제공 | |
| | Switch | • 각 포트별로 충돌 도메인(Collision Domain)을 세분화할 수 있으며 각각 다른 속도 설정 지원 | |
| Network | Router | • 스위치의 기본 기능에 브로드 캐스트 영역에 대한 구분, 패킷 필터링, 로드 분배, QoS, WAN 접속, 라우팅 경로 설정 기능을 추가로 제공하는 디바이스 | |
| Transport 이상 | Gateway | • OSI 모델 전 계층에서 동작하는 프로토콜 변환 기능 제공<br>• 라우터, 브리지, 허브 등의 디바이스가 복합적으로 구성된 어플라이언스 네트워크 디바이스 | |

**이해돕기**

최근에는 스위치에 라우터 기능을 추가하여 L3 스위치로 구성하거나 혹은 로드 발랜싱 기능을 추가하여 L4 스위치 형태로 구성하여 사용됨

### ② OSI 각 계층별 특징

㉠ 물리 계층

| 구분 | 설명 |
|---|---|
| 개요 | • 두 네트워크 단말 간에 데이터 송수신을 위한 링크를 구성하고 관리하기 위한 전기적, 기계적, 절차적 특성 등을 정의하고 케이블이나 리피터를 통한 비트(bit)들을 전송<br>• 상위 데이터링크 계층에서 전송되는 데이터 패킷을 광신호, 전기신호로 변환하여 송수신 |

**이해돕기**

OSI 각 계층별로 전송되는 데이터 단위도 구분되는데, 물리 계층은 비트, 데이터 링크 계층은 프레임, 네트워크 계층은 패킷, 전송 계층은 세그먼트, 그 이상의 계층은 메시지로 구성됨

| | |
|---|---|
| 전송 방식 | 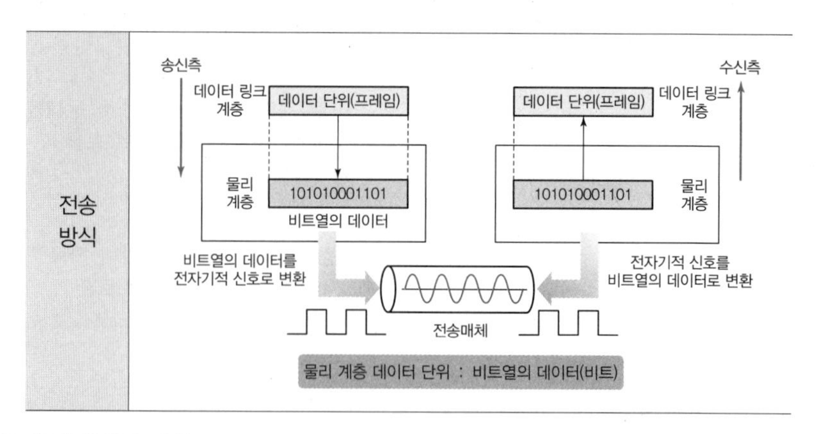 |

㉡ 데이터링크 계층

| 구분 | 설명 |
|---|---|
| 개요 | • 물리 계층의 링크를 기반으로 하여 데이터를 신뢰성 있게 송수신하는 계층<br>• 링크 레이어와 MAC 레이어를 기반으로 하여 물리적 주소 지정, 프레임을 구성하고 프레임의 오류 제어, 흐름 제어, 접근 제어를 수행 |
| 전송 방식 | 송신측<br>네트워크 계층 데이터 단위(패킷)<br>데이터 링크 계층 프레임<br>물리 계층 101010001101<br>수신측<br>데이터 단위(패킷) 네트워크 계층<br>프레임 데이터 링크 계층<br>101010001101 물리 계층<br>인접한 노드 주소(물리 주소)<br>트레일러 \| 네트워크 계층 데이터 \| 헤더<br>프레인 : 데이터+헤더+트레일러<br>수신측이 프레임을 받으면 헤더와 트에일러 제거 후 네트워크 계층으로 전송<br>데이터 링크 계층 데이터 단위 : 프레임 |

㉢ 네트워크 계층

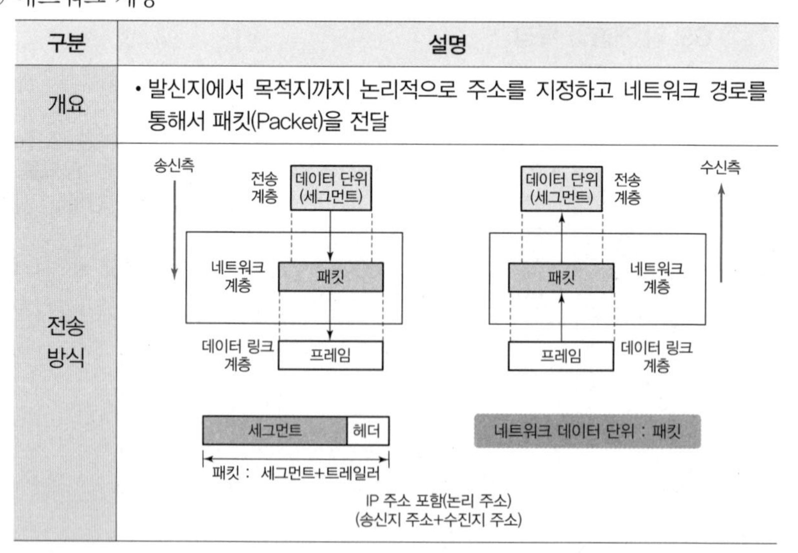

| 구분 | 설명 |
|---|---|
| 개요 | • 발신지에서 목적지까지 논리적으로 주소를 지정하고 네트워크 경로를 통해서 패킷(Packet)을 전달 |
| 전송 방식 | 송신측<br>전송 계층 데이터 단위(세그먼트)<br>네트워크 계층 패킷<br>데이터 링크 계층 프레임<br>수신측<br>데이터 단위(세그먼트) 전송 계층<br>패킷 네트워크 계층<br>프레임 데이터 링크 계층<br>세그먼트 \| 헤더<br>패킷 : 세그먼트+트레일러<br>IP 주소 포함(논리 주소)<br>(송신지 주소+수진지 주소)<br>네트워크 데이터 단위 : 패킷 |

㉣ 전송 계층

| 구분 | 설명 |
|---|---|
| 개요 | • 지정된 발신지에서 목적지까지 메시지 전체를 효율적으로 전달하기 위한 연결제어, 흐름 제어, 오류 제어 기능과 함께 신뢰성 있는 연결, 세그먼트의 분할과 재조립, 포트 주소 지정 기능을 제공 |
| 전송 방식 | 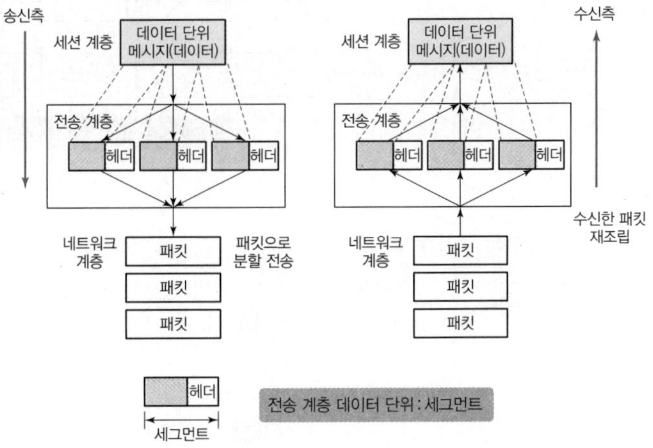 송신측 / 세션 계층 / 데이터 단위 메시지(데이터) / 전송 계층 / 헤더 헤더 헤더 / 네트워크 계층 / 패킷 패킷 패킷 / 패킷으로 분할 전송 / 수신측 / 세션 계층 / 데이터 단위 메시지(데이터) / 전송 계층 / 헤더 헤더 헤더 / 네트워크 계층 / 패킷 패킷 패킷 / 수신한 패킷 재조립 / 헤더 / 세그먼트 / 전송 계층 데이터 단위 : 세그먼트 |

㉤ 세션 계층

| 구분 | 설명 |
|---|---|
| 개요 | • 네트워크 시스템 상호 간 통신 설정과 유지, 동기화와 관련한 기능 제공 |
| 전송 방식 | 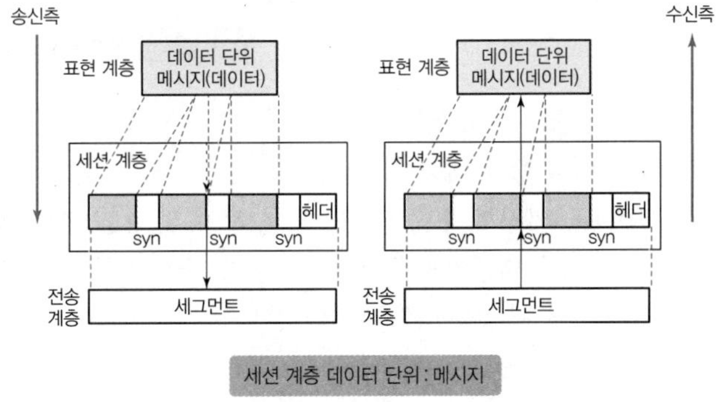 송신측 / 표현 계층 / 데이터 단위 메시지(데이터) / 세션 계층 / 헤더 / syn syn syn / 전송 계층 / 세그먼트 / 수신측 / 표현 계층 / 데이터 단위 메시지(데이터) / 세션 계층 / 헤더 / syn syn syn / 전송 계층 / 세그먼트 / 세션 계층 데이터 단위 : 메시지 |

㉥ 표현 계층

| 구분 | 설명 |
|---|---|
| 개요 | • 네트워크상의 응용프로그램 간에 교환되는 데이터 표현과 형식의 차이를 호환할 수 있도록 변환과 압축, 암호화에 대한 해독 등의 기능을 제공 |

| | |
|---|---|
| 전송 방식 | 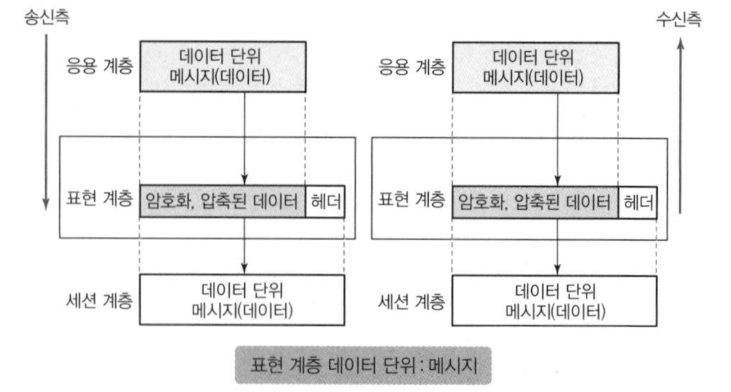 송신측 / 수신측<br>응용 계층: 데이터 단위 메시지(데이터)<br>표현 계층: 암호화, 압축된 데이터 / 헤더<br>세션 계층: 데이터 단위 메시지(데이터)<br>표현 계층 데이터 단위 : 메시지 |

ⓢ 응용 계층

| 구분 | 설명 |
|---|---|
| 개요 | • 사용자나 응용프로그램이 네트워크에 접근하고 편리하게 활용할 수 있도록 다양한 서비스 제공 |
| 전송 방식 | 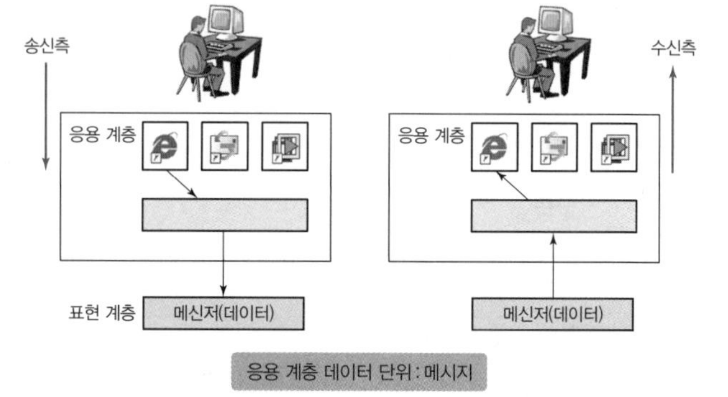 송신측 / 수신측<br>응용 계층<br>표현 계층: 메신저(데이터)<br>응용 계층 데이터 단위 : 메시지 |

③ **데이터 링크 계층 제어**

㉠ 데이터 링크 계층 제어의 정의

OSI 2계층에서 수행하는 오류 제어 및 흐름 제어 방식으로 상위 3계층에서 받은 비트열을 프레임으로 구성하여 하위 1계층으로 전송

㉡ 데이터 링크계층 오류 제어 방식

| 유형 | 상세 설명 |
|---|---|
| 패리티 검사방법 (Parity Bit Check) | • 전송되는 데이터열의 앞이나 맨 뒤에 추가적으로 패리티 비트를 구성하고 짝수나 홀수 여부를 검사하는 단순한 오류 체크 방식 |
| 블록 합 검사방법 (Block Sum Check) | • 패리티 비트 검사는 1비트 오류는 체크가 가능하나 짝수개 오류는 확인이 안 되는 점을 개선하여 문자열을 블록으로 구성하고 수직 방향과 수평 방향의 패리티를 모두 검사하는 방식 |

**이해돕기**

데이터 링크의 2계층 제어와 전송의 4계층 제어 차이

- 2계층은 물리적인 링크 위에 전기적인 신호인 비트와 프레임에 대한 오류제어와 흐름제어를 수행하는 하위 레이어 개념
- 4계층은 신뢰성 있는 통신 연결 기반으로 패킷과 세그먼트 단위에 대해서 오류제어, 흐름제어, 혼잡제어를 다른 방식으로 수행하는 상위 레이어 개념으로 차이가 있음

**이해돕기**

오류제어와 흐름제어

- 2계층의 오류제어는 프레임의 데이터열에 오류가 있는지 체크하는 기법
- 흐름제어는 오류가 검출된 프레임에 대해서 재전송을 요구하는 기법

| | |
|---|---|
| 순환 중복 검사방법 (CRC ; Cyclic Redundancy Check) | • 다항식 코드를 활용하여 집단 오류검출이 가능한 오류 검사 방식으로 전송 전 송신 측에서 데이터열을 다항식으로 계산 후 결괏값을 추가하여 전송하고 수신 측에서 동일한 계산 후 원래 계산 값과 비교하여 오류를 검출<br>• 복수 개의 연속적 비트오류인 버스트 오류(burst error)와 불규칙적으로 비트오류가 발생하는 랜덤 오류(random error) 등을 모두 검출할 수 있어 활용성이 높음 |
| 해밍부호 검사 (Hamming Code Check) | • 1bit의 오류를 체크하고 자동으로 수정해주는 코드로서 복수 개의 패리티비트를 삽입하고 계산하는 방식<br>• 오류 체크가 가능한 비트 수를 확장하려면 더 많은 비트 필요<br>• 처리 속도가 빨라 실시간 전송에 적합하나 부하 발생 |

ⓒ 데이터 링크계층 흐름 제어 방식

| 유형 | 상세 설명 |
|---|---|
| 반향(Echo) 검사방법 | • 수신 측의 데이터를 2번 이상 복수로 전송받아 각 데이터 군을 비교해서 정상을 확인하는 방식으로 루프(Loop) 방식이라고도 하며, 데이터 트래픽이 과다하게 발생하는 단점 존재 |
| 전진 오류 수정 (FEC ; Forward Error Correction) | • 자동반복요청(ARQ) 방식과 달리 수신 측에서 오류가 있음을 발견하면 해당 오류를 검출할 뿐만 아니라, 오류를 수정할 수 있도록 중복 비트를 활용함<br>• 자기 정정 방식이라고도 함 |
| 자동 반복 요청 (ARQ ; Automatic Repeat reQuest) | • 수신 측에서 데이터 전송 간에 오류가 발생할 때마다 송신 측에 오류 상황을 알리고 프레임을 재전송을 요구하는 방식<br>• 송신 측에는 전송된 프레임에 대한 상황을 저장하는 버퍼를 구성하여 수신 측의 요구에 대응<br>• 오류 검출 후 재전송을 수행하는 형태에 따라서 후진 오류 수정(BEC ; Backward Error Correction)이라고도 함 |
| 정지 대기 (stop and wait) ARQ 방식 | • 수신 측에서 전송된 데이터 블록에 대한 오류를 검사하고 이상이 없음을 ACK(Acknowledgement)나 NAK(Negative Acknowledgement) 메세지로 확인해줘야 송신 측에서 다음 데이터 블록을 전송하는 방식<br>• 응답이 늦어지면 대기가 길어질 수 있어서 전송 효율이 떨어지나 간단히 구현 가능함 |

이해돕기

해밍 부호 검사
데이터 링크 계층 오류 제어 방식에서 오류 체크뿐만 아니라 자동 수정이 가능한 방식

<table>
<tr><td rowspan="3">연속적(continuous)<br>ARQ 방식</td><td>Go-Back N ARQ<br>방식</td><td>• 송신 측에서 지속적으로 발송하는 프레임 중 오류가 발생한 프레임 번호를 NAK 메세지와 함께 발송해서 해당 프레임부터 다시 재전송받는 기법</td></tr>
<tr><td>선택적(selective)<br>ARQ 방식</td><td>• 송신 측에서 지속적으로 발송하는 프레임 중 오류가 발생한 프레임 번호를 NAK 메세지와 함께 발송해서 해당 프레임만 다시 재전송받는 기법<br>• 효율적이나 구현이 어려워서 실제로는 Go-Back N ARQ 방식이 다수 활용됨</td></tr>
<tr><td>적응적(Adaptive)<br>ARQ 방식</td><td>• 송신 측에서 오류 발생 상황을 분석하여 데이터 블록의 길이를 동적으로 유연하게 변경시키면서 전송하는 방식<br>• 수신 측에서 데이터 오류 발생률을 판단하여 송신 측에 통보하면, 송신 측은 오류 발생률이 낮은 경우는 긴 프레임을 전송하고 오류 발생률이 높은 경우에는 프레임 길이를 짧게 해서 전송하는 방식<br>• 전송 효율이 높으나, 구현이 복잡함</td></tr>
<tr><td>HARQ(Hybrid<br>Automatic<br>Retransmit reQuest)</td><td colspan="2">• 전진오류수정(FEC)과 자동반복수정(ARQ) 방식을 하이브리드 형태로 같이 사용하는 방식<br>• 무선 채널 환경에서는 오류가 빈번하게 발생할 수 있으며 이에 따라 자동반복수정 방식에 전진오류수정을 추가로 구현</td></tr>
</table>

## 3. IP 프로토콜

### ① IP의 개요

㉠ IP의 정의

네트워크를 통해 목적지까지 패킷을 전달할 수 있도록 출발지 주소와 목적지 주소를 지정하는 프로토콜로 대표적으로 IPv4와 IPv6 주소체계가 있음

㉡ IPv4와 IPv6주소 비교

| 구분 | IPv4 | IPv6 |
|---|---|---|
| 주소 길이 | 32비트 | 128비트 |
| 표시 방법 | 8비트씩 4부분으로 나뉜 10진수 | 16비트씩 8부분으로 나뉜 16진수 |
| 예시 | 192.168.100.157 | 2001:0:1154:9ea6:1006:b7e3:6077:a11d |
| 주소 개수 | 약 43억 | 약 31조 |
| 주소 할당 방식 | 비순차적 클래스 단위 | 네트워크 규모별 순차적 할당 |
| 품질 제어 | 품질보장 어려움 | 품질보장 용이 |

| 헤더 크기 | 64Kbyte 고정 | 가변 |
|---|---|---|
| QoS | 지원 어려움 | 지원 가능 |
| 보안기능 | IPSec 등 별도프로토콜 설치 필요 | 확장기능으로 기본 제공 |
| 전송 방식 | Multi, Uni, Broad Cast | Multi, Uni, Any Cast |

### ② IPv4의 개요

| 구분 | 상세 설명 |
|---|---|
| 정의 | • 현재 인터넷 및 네트워크상에서 다수 사용하는 주소 지정 프로토콜 버전으로 네트워크 번호와 그 네트워크에 접속되어 부여되는 호스트 번호로 구성<br>• 주소체계는 클래스 A~E까지 5종류가 있으며, 주소 번호는 4개의 8bit Octet으로 총 32bit의 0~255 정수로 표현 |
| 주소 체계 | 클래스 A: 네트워크 \| 호스트 \| 호스트 \| 호스트<br>1.0.0.0~126.255.255.255 → 국가기관망에서 사용<br>클래스 B: 네트워크 \| 네트워크 \| 호스트 \| 호스트<br>128.0.0.0~191.255.255.255 → 대기업과 ISP 업체에서 사용<br>클래스 C: 네트워크 \| 네트워크 \| 네트워크 \| 호스트<br>192.0.0.0~223.255.255.255 → 소규모 개인사업자와 개인 User 사용<br>클래스 D: 멀티캐스트<br>224.0.0.0~239.255.255.255<br>클래스 E: 연구개발<br>240.0.0.0~255.255.255.255(255.255.255.255 → Broadcast 주소라 사용불가)<br>• A 클래스 제외 주소 : 0.0.0.0 → 모든 것을 뜻하는 IP로 사용 불가<br>127.0.0.0 → Loop Back 주소로 사용 불가<br>• 사설IP(Private IP)<br>– A Class : 10.0.0.0~10.255.255.255<br>– B Class : 172.16.0.0~172.31.255.255<br>– C Class : 192.168.0.0~192.168.255.255 |
| 헤더 구조 | VER 4 bits \| HLEN 4 bit \| Service 8 bit \| Total length 16 bits<br>Identification 16 bits \| Flags 3 bits \| Fragmentation offset 13 bits<br>Time to live 8 bits \| Protocol 8 bits \| Header checksum 16 bits<br>Source IP address<br>Destination IP address<br>Option |

③ IPv6의 개요

| 구분 | 상세 설명 | |
|---|---|---|
| 개요 | • 차세대 IP 프로토콜 버전으로 현재 현실에서 다수 사용하고 있는 IPv4의 주소 고갈 문제나 보안성, 편의성 등 기능상의 문제점을 개선하기 위해 개발된 128bit 주소체계 기반 인터넷 프로토콜 | |
| 특징 | **특징** | **설명** |
| | 주소공간 확장 | • 총 31조 개의 대규모 주소체계 지원 |
| | 이동성 | • 라우팅 최적화가 가능하여 이동통신에서 발생하는 IPv4의 삼각 라우팅 문제 해결 |
| | 보안성 | • IPSec을 지원으로 기밀성, 무결성, 인증 기능 제공 |
| | QoS 보장 | • QOS 지원으로 통신 품질 제고 |
| | Plug Play | • DHCP 서버 없이도 네트워크에 연결되면 자동으로 IP를 할당 |
| | 헤더 효율화 | • 헤더를 단순화하여 대역폭 감소 |
| 헤더 구조 | Version(4) \| Traffic class(8) \| Flow label(20) | |
| | Payload length(16) \| Next header(8) \| Hop limit(8) | |
| | Source address(128bits) | |
| | Destination address(128bits) | |

④ IPv4와 IPv6의 주소 변환 개요

㉠ IPv4와 IPv6의 주소 변환 필요성

점진적인 IP 주소체계 변환에 따라 IPv4와 IPv6 시스템의 동시 사용이 필요하며, 이때 각 체계 간 변환 및 연동 방법이 필요함

㉡ IPv4와 IPv6의 주소 변환 방법

| 유형 | 상세 설명 | |
|---|---|---|
| 듀얼 스택 라우팅 (DUAL STACK Routing) | 개념 | 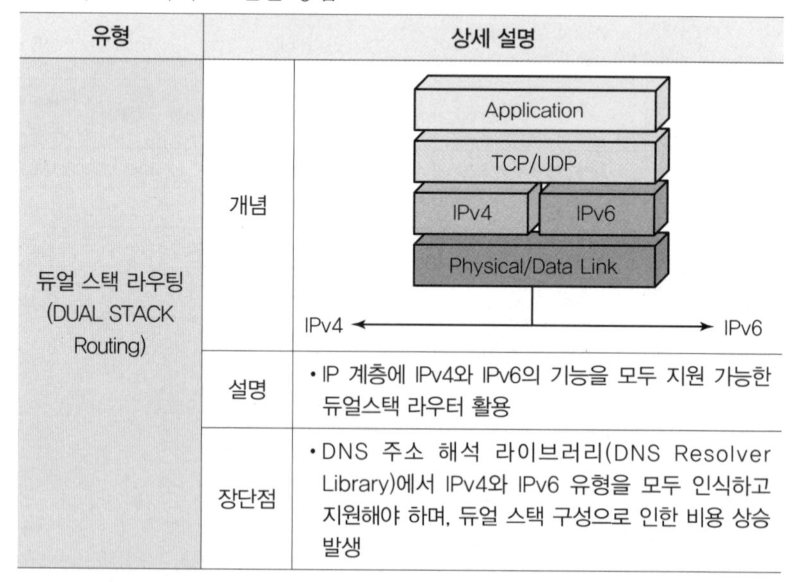  |
| | 설명 | • IP 계층에 IPv4와 IPv6의 기능을 모두 지원 가능한 듀얼스택 라우터 활용 |
| | 장단점 | • DNS 주소 해석 라이브러리(DNS Resolver Library)에서 IPv4와 IPv6 유형을 모두 인식하고 지원해야 하며, 듀얼 스택 구성으로 인한 비용 상승 발생 |

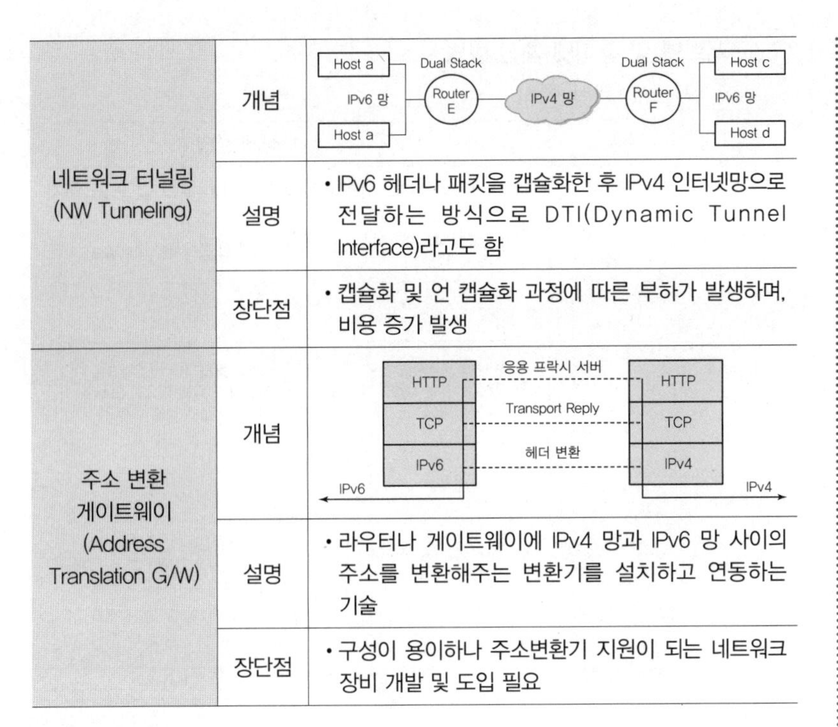

| | | |
|---|---|---|
| 네트워크 터널링<br>(NW Tunneling) | 개념 | Host a, Host a, IPv6 망, Dual Stack, Router E, IPv4 망, Dual Stack, Router F, IPv6 망, Host c, Host d |
| | 설명 | • IPv6 헤더나 패킷을 캡슐화한 후 IPv4 인터넷망으로 전달하는 방식으로 DTI(Dynamic Tunnel Interface)라고도 함 |
| | 장단점 | • 캡슐화 및 언 캡슐화 과정에 따른 부하가 발생하며, 비용 증가 발생 |
| 주소 변환 게이트웨이<br>(Address Translation G/W) | 개념 | HTTP, TCP, IPv6, 응용 프락시 서버, Transport Reply, 헤더 변환, HTTP, TCP, IPv4, IPv6, IPv4 |
| | 설명 | • 라우터나 게이트웨이에 IPv4 망과 IPv6 망 사이의 주소를 변환해주는 변환기를 설치하고 연동하는 기술 |
| | 장단점 | • 구성이 용이하나 주소변환기 지원이 되는 네트워크 장비 개발 및 도입 필요 |

⑤ **IP주소 관리의 개요**

㉠ IP주소 관리의 정의

- IP주소는 한정적이고 제한이 있으므로 하나의 클래스 주소를 한 기관에서 모두 사용하는 것은 비효율적
- 이러한 IP 낭비를 막거나 혹은 관리의 효율성을 위해서 Network 대역을 형성하거나 변환하는 관리기법 활용

㉡ IP주소 관리의 유형

| 구분 | 상세 설명 |
|---|---|
| 서브넷 | • 필요에 따라 하나의 IP 클래스를 분할하여 네트워크 ID를 생성하는 방법 |
| FLSM | • 고정길이 서브넷 기법으로 모두 동일한 범위의 네트워크 ID 생성 |
| VSLM | • 가변길이 서브넷 기법으로 동일한 범위의 네트워크 ID를 생성이 아닌 각 네트워크 ID별 범위가 상이 |
| 슈퍼넷 | • 여러 개의 작은 네트워크를 통합하여 하나의 큰 네트워크로 변환하는 방법 |
| CIDR | • 라우팅에 사용되는 인터넷 주소를 통합하여 효율적으로 사용하는 방법 |
| NAT | • 외부의 공인 IP와 내부의 사설 IP를 서로 사상하는 방법 |
| DHCP | • 사설 IP를 활용하여 일정 기간 동안 임시 IP를 부여하고 관리해주는 방법 |

**이해돕기**

IPv4의 주소 부족 문제

IPv4는 제한된 주소 개수로 인하여 주소 부족 문제가 발생하고 있으며, 이에 대한 대응 방안으로는 IPv6으로의 이전, 서브넷으로의 분할 사용, NAT 사용, DHCP 프로토콜 사용 등이 있음

> **이해돕기**
> 서브넷
> 서브넷은 하나의 IP 대역을 여러 개의 소규모 IP 대역으로 분할함

## ⑥ 서브넷 및 슈퍼넷 계산 방법

### ㉠ 서브넷 계산 예시

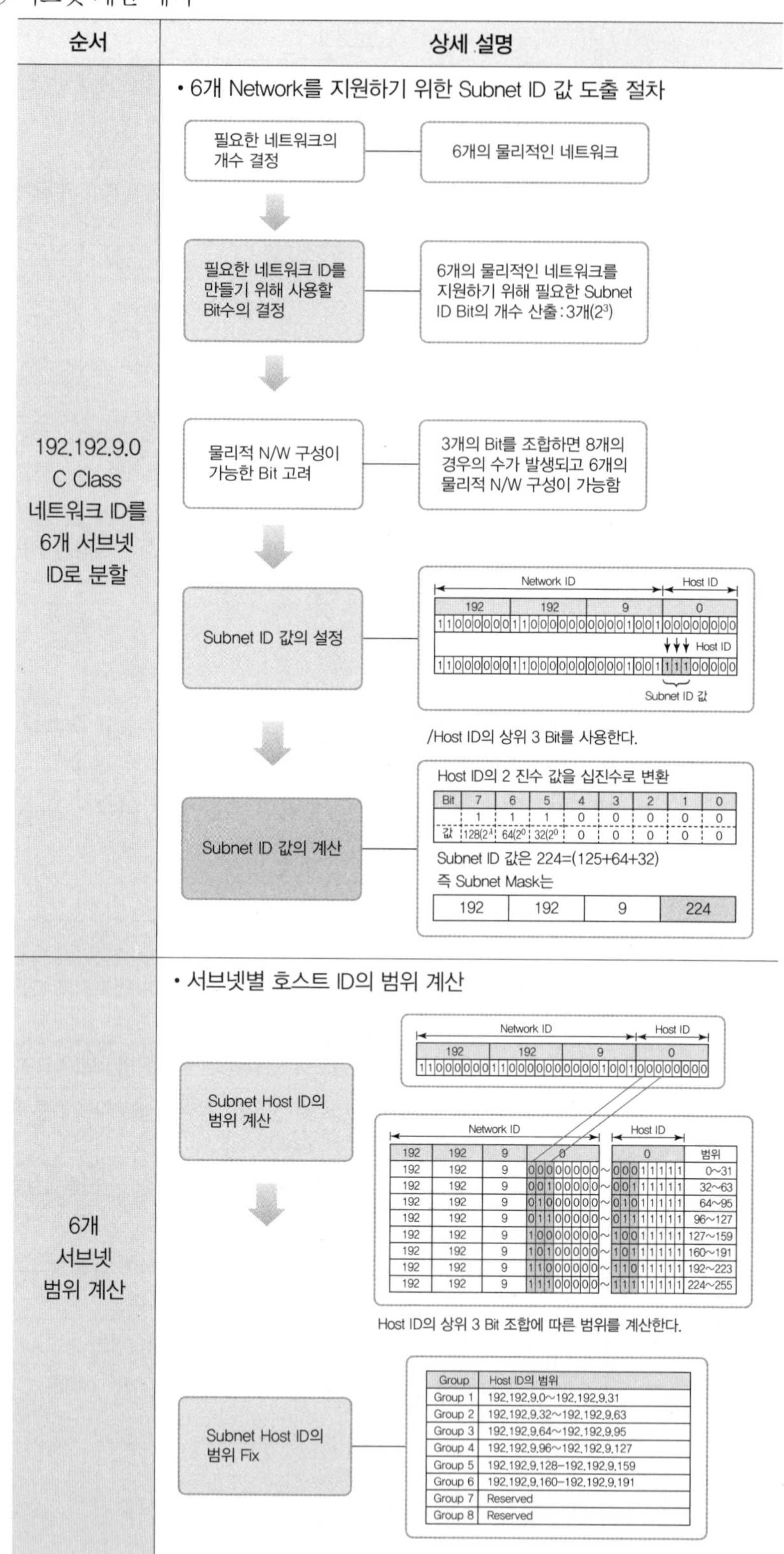

| 순서 | 상세 설명 |
|---|---|
| 192.192.9.0 C Class 네트워크 ID를 6개 서브넷 ID로 분할 | • 6개 Network를 지원하기 위한 Subnet ID 값 도출 절차 |
| 6개 서브넷 범위 계산 | • 서브넷별 호스트 ID의 범위 계산 |

**• 6개 Network를 지원하기 위한 Subnet ID 값 도출 절차**

| 절차 | 설명 |
|---|---|
| 필요한 네트워크의 개수 결정 | 6개의 물리적인 네트워크 |
| 필요한 네트워크 ID를 만들기 위해 사용할 Bit수의 결정 | 6개의 물리적인 네트워크를 지원하기 위해 필요한 Subnet ID Bit의 개수 산출 : 3개($2^3$) |
| 물리적 N/W 구성이 가능한 Bit 고려 | 3개의 Bit를 조합하면 8개의 경우의 수가 발생되고 6개의 물리적 N/W 구성이 가능함 |
| Subnet ID 값의 설정 | (아래 그림) |
| Subnet ID 값의 계산 | (아래 그림) |

Subnet ID 값의 설정:

| | Network ID | | | Host ID |
|---|---|---|---|---|
| | 192 | 192 | 9 | 0 |
| | 11000000 | 11000000 | 00001001 | 00000000 |
| | 11000000 | 11000000 | 00001001 | 111 00000 |

↓↓↓ Host ID — 111: Subnet ID 값

/Host ID의 상위 3 Bit를 사용한다.

Host ID의 2 진수 값을 십진수로 변환

| Bit | 7 | 6 | 5 | 4 | 3 | 2 | 1 | 0 |
|---|---|---|---|---|---|---|---|---|
| | 1 | 1 | 1 | 0 | 0 | 0 | 0 | 0 |
| 값 | 128($2^{7}$) | 64($2^{6}$) | 32($2^{5}$) | 0 | 0 | 0 | 0 | 0 |

Subnet ID 값은 224=(125+64+32)

즉 Subnet Mask는

| 192 | 192 | 9 | 224 |
|---|---|---|---|

**• 서브넷별 호스트 ID의 범위 계산**

Subnet Host ID의 범위 계산

| Network ID | | | Host ID |
|---|---|---|---|
| 192 | 192 | 9 | 0 |
| 11000000 | 11000000 | 00001001 | 00000000 |

| 192 | 192 | 9 | 0 | | 0 | 범위 |
|---|---|---|---|---|---|---|
| 192 | 192 | 9 | 00000000 | ~ | 00011111 | 0~31 |
| 192 | 192 | 9 | 00100000 | ~ | 00111111 | 32~63 |
| 192 | 192 | 9 | 01000000 | ~ | 01011111 | 64~95 |
| 192 | 192 | 9 | 01100000 | ~ | 01111111 | 96~127 |
| 192 | 192 | 9 | 10000000 | ~ | 10011111 | 127~159 |
| 192 | 192 | 9 | 10100000 | ~ | 10111111 | 160~191 |
| 192 | 192 | 9 | 11000000 | ~ | 11011111 | 192~223 |
| 192 | 192 | 9 | 11100000 | ~ | 11111111 | 224~255 |

Host ID의 상위 3 Bit 조합에 따른 범위를 계산한다.

Subnet Host ID의 범위 Fix

| Group | Host ID의 범위 |
|---|---|
| Group 1 | 192.192.9.0~192.192.9.31 |
| Group 2 | 192.192.9.32~192.192.9.63 |
| Group 3 | 192.192.9.64~192.192.9.95 |
| Group 4 | 192.192.9.96~192.192.9.127 |
| Group 5 | 192.192.9.128–192.192.9.159 |
| Group 6 | 192.192.9.160–192.192.9.191 |
| Group 7 | Reserved |
| Group 8 | Reserved |

㉡ 슈퍼넷 계산 예시

192.168.0.1~192.168.0.5까지 5개의 네트워크 슈퍼넷팅 방법

| 설명 | 개념도 |
|---|---|
| 슈퍼네팅된 서브넷 마스크는 255.255.248.0 사용 | 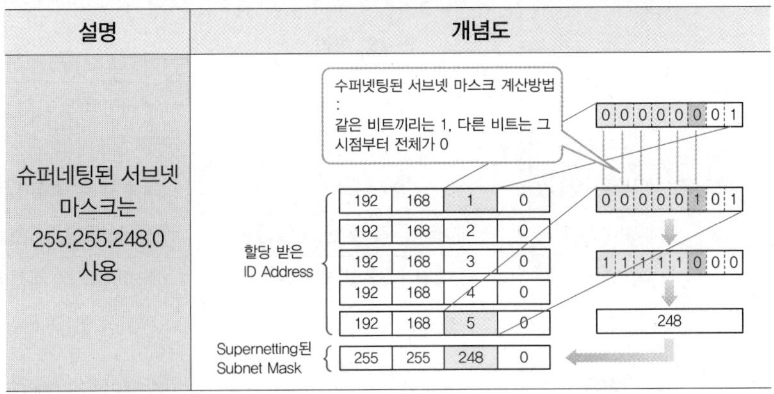 |



## 4. TCP/UDP

### ① TCP/UDP 개요

㉠ TCP와 UDP의 정의

트랜스포트 계층의 대표 프로토콜로서 TCP와 UDP가 있으며, TCP는 송신자와 수신자가 통신 간에 상호 연동 및 전송 제어를 통해 데이터를 발송 가능하고, UDP는 송신 측에서 일방적으로 데이터를 발송하는 통신 프로토콜임

㉡ TCP와 UDP의 개념도

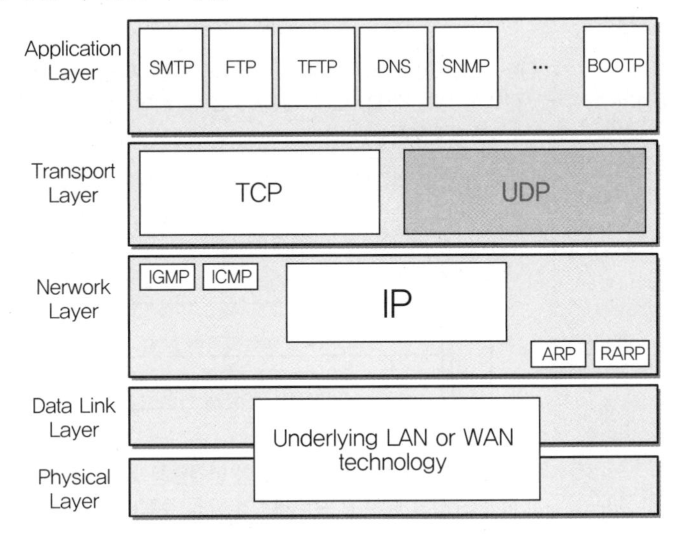



이해돕기

**슈퍼넷**

슈퍼넷은 여러 개의 소규모 IP 대역을 통합하여 하나의 대규모 IP로 변환함

**이해돕기**

**TCP(Transmission Control Protocol) 프로토콜**

IP 프로토콜과 함께 인터넷의 기반이 되는 중요한 프로토콜로 오류제어, 흐름제어, 혼잡제어가 가능하고 신뢰성 있는 통신 등 다양한 기능을 제공함

② TCP와 UDP의 비교

| 구분 | TCP | UDP |
|---|---|---|
| 개념도 | PC ↔ PC 연결의 확립<br>PC → PC 데이터 송신<br>← 확인 | PC → PC 데이터 일방적 송신 |
| 데이터 순서 | 순서 유지 | 순서 유지하지 않음 |
| 데이터 중복 | 데이터 중복 및 손실 없음 | 데이터 중복 및 손실 가능 |
| 에러제어 | 에러 검사 및 재전송 | 에러 검사 후 재전송 없음 |
| 신뢰성 | 신뢰성 있음(Reliable) | 신뢰성 없음(Unreliable) |
| 연결성 | 연결 지향성<br>(Connection-oriented) | 비연결성(Connectionless) |
| 속도 | 느림 | 고속 |
| 용도 | 신뢰성 통신 | 멀티미디어 통신 |
| 전송 데이터 크기 | 데이터 크기 무제한 | 크기 제한 |
| 캐스팅 방식 | 1:1(Unicast) | 1:1(Unicast), 1:N(Broadcast), M:N(Multicast) |

## 5. TCP 상세 설명

① TCP의 개요

| 구분 | | 상세 설명 |
|---|---|---|
| 정의 | | • IP 프로토콜과 함께 인터넷 환경에 기본 제공되는 프로토콜로서 신뢰성 있는 연결, 오류 제어 및 흐름 제어 등의 기능을 제공하는 4계층 프로토콜 |
| 연결 절차 | 개요 | • 신뢰성 있는 연결을 위해서 최초 종단 간 접속 시 3-way Handshaking이라고 하는 3단계 Connection 방식을 수행 |
| | 개념도 | A 프로세스 → B 프로세스 (Seq=10, SYN)<br>B 프로세스 → A 프로세스 (Seq=50, Ack=10, SYN, ACK)<br>A 프로세스 → B 프로세스 (Seq=11, Ack=51, ACK) |
| | 순서 | 1) 접속을 요청하려는 A 프로세스가 연결요청 메시지 전송(SYN)<br>2) 접속 요청을 받은 B 프로세스가 요청 수락(SYN+ACK) 후 메시지 전송<br>3) 최종적으로 A 프로세스가 수락 확인 메시지를 보내 연결 확립(ACK) |

② TCP 제어의 개요

㉠ TCP 제어의 정의

전송 계층 프로토콜인 TCP는 패킷 전송의 효율을 위해서 흐름 제어, 오류 제어, 혼잡 제어 기능을 수행함

㉡ TCP 제어의 유형

| 구분 | 설명 | 핵심 메커니즘 |
|---|---|---|
| 흐름 제어 | • 송신 측에서 수신 측 버퍼에 데이터 전송 시 혼잡 상황이 발생하지 않도록 데이터 양을 조절하여 발송하는 제어기법 | • 슬라이딩 윈도우 |
| 오류 제어 | • 전송과정에서 오류나 유실이 발생 시 패킷을 다시 전송하는 제어기법 | • 세그먼트 재전송 |
| 혼잡 제어 | • 네트워크상에 혼잡이 발생할 시 통신을 통제하는 기법 | • 느린 출발 알고리즘<br>• 혼잡 회피 알고리즘<br>• 혼잡 감지 단계의 혼합 동작 |

### ③ TCP의 흐름 제어의 개요

㉠ TCP 흐름 제어의 정의

전송 측이 수신 측의 응답인 ACK를 받기 전에 미리 전송하는 데이터의 양을 조절하여 설정하는 기능으로 슬라이딩 윈도우 매커니즘을 활용하여 흐름 제어 구현

㉡ 윈도우 메커니즘의 개요

<table>
<tr><th colspan="2">구분</th><th colspan="2">상세 설명</th></tr>
<tr><td colspan="2">정의</td><td colspan="2">• 윈도우란 호스트가 데이터 전송을 위해서 전송 측과 수신 측 양쪽에서 사용하는 버퍼이며, 수신 측의 ACK를 받지 않아도 윈도우 내에서 즉시 전송이 가능한 데이터를 조정하여 흐름 제어를 수행</td></tr>
<tr><td rowspan="5">작동 원리</td><td rowspan="5">주요 개념</td><th>메커니즘</th><th>내용</th></tr>
<tr><td>윈도우의 개념</td><td>• 특정 시스템에서 데이터 전송을 위해서 전송 측이나 혹은 송수신 양쪽 모두에서 사용하는 버퍼로서, 윈도우 내부의 데이터는 ACK를 받지 않아도 즉시 전송이 가능한 상태의 데이터를 포함하고 있음</td></tr>
<tr><td>윈도우의 열림 동작</td><td>• 수신 측으로부터 ACK가 도착하면 윈도우의 설정 한계인 오른쪽 경계가 오른쪽으로 이동하여 더욱 버퍼 공간이 확장됨<br>• 이를 통해 더 많은 데이터 전송이 가능해짐</td></tr>
<tr><td>윈도우 닫힘 동작</td><td>• 데이터 전송이 완료되면 다음 영역의 데이터를 발송하기 위해서 윈도우의 왼쪽 경계가 다음 영역 방향인 오른쪽으로 이동</td></tr>
<tr><td>윈도우의 크기</td><td>• 안전한 전송을 위해서 윈도우의 크기는 수신 측 윈도우(RWND ; Receiver WiNDow)와 혼잡 윈도우(CWND ; Congestion WiNDow)의 크기를 비교해서 둘 중 작은 크기로 설정<br>• 이때 수신 측에서는 RWND 정보를 ACK에 포함해서 전송하고, 송신 측에서는 혼잡 상태가 발생하지 않도록 네트워크에서 결정하는 CWND와 비교해서 설정</td></tr>
</table>

**이해돕기**

TCP 프로토콜은 SYN(Synchronization)>SYN+ACK>ACK(Acknowledgement)로 연결을 수행하며, TCP 헤더에 SYN, ACK 정보가 담겨 있음. 이와 함께 Sequence ID를 관리하여 패킷의 소실 등 감지 가능

| | | |
|---|---|---|
| | 개념도 | 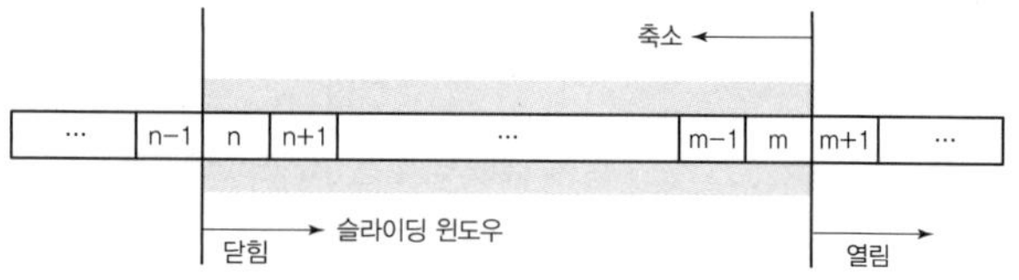 축소 ←<br>… \| n−1 \| n \| n+1 \| … \| m−1 \| m \| m+1 \| …<br>닫힘 → 슬라이딩 윈도우 / 열림 → |
| 작동 원리 | 수행 방법 | • 윈도우 크기는 수신 측 윈도우(rwnd)와 혼잡 윈도우(cwnd)를 비교해서 작은 값으로 설정<br>• 수신 측 ACK를 통해서 오른쪽 윈도우를 추가로 오른쪽으로 이동하여 데이터 영역을 확장하고 데이터 전송이 완료되면 왼쪽 경계를 다음 영역 방향인 오른쪽으로 이동 |

④ TCP의 오류 제어의 개요

| 구분 | | 상세 설명 |
|---|---|---|
| 정의 | | • 신뢰성 있는 데이터 전송을 위해 이미 전송된 세그먼트에 오류가 발생했거나 손실된 경우, 혹은 순서가 어긋나거나 중복이 있는 경우에 대한 처리를 수행하는 기법<br>• 이를 해결하기 위해서 전송 중 특정 세그먼트에 문제 발생 시, 동일한 세그먼트를 재전송하여 해결 |
| 작동 원리 | 개념도 | 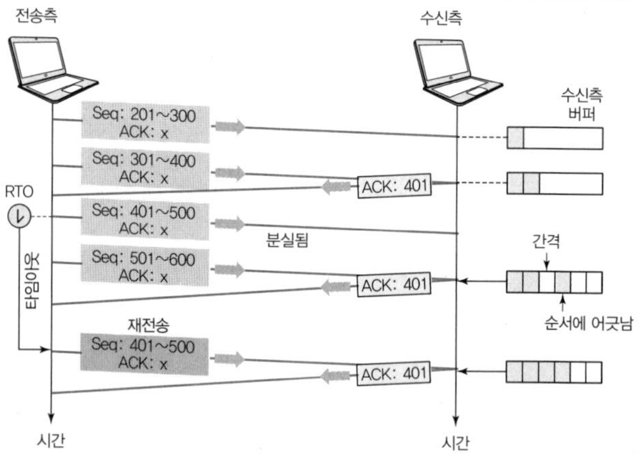 전송측 / 수신측 / 수신측 버퍼<br>Seq: 201~300 ACK: x<br>Seq: 301~400 ACK: x<br>ACK: 401<br>RTO<br>Seq: 401~500 ACK: x<br>분실됨<br>간격<br>타임아웃<br>Seq: 501~600 ACK: x<br>ACK: 401<br>순서에 어긋남<br>재전송<br>Seq: 401~500 ACK: x<br>ACK: 401<br>시간 / 시간 |
| | 작동 예시 | (아래 표 참조) |

| 순서 | 예시 설명 |
|---|---|
| 1 | • 전송 측에서 401~500번과 501~600번의 두 개의 세그먼트 전송 |
| 2 | • 수신 측에서는 400까지 확인하고 401 ACK 응답 |
| 3 | • 세 번째 세그먼트인 401~500에서 데이터 전송 중 손실 발생 |
| 4 | • 수신 측에서는 네 번째 세그먼트인 501~600이 도착했으나, 세 번째 세그먼트가 도착하지 않아 401 ACK 재응답 |
| 5 | • 송신 측은 수신 측에서 401~500번 세그먼트의 ACK 응답인 501이 안 오고 특정 시간 타임아웃이 발생했으며, 401 ACK 재응답을 하였기에 세 번째 세그먼트 401~500을 재전송<br>• RTO(Retransmission Time-Out)는 특정 시간까지 응답이 없을 경우 재전송을 위한 타이머의 역할을 수행 |
| 6 | • 수신 측은 이미 도착한 네 번째 세그먼트(일련번호 : 501-600)를 고려하여 순서에 맞도록 처리하고, 그 결과로 ACK(=601)가 전송 측으로 전송 |

### ⑤ TCP의 혼잡 제어의 개요

㉠ TCP 혼잡 제어의 정의

네트워크로 유입되는 사용자 트래픽의 양이 네트워크 용량을 초과하지 않도록 유지 및 관리하는 메커니즘

㉡ TCP 혼잡 제어기법의 유형

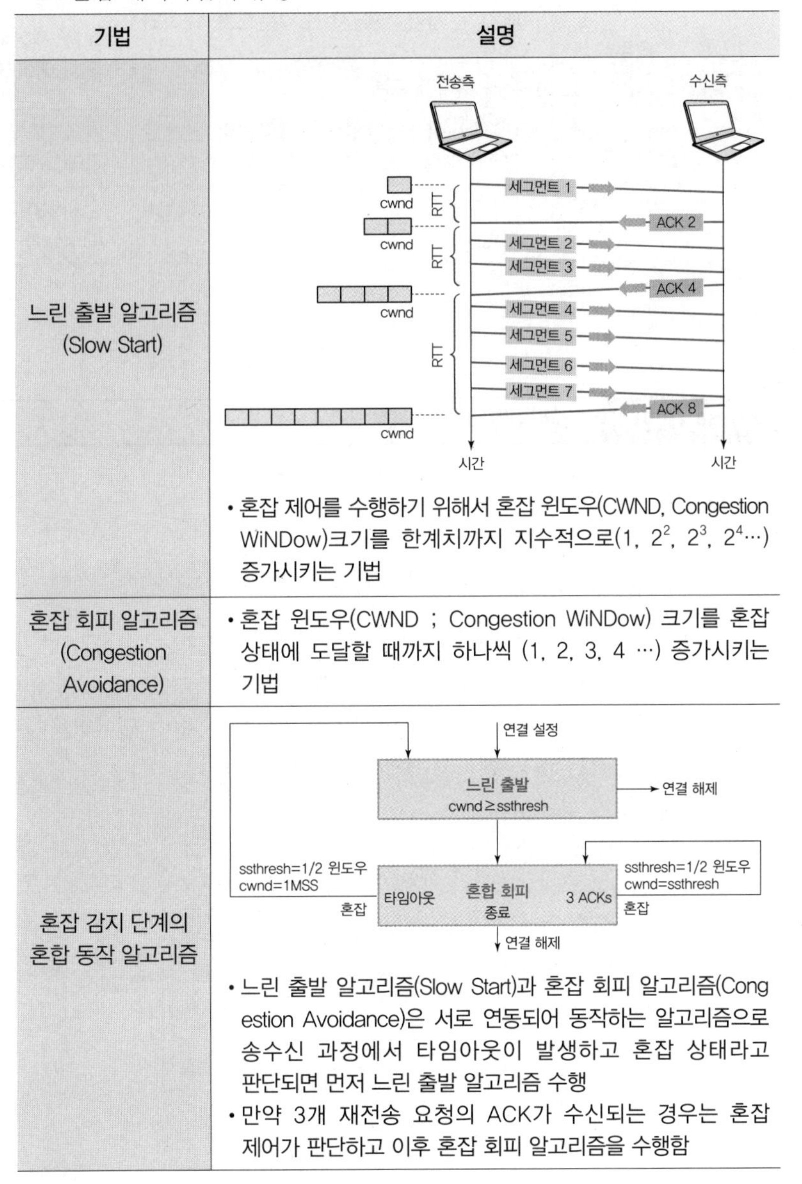


| 기법 | 설명 |
| --- | --- |
| 느린 출발 알고리즘 (Slow Start) | • 혼잡 제어를 수행하기 위해서 혼잡 윈도우(CWND, Congestion WiNDow)크기를 한계치까지 지수적으로(1, $2^2$, $2^3$, $2^4$…) 증가시키는 기법 |
| 혼잡 회피 알고리즘 (Congestion Avoidance) | • 혼잡 윈도우(CWND ; Congestion WiNDow) 크기를 혼잡 상태에 도달할 때까지 하나씩 (1, 2, 3, 4 …) 증가시키는 기법 |
| 혼잡 감지 단계의 혼합 동작 알고리즘 | • 느린 출발 알고리즘(Slow Start)과 혼잡 회피 알고리즘(Congestion Avoidance)은 서로 연동되어 동작하는 알고리즘으로 송수신 과정에서 타임아웃이 발생하고 혼잡 상태라고 판단되면 먼저 느린 출발 알고리즘 수행<br>• 만약 3개 재전송 요청의 ACK가 수신되는 경우는 혼잡 제어가 판단하고 이후 혼잡 회피 알고리즘을 수행함 |

### ⑥ UDP 개요

㉠ UDP의 정의

- User Datagram Protocol의 축약어이며, 비신뢰성 프로토콜로서 제어 기능도 없고 단순히 전송 기능만 수행하여 신속하고 빠른 전송에 적합
- TCP 프로토콜이 무겁고 처리시간 소요가 발생하여 이에 대응하기 위해 활용되며, 주로 스트리밍 동영상, IPTV, 온라인게임 등에 적용

ⓛ UDP의 특징

| 구분 | 설명 | TCP 비교 |
|---|---|---|
| 비신뢰성 | • 수신 측이 데이터를 잘 받았는지 확인하지 않음<br>• Hand Shake와 오류 제어 없음 | • 3-Hand Shake와 오류 제어로 신뢰성 연결 |
| 비순서화 | • 패킷 순서가 없어서 도착순으로 데이터 수신<br>• 흐름 제어가 없음 | • 흐름 제어를 통해서 유실 데이터 재전송 |
| 경량헤더 | • TCP에 비해서 헤더가 경량이며 단순한 구조(4개 필드로 구성) | • 총 11개 필드와 6개 플래그 비트로 구성 |
| 멀티캐스트 지원 | • 동시에 여러 사람에게 전송가능(Multicast) 지원 | • 한사람에게만 전송(Unicast) |

## SECTION 03 기본 개발환경 구축

### 1. 웹서버

> **이해돕기**
> 웹서버
> 통상적으로 광의의 개념에서 웹서버는 WAS를 포함하나, 협의의 개념에서는 웹서버와 WAS를 구분해서 호칭하기도 함

#### ① 웹서버의 개요

㉠ 웹서버의 정의

• 클라이언트 PC의 웹브라우저 화면에서 요청하는 정적인 콘텐츠를 제공하기 위한 웹 프로그램 및 설치되는 하드웨어

• 통상 웹서비스는 정적인 페이지를 제공하는 순수 웹서버와 동적인 페이지를 제공하는 웹어플리케이션서버로 구성

ⓛ 웹서비스 구성도

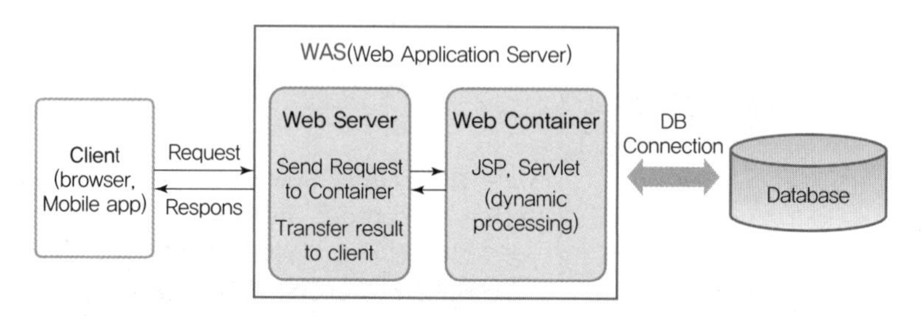


㉢ 웹 서버와 WAS의 비교

| 구분 | 내용 | 비고 |
|---|---|---|
| 웹서버 | • Html, jpeg, css 등 정적 콘텐츠 제공<br>• HTTP 프로토콜을 기반으로 웹브라우저의 요청을 서비스<br>• WAS를 거치지 않고 바로 자원을 제공하여 속도가 빠름<br>• 동적인 콘텐츠는 WAS에 요청을 전달 | • 정적인 파일 처리는 웹서버가 직접 처리하여 서버 부하 방지 |

| 웹어플리케이션 서버 | • DB 조회나 비즈니스 로직 처리 등의 동적인 콘텐츠 제공<br>• HTTP를 통해 컴퓨터나 장치의 어플리케이션의 실행 환경을 담당하는 미들웨어<br>• 서블릿 컨테이너 혹은 웹 컨테이너로 불리며 여러 개의 트랜잭션 관리 | • 대용량 서비스의 경우는 WAS를 복수화하여 장애 처리나 트래픽 처리에 유연 |
|---|---|---|

㉣ 웹 서버의 공통 기능

| 구분 | 내용 |
|---|---|
| 가상 호스팅 | • 다수 웹사이트를 하나의 가상화된 IP로 접속 및 서비스 제공 |
| 대용량 파일 지원 | • 2GB 이상의 대용량 파일 전송 및 업로드 지원 |
| 대역폭 조절 | • 접속 서비스의 응답 속도 설정 지원 |
| 서버사이드 스크립팅 | • WAS상에서 제공되는 동적 콘텐츠 지원 |

※ 이 외에도 웹서버 유형에 따라서 HTTP 및 HTTPS(보안통신) 프로토콜 지원, 통신기록 관리, 인증, 콘텐츠 압축 등 기능 지원

### ② 웹서버의 유형

| 구분 | 내용 | 비고 |
|---|---|---|
| 아파치 | 리눅스 기반의 오픈소스 웹서버 | 아파치 재단 |
| IIS | 윈도우 운영체제에서 사용하는 웹서버 | 마이크로소프트 |
| 웹투비 | 제우스 WAS와 함께 사용하는 웹서버 | 티맥스소프트 |
| 아이 플래닛 | 썬 마이크로시스템즈가 개발한 웹서버 | 오라클 |
| 엔진엑스 | 오픈소스 기반의 무료 웹서버 | 엔진엑스 |
| 구글 웹서버 | 구글에서 제공하는 웹서버 | 구글 |

### ③ 웹서버의 개발환경 구축 절차

| 절차 | 구분 | 설명 |
|---|---|---|
| 1 | 개발 하드웨어 환경 조성 | • 운영 환경과 유사한 환경으로 구축<br>• 서버 시스템의 서비스를 활용하고 검토하기 위한 사용자 클라이언트의 PC, 모바일 환경 조성<br>• 시스템 구성에 따라서 웹서버, 웹어플리케이션 서버, 데이터베이스 서버, 파일 서버 등을 설치하고 구성 |
| 2 | 개발 소프트웨어 환경 조성 | • 운영체제 설치 및 업데이트<br>• SW 설계에 따라서 JVM, 웹 서버 응용, WAS, DBMS 설치<br>• 다양한 개발지원 도구 설치(요구사항 관리, 설계, 개발, 테스트 도구 등) |
| 3 | 형상 관리도구 구성 | • 형상 관리 도구 설치<br>• 형상 관리 식별 및 구성 |

이해돕기

DB서버와 DBMS

DB서버는 통상적으로 하드웨어 개념을 의미하고 DBMS는 데이터베이스를 관리하는 시스템 소프트웨어를 의미함

## 2. DB서버

### ① DB서버의 개요

㉠ DB서버와 DBMS의 정의

| 구분 | 내용 | 예시 |
|---|---|---|
| 데이터 | • 현실 세계에서 수집된 측정, 관찰된 사실이나 값 | • 정형데이터<br>• 비정형데이터 |
| 데이터베이스 | • 여러 응용 시스템들이 공용할 수 있도록 통합, 저장한 데이터의 집합 | • 회원 DB<br>• 환자 MRI 판독 DB |
| 데이터베이스 관리시스템 (DBMS) | • 데이터베이스의 구축, 저장, 검색, 분석, 통계와 사용자의 인증, 권한, 로그 관리가 가능한 편의성을 제공하는 시스템 소프트웨어 | • Oracle<br>• MS-SQL |
| 데이터베이스 서버 | • 데이터의 집합을 효율적으로 관리하기 위한 소프트웨어 도구 패키지(DBMS)가 설치된 하드웨어<br>• 데이터의 중복 제거, 효율적인 운영과 유지보수, 활용을 극대화하기 위한 데이터베이스 관리 프로그램(DBMS) 및 컴퓨터 | • 오라클 기반 ERP DB서버<br>• MySql 기반 쇼핑몰 DB서버 |

㉡ DB서버의 구성

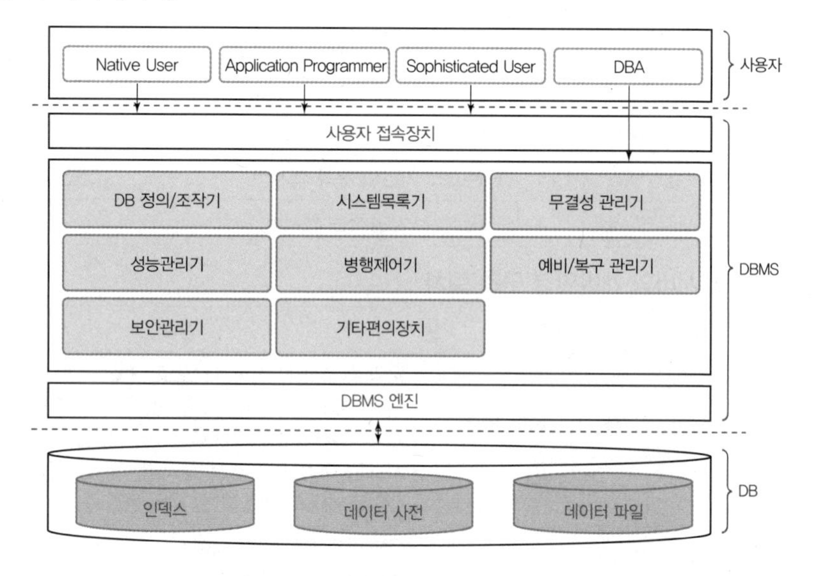

ⓒ DB서버의 주요 기능

| 기능 | 종류 | 내용 |
| --- | --- | --- |
| 저장장치 관리자 | 권한과 무결성 관리 | • 무결성 제약조건을 만족하는지 검사하고, 데이터에 액세스하는 사용자의 권한을 확인 |
| | 트랜잭션 관리 | • 시스템이 fail 시 데이터베이스가 일관성 있는 정확한 상태 유지 |
| | 파일 관리 | • 디스크 공간의 할당과 디스크 상에 저장된 정보 표현 |
| | 버퍼 관리 | • 디스크로부터 메인 메모리로 데이터를 인출하는 과정 |
| | 데이터 파일 | • 데이터베이스 자체를 저장 |
| | 데이터 사전 | • 데이터베이스 구조에 관한 메타데이터를 저장 |
| | 인덱스 | • 특정한 값을 가지고 있는 데이터에 빠르게 액세스하기 위한 리스트 작성 및 관리 |
| 질의 처리기 | DDL interpreter | • DDL문을 해독하여 데이터 사전 내에 기록 |
| | DML Compiler | • 질의어 내의 DML문을 질의 평가 엔진이 이해할 수 있는 하위 단계 명령어로 구성된 질의 수행 계획 변환 |
| | Query evaluation Engine | • DML 컴파일러가 생성한 하위 단계 명령을 실행 |

② **대표적인 DBMS의 유형**

| 유형 | 종류 | 내용 |
| --- | --- | --- |
| 상용 제품 | ORACLE | • 오라클사에서 개발한 관계형 DBMS(RDBMS)이며, 상용 제품으로 대표적인 기업용 데이터베이스<br>• 유닉스, 솔라리스, 윈도우즈 등 기업체에서 사용하는 대부분의 서버와 운영체제에서 설치 가능<br>• 대규모의 데이터베이스를 지원하며, 타 RDBMS보다 대량의 데이터를 관리할 때 가장 좋은 성능을 보임<br>• 프로세스, 메모리 영역, 디스크 영역으로 구성되며, 인스턴스가 메모리에 할당되고, 이를 위한 파라미터 파일이 필요<br>• 오라클 서버에 접속하기 위해 Listener를 통해 통신하며, SQL문을 실행하기 위한 가장 효율적인 방법을 선택하여 동작 |
| | MS-SQL | • 마이크로소프트사에서 개발한 관계형 DBMS로 다양한 마법사 기능을 통해 편의 기능을 제공<br>• 중규모의 데이터베이스에 적정하고, 멀티 레코드셋을 지원<br>• C#, .net 등 MS 계열 언어 및 프레임워크와 호환성 우수 |

| | | |
|---|---|---|
| 오픈 소스 | MySql (일부 유료화) | • 가장 많이 사용되는 DBMS로서 오픈소스 기반의 관계형 DBMS이며 웹 어플리케이션과 함께 다수 활용<br>• 데이터베이스를 관리하기 위한 GUI가 비포함되어 이용자들은 CLI를 사용해서 데이터베이스 관리 수행<br>• 지원 소프트웨어인 MySql을 통해서 관리와 설계도를 시각화하고 관리가 가능함 |
| | MariaDB | • MySql이 오라클로 편입되면서 일부 유료화를 추진한데 반하여 핵심개발자들이 별도 개발한 오픈소스 관계형 DBMS<br>• MySql과 거의 모든 기능이 동일하며 핵심 바이너리와 프로토콜이 같은 구조로서 호환성 보장 |

③ DB서버 구축 절차

| 절차 | 구분 | 설명 |
|---|---|---|
| 1 | 요구사항 정의 | • 사용자 요구사항을 분석하고 적정한 데이터베이스 형태 도출 |
| 2 | 설계서 개발 | • 데이터베이스 테이블을 설계하고 적정한 하드웨어, DBMS를 도출 |
| 3 | 서버 구축 | • 하드웨어 서버에 적정한 운영체제, DBMS를 설치하고 환경을 설정 |
| 4 | 데이터베이스 구축, 이관 | • 신규 데이터를 수집, 저장하거나, 기존 시스템에서 데이터를 마이그레이션(이관)하여 데이터베이스 조성 |

**이해돕기**

애플리케이션 패키지에 관한 학습은 파트 2의 챕터 3 제품소프트웨어 패키징에 심화 학습이 수록됨

## 3. 패키지(Package)

### ① 패키지의 개요

㉠ 패키지의 정의

- 소스코드를 구현하고 테스팅을 완료하여 완성된 제품을 빌드 도구를 통하여 패키징하고 메뉴얼 등 부속물을 만들어 이를 고객에게 최종 전달하는 형태로 포장하는 과정 및 제품
- 패키지와 메뉴얼 작성 시 개발자와 패키징 전문가를 통해서 제작

㉡ 패키지의 특성

| 구분 | 설명 |
|---|---|
| 매뉴얼 포함 | • 패키징 제품과는 별도로 제품의 사용법이나 구성 등을 설명하는 메뉴얼 제작 후 포함 |
| 버전 및 릴리즈 명시 | • 최종 제품의 버전과 릴리즈를 명시하여 추후 있을 업데이트 등과 연계할 수 있도록 안내 |
| 고객 중심 구성 | • 최종 패키징은 고객이 편리하게 언박싱하고 설치할 수 있도록 포장과 UI, UX가 중요 |
| 모듈화 반영 | • 소프트웨어의 재사용성을 높이기 위해 패키지 애플리케이션도 모듈화 반영 |
| 저작권 보호 | • 창작물인 애플리케이션의 저작물에 대한 보호 안내와 함께 암호화, 인증, 불법복제 방지 기술을 적용하여 침해 대응 |

② **패키지 메뉴얼**

㉠ 패키지의 메뉴얼의 유형

| 구분 | 설명 |
|---|---|
| 설치 메뉴얼 | • 소프트웨어나 시스템을 설치할 때 보편적으로 설정하는 환경이나 기준 명기 |
| 운영 메뉴얼 | • 소프트웨어 및 시스템을 운영하기 위한 기본 사항과 기능, 문제점 및 트러블 슈팅을 설명 |
| 통합 메뉴얼 | • 설치 메뉴얼과 운영 메뉴얼의 통합 설명 |

㉡ 패키지 메뉴얼의 주요 내용

| 목차 | 설명 |
|---|---|
| 표지 및 서론 | • 표지 및 서론은 책자로 제공될 때 작성하고 웹상의 배포 문서이거나 간단한 메모 형식 메뉴얼에서는 선택하여 작성<br>• 저작권 내용, 연락처 및 목차 등을 기술 |
| 본론 | • 소프트웨어나 시스템의 기본 구성, 규격, 플랫폼 및 운영체제 등 환경을 기술하고 설치 필요사항이나 운영 방법을 명시 |
| 결론 | • 트러블 슈팅과 부록으로 업데이트, 지원 등에 대해서 기술 |

# 기출문제 분석

1, 2회

**01** UNIX의 셸(Shell)에 관한 설명으로 옳지 않은 것은?

① 명령어 해석기이다.
② 시스템과 사용자 간의 인터페이스를 담당한다.
③ 여러 종류의 셸이 있다.
④ 프로세스, 기억장치, 입출력 관리를 수행한다.

해설 셸은 운영체제와 사용자 간의 인터페이스와 인터프리터를 담당하고 있다. 프로세스와 기억장치 관리, 하드웨어 관리는 운영체제의 커널이 담당한다.

1, 2회

**02** 스레드(Thread)에 대한 설명으로 옳지 않은 것은?

① 한 개의 프로세스는 여러 개의 스레드를 가질 수 없다.
② 커널 스레드의 경우 운영체제에 의해 스레드를 운용한다.
③ 사용자 스레드의 경우 사용자가 만든 라이브러리를 사용하여 스레드를 운용한다.
④ 스레드를 사용함으로써 하드웨어, 운영체제의 성능과 응용 프로그램의 처리율을 향상시킬 수 있다.

해설 프로세스는 실행단위와 실행환경 2개의 핵심요소로 구성되어 있으며, 이때 실행단위가 스레드로서 하나의 프로세스에 여러 개의 스레드를 가질 수 있다.

1, 2회

**03** TCP/IP 프로토콜 중 전송계층 프로토콜은?

① HTTP ② SMTP
③ FTP ④ TCP

해설 TCP는 대표적인 4계층(전송계층) 프로토콜로서 신뢰성 있는 통신과 오류 제어, 흐름 제어, 혼잡 제어를 통해서 네트워크 전송을 관리한다.

1, 2회

**04** 은행가 알고리즘(Banker's Algorithm)은 교착 상태의 해결 방법 중 어떤 기법에 해당하는가?

① Avoidance ② Detection
③ Prevention ④ Recovery

멀티 프로세싱 시스템에서 복수 개의 프로세스가 서로 다른 프로세스의 자원이 양도되기를 무한정 기다리는 상태가 교착상태이며, 이에 대응하기 위한 예방, 회피, 발견, 회복 기법 중 회피 기법에 대표적인 알고리즘으로 은행가 알고리즘이 있다. 은행가 알고리즘은 사전에 자원 상황과 프로세스별로 최대 사용량을 파악하고 프로세스가 자원 할당을 요구할 시 상황을 점검하고 Safe 상태일 때만 지원을 할당하는 원리를 활용한다.

1, 2회

**05** **IEEE 802.11 워킹 그룹의 무선 LAN 표준화 현황 중 QoS 강화를 위해 MAC 지원 기능을 채택한 것은?**

① 802.11a ② 802.11b
③ 802.11g ④ 802.11e

해설 IEEE 802.11e 표준은 무선 LAN 통신 방식의 국제 표준으로서 무선 통신에서 품질 전송(QoS ; Quality of Service)을 위한 기능을 정의한다.

1, 2회

**06** **TCP/IP 네트워크에서 IP주소를 MAC 주소로 변환하는 프로토콜은?**

① UDP ② ARP
③ TCP ④ ICMP

해설 3계층 IP주소를 2계층 MAC(Media Access Control) 주소로 변환하는 프로토콜은 ARP 프로토콜이며, 반대로 2계층 MAC주소를 IP주소 변환하는 프로토콜은 RARP이다.

1, 2회

**07** **교착 상태 발생의 필요충분조건이 아닌 것은?**

① 상호 배제(mutual exclusion)
② 점유와 대기(hold and wait)
③ 환형 대기(circular wait)
④ 선점(preemption)

해설 교착상태의 발생요건은 상호 배제, 점유와 대기, 환형 대기, 비선점으로 정의된다. 각 프로세스가 선점을 하게 되면 교착 상태가 발생할 수 없다.

1, 2회

**08** **HRN(Highest Response-ratio Next) 스케줄링 방식에 대한 설명으로 옳지 않은 것은?**

① 대기 시간이 긴 프로세스일 경우 우선순위가 높아진다.
② SJF 기법을 보완하기 위한 방식이다.
③ 긴 작업과 짧은 작업 간의 지나친 불평등을 해소할 수 있다.
④ 우선순위를 계산하여 그 수치가 가장 낮은 것부터 높은 순으로 우선순위가 부여된다.

해설 HRN 스케줄링은 프로세스 비선점 스케줄링의 알고리즘 유형이며, 대기 중인 프로세스 중 현재 응답율이 가장 높은 것을 선택하는 방식이다. 이는 짧은 작업을 우선 적으로 처리하는 SJF 스케줄링 알고리즘이 긴 작업은 기아 현상(Starvation)이 발생하는 것을 방지하기 위해서 적용한다.

1, 2회

**09** **다음의 페이지 참조 열(Page reference)에 대해 페이지 교체 기법으로 선입선출 알고리즘을 사용할 경우 페이지 부재(Page Fault) 횟수는? (단, 할당된 페이지 프레임 수는 3이고, 처음에는 모든 프레임이 비어 있다.)**

| 〈페이지 참조 열〉 |
|---|
| 7, 0, 1, 2, 0, 3, 0, 4, 2, 3, 0, 3, 2, 1, 2, 0, 1, 7, 0 |

① 13 ② 14
③ 15 ④ 20

해설 최초 7,0,1이 3개 프레임에 적제되고(부재 1~3), 0,1,2(부재4)>1,2,3(부재5)>2,3,0(부재6)>3,0,4(부재7)>0,4,2(부재8)>4,2,3(부재9)>2,3,0(부재10)>3,0,1(부재11)>0,1,2(부재12)>1,2,7(부재13)>2,7,0 (부재14) 순으로 부재가 발생한다.

정답 01 ④ 02 ① 03 ④ 04 ① 05 ④ 06 ② 07 ④ 08 ④ 09 ②

1, 2회

**10** IPv6에 대한 설명으로 옳지 않은 것은?

① 128비트의 주소 공간을 제공한다.
② 인증 및 보안 기능을 포함하고 있다.
③ 패킷 크기가 64Kbyte로 고정되어 있다.
④ IPv6 확장 헤더를 통해 네트워크 기능 확장이 용이하다.

해설 IPv4에서는 패킷 크기가 64Kbyte이나 IPv6에서는 가변 크기로 인하여 임의의 큰 크기 패킷도 전송 가능하며 대역폭을 좀 더 효율적으로 활용 가능하다.

1, 2회

**11** 프로세스 상태의 종류가 아닌 것은?

① Ready ② Running
③ Request ④ Exit

해설 프로세스 상태 전이는 준비(Ready), 실행(Running), 종료(Exit) 혹은 대기(Wait)로 구성된다.

1, 2회

**12** IPv6의 주소체계로 거리가 먼 것은?

① Unicast ② Anycast
③ Broadcast ④ Multicast

해설 Broadcast와 Multicast는 복수의 노드를 목적지로 하여 데이터를 동시에 전송하는 방식이다. 무작정 모든 노드에 발송하여 비효율적인 Broadcast는 IPv4에서만 사용하고 IPv6는 특정하게 목적지 노드를 정할 수 있는 진화된 Multicast 방식을 사용한다.

1, 2회

**13** OSI-7계층에서 종단 간 신뢰성 있고 효율적인 데이터를 전송하기 위해 오류검출과 복구, 흐름 제어를 수행하는 계층은?

① 전송 계층 ② 세션 계층
③ 표현 계층 ④ 응용 계층

해설 전송 계층(4계층)은 TCP/IP 프로토콜을 사용하여 신뢰성 확보, 오류 제어, 흐름 제어, 혼잡 제어를 수행한다.

3회

**14** 다음 중 Bash 셸 스크립트에서 사용할 수 있는 제어문이 아닌 것은?

① if ② for
③ repeat_do ④ while

해설 Bash 셸은 리눅스에 탑재되어 있는 스크립트 언어로 제어문 중 조건문에 if, 반복문에 for, while를 사용한다.

3회

**15** IPv6에 대한 설명으로 틀린 것은?

① 32비트의 주소체계를 사용한다.
② 멀티미디어의 실시간 처리가 가능하다.
③ IPv4보다 보안성이 강화되었다.
④ 자동으로 네트워크 환경구성이 가능하다.

해설 IPv4는 32비트 주소체계로 구성되어 있고, IPv6는 128비트 주소체계로 구성되어서 훨씬 더 많은 IP주소를 사용할 수 있다.

3회

**16** HRN 방식으로 스케줄링할 경우, 입력된 작업이 다음과 같을 때 처리되는 작업 순서로 옳은 것은?

| 작업 | 대기시간 | 서비스(실행)시간 |
|---|---|---|
| A | 5 | 20 |
| B | 40 | 20 |
| C | 15 | 45 |
| D | 20 | 2 |

① A → B → C → D ② A → C → B → D
③ D → B → C → A ④ D → A → B → C

해설 HRN 알고리즘은 응답율이 가장 높은 작업을 우선 선택하는 방식이며, 이때 응답율 계산 공식은 (대기시간+서비스시간)/서비스시간이다. 각 응답율을 구하면, A는 1.25, B는 3, C는 1.33, D는 11이며 이에 따라 가장 큰 응답율 순서대로 D, B, C, A 작업이 수행된다.

3회

**17** 운영체제에 대한 설명으로 거리가 먼 것은?

① 다중 사용자와 다중 응용프로그램 환경하에서 자원의 현재 상태를 파악하고 자원 분배를 위한 스케줄링을 담당한다.
② CPU, 메모리 공간, 기억장치, 입출력 장치 등의 자원을 관리한다.
③ 운영체제의 종류로는 매크로 프로세서, 어셈블러, 컴파일러 등이 있다.
④ 입출력 장치와 사용자 프로그램을 제어한다.

해설 매크로 프로세서는 컴퓨터 시스템의 구성요소 중 하나인 중앙처리장치의 일종이며, 어셈블러는 프로그래밍 언어, 컴파일러는 프로그래밍 언어를 기계가 이해할 수 있는 언어로 변환하는 처리기이다.

3회

**18** OSI-7Layer에서 링크의 설정과 유지 및 종료를 담당하며, 노드 간의 오류 제어와 흐름 제어 기능을 수행하는 계층은?

① 데이터링크 계층 ② 물리 계층
③ 세션 계층 ④ 응용 계층

해설 2계층에서는 물리적인 링크 간에 오류 제어와 흐름 제어를 수행한다. 이때 유의해야 하는 것이 4계층에서도 오류 제어, 흐름 제어, 혼잡 제어를 수행한다. 2계층의 오류 제어와 흐름 제어는 물리적인 링크 간에 수행하고, 4계층은 발신지에서 목적지까지 전체 메시지를 전달하는 전송과정에서 제어를 수행한다.

3회

**19** 메모리 관리 기법 중 Worst fit 방법을 사용할 경우 10K 크기의 프로그램 실행을 위해서는 어느 부분에 할당되는가?

| 영역번호 | 메모리크기 | 사용여부 |
|---|---|---|
| NO.1 | 8K | FREE |
| NO.2 | 12K | FREE |
| NO.3 | 10K | IN USE |
| NO.4 | 20K | IN USE |
| NO.5 | 16K | FREE |

① NO.2 ② NO.3
③ NO.4 ④ NO.5

해설 현재 1번 영역은 크기가 8K밖에 되지 않고, 3번과 4번은 이미 사용하고 있어서 적재가 불가능하다. 10K 프로그램을 적재할 수 있는 영역은 2번, 5번밖에 없으며 Worst fit은 단편화가 가장 크게 일어나는 나쁜 적재 방식이다. 현재 문제에서는 가장 단편화가 비효율적으로 일어나는 영역은 5번 영역이다(적재 후 남는 공간이 6K로서 2번 2K 남는 공간보다 훨씬 비효율적이다).



정답 10 ③ 11 ③ 12 ③ 13 ① 14 ③ 15 ① 16 ③ 17 ③ 18 ① 19 ④

3회

**20** 200.1.1.0/24 네트워크를 FLSM 방식을 이용하여 10개의 Subnet으로 나누고 ip subnet-zero를 적용했다. 이때 서브네팅된 네트워크 중 10번째 네트워크의 broadcast IP주소는?

① 200.1.1.159 ② 201.1.5.175
③ 202.1.11.254 ④ 203.1.255.245

해설 FLSM은 고정길이 서브넷 분할기법으로 모두 10개의 서브넷으로 나눌려면 $2^4$=16, 즉 호스트 수는 16개로 정의된다(23은 8밖에 안 돼서 10개 이상인 16이 필요). 이에 따라 10개의 네트워크를 16개 호스트로 구성해보면 네트워크 1 : 200.1.1.0~15, 네트워크 2 : 200.1.1.16~31, 네트워크 3 : 200.1.1.32~47 … 네트워크 9 : 200.1.1.128~143, 네트워크 10 : 200.1.1.144~159이다. 브로드캐스트 주소는 해당 네트워크 ID에서 가장 마지막 주소를 의미하므로 네트워크10의 마지막 주소인 200.1.1.159이다.

3회

**21** UNIX에서 새로운 프로세스를 생성하는 명령어는?

① ls ② cat
③ fork ④ chmod

해설 UNIX에서 fork는 프로세스 생성 명령어로서 중요한 역할을 수행한다.

4회

**22** 운영체제에서 커널의 기능이 아닌 것은?

① 프로세스 생성, 종료
② 사용자 인터페이스
③ 기억 장치 할당, 회수
④ 파일 시스템 관리

해설 운영체제에서 사용자 인터페이스는 커널이 아닌 셸이 담당한다.

4회

**23** 다음 셸 스크립트의 의미로 옳은 것은?

```
until who | grep wow
do
sleep 5
done
```

① wow 사용자가 로그인한 경우에만 반복문을 수행한다.
② wow 사용자가 로그인할 때까지 반복문을 수행한다.
③ wow 문자열을 복사한다.
④ wow 사용자에 대한 정보를 무한 반복하여 출력한다.

해설 본 셸 스크립트에서는 wow라는 사용자가 로그인해야지만 반복 상태를 벗어나게 되어 있고 그전까지는 반복적으로 슬립을 수행한다.

4회

**24** 다음과 같은 프로세스가 차례로 큐에 도착하였을 때, SJF(Shortest Job First) 정책을 사용할 경우 가장 먼저 처리되는 작업은?

| 프로세스 번호 | 실행시간 |
|---|---|
| P1 | 6 |
| P2 | 8 |
| P3 | 4 |
| P4 | 3 |

① P1 ② P2
③ P3 ④ P4

해설 SJF는 가장 실행시간이 짧은 작업을 우선 수행하는 프로세스 스케줄링 알고리즘 기법으로 실행시간이 가장 짧은 P4가 제일 먼저 처리된다. 이러한 특성으로 인해서 가장 큰 작업은 무한히 기다리면서 기아 현상(Starvation) 문제가 발생할 수 있으며, 이를 해결하기 위해서 HRN 스케줄링을 사용하기도 한다.

4회

**25** **UDP 특성에 해당되는 것은?**

① 데이터 전송 후, ACK를 받는다.
② 송신 중에 링크를 유지 관리하므로 신뢰성이 높다.
③ 흐름 제어나 순서 제어가 없어 전송속도가 빠르다.
④ 제어를 위한 오버헤드가 크다.

해설 UDP는 TCP 매커니즘이 복잡하고, 신뢰성 검증으로 속도가 느리다는 점에 대응하기 위해서 등장한 비신뢰적이고 전송속도가 빠른 4계층 프로토콜이다.

5회

**26** **운영체제를 기능에 따라 분류할 경우 제어 프로그램이 아닌 것은?**

① 데이터 관리 프로그램
② 서비스 프로그램
③ 작업 제어 프로그램
④ 감시 프로그램

해설 운영체제는 데이터관리, 작업제어, 감시 및 모니터링 등의 기능을 수행한다. 서비스 프로그램은 운영체제가 아닌 별도의 응용 애플리케이션을 의미한다.

5회

**27** **IEEE 802.3 LAN에서 사용되는 전송매체 접속제어(MAC) 방식은?**

① CSMA/CD ② Token Bus
③ Token Ring ④ Slotted Ring

해설 CSMA/CD는 LAN망에서 충돌을 감지하고 제어하는 매커니즘이다. 유사한 방식에는 IEEE 802.11에서 사용되는 전송매체 접속제어 매커니즘인 CSMA/CA가 있다.

5회

**28** **기억공간이 15K, 23K, 22K, 21K 순으로 빈 공간이 있을 때 기억장치 배치 전략으로 "First Fit"을 사용하여 17K의 프로그램을 적재할 경우 내부단편화의 크기는 얼마인가?**

① 5K ② 6K
③ 7K ④ 8K

해설 First Fit 방식은 적재가 가능한 가장 첫 번째 공간에 적재하는 방식인데, 15K는 17K보다 공간이 작아서 적재가 안 되며 적재가 가능한 가장 첫 번째 23K 공간에 17K 프로그램을 적재하고 남은 6K가 단편화 크기가 된다.

5회

**29** **운영체제의 가상기억장치 관리에서 프로세스가 일정 시간 동안 자주 참조하는 페이지들의 집합을 의미하는 것은?**

① Locality ② Deadlock
③ Thrashing ④ Working Set

해설 가상기억장치 관리에서 프로세스 실행보다 페이지 교체에 더 많은 시간을 소비하는 문제점을 스레싱이라고 하며 이러한 문제를 해결하기 위해 일정 시간 동안 자주 참조하는 페이지인 워킹 셋(Working Set)의 지역성을 활용하여 주기억장치에 적재하여 문제를 해결한다.

정답 20 ① 21 ③ 22 ② 23 ② 24 ④ 25 ③ 26 ② 27 ① 28 ② 29 ④

5회

**30** 다음 설명의 ㉠과 ㉡에 들어갈 내용으로 옳은 것은?

> 가상기억장치의 일반적인 구현 방법에는 프로그램을 고정된 그기의 일정한 블록으로 나누는 ( ㉠ ) 기법과 가변적인 크기의 블록으로 나누는 ( ㉡ ) 기법이 있다.

① ㉠ : Paging, ㉡ : Segmentation
② ㉠ : Segmentation, ㉡ : Allocatin
③ ㉠ : Segmentation, ㉡ : Compaction
④ ㉠ : Paging, ㉡ : Linking

해설 기억장치를 고정된 크기의 분할로 나누어 할당하는 것을 Paging 방식이라고 하며 가변 크기로 분할하여 할당하는 것을 Segmentation 방식이라고 한다.

6회

**31** 다음 설명에 해당하는 방식은?

> • 무선 랜에서 데이터 전송 시, 매체가 비어있음을 확인한 뒤 충돌을 회피하기 위해 임의 시간을 기다린 후 데이터를 전송하는 방법이다.
> • 네트워크에 데이터의 전송이 없는 경우라도 동시 전송에 의한 충돌에 대비하여 확인 신호를 전송한다.

① STA
② Collision Domain
③ CSMA/CA
④ CSMA/CD

해설 무선랜에서 전송매체의 접속제어를 수행하는 방식은 IEEE802.11의 CSMA/CA이다.

7회

**32** C Class에 속하는 IP address는?

① 200.168.30.1 ② 10.3.2.1 4
③ 225.2.4.1 ④ 172.16.98.3

해설 C클래스는 192.0.0.0부터 223.255.255.255 범위의 IP만 해당된다.

7회

**33** 오류 제어에 사용되는 자동반복 요청방식(ARQ)이 아닌 것은?

① Stop－and－wait ARQ
② Go－back－N ARO
③ Selective－Repeat ARQ
④ Non－Acknowledge ARQ

해설 2계층 오류 제어 기법에서는 Stop－and－wait ARQ, Go－back－N ARQ, Selective－Repeat ARQ 등의 방식이 사용되며 Non－Acknowledge ARQ 방식은 사용하지 않는다.

7회

**34** 사용자가 요청한 디스크 입·출력 내용이 다음과 같은 순서로 큐에 들어 있을 때 SSTF 스케줄링을 사용한 경우의 처리 순서는? (단, 현재 헤드 위치는 53이고, 제일 안쪽이 1번, 바깥쪽이 200번 트랙이다.)

> 큐의 내용 : 98 183 37 122 14 124 65 67

① 53－65－67－37－14－98－122－124－183
② 53－98－183－37－122－14－124－65－67
③ 53－37－14－65－67－98－122－124－183
④ 53－67－65－124－14－122－37－183－98

**해설** SSJF는 현재 헤드에서 가장 가까운 큐의 요청을 처리하는 방식으로 53에서 가장 가까운 65, 65에서 가장 가까운 67에서 가장 가까운 37 … 순서로 이동하는 스케줄링 방식이다.

7회

**35 프로세스와 관련한 설명으로 틀린 것은?**

① 프로세스가 준비 상태에서 프로세서가 배당되어 실행 상태로 변화하는 것을 디스패치(Dispatch)라고 한다.
② 프로세스 제어 블록(PCB ; Process Control Block)은 프로세스 식별자, 프로세스 상태 등의 정보로 구성된다.
③ 이전 프로세스의 상태 레지스터 내용을 보관하고 다른 프로세스의 레지스터를 적재하는 과정을 문맥 교환(Context Switching)이라고 한다.
④ 프로세스는 스레드(Thread) 내에서 실행되는 흐름의 단위이며, 스레드와 달리 주소 공간에 실행 스택(Stack)이 없다.

**해설** 스레드는 프로세스 내에서 실행되는 흐름의 단위로서 프로세스와 스레드가 바뀌어서 설명되어 있다.

8회

**36 OSI 7계층 중 데이터링크 계층에 해당되는 프로토콜이 아닌 것은?**

① HTTP ② HDLC
③ PPP ④ LLC

**해설** HTTP 프로토콜은 대표적인 7계층 프로토콜로서 응용계층에 해당된다.

8회

**37 TCP/IP 계층 구조에서 IP의 동작 과정에서의 전송 오류가 발생하는 경우에 대비해 오류 정보를 전송하는 목적으로 사용하는 프로토콜은?**

① ECP(Error Checking Protocol)
② ARP(Address Resolution Protocol)
③ ICMP(Internet Control Message Protocol)
④ PPP(Point-to-Point Protocol)

**해설** ICMP 프로토콜은 인터넷망에서 오류 처리를 지원하는 프로토콜이며, PING 명령을 통해서 호출 및 확인된다.

8회

**38 다음과 같은 형태로 임계 구역의 접근을 제어하는 상호배제 기법은?**

```
P(S) : while S<=0 do skip ;
S :=S-1 ;
V(S) : S :=S+1 ;
```

① Dekker Algorithm
② Lamport Algorithm
③ Peterson Algorithm
④ Semaphore

**해설** P(S)와 V(S) 함수를 사용해서 상호배제를 수행하는 기법은 세마포어이다.

정답 30 ① 31 ③ 32 ① 33 ④ 34 ① 35 ④ 36 ① 37 ③ 38 ④

PART 01 PART 02 PART 03 PART 04 PART 05

# 출제 동향 분석

## CHAPTER 01 소프트웨어 개발 방법론 활용

- 소프트웨어 공학의 기본 지식을 담고 있는 단락이며, 매회 중요한 핵심지식은 지속적으로 반복해서 문제가 출제되고 있습니다.
- 단순한 암기보다는 이해를 바탕으로 하는 암기가 필요하며 파트 2의 소프트웨어 개발과 연계학습이 필요합니다.
- 특히 소프트웨어 생명주기, 비용산정 모델, 개발표준, 개발 프레임워크에 대한 출제 빈도가 높아 반복 학습이 필요합니다.

## CHAPTER 02 IT프로젝트 정보시스템 구축관리

- 본 단락은 주로 최신 IT 동향에 대한 내용을 담고 있는 부분으로 네트워크, 소프트웨어, 하드웨어, 데이터베이스 4개 분야의 트렌드를 묻고 있습니다.
- 이해보다는 팩트 기반의 암기가 중요한 단락으로 최신 동향을 아주 폭넓게 암기하는 것이 중요하며, 최소한 기본적인 개요는 제대로 짚고 넘어가는 것이 중요합니다.
- IT 산업이 발전하면서 갈수록 시험출제 비중이 높아지고 있으며 실기시험에서도 자주 나오는 문제가 많으니 평소 새로운 IT 신기술에 대한 관심을 높이는 것이 중요하겠습니다.

## CHAPTER 03 소프트웨어 개발 보안

- 소프트웨어 개발 시에 필요한 실무 보안지식과 기본적인 보안 이론을 묻는 단락으로 최근의 보안 중요성을 반영하여 매회 정기적으로 문제가 출제되고 비중도 높아지고 있습니다.
- 특히 시큐어코딩 부분에서 실무와 결합된 내용을 묻거나 암호화 알고리즘과 관련한 기초 이론을 다수 묻고 있습니다.

## CHAPTER 04 시스템 보안 구축

- 챕터 3이 개발에 관한 보안 지식을 담고 있다면, 챕터 4는 소프트웨어 개발 이후 안정적인 시스템 구축 및 운영에 필요한 보안지식을 묻는 단락으로 최근의 보안 중요성을 반영하여 매회 정기적으로 문제가 출제되고 비중도 커지고 있습니다.
- 해킹과 관련한 각종 공격기법과 사례, 이에 대응하기 위한 실제 정보보안 솔루션, 침해 대응 방법론 등에 대한 문제가 다수 출제되고 있습니다. 챕터 3과 연계해서 학습하는 자세가 필요합니다.

# 정보시스템 구축관리

PART 05

# 소프트웨어 개발 방법론 활용

다회독 Check! 1 2 3

**학습 목표**

- 정보시스템 개발의 최적화, 효율화 및 이해관계자들과의 의사소통을 위해서 적정한 SDLC 및 개발 방법론을 선택하고 전 프로젝트 관리에 모형을 적용하기 위한 내용
- 소프트웨어 전 생명주기를 통한 일정과 절차를 확인한 후, 적합한 개발 방법론과 요구공학, 비용산정 모델을 선정하여 성공적인 소프트웨어 개발이 될 수 있도록 학습
- 실제 개발 프로젝트는 효율적이고 성공적인 완수를 위해서 정형화되고 구조화된 표준 개발방법론과 프레임워크를 기반으로, 본 사업에 최적화 참조할 수 있도록 테일러링(맞춤화 기법)을 수행
- 이와 함께 소프트웨어 개발과 관련한 국제표준과 산업표준을 이해하고 이를 최적화하여 활용할 수 있는 테일러링 방법론에 대한 내용을 담고 있으며, 파트 2의 소프트웨어 개발과 내용이 중복되는 부분이 있어 연계하여 학습이 필요함

## SECTION 01 소프트웨어개발 방법론 선정

### 1. 소프트웨어 생명주기 모델(SDLC ; Software Development Life Cycle)

#### ① 소프트웨어 생명주기 모델의 개요

㉠ 소프트웨어 생명주기 모델의 정의

소프트웨어 개발과 운영을 위한 타당성 검토와 추진 계획의 수립부터 요구사항 분석, 설계, 개발, 테스트, 유지보수 및 폐기까지 전 과정을 모형화하여 관리와 의사소통에 활용하기 위한 모델

㉡ SDLC 모델의 단계

| 프로세스 | 내용 |
|---|---|
| 계획 | • 시스템 구현에 따른 이익 검토와 추진 일정 등 계획 |
| 요구사항 분석 | • 요구사항을 식별하고 추출, 분석, 정의, 검증 등 상세화 과정 수행 |
| 설계 | • 요구사항에 기반하여 아키텍처, 프레임워크, 디자인패턴 등을 활용하여 시스템과 프로그램을 설계 |
| 개발 | • 표준화된 개발 방법론을 활용하여 프로그래밍 및 실행코드 생성 |
| 테스트 | • 시스템에 대한 검토와 확인 수행 |
| 설치 및 운영 | • 운영환경을 조성하여 설치 후 사용자 인수 테스트 및 교육 |
| 유지보수 | • 인수 이후 안정적인 운영을 위해 수정, 적응, 예방 등 업무 수행 |

**이해돕기**

소프트웨어 개발 생명주기(SDLC) 단계

실제 프로젝트 수행 절차는 계획 → 요구사항 정의 → 설계 → 구현 → 테스트 → 이후 운영·유지보수 → 폐기의 7단계이지만, 핵심 단계만 정리해서 요구사항 정의 → 설계 → 구현 → 테스트 → 유지보수의 5단계로 설명하기도 함

SDLC(요설구테유)

요번 설에는 구테유(굿해요)~!

| 폐기 | • 새로운 정보시스템 개발이나 비즈니스 변경 등의 사항으로 시스템 폐기 |
|---|---|

② SDLC 각 유형

| 구분 | | 상세 설명 |
|---|---|---|
| 폭포수 모델 | 정의 | • 순차적이고 계단형식으로 소프트웨어를 개발하는 고전적인 모델로 일반적으로 소프트웨어 개발 시에 가장 많이 사용하는 개발 모형 |
| | 특징 | • 순차식이고 하향식이며 계단형의 특징을 갖고 있음<br>• 오랜 기간 수행 이력이 많은 모델이며 프로젝트 관리가 용이함 |
| | 단점 | • 초기 요구사항 정의가 어려우며 문제 발견 시나 요구사항 변경 시에는 대응이 어려움 |
| | 개념도 | 계획 → 요구분석 → 설계 → 구현 → 테스트 → 유지보수 |
| 프로토타이핑 모델 | 정의 | • 사용자의 요구사항을 신속히 확인하고 정형화하면서 점진적으로 시스템을 개발하는 모형 |
| | 특징 | • 초기부터 사용자의 참여를 극대화할 수 있으며, 신속하게 요구사항을 정의하고 상세 개발 수행 |
| | 단점 | • 초기 프로토타입 구현을 위한 비용과 개발 속도의 지연이 발생 |
| | 개념도 | 요구분석 → Prototype 개발, 개선 → Prototype 검토, 평가 → 승인 → 상세개발 → 설치<br>개선 필요 시 Feedback / 실효성이 없다고 판단 시 → 프로젝트 취소 |
| 나선형 모델 | 정의 | • 시스템을 개발하면서 발생하는 다양한 위험을 최소화하는 것을 목표로 점진적으로 완벽한 개발을 수행하는 모형 |
| | 특징 | • 개발 전 기간 동안 위험에 대응이 가능하며 고수준 고품질, 대규모 장기사업에 대응이 가능함 |
| | 단점 | • 매 단계별로 위험을 체크함으로써 비용이 과다하게 발생하고, 프로젝트 기간이 늘어남 |

**이해돕기**

나선형모델에서의 회전수

나선형 모델의 회전수는 프로젝트 개발 반복 수를 나타냄. 즉 회전수가 많으면 많을수록 개발 프로젝트가 복잡하고 규모가 커짐

두음암기

나선형모델 절차(계위개고)

계획을 위반해서 개고기를 먹고 있다.

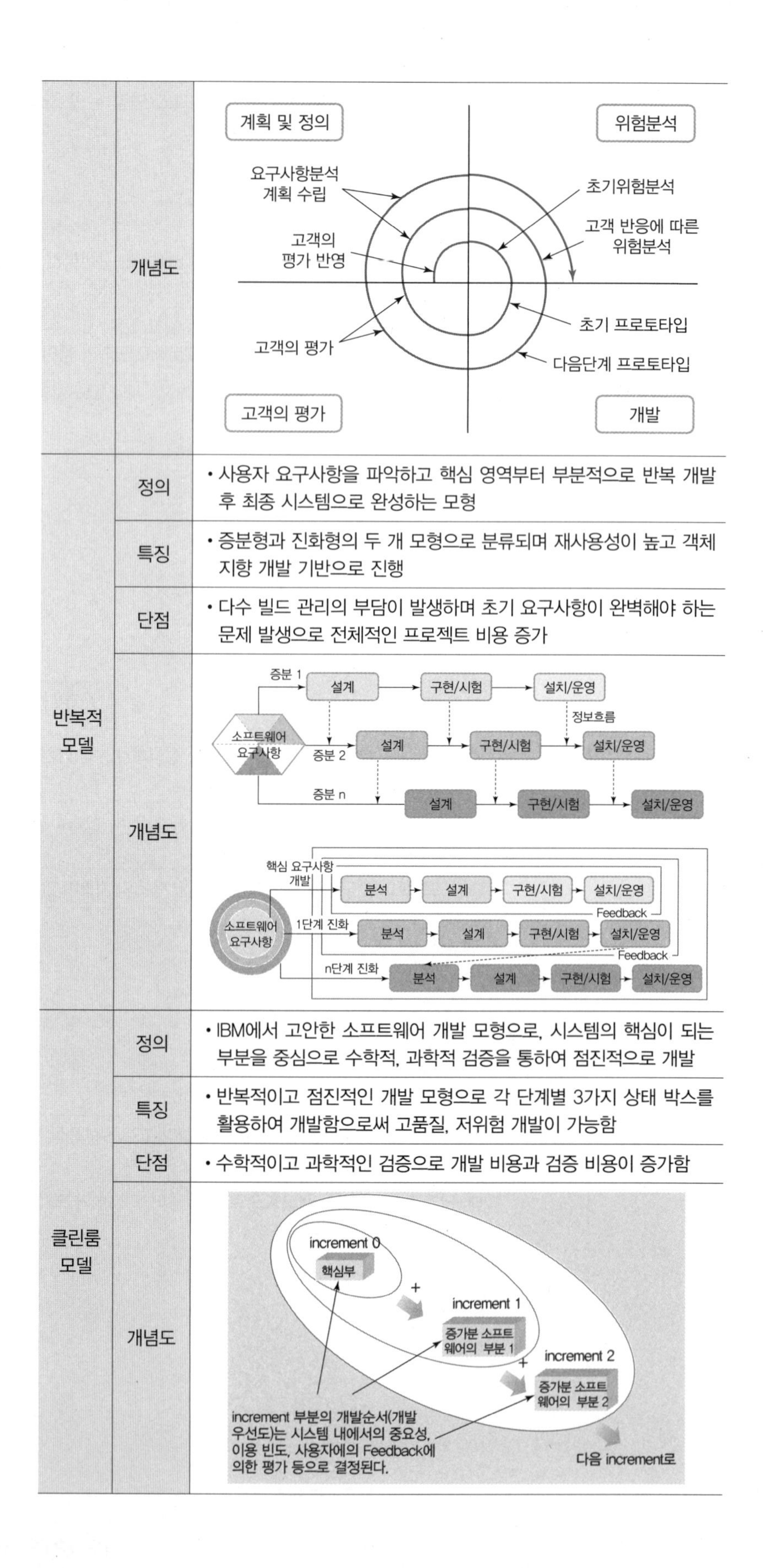


| | 구분 | 내용 |
|---|---|---|
| | 개념도 | |
| 반복적 모델 | 정의 | • 사용자 요구사항을 파악하고 핵심 영역부터 부분적으로 반복 개발 후 최종 시스템으로 완성하는 모형 |
| | 특징 | • 증분형과 진화형의 두 개 모형으로 분류되며 재사용성이 높고 객체지향 개발 기반으로 진행 |
| | 단점 | • 다수 빌드 관리의 부담이 발생하며 초기 요구사항이 완벽해야 하는 문제 발생으로 전체적인 프로젝트 비용 증가 |
| | 개념도 | |
| 클린룸 모델 | 정의 | • IBM에서 고안한 소프트웨어 개발 모형으로, 시스템의 핵심이 되는 부분을 중심으로 수학적, 과학적 검증을 통하여 점진적으로 개발 |
| | 특징 | • 반복적이고 점진적인 개발 모형으로 각 단계별 3가지 상태 박스를 활용하여 개발함으로써 고품질, 저위험 개발이 가능함 |
| | 단점 | • 수학적이고 과학적인 검증으로 개발 비용과 검증 비용이 증가함 |
| | 개념도 | |

이해돕기

클린룸 모델

클린룸 모델은 우주, 원자력 시스템 등 시스템 오류가 치명적인 상황을 발생하는 정밀 프로젝트에서 활용하는 개발 방법론으로서 각 단위 기능에 대해서 꼼꼼히 수학적 분석을 수행하고 이상이 없는지 살펴보는 방법이다.

③ SDLC 각 유형 간 관계 분석

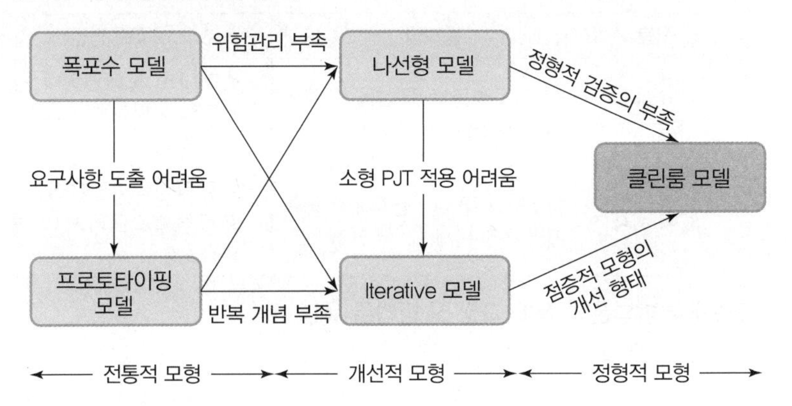


## 2. 소프트웨어 개발 방법론

### ① 소프트웨어 개발 방법론의 개요

㉠ 소프트웨어 개발 방법론의 정의

SDLC를 기반으로 하여 소프트웨어 개발을 위한 전체 프로세스, 각 단계별 절차, 작업 활동, 산출물, 기법 등을 구체적으로 정의한 체계

㉡ SW 개발 방법론의 필요성

SDLC의 모호성을 구체화하고, 소프트웨어 공학의 원리를 구조화하여 체계적이고 효율적으로 개발하기 위한 체계를 수립

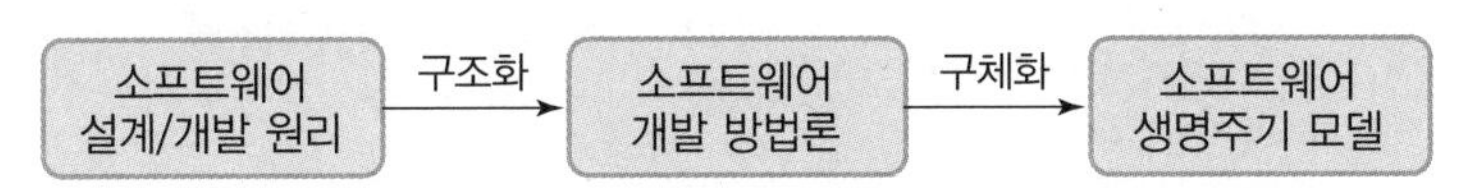


### ② 소프트웨어 개발 방법론의 구성요소 및 문제점과 고려사항

㉠ 개발 방법론의 구성요소

| 구성 요소 | 내용 | 세부 내용 |
|---|---|---|
| 작업 절차 | • 개발 수행 시 각 단계의 순서 체계 | • 단계별 활동과 작업으로 정의 |
| 작업 방법 | • 단계별로 수행해야 하는 업무 정의 | • 임무와 역할로 정의 |
| 산출물 | • 단계별 작업 수행 후 도출되는 출력물 | • 문서와 실제 개발 코드 등으로 정의 |
| 관리 | • 프로젝트의 진행에 대한 통제 수행 | • 계획, 실행, 통제로 정의 |
| 기법 | • 각 실행 단계별로 작업 수행 시 활용되는 공학적 방법론 | • 모델링 기법, 개발 방법론 등으로 정의 |
| 도구 | • 작업의 편의성과 효율성을 향상시키기 위한 지원 도구 등 활용 | • 통합개발지원 도구 등 |

**이해돕기**

SDLC와 SW개발방법론의 의미 차이

SDLC는 교과서적인 개발 프로세스를 설명하는 모형(What)이라면, 개발 방법은 모형을 현실적으로 어떻게 개발하는지(How)를 설명하는 기법임

**두음암기**

SW개발 방법론 구성 요소(절방산관기도)

절방산에 있는 (수련)관에서 기도한다.

㉡ SW 개발방법론 적용 시 문제점 및 고려사항

| 구분 | 문제점 | 대응방안 |
|---|---|---|
| 특성 미반영 | • 각 프로젝트별 특성을 무시한 일률적 방법론 적용 문제 | • 비즈니스 도메인이나 규모 등 프로젝트 환경을 고려하여 적정 방법론 선택 |
| 형식 치중 | • 실무보다 문서나 형식에 치중한 개발 추진 문제 | • 실무 중심의 개발자 및 담당자와 프로젝트 관리자의 활발한 의사소통 |

두음암기

SW개발 방법론(구정객컴테)

<u>구정</u>물에서 <u>개그컨테</u>스트한대~!

③ **SW개발 방법론의 진화 과정 및 방법론 유형**

㉠ SW개발 방법론의 진화 과정

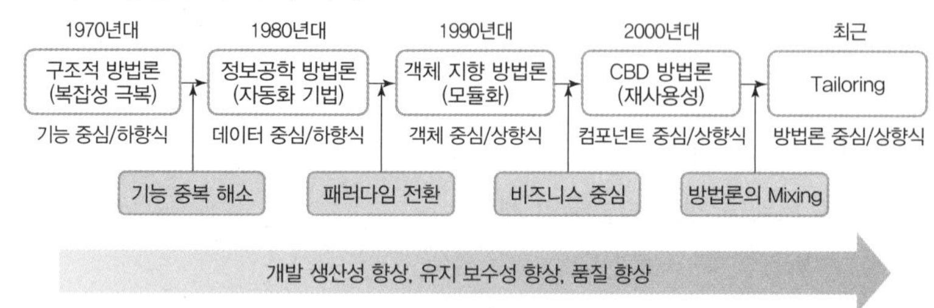


㉡ SW개발 방법론 유형 및 비교

| 구분 | 구조적방법론 | 정보공학방법론 | 객체지향방법론 | CBD방법론 |
|---|---|---|---|---|
| 시기 | • 1970년대 | • 1980년대 | • 1990년대 | • 2000년대 |
| 목표 | • 비즈니스 프로세스 자동화 | • 경영전략 기반의 정보시스템 구축 | • 재사용 시스템 | • 컴포넌트 개발 및 활용 |
| 중점 | • 기능 | • 데이터 | • 객체 | • 컴포넌트 |
| 특징 | • 분할과 정복<br>• 하향식 개발 | • 데이터 중심<br>• 비즈니스 분석 중심 | • 캡슐화, 추상화, 다형성, 정보은닉, 상속성 중심 | • 반복적 개발<br>• 재사용성 중심 |
| 장점 | • 프로세스 중심 방식 개발 유용 | • 자료 중심의 안정적 개발 | • 현실 세계를 자연스럽게 반영<br>• 재사용성 향상 | • 생산성과 품질 향상 |
| 단점 | • 낮은 재사용성<br>• 정보은닉 어려움 | • 낮은 재사용성<br>• 기능의 유지보수 어려움 | • 개발 난도 높음<br>• 개발 시간 소요 | • 컴포넌트 생태계 활성화 필요<br>• 컴포넌트 평가, 인증 환경 미흡 |
| Life cycle | • 폭포수 모델 | • 폭포수 모델, 프로토타이핑 | • 반복적 개발 | • 반복적 개발 |
| 개발 방식 | • Top–down | • Top–down | • Bottom–up | • Bottom–up |

| | | | | |
|---|---|---|---|---|
| 요구 분석 | • 자료흐름도, 자료사전, 소단위명세서, NS 차트 등 | • ERD, 기능 차트 등 | • Use Case Diagram, Sequence Diagram, Class Diagram 등 | • Use Case Diagram, Business type Diagram, Component Diagram 등 |
| 지원 언어 | • C, VB, Cobol, Pascal | • C, VB, Cobol, Pascal | • C++, Java, C#, VB | • 개발언어와 무관하나 객체지향언어가 유리 |

### ④ 구조적 방법론의 개요

㉠ 구조적 방법론의 정의

시스템 개발 시 기능에 따라 분할 하여 개발하고 이를 통합하는 분할과 정보 개념을 이용하여 프로젝트를 수행하는 하향식 개발 방법론

㉡ 구조적 방법론의 원리

| 기본원리 | 주요 내용 |
|---|---|
| 추상화 (Abstraction) | • 문제를 이해하고 표현하기 위하여 세부사항을 숨기고 관심 분야만 개념화시켜 표현하는 원리 |
| 정보은닉 (Hiding) | • 각 모듈은 다른 모듈에 독립적이며 하나의 모듈 변경이 다른 모듈의 세부 내용에 영향을 미치지 않음. |
| 구조화 (Structuring) | • 계층적인 구조를 부여하여 상위 모듈이 하위 모듈을 사용하는 질서<br>• 수평분리 : 입력/변환/출력<br>• 수직분리 : 상위모듈 변경 시 하위모듈 파급 큼 |
| 점진적 상세화 (Stepwise) | • 하향식으로 진행하면서 점차적으로 내용을 구체화해 가는 방법(Top-Down) |
| 모듈화 (Modulation) | • 이름을 가지며, 하나의 작업단위를 처리할 수 있는 최소 단위(응집도 최대화, 결합도 최소화) |

㉢ 구조적 방법론의 분석 도구

| 구성 요소 | | 상세 설명 |
|---|---|---|
| 배경도 (Context Diagram) | 정의 | • 개발하고자 하는 시스템과 외부 객체와의 자료 흐름을 개략적으로 표현하는 기법 및 도구로서 시스템의 범위를 표현함 |
| | 예시 | 고객<br>매도, 구매 요구사항<br>매도, 구매 신청서<br>차량확인요구서<br>구비서류<br>매매취소요구서<br>차량현황정보<br>매매계약서<br>매매관리요청, 통신상담관리요청<br>통신매도정보생성요청<br>최근시세정보, 매매실적요청<br>차량상태판정내역<br>고객현황요청<br>통신고객<br>통신구매정보<br>통신매도정보<br>중고차량 매매 관리업무<br>관리자<br>고객현황<br>매매실적현황 |

**이해돕기**

DFD는 프로세스인 원, 자료 흐름인 화살표, 자료저장소인 직선, 단말인 사각형 등으로 표현됨

<table>
<tr><td rowspan="2">자료흐름도<br>(DFD ; Data Flow Diagram)</td><td>정의</td><td>• 배경도를 기반으로 하여 기능을 분할하고 분할된 기능을 원 형태의 버블로 표현한 구조도<br>• 기능들이 명료하게 상세화될 때까지 0에서 3레벨까지 버블을 단계적으로 분할하여 표현</td></tr>
<tr><td>예시</td><td>고객<br>도서창고<br>반송 주문서<br>주문서<br>수문서철<br>주문내역<br>선적내역<br>주문도서<br>1. 주문서 접수<br>주문자명, 주소<br>2. 주문도서 선적<br>청구 내역<br>고객등록철<br>송장철<br>주문자명, 주소<br>주문도서<br>주문자명, 주문사항<br>3. 대금청구<br>대금청구서<br>입금내역<br>주문고객</td></tr>
<tr><td rowspan="2">자료사전<br>(Data Dictionary)</td><td>정의</td><td>• 자료에 대해서 단위를 정의하고 자료의 단위별 의미와 값에 대한 사항을 정의하는 도구<br>• 자료흐름도와 자료사전은 상호 보완적으로 구현되며 자료흐름도에 있는 자료 저장소를 구체적으로 명시하기 위한 도구로 사용됨</td></tr>
<tr><td>예시</td><td><table>
<tr><th>표기 내역</th><th>표기법</th><th>설명</th></tr>
<tr><td>자료명과 내용과의 연결</td><td>=</td><td>다음과 같이 구성됨</td></tr>
<tr><td>순차(sequence)</td><td>+</td><td>~ 과</td></tr>
<tr><td>선택(selection)</td><td>[ | ]</td><td>~ 중</td></tr>
<tr><td>반복(repetition)</td><td>{ }n</td><td>n번을 반복</td></tr>
<tr><td>선택사양(option)</td><td>( )</td><td>추가될 수 있음</td></tr>
</table></td></tr>
<tr><td rowspan="2">소단위명세서<br>(Mini-Specification)</td><td>정의</td><td>• 자료흐름도의 최종 단계에서 실제 업무처리에 대한 로직(Logic)을 개략적으로 기술하는 산출물<br>• N-S 도표(N/S Chart : Nassi-Shneiderman Diagram), 구조적 언어, 의사 결정도, 의사 결정표 등의 도구를 활용하여 소단위 명세서를 구현</td></tr>
<tr><td>예시</td><td> 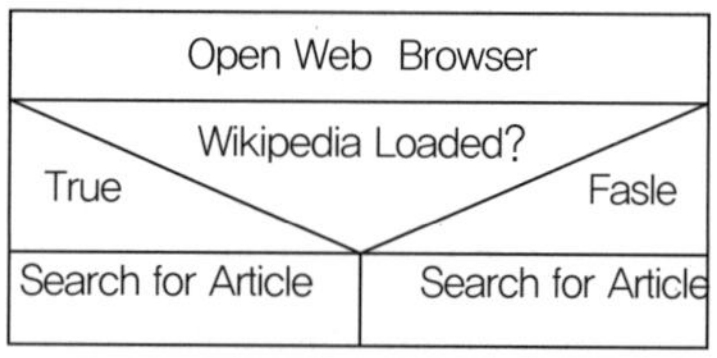Open Web Browser<br>Wikipedia Loaded?<br>True<br>Fasle<br>Search for Article<br>Search for Article<br><br>[N-S Chart : Nassi-Shneiderman Diagram]</td></tr>
</table>

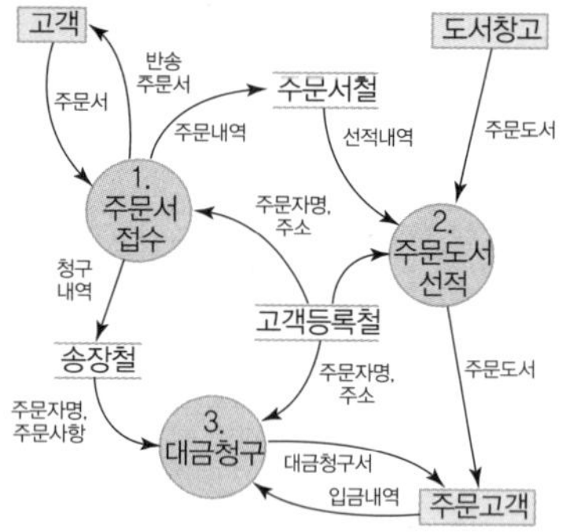

⑤ **정보공학 방법론의 개요**

㉠ 정보공학 방법론의 정의

정보시스템 구축을 위한 전 과정을 데이터 처리 중심으로 정형화시킨 광범위한 절차적 소프트웨어 개발 방법론

ⓛ 정보공학 방법론의 단계별 구성도

| 구성도 | 단계 | 설명 | 산출물 |
|---|---|---|---|
| 독립기술에 독립적 / 정보 전략 계획(ISP) / 프로젝트 단위 / 업무 영역 분석(BAA) / 독립기술에 종속적 / 업무 시스템 설계(BSD) / 시스템 구축(BSC) [정보공학 피라미드] | ISP | • 정보 전략 계획(Information Strategy Planning)<br>• 기업의 목표 달성 위한 정보시스템 개발 계획 수립 | • 정보화 전략 계획서<br>• 업무환경 분석서 |
| | BAA | • 업무 영역 분석(Business Area Analysis)<br>• 정보 요구와 업무 규칙 등 분석하여 업무 모델 구축 | • 사용자 요구 명세서<br>• 데이터/프로세스 모델링 |
| | BSD | • 업무 시스템 설계(Business System Design)<br>• 업무 처리 절차, DB 및 사용자 인터페이스 설계 | • 어플리케이션 구조도<br>• ERD, 데이터 흐름도, 의사결정 트리 |
| | BSC | • 업무 시스템 구현(Business System Construction)<br>• 정의된 산출물 기반으로 CASE와 4GL 도구 사용 | • 어플리케이션<br>• 자동화 소스 코드, 목표 시스템 |

⑥ **객체지향 방법론의 개요**

㉠ 객체지향 방법론의 정의

프로그램을 개체와 클래스, 이들 간의 관계로 정의하고 식별하여 소프트웨어를 개발하는 방법론으로, 프로그램 재사용성이 높고 개발 편이성이 우수하여 근래에 범용적으로 활용됨

ⓛ 객체지향의 기본 원칙

| 구분 | 설명 | 특징 |
|---|---|---|
| 캡슐화 | • 객체 속성 데이터와 함수를 캡슐화하고 메시지로 객체와 상호작용 | • Public과 Private 접근지정자 |
| 추상화 | • 복수 개의 클래스에서 공통 성질을 추출하고 별도의 슈퍼클래스로 설정 | • 자료, 기능, 제어 추상화 |
| 다형성 | • 동일 명명된 메서드가 각각의 클래스마다 다른 사양으로 정의 | • Overriding, Overloading |
| 정보은닉 | • 객체의 속성 데이터와 메서드를 캡슐화한 클래스가 다른 객체에서 보이지 않는 성질 | • 멤버 변수 접근제한 |
| 상속성 | • 상위 클래스의 속성과 메서드를 하위 클래스에 활용 | • 단일, 다중, 반복, 선택 |

**이해돕기**

정보 전략 계획(ISP ; Information Strategy Planning)

정보 전략 계획은 정보공학 방법론의 핵심 계획으로 활용되며, 이뿐만 아니라 최근 기업이나 조직의 정보화 발전을 위한 범용적인 계획으로도 활용되고 있음. 이와 유사한 개념으로는 정보 시스템 마스터 플랜(ISMP ; Information System Master Planning)이 있으며, 본 계획은 하나의 정보시스템에 대한 구체적인 방향성을 계획함

**이해돕기**

객체지향언어 학습

객체지향언어의 심화 학습은 파트 4에 있으므로 본 내용과 연계해서 학습이 필요함

⑦ **CBD 방법론의 개요**

㉠ CBD 방법론의 정의

재사용이 가능한 컴포넌트를 개발하고 조합하여 생산성과 재사용성을 극대화하고 개발 편의성을 높여 비용을 최소화하는 소프트웨어 개발 방법론

㉡ CBD 방법론의 개발 프로세스

컴포넌트를 개발하는 과정과 컴포넌트를 조합해서 SW를 개발하는 2개의 프로세스로 소프트웨어 개발

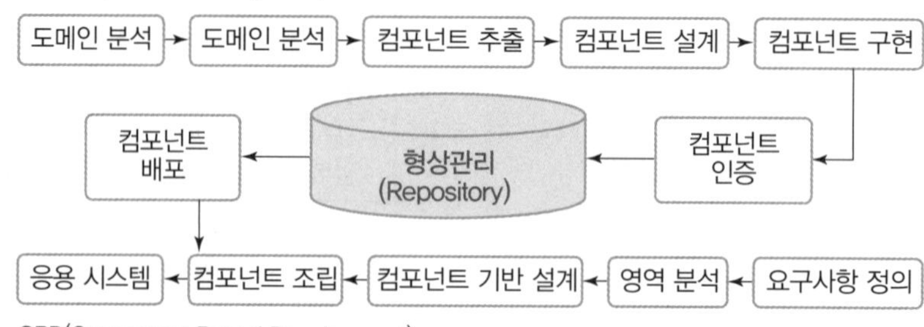


**이해돕기**

요구공학 학습

요구공학은 파트 1의 인터페이스 설계에서 선행 학습한 바 있으며, 본 장과 함께 연계학습 하여 정확한 개념의 이해와 암기가 필요함

## 3. 요구공학

① **요구공학의 개요**

㉠ 요구공학의 정의

SW 개발을 위해 요구사항 정의 단계부터 개발 테스트까지 매 단계별 개발 요구사항들이 제대로 구현되고 있는지 검증하는 체계화된 학문

㉡ 요구공학의 필요성

| 필요성 | 내용 |
| --- | --- |
| 분석의 어려움 | • 각 이해관계자 간의 이해 부족, 의사소통, 잦은 요구사항의 변경 발생 등으로 인한 분석 어려움 |
| 요구사항 변화 | • 통상적으로 요구사항은 개발 초기에 불완전하고, 개발하는 동안 지속적으로 변화가 발생 |
| 관점 차이 발생 | • 묵시적 요구사항, 변경과 추적에 대한 문제, 해당 업무에 대한 지식 차이 등으로 인하여 사용자와 개발자 간의 갭 발생 |

② **요구공학의 프로세스 구성**

㉠ 요구공학의 프로세스 개요도

요구공학은 CMM Level 3의 요구사항 개발 및 CMM Level 2의 요구사항 관리 프로세스로 표준화되어 참고되고 있음

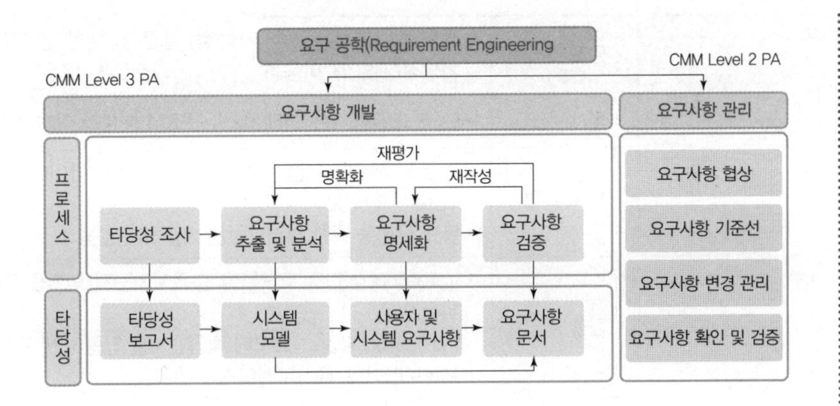


㉡ 요구공학의 프로세스 상세 설명

| 구분 | 단계 | 활동 |
|---|---|---|
| 개발 | 요구사항 추출 | • 문제를 이해하고 요구사항 도출 |
| | 요구사항 분석 | • 추출된 요구사항의 명확성, 구현 가능성, 난이도 등 요구사항 자체 분석 |
| | 요구사항 정의 | • 문제를 이해하면서 문장으로 기술, 설명(분석, 정의) |
| | 요구사항 검증 | • 문제를 기술하고 서로 다른 부분들과 일치성 확인 |
| 관리 | 요구사항 관리 | • 요구사항 개발 전 단계 지원 및 형상, 변경, 추적관리 |

요구사항 절차(추분정검관)
**추분**이가 **정검관**에서 노래한다.

### ③ 요구공학의 프로세스별 핵심 기법

| 절차 | 핵심 요소 | 설명 |
|---|---|---|
| 추출 | 추출 기법 | • 인터뷰, 시나리오, 작업분석, BPR, 프로토타이핑<br>• 워크샵, 설문조사, 브레인스토밍, 스토리보딩, 롤플레잉, JAD 등 |
| | 요구사항 | • 수집 → 분석, 분류 → 충돌의 해결 → 우선순위 |
| | 요구사항 평가 | • 위험평가, 우선순위평가 |
| 분석 | 분석 기법 | • 구조적 분석 : DFD, Data Dictionary, Mini Spec 등<br>• 객체분석 : Use Case<br>• 기반 분석 : UML, 모델링 등 |
| | 분석 활동 | • 도메인 분석 : 문제영역 분석, 인터페이스 설정<br>• 요구사항 분석 : 목표분석, 요구사항 구조화, 구조 모델링<br>• 행위 분석 : I/F 조건에 대한 행위 정의/분석, 참여자들의 조건/행위 분석 |
| | 분석기준 | • 시스템을 계층적이고 구조적으로 표현<br>• 외부 사용자/내부 시스템의 구성 요소와의 인터페이스를 정확히 분석<br>• 분석단계 이후의 설계와 구현단계에 필요한 정보를 제공 |

| | | |
|---|---|---|
| 정의 / 명세 | 명세 원리 | • 명확성/완전성/검증 가능성/일관성/수정 용이성/추적 가능성/개발 후 이용성 |
| | 명세 기술 | • E-R 모델링, 유한상태 머신, 구조적 분석과 디자인 기술 |
| | 표현 방법 | • 수행할 What? 기술 : 형식언어, 자연어, 다이어그램, Use Case, 시나리오<br>• 목표 달성을 위한 해결방법은 기술하지 않음 |
| 검증 | 검증 기법 | • Validation(검증) : 요구들을 충족시키는지 여부를 판단하기 위한 활동<br>• Verification(확인) : 요구에 적합한지를 입증하기 위한 활동<br>• 프로토타이핑, 테스트케이스 |
| | 검증 항목 | • 타당성, 명세구조, 공통어휘 |
| | 검증 근거 | • 요구사항 명세서, 조직지식, 조직표현 |
| | 승인 기준 | • 문서화/명확성/간결성/이해성/시험성/사용성/추적성/검증성 |
| | 검증 결과 | • 요구사항 문제 보고서 |
| 관리 | 주요 관리 | • 요구사항의 유지보수, 변경관리<br>• 비즈니스 요구 변화, 요구사항 점진적 상세화, 이해 당사자 간 요구 충돌<br>• 요구사항 변경관리, 요구사항 추적관리, 자동화 |
| | 관리 절차 | • 협상 : 가용한 자원과 수용 가능한 수준에서 구현 가능한 기능을 협상<br>• 기준선 : 공식적으로 검토되고 합의된 요구사항 명세서(개발 기준선)<br>• 변경관리 : 요구사항 기준선을 기반으로 모든 변경을 공식적으로 통제<br>• 확인/검증 : 구축된 시스템이 이해관계자가 기대한 요구사항에 부합되는지 확인 |

요구공학 프로세스 관리절차(협기변확)
**협**회가 **기변**을 **확**정했다.

## 4. 비용산정 모델

### ① 소프트웨어 비용산정의 개요

㉠ 소프트웨어 비용산정의 정의

소프트웨어 규모 파악을 통한 투입 공수 및 기간 등 전체 범위를 파악하고 실행 가능한 개발 계획을 수립하기 위한 분석 활동

㉡ 소프트웨어 비용 산정 방식 분류

| 구분 | 내용 | 기법 |
|---|---|---|
| 하향식 산정 (Top-Down) | • 시스템의 분석을 통한 경험적 선언이나 인력이나 시스템 범위 등을 개발자와 합의를 통해 전체 규모를 추정 | • 델파이 방식<br>• 전문가 감정 기법 |

| 상향식 산정 (Bottom-up) | • 업무분류구조 정의, 각 구성 요소에 대한 독립적 산정, 집계 | • LOC 기법<br>• 개발 단계별 인원수 기법(Effect Per Task) |
|---|---|---|
| 수학적 산정 | • 자동화된 수학적 계산 방식을 활용하여 소프트웨어 비용을 산정 | • COCOMO( I , II) 모형<br>• 기능점수(FP)<br>• Putnam 모형 |

② **Man Month(M/M) 모델**

㉠ 개발자 1명이 1개월 동안 생산할 수 있는 양을 추정하고 이를 기준으로 하여 전체 프로젝트 비용을 산정하는 방법

㉡ (M/M) = LoC/개발자 월간 생산성

㉢ 프로젝트 기간 = (전체 M/M)/프로젝트 투입 인력

③ **LoC(Line of Code)**

㉠ 전체 SW 원시코드 라인 수를 낙관치, 중간치, 비관치로 3점 추정하고 예측치를 도출하여 비용을 산정하는 방식

㉡ 핵심 요소

| 구분 | 내용 |
|---|---|
| 예측치 | • 낙관치+4(중간치)+비관치 / 6 |
| 낙관치 | • 가장 적은 수로 측정된 코드 라인 수 |
| 중간치 | • 측정된 모든 경우의 코드 라인 평균 수 |
| 비관치 | • 가장 많은 수로 측정된 코드 라인 수 |

④ **COCOMO 비용 산정 모델(COnstructive COst MOdel)**

㉠ 1981년 B.Boehm이 제안한 SW 개발 시 비용 산정 기법으로 SW 유형을 모듈별로 구분하고, 각 유형별 총인원(M/M) 수와 개발기간을 반영하여 규모를 예측하고 계산하는 방식

㉡ 총 3개의 모델 유형이 있으며, COCOMO 2 모델에서는 3가지 단계로 나누어 서로 다른 비용 모델을 적용하여 비용을 산정함

㉢ COCOMO 모델의 유형

| 구분 | 내용 | 산정 공식 |
|---|---|---|
| 기본형 (Basic COCOMO) | • 단순히 SW의 크기와 개발 모드 기준으로 계산<br>• LOC 기반 | • 개발노력(MM)=a*(KDSI)$^b$<br>• 개발기간(TDEV)=c*(MM)$^d$<br>• 적정투입인원(FPS)=MM/TDEV<br>• 인적비용(COST) =MM*인당월평균급여 |
| 중간형 (Intermediate COCOMO) | • Basic의 확장, 프로젝트 형태, 개발환경, 개발인력 등 요소에 따라 15개 비용 요소를 가미하여 곱한 가중치 지수 이용<br>• LOC+가중치 기반 | • 개발노력(MM) =기본COCOMO의 MM*요인별 노력 승수(0.9 ~1.4)<br>• 개발기간(TDEV)=c*(MM)$^d$<br>• 적정투입인원(FPS)=MM/TDEV<br>• 인적비용(COST) =MM*인당월평균급여 |

**이해돕기**

시험에서는 M/M 모델과 LoC 모델을 결합해 실제 계산을 하는 예제 문제가 출제됨

**이해돕기**

COCOMO 모델은 비용 산정 유형으로 분류하기도 하고 적용 프로젝트 모드의 유형으로 분류하기도 함

| 발전형 (Detailed COCOMO) | • Intermediate+컴포넌트별 개발비 견적<br>• 개발단계별(생명주기)로 비용 산정 방식을 달리 할 수 있음 | • Intermediate COCOMO 산정 공식을 그대로 사용하되, 노력 승수를 다음과 같이 적용하여 산정<br>• 노력승수=개발 공정별 노력승수* 개발 공정별 가중치 |
|---|---|---|

㉣ COCOMO 2 모델의 비용 산정 단계

| 단계 | 기법 | 기준 | 적용환경 |
|---|---|---|---|
| Prototype | • 응용점수 | • 사용자 UI, 3GL 컴포넌트 개수 | • 통합 CASE Tool 사용 환경 |
| 초기 설계 | • 기능점수 | • 아키텍처 수립 이전 비용 기간 추정 | • 프로젝트 데이터 일부 존재 |
| 설계 이후 | • LOC | • 아키텍처 개발 후 세부적 비용 추정 | • 시스템에 대한 상세 데이터 존재 |

㉤ COCOMO 3가지 프로젝트 유형

| 구분 | 모드 | 특징 |
|---|---|---|
| Organic Mode | 단순형 모드 | • 5만 라인 이하 코드<br>• 소규모 프로젝트로 개발하는 범용적인 응용 시스템<br>• PM=2.4×(KDSI)^1.05 |
| Semi-Detached Mode | 중간형 모드 | • 30만 라인 이하 코드<br>• 중규모 프로젝트로 트랜잭션 처리, 운영체제, DBMS 등 일반적인 형태의 정보시스템 개발<br>• PM=2.4×(KDSI)^1.12 |
| Embedded Mode | 임베디드형 모드 | • 30만 라인 이상 코드<br>• 하드웨어 제어를 포함하는 최상위 규모의 실시간 처리 시스템으로 스마트 팩토리, 원자력 발전 등 고도의 정보시스템 개발<br>• PM=2.4×(KDSI)^1.20 |

⑤ **기능점수(FP ; Function Point)**

㉠ 소프트웨어의 양과 질을 동시에 파악하여 전체 소프트웨어 규모를 측정하는 방식으로 기능적 복잡도 기반으로 사용자 관점의 비용을 산정하는 방식

㉡ 개략적인 견적을 산정하는 간이법과 상세한 항목을 모두 반영하여 정교한 견적을 산정하는 정규법의 2가지 산정 방법이 있으며, ESTIMACS라는 자동화 산정 도구가 있음

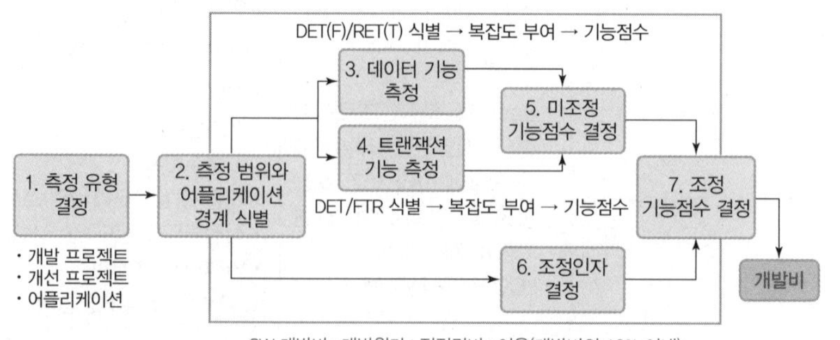

| 순서 | 상세 내역 | |
|---|---|---|
| 1. 측정 유형 결정<br>Type of Count | 개발 | • SI 프로젝트가 종료된 후, 사용자에게 인도되는 애플리케이션 |
| | 개선 | • 소프트웨어의 추가, 수정, 삭제 부분에 대한 SW 비용 산정 |
| | 운영 | • 사용자가 사용하고 있는 소프트웨어의 현재 기능을 측정 |
| 2. 측정 범위<br>APP 경계 식별 | 범위 | • 개별 변경할 소프트웨어에 대한 측정 대상이 되는 범위 결정 |
| | 결정 경계 분류 | • 각 어플리케이션의 경계를 분류하는 과정으로 사용자 관점에서 업무의 성격이 명확한 차이가 있는 업무로 구별 |
| 3. 데이터 기능 측정 | ILF<br>(Internal Logical File) | • 어플리케이션 경계 내에서 유지되는 Data 및 제어 정보 |
| | EIF<br>(External Interface File) | • 어플리케이션 경계 밖에서 유지되는 Data 및 제어 정보 |
| 4. 트랜잭션 기능 측정 | 외부 입력<br>(EI ; External Input) | • 애플리케이션 경계 안으로 들어오는 데이터나 제어 정보를 처리하는 단위 프로세스 |
| | 외부 출력<br>(EO ; External output) | • 애플리케이션 경계 밖으로 조회되는 것으로 파생 데이터 생성과 같은 처리 로직을 포함하는 단위 프로세스 |
| | 외부 조회<br>(EQ ; External Query) | • EO와 같으나 파생 데이터 생성과 같은 처리 로직을 포함하지 않는 단위 프로세스 |
| 5. 미조정 기능점수 결정 | • 미조정의 의미 : 조정할 것이 없음<br>• 데이터 기능점수와 트랜잭션 점수의 합(EI, EO, EQ) | |
| 6. 조정인자 결정 | • 조정인자 결정은 프로젝트의 분류 및 난이도가 다르므로, 조절값 부여<br>• 조정항목은 총 14개로 구분, 난이도에 따라 0~5점의 가중치 부여<br>• 조정인자 계산(VAF ; Value Adjustment Factor) : ({각(14개 항목*0~5)의 합}*0.01) + 0.65의 계산 공식 | |
| 7. 조정 기능점수 결정 | • AFP(FP 결괏값)=미조정 기능점수(UFP)*조정인자 계산(VAF) | |

⑥ **Putnam 모형**

㉠ 소프트웨어의 생명주기 전 과정을 고려하여 투입될 노력의 분포를 예상하는 SW 비용 산정 모형으로 Rayleigh－Norden 곡선을 활용한 노력분포도를 응용함

ⓛ 통상적으로 대형 프로젝트 수행을 위한 노력 분포 산정에 활용되며, 개발 기간이 늘어날수록 프로젝트 투입 인력의 노력이 감소함

ⓒ SLIM은 Rayleigh–Norden 곡선과 Putnam 모형을 활용하는 비용 산정 자동화 도구

## 5. 소프트웨어 프로젝트 관리

### ① 소프트웨어 프로젝트 관리의 개요

㉠ 소프트웨어 프로젝트 관리의 정의

- 소프트웨어 개발 전체 과정을 효율적이고 체계적으로 관리하기 위해 PMI(Project Management Institute)에서 제정한 표준화 방법론(PMBOK)
- 착수 > 계획 > 실행 > 통제 > 종료의 정형화된 단계로 관리를 수행하며 비용, 일정, 범위 영역은 트레이드 오프 관계로서 적정한 밸런스 준수가 필요

㉡ 프로젝트 관리의 특징

| 구분 | 설명 |
|---|---|
| 유일성 | • 달성하고자 하는 결과가 이전에 똑같이 행해진 적이 없이 |
| 일시성 | • 시작과 끝이 명확한(Start–End), 달성/불가능/중단 |
| 목적성 | • 목적을 달성하고자 하는 행위 |
| 점진적 상세 | • 프로젝트를 진행하면서, 점점 상세화 |

**이해돕기**

프로젝트 관리는 비단 소프트웨어나 IT 영역에서만 사용하는 개념이 아니며, 건축이나 제조 등에서도 동일하게 활용됨

### ② 프로젝트 관리의 10대 영역

| 지식영역 | 내용 | 주요 사항/기법 |
|---|---|---|
| 통합관리(Integration) | • 프로젝트의 다양한 요소를 적절히 통합, 조정 | • PJT Charter<br>• CCB |
| 범위관리(Scope) | • 프로젝트에 꼭 필요한 업무와 전체 범위 산정 | • WBS<br>• 점진적 상세화 |
| 일정 관리(Time) | • 프로젝트의 납기 준수를 위해 활동하는 다양한 기준 정의 | PERT, CPM, Miles tone |
| 비용관리(Cost) | • 승인된 예산 내에 프로젝트 완료 | EVMS |
| 품질관리(Quality) | • 제품&프로젝트 성과 달성 여부 관리를 수행하며, 품질계획 → 품질보증 → 품질통제 단계로 추진 | QA–QC 구분, 형상관리 |
| 인적자원 관리(Human Resource) | • 프로젝트 팀원 R&R 정의 및 관리 | • 5단계 갈등관리 전략<br>• 동기부여이론 |
| 의사소통 관리(Communication) | • 이해관계자 간의 관심 사항 분석, 정보 제공, 성과 관리, 이슈 관리 수행 | 의사소통 채널 수 관리 |

| 위험관리(Risk) | • 프로젝트의 위험을 체계적으로 식별, 분석, 대응, 통제 | 정량적 · 정성적 분석 |
|---|---|---|
| 조달관리 (Procurement) | • 외부에서 제품/서비스 확보, 발주/계약/업체 관리 | Buyer 관점 계약의 종류 |
| 이해관계자 관리 (Stakeholder) | • 이해관계자(Stakeholder)를 식별하고, 이해관계자에 대한 관리 전략 수립, 수행 | 이해관계자 등록부 |

③ **소프트웨어 프로젝트 일정 관리**

㉠ 소프트웨어 프로젝트 일정 관리의 정의

프로젝트 납기를 준수하기 위해 개발기간을 단계별로 계획하여 진행하고, 상황을 체크, 통제하기 위한 프로젝트 관리 핵심 영역으로 일정 관리 기법과 일정 단축 기법을 수행

㉡ 일정 관리 기법

| 구분 | Critical Path Method | Critical Chain Method |
|---|---|---|
| 정의 | • 프로젝트 완료를 위해 가능한 최단기간으로 프로젝트 활동들의 순서를 정의하는 기법 | • 초기 계획에서 과다하게 설정할 수 있는 여유 버퍼 기간을 통합하여 책정하고 버퍼의 소진율을 모니터링하고 관리하는 기법 |
| 착수일 | • ES(Early Start) | • LS(Late Start) |
| 관리관점 | • 진척율, EVM | • 전체 버퍼의 소진율 |
| 여유시간/버퍼 | • 각 활동에 여유시간 반영<br>• 활동 사이의 연관관계 | • 버퍼로 통합하여 관리 |
| 자원제약 | • Dependency를 고려하여 일정 계획 수립 후 Resource Leveling으로 해소 | • 자원제약 자체를 계획에 반영 |

㉢ 일정 단축 기법

| 단축기법 | 내용 |
|---|---|
| Crashing | • 자원(비용)을 Critical path상의 activity에 추가 투입하여 프로젝트 기간 단축<br>• 비용 대비 효과가 높은 activity에 우선적 투입<br>• Crashing은 비용 초과를 유발하므로 고객의 승인이 필요함 |
| Fast Tracking | • 활동 간의 의존관계를 조정하여 순서상의 활동을 중첩 진행(병렬 추진)함으로써 일정을 단축하는 기법<br>• 활동을 중첩할 수 있는 경우에만 효과가 있으나 재작업(Re work)으로 인해 기간이 늘어날 수 있는 위험을 내포함 |
| Resource Leveling | • 각 활동에 배정된 자원이 가용자원 한계 내에서 배정될 수 있도록 여유 일정 및 작업 순서 등을 조정하는 기법<br>• 자원평준화를 하게 되면 주 공정 경로는 변경될 수 있음 |
| Re-estimation | • Critical path상의 활동 중 불확실성을 고려하여 여유 있게 산정한 활동이 있는지 조사하여 여유 일정이 있다면 일정을 변경하여 일정을 단축시키는 기법 |

**이해돕기**

일정 관리 기법의 명칭

프로젝트 관리 분야에서 Critical Path Method는 축약하여 CPM 혹은 임계 경로법이라고 하며, Critical Chain Method는 CCM 혹은 주공정 연쇄법으로 명명하기도 함

**이해돕기**

프로젝트 관리와 소프트웨어 국제 표준은 파트 2의 소프트웨어 개발에도 중복하여 학습 내용이 있으니 연계해서 학습할 것

## SECTION 02 소프트웨어 개발 방법론 테일러링

### 1. 소프트웨어 개발 표준

**① 소프트웨어 개발 표준의 개요**

㉠ 소프트웨어 개발 표준의 정의

소프트웨어의 전체 생명주기 공정을 기반으로 하여 프로세스, 품질, 개발 성숙도 등을 체계적으로 정의한 산업 혹은 국제표준

㉡ 소프트웨어 개발 표준의 유형

| 구분 | 설명 | 대표표준 |
|---|---|---|
| 프로세스 품질 | • S/W구현 프로세스 품질에 따라 최종 S/W 품질이 좌우됨<br>• QA 관점에서의 품질 | • ISO12207<br>• ISO15504<br>• CMMI |
| 제품 품질 | • 사용자 요구기능에 대하여 S/W가 제공하는 유효한 품질<br>• QC 관점에서의 품질 | • ISO9126<br>• ISO14598<br>• ISO12119<br>• ISO25000 |

**② 소프트웨어 프로세스 품질 표준**

| 표준 | 구분 | 설명 |
|---|---|---|
| ISO 12207 | 정의 | • 소프트웨어의 획득, 공급, 개발, 운영, 유지보수의 전 주기를 체계적으로 관리하기 위한 소프트웨어 생명주기 표준 제공<br>• SDLC를 표준화한 모델이며 총 23개 프로세스, 95개 활동, 224개의 산출물로 정의되어 있음 |
| ISO 12207 | 특징 | • SDLC 프로세스의 활동(Activity)이나 What만 정의되어 있으며, how는 SPICE(155404)에서 정의<br>• 크게 기본 프로세스(획득, 공급, 개발, 운영, 유지보수)와, 조직 운영 프로세스(관리, 기반구조, 훈련, 개선 프로세스), 지원 프로세스(품질보증, v&v, 검토, 감사, 문서화, 형상관리, 문제해결)의 3개 구조로 구성됨 |
| ISO 12207 | 표준 프레임워크 세부 내용 | (아래 표) |

| 프로세스 | 내용 |
|---|---|
| 획득 (acquisition) | • 시스템이나 소프트웨어 제품 등을 획득하는 조직이 수행해야 하는 활동 정의 |
| 공급 (supply) | • 시스템이나 소프트웨어 제품 등을 공급하는 조직이 수행해야 하는 활동 정의 |
| 개발 (development) | • 시스템이나 소프트웨어 제품 등을 개발하는 조직이 수행해야 하는 활동 정의 |
| 운영 (operation) | • 실제 시스템이나 소프트웨어 제품의 사용자를 위해 실제 운영 서비스를 제공하는 운영 조직이 수행해야 할 활동 정의 |
| 유지보수 (maintenance) | • 시스템이나 소프트웨어 제품 등의 유지보수 서비스를 제공하는 유지보수 조직이 수행해야 할 활동 정의 |

**이해돕기**

표준(Standard)

- 정보처리분야에서 표준은 하드웨어, 통신, 소프트웨어 분야에서 논리적, 물리적인 상호 호환성과 연동성을 확보하기 위한 기준으로 구속력 측면에서는 법적 강제력을 갖는 규제적 표준과 권고적 차원의 임의 표준으로 분류됨
- 이외에도 국제적인 기관에서 지정한 국제표준과 산업계에서 널리 통용되는 산업표준으로도 분류 가능함

**이해돕기**

소프트웨어 표준은 파트 2의 챕터 3 제품소프트웨어 패키징 부분에서도 중복하여 학습한 바 있음

**이해돕기**

- 제품 품질 척도에는 QA(Quality Assurance)와 QC(Quality Control)가 있음
- QA : 품질보증이라고 하며 제품 생산 과정의 활동에 대한 역량과 수준의 적정성을 의미
- QC : 품질관리라고 하며 불량 발생 원인을 제거하여 좋은 제품을 생산하는 제품 측면의 적정성 개념

<table>
<tr><td rowspan="3">ISO<br>15504<br>(SPICE)</td><td>정의</td><td>• Software process Improvement and capability determination<br>• 여러 개의 프로세스 개선과 관련한 모형들을 통합한 후 ISO의 국제표준으로 정의한 소프트웨어 프로세스 모형<br>• 소프트웨어 프로세스에 대한 개선과 능력 측정에 관한 기준 제시</td></tr>
<tr><td>특징</td><td>• SDLC 프로세스의 활동(Activity)이나 What만 정의되고 How가 없는 ISO12207에 대한 개선을 하고 CMM에 대응하기 위해 ISO/IEC가 개발<br>• ISO12207 생명주기 프로세스 및 프로세스의 2차원 능력평가 모델로 구성</td></tr>
<tr><td>구성</td><td><table>
<tr><th>차원</th><th>기준</th></tr>
<tr><td>프로세스<br>차원</td><td>• ISO 12207의 소프트웨어 생명주기 프로세스를 기반으로 하는 총 5개의 프로세스와 40개 세부 프로세스로 구성<br>• 각 프로세스에 따라 목적 달성을 위한 기준 제시</td></tr>
<tr><td>프로세스<br>수행 능력 차원</td><td>• 수행조직(OU ; Organization Unit)이 특정 프로세스를 성공적으로 완수할 수 있는 능력 수준<br>• 0~5까지의 총 6개 역량 레벨(Capability Level)로 구성</td></tr>
</table></td></tr>
<tr><td rowspan="2">CMMi</td><td>정의</td><td>• SW 개발과 관련한 능력 및 조직성숙도 평가와 지속적인 품질 개선을 제안하는 모델<br>• 총 4개의 평가 모델(SW-CMM, SA-CAM, SE-CAM, IPD-CMM)을 통합하여 CMMi의 심사 방법인 SCAMPI-M 모형 제공</td></tr>
<tr><td>모형<br>구성</td><td>• 크게 단계적 표현(Staged)모형과 연속적 표현(Continuous) 모형으로 분류<table>
<tr><th>구분</th><th>세부내용</th></tr>
<tr><td>단계적 표현 방법<br>(Staged Representation)</td><td>• 조직의 프로세스 개선을 위한 방향 제시<br>• 성숙도(Maturity) 모형 조직 간에 비교 지원</td></tr>
<tr><td>연속적 표현 방법<br>(Continuous<br>Representation)</td><td>• 특정 프로세스 영역을 개선할 수 있도록 개별 프로세스 능력 평가</td></tr>
</table></td></tr>
</table>

### ③ 소프트웨어 제품 품질 표준

<table>
<tr><th colspan="2">표준</th><th>설명</th></tr>
<tr><td>ISO 9126</td><td>정의</td><td>• 소프트웨어의 사용자 관점에서 품질 특성과 품질평가 척도를 정의한 국제표준<br>• 총 4개의 세부 표준과 6개 품질특성, 21개의 부특성으로 구성됨</td></tr>
</table>

**이해돕기**

SPICE와 CMMi

ISO 15504 SPICE와 CMMi는 소프트웨어 개발 역량과 관련한 성숙도 측정 모델이라는 부분에서 유사한 점이 있으나, SPICE는 국제 표준으로서 ISO에서 제안했으며, CMMi는 미국의 MIT Sloan 대학에서 제안하였다는 차이가 있음

**표준 구성**

| 구분 | 분류 | 특성 | 관점 |
|---|---|---|---|
| ISO 9126 −1 | Part 1 : 품질 특성 | • 다양한 이해관계자 간에 서로 다른 관점으로 소프트웨어 품질 평가<br>• 6개 품질특성, 21개 부특성 | • 이해관계자 |
| ISO 9126 −2 | Part 2 : 외부 매트릭스 | • 소프트웨어 시험과 운영상태에 관한 품질 정의<br>• 소프트웨어 사용 시의 외부적 특성을 정의 | • 사용자 / 관리자의 소프트웨어 실행 관점 |
| ISO 9126 −3 | Part 3 : 내부 매트릭스 | • 소프트웨어 개발 단계에서 설계 명세서나 코드 분석 등 측정<br>• 중간산출물의 품질 요구사항 중심 분석 | • 설계자 / 개발자의 소스 코드 관점 |
| ISO 9126 −4 | Part 4 : 사용 중 품질 | • 소프트웨어 사용 시의 효율성, 생산성, 안전성, 만족성 등의 규정 목표를 준수하는지 설문조사나 관찰 등을 통해 수행 능력 평가 | • 사용자 |

**품질 특성**

| 특성 | 내용 | 부특성 |
|---|---|---|
| 기능성 (Functionality) | • 요구사항을 통해 도출된 기능들과 사양으로 정의된 항목들을 실현하는 특성의 집합 | • 적합성<br>• 정확성<br>• 상호호환성<br>• 유연성<br>• 보안성 |
| 신뢰성 (Reliability) | • 요구정의서에 명시된 조건하에서 기간이나 실행 수준을 유지하기 위한 능력과 만족에 관한 속성 집합 | • 성숙성<br>• 오류허용성<br>• 회복성 |
| 사용성 (Usability) | • 명시적, 묵시적으로 사용자가 실제 소프트웨어 사용을 위해 노력하는 수준과 평가를 나타내는 속성의 집합 | • 이해성<br>• 습득성<br>• 운용성 |
| 효율성 (Efficiency) | • 명시적인 조건하에서 실행 수준과 소요되는 자원 간의 관계에 관한 속성 집합 | • 실행효율성<br>• 자원효율성 |
| 유지보수성 (Maintainability) | • 정의된 개선사항을 처리하기 위해 소요되는 노력의 속성 집합 | • 해석성<br>• 변경성<br>• 안정성<br>• 시험성 |
| 이식성 (Portability) | • 임의의 사용 환경에서 다른 시스템 환경으로 이식하기 위한 속성의 집합 | • 환경적용성<br>• 이식작업성<br>• 일치성<br>• 치환성 |

<table>
<tr><td rowspan="2">ISO<br>12119</td><td>평가<br>대상<br>유형</td><td>
<table>
<tr><th>서비스</th><th>평가대상</th><th>내용</th></tr>
<tr><td>1단계</td><td>패키지 소프트웨어</td><td>• 패키지 소프트웨어 제품의 관련 문서, 사용자 문서, 실행프로그램에 대한 요구사항</td></tr>
<tr><td>2단계</td><td>소프트웨어 패키지, 개발 소프트웨어</td><td>• 최종제품, 중간산출물</td></tr>
<tr><td>3단계</td><td>소프트웨어 패키지, 고위험 개발 소프트웨어</td><td>• 최종제품, 개발과정, 유지보수 과정</td></tr>
</table>
</td></tr>
<tr><td>구성<br>요소</td><td>
<table>
<tr><th>구성 요소</th><th>설명</th><th>평가항목<br>(품질요구사항)</th></tr>
<tr><td>제품<br>설명서</td><td>• 소프트웨어 패키지의 속성 설명, 잠재적인 구매자를 위한 문서화 요구사항의 만족성 여부 평가</td><td>• 일관성, 제품 소개의 명시 내용, 각 품질 특성 내용</td></tr>
<tr><td>사용자<br>문서</td><td>• 제품 구매자에게 제품 사용과 관련한 정보 제공</td><td>• 완전성, 정확성, 일관성, 이해성, 개괄 용이성</td></tr>
<tr><td>실행<br>프로그램</td><td>• 구동 소프트웨어가 갖추어야 할 기능 만족성, 통제 불능 회피성, 사용자 편의성 등의 요구사항 만족 여부를 평가</td><td>• 문서에 정의된 사항을 기반하여 실행하는지 여부, 신뢰성, 사용성</td></tr>
</table>
</td></tr>
<tr><td rowspan="2">ISO<br>14598</td><td>정의</td><td>• 소프트웨어의 제품 품질을 측정 혹은 평가하는 데 필요한 방법과 절차를 6개의 파트로 분류하고 정의한 표준<br>• 소프트웨어의 획득자와 개발자 간의 개발과정이나 제품 품질에 관한 객관적 평가 기준과 프로세스 제시</td></tr>
<tr><td>특징</td><td>
<table>
<tr><th>특성</th><th>내용</th></tr>
<tr><td>반복성<br>(Repeatability)</td><td>• 특정 소프트웨어 제품에 대해 동일 평가자가 동일사양 평가 시에 동일한 결과가 도출되는 특성</td></tr>
<tr><td>재현성<br>(Reproducibility)</td><td>• 특정 소프트웨어 제품에 대해 다른 평가자가 동일사양 평가 시 동일한 결과가 도출되는 특성</td></tr>
<tr><td>공정성<br>(Impartiality)</td><td>• 평가가 특정 결과에 편향되지 않는 특성</td></tr>
<tr><td>객관성<br>(Objectivity)</td><td>• 평가 결과가 평가자의 감정이나 의견에 영향을 받지 않는 특성</td></tr>
</table>
</td></tr>
</table>

두음암기

ISO 14598(반재공객)
반재가 공격(객)했다.

<table>
<tr>
<td></td>
<td>구성<br>요소</td>
<td>
<table>
<tr><th>구성 요소</th><th>내용</th></tr>
<tr><td>ISO 14598-1</td><td>• 표준에 관한 일반 개요 정의</td></tr>
<tr><td>ISO 14598-2</td><td>• 계획 및 관리를 정의한 파트로 제품의 품질 측정 계획과 구현, 제품 평가 기능 관리가 명기됨</td></tr>
<tr><td>ISO 14598-3</td><td>• 개발자 프로세스를 정의한 파트로 개발자의 소프트웨어 제품 평가 활동과 개발 단계 준수 내용을 명기</td></tr>
<tr><td>ISO 14598-4</td><td>• 획득 프로세스를 정의한 파트로 획득자의 소프트웨어 제품 평가 활동과 S/W 구매, 기존 소프트웨어의 개선과 관련한 평가 등을 정의</td></tr>
<tr><td>ISO 14598-5</td><td>• 평가 프로세스를 정의한 파트로 평가자의 소프트웨어 제품 평가 활동에 대하여 정의</td></tr>
<tr><td>ISO 14598-6</td><td>• 평가 모듈을 정의한 파트로 평가자료와 명령의 구조적 집합과 평가 모듈에 관하여 문서화</td></tr>
</table>
</td>
</tr>
<tr>
<td rowspan="3">ISO<br>25000<br>(SQuaRE)</td>
<td>정의</td>
<td>• Software product Quality Requirement and Evaluation<br>• 소프트웨어 개발 프로세스에서 각 단계의 산출물이 사용자 요구를 만족하는지 검증하기 위한 품질측정과 평가모델, 측정기법, 평가방안을 정의한 표준</td>
</tr>
<tr>
<td>표준<br>프레임<br>워크</td>
<td>
[두음 암기 : 요모관측평]
<table>
<tr><td rowspan="3">품질 요구<br>(Quality Requirement Division)</td><td>품질 모형(Quality Model Division)</td><td rowspan="3">품질 평가<br>(Quality Evaluation Division)</td></tr>
<tr><td>품질 관리(Quality Management Division)</td></tr>
<tr><td>품질 측정(Quality Measurement Division)</td></tr>
</table>
</td>
</tr>
<tr>
<td>프레임<br>워크<br>설명</td>
<td>
<table>
<tr><th>구분</th><th>설명</th><th>참조 표준</th></tr>
<tr><td>S/W 품질 요구사항<br>(2503n)</td><td>• 품질 요구사항 설정을 위한 프로세스 정의<br>• 기존 표준인 ISO 15288을 참조하여 정의한 새로운 표준</td><td>ISO 15288</td></tr>
<tr><td>S/W 품질 모형<br>(2501n)</td><td>• 제품 품질의 평가 일반모형 정의<br>• 기존 표준 ISO 9126-1을 참조</td><td>ISO 9126-1</td></tr>
<tr><td>S/W 품질 관리지침<br>(2500n)</td><td>• SQuaRE의 일반 가이드라인 정의<br>• 품질 평가 관리모델로 기존 ISO 14598-2 참조</td><td>ISO 14598-2</td></tr>
<tr><td>S/W 품질 측정지침<br>(2502n)</td><td>• 품질측정 척도를 정의하기 위한 표준<br>• 기존 표준 ISO 9126-2,3,4을 참조</td><td>ISO 9126-2,3,4</td></tr>
<tr><td>S/W 품질 평가지침<br>(2504n)</td><td>• 품질 평가 절차를 5개의 항목으로 정의(1 : 평가모듈, 2 : 개발자, 3 : 획득자, 4 : 평가자, 5 : 회복성 평가)<br>• 기존 표준 ISO 14598-1, 3, 4, 5, 6을 참조</td><td>ISO 14598-1,3,4,5,6</td></tr>
<tr><td>확장(2505n)</td><td>• 소프트웨어 패키지 제품의 품질 평가<br>• 기존 표준 ISO 12119을 참조</td><td>ISO 12119</td></tr>
</table>
</td>
</tr>
</table>

**이해돕기**

ISO 25000

ISO 25000은 기존 품질과 관련한 표준을 통합한 표준으로, ISO 15288, ISO 9126, ISO 14598, ISO 12119를 모두 융합함

## 2. 테일러링(Tailoring)

### ① 테일러링의 개요

㉠ 테일러링의 정의

전통적인 소프트웨어 개발 방법론의 절차, 활동, 산출물 들을 특정 사업 목적에 맞게 최적화화여 방법론을 유연하게 적용하는 활동 및 사상

㉡ 테일러링의 중요성

| 필요성 | 설명 |
|---|---|
| 개발 방법론의 한계 극복 | • 개발 방법론은 형식의 중요성에 따라 선언적이고 방대하여 각 프로젝트마다 구체화 정도, 적용 범위와 수준에 대한 고민 필요 |
| 프로젝트별 다양성 | • 각 비즈니스 형태와 조직 구성, 추진 환경에 따라 일률단편적인 개발 방법론 적용은 어려움<br>• 각 프로젝트 특성을 고려한 테일러링이 필요 |
| 사전 위험 제거 | • 성공적인 프로젝트 완성을 위한 최단기간, 최소비용, 안정적인 프로젝트 진행을 위해 사전 위험 제거가 필요 |
| 최적화된 기술 요소 도입 | • 프로젝트의 특성에 최적화된 기술, 산출물, 도구와 기법 적용 필요 |

### ② 테일러링의 개념도 및 절차

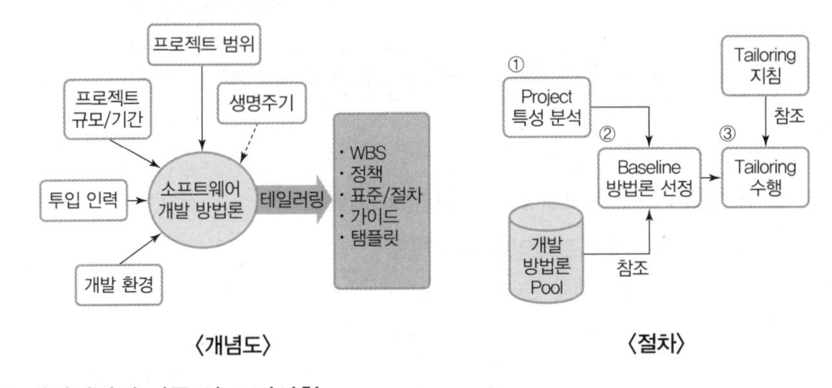


〈개념도〉 〈절차〉

### ③ 테일러링의 기준 및 고려사항

㉠ 테일러링의 기준

| 구분 | 기준 | 설명 |
|---|---|---|
| 사업적 특성 | 업무 특성 | • 실시간 방법론을 적용한 대고객 접점 기반 업무<br>• 데이터의 품질에 기반하여 신뢰도가 중요시되는 업무<br>• 하드웨어 이전 및 마이그레이션 등 데이터센터과 관련한 큰 규모의 업무 |
| | 재무적 특성 | • 각 조직의 환경이나 규모, 특성에 따라서 일률적인 개발방법론이 아닌 맞춤형 방법론 요구<br>• 프로젝트의 비즈니스 특성, 규모, 환경에 따른 조건의 고려가 필요 |
| 프로젝트 특성 | 프로젝트 일정 | • 프로젝트의 일정을 고려한 작업 산출물 및 도구, 기법 등의 적용 |

| 기술적 특성 | 고난도 기술 | • 고품질의 산출물 작성을 위한 보증 활동 강화 |
|---|---|---|
| | 웹 기반 기술 | • 시나리오 기반의 웹 엔지니어링 기법의 적용 |

㉡ 테일러링 수행 시 고려사항

| 구분 | 고려사항 | 설명 |
|---|---|---|
| 프로젝트 환경 | 외부환경 | • 국내의 소프트웨어와 관련한 법, 제도에 대한 준거성 및 국제 표준 준용 여부 파악 |
| | 프로젝트 규모 및 복잡도 | • 프로젝트 규모와 복잡도를 객관적인 기준으로 분석하고 개발방법론의 절차, 방법, 산출물, 도구 등에 대한 커스터마이징 수행 |
| | 기존 시스템 이해 | • 기존에 구축되어 있는 시스템의 아키텍처 구조를 파악하고 신규 시스템을 개발하기 위한 맞춤형 방법론을 선정 |
| 프로젝트 수행 | 참여 인력 | • 구성원의 기술적 역량 성숙도와 방법론에 대한 이해 정도를 파악하고 적용 |
| | 적용 기술 | • 사용자 요구사항 분석에 따라서 신기술 적용 여부와 특성 및 난이도를 파악 |
| | 개발 환경 | • 개발 환경에 적합한 프레임워크와 도구, 기법 등을 정의하고 다양한 방법론 테일러링 |
| | 방법론교육 | • 테일러링을 방법론을 정의하고 실무자들이 체득할 수 있도록 사전, 사후 교육 실시 |

이해돕기

소프트웨어 개발 프레임워크는 파트 4의 서버개발 프레임워크에서 선행학습한 바 있으므로, 본 장과 연계해서 같이 학습하면 이해와 암기에 더욱 도움이 됨

두음암기

개발프레임워크(재다구실)
이제야 **재다**이 **구실** 좀 하겠군.

## 3. 소프트웨어 개발 프레임워크(Framework)

### ① 소프트웨어 개발 프레임워크의 개요

㉠ 소프트웨어 개발 프레임워크의 정의

- 소프트웨어의 개발을 용이하고 일관성 있게 수행할 수 있도록 공통의 기준을 제공하고 최소한의 코드 구현을 통해 완제품을 개발할 수 있도록 지원하는 반제품 형태의 틀
- SW 개발 시 공통의 개발 환경을 제공하고 프로젝트 표준 기능을 제안

㉡ 소프트웨어 개발 프레임워크의 특징

| 구분 | 상세설명 |
|---|---|
| 재사용성 | • 비슷한 요구사항을 구현하는 어플리케이션을 만들 때 지속적으로 재사용할 수 있음 |
| 다양성 | • 프레임워크의 목표시스템 대상의 추상화 수준에 따라 달라짐 |
| 구체성 | • 프레임워크는 각 구성요소가 다루는 내용과 형식, 구성요소 사이의 관계, 사용 예제를 구체적으로 포함하고 있어야 함 |
| 실체성 | • 단순한 개발 사상이나 개념으로 끝나는 것이 아니라 구체적인 실체를 담고 있어야 함 |

② **소프트웨어 개발 프레임워크의 유형 및 선정 기준**

㉠ 소프트웨어 개발 프레임워크의 유형

| 유형 | 내용 | 예시 |
|---|---|---|
| 애플리케이션 프레임워크 | • 아키텍처 설계를 실현하기 위한 시스템의 골격의 기초 제공 | • EJB, CORBRA, J2EE, STRUTS, SPRING |
| 아키텍처 프레임워크 | • 아키텍처 설계를 실현하기 위한 개념을 제공 | • 4+1 VIEW, RM-ODP |

㉡ 소프트웨어 개발 프레임워크의 선정 시 기준

| 고려 사항 | 설명 | 관련 리스크 |
|---|---|---|
| 프레임워크 적합성 | • 애플리케이션 도메인 분석에 기반하여 프레임워크 기능을 정밀 분석하고 적용성 고려<br>• 애플리케이션 구현에 필요한 기능의 포함 여부 검토 | • 제품 리스크 예방 |
| 프레임워크 학습비용 | • 프레임워크 적용에 필요한 시간과 노력 등을 비용 측면에서 검토<br>• 프레임워크의 학습과 관련한 문서가 확보 가능한지 확인 | • 개발 리스크 예방 |
| 프레임워크 지원 | • 프레임워크 커뮤니티 규모와 활성화 정도, 지원 수준 등을 확인<br>• 소프트웨어 임치제도 활용 여부나 유지보수 조건 등을 상세히 규정 | • 유지보수 리스크 예방 |
| 프레임워크 품질 | • 디자인 패턴의 설계원칙 준수 여부나 표준 적용 여부 등 확인<br>• 코드의 품질이나 테스트 충분성, 다양한 플랫폼과의 호환성 여부 등 안정성과 효과성에 대한 사전 검증 수행 | • 벤더 종속 리스크 예방 |

③ **스프링 프레임워크(SPRING Framework)**

㉠ 스프링 프레임워크의 정의

기존 EJB 기반 프레임워크의 무겁고 복잡한 특징을 극복하고 생산성 향상, 고품질 개발을 목표로 하는 경량의 오프 소스 자바 웹 애플리케이션 프레임워크

㉡ 스프링 프레임워크의 특징

| 구분 | 설명 | 특징 |
|---|---|---|
| 객체 관리 | • 컨테이너에서 직접 객체의 생성이나 소멸을 관리 | • 개발자의 객체 생성 및 소멸 관리 부담 감소 |
| 제어 반전(IoC) | • 프레임워크가 컨트롤의 제어권을 가짐 | • 스프링에서 사용자 코드 호출 가능 |
| 의존성 주입(DI) | • 각각의 서비스나 계층들 간에 의존성이 존재할 경우 프레임워크가 상호 연결해줌 | • XML 파일을 통한 환경설정 |

**이해돕기**

프레임워크와 플랫폼의 관계는 파트 1의 챕터 1 요구사항 확인에서 학습한 바 있음

| 관점 지향 프로그래밍 (AOP) | • 여러 모듈에서 공통적으로 사용하는 기능을 분리하고 지원함 | • 추상화된 트랜잭션 관리, 로깅, 보안 등의 공통 기능 활용 |
|---|---|---|
| 영속성 | • 데이터베이스 처리를 지원하는 라이브러리와 인터페이스 제공 | • JDBC, iBatis, Hibernate 등 지원 |

④ **.NET 프레임워크**

㉠ .NET 프레임워크의 정의

마이크로소프트사에서 윈도우 프로그램 개발 및 실행환경을 제공하기 위한 프레임워크로 공통언어 런타임(CLR ; Common Language Runtime)이라는 가상머신 위에서 작동

㉡ .NET 프레임워크의 핵심원리

- .NET는 프로그래밍 언어와 무관하게 동작하는 환경을 조성하기 위해서 공통언어기반(CLI ; Common Language Infrastructure) 환경으로 구성됨
- 프로그래밍 언어가 달라도 컴파일러에 의해서 공통중간언어(CIL ; Common Intermediate Language)로 변환되고 공통중간언어는 공통언어 런타임(CLR) 기반에서 실행됨

⑤ **전자정부 프레임워크**

㉠ 전자정부 프레임워크의 정의

국가 및 공공기관에서 소프트웨어 개발을 수행할 시 공통된 개발 환경과 표준화된 기능을 구현하기 위한 소프트웨어 개발 프레임워크

㉡ 전자정부 프레임워크의 특징

| 특징 | 설명 |
|---|---|
| 개방형 표준 준수 | • 구현 시스템의 상호 운용성을 보장하고 범용화, 표준화된 공개 기술을 활용<br>• 적극적인 오픈소스 기반 기술을 적용하여 특정 벤더사에 대한 종속 문제 대응 |
| 상용 솔루션 연계 | • 상용 솔루션과의 연계 및 산업표준을 지원하여 상호 운용성을 보장<br>• 특정 솔루션의 종속을 지양하고 오픈소스로 교체가 가능한 구조를 제공 |
| 국가적 표준화 지향 | • SI 사업자는 물론 공무원, 교수 등 전문가로 구성된 자문 협의회 개최<br>• 지속적으로 전문가들의 의견을 수렴하고 정보 교환을 통해 국가 표준화 수행 |
| 최신 기술에 적용 유연성 | • 지속적인 버전 업데이트 제공 및 기술 발전에 따라 모듈 교체가 용이하도록 지원<br>• 인터페이스 기반으로 연동을 수행하여 모듈 간 변경 영향을 최소화 |

| | |
|---|---|
| 사용 편의성과 풍부한 기능성 환경 제공 | • Eclipse 기반으로 개발 환경을 제공하여 편리한 디버깅, 컴파일, 수정이 가능<br>• ERD와 UML 모델링을 위한 기능 제공<br>• 데이터베이스의 접근에 관한 표준인 DBIO(DB I/O)를 활용하여 편리한 데이터 처리 기능을 제공 |

ⓒ 전자정부 프레임워크 도입의 필요성

| 목적 | 상세설명 |
|---|---|
| 사업자 의존성 차단 | • 표준화된 프레임워크와 공통서비스를 재사용하여 특정 벤더사의 프레임워크에 종속되는 것을 배제 |
| 공통 기능의 중복 개발 방지 | • 공통 서비스 중복 개발에 따른 비용 증가 및 사업 기간 지연 등의 문제 해결 |
| 중소기업의 공공사업 참여 활성화 | • 표준 프레임워크를 활용하여 중소기업의 참여를 유도하고 품질 문제 극복 |

# 기출문제 분석

1, 2회

**01 프로토타입을 지속적으로 발전시켜 최종 소프트웨어 개발까지 이르는 개발 방법으로 위험관리가 중심인 소프트웨어 생명주기 모형은?**

① 나선형 모형　② 델파이 모형
③ 폭포수 모형　④ 기능점수 모형

해설 나선형 모델은 SW 개발 프로젝트에서 발생할 수 있는 위험을 최소화하는 데 중점을 두고 있는 개발방법론으로서, 계획 → 위험 분석 → 개발 및 검증 → 고객 평가를 반복적으로 수행한다.

1, 2회

**02 폭포수 모형의 특징으로 거리가 먼 것은?**

① 개발 중 발생한 요구사항을 쉽게 반영할 수 있다.
② 순차적인 접근방법을 이용한다.
③ 단계적 정의와 산출물이 명확하다.
④ 모형의 적용 경험과 성공사례가 많다.

해설 폭포수 모델은 반복이나 증분적인 단계가 없이 계단형(Cascading)의 순차적 개발 절차를 수행하며, 프로젝트 진행 중에 요구사항 변경 발생 시 수정하기가 어렵다.

3회

**03 소프트웨어 개발 모델 중 나선형 모델의 4가지 주요 활동이 순서대로 나열된 것은?**

Ⓐ 계획 수립
Ⓑ 고객 평가
Ⓒ 개발 및 검증
Ⓓ 위험 분석

① Ⓐ－Ⓑ－Ⓓ－Ⓒ 순으로 반복
② Ⓐ－Ⓓ－Ⓒ－Ⓑ 순으로 반복
③ Ⓐ－Ⓑ－Ⓒ－Ⓓ 순으로 반복
④ Ⓐ－Ⓒ－Ⓑ－Ⓓ 순으로 반복

해설 폭포수 모델과 함께 가장 많이 출제되는 나선형 모델의 절차는 계획 → 위험 분석 → 개발 및 검증 → 고객 평가(계위개고)를 반복적 수행하는 모델이다.

4회

**04 CBD(Component Based Development)에 대한 설명으로 틀린 것은?**

① 개발 기간 단축으로 인한 생산성 향상
② 새로운 기능 추가가 쉬운 확장성
③ 소프트웨어 재사용이 가능
④ 1960년대까지 가장 많이 적용되었던 소프트웨어 개발 방법

해설 1960년대 초기 SW 개발은 구조적 방법론 위주로 수행되었으며, 컴포넌트 기반 개발 방법론은 최근에도 사용하는 새로운 SW 개발 방법론이다.

4, 5회

**05** **다음 중 소프트웨어 비용 추정모형(estimation models)이 아닌 것은?**

① COCOMO
② Putnam
③ Function-Point
④ PERT

해설 PERT는 간트 차트(Gantt Chart), CPM(Critical Path Mathod)과 함께 프로젝트 관리에서 일정을 계획하고 관리하는 기법이다.

3, 4회

**06** **소프트웨어 프로세스에 대한 개선 및 능력 측정 기준에 대한 국제표준은?**

① ISO 14001 ② IEEE 802.5
③ IEEE 488 ④ SPICE

해설 함정이 있는 문제로, 국제표준은 통상 ISO나 IEEE를 사용하는 데 반하여, 소프트웨어 프로세스 개선 및 능력 측정 기준은 ISO15504이나 별칭으로 SPICE를 사용하고 있다.

5회

**07** **LOC기법에 의하여 예측된 총 라인 수가 36,000라인, 개발에 참여할 프로그래머가 6명, 프로그래머들의 평균 생산성이 월간 300라인일 때 개발에 소요되는 기간은?**

① 5개월 ② 10개월
③ 15개월 ④ 20개월

해설 LOC(Line of Code)는 단순하게 한 달에 한 명의 개발자가 얼마나 라인을 생산할 수 있는지에 관점이 있다. 본 문제에서 총 개발 라인이 3.6만 건이나, 6명이 참여하므로 각 개발자에게 할당된 라인은 6,000건이다. 이때 한 명이 한 달에 생산할 수 있는 평균 라인이 300라인이므로 6,000라인을 생산하려면 20개월이 소요된다.

7회

**08** **소프트웨어 개발 프레임워크와 관련한 설명으로 틀린 것은?**

① 반제품 상태의 제품을 토대로 도메인별로 필요한 서비스 컴포넌트를 사용하여 재사용성 확대와 성능을 보장받을 수 있게 하는 개발 소프트웨어이다.
② 개발해야 할 애플리케이션의 일부분이 이미 구현되어 있어 동일한 로직 반복을 줄일 수 있다.
③ 라이브러리와 달리 사용자 코드가 직접 호출하여 사용하기 때문에 소프트웨어 개발 프레임워크가 직접 코드의 흐름을 제어할 수 없다.
④ 생산성 향상과 유지 보수성 향상 등의 장점이 있다.

해설 소프트웨어 개발 프레임워크는 반제품 형태 제품으로 호환성과 재사용성을 높여주는 효과가 있으며, 프레임워크에서 직접 코드의 흐름 제어가 가능하다.

7회

**09** **S/W 각 기능의 원시 코드 라인 수의 비관치, 낙관치, 기대치를 측정하여 예측치를 구하고 이를 이용하여 비용을 산정하는 기법은?**

① Effort Per TSK 기법
② 전문가 감정 기법
③ 델파이 기법
④ LOC 기법

해설 원시 코드의 라인 수(Line of Code)를 이용해서 SW의 비용을 산정하는 방식은 LOC 방식이다.

정답 01 ① 02 ① 03 ② 04 ④ 05 ④ 06 ④ 07 ④ 08 ③ 09 ④

7회

**10** **소프트웨어 생명주기 모형 중 Spiral Model에 대한 설명으로 틀린 것은?**

① 비교적 대규모 시스템에 적합하다.
② 개발 순서는 계획 및 정의, 위험 분석, 공학적 개발, 고객 평가 순으로 진행된다.
③ 소프트웨어를 개발하면서 발생할 수 있는 위험을 관리하고 최소화하는 것을 목적으로 한다.
④ 계획, 설계, 개발, 평가의 개발 주기가 한 번만 수행된다.

해설 소프트웨어 생명주기 모형(SDLC) 중 폭포수 모델(Waterfall Model)과 나선형 모델(Spiral Model)은 워낙 기본적이고 중요한 모형이라서 꾸준히 문제가 출제되고 있다.

7회

**11** **생명주기 모형 중 가장 오래된 모형으로, 많은 적용 사례가 있지만 요구사항의 변경이 어렵고 각 단계의 결과가 확인되어야 다음 단계로 넘어갈 수 있는 모형이며 선형 순차적 · 고전적 생명주기 모형이라고도 하는 것은?**

① Waterfall Model ② Prototype Model
③ Cocomo Model ④ Spiral Model

해설 폭포수 모델은 한번 다음 개발 단계로 넘어가면 이전 단계의 작업을 수정하는 것이 어려운 단계적(Cascading) 개발 모형이다.

1, 2, 7회

**12** **Cocomo model 중 기관 내부에서 개발된 중소 규모의 소프트웨어로 일괄 자료 처리나 과학기술 계산용, 비즈니스 자료 처리용으로 5만 라인 이하의 소프트웨어를 개발하는 유형은?**

① Embedded ② Organic
③ Semi-detached ④ Semi-embedded

해설 COCOMO 모델 중에서 규모가 가장 작은 프로젝트 개발 형태는 Organic이며, Semi-detached는 30만 라인 이하, Embedded는 30만 라인 이상의 유형이다.

6회

**13** **SPICE 모델의 프로세스 수행 능력 수준의 단계별 설명이 틀린 것은?**

① 수준 7 - 미완성 단계
② 수준 5 - 최적화 단계
③ 수준 4 - 예측 단계
④ 수준 3 - 확립 단계

해설 SPICE의 프로세스 수행능력 수준 단계는 0~5단계까지 총 6개 수준으로 표현된다. 수준 7은 없을뿐더러, 있다고 하더라도 7수준이면 완전한 최적화 단계일 것이다.

6회

**14** **소프트웨어 비용 산정 기법 중 개발 유형에 따라 organic, semi-detached, embedded로 구분되는 것은?**

① PUTNAM ② COCOMO
③ FP ④ SLIM

해설 소프트웨어 비용 산정 기법은 PUTNAM, COCOMO, FP 3개를 암기하여야 하며, 이 중 organic, semi-detached, embedded의 3가지 유형을 갖는 기법은 COCOMO이다.

6회

**15 ISO 12207 표준의 기본 생명주기의 주요 프로세스에 해당하지 않는 것은?**

① 획득 프로세스
② 개발 프로세스
③ 성능평가 프로세스
④ 유지보수 프로세스

해설 ISO12207 표준은 크게 기본 생명주기, 지원 생명주기, 조직 생명주기의 3개 프로세스로 구성되어 있다. 이 중 기본 생명주기의 프로세스는 계약 관점에서 획득, 공급, 요구사항 도출, 운영 프로세스가 있으며 공학 관점에서는 개발, 유지보수 프로세스가 있다.

5회

**16 소프트웨어 공학에 대한 설명으로 거리가 먼 것은?**

① 소프트웨어 공학이란 소프트웨어의 개발, 운용, 유지보수 및 파기에 대한 체계적인 접근 방법이다.
② 소프트웨어 공학은 소프트웨어 제품의 품질을 향상시키고 소프트웨어 생산성과 작업 만족도를 증대시키는 것이 목적이다.
③ 소프트웨어 공학의 궁극적 목표는 최대의 비용으로 계획된 일정보다 가능한 빠른 시일 내에 소프트웨어를 개발하는 것이다.
④ 소프트웨어 공학은 신뢰성 있는 소프트웨어를 경제적인 비용으로 획득하기 위해 공학적 원리를 정립하고 이를 이용하는 것이다.

해설 소프트웨어 공학의 궁극적 목표는 최소의 비용으로 일정을 앞당기고, 소프트웨어를 쉽게 개발하는 것이다.

5회

**17 정형화된 분석 절차에 따라 사용자 요구사항을 파악, 문서화하는 체계적 분석 방법으로 자료 흐름도, 자료 사전, 소단위 명세서(Mini Spec)의 특징을 갖는 것은?**

① 구조적 개발 방법론
② 객체지향 개발 방법론
③ 정보공학 방법론
④ CBD 방법론

해설 구조적 개발 방법론은 요구사항을 분석할 때 자료 흐름도(DFD), 자료 사전(Data Dictionary), 소단위 명세서(Mini Spec) 등을 활용한다.

4회

**18 NS(Nassi-Schneiderman) chart에 대한 설명으로 거리가 먼 것은?**

① 논리의 기술에 중점을 둔 도형식 표현 방법이다.
② 연속, 선택 및 다중 선택, 반복 등의 제어 논리 구조로 표현한다.
③ 주로 화살표를 사용하여 논리적인 제어구조로 흐름을 표현한다.
④ 조건이 복합되어 있는 곳의 처리를 시각적으로 명확히 식별하는 데 적합하다.

해설 NS차트는 구조적 방법론의 분석을 위한 여러 기법 중 소단위명세서(Mini Spec)의 한 유형으로 코드를 개략적인 로직으로 표현하는 기법이며, 화살표 활용은 없다.

정답 10 ④ 11 ① 12 ② 13 ① 14 ② 15 ③ 16 ③ 17 ① 18 ③

1, 2회

**19** **CMM(Capability Maturity Model) 모델의 레벨로 옳지 않은 것은?**

① 최적단계 ② 관리단계
③ 계획단계 ④ 정의단계

해설 CMM의 단계적 표현의 단계는 1레벨(초기) → 2레벨(관리) → 3레벨(정의) → 4레벨 (정량적) → 5레벨(최적화)로 구성되어 있다.

1, 2회

**20** **소프트웨어 개발 프레임워크를 적용할 경우 기대 효과로 거리가 먼 것은?**

① 품질보증
② 시스템 복잡도 증가
③ 개발 용이성
④ 변경 용이성

해설 소프트웨어 개발 프레임워크는 반제품 형태의 툴로서 개발 노력을 감소시키고, 호환성을 높이며, 적정한 품질을 제공하고, 시스템 복잡도를 줄여 준다.

정답 19 ③ 20 ②

# CHAPTER 02 IT프로젝트 정보시스템 구축관리

다회독 Check! 1 2 3

**학습 목표**

- 본 챕터에서는 최신의 소프트웨어 프로그램을 개발하고 서비스하기 위해서 필요한 네트워크 환경, 소프트웨어 기술, 하드웨어 트렌드 및 데이터 기술 등 정보통신 분야 신기술 동향을 분석하고 학습하는 것이 목표
- 네트워크에서는 5G, SDN 등의 트렌드가, 소프트웨어 기술에서는 인공지능, 사물인터넷 등의 신기술이, 하드웨어에서는 클라우드와 엣지컴퓨팅, 데이터에서는 빅데이터 및 데이터 분석 시스템 등 최신 기술에 대해서 학습하고 시험에 대비해야 하며, 특히 본 챕터는 정보처리 실기시험에도 다수 출제되므로 이해 기반의 암기와 학습이 필요

## SECTION 01 네트워크 구축 관리

### 1. 네트워크 신기술

① 5G 이동통신

㉠ 5G 이동통신의 정의

4G 통신에 비하여 10배 이상으로 향상된 속도와 용량, 지연율을 제공하며 초연결 네크워크 기술을 적용하여 다양한 디바이스와 연동 가능한 차세대 핵심 네트워크 인프라 기술

㉡ 이동통신 발전 동향

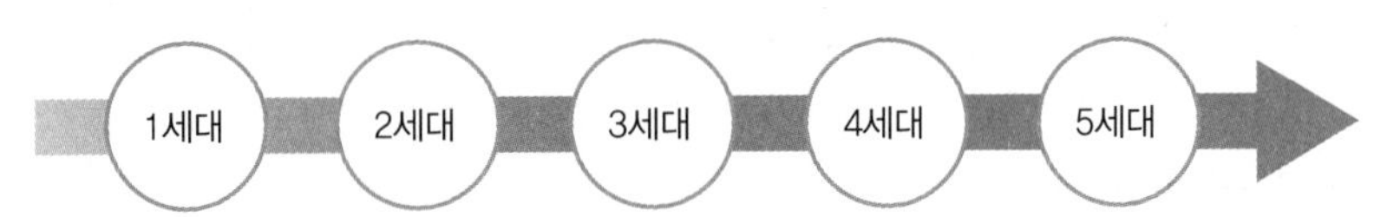


| 구분 | 1세대 | 2세대 | 3세대 | 4세대 | 5세대 |
|---|---|---|---|---|---|
| 최고 전송 속도 | 14.4kbps | 144kbps | 14Mbps | 75Mbps | 1Gbps |
| 가능 서비스 | 음성 | 음성, 텍스트 문자 | 멀티미디어 문자, 음성, 화상통화 | 데이터, 음성, 실시간 동영상 | 홀로그램, 사물인터넷, 입체 영상, 메타버스 |
| 상용화 시기 | 1984년 | 2000년 | 2006년 | 2011년 | 2020년 |

**이해돕기**

현재는 5G 통신이 대세로 점차 인프라가 확장되고 있으며, 6G는 2026년 국내에서 전용 통신 위성을 발사하고 본격적으로 서비스될 예정임

이해돕기

5G 현황

5G 통신은 4G LTE에 비해서 속도와 연결성이 우수하나 아직은 인프라 구축이 완료되지 않았고 완벽한 구축에는 다소 시간이 소요될 예정임

ⓒ 5G 이동통신의 특징

| 목표 | 설명 |
|---|---|
| 초고용량 통신 | • Massive MIMO, Beamforming, NOMA 통신기술을 기반으로 하여 현재의 1,000배 전체 대역폭과 10~100배의 사용자 대역폭의 초고용량 통신환경을 제공하며 부가적으로 홀로그램, 3D 영상 등 다양한 형태의 초고용량 콘텐츠 서비스 지원 |
| 초연결 통신 | • 통신 코어에서 네트워크 슬라이싱, 네트워크 오케스트레이션 아키텍처를 기반으로 하여 장소, 시간, 사물의 제약 없이 고품질의 통신 서비스를 제공 |
| 초실시간 처리 | • D2D 및 고신뢰 무선전송을 통해 종단 간의 지연시간을 최소화하고 초 실시간 서비스 제공 |
| 가상 네트워크 인프라 | • NFV, SDN 등의 가상화 기술을 적용하여 효율성과 유연성, 개방성 및 경제성이 개선된 네트워크 아키텍처로 진화 |

POINT

**통신 기술의 이해**

(1) MIMO(multiple-input and multiple-output)
스마트 안테나 기술의 한 유형으로 안테나 수만큼 통신 용량을 확장하는 기술

(2) Beamforming
특정 방향으로 안테나 빔을 발송해서 원하는 영역의 통신을 원활하게 하는 스마트 안테나 기술

(3) NOMA(Non-Orthogonal Multiple Access)
다중접속의 통신기법으로 기존에는 직교배열 방식의 다중접속 기술을 활용하였으나 5G 이후 중첩코딩과 연속간섭제거를 활용하여 비직교 다중접속기술을 활용함

(4) 네트워크 슬라이싱과 네트워크 오케스트레이션
물리적으로 하나인 네트워크를 논리적을 분할하여 활용성을 높이고 통합관리 하는 기술

(5) D2D(Device to Device)
단말기 간의 통신과 설정을 기반으로 독자적인 통신 환경과 그룹을 조성하는 기술방식

(6) NFV와 SDN은 4번째 장에 학습 내용이 수록됨

ⓔ 4G와 5G 통신 비교

| 구분 | 4G(IMT-Advanced) | 5G(IMT-2020) |
|---|---|---|
| 최고 전송 속도 | 1Gbps | 20Gbps |
| 이용자 체감 전송 속도 | 10Mbps | 100~1,000Mbps |
| 주파수 효율성 | - | 4G 대비 3배 |
| 고속 이동성 | 350Km/h | 500km/h |
| 전송 지연 | 10ms | 1ms |
| 최다 기기 연결 수 | $10^5$개/$km^2$ | $10^6$개/$km^2$ |
| 에너지 효율성 | - | 4G 대비 100배 |
| 면적당 데이터 처리 용량 | 0.1Mbps/$m^2$ | 10Mbps/$m^2$ |

② **WPAN(Wireless Personal Area Network)**

㉠ WPAN의 정의

개인의 활동 반경에서 존재하는 컴퓨터나 주변기기, 가전제품 등을 무선으로 연결하는 ad-hoc 방식의 통신 네트워크

㉡ WPAN 특징

| 특징 | 설명 |
|---|---|
| 전송 거리 | • 통산 10m 이내의 짧은 전송 거리 영역 |
| 소비전력 | • 배터리를 통한 전력 공급, 저전력화 디바이스 필수 |
| 네트워크 구성 | • Ad-hoc 네트워크 형태이며 고정된 유선망 없이도 망 구축 가능 |

㉢ WPAN 유형 비교

| 구분 | 802.11g WiFi | 802.11n WiFi | 802.15.1 Bluetooth | 802.15.3 UWB | 802.15.4 ZigBee |
|---|---|---|---|---|---|
| 주파수 | 2.4GHz | 5GHz | 2.4GHz | 3.1~10.6GHz | 868/915M/2.4G |
| 도달 거리 | 1Km | 1Km | 10m~ 100m | 2~10m | 30m |
| 전송 속도 | 54Mbps | 500Mbps | 24Mbps | 500Mbps | 20/40/250 Kbps |
| 통신 방식 | OFDM DSSS | MIMO-OFDM | AFHSS | MB OFDM DS-CDMA | CSMA-CA |
| 활용 | Hotspot | Hotspot | 근거리 저가형 무선 통신 | 근거리 저간섭 고속 통신 | 초저전력, 저가형 기기 제어 |

③ **메시 네트워크(Mesh Network)**

㉠ 메시 네트워크의 정의

각각의 노드가 네트워크에 참여하여 데이터를 릴레이 송수신함으로써 단말의 네트워크 참여 범위가 확장되고 고속 통신이 가능한 그물망 형태의 네트워크 구조 및 구현 기술

㉡ 메시 네트워크의 특징

무선망과 유선망에도 적용 가능하나 최근에는 무선망에 다수 사용되고 있으며, 특히 무선망에 적용 시에는 AD-Hoc 형태로 구성되는 경우가 많음

**이해돕기**

**통신 방식의 이해**

OFDM(Orthogonal Frequency Division Multiplexing), DSSS(Direct Sequence Spread Spectrum), AFHSS(Adaptive Frequency Hopping Spread Spectrum) 등의 통신 방식은 제한된 주파수를 효율적으로 사용하고 간섭을 최소화하기 위한 여러 통신기법들중 특정 유형으로, 자세한 학습은 정보통신기사 학습이나 컴퓨터시스템응용 기술사, 정보관리 기술사, 정보통신기술사 학습 등을 통하여 학습 가능함

**이해돕기**

**AD-Hoc 네트워크**

- 무선 통신망에서 스마트폰, 드론, 사물인터넷 등이 이동하면서 네트워크에 포함되었다 제거되었다 하는 형태로 노드가 유동적인 형태의 네트워크
- Mesh Network의 한 구성 형태이며, 소프트웨어 개발 방법 중 하나인 Mash-UP과는 다른 개념이므로 각자의 정확히 의미를 알고 있어야 함

㉢ 메시 네트워크의 개념도

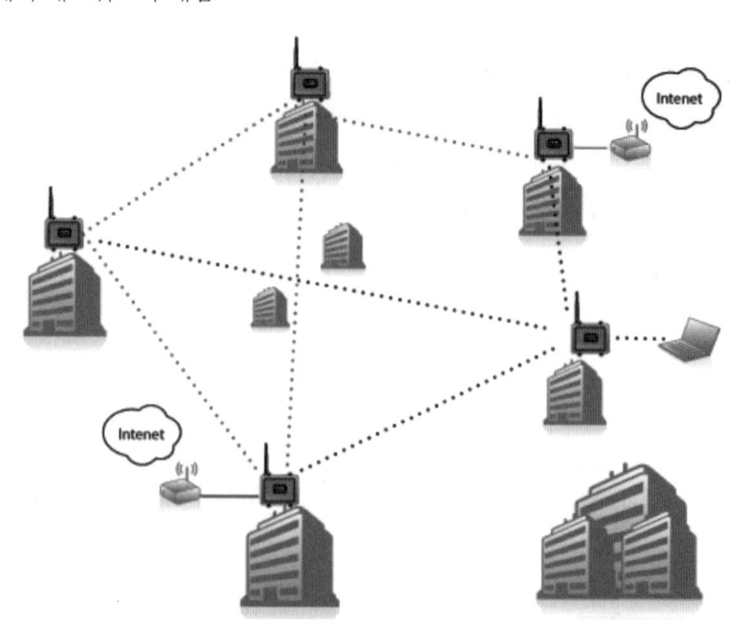


④ **SDN(Software Defined Networking)**

㉠ SDN의 정의

NFV(Network Function Virtualization)와 함께 네트워크를 소프트웨어 방식으로 프로그래밍하고 제어와 관리를 용이하게 하는 가상화 기반의 새로운 네트워크 아키텍처

㉡ SDN의 필요성

기존 장비업체의 의존도를 줄이고 클라우드, 빅데이터, 사물인터넷 등 트래픽 패턴이 역동적인 시스템에 유연하게 대응하기 위하여 소프트웨어 중심으로 관리되는 네트워크

㉢ SDN 특징

| 특징 | 상세 설명 |
| --- | --- |
| 소프트웨어 중심의 네트워킹 기술 | • 네트워크 사용자가 장비 제조사, 적용 기술, 환경 요소 등 제약사항을 소프트웨어를 활용하여 유연하게 극복 가능하도록 기반 제공 |
| 개방형 인터페이스 환경 | • 오픈소스 기술 기반으로 표준화된 인터페이스 환경 제공 |
| 중앙집중식 흐름 제어 | • 중앙에서 네트워크의 환경, 적용 정책, 설정에 따라서 네트워크의 흐름과 제어를 쉽게 변경 가능 |
| 네트워킹 설정 최적화 및 연구개발 용이 | • 네트워크 시스템 개발자들이 기도입된 SDN 혹은 NFV 시스템을 활용해서 다양한 환경 구성, 최적의 설정값 도출, 신규 시스템 연구 개발 등을 수행하기 용이함 |

**두음암기**

중요 WPAN 유형별 표준(1블3유4지)

1불이면 3유 제품을 4지 그래?

−802.15.1 (블루투스) / 802.15.3 (UWB) / 802.15.4 (Zigbee)

**이해돕기**

SDN(Software Defined Networking)과 NFV(Network Function Virtualization)

SDN과 NFV는 모두 소프트웨어와 하드웨어를 분리하는 가상화 기반의 네트워크 모델이나 SDN은 OSI 2~3계층 기반의 가상화라면 NFV는 4~7계층의 가상화로서 응용 측면의 가상화라는 차이가 있으며, 범용적으로는 두 단어를 혼재해서 사용하기도 함

㉣ SDN 주요 기술

| 구분 | 설명 |
|---|---|
| OpenFlow | • 여러 회사의 스위치 및 라우터 프로그램 기능을 지원하기 위해 정의된 오픈소스 API, SDN을 위한 인터페이스 표준 기술 |
| SNMP | • 네트워크 모니터링을 위해 활용되는 통신 프로토콜 |
| XMPP | • XML을 통해 SDN의 현재 상태 및 메시지 라우팅을 위한 스트리밍 프로토콜 |
| 가상화 S/W | • 가상화 서비스를 지원하는 소프트웨어의 및 API |

⑤ **SD(Software Defined) 관련 기술 유형**

| 구분 | 설명 |
|---|---|
| SDDC(Software Defined Data Center) | • 단순 네트워크가 아닌 데이터센터 규모를 소프트웨어로 정의하여 관리의 자동화, 다양한 서비스 제공, 하드웨어 종속성 배제를 특징으로 하는 데이터 센터 |
| SDS(Software Defined Storage) | • 가상화 기술을 적용하여 저장장치를 소프트웨어 기반으로 효율적으로 최적화하여 사용하는 기술 |

⑥ **오버레이 네트워크**

㉠ 오버레이 네트워크의 정의

기존의 네트워크 위에 별도의 노드들과 논리적인 링크들을 별도로 연계하여 구성된 가상 네트워크로, 대표적인 오버레이 네트워크로는 IPTV와 P2P 통신 네트워크가 있음

㉡ 오버레이 네트워크 개요도

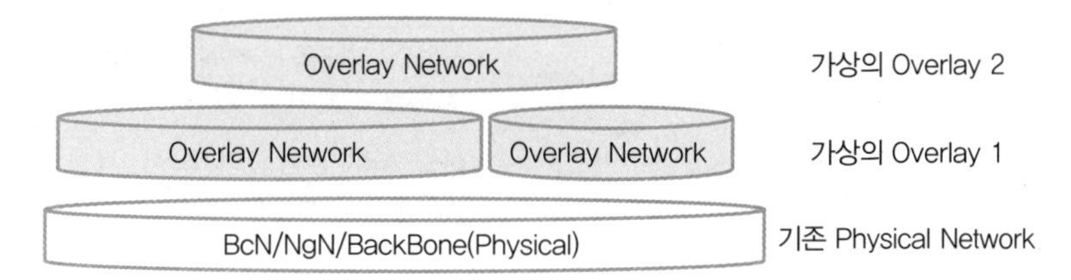


> **이해돕기**
> **오버레이 네트워크의 예**
> 다크웹에서 활용되는 Tor(The Onion Router)도 오버레이 네트워크의 한 유형임

## 2. 네트워크 장비 트렌드 정보

① **네트워크 장비의 개요**

㉠ 네트워크 장비의 정의

- OSI 7계층별로 네트워킹을 효율적으로 지원하기 위한 디바이스
- 대표적으로 1계층의 리피터, 2계층의 브릿지, 3계층의 라우터와 4~7계층의 게이트웨이가 있으며, 최근 2계층의 스위치는 여러 기능을 포함하면서 3~7계층을 아우르고 있음

두음암기

OSI 8계층(아파서티네다피－APSTNDP)
몸이 아파서 티네다. 피난다.

이해돕기

네트워크 장비 학습

OSI 계층별 장비와 관련한 학습은 파트 4의 네트워크 기초 활용 부분과도 중복되는 부분이 있으니 연계하여 학습이 필요

ⓛ OSI 계층별 네트워크 장비 유형

| OSI 7 Layer | TCP/IP | Data | 인터 네트워킹 장비 | Protocol | Firewall |
|---|---|---|---|---|---|
| Application (보안↑, 성능↓) | Application | Message | Gateway | FTP, Telnet, SMTP, SNMP | Application Proxy |
| Presentation | | | | | |
| Session | | | | | |
| Transport | Transport | Segment | | TCP/UDP | Circuit Proxy |
| Network | Internet | Packet | Router | IP, ICMP, ARP, RARP | Packet Filtering |
| Data Link | N/W Access | Frame | Bridge, Switch | IEEE802.3 (CSMA/CD) | |
| Physical | | Bit | Repeater, Hub | | |

② 각 네트워크 장비별 특징

| 계층 | 장비 | | 주요 기능 |
|---|---|---|---|
| Physical | Repeater | | • 네트워크 전송 거리를 증가시키기 위한 신호 증폭기 기능 제공 |
| Data Link | Hub | Dummy | • 멀티 포트를 지원하는 리피터로 입력받은 신호를 모든 포트로 증폭시킨 후 재전송 |
| | | Intelligent | • 허브의 상태를 원격에서 모니터링하고 관리할 수 있는 기능 제공 |
| | | 스택 | • 허브끼리 연동하여 확장 가능하도록 전용 포트를 구성한 허브 |
| | Bridge | | • 충돌 발생을 감지하는 충돌 도메인(Collision Domain)을 세분화하고, MAC주소의 테이블 관리 기능 제공 |
| | Switch | | • 각 포트별로 충돌 도메인(Collision Domain)을 세분화할 수 있으며 각각 다른 속도 설정 지원 |
| Network | Router | | • 스위치의 기본 기능에 브로드 캐스트 영역에 대한 구분, 패킷 필터링, 로드 분배, QoS, WAN 접속, 라우팅 경로 설정 기능을 추가로 제공하는 디바이스 |
| Transport 이상 | Gateway | | • OSI 모델 전 계층에서 동작하는 프로토콜 변환 기능 제공<br>• 라우터, 브리지, 허브 등의 디바이스가 복합적으로 구성된 어플라이언스 네트워크 디바이스 |

## SECTION 02 소프트웨어 구축 관리

### 1. 소프트웨어 신기술

#### ① 소프트웨어의 개발 트렌드 분석

| 기술 요소 | 설명 |
|---|---|
| MASH-UP | • 웹 2.0의 개방, 확장 정신을 활용하여 웹상의 다양한 기능을 하나로 묶어서 새로운 신규 서비스를 창출하는 전략 및 기술 |
| JSON | • 제이슨(JavaScript Object Notation)은 자바스크립트에서 파생된 키와 값의 쌍으로 이루어진 데이터 전달용 표준 포맷<br>• 사람이 읽기 쉬운 텍스트 형태이며 AJAX 통신에 활용성이 좋고 언어 독립형 포맷임 |
| XML | • XML(eXtensible Markup Language)은 W3C에서 개발한 언어로 HTML의 한계를 극복하고 다용도로 활용 가능한 마크업 언어<br>• 텍스트 데이터 형식으로 유니코드를 사용하는 개방형 표준으로서 다수의 API 활용 가능 |
| API | • API(Application Programming Interface)는 컴퓨터 간 혹은 컴퓨터 프로그램 사이를 연결하는 소프트웨어 인터페이스<br>• 다양한 연결을 통하여 새로운 프로그램을 개발하거나 융합 촉진 가능 |
| AJAX | • Ajax(Asynchronous JavaScript and XML)는 비동기 방식을 사용하는 웹 개발 기법이며 방법론<br>• 서버의 처리를 기다리지 않고 비동기 요청이 가능하며, 플러그인 없이 고속의 화면 전환이나 인터렉티브한 웹페이지 구현이 가능<br>• 대표적으로 구글 어스에서 활용 |

> **이해돕기**
> 소프트웨어 개발 트렌드의 기술 요소들은 단독으로 시험에 자주 출제되므로 정확한 개념과 암기가 필요함

#### ② 인공지능(Artificial Intelligence)

㉠ 인공지능의 정의

인간이 컴퓨터보다 잘하는 일을 컴퓨터로 하여금 인간처럼 수행할 수 있도록 하는 기술

㉡ 인공지능 분류

| 분류 | 분류 기준 | 상세 분류 |
|---|---|---|
| 지적 수준 | • 주어진 조건에 대해 인간과 같은 사고의 가능 여부 | • 약인공지능 |
| | | • 강인공지능 |
| | | • 초인공지능 |
| 기능 발전(레벨) 기능 | • 입력에 따라 출력이 변하는 Agent 관점 | • 레벨 1 : 단순 제어 프로그램 |
| | | • 레벨 2 : 고전적 인공지능 |
| | | • 레벨 3 : 머신러닝 |
| | | • 레벨 4 : 딥러닝 |
| 구현 방식 | • 지적 기능 구현 방식 | • 지식 기반 방법론을 통한 추론 학습 |
| | | • 데이터 기반 방법론을 통한 딥러닝 |

ⓒ 기계 학습(Machine learaing)

인공지능의 특정 유형으로 컴퓨터가 스스로 학습이 가능하도록 알고리즘과 기술을 개발하고 최적화된 모델을 도출하도록 연구하는 분야

| 분류 | 설명 | 학습 문제 사례 |
|---|---|---|
| 지도학습 | • 원하는 결과에 적합한 학습 데이터를 컴퓨터를 통해서 학습시키고 결과를 도출하는 방식<br>• 입출력의 쌍으로 구성된 학습 예제들로 입력 후 사상하는 함수를 통해 목표 출력 추진 | • 분류(classification), 회귀분석(regression), 인식, 진단, 예측 |
| 비지도학습 | • 원하는 결과에 적합하지 않은 학습 데이터를 이용한 기계 학습 방식<br>• 결과 도출이나 학습 성능이 우수하지 않으나, 데이터 확보 및 구축이 용이하여 입력 패턴들의 공통 특징 분류 등 군집화 등의 문제 해결에 적용 가능 | • 군집화(clustering), 밀도함수(density function) 추정, 차원 축소, 특징 추출 |

ⓓ 강화학습의 정의

정해진 환경 안에서 정의된 에이전트가 현재의 상태를 인식, 선택 가능한 행동 중 보상을 최대화하는 행동이나 순서를 선택하는 진화된 기계학습 기법

| 알고리즘 | 설명 |
|---|---|
| 심층신경망<br>(DNN ; Deep Neural Network) | • 인간의 신경망 이론을 적용한 인공신경망(ANN ; Artificial Neural Network)의 한 유형이며, 입력층(Input layer)과 출력층(Output layer) 사이에 하나 이상의 숨겨진 층(Hidden layer)을 갖고 있는 계층 구조로 구성<br>• 다른 인공신경망에 비해 적은 수의 유닛만으로 복잡한 데이터 모델링이 가능하나, 실험 데이터에서는 잘 학습되지만 현실 세계에서는 성능이 떨어지는 과적합(Overfitting)과 높은 시간복잡도의 문제 존재 |
| 합성곱신경망<br>(CNN ; Convolutional Neural Network) | • 최소한의 전처리로 2차원 구조의 실시간 영상 및 음성 데이터 학습 등에 장점을 갖도록 설계된 다계층 인공신경망 알고리즘의 한 유형<br>• 가중치와 통합계층을 추가로 활용하며 YOLO(You Only Look Once) 등의 인공지능 영상분석 알고리즘 등과 함께 연구, 개발이 진행됨 |
| 순환신경망<br>(RNN ; Recurrent Neural Network) | • 인공신경망을 구성하는 유닛 사이의 연결을 Direct Cycle 구조로 설계하는 신경망 유형<br>• 신경망 내부의 메모리를 활용하여 글씨 인식 등의 임의의 입력 처리에 장점 |
| 롱-숏 텀 메모리<br>(Long-Short Term Memory) | • 순환신경망의 메모리의 단기 문제를 해결하여 장기 메모리가 필요한 과제에 대응하기 위한 알고리즘<br>• 장기 기억을 보존할 수 있으며 최신 알고리즘으로 현재 인공지능 활용분야에서 다수 활용 중 |

**이해돕기**

**롱-숏 텀 메모리**

롱-숏 텀 메모리는 약어로 LSTM 혹은 장단기 메모리 인공지능 알고리즘으로 불리며, 순환신경망의 한 유형으로 기존 기울기 소멸 문제를 방지하는 최신의 알고리즘임

| 심층 신뢰 신경망<br>(DBN ; Deep Belief Network) | • 기계학습에서 사용되는 그래프 생성 모형<br>• 딥러닝에서는 잠재변수의 다중 계층으로 이루어진 심층신경망을 의미<br>• 계층 간에는 연결이 있지만 계층 내의 유닛 간에는 연결이 없음 |
|---|---|

ⓜ AI 오픈소스 플랫폼

| 구분 | 설명 |
|---|---|
| 텐서플로우 | • 구글에서 2015년 공개한 텐서플로우는 일반인들도 딥러닝과 기계학습을 쉽게 수행할 수 있는 다양한 기능을 제공하며 아이디어 테스트에서 서비스 단계까지 이용 가능 |
| 파이토치 | • 2016년 페이스북에서 개발한 딥러닝 라이브러리로서, 텐서플로우에 비해 파이썬에 친화적이며 API 사용이 용이함 |

③ **메타버스**

㉠ 메타버스의 정의

3차원 환경에서 사용자가 아바타를 통해 의사소통과 정보 및 재화를 교환하는 현실과 비현실의 공존 세계

㉡ 메타버스의 분류

| 구분 | 설명 | 사례 |
|---|---|---|
| 미러월드 | • 개인 또는 사물이 아닌 실제 현실 세계에 대한 데이터를 현실과 유사하게 디지털로 구현하고 묘사한 메타버스 유형 | • Google Earth |
| 라이프 로깅 | • 사람과 사물에 대한 일반적인 정보들을 데이터화하고 디지털로 묘사하는 메타버스의 한 유형 | • 의료 가상현실 서비스, 메타버스 기반 네비게이션 |
| 증강현실 | • 현실 세계의 특정 공간에 가상의 물체를 부분적으로 결합하거나 혹은 정보를 추가로 사상하여 실시간으로 보여 주는 기술 | • 광고, 영화 |
| 가상세계 | • 현실 세계를 유사하게 묘사한 미러 월드와 달리 가상세계에서 별도의 정치, 문화, 경제, 사회적 환경을 독립적으로 구현한 3D 세상 | • 게임, 사이버 스페이스 |

두음암기

메타버스 4가지 유형(미라증가)
미라의 성적이 증가하고 있다.

④ **블록체인**

㉠ 블록체인의 정의

- 서로 신뢰할 수 없는 환경에서 중립적이고 중앙화된 인증시스템이 없이도 신뢰를 보장하는 기술
- P2P 네트워크를 이용하여 거래내역을 분산, 온라인 네트워크 참가자 모두에게 내용을 공개 및 기록하는 기술
- 새로운 거래가 일어날 때마다 노드(참가자)들이 가진 블록체인의 정보를 업데이트하여 무결성을 유지하도록 관리하는 분산형 거래시스템

ⓛ 블록체인 개념도

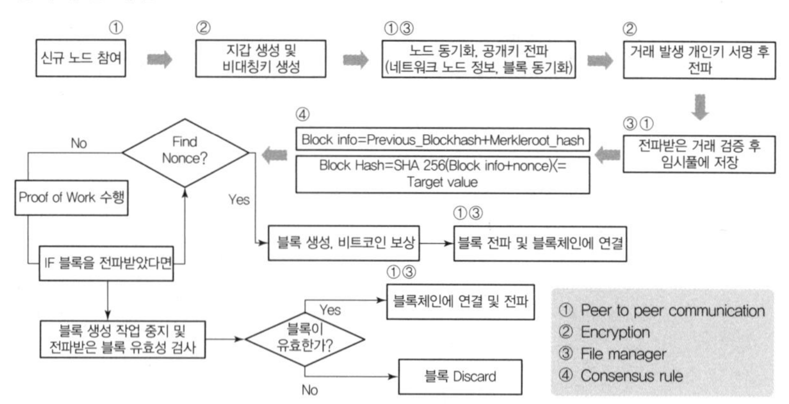


**이해돕기**

블록체인

블록체인은 분산네트워크 구조를 이용, 다양한 비즈니스 도메인과 융합하여 서비스되고 있으며, 특히 정보 보안 영역과 융합하여 해킹이 불가능한 서비스 개념으로 활용됨

ⓒ 블록체인 활용

| 구분 | 설명 |
|---|---|
| 금융 분야 | • 해킹에 견고한 환경 조성을 위해 거래 장부를 분산 저장하고 금융 이력 데이터의 안전한 관리<br>• 블록체인 기반의 거래 플랫폼을 통해서 증권거래, 결제, 송금, 투자, 대출 등 안전한 스마트 계약 기능을 제공함으로써 법적 규제와 감사에 대응 가능 |
| 제조 분야 | • 제조 공정 간의 각 이력 및 관리 데이터의 전 주기 안전하게 통제<br>• 제조된 제품 정보의 위변조 방지와 무결성 확보 가능 |
| 의료 분야 | • 개인 의료 정보에 대한 저장, 활용 시 이력 관리 투명성 |
| 콘텐츠 분야 | • 디지털 콘텐츠의 저작권과 유통에 관한 투명환 관리가 가능 |
| 공공 분야 | • 국민 민원 및 공공업무의 신뢰성, 투명성 확보와 비용 절감 가능 |
| 유통 분야 | • 유통물의 투명한 이력 관리 가능 |

⑤ **사물인터넷**

㉠ 사물인터넷의 정의

인간과 사물, 서비스를 핵심 요소로 하여 인간 주변 환경을 상호 연결해주는 공간 연결망

ⓛ 사물인터넷 특성

| 구분 | 관계 | 설명 |
|---|---|---|
| 인간 중심 | 인간과 인간 | • 사물인터넷을 통해서 인간과 인간 간의 소통과 의사결정 지원 가능 |
| | 인간과 사물 | • 인간이 필요한 정보를 사물을 통해서 제공받고 정보 습득 가능 |
| | 인간과 서비스 | • 사물인터넷 서비스를 제공받고 편의성, 효율성 증대 |
| 사물 중심 | 사물과 사물 | • 센싱과 통신 기능을 기반으로 하여 사물 간 상호작용 효과 발생 |
| | 사물과 서비스 | • 사물을 기반으로 하는 자동화 서비스 제공 가능 |
| 서비스 중심 | 서비스와 서비스 | 사물인터넷 서비스와 일반 타 서비스 혹은, 사물인터넷 서비스 간의 융합으로 신규 서비스나 신규 비즈니스 모델 구현 가능 |

ⓒ 사물인터넷 핵심 요소

| 기술 요소 | 구분 | 요소 | 설명 |
|---|---|---|---|
| 센싱 및 물리시스템 | 센싱 | 상황인지센서 | • 온도, 습도, 미세먼지나 모션, 영상 정보 등을 습득 |
| | | 물리 시스템 | • CPS(Cyber Physical System), 액추에이터(Actuator), 서보 등을 통해서 물리적인 명령을 수행 |
| 네트워크 | 유선 통신 | 사물인터넷과 GW 간 | • 이더넷, RS-232C, USB 등 근거리 통신을 이용하여 사물인터넷과 제어단말, GW 등과 통신 수행 |
| | | GW와 응용 시스템 간 | • 광대역 통합망(BCN)이나 전력선 통신(PLC) 등을 기반으로 하는 인프라 통신 기술 활용 |
| | 무선 통신 | 사물인터넷과 GW 간 | • WiFi나 블루투스, 지그비 등의 근거리 무선통신을 활용하여 통신 |
| | | GW와 응용 시스템 간 | • 4G나 5G 등 이동통신 기술을 활용하여 응용 시스템과 인터페이스 수행 |
| | 통신 프로토콜 | MQTT | • IBM이 선도하여 개발한 사물인터넷 특화 통신 프로토콜로, 브로커를 통한 경량의 메세지 배포와 구독 형태를 기반으로 하는 프로토콜 |
| | | CoAP | • UDP 프로토콜을 기반으로 하는 경량의 저전력통신 프로토콜로 사물인터넷에 특화되었으며, 특히 Restful을 활용하여 저수준의 임베디드 기기에 최적화됨 |
| 서비스 인터페이스 | 서비스 인터페이스 | Open API | • 다양한 웹서비스를 지원하기 위한 경량 전송 및 인터페스 기술 |
| | | 클라우드 | • 하드웨어 및 소프트웨어의 가상화를 통해 대규모 분산처리 및 시스템 지원 |
| | | Hadoop | • 실시간으로 대량의 사물인터넷 단말에서 발생하는 대규모 데이터를 처리하기 위한 빅데이터 플랫폼 |
| 보안 | 접근제어 | 단말 보호 | • 단말과 네트워크 구간을 보호하기 위한 접근제어 지원 |
| | 암호화 | 서비스 보호 | • ID와 PW 등 인증과 권한을 보호하기 위한 보안 서비스 |

⑥ **디지털 트윈**

㉠ 디지털 트윈의 정의

- 현실 세계의 다양한 사물로부터 발생하는 센서 데이터를 수집하고 동적 소프트웨어로 모델링 후 시뮬레이션 수행과 분석을 지원하는 기술
- 사물인터넷과 메타버스 등의 가상현실 기술 등을 활용하여 정밀한 시뮬레이션 환경을 구성하고 실제 현실과 유사한 수준의 분석을 수행하기 위한 모델화 수행

**이해돕기**

디지털 트윈

디지털 트윈은 가상현실인 메타버스와 유사한 형태를 보이나, 메타버스가 실생활과 밀접한 환경을 조성하는 데 반해 디지털 트윈은 제조시설이나 산업 현장 등 시뮬레이션을 기반으로 하는 분석에 주로 활용됨

㉡ 디지털 트윈의 특징

| 구분 | 설명 |
|---|---|
| 다차원 정보 종합 | • 일부의 특정 기계나 센서에 대한 정보가 아닌 특정 프로세스와 관련한 모든 디지털 정보를 통합하고 융합해서 수집 및 분석 수행 |
| 프로세스 개선 | • 디지털 트윈의 분석 결과를 기반으로 업무 도식화 및 개선, 기계 및 시스템 배치 최적화, 주요 업무 의사 결정, 장비 작동 시나리오 분석 등에 활용 가능 |
| 가상 시뮬레이션 | • 재료 구매 및 도입, 설계, 제조, 유통 등 제품과 관련한 전 생애주기를 가상 시뮬레이션 통해 연구 및 분석 가능 |
| 통합 제어 | • 디지털 트윈을 통해서 최적화된 시스템 통합 제어 기준이 마련됨 |

㉢ 디지털 트윈의 개념도

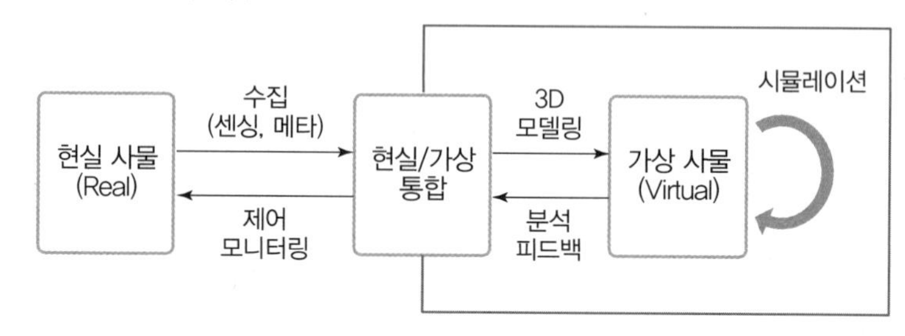


㉣ 디지털 트윈 기술 요소

| 구분 | 기술 요소 | 설명 |
|---|---|---|
| 가상공간 | 메타버스 및 가상현실 | • 드론이나 GIS 등을 이용한 3D 가상 모델링이나 수학 모델링, 시뮬레이션 모델링 등으로 가상공간 구현 |
| 현실세계 | 사물인터넷 및 인터페이스 | • 다양한 센서를 통해서 데이터를 수집하고 사물인터넷 연결 및 통신을 수행하기 위한 인터페이스 기능 수행 |
| 현실/가상 상호작용 | 응용 및 분석 기술 | • 데이터 분석, 인공지능 학습, 시스템 통합 제어 등의 서비스를 제공하고 분석 데이터의 가시화와 시뮬레이션 관리 기능 제공 |

⑦ **데브옵스(Devops : Development+Operation)**

㉠ 데브옵스의 정의

• 소프트웨어 개발자와 운영자 등 IT 이해관계자들 간의 협업이나 의사소통을 통한 융합 기반의 소프트웨어 개발 방법론

• 소프트웨어 개발과 시스템 운영을 합친 말로 협업을 강조한 IT 산업의 사상과 문화를 의미

㉡ 데브옵스의 핵심 요소

| 측면 | 구성 요소 | 설명 |
|---|---|---|
| 품질 중시 | 품질 기준 | • 개발과 운영을 연장선상의 하나의 시나리오로 도출하고 품질 속성 기술 |
| | 테스트 자동화 | • 단위 테스트부터 사용자 인수 테스트까지 개발과 운영 간의 테스트 자동화 추진 |
| 프로세스 개선 | 사이클타임 축소 | • 개발에서 운영 단계까지 각 프로세스 단계에서 단계 이행 시의 시간과 비용 절감 가능 |
| | 지속적 출시 (Continuous Delivery) | • 개발 초기부터 운영환경을 고려하여 운영환경의 최적화 설계가 가능하며 지속적인 통합(CI ; Continuous Integration)을 통해 개발과 빌드의 편의성 증가 |
| | 릴리즈와 배포 프로세스 개선 | • 지속적 통합과 지속적 배포(CD ; Continuous Development)의 자동화 및 효율화를 통해서 품질 제고 및 신속한 사용자 전달이 가능 |
| 도구 기반 | 지속적 통합 (Continuous Integration) 툴 활용 | • 깃(Git)이나 젠킨스(Jenkins) 등의 통합 자동화 도구를 활용하여 코드는 개선 시 통합되며 빌드와 테스트, 컴파일이 자동으로 실행되어 시간과 비용 절감 가능 |
| | 어플리케이션 릴리즈 자동화 (Application Release Automation) | • 형상관리 도구와 배포 도구를 통해서 릴리즈 프로세스의 개선 가능 |
| | 프로비저닝 (Provisioning) | • 서버나 스토리지 등 운영 환경에 대한 자원을 최적의 상태로 미리 구성하고 배포할 수 있도록 지원 |

⑧ **오픈소스(Open Source)**

㉠ 오픈소스의 정의

통상적으로 소프트웨어를 자유롭게 사용하고 배포하거나 소스 코드의 수정이 가능하도록 코드가 공개되어 있는 소프트웨어 및 소스 코드

㉡ 오픈소스 소프트웨어 조건

| 조건 | 설명 |
|---|---|
| 재배포 허가 | • 소프트웨어 코드나 산출물의 일부 혹은 전부에 대해 배포가 가능하도록 정책적으로 제한 |
| 소스 코드 공개 | • 애플리케이션 저작물에 반드시 소스 코드를 포함하거나 혹은 무료로 인터넷에서 다운로드 가능하도록 제한 |
| 2차 저작물 허용 | • 애플리케이션 원 저작물을 수정하고 개작하여 2차 창작이 가능해야 하며 동일 조건으로 재배포 가능해야 함 |
| 소스 코드 보존 항목 추가 가능 | • 오픈소스 개발자가 프로그램 개작을 진행할 시 라이선스에 포함된 소스 코드의 수정을 제한하는 항목을 추가 가능 |
| 차별금지 | • 특정 개인이나 단체, 산업군, 분야 등을 제한하며 차별하는 형태 금지 |

**이해돕기**

최근에는 다수의 기업과 조직에서 오픈소스를 활용한 개발을 수행하나, 각 오픈소스 라이선스별로 의무조항사항이 다르며, 경우에 따라 비용이 발생하는 경우도 있으므로 도입 시 면밀한 검토가 필요함

| 라이선스 배포 | • 오픈소스는 라이선스에 대하여 개발자나 특정 조직의 별도 승인이나 허가, 양도 프로세스 없이 모든 사람에게 반복 배포 가능 |
|---|---|
| 라이선스 적용상의 동일성 유지 | • 오픈소스 배포는 최초 배포와 동일하게 이후 배포 단계에서 모두 동일 |
| 다른 라이선스 정책 수용 | • 오픈소스와 함께 배포되는 다른 소프트웨어의 저작권이나 라이선스 정책을 존중하고 오픈소스로의 강제 유도는 안 됨 |
| 기술 중립적 라이선스 | • 오픈소스 라이센스는 특정 기술이나 비표준 인터페이스 스타일 등을 한정해서는 안 됨 |

㉢ 오픈소스 소프트웨어의 라이선스 유형

| 구분 | 내용 |
|---|---|
| GPL 2.0 (GNU General Public License) | • 오프소스 활성화 단체인 자유소프트웨어 재단(FSF ; Free Software Foundation)이 특정 소프트웨어에 대한 저작권을 확보하고 오픈소스 소프트웨어로 배포하기 위한 형태의 License<br>• 소프트웨어의 자유로운 사용, 복제, 배포, 수정을 허용하며 배포할 경우 저작권 표시, GPL에 의해 배포된다는 사실 명시 필요 |
| LGPL (Lesser General Public License) | • 자유소프트웨어 재단이 GPL의 엄격한 제한을 다소 완화한 형태로 운영하는 오픈소스 라이선스 유형이며 오픈소스의 활성화를 위한 전략적 차원으로 운영<br>• GPL과 같이 소프트웨어에 대한 자유로운 사용, 복제, 배포 허용<br>• 배포할 경우 저작권 표시, GPL에 의한 배포 사실 명기 필요<br>• GPL과 달리 특정 조건에 맞춰 소스 코드를 수정할 경우는 비공개하거나 상업적으로 활용 가능 |
| BSD (Berkeley Software Distribution) | • 오픈소스 라이선스의 한 유형이며 GPL과 LGPL보다 제한이 적어 소스 코드를 수정 후에 비공개하거나 판매, 혹은 다른 라이선스 정책을 반영해서 배포 가능 |
| MPL (Mozilia Public License) | • 모질라 재단에서 개발한 오픈소스 라이선스로, 소스 코드와 실행 파일의 저작권 분리가 가능<br>• 수정 시에는 소스 코드를 공개하고 원저작자에게 수정 내용을 고지해야 하나 실행 파일은 별도의 라이선스로 판매 가능하며 MPL 부분 외의 소스 코드는 비공개 가능 |

⑨ **가상화**

㉠ 가상화의 정의

• 물리적으로 독립된 복수 시스템을 하나로 통합하거나, 하나의 물리적인 시스템을 논리적으로 분리하는 기술로 자원의 관리 효율성, 성능 극대화, 비용 절감 및 개발과 운영의 편의성을 제공

**이해돕기**

가상화의 활용

최근의 가상화 개념은 하드웨어, 네트워크, 소프트웨어, 서비스 등 다양한 분야에서 활용되고 있음

• 클라우드 및 Software Defined 기술의 핵심이며, 리눅스에서는 도커(Docker)를 통하여 소프트웨어 컨테이너 안에 프로그램들을 자동화 배치하기 쉽도록 서비스를 제공

ⓛ 가상화의 특성

| 기능 | 설명 | 예시 |
|---|---|---|
| 공유<br>(Sharing) | • 물리적 자원들을 분할 하여 각각의 가상화된 자원으로 할당하거나 또는 물리적 자원에 대해서 시분할 방식으로 공유 사용하는 형태 | • VLANS, 파티셔닝 |
| 폴링<br>(Pooling) | • 공유와 반대로 복수 개의 물리적 자원을 통합하여 하나처럼 관리하고 활용 | • 클러스터, 스토리지 가상화 |
| 치환<br>(Emulation) | • 물리적인 자원에 논리적으로 새로운 기능이나 특성 등을 사상하여 활용 | • iSCSI, VTL |
| 캡슐화<br>(Encapsulation) | • 물리적 자원들을 가상화된 자원들과 상호 매핑하여 활용하고 관리 | • RAID, L4 Switch |

## 2. SW개발보안 정책

### ① SW개발보안의 개요

㉠ SW개발보안의 정의

• 소프트웨어 개발 간에 취약점을 제거하고 강건한 시스템이 될 수 있도록 준수해야 하는 일련의 보안 활동

• 시큐어 코딩(Secure Cording)이라고 하며 인터넷 홈페이지, 혹은 소프트웨어 개발 시 보안 취약점을 악용한 해킹 등 내외부 공격으로부터 안전하게 프로그램 실행이 가능하도록 코딩을 수행

ⓛ SW개발 보안 정책의 현황

• 미국은 2002년 연방정보보안관리법을 제정하여 시큐어 코딩을 법제도적으로 강제화함

• 우리나라는 2012년 12월 SW 개발 보안 의무제를 시행하여 공공기관의 정보화 사업 중 40억 원 이상의 발주에 대해, 2014년 12월에는 20억 미만의 사업에도 시큐어 코딩을 의무화함

### ② 정보보호 및 개인정보보호 관리체계(ISMS-P)

㉠ 정보보호 및 개인정보보호 관리체계의 정의

• 정보시스템의 정보보호 및 개인정보보호를 위한 일련의 체계적이고 정형화된 조치 활동 혹은 활동을 평가하여 기준에 적합한지 심의하고 인증하는 제도

• 기존의 한국인터넷진흥원에서 소관하던 정보보호관리체계(ISMS)와 방송통신위원회 소관의 개인정보보호관리체계(PIMS)를 통합하여 한국인터넷진흥원(KISA)에서 주관

**이해돕기**

파트 5의 챕터 3 소프트웨어 개발 보안 구축과 연계하여 학습 필요

㉡ ISMS-P 개념도

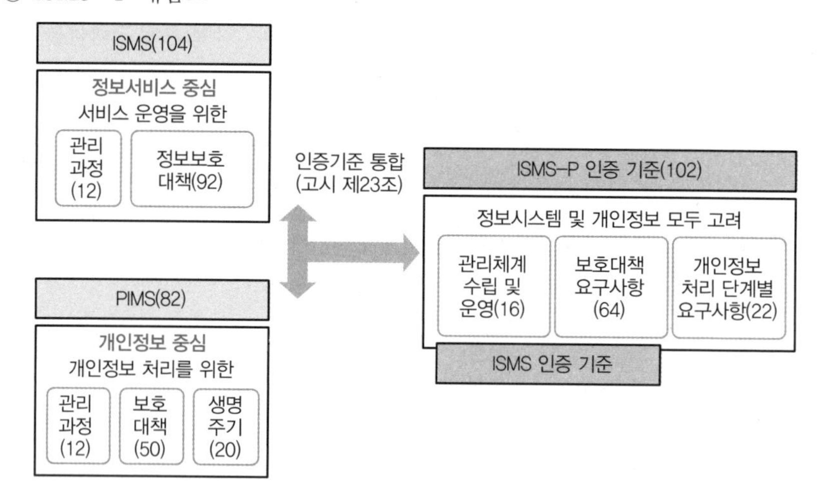


㉢ ISMS-P 인증 의무 대상자

<table>
<tr><th>대상 구분</th><th colspan="2">설명</th></tr>
<tr><td rowspan="4">의무 대상자</td><td colspan="2">「전기통신사업법」 제2조제8호에 따른 전기통신사업자와 전기통신사업자의 전기통신역무를 이용하여 정보를 제공하거나 정보의 제공을 매개하는 자</td></tr>
<tr><td>ISP</td><td>「전기통신사업법」 제6조제1항에 따른 허가를 받은 자로서 서울특별시 및 모든 광역시에서 정보통신망서비스를 제공하는 자</td></tr>
<tr><td>IDC</td><td>정보통신망법 제46조에 따른 집적정보통신시설 사업자</td></tr>
<tr><td>다음의 조건 해당자<br>(한 개라도 해당하는 자)</td><td>• 연간 매출액 또는 세입이 1,500억 원 이상인 자 중에서 다음에 해당되는 경우<br>(1) 「의료법」 제3조의4에 따른 상급종합병원<br>(2) 직전 연도 12월 31일 기준으로 재학생 수가 1만 명 이상인 「고등교육법」 제2조에 따른 학교<br>• 정보통신서비스 부문 전년도(법인인 경우에는 전 사업연도를 말한다) 매출액이 100억 원 이상인 자<br>• 전년도 직전 3개월간 정보통신서비스 일일 평균 이용자 수가 100만 명 이상인 자</td></tr>
<tr><td>자율 신청자</td><td colspan="2">의무대상자 기준에 해당하지 않으나 자발적으로 정보보호 및 개인정보보호 관리체계를 구축하거나 운영하는 기업 및 기관</td></tr>
</table>

**이해돕기**

ISMS-P 인증 의무 대상자는 매년 정보보안 관리체계의 적정성에 대해서 인증을 받아야 하며, 미인증 시 과태료가 부과됨

㉣ ISMS-P 인증 기준

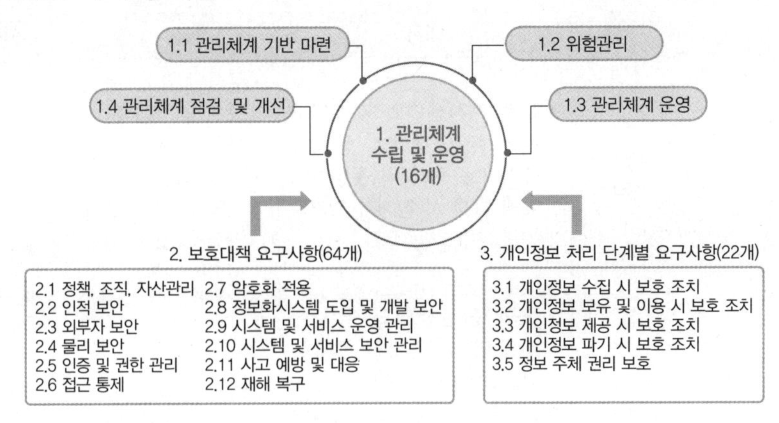


### ③ 비즈니스 연속성 계획(BCP ; Business Continuity Plan)

㉠ 비즈니스 연속성 계획의 정의

정보자산의 영향력을 분석하고(BIA ; Business Impact Analysis) 핵심 시스템의 장애가 발생할 시 업무를 연속적으로 수행할 수 있도록 수립하는 계획

㉡ 비즈니스 연속성 계획 수립 시 주요 요소

| 측정 요소 | 설명 |
|---|---|
| BIA (Business Impact Analysis) | • 자연재해나 정보시스템의 장애 등으로 업무 중단 발생 시 손실 정도를 우선순위 기반으로 평가하고 BCP를 구축하기 위한 비즈니스 영향도 분석 |
| DRP (Disaster Recovery Plan) | • 장애 및 재난 등으로 정상적인 업무 수행이 불가할 경우를 대비하여 수립하는 재난복구계획 |
| DRS (Disaster Recovery System) | • 장애 및 재난 발생 후 재해복구계획에 따라 정상적인 시스템 운영 전까지 긴급 운영이 가능하도록 사전에 구축한 긴급 재해복구센터 |

㉢ BIA의 핵심 도출 사항

| 도출항목 | 설명 | 예시 |
|---|---|---|
| RSO(Recovery Scope Objective) | • 복구 대상이 되는 핵심 업무에 대한 정의와 백업 범위 | • 업무 데이터<br>• 기간계 시스템 |
| RPO(Recovery Point Objective) | • 핵심 업무 복구 시 복구되는 시점 | • 재해 발생 시점<br>• 전일 마감 시점 |
| RTO(Recovery Time Objective) | • 업무 재개를 위한 소요 시간 | • 2시간 이내<br>• 28시간 이내 |
| RCO(Recovery Communication Objective) | • 업무 복구의 핵심인 네트워크 복구 범위 | • 국내 지점<br>• 본사 내부 |
| BCO(Backup Center Objective) | • 백업센터 구축 및 운영과 관련한 목표 정의 | • Mirrored Site<br>• Hot Site |

이해돕기

ISMS-P 인증은 인증심사원 자격시험을 통과한 심사원들이 체크리스트 기반으로 해당 조직의 인증범위 시스템을 검토하고 적정성을 평가함

㉣ DRS 유형

| 구분 | 내용 | 장점 | 단점 |
| --- | --- | --- | --- |
| Mirrored Site | • 실제 전산센터와 재해복구 센터 두 군데에서 동시에 데이터를 처리 및 운영하여 재해 발생 시 장애가 없거나 긴급 복구 가능 | • 무중단 혹은 분 단위의 가장 빠른 복구 수행<br>• 가장 최근의 데이터 유지로 고 안정성 및 신뢰성 확보 가능 | • 고비용 |
| Hot Site | • 실제 전산센터와 유사한 수준의 재해복구센터를 구축하여 상시 대기<br>• 평소에 전산센터와 재해복구 센터 간에 데이터를 실시간으로 이중화하며, 재해 발생 시 수 시간 이내로 대체 가동 | • 구축 비용과 복구 시간의 적정성 | • 서비스 가용성 미보장 |
| Warm Site | • 기본 시설과 주요 전산기기 및 네트워크를 미리 재해복구센터에 구축<br>• 전일 주 전산센터의 데이터를 백업센터로 소산하며, 재해 발생 시에는 수일 이내 대체 복구가 가능하도록 지원 | • 비용 절감 | • 소요 기간 및 데이터의 손실 발생 |
| Cold Site | • 재해복구 센터 내에 기계실과 전원시설, 통신설비 및 공조 시설 등 기본 시설만 구축하여 대기<br>• 재해 발생 시 신규 전산기기를 도입하고 네트워크를 구축하여 수일 혹은 한 달 등 특정 기간을 목표로 복구 수행 | • 비용이 가장 저렴 | • 장기간 소요 기간 발생 |

ⓜ DRS 유형별 특성비교

| Mirror Site | Hot Site | Warm Site | Cold Site |
|---|---|---|---|

고비용 구축 비용 저비용

적음 ◀──── 데이터 손실 ────▶ 많음

빠름 복구 기간 느림

⑤ **SW개발 보안 테스트**

㉠ SW개발 보안 테스트의 정의

소프트웨어 테스트단계에서 보안 취약점을 식별하고 개선하기 위한 활동으로 정적 분석테스트와 동적 분석 테스트로 구분하며, 테스트 계획 수립 → 실행 → 개선 → 산출물 관리 → 종료의 프로세스로 수행

㉡ SW개발 보안 테스트 유형

| 테스트 | 내용 |
|---|---|
| 정적 분석 | • 소프트웨어를 실행하지 않고 소스 코드를 정밀 분석하는 테스트<br>• 별도의 실행 프로세스가 없이 검토를 통하여 취약점을 발견하여 비용이 절감되나 설계나 구조, 통합 관점의 취약점 발견은 제한적 |
| 동적 분석 | • 소프트웨어를 실제 실행 환경에서 작동하면서 테스트 분석 수행<br>• 정확도와 커버리지가 증가하고 통합 관점의 취약점 분석도 가능하나, 비용이 발생하고 테스트 도구 및 테스터의 수준에 영향을 받음 |

## SECTION 03 하드웨어 구축 관리

## 1. 하드웨어 신기술 및 서버장비 트렌드 정보

① **클라우드(Cloud)**

㉠ 클라우드의 정의

• IT 자원들을 가상화 기술과 인터넷 기술을 기반으로 하여 고객들에게 높은 수준의 확장성을 가진 서비스로 제공하는 컴퓨팅

• 거대한 IT 자원을 추상화, 가상화하여 동적 확장이 가능한 체계로 사용자가 필요한 만큼 네트워크를 통해 사용하는 컴퓨팅 서비스 환경

㉡ 클라우드 컴퓨팅 구성도

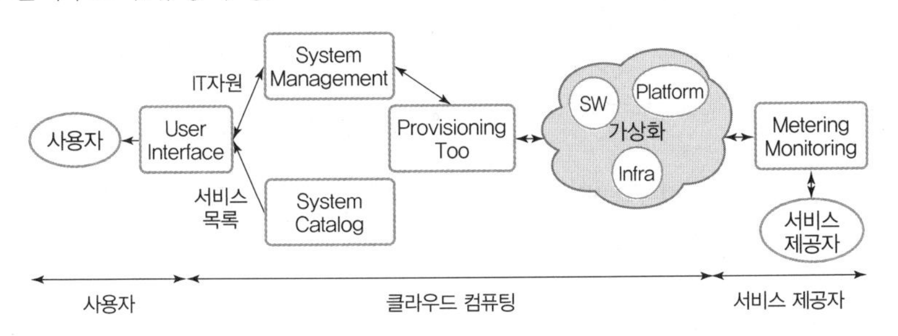


**이해돕기**

**클라우드의 분류**

클라우드는 경우에 따라 플랫폼으로 분류하거나 혹은 서비스로 분류함

㉢ 클라우드 컴퓨팅 특징

| 특징 | 설명 |
| --- | --- |
| 인터넷망을 통한 접근 | • 인터넷망과 IP망 위에서 웹 기반 컴퓨팅 프로토콜 기반의 서비스를 구현하고 표준 웹 브라우저를 통해서 인터페이스 |
| On-demand 확장 | • 사용자가 원하는 조건하에서 원하는 만큼 서비스를 제공받고 유연하게 확장 가능 |
| 무 초기 구축비 및 사용량 기반 과금 | • 초기 구축 비용이 없으며, 광고 기반의 무료 혹은 사용량 만큼의 과금 수행 |
| 사용자 Self Service | • 서비스 제공자의 개입 없이 사용자가 원하는 대로 자원 활용 가능 |
| 자원 효율성 증대 | • 컴퓨팅 파워를 통합 관리함으로써 유휴한 자원 없이 자원 활용 극대화 가능 |
| 융합기술 | • 분산 컴퓨팅, 그리드 컴퓨팅, 서버 기반 컴퓨팅, ASP(Application Service Provide), 가상화 및 웹서비스 기술 등 융합 기술 기반 서비스 |

㉣ 클라우드 컴퓨팅 유형

| 구분 | 분류 | 내용 |
| --- | --- | --- |
| 서비스 대상 | Public Cloud | • 불특정 다수의 일반 사용자에게 서비스를 제공하는 클라우드 서비스 유형 |
| | Private Cloud | • 기업이나 조직 내부 사용자에게만 서비스를 제공하는 폐쇄된 형태의 클라우드 서비스 |
| | Hybrid Cloud | • 중요하지 않은 일반 업무는 퍼블릭 클라우드로 서비스를 제공하고 중요하거나 보안이 필요한 업무 범위는 프라이빗 클라우드로 제공하는 형태 |
| 서비스 종류 | SaaS(Software as a Service) | • 응용 소프트웨어를 클라우드 형태의 서비스로 제공 |
| | PaaS(Platform as a Service) | • 소프트웨어 개발이나 특수한 플랫폼 환경을 서비스로 제공 |
| | IaaS(Infrastructure as a Service) | • 서버 인프라 자원들을 클라우드 서비스 형태로 제공 |

㉤ 대표적인 클라우드 서비스 유형

| 구분 | 설명 |
| --- | --- |
| XaaS (Everything as a Service) | • 다양하게 서비스되고 있는 클라우드 서비스 전체를 대표하는 개념 |
| AaaS (Application as a Service) | • SaaS 개념과 유사하게 소프트웨어를 클라우드 서비스로 제공하는 개념이며, 특정 업무와 관련한 필요한 애플리케이션 일체를 서비스로 제공 |
| BaaS (Blockchain as a Service) | • 블록체인 구성 시 필요한 중앙관리 응용과 각 노드의 하드웨어 및 소프트웨어 등을 제공하는 서비스 |

이해돕기

클라우드 서비스 유형은 본서에 표기된 유형 외에도 더 다양하게 정의되고 상용화됨

| | |
|---|---|
| DaaS<br>(Data-center as a Service) | • 데이터센터를 클라우드 서비스로 제공하며 데이터의 전 생명주기를 관리할 수 있도록 DBMS, 아카이브 등 포괄적인 기능 제공 |
| FaaS<br>(Framework as a Service) | • 서비스 개발에 필요한 프레임워크와 유관 자료 등을 클라우드 형태로 제공 |
| HaaS<br>(Hardware as a Service) | • IT 기업들에 필요한 서버나 스토리지 자원 등을 총괄하여 제공하는 클라우드 형태 |
| IDaaS<br>(Identity as a Service) | • 인증, 권한, 과금 등의 서비스를 통합 제공하는 인프라 지원 클라우드 서비스 |
| CaaS<br>(Communications as a Service) | • 부가통신사업자가 IP망을 이용한 VoIP 등 음성 전화 서비스를 제공하기 위한 인프라 지원 클라우드 |
| PaaS-TA<br>(Platform as a Service-TA) | • 과학기술정보통신부와 한국지능정보사회진흥원이 개발한 개방형 클라우드 컴퓨팅 플랫폼<br>• 인프라 제어 및 관리 환경, 개발 환경, 실행 환경, 서비스 환경 및 운영 환경으로 구성 |

**② 엣지 컴퓨팅(Edge Computing)**

㉠ 엣지 컴퓨팅의 정의

- 네트워크 구조의 가장자리에 위치한 말단 단말기나 디바이스에 연산 능력을 부여하여 데이터 처리 및 연산 분산을 시키고 업무의 최적화에 활용하는 컴퓨팅 구조
- 5G 이동통신과 사물인터넷의 활성화로 모바일 엣지 컴퓨팅이 확산 중

㉡ 엣지 컴퓨팅 구성 기술

| 구분 | 세부 특징 | 설명 |
|---|---|---|
| 인공지능 계층 | • 머신 러닝<br>• 시계열 분석 | • 클라우드 레이어와 엣지 레이어 간 연결을 통해 생성되는 데이터를 통합 후 머신러닝 학습과 분석을 수행하고 가치 있는 데이터 및 통계분석 수행 |
| 데이터 계층 | • 빅데이터 처리<br>• 빅데이터 시각화 | • 실시간 대량으로 생산되는 데이터를 빅데이터 플랫폼으로 통합 관리하고 분석 및 시각화를 통해 보고서 산출 |
| 응용 계층 | • 의사결정 지원<br>• 프로세스 개선 | • 머신러닝과 빅데이터 시각화 등을 통하여 도출된 결과를 바탕으로 비즈니스 최적화 및 중요 의사결정, 프로세스 개선에 활용 |

㉢ 엣지 컴퓨팅 활용 사례

| 구분 | 설명 | 주요 활용예시 |
|---|---|---|
| 제조 분야 | • 단순 생산 데이터는 엣지단에서 처리하고 수집된 데이터 통합 관리나 중요한 제어 데이터는 중앙 인프라에서 대응 | • 스마트 팩토리 |
| 지능 정보 분야 | • 자율주행 자동차나 지능형 CCTV의 경우 엣지단에서 중요 데이터 처리로 신속한 대응을 수행하고 수집된 데이터는 통합 관리 | • 자율주행차<br>• 스마트 시티 |

이해돕기

엣지 컴퓨팅을 클라우드 플랫폼의 일부로 간주하여 클라우드렛(Cloudlet)이라고도 하며, 유사한 개념으로 데이터를 데이터 발생지 근처에서 처리하는 환경을 포그 컴퓨팅(Fog Computing)이라고 함

이해돕기

운영체제의 경우 정보처리기사 전 파트에서 골고루 학습 내용을 담고 있으며, 특히 파트 4의 운영체제 기초활용과 연계학습이 필요함

운영체제 평가기준(처반사신)
(한글) 처(집사람)의 반사신경~!
(영어) 시험문제에 보기가 영어로 나올 수 있습니다. (TTAR)

## 2. 서버 장비 운영

① **운영체제(Operation System)**

㉠ 사용자가 컴퓨터를 원활히 사용할 수 있도록 시스템을 제어하며 컴퓨터와 사용자 간의 상호 교신을 담당하는 시스템 소프트웨어

㉡ 제한된 컴퓨터 시스템의 자원을 보다 효율적으로 관리하고 운영하기 위한 소프트웨어로서 사용자에게 편의성을 제공하고 시스템의 생산성을 향상

㉢ 운영체제의 역할

| 구분 | 역할 | 설명 |
|---|---|---|
| 사용자 | 프로그램 관리 | • 다양한 응용 프로그램의 설치, 삭제, 목록화 및 관리를 수행하며, 실행 시에는 메모리에 적재하고 프로세스를 배정하여 서비스 제공 |
| | 입출력 연산 | • 입출력 장치에 대해서 관리하고 제어 수행 |
| | 파일 시스템 조작 | • 파일과 디렉토리의 생성, 삭제, 수정 등의 관리와 권한 등을 통해서 제어 수행 |
| | 통신 | • 프로세스, 단말, 네트워크 간의 통신 수행과 지원 |
| | 오류 탐지 | • 하드웨어 및 소프트웨어에서 발생하는 다양한 오류에 대한 처리와 해결방안 제안 |
| 시스템 | 자원 관리 | • 컴퓨터 자원에 대해서 다양한 사용자, 다양한 소프트웨어의 요청별로 자원을 할당하고 관리 수행 |
| | 로그 관리 | • 이력 정보를 생성하고 관리하며 자원, 사용자에 대한 통계 기능 지원 |
| | 보호 | • 시스템 자원에 대한 인증, 권한, 보호 기능 제공 |

㉣ 운영체제 평가 기준

| 구분 | 설명 |
|---|---|
| 처리능력 (Throughput) | • 정해진 단위 시간 내에서 시스템이 처리할 수 있는 일의 양 |
| 반환시간 (Turn Around Time) | • 시스템에 작업을 요청한 후 처리가 완료될 때까지 소요된 시간 |
| 사용 가능도 (Availability) | • 시스템의 사용 필요시에 즉시 사용 가능한 정도 |
| 신뢰도 (Reliability) | • 시스템에서 처리가 필요한 문제를 정확하게 해결하는 정도 |

② **Secure OS**

㉠ Secure OS의 정의

컴퓨터 운영체제상에 포함되어 있는 보안상의 결함으로 발생 가능한 다양한 위협에 대응하기 위해 운영체제 핵심 커널에 보안 기능을 추가로 포함시킨 운영체제

㉡ Secure OS 특징

| 구분 | 설명 |
|---|---|
| 안정성 | • 보안 위협으로부터 발생할 수 있는 시스템의 오류나 중단에 대응하여 안정적인 서비스 지원 |
| 신뢰성 | • 중요 정보 및 시스템의 안전한 보호를 통한 신뢰성 확보 |
| 보안성 | • 주요 핵심 서버에 대한 침입 차단 및 통합 보안 관리와 보호 대책 구현<br>• 웜, 바이러스, 버퍼 오버플로우 해킹 등 다양한 공격을 효과적으로 방어할 수 있도록 서버 운영 환경 구현 |

㉢ Secure OS 기능

| 보안요소 | 세부요소 |
|---|---|
| 식별 및 인증 | • 사용자를 유일하게 식별하고 적정한 권한별 인증 수행 |
| 접근제어 | • 컴퓨터 자원에 대한 적합한 접근 권한을 부여, 삭제, 갱신 등을 수행 |
| 감사 | • 감사 기록을 확보하고 이력관리 수행 |
| 시스템 관리 | • 시스템과 네트워크상의 취약점을 모니터링하고 시스템 관리 수행 |

**두음암기**

Secure OS 기능(식인접감관)
**식인**종이 **접**근해서 **감**시 **관**찰하고 있다.

㉣ Secure OS의 구성요소

| 공정 | 설명 | 세부 항목 예시 |
|---|---|---|
| 보안 정책<br>(Security Policy) | • 기업이나 조직에서 정의한 최상위 보안 규정 및 지침으로 접근제어, 메커니즘 등을 모두 정리하여 정의하였으며, Secure OS의 기능 구현 및 설정 참조 기준 제시 | • 임의적 접근 통제(DAC), 강제적 접근 통제(MAC), 역할기반 접근통제(RBAC) |
| 보안 모델<br>(Security Model) | • 보안 정책에 포함된 세부 항목으로 전사 일관되고 정형화된 보안 규칙을 제시하기 위한 기준으로 보안 모델 제안 및 Secure OS에 반영 | • 비바(Biba) 모델, 벨 라파둘라(BLP) 모델 |
| 보안 메커니즘<br>(Security Mechanism) | • 보안 정책 및 보안 모델을 Secure OS 통해서 자동화 실행이 가능하도록 핵심요소 도출 및 적용 | • ACL(Access Control List), CL(Capability List), SL(Security Label) |
| 최소 권한 유지 | • 특정 프로세스에 꼭 필요한 최소한의 인력들에 대해서만 권한을 갖도록 Secure OS 반영이나 타 솔루션과 연계 수행 | • AAA(Authentication, Authorization, Accounting) 솔루션, PMI (Privilege Management Infrastructure) 체계 |

**두음암기**

Secure OS 공정단계(정모메최)
동호회 **정모**는 **메최**(매체)로 홍보하는 게 최고지~!

㉤ Secure OS 개발 공정

기존 OS의 제조사, 라이선스를 가진 제조사 및 보안업체가 커널에 추가 보안 기능을 개발하여 제공

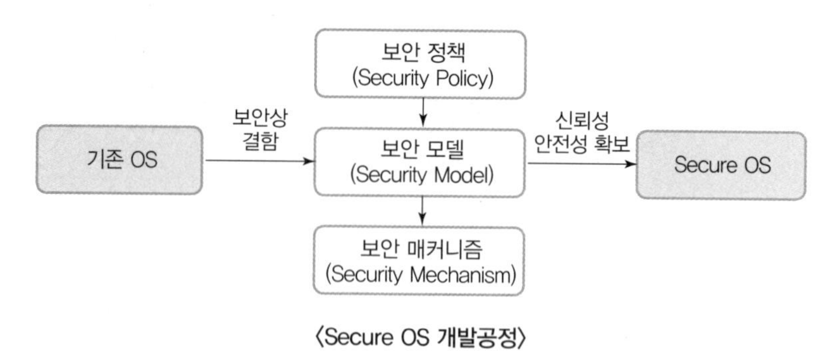


〈Secure OS 개발공정〉

③ **스토리지(Storage)**

| 구분 | | 상세 설명 |
|---|---|---|
| DAS (Direct Access Storage) | 정의 | • 서버가 통신 채널을 통해 스토리지에 직접 접속하여 자신에게 할당된 스토리지 자원 및 영역에 대해서 입출력을 관리하는 기술 및 장비<br>• 채널을 통해 직접 접속함으로써 성능이 우수하고 지연율이 낮음 |
| | 개념도 | Server — SCSI or 전용케이블 — Storage |
| NAS (Network Access Storage) | 정의 | • 저장장치와 서버를 직접 연결하지 않고 LAN을 통해서 접속하는 기술 및 장비<br>• 파일 서비스에 특화된 전용 OS 채널을 통해서 고성능 서비스 제공이 가능하며, 인터넷을 통해 언제 어디서나 스토리지 접속 가능 |
| | 개념도 | ATM, Ethernet, FDDI... / Server / File Server / Fiber Channel / Storage |
| SAN (Storage Access Network) | 정의 | • 서버와 저장장치를 광케이블 기반의 전용 네트워크로 상호 연결하여 고가용성, 고성능, 확장성을 보장하는 기술 및 장비<br>• 광채널 사용으로 고속 통신과 높은 처리 속도를 제공하며, 시스템에 독립적인 구조로서 유연성과 확장성 보장 |
| | 개념도 | ATM, Ethernet, FDDI... / Servers / Fiber Channel / SAN Switch / Fiber Channel / Storages |

④ **고가용성 시스템(HA ; High Availability)**

㉠ 고가용성 시스템의 정의

서버와 네트워크, 프로그램 등의 정보 시스템이 상당히 오랜 기간 동안 지속적으로 정상 운영이 가능한 성질

**이해돕기**

**NAS의 활용**

오늘날 NAS는 접속과 관리의 편의성, 효율성 때문에 일반 기업의 비즈니스는 물론 가정에서도 다수 활용됨

ⓛ 고가용성의 필요성

| 필요성 | 내용 |
|---|---|
| 장애 유연성 | • 장애 발생 시 서비스 중단 최소화(99.999%, Five Nine) |
| 서비스 연속성 | • 기업의 Mission Critical한 업무에 대한 지속적인 서비스 필요성 증대 |
| Semi-FT시스템 | • 고비용의 결함허용시스템(FT) 대안 |

ⓒ 고가용성(HA)의 구성 유형

| HA 유형 | 구분 | 특성 |
|---|---|---|
| Hot Standby | 개요 | • Active시스템이 평상시 가동되다가 장애 발생 시 연동된 Standby 시스템이 백업을 맡아 가동되는 형태 |
| | 특성 | • 백업 시스템은 평상시 미활용되며, 이에 따른 시스템 자원 활용성 낮음<br>• 외장 스토리지는 가동 시스템만 접근 |
| Mutual Takeover | 개요 | • 각자 다른 기능을 처리하는 독립된 복수 시스템 구성에서 장애가 발생한 서버의 업무를 다른 정상적인 서버가 이관받아 수행하는 구조 |
| | 특성 | • 두 대 이상의 서버가 서로 다른 장애 서버의 작업을 인계하는 형태로 인계받는 서버의 부하 발생 가능성이 있음<br>• 외장 스토리지는 해당 업무를 수행하는 시점의 시스템에서만 접근 가능 |
| Concurrent Access | 개요 | • 복수 개의 시스템이 병렬로 가동되며 하나의 업무를 나누어서 처리하는 방식 |
| | 특성 | • 실시간으로 복수 개의 시스템이 운영되므로 장애가 발행하더라도 Fail-Over 시간이 없거나 빠름<br>• 자원의 효율적인 이용이 가능하고 장애 대응성이 좋으나 비용이 다소 높음 |

이해돕기
고가용성의 구성 유형은 모두 이중화 구성에 해당되며, Redundancy라고도 함

⑤ **클러스터링(Clustering)**

㉠ 클러스터링의 정의

대용량 데이터베이스의 성능을 구현하기 위해 여러 대의 컴퓨터를 병렬로 연결하고 하나의 시스템처럼 동작하게 만드는 기술

ⓛ 클러스터링의 장단점

| 구분 | 내용 |
|---|---|
| 장점 | • 가격 대비 성능이 우수하며, 유휴 장비 이용 시 시스템 유지비용 절감<br>• 부하가 분산되고 장애 발생 시 가용성이 높으며 확장성 우수 |
| 단점 | • 네트워크의 안정성이나 속도에 영향<br>• 복잡한 구조로 관리가 어려움 |

**두음암기**

클러스터링 핵심기술(고관확신)
고관절이 튼튼할거라고 확신한다.

㉢ 클러스터링 핵심기술

| 구분 | 설명 |
|---|---|
| 고가용성 기술 | • 하나의 컴퓨터가 고장이 나더라도 다른 컴퓨터가 업무 수행<br>• 시스템 전체의 중단 없는 서비스가 가능하도록 하는 기술 |
| 관리 기술 | • 클러스터를 관리하는 소프트웨어 구현 기술로 프로그램을 병렬화 처리하여 부하 균등화 및 동적 시스템 재구성을 수행 |
| 확장성 기술 | • 클러스터로 연결되는 노드들이 확장될수록 시스템의 전체 성능도 최대한 선형적으로 증가하도록 하는 기술 |
| Single System Image | • 여러 노드들로 병렬 구성된 클러스터링 시스템을 사용자에게는 마치 하나의 시스템인 것처럼 보이게 하는 기술 |

⑥ **결함허용시스템**(FTS ; Fault Tolerant System)

㉠ 결함허용시스템의 정의

시스템 구성 중 일부에서 결함이나 고장이 발생해도 정상 작동하거나 부분적으로 중요한 기능을 수행할 수 있는 시스템

㉡ 결함허용시스템의 특징

| 특징 | 내용 |
|---|---|
| 시스템 중복성 | • 시스템을 이중화 이상 구성하여 장애 발생 시 백업 시스템이 작업 수행 |
| 결함검출 | • 장애나 결함 발생 시 실시간 자동으로 결함을 진단하고 결함 형태와 위치 인식 |
| 결함격리 | • 결함이 발생한 부분을 독립적으로 격리하고 파급효과가 발생하지 않도록 조치 수행 |
| 결함회복 | • 최대한 다른 기능에는 영향을 주지 않고 복구가 가능하도록 구현 |
| 결함보수 | • 시스템 영향도를 최소화하면서 복구 수행 |

㉢ 결함허용시스템의 처리 개요

| 기능 | 내용 | 연관 |
|---|---|---|
| 결함 감지<br>(Fault Detection) | • 결함의 발생, 위치 등을 인식 | 결함 탐지<br>• Fault Detection<br>• 시스템 내 결함 발생 및 내용 감지<br>결함 진단<br>• Fault Diagnosis<br>• 결함의 원인/위치/파급효과 판단<br>결함 통제<br>• Fault Isolation<br>• 결함으로 인한 오류 파급 차단<br>결함 복구<br>• Fault Recovery & Reconfiguration<br>• 결함 요소를 제거하여 시스템 재구성 |
| 결함 진단<br>(Fault Diagnosis) | • 결함의 형태, 원인, 파급효과를 진단 | |
| 결함 격리<br>(Fault Isolation) | • 결함으로 인한 오류의 파급 차단 | |
| 결함 복구<br>(Fault Recovery) | • 결함 요소 제거 및 복구 조치를 통해 시스템의 정상화 수행 | |

⑦ RAID(Redundant Array of Inexpensive Disks)

㉠ RAID의 정의

여러 디스크를 하나의 논리적인 디스크로 변환하여 처리 속도 증가와 데이터 보호를 목적으로 하는 저장장치 가상화 기술

㉡ RAID 목적

| 목적 | 설명 |
|---|---|
| 대용량 구성 | • 빅데이터, 메타버스, 콘텐츠의 멀티미디어화로 대용량 저장장치 요구 증가 |
| 가용성 제고 | • 데이터의 중복 저장과 오류 대응성을 높이기 위해서 가용성 및 안정한 복구 기능 요구 |
| 고성능 요구 | • 저장장치의 병렬 구성을 통한 데이터 접근 및 읽기와 쓰기 성능 향상 효과 제고 |
| 상호 호환성 | • 이기종 플랫폼 간의 파일이나 데이터 관리 호환 요구 증가 |

㉢ RAID의 유형

| 구분 | | 상세 설명 |
|---|---|---|
| RAID 0 | 방식 | • Striping |
| | 구성 특징 | • 데이터를 세그먼트 단위로 복수의 병렬 디스크에 분산 저장하여 I/O 성능은 높으나 비중복성에 따른 장애 시 데이터 유실 문제 발생 |
| | 구성도 | A E I M / B F J N / C G K O / D H L ETS |
| RAID 1 | 방식 | • Mirroring, Duplexing |
| | 구성 특징 | • 각 디스크마다 하나의 중복 디스크 설치 후 동일 데이터를 중복으로 저장하는 방식으로, 장애 시에도 데이터 보존성이 높으나 고비용 문제가 있으며 성능의 향상은 없음 |
| | 구성도 | A B C D = A B C D / E F G H = E F G H / I J K L = I J K L / M N O P = M N O P |

RAID 목적(대가고상)
학문의 **대가**들은 **고상**하다.

이해돕기

RAID 5의 활용

RAID 5는 RAID 0의 데이터 유실 문제와 RAID 1의 비용 문제에 대하여 적정하게 절충 방안을 제안함으로써 NAS나 시스템 구성에서 많이 활용됨

| 구분 | 항목 | 내용 |
|---|---|---|
| RAID 5 | 방식 | • Rotating Independent Disk Array |
| | 구성 특징 | • 최소 3개 이상의 디스크를 활용하여 데이터와 패리티 비트(Parity Bit)를 분산하여 각 디스크에 저장하는 구조로, 하나의 디스크에 장애 발생 시 패리티 비트를 활용하여 복구가 가능<br>• 디스크 용량은 n−1개로 다소 비용이 발생하며, 읽기 속도는 높으나 매번 쓰기마다 패리티 비트를 계산해야 해서 속도가 낮아짐 |
| | 구성 특징 | 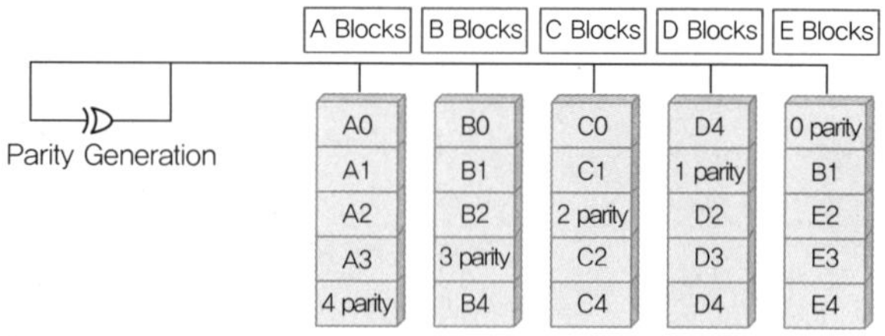 Parity Generation<br>A Blocks: A0, A1, A2, A3, 4 parity<br>B Blocks: B0, B1, B2, 3 parity, B4<br>C Blocks: C0, C1, 2 parity, C2, C4<br>D Blocks: D4, 1 parity, D2, D3, D4<br>E Blocks: 0 parity, B1, E2, E3, E4 |
| RAID 0+1 | 목표 | • Rotating Independent Disk Array |
| | 구성 특징 | • 디스크를 최소 4개 이상 복수로 구성해서 RAID 0의 빠른 처리 속도와 RAID 1의 Mirroring을 이용하는 안정적이며 고성능의 구성 방식<br>• 먼저 두 쌍의 디스크를 각각 RAID 0으로 구성하고 이를 다시 RAID 1로 구성하는 방식<br>• 디스크 사용량은 n/2로 고비용이나 디스크 중복에 따른 안정성 및 고성능 처리 속도 제공 가능 |
| | 구성도 | 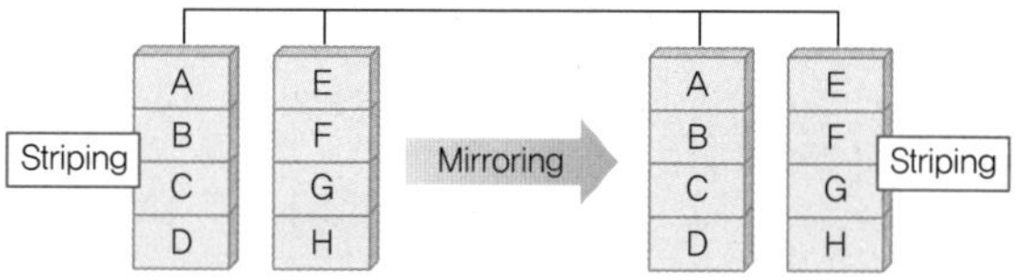 Striping: A, B, C, D / E, F, G, H → Mirroring → A, B, C, D / E, F, G, H: Striping |
| RAID 1+0 | 목표 | • Striping & Mirroring |
| | 구성 특징 | • RAID 0+1과 유사하게 디스크를 최소 4개 이상 복수로 구성해서 RAID 0의 빠른 처리 속도와 RAID 1의 Mirroring을 이용하는 안정적이며 고성능의 구성 방식<br>• RAID 0+1과의 차이점은 먼저 두 쌍의 디스크를 각각 RAID 1로 구성하고 이를 다시 RAID 0으로 구성하는 방식으로, 실제 디스크에 장애 발생 시 RAID 0+1은 하위 RAID 0을 재구성하는 데 시간과 절차가 복잡하나 RAID 1+0은 훨씬 간편하게 복구가 가능하여 RAID 1+0이 다소 장점이 있음<br>• 디스크 사용량은 n/2로 고비용이나 디스크 중복에 따른 안정성 및 고성능 처리 속도 제공 가능 |
| | 구성도 | 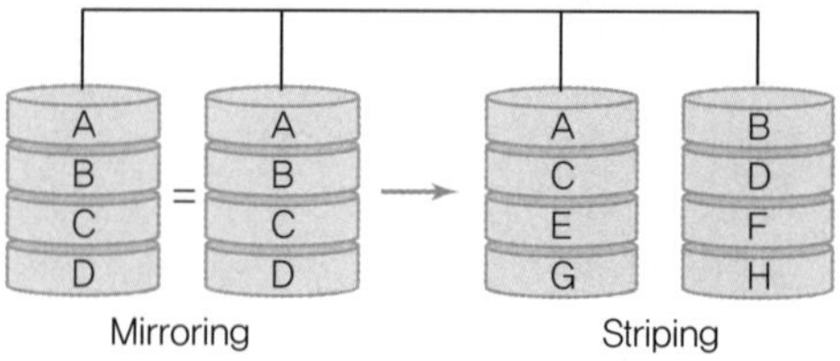 Mirroring: A, B, C, D = A, B, C, D → Striping: A, C, E, G / B, D, F, H |

SECTION 04 데이터베이스 구축 관리

## 1. 데이터베이스 신기술

### ① 빅데이터(Big Data)

㉠ 빅데이터의 정의

대량으로 흩어져 있는 데이터를 수집, 저장, 분석하여 2차 데이터 혹은 가치를 만들어 내는 일련의 과정 및 기술

㉡ 빅데이터의 특성

거대한 데이터 규모(Volume), 종류의 다양성(Variety), 데이터 처리와 분석의 적시성(Velocity)을 특징으로 함

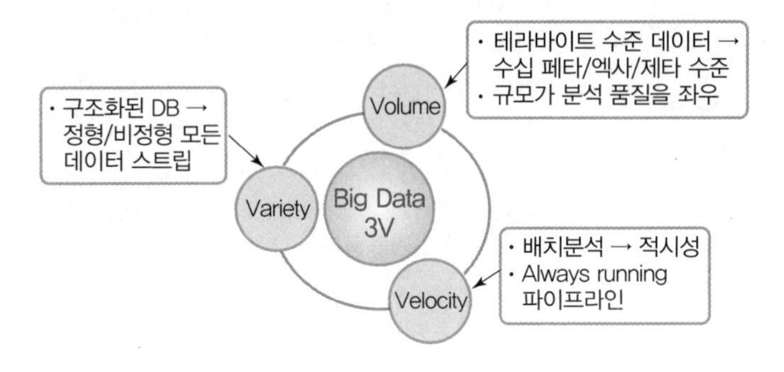


㉢ 빅데이터의 핵심 기술

| 구분 | 설명 | 예시 |
| --- | --- | --- |
| 데이터 수집 | • 특정 DBMS나 웹상의 데이터를 클롤링해서 수집 | • ETL(Extract, Transform, Load), Sqoop, Chukaw |
| 원본 파일 저장 | • 대용량의 비정형 파일 데이터들을 분산하여 저장하고 관리 | • Hadoop File System |
| 빅데이터 저장 및 관리 | • 대규모로 다양하게 수집되는 빅데이터를 분산하여 저장소하고 관리 | • NoSQL, HBase<br>• Cassandra, MongoDB |
| 분산 데이터 병렬 처리 | • 데이터들을 효율적으로 분산하여 병렬 처리하는 기술 | • MapReduce |
| 빅데이터 분석 | • 대규모 빅데이터의 패턴 분석이나 인공지능 학습을 통해서 가치 데이터 발견 | • 데이터 마이닝<br>• 기계학습 |
| 빅데이터 플랫폼 관리 | • 빅데이터 플랫폼의 관리와 분산 캐시, 분산 큐 등 총괄 | • ZooKeeper, kafka |

### ② 하둡(Hadoop)

㉠ 하둡의 정의

빅데이터를 저장하는 분산 파일 시스템과 분산 병렬 처리하는 맵리듀스로 구성되는 오픈소스 기반의 빅데이터 플랫폼 핵심기술이자 사실상의 표준

두음암기

빅데이터 플랫폼 특징(다방적)

(한글) 이 카페는 **다방적**으로 생겼다.

(영어) 시험문제에 보기가 영어로 나올 수 있습니다. (VolVarVel–볼바벨)

ⓛ 하둡의 특징

| 특징 | 설명 |
|---|---|
| 자원 관리 | • 리소스 자원이 추가될 때마다 빅데이터 플랫폼 전체의 용량이나 성능이 선형적으로 증가(Scale-out)하도록 구성 |
| 확장성 | • 빅데이터 플랫폼상의 구성 노드들의 변경이나 확장도 용이하게 가능하도록 구성 |
| 고가용성 | • 일부 서버나 노드에 장애가 발생하여도 빅데이터 플랫폼 전체 가용성에 미치는 영향은 적음 |

이해돕기

하둡은 아파치 루씬을 개발한 더그 커팅이 만들었으며, 하둡이 코끼리를 의미하다 보니 구성 요소들에 ZooKeeper(사육사), Pig(돼지), Chukwa(거북이) 등의 재미있는 이름들이 붙여짐

ⓒ 하둡의 구성 요소

| 구성 요소 | 설명 |
|---|---|
| Core | • 빅데이터 처리를 위한 분산 파일시스템으로 입출력과 관련한 컴포넌트 및 인터페이스들로 구성됨 |
| MapReduce | • 일반 범용 컴퓨터들을 활용하여 구성하는 대규모 클러스터 시스템으로 분산 데이터 처리를 위한 모델과 실행 환경을 제공 |
| HDFS | • Hadoop Distribute File System의 약자로, 일반 범용 컴퓨터들로 실행 노드인 Data Node와 관리 노드인 Name Node로 구성된 클러스터 시스템을 통해서 분산 파일 관리 |
| Pig | • 대규모의 데이터셋을 탐색하여 데이터 흐름을 제어하는 언어와 실행 환경을 제공 |
| HBase | • NoSQL 기반의 분산 컬럼을 지향하는 데이터베이스 스토리지 및 관리 기능 제공 |
| ZooKeeper | • 대규모 분산처리를 위한 고가용성, 성능 제어를 담당하는 하둡 핵심 시스템 |
| Hive | • 하둡을 위한 분산형 데이터웨어 하우스로 HDFS의 데이터 파일 관리하고 데이터 쿼리를 위한 별도의 언어 제공 |
| Chukwa | • 빅데이터 플랫폼을 위한 분산 데이터의 수집과 분석을 지원하는 시스템 |

③ **빅데이터 분석**

㉠ 빅데이터 분석의 정의

• 실시간 대용량의 데이터 분석을 통해 미래 시뮬레이션 및 의사결정 지원을 위한 분석기술 및 방법
• 데이터 사이언티스트나 전문가 등이 다양한 플랫폼이나 R엔진을 활용한 분석 인프라를 활용하여 데이터 수집, 분석, 가치를 발견하는 활동

ⓛ 빅데이터 분석 유형

| 분석기술 | 설명 |
|---|---|
| 텍스트 마이닝 (Text Mining) | • 정형 형태의 텍스트 데이터에서 의미 있는 데이터를 추출하거나 혹은 자연어 처리 기술을 활용하여 문장으로 변환하고 분석하는 것을 목적으로 하는 기법 |
| 평판 분석 (Opinion Mining) | • 텍스트 마이닝이나 소셜 네트워크 분석 등을 통해서 특정한 의견이나 혹은 특정인의 선호도를 분석하는 기법 |

| 소셜 네트워크 분석 (Social Network Analytics) | • 소셜 네트워크의 형태에서 연결 구조나 연결 강도 등을 분석하여 특정인의 명성, 영향력, 소속 그룹 등을 분석하고 입소문, 허브 역할 등을 탐색하는 분석 기법 |
|---|---|
| 클러스터 분석 Cluster Analysis) | • 유사한 특성 데이터군들을 분류하고 통합하면서 최종적으로 유사 그룹이나 공통된 특성, 공통된 결과의 탐색을 분석하는 기법 |

㉢ 빅데이터 분석 기법

| 구분 | 설명 | 활용 예시 |
|---|---|---|
| 시멘틱 검색 | • 사용자가 원하는 답을 빅데이터를 통해서 지능화해서 정확히 검색하고 가시화된 결과를 도출하는 기술 및 서비스 | • 음성 검색, 사진 검색 |
| 소셜네트워크 분석 | • 소셜 기반의 빅데이터 플랫폼에서 각 노드들 간의 결합력, 군집력, 기본 특성 및 중심도 등을 분석하고 파악하는 분석 기법<br>• Neighbor 분석, Centrality 분석, Clique 분석 | • 특정인 영향력 분석<br>• 특정 단어 영향력 분석 |
| 패턴 기반 정보 분석 | • 특정 데이터군들에 대해서 인공지능 알고리즘 등을 활용하여 패턴을 분석하고 상관관계나 연관성을 분석 | • 제품 디자인 성향 분석<br>• 특정 질병 추이 분석 |

## 2. 데이터베이스 관리 기능

### ① DB 성능 개선

㉠ DB 성능 개선의 정의

DB에 대한 기능, 성능을 최적으로 운영하기 위해 다양한 기술과 기법을 적용하는 관리 기법

㉡ DB 성능 개선 주요 항목

| 주요 요소 | 설명 | 개선 사례 |
|---|---|---|
| 설계 관점 | • 데이터 모델링의 개선이나 인덱스 설계, 테이블 설계 등을 통해서 적정한 용량을 산정하고 개선하는 방법 | • 반정규화 수행<br>• 분산파일 구조 변환 |
| DBMS 관점 | • CPU나 메모리, I/O 성능 개선을 위하여 DBMS의 설정, 환경의 최적화 수행 | • Buffer 크기 확장<br>• Cache 크기 확장 |
| SQL 관점 | • SQL 실행계획의 최적화나 조인 등을 통하여 프로그램 최적화 수행 | • 옵티마이저 최적화<br>• Join 구성으로 프로그램 처리 효율화 |
| H/W 관점 | • CPU나 메모리, 네트워크, 저장장치 성능과 용량 확장으로 시스템 개선 | • 메모리 확장<br>• SSD 도입 |

㉢ DB 관리 시 주요 지표

| 유형 | 세부 내용 |
|---|---|
| 처리량 향상 (Throughput) | • 단위시간당 트랜잭션 처리 수를 의미하며, 전체적인 시스템의 성능지표로 정의됨 |
| 처리 시간 단축 (Throughput Time) | • 특정 작업이 완료되는 데 소요되는 시간을 의미하며, 통상적으로 배치프로그램의 성능지표로 정의됨 |
| 응답 시간 단축 (Response Time) | • 사용자가 명령을 내린 후 시스템이 응답할 때까지의 시간을 의미하며, 통상적으로 사용자가 느끼는 성능지표로 정의됨 |
| 로드 시간 단축 (Load Time) | • 데이터베이스에 데이터를 실제로 적재하는 작업 수행 시간을 의미하며, I/O나 NW 등의 성능지표 기준으로 활용됨 |

이해돕기

DB 튜닝은 DB 성능 개선의 한 유형임

② **DB 튜닝(Tunning)**

㉠ DB 튜닝의 정의

최소한의 자원과 데이터베이스 응용, 데이터베이스 자체, 운영체제 조정을 통하여 최적의 성능을 제공하도록 개선하는 활동

㉡ DB 튜닝 절차

| 절차 | 설명 | 수행 예시 |
|---|---|---|
| 분석 (자료 수집/목표 설정) | • 자료 수집 : 시스템의 현 상태나 문제점 분석을 위해서 자료를 수집하고 최적화 목표와 계획을 수립 | • 사용자 인터뷰<br>• 자원 사용 현황 분석<br>• 설계 및 시스템 구성도 확인 |
| 이행 단계 | • 현황 분석에서 도출된 계획에 따라서 실제 튜닝을 수행 | • 모델링 개선<br>• SQL 튜닝<br>• DBMS 튜닝<br>• 하드웨어 업그레이드 |
| 평가 단계 | • 1차적 튜닝 완료 후 테스트를 수행하여 성능 지표를 확인하고 필요시 2차 분석과 튜닝 실시 후 최종 개선 결과 확인 및 보고서 작성 | • 성능 테스트<br>• 사용자 인터뷰<br>• 결과보고서 작성 |

㉢ DB 튜닝 3요소

| 구분 | 설명 | 기법 예 |
|---|---|---|
| DB 설계 | • 데이터베이스 모델링과 설계에 대해서 튜닝 고려 | • 반정규화, 인덱스 구성 |
| DB 환경 | • DBMS나 하드웨어, 운영체제 등의 성능을 고려 | • CPU, 메모리 확장 |
| SQL 구성 | • SQL의 최적화 실행과 적정한 구성을 위한 프로그래밍 구조 고려 | • 힌트 사용, 부분 범위 처리 등 |

③ **데이터 품질**

㉠ 데이터 프로파일링의 정의

데이터의 품질 확보를 위하여 정합성을 체크하고 데이터를 구조화하여 보정하는 기법

㉡ 데이터 프로파일링 특징

| 구분 | 설명 |
|---|---|
| 데이터 정확성 | • 사용자들에게 정확하고 체계적인 기준의 현행화 데이터 제공 |
| 데이터 제어 | • 품질 기반의 데이터 정제, 표준화, 중복 제거 등의 자동화 프로세스 환경 제공 |
| 데이터 모니터링 | • 지속적인 데이터 품질의 모니터링과 분석 기능을 통해 품질평가 및 신뢰성 확보 |

㉢ 데이터 프로파일링의 개념도

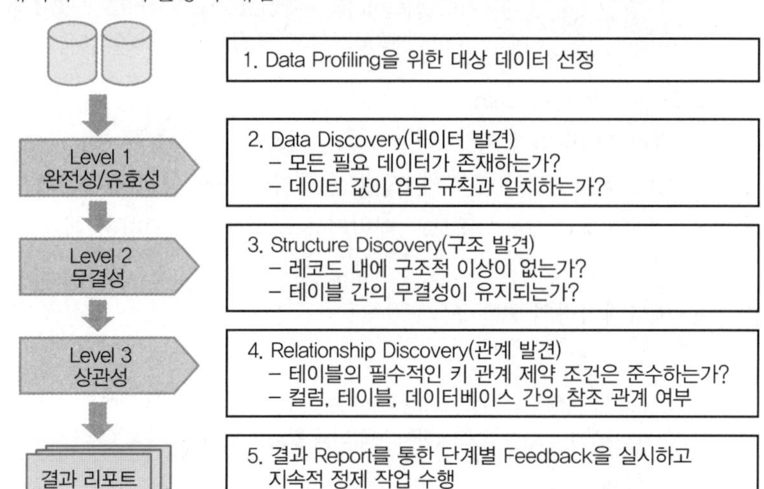


## 3. 데이터베이스 표준화

### ① 마스터데이터 관리시스템(MDM ; Master Data Management)

㉠ 마스터데이터 관리시스템의 정의

비즈니스 프로세스 전반에 사용되는 중요 공통 데이터인 마스터데이터(기준정보)를 관리하여 데이터 중복을 방지해 기업 시스템을 효율적이고 안정적으로 운영할 수 있는 방법론 및 솔루션

㉡ MDM의 특징

| 주요 역할 | 설명 |
|---|---|
| 데이터 통합 | • 기업 및 조직 내에서 공통으로 활용되는 데이터들을 통합하여 관리하고 표준화된 기준을 제공하여 일관성 확보 |
| 데이터 관리 | • 마스터데이터의 분류와 등록, 수정, 갱신에 대한 기능을 제공하고 마스터데이터 전 생애주기 관리 |
| 품질 유지 | • 마스터데이터를 기준으로 하여 데이터의 중복성, 부정확성, 불일치성을 제거하여 전사 데이터 품질관리 제고 |
| 표준 제시 | • 외부 시스템이나 지사, 글로벌 펌 등에 대한 인터페이스 및 연계 제공 |

이해돕기

마스터데이터(기준 정보)

마스터데이터는 기업이나 조직에서 공통으로 사용하는 데이터에 대해서 일관성을 갖도록 데이터의 명칭이나 형태를 표준 형식으로 정의하고 별도의 데이터베이스 시스템이나 테이블로 관리하는 정보를 의미함

㉢ MDM의 구성요소

| 구성 | 내용 |
|---|---|
| 데이터 모델 | • 마스터데이터의 형식과 표준을 정의할 수 있도록 분류체계나 코드체계, 속성체계 등을 정의하고 모델링 |
| 데이터 관리 프로세스 | • 마스터데이터를 수집, 분류, 저장, 관리할 수 있도록 전 생애주기를 관리하기 위한 절차 정의 |
| 데이터 관리 조직 | • 마스터데이터의 전 생애주기를 역할 기반으로 관리하고 이 외에도 검증, 감시를 수행하는 조직 및 인력 |
| MDM 인프라 | • 마스터데이터를 저장하고 관리와 서비스 제공을 위한 별도의 데이터베이스 시스템 및 응용 소프트웨어 |

② **메타데이터(Meta Data)**

㉠ 메타데이터의 정의

정보를 효과적으로 검색, 식별, 활용하기 위해 일정한 규칙에 맞춰서 작성된 데이터의 속성 정보로 데이터를 정의하고 설명하는 데이터에 대한 데이터

㉡ 메타데이터의 필요성

| 구분 | 상세 설명 |
|---|---|
| 데이터 활용성 증가 | • 데이터에 대한 표준화된 설명을 통해서 해당 조직뿐만 아니라 타 조직까지 데이터의 활용성 확대 |
| 통합 검색 | • 데이터에 대한 검색의 정확성과 효율성 제고 |
| 비용 절감 | • 데이터 활용 측면과 검색 측면의 향상으로 인해 유사 데이터 및 콘텐츠 중복 개발을 지양하고 비용 절감 수행 가능 |

㉢ 메타데이터의 개념도

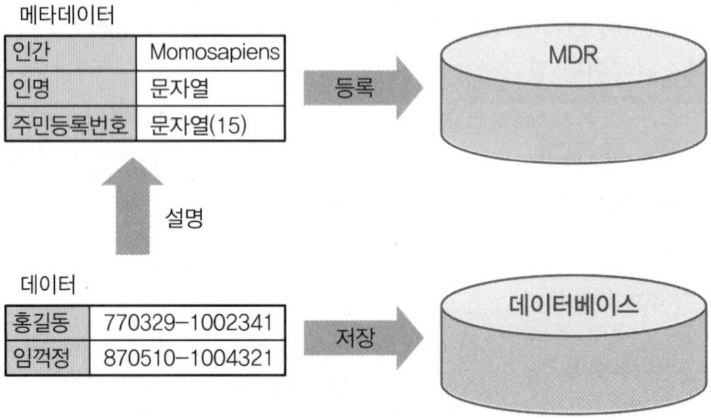

㉣ 메타데이터의 유형

| 구분 | 설명 | 예시 |
|---|---|---|
| 자원식별 | • 웹상의 자원을 식별하고 데이터와 콘텐츠에 대해 접근하는 기술 | • URI<br>• URL<br>• URN |
| 자원기술 | • 웹이나 DW(Data Warehouse), 특정 자료에 대한 자원을 설명하고 용어 정의, 사전 역할, 표현 등을 지원 | • MARC<br>• Dublin Core<br>• RDF<br>• Ontology<br>• XMI |

# 기출문제 분석

1, 2회

**01 웹과 컴퓨터 프로그램에서 용량이 적은 데이터를 교환하기 위해 데이터 객체를 속성·값의 쌍 형태로 표현하는 형식으로 자바스크립트(JavaScript)를 토대로 개발된 형식은?**

① Python ② XML
③ JSON ④ WEB SEVER

해설 JSON(JavaScript Object Notation)은 경량의 데이터 교환 형식으로 여러 프로그램에서 응용하여 사용할 수 있는 독립형 언어로서, 텍스트로 기술되어 사람도 쉽게 이해하고 작성할 수 있다.

1, 2회

**02 여러 개의 독립된 통신장치가 UWB(UltraWide band) 기술 또는 블루투스 기술을 사용하여 통신망을 형성하는 무선 네트워크 기술은?**

① PICONET ② SCRUM
③ NFC ④ WI-SUN

해설 PICONET은 블루투스나 UWB 등 WPAN(Wireless Personal Area Network)에서 활용하는 대표적인 통신망이다.
② SCRUM : 애자일 개발 방법론의 유형
③ NFC : 접촉식 통신 기술
④ WI-SUN : 스마트그리드 통신 기술

1, 2회

**03 다음에서 설명하는 용어로 옳은 것은?**

- 오픈소스를 기반으로 한 분산 컴퓨팅 플랫폼이다.
- 일반 PC급 컴퓨터들로 가상화된 대형 스토리지를 형성한다.
- 다양한 소스를 통해 생성된 빅데이터를 효율적으로 저장하고 처리한다.

① 하둡(Hadoop)
② 비컨(Beacon)
③ 포스퀘어(Foursquare)
④ 맴리스터(Memristor)

해설 하둡은 구글에서 개발한 대표적인 빅데이터 오픈소스 플랫폼으로, HBASE, HDFS, CHUCKWA, ZOOKEEPER 등의 세부 요소로 구성되어 있다.

3회

**04 물리적인 사물과 컴퓨터에 동일하게 표현되는 가상의 모델로 실제 물리적인 자산 대신 소프트웨어로 가상화함으로써 실제 자산의 특성에 대한 정확한 정보를 얻을 수 있고, 자산 최적화, 돌발사고 최소화, 생산성 증가 등 설계부터 제조, 서비스에 이르는 모든 과정의 효율성을 향상시킬 수 있는 모델은?**

① 최적화 ② 실행 시간
③ 디지털 트윈 ④ N-Screen

해설 디지털 트윈은 현실의 제조, 서비스 등 시스템을 가상의 디지털 세계에 구현 후 시뮬레이션을 통해 최적의 경영 효율화를 추구하는 모델이다.

3회

**05** 다음 빈칸에 알맞은 기술은?

> (　　　　　)은/는 웹에서 제공하는 정보 및 서비스를 이용하여 새로운 소프트웨어나 서비스, 데이터베이스 등을 만드는 기술이다.

① Quantum Key Distribution
② Digital Rights Management
③ Grayware
④ Mashup

해설 ① Quantum Key Distribution : 양자암호학에서 키를 분배하는 기술
② Digital Rights Management : 조직의 콘텐츠, 파일 등의 디지털 자산을 보호하는 솔루션
③ Grayware : 악성 프로그램과 정상 프로그램의 중간 범주에 속하는 프로그램으로, 불필요한 광고를 제공하는 ADWare 등을 의미함

3회

**06** 빅데이터 분석 기술 중 대량의 데이터를 분석하여 데이터 속에 내재되어 있는 변수 사이의 상호관례를 규명하여 일정한 패턴을 찾아내는 기법은?

① Data Mining　② Wm－Bus
③ Digital Twin　④ Zigbee

해설 Data Mining은 데이터의 연관성, 연속성 등을 분석하여 각 데이터 간 관계 및 분석에 따른 가치 결과를 발굴하는 기법이다.

3회

**07** 기존 무선 랜의 한계 극복을 위해 등장하였으며, 대규모 디바이스의 네트워크 생성에 최적화되어 차세대 이동통신, 홈네트워킹, 공공 안전 등의 특수목적을 위한 새로운 방식의 네트워크 기술을 의미하는 것은?

① Software Defined Perimeter
② Virtual Private Network
③ Local Area Network
④ Mesh Network

해설 Mesh Network는 대규모 공간에서 다수의 시스템에 통신서비스를 제공하기 위한 목적을 달성하기 위해 각각의 액세스 포인트(AP)가 마치 그물처럼 구성된 네트워크 형태이다.

3회

**08** RIP(Routing Information Protocol)에 대한 설명으로 틀린 것은?

① 거리 벡터 라우팅 프로토콜이라고도 한다.
② 소규모 네트워크 환경에 적합하다.
③ 최대 홉 카운트를 115홉 이하로 한정하고 있다.
④ 최단 경로 탐색에는 Bellman－Ford 알고리즘을 사용한다.

해설 대표적인 라우팅 프로토콜은 RIP, BGP, OSPF, EIGRP 등이 있으며, IS－IS의 경우 15홉 이하로 한정한다.

정답 01 ③　02 ①　03 ①　04 ③　05 ④　06 ①　07 ④　08 ③

3, 5회

## 09 다음 LAN의 네트워크 토폴로지는?

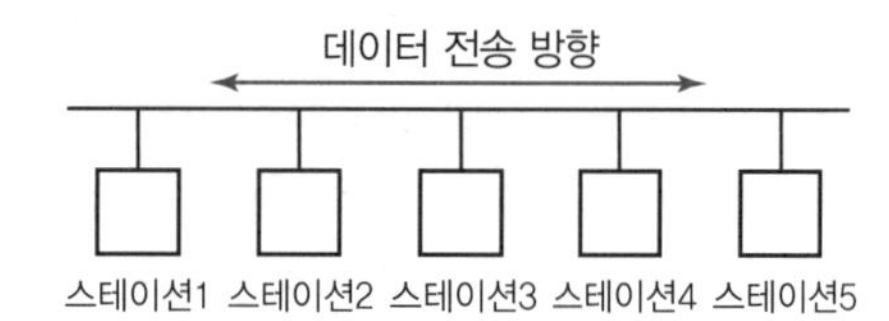


① 버스형 ③ 링형
② 성형 ④ 그물형

해설 LAN 토폴로지는 버스형, 링형, 성형 등이 있는데, 제시된 토폴로지는 '버스형'으로 마치 버스가 앞뒤 정거장을 왕복으로 왔다 갔다 하는 형태로 구성되어 있다.

4, 8회

## 10 다음 내용이 설명하는 스토리지 시스템은?

- 하드디스크와 같은 데이터 저장장치를 호스트 버스 어댑터에 직접 연결하는 방식
- 저장장치와 호스트 기기 사이에 네트워크 디바이스가 있지 않고 직접 연결하는 방식으로 구성

① DAS ② NAS
③ N-SCREEN ④ NFC

해설 DAS(Direct Attached Storage)는 명칭에서 나타나듯, 저장장치와 제어장치가 직접 연결되는 구조를 갖고 있다.

4회

## 11 다음이 설명하는 다중화 기술은?

- 광섬유를 이용한 통신기술의 하나를 의미한다.
- 파장이 서로 다른 복수의 광신호를 동시에 이용하는 것으로 광섬유를 다중화하는 방식이다.
- 빛의 파장 축과 파장이 다른 광선은 서로 간섭을 일으키지 않는 성질을 이용한다.

① Wavelength Division Multiplexing
② Frequency Division Multiplexing
③ Code Division Multiplexing
④ Time Division Multiplexing

해설 Wavelength Division Multiplexing은 광섬유를 이용한 다중화 통신기술이며, FDM, CDM, TDM은 주파수 통신에 이용된다.

4회

## 12 소프트웨어 정의 데이터센터(Software Defined Data Center ; SDDC)에 대한 설명으로 틀린 것은?

① 컴퓨팅, 네트워킹, 스토리지, 관리 등을 모두 소프트웨어로 정의한다.
② 인력 개입 없이 소프트웨어 조작만으로 자동 제어 관리한다.
③ 데이터센터 내 모든 자원을 가상화하여 서비스한다.
④ 특정 하드웨어에 종속되어 특화된 업무를 서비스하기에 적합하다.

해설 SDDC는 기존 하드웨어에 종속된 전통적인 IDC 센터에서 탈피하여 소프트웨어를 기반으로 운영되며, 다양한 정보통신 서비스를 제공할 수 있다.

4회

## 13 다음 내용에 적합한 용어는?

- 대용량 데이터를 분산 처리하기 위한 목적으로 개발된 프로그래밍 모델이다.
- Google에 의해 고안된 기술로서 대표적인 대용량 데이터 처리를 위한 병렬 처리 기법을 제공한다.
- 임의의 순서로 정렬된 데이터를 분산처리하고 이를 다시 합치는 과정을 거친다.

① MapReduce ② SQL
③ Hijacking ④ Logs

해설 MapReduce는 하둡의 HDFS 시스템에서 대량의 데이터를 분산처리하기 위한 목적으로 개발된 소프트웨어 프레임워크이다. 맵과 리듀스라는 함수 기반으로 분산처리가 수행되며, 오픈소스 소프트웨어로 빅데이터플랫폼에서 활용되고 있다.

5회

**14** **다음 내용이 설명하는 것은?**

> • 사물통신, 사물인터넷과 같이 대역폭이 제한된 통신환경에 최적화하여 개발된 푸시기술 기반의 경량 메시지 전송 프로토콜
> • 메시지 매개자(Broker)를 통해 송신자가 특정 메시지를 발행하고 수신자가 메시지를 구독하는 방식
> • IBM이 주도하여 개발

① GRID　　② TELNET
③ GPN　　④ MQTT

해설 MQTT는 CoAP와 함께 사물인터넷의 핵심 프로토콜로서 경량의 메세지 통신을 통해 IoT 시스템의 성능한계 특성을 잘 고려하고 있다.

5회

**15** **다음 내용이 설명하는 것은?**

> • 블록체인(Blockchain) 개발환경을 클라우드로 서비스하는 개념
> • 블록체인 네트워크에 노드의 추가 및 제거가 용이
> • 블록체인의 기본 인프라를 추상화하여 블록체인 응용프로그램을 만들 수 있는 클라우드 컴퓨팅 플랫폼

① OTT　　② Baas
③ SDDC　　④ Wi-SUN

해설 BaaS(Blockchain as a Service)는 블록체인 인프라를 필요로 하는 사용자들이 필요한 만큼 편하게 사용할 수 있도록 서비스를 제공하고 있다.

5회

**16** **전기 및 정보통신기술을 활용하여 전력망을 지능화, 고도화함으로써 고품질의 전력서비스를 제공하고 에너지 이용효율을 극대화하는 전력망은?**

① 사물 인터넷　　② 스마트 그리드
③ 디지털 아카이빙　　④ 미디어 빅뱅

해설 스마트 그리드는 기존의 아날로그 방식의 전력전송 시스템을 디지털로 전환하여 계량의 편의성, 부가 서비스 제공, 전력선을 이용한 정보통신 등을 수행 가능한 최신 전력관리 인프라이다.

6회

**17** **하둡(Hadoop)과 관계형 데이터베이스 간에 데이터를 전송할 수 있도록 설계된 도구는?**

① Apnic　　② Topology
③ Sqoop　　④ SDB.

해설 Sqoop은 관계형 RDBMS와 하둡의 HDFS를 연동하고 Import 등의 수작업 명령어를 통해서 데이터를 이동하거나 적재한다. 하지만 NoSQL은 일부만 지원한다.

6회

**18** **라우팅 프로토콜인 OSPF(Open Shortest Path First)에 대한 설명으로 옳지 않은 것은?**

① 네트워크 변화에 신속하게 대처할 수 있다.
② 거리 벡터 라우팅 프로토콜이라고 한다.
③ 멀티캐스팅을 지원한다.
④ 최단 경로 탐색에 Dijkstra 알고리즘을 사용한다.

해설 대표적인 라우팅 프로토콜에는 OSPF, RIP, BGP, EIGRP 등이 있으며, 거리 벡터 라우팅 프로토콜은 RIP(Routing Information Protocol)이다.

정답 09 ① 10 ① 11 ① 12 ④ 13 ① 14 ④ 15 ② 16 ② 17 ③ 18 ②

6회

**19** PC, TV, 휴대폰에서 원하는 콘텐츠를 끊김 없이 자유롭게 이용할 수 있는 서비스는?

① Memristor ② MEMS
③ SNMP ④ N-Screen

해설 최신 PC와 TV, 스마트폰 등 다양한 단말에서 영화, 동영상 등 콘텐츠를 연동해 주는 서비스는 N-Screen이다.

6회

**20** 서로 다른 네트워크 대역에 있는 호스트들 상호 간에 통신할 수 있도록 해주는 네트워크 장비는?

① L2 스위치 ② HIPO
③ 라우터 ④ RAD

해설 라우터는 내부 네트워크와 다른 네트워크를 연결해 주는 3계층 네트워크 장비이다.

7회

**21** 구글의 브레인 팀이 제작하여 공개한 기계 학습(Machine Learning)을 위한 오픈소스 소프트웨어 라이브러리는?

① 타조(Tajo)
② 원 세그(One Seg)
③ 포스퀘어(Foursquare)
④ 텐서플로(TensorFlow)

해설 텐서플로는 구글의 오픈 소프트웨어 라이브러리로서 대량의 데이터를 인공지능 학습시키기 편리한 기능을 제공하고 있다.

7회

**22** 다음에서 설명하는 IT 스토리지 기술은?

- 가상화를 적용하여 필요한 공간만큼 나눠 사용할 수 있도록 하며 서버 가상화와 유사하다.
- 컴퓨팅 소프트웨어로 규정하는 데이터 스토리지 체계이며, 일정 조직 내 여러 스토리지를 하나처럼 관리하고 운용하는 컴퓨터 이용 환경이다.
- 스토리지 자원을 효율적으로 나누어 쓰는 방법으로 이해할 수 있다.

① Software Defined Storage
② Distribution Oriented Storage
③ Network Architected Storage
④ Systematic Network Storage

해설 소프트웨어 정의 저장장치(Software Defined Storage)에 관한 설명으로, 가상화 기술을 사용, 저장장치를 효율적으로 사용할 수 있다.

7회

**23** TCP/IP 기반 네트워크에서 동작하는 발행-구독 기반의 메시징 프로토콜로 최근 IoT 환경에서 자주 사용되고 있는 프로토콜은?

① MLFQ ② MQTT
③ Zigbee ④ MTSP

해설 MQTT는 CoAP와 함께 사물인터넷의 핵심 프로토콜로서 메시지를 publish(발행)하고, 관심 있는 주제를 subscribe(구독)하는 경량의 메세지 통신을 통해 IoT 시스템의 성능한계 특성을 잘 고려하고 있다.

8회

**24** **정보시스템과 관련한 다음 설명에 해당하는 것은?**

- 각 시스템 간에 공유 디스크를 중심으로 클러스터링으로 엮여 다수의 시스템을 동시에 연결할 수 있다.
- 조직, 기업의 기간 업무 서버 등의 안정성을 높이기 위해 사용될 수 있다.
- 여러 가지 방식으로 구현되며 2개의 서버를 연결하는 것으로 2개의 시스템이 각각 업무를 수행하도록 구현하는 방식이 널리 사용된다.

① 고가용성 솔루션(HACMP)
② 점대점 연결 방식(Point-to-Point Mode)
③ 스턱스넷(Stuxnet)
④ 루팅(Rooting)

해설 제시된 설명은 고가용성 솔루션에 대한 설명으로, 하나의 시스템이 다운되어도 다른 시스템이 작동하는 구조를 통해 가용성을 높이고 있다.

8회

**25** **다음이 설명하는 IT 기술은?**

- 컨테이너 응용프로그램의 배포를 자동화하는 오픈소스 엔진이다.
- 소프트웨어 컨테이너 안에 응용 프로그램들을 배치시키는 일을 자동화해 주는 오픈소스 프로젝트이자 소프트웨어로 볼 수 있다.

① StackGuard
② Docker
③ Cipher Container
④ Scytale

해설 Docker는 리눅스 컨테이너 기술을 자동화해서 가상화의 편리성을 높인 오픈소스 프로젝트이다.

?회

**26** **국내 IT 서비스 경쟁력 강화를 목표로 개발되었으며, 인프라 제어 및 관리 환경, 실행 환경, 개발 환경, 서비스 환경, 운영환경으로 구성되어 있는 개방형 클라우드 컴퓨팅 플랫폼은?**

① N20S ② PaaS-TA
③ KAWS ④ Metaverse

해설 PaaS-TA는 한국지능정보사회진흥원(NIA)에서 클라우드 서비스를 선도하기 위해서 개발한 개방형 플랫폼이다.

정답 19 ④ 20 ③ 21 ④ 22 ① 23 ② 24 ① 25 ② 26 ②

# 소프트웨어 개발 보안 구축

다회독 Check! 1 2 3

## 학습 목표

- 최근에는 정보보안에 대한 중요성과 준거성이 증가하면서 소프트웨어 개발 전 과정에서 사전 보안 설계를 기획하고 구축을 수행함
- 이와 관련한 정책이나, 보안 이론, 가이드를 학습을 통해서 내재화하고 강건하고 취약점이 없는 개발을 수행할 수 있도록 역량을 강화해야 함
- 섹션 2에서는 소프트웨어 개발 시 기본적으로 알아야 하는 정보보안 기초 이론에 대해서 학습 수행
- 특히 모든 정보보안의 핵심 이론이면서 다양한 보안 기능 구현에 적용하고 있는 암호화 알고리즘에 대해서 충실히 이해할 필요성이 있음

## SECTION 01 SW개발 보안 설계

**Secure SDLC**
Secure SDLC는 기존의 전통적인 소프트웨어 생명주기 모델에 정보 보안 요소를 매핑한 새로운 생명주기 모델임

### 1. Secure SDLC(Software Development Life Cycle)

#### ① Secure SDLC의 개요

㉠ Secure SDLC의 정의

- 안전한 소프트웨어를 개발하기 위해 전체 개발 단계별로 보안을 강화한 소프트웨어 개발 생명 주기 모델
- 소프트웨어 개발 과정에서 발생할 수 있는 오류나 취약점을 최소화하고 보안 위협에 대응 가능하도록 강건한 소프트웨어를 개발하기 위한 프로세스 정의

㉡ Secure SDLC 개념도

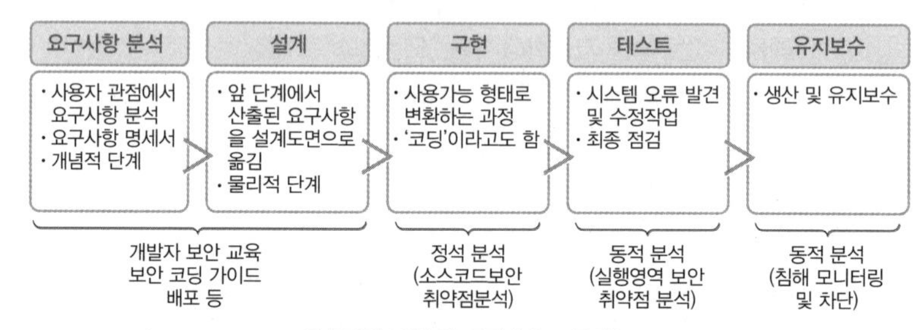

② Secure SDLC 각 단계별 보안활동

| 단계 | 수행 내용 | 필수 보안 활동 |
|---|---|---|
| 요구사항 | • 프로젝트 시작 시에 사용자의 기능 요구사항과 정의와 함께 기본 보안 요구사항을 정의하고 비용과 위험 분석을 통하여 적정한 보안 계획 수립<br>• 프로젝트 수행과 관련한 이해관계자들을 통해서 보안사항이 유출되지 않도록 보안 교육을 실시하고 지침 마련 | • 보안책임자와 담당자 선정<br>• 보안 관련 위험 분석과 비용 분석<br>• 프로젝트와 관련한 법적 준거성 확인<br>• 프로젝트 이해관계자 대상 보안교육 훈련 및 지침 마련 |
| 설계 | • 소프트웨어 아키텍처 및 구성요소를 정의하고 계획하면서 보안에 대한 요건 반영 | • 보안 측면의 설계서 검토 및 수립<br>• 보안 측면 비기능 요구사항 반영 검토<br>• 보안 솔루션 및 시스템 구성요소 확인 |
| 구현 | • 개발자가 개발을 수행하면서 보안과 개인정보 침해를 유발할 수 있는 요건에 대해서 단위테스트, 오류 점검 등을 수행<br>• 사전 참조가 가능한 법적 준거성, 지침 등을 준비하여 적용하고 소스 코드뿐만 아니라 문서 및 산출물 전체에 보안 결함이나 취약점이 없도록 사전 예방 수행 | • 보안 관련 표준 및 지침 확인<br>• 시큐어 코딩 적용<br>• 단위 테스트 및 보안 테스트 수행 |
| 검증 | • 각 테스트 단계에서 소스 코드의 오류와 함께 보안 측면의 비기능 테스트를 수행하고 정적 분석과 함께 동적 분석 수행 | • 보안 테스트 수행<br>• 보안 취약점 분석 수행 |
| 배포 | • 소프트웨어 배포 전에 최종 보안 테스트와 점검을 실시<br>• 새로운 보안 취약점 동향을 파악하여 아직 고려되지 않은 보안 약점이 없는지 확인하고 해당 시 반영 | • 침입 테스트와 사용자 테스트 수행<br>• OWASP10 등 관련 기준, 지침 확인<br>• 신규 취약점 동향 분석서 참고 |
| 지원 및 서비스 | • 지속적인 모니터링을 통하여 신규 보안 약점이 없는지 검토하고 경우에 따라서 업데이트 수행<br>• 필요시 모의 취약점 점검을 수행하고 결과 보고서를 바탕으로 개선 수행 | • 모의 취약점 점검 수행<br>• 신규 취약점 대응 버전 개발 및 패치 수행 |

## 2. 시큐어 코딩 (Secure Cording)

### ① 시큐어 코딩의 개요

㉠ 시큐어 코딩의 정의

전자정부의 서비스 보안을 강화하기 위해 정보시스템 개발 및 유지보수 시 보안 취약점에 대한 점검과 제거를 위한 7개 카테고리 50개 항목 가이드

시큐어코딩 보안항목(입어보시 에코캡)
입어봅시다. 에코캡(모자)

㉡ 시큐어 코딩의 구성 요소

| 항목 | 보안 약점 | 개수 |
| --- | --- | --- |
| 입력 데이터 검증 및 표현 처리 | • 소프트웨어의 입력값에 대한 검증 기능이 누락되거나 혹은 부적절한 검증으로 인하여 발생하는 보안 약점 | 17 |
| API 오용 | • 보안에 취약한 API나 적절치 못한 형태로 사용되는 API를 적용하여 발생할 수 있는 보안 약점 | 2 |
| 보안 기능 처리 | • 인증이나 접근제어, 암호화 등 보안 기능을 부적절하게 잘못 구현하여 발생하는 보안 약점 | 16 |
| 시간 및 상태 처리 | • 하나 이상의 프로세스가 병렬 처리되는 환경에서 시간이나 상태를 부적절하게 관리하여 충돌, 오류가 발생할 수 있는 보안 약점 | 2 |
| 에러 처리 | • 발생하는 에러를 조치하지 않거나 혹은 불충분하게 조치를 하여 에러와 관련한 시스템 정보 혹은 중요 정보들이 노출될 때 나타나는 보안 약점 | 3 |
| 코드 오류 | • 개발자가 프로그램 개발 시에 실수로 유입되는 코딩 오류로 인해 유발되는 보안 약점 | 5 |
| 캡슐화 | • 객체지향언어 프로그래밍 개발 시에 캡슐화를 잘못 구현해서 발생하는 보안 취약점 | 5 |

② 시큐어 코딩의 세부 항목

| 보안 약점 | 설명 |
| --- | --- |
| 입력데이터 검증 및 표현 부적절 | • SQL 삽입, 자원 삽입, 크로스 사이트 스크립트, 운영체제, 명령어 삽입, 위험한 형식의 파일 업로드, 신뢰되지 않는 URL 주소 자동 접속 연결, XQuery 삽입, XPath 삽입, DAP 삽입, 크로스 사이트, 요청 위조, 디렉토리 경로 조작, HTTP 응답 분할, 정수 오버플로우, 보호 메커니즘을 우회할 수 있는 입력값 변조 |
| API 오용 | • DNS lookup에 의존한 보안 결정, 취약한 API 오용 |
| 보안 기능 부적절 구현 | • 적절한 인증 없는 중요 기능 허용, 부적절한 인가, 중요한 자원에 대한 잘못된 권한 설정, 취약한 암호화 알고리즘 사용, 사용자 중요 정보 평문 저장 및 전송, 하드 코드된 패스워드, 충분하지 않은 키 길이 사용, 적절하지 않은 난수 값 사용, 패스워드 평문 저장, 하드 코드된 암호화 키, 취약한 패스워드 허용, 사용자 하드디스크에 저장되는 쿠키를 통한 정보 노출, 보안 속성 미적용으로 인한 쿠키 노출, 주석문 안에 포함된 패스워드 등 시스템 주요 정보 노출, 솔트 없이 일방향 해시함수 사용, 무결성 검사 없는 코드 다운로드 |
| 시간 및 상태 처리 | • 검사 시점과 사용 시점, 제어문을 사용하지 않는 재귀 함수 |
| 에러 처리 | • 오류 메시지를 통한 정보 노출, 오류 상황 대응 부재, 적절하지 않은 예외 처리 |
| 코드 오류 | • 널 포인터 역참조, 부적절한 자원 해제, 해제된 자원 사용, 초기화되지 않은 변수 사용 |
| 캡슐화 | • 잘못된 세션에 의한 데이터 정보 노출, 제거되지 않고 남은 디버그 코드, 시스템 데이터 정보 노출, Public 메서드로부터 반환된 Private 배열, Private 배열에 Public 데이터 할당 |

**POINT**

**오류의 유형**

- 추가오류(Addition error) : 원 데이터보다 한 개 이상 추가되는 오류 예 123 → 1234
- 생략오류(Omission error) : 한 개 이상 데이터가 삭제되는 오류 예 1234 → 123
- 사본오류(Transcription error) : 한 개 이상 데이터가 잘못 전환된 오류 예 1234 → 1230
- 전위오류(Transposition error) : 한 개의 데이터 위치가 바뀐 오류 예 1234 → 2134
- 이중전위오류(Double Transposition error) : 두 개 이상의 데이터 위치가 바뀐 오류 예 1234 → 2143
- 임의오류(Random error) : 2개 이상의 오류 유형이 복합적으로 발생한 오류 예 12345 → 21367

## SECTION 02 SW 개발 보안 구현

# 1. 암호 알고리즘

### ① 암호화의 개요

㉠ 암호화의 정의

메시지, 데이터, 파일 등을 별도의 조치가 없이는 알아볼 수 없도록 변환하거나 혹은 반대로 기 암호화된 메시지나 데이터 등을 다시 알아볼 수 있도록 복호화하는 기술로 원리는 평문을 암호문으로 변환하는 기법 및 기술을 총칭

㉡ 암호화 개념도

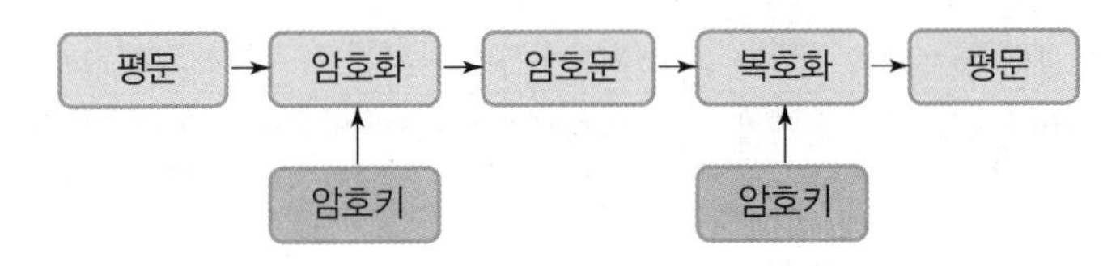


㉢ 암호화 특징

| 특성 | 기능 | 적용 기술 |
|---|---|---|
| 인증(Authentication) | • 시스템이 접속이 허가된 사용자인지 확인 | • 인증서 |
| 기밀성(Confidentiality) | • 대상자 외에는 확인이 불가능 | • 암호화 |
| 무결성(Integrity) | • 정보의 조작에 대해서 확인 가능 | • 해수함수 |
| 부인봉쇄(Non-repudiation) | • 송수신자가 발송한 사실에 대한 부인 방지 | • 전자서명 |
| 가용성(Availability) | • 허가된 사용자에 대해서는 정상적인 서비스 제공 | • 인증과 권한 |

**두음암기**

암호화 특징(인기무부가)

(한글) 인기는 무부가 최고~!

(영어) 시험문제에 보기가 영어로 나올 수 있습니다. (ACINA)

**이해돕기**

보안의 3요소(기무가)

- 기밀성
- 무결성
- 가용성

두음암기

암호화 기법 유형(대블치확압)
(한글) 낚시하는데 대블치(물고기)가 확 압박하네.
(영어) 시험문제에 보기가 영어로 나올 수 있습니다. (SBTEC)

이해돕기

대칭키 암호화 알고리즘은 비밀키 암호화 알고리즘, 비대칭키 암호화 알고리즘은 공개키 암호화 알고리즘이라고도 함

㉣ 암호화 기법의 유형

| 구분 | 내용 |
|---|---|
| 대체(Substitution) | • 사전 제시된 문자열 대체표를 활용하여 평문을 대체문자로 변환 |
| 블록화(Blocking) | • 문자의 열과 행을 블록 형태로 구성하고 사전 정해진 규정에 따라 바꾸어 표현한 후 블록 재구성 |
| 치환(Transposition) | • 정해진 규칙에 따라 문자열의 특정 위치를 서로 맞교환하여 암호화 |
| 확장(Expansion) | • 정상적인 문자열에 사전 정의된 임의의 문자들을 삽입하여 문자열을 확장 |
| 압축(Compaction) | • 문자열에서 사전 약속된 일부 문자들을 삭제하여 압축문과 삭제문을 분리 |

㉤ 대표적인 암호화 기법 사례

| 구분 | 분류 | 알고리즘 | 사례 |
|---|---|---|---|
| 암호화 알고리즘 | 대칭키 알고리즘 | 블록 암호 알고리즘 | AES, DES, SEED |
| | | 스트림 암호 알고리즘 | LFSR |
| | 비대칭키 알고리즘 | 소인수 분해 알고리즘 | RSA |
| | | 이산대수 알고리즘 | ECC, DSA |
| 암호화 프로토콜 | 기본 암호 프로토콜 | 개인 인증, 전자서명, 암호키 분배 | |
| | 암호화 응용 프로토콜 | 전자화폐, 전자결재, 전자선거 | |

㉥ 암호화 알고리즘 유형

| 분류 | 키 유형 | 설명 |
|---|---|---|
| 대칭키 | 비밀키 | • 암호화키와 복호화키가 서로 동일한 암호 알고리즘 |
| 비대칭키 | 공개키 | • 암호화키와 복호화키가 서로 상이한 암호 알고리즘 |

㉦ 대칭키 암호화와 비대칭키 암호화 알고리즘 비교

| 구분 | 대칭키 알고리즘 | 비대칭키 알고리즘 |
|---|---|---|
| 키의 상호관계 | • 암호화키와 복호화키가 서로 동일 | • 암호화키와 복호화키가 서로 상이 |
| 암호화 키 | • 비밀키(Secret Key) | • 공개키(Public Key) |
| 복호화 키 | • 비밀키 | • 개인키(Private Key) |
| 비밀키 전송 여부 | • 필요 | • 불필요 |
| 키 관리 | • 복잡 | • 단순 |
| 암호화 속도 | • 고속 | • 저속 |
| 키 개수 | • N(N−1)/2 | • 2N |
| 부인 방지 여부 | • 불가능 | • 가능 |
| 구현 방식 | • 블록, 스트림 암호화 | • 소인수 분해, 이산대수 |

| 적용 알고리즘 | • DES, AES, SEED, IDEA | • RSA, ECC |
|---|---|---|
| 특징 | • 키 관리가 중요<br>• 기밀성 구현에 중점 | • 해독 시간이 오래 걸림<br>• 인증 구현에 중점 |
| 주요 활용 | • 주요 정보 암호화 | • PKI 등 공인인증서 활용 |

② **대표적인 암호화 알고리즘**

| 구분 | 내용 | 유형 |
|---|---|---|
| DES<br>(Data Encryption Standard) | • 56bit키를 이용하여 64bit 평문 블록을 64bit 암호문 블록으로 만드는 블록 암호화 방식이며 미국 표준<br>• 대칭키 방식이며, 단순하고 구현이 용이함<br>• 최근에는 컴퓨터 성능의 발전으로 암호 해독의 위험이 있어서 사용이 불가함 | • 대칭키 방식 |
| AES<br>(Advanced Encryption Standard) | • 최근 DES의 안전성이 떨어져 이를 대체하기 위한 미국 암호화 표준<br>• 128, 192, 256bit 등 가변길이 키와 가변길이 블록을 암호화하는 기법 및 알고리즘 | |
| SEED | • 한국에서 개발한 표준 블록암호화 알고리즘으로 128비트의 대칭키 방식 | |
| IDEA<br>(International Data Encryption Algorithm) | • 유럽에서 개발하여 PGP의 표준으로 채택된 대칭키 알고리즘으로 64비트 블록, 128비트 키로 구성 | |
| RSA<br>(Rivest Shamir Adleman) | • 소인수의 곱을 인수분해하는 수학적 알고리즘을 반영한 대표적인 비대칭키 방식 암호화 알고리즘 및 기법<br>• 현재 전자서명, PKI 등에 활용되고 있음 | • 비대칭키 방식 |
| ECC<br>(Elliptic Curve Cryptography) | • 타원의 곡률을 이용한 공개키 기반의 암호화 알고리즘으로 RSA와 함께 전자 인증서 등에 활용 | |
| Hash<br>(MD, SHA) | • 임의의 유한 길이 입력값을 고정된 크기의 출력값으로 바꾸는 함수를 이용한 암호화 알고리즘<br>• 일방향성을 갖고 있어 암호화된 값에 대해 유추 혹은 변환을 통해 원값을 찾는 것이 불가능해야 하며, 혹시 우연히 동일한 암호화 값이 나오지 않도록 충돌회피성을 고려하여 Salt 값을 추가하여 암호화하기도 함<br>• 전자서명에서 메세지 다이제스트(무결성 검증) 생성에 활용되며 대표적으로 MD5, SHA 등의 알고리즘이 있음 | • 일방향 암호화 |

**이해돕기**

암호화 알고리즘의 유형은 시험에 자주 출제되므로 정확한 개념과 분류에 대해 학습이 필요함

# 기출문제 분석

1, 2, 6회

**01** 소인수 분해 문제를 이용한 공개키 암호화 기법에 널리 사용되는 암호 알고리즘 기법은?

① RSA ② ECC
③ PKI ④ PRM

해설 소인수분해를 이용한 공개키 암호화 알고리즘은 RSA이고 타원의 곡률을 이용한 공개키 암호화 알고리즘은 ECC이다. 이러한 공개키를 이용한 대표적인 신원 확인 인프라가 PKI이다.

1, 2, 6회

**02** 메모리상에서 프로그램의 복귀 주소와 변수 사이에 특정 값을 저장해 두었다가 그 값이 변경되었을 경우 오버플로우 상태로 가정하여 프로그램 실행을 중단하는 기술은?

① 모드 체크 ② 리커버리 통제
③ 시스로그 ④ 스택 가드

해설 해킹 공격 기법 중 프로그램 복귀 주소를 조작하여 해커가 원하는 프로그램 주소로 가도록 하는 오버플로우 공격에 대비하기 위해 스택을 보호하는 기술을 스택 가드라고 한다.

1, 2회

**03** 시스템 내의 정보는 오직 인가된 사용자만 수정할 수 있는 보안 요소는?

① 기밀성 ② 부인방지
③ 가용성 ④ 무결성

해설 무결성은 인가되지 않은 사용자가 데이터나 파일을 수정하지 않았는지 체크하는 보안의 핵심 3대 요소 중 하나이다.

3, 5회

**04** 정보보안의 3대 요소에 해당하지 않는 것은?

① 기밀성 ② 휘발성
③ 무결성 ④ 가용성

해설 정보보안의 3대 요소는 기밀성, 무결성, 가용성(기무가)이다. 참고로 인터넷 전자상거래 보안의 4대 특징은 인증, 기밀성, 무결성, 부인방지(인기무부)이다.

3회

**05** 블록 암호화 방식이 아닌 것은?

① DES ② RC4
③ AES ④ SEED

해설 블록 방식은 대칭키 방식(비밀키 방식)의 대표적인 암호화 방식이며, DES, AES, SEED 등이 있다. RC4는 스트림 방식이다.

3회

**06** **큰 숫자를 소인수 분해하기 어렵다는 기반하에 1978년 MIT에 의해 제안된 공개키 암호화 알고리즘은?**

① DES ② ARIA
③ SEED ④ RSA

해설 소인수분해를 활용한 공개키(비대칭키) 방식의 암호화는 RSA이다. 워낙 보안의 기초 지식이며, 핵심 사항이라서 앞으로도 계속 문제가 출제될 것으로 예상된다.

3회

**07** **실무적으로 검증된 개발 보안 방법론 중 하나로서 SW 보안의 모범 사례를 SDLC(Software Development Life Cycle)에 통합한 소프트웨어 개발 보안 생명 주기 방법론은?**

① CLASP ② CWE
③ PIMS ④ Seven Touchpoints

해설 소프트웨어 개발 시에 기준으로 제안되고 있는 시큐어 코딩의 7가지 항목(두음암기 : 입어보시에코캡)을 의미한다.

4회

**08** **공개키 암호화 방식에 대한 설명으로 틀린 것은?**

① 공개키로 암호화된 메시지는 반드시 공개키로 복호화해야 한다.
② 비대칭 암호 기법이라고도 한다.
③ 대표적인 기법은 RSA 기법이 있다.
④ 키 분배가 용이하고, 관리해야 할 키 개수가 적다.

해설 공개키는 비대칭키 방식으로 암호화를 수행하는 키와 복호화를 수행하는 키가 다르다.

4회

**09** **컴퓨터 운영체제의 커널에 보안 기능을 추가한 것으로 운영체제의 보안상 결함으로 인하여 발생 가능한 각종 해킹으로부터 시스템을 보호하기 위하여 사용되는 것은?**

① GPIB ② CentOS
③ XSS ④ Secure OS

해설 운영체제에 아예 핵심 보안 기능을 포함한 방식은 Secure OS이다.
① GPIB : 통신 방식
② CentOS : 리눅스 운영 체제의 한 유형
③ XSS : 해킹 공격 방식

5회

**10** **다음 암호 알고리즘 중 성격이 다른 하나는?**

① MD4 ② MD5
③ SHA-1 ④ AES

해설 MD4, MD5, SHA-1은 모두 해시 함수로서 일방향 함수이다. AES는 비밀키 방식(대칭키)의 대표적인 암호화 알고리즘이다.

5회

**11** **정보 보호를 위한 암호화에 대한 설명으로 틀린 것은?**

① 평문-암호화되기 전의 원본 메시지
② 암호문-암호화가 적용된 메시지
③ 복호화-평문을 암호문으로 바꾸는 작업
④ 키(Key)-적절한 암호화를 위하여 사용하는 값

해설 복호화는 암호로 변환된 문서를 다시 평문으로 변환하는 과정을 의미한다.

정답 01 ① 02 ④ 03 ④ 04 ② 05 ② 06 ④ 07 ④ 08 ① 09 ④ 10 ④ 11 ③

5회

**12** 스트림 암호화 방식의 설명으로 옳지 않은 것은?

① 비트/바이트/단어들을 순차적으로 암호화한다.
② 해시함수를 이용한 해시 암호화 방식을 사용한다.
③ RC4는 스트림 암호화 방식에 해당한다.
④ 대칭키 암호화 방식이다.

해설 블록 암호화는 문서를 특정 규격 단위로 그룹핑해서 암호화를 수행하는 데 반해 스트림 암호화는 일정한 순서로 N번째 비트, 바이트, 단어들을 암호화한다. 해시함수는 별도로 해수 암호화 방식이 있으며, 공개키 및 비공개키와는 또 다른 방식이다.

5회

**13** 공개키 암호에 대한 설명으로 틀린 것은?

① 10명이 공개키 암호를 사용할 경우 5개의 키가 필요하다.
② 복호화키는 비공개되어 있다.
③ 송신자는 수신자의 공개키로 문서를 암호화한다.
④ 공개키 암호로 널리 알려진 알고리즘은 RSA가 있다.

해설 공개키는 암호화키와 복호화키의 2배수가 필요하다. 따라서 10명이 공개키 암호화를 사용하게 되면 20개의 키가 필요하게 된다. 반면 동일한 네트워크 구성에서 공개키는 n(n−1)/2개의 키가 필요하며, 10명이 사용하게 되면 45개의 키가 필요하게 된다.

4회

**14** 코드의 기입 과정에서 원래 '12536'으로 기입되어야 하는데 '12936'으로 표기되었을 경우, 어떤 코드 오류에 해당하는가?

① Addition Error ② Omission Error
③ Sequence Error ④ Transcription Error

해설 Transcription Error는 사본 오류라고도 하며 원데이터와는 다른 데이터로 전환되는 형태의 오류이다.

6회

**15** SSH(Secure SHell)에 대한 설명으로 틀린 것은?

① SSH의 기본 네트워크 포트는 220번을 사용한다.
② 전송되는 데이터는 암호화된다.
③ 키를 통한 인증은 클라이언트의 공개키를 서버에 등록해야 한다.
④ 서로 연결되어 있는 컴퓨터 간 원격 명령 실행이나 셸 서비스 등을 수행한다.

해설 SSH는 공개키 암호화 방식을 활용하여 원격지 시스템에 접근하고 안전한 암호 메세지를 통신하는 시스템이다. 기본 포트는 22이며, 설정 시 포트 변경이 가능하다.

6회

**16** 해시(Hash) 기법에 대한 설명으로 틀린 것은?

① 임의의 길이의 입력 데이터를 받아 고정된 길이의 해시 값으로 변환한다.
② 주로 공개키 암호화 방식에서 키 생성을 위해 사용한다.
③ 대표적인 해시 알고리즘으로 HAVAL, SHA−1 등이 있다.
④ 해시 함수는 일방향 함수(One−way function)이다.

해설 공개키 암호화 방식에서 키 생성은 해시함수가 아닌 소인수분해를 사용한다.

6회

**17** Secure OS의 보안 기능으로 거리가 먼 것은?

① 식별 및 인증 ② 임의적 접근 통제
③ 고가용성 지원 ④ 강제적 접근 통제

해설 Secure OS는 운영체제 안에 아예 핵심 보안 기능을 통합하여 구현한 운영체제이며 식별, 인증, 접근 통제를 수행하나, 가용성을 보장하지는 못한다(고가용성은 하드웨어 레벨에서 이루어진다).

6회

**18** 암호화 키와 복호화 키가 동일한 암호화 알고리즘은?

① RSA ② AES
③ DSA ④ ECC

해설 RSA, ECC, DSA는 모두 비대칭키(공개키 알고리즘)인 데 반해 AES는 대칭키(비밀키 알고리즘)이다.

7회

**19** 시스템에 저장되는 패스워드들은 Hash 또는 암호화 알고리즘의 결괏값으로 저장된다. 이때 암호 공격을 막기 위해 똑같은 패스워드들이 다른 암호 값으로 저장되도록 추가되는 값을 의미하는 것은?

① Pass flag ② Bucket
③ Opcode ④ Salt

해설 시스템 패스워드는 모두 해시함수로 일방향 암호화되어 만약에 비밀번호가 유출되더라도 사용이 불가능하게 되어 있다. 다만, 해시함수는 전혀 다른 원문이라고 하더라도 일방향 암호화하는 과정에서 우연히 동일한 암호화 값이 발생할 수 있으며, 이를 악용하여 암호를 유추하는 공격이 발생할 수 있다. 방지하기 위해 Salt라는 임의 값을 추가하여 해시 암호화하면, 우연히 동일한 해시 암호값이 발생하는 것을 차단할 수 있다.

8회

**20** 취약점 관리를 위해 일반적으로 수행하는 작업이 아닌 것은?

① 무결성 검사
② 응용 프로그램의 보안 설정 및 패치(Patch) 적용
③ 중단 프로세스 및 닫힌 포트 위주로 확인
④ 불필요한 서비스 및 악성 프로그램의 확인과 제거

해설 취약점 관리를 위해서는 현재 실행 중인 프로세스 중에 해킹 툴이 없는지 살펴보고, 아울러 사용하지 않는 포트가 열려 있는지 열린 포트 위주로 점검이 필요하다.

8회

**21** Secure 코딩에서 입력 데이터의 보안 약점과 관련한 설명으로 틀린 것은?

① SQL 삽입 : 사용자의 입력값 등 외부 입력값이 SQL 쿼리에 삽입되어 공격
② 크로스 사이트 스크립트 : 검증되지 않은 외부 입력값에 의해 브라우저에서 악의적인 코드가 실행
③ 운영체제 명령어 삽입 : 운영체제 명령어 파라미터 입력값이 적절한 사전검증을 거치지 않고 사용되어 공격자가 운영체제 명령어를 조작
④ 자원 삽입 : 사용자가 내부 입력값을 통해 시스템 내에 사용이 불가능한 자원을 지속적으로 입력함으로써 시스템에 과부하 발생

해설 자원 삽입은 외부 입력값에 대한 검증이 없거나 혹은 잘못된 검증을 거쳐서 시스템 자원에 접근하는 경로 등의 정보로 이용될 때 발생하는 보안 약점을 의미한다.

8회

**22** DES는 몇 비트의 암호화 알고리즘인가?

① 8 ② 24
③ 64 ④ 132

해설 DES는 64비트 암호화 알고리즘이다. 컴퓨터 성능이 낮은 시기에는 64비트 암호화도 안전했으나, 점차 컴퓨터 성능이 좋아지면서 DES는 짧은 시간에도 암호화 해독이 가능하게 되었다. 이에 대응하기 위해서 3번 DES를 수행하는 3DES와 AES 암호화 등이 등장했다.

정답 12 ② 13 ① 14 ④ 15 ① 16 ② 17 ③ 18 ② 19 ④ 20 ③ 21 ④

8회

## 23 리눅스에서 생성된 파일 권한이 644일 경우 umask 값은?

① 022　② 666
③ 777　④ 755

해설 umask는 리눅스에서 모든 계정의 사용자들이 생성하는 파일과 디렉토리 기본 권한을 설정하는 명령이다. 디폴트 파일 권한이 666이며, umask 값을 제외한 값이 644이므로 답은 022이다.

8회

## 24 다음 내용이 설명하는 로그 파일은?

- 리눅스 시스템에서 사용자의 성공한 로그인/로그아웃 정보 기록
- 시스템의 종료/시작 시간 기록

① tapping　② xtslog
③ linuxer　④ wtmp

해설 wtmp 명령어는 리눅스에서 사용자의 로그인과 사용 시간 등을 확인하는 명령어이다.

8회

## 25 Windows 파일 시스템인 FAT와 비교했을 때의 NTFS의 특징이 아닌 것은?

① 보안에 취약
② 대용량 볼륨에 효율적
③ 자동 압축 및 안정성
④ 저용량 볼륨에서의 속도 저하

해설 FAT, NTFS는 모두 윈도우에서 사용하는 파일 시스템이며, 최근 윈도우 운영체제는 디폴트로 NTFS를 사용한다. FAT 파일 시스템보다 효율적이고 안정적이며, 보안에도 강하다.

3회

## 26 다음 JAVA 코드에서 밑줄로 표시된 부분에는 어떤 보안 약점이 존재하는가? (단, key는 암호화 키를 저장하는 변수이다)

```
import javax.crypto.KeyGenerator ;
import javax.crypto.spec.SecretKeySpec ;
import javax.crypto.Cipher ;
……생략
public String encriptString(String usr) {
String key="22df3023sf~2;asn!• · />as" ;
if (key !=null) {
byte[] bToEncrypt=usr.getBytes("UTF-8") ;
.....생략
```

① 무결성 검사 없는 코드 다운로드
② 중요 자원에 대한 잘못된 권한 설정
③ 하드코드된 암호화 키 사용
④ 적절한 인증 없는 중요 기능 허용

해설 주어진 소스 코드에는 암호화키가 아예 포함되어 설계(하드코드)되어 있다. 원래 암호화키는 소스 코드가 실행되는 서버와 별도의 안전한 서버에 보관되어야 한다.

정답 22 ③　23 ①　24 ④　25 ①　26 ③

CHAPTER 04

# 시스템 보안 구축

다회독 Check!
1 2 3

학습 목표

- 챕터 3에서는 소프트웨어 개발에 대한 보안 내용을 다루었다면 본 챕터에서는 정보시스템에 대한 보안 설계를 다루고 있음
- 정보시스템에 대한 각 공격유형과 사례, 기초 이론을 학습함으로써 정보처리 분야 이해관계자로서 역량을 확보하고 기초 지식 습득
- 섹션 2에서는 정보시스템을 보호하고 관리할 수 있는 다양한 정보보안시스템의 사례, 특징을 이해함으로써 적정한 시스템을 도입, 구성할 수 있는 역량 확보
- 이와 함께 사고 발생 시 로그 분석, 디지털 포렌식을 수행하기 위한 기초 이론과 웹 서비스상에서 자주 발생하는 취약점 유형 등을 학습

## SECTION 01 시스템 보안 설계

### 1. 서비스 공격 유형

① 해킹(Hacking)

㉠ 해킹의 정의

정보시스템에 대하여 파괴, 마비, 위조, 변조, 유출 행위 등을 수행하고 비정상적으로 운영이 되도록 방해하는 불법 행동

㉡ 해킹의 특징

| 구분 | 내용 |
| --- | --- |
| 자동화<br>(Automation) | • 해킹 지원 도구나 공격 스크립트를 통해 자동화 방식 활용 |
| 에이전트화<br>(Agent) | • 에이전트 형태의 악성 프로그램 설치를 유도하고 원격명령으로 공격 |
| 분산화<br>(Distributed) | • 다수의 좀비 PC를 활용하여 서비스 거부 공격 등을 수행 가능 |
| 은닉화<br>(Stealth) | • 해킹당한 PC의 로그를 삭제하고 공격자와 공격자의 행위를 지속적으로 은닉 |

이해돕기

해커와 화이트 해커

- 해커 : 해킹을 수행하는 사람
- 화이트 해커 : 해커와 반대로 정보시스템에 대한 해킹을 사전에 모의하고 조언해주는 사람

ⓒ 해킹의 대표적인 유형

| 구분 | 내용 |
|---|---|
| 프레임워크 및 프로그램의 취약점을 이용한 공격 | • Log4J 취약점 공격<br>• SPRING Framework 취약점 공격<br>• ASP, PHP 스크립트의 취약점 공격<br>• 버퍼오버플로우(Buffer Overflow) 공격<br>• 레이스컨디셔닝(Race conditioning) 공격<br>• 포멧 스트링(Format string) 공격 |
| 프로토콜의 취약점을 이용한 공격 | • 스니핑(Sniffing), 스푸핑(Spoofing), 세션 하이재킹(Session hijacking) 등 |
| 악성코드 | • 바이러스, 웜, 트로이 목마, 루트 킷 등 |
| 사회공학적 해킹기법 | • 인간기반 사회공학 해킹, 컴퓨터 기반 사회공학 해킹 |
| 서비스 거부를 유발하는 공격 | • DoS와 DDoS, DRDoS, Slow Read DoS |

두음암기

해킹(침해사고) 대응절차(준인봉근복보)

준인이가 봉근이와 복지보건부에 가고 있다.

ⓔ 해킹(침해사고)의 대응 절차

| 단계 | 내용 | 고려사항 |
|---|---|---|
| 준비 | • 침해사고에 대한 예방적 활동 기획 및 수행 침해사고 대응 비상 체계 및 비상 연락망 구축 | • 침해사고 대응 매뉴얼 수립, 보안교육 및 훈련 |
| 인식 | • 신속한 침해 여부 인식, 유형 및 공격 방법 확인, 비상 매뉴얼 추진 | • 실시간 모니터링, 공격 유형 파악 |
| 봉쇄 | • 타 시스템 영향 파급 차단, 비상 시스템 운영, 해당 시스템 봉쇄 및 증적 확보 | • 취약점 제거, 시스템 복원, 증적 확보 및 보관 |
| 근절 | • 사고원인 분석, 결과 보고, 보안 강화 | • 침해사고 상세 분석, 사고 원인 원천 제거 |
| 복구 | • 시스템 복원 및 취약점 점검, 모니터링 | • 복구유형 결정 및 지속적 취약점 점검 및 개선 |
| 보고서 | • Follow Up 보고서 작성 | • 조치 내역 및 경과 확인 |

ⓜ 해킹 대응 기술적 방안

| 구분 | 내용 |
|---|---|
| 네트워크 보안 | • 방화벽(Firewall), IPS(Intrusion Prevention System), VPN(Virtual Private Network) 등 보안 장비 도입 |
| 서버 보안 | • Secure OS 도입, 웹 방화벽, PMS(Patch Management System) 등 서버용 보안솔루션 도입 |
| DB 보안 | • DB 접근제어, DB 암호화 솔루션 도입 |
| 통합 보안 | • UTM (Unified Threat Management), ESM (Enterprise Security Management), SOAR(Security Ochestration and Automation Response) 등 통합 보안 체계 구축 |

**POINT**

**해킹 대응 기술**

해킹 대응 장비 및 기술은 섹션 2를 참조하여 학습 필요하며 그 외 대응 장비 및 기술은 하단 참고

- PMS(Patch Management System)
  서버나 내부 PC의 운영체제나 소프트웨어 패치를 자동화하여 취약점을 제거, 관리하는 시스템 및 솔루션
- UTM (Unified Threat Management)
  방화벽을 기반으로하여 IPS, IDS, VPN 등의 보안 장비를 통합하여 구성한 보안 장비
- ESM (Enterprise Security Management)
  전사 보안 시스템들을 통합 관리하고 실시간 모니터링이 가능하며, 긴급한 취약점 발생 시 탐지규칙 등을 수립해서 보안 장치에 강제화가 가능한 보안 시스템
- SOAR(Security Ochestration and Automation Response)
  전사 보안시스템을 연계하고 모니터링, 통합관리, 보안관제 자동화가 가능한 최신 보안 시스템

ⓑ 해킹 대응 관리적 방안

| 관리적 방안 | 내용 |
|---|---|
| 보안 정책의 수립 및 절차 준수 | • 전사 보안 규정, 규칙, 세부 매뉴얼 작성 및 전파 |
| 보안 감사 시행 | • 정보보안 감사 시행 및 인센티브와 패널티 적용 |
| 보안 컨설팅 및 교육 시행 | • 연 단위 보안 컨설팅과 보안 교육, 훈련 수행 |

ⓢ 해킹 대응 물리적 방안

| 물리적 방안 | 내용 |
|---|---|
| 출입 통제 강화 | • 비인가자의 통제구역, 제한구역에 대한 접근 금지 |
| 서류 및 파일의 유출 금지 강화 | • DLP, DRM 등 유출 방지 솔루션을 통해서 파일과 문서의 유출 차단 |

② **악성코드**

㉠ 악성코드의 정의

- 개발자가 의도적으로 사용자에게 피해를 주기 위해 만든 프로그램으로 시스템 파괴, 데이터 유출, 성능 저하, 위변조 및 자기 복제를 수행하는 소프트웨어
- 악성코드 외에 광고 등을 노출하는 애드웨어나 악성코드와 정상 프로그램 사이의 중간인 그레이웨어가 있음

㉡ 악성코드 유형

| 구분 | 내용 |
|---|---|
| 트로이 목마 | • 대상 PC에 설치 후 시스템 내부의 정보를 유출하도록 프로그래밍된 기능을 수행하여 외부의 해커에게 정보를 유출하는 프로그램 |
| 웜 (Worm)/바이러스(Virus) | • 시스템에 침입하여 자기복제기능을 갖고, 감염대상을 갖는 프로그램 독립적으로 활성화하는 경우를 웜이라고 하며, 다른 파일, 프로그램, 리소스 등에 기생하는 경우는 바이러스라고 함 |

**이해돕기**

DLP와 DRM

DLP(Data Loss Prevention)와 DRM(Digital Right Management)은 개인정보, 디지털 매체 등의 유출을 방지하는 보안시스템임

| 스파이웨어 (Spyware) | • 다른 사람의 컴퓨터에 잠입하여 개인정보를 빼내거나 광고용으로 사용되는 소프트웨어 |
|---|---|
| 휴대폰 바이러스 | • 모바일 단말기(휴대전화)에 감염되는 바이러스 |
| 랜섬웨어 | • 사용자 PC의 파일을 불법으로 암호화하고 복호화 키에 대한 금전적 요구를 하는 악성소프트웨어 |

③ **서비스 거부 공격(DoS ; Denial of Service)**

㉠ 서비스 거부 공격

• 다수의 좀비 컴퓨터를 일제히 동작시켜 특정 사이트에 공격을 가하거나 엄청난 패킷을 보내는 방법으로 서비스 마비를 유발하는 공격기법

• 분산 서비스 거부 공격(DDoS ; Distribute Denial of Service)은 대표적인 서비스 거부 공격의 유형임

㉡ 서비스 거부 공격의 개요도

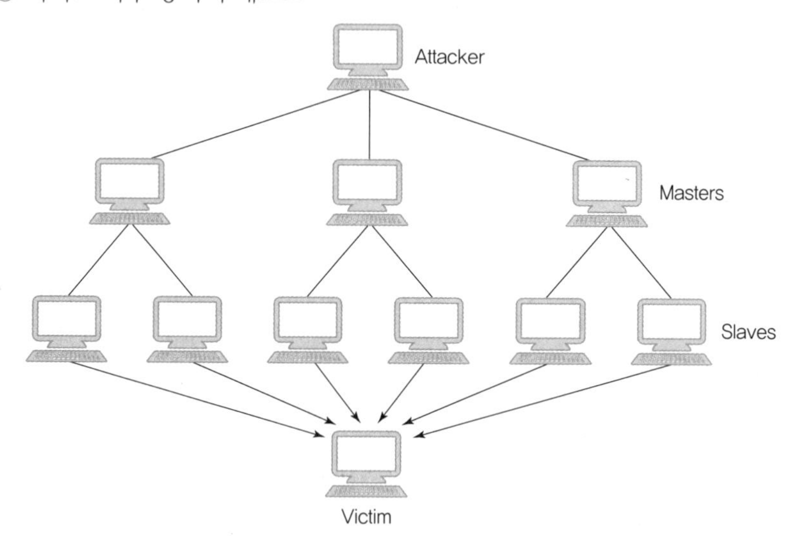


㉢ 서비스 거부 공격의 특징

| 특징 | 내용 |
|---|---|
| 대량의 좀비 PC | • 대량의 패킷을 발생시킬 다수의 감염된 PC 필요 |
| Agent 이용 | • 대상 시스템의 취약점을 이용하여 Agent 설치 후 공격에 악용 |
| 은닉 분산 공격 | • 분산된 다수의 좀비 PC 원격제어 명령으로 동시 공격 수행 |
| 명령 제어 서버 | • 좀비 PC의 Agent를 제어하고 공격유형을 설정하기 위한 공격서버 필요 |
| 대응 방안의 한계 | • 정상 공격과의 구분이나 다수의 좀비 PC에 대한 필터링이 어려움 |

㉣ 서비스 거부 공격의 구성 요소

| 구성 요소 | 내용 |
|---|---|
| 공격자 (Attacker) | • DDoS 공격을 주도하는 공격자와 명령을 지시하는 서버를 의미 |
| 마스터 (Master) | • 여러 대의 좀비 PC를 연결하고 관리하는 중간에 위치한 중소 서버로 공격자의 서버에서 지시를 받아 좀비 PC에 명령을 전달 |
| 에이전트 (Agent) | • 일반인의 컴퓨터에 취약점을 악용하여 설치된 후 마스터에 명령에 따라 공격에 가담하는 악성 프로그램 |
| 공격대상 (Victim) | • 대량의 서비스 요청을 받아 공격의 대상이 되는 시스템 |

㉤ 대표적인 서비스 거부 공격

| 구분 | 내용 |
|---|---|
| DRDoS | • 별도의 좀비 PC가 아닌 정상적인 서버를 이용하여 타깃 시스템을 공격하는 DDOS 유형<br>• 공격자가 TCP/IP 프로토콜을 이용하여 정상 서버들에게 타깃 시스템의 IP를 응답으로 요청해서 다수의 응답 범람이 발생, 대상 시스템이 마비되는 공격 형태 |
| Slow Read DDoS | • 정상적인 HTTP 요청을 웹서버가 느리게 읽도록 하여 서버의 정상적인 반응을 못 하도록 공격하는 DDOS |
| Slowloris DDoS | • 공격자가 HTTP Request 정보를 일부만 전송하고 계속 대기를 유발하는 공격기법 |

㉥ 분산 반사 서비스 거부 공격(DRDoS ; Distributed Reflect DoS)의 개요도

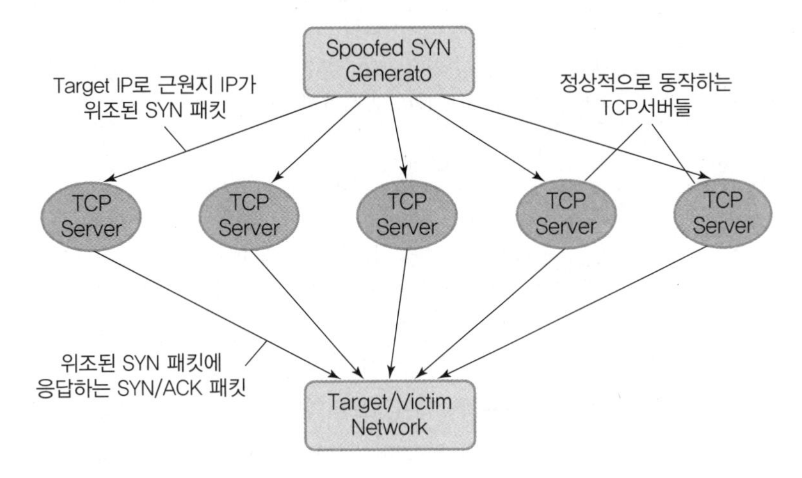


④ **APT(Advanced Persistent Threat) 공격**

㉠ APT 공격의 정의

특수목적을 가진 조직이 특정 표적에 대해서 장기간 지속적으로 다양한 IT 기술을 이용, 집요하게 공격하는 공격

㉡ APT 공격 특징

| 특징 | 내용 |
|---|---|
| 명확한 타깃 (Victim) 목표 | • 불특정 다수를 대상으로 하는 것이 아니라 특정 타깃을 확실하게 선정한 후 공격 |
| 우회 공격 | • 대상 시스템이 아닌 내부직원들의 PC 자원이나 시스템을 우회하여 다양한 경로로 이용 |
| 지능적 공격 | • 하나의 취약점이 아닌 악성코드 활용, 해킹 도구 사용, Zero-day 취약점 이용 등 보안 위협 공격기술을 융합하여 사용 |
| 지속적 공격 | • 장시간에 걸쳐서 집요하고 지속적, 단계별로 공격 수행 |
| 조직적 공격 | • 한 사람의 해커가 아닌 특정 집단이 역할을 분담하여 공격 수행 |
| 라이프 사이클 | • 공격 단계별로 특정 패턴을 가지며 생애주기를 형성 |

㉢ APT 공격의 핵심 기법

| 특징 | 내용 |
|---|---|
| 스피어 피싱 (Sphere Phishing) | • 작살로 물고기를 사냥하는 Sphere Fishing에서 유래한 공격기법으로 특정 주요 요인을 대상으로 집요한 피싱 공격 수행 |
| 취약점 악용 | • 다양한 애플리케이션 취약점이나 운영체제 약점을 악용하여 악성코드 설치 후 기관 및 개인정보를 지속적 유출 |
| 난독화 (Obfuscation) | • 소스 코드 분석을 판독하기 어렵게 악성코드를 개발하여 감염시키고 백신 프로그램 감지나 분석을 회피 |
| Zero-day Attack | • 운영체제나 애플리케이션의 보안 패치가 나오기 전에 신규 보안 취약점을 기반으로 공격 |
| 익스플로잇 (Exploit) | • 공격 대상이 근원적으로 내포하고 있는 취약점을 정밀 분석하고 공격 수행 |

두음암기

APT 공격 침투단계(조진침수)
장마로 인해 **조진**이네 집이 **침수** 되었다.

㉣ APT 공격의 단계

| 단계 | 내용 |
|---|---|
| 조사단계 | • 공격 사전에 대상 시스템의 네트워크 구조, 시스템 아키텍처, 운영체제 및 애플리케이션 버전, 취약점 등을 조사 |
| 진입단계 | • 공격이 성공할 때까지 장기간 지속적으로 다양한 공격을 시도하고 대상 시스템을 완벽하게 공격 가능할 때까지 관련 정보 수집 |
| 침투단계 | • 충분히 수집된 정보를 악용하여 내부 네트워크 및 시스템 장악 |
| 수집단계 | • 공격을 은닉하면서 은밀하게 필요한 데이터를 추가 확보하고 유출 시도 |

⑤ **랜섬웨어(Ransom Ware)**

㉠ 랜섬웨어의 정의

몸값(Ransom)과 소프트웨어(Software)의 합성어로 악성 소프트웨어를 감염시킨 후 컴퓨터에 저장된 정상 파일을 암호화하고 복호화에 대한 비용을 요구하는 악성코드 및 공격기법

㉡ 랜섬웨어 특징

| 특징 | 내용 |
|---|---|
| 지능화 | • 정상 소프트웨어 위장, 다양한 취약점을 이용한 공격과 배포 |
| 비표적화 | • 통상적으로 불특정 다수를 대상으로 공격 수행 |
| 비지속적 | • 단일 공격으로 감염 및 암호화가 성공한 후 감염 사실과 복구 비용을 스스로 노출 |

㉢ 랜섬웨어 공격 절차

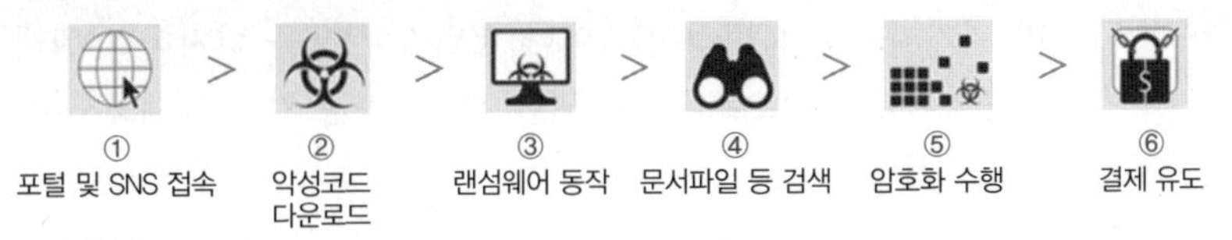


㉣ 랜섬웨어 유형

| 구분 | 상세 설명 | 예시 |
|---|---|---|
| 암호화 | • 개인의 중요 파일을 암호화 수행한 후, 복호화 조건을 이유로 금품을 요구<br>• 대칭키 알고리즘과 비대칭키 알고리즘을 모두 사용 가능 | • Gpcode, RANSOM.A, Archiveus |
| 비암호화 | • 운영체제에 Lock을 걸거나, 메인화면에 유해 이미지 노출 등의 형태로 공격을 수행하고 해제 조건으로 금품을 요구하는 방법 | • WinLock, Reveton, Winwebsec |

## 2. 서버 인증

### ① 서버 인증의 개요

㉠ 서버 인증의 정의

- 서버에 비정상적인 사용자는 차단하고 정상적인 사용자가(접속할 수 있도록) 아이디와 패스워드, 별도 시스템을 이용하여 접근하도록 기능을 제공하는 프로세스로 별도 개발이나 상용 솔루션을 구매하여 시스템에 구현
- 성공적인 서버 인증을 수행하기 위한 계정 및 패스워드 등 지속적인 관리업무와 인증된 기록들을 살펴보고 이상 현상이나 불법 인증 등을 살펴보는 감사업무가 필요함

㉡ 서버 인증의 관리업무

| 표준 보안 요건 | 상세 설명 |
|---|---|
| 계정관리 | • Default 계정 사용 제한, 공용 계정 사용 제한, 사용자 현행화, 개발자 계정 삭제, 서버의 접근 권한 변경 및 접근 권한 삭제 프로세스화 |
| 비밀번호 관리 | • 비밀번호 생성 규칙 적용, 최초 비밀번호 변경, 강제 잠금 기능 설정, 비밀번호 재사용 제한, 비밀번호 변경 주기 설정 |

이해돕기

최근의 해킹이나 사이버침해에는 랜섬웨어가 가장 높은 비중을 차지하고 있으며, 국가적인 대응이 시급한 상황임

㉢ 서버 인증의 감사업무

| 표준 보안 요건 | 상세 설명 |
| --- | --- |
| 접근 권한 변경 기록 | • 접근 권한 변경 기록 |
| 접속 기록 관리 | • 접속 기록 관리, 서버 운영 기록 로깅, 연속된 접속 시도에 대한 로깅 |

② **서버 인증 솔루션**

㉠ AAA(Authentication, Authorization, Accounting)의 정의

비 인가자들의 불법적 접속이나 서비스 사용을 방지하기 위해 정상적인 사용자들을 대상으로 인증, 권한 관리, 과금 기능을 제공하는 서비스 및 프레임워크

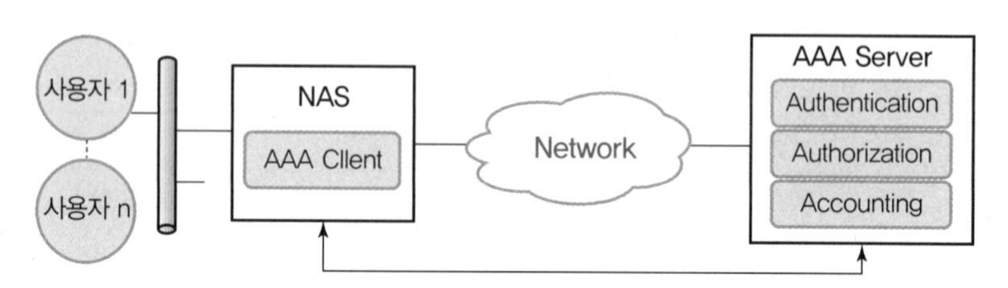


㉡ AAA의 기능

| 기능 | 내용 |
| --- | --- |
| 인증<br>(Authentication) | • AAA 서버에서 관리하고 있는 사용자 정보와 사용자가 제시한 인증 데이터를 비교하여 일치할 시 정상적인 서비스 제공 |
| 권한 검증<br>(Authorization) | • 특정 파일이나 서비스에 대한 사용 권한을 확인하고 검증 |
| 과금<br>(Accounting) | • 사용자에게 제공된 서비스와 자원 사용량에 대해서 사전 정의된 과금 수행 |

㉢ AAA 프로토콜의 유형

| 구분 | 내용 |
| --- | --- |
| RADIUS | • 사용자 비밀번호를 암호화한 후, UDP 프로토콜 기반의 사용자 인증/권한 부여를 하나로 관리하는 AAA 표준 프로토콜 |
| TACACS+ | • TCP 프로토콜을 기반으로 Payload의 전체 암호화 및 인증과 권한 부여를 별도로 수행하는 AAA 프로토콜 |
| Diameter | • 망 접속 및 Peer 기반의 AAA 프로토콜로 모바일이나 IP망의 접속을 지원하는 목적의 AAA 프로토콜 |

③ **인증 강화방안**

㉠ 투 티어(2 Tier) 인증

두 가지 이상의 인증방식을 혼합하여 정보보안 위협에 대응하고 엄격한 사용자 관리를 수행하는 인증기법

이해돕기

투 티어 인증은 투 팩토(2 Factor) 인증이라고도 함

ⓒ 혼합 가능한 인증 유형

| 유형 | 내용 |
|---|---|
| 소유에 대한 인증 | • 카드, 키 등 물리 요소에 의한 인증으로 복제, 분실, 위험이 높고, 보안 취약 |
| 지식에 대한 인증 | • 비밀번호 등으로 ID 추적 가능성과 잊어버리기 쉬운 단점 |
| 생체에 대한 인증 | • 지문, 얼굴, 홍채 등 신체적 특성을 가지며, 공유, 복제에 대한 불가능 보안성이 뛰어남 |

④ **OTP(One Time Password)**

㉠ OTP(One Time Password)의 정의

재사용이 불가한 일회성 패스워드를 발급하여 인증을 수행하는 시스템

㉡ OTP 특징

| 유형 | 내용 |
|---|---|
| 이중 인증 | • 사용자의 고유 비밀번호를 기반으로 1차 인증을 수행하고 2차로 사용자가 갖고 있는 OTP 생성 매체나 시스템을 활용하여 추가 인증을 수행하여 보다 높은 보안성 구현 |
| 동적 비밀번호 | • OTP 생성 매체나 시스템에 의해서 OTP가 필요한 시간을 기반의 패스워드를 도출하거나 이벤트 기반의 신규 비밀번호 생성 |
| 재사용 불가 | • 이미 사용된 비밀번호는 재사용이 불가하여 해킹으로 OTP가 유출되어도 활용 불가 |
| OTP 생성매체 | • 사용자가 OTP 생성이 가능한 매체나 장치를 보유 |
| 난수 생성 알고리즘 | • 비밀키 생성을 위해 해쉬함수 등의 난수 알고리즘 적용 |

㉢ OTP 개념도

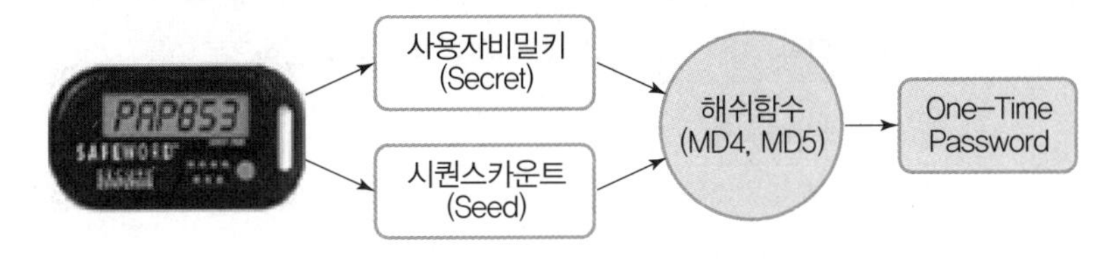


㉣ OTP 구성요소

| 구성 요소 | 내용 |
|---|---|
| 사용자 비밀키 (Secret) | • 사용자와 인증시스템 간 사전에 공유한 코드표의 번호 |
| 시퀀스 카운트 (Seed) | • OTP 발행 시간이나 이벤트 번호 등 임의 문자 및 숫자 |
| 해쉬함수 | • MD4, MD5, SHA 등의 해쉬함수를 활용하여 사용자 비밀키와 시퀀스 카운트를 입력하여 단방향 난수형 비밀번호 생성 |

이해돕기

접근 통제는 파트 3의 데이터베이스의 접근 통제 부분에서 선수 학습을 수행한 바 있으므로, 본 챕터에서는 접근 통제에 대한 심화 학습 내용이 수록되어 있으니 상호 연계학습을 수행하는 것이 좋음

두음암기

접근 통제 3요소(정메모)
정씨의 메모장.

두음암기

접근 통제 기본구성(주객참감)
주객이 참감(참관)하다.

## 3. 서버 접근 통제

### ① 접근 통제의 개요

㉠ 접근 통제의 정의

허가받은 주체가 허가받은 정도의 범위에서 권한을 취득하고 객체에 접근할 수 있도록 사용자 신원 식별 및 인증을 관리하는 방법 및 기술

㉡ 접근 통제의 3요소

| 구분 | 내용 |
|---|---|
| 접근 통제 정책 | • 특정 사용자가 자원에 접근하기 위한 형태 및 기법, 제한 조건 등을 정의 |
| 접근 통제 메커니즘 | • 실제 접근 통제를 수행하기 위한 프로세스 및 기술, 기법 등을 구현 |
| 접근 통제 보안모델 | • 주체와 객체의 접근 통제를 위해 표준화된 모델로 요구를 정의하고 표현 |

㉢ 접근 통제의 기본 구성

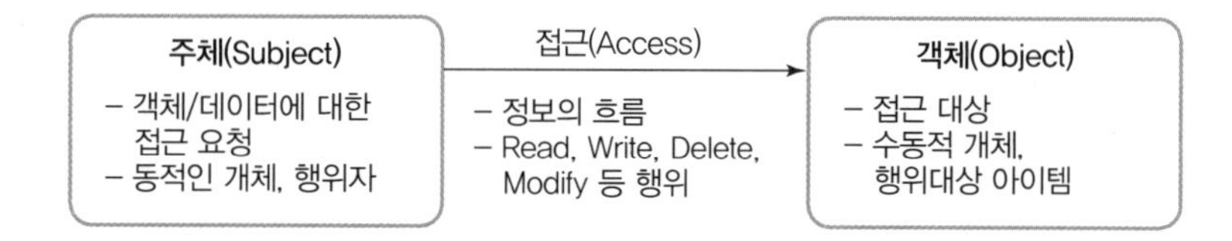


| 구분 | 내용 |
|---|---|
| 주체 (Subject) | • 특정 정보에 접근하기를 희망하는 사용자 |
| 객체 (Object) | • 사용자가 접근하고자 하는 대상 정보 및 자원 |
| 참조 모니터링 | • 주체가 객체를 사용하고 참조하는 것을 모니터링 수행 |
| 감사 이력 | • 접근 시도 및 객체 사용 이력을 증적으로 기록 |

㉣ 접근 통제의 유형

| 종류 | 내용 |
|---|---|
| 패스워드 기반 | • 패스워드, OTP 등 |
| 모델 기반 | • MAC(강제적), DAC(임의적), RBAC(역할기반) 등 |
| 중앙집중식 | • AAA, NAC, 접근 통제 솔루션 |
| 물리 기반 | • 출입 카드, 지문 인식기, CCTV 등 |

### ② 임의적 접근 통제(DAC ; Discretionary Access Control)

㉠ 주요 구성

<table>
<tr><th>구분</th><th>내용</th></tr>
<tr><td>정의</td><td>• 주체 혹은 주체 그룹의 신원에 근거하여 객체에 대한 접근을 제한하는 방법</td></tr>
<tr><td>특징</td><td>• 객체의 소유자가 규칙을 생성하고 접근 여부를 결정<br>• ID 기반 통제가 해당되며 단일 사용자의 정보 단위로 적용되어 모든 사용자의 정보가 다름<br>• ID에 대한 유출로 문제 발생 가능성 있음</td></tr>
<tr><td>방법</td><td>• 상황에 따라 CL과 ACL을 작성하고 주체가 객체에 대한 접근을 통제
<table>
<tr><th>구분</th><th>개요</th><th>세부설명</th><th>예시</th></tr>
<tr><td>Capability List(CL)</td><td>행 중심의 표현 형태</td><td>• 한 주체에 대해 접근 가능한 객체와 허가받은 접근 종류의 목록<br>• 객체가 소수일 경우 적합</td><td>• 사람 A에 대하여 [파일1 : RX], [프린터1:PRINT] 등 객체 정의</td></tr>
<tr><td>Access Control List(ACL)</td><td>열 중심의 표현 형태</td><td>• 한 객체에 대해 접근 허가받은 주체들과 허가받은 접근 종류의 목록<br>• 주체가 소수일 경우 적합</td><td>• 파일 B에 대해 [사용자1 : RX], [사용자2 : RW], [사용자3 : R] 등 주체 정의</td></tr>
</table></td></tr>
</table>

㉡ 임의적 접근 통제의 분류

| 구분 | 내용 |
|---|---|
| 신원기반 | • ID 기반의 임의적 접근 통제 방식으로 주체와 객체의 ID(Identity)에 따른 접근 통제 수행 |
| 사용자기반 | • 객체의 소유자가 객체에 대한 세부 접근 권한을 설정하고 갱신 가능 |
| 혼합방식 | • 신원 기반 유형과 사용자 기반 유형을 동시에 사용 |

### ③ 강제적 접근 통제(MAC ; Mandatory Access Control)

㉠ 주요 구성

| 구분 | 내용 |
|---|---|
| 정의 | • 기밀성이 있는 객체에 대해 주체 및 주체 그룹의 설정된 권한에 근거하여 객체에 대한 접근을 제어하는 방법 |
| 특징 | • 관리자가 정보자원을 분류하고 설정 및 변경 수행<br>• 모든 객체에 대하여 정보의 비밀성에 근거한 보안 레벨이 주어지고 각 레벨별로 허가된 사용자만이 접근할 수 있도록 통제<br>• 시스템 성능 문제와 구현의 어려움 때문에 주로 군이나 정부에서 사용 |

방법

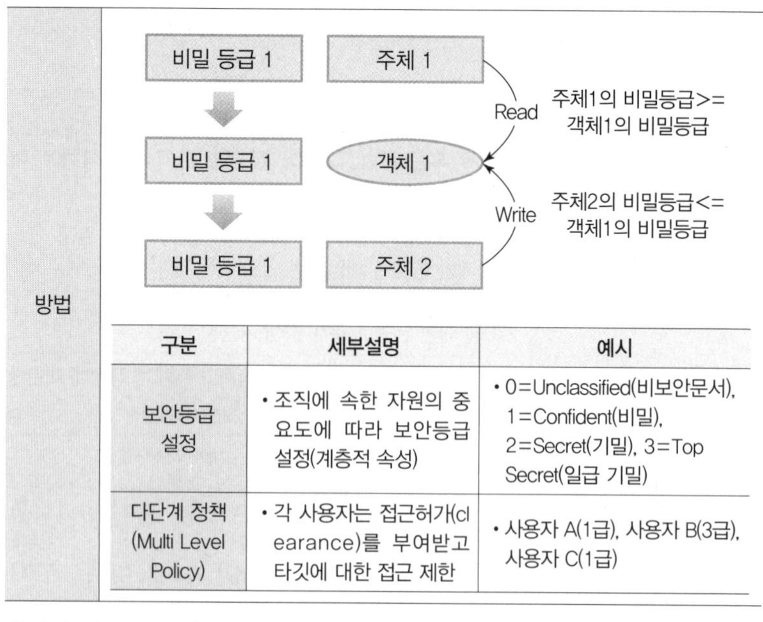


| 구분 | 세부설명 | 예시 |
|---|---|---|
| 보안등급 설정 | • 조직에 속한 자원의 중요도에 따라 보안등급 설정(계층적 속성) | • 0=Unclassified(비보안문서), 1=Confident(비밀), 2=Secret(기밀), 3=Top Secret(일급 기밀) |
| 다단계 정책 (Multi Level Policy) | • 각 사용자는 접근허가(clearance)를 부여받고 타깃에 대한 접근 제한 | • 사용자 A(1급), 사용자 B(3급), 사용자 C(1급) |

ⓛ 강제적 접근 통제의 분류

| 구분 | | 내용 |
|---|---|---|
| 규칙위반 | MLP (Multi Level Policy) | • BLP(Bell and LaPadula) 수학적 모델을 기반으로 구현하여 자동적으로 강제화된 시행 정책을 따르도록 규칙을 정의하고 비밀레벨에 의해서 접근 수준을 정의 |
| | CBP (Compartment Based Policy) | • 일련의 객체 집합과 주체 집합을 정의하고 접근 허가나 명명을 규정 |
| 관리기반 | | • 시스템 관리자에 의해서 객체 접근을 통제 |

### ④ 역할 기반 접근 통제 (RBAC ; Role Based Access Control)

㉠ 주요 구성

| 구분 | 내용 |
|---|---|
| 정의 | • 중앙의 별도 관리자가 주체와 객체의 상호 관계와 사용자의 맡은 역할에 기반하여 접근 허용 여부를 설정하고 관리 |
| 특징 | • 관리자에 의한 권한 지정을 및 관리를 통해 논리적, 독립적인 운영이 가능<br>• 계층적 역할 분배가 가능하며 사용자에게 최소한의 권한만 부여하는 최소 권한 정책 적용 필요<br>• 상호 배타적인 업무에는 동시에 권한 부여 되지 않도록 직무의 분리 정책 적용 필요<br>• 주로 기업이나 기관에서 ERP(Enterprise Resource Planning) 패키지에 활용 |

<table>
<tr><td>방법</td><td>

• 사용자의 역할과 인가가 필요한 권한 정보를 설정하는 정책을 수립하여 운영

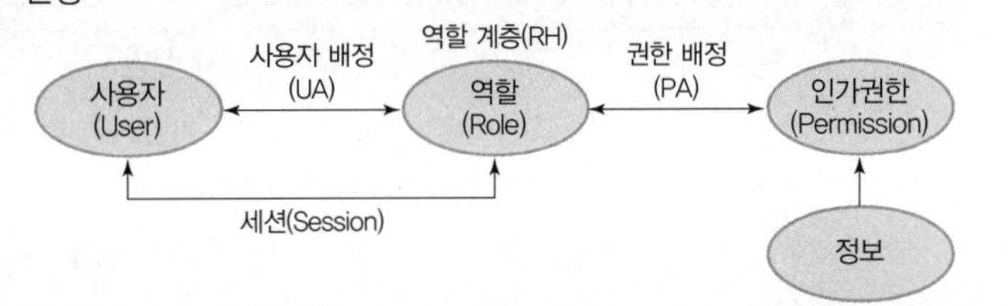


<table>
<tr><th>구분</th><th>세부설명</th><th>예시</th></tr>
<tr><td>사용자 역할</td><td>• 주체가 수행해야 하는 사전 정의된 직무</td><td>• 회계 관리<br>• 인사 관리</td></tr>
<tr><td>권한 정보</td><td>• 직무를 수행하기 위한 적정한 권한</td><td>• ERP 관리자 접근<br>• 그룹웨어 사용자 접근</td></tr>
</table>

</td></tr>
</table>

ⓛ 역할 기반 접근 통제의 특징

| 구분 | 내용 |
|---|---|
| 권한 관리 | • 사용자의 권한 지정을 논리적인 기준과 독립적으로 할당 및 삭제가 가능 |
| 계층적인 역할 분배 | • 계층형 역할구조로 상위 권한을 하위에 상속 가능 |
| 최소 권한 정책 | • 전체 사용자에게 최소한의 권한만 부여하여 보안성을 강화하고 권한의 남용을 방지 |
| 직무 분리 | • 특정 사용자가 단일 직무만을 갖도록 기준으로 하고 중복 직무를 최소한으로 제한 |
| 객체 분류 | • 직무에 따라서 사용자 그룹을 분류하고 객체별 접근 형태 통제 |

### ⑤ 접근 통제 정책의 비교 및 솔루션 유형

㉠ 접근 통제 정책의 비교

| 구분 | DAC | MAC | RBAC |
|---|---|---|---|
| 특징 | 객체 중심 통제 | 강제적 통제 | 역할 단위 통제 |
| 통제기반 | 신분 기반<br>(Identity base) | 규칙 기반<br>(Rule base) | 역할 기반<br>(Role base) |
| 통제주체 | 객체의 소유자 | 시스템 | 관리자 |
| 구성 요소 | 접근제어 리스트(ACL) | 보안 레벨 | 역할(Role) |
| 장점 | 구현 용이, 유연성 | 보안성 매우 높음 | 구성 변경 용이 |

ⓛ 접근 통제 솔루션의 유형

| 구분 | 상세 설명 |
|---|---|
| 서버 접근 통제 솔루션 | • 서버의 계정을 관리하고, 인증, 감사 수행 솔루션 |
| 데이터베이스 접근 통제 솔루션 | • DB의 접근 계정, 이력, 관리를 수행하는 솔루션 |
| 네트워크 접근 통제 솔루션 | • 인가된 IP, 맥 등 특정 PC와 단말만 접근 가능하도록 제어하는 솔루션 |

 두음암기

접근 통제 유형(임강역)
(한글) 이번 정차역은 **임강역**입니다.
(영어) 시험문제에 보기가 영어로 나올 수 있습니다. **(맥댁알백-MacDacRbac)**

**이해돕기**

접근통제 보안모델 중 벨 라파둘라 모델만 기밀성을 중점으로 하며, 나머지 비바 모델, 클락-윌슨 모델, 만리장성 모델은 모두 무결성에 중점을 둠

### ⑥ 접근 통제 보안 모델

㉠ 벨 라파둘라 모델(BLP ; Bell-LaPadula Confidentiality Model)

<table>
<tr><th>구분</th><th>상세 설명</th></tr>
<tr><td>정의</td><td>• 최초의 수학적 모델로 정보의 기밀성에 따라 상하 관계가 구분된 정보를 보호하기 위한 접근 통제 모델</td></tr>
<tr><td>공리</td><td><table>
<tr><th>구분/Level</th><th>내용</th></tr>
<tr><td>읽기 권한</td><td>• 낮은 보안레벨의 권한을 가진 이가 높은 보안 레벨의 문서를 읽을 수 없고, 자신의 권한보다 낮은 수준의 문서는 읽을 수 있음</td></tr>
<tr><td>쓰기 권한</td><td>• 자신보다 높은 보안 레벨의 문서에 쓰기는 가능하지만 보안 레벨이 낮은 문서에는 쓰기 권한이 없음</td></tr>
</table></td></tr>
<tr><td>개념도</td><td> 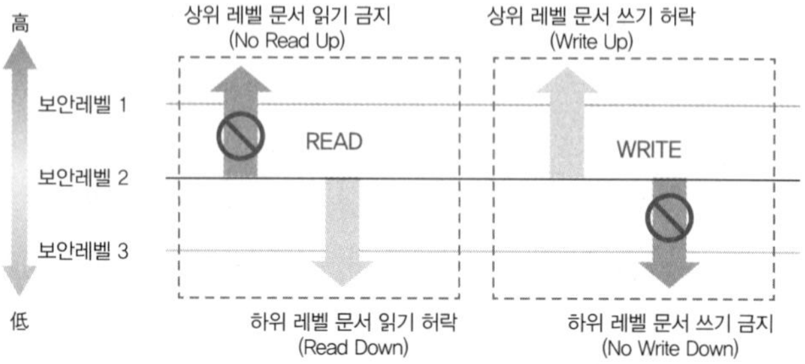高<br>상위 레벨 문서 읽기 금지 (No Read Up)<br>상위 레벨 문서 쓰기 허락 (Write Up)<br>보안레벨 1<br>READ<br>WRITE<br>보안레벨 2<br>보안레벨 3<br>低<br>하위 레벨 문서 읽기 허락 (Read Down)<br>하위 레벨 문서 쓰기 금지 (No Write Down)</td></tr>
<tr><td>구현 방법</td><td><table>
<tr><th rowspan="2">구분</th><th>ss-Property</th><th>*-Property</th></tr>
<tr><th>읽기 권한 (Read Access)</th><th>쓰기 권한 (Write Access)</th></tr>
<tr><td>높은 등급(Higher)</td><td>통제</td><td>가능</td></tr>
<tr><td>같은 등급(Same)</td><td>가능</td><td>가능</td></tr>
<tr><td>낮은 등급(Lower)</td><td>가능</td><td>통제</td></tr>
</table></td></tr>
</table>

㉡ 비바 모델(Biba Integrity Model)

<table>
<tr><th>구분</th><th>상세 설명</th></tr>
<tr><td>정의</td><td>• 무결성 통제를 위해 개발된 모델로 불법 수정방지 내용을 추가로 정의한 접근 통제 모델</td></tr>
<tr><td>공리</td><td><table>
<tr><th>구분</th><th>내용</th></tr>
<tr><td>읽기 권한</td><td>• 높은 등급 주체가 낮은 등급 무결성객체를 읽는 것을 금지함</td></tr>
<tr><td>쓰기 권한</td><td>• 낮은 등급 주체가 높은 등급 무결성객체에 정보를 쓰는 것을 금지함</td></tr>
</table></td></tr>
<tr><td>개념도</td><td>高<br>상위 레벨 문서 읽기 허락 (Read Up)<br>상위 레벨 문서 쓰기 금지 (No Write Up)<br>무결성레벨 1<br>READ<br>WRITE<br>무결성레벨 2<br>무결성레벨 3<br>低<br>하위 레벨 문서 읽기 금지 (No Read Down)<br>하위 레벨 문서 쓰기 허락 (Write Down)</td></tr>
</table>

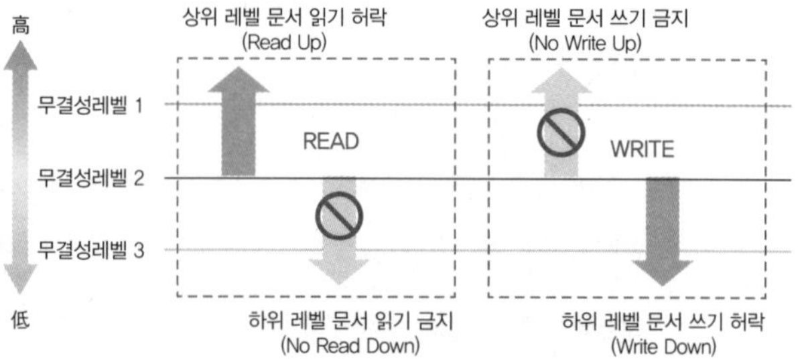

| 구현 방법 | 구분/Level | 단순 무결성 규칙 (Simple Integrity Property) | *(스타)-무결성 규칙 (*-Integrity Property) |
|---|---|---|---|
| | | 읽기 권한 | 쓰기 권한 |
| | 높은 등급(Higher) | 가능 | 통제 |
| | 같은 등급(Same) | 가능 | 가능 |
| | 낮은 등급(Lower) | 통제 | 가능 |

㉢ 기타 접근 통제 보안모델

| 구분 | 상세 설명 |
|---|---|
| 클락-윌슨 모델 (Clark-Wilson Integrity Model) | • 무결성 기반의 상업용 접근통제 모델<br>• 금융이나 회계 분야 등 상업적으로 중요한 분야의 접근통제를 위해서 예측이 가능하고 완벽하게 자료를 처리할 수 있는 정책 수립에 활용 |
| 만리장성 모델 (Chinese Wall Model) | • 접근통제 과정에서 이익 충돌을 회피하기 위한 모델로 직무분리의 개념을 접근통제의 기반으로 적용<br>• 무결성 기반으로 주체의 직무에 따른 접근통제 정책 수립 |

## 4. 보안 아키텍처(Security Architecture)

### ① 보안 아키텍처 개요

㉠ 보안 아키텍처의 정의

정보보호 및 개인정보보호 등의 비즈니스 문제에 대응하고 안전한 정보시스템 환경을 구축하기 위해 관리적, 기술적, 물리적 보안 차원에서 도출된 정보시스템 보안 설계서

㉡ 보안 아키텍처의 개념도

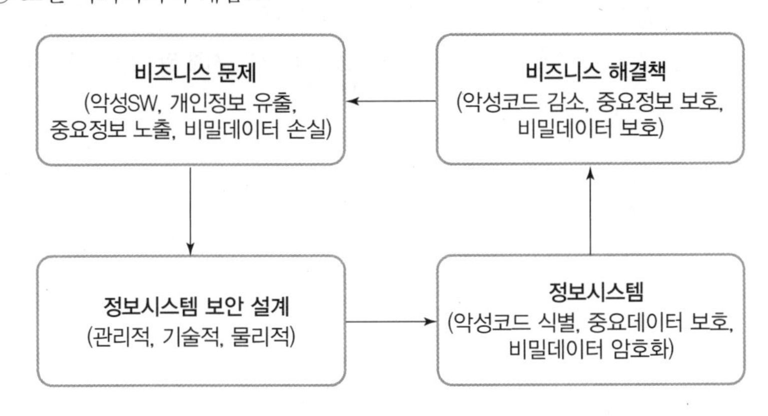


**이해돕기**

보안 아키텍처와 보안 프레임워크

• 보안 아키텍처 : 정보시스템의 보안 측면 설계서 혹은 청사진

• 보안 프레임워크 : 보안 아키텍처를 구성하기 위한 표준 틀

### ② 보안 아키텍처 구성요소

| 구분 | 내용 |
|---|---|
| 계정관리 | • 운영체제, DB, 응용 프로그램에 대한 계정관리 수행 |
| 패스워드 관리 | • 가장 기본적인 인증 방법인 패스워드에 대한 정책과 방법론에 대한 관리 수행 |
| 세션관리 | • 사용자와 컴퓨터, 혹은 복수개 이상의 컴퓨터가 통신을 통해 접속한 상태로 동시접속 여부, 통신 연결 시간제한 등에 대한 관리 수행 |
| 접근 통제 | • 인가된 정상적인 시스템이나 사용자만 접근할 수 있도록 관리 수행 |
| 권한관리 | • 특정 데이터, 파일, 시스템 자원 등에 대해서 읽기, 쓰기, 삭제 및 수정 등 임무를 제공하고 관리하기 위한 방법 수행 |
| 취약점 관리 | • 보안 취약점에 대해서 지속적인 모니터링과 대응을 위한 관리 방법 수행 |

### ③ 보안 프레임워크(Security Framework)

㉠ 보안 프레임워크의 정의

정보시스템 구축 및 운영 간에 발생하는 모든 과정에서 안전한 운영이 될 수 있도록 기밀성, 무결성, 가용성의 보안 프레임워크 3요소와 신뢰성, 책임 추적성, 인증성을 확보하기 위한 총괄 활동

㉡ (정보)보안 프레임워크 핵심 요소

| 구분 | | 내용 |
|---|---|---|
| 보안전략 | | • 기밀성(Confidentiality), 무결성(Integrity), 가용성(Availabilty) |
| 보안 매커니즘 | | • 부인 방지와 인증, 권한, 책임성 |
| 관리적 측면 | 인적 보안 | • 근무자 및 퇴직자들을 대상으로 하는 권한 및 책임 설정과 삭제 |
| | 물리적 보안 | • 통제구역, 제한구역 등 특정 지역이나 중요 시스템에 대한 접근 통제 수행 |
| | 보안 정책 | • 법제도, 정책 및 규정, 지침 및 매뉴얼 등 관리적 보안을 위한 행정적 활동 |
| 기술적 측면 | 응용 기술 | • 전자 상거래, 공개키 인프라, 인증 및 권한 응용 애플리케이션 등 |
| | 기반 기술 | • 네트워크 보안, 시스템 보안, 데이터 보안 등 기술 구현 |
| | 요소 기술 | • 암호화 |

④ **보안 프레임워크 개념도**

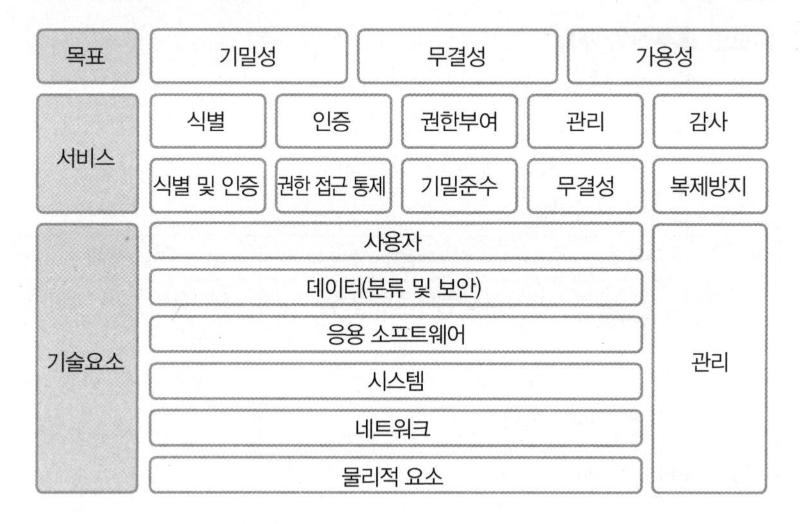


## SECTION 02 시스템 보안 구현

### 1. 로그 분석

① **로그 분석의 정의**

정보시스템 운영 간에 발생하는 접속기록, 행위기록 등의 이력 사항을 분석하여 공격 행위나 이상 행위를 분석하는 활동

② **중요 로그 분석 유형**

| 구분 | 내용 |
|---|---|
| 서버 로그 | • 리눅스, 유닉스, 윈도우 등 운영체제에서 기록하는 서버 운영 이력 |
| 시스템 로그 | • 방화벽, IPS, NAC 등 보안 시스템에서 관리하는 이력 |
| 네트워크 로그 | • 통신상에서 이뤄지는 행위를 기록한 이력 |
| 기타 이력 | • DB나 특정 어플리케이션에서 관리되는 이력 정보 |

③ **로그 분석의 방법**

| 구분 | 내용 |
|---|---|
| 시스템 자체 기능 | • 네트워크 시스템이나 보안시스템에서 제공하는 로그 분석 툴 사용 |
| 운영체제 기능 | • 운영체제나 제공하는 로그 관리 및 분석 기능을 활용하여 분석 |
| 자동화 소프트웨어 | • 특정 서버나 시스템에 자동화된 소프트웨어 설치하여 활용 |
| 자동화 장비 | • 로그 수집 및 분석을 지원하는 별도의 하드웨어 및 어플라이언스 장비를 활용 |
| 분석 명령어 | • 운영체제나 콘솔 명령어를 활용하여 로그를 덤프하고 관리자가 직접 분석을 수행 |

**이해돕기**

정보보안과 개인정보보호에서 로그 관리 및 분석은 상당히 중요한 작업이며, 특히 개인정보의 활용, 계정 생성 정보 등은 법적으로 반드시 관리해야 하는 중요한 로그임

이해돕기

최근 다양한 해킹 및 사이버 공격에 대응하기 위해 여러 유형의 보안 솔루션이 있으며, 본서에 포함된 솔루션 외에도 Anti-DDoS 시스템, TMS(Threat Management System) 등 훨씬 다양한 제품들이 상용화됨

## 2. 보안 솔루션

### ① 보안 솔루션의 개요

㉠ 보안 솔루션의 정의

정보시스템의 무결성, 기밀성, 가용성을 확보하고 안전한 개발, 구축, 운영을 지원하는 소프트웨어나 하드웨어

㉡ 보안 솔루션 유형

| 구분 | 내용 | 예시 |
|---|---|---|
| 시스템 보호 | • 대상 시스템에 대한 보안 기능 수행 | • 웹방화벽, DLP, 서버 접근제어 솔루션 등 |
| 네트워크 보호 | • 네트워크 대상의 보안 기능 수행 | • 방화벽, UTM, VPN, NAC, IPS 등 |

### ② 방화벽(Fire Wall)

㉠ 방화벽의 정의

네트워크 망의 외부에서 발생하는 불법 침입과 내부에서 발생하는 정보 유출을 방지하고 내부와 외부 네트워크 상호 간의 영향을 통제하는 보안 솔루션

㉡ 방화벽의 주요 기능

| 기능 | 내용 |
|---|---|
| 접근 제어 | • 방화벽 정책에 따라서 정상적인 사용자와 비정상적인 사용자를 구별하고 패킷을 필터링하고 사전에 허락된 특정 송신원의 주소나 발신원 주소 등을 가진 패킷만을 통과시키는 기능 |
| 사용자 인증 | • 특정 트래픽의 사용자를 인증하고 관리 |
| 감사 및 로그 | • 트래픽과 네트워크 사용에 관한 접속 정보 및 방화벽 사용 정보 기록 |
| 프록시 기능 | • 애플리케이션에 대한 필터링과 실제 IP와 인터넷상의 노출 IP를 변환하여 네트워크 대역 보호 |
| 주소변환 (NAT ; Network Address Translation) | • 내부 사설IP 주소를 외부의 공인IP로 주소를 변환하여 제공함으로써 IP 부족에 대응하고 보안성 향상 |
| 데이터 암호화 | • 방화벽에 포함된 VPN의 기능을 활용하여 특정 구간에 대한 터널링으로 안전한 트래픽 전송 가능 |

### ③ 웹 방화벽(Web Fire Wall)

㉠ 웹 방화벽의 정의

웹 서비스 포트가 통상적으로 상시 오픈되어 있어 이에 대응하기 위해 개발된 웹 애플리케이션 계층 구간을 보호하는 특화된 방화벽

㉡ 웹 방화벽의 주요 기능

| 주요 기능 | 설명 | 세부 기술 요소 |
| --- | --- | --- |
| Request Validation | • 웹 서비스에 대한 요청이 있을 때 악의적인 요청 및 침입을 확인하고 차단 및 방어하는 기능 | • 애플리케이션 접근제어, 스크립트 삽입 및 SQL 위변조 차단 등 |
| Content Protection | • 클라이언트의 콘텐츠 사용 요청을 확인하여 차단하거나 혹은 제공하는 콘텐츠를 보호하는 기능 | • 소스 코드 노출 차단, 콘텐츠 무단 사용 차단 등 |
| Cloaking | • 서버 존을 가상화하여 클라이언트에게 실제 서버 존의 위치와 관련 정보를 숨기는 기능 | • URL 변환, 서버 IP 변환, 서버 로드 발랜싱 등 |

④ IDS(Intrusion Detection System)

㉠ IDS의 정의

외부의 비인가 사용자가 내부 자원을 침해하는 비정상적인 공격 행동에 대해서 실시간으로 탐지하는 시스템

㉡ IDS의 주요 기능

| 구분 | 오용탐지(Misuse) 방식 | 비정상탐지(Anomaly) 방식 |
| --- | --- | --- |
| 동작방식 | • 시그니처(signature) 기반 탐지 | • 행위(Behavior) 기반 탐지 |
| 침입 판단 방법 | • 미리 정의된 패턴에 의한 탐지 | • 비정상적인 사용 행태를 분석하여 탐지 |
| 사용기술 | • 패턴 비교 | • 인공지능 학습이나 통계적 분석 |
| 장점 | • 속도가 빠르고 구현 용이 | • 알려지지 않은 공격 대응 가능 |
| 단점 | • 알려지지 않은 공격 탐지 불가 | • 구현이 어려움 |

이해돕기

IDS는 침해 활동을 탐지하기만 하고 차단이 불가하여 오늘날에는 IPS 시스템이 주로 활용됨

⑤ IPS(Intrusion Prevention System)

㉠ IPS의 정의

• 공격 패턴을 분석하여 네트워크상 발생하는 이상 활동이나 공격 활동을 자동 감지, 자동 차단하는 보안 솔루션
• 단순히 탐지만 하는 IDS와 달리 자동 차단 기능이 있으며, 와이파이 네트워크에 특화된 WIPS 등의 유형이 있음

㉡ IPS의 주요 기술

| 주요 기술 | 설명 |
| --- | --- |
| Inline상에 위치 | • 네트워크망의 메인 구성 라인에 포함되어 있어 빠른 감지 속도와 차단 능력 우수 |
| 세션 기반 탐지 | • 패킷과 세션 각각에서 발생하는 공격 활동을 자동 감지하고 차단 |
| 악의적 세션 차단 | • 다양한 유형의 악의적 세션과 서비스 거부 공격을 유발하는 비정상 트래픽 차단 가능 |
| 패킷 처리 기술 | • 실시간 패킷 처리를 위한 고속 처리 기술 |

⑥ NAC(Network Access Control)

㉠ NAC의 정의

접속 단말기에 대한 정책 준수 여부를 평가하고 네트워크 접속 허용 여부를 관리하는 보안 시스템

㉡ NAC의 주요 기능

| 기능 | 설명 |
|---|---|
| 인증 | • 인증된 시스템 및 사용자에 대한 접근 허용 |
| 정책관리 | • 접근 권한, 통제 규칙 등을 설정하고 구현 |
| 격리 | • 미인가자 및 정책 미준수자에 대한 별도 통제 |
| 치료 | • 정책위반 사용자에 대한 업데이트, 패치, 소프트웨어 설치 수해 |
| 강제 | • 인증이나 우회 경로에 대해서 강제 제어 수행 |

⑦ VPN(Virtual Private Network)

㉠ VPN의 정의

터널링 기법을 적용하여 공중망에 접속한 두 시스템의 네트워크 사이를 전용선에 연결한 효과를 내는 네트워크 가상화 기법

㉡ VPN의 주요 특징

| 특징 | 내용 |
|---|---|
| 비용 절감 | • 독자적인 전용망 구성 대비 비용 절감 |
| 안정성 | • 암호화 기법 기반의 가상 터널링으로 안전한 통신환경 제공 |
| 편리성 | • SSL VPN은 웹 브라우저를 기반으로 하여 구현과 활용 용이 |
| 원거리 보안 통신 | • 기업과 기업 간, 기업 내부 본사와 지사 등 원거리 통신의 안정성 제공 |

㉢ VPN의 유형

| 유형 | 내용 | 계층 |
|---|---|---|
| IPSec VPN | • IPSec 프로토콜 이용하는 전용 장비를 기반으로 VPN 구성하여 보안 수준이 높고 속도가 빠르나 비용이 높음 | 3계층(Network) |
| MPLS VPN | • 고속의 통신이 가능한 MPLS 네트워크 장비 간의 통신을 활용한 VPN 방식으로 가장 속도가 높으나 구현 비용이 가장 높음 | 2계층(Datalink) |
| SSL VPN | • 응용 프로그램과 웹 브라우저를 활용한 소프트웨어 방식의 VPN<br>• 구현 비용이 낮고 편의성이 높으나 속도가 느리며 취약한 소스 코드로 인하여 보안취약점 발생 가능성 있음 | 4~7계층<br>(Transport~Applicaion) |

⑧ DLP(Data Loss Prevention)

㉠ DLP의 정의

기업 내부에 존재하는 민감함 데이터, 파일, 지적 재산 정보 등의 유출을 사전에 방지하는 보안 솔루션으로 저작물에 대한 보호와 관리를 수행하는 DRM과 유사한 기능 수행

㉡ DLP의 구성 요소

| 구분 | 요소 | 세부 내용 |
|---|---|---|
| DLP 관리자 | 정책관리 | • 조직 내의 보안 정책을 시스템에 정의하고 관리하여 맞춤형 데이터 유출정책 적용 가능 |
| | 시스템 관리 | • 시스템 접근제어 및 사용자 권한 관리 수행 |
| | 업무상황 관리 | • 기관 내 업무 수행 흐름 제어 및 데이터 관리 프로세스 수행 |
| DLP 데이터센터 | 중요 데이터 탐색 | • 분산된 기관 내 시스템에 대해서 정책에 해당되는 중요 데이터나 파일을 탐색 |
| | 중요 데이터 통제 | • 데이터나 파일의 중요도를 확인하고 각 중요도에 따라 암호화 강제, 격리, 삭제 등의 통제 수행 |
| DLP 네트워크 | 모니터링 | • 내외부 데이터 유출을 모니터링하고 관련 로그 관리 |
| | 데이터 전송통제 | • 내부망에서 외부망으로의 비정상 접근과 데이터 유출을 차단 |
| DLP 엔드포인트 | 사용자 활동 감시 | • 내외부 이해관계자들의 유출 정황을 지속적으로 탐지 |
| | 데이터 암호화 | • 데이터나 파일에 대한 강제 암호화 적용 |

이해돕기

DLP는 민감한 데이터 및 파일과 함께 주로 개인정보 보호에 활용됨

⑨ UTM(Unified Threat Management)

㉠ UTM의 정의

방화벽, IPS, VPN 등의 기능을 유기적이고 복합적으로 제공하는 통합 보안 시스템

㉡ UTM의 주요 기능

| 보안 기능 | 설명 |
|---|---|
| 방화벽 기능 | • 내외부의 비정상적인 트래픽과 접속을 차단하고 패킷 필터링 수행<br>• 내부 사설 IP와 외부 공인 IP의 변환이나 프록시 기능 등을 수행 |
| VPN 관련 기능 | • 부가적인 VPN 기능을 활성화하여 가상 터널링을 통한 보안 통신 수행 |
| DDoS 공격 방어 기능 | • DRDoS 등 TCP 프로토콜을 활용한 DDoS의 대응 수행 |
| IDS/IPS 관련 기능 | • 시그니처 기반이나 이상행위 기반의 IPS 기능을 통해서 비정상적인 공격을 감지하고 차단 수행 |

이해돕기

UTM의 발전

최근 UTM은 UTM 2.0 혹은 XTM(eXtensible Threat Management)으로 진화했으며, 통합 보안 관리, 가상화 지원, 추가 보안 기능 제공 등의 특성을 갖고 있음

| Anti-Virus<br>Anti-Spyware | • 응용계층에서 HTTP, FTP, SMTP, POP3 등 파일 및 메일 프로토콜에 대한 악성 바이러스 감염 여부 확인 및 대응 |
|---|---|
| Anti-Spam | • 블랙 리스트나 비정상적인 메일링 패턴을 분석하여 스팸메일 차단 |
| 유해 사이트 필터링 | • 유해정보 데이터베이스나 패턴 분석을 통한 유해 사이트 차단 수행 |
| Web Application Security 기능 | • 응용 계층에서 발생하는 버퍼 오버플로우, SQL 인젝션 등의 웹 공격 차단 |

## 3. 취약점 분석

① **OWASP(The Open Web Application Security Project) Top 10**

㉠ OWASP 10의 정의

- 사용자가 신뢰할 수 있는 웹 어플리케이션을 개발, 도입, 운영할 수 있도록 기준을 제공하는 비영리기관에서 발표한 보안위험 관리지표 10선
- OWASP 지표를 기반으로 자동화된 도구나 수동방식으로 소스 코드를 점검하고 취약점을 도출, 분석하는 방법

㉡ OWASP 10의 특징

| 항목 | 설명 |
|---|---|
| 선정대상 | • 취약점이 아닌 가장 위험한 항목 선정 |
| 위험평가 | • 발생 빈도별 순위산출에서 위험관리 평가 방법론 기반으로 위험을 평가 |
| 부록 제공 | • 개발자, 검증자, 경영층을 위한 다음 단계에 대한 가이드와 위험 평가 방법론 등 풍부한 부록 제공 |

OWASP Top 10의 최신 버전은 '21년 버전이며, 그 이전 버전은 '17년에 제안됨

㉢ '21년 OWASP 10의 세부 내용

| 번호 | 지표 | 세부 설명 | 대응 방안 |
|---|---|---|---|
| A1 | 접근 권한 취약점<br>(Broken Access Control) | • 타 사용자의 접근 권한을 탈취하여 데이터 확인, 유출 및 권한 정보 수정 | • 사용자의 접근 권한 지속적 모니터링 및 관리 |
| A2 | 암호화 오류<br>(Cryptographic Failures) | • 암호화 알고리즘 오류나 저수준 암호화로 데이터 유출 | • 최신의 표준형 암호화 알고리즘 적용 및 검토 |
| A3 | 인젝션<br>(Injection) | • SQL이나 운영체제에 명령어를 입력하여 오류를 발생시키고 중요 정보 탈취 | • 입력값에 대해서 필터링 기능 구현<br>• 최신의 검증된 라이브러리 이용 |
| A4 | 불안전한 설계<br>(Insecure Design) | • 설계상 보안 기능의 누락이나 취약점 존재 | • Secure SDLC 기반의 소프트웨어 설계 및 개발 |

| A5 | 보안 구성 오류 (Security Misconfiguration) | • 보안 설정 미비, 오류 메세지 노출 등 구성상 취약점 존재 | • 취약점 점검 및 오류 발생에 대한 테스트 수행 |
|---|---|---|---|
| A6 | 취약하고 오래된 요소 (Vulnerable and Outdated Components) | • 운영체제나 DBMS, API 등의 버전이 낮고 관리가 안 되어 취약점 발생 | • 패치 관리 자동화<br>• 최신 버전의 운영체제나 DBMS로 마이그레이션 |
| A7 | 식별 및 인증 오류 (Identification and Authentication Failures) | • 취약한 암호나 아이디를 사용하거나 인증 기능에 오류가 있는 경우 | • OTP나 2 Tier 인증 수행<br>• 주기적인 암호 변경 및 암호 정책 반영 여부 검토 |
| A8 | 소프트웨어 및 데이터 무결성 오류 (Software and Data integrity Failures) | • 데이터 무결성 훼손이나 소스 코드 업데이트 시 완벽하지 않은 코드를 통해서 오류 유입 | • 소스 코드 및 데이터의 사전 무결성 체크 |
| A9 | 보안 로깅 및 모니터링 실패 (Security Logging and Monitoring Failures) | • 보안과 관련한 모니터링 및 로그 관리 기능의 부족이나 미흡으로 공격의 미탐지나 증적 확보 불가 | • 모니터링 및 이력관리, 경고 기능 구현<br>• TSM이나 SOAR 등의 통합 보안 시스템 도입 |
| A10 | 서버 측 요청 위조 (Server-Side Request Forgery) | • 서버의 요청을 공격자가 임의 공격대로 위변조 하여 오작동 및 침해사고 발생 유형 | • 시큐어 코딩<br>• Secure OS 도입 |

② **취약점 분석 절차**

㉠ 취약점 분석의 정의

침해사고가 발생한 경우 이를 조사하고 향후 동일한 사고가 발생하지 않도록 취하는 조치로 7단계가 있음

㉡ 취약점 분석 절차도

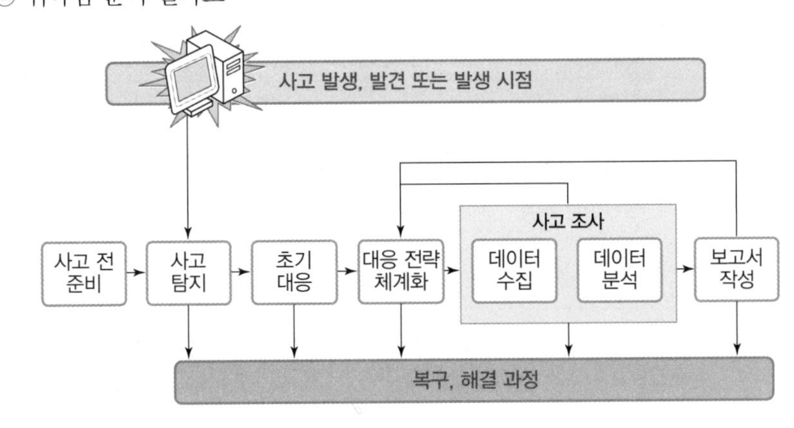

ⓒ 취약점 분석 절차 단계

| 번호 | 단계 | 세부 설명 |
|---|---|---|
| 1 | 사고 전 준비 | • 침해사고에 대한 예방적 활동과 사고 시 수행방안 기획<br>• 침해사고 대응팀 구성 및 교육, 훈련 수행 |
| 2 | 사고 탐지 | • 네트워크 장비, 보안 솔루션, 서버 등의 이상 징후를 탐지하고 신속한 침해 여부 인식 |
| 3 | 초기 대응 | • 초기 조사를 수행하고 대상 시스템, 공격 유형 등을 파악하여 초기 대응하고 대응팀 소집 |
| 4 | 대응 전략 체계화 | • 침해사고 대응 매뉴얼을 기반으로 하여 최적의 대응 전략을 수행하고 관리자 승인, 유관기관 협업, 법적 소송 등을 결정하고 복구 방안 결의 |
| 5 | 사고 조사 | • 정밀한 사고 조사를 위해 증적을 수집하고 원인 분석, 결과 도출 및 시스템 복원 수행 |
| 6 | 보고서 작성 | • 분석 결과를 기반으로 결과 보고서를 작성하고 이해관계자 및 상위자에 대해서 회의 및 보고 수행 |
| 7 | 해결 | • 유사 공격에 대한 대응 방안을 마련하고 정책적으로 정의 후 대응 계획 추진과 시스템 복원 완료 후 점검 수행 |

③ **디지털 포렌식(Digital Forensic)**

㉠ 디지털 포렌식의 정의

컴퓨터를 이용하거나 모바일 디바이스를 활용해 이뤄지는 범죄 행위에 대한 법적 증거를 확보하기 위한 일련의 절차와 방법

㉡ 디지털 증거의 특징

| 특징 | 내용 |
|---|---|
| 매체 독립성 | • 저장 매체에 상관없이 일정한 데이터 값을 유지 |
| 대용량 | • 방대한 데이터 값과 파일에서 원하는 부분을 식별하고 정의해야 함 |
| 디지털 | • 디지털 특성상 원본과 사본의 구별이 어려워 무결성 검증 논란 발생 가능 |
| 비가시성 | • 데이터나 자료의 비가시성으로 인간이 판단하기 어려움 |
| 휘발성 | • 휘발성 데이터나 자료의 경우 전원이 차단되거나 재부팅되면 자료 소멸 |
| 네트워크성 | • 네트워크 기반의 해킹이나 범죄는 국경을 초월하여 법적 쟁점 부각 |

두음암기

디지털포렌식의 기본원칙(정재신연무)
이**정재** **신**을 정**연무**가 신고 갔다.

㉢ 디지털 포렌식의 기본 원칙

| 기본 원칙 | 내용 |
|---|---|
| 정당성의 원칙 | • 적법하게 수집되지 않은 증거는 채용 불가 |
| 재현의 원칙 | • 범죄 상황과 동일한 상황, 동일 조건에서 항상 같은 결과가 도출되어야 함 |
| 신속성의 원칙 | • 포렌식 전 과정을 신속하게 추진하여 휘발성 데이터나 네트워크 공격에 대한 증거 수집이 가능해야 함 |

| 연계 보관성의 원칙<br>(Chain of Custody) | • 디지털 증거물의 수집, 이동, 보관, 분석, 제출의 전 과정에 담당자와 책임자가 분명하고 위변조 없이 진행되어야 함 |
|---|---|
| 무결성의 원칙 | • 해쉬 함수를 활용하여 수집된 증거가 최종 증거로 제출할 때까지 위변조되지 않았음을 증명해야 함 |

㉣ 컴퓨터 포렌식의 절차도

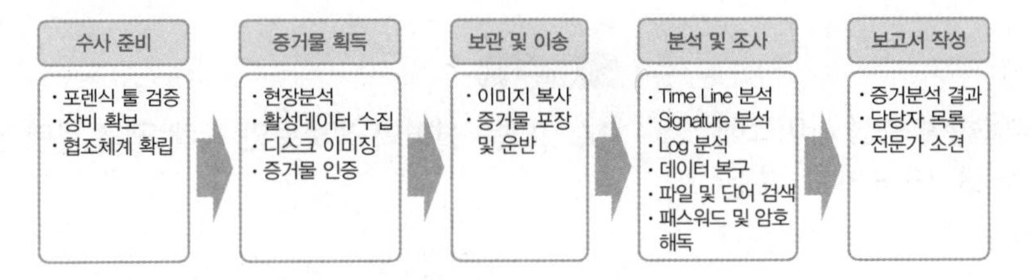


㉤ 컴퓨터 포렌식의 절차별 세부 설명

| 단계 | 세부 설명 | 고려 사항 |
|---|---|---|
| 수사 준비 | • 포렌식 추진 계획을 수립하고 전문 인력 및 포렌식 도구 준비<br>• 증적의 연속적 관리방안과 데이터 무결성 확보 방안 수립 | • 과정 기록 준비<br>• 포렌식 지원 툴 준비<br>• 전문 인력 사전 확보 |
| 증거 수집 | • 증거 수집 및 과정 이력관리 | • 휘발성 및 네트워크 증적을 먼저 수집하고 수집된 증거에 따른 저장 및 보관 방법 도출<br>• 각 과정에 대한 이력 관리 수행 |
| 보관 및 이송 | • 증거의 훼손이나 유출을 방지하기 위해서 이중화, 쓰기 방지 및 안전한 봉인 등을 수행 | • 증거물의 보관 이송에 대한 이력 관리 |
| 증거분석 | • 수집된 데이터의 복구 및 분석 | • 증거의 무결성 확보 노력<br>• 분석을 지원툴 활용 |
| 보고서 및 증거 제출 | • 결과에 대한 보고서 작성 및 증거 제출 | • 재현이 가능하도록 분석 및 증거 제출 |

**두음암기**

디지털포렌식 절차(준수보분제)
국화가 준수해 보여서 분제를 하였다.

# 기출문제 분석

1, 2회

**01** IP 또는 ICMP의 특성을 악용하여 특정 사이트에 집중적으로 데이터를 보내 네트워크 또는 시스템의 상태를 불능으로 만드는 공격 방법은?

① TearDrop ② Smishing
③ Qshing ④ Smurfing

해설 TearDrop은 TCP 통신에서 시퀀스 넘버를 위조하여 정상적인 데이터통신을 방해하는 공격이다. Smishing은 문자를 이용하고 Qshing은 QR코드를 이용한 피싱 공격이며, 본 문제는 PING 신호처럼 데이터를 집중적으로 보내서 시스템 마비시키는 Smurfing에 대한 설명이다.

1, 2회

**02** 컴퓨터 사용자의 키보드 움직임을 탐지해 ID, 패스워드 등 개인의 중요한 정보를 몰래 빼가는 해킹 공격은?

① Key Logger Attack
② Worm
③ Rollback
④ Zombie Worm

해설 사용자가 누르는 키값, 순서 등을 탐지하고 신용카드 번호, 주민등록 번호, 아이디와 패스워드 등을 해킹하는 공격은 Key Logger Attack이다.

1, 2회

**03** 백도어 탐지 방법으로 틀린 것은?

① 무결성 검사 ② 닫힌 포트 확인
③ 로그 분석 ④ SetUID 파일 검사

해설 백도어 등 해킹 탐지는 언제나 불필요하게 열린 포트가 있는지 확인하는 데서 시작한다.

1, 2회

**04** 다음 설명의 정보보안 침해 공격 관련 용어는?

> 인터넷 사용자의 컴퓨터에 침입해 내부 문서 파일 등을 암호화해 사용자가 열지 못하게 하는 공격으로, 암호 해독용 프로그램의 전달을 조건으로 사용자에게 돈을 요구하기도 한다.

① Smishing ② C-brain
③ Trojan Horse ④ Ransomware

해설 Ransomware는 이미지, 문서 파일 등을 암호화하고 해독을 위한 복호화키를 제공한다고 하면서 가상화폐 등 금전적 이득을 요구하는 공격기법이다. 최근에 전 세계적으로 공격이 부쩍 늘어나고 있다.

1, 2회, 5회

**05** 크래커가 침입하여 백도어를 만들어 놓거나, 설정 파일을 변경했을 때 분석하는 도구는?

① trace ② tripwire
③ udpdump ④ cron

해설 tripwire는 파일의 위변조 여부를 검토하고 모니터링하는 무결성 점검도구이다. 보통 해커가 시스템을 침입하면서 중요 시스템 설정과 파일을 변조하게 되는데, tripwire를 이용하여 위변조 사항을 확인할 수 있다.

3회

**06** DDoS 공격과 연관이 있는 공격 방법은?

① Secure shell
② Tribe Flood Network
③ Nimda
④ Deadlock

해설 Secure shell은 보안 원격 접속 기능이며, Nimda는 과거의 바이러스 이름이다. Deadlock은 운영체제에서 서로 다른 프로세스가 자원을 요청하는 과정에서 정지되는 상황을 의미한다. Tribe Flood Network(TFN)는 ICMP, SYN, UDP 등의 Flood(폭주)를 이용한 서비스 거부 공격을 의미한다.

4회

**07** 다음은 정보의 접근 통제 정책에 대한 설명이다. (ㄱ)에 들어갈 내용으로 옳은 것은?

| 정책 | (ㄱ) | DAC | RBAC |
|---|---|---|---|
| 권한 부여 | 시스템 | 데이터 소유자 | 중앙관리자 |
| 접근 결정 | 보안등급 (Label) | 신분 (Identity) | 역할 (Role) |
| 정책 변경 | 고정적 (변경 어려움) | 변경 용이 | 변경 용이 |

① NAC ② MAC
③ SDAC ④ AAC

해설 MAC, DAC, RBAC은 모두 접근 통제 방식이며, 이 중 정책변경이 고정적이고, 보안등급에 기준하여 접근 통제를 수행하는 방식은 강제적 접근 통제인 MAC(Mandatory Access Control) 방식이다.

5회

**08** 정보 보안을 위한 접근 통제 정책 종류에 해당하지 않는 것은?

① 임의적 접근 통제
② 데이터 전환 접근 통제
③ 강제적 접근 통제
④ 역할 기반 접근 통제

해설 접근 통제정책은 강제적 접근 통제(MAC), 임의적 접근 통제(DAC), 역할기반 접근 통제(RBAC) 등으로 분류된다.

4회

**09** 이용자가 인터넷과 같은 공중망에 사설망을 구축하여 마치 전용망을 사용하는 효과를 가지는 보안 솔루션은?

① ZIGBEE ② KDD
③ IDS ④ VPN

해설 VPN(Virtual Private Network)은 다수 사용자 망에서도 보안통신 방식인 터널링을 사용하여 마치 개인적인 전용망처럼 사용할 수 있는 통신망 방식이다.

4회

**10** 웹페이지에 악의적인 스크립트를 포함시켜 사용자 측에서 실행되게 유도함으로써, 정보 유출 등의 공격을 유발할 수 있는 취약점은?

① Ransomware ② Pharming
③ Phishing ④ XSS

해설 크로스 사이트 스크립팅(Cross Site Scripting) 공격은 선량한 사용자가 웹사이트의 악성 스크립트를 실행하도록 해킹하는 방식이다.

5회

**11** 세션 하이재킹을 탐지하는 방법으로 거리가 먼 것은?

① FTP SYN SEGNENT 탐지
② 비동기화 상태 탐지
③ ACK STORM 탐지
④ 패킷의 유실 및 재전송 증가 탐지

해설 세션 하이재킹은 해커가 정상적인 사용자로 위장하고 TCP나 HTTP 등 4~7계층에서 수행하는 가로채기 공격이다. FTP는 제어 채널과 전송 채널이 분리되어 있어서 세션 하이재킹보다는 패스워드 공격이 주를 이룬다.

정답 01 ④ 02 ① 03 ② 04 ④ 05 ② 06 ② 07 ② 08 ② 09 ④ 10 ④ 11 ①

5회

## 12 소셜 네트워크에서 악의적인 사용자가 지인 또는 특정 유명인으로 가장하여 활동하는 공격 기법은?

① Evil Twin Attack
② Phishing
③ Logic Bomb
④ Cyberbullying

해설 소셜네트워크, 혹은 업무 활동에서 발생하는 대표적인 가장 공격은 피싱이다. 본 문제에는 피싱이 정답이나, 무선 네트워크 액세스포인트를 가장하는 공격인 Evil Twin Attack도 정답으로 간주한다.

6회

## 13 다음 내용이 설명하는 접근 제어 모델은?

- 군대의 보안 레벨처럼 정보의 기밀성에 따라 상하 관계가 구분된 정보를 보호하기 위해 사용한다.
- 자신의 권한보다 낮은 보안 레벨 권한을 가진 경우에는 높은 보안 레벨의 문서를 읽을 수 없고 자신의 권한보다 낮은 수준의 문서만 읽을 수 있다.
- 자신의 권한보다 높은 보안 레벨의 문서에는 쓰기가 가능하지만 보안 레벨이 낮은 문서의 쓰기 권한은 제한한다.

① Clark－Wilson Integrity Model
② PDCA Model
③ Bell－Lapadula Model
④ Chinese Wall Model

해설 접근제어에서 활용하는 모델은 Bell－Lapadula Model과 Biba Model, Clark－Wilson Integrity Model, Chinese Wall Model 등이 있으며, 군대의 보안 레벨과 유사한 모델은 Bell－Lapadula Model이다.

6회

## 14 IPSec(IP Security)에 대한 설명으로 틀린 것은?

① 암호화 수행 시 일방향 암호화만 지원한다.
② ESP는 발신지 인증, 데이터 무결성, 기밀성 모두를 보장한다.
③ 운영 모드는 Tunnel 모드와 Transport 모드로 분류된다.
④ AH는 발신지 호스트를 인증하고, IP 패킷의 무결성을 보장한다.

해설 VPN에 핵심기술인 IPSec 방식은 터널링을 통한 안전한 데이터 전송에 활용하며 주로 대칭키 방식을 사용한다. 본문의 일방향 암호화는 복호화가 불가능하여 데이터 통신에 적합하지 않다.

6회

## 15 침입차단 시스템(방화벽) 중 다음과 같은 형태의 구축 유형은?

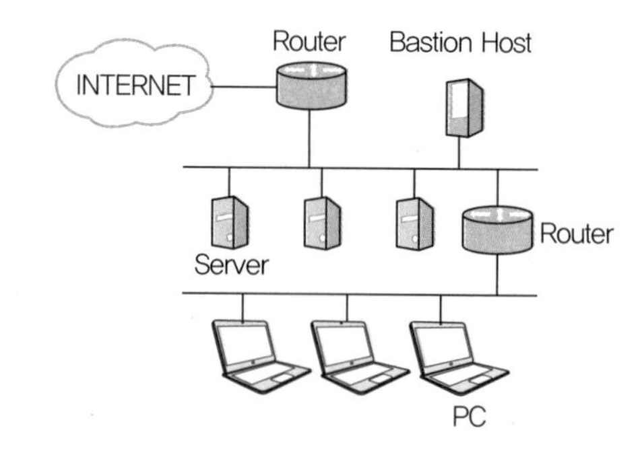


① Block Host
② Tree Host
③ Screened Subnet
④ Ring Homed

해설 Screened Subnet 방식은 라우터를 활용하여 Bastion Host를 보호하는 대표적인 방화벽 유형이다.

6회

**16** 서버에 열린 포트 정보를 스캐닝해서 보안 취약점을 찾는 데 사용하는 도구는?

① type　② mkdir
③ ftp　④ nmap

해설 nmap(network mapper)는 보안 스캐너 유틸리로 IP 패킷을 사용하여 포트 스캔, 원격 컴퓨터 정보 확인 등이 가능하여 보안 취약점 점검에 많이 활용하고 있다.

7회

**17** 특정 사이트에 매우 많은 ICMP Echo를 보내면, 이에 대한 응답(Respond)을 하기 위해 시스템 자원을 모두 사용해버려 시스템이 정상적으로 동작하지 못하도록 하는 공격 방법은?

① Role－Based Access Control
② Ping Flood
③ Brute－Force
④ Trojan Horses

해설 ICMP(Internet control message protocol) 프로토콜은 네트워크상에서 IP의 상태 및 오류정보를 확인하는 프로토콜로 PING 명령어로 많이 알려져 있다. 해커는 대량의 PING 명령을 서버에 보내서 시스템을 마비시키는 서비스 거부 공격을 수행한다.

7회

**18** 시스템이 몇 대가 되어도 하나의 시스템에서 인증에 성공하면 다른 시스템에 대한 접근 권한도 얻는 시스템을 의미하는 것은?

① SOS　② SBO
③ SSO　④ SOA

해설 SSO(Single Sign On) 시스템은 기업이나 조직에서 하나의 인증을 통해 다수의 시스템에 인증하고 권한을 사용하는 목적으로 활용된다.

7회

**19** 오픈소스 웹 애플리케이션 보안 프로젝트로서 주로 웹을 통한 정보 유출, 악성 파일 및 스크립트, 보안 취약점 등을 연구하는 곳은?

① WWW　② OWASP
③ WBSEC　④ ITU

해설 OWASP 기관은 웹상에서 발생하는 핵심 공격기법 10순위를 연구하고 발표하는 활동을 하고 있다.

7회

**20** 정보보안을 위한 접근제어(Access Control)과 관련한 설명으로 틀린 것은?

① 적절한 권한을 가진 인가자만 특정 시스템이나 정보에 접근할 수 있도록 통제하는 것이다.
② 시스템 및 네트워크에 대한 접근제어의 가장 기본적인 수단은 IP와 서비스 포트로 볼 수 있다.
③ DBMS에 보안 정책을 적용하는 도구인 XDMCP를 통해 데이터베이스에 대한 접근제어를 수행할 수 있다.
④ 네트워크 장비에서 수행하는 IP에 대한 접근제어로는 관리 인터페이스의 접근제어와 ACL(Access Control List) 등 있다.

해설 XDMCP(X Display Manager Control Protocol)는 리눅스에서 사용하는 원격데스크톱 프로토콜로서 DBMS 접근제어와 상관없다.

정답 12 ①, ② 13 ③ 14 ① 15 ③ 16 ④ 17 ② 18 ③ 19 ② 20 ③

7회

## 21 SQL Injection 공격과 관련한 설명으로 틀린 것은?

① SQL Injection은 임의로 작성한 SQL 구문을 애플리케이션에 삽입하는 공격방식이다.

② SQL Injection 취약점이 발생하는 곳은 주로 웹 애플리케이션과 데이터베이스가 연동되는 부분이다.

③ DBMS의 종류와 관계없이 SQL Injection 공격 기법은 모두 동일하다.

④ 로그인과 같이 웹에서 사용자의 입력 값을 받아 데이터베이스 SQL문으로 데이터를 요청하는 경우 SQL Injection을 수행할 수 있다.

해설 SQL Injection 공격은 DBMS의 유형에 따라서 공격 기법이 다르게 적용된다.

7회

## 22 침입탐지 시스템(IDS ; Intrusion Detection System)과 관련한 설명으로 틀린 것은?

① 이상 탐지 기법(Anomaly Detection)은 Signature Base나 Knowledge Base라고도 불리며 이미 발견되고 정립된 공격 패턴을 입력해 두었다가 탐지 및 차단한다.

② HIDS(Host－Based Intrusion Detection)는 운영체제에 설정된 사용자 계정에 따라 어떤 사용자가 어떤 접근을 시도하고 어떤 작업을 했는지에 대한 기록을 남기고 추적한다.

③ NIDS(Network－Based Intrusion Detection System)에는 대표적으로 Snort가 있다.

④ 외부 인터넷에 서비스를 제공하는 서버가 위치하는 네트워크인 DMZ(Demilitarized Zone)에는 IDS가 설치될 수 있다.

해설 IDS 시스템은 오용탐지(Misuse)와 이상탐지(Anomaly) 두 가지 유형이 있으며, 이 중 Signature Base나 Knowledge Base를 의미하는 탐지 유형은 오용탐지이다.

8회

## 23 위조된 매체 접근 제어(MAC) 주소를 지속적으로 네트워크로 흘려보내, 스위치 MAC 주소 테이블의 저장 기능을 혼란시킴으로써 더미 허브(Dummy Hub)처럼 작동하게 하는 공격은?

① Parsing

② LAN Tapping

③ Switch Jamming

④ FTP Flooding

해설 Switch Jamming은 MAC 주소를 위변조하여 정상적인 통신을 방해하는 해킹 기법이다.

8회

## 24 DoS(Denial of Service) 공격과 관련한 내용으로 틀린 것은?

① Ping of Death 공격은 정상 크기보다 큰 ICMP 패킷을 작은 조각(Fragment)으로 쪼개어 공격 대상이 조각화된 패킷을 처리하게 만드는 공격 방법이다.

② Smurf 공격은 멀티캐스트(Multicast)를 활용하여 공격 대상이 네트워크의 임의의 시스템에 패킷을 보내게 만드는 공격이다.

③ SYN Flooding은 존재하지 않는 클라이언트가 서버별로 한정된 접속 가능 공간에 접속한 것처럼 속여 다른 사용자가 서비스를 이용하지 못하게 하는 것이다.

④ Land 공격은 패킷 전송 시 출발지 IP주소와 목적지 IP주소 값을 똑같이 만들어서 공격 대상에게 보내는 공격 방법이다.

해설 Smurf 공격은 브로트캐스팅 방식과 ICMP 패킷을 이용하여 서비스 거부 공격을 수행한다. 멀티캐스트를 활용한 서비스 거부 공격은 WS－디스커버리 프로토콜을 활용한 서비스 공격 등이 있다.

정답 21 ③ 22 ① 23 ③ 24 ②

# 과목별 학습 문제

PART 06

# 소프트웨어 설계

**001** SW 개발에 앞서 구성된 시스템 플랫폼의 주요 성능 특성에 해당되지 않는 것은?

① Response Time ② Throughput
③ Utilization ④ Atomicity

해설 플랫폼 주요 성능 특성을 분석할 시에는 응답시간(Response Time), 경과시간(Turnaround Time), 가용성(Availability), 사용률(Utilization) 등을 확인한다. 원자성(Atomicity)은 트랜잭션의 4가지 특성 중 하나로서 트랜잭션 연산이 모두 실행되거나 혹은 모두 미실행한다는 원리개념이다.

**002** SW 개발에 활용하는 오픈소스(Open Source)와 관련하여 틀린 내용은?

① 플랫폼 성능 특성 분석을 위해서 운영체제, 미들웨어, 개발환경 지원도구 중에 오픈소스 사용 현황을 파악하고 분석한다.
② 대표적인 오픈소스 운영체제로는 리눅스, 안드로이드 등이 있다.
③ 오픈소스는 누구나 사용 가능하도록 공개된 소프트웨어로서 언제나 무료로 사용 가능하다.
④ 오픈소스를 기업에서 상용 목적으로 활용할 때는 오픈소스마다 라이선스를 확인하고 제약사항 등을 고려해야 한다.

해설 오픈소스의 라이선스는 유형에는 GPL 2.0, LGPL, BSD, MPL 등이 있으며, 이 중 일부 라이선스의 경우는 기업에서 도입, 활용 시에 비용이 발생하는 경우도 있으니 신중하게 선택, 도입하여야 한다.

1, 2회

**003** 코드 설계에서 일정한 일련번호를 부여하는 방식의 코드는?

① 연상 코드 ② 블록 코드
③ 순차 코드 ④ 표의 숫자 코드

해설 코드를 설계할 시 일련번호에 맞춰서 설계하는 방식은 순차코드이다.

**004** 플랫폼 분석 과정에서 DBMS의 유형을 분석하고 파악하고자 한다. 다음 중 관계형 DBMS가 아닌 것은?

① Oracle ② IBM DB2
③ MySQL ④ MongoDB

해설 Oracle, MS-SQL, MySQL, IBM DB2 등은 대표적인 관계형 DBMS이며, MongoDB, Cassandra 등은 대표적인 NoSQL로서 빅데이터 등에 활용되는 DBMS이다.

3회

**005** 미들웨어 솔루션의 유형에 포함되지 않는 것은?

① WAS ② Web Server
③ RPC ④ ORB

해설 미들웨어 솔루션에는 데이터베이스 미들웨어, EAI 및 ESB(MOM), ORB, RPC, TP 모니터, WAS 등이 있다.

**006** 각 요구사항 확인 절차를 설명한 내용 중 틀린 것은?

① 도출은 요구사항 확인의 첫 단계로 요구사항을 어디에, 어떻게 수집할 것인지 조사하는 단계이다.
② 분석은 요구사항을 도출한 후 상충되는 것을 확인하고, 범위와 비용을 산정하여 외부와 환경과의 상호작용을 분석하는 단계이다.
③ 명세는 요구사항의 실체를 파악하기 위해서 인터뷰, 이해관계자 회의 등을 통해서 하나씩 정의하는 단계이다.
④ 확인은 작성된 요구사항 정의서 등 문서나 산출물을 분석가나 이해관계자가 확인하고 검증하는 단계이다.

해설 요구사항 확인 절차 중에 명세는 분석된 요구사항을 표준화된 기법을 적용하여 시스템 정의서, 소프트웨어 요구사항 정의서 등의 문서로 작성하는 과정이다.

**007** 다음 중 요구사항 확인 기법이 아닌 것은?

① 요구사항 검토(Requirement Reviews)
② 번다운 차트(Burndown Chart)
③ 인수테스트(Acceptance Test)
④ 프로토타이핑(Prototyping)

해설 요구사항 확인 기법에는 요구사항 검토(Requirement Reviews), 프로토타이핑(Prototyping), 인수테스트(Acceptance Test), 모델 검증(Model Verification) 등의 방법을 활용한다. 번다운 차트(Burndown Chart)는 애자일 소프트웨어 개발 방법론에서 남아있는 작업량(Backlog)을 시간의 2차원 그래프로 표기한 차트이다.

3회

**008** 코드의 기본 기능으로 거리가 먼 것은?

① 복잡성 ② 표준화
③ 분류 ④ 식별

해설 코드는 표준화된 방법론을 사용해서 작성해야 하며, 분류와 식별이 용이하도록 최대한 복잡하지 않게 작성해야 한다.

**009** 다음 중 UML(Unified Modeling Language)의 설명으로 틀린 것은?

① UML의 특징인 가시화는 모호한 그래픽 언어를 배제하고 텍스트를 활용, 정확한 모델링 작성이 가능하고 의사소통이 용이하다.
② 럼바우의 OMT, 야곱슨의 OOSE, 부치의 OOD의 표기법을 통합하였다.
③ UML의 구성요소는 사물(Things), 관계(Relationship), 도해(Diagram)이다.
④ OMG(Object Management Group)에서 객체모델링 기술과 방법론에 표준화하여 제안한 모델링 표기법이다.

해설 UML의 특징인 가시화는 그래픽 언어를 활용, 개념모델을 작성하여 오류가 적고 의사소통이 용이하다.

정답 001 ④ 002 ③ 003 ③ 004 ④ 005 ② 006 ③ 007 ② 008 ① 009 ①

3회

**010 인터페이스 요구사항 검토 방법에 대한 설명으로 옳은 것은?**

① 리팩토링 : 작성자 이외의 전문 검토 그룹이 요구사항 명세서를 상세히 조사하여 결함, 표준 위배, 문제점 등을 파악
② 동료검토 : 요구사항 명세서 작성자가 요구사항 명세서를 설명하고 이해관계자들이 설명을 들으면서 결함을 발견
③ 인스펙션 : 자동화된 요구사항 관리 도구를 이용하여 요구사항 추적성과 일관성을 검토
④ CASE 도구 : 검토 자료를 회의 전에 배포해서 사전 검토한 후 짧은 시간 동안 검토 회의를 진행하면서 결함을 발견

해설 동료검토는 이해관계자 2~3명가량이 집단을 구성하고 작성자의 설명을 청취하면서 결함을 발견하는 방법이다.
① 리팩토링 : 소스 코드를 재사용하는 방법론에 관한 내용이다.
③ 인스펙션 : 요구사항 검토 방법에 해당하나 작성자, 외부 전문가 등을 초빙 후 공식적인 토론을 통해서 오류를 검토하는 방법이다.
④ CASE 도구 : 자동화된 요구사항을 관리하는 도구이다.

4회

**011 코드화 대상 항목의 중량, 면적, 용량 등의 물리적 수치를 이용하여 만든 코드는?**

① 순차 코드
② 10진 코드
③ 표의 숫자 코드
④ 블록 코드

해설 표의 숫자 코드(significant digit code)는 유의 숫자 코드라고도 하며, 코드화 대상의 물리적 수치를 활용해서 작성한다.

**012 다음 중 애자일 개발방법론의 특징으로 옳은 것은?**

① 애자일은 사람보다는 절차나 형식을 중요시하여 요구사항이 명확해지고 개발이 용이해진다.
② 애자일은 적시 개발, 배포가 가능해지고 신속한 대처가 가능하지만 요구사항 변화는 수용하기 어렵다.
③ 전통적인 폭포수 개발방법론보다 산출물과 문서작성이 많지만, 그만큼 체계적이고 명확한 개발 방법을 지향한다.
④ 대표적인 애자일 개발방법론에는 XP(eXtream Programming), SCRUM, Crystal 등이 있다.

해설 애자일 개발방법론은 절차나 형식보다는 사람을 중요시하며, 요구사항 변화에 유연하게 대응 가능하나 각 프로세스별 정형화는 부족하고 대형개발 프로젝트 적용에는 한계가 있다.

4회

**013 클라이언트와 서버 간의 통신을 담당하는 시스템 소프트웨어를 무엇이라고 하는가?**

① 웨어러블　　② 하이웨어
③ 미들웨어　　④ 응용 소프트웨어

해설 미들웨어는 클라이언트와 서버, 혹은 타 시스템 간의 연결을 지원하는 솔루션이다.

**014** 소프트웨어를 개발하기 위한 모델링 절차를 순서대로 정의한 것은?

| | |
|---|---|
| ㉠ 요구 분석 | ㉡ 물리 모델링 |
| ㉢ 논리 모델링 | ㉣ 개념 모델링 |
| ㉤ 데이터베이스 설계 | |

① ㉠-㉣-㉢-㉡-㉤
② ㉢-㉣-㉠-㉤-㉡
③ ㉣-㉣-㉢-㉠-㉡
④ ㉤-㉠-㉣-㉢-㉡

**해설** 모델링 절차는 사용자 요구분석>개념 모델링>논리 모델링>물리 모델링을 수립 후 데이터베이스 설계를 진행한다.

**015** 소프트웨어 모델링 중 기능적 모델링 기법이 아닌 것은?

① E-R 모델링
② 자료 흐름도(Data Flow Diagram(DFD))
③ 자료 사전(Data Dictionary)
④ 소단위명세서(Mini-Specification)

**해설** 기능적 모델링 기법에는 자료 흐름도(Data Flow Diagram(DFD)), 자료 사전(Data Dictionary), 소단위명세서(Mini-Specification), 배경도(Context Diagram), 구조도(Structure Chart) 등이 있다. E-R 모델링은 자료 모델링 기법이다.

5회

**016** 통신을 위한 프로그램을 생성하여 포트를 할당하고, 클라이언트의 통신 요청 시 클라이언트와 연결하는 내 · 외부 송 · 수신 연계기술은?

① DB링크 기술
② 소켓 기술
③ 스크럼 기술
④ 프로토타입 기술

**해설** 통신 포트를 통해서 클라이언트와 연결하는 기술은 소켓 기술이다.

**017** 기능적 모델링 기법인 자료 사전(Data Dictionary) 표기법으로 틀린 것은?

① 순차(sequence) : +
② 선택(selection) : [ | ]
③ 선택사양(option) : ( )
④ 반복(repetition) : *n

**해설** 자료 사전(Data Dictionary)은 자료 흐름도에 표현된 자료 저장소를 구체적으로 명시하고 자료 의미나 자료별 단위에 대한 사항을 정의하는 표기법으로, 반복은 '{ }n'으로 표현한다.

5회

**018** 응용프로그램의 프로시저를 사용하여 원격 프로시저를 로컬 프로시저처럼 호출하는 방식의 미들웨어는?

① WAS(Web Application Server)
② MOM(Message Oriented Middleware)
③ RPC(Remote Procedure Call)
④ ORB(Object Request Broker)

**해설** RPC는 원격 프로시저를 사용해서 시스템 간 연동을 지원한다.

정답 010 ② 011 ③ 012 ④ 013 ③ 014 ① 015 ① 016 ② 017 ④ 018 ③

**019** CASE(Computer-Aided Software Engineering) 주요 기능으로 거리가 먼 것은?

① 코드 생성
② 문서 생성
③ 데이터베이스 생성
④ 화면 및 보고서 생성

해설 CASE는 컴퓨터 지원 소프트웨어 공학이라고 불리며, 시스템 개발의 자동화를 지원하는 프로그램 도구이다. 다이어그램 생성, 화면 및 보고서 생성, 데이터사전 생성, 요구사항 분석 및 검사, 코드 생성 등의 기능을 제공하나 직접 데이터베이스를 생성하지는 않는다.

**020** HIPO(Hierarchy Input Process Output) 차트 유형이 아닌 것은?

① 가시적 차트　② 소멸적 차트
③ 총체적 차트　④ 세부적 차트

해설 소멸적 차트(Burndown Chart)는 애자일 소프트웨어 개발 방법론에서 남아있는 작업량(Backlog)을 시간의 2차원 그래프로 표기한 차트이다.

6회

**021** 다음 설명에 해당하는 시스템으로 옳은 것은?

> 시스템 인터페이스를 구성하는 시스템으로, 연계할 데이터를 데이터베이스와 애플리케이션으로부터 연계 테이블 또는 파일 형태로 생성하여 송신하는 시스템이다.

① 연계 서버　② 중계 서버
③ 송신 시스템　④ 수신 시스템

해설 인터페이스 시스템은 송신 시스템, 수신 시스템, 중계 시스템으로 구성되며, 데이터를 테이블 혹은 파일 형태로 송신하는 시스템은 송신 시스템이다.

**022** UI의 유형에 대한 설명으로 틀린 것은?

① 그래픽 사용자 인터페이스(GUI) : 사용자가 쉽게 적용 가능하도록 그래픽 시각화를 기반으로 하는 사용자 환경
② 오디오 사용자 인터페이스(AUI) : 사용자의 목소리와 음성을 기반으로 상호소통하는 사용자 환경
③ 명령어 라인 인터페이스(CLI) : 컴퓨터와 컴퓨터 간의 링크를 통해서 다중 컴퓨터를 제어하고 소통할 수 있는 환경
④ 자연적 사용자 인터페이스(NUI) : 특별한 전통적인 입력장치 없이 사용자의 감각과 행동을 통해 컴퓨터를 제어하는 소통 환경

해설 명령어 라인 인터페이스(Command Line Interface)는 사용자가 원하는 결과를 얻기 위해서 직접 명령어를 타이핑해서 입력하는 방식의 소통 환경이다.

**023** UI 요구사항 확인 과정에서 수행하는 활동과 관련하여 가장 거리가 먼 것은?

① 요구사항 확인은 비즈니스 요구사항을 확인한 다음 요구사항을 명세화하는 과정으로 수행한다.
② UX를 고려하여 페르소나의 의미를 도입, 사용자 입장의 요구사항을 정의하는 것이 필요하다.
③ UI 요구사항 확인은 명확한 설계를 위해서 가능한 인터뷰를 하지 않고 문서 교환을 통한 요구사항 정의가 바람직하다.
④ 데이터 요구, 기능 요구, 제품 및 서비스 품질, 제약사항 등을 확인하고 UI 설계서를 작성한다.

해설 UI 요구사항 확인 단계에서 사용자의 정확한 니즈를 파악하기 위해 인터뷰를 수행하는 것이 바람직하다.

**024** UI 표준과 관련하여 가장 거리가 먼 것은?

① 시스템 내의 UI 구성요소들에 대한 기준과 적용 방법 등을 상세화하고 기술한 규정과 문서이다.
② 사용자 요구분석 이후 UX를 컨설팅하고 UI 표준정의, 화면설계, 디자인 개발 단계로 진행한다.
③ 별도의 UI 표준정의 조직에서 작성하고 UI 패턴모델을 도출한 후 유스케이스를 이용, 패턴별 개발 방법론을 매칭한다.
④ UI 표준에서는 UI 스타일 가이드를 정의하고 패턴 모델을 정의하나 레이아웃, 네비게이션, 기능 등 세부사항은 별도의 문서로 작성한다.

해설 UI 표준은 스타일 가이드와 패턴모델을 정의하면서 레이아웃이나 네비게이션, 기능 등 세부사항까지 정의한다.

**025** UI 지침 내 자가 수준 진단 기준이 가장 거리가 먼 것은?

① 인플루엔셜 랭킹 ② 웹 표준화
③ 웹 최적화 ④ 웹 접근성

해설 UI 지침 내에는 웹 접근성, 웹 표준화, 웹 최적화가 고려되어야 한다. 인플루엔셜 랭킹(Influential Ranking)은 소셜네트워크나 웹사이트의 영향력을 분석한 수치로서 UI 지침보다는 사업 타당성 검토나 사용자 요구사항에서 정의되고 고려되어야 한다.

6회

**026** 객체에게 어떤 행위를 하도록 지시하는 명령은?

① Class ② Package
③ Object ④ Message

해설 객체지향기법에서 메시지는 객체 간에 상호 역할을 수행하기 위한 내용과 명령을 담고 있다.

**027** UI 지침 내 고려사항인 한국형 웹 접근성(KWCAG ; Korean Web Content Accessibility Guidelines)과 관련하여 틀린 내용은?

① 특성으로서는 인식의 용이성, 운영의 용이성, 이해의 용이성, 견고성이 있다.
② 신체적 특성이나 지식의 정도, 기술적 환경에 제한되지 않고 차별 없이 UI를 통해서 시스템 사용이 가능하도록 제안하는 참조 지침이다.
③ UI 지침 내에서 자체적으로 웹 접근성을 준수하고 있는지 기준을 제시하고 확인 결과 준수함이 확인되면 UI에 최종 반영 후 종료한다.
④ 접속 속도 3초 이내, 페이지 용량 제한이나 링크 단절 없음 등의 내용을 포함하고 있다.

해설 웹 최적화는 시스템 접속의 속도와 페이지 용량구성의 적절성, 링크의 오류가 없는지 확인하고 관리하기 위한 가이드를 제공한다. 접속 속도 3초 이내, 페이지 용량 제한(3Mb), 링크 단절 없음 등의 내용을 포함하고 있다.

6회

**028** 소프트웨어 아키텍처 설계에서 시스템 품질 속성이 아닌 것은?

① 가용성(Availability)
② 독립성(Isolation)
③ 변경 용이성(Modifiability)
④ 사용성(Usability)

해설 소프트웨어 아키텍처의 품질 속성은 시스템 품질 기준을 달성하기 위해 소프트웨어의 성능, 사용 용이성, 신뢰도, 보안성, 유지보수성 등 행위적 특성이며 기능 외적인 사항을 의미한다.

정답 019 ③ 020 ② 021 ③ 022 ③ 023 ③ 024 ④ 025 ① 026 ④ 027 ④ 028 ②

**029** **다음 중 스토리보드(Storyboard)에 대한 작성요건이 아닌 것은?**

① 기능성(Functionality)
② 가독성(Readable)
③ 일관성(Consistent)
④ 추적 용이성(Traceable)

해설 스토리보드는 UI 표준 정의서를 기반으로 하여 실제 시스템의 화면설계를 위해서 각 화면별 구성요소, 레이아웃을 규정하는 화면 정의서이다. 디자이너 및 개발자 등 이해관계자들이 최종 개발에 참고하는 산출물로서 가독성, 완전성, 일관성, 이해성, 추적 용이성, 수정 용이성의 작성요건을 특징으로 한다.

4회

**030** **UML의 기본 구성요소가 아닌 것은?**

① Things　② Terminal
③ Relationship　④ Diagram

해설 UML의 기본 요소는 사물(Things), 관계(Relationship), 도해(Diagram)로 구성된다.

5회

**031** **기본 유스케이스 수행 시 특별한 조건을 만족할 때 수행하는 유스케이스는?**

① 연관　② 확장
③ 선택　④ 특화

해설 확장은 '《extend》' 표시와 점선의 화살표로 표현하며, 기본 유스 케이스 수행 시에 특별 조건을 만족하면 수행한다.

6회

**032** **유스케이스(Usecase)에 대한 설명 중 옳은 것은?**

① 유스케이스 다이어그램은 개발자의 요구를 추출하고 분석하기 위해 주로 사용한다.
② 액터는 대상 시스템과 상호작용하는 사람이나 다른 시스템에 의한 역할이다.
③ 사용자 액터는 본 시스템과 데이터를 주고받는 연동 시스템을 의미한다.
④ 연동의 개념은 일방적으로 데이터를 파일이나 정해진 형식으로 넘겨주는 것을 의미한다.

해설 유스케이스는 사용자의 요구를 추출하고 분석하기 위한 표기법이며, 이때 액터는 시스템과 상호작용하는 사람을 의미한다.

**033** **UI 화면 설계 기본구성 요소로 가장 거리가 먼 것은?**

① 아이콘(ICON)
② 메뉴(MENU)
③ 포인터(POINTER)
④ 포틀릿(Portlet)

해설 UI 화면 설계 기본구성은 아이콘(ICON), 메뉴(MENU), 윈도우(WINDOW), 포인터(POINTER) 등으로 구성된다. 포틀릿은 웹사이트에서 사용자 본인이 자주 사용하는 기능을 별도로 모아 구성하는 작은 창을 의미하는 단어로 포털, ERP 등에서 자주 쓰이며, UI 화면 설계 시에 반영 사항은 맞으나 기본 구성이 아닌 확장 구성으로 정의된다.

4회

**034 파이프 필터 형태의 소프트웨어 아키텍처에 대한 설명으로 옳은 것은?**

① 노드와 간선으로 구성된다.
② 서브시스템이 입력데이터를 받아 처리하고 결과를 다음 서브시스템으로 넘겨주는 과정을 반복한다.
③ 계층 모델이라고도 한다.
④ 3개의 서브시스템(모델, 뷰, 제어)으로 구성되어 있다.

해설 소프트웨어 아키텍처 스타일은 Layered, Pipe & Filter, MVC(Model/View/Controller), Repository, Publish & Subscribe 등의 유형이 있다. 이 중 Pipe & Filter는 시스템 입력데이터를 출력으로 변환하면서 일련의 데이터 흐름은 파이프를 따라 이동하고 필터에 의해 처리하는 패턴이다.

4회

**035 디자인 패턴 사용의 장 · 단점에 대한 설명으로 거리가 먼 것은?**

① 소프트웨어 구조 파악이 용이하다.
② 객체지향 설계 및 구현의 생산성을 높이는데 적합하다.
③ 재사용을 위한 개발 시간이 단축된다.
④ 절차형 언어와 함께 이용될 때 효율이 극대화된다.

해설 디자인 패턴은 객체지향언어 기반으로 구성되어 있다.

**036 UI 설계원칙에 해당하지 않는 것은?**

① 유연성 ② 무결성
③ 직관성 ④ 학습성

해설 UI 설계원칙으로는 유연성, 유효성, 직관성, 학습성이 해당된다. 무결성은 데이터베이스 혹은 정보보안 영역에서 데이터 혹은 정보의 오류나 위변조 없이 동일한 상태를 유지하는 성질을 의미한다.

3회

**037 객체지향 설계 원칙 중 서브타입(상속받은 하위 클래스)은 어디에서나 자신의 기반타입(상위 클래스)으로 교체할 수 있어야 함을 의미하는 원칙은?**

① ISP(Interface Segregation Principle)
② DIP(Dependency Inversion Principle)
③ LSP(Liskov Substitution Principle)
④ SRP(Single Responsibility Principle)

해설 객체지향 설계 원칙은 단일 책임의 원칙(SRP), 개방 · 폐쇄의 원칙(OCP), 리스코프 치환의 원칙(LSP), 인터페이스 분리의 원칙(ISP), 의존관계 역전의 원칙(DIP)으로 정의된다. 이 중 리스코프 치환 원칙은 상속받은 자식 타입들이 부모 타입들 사용되는 곳에서 대체 가능하도록 설계되는 것이다.

4회

**038 객체지향 기법의 캡슐화(Encapsulation)에 대한 설명으로 틀린 것은?**

① 인터페이스가 단순화된다.
② 소프트웨어 재사용성이 높아진다.
③ 변경 발생 시 오류의 파급효과가 적다.
④ 상위 클래스의 모든 속성과 연산을 하위 클래스가 물려받는 것을 의미한다.

해설 캡슐화(Encapsulation)는 하나의 기능을 수행하는 함수와 데이터를 그룹핑하고 메시지만으로 객체와 상호작용함으로써 재사용성과 보안성을 향상시키고 오류 파급이 작아진다. 상위 클래스의 모든 속성과 연산을 하위 클래스가 물려받는 것은 상속성이다.

정답 029 ① 030 ② 031 ② 032 ② 033 ④ 034 ② 035 ④ 036 ② 037 ③ 038 ④

**039** UI 설계지침에 관한 설명으로 내용 중 옳은 것은?

① 가시성 : 사용자가 원하는 요구사항을 명확하게 표현하도록 구성
② 일관성 : 요구사항 처리에 발생하는 오류에 대해서 사용자가 인지하고 인터페이스가 대응할 수 있도록 구성
③ 접근성 : 사용자의 신체적, 환경적 상황 차이에도 쉽게 사용할 수 있도록 구성
④ 결과예측 가능 : 디자인이나 인터페이스 설계 지침을 준수하여 사용자의 사용성과 학습성을 높이도록 구조화

**해설** UI 설계지침은 가시성, 결과 예측 가능, 단순성, 명확성, 사용자 중심, 오류 발생 해결, 일관성, 접근성, 표준화로 구성된다.
① 가시성 : 다수 사용자가 원하는 핵심 기능을 메인이나 가독성 있게 구성함
② 일관성 : 각 인터페이스 내부 구성요소들은 일관성 있게 구현해서 혼돈이 없어야 함
④ 결과 예측 가능 : 사용자가 인터페이스만 보고도 결과를 예측할 수 있도록 직관성을 확보하는 것

**040** 다음에서 설명하는 UI 개발 도구 유형은?

> • 서비스 흐름 화면에 대해서 스케치와 콘티 수준으로 그려진 페이퍼나 문서파일
> • 종이에 그림을 그리거나 워드프로세서, 파워포인트 등을 활용하여 작성

① 와이어 프레임(Wireframe)
② 목업(Mockup)
③ 프로토타입(Prototype)
④ 스토리보드(Storyboard)

**해설** 각 UI 개발도구 유형들은 모두 UI 화면 설계를 위한 도구 및 산출물이지만 각각 활용 목적이나 구성내용에서 차이가 존재한다. 이 중 와이어 프레임은 설계 초기 예상 화면을 종이와 스케치 툴 등을 활용하여 콘티 수준으로 그려낸 것으로 회의나 의사소통에 활용한다.

3회

**041** 아래의 UML 모델에서 '차' 클래스와 각 클래스의 관계로 옳은 것은?

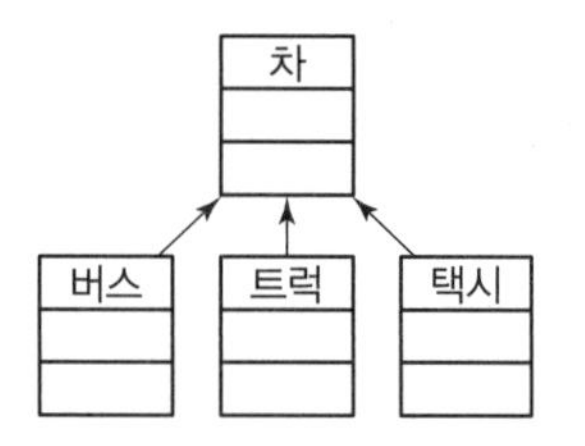


① 추상화 관계　　② 의존 관계
③ 일반화 관계　　④ 그룹 관계

**해설** 일반화는 실선 화살표로 표현하며, 버스, 트럭, 택시가 차의 속성을 상속하는것을 의미한다.

3회

**042** 객체지향 소프트웨어 설계 시 디자인 패턴을 구성하는 요소로서 가장 거리가 먼 것은?

① 개발자 이름　　② 문제 및 배경
③ 사례　　④ 샘플코드

**해설** 디자인 패턴은 패턴이름, 문제 및 배경, 해법 및 샘플코드, 결과 및 사례로 구성된다. 개발자 이름이 반드시 포함되는 것은 아니다.

**043** UI 개발을 위한 대표적인 툴이 아닌 것은?

① 파워 목업(Power Mockup)
② 에이탐(ATAM)
③ 액슈어(Axure)
④ 발사믹 목업(Balsamiq Mockup)

**해설** 액슈어는 스토리 보드 제작을 위한 시스템 기획 툴이다.
①, ④ 파워 목업, 발사믹 목업 : UI 개발을 위한 대표적인 목업 툴이다.
② 에이탐(ATAM) : 소프트웨어 아키텍처 품질평가 유형 중 하나이며, 아키텍처의 품질 속성을 만족시키는지 판단하고 품질속성들의 이해상충(tradeoff) 관계를 분석하여 평가하는 방법이다.

**044** 다음 UI개발 도구 유형 중 사용자의 요구사항을 액터와 행위로 묘사하는 다이어그램을 도출하며 비지오, 루시드 차트 등으로 작성하는 유형은?

① 목업(Mockup)
② 프로토타입(Prototype)
③ 유스케이스(Usecase)
④ 와이어프레임(Wireframe)

해설 유스케이스는 요구사항 모델링에 활용되는 다이어그램으로 액터와 행위로 묘사하며, UI 개발 외에도 설계 및 모델링에 다양하게 활용된다.

**045** 다음 설명 중 모듈화의 특징으로 맞지 않는 것은?

① 분할과 정복 : 전체 프로그램의 복잡한 구조를 모듈 단위로 분할하여 점진, 통합적으로 정복해가면서 해결
② 정보 은닉 : 함수 내의 자료구조, 표현 내역을 숨기고 인터페이스를 통해서 접근
③ 모듈 독립성 : 낮은 결합도와 높은 응집도를 기반으로 독립적인 구조를 가지며, 이를 통해 오류의 파급효과가 최소화
④ 비용 상관관계 : 모듈수가 많으면 많을수록 개발비는 지속적으로 감소

해설 모듈화 수행 시 모듈수가 적정 수준을 넘어 과도하면 오히려 인터페이스 비용이 증가이므로 모듈수와 인터페이스 비용의 Trade off 비용 관계를 고려한 설계가 필요하다.

3회

**046** 객체지향에서 정보 은닉과 가장 밀접한 관계가 있는 것은?

① Encapsulation ② Class
③ Method ④ Instance

해설 정보 은닉은 객체의 내부구조와 실체를 분리하여 인터페이스를 통해서만 접근이 가능하도록 설계하는 보안성 향상 기법이며, 캡슐화(Encapsulation)의 특성으로 인하여 발생한다.

3회

**047** 디자인 패턴 중에서 행위적 패턴에 속하지 않는 것은?

① 커맨드(Command) 패턴
② 옵저버(Observer) 패턴
③ 프로토타입(Prototype) 패턴
④ 상태(State) 패턴

해설 행위적 패턴에는 Interpreter, Template Method, Chain of Responsibility, Command, Iterator, Mediator, Memento, Observer, State, Strategy, Visitor 패턴으로 분류된다. 프로토타입(Prototype) 패턴은 생성패턴에 해당된다.

정답 039 ③ 040 ① 041 ③ 042 ① 043 ② 044 ③ 045 ④ 046 ① 047 ③

3회

**048** 다음 (　　) 안에 들어갈 내용으로 옳은 것은?

> 컴포넌트 설계 시 "(　　　　　)에 의한 설계"를 따를 경우, 해당 명세에서는 (1) 컴포넌트의 오퍼레이션 사용 전에 참이 되어야 할 선행조건 (2) 사용 후 만족되어야 할 결과조건 (3) 오퍼레이션이 실행되는 동안 항상 만족 되어야 할 불변조건 등이 포함되어야 한다.

① 협약(Contract)　② 프로토콜(Protocol)
③ 패턴(Pattern)　④ 관계(Relation)

**해설** 협약에 의한 설계는 컴포넌트 설계 시에 클래스에 대한 가정을 공유하고 명세하는 방식으로 선행조건, 결과조건, 불변조건을 정의하고 설계를 수행한다.

**049** 다음 중 모듈화에 대해 잘못 설명된 내용은?

① 응집도 : 한 개 모듈 내에서 내부 요소 간에 기능적인 연관성에 관한 척도
② 응집도 : 응집도를 낮게 추구하여 독립성을 높이고 유지보수 용이성 확보가 필요
③ 결합도 : 외부 다른 모듈과의 상호관계와 의존도에 관련한 척도
④ 결합도 : 다른 모듈과의 의존성을 낮추고 독립성을 높여 단순한 구성을 추구하고 오류 전파를 최소화

**해설** 모듈화에서 응집도는 높게 추구하고 결합도는 낮게 추구하여 독립성을 높이고 유지보수 및 재사용성을 높이기 위한 노력이 필요하다.

**050** 공통 모듈의 실체화유형에 관한 설명으로 틀린 것은?

① 공통 클래스 : 구조나 행위가 유사한 객체들을 모듈화를 통해서 공통 클래스로 정의하고 반복, 재사용 수행
② 라이브러리 : 프로그래밍 언어에 종속된 함수 형태로 사용하며 동적 링킹이나 정적 링킹 형태로 사용
③ 컴포넌트 : 여러 기능으로 구성된 다수 클래스와 라이브러리가 특정 결과물 구현에 최적화되어 구성된 반 구조 형태의 틀
④ 애플리케이션 서비스 : 컴포넌트보다 더욱 큰 하나의 프로그램 전체 혹은 일부를 모듈화 개념을 적용 후 재활용하여 사용

**해설** 컴포넌트는 모듈보다 큰 소스 코드 단위로서 하나의 기능을 수행하는 단독 실행 가능한 독립적 프로그램을 의미한다. 여러 기능으로 구성된 다수 클래스와 라이브러리가 특정 결과물 구현에 최적화되어 구성된 반 구조 형태의 틀은 소프트웨어 프레임워크이다.

3회

**051** 다음에서 설명하는 디자인 패턴은?

> • 객체를 생성하기 위한 인터페이스를 정의하여 어떤 클래스가 인스턴스화 될 것인지는 서브클래스가 결정하도록 하는 것
> • Virtual-Constructor 패턴이라고도 함

① Visitor패턴
② Observer패턴
③ Factory Method 패턴
④ Bridge 패턴

**해설** Factory Method 패턴은 Virtual-Constructor 패턴이라고도 하며, 생성패턴에 해당된다.

3회

**052 UML에서 시퀀스 다이어그램의 구성 항목에 해당하지 않는 것은?**

① 생명선　　② 실행
③ 확장　　④ 메시지

해설 시퀀스 다이어그램은 Behavioral Diagram에 해당되며, 생명선, 실행, 메시지 등으로 구성된다.

**053 다음에서 설명하는 개발 기법은?**

- 사용자 요구사항을 핵심 관심사항과 부가적인 횡단 관심사항으로 분류, 분할하여 설계, 개발, 통합함으로써 모듈화를 극대화하는 프로그래밍 기법
- 핵심 기능인 업무 관리 프로세스를 메인루틴의 모듈로 구현하고 부가적인 보안이나 로그인과 같은 기능은 서브루틴인 횡단관심 모듈로 설계하여 위빙(Weaving)을 통해서 호출하고 느슨하게 통합

① 애자일 방법론(Agile)
② 관점지향(AOP) 프로그래밍(Aspect Oriented Programming)
③ 컴포넌트 기반 개발(Component Based Development)
④ RUP 방법론(Rational Unified Process)

해설 관점지향 프로그래밍은 사용자 요구사항을 분석해서 업무 핵심 사항과 부가적인 사항을 분리하여 설계하고 구현함으로써 모듈화를 극대화하는 개발 기법이다.

**054 다음 중 객체지향 모델 분석 방법론이 아닌 것은?**

① OMT(Object Modeling Technology)
② OOSE(Object Oriented Software Engineering)
③ Coda & Yourdon
④ Shaw and Garlan's Model

해설 객체지향 모델 분석 방법론의 유형으로는 OMT(Object Modeling Technology), OOSE(Object Oriented Software Engineering), OOD(Object Oriented Design), Coda & Yourdon, Wirfs & Brock 등이 있다. Shaw and Garlan's Model은 컴포넌트, 커넥터, 패턴을 기반으로 하는 아키텍처 프레임워크의 유형이다.

1, 2회

**055 공통 모듈에 대한 명세 기법 중 해당 기능에 대해 일관되게 이해되고 한 가지로 해석될 수 있도록 작성하는 원칙은?**

① 상호작용성　　② 명확성
③ 독립성　　④ 내용성

해설 공통 모듈의 명세기법은 명확성, 완전성, 일관성, 추적성, 정확성으로 정의된다. 이 중 명확성은 해당 모듈이 하나의 기능을 수행하는 것이 모호하지 않고 일관되게 이해되도록 기술하는 원칙이다.

정답 048 ① 049 ② 050 ③ 051 ③ 052 ③ 053 ② 054 ④ 055 ②

1, 2회

**056** **UML 모델에서 사용하는 Structural Diagram에 속하지 않은 것은?**

① Class Diagram
② Object Diagram
③ Component Diagram
④ Activity Diagram

**해설** UML 2.0은 Structural Diagram과 Behavioral Diagram의 2개 카테고리에 모두 13개 다이어그램이 있다. Structural Diagram에는 Class, Component, Composit, Deployment, Object, Package Diagram이 있으며, Behavioral Diagram은 Activity, Communication, Sequence, State Machine, Timing, Use Case, Interaction Overview Diagram으로 구성되어 있다.

**057** **다음 중 UML(Unified Modeling Language)에 대한 설명에서 정적 모델의 다이어그램이 아닌 것은?**

① 클래스 다이어그램
② 패키지 다이어그램
③ 액티비티 다이어그램
④ 배치 다이어그램

**해설** 액티비티 다이어그램은 UML의 동적 다이어그램 모델에 해당하며 행위의 순서적 흐름을 표현한다.

**058** **다음 중 UML(Unified Modeling Language)의 4+1개 관점에서 관점과 해당 이해관계자의 설정이 잘못된 것은?**

① Logical View – End User
② Component View – Programmer
③ Process View – System Integrators
④ Deployment View – System Architect

**해설** UML의 4개 관점 중 Deployment View의 이해관계자는 System Engineers에 해당하며, 소프트웨어가 하드웨어와 설치되는 관계에 대한 설명과 엔지니어 간 커뮤니케이션을 설명한다.

**059** **UML에서 사용하는 스테레오 타입 유형이 아닌 것은?**

① 〈〈select〉〉
② 〈〈extend〉〉
③ 〈〈interface〉〉
④ 〈〈include〉〉

**해설** UML 스테레오 타입은 UML의 기본 요소 외에 새로운 요소를 만들기 위한 확장 메커니즘 및 관련 표기법이다. 길러멧(〈〈 〉〉) 기호를 사용하여 표현하며, 〈〈include〉〉, 〈〈extend〉〉, 〈〈interface〉〉, 〈〈entity〉〉, 〈〈boundary〉〉, 〈〈control〉〉 등으로 구성된다.

1, 2회

**060** **럼바우(Rumbaugh)의 객체지향 분석 절차를 가장 바르게 나열한 것은?**

① 객체 모형 → 동적 모형 → 기능 모형
② 객체 모형 → 기능 모형 → 동적 모형
③ 기능 모형 → 동적 모형 → 객체 모형
④ 기능 모형 → 객체 모형 → 동적 모형

**해설** 럼바우의 객체지향 분석 절차는 클래스, 컴포넌트 및 배치를 수행하는 객체 모형(정적 모형), 상호작용, 시퀀스 등을 분석하는 동적 모형, 유스케이스를 작성하는 기능 모형 순으로 진행한다.

1, 2회

**061** **UML 확장 모델에서 스테레오 타입 객체를 표현할 때 사용 하는 기호로 맞는 것은?**

① 〈〈 〉〉　　② (( ))
③ {{ }}　　④ [[ ]]

**해설** UML 스테레오 타입은 UML의 기본 요소 외에 새로운 요소를 만들기 위한 확장 메커니즘 및 관련 표기법으로 길러멧(〈〈 〉〉) 기호를 사용하여 표현한다.

**062** **다음은 특정 다이어그램 표기법의 일부이다. 이에 해당하는 다이어그램 유형은?**

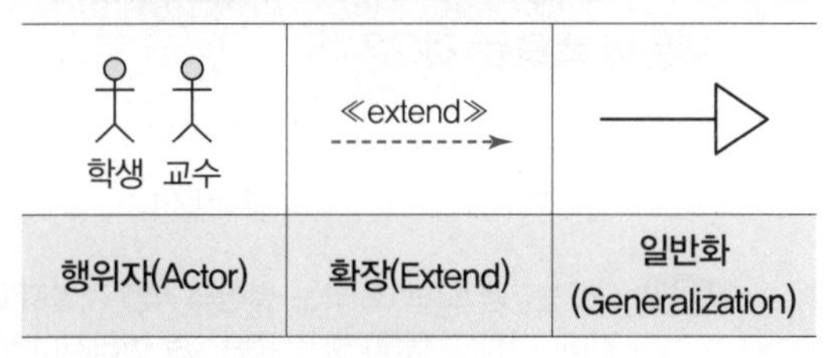


① 클래스 다이어그램
② 유스케이스 다이어그램
③ 컴포넌트 다이어그램
④ 액티비티 다이어그램

**해설** 제시된 것은 유스케이스 다이어그램에 관한 표기법 중 일부이며, 사용자 입장에서 시스템의 행동과 기능적 요구표현을 형상화하는 다이어그램 유형이다.

**063** **다음 중 소프트웨어 아키텍처의 구성요소가 아닌 것은?**

① 원리 ② 컴포넌트
③ 관계 ④ 속성

**해설** 소프트웨어 아키텍처는 프로그램과 시스템의 컴포넌트, 컴포넌트 간의 상호관계를 구조화하여 설계하고 활용하는 지침으로서 구성요소는 원리, 컴포넌트, 관계로 형성된다.

**064** **다음 중 아키텍처 스타일 유형이 아닌 것은?**

① Layered ② Pipe & Filter
③ MVC ④ Siemens Four view

**해설** 아키텍처 스타일은 아키텍처를 설계할 시에 자주 발생하는 문제를 해결하고 품질속성을 달성할 수 있도록 Best Practice를 정리한 유형을 의미한다. 대표적으로 Layered, Pipe & Filter, MVC, Repository, Publish & Subscribe 등의 유형이 있다. Siemens Four view는 아키텍처 프레임워크의 유형으로 아키텍처 문서화 작성을 지원하는 툴이다.

1, 2회

**065** **객체지향 분석 방법론 중 E-R 다이어그램을 사용하여 객체의 행위를 모델링하며, 객체 식별, 구조식별, 주체 정의, 속성 및 관계 정의, 서비스 정의 등의 과정으로 구성되는 것은?**

① Coad와 Yourdon 방법
② Booch 방법
③ Jacobson 방법
④ Wirfs-Brocks 방법

**해설** Coad와 Yourdon 방법은 E-R 다이어그램을 사용하여 객체 행위를 모델링하는 방법론이다.

1, 2회

**066** **객체지향 기법에서 클래스들 사이의 '부분-전체(part-whole)' 관계 또는 '부분(is-a-part-of)'의 관계로 설명되는 연관성을 나타내는 용어는?**

① 일반화 ② 추상화
③ 캡슐화 ④ 집단화

**해설** 객체지향 기법에서 연관성은 복수 객체들이 상호 참조하는 관계를 의미하며, 연관화, 분류화, 집단화, 일반화, 특수화로 분류된다. 집단화는 유관된 객체들을 하나의 상위객체로 묶어 구성하는 것을 의미한다.

**067** **다음 중 객체지향 프로그램 분석 모델링이 아닌 것은?**

① 정적 모델링 ② 추상 모델링
③ 동적 모델링 ④ 기능 모델링

**해설** 객체지향 프로그램 분석 모델링에는 시스템 정적 구조를 분석하는 정적 모델링, 시간의 흐름에 따라 객체 간 변화를 조사하는 동적 모델링, 입력에 대한 처리 결과를 확인하는 기능 모델링이 있다.

정답 056 ④ 057 ③ 058 ④ 059 ① 060 ① 061 ① 062 ② 063 ④ 064 ④ 065 ① 066 ④ 067 ②

**068 다음 중 객체지향 기본원리에 대해서 올바르게 설명한 것은?**

① 캡슐화는 공통성질을 기반으로 하여 추상클래스를 설정하고 설계의 편의성을 높이는 원리이다.

② 추상화는 하나의 기능을 수행하는 함수와 데이터를 그룹핑하고 메시지만으로 객체와 상호작용함으로써 재사용성과 보안성을 향상시키는 원리이다.

③ 정보은닉은 객체의 내부구조와 실체를 분리하여 인터페이스를 통해서만 접근이 가능하도록 설계하는 보안성 향상 기법이다.

④ 다형성은 수퍼클래스의 성질을 서브클래스에 자동 부여하여 설계 편의성을 향상시키는 원리이다.

해설 객체지향 기본원리에는 캡슐화, 추상화, 다형성, 정보은닉, 상속성이 있다.
① 캡슐화 : 하나의 기능을 수행하는 함수와 데이터를 그룹핑하고 메시지만으로 객체와 상호작용함으로써 재사용성과 보안성을 향상하는 원리이다.
② 추상화 : 공통성질을 기반으로 하여 추상클래스를 설정하고 설계의 편의성을 높이는 원리
④ 다형성 : 동일 인터페이스에 각 객체가 서로 다른 응답을 하는 특성

**069 다음 중 객체지향 설계원칙을 준수하여 프로그램 개발 시 자주 나타나는 설계 문제를 해결하기 위한 방법과 사례를 경험기반으로 정리한 것은?**

① 소프트웨어 아키텍처
② 소프트웨어 프레임워크
③ 디자인 패턴
④ 소프트웨어 아키텍처 스타일

해설 디자인 패턴은 Gang of Four라고 불리는 4명의 개발자가 총 3개 카테고리, 23개 패턴으로 정리한 객체지향 설계 패턴이다.

1, 2회

**070 GoF(Gang of Four)의 디자인 패턴에서 행위 패턴에 속하는 것은?**

① Builder ② Visitor
③ Prototype ④ Bridge

해설 GoF는 '갱 오브 포'라는 별칭의 4명 개발자(에리히 감마, 리차드 헬름, 랄프 존슨, 존 블리시디스)가 개발한 디자인 패턴이며 생성 패턴, 구조 패턴, 행위 패턴의 총 3개 분류, 23개 패턴으로 구성되어 있다. Builder와 Prototype는 생성 패턴, Bridge는 구조 패턴이며, Visitor가 행위 패턴에 속한다.

**071 다음의 객체지향 설계원칙 중 기능 구현상 변화가 필요한 부분에서는 확장 가능하지만, 변경은 어려운 구조로 설계하며, 불변하는 부분만 클라이언트에 제공하는 원칙은?**

① 단일 책임의 원칙(SRP ; Single Responsibility Principle)
② 개방 · 폐쇄의 원칙(OCP ; Open Close Principle)
③ 리스코프 치환의 원칙(LSP ; Liskov Substitution Principle)
④ 인터페이스 분리의 원칙(ISP ; Interface Segregation Principle)

해설 객체지향 설계원칙은 단일책임의 원칙(SRP ; Single Responsibility Principle), 개방 · 폐쇄의 원칙(OCP ; Open Close Principle), 리스코프 치환의 원칙(LSP ; Liskov Substitution Principle), 인터페이스 분리의 원칙(ISP ; Interface Segregation Preinciple), 의존관계 역전의 원칙(DIP ; Dependency Inversion Principle)이 있으며, 시험에 자주 출제되는 중요한 원칙이므로 모두 이해와 암기가 필요하다.

1, 2회

### 072 객체지향 프로그램에서 데이터를 추상화하는 단위는?

① 메소드　② 클래스
③ 상속성　④ 메시지

해설 클래스는 데이터를 추상화하는 단위이며, 객체를 생성하는 툴이다. 메서드는 함수 혹은 프로시저로서 행동을 의미하며, 메시지는 객체 간에 상호 역할을 수행하기 위한 내용을 담고 있다.

### 073 객체지향 설계 시 구성요소에 대한 설명으로 잘못된 것은?

① 클래스(Class) : 데이터를 추상화하는 단위이며, 객체를 생성하는 틀
② 메서드(Method) : 클래스 내의 여러 객체들이 가지고 있는 공통된 데이터 값들의 특성
③ 메시지(Message) : 객체 간에 상호 역할을 수행하기 위한 내용
④ 인스턴스(Instance) : 하나의 클래스 내에 속한 각각의 객체

해설 객체지향 설계 시 구성요소로는 클래스(Class), 객체(Object), 메서드(Method), 메시지(Message), 인스턴스(Instance), 속성(Property)이 있다. 이 중 메서드는 클래스로부터 생성된 객체에게 메시지를 발송하여 실행해야 할 행동을 정의 한 함수 혹은 프로시저를 의미한다.

### 074 다음 GoF(Gang of Four)디자인 패턴의 분류 중 생성패턴이 아닌 것은?

① Abstract Factory　② Bridge
③ Prototype　④ Singleton

해설 생성패턴은 Factory Method에 속하며, Abstract Factory, Builder, Prototype, Singleton으로 구성된다. Bridge는 구조패턴 소속이다.

### 075 다음 디자인 패턴의 구조 패턴 설명에 해당하는 세부 패턴명은?

- 클래스의 인터페이스를 사용자가 기대하는 다른 인터페이스로 변환
- 호환성이 없는 인터페이스 때문에 함께 동작할 수 없는 클래스들이 함께 작동하도록 해 줌

① Bridge　② Composite
③ Adapter　④ Proxy

해설 구조 패턴은 Adapter, Bridge, Composite, Decorator, Façade, Flyweight, Proxy로 구성된다. 이 중 호환성 문제를 해결하고 다른 인터페이스로 변환하는 역할을 수행하는 세부 패턴은 Adapter 패턴이다.

### 076 인터페이스 설계단계에서 내외부 인터페이스의 개요에 대한 설명으로 가장 거리가 먼 것은?

① 내외부 인터페이스란 시스템 개발 과정에서 조직 내부나 외부에 있는 타 독립된 시스템과의 연동을 위한 물리적 매개체 혹은 프로토콜을 의미한다.
② 인터페이스 설계는 요구사항 확인 → 대상 식별 → 상세 설계 순서로 진행한다.
③ 내외부 시스템 인터페이스 요구사항 분류는 기능적 요구사항과 비기능적 요구사항으로 나누며, 비기능 요구사항은 핵심 업무 프로세스 외의 로그인, 회원관리, 자료 검색 등 횡단 관심사를 의미한다.
④ 요구사항 명세서에는 인터페이스 이름, 연계 대상 시스템, 연계 범위, 연계 방식 등을 정의한다.

해설 내외부 인터페이스의 요구사항 중 비기능 요구사항은 사용자가 원하는 기능들을 원활하게 수행하기 위한 시스템의 내외부 제약조건으로 시스템 성능, 시스템 보안성 등을 의미한다. 핵심 업무프로세스를 지원하는 로그인, 회원관리, 자료검색 등의 요구사항들도 기능적 요구사항에 해당한다.

정답 068 ③ 069 ③ 070 ② 071 ② 072 ② 073 ② 074 ② 075 ③ 076 ③

PART 06 PART 07 PART 08 PART 09 PART 10

**077** 다음 중 요구공학에 대한 설명 중 가장 거리가 먼 것은?

① 요구공학이란 시스템 개발을 위해 요구사항 설정부터 개발 최종 단계까지 매 단계마다 요구사항들이 제대로 지켜지고 있는지 검증하는 프로세스 및 학문이다.
② 요구사항 변화를 최대한 억제하여 개발 기간 동안 일관성을 확보하고 품질을 향상시키는 데 목적이 있다.
③ 각 이해관계자 간의 이해 부족, 의사소통, 잦은 요구사항의 변경 발생 등으로 인한 분석 어려움에 대응한다.
④ 묵시적 요구사항, 변경과 추적에 대한 문제, 해당 업무에 대한 지식 차이 등으로 인하여 사용자와 개발자 간의 갭 발생을 줄여준다.

해설 요구공학은 개발 기간 동안 모호한 요구사항이 정제되고 지속적으로 변화가 발생하는 현상에 대응하기 위해서 학문화된 것으로, 변화를 억제하는 데 목적이 있는 것은 아니다.

**078** 다음 중 CMM Level3에 정의된 요구사항 개발 프로세스의 순서로 옳은 것은?

| | |
|---|---|
| ㉠ 요구사항 추출 | ㉡ 요구사항 분석 |
| ㉢ 요구사항 정의 | ㉣ 요구사항 검증 |

① ㉠－㉡－㉢－㉣
② ㉢－㉡－㉠－㉣
③ ㉢－㉠－㉣－㉡
④ ㉠－㉢－㉣－㉡

해설 요구공학은 CMM Level3의 요구사항 개발 및 CMM Level2의 요구사항 관리 프로세스로 표준화되어 있다. 이 중 요구사항 개발 프로세스는 추출－분석－정의－검증의 단계로 수행한다.

**079** 요구공학의 요구사항 관리 프로세스 중 아래 설명에 해당하는 단계는?

- 요구사항 기준선을 기반으로 모든 변경을 공식적으로 통제
- 형상관리위원회(CCB ; Configuration Control Board)에서 수행

① 요구사항 협상
② 요구사항 기준선
③ 요구사항 변경관리
④ 요구사항 확인검증

해설 요구사항의 유지보수 및 변경관리는 형상관리를 통하여 수행되며, 협상 → 기준선 → 변경관리 → 확인 및 검증의 단계로 수행된다. 이때 협상단계에서는 요구사항의 변화에 따라 구현 가능한 기능을 협상하고 기준선 단계에서는 이를 통해서 합의된 요구사항 명세서를 작성하며, 변경관리 단계에서 요구사항 변경 명세에 대해서 형상관리위원회가 공식적으로 승인 및 통제한 후 확인검증 단계에서 구축된 시스템에 대해서 이해관계자들이 기대 요구사항의 부합 여부를 확인하고 종료한다.

4회

**080** 소프트웨어의 사용자 인터페이스 개발 시스템(User Interface Development System)이 가져야 할 기능이 아닌 것은?

① 사용자 입력의 검증
② 에러 처리와 에러 메시지 처리
③ 도움과 프롬프트(prompt) 제공
④ 소스 코드 분석 및 오류 복구

해설 소스 코드 분석 및 오류 복구는 별도의 테스트 툴로 수행한다.

6회

**081** **사용자 인터페이스(UI)의 특징으로 틀린 것은?**

① 구현하고자 하는 결과의 오류를 최소화한다.
② 사용자의 편의성을 높임으로써 작업시간을 증가시킨다.
③ 막연한 작업 기능에 대해 구체적인 방법을 제시하여 준다.
④ 사용자 중심의 상호 작용이 되도록 한다.

해설 사용자 인터페이스는 오류를 최소화하고, 사용자 편의성을 높이며, 작업 기능을 수행하기 위해 구체적인 방법을 제시하고 사용자와의 소통을 중요시하여 작업시간을 최소화한다.

**082** **다음 중 인터페이스 설계 요구사항 검토 방법으로 적정하지 않은 것은?**

① 동료 검토(Peer Review)
② 인스펙션(Inspection)
③ 사후 회의(Post Mortem)
④ 워크스루(Walk Through)

해설 Post Mortem은 전체 프로젝트가 끝나고 난 후, 성과를 분석하고 향후 다른 프로젝트에 적용하기 위한 사후 회의를 의미한다.

1, 2회

**083** **UI 설계 원칙에서 누구나 쉽게 이해하고 사용할 수 있어야 한다는 것은?**

① 유효성 ② 직관성
③ 무결성 ④ 유연성

해설 UI 설계 원칙은 유연성, 유효성, 직관성, 학습성으로 이루어져 있으며, 이 중 직관성은 익숙하지 않은 사용자도 쉽게 이해하고 사용 가능하도록 구성이 되어야 함을 의미한다.

**084** **다음 중 인터페이스 대상 식별 단계에서 시스템 아키텍처에 대한 설명으로 거리가 먼 것은?**

① 시스템의 구조와 처리 행위, 관련된 이해관계자의 뷰를 정의하는 개념적 모형으로서 목적을 수행하기 위해 시스템의 각 구성요소를 정의하고 상호작용, 정보교환 내용 등을 설명하는 청사진이다.
② 목표시스템에 대한 구조와 구성요소, 동작원리를 포함한다.
③ 구성요소들 간의 관계 및 외부 환경과의 연계 상황이 묘사되어 있다.
④ 전체적인 조감도 형태로서 아키텍처 수립 후 시스템 구성요소에 대한 설계와 구현 수준의 자세한 기술은 상세설계 단계에서 수행한다.

해설 시스템 아키텍처는 각 구성요소와 동작원리 등이 자체적으로 설계와 구현수준으로 기술되어 있다.

4회

**085** **소프트웨어의 상위설계에 속하지 않는 것은?**

① 아키텍처 설계
② 모듈 설계
③ 인터페이스 정의
④ 사용자 인터페이스 설계

해설 소프트웨어 개발 과정에서 설계단계에서 수행하는 아키텍처 설계, 인터페이스 설계, UI 설계는 상위설계에 해당되며, 모듈 설계는 구현단계에서 고려되는 하위설계에 해당된다.

정답 077 ② 078 ① 079 ③ 080 ④ 081 ② 082 ③ 083 ② 084 ④ 085 ②

**086** 다음 중 인터페이스 시스템의 구성 대상 식별로 가장 적절치 못한 것은?

① 송신 시스템
② 콜드 스탠바이 시스템
③ 중계 서버
④ 수신 시스템

해설 인터페이스 시스템 구성은 통상적으로 송신 시스템, 수신 시스템, 중계 서버로 정의된다. 콜드 스탠바이 시스템은 장애가 발생할 시 복구를 위해서 준비되는 이중화 예비 시스템으로, 인터페이스 시스템으로서는 적합도가 떨어진다.

**087** 인터페이스 송수신데이터와 관련한 개념 중 가장 거리가 먼 것은?

① 인터페이스 시스템 간에 송수신되는 데이터로서 규격화된 표준 형식에 따라 전송되며, 사전 데이터의 대상과 범위를 식별하고 인터페이스 설계 수행한다.
② 인터페이스 송수신데이터는 전문공통부, 전문개별부, 전문종료부로 구성된다.
③ 전문개별부는 고정길이 데이터부로 실제 업무 수행에 필요한 데이터를 담고 있다.
④ 시스템공통부는 시스템 연동에 필요한 IP주소, 포트번호, 서비스 ID 등의 정보를 담고 있다.

해설 전문개별부는 실제 데이터를 정의하고 수록하기 때문에 통상적으로 가변길이로 운영된다.

**088** 인터페이스 송수신데이터 식별을 위한 데이터베이스 산출물 검토 자료로 거리가 먼 것은?

① 개체 정의서
② 코드 정의서
③ 테이블 정의서
④ 테스트 케이스 정의서

해설 테스트 케이스는 개발된 소프트웨어가 사용자 요구사항을 준수했는지 확인하기 위해서 입력값, 실행조건, 기대 결과 등으로 기획된 테스트 항목 명세서로서 인터페이스 송수신데이터 식별과는 관계성이 낮다.

**089** 인터페이스 연계방식에 대한 설명 중 틀린 것은?

① 연계방식에는 직접연계와 간접연계 방식이 있다.
② 간접연계는 송신시스템과 수신시스템사이에 중계서버를 구축하는 방식이다.
③ 간접연계 방식은 처리 속도가 빠르고 구현이 단순하며, 비용이 저렴하여 현재 다수 사용하고 있는 방식이다.
④ 직접연계는 중간 매개체가 없이 송신시스템과 수신시스템이 직접 인터페이스하는 방식이다.

해설 처리속도가 빠르고 구현이 단순하며, 비용이 저렴한 구성은 직접 연계방식으로 중계서버가 없다.

**090** 다음 중 내외부 송수신 연계기술에 해당하지 않는 것은?

① API(Application Programing Interface)
② Hyper Link
③ AJAX(Asynchronous Javascript And XML)
④ Web Service Link

해설 인터페이스 송수신 연계기술에는 DB Link, DB Connection, API, JDBC, Hyper Link, Socket, Web Service Link 등이 있다. AJAX(Asynchronous Javascript And XML)는 비동기식 자바스크립트로서 대화식 웹 애플리케이션 제작을 위한 마크업 언어이다.

**091** 다음 중 인터페이스 통신 유형 중 실시간 방식 구현과 가장 거리가 먼 유형은?

① 배치 통신 ② 단방향 통신
③ 동기화 통신 ④ 비동기 통신

해설 배치 통신은 스케쥴러에 의해서 정해진 일정에 따라 일괄적으로 처리 및 통신을 수행하는 방식이다. 단방향, 동기화, 비동기화는 모두 실시간에 준해서 처리 및 통신 수행이 가능하다.

**092** 인터페이스 오류와 관련하여 가장 적절하지 않은 것은?

① 시스템 연동 과정에서 발생하는 오류나 장애 현상이며, 오류의 영향을 최소화하고 빠른 처리가 가능하도록 인터페이스 설계가 필요하다.
② 비정형 명세기법은 사용자의 요구를 표현할 때 Z 비정형 명세기법을 사용한다.
③ 연계서버에서 발생하는 오류는 서버 다운, 접속 오류, 형식변환 기능 에러 등으로 발생한다.
④ 장애 발생 조치 후에는 오류를 식별할 수 있는 코드를 생성하고 관리한다.

해설 오류코드는 사전에 오류의 발생지, 유형, 일련번호 등 핵심내용이 포함되도록 명명규칙을 기반으로 정의하여 매뉴얼화한 후 추후 장애 시에 활용한다.

**093** 인터페이스 수행 시 발생하는 오류 처리 절차로 적정한 것은?

| ㉠ 오류 원인 분석<br>㉡ 점검 및 완료<br>㉢ 로그파일 설정 및 오류코드 정의<br>㉣ 해결방안 수립 |
|---|

① ㉠-㉡-㉢-㉣
② ㉢-㉠-㉣-㉡
③ ㉠-㉢-㉡-㉣
④ ㉢-㉡-㉢-㉣

해설 인터페이스 오류 처리 절차는 사전 로그파일 프로그램 설정과 오류코드를 매뉴얼화하고 이후 발생하는 오류 원인 분석-해결방안 수립-점검 및 완료 순으로 진행한다.

**094** 다음 중 인터페이스 미들웨어 솔루션의 특징으로 가장 거리가 먼 것은?

① 중계성 ② 독립성
③ 호환성 ④ 편의성

해설 미들웨어의 특징으로는 서로 다른 시스템이나 애플리케이션과 연동할 수 있는 중계성, 다양한 시스템에 연동 가능한 호환성, 별도의 연동 없이 쉽게 연동 가능한 편의성 등이 있다. 미들웨어 특성상 융합하고 통합되어야 하므로, 배타적인 성격을 지닌 독립성은 적당하지 않다.

**095** 다음 중 인터페이스 미들웨어 솔루션의 유형으로 적합하지 않는 것은?

① EAI(Enterprise Application Integration)
② ESB(Enterprise Service Bus)
③ RPC(Remote Procedure Call)
④ APM(Application Performance Monitor)

해설 APM(Application Performance Monitor)은 주로 플랫폼 성능 측정, 시스템 용량 산정 등을 모니터링하고 측정하기 위하여 사용한다.

**096** 다음에서 설명하는 인터페이스 미들웨어 솔루션은 무엇인가?

| • 웹서비스를 기반으로 하여 다양한 시스템들을 대상으로 느슨한 결합을 구성하고 비동기식 연결을 지원하는 미들웨어 플랫폼<br>• 메시지를 주고받아 연동하는 메시지 지향 미들웨어의 일종(MOM ; Message-Oriented Middleware) |
|---|

① EAI(Enterprise Application Integration)
② ESB(Enterprise Service Bus)
③ TP(Transaction Processing)
④ WAS(Web Application Server)

해설 ESB(Enterprise Service Bus)는 웹 표준 서비스 프로토콜인 SOAP를 기반으로 하여 조직 내 다양한 시스템을 느슨하게 연결하는 미들웨어 솔루션이다.

정답 086 ② 087 ③ 088 ④ 089 ③ 090 ③ 091 ① 092 ④ 093 ② 094 ② 095 ④ 096 ②

# 소프트웨어 개발

다회독 Check! 1 2 3

**001** 다음 자료 구조 중 선형 구조가 아닌 것은?

① 스택(Stack)
② 큐(Queue)
③ 트리(Tree)
④ 링크드리스트(linked List)

해설 트리(Tree)는 사이클을 허용하지 않는 비선형구조의 자료형태이다.

7회

**002** 소스 코드 정적 분석(Static Analysis)에 대한 설명으로 틀린 것은?

① 소스 코드를 실행시키지 않고 분석한다.
② 코드에 있는 오류나 잠재적인 오류를 찾아내기 위한 활동이다.
③ 하드웨어적인 방법으로만 코드 분석이 가능하다.
④ 자료 흐름이나 논리 흐름을 분석하여 비정상적인 패턴을 찾을 수 있다.

해설 소스 코드 정적 분석(Static Analysis)은 소스 코드를 실행하지 않고 분석을 수행하며, 코드의 오류나 잠재적인 오류를 찾아낸다. 반드시 하드웨어적인 방법으로 코드 분석하는 것이 아닌 소프트 측면의 검토(문서 검토 등)를 통해서도 코드 분석을 수행한다.

**003** 다음의 자료구조가 설명하는 유형은?

- 인덱스와 값의 쌍(인덱스, 값)으로 구성
- 순차적 메모리 할당 방식
- 원소들이 모두 같은 타입, 같은 크기
- 장점 : 임의의 위치에 있는 원소 값을 쉽게 얻을 수 있음
- 단점 : 기억장소를 정적으로 배당하므로 기억장소의 사용 효율성이 떨어짐

① 배열(Array)
② 링크드리스트(linked List)
③ 스택(Stack)
④ 큐(Queue)

해설 배열은 크기와 성격이 동일한 기억장소가 메모리에 연속적으로 할당되어 데이터를 기억하는 자료구조로서 1차원배열, 다차원배열, 희소 행렬 등의 유형이 있다.

4회

**004** 인터페이스 구현 검증 도구가 아닌 것은?

① ESB ② xUnit
③ STAF ④ NTAF

해설 ESB(Enterprise Service Bus)는 웹 서비스 중심으로 표준화된 데이터, 버스를 통해 이 기종 애플리케이션을 느슨하게 통합하는 플랫폼 기술이다.

4회

**005** 해싱 함수 중 레코드 키를 여러 부분으로 나누고, 나눈 부분의 각 숫자를 더하거나 X O R한 값을 홈 주소로 사용하는 방식은?

① 제산법 ② 폴딩법
③ 기수변환법 ④ 숫자분석법

해설 해시함수에서 폴딩법은 키를 몇 부분으로 나눈 다음 그 값을 더하여 해시 함수 결과를 도출하는 방법이다.
① 제산법 : 레코드 키가 해시표 크기보다 큰 수 중에서 가장 작은 소수로 나눈 나머지 값을 주소로 지정하는 방식
③ 기수 변환법 : 키 숫자의 진수를 다른 진수로 변환시켜 주소 크기를 초과한 자리수는 절단하고 이를 주소 범위에 맞추는 방식
④ 숫자 분석법 : 계수 분석법이라고도 하며 키 값을 이루는 숫자의 분포를 분석하여 비교적 안정적인 자리를 필요한 만큼 택해서 홈 주소로 삼는 방식
※ 자세한 사항은 본책 PART 03에서 추가 학습 필요

**006** 다음 자료구조 설명 중 큐(Queue)에 대한 설명으로 틀린 것은?

① 큐는 한쪽 끝(rear)에서는 삽입(enqueue)만, 또 다른 끝(front)에서는 삭제(dequeue)만 하도록 제한되어 있는 유한 순서리스트(finite ordered list) 구조로 되어 있다.
② 큐는 FIFO(First In First Out) 방식으로 작동한다.
③ 큐는 일방향으로 방향성이 있으며 1개의 포인터가 필요하다.
④ 주로 작업 스케줄링이나 그래프의 너비 우선 탐색에 활용된다.

해설 큐는 가장 먼저 출력될 노드를 가리키는 Front와 가장 최근에 입력된 노드를 가리키는 Rear의 2개 포인트로 구성된다.

4회

**007** EAI(Enterprise Application Integration) 구축 유형 중 Hybrid에 대한 설명으로 틀린 것은?

① Hub & Spoke와 Message Bus의 혼합 방식이다.
② 필요한 경우 한 가지 방식으로 EAI 구현이 가능하다.
③ 데이터 병목현상을 최소화할 수 있다.
④ 중간에 미들웨어를 두지 않고 각 애플리케이션을 point to point로 연결한다.

해설 Hybrid 방식은 중간에 Bus라는 미들웨어를 두어 그룹 내에서는 Hub & Spoke 방식을, 그룹 간에는 Messaging Bus 방식을 활용한다.

4회

**008** 소스 코드 품질분석 도구 중 정적 분석 도구가 아닌 것은?

① pmd ② checkstyle
③ valance ④ cppcheck

해설 대표적인 정적 소스 코드 품질분석 도구 중 정적 분석 도구로는 checkstyle, cppcheck, pmd, SonarQube 등이 있다. valance는 동적 소스 코드 품질분석 도구이다.

1, 2회

**009** 소스 코드 품질분석 도구 중 정적 분석 도구가 아닌 것은?

① pmd ② cppcheck
③ valMeter ④ checkstyle

해설 대표적인 소스 코드 품질분석 도구 중 정적 분석 도구로는 checkstyle, cppcheck, pmd, SonarQube 등이 있다.

정답 001 ③ 002 ③ 003 ① 004 ① 005 ② 006 ③ 007 ④ 008 ③ 009 ③

**010** **다음 자료구조 설명 중 트리(Tree)에 대한 설명으로 틀린 것은?**

① 하나 이상의 노드(Node)로 이루어진 유한집합으로서 루트(root)라고 하는 노드가 하나 있고 어떠한 두 정점 사이에도 사이클(Cycle)이 존재하지 않는 연결그래프이다.
② 트리의 루트를 제거하면 포리스트(Forest)가 된다.
③ 포화 이진트리(Full Binary Tree)는 높이가 h이면 노드의 수가 항상 h－1인 이진트리를 가리킨다.
④ 트리구조에서 간선수 e와 노드수 n의 관계는 항상 e＝n－1의 관계식을 따른다.

**해설** 포화 이진트리(Full Binary Tree)는 모든 자식 노드가 구성된 트리로서 높이가 h이면 노드의 수가 항상 2h－1인 이진트리이다.

3회

**011** **인터페이스 구현 시 사용하는 기술 중 다음에서 설명하는 것은?**

| JavaScript를 사용한 비동기 통신기술로 클라이언트와 서버 간에 XML 데이터를 주고받는 기술 |
|---|

① Procedure ② Trigger
③ Greedy ④ AJAX

**해설** AJAX는 Asynchronous JavaScript and XML의 준말로 자바 스크립트를 활용하여 비동기 통신을 수행하며 XML, JSON, SOAP 등의 형식 사용이 가능하다.

**012** **이진트리의 운행과 관련하여 틀린 것은?**

① 이진트리 운행에는 전위 운행, 중위 운행, 후위 운행의 3가지가 있다.
② 전위 운행은 중간 → 왼쪽 → 오른쪽 순으로 트리를 운행한다.
③ 중위 운행은 왼쪽 → 중간 → 오른쪽 순으로 트리를 운행한다.
④ 후위 운행은 오른쪽 → 중간 → 왼쪽 순으로 트리를 운행한다.

**해설** 이진 트리의 운행에서 후위 운행은 왼쪽 → 오른쪽 → 중간 순으로 트리를 운행한다. 즉 전위 운행만 중간에서 시작하고 중위와 후위는 모두 왼쪽에서 시작한다.

**013** **다음 트리 구조 중 최악의 상황에서 가장 탐색 시간이 오래 걸리는 트리 구조는?**

① 이진 경사 구조 트리
② AVL 트리
③ B 트리
④ 2－3－4 트리

**해설** 이진 경사 구조 트리는 한쪽 쏠림 현상이 있어서 최악의 경우 탐색 시간이 O(n)이다. AVL 트리, B 트리, 2－3－4 트리, Red－Black 트리는 Balanced 트리라고 하여 시간복잡도가 O(logn)로 상대적으로 양호하다.

1, 2회

**014** **인터페이스 보안을 위해 네트워크 영역에 적용될 수 있는 솔루션과 거리가 먼 것은?**

① IPSec ② SMTP
③ SSL ④ S－HTTPS

**해설** 내외부 모듈간의 인터페이스 보안을 위해서 IPSec, SSL, S－HTTPS 등의 네트워크 보안 솔루션 적용이 가능하다. SMTP는 우편 전송 프로토콜(Simple Mail Transfer Protocol)로서 보안 통신과 관계가 적다.

1, 2회

**015** **인터페이스 구현 검증도구 중 다음에서 설명하는 것은?**

- 서비스 호출, 컴포넌트 재사용 등 다양한 환경을 지원하는 테스트 프레임워크
- 각 테스트 대상 분산 환경에 데몬을 사용하여 테스트 대상 프로그램을 통해 테스트를 수행하고, 통합하여 자동화하는 검증 도구

① xUnit ② STAF
③ FitNesse ④ RubyNode

해설 서비스 호출, 컴포넌트 재사용 등 다양한 환경을 지원하는 테스트 도구는 STAF이다.

1, 2회

**016** **EAI(Enterprise Application Integration)의 구축 유형으로 옳지 않은 것은?**

① Point－to－Point
② Hub & Spoke
③ Message Bus
④ Tree

해설 EAI는 서로 다른 플랫폼 및 애플리케이션들 간의 정보 전달, 연계, 통합을 가능하게 해주는 솔루션으로 구축 유형은 Point－to－Point, Peer－to－Peer, Hub & Spoke, Message Bus, Hybrid 등이 있다. Tree는 자료구조의 한 형태이다.

**017** **다음 중 논리데이터 저장소에 대한 설명 중 가장 거리가 먼 것은?**

① 데이터, 데이터 간의 연관성 및 제약조건 등을 분석하고 논리적인 구조로 구성하여 물리적인 저장소와 매핑한다.
② 논리데이터 저장소의 구성요소로는 개체(Entity), 속성(Attribute), 관계(Relation)가 있다.
③ 먼저 설계를 통하여 물리 데이터 저장소를 구성하고 논리 데이터 저장소를 기획하여 사상한다.
④ 논리데이터 저장소 모델링에서 관계는 마름모로 표현한다.

해설 논리데이터 저장소는 데이터베이스 개발의 선 과정으로 논리적 데이터 모델링을 통해서 저장소가 구성되고, 이후 물리 데이터 저장소를 구축하여 데이터베이스를 완성한다.

**018** **다음 중 논리적 데이터의 물리적 데이터 변환으로 적절하지 않은 것은?**

① 엔티티의 테이블 변환
② 속성의 칼럼 변환
③ 관계를 외래키로 변환
④ 정규화 수행

해설 논리적 데이터를 물리적 데이터로 변환 시에는 먼저 고려된 정규화에서 성능이나 처리 효율화를 위해 반정규화를 고려하고 수행한다.

정답 010 ③ 011 ④ 012 ④ 013 ① 014 ② 015 ② 016 ④ 017 ③ 018 ④

PART 06 PART 07 PART 08 PART 09 PART 10

**019** 대표적인 상용 DBMS인 ORACLE에서 사용되는 데이터 유형으로 틀린 것은?

① BLOB－숫자(바이너리)
② CLOB－고정길이 문자열
③ DATE－날짜
④ NUMBER－숫자

해설 ORACLE에서 가변길이 문자열은 최대 4GB까지 CLOB를 사용하고, 고정길이 문자열은 CHAR을 사용하여 최대 2,000byte의 문자열을 저장한다.

**020** 다음 중 DBMS가 제공하는 기능이 아닌 것은?

① 트랜잭션 일관성 관리
② DB 튜닝 자동화
③ 데이터 사전 관리
④ 인덱스 관리

해설 DB 튜닝 자동화는 통상적으로 별도의 DB 튜닝 툴을 활용하여 수행하며, 소프트웨어 측면뿐 아니라 하드웨어 측면까지 고려해서 수행한다.

**021** 다음 중 트랜잭션 인터페이스 방안과 거리가 먼 것은?

① 데이터 미들웨어 솔루션 활용
② 트랜잭션 처리 모니터(TP ; Transaction Processing) 활용
③ JDBC(Java Database Connectivity) 활용
④ 애플리케이션 성능 모니터(APM ; Application Performance Monitor) 활용

해설 대표적인 트랜잭션 인터페이스 방안으로는 데이터 미들웨어 솔루션, 트랜잭션 처리 모니터(TP ; Transaction Processing), JDBC(Java Database Connectivity), ODBC(Open DataBase Connectivity) 등의 활용이 있다. 애플리케이션 성능 모니터(APM ; Application Performance Monitor)는 시스템의 성능 측정, 적정 용량산정 등에 활용된다.

**022** 다음 중 트랜잭션의 인터페이스 절차로 적절한 것은?

| ㉠ 인터페이스 명세 수립<br>㉡ 접근 대상 및 방법 정의<br>㉢ 검증 및 완료<br>㉣ 인터페이스 구현 |
|---|

① ㉠－㉡－㉢－㉣
② ㉡－㉠－㉢－㉣
③ ㉠－㉡－㉣－㉢
④ ㉡－㉠－㉣－㉢

해설 통상적으로 트랜잭션 인터페이스 절차는 접근 대상 식별 및 방법을 정의한 후 관련 지침에 따라서 인터페이스 명세 수립 → 실제 인터페이스 구현 → 테스트 등 검증 및 완료의 단계로 수행한다.

**023** 다음 중 프로시저의 장점이 아닌 것은?

① 한 번의 실행으로 여러 SQL 문의 실행 가능하며, 일련의 처리로 네트워크 소요 시간을 줄여 성능 개선 가능
② API처럼 여러 애플리케이션과 공유 가능
③ 문자나 숫자열 연산에 C, JAVA보다 빠른 성능 제공
④ 모듈화가 가능하여 프로시저 내의 특정 기능 변경 시 프로시저만 변경함으로써 수정이 용이

해설 프로시저는 문자나 숫자열 연산이 C, JAVA보다 느린 성능을 보인다.

**024 다음 중 프로시저의 생성 시 매개변수가 아닌 것은?**

① IN – 입력
② OUT – 출력
③ INOUT – 입출력 동시 수행
④ EXEC – 매개변수 실행

**해설** 프로시저의 생성 시 매개변수는 IN, OUT, INOUT의 3개로 구성되며 EXEC는 프로시저 실행을 수행하는 명령어이다.

**025 다음 중 프로시저 활용 유형이 아닌 것은?**

① 저장된 함수(Stored Function)
② 저장된 매크로(Stored Macro)
③ 저장된 패키지(Stored Package)
④ 트리거(Trigger)

**해설** 프로시저 활용 유형은 저장된 함수(Stored Function), 저장된 프로시저(Stored Procedure), 저장된 패키지(Stored Package), 트리거(Trigger)가 있다.

6회

**026 블랙 박스 테스트를 이용하여 발견할 수 있는 오류가 아닌 것은?**

① 비정상적인 자료를 입력해도 오류 처리를 수행하지 않는 경우
② 정상적인 자료를 입력해도 요구된 기능이 제대로 수행되지 않는 경우
③ 반복 조건을 만족하는데도 루프 내의 문장이 수행되지 않는 경우
④ 경계값을 입력할 경우 요구된 출력 결과가 나오지 않는 경우

**해설** 반복 조건이나 제어의 흐름은 화이트 박스 테스트로만 검증 가능하다.

6회

**027 테스트와 디버그의 목적으로 옳은 것은?**

① 테스트는 오류를 찾는 작업이고 디버깅은 오류를 수정하는 작업이다.
② 테스트는 오류를 수정하는 작업이고 디버깅은 오류를 찾는 작업이다.
③ 둘 다 소프트웨어의 오류를 찾는 작업으로 오류 수정은 하지 않는다.
④ 둘 다 소프트웨어 오류의 발견, 수정과 무관하다.

**해설** 테스트는 소프트웨어 개발 간에 오류를 탐색하는 작업이며 디버깅은 구현 단계에서 오류를 수정하는 작업이다.

6회

**028 테스트 케이스 자동 생성 도구를 이용하여 테스트 데이터를 찾아내는 방법이 아닌 것은?**

① 스터브(Stub)와 드라이버(Driver)
② 입력 도메인 분석
③ 랜덤(Random) 테스트
④ 자료 흐름도

**해설** 스터브와 드라이버는 하향식, 혹은 상향식 통합 테스트를 수행할 때 아직 완성되지 않은 모듈을 대체하는 임시 소프트웨어이다.

**029 다음 중 SQL PLUS의 설명으로 옳은 것은?**

① ORACLE 기반
② 데이터 및 테이블 정의 가능
③ SQL Buffer 사용
④ 다수행 입력 가능

**해설** SQL PLUS는 ORACLE DBMS에서 사용하는 디버깅 및 테스트 수행 가능 툴로서 SQL과는 달리 데이터 및 테이블 정의나 SQL Buffer 사용하며, 다수행 입력이 불가하다.

정답 019 ② 020 ② 021 ④ 022 ④ 023 ③ 024 ④ 025 ② 026 ③ 027 ① 028 ① 029 ①

**030** 다음 중 SQL PLUS의 파일 명령어가 아닌 것은?

① EDIT　② SAVE
③ DEFINE　④ HOST

해설 SQL PLUS의 파일 명령어는 버퍼에 대한 제어와 저장 스크립트 실행 조회 결과 파일저장 및 운영체로의 복귀 등을 수행하며 대표적으로 EDIT, SAVE, START, HOST, EXIT 등이 있다. 대화 명령어는 사용자 변수 생성 및 해제, 특정 컬럼에 가변 값 입력 등을 지정하며 DEFINE, PROMPT, ACCEPT 등이 있다.

**031** 다음 중 쿼리 성능 측정과 관련하여 가장 거리가 먼 것은?

① 구현된 프로시저의 로직을 처리할 시에 적정한 방법으로 성능을 측정하고 효율성이 떨어지거나 퍼포먼스에 이상이 발생 시 대응하기 위하여 수행
② 주로 트랜잭션 처리 모니터(TP ; Transaction Processing) 활용
③ ORACLE DBMS의 경우 TKPROF와 EXPLAIN PLAN 도구 활용 가능
④ 도구를 병행 사용하여 성능측정의 다양성과 정확도를 높일 수 있음

해설 트랜잭션 처리 모니터(TP ; Transaction Processing)는 인터페이스 미들웨어 솔루션으로 중계 서버에서 연계 기능을 수행하는 역할을 한다. 쿼리 성능 측정과 관련해서는 주로 APM(Application Performance Management) 등의 툴로 측정한다.

6회

**032** 소프트웨어 테스트와 관련한 설명으로 틀린 것은?

① 화이트 박스 테스트는 모듈의 논리적인 구조를 체계적으로 점검할 수 있다.
② 블랙 박스 테스트는 프로그램의 구조를 고려하지 않는다.
③ 테스트 케이스에는 일반적으로 시험 조건, 테스트 데이터, 예상 결과가 포함되어야 한다.
④ 화이트 박스 테스트에서 기본 경로(Basis Path)란 흐름 그래프의 시작 노드에서 종료 노드까지의 서로 독립된 경로로 싸이클을 허용하지 않는 경로를 말한다.

해설 기본 경로(Basis Path)란 프로그램 내에서 반복이 허용되지 않는 유일한 경로를 의미하며, 테스트하고자 하는 프로그램은 basis path의 조합으로 나타낼 수 있다.

6회

**033** 애플리케이션의 처리량, 응답시간, 경과시간, 자원사용률에 대해 가상의 사용자를 생성하고 테스트를 수행함으로써 성능 목표를 달성하였는지를 확인하는 테스트 자동화 도구는?

① 명세 기반 테스트 설계 도구
② 코드 기반 테스트 설계 도구
③ 기능 테스트 수행 도구
④ 성능 테스트 도구

해설 성능 테스트 도구는 APM(Application Performance Management)를 수행하며, 처리량, 응답시간, 자원사용률 등을 모니터링하고 검증한다.

**034** TKPROF 툴을 활용하여 쿼리 성능을 측정할 때 세부 내역 확인 방법으로 틀린 것은?

① PARSE : SQL 구문 분석 발생 통계치 확인
② FETCH : SELECT 문등 데이터 추출 시 통계치 확인
③ CPU : 각 처리별 CPU 소요 시간 확인
④ DISK : 각 처리 별 디스크 저장 공간 사용량 확인

해설 DISK는 각 처리별 물리적인 디스크의 블록 Reads 수를 확인하기 위하여 수행한다.

5회

**035** 필드 테스팅(field testing)이라고도 불리며 개발자 없이 고객의 사용 환경에 소프트웨어를 설치하여 검사를 수행하는 인수검사 기법은?

① 베타 검사 ② 알파 검사
③ 형상 검사 ④ 복구 검사

해설 인수테스트는 알파 검사와 베타 검사로 나누어 수행하며 알파 검사는 개발자와 함께 특정 환경 내에서 사용자가 수행하고, 이후 베타 검사는 다수 사용자 고객을 대상으로 고객의 환경에서 수행한다.

6회

**036** 힙 정렬(Heap Sort)에 대한 설명으로 틀린 것은?

① 정렬할 입력 레코드들로 힙을 구성하고, 가장 큰 키 값을 갖는 루트 노드를 제거하는 과정을 반복하여 정렬하는 기법이다.
② 평균 수행 시간은 $O(n\log_2 n)$이다.
③ 완전 이진트리(complete binary tree)로 입력자료의 레코드를 구성한다.
④ 최악의 수행 시간은 $O(2n^4)$이다.

해설 힙 정렬에서 N개의 요소를 정렬할 때 시간 복잡도는 $O(n\log_2 n)$이다.

6회

**037** 다음 설명의 소프트웨어 테스트의 기본원칙은?

- 파레토 법칙이 좌우한다.
- 애플리케이션 결함의 대부분은 소수의 특정한 모듈에 집중되어 존재한다.
- 결함은 발생한 모듈에서 계속 추가로 발생할 가능성이 높다.

① 살충제 패러독스
② 결함 집중
③ 오류 부재의 궤변
④ 완벽한 테스팅은 불가능

해설 파레토의 법칙은 애플리케이션의 결함은 20%의 특정 모듈에서 80%가 발생한다는 이론으로 결함 집중의 원리를 의미한다.

**038** 쿼리 성능을 측정하기 위한 EXPLAIN PLAN 활용과 관련하여 가장 거리가 먼 것은?

① SQL문의 액세스 경로를 확인하고 분석을 통해 최적화 실행계획과 성능개선을 지원할 수 있도록 관련 정보를 테이블에 저장하는 기능 제공
② TKPROF와 달리 SQL문의 분석 및 해석 관련 정보 위주
③ Sort Disk는 사용된 디스크의 블록 내용을 정렬하여 표시
④ Row Processed는 연산 수행 중 처리한 row 수를 표시

해설 EXPLAIN PLAN은 SQL문의 액세스 경로를 확인하고 분석을 통해 최적화 실행계획과 성능개선을 지원할 수 있도록 관련 정보를 테이블에 저장하는 기능을 제공하는 툴이다. Sort Disk는 사용된 디스크에서 일어난 검색 수를 표시한다.

정답 030 ③ 031 ② 032 ④ 033 ④ 034 ④ 035 ① 036 ④ 037 ② 038 ③

**039** 다음 중 SQL 소스 코드 인스펙션 검토대상 중 SQL 구문 분석 기반 대상이 아닌 것은?

① 미사용 변수와 쿼리
② 입출력 속도 저하
③ Null 값과 비교
④ 과거의 데이터 타입 적용

해설 SQL 소스 코드 인스펙션 검토대상은 크게 입출력 속도 저하와 CPU 사용량 과다를 대상으로 하는 옵티마이저 통계 기반 검토와 미사용 변수와 쿼리, Null 값과 비교, 과거의 데이터 타입을 그대로 적용하는 경우의 SQL 구문 분석 기반으로 검토를 수행한다.

**040** 다음에서 설명하는 DBMS의 모듈은?

- DBMS의 핵심모듈로 SQL문을 가장 효율적으로 수행하는 처리경로를 생성하고 실행
- Oracle은 비용 기반 CBO와 정책기반 RBO의 2개 모드를 지원하고, 이 중 CBO 모드를 기본으로 지원

① 옵티마이저(Optimizer)
② 데이터 사전(Data Dictionary)
③ 인덱스(Index)
④ 질의 처리기(Query Process)

해설 옵티마이저(Optimizer)는 SQL문 처리 경로를 최적화하여 실행하는 DBMS의 핵심 모듈이다.

4회

**041** 다음에서 설명하는 테스트 용어는?

- 테스트의 결과가 참인지 거짓인지를 판단하기 위해서 사전에 정의된 참값을 입력하여 비교하는 기법 및 활동을 말한다.
- 종류에는 참, 샘플링, 휴리스틱, 일관성 검사가 존재한다.

① 테스트 케이스　② 테스트 시나리오
③ 테스트 오라클　④ 테스트 데이터

해설 테스트 오라클은 테스트를 수행한 결괏값을 참이나 거짓으로 판단하기 위해 미리 정의된 참값을 대입하여 비교하는 기법이다.

5회

**042** 테스트 케이스에 일반적으로 포함되는 항목이 아닌 것은?

① 테스트 조건　② 테스트 데이터
③ 테스트 비용　④ 예상 결과

해설 테스트 케이스는 소프트웨어의 특정 부분이나 경로를 실제 실행해보거나 사용자 요구사항에 부합하는지 확인을 위해 별도로 계획한 입력값, 조건, 예상 결괏값 등을 정의한 테스트 기준이며 테스트 비용은 포함되어 있지 않는다.

5회

**043** 퀵 정렬에 관한 설명으로 옳은 것은?

① 레코드의 키값을 분석하여 같은 값끼리 그 순서에 맞는 버킷에 분배하였다가 버킷의 순서대로 레코드를 꺼내어 정렬한다.
② 주어진 파일에서 인접한 두 개의 레코드 키값을 비교하여 그 크기에 따라 레코드 위치를 서로 교환한다.
③ 레코드의 많은 자료 이동을 없애고 하나의 파일을 부분적으로 나누어 가면서 정렬한다.
④ 임의의 레코드 키와 매개변수(h) 값만큼 떨어진 곳의 레코드 키를 비교하여 서로 교환해 가면서 정렬한다.

해설 퀵 정렬은 고급 정렬 알고리즘 중 하나로 정렬할 전체 원소에 대해서 정렬을 수행하지 않고, 기준 값을 중심으로 왼쪽 부분 집합과 오른쪽 부분 집합으로 분할하여 하나의 파일을 부분적으로 나누어 가면서 정렬을 수행한다.

**044** **다음 중 SQL 성능 개선 조치 내용과 거리가 먼 것은?**

① 정규화 수행
② SQL문 재구성
③ 인덱스 재구성
④ 유지보수 실행계획 및 관리

**해설** SQL 성능 개선 조치 내용은 SQL문 재구성, 인덱스 재구성, 유지보수 실행계획 및 관리 등을 수행하고 필요 시 DB 튜닝을 위해서 반정규화를 고려할 수 있으나, 정규화는 오히려 성능 저하를 유발할 수 있다.

**045** **다음 중 단위 모듈과 관련한 설명 중 틀린 내용은?**

① 소프트웨어 개발 시에 사용자 요구사항에 맞춰 필요한 한 가지 동작을 수행하도록 코딩된 기능단위 소스 코드
② 설계과정에서 정의된 UI, 인터페이스, 기능 및 비기능 요구사항에 대해서 모듈화를 수행하고 실제 프로그램언어를 통해 단위 모듈을 구현 및 통합하여 프로그램 개발 추진
③ 모듈 개념은 모듈<서비스<컴포넌트 단위로 확장됨
④ 모듈의 주요 원리는 분할과 정복, 자료 추상화, 모듈 독립성, 정보은닉 등이 있음

**해설** 모듈의 개념은 모듈<컴포넌트<서비스 단위로 확장되고 확대된다.

3회

**046** **다음에서 설명하는 애플리케이션 통합 테스트 유형은?**

> • 깊이 우선 방식 또는 너비 우선 방식이 있다.
> • 상위 컴포넌트를 테스트하고 점증적으로 하위 컴포넌트를 테스트한다.
> • 하위 컴포넌트 개발이 완료되지 않은 경우 스텁(Stub)을 사용하기도 한다.

① 하향식 통합 테스트
② 상향식 통합 테스트
③ 회귀 테스트
④ 빅뱅 테스트

**해설** 하향식 통합 테스트는 스텁을 사용하여 상위부터 하위 컴포넌트 순으로 테스트를 수행한다.

4회

**047** **다음 초기 자료에 대하여 삽입 정렬(Insertion Sort)을 아용하여 오름차순 정렬할 경우 1회전 후의 결과는?**

> 초기 자료 : 8, 3, 4, 9, 7

① 3, 4, 8, 7, 9　　② 3, 4, 9, 7, 8
③ 7, 8, 3, 4, 9　　④ 3, 8, 4, 9, 7

**해설** 삽입정렬은 매우 간단한 정렬방법으로 소량의 자료를 처리하는 데 유용하며, 한 번에 한 개의 새로운 레코드를 입력하여 정렬이 되어 있는 사이트의 적당한 위치를 찾아서 레코드를 삽입하는 행태로 활용되는 정렬방식이다. 실제 처리 과정은 두 번째 키를 기준으로 하여 첫 번째 키와 비교하며 키 값의 순서대로 나열한다. 초기 자료에서 두 번째 키 3을 8과 비교해서 3이 작기 때문에 3과 8을 교환한 3, 8, 4, 9, 7로 결과가 도출된다.



**정답** 039 ② 040 ① 041 ③ 042 ③ 043 ③ 044 ① 045 ③ 046 ① 047 ④

**048 단위 모듈의 유형으로 보기 어려운 것은?**

① Macro ② Over loading
③ Function ④ Inline

해설 단위 모듈은 구현기법에 따라 Macro, Function, Inline 등으로 정의된다. Over loading은 객체지향언어의 설계원리 중 다형성에 해당하는 하나의 기법으로 함수의 중복정의를 의미한다.

3회

**049 블랙 박스 테스트의 유형으로 틀린 것은?**

① 경계값 분석 ② 오류 예측
③ 동등 분할 기법 ④ 조건, 루프 검사

해설 조건, 루프 검사는 화이트 박스 테스트의 대표적인 유형이다. 블랙 박스 테스트는 실행결과를 기반으로 테스트를 수행하며 경계값 분석, 오류 예측, 동등 분할 기법 등을 사용한다.

3회

**050 다음 자료에 대하여 선택(Selection) 정렬을 이용하여 오름차순으로 정렬하고자 한다. 3회전 후의 결과로 옳은 것은?**

| 37, 14, 17, 40, 35 |
|---|

① 14, 17, 37, 40, 35
② 14, 37, 17, 40, 35
③ 17, 14, 37, 35, 40
④ 14, 17, 35, 40, 37

해설 선택정렬은 정렬 알고리즘의 하나로 원소의 수(N)만큼 순환을 돌면서 매 순환마다 가장 작은 수를 찾아 가장 앞으로 보내는 정렬 방법이다. 1회에서 가장 작은 수인 두 번째 자리 14가 첫 번째 자리 37과 교환되서 14, 37, 17, 40, 35가 되며, 2회에서 세 번째 자리 17이 두 번째 자리 37과 교환되어 14, 17, 37, 40, 35가, 그리고 3회에서는 35가 37과 교환되어 14, 17, 35, 40, 37이 된다.

3회

**051 알고리즘 설계 기법으로 거리가 먼 것은?**

① Divide and Conquer
② Greedy
③ Static Block
④ Back tracking

해설 알고리즘 설계는 욕심쟁이 방법(greedy method), 분할과 정복 방법(divide and conquer method), 동적 프로그래밍 방법(dynamic programming method), 백트래킹(back tracking) 방법 등을 활용한다.

**052 다음 중 SW 생산성을 극대화하는 3R의 유형이 아닌 것은?**

① Re-Compile
② Reverse Engineering
③ Re-Engineering
④ Reuse

해설 3R은 기존에 이미 개발된 단위모듈이나 컴포넌트를 역공학(Reverse Engineering), 재공학(Re-Engineering), 재사용(Reuse) 기법을 통해 통합 개발 단계에서 재활용함으로써 SW 생산성을 극대화하는 기법이다.

1, 2회

**053 알고리즘 시간복잡도 O(1)이 의미하는 것은?**

① 컴퓨터 처리가 불가
② 알고리즘 입력 데이터 수가 한 개
③ 알고리즘 수행시간이 입력 데이터 수와 관계없이 일정
④ 알고리즘 길이가 입력 데이터보다 작음

해설 알고리즘 시간복잡도 O(1)은 상수형, 입력 크기와 무관하게 바로 해를 구할 수 있는 알고리즘을 의미하며 해쉬 함수가 해당된다.

1, 2회

**054** **정렬된 N개의 데이터를 처리하는 데 O(Nlog 2N)의 시간이 소요되는 정렬 알고리즘은?**

① 선택정렬 ② 삽입정렬
③ 버블정렬 ④ 합병정렬

해설 합병정렬에 해당하는 힙(Heap) 정렬은 힙 자료구조를 이용한 정렬 방법이다. 항상 가장 큰 원소가 루트 노드가 되고 삭제 연산을 수행하면 항상 루트 노드의 원소를 삭제하여 반환하는 형태로 처리되며, 이때 N개 데이터 처리에는 $O(Nlog_2N)$의 시간이 소요된다.

**055** **다음 중 IDE(Integrated Development Environment) 도구의 주요 기능이 아닌 것은?**

① 코딩 ② 라이브러리
③ 컴파일 ④ 배포

해설 IDE(Integrated Development Environment) 도구는 애플리케이션을 구축하기 위하여 필요한 개발자 툴을 하나의 사용자 인터페이스 환경하에 통합한 소프트웨어이다. 코딩, 디버깅, 컴파일, 배포 등의 기능을 제공하나 통상적으로 별도의 라이브러리를 제공하진 않는다.

1, 2회

**056** **White Box Testing에 대한 설명으로 옳지 않은 것은?**

① Base Path Testing, Boundary Value Analysis가 대표적인 기법이다.
② Source Code의 모든 문장을 한 번 이상 수행함으로써 진행된다.
③ 모듈 안의 작동을 직접 관찰할 수 있다.
④ 산출물의 각 기능별로 적절한 프로그램의 제어구조에 따라 선택, 반복 등의 부분들을 수행함으로써 논리적 경로를 점검한다.

해설 화이트 박스 테스트(White Box Testing)는 모듈 내의 제어 흐름 등을 살펴보고 논리적 경로를 점검하는 테스트 방식으로 Base Path Testing, Control Structure Testing, Loop Testing 등이 있다. 경계값 분석(Boundary Value Analysis)은 대표적인 블랙 박스 테스트 기법이다.

**057** **외계인코드(Alien Code)에 대한 설명으로 옳은 것은?**

① 프로그램의 로직이 복잡하여 이해하기 어려운 프로그램을 의미한다.
② 아주 오래되거나 참고문서 또는 개발자가 없어 유지보수 작업이 어려운 프로그램을 의미한다.
③ 오류가 없어 디버깅 과정이 필요 없는 프로그램을 의미한다.
④ 사용자가 직접 작성한 프로그램을 의미한다.

해설 외계인코드(Alien Code)는 아주 오래된 프로그래밍 언어로 작성되어 참고문서 또는 개발자가 없어 유지보수 작업이 어려운 소스 코드를 의미한다. 프로그램 로직이 복잡하고 이해하기 어려운 소스 코드는 스파게티 코드라고 한다.

**058** **다음 중 대표적인 IDE 도구가 아닌 것은?**

① Visual Studio
② Eclipse
③ Balsamiq Mockups
④ IntelliJ IDEA

해설 발사믹 목업(Balsamiq Mockups)은 대표적인 UI 화면 설계 도구이다.

정답 048 ② 049 ④ 050 ④ 051 ③ 052 ① 053 ③ 054 ④ 055 ② 056 ① 057 ② 058 ③

**059** 다음 중 협업도구의 주요 기능이 아닌 것은?

① 의사 소통 ② 일정 관리
③ 파일 공유 ④ 디버깅

해설 협업도구는 프로젝트 추진 간에 의사소통, 일정 관리, 파일 공유, 메모 및 노트 작성 등의 업무를 이해관계자와 협업을 통해 효율적으로 수행 가능하도록 기능을 지원하는 소프트웨어이다. 디버깅은 IDE(Integrated Development Environment) 도구나 테스트 도구 등에서 기능을 제공한다.

1, 2회

**060** 검증 검사 기법 중 개발자의 장소에서 사용자가 개발자가 앞에서 행하는 기법이며, 일반적으로 통제된 환경에서 사용자와 개발자가 함께 확인하면서 수행되는 검사는?

① 동치 분할 검사 ② 형상 검사
③ 알파 검사 ④ 베타 검사

해설 사용자가 구현된 시스템을 사용하는 인수 테스트는 알파와 베타로 분류하여 시행한다. 이때 알파 테스트는 통제된 환경에서 개발자와 함께 수행하고 이후 다수의 사용자를 대상으로 베타 테스트를 수행한 후 오류 정정 및 납품을 완료한다.

1, 2회

**061** 소프트웨어 테스트에서 오류의 80%는 전체 모듈의 20% 내에서 발견된다는 법칙은?

① Brooks의 법칙 ② Boehm의 법칙
③ Pareto의 법칙 ④ Jackson의 법칙

해설 팔레토(Pareto)의 법칙은 소프트웨어 테스트에서 오류의 80%는 전체 모듈의 20% 내에서 발견된다는 법칙이며, 브룩스의 법칙은 지체된 소프트웨어 프로젝트에 개발 인력을 추가하는 것은 의사소통의 문제로 오히려 개발기간이 늘어난다는 법칙이다.

**062** 다음 중 대표적인 협업도구가 아닌 것은?

① 플로우 ② 잔디
③ 체크스타일 ④ 에버노트

해설 체크스타일은 자바 코드에 대한 코딩 표준 준수 검사를 수행하는 정적 소스 코드 분석 도구이다.

1, 2회

**063** 하향식 통합에 있어서 모듈 간의 통합 시험을 위해 일시적으로 필요한 조건만을 가지고 임시로 제공되는 시험용 모듈을 무엇이라고 하는가?

① Stub ② Driver
③ Procedure ④ Function

해설 테스트 스텁과 드라이버는 모두 아직 완성이 안된 소프트웨어 개발 중에 테스트를 수행하기 위해 상위, 혹은 하위의 임시 소프트웨어를 만들어 모듈의 호출을 수행하는 역할을 한다. 이때 하향식 통합시험은 스텁, 상향식 통합시험은 드라이버로 수행 가능하다.

**064** 다음 중 형상관리 절차가 올바르게 정렬된 것은?

| ㉠ 형상 감사 | ㉡ 형상 식별 |
|---|---|
| ㉢ 형상 통제 | ㉣ 형상 기록 |

① ㉠-㉡-㉢-㉣
② ㉡-㉢-㉠-㉣
③ ㉠-㉢-㉣-㉡
④ ㉣-㉡-㉢-㉡

해설 형상관리는 초기 계획을 수립한 후 식별, 통제, 감사, 기록의 순서로 진행한다.

## 065 형상관리 도구의 주요 처리기능이 아닌 것은?

① Check－In ② Check－Out
③ Commit ④ Fetch

해설 형상관리 도구의 주요 처리기능은 개발자가 수정한 소스를 형상 관리 저장소로 업로드하는 기능인 Check－In, 형상 관리 저장소로부터 최신 버전을 개발자 PC로 다운로드하는 기능인 Check－Out, 개발자가 소스를 형상 관리 저장소에 업로드 후 최종적으로 업데이트가 되었을 때 관리 서버에서 반영하도록 하는 기능인 Commit으로 정의된다.

## 066 다음에서 설명하는 대표적인 형상관리 도구는?

- 2005년에 리누스 토발즈가 개발한 다양한 최신 기능을 제공하는 형상관리 도구
- 로컬 저장으로 오프라인 작업 가능하며 분산형 관리방식 지원

① CVS ② JIRA
③ SVN ④ GIT

해설 GIT은 비교적 최신 형상관리 도구로서 CVS와 SVN의 단점을 보완하였으며, 분산형 방식을 지원하는 형태로 관리

## 067 다음 중 애플리케이션 패키징의 방향성과 거리가 먼 것은?

① 개발자 중심의 패키징 수행
② 모듈화 기반의 패키징
③ 버전관리 수행
④ 범용환경 지향

해설 애플리케이션 패키징은 사용자 입장에서 매뉴얼을 작성하고, 환경을 이해하여 구현하여야 한다.

7회

## 068 제품 소프트웨어의 사용자 매뉴얼 작성절차로 (가)~(다)와 〈보기〉의 기호를 바르게 연결한 것은?

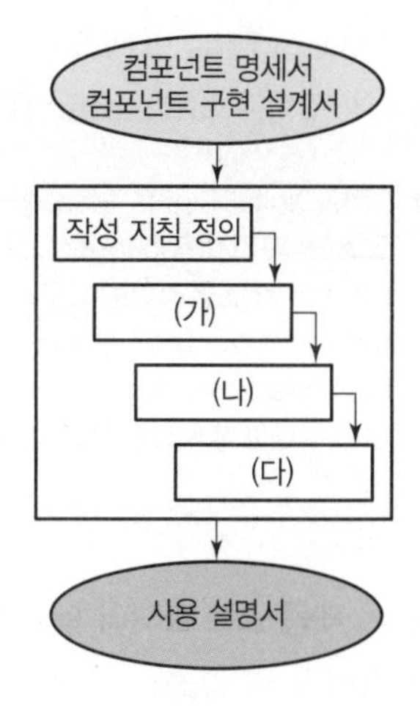


〈보기〉
㉠ 사용 설명서 검토
㉡ 구성 요소별 내용 작성
㉢ 사용 설명서 구성 요소 정의

① (가)－㉠, (나)－㉡, (다)－㉢
② (가)－㉢, (나)－㉡, (다)－㉠
③ (가)－㉠, (나)－㉢, (다)－㉡
④ (가)－㉢, (나)－㉠, (다)－㉡

해설 사용자 매뉴얼은 작성 지침을 정의한 후 사용설명서 구성 요소 정의 → 구성 요소별 내용 작성 → 사용자 설명서 검토 순으로 진행한다.

정답 059 ④ 060 ③ 061 ③ 062 ③ 063 ① 064 ② 065 ④ 066 ④ 067 ① 068 ②

**069** 다음 중 DRM(Digital Rights Management)의 핵심 구성요소가 아닌 것은?

① 패키저(Packager)
② 보안컨테이너(Secure Container)
③ DLP(Data Loss Prevention)
④ 클리어링하우스(Clearing House)

해설 DRM(Digital Rights Management)의 핵심 구성요소는 패키저(Packager), 보안컨테이너(Secure Container), 클리어링하우스(Clearing House), DRM 컨트롤러(DRM Controller) 등으로 구성된다. DLP(Data Loss Prevention)는 개인정보나 중요한 정보 유출을 방지하는 별도의 보안 시스템이다.

**070** 다음 중 제품 소프트웨어 매뉴얼의 주요 항목과 가장 거리가 먼 것은?

① 목차와 개요
② 설치 방법
③ 고객지원 방법
④ 개발조직 전체 연락처

해설 제품 소프트웨어 메뉴얼의 주요 항목은 목차 및 개요, 서문, 기본 사항, 설치 매뉴얼 내용, 고객지원 방법, 준수정보 등을 수록하고 있다. 개발조직 전체 연락처보다는 서비스 지원 조직의 연락처와 연락 방법을 소개하는 것이 타당하다.

**071** 다음 중 소프트웨어 프로세스 품질 표준이 아닌 것은?

① ISO12207 ② ISO15504
③ CMMI ④ ISO9126

해설 소프트웨어의 품질과 관련한 국제 표준은 프로세스 품질과 제품 품질로 분류된다. 이 중 프로세스 품질은 대표적으로 ISO12207, ISO15504, CMMI 등이 있고, 제품 품질은 ISO9126, ISO14598, ISO12119, ISO25000 등으로 분류된다.

**072** 다음에서 설명하는 국제 표준은?

- 사용자 관점에서 S/W 품질 특성을 정의하고 품질평가 매트릭을 정의한 국제표준
- 총 4개 세부 표준으로 구성되어 있으며, 첫 번째 품질특성은 6개의 품질특성과 21개 부특성으로 구성되어 있음

① ISO9126 ② ISO15504
③ ISO12207 ④ ISO25000

해설 ISO9126은 사용자 관점에서 품질특성을 정의하고 있다. 특히 기능성, 신뢰성, 사용성, 효율성, 유지보수성, 이식성의 6개 특성으로 표준화하여 측정 기준을 제공하고 있다.

6회

**073** 다음 설명의 소프트웨어 버전 관리도구 방식은?

- 버전관리 자료가 원격저장소와 로컬 저장소에 함께 저장되어 관리된다.
- 로컬 저장소에서 버전관리가 가능하므로 원격저장소에 문제가 생겨도 로컬 저장소의 자료를 이용하여 작업할 수 있다.
- 대표적인 버전 관리 도구로 Git이 있다.

① 단일 저장소 방식
② 분산 저장소 방식
③ 공유폴더 방식
④ 클라이언트 · 서버 방식

해설 Git은 대표적인 버전관리 도구이며, 원격저장소와 로컬 저장소에 함께 저장되는 분산 저장소 방식으로 운영된다.

6회

**074** **공학적으로 잘된 소프트웨어(Well Engineered Software)의 설명 중 틀린 것은?**

① 소프트웨어는 유지보수가 용이해야 한다.
② 소프트웨어는 신뢰성이 높아야 한다.
③ 소프트웨어는 사용자 수준에 무관하게 일관된 인터페이스를 제공해야 한다.
④ 소프트웨어는 충분한 테스팅을 거쳐야 한다.

해설 공학적으로 잘 개발된 소프트웨어는 유지보수성과 신뢰성이 높으며, 충분한 검증과 테스팅이 필요하다. 아울러 사용자 수준을 고려하고 적절한 맞춤형 인터페이스를 제공하는 것이 좋다.

**078** **SW개발능력 및 성숙도 평가와 지속적인 품질개선을 지원하는 모델인 CMM의 단계적 표현 성숙 수준 단계로 올바른 것은?**

① 초기 – 정의 – 관리 – 정량적 관리 – 최적화
② 초기 – 관리 – 정의 – 정량적 관리 – 최적화
③ 정의 – 초기 – 관리 – 최적화 – 정량적 관리
④ 정의 – 관리 – 초기 – 최적화 – 정량적 관리

해설 CMM(Capability Maturity Model)은 단계적 표현방법과 연속적 표현 방법이 있으며, 이 중 단계적 표현 방법은 성숙도 수준에 따라서 '초기–관리–정의–정량적 관리–최적화'의 1~5단계 수준으로 측정된다.

**076** **다음에서 설명하는 국제 프로젝트 관리 표준은?**

- 한정된 기간, 예산 자원 내에서 사용자가 만족할 만한 소프트웨어 제품을 개발시키도록 하는 업무 프로세스 관리를 위한 국제적인 표준
- 통합관리, 이해관계자관리, 자원관리, 일정관리, 범위관리, 의사소통관리, 원가관리, 위험관리, 품질관리, 조달관리의 총 10개의 세부 표준으로 구성

① ISO21500 ② ISO25000
③ ISO14598 ④ ISO12119

해설 ISO21500은 한정된 기간, 예산 자원 내에서 사용자가 만족할 만한 소프트웨어 제품을 개발시키도록 하는 업무 프로세스 관리를 위한 국제적인 표준이다.

5회

**077** **구현 단계에서의 작업 절차를 순서에 맞게 나열한 것은?**

㉠ 코딩한다.
㉡ 코딩작업을 계획한다.
㉢ 코드를 테스트한다.
㉣ 컴파일한다.

① ㉠ – ㉡ – ㉢ – ㉣ ② ㉡ – ㉠ – ㉣ – ㉢
③ ㉢ – ㉠ – ㉡ – ㉣ ④ ㉣ – ㉡ – ㉠ – ㉢

해설 구현단계에서는 상세설계 및 계획 → 코딩 → 컴파일 → 테스트 순으로 작업을 수행한다(코딩 작업 후 컴파일 전에 검증 작업을 수행하나 본 보기에서는 해당되는 절차 순서가 없으므로 답은 ②로 제한된다).

정답 069 ③ 070 ④ 071 ④ 072 ① 073 ② 074 ③ 075 ② 076 ① 077 ②



PART 06 PART 07 PART 08 PART 09 PART 10

5회

**078 소프트웨어 품질목표 중 쉽게 배우고 사용할 수 있는 정도를 나타내는 것은?**

① Correctness ② Reliability
③ Usability ④ Integrity

해설 ISO/IEC 9126 표준의 소프트웨어 품질 목표는 시험 문제에 자주 출제되며 영어로도 내용을 숙지하는 것이 중요하다. 사용자가 쉽게 배우고 사용할 수 있는 정도는 사용성(Usability)을 의미한다.

5회

**079 소프트웨어 설치 매뉴얼에 포함될 항목이 아닌 것은?**

① 제품 소프트웨어 개요
② 설치 관련 파일
③ 프로그램 삭제
④ 소프트웨어 개발 기간

해설 소프트웨어 매뉴얼은 소프트웨어 개발 간에 적용 기준, 패키징 설치, 사용자 실행 및 운영과 관련한 주요 내용 등을 문서로 작성한 기록물이다. 개요, 설치 관련 파일 안내, 프로그램 삭제(Uninstall), 저작권 정보 및 연락처 등이 수록되지만 소프트웨어 개발 기간 등은 명기되지 않는다.

**080 다음 중 대표적인 빌드 자동화 도구가 아닌 것은?**

① Maven ② Gradle
③ Ant ④ CVS

해설 빌드 자동화 도구는 개발자가 구현한 소스 코드 파일을 컴퓨터에서 실행 가능하도록 제품 단위로 변환하는 컴파일과정을 지원하는 도구이며 대표적으로 Maven, Gradle, Ant가 있다. CVS는 SVN, GIT과 함께 대표적인 형상관리 도구이다.

**081 다음 중 테스트 케이스의 설계 유형으로 틀린 것은?**

① 명세 기반 ② 구조 기반
③ 경험 기반 ④ 흐름 기반

해설 테스트 케이스 설계 유형은 시스템의 메뉴구조, 기능 등 명세를 기반으로 테스트 케이스를 설계하는 명세 기반과 설계와 코딩 등의 SW 구현정보를 기반으로 테스트 케이스를 설계하는 구조 기반, 개발자 및 테스터 등 이해관계자들의 경험을 기반으로 테스트 케이스를 설계하는 경험 기반으로 분류된다.

**082 테스트 레벨에서 확인(Validation)에 해당하는 기법은?**

① 인스펙션(Inspection)
② 워크스루(Walkthrough)
③ 단위테스트(Unit Test)
④ 동료 검토(Buddy Checks)

해설 테스트 레벨은 크게 검증(Verification)과 확인(Validation)으로 분류되어 V모델이라고도 한다. 이 중 검증에는 인스펙션(Inspection), 워크스루(Walkthrough), 동료 검토(Buddy Checks) 등의 기법이 있고, 확인에는 단위테스트(Unit Test), 통합테스트(Integration Test), 시스템테스트(System Test), 인수테스트(Acceptance Test), 설치 테스트(Install Test) 등의 기법이 있다.

4회

**083 소프트웨어 설치 매뉴얼에 대한 설명으로 틀린 것은?**

① 설치과정에서 표시될 수 있는 예외상황에 관련 내용을 별도로 구분하여 설명한다.
② 설치 시작부터 완료할 때까지의 전 과정을 빠짐없이 순서대로 설명한다.
③ 설치 매뉴얼은 개발자 기준으로 작성한다.
④ 설치 매뉴얼에는 목차, 개요, 기본사항 등이 기본적으로 포함되어야 한다.

해설 소프트웨어 설치 매뉴얼은 반드시 사용자 기준으로 작성하고 사용자의 환경을 고려하여야 한다.

4회

**084 저작권 관리 구성 요소에 대한 설명이 틀린 것은?**

① 콘텐츠 제공자(Contents Provider) : 콘텐츠를 제공하는 저작권자
② 콘텐츠 분배자(Contents Distributor) : 콘텐츠를 메타 데이터와 함께 배포 가능한 단위로 묶는 기능
③ 클리어링 하우스(Clearing House) : 키 관리 및 라이선스 발급 관리
④ DRM 컨트롤러 : 배포된 콘텐츠의 이용 권한을 통제

해설 콘텐츠를 메타 데이터와 함께 배포 가능한 단위로 묶는 기능은 패키저(Packager)이며, 콘텐츠 분배자는 이커머스, P2P 서비스를 통해 제품을 배포하는 제공자를 의미한다.

4회

**085 빌드 자동화 도구에 대한 설명으로 틀린 것은?**

① Gradle은 실행할 처리 명령들을 모아 태스크로 만든 후 태스크 단위로 실행한다.
② 빌드 자동화 도구는 지속적인 통합개발환경에서 유용하게 활용된다.
③ 빌드 자동화 도구에는 Ant, Gradle, Jenkins 등이 있다.
④ Jenkins는 Groovy 기반으로 한 오픈소스로 안드로이드 앱 개발 환경에서 사용된다.

해설 Jenkins는 다양한 언어를 지원하는 지속적 통합과 자동화 배포 관리 도구이며, Groovy 기반으로 한 오픈소스로 안드로이드 앱 개발 환경에서 활용되는 툴은 Gradle이다.

**086 다음에서 설명하는 테스트의 원리는?**

> • 팔레토 법칙(Pareto Principle)에 의거하여 20% 모듈에서 80% 결함이 존재함
> • 복잡한 구조, 고난이도, 최신기술 사용, 신규 개발 모듈에 중심적으로 오류 발견

① 결함 존재 밝힘의 원리
② 살충제 패러독스의 원리
③ 오류 – 부재의 궤변의 원리
④ 결함 집중의 원리

해설 테스트의 기본적인 원리로서 7가지 법칙이 있으며 이 중 결함 집중의 원리는 특정 모듈에 결함이 집중적으로 발견되는 의미를 담고 있다.

**087 다음에서 설명하는 비기능 테스트 유형은?**

> 짧은 시간에 많은 양의 자료를 부과하여 처리 여부와 장애 여부를 측정하는 비기능 테스트

① 성능 테스트 ② 스트레스 테스트
③ 보안 테스트 ④ 복구 테스트

해설 스트레스 테스트는 대표적인 비기능 테스트로서 순간 대량의 자료 처리를 수행하고 다양한 측정을 수행하여 내구도, 장애 여부 등을 테스트한다.

3회

**088 소프트웨어 품질 목표 중 주어진 시간 동안 주어진 기능을 오류 없이 수행하는 정도를 나타내는 것은?**

① 직관성 ② 사용 용이성
③ 신뢰성 ④ 이식성

해설 ISO/IEC 9126의 품질 특성 중 신뢰성은 정해진 시간 동안에 주어진 기능을 오류 없이 수행하는 정도를 목표로 하는 특성이다.

정답 078 ③ 079 ④ 080 ④ 081 ④ 082 ③ 083 ③ 084 ② 085 ③ 086 ④ 087 ② 088 ③

3회

**089** 제품 소프트웨어 패키징 도구 활용 시 고려 사항이 아닌 것은?

① 제품 소프트웨어의 종류에 적합한 암호화 알고리즘을 고려한다.
② 추가로 다양한 이기종 연동을 고려한다.
③ 사용자 편의성을 위한 복잡성 및 비효율성 문제를 고려한다.
④ 내부 콘텐츠에 대한 보안은 고려하지 않는다.

해설 제품 소프트웨어 패키징 도구 활용 시 대칭키, 비대칭키 등 적정한 암호화 알고리즘을 선택하고, 사용자 입장에서 최대한 편하게 사용할 수 있도록 환경과 이기종 연동을 고려한다. 내부 콘텐츠에 대한 보안을 위해 디지털 저작권 관리(DRM) 도구와 연계도 고려한다.

3회

**090** 디지털 저작권 관리(DRM) 기술과 거리가 먼 것은?

① 콘텐츠 암호화 및 키 관리
② 콘텐츠 식별체계 표현
③ 콘텐츠 오류 감지 및 복구
④ 라이센스 발급 및 관리

해설 디지털 저작권 관리(DRM) 기술은 패키징에 따른 라이선스 관리 및 보안성에 초점을 맞추고 있다. 콘텐츠 오류 감지 및 복구는 시스템 유지보수에 관련한 사항으로 DRM과 직접적인 관계는 적다.

**091** 다음 중 블랙 박스 테스트 유형이 아닌 것은?

① 동등분할 기법(Equivalence Partitioning)
② 경계값 분석 기법(Boundary value Analysis)
③ 루프 테스팅(Loop Testing)
④ 결정테이블 테스팅(Decision Table Testing)

해설 동등분할 기법(Equivalence Partitioning), 경계값 분석 기법(Boundary value Analysis), 결정테이블 테스팅(Decision Table Testing) 등은 대표적인 블랙 박스 테스팅 기법이다. 반면 루프 테스팅(Loop Testing)은 화이트 박스 테스트이다.

**092** 다음 중 테스트 오라클 유형과 설명이 틀리게 연결된 것은?

① 참 오라클 : 정상적 테스트 결과 재사용
② 샘플링 오라클 : 전 범위 테스트가 어려울 경우 경계값, 구간별 예상값 결과 작성
③ 휴리스틱 오라클 : 실험 결과나 수치 데이터 처리 시 전 구간 데이터 사용
④ 일관성 검사 오라클 : 회귀 테스트 및 수정 전후 프로그램 실행 결과 확인

해설 휴리스틱 오라클은 테스터의 경험과 직관에 의해서 확률적으로 정의된 값을 대입 · 비교한다.

1, 2회

**093** ISO/IEC 9126의 소프트웨어 품질 특성 중 기능성 (Functionality)의 하위 특성으로 옳지 않은 것은?

① 학습성 ② 적합성
③ 정확성 ④ 보안성

해설 ISO/IEC 9126은 소프트웨어의 품질 특성에 대한 국제 표준으로서 기능성, 신뢰성, 사용성, 효율성, 유지보수성, 이식성이 있다. 이때 기능성의 하위 부특성으로는 적합성, 정확성, 상호호환성, 유연성, 보안성이 있다.

3회

**094** 소프트웨어 공학의 기본 원칙이라고 볼 수 없는 것은?

① 품질 높은 소프트웨어 상품 개발
② 지속적인 검증 시행
③ 결과에 대한 명확한 기록 유지
④ 최대한 많은 인력 투입

해설 소프트웨어 공학은 개발, 운영, 유지보수, 폐기까지의 소프트웨어 생애주기 전반에 대한 체계적인 접근을 위해 수학적, 과학적, 공학적 원리 및 방법을 적용하는 학문이며 품질, 비용을 중요시한다. 검증이나 결과 기록은 모두 품질 관리 활동에 대한 해당 사항이나 최대한 많은 인력 투입은 비용 과다를 초래하여 소프트웨어 공학 취지에 어긋난다.

3회

**095** 패키지 소프트웨어의 일반적인 제품 품질 요구사항 및 테스트를 위한 국제표준은?

① ISO/IEC 2196 ② IEEE 19554
③ ISO/IEC 12119 ④ ISO/IEC 14959

해설 ISO/IEC 12119는 정보기술, S/W 패키지 제품에 대한 품질 요구사항 및 시험을 위한 국제표준이다.

**096** 다음 중 국제 테스트 표준이 아닌 것은?

① TMMi ② ISO29119
③ ISO21500 ④ ISO33063

해설 테스트와 관련한 국제 표준으로는 TMMi, TPI, ISO29119, ISO33063 등이 있으며, 테스트의 성숙도나 프로세스 및 산출물 표준을 제시하고 있다. ISO21500은 프로젝트 관리와 관련하여 세부 10개 관리를 정의한 국제표준이다.

**097** 소프트웨어 각 개발 단계별 결함 유입과 관련한 사항으로 가장 거리가 먼 것은?

① 기획 : 요구사항 불명확이나 불완전보다는 사용자 요구사항 표준 미준수에 기인하여 발생
② 설계 : 기획 단계에서 유입된 결함이나 설계 표준 미준수로 발생
③ 코딩 : 설계 단계에서 유입된 결함이나 코딩 표준 미준수로 발생
④ 테스트 : 테스트 완료 기준의 미준수나 테스트인력과 개발인력의 의사소통 부족, 코딩 실수 등으로 발생

해설 기획단계에서의 결함 유입은 요구사항 불명확이나 불완전에서도 기인한다.

**098** 다음 중 통합테스트 유형에 대한 설명으로 가장 거리가 먼 것은?

① 비 점증적 방식은 빅뱅방식이라고도 하며, 모든 모듈이나 컴포넌트를 동시에 테스트 수행
② 하향식 통합은 메인 제어 모듈부터 아래 방향으로 제어의 흐름을 따라 이동하면서 테스트를 수행
③ 하향식 통합에서는 아직 완성되지 않은 하위 모듈 호출을 위해 테스트 드라이버를 제작하여 테스트
④ 상향식 통합은 최하위 레벨의 모듈이나 컴포넌트를 기준으로 하여 상위 방향으로 제어의 흐름을 따라 테스트를 수행

해설 하향식 통합에서 아직 완성되지 않은 하위 모듈 호출은 스텁을 통하여 수행하고, 상향식 통합에서 아직 완성되지 않은 상위 모듈 호출은 테스트 드라이버를 통하여 수행

정답 089 ④ 090 ③ 091 ③ 092 ③ 093 ① 094 ④ 095 ③ 096 ③ 097 ① 098 ③

**099 다음 중 알고리즘에 대한 설명으로 틀린 것은?**

① 소프트웨어에서 특정 작업을 처리하기 위한 무한한 명령어 집합군으로 특정 입력을 받아 원하는 출력값을 도출해야 한다.
② 각 명령어는 모호하지 않고 의미가 명확해야 한다.
③ 모든 명령들은 오류가 없이 실행 가능해야 한다.
④ 알고리즘은 수행 뒤에 반드시 종료되는 유한성을 포함해야 한다.

해설 알고리즘은 반드시 유한개의 명령어 집합군으로 특정 입력을 받아 원하는 출력값을 도출해야 한다.

1, 2회

**100 소프트웨어 품질 측정을 위해 개발자 관점에서 고려해야 할 항목으로 거리가 먼 것은?**

① 정확성 ② 무결성
③ 사용성 ④ 간결성

해설 맥콜의 제품 품질 특성에 따른 개발자 관점에서 품질을 확보하기 위한 고려 항목으로는 정확성, 신뢰성, 효율성, 무결성, 사용성, 유지보수성, 시험성, 유연성, 이식성, 재사용성, 상호운영성이 있다.

1, 2회

**101 디지털 저작권 관리(DRM)의 기술 요소가 아닌 것은?**

① 크랙 방지 기술 ② 정책 관리 기술
③ 암호화 기술 ④ 방화벽 기술

해설 DRM(Digital Rights Management)은 소프트웨어 실행코드나 디지털 콘텐츠를 암호화하여 인증된 사용자에게만 서비스를 인가하는 보호기술로서 크랙 방지 기술, 정책 관리 기술, 암호화 기술 등을 활용한다. 방화벽은 네트워크 보안에 관련한 장비 및 관련 기술을 의미한다.

1, 2회

**102 SW 패키징 도구 활용 시 고려 사항과 거리가 먼 것은?**

① 패키징 시 사용자에게 배포되는 SW이므로 보안을 고려한다.
② 사용자 편의성을 위한 복잡성 및 비효율성 문제를 고려한다.
③ 보안상 단일 기종에서만 사용할 수 있도록 해야 한다.
④ 제품 SW종류에 적합한 암호화 알고리즘을 적용한다.

해설 소프트웨어 개발이 완료된 시점에서 최종 결과물을 사용자에게 쉽게 전달, 설치, 활용할 수 있도록 완성제품으로 변환하는 관리 툴로서 보안을 고려하고 사용자 입장에서 편의성을 최대한 고려해야 한다. 이때 다양한 기종에서 사용할 수 있도록 배려하는 것이 좋다.

**103 다음에서 설명하는 알고리즘 설계 기법은?**

- 해를 구하는 일련의 선택 과정마다 그 단계에서 최선이라고 볼 수 있는 선택을 수행해 나가면 결과적으로 전체적인 최적해를 구할 수 있을 것이라는 희망적인 전략을 취하는 방법
- 최적의 해를 구한다는 보장을 못 하며, 대표적으로 다익스트라 알고리즘, 허프만 트리 등이 있음

① 욕심쟁이 기법(greedy method)
② 분할과 정복 방법(divide and conquer method)
③ 동적 프로그래밍 방법(dynamic programming method)
④ 백트래킹(back tracking)

해설 욕심쟁이 기법은 매 선택 과정에서 항상 최선의 선택을 수행하도록 알고리즘을 설계하나 최종 결괏값이 반드시 최상이라고는 할 수 없다.

**104** **다음 정렬 알고리즘이 설명하는 유형은?**

> • 두 번째 키를 기준으로 하여 첫 번째 키를 비교하여 키 값에 따라 순서대로 나열
> • 세 번째 기준으로 두 번째 키와 첫 번째 키를 비교하여 키 값에 따라 순서대로 나열
> • 계속하여 n번째 키를 앞의 n-1개의 키와 비교하여 삽입될 적당한 위치를 찾아 삽입

① 선택정렬 ② 삽입정렬
③ 버블정렬 ④ 퀵정렬

해설 삽입정렬은 매우 간단한 정렬방법으로 소량의 자료를 처리하는 데 유용한 알고리즘으로 한 번에 한 개의 새로운 레코드를 입력하여 정렬이 되어 있는 사이트의 적당한 위치를 찾아서 레코드를 삽입하는 형태로 수행된다.

**105** **다음 중 소스 코드 품질 분석 도구 유형 중 동적 분석 도구는?**

① checkstyle ② ccm
③ cppcheck ④ Avalanche

해설 Avalanche와 Valgrind는 대표적인 소스 코드 동적 분석 도구이며, ccm은 코드 복잡도 분석도구, checkstyle은 정적 분석 도구이다.

**106** **소스 코드 최적화 기법과 관련하여 틀린 내용은?**

① 클래스는 하나의 역할과 책임만 수행할 수 있도록 응집도는 낮추고 결합도는 높게 구현
② 줄바꿈, 호출함수 선 배치, 변수 선언 위치 등 표준 코딩 형식을 준수
③ 기억하기 좋고 발음이 쉬운 변수 명명 규칙을 사용하여 코딩 수행
④ 적절한 주석문을 사용하여 강조나 기록에 활용

해설 클래스를 최적화하여 소스 코드를 구현하려면 응집도는 높게 하고 결합도는 낮춰서 구현해야 한다.

**107** **다음 소스 코드 최적화 개념과 관련된 설명 중 잘못된 것은?**

① 클린 코드(Clean Code)는 가독성이 높고, 구조가 단순하여 의존성을 줄이고 중복을 최소화한 정리된 코드이다.
② 에일리언 코드(Alien Code)는 최신의 프로그래밍 언어를 사용하여 개발자를 찾기 어려운 소스 코드이다.
③ 스파게티 코드(Spaghetti Code)는 로직의 제어가 정제되어 있지 않고 얽혀 있는 소스 코드이다.
④ 배드 코드(Bad Code)는 다른 개발자가 로직을 이해하기 어렵게 구성되어 있거나 지속적으로 덧붙이기해서 복잡도가 증가한 코드이다.

해설 에일리언 코드(Alien Code)는 오래된 프로그래밍 언어를 사용하여 개발자를 찾거나 관련 문건을 찾기 어려운 코드를 의미한다.

5회

**108** **소프트웨어 형상관리(Configuration Management)에 관한 설명으로 틀린 것은?**

① 소프트웨어에서 일어나는 수정이나 변경을 알아내고 제어하는 것을 의미한다.
② 소프트웨어 개발의 전체 비용을 줄이고, 개발 과정의 여러 방해 요인이 최소화되도록 보증하는 것을 목적으로 한다.
③ 형상관리를 위하여 구성된 팀을 "chief programmer team"이라고 한다.
④ 형상관리의 기능 중 하나는 버전 제어 기술이다.

해설 chief programmer team은 책임프로그래머 팀이라고 하며 소규모 중앙집중식 구성의 프로젝트에서 프로그램 개발을 리딩하는 팀이다. 형상관리는 CCB(Configuration Control Board)라고 불리는 형상통제위원회에서 변경을 관리하고 베이스라인을 설정한다.

정답 099 ① 100 ④ 101 ④ 102 ③ 103 ① 104 ② 105 ④ 106 ① 107 ② 108 ③

6회

**109 다음 중 단위 테스트를 통해 발견할 수 있는 오류가 아닌 것은?**

① 알고리즘 오류에 따른 원치 않는 결과
② 탈출구가 없는 반복문의 사용
③ 모듈 간의 비정상적 상호작용으로 인한 원치 않는 결과
④ 틀린 계산 수식에 의한 잘못된 결과

해설 단위 테스트는 하나의 모듈 내에서의 소스 코드에 대한 이상을 검증한다. 모듈 간의 테스트는 통합테스트 단계에서 수행한다.

6회

**110 소프트웨어 형상 관리에 대한 설명으로 거리가 먼 것은?**

① 소프트웨어에 가해지는 변경을 제어하고 관리한다.
② 프로젝트 계획, 분석서, 설계서, 프로그램, 테스트 케이스 모두 관리 대상이다.
③ 대표적인 형상관리 도구로 Ant, Maven, Gradle 등이 있다.
④ 유지보수 단계뿐만 아니라 개발 단계에도 적용할 수 있다.

해설 대표적인 형상관리 도구로는 CVS, SVN, GIT 등이 널리 활용되고 있다. Ant, Maven, Gradle 등은 대표적인 빌드 자동화 도구 유형이다.

**111 내외부 모듈의 연계를 위하여 EAI(Enterprise Application Integration) 도입 시 통합방식으로 가장 거리가 먼 것은?**

① Point-to-point 방식
② Peer-to-Peer 방식
③ Messaging Bus 방식
④ Bigbang 방식

해설 EAI(Enterprise Application Integration) 도입 시 통합 방식으로는 Point-to-point 방식, Peer-to-Peer 방식, Messaging Bus 방식, Hub & Spoke 방식, Hybrid 방식 등이 있다.

**112 다음 중 인터페이스 보안을 수행하기 위하여 고려하는 시큐어 코딩의 대응 항목 아닌 것은?**

① 입력 데이터의 검증 및 표현 개선
② API 오용 방지
③ 모든 데이터의 암호화 처리
④ 에러 처리 부적절 대응

해설 시큐어 코딩 구현 시 취약점에 대한 7개 보안 코딩 항목은 입력 데이터 검증 및 표현, API 이용, 보안 특성, 시간 및 상태, 에러 처리, 코드 품질, 캡슐화가 있다. 개인정보 보호법 등 법적 준거성에 따르면 반드시 모든 데이터를 암호화 처리해야 하는 것은 아니다.

3회

**113 제품 소프트웨어의 형상 관리 역할로 틀린 것은?**

① 형상 관리를 통해 이전 리버전이나 버전에 대한 정보에 접근 가능하여 배포본 관리에 유용
② 불필요한 사용자의 소스 수정 제한
③ 프로젝트 개발비용 절감효과
④ 동일한 프로젝트에 대해 여러 개발자 동시 개발 가능

해설 형상 관리를 통해 버전관리, 배포관리에 유리함을 가질 수 있으며, 과도한 소스 수정 제한과 산출물 관리를 통한 품질 보증, 개발비용 절감 등의 효과가 있다. 동일한 프로젝트에 여러 개발자가 동시 개발하는 기능은 협업도구를 통해서 가능하다.

3회

**114 소프트웨어 재공학이 소프트웨어의 재개발에 비해 갖는 장점으로 거리가 먼 것은?**

① 위험부담 감소
② 비용 절감
③ 시스템 명세의 오류억제
④ 개발시간의 증가

해설 소프트웨어 재공학은 기존에 개발이 완료되고 검증된 소스 코드를 재사용함으로써 위험부담 감소, 비용과 시간 절감, 오류 억제 등의 효과가 있다.

4회

**115 소프트웨어 형상 관리에서 관리 항목에 포함되지 않는 것은?**

① 프로젝트 요구 분석서
② 소스 코드
③ 운영 및 설치 지침서
④ 프로젝트 개발 비용

해설 형상관리의 주요 관리 대상은 소프트웨어 개발 간에 도출되는 산출물로서 프로젝트 요구 분석서, 설계서, 소스 코드, 운영 및 설치 지침서(매뉴얼) 등이다. 프로젝트 개발 비용을 직접 관리하지는 않는다.

**116 다음 중 인터페이스 보안성 강화를 위하여 활용하는 암호화 알고리즘 방식이 아닌 것은?**

① 대칭키 방식
② 해시 알고리즘
③ 비대칭키 방식
④ 정렬 알고리즘

해설 정렬 알고리즘은 자료의 관리에 활용하는 알고리즘으로서 암호화 알고리즘과 상관이 없다.

**117 다음 중 인터페이스 구현 검증 도구가 아닌 것은?**

① FitNesse
② STAF
③ APM(Application Performance Management)
④ xUnit

해설 대표적인 인터페이스 구현 검증 도구로는 FitNesse, NTAF, Selenium, STAF, watir, xUnit 등이 있다. 애플리케이션 모니터링 툴(APM ; Application Performance Management)은 인터페이스 구현 감시 도구로서 데이터베이스와 웹 애플리케이션의 트랜잭션과 변수값, 호출 함수, 로그 및 시스템 부하 등 정보 분석이 가능하다.

1, 2회

**118 소프트웨어 형상 관리의 의미로 적절한 것은?**

① 비용에 관한 사항을 효율적으로 관리하는 것
② 개발 과정의 변경 사항을 관리하는 것
③ 테스트 과정에서 소프트웨어를 통합하는 것
④ 개발 인력을 관리하는 것

해설 형상 관리는 SW 개발 시에 도출되는 산출물의 가시성을 확보하고 각 개발 단계별 변경이력사항을 관리하는 품질보증 활동이다.

정답 109 ③ 110 ③ 111 ④ 112 ③ 113 ④ 114 ④ 115 ④ 116 ④ 117 ③ 118 ②

PART 06 PART 07 PART 08 PART 09 PART 10

3회

**119 형상 관리 도구의 주요 기능으로 거리가 먼 것은?**

① 정규화(Normalization)
② 체크인(Check-in)
③ 체크아웃(Check-out)
④ 커밋(commit)

**해설** 형상관리도구의 주요 처리 기능은 개발자가 수정한 소스를 형상 관리 저장소로 업로드하는 체크인과 개발자가 소스를 형상 관리 저장소에 업로드 후 최종적으로 업데이트가 되었을 때 관리 서버에서 반영하도록 하는 커밋, 형상 관리 저장소로부터 최신 버전을 개발자 PC로 다운로드하는 체크아웃 등이 있다. 정규화는 관계형 데이터베이스의 구조에서 중복을 최소화하게 설계하는 프로세스를 의미한다.

**정답** 119 ①

# 데이터베이스 구축

다회독 Check! 1 2 3

**001 다음 중 트리거에 대한 설명으로 가장 거리가 먼 것은?**

① 데이터베이스에서 특정 조건인 이벤트가 발생하게 되면 자동으로 작동하도록 설정된 프로그램
② 사용자가 직접 호출하면 DBMS에서 실행하여 정해진 명령어 처리를 수행
③ 외부 변수 IN, OUT이 없으며, 트리거 내에 Commit, Rollback 등의 데이터 제어어(DCL, Data Control Language)를 사용할 수 없음
④ 트리거 실행 중 오류가 발생하면 트리거 실행의 원인을 제공한 데이터 작업에도 영향을 주는 경우가 있음

해설 트리거는 DBMS에 의해서 자동으로 호출되며 사용자가 직접 호출하는 것은 불가하다.

1, 2회

**002 뷰(view)에 대한 설명으로 옳지 않은 것은?**

① 뷰는 CREATE 문을 사용하여 정의한다.
② 뷰는 데이터의 논리적 독립성을 제공한다.
③ 뷰를 제거할 때에는 DROP 문을 사용한다.
④ 뷰는 저장장치 내에 물리적으로 존재한다.

해설 뷰는 물리적 테이블을 논리적으로 사상하고 캐싱하기 때문에 저장장치 내에 물리적으로 존재하지 않는다.

1, 2회

**003 다음 SQL문의 실행 결과는?**

```
SELECT 가격 FROM 도서가격
WHERE 책번호=(SELECT 책번호 FROM 도서
WHERE 책명='자료구조');
```

[도서]

| 책번호 | 책명 |
|---|---|
| 111 | 운영체제 |
| 222 | 자료구조 |
| 333 | 컴퓨터구조 |

[도서가격]

| 책번호 | 가격 |
|---|---|
| 111 | 20, 000 |
| 222 | 25, 000 |
| 333 | 10, 000 |
| 444 | 15, 000 |

① 10,000 ② 15,000
③ 20,000 ④ 25,000

해설 먼저 괄호 안에 'SELECT 책번호 FROM 도서' 쿼리의 수행 결과는 책번호 222번이며, 괄호 밖에서는 'SELECT 가격 FROM 도서가격 WHERE 책번호=222'의 명령어가 실행되어 도서가격 테이블의 책번호가 222번인 가격 컬럼 데이터 25,000이 결괏값으로 도출된다.

정답 001 ② 002 ④ 003 ④

3회

**004** **데이터베이스 로그(log)를 필요로 하는 회복 기법은?**

① 즉각 갱신 기법　② 대수적 코딩 방법
③ 타임 스탬프 기법　④ 폴딩 기법

**해설** 데이터베이스 회복기법에는 지연 갱신기법, 즉시 갱신기법, 체크포인트 회복기법, 그림자 페이징, 미디어 회복기법 등이 있다. 이 중 로그를 필요로 하는 기법은 지연갱신기법, 즉시 갱신기법, 체크포인트 회복기법이 있다.

**005** **데이터웨어하우스의 기본적인 OLAP(on-line analytical processing) 연산이 아닌 것은?**

① translate　② roll-up
③ dicing　④ drill-down

**해설** 데이터웨어하우스는 기업 및 조직의 의사결정을 지원하기 위해 전사 데이터를 통합한다. Pivot, Slice/Dice, Drill Up/Down, Roll-up 등의 연산 기능을 제공하는 OLAP 엔진으로 구성된다.

**006** **다음 중 트리거의 문법과 설명으로 틀린 내용은?**

① EVENT는 트리거의 명칭과 변수 및 상수 등 타입을 선언
② CONTROL은 순차적인 조건문이나 반복문을 나열하여 흐름의 제어 처리를 수행
③ SQL은 DML 등 SQL문법을 사용하여 데이터의 조회, 추가, 삭제 등 담당
④ EXCEPTION은 나열된 SQL문이 실행될 때 발생하는 예외처리 방법을 기술

**해설** 트리거의 명칭과 변수 및 상수 등 타입을 선언하는 구문은 DECLARE이며, EVENT는 트리거가 실행되기 위한 시간이나 조건을 명기한다.

**007** **다음 중 사용자 정의함수에 대한 설명으로 가장 거리가 먼 것은?**

① 일련의 연산 처리 결과를 수행하는 절차형 SQL문으로 작성
② 기본적인 개념은 프로시저와 유사하나 종료 시 결과 값 반환이 있는 프로시저와 달리 결괏값 반환이 없음
③ DBMS에서 제공되는 공통적 함수 이외에 사용자가 직접 정의하고 작성하며 호출을 통해 실행
④ BEGIN 구문을 통해 사용자 정의함수의 시작과 종료를 표기하고 END와 함께 박스 형태로 구성

**해설** 트리거와 사용자 정의함수는 유사한 구문과 개념을 갖고 있으나 사용자 정의함수는 일련의 연산 처리 후 결괏값 반환이 있고 트리거는 결괏값 반환이 없이 스케쥴을 수행한다.

8회

**008** **데이터베이스 설계 단계 중 물리적 설계 시 고려사항으로 적절하지 않은 것은?**

① 스키마의 평가 및 정제
② 응답시간
③ 저장 공간의 효율화
④ 트랜잭션 처리량

**해설** 물리적 설계 단계에서는 저장 공간의 적정성 평가 및 효율화 계획, 트랜잭션 처리량 및 응답속도 등을 고려한다. 스키마의 평가 및 정제는 논리적 설계 단계에서 수행한다.

**009** 다음에서 설명하는 SQL문으로 옳은 것은?

> • 정의된 데이터베이스에 레코드를 조회, 수정, 삭제하는 역할의 언어
> • SELECT, UPDATE 등의 명령어를 수행

① DDL(Data Definition Language)
② DML(Data Manipulation Language)
③ DCL(Data Control Language)
④ TCL(Transaction Control Language)

**해설** DML(Data Manipulation Language)은 직접 특정 테이블에 대해서 조회(Select), 삽입(Insert), 수정(Update), 삭제(Delete) 등의 조작을 수행한다.

**010** 다음 중 트랜잭션 제어어(TCL)에서 수행하는 명령이 아닌 것은?

① COMMIT ② ROLLBACK
③ SAVEPOINT ④ FETCH

**해설** TCL(Transaction Control Language)는 데이터베이스에서 트랜잭션 발생 내용을 영구적으로 확정하고 알람 발생하는 COMMIT 구문, 데이터베이스에서 오류나 특정 사항이 발생하여 SAVE된 지점으로 복구를 수행하는 ROLLBACK, 복구하고자 하는 지점을 정하고 이름을 부여하는 SAVEPOINT 지정 등을 수행한다.

**011** 다음 중 DDL(Data Definition Language)의 명령어 구문 설명으로 틀린 것은?

① CREATE는 데이터베이스, 테이블 등을 생성
② ALTER는 테이블을 수정
③ DROP은 데이터베이스를 삭제
④ TRUNCATE은 테이블을 삭제

**해설** TRUNCATE은 테이블의 데이터를 전부 삭제하고 사용하고 있던 공간을 반납하는 명령어 구문이며, DROP은 데이터베이스와 테이블을 삭제하는 명령어 구문이다.

6회

**012** 병렬 데이터베이스 환경 중 수평 분할에서 활용되는 분할 기법이 아닌 것은?

① 라운드 – 로빈 ② 범위 분할
③ 예측 분할 ④ 해시 분할

**해설** 병렬 데이터베이스 환경은 하나의 테이블 내 각 행을 다른 테이블로 분산하는 수평 분할과 테이블의 열을 분할하는 수직 분할로 분류된다. 이 중 수평 분할은 범위 분할, 라운드 로빈 분할, 목록분할, 해시 분할 등이 있다.

6회

**013** 병행제어 기법의 종류가 아닌 것은?

① 로킹 기법 ② 시분할 기법
③ 타임 스탬프 기법 ④ 다중 버전 기법

**해설** 분산 데이터베이스 환경에서 무결성을 보장하기 위해 병행제어를 수행하며 이때 로킹, 타임 스탬프, 다중 버전 기법 등을 적용한다.

**014** 다음 중 DQL의 SELECT 명령에 대한 설명으로 틀린 것은?

① 특정 테이블에서 데이터를 조회하며 통상 '속성명, 계산식'으로 표기
② SELECT ALL 구문을 통해서 테이블 내 모든 대상 검색
③ SELECT DISTINCTROW 구문을 통해서 속성이 중복적으로 조회될 경우에는 그중에서 하나만 검색 수행
④ 2개 이상의 테이블을 대상으로 할 시에는 '테이블명.속성명'으로 표현

**해설** SELECT DISTINCTROW 구문은 속성들과 상관없이 ROW 전체가 중복된 튜플들을 제거하고 조회를 수행한다. SELECT DISTINCT는 속성이 중복적으로 조회될 경우에는 그중에서 하나만 검색을 수행한다.

정답 004 ① 005 ① 006 ① 007 ② 008 ① 009 ② 010 ④ 011 ④ 012 ③ 013 ② 014 ③

**015** 다음 중 DQL의 SELECT의 비교 연산자에 해당하지 않는 것은?

① !=　　② ◇
③ 〈=　　④ [^]

**해설** 비교 연산자는 A와 B의 크기와 일치 여부를 비교하는 연산자로서 ==, !=, 〈>, >=, 〈=, !〈, !> 등이 있다. [^]는 LIKE에 사용되는 연산자로서 1개의 문자와 불일치를 의미한다.

4회

**016** 데이터베이스에 영향을 주는 생성, 읽기, 갱신, 삭제 연산으로 프로세스와 테이블 간에 매트릭스를 만들어서 트랜잭션을 분석하는 것은?

① CASE 분석　　② 일치 분석
③ CRUD 분석　　④ 연관성 분석

**해설** CRUD 분석은 시스템 개발 과정에서 연산 프로세스와 DB에 저장되는 데이터 사이의 의존성을 나타내기 위한 메트릭스로서 트랜잭션을 분석한다.

4회

**017** 정규화된 엔티티, 속성, 관계를 시스템의 성능 향상과 개발 운영의 단순화를 위해 중복, 통합, 분리 등을 수행하는 데이터 모델링 기법은?

① 인덱스정규화　　② 반정규화
③ 집단화　　④ 머징

**해설** 반정규화는 더 이상 나눌 수 없는 최소화 릴레이션 기반의 정규화된 데이터 모델을 필요에 의해 일부 혹은 전부 릴레이션 통합하여 DB 성능을 향상시키는 과정이다. 정규화와 반정규화는 트레이드오프 관계로서 지나친 정규화는 조인수가 증가하고 조회성능이 떨어지며, 지나친 반정규화는 정합성과 데이터 무결성이 훼손될 가능성이 높다.

4회

**018** 데이터베이스 설계 시 물리적 설계 단계에서 수행하는 사항이 아닌 것은?

① 저장 레코드 양식 설계
② 레코드 집중의 분석 및 설계
③ 접근 경로 설계
④ 목표 DBMS에 맞는 스키마 설계

**해설** 논리적 데이터모델을 기반으로 저장 공간 설계, 레코드 분석 및 설계, 접근 경로 등의 설계를 수행한다. 목표 DBMS에 맞는 스키마 설계는 논리적 설계 단계에서 수행한다.

**019** 다음 중 DQL의 SELECT의 논리 연산자에 해당하지 않는 것은?

① IN　　② AND
③ NOT　　④ BETWEEN

**해설** 논리 연산자는 A와 B가 참이거나 혹은 아닌 경우, 특정 범위에 포함되거나 존재하는 경우를 판별하는 연산자로서 AND, OR, NOT, BETWEEN, EXISTS 등이 있다. IN과 NOT IN은 집합 연산자로서 IN은 여러 값들 중 하나인 조건, NOT IN은 여러 값들 중 하나가 아닌 조건의 연산을 수행한다.

3회

**020** 관계 데이터모델의 무결성 제약 중 기본키 값의 속성 값이 널(Null)값이 아닌 원자값을 갖는 성질은?

① 개체 무결성　　② 참조 무결성
③ 도메인 무결성　　④ 튜플의 유일성

**해설** 데이터베이스 무결성의 제약조건 유형은 모두 5가지가 있으며, 그중 개체 무결성은 기본키 값이 Not Null인 특성이며, 참조 무결성은 관계 테이블의 외부 식별자인 Foreign Key가 관계테이블의 주 식별자이어야 함을 정의한다. 그 외에 릴레이션의 각 속성값들은 그 속성이 정의된 도메인에 속한 값을 정의한 속성 무결성(도메인 무결성)과 사용자의 비즈니스 요구에 의미적 제한을 준수하는 사용자 정의 무결성, 한 릴레이션에 같은 키 값을 가진 튜플들이 허용되지 않는 키 무결성으로 정의된다.

3회

**021 분산 데이터베이스의 투명성(Transparency)에 해당하지 않는 것은?**

① Location Transparency
② Replication Transparency
③ Failure Transparency
④ Media Access Transparency

해설 분산 데이터베이스 목표는 위치 투명성(Location Transparency), 병행 투명성(Concurrency Transparency), 중복 투명성(Replication Transparency), 장애 투명성(Failure Transparency) 등 4개를 목표로 한다.

**022 다음 중 윈도우 함수 중 순위함수의 유형이 아닌 것은?**

① RANK
② DENSE_RANK
③ ROW_NUMBER
④ FIRST_VALUE

해설 순위함수는 레코드의 순위를 계산하고 판별하는 구문으로 RANK, DENSE_RANK, ROW_NUMBER 등을 활용한다. FIRST_VALUE와 LAST_VALUE, LAG, LEAD 함수는 행함수로서 파티션별 윈도우에서 특정 값을 찾을 때 활용하는 함수이다.

1, 2회

**023 분산 데이터베이스 목표 중 "데이터베이스의 분산된 물리적 환경에서 특정 지역의 컴퓨터 시스템이나 네트워크에 장애가 발생해도 데이터 무결성이 보장된다."는 것과 관계있는 것은?**

① 장애 투명성 ② 병행 투명성
③ 위치 투명성 ④ 중복 투명성

해설 분산 데이터베이스 목표는 위치 투명성(Location Transparency), 병행 투명성(Concurrency Transparency), 중복 투명성(Replication Transparency), 장애 투명성(Failure Transparency) 등 4개가 있다. 이 중 국지적 장애가 발생해도 데이터 무결성이 보장되는 특성은 장애 투명성이다.

1, 2회

**024 다음 설명의 ( ) 안에 들어갈 내용으로 적합한 것은? "후보키는 릴레이션에 있는 모든 튜플에 대해 유일성과 ( )을 모두 만족시켜야 한다."**

① 중복성 ② 최소성
③ 참조성 ④ 동일성

해설 후보키는 레코드를 유일하게 구분할 수 있는 최적화되어 있는 필드의 집합으로 최소성, 유일성, Not Null의 특성이 있다.

1, 2회

**025 SQL의 분류 중 DDL에 해당하지 않는 것은?**

① UPDATE ② ALTER
③ DROP ④ CREATE

해설 DDL(Data Definition Language)은 데이터 정의어로서 데이터베이스의 선언과 수정 등의 목적으로 사용하는 언어이다. 데이터베이스나 테이블의 생성을 위한 CREATE, 테이블 수정을 위한 ALTER, 데이터베이스나 테이블을 삭제하는 DROP, 테이블을 초기화하는 TRUNCATE 등의 명령어로 구성된다.

정답 015 ④ 016 ③ 017 ② 018 ④ 019 ① 020 ① 021 ④ 022 ④ 023 ① 024 ② 025 ①

1, 2회

**026** STUDENT 테이블에 독일어과 학생 50명, 중국어과 학생 30명, 영어영문학과 학생 50명의 정보가 저장되어 있을 때, 다음 두 SQL문의 실행 결과 튜플 수는? (단, DEPT 컬럼은 학과명)

ⓐ SELECT DEPT FROM STUDENT;
ⓑ SELECT DISTINCT DEPT FROM STUDENT;

① ⓐ 3, ⓑ 3 ② ⓐ 50, ⓑ 3
③ ⓐ 130, ⓑ 3 ④ ⓐ 130, ⓑ 130

해설 'SELECT 컬럼명 FROM 테이블명;' 명령어는 테이블을 조회하는 명령어이며, 첫 번째 명령어 줄에서는 전체 행(ROW, 튜플)을 표기하도록 명령되어 있어 모두 130개 행이 표기된다. 두 번째 명령어에서는 STUDENT 테이블에서 DEPT 학과수를 조회하나 DISTINCT 문에 의해서 중복된 필드를 모두 제거하고 결국 독일어과, 중국어과, 영어영문과 3개의 조회만 표기된다.

**027** 다음에서 설명하는 그룹함수의 유형은?

- 지정한 컬럼에 대한 소계를 작성하고 중간 집계값을 산출하기 위해 사용
- 지정 컬럼은 계층별로 구성되기 때문에 순서가 바뀌면 수행 결과가 바뀜

① ROLLUP
② CUBE
③ GROUPING SETS
④ GROUP BY

해설 그룹함수의 유형에는 ROLLUP, CUBE, GROUPING SETS 등이 있으며, 이 중 중간 집계값 산출에는 ROLLUP을 활용한다.

**028** 데이터베이스에서는 프로시저나 SQL 구문에서 발행하는 오류에서 발생하는 유형이 아닌 것은?

① 연결 오류 ② 구문 오류
③ 정규 오류 ④ 제약조건 오류

해설 프로시저나 SQL 구문에서 발행하는 오류에서 발생하는 유형은 크게 실행 시에 운영체제, 파일 시스템과 데이터베이스 파일과 상호작용에 문제가 있을 시 발생하는 연결 오류, 잘못된 SQL 구문 형식으로 인해서 발생하는 구문 오류, INSERT나 UPDATE 문에서 데이터를 열에 추가할 시에 발생하는 제약 조건 오류로 분류된다.

1, 2회

**029** 병행제어의 로킹(Locking) 단위에 대한 설명으로 옳지 않은 것은?

① 데이터베이스, 파일, 레코드 등은 로킹 단위가 될 수 있다.
② 로킹 단위가 작아지면 로킹 오버헤드가 감소한다.
③ 로킹 단위가 작아지면 데이터베이스 공유도가 증가한다.
④ 한꺼번에 로킹 할 수 있는 객체의 크기를 로킹 단위라고 한다.

해설 병행제어 로킹은 트랜잭션이 사용하는 자원에 대하여 상호배제(Mutual Exclusive)를 제공하는 기법으로 데이터베이스, 파일, 튜플 등이 로킹 단위가 될 수 있다. 이때 로킹 단위가 크면 구현이 용이하고 오버헤드는 감소하나 동시성이 약하며, 로킹 단위가 작으면 구현이 복잡하여 오버헤드가 발생하나 동시성은 강해진다.

5회

**030** **SQL에서 스키마(schema), 도메인(domain), 테이블(table), 뷰(view), 인덱스(index)를 정의하거나 변경 또는 삭제할 때 사용하는 언어는?**

① DML(Data Manipulation Language)
② DDL(Data Definition Language)
③ DCL(Data Control Language)
④ IDL(Interactive Data Language)

해설 DDL(Data Definition Language)은 데이터 정의어로서 데이터베이스를 정의하고 수정하는 목적으로 사용하는 언어이다. 대표적인 명령어로는 데이터베이스나 테이블을 생성하는 CREATE, 테이블을 수정하는 ALTER, 데이터베이스 및 테이블을 삭제하는 DROP, 테이블을 초기화하는 TRUNCATE 명령어 등으로 구성된다.

**031** **다음 설명에 해당하는 것은?**

| • 데이터베이스에서는 프로시저나 SQL 구문에서 발행하는 오류에 대해 대응<br>• 액션과 에러코드, 실행명령의 구문으로 수행 |
|---|

① SQL Query Processor
② OPTIMIZER
③ SQL Handler
④ INDEX

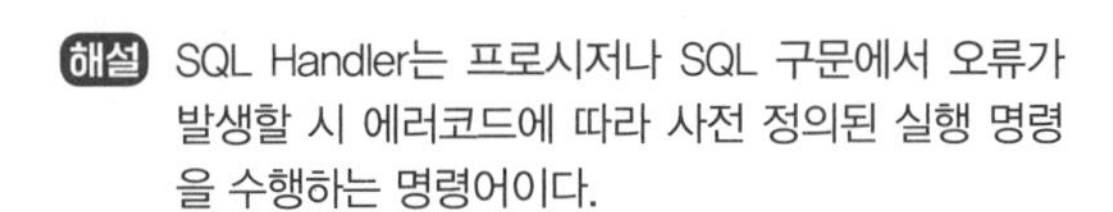
해설 SQL Handler는 프로시저나 SQL 구문에서 오류가 발생할 시 에러코드에 따라 사전 정의된 실행 명령을 수행하는 명령어이다.

**032** **다음 중 DDL(Data Definition Language)이 정의하는 내용과 거리가 먼 것은?**

① Schema ② Domain
③ Index ④ GRANT

해설 DDL(Data Definition Language)은 데이터를 구조화하는 틀인 DBMS의 오브젝트를 정의하는 언어로서 Schema, Domain, Index, Table, View를 정의한다. 권한을 정의하는 GRANT는 DCL(Data Control Language)에서 수행한다.

**033** **다음 중 DDL(Data Definition Language) 중 ALTER의 활용으로 잘못된 것은?**

① 열 추가는 ALTER TABLE 테이블이름 ADD 열이름 데이터타입 구문 수행
② 열 데이터타입 변경은 ALTER TABLE 테이블이름 DROP 열이름 구문 수행
③ 열 삭제는 ALTER TABLE 테이블이름 MODIFY 열이름 데이터타입 구문 수행
④ 열 조회는 ALTER TABLE 테이블이름 VIEW 열이름 구문 수행

해설 ALTER는 DDL(Data Definition Language) 언어 중 데이터베이스 오브젝트에 대한 변경을 수행하며 조회는 불가능하다.

**034** **다음 중 관계형 데이터모델의 구성요소로 거리가 먼 것은?**

① 데이터 ② 프로세스
③ 관계 ④ NoSQL

해설 NoSQL은 관계형 데이터베이스가 아닌 빅데이터에서 사용하는 개념으로 SQL에 대항하는 개념이다.



정답 026 ③ 027 ① 028 ③ 029 ② 030 ② 031 ③ 032 ④ 033 ④ 034 ④

**035** 다음 중 관계형 데이터모델링 절차로 옳은 것은?

| | |
|---|---|
| ㉠ 요구사항 분석 | ㉡ 개념 모델링 |
| ㉢ 논리 모델링 | ㉣ 물리 모델링 |

① ㉠-㉡-㉢-㉣　　② ㉡-㉠-㉢-㉣
③ ㉠-㉢-㉡-㉣　　④ ㉡-㉢-㉠-㉣

해설 관계형 데이터모델링은 '사용자 요구분석-개념 모델링-논리 모델링-물리 모델링-데이터베이스 구축' 순으로 수행한다.

6회

**036** 릴레이션 R의 차수가 4이고 카디널리티가 5이며, 릴레이션 S의 차수가 6이고 카디널리티가 7일 때, 두 개의 릴레이션을 카티션 프로덕트한 결과의 새로운 릴레이션의 차수와 카디널리티는 얼마인가?

① 24, 35　　② 24, 12
③ 10, 35　　④ 10, 12

해설 카티션 프로덕트는 관계대수 중 교차곱(Cartesian Product, X)으로 릴레이션 간에 차수는 더하고 카디널리티는 곱으로 계산된다. 문제에서 교차곱을 수행한 차수는 4+6=10이며, 카디널리티는 5×7=35이다.

6회

**037** 속성(attribute)에 대한 설명으로 틀린 것은?

① 속성은 개체의 특성을 기술한다.
② 속성은 데이터베이스를 구성하는 가장 작은 논리적 단위이다.
③ 속성은 파일 구조상 데이터 항목 또는 데이터 필드에 해당된다.
④ 속성의 수를 "cardinality"라고 한다.

해설 속성은 개체의 특성이며 컬럼, 필드라고도 한다. 카디널리티(Cardinality)는 릴레이션 튜플(행, ROW)의 개수를 의미하고 속성의 수는 차수(Degree)이다.

3회

**038** DCL(Data Control Language) 명령어가 아닌 것은?

① COMMIT　　② ROLLBACK
③ GRANT　　④ SELECT

해설 DCL은 데이터 제어어로서 권한의 부여를 담당하는 GRANT, 권한 회수의 REVOKE, 트랜잭션 완료의 COMMIT, 트랜잭션 복구의 ROLLBACK의 명령어를 처리한다. SELECT, INSERT, DELETE, UPDATE 등의 명령어는 데이터 조작어를 위한 DML에 속한다.

3회

**039** 다음 중 SQL의 집계 함수(aggregation function)가 아닌 것은?

① AVG　　② COUNT
③ SUM　　④ CREATE

해설 집계함수는 데이터 분석을 목적으로 복수행을 그룹별로 지정한 후 그룹 당 단일 계산 결과를 반환하는 함수이며 COUNT, SUM, AVG, MAX, MIN, STDDEV, VARIAN 등의 분석 명령어로 구성된다. CREATE는 데이터 정의어인 DLL 명령어로서 데이터베이스나 테이블을 생성한다.

**040** 다음에서 설명하는 것은?

| |
|---|
| 데이터베이스에서 한 번에 수행되어야 하는 일련의 Read와 Write 연산을 수행하는 업무 처리 단위 |

① 커밋(Commit)
② 롤백(Rollback)
③ 트랜잭션(Transaction)
④ 원자성(Atomicity)

해설 트랜잭션은 한 번에 처리되는 업무의 단위이며 전부 성공하거나 전부 철회하는 별도의 연산을 수행한다.

5회

**041 다음 릴레이션의 카디널리티와 차수가 옳게 나타낸 것은?**

| 아이디 | 성명 | 나이 | 등급 | 적립금 | 가입연도 |
|---|---|---|---|---|---|
| yuyu01 | 원유철 | 36 | 3 | 2000 | 2008 |
| sykim10 | 김성일 | 29 | 2 | 3300 | 2014 |
| kshan4 | 한경선 | 45 | 3 | 2800 | 2009 |
| namsu52 | 이남수 | 33 | 5 | 1000 | 2016 |

① 카디널리티 : 4, 차수 : 4
② 카디널리티 : 4, 차수 : 6
③ 카디널리티 : 6, 차수 : 4
④ 카디널리티 : 6, 차수 : 6

해설 카디널리티(Cardinality)는 릴레이션 튜플(행, ROW)의 개수를 의미하고 차수(Degree)는 한 릴레이션에 포함된 속성의 개수를 의미한다. 따라서 본 문제에서 카디널리티는 4, 차수는 6이다.

5회

**042 다음 정의에서 말하는 기본 정규형은?**

> 어떤 릴레이션 R에 속한 모든 도메인이 원자값(Atomic Value)만으로 되어 있다.

① 제1정규형(1NF)
② 제2정규형(2NF)
③ 제3정규형(3NF)
④ 보이스/코드 정규형(BCNF)

해설 제1정규형은 다중값이나 반복되는 속성을 제거하고 속성의 원자화를 수행한다.

5회

**043 정규화를 거치지 않아 발생하게 되는 이상(anomaly) 현상의 종류에 대한 설명으로 옳지 않은 것은?**

① 삭제 이상이란 릴레이션에서 한 튜플을 삭제할 때 의도와는 상관없는 값들로 함께 삭제되는 연쇄 삭제 현상이다.
② 삽입 이상이란 릴레이션에서 데이터를 삽입할 때 의도와는 상관없이 원하지 않는 값들로 함께 삽입되는 현상이다.
③ 갱신 이상이란 릴레이션에서 튜플에 있는 속성값을 갱신할 때 일부 튜플의 정보만 갱신되어 정보에 모순이 생기는 현상이다.
④ 종속 이상이란 하나의 릴레이션에 하나 이상의 함수적 종속성이 존재하는 현상이다.

해설 정규화 미이행으로 발생하는 이상 현상은 삽입 이상, 삭제 이상, 갱신 이상 등으로 구성된다.

**044 트랜잭션의 특성 중 분해가 불가능한 최소 단위로 연산 전체가 성공 또는 실패를 수행함으로써 무결성을 보장하는 특성은?**

① Consistency ② Atomicity
③ Isolation ④ Durability

해설 트랜잭션의 4가지 특성은 Atomicity(원자성), Consistency(일관성), Isolation(고립성), Durability(영속성)으로 구성된다. 전체 연산 수행 및 전부 철회를 통한 무결성 보존은 원자성을 의미한다.

정답 035 ① 036 ③ 037 ④ 038 ④ 039 ④ 040 ③ 041 ② 042 ① 043 ④ 044 ②

PART 06 PART 07 PART 08 PART 09 PART 10

**045** A1, A2, A3 3개 속성을 갖는 한 릴레이션에서 A1의 도메인은 3개 값, A2의 도메인은 2개 값, A3의 도메인은 4개 값을 갖는다. 이 릴레이션에 존재할 수 있는 가능한 튜플(Tuple)의 최대 수는?

① 24 ② 20
③ 12 ④ 9

**해설** 한 릴레이션에서 튜플 최대 수는 각 도메인의 곱으로 구성되며 3×2×4=24로 정의된다.

4회

**046** 한 릴레이션 스키마가 4개 속성, 2개 후보키 그리고 그 스키마의 대응 릴레이션 인스턴스가 7개 튜플을 갖는다면 그 릴레이션의 차수(degree)는?

① 1 ② 2
③ 4 ④ 7

**해설** 차수(Degree)는 한 릴레이션에 포함된 속성의 개수로서 4개가 정답이다.

**047** 다음 중 테이블의 구조에 해당하지 않는 것은?

① 행(ROW)
② 열(COLOMN)
③ 릴레이션 인스턴스(Relation Instance)
④ 함수(FUNCTION)

**해설** 테이블은 행과 열, 도메인과 릴레이션 인스턴스로 구조화되어 있다.

**048** 다음의 보기 중 다른 하나는?

① 행(ROW) ② 레코드(Record)
③ 튜플(Tuple) ④ 속성(Attribute)

**해설** 테이블의 행(ROW)은 레코드(Record), 튜플(Tuple)이라고 명명하며, 열(COLOMN)은 속성(Attribute), 필드(Field)라고 명명된다.

**049** 다음 테이블의 구조와 관련한 설명 중 틀린 것은?

① 카디널리티(Cardinality)는 릴레이션 컬럼의 개수를 의미
② 도메인(Domain)은 하나의 속성이 갖는 타입의 원자값들의 집합
③ 릴레이션 인스턴스(Relation Instance)는 데이터 개체를 구성하고 있는 속성에 대하여 데이터 타입을 정의하고 구체적으로 데이터 값을 갖는 것을 의미
④ 차수(Degree)는 한 릴레이션에 포함된 속성의 개수를 의미

**해설** 카디널리티(Cardinality)는 릴레이션 튜플(Tuple)의 개수를 의미한다.

**050** 다음 중 데이터 사전의 내용이 아닌 것은?

① 사용자 정보 ② 함수
③ 질의 최단경로 ④ 제약정보

**해설** 데이터 사전은 데이터와 데이터베이스 구조를 설명하는 메타데이터로 구성된 DBMS 내 구성요소이다. 데이터베이스의 실제 데이터를 제외한 모든 정보를 포함하며 사용자 정보, 객체 정보, 제약 정보, 함수에 관한 정보를 관리한다. 질의 최단 경로는 OPTIMIZER에서 처리하고 관리한다.

4회

**051** 데이터 모델에 표시해야 할 요소로 거리가 먼 것은?

① 논리적 데이터 구조
② 출력 구조
③ 연산
④ 제약조건

**해설** 데이터 모델링 시에 데이터 구조나 제약조건을 표기하고 연산이나 포함하나 출력 구조는 애플리케이션 설계에서 수행한다.

4회

**052 제3정규형에서 보이스코드 정규형(BCNF)으로 정규화하기 위한 작업은?**

① 원자값이 아닌 도메인을 분해
② 부분 함수 종속 제거
③ 이행 함수 종속 제거
④ 결정자가 후보키가 아닌 함수 종속 제거

해설 제3정규형에서 결정자가 후보키가 아닌 종속은 모두 제거하고 릴레이션의 모든 결정자가 후보키일 경우를 수행한다.

4회

**053 관계대수에 대한 설명으로 틀린 것은?**

① 주어진 릴레이션 조작을 위한 연산의 집합이다.
② 일반 집합 연산과 순수 관계 연산으로 구분된다.
③ 질의에 대한 해를 구하기 위해 수행해야 할 연산의 순서를 명시한다.
④ 원하는 정보와 그 정보를 어떻게 유도하는가를 기술하는 비절차적 방법이다.

해설 관계대수는 릴레이션 조작을 위한 연산의 집합군으로, 일반 집합연산과 순수관계 연산으로 분류되고 연산의 순서를 명시하는 절차적 방법이다.

**054 다음 중 ORACLE에서 데이터 사전 검색 설명으로 틀린 것은?**

① DBA_는 데이터베이스의 모든 객체 조회 가능
② ALL_은 자기 계정으로 접근 가능한 객체와 타 계정의 접근 권한을 갖은 모든 객체 조회 가능
③ USER_은 현재 자기 계정이 소유한 객체 조회 가능
④ GRANT_는 자기가 타인에게 부여한 접근 권한을 조회 가능

해설 ORACLE에서는 DBA>ALL>USER 단계로 데이터 사전 검색범위가 확장된다.

**055 다음 중 데이터베이스의 뷰(VIEW)에 대한 설명으로 틀린 것은?**

① 사용자 관점에서는 일반 테이블과 동일하게 보이나 물리테이블을 캐싱하여 별도의 논리 테이블을 구성
② 뷰는 인덱스 생성 불가
③ 다른 뷰를 이중으로 이용하여 또 다른 뷰 생성은 불가
④ 하나 이상의 물리테이블로부터 생성이 가능

해설 뷰(VIEW)는 다른 뷰 혹은 다른 뷰와 또 다른 테이블을 이용하여 뷰를 생성할 수 있다.

3회

**056 릴레이션에 대한 설명으로 거리가 먼 것은?**

① 튜플들의 삽입, 삭제 등의 작업으로 인해 릴레이션은 시간에 따라 변한다.
② 한 릴레이션에 포함된 튜플들은 모두 상이하다.
③ 애트리뷰트는 논리적으로 쪼갤 수 없는 원자값으로 저장한다.
④ 한 릴레이션에 포함된 튜플 사이에는 순서가 있다.

해설 릴레이션은 관계형 데이터베이스에서 복수 개체들 간에 명명된 의미 있는 연결을 의미하며, 튜플의 작업으로 시간에 따라 변경이 발생하고 한 릴레이션에 포함된 튜플들은 모두 상이하다. 애트리뷰트는 논리적으로 쪼갤 수 없는 원자값으로 저장해서 중복을 배제하고 이상 현상을 방지하나 한 릴레이션의 튜플 사이에서 순서가 있지는 않다.

정답 045 ① 046 ③ 047 ④ 048 ④ 049 ① 050 ③ 051 ② 052 ④ 053 ④ 054 ④ 055 ② 056 ④

4회

**057 정규화된 엔티티, 속성, 관계를 시스템의 성능 향상과 개발 운영의 단순화를 위해 중복, 통합, 분리 등을 수행하는 데이터 모델링 기법은?**

① 인덱스정규화 ② 반정규화
③ 집단화 ④ 머징

해설 반정규화는 정규화와 달리 성능과 운영 편의성을 위해서 통합, 중복을 용인하는 과정이다. 정규화와 반정규화는 트레이드오프 관계로서 지나친 정규화는 조인수가 증가하고 조회성능이 떨어지고, 지나친 반정규화는 정합성과 데이터 무결성이 훼손될 가능성이 높다.

4회

**058 정규화의 필요성으로 거리가 먼 것은?**

① 데이터 구조의 안정성 최대화
② 중복 데이터의 활성화
③ 수정, 삭제 시 이상현상의 최소화
④ 테이블 불일치 위험의 최소화

해설 정규화는 중복을 최소화하여 삽입, 삭제, 갱신 등 여러 이상현상을 방지하는 릴레이션 무손실 분해 과정이다.

**059 다음 중 인덱스(INDEX)에 대한 설명 중 틀린 것은?**

① 데이터의 검색 속도 개선을 위해서 별도로 테이블의 Row를 동일한 경로로 식별 가능하도록 구조화된 데이터군이다.
② PK 컬럼은 PK를 생성할 때 DBA가 개별 인덱스를 설정해서 효율성을 높이는 것이 바람직하다.
③ 관련 테이블과 논리적, 물리적으로 별도의 인덱스 테이블을 생성한다.
④ 한 테이블에 다수의 Column으로 Index 구성하는 것도 가능하다.

해설 PK 컬럼은 PK를 생성할 때 DBMS에서 자동으로 인덱스를 생성한다.

**060 데이터베이스의 인덱스(INDEX)를 구성하기 적정한 유형과 가장 거리가 먼 것은?**

① 업무 처리를 위해서 반복적으로 액세스하는 조인 컬럼
② 분포도가 양호한 컬럼
③ 개인정보나 민감한 정보를 보유하고 있는 컬럼
④ 조회 조건에 사용되는 컬럼

해설 통상적으로 인덱스를 구성하는 컬럼은 반복적으로 액세스하는 조인 컬럼, 분포도가 양호한 컬럼, 조회 조건에 사용되는 컬럼, 자주 결합되어 사용되는 컬럼, 일련번호를 부여한 컬럼 등이 해당된다.

3회

**061 관계대수의 순수관계 연산자가 아닌 것은?**

① Select
② Cartesian Product
③ Division
④ Project

해설 관계대수 연산자 중에서도 순수관계 연산자는 조인(Join, ⋈), 셀렉트(Select, σ), 프로젝션(Projection, π), 디비전(Division, ÷) 등이 있다.

3회

### 062 다음과 같이 위쪽 릴레이션을 아래쪽 릴레이션으로 정규화를 하였을 때 어떤 정규화 작업을 한 것인가?

| 국가 | 도시 |
|---|---|
| 대한민국 | 서울, 부산 |
| 미국 | 워싱턴, 뉴욕 |
| 중국 | 베이징 |

↓

| 국가 | 도시 |
|---|---|
| 대한민국 | 서울 |
| 대한민국 | 부산 |
| 미국 | 워싱턴 |
| 미국 | 뉴욕 |
| 중국 | 베이징 |

① 제1정규형 ② 제2정규형
③ 제3정규형 ④ 제4정규형

해설 제1차 정규화는 속성의 원자화, 다중값이나 반복되는 속성을 제거하는 것으로 도시의 다중값을 제거하여 결괏값이 도출된다.

3회

### 063 릴레이션 조작 시 데이터들이 불필요하게 중복되어 예기치 않게 발생하는 곤란한 현상을 의미하는 것은?

① normalization ② rollback
③ cardinality ④ anomaly

해설 정규화 전에 중복이 발생하고 이를 통해 삽입, 삭제, 갱신 이상이 발생하는 현상을 의미하는 것을 Anomaly라고 한다.

### 064 다음에서 설명하는 인덱스 유형은?

- 임의의 길이를 가지는 메시지를 고정된 길이의 출력값으로 바꿔주는 함수를 활용하여 인덱스 생성에 활용
- 충돌(Collision) 문제가 발생할 수 있음

① 순서(Ordered) 인덱스
② 해시(Hash) 인덱스
③ 비트맵(Bitmap) 인덱스
④ 단일(Singled) 인덱스

해설 해시 인덱스는 해시함수에 의하여 직접 데이터에 키값으로 접근하는 인덱스로 데이터에 접근 비용이 균일하고 레코드(Row) 양과는 무관하다.

1, 2회

### 065 하나의 애트리뷰트가 가질 수 있는 원자값들의 집합을 의미하는 것은?

① 도메인 ② 튜플
③ 엔티티 ④ 다형성

해설 도메인은 속성이 가질 수 있는 원자값들을 대표하는 개념으로 논리 데이터 모델링 구현 시에 속성 상세화 과정에서 정의된다.

3회

### 066 릴레이션 R의 모든 결정자(determinant)가 후보키이면 그 릴레이션 R은 어떤 정규형에 속하는가?

① 제1정규형
② 제2정규형
③ 보이스/코드 정규형
④ 제4정규형

해설 BCNF(Boyce Code Normal Form)는 릴레이션의 모든 결정자가 후보키일 때 수행하는 정규화로서 결정자가 후보키가 아닌 종속을 제거한다.

정답 057 ② 058 ② 059 ② 060 ③ 061 ② 062 ① 063 ④ 064 ② 065 ① 066 ③

3회

**067** **정규화의 목적으로 옳지 않은 것은?**

① 어떠한 릴레이션이라도 데이터베이스 내에서 표현 가능하게 만든다.
② 데이터 삽입 시 릴레이션을 재구성할 필요성을 줄인다.
③ 중복을 배제하여 삽입, 삭제, 갱신 이상의 발생을 야기한다.
④ 효과적인 검색 알고리즘을 생성할 수 있다.

**해설** 정규화는 중복을 배제하고 삽입, 삭제, 갱신 이상 발생을 저지한다.

1, 2회

**068** **DML에 해당하는 SQL 명령으로만 나열된 것은?**

① DELETE, UPDATE, CREATE, ALTER
② INSERT, DELETE, UPDATE, DROP
③ SELECT, INSERT, DELETE, UPDATE
④ SELECT, INSERT, DELETE, ALTER

**해설** DML(Data Manipulation Language)은 데이터 조작어로서 데이터베이스의 레코드를 조회하거나 수정, 삭제하는 역할을 하는 언어이며 이에 해당하는 명령어는 SELECT, INSERT, DELETE, UPDATE이다.

1, 2회

**069** **데이터베이스 시스템에서 삽입, 갱신, 삭제 등의 이벤트가 발생할 때마다 관련 작업이 자동으로 수행되는 절차형 SQL은?**

① 트리거(trigger) ② 무결성(integrity)
③ 잠금(lock) ④ 복귀(rollback)

**해설** 트리거는 데이터베이스에서 특정 조건인 삽입, 갱신, 삭제 등의 이벤트가 발생하게 되면 자동으로 작동하도록 설정된 프로그램이다.

1, 2회

**070** **데이터 제어언어(DCL)의 기능으로 옳지 않은 것은?**

① 데이터 보안
② 논리적, 물리적 데이터 구조 정의
③ 무결성 유지
④ 병행수행 제어

**해설** DCL(Data Control Language)은 데이터 제어어로서 데이터베이스의 규정이나 기법 등을 정의하고 제어하는 기능을 수행하며, 권한 부여 및 회수를 통한 데이터 보안이나 커밋이나 롤백을 통한 무결성 유지 및 병행수행 제어를 담당한다. 논리적, 물리적 데이터 구조 정의는 DDL을 통해서 수행한다.

**071** **다음 중 해시함수 인덱스 기법이 아닌 것은?**

① 중첩법 ② 숫자 추출법
③ 중간 제곱 함수 ④ 지수 증분법

**해설** 해시함수를 활용한 인덱스 기법으로는 중간 제곱 함수, 중첩법, 숫자 추출법, 이동법, 진법 변환 함수 등이 있다.

**072** **다음 중 해시함수 인덱스의 구성요소에 대한 설명으로 틀린 것은?**

① 해싱함수는 해시 테이블의 주소를 생성해 내는 함수이다.
② 해시테이블은 해시함수에 의해 참조되는 테이블이다.
③ 오버플로우(Overflow)는 하나의 주소를 갖는 버킷 내의 슬롯공간이 없는 현상이다.
④ 동거자(synonym)는 서로 다른 2개 이상의 레코드가 같은 주소를 갖는 현상이다.

**해설** 해시함수의 구성요소는 해싱함수, 해시테이블, 버킷, 슬롯, 동거자, 충돌, 오버플로우 등이 있다. 이때 동거자는 같은 주소를 갖는 레코드들의 집합이고, 충돌은 서로 다른 2개 이상의 레코드가 같은 주소를 갖는 현상이다.

1, 2회

**073** **데이터베이스의 논리적 설계(logical design) 단계에서 수행하는 작업이 아닌 것은?**

① 레코드 집중의 분석 및 설계
② 논리적 데이터베이스 구조로 매핑(mapping)
③ 트랜잭션 인터페이스 설계
④ 스키마의 평가 및 정제

해설 저장 공간의 적정성 분석, 경로 설계, 레코드 집중 분석 및 설계는 물리적 설계 단계에서 수행한다.

1, 2회

**074** **E-R 모델의 표현 방법으로 옳지 않은 것은?**

① 개체타입 : 사각형
② 관계타입 : 마름모
③ 속성 : 오각형
④ 연결 : 선

해설 E-R 모델에서 속성은 타원으로 표기하며 개체 또는 관계의 기본적 성질을 의미한다.

**075** **다음 중 집합 연산자의 유형이 아닌 것은?**

① UNION ② GROUP
③ INTERSECTION ④ EXCEPT

해설 집합 연산자는 테이블을 집합 개념으로 정의하고 두 테이블 연산에 집합 연산자를 사용하는 쿼리 방식이다. 여러 질의 결과를 연결하여 하나로 결합하는 형태로 도출하는 연산자로서 UNION, UNION ALL, INTERSECTION, EXCEPT 등의 연산자 유형이 있다.

**076** **다음 중 데이터베이스에서 조인(Join)에 대한 설명으로 가장 거리가 먼 것은?**

① 두 테이블 간의 곱으로 데이터를 연결하는 대표적인 데이터 연결 방법이다.
② 조인은 데이터베이스의 옵티마이저에서 물리적인 방법으로만 테이블 결합을 수행한다.
③ 대표적인 조인 방식으로는 Nested-Loop, Merge, Hash 조인이 있다.
④ Sort-Merge 조인은 Sort의 부하가 많이 발생하며, 이를 보완하기 위한 방법으로 소트 대신 해쉬값을 이용하는 조인이 Hash 조인이다.

해설 조인은 데이터베이스의 옵티마이저에서 수행하는 물리적 방식과 사용자의 SQL문에 표현되는 테이블의 결합 방식인 논리적 방식이 있다.

**077** **다음 서브쿼리(Sub Query)에 대한 설명 중 틀린 것은?**

① 서브쿼리에 사용되는 컬럼 정보와 메인쿼리의 컬럼 정보는 자유롭게 사용이 가능하다.
② SQL문 내부에 포함된 또 다른 SQL문을 의미한다.
③ 서브쿼리 유형은 동작방식과 반환 데이터에 따라 분류가 가능하다.
④ 반환데이터에 따른 세 분류에는 Single Row, Multiple Row, Multiple Column의 유형이 있다.

해설 메인쿼리와 서브쿼리는 주종 관계로서 서브쿼리에 사용되는 컬럼 정보는 메인쿼리의 컬럼 정보를 사용할 수 있으나 반대로는 성립되지 않는다.

정답 067 ③ 068 ③ 069 ① 070 ② 071 ④ 072 ④ 073 ① 074 ③ 075 ② 076 ② 077 ①

**078** **다음 중 관계 데이터 모델의 주요 요소가 아닌 것은?**

① 클래스(Class) ② 개체(Entity)
③ 속성(Attribute) ④ 식별자(Identifier)

해설 관계 데이터 모델은 현실세계의 업무를 추상화하고 관계형 데이터베이스의 데이터로 표현하기 위해 설계하는 과정이며, 개체(Entity), 속성(Attribute), 식별자(Identifier)를 정의하고 모델링을 수행한다.

1, 2회

**079** **정규화 과정 중 1NF에서 2NF가 되기 위한 조건은?**

① 1NF를 만족하고 모든 도메인이 원자값이어야 한다.
② 1NF를 만족하고, 키가 아닌 모든 애트리뷰트들이 기본키에 이행적으로 함수 종속되지 않아야 한다.
③ 1NF를 만족하고 다치 종속이 제거되어야 한다.
④ 1NF를 만족하고 키가 아닌 모든 속성이 기본키에 대하여 완전 함수적 종속 관계를 만족해야 한다.

해설 1차 정규화에서 2차 정규화가 되기 위한 조건은 1NF를 만족하고 Relation의 기본키가 아닌 속성들이 완전 함수적으로 종속할 경우이다.

1, 2회

**080** **이행적 함수 종속 관계를 의미하는 것은?**

① A → B이고 B → C일 때, A → C를 만족하는 관계
② A → B이고 B → C일 때, C → A를 만족하는 관계
③ A → B이고 B → C일 때, B → A를 만족하는 관계
④ A → B이고 B → C일 때, C → B를 만족하는 관계

X → Y이고 Y → Z일 때 X → Z가 성립하면 이행함수 종속관계이며 3차 정규화가 필요하다.

1, 2회

**081** **관계대수 연산에서 두 릴레이션이 공통으로 가지고 있는 속성을 이용하여 두 개의 릴레이션을 하나로 합쳐서 새로운 릴레이션을 만드는 연산은?**

① ⋈ ② ⊃
③ π ④ σ

해설 관계대수는 릴레이션을 처리하기 위한 연산의 집합으로 순수 관계 연산자로는 조인(join, ⋈), 셀렉트(select, σ), 프로젝션(Projection, π), 디비전(DIVISION, ÷) 등이 있으며 일반 집합 연산자는 합집합(UNION, ∪), 교집합(INTERSECTION, ∩), 차집합(DIFFERENCE, −), 교차곱(Cartesian Product, X) 등이 있다. 이 중 두 개의 릴레이션을 하나로 합쳐 새로운 릴레이션을 만드는 연산은 조인(join, ⋈)이다.

**082** **다음 중 관계 데이터모델링 설계 시 개체 타입 도출 방법으로 가장 적절치 않은 것은?**

① 업무 기술서 활용
② BPR(Business Processing Reengineering) 전의 자료 참조
③ 인터뷰 수행
④ DFD(Data Flow Diagram) 활용

해설 BPR(Business Processing Reengineering)은 조직이나 기업의 업무 프로세스를 재정의하고 새로 구성하는 경영혁신 기법으로 BPR 이후의 자료를 참조하여 개체 타입을 도출해야 한다.

**083** **다음 중 데이터베이스 모델링 시 적절한 개체 타입 명명 기준이 아닌 것은?**

① 현업 용어 사용　　② 약어 사용
③ 단수 명사 사용　　④ 유일한 명명어 사용

해설 개체 타입 명명 시 유추하기 힘들거나 모호한 경우를 배제하기 위해 되도록 약어를 배제해야 한다.

**084** **다음 중 데이터베이스 모델링 시 후보 식별자 조건으로 맞지 않는 것은?**

① 각 인스턴스를 유일하게 식별 가능해야 함
② 속성 집합을 선택하는 경우에는 개념적으로 유일해야 함
③ 후보 식별자는 NULL 값 허용 포함
④ 후보 식별자의 데이터는 잦은 변경 지양

해설 후보 식별자는 개체에서 각 인스턴스를 유일하게 식별할 수 있는 속성이나 속성 집합을 의미하며, 이때 후보 식별자는 Null 값을 배제해야 한다.

**085** **관계형 데이터베이스 모델링 시에 설명의 관계 특성으로 옳은 것은?**

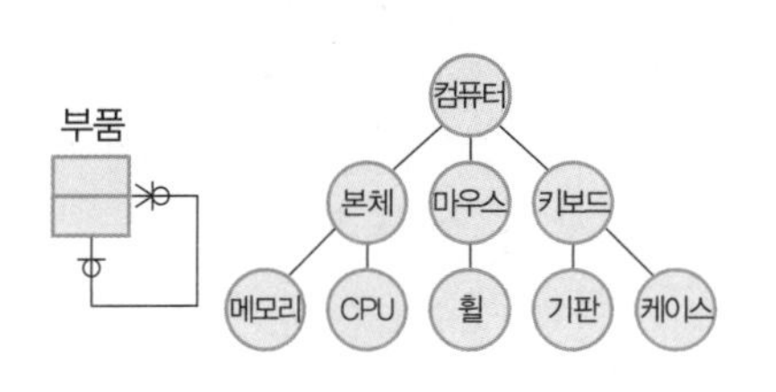


- 하나의 엔티티 타입 내에서 엔티티와 엔티티가 관계를 맺고 있는 형태의 관계
- 부서, 부품, 메뉴 등과 같이 계층 구조 형태를 표현할 때 유용한 관계 형식

① 정상적인 관계
② 자기 참조 관계
③ 병렬 관계
④ 슈퍼타입 서브타입 관계

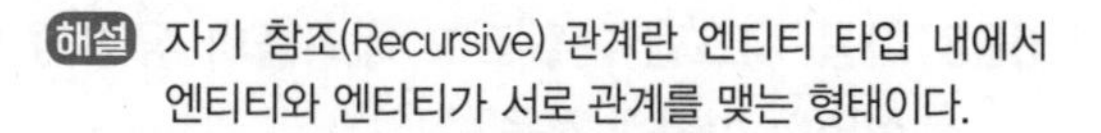
해설 자기 참조(Recursive) 관계란 엔티티 타입 내에서 엔티티와 엔티티가 서로 관계를 맺는 형태이다.

**086** **다음에서 설명하는 것은?**

- 데이터베이스 시스템과 관련한 다양한 객체와 환경에 대한 메타데이터 정보의 집합
- 광의의 개념에서는 데이터사전과 동일한 단어로 사용

① OPTIMIZER
② SQL Query Processing
③ SYSTEM Catalogue
④ SCHEMA

해설 시스템 카탈로그는 데이터베이스 시스템 환경에 관한 메타데이터의 집합이며 저장되는 공간 및 그 데이터베이스를 데이터사전이라고 한다.

**087** **다음 중 시스템 카탈로그에 대한 설명으로 잘못된 것은?**

① 카탈로그 자체도 시스템 테이블이며 일반 사용자도 SQL을 이용하여 내용 검색 가능
② INSERT, DELETE, UPDATE 등의 일반적인 SQL문으로 카탈로그를 직접 갱신 가능
③ DBMS가 자동으로 생성하고 유지 및 관리 수행
④ 분산 시스템에서는 릴레이션, 인덱스, 사용자 정보 등 기본정보 외에도 위치 투명성과 중복 투명성을 제공하기 위해 모든 제어 정보 관리

해설 시스템 카탈로그는 DBMS가 직접 관리하며 사용자의 제어나 수정은 불가능하다.

정답 078 ① 079 ④ 080 ① 081 ① 082 ② 083 ② 084 ③ 085 ② 086 ③ 087 ②

**088** 다음 시스템 카탈로그 테이블의 유형에 대한 설명이 잘못된 것은?

① SYSCOLAUTH는 데이터베이스의 각 속성에 설정된 권한 사항들을 저장, 관리
② SYSCOLUMNS은 전체 테이블에 관한 정보를 컬럼 중심으로 저장하고 관리
③ SYSTABAUTH는 각 테이블에 설정된 권한 사항들을 저장, 관리
④ SYSVIEW는 전체 테이블에 대한 길이, 구조 등의 메타데이터 정보를 저장, 관리

해설 시스템 카탈로그 테이블에서 SYSVIEW는 전체 뷰(VIEW)에 대한 정보를 저장하고 관리한다.

**089** 다음 데이터 모델 단계에 대한 설명은?

> 시스템으로 구현하고자 하는 업무의 모습을 키와 관계, 속성 등을 명확하고 분명하게 정의하여 DBMS의 특성에 적합하도록 스키마와 트랜잭션 인터페이스 등을 설계

① 데이터베이스 구현 단계
② 개념적 데이터 모델 단계
③ 논리적 데이터 모델 단계
④ 물리적 데이터 모델 단계

해설 논리적 데이터 모델 단계는 개념적 데이터 모델에서 도출된 E-R 모델을 논리적이며 세부적으로 설계하고 물리적 데이터 모델의 구현을 위한 사전 준비를 수행한다.

6회

**090** 트랜잭션의 실행이 실패하였음을 알리는 연산자로 트랜잭션이 수행한 결과를 원래의 상태로 원상 복귀시키는 연산은?

① COMMIT 연산 ② BACKUP 연산
③ LOG 연산 ④ ROLLBACK 연산

해설 데이터베이스 회복기법 중에서 트랜잭션이 실패 시 원래 상태로 복귀하는 명령어는 ROLLBACK이다.

**091** 다음 개체 관계(E-R) 모델에 관한 설명으로 옳지 않은 것은?

① 개체(Entity), 관계(Relationship), 속성(attribute) 등 관계데이터베이스의 핵심 요소를 기반으로 하여 현실 세계를 개념적으로 표현하는 모델
② 개체(Entity)는 현실 세계 클래스를 표현
③ 관계(Relation)는 개체와 개체 간의 연관성을 나타내고 마름모로 표현
④ 속성(Attribute)은 개체 혹은 관계의 기본적 성질이며 직사각형으로 표현

해설 개체 관계(E-R) 모델에서 구성 요소는 개체(Entity), 관계(Relationship), 속성(attribute), 연결(Link)이며, 각각 직사각형, 마름모, 타원, 실선으로 표현한다.

**092** 다음 중 정규화에 대한 설명으로 가장 거리가 먼 것은?

① 데이터베이스의 이상현상을 발생시키는 종속성, 중복성 등 요인을 제거하고 무결성을 보장하기 위해 릴레이션을 무손실 분해하고 정리하는 과정
② 최대한 정규화를 수행함으로써 시스템 성능이 향상되고 처리 속도가 증가
③ 데이터 종속성의 제거를 통해 삽입, 수정, 삭제 시 이상현상 제거
④ 중복을 최소화하여 데이터 저장 공간 절약

해설 과도한 정규화는 데이터베이스 시스템의 속도와 성능을 저하할 수 있으며, 이러한 문제를 해결하기 위해 반정규화를 수행한다.

6회

**093** 테이블 R1, R2에 대하여 다음 SQL문의 결과는?

```
(SELECT 학번 FROM R1)
INTERSECT
(SELECT 학번 FROM R2)
```

[R1] 테이블

| 학번 | 학점 수 |
|---|---|
| 20201111 | 15 |
| 20202222 | 20 |

[R2] 테이블

| 학번 | 과목번호 |
|---|---|
| 20202222 | CS200 |
| 20203333 | CS300 |

①

| 학번 | 학점 수 | 과목번호 |
|---|---|---|
| 20202222 | 20 | CS200 |

②

| 학번 |
|---|
| 20202222 |

③

| 학번 |
|---|
| 20201111 |
| 20202222 |
| 20202222 |

④

| 학번 | 학점 수 | 과목번호 |
|---|---|---|
| 20202222 | 20 | CS200 |
| 20202222 | 20 | CS200 |
| 20203333 | NULL | CS300 |

해설 SELECT 문의 결과를 합치고 빼는 집합연산자에 대한 문제로 합집합은 UNION, 차집합은 EXCEPT, 교집합은 INTERSECT이다. 본 문제의 경우 R1 테이블의 학번과 R2 테이블의 학번 교집합인 20202222를 결과로 하는 SQL문이다.

6회

**094** 다음 SQL 문에서 ( ) 안에 들어갈 내용으로 옳은 것은?

```
UPDATE 인사급여 (            ) 호봉=15 WHERE
성명='홍길동'
```

① SET ② FROM
③ INTO ④ IN

UPDATE 명령어는 'UPDATE [TABLE_NAME] SET [COLUMN_NAME]=[USER_FUNCTION_NAME](PARAMETER_1, ...) WHERE ...' 형태로 구성되므로 SET이 정답이다.

**095** 다음 함수적 종속성 유형이 설명하는 정규화 유형은?

> X → Y이고 Y → Z일 때 X → Z가 성립하면 이행 함수 종속

① 제1차 정규화
② 제2차 정규화
③ 제3차 정규화
④ BCNF(Boyce Code Normal Form) 정규화

해설 제3차 정규화는 2NF를 만족하고 기본키 외의 속성들 간에 함수적 종속성을 가지지 않는 경우이며 이행함수 종속성을 제거한다.

정답 088 ④ 089 ③ 090 ④ 091 ④ 092 ② 093 ② 094 ①

6회

**096 다음 R1과 R2의 테이블에서 아래의 실행 결과를 얻기 위한 SQL문은?**

[R1] 테이블

| 학번 | 이름 | 학년 | 학과 | 주소 |
|---|---|---|---|---|
| 1000 | 홍길동 | 1 | 컴퓨터공학 | 서울 |
| 2000 | 김철수 | 1 | 전기공학 | 경기 |
| 3000 | 강남길 | 2 | 전자공학 | 경기 |
| 4000 | 오말자 | 2 | 컴퓨터공학 | 경기 |
| 5000 | 장미화 | 3 | 전자공학 | 서울 |

[R2] 테이블

| 학번 | 과목번호 | 과목이름 | 학점 | 점수 |
|---|---|---|---|---|
| 1000 | C100 | 컴퓨터구조 | A | 91 |
| 2000 | C200 | 데이터베이스 | A+ | 99 |
| 3000 | C100 | 컴퓨터구조 | B+ | 89 |
| 3000 | C200 | 데이터베이스 | B | 85 |
| 4000 | C200 | 데이터베이스 | A | 93 |
| 4000 | C300 | 운영체제 | B+ | 88 |
| 5000 | C300 | 운영체제 | B | 82 |

[실행결과]

| 과목번호 | 과목이름 |
|---|---|
| C100 | 컴퓨터구조 |
| C200 | 데이터베이스 |

① SELECT 과목번호, 과목이름 FROM RI, R2 WHERE R1.학번=R2.학번 AND R1.학과=' 전자공학' AND R1.이름='강남길';
② SELECT 과목번호, 과목이름 FROM RI, R2 WHERE R1.학번=R2.학번 OR R1.학과=' 전자공학' OR R1.이름='홍길동';
③ SELECT 과목번호, 과목이름 FROM R1, R2 WHERE R1.학번 R2.학번 AND R1.학과=' 컴퓨터공학' AND R1.이름 '강남길';
④ SELECT 과목번호, 과목이름 FROM R1, R2 WHERE R1.학번=R2.학번 OR R1.학과=' 컴퓨터공학' OR R1.이름='홍길동';

해설 R1 테이블과 R2 테이블의 학번이 같고 R1에서 학과는 전자공학, 이름은 강남길인 학생의 학번 3000의 R2 테이블 과목은 C100 컴퓨터구조와 C200 데이터베이스이다.

**097 다음 중 분산데이터베이스에 대한 설명으로 틀린 것은?**

① 복수 개의 병렬 데이터베이스 시스템으로 구성된 형태의 구조에서 트랜잭션의 원자성을 보장하기 위해 모든 노드가 Commit하거나 Rollback하는 메커니즘 기반으로 구축한 데이터베이스
② 분산 DB에서 전 데이터베이스의 트랜잭션이 모두 성공 확인되어야 트랜잭션 처리가 완료
③ 분산 트랜잭션 원자성 보장을 위해 모든 노드가 커밋하거나 롤백하기 위해서 2단계 이상의 커밋(2PC)을 수행
④ 여러 단계의 커밋 확인을 거칠수록 신뢰도는 증가하고 비용은 감소

해설 분산 데이터베이스에서는 여러 단계의 커밋을 거칠수록 오버헤드 비용과 복잡도가 증가한다.

5회

**098 트랜잭션을 수행하는 도중 장애로 인해 손상된 데이터베이스를 손상되기 이전에 정상적인 상태로 복구시키는 작업은?**

① Recovery ② Commit
③ Abort ④ Restart

해설 데이터베이스 회복(Recovery)은 특정 시점으로 복구하여 무결성을 보장하는 트랜잭션 관리 기법이다.

6회

**099** SQL 문에서 SELECT에 대한 설명으로 옳지 않은 것은?

① FROM절에는 질의에 의해 검색될 데이터들을 포함하는 테이블명을 기술한다.
② 검색결과에 중복되는 레코드를 없애기 위해서는 WHERE 절에 'DISTINCT' 키워드를 사용한다.
③ HAVING절은 GROUP BY절과 함께 사용되며, 그룹에 대한 조건을 지정한다.
④ ORDER BY절은 특정 속성을 기준으로 정렬하여 검색할 때 사용한다.

해설 DISTINCT 키워드는 WHERE절이 아닌 SELECT 명령어 다음에 표기한다.

6회

**100** SQL에서 VIEW를 삭제할 때 사용하는 명령은?

① ERASE ② KILL
③ DROP ④ DELETE

해설 뷰는 CREATE로 생성하고 DROP으로 삭제한다.

**101** 다음 중 데이터베이스의 암호화 방식이 아닌 것은?

① 암호화 모듈 Plug-In 방식
② 웹애플리케이션 서버 암호화 API 방식
③ DBMS 자체 암호화 방식
④ 해시함수 조인 응용 방식

해설 데이터베이스의 데이터 암호화는 크게 3가지로 암호화 모듈 Plug-In 방식, 웹애플리케이션 서버 암호화 API 방식, DBMS 자체 암호화 방식으로 구분한다.

**102** 다음 중 데이터베이스의 접근 통제 방식이 아닌 것은?

① 임의적 접근제어(DAC ; Discretionary Access Control)
② 수동적 접근제어(PAC ; Passive Access Control)
③ 강제적 접근제어(MAC ; Mandatory Access Control)
④ 역할기반 접근제어(RBAC ; Role Based Access Control)

해설 데이터베이스의 접근 통제 방식은 임의적 접근제어(DAC ; Discretionary Access Control), 강제적 접근제어(MAC ; Mandatory Access Control), 역할기반 접근제어(RBAC ; Role Based Access Control)로 구분된다.

**103** 다음 중 데이터베이스 파티셔닝과 관련해서 가장 적절치 못한 것은?

① 수직 파티셔닝은 샤딩이라고도 하며 스키마를 복제한 후에 샤드키를 기준으로 데이터를 분리하여 관리함
② 데이터베이스의 성능이나 가용성, 정비 용이성 등을 확보하기 위해서 논리적인 엔티티들을 다른 물리적인 엔티티들로 나누어 관리하는 개념임
③ 대표적인 기법으로는 Range based Partitioning, Hash Based Partitioning, Directory Based Partitioning 등이 있음
④ Hash Based Partitioning은 엔티티를 해쉬함수에 입력 후 나오는 값을 이용해서 서버를 정하는 방식임

해설 샤딩이라고도 하며 스키마를 복제한 후에 샤드키를 기준으로 데이터는 분리하여 관리하는 방식은 수평 파티셔닝이다.

정답 095 ③ 096 ① 097 ④ 098 ① 099 ② 100 ③ 101 ④ 102 ② 103 ①

5회

**104** 『회원』 테이블 생성 후 『주소』 필드(컬럼)가 누락되어 이를 추가하려고 한다. 이에 적합한 SQL 명령어는?

① DELETE ② RESTORE
③ ALTER ④ ACCESS

해설 DDL(Data Definition Language)은 데이터 정의어 중 테이블 수정을 위한 ALTER 명령어를 사용하여 주소 필드를 추가한다.

5회

**105** 아래의 SQL문을 실행한 결과는?

[R1 테이블]

| 학번 | 이름 | 학년 | 학과 | 주소 |
|---|---|---|---|---|
| 1000 | 홍길동 | 4 | 컴퓨터 | 서울 |
| 2000 | 김철수 | 3 | 전기 | 경기 |
| 3000 | 강남길 | 1 | 컴퓨터 | 경기 |
| 4000 | 오말자 | 4 | 컴퓨터 | 경기 |
| 5000 | 장미화 | 2 | 전자 | 서울 |

[R2 테이블]

| 학번 | 과목번호 | 성적 | 점수 |
|---|---|---|---|
| 1000 | C100 | A | 91 |
| 1000 | C200 | A | 94 |
| 2000 | C300 | B | 85 |
| 3000 | C400 | A | 90 |
| 3000 | C500 | C | 75 |
| 3000 | C100 | A | 90 |
| 4000 | C400 | A | 95 |
| 4000 | C500 | A | 91 |
| 4000 | C100 | B | 80 |
| 4000 | C200 | C | 74 |
| 5000 | C400 | B | 85 |

[SQL문]

```
SELECT 이름
FROM R1
WHERE 학번 IN
        (SELECT 학번
        FROM R2
        WHERE 과목번호= 'C100');
```

①

| 이름 |
|---|
| 홍길동 |
| 강남길 |
| 장미화 |

②

| 이름 |
|---|
| 홍길동 |
| 강남길 |
| 오말자 |

③

| 이름 |
|---|
| 홍길동 |
| 김철수 |
| 강남길 |
| 오말자 |
| 장미화 |

④

| 이름 |
|---|
| 홍길동 |
| 김철수 |

해설 먼저 괄호 안의 문에서 R2테이블의 C100에 해당하는 학번은 1000, 3000, 4000번이며 이를 R1 테이블에서 이름 컬럼을 보면 홍길동, 강남길, 오말자가 해당된다.

**106** 다음 중 클러스터링에 대한 설명으로 가장 거리가 먼 것은?

① 대용량 데이터베이스의 성능을 위해서 여러 대의 컴퓨터를 병렬로 연결하고 하나의 시스템처럼 동작하게 만드는 기술
② 성능이 우수하나 고가의 비용 발생
③ 네트워크 성능에 따라 안정성과 속도 영향
④ 복잡한 구조로 인하여 관리에 어려움 발생

해설 클러스터링은 여러 대의 시스템을 밴딩하여 비용이 저렴하면서도 고성능인 시스템을 구현할 수 있다.

5회

## 107 다음과 같은 트랜잭션의 특성은?

> 시스템이 가지고 있는 고정요소는 트랜잭션 수행 전과 트랜잭션 수행 완료 후의 상태가 같아야 한다.

① 원자성(atomicity)
② 일관성(consistency)
③ 격리성(isolation)
④ 영속성(durability)

**해설** 트랜잭션 특성 중 수정 전과 수행 후가 동일함을 의미하는 것은 일관성이다.

5회

## 108 시스템 카탈로그에 대한 설명으로 틀린 것은?

① 시스템 카탈로그의 갱신은 무결성 유지를 위하여 SQL을 이용하여 사용자가 직접 갱신하여야 한다.
② 데이터베이스에 포함되는 데이터 객체에 대한 정의나 명세에 대한 정보를 유지관리한다.
③ DBMS가 스스로 생성하고 유지하는 데이터베이스 내의 특별한 테이블의 집합체이다.
④ 카탈로그에 저장된 정보를 메타데이터라고도 한다.

**해설** 시스템 카탈로그는 데이터베이스 시스템과 관련한 다양한 객체와 환경에 대한 메타데이터 정보의 집합으로서 DBMS가 직접 자동으로 생성 및 관리하고, 사용자가 SQL을 사용하여 카탈로그를 직접 갱신하는 것은 불가능하다.

## 109 다음에서 설명하는 클러스터링의 핵심 기술은?

> 여러 Node의 클러스터링 시스템을 사용자에게 하나의 시스템인 것처럼 보이게 하는 가상화 기술의 일종

① Single System Image
② 확장성 기술
③ 부하 균등화 및 동적 시스템 관리 기술
④ 고가용성 기술

**해설** 클러스터링의 핵심 기술은 Single System Image, 확장성 기술, 부하 균등화 및 동적 시스템 관리 기술, 고가용성 기술로 구성되며, 이 중 시스템이 하나의 이미지로 보이게 하는 가상화 기술은 Single System Image 기술이다.

## 110 다음에서 설명하는 클러스터링의 유형은?

> 하드웨어와 소프트웨어의 오류 가능성을 고려하여 클러스터의 가능한 모든 서비스를 유지하도록 고안

① 병렬 처리형 클러스터링
② 고가용성 클러스터링
③ 로드 밸런싱형 클러스터링
④ HPC(High Performance Computing) 공유 프로세싱 클러스터링

**해설** 여러 시스템을 복수로 구성해서 오류가 발생해도 서비스가 가능하도록 구현한 유형은 고가용성 클러스터링이다.

정답 104 ③ 105 ② 106 ② 107 ② 108 ① 109 ① 110 ②

4회

### 111 뷰(VIEW)에 대한 설명으로 틀린 것은?

① 뷰 위에 또 다른 뷰를 정의할 수 있다.
② 뷰에 대한 조작에서 삽입, 갱신, 삭제 연산은 제약이 따른다.
③ 뷰의 정의는 기본 테이블과 같이 ALTER문을 이용하여 변경한다.
④ 뷰가 정의된 기본 테이블이 제거되면 뷰도 자동적으로 제거된다.

해설 뷰는 다른 뷰를 정의할 수 있고 삽입, 생신, 삭제 등에 제약이 따르며 기본 테이블 제거 시 자동으로 제거된다. 그리고 뷰는 자체적으로 변경이 불가능하다.

5회

### 112 결괏값이 아래와 같을 때 SQL 질의로 옳은 것은?

[공급자] Table

| 공급자번호 | 공급자명 | 위치 |
|---|---|---|
| 16 | 대신공업사 | 수원 |
| 27 | 삼진사 | 서울 |
| 39 | 삼양사 | 인천 |
| 62 | 진아공업사 | 대전 |
| 70 | 신촌상사 | 서울 |

[결과]

| 공급자번호 | 공급자명 | 위치 |
|---|---|---|
| 16 | 대신공업사 | 수원 |
| 70 | 신촌상사 | 서울 |

① SELECT * FROM 공급자 WHERE 공급자명 LIKE '%신%';
② SELECT * FROM 공급자 WHERE 공급자명 LIKE '%대%';
③ SELECT * FROM 공급자 WHERE 공급자명 LIKE '%사%';
④ SELECT * FROM 공급자 WHERE 공급자명 IS NOT NULL;

해설 결과 테이블에서 공급자명에 '신'이라는 단어가 포함되려면 LIKE '%신%'으로 명기되어야 한다.

5회

### 113 다음에서 설명하는 스키마(Schema)는?

> 데이터베이스 전체를 정의한 것으로 데이터 개체, 관계, 제약조건, 접근권한, 무결성 규칙 등을 명세한 것

① 개념 스키마　　② 내부 스키마
③ 외부 스키마　　④ 내용 스키마

해설 데이터베이스 전체에 대해서 개체, 관계, 제약사항 및 권한 등을 명기하는 스키마는 개념 스키마이다.

### 114 다음 중 데이터베이스의 장애 유형으로 보기 가장 어려운 것은?

① 트랜잭션 장애　　② 사용자 장애
③ 디스크 장애　　④ 백업 장애

해설 데이터베이스의 장애에 대응하기 위하여 수행하는 백업에 장애가 있다고 해서 본 시스템에 장애가 발생하기는 어렵다.

### 115 다음 중 데이터베이스의 회복과 관련하여 가장 적절치 않은 것은?

① 실시간 데이터의 미러링
② 덤프 백업
③ 로그 파일 저장
④ SQL 핸들러

해설 SQL 핸들러는 소프트웨어적인 오류에는 대응이 가능하나 하드웨어 수준이나 통신 장애 등의 장애에는 대응이 불가능하다.

4회

## 116 다음 SQL문의 실행 결과는?

```
SELECT 과목이름
FROM 성적
WHERE EXISTS (SELECT 학번
FROM 학생 WHERE 학생.학번=성적.학번 AND
학생.학과 IN ('전산', '전기' AND 학생.주소='경기');
```

[학생] 테이블

| 학번 | 이름 | 학년 | 학과 | 주소 |
|---|---|---|---|---|
| 1000 | 김철수 | 1 | 전산 | 서울 |
| 2000 | 고영준 | 1 | 전기 | 경기 |
| 3000 | 유진호 | 2 | 전자 | 경기 |
| 4000 | 김영진 | 2 | 전산 | 경기 |
| 5000 | 정현영 | 3 | 전자 | 서울 |

[성적] 테이블

| 학번 | 과목번호 | 과목이름 | 학점 | 점수 |
|---|---|---|---|---|
| 1000 | A100 | 자료구조 | A | 91 |
| 2000 | A200 | DB | A+ | 99 |
| 3000 | A100 | 자료구조 | B+ | 88 |
| 3000 | A200 | DB | B | 85 |
| 4000 | A200 | DB | A | 94 |
| 4000 | A300 | 운영체제 | B+ | 89 |
| 5000 | A300 | 운영체제 | B | 88 |

①

| 과목이름 |
|---|
| DB |

②

| 과목이름 |
|---|
| DB |
| DB |

③

| 과목이름 |
|---|
| DB |
| DB |
| 운영체제 |

④

| 과목이름 |
|---|
| DB |
| 운영체제 |

해설 먼저 괄호 안의 SELECT 학번 FROM 학생 WHERE 문을 보면 '학생.학번=성적.학번'으로서 학생 테이블의 학번과 성적 테이블의 학번이 같아야 한다. 학생 테이블에서는 학과가 전산, 전기이며 주소가 경기인 학번을 조회한 후 성적 테이블에서 학번에 해당하는 과목명을 결괏값으로 도출하여 학번 2000의 DB, 학번 4000의 DB와 운영체제가 표기된다.

4회

## 117 사용자 X1에게 department 테이블에 대한 검색 연산을 회수하는 명령은?

① delete select on department to X1;
② remove select on department from X1;
③ revoke select on department from X1;
④ grant select on department from X1;

해설 GRANT는 권한을 부여하는 명령어이고 REVOKE는 권한을 회수하는 명령어이며 'REVOKE [PRIVILEGE] ON [OBJECT] FROM [USER_GROUP]'와 같은 형식으로 구성된다.

## 118 다음에서 설명하는 데이터베이스 회복 기법 유형은?

> 트랜잭션이 실행되는 동안 두 개의 페이지 테이블을 이용하는 회복 기법

① 지연 갱신 기법
② 그림자 페이징
③ Check Point 회복 기법
④ 즉시 갱신 기법

해설 그림자 페이징 기법은 별도의 숨겨진 페이지 테이블을 운영하여 하나의 테이블에 문제가 발생해도 숨겨진 그림자 페이지를 통해서 회복을 수행한다.

정답 111 ③ 112 ① 113 ① 114 ④ 115 ④ 116 ③ 117 ③ 118 ②

**119 다음 중 데이터 지역화(Locality)의 유형이 아닌 것은?**

① 시간적 지역성 ② 공간적 지역성
③ 차원적 지역성 ④ 순차적 지역성

해설 데이터 지역화(Locality)는 시간적, 공간적, 순차적으로 분류된다.

4회

**120 다음 SQL문에서 빈칸에 들어갈 내용으로 옳은 것은?**

```
UPDATE 회원 (           ) 전화번호='010-14'
WHERE 회원번호='N4';
```

① FROM ② SET
③ INTO ④ TO

해설 UPDATE 명령어는 'UPDATE [TABLE_NAME] SET [COLUMN_NAME]=[USER_FUNCTION_NAME](PARAMETER_1, ...) WHERE ...' 형태로 구성되므로 SET이 정답이다.

4회

**121 DBA가 사용자 PARK에게 테이블 [STUDENT]의 데이터를 갱신할 수 있는 시스템 권한을 부여하고자 하는 SQL문을 작성하고자 한다. 다음에 주어진 SQL문의 빈칸을 알맞게 채운 것은?**

```
SQL>GRANT ___㉠___ ___㉡___ STUDENT TO
PARK;
```

| | ㉠ | ㉡ |
|---|---|---|
| ① | INSERT | IN TO |
| ② | ALTER | TO |
| ③ | UPDATE | ON |
| ④ | REPLACE | IN |

해설 권한을 부여하는 GRANT 명령어는 'GRANT 작업명령 ON [OBJECT] TO [USER_GROUP]'으로 구성되며, 데이터를 갱신하는 UPDATE 명령과 ON으로 작성된다.

**122 다음 중 데이터 지역화의 소프트웨어 측면 해결방안이 아닌 것은?**

① 데이터 선인출 기법
② 예상 페이징 기법
③ 워킹 셋 구현
④ 기억장치 계층구조화

해설 데이터의 지역화를 해소하기 위한 소프트웨어 측면의 기법으로는 데이터 선인출 기법, 예상 페이징 기법, 워킹 셋 구현 기법 등이 있다. 기억장치 계층구조화는 하드웨어 기법에 해당한다.

**123 다음에서 설명하는 데이터베이스 무결성 제약조건 유형에 해당하는 것은?**

| 외래키 값은 그 외래키가 기본키로 사용된 릴레이션의 기본키 값이거나 널(Null) 값이어야 함 |
|---|

① 개체 무결성 ② 참조 무결성
③ 키 무결성 ④ 속성 무결성

해설 참조 무결성은 외래키와 관련한 무결성으로 릴레이션의 외래키 속성은 참조할 수 없는 값을 가질 수 없음을 의미한다.

4회

**124 학생 테이블을 생성한 후, 성별 필드가 누락되어 이를 추가하려고 한다. 이에 적합한 SQL 명령어는?**

① INSERT ② ALTER
③ DROP ④ MODIFY

해설 DDL(Data Definition Language)은 데이터 정의어 중 테이블 수정을 위한 ALTER 명령어를 사용하여 성별 필드를 추가한다.

4회

**125** 다음 설명과 관련 있는 트랜잭션의 특징은?

> 트랜잭션의 연산은 모두 실행되거나, 모두 실행되지 않아야 한다.

① Durability ② Isolation
③ Consistency ④ Atomicity

해설 트랜잭션의 4가지 성질인 원자성(Atomicity), 일관성(Consistency), 고립성(Isolation), 영속성(Durability)을 묻는 문제이며, 영어로도 자주 출제된다.

3회

**126** player 테이블에는 player_name, team_id, height 컬럼이 존재한다. 아래 SQL문에서 문법적 오류가 있는 부분은?

```
(1) SELECT player_name, height
(2) FROM player
(3) WHERE team id='Korea'
(4) AND height BETWEEN 170 OR 180;
```

① (1) ② (2)
③ (3) ④ (4)

해설 SELECT 문의 BETWEEN 연산자는 'BETWEEN X AND Y' 형태로 사용되며, X에서 Y까지 범위의 모든 행을 리턴한다. 따라서 '170 OR 180'를 '170 AND 180'으로 수정해서 구현해야 한다.

**127** 다음 중 데이터 무결성 유지 방안 중 DDL을 활용하여 절차적으로 대응하는 방안은?

① Trigger 활용
② Stored Procedure 활용
③ Data Type 제약 활용
④ Application 활용

해설 DML을 활용하여 절차적으로 무결성을 확보하는 방안은 Trigger, Stored Procedure, Application 등을 활용하는 방법이 있다. Data Type 제약 활용은 DDL을 활용하여 수행한다.

**128** 다음 중 ETL(Extraction, Transformation, Loading)에 대한 설명으로 가장 적절치 않은 것은?

① 대상 정보시스템에서 데이터를 추출하고 정제 및 변환한 후 목표 시스템에 적재하는 작업 및 과정
② 특정 업무 시스템에서 대상 데이터베이스 시스템 간에 이동이나 구 데이터베이스 시스템에서 신규 데이터베이스 시스템으로의 이전, 혹은 데이터웨어하우스 등으로 전환 시 적용
③ 처리방식의 유형으로는 Off-Line 방식, On-Line 방식, Semi-Online 방식이 있음
④ ETL의 작업 절차는 데이터 변환 → 데이터 정제 → 데이터 추출 순으로 수행

해설 ETL의 절차는 데이터 확인 → 데이터 추출 → 데이터 정제 → 데이터 변환 → 데이터 통합(전송) 순으로 수행된다.

정답 119 ③ 120 ② 121 ③ 122 ④ 123 ② 124 ② 125 ④ 126 ④ 127 ③ 128 ④

3회

### 129 Commit과 Rollback 명령어에 의해 보장받는 트랜잭션의 특성은?

① 병행성 ② 보안성
③ 원자성 ④ 로그

해설 트랜잭션의 특성은 원자성, 일관성, 고립성, 영속성의 성격을 갖고 있으며, 이 중 원자성은 분해가 불가능한 최소 단위로 연산 전체가 성공 혹은 실패를 수행하여 무결성을 확보하는 개념이다.

3회

### 130 뷰(View)의 장점이 아닌 것은?

① 뷰 자체로 인덱스를 가짐
② 데이터 보안 용이
③ 논리적 독립성 제공
④ 사용자 데이터 관리 용이

해설 뷰는 실제 물리 데이터에 대한 접근을 우회할 수 있어 보안성을 갖고 있으며, 물리적 테이블에 대한 논리적 사상으로 독립성이 제공되고 관리가 용이하나, 인덱스를 가질 수는 없다.

3회

### 131 관계 데이터베이스인 테이블 R1에 대한 아래 SQL 문의 실행 결과로 옳은 것은?

[R1]

| 학번 | 이름 | 학년 | 학과 | 주소 |
|---|---|---|---|---|
| 1000 | 홍길동 | 1 | 컴퓨터공학 | 서울 |
| 2000 | 김철수 | 1 | 전기공학 | 경기 |
| 3000 | 강남길 | 2 | 전자공학 | 경기 |
| 4000 | 오말자 | 2 | 컴퓨터공학 | 경기 |
| 5000 | 장미학 | 3 | 전자공학 | 서울 |

[SQL 문]

```
SELECT DISTINCT 학년 FROM R1;
```

①

| 학년 |
|---|
| 1 |
| 1 |
| 2 |
| 2 |
| 3 |

②

| 학년 |
|---|
| 1 |
| 2 |
| 3 |

③

| 이름 | 학년 |
|---|---|
| 홍길동 | 1 |
| 김철수 | 1 |
| 강남길 | 2 |
| 오말자 | 2 |
| 장미화 | 3 |

④

| 이름 | 학년 |
|---|---|
| 홍길동 | 1 |
| 강남길 | 2 |
| 장미화 | 3 |

해설 SELECT DISTINCT는 학년 컬럼에서 중복된 내용을 삭제하고 표기하기 때문에 1, 1, 2, 2, 3 에서 1, 2, 3만 표기된다.

정답 129 ③ 130 ① 131 ②

# 프로그래밍언어 활용

다회독 Check! 1 2 3

**001** 다음 중 개발 프레임워크 구성요소가 아닌 것은?

① 개발환경　② 유지보수환경
③ 관리환경　④ 운영환경

해설 개발 프레임워크 구성요소는 개발환경, 실행환경, 관리환경, 운영환경의 4가지로 정의된다.

3회

**002** 다음 C 프로그램의 결괏값은?

```
main(void) {
int i;
int sum=0;
for(i=1; i<=10; i=i+2);
        sum=sum+i;
printf("%d", sum);
}
```

① 15　② 19
③ 25　④ 27

해설 본 문제는 제어문 중 for를 사용하는 반복문에 대한 이해를 묻는 문제이며, 변수 i는 2씩 증가하면서 10을 초과할 때까지 해당 값의 합산을 반복하는 소스코드이다. 이에 따라 1+3+5+7+9의 합계인 25가 정답으로 출력된다.

3회

**003** C언어에서 정수 자료형으로 옳은 것은?

① int　② float
③ char　④ double

해설 C언어는 데이터 타입으로 총 5가지 유형을 가지며 조건 형태인 Boolean, 정수 형태인 int, 실수 형태인 float, 문자 형태인 char, 문자열 형태인 String으로 구성된다. double은 실수형 데이터 타입이며, Float의 2배 길이에 사용하는 형태이다.

3회

**004** 다음 자바 프로그램 조건문에 대해 삼항 조건 연산자를 사용하여 옳게 나타낸 것은?

```
int i=7, j=9;
int k;
if (i>j)
    k=i-j;
else
    k=i+j;
```

① int i=7, j=9; int k; k=(i>j)?(i−j):(i+j);
② int i=7, j=9; int k; k=(i<j)?(i−j):(i+j);
③ int i=7, j=9; int k; k=(i>j)?(i+j):(i−j);
④ int i=7, j=9; int k; k=(i<j)?(i+j):(i−j);

해설 삼항식 연산자의 문법은 (조건식)?a:b이며 이때 a는 조건식이 참일 때 반환값 1, b는 조건식이 거짓일 때 반환값 2이다. 본 문제에서는 조건식 k=(i>j) ? 반환값 1 (i−j) : 반환값 2 (i+j);를 순서대로 표기하면 된다.

정답 001 ② 002 ③ 003 ① 004 ①

3회

**005** 다음 사용자로부터 입력받은 문자열에서 처음과 끝의 3글자를 추출한 후 합쳐서 출력하는 파이썬 코드에서 ㉠에 들어갈 내용은?

```
string=input("7문자 이상 문자열을 입력하시오 : ")
m=( ㉠ )
print(m)
```

입력값 : Hello World
최종 출력 : Helrld

① string[1 : 3]+string[−3 : ]
② string[ : 3]+string[−3 : −1]
③ string[0 : 3]+string[−3 : ]
④ string[0 : ]+string[ : −1]

해설 파이썬은 문자열의 인덱싱과 슬라이싱 기능이 있다. 인덱싱은 문자열 앞에서는 0부터 시작하고 양수로 정의하며, 뒷부분에서는 1부터 음수로 시작한다. 본 문제에서는 앞 3글자, 뒤 3글자로 출력이 되었으며, 앞에는 0부터 3자, 뒤에는 −3부터 문자열 끝까지 정의되어야 하므로 ③이 정답이다. 만약 최초 시작이 0부터이면 0은 생략 가능하며, 문자열 끝부분도 마지막까지 포함이면 생략 가능하다. 따라서 3번은 string[0 : 3]+string[−3 : −1]로 표기하여도 된다.

**006** 다음 중 결합도의 단계적 수준으로 맞지 않는 것은?

① 자료 ② 스템프
③ 기능적 ④ 내용

해설 결합도의 단계적 수준은 자료, 스템프, 제어, 외부, 공통, 내용으로 정의된다.

**007** 다음에서 설명하는 프레임워크 유형은?

- 기존 자바엔터프라이즈 에디션(EJB)의 복잡함과 무거움을 극복하고 단순하면서도 고품질의 시스템 개발을 위한 경량의 오픈소스 웹 애플리케이션 프레임워크
- 한국 전자정부프레임워크의 핵심 기술이며 공공기관 웹 서비스 제공 시 권장되는 오픈소스 개발 프레임워크

① Spring Framework
② .Net Framework
③ Modern Framework
④ Electron Framework

해설 Spring Framework는 작고 가벼운 과거의 자바 개발 환경으로 회귀하자는 POJO(Plain Old Java Object) 기반의 특징을 갖는 프레임워크이다. 특히 행정안전부 산하 한국지능정보사회진흥원(구 한국정보화진흥원)에서 개발한 웹 기반 애플리케이션 프레임워크인 전자정부 프레임워크의 핵심 프레임워크로서 국가기관 및 공공기관에서 웹개발 시 적용하는 표준이다.

**008** 다음 중 응집도의 단계적 수준이 적절하게 배치된 것은?

㉠ 논리적 ㉡ 절차적
㉢ 통신적 ㉣ 기능적

① ㉠−㉡−㉣−㉢
② ㉠−㉡−㉢−㉣
③ ㉡−㉠−㉣−㉢
④ ㉡−㉢−㉠−㉣

해설 응집도는 '우연적−논리적−시간적−절차적−통신적−순차적−기능적'의 단계로 정의된다.

2회

**009** JAVA 언어에서 접근제한자가 아닌 것은?

① public ② protected
③ package ④ private

해설 JAVA 등의 객체지향언어에서는 클래스나 변수, 메서드 등을 외부에서 접근 제어하기 위한 제어자(제한자)가 있으며, private, default, protected, public 순으로 접근 범위가 상승한다. ③은 해당되지 않는다.

1, 2회

**010** 스크립트 언어가 아닌 것은?

① PHP ② Cobol
③ Basic ④ Python

해설 스크립트언어는 별도의 컴파일 없이 인터프리터로 수행 가능한 언어이며, PHP, JavaScript, Python 등이 해당된다. Basic은 최초 스크립트 언어로 개발되었으나, 최근에는 유형이 다양화되면서 일부는 스크립트 언어에 해당되지 않기 때문에 문제에 유의해야 한다(본 문제에서는 스크립트 언어로 봄).

**011** 다음 중 설명에 따른 응집도의 유형에 해당하는 것은?

> • 프로그램 초기화 모듈같이 한 번만 수행되는 요소들이 포함된 형태
> • 모듈의 기능 요소들이 같은 시간대에 처리되어야 하는 것들을 모음

① 시간적 ② 절차적
③ 순차적 ④ 기능적

해설 시간적 응집도는 비공통 데이터들이 같은 시간대에 처리되도록 모듈의 기능 요소를 통합하는 것을 의미한다.

**012** 다음 중 서버 프로그램에 대한 보안 취약성 대응 방안과 관련해서 설명에 해당하는 것은?

> 화이트 해커가 타겟 정보시스템을 대상으로 취약점 분석 및 모의 사이버 공격을 수행하는 시험이며, 사전 모의 공격을 통해 취약점을 식별하고 실제 공격에 대한 대응 역량 강화하는 활동

① 침투 테스트 ② 모의 해킹 훈련
③ 스트레스 테스트 ④ 뮤테이션 테스트

해설 침투 테스트는 특정 시스템 및 특정 일정에 화이트 해커를 통해서 취약점을 분석하고 실제 해킹처럼 모의 테스트를 수행하는 것을 말한다.

6회

**013** 다음 설명에 해당하는 방식은?

> • 무선 랜에서 데이터 전송 시, 매체가 비어있음을 확인한 뒤 충돌을 회피하기 위해 임의 시간을 기다린 후 데이터를 전송하는 방법이다.
> • 네트워크에 데이터의 전송이 없는 경우라도 동시 전송에 의한 충돌에 대비하여 확인 신호를 전송한다.

① STA
② Collision Domain
③ CSMA/CA
④ CSMA/CD

해설 무선랜에서 전송매체의 접속제어를 수행하는 방식은 IEEE802.11의 CSMA/CA이다.

정답 005 ③ 006 ③ 007 ① 008 ② 009 ③ 010 ② 011 ① 012 ① 013 ③

**014 다음 중 대표적인 보안 취약성 공격 유형으로 서비스 거부 오류 침입에 해당하는 것은?**

① SQL INJECTION
② XSS(Cross Site Script)
③ Slow Read DDoS
④ Buffer Overflow

해설 서비스 거부 오류 침입은 DoS(Denial of Service)의 유형에 해당되며 대표적으로 DDoS, RDoS, Slow Read DoS 등이 해당된다.

5회

**015 운영체제의 가상기억장치 관리에서 프로세스가 일정 시간 동안 자주 참조하는 페이지들의 집합을 의미하는 것은**

① Locality ② Deadlock
③ Thrashing ④ Working Set

해설 가상기억장치 관리에서 프로세스 실행보다 페이지 교체에 더 많은 시간을 소비하는 문제점을 스레싱이라고 하며, 이러한 문제를 해결하기 위해 일정 시간 동안 자주 참조하는 페이지인 워킹 셋(Working Set)의 지역성을 활용하여 주기억 장치에 적재한다.

5회

**016 다음 설명의 ㉠과 ㉡에 들어갈 내용으로 옳은 것은?**

> 가상기억장치의 일반적인 구현 방법에는 프로그램을 고정된 크기의 일정한 블록으로 나누는 (㉠) 기법과 가변적인 크기의 블록으로 나누는 (㉡) 기법이 있다.

| | ㉠ | ㉡ |
|---|---|---|
| ① | Paging | Segmentation |
| ② | Segmentation | Allocation |
| ③ | Segmentation | Compaction |
| ④ | Paging | Linking |

해설 기억장치를 고정된 크기의 분할로 나누어 할당하는 것을 Paging 방식이라고 하며 가변 크기로 분할하여 할당하는 것을 Segmentation 방식이라고 한다.

**017 다음에서 설명하는 대표적인 보안 취약성 공격 유형은?**

> 웹 애플리케이션의 대표적인 취약점 이용 공격으로 공격자가 웹페이지의 게시판에 악성 스크립트를 삽입하여 공격하는 방식

① SQL INJECTION
② DDoS
③ Buffer Overflow
④ XSS(Cross Site Script)

해설 XSS(Cross Site Script)은 아주 빈번한 웹 취약점 공격 기법으로 게시판에 악성 스크립트를 삽입하고 접근하는 사용자를 대상으로 해킹 공격을 수행한다.

1, 2회

**018 C언어에서 배열 b[5]의 값은?**

```
static int b[9]={1, 2, 3};
```

① 0 ② 1
③ 2 ④ 3

해설 배열 길이가 9개로 선언되었으나, 3개만 초기화되었으며, 이에 따라 나머지 값은 모두 0으로 정의된다.

1, 2회

**019 C언어에서 사용할 수 없는 변수명은?**

① student2019 ② text-color
③ _korea ④ amount

해설 변수명으로 사전 예약어는 사용 불가하고, 변수명에 공백이나 언더스코어(_), 달러($) 외의 특수 기호가 있으면 안 된다. ②는 "-" 특수기호가 있어서 사용이 불가하다.

5회

**020** **IEEE 802.3 LAN에서 사용되는 전송매체 접속제어(MAC) 방식은?**

① CSMA/CD ② Token Bus
③ Token Ring ④ Slotted Ring

해설 CSMA/CD는 LAN망에서 충돌을 감지하고 제어하는 매커니즘이다. 유사한 방식에는 IEEE 802.11에서 사용되는 전송매체 접속제어 매커니즘인 CSMA/CA가 있다.

5회

**021** **기억공간에 15K, 23K, 22K, 21K 순으로 빈 공간이 있을 때 기억장치 배치 전력으로 "First Fit"을 사용하여 17K의 프로그램을 적재할 경우 내부단편화의 크기는 얼마인가?**

① 5K ② 6K
③ 7K ④ 8K

해설 First Fit 방식은 적재가 가능한 가장 첫 번째 공간에 적재하는 방식인데, 15K는 17K보다 공간이 작아서 적재가 안 되며 적재가 가능한 가장 첫 번째 공간인 23K 공간에 17K 프로그램을 적재하고 남은 6K가 단편화 크기가 된다.

**022** **다음 중 API에 대한 설명으로 틀린 것은?**

① 컴퓨터 간 혹은 컴퓨터 프로그램 사이를 연결하여 서비스와 기능을 제공하는 소프트웨어 매개체
② API를 사용하면 다수의 시스템을 연동을 포함하는 신규 프로그램 설계, 개발 시 효율성과 편의성이 대폭 상승
③ 모든 API는 언제, 누구나 사용이 가능하도록 공개되어있으며 다양한 서비스를 쉽게 개발할 수 있음
④ 웹 서비스가 발달한 현재는 API라고 하면 웹 API를 대신하여 사용되기도 함

해설 API 중 언제, 누구나 사용이 가능하도록 공개되어 API는 OPEN API라고 하며 Private API는 특정 조직이나 기업만 사용 가능하도록 폐쇄되어 사용된다.

**023** **다음 중 배치 프로그램의 특징으로 틀린 것은?**

① 견고성이란 예외 값이 있는 데이터도 비정상적 동작이나 중단 없이 처리가 필요한 특성임
② 특정 시점에 단순한 업무를 대량으로 일괄 처리
③ 주로 야간이나 다른 부하가 없는 시간에 시작해서 사전 정해진 시간 내에 처리 완료하여 성능 효율 증가
④ 배치 프로그램은 상시 사람이 수동으로 실행하여 이상을 점검하고 이력을 관리

해설 배치 프로그램은 조건이나 스케줄에 맞춰 자동으로 실행하고 수행 내용이나 오류 내역 등을 관리하기 위해서 이력관리를 추진한다.

4회

**024** **다음과 같은 프로세스가 차례로 큐에 도착하였을 때, SJF(Shortest Job First) 정책을 사용할 경우 가장 먼저 처리되는 작업은?**

| 프로세스 번호 | 실행시간 |
|---|---|
| P1 | 6 |
| P2 | 8 |
| P3 | 4 |
| P4 | 3 |

① P1 ② P2
③ P3 ④ P4

해설 SJF는 가장 실행시간이 짧은 작업을 우선 수행하는 프로세스 스케줄링 알고리즘 기법으로 가장 짧은 P4가 제일 먼저 처리된다. 이러한 특성으로 인해서 가장 큰 작업은 무한히 기다리면서 아사(Starvation) 문제가 발생할 수 있으며, 이를 해결하기 위해서 HRN 스케줄링을 사용하기도 한다.

정답 014 ③ 015 ④ 016 ① 017 ④ 018 ① 019 ② 020 ① 021 ② 022 ③ 023 ④ 024 ④

4회

**025** UDP 특성에 해당되는 것은?

① 데이터 전송 후 ACK를 받는다.
② 송신 중에 링크를 유지 관리하므로 신뢰성이 높다.
③ 흐름제어나 순서제어가 없어 전송 속도가 빠르다.
④ 제어를 위한 오버헤드가 크다.

해설 UDP는 TCP 매커니즘이 복잡하고, 신뢰성 검증으로 속도가 느리다는 점에 대응하기 위해서 만들어진 비신뢰적이고 전송 속도가 빠른 4계층 프로토콜이다.

5회

**026** 운영체제를 기능에 따라 분류할 경우 제어 프로그램이 아닌 것은?

① 데이터 관리 프로그램
② 서비스 프로그램
③ 작업 제어 프로그램
④ 감시 프로그램

해설 운영체제는 데이터 관리, 작업 제어, 감시 및 모니터링 등의 기능을 수행한다. 서비스 프로그램은 운영체제가 아닌 별도의 응용 애플리케이션을 의미한다.

**027** 다음 중 배치 스케줄러가 아닌 것은?

① Cron ② Watch dog
③ 스프링 쿼츠 ④ 쿼츠 스케줄러

해설 배치 스케줄러에는 운영체제 방식인 윈도우 배치파일 스케줄러와 Cron, 프로그램 배치 스케줄러인 스프링 쿼츠, 쿼츠 스케줄러가 있다. Watch dog은 임베디드 기기 등에서 오류가 있거나 정상적인 동작이 어려울 시 타이머 형태로 운영 상황을 확인하는 시스템이다.

**028** 다음 데이터 타입 중 부동 소수점 유형인 것은?

① Boolean Type ② Int Type
③ String Type ④ Float Type

해설 Boolean은 참인지 거짓인지 조건을 판별하며, Int는 정수, String은 문자열, Char는 문자형 데이터 타입이다.

3회

**029** UNIX에서 새로운 프로세스를 생성하는 명령어는?

① ls ② cat
③ fork ④ chmod

해설 UNIX에서 fork는 프로세스 생성 명령어로서 중요한 역할을 수행한다.

4회

**030** 운영체제에서 커널의 기능이 아닌 것은?

① 프로세스 생성, 종료
② 사용자 인터페이스
③ 기억장치 할당, 회수
④ 파일 시스템 관리

해설 운영체제에서 사용자 인터페이스는 커널이 아닌 쉘이 담당한다.

**031** 다음 중 변수 설정 규칙에 적절치 않은 변수 예시는?

① AAbb12_$ ② 123AABB
③ MAN_age ④ APPLE123

해설 변수 설정 규칙에는 처음 문자는 숫자 불가, 변수 사이 공백 불가, 언어에서 미리 정의된 예약서 사용 불가 등의 규칙이 있으며, 그 외에 대소문자 영문자, 숫자, 언더스코어(_), 달러($) 기호로 명명이 가능하다.

**032** 다음 중 C언어에서 문자열을 Double형 정수로 변환하는 함수로 정확한 것은?

① int atoi(문자열)
② int atol(문자열)
③ int atof(문자열)
④ sprintf(문자열, "%d", 정수)

int atoi(문자열) 함수는 문자열을 int형 정수로 변환하고, int atol(문자열) 함수는 문자열을 long형 정수로 변환한다. sprintf(문자열, "%d", 정수)는 정수를 문자열로 변환한다.

3회

**033** 메모리 관리 기법 중 Worst fit 방법을 사용할 경우 10K 크기의 프로그램 실행을 위해서는 어느 부분에 할당되는가?

| 영역번호 | 메모리 크기 | 사용 여부 |
|---|---|---|
| N0.1 | 8K | FREE |
| N0.2 | 12K | FREE |
| N0.3 | 10K | IN USE |
| N0.4 | 20K | IN USE |
| N0.5 | 16K | FREE |

① NO.2 ② NO.3
③ NO.4 ④ NO.5

해설 현재 1번 영역은 크기가 8K밖에 되지 않고, 3번과 4번은 이미 사용하고 있어서 적재가 불가능하다. 10K 프로그램을 적재할 수 있는 영역은 2번, 5번밖에 없으며 Worst fit은 단편화가 가장 크게 일어나는 나쁜 적재 방식이다. 현재 문제에서는 가장 단편화가 비효율적으로 일어나는 영역은 5번 영역이다(적재 후 남는 공간이 6K로서 2K가 남는 2번 공간보다 훨씬 비효율적이다).

4회

**034** 다음 쉘 스크립트의 의미로 옳은 것은?

```
until who | grep wow
do
sleep 5
done
```

① wow 사용자가 로그인한 경우에만 반복문을 수행한다.
② wow 사용자가 로그인할 때까지 반복문을 수행한다.
③ wow 문자열을 복사한다.
④ wow 사용자에 대한 정보를 무한 반복하여 출력한다.

해설 본 쉘 스크립트에서는 wow라는 사용자가 로그인해야지만 슬립 상태를 벗어나게 되어 있고 그 전까지는 반복적으로 슬립을 수행한다.

**035** 다음에서 설명하는 것으로 바른 것은?

- 특정 데이터를 저장하기 위해서 할당받은 메모리 공간
- 데이터 타입에 따라서 메모리 공간에 데이터 값을 저장

① 변수(Variable)
② 데이터 타입(Data Type)
③ 할당(allocation)
④ 처리(Query)

해설 데이터 타입, 변수, 할당은 프로그래밍의 3대 요소라고 하며, 데이터 타입에 따라 변수를 선언하고 메모리 공간에 데이터 저장을 수행한다.

정답 025 ③ 026 ② 027 ② 028 ④ 029 ③ 030 ② 031 ② 032 ③ 033 ④ 034 ② 035 ①

3회

**036** 200.1.1.0/24 네트워크를 FLSM 방식을 이용하여 10개의 Subnet으로 나누고 ip subnet-zero를 적용했다. 이때 서브네팅된 네트워크 중 10번째 네트워크의 broadcast IP주소는?

① 200.1.1.159 ② 201.1.5.175
③ 202.1.11.254 ④ 203.1.255.245

해설 FLSM은 고정길이 서브넷 분할기법으로 모두 10개의 서브넷으로 나누려면 2^4=16, 즉 호스트 수는 16개로 정의된다(2^3은 8밖에 안 되므로 10개 이상인 16이 필요하다). 이에 따라 10개의 네크워크를 16개 호스트로 구성해보면 네트워크 1 : 200.1.1.0~15, 네트워크 2 : 200.1.1.16~31, 네트워크 3 : 200.1.1.32~47 .... 네트워크 9 : 200.1.1.128~143, 네트워크 10 : 200.1.1.144~159이며, 브로드캐스트는 주소는 해당 네트워크 ID에서 가장 마지막 주소를 의미하므로 네트워크 10의 마지막 주소인 200.1.1.159가 정답이다.

**037** 다음에서 설명하는 연산자 유형은?

| 단항 연산자로서 피연산자가 하나뿐이며, 연산자가 피연산자의 앞에 있으면 전위(증가), 뒤에 있으면 후위(감소) 수행 |
|---|

① 산술 연산자 ② 증감 연산자
③ 논리 연산자 ④ 삼항 연산자

해설 증감 연산자는 피연산자를 1씩 증가나 감소시키는 연산자로서 단항연산자이다.

**038** 다음 연산자 유형 중 다른 보기와는 유형이 다른 하나는?

① ++a ② --a
③ !a ④ a--

해설 피연산자를 1씩 증가나 감소시키는 증감 연산자는 ++a, --a, a++, a--가 있으며, !a는 논리 연산자로서 a의 논리식이 1(참)이면 거짓을 반환, 0(거짓)이면 참을 반환하는 NOT 연산을 수행한다.

3회

**039** 운영체제에 대한 설명으로 거리가 먼 것은?

① 다중 사용자와 다중 응용프로그램 환경하에서 자원의 현재 상태를 파악하고 자원 분배를 위한 스케줄링을 담당한다.
② CPU, 메모리 공간, 기억 장치, 입출력 장치 등의 자원을 관리한다.
③ 운영체제의 종류로는 매크로 프로세서, 어셈블러, 컴파일러 등이 있다.
④ 입출력 장치와 사용자 프로그램을 제어한다.

해설 매크로 프로세서는 컴퓨터 시스템의 구성요소 중 하나인 중앙처리장치의 일종이며, 어셈블러는 프로그래밍 언어, 컴파일러는 프로그래밍 언어를 기계가 이해할 수 있는 언어로 변환하는 처리기이다.

3회

**040** OSI-7Layer에서 링크의 설정과 유지 및 종료를 담당하며, 노드 간의 오류제어와 흐름제어 기능을 수행하는 계층은?

① 데이터링크 계층 ② 물리 계층
③ 세션 계층 ④ 응용 계층

해설 2계층에서는 물리적인 링크 간 오류제어와 흐름제어를 수행한다. 이때 유의해야 하는 점은, 4계층에서도 오류제어, 흐름제어, 혼잡제어를 수행하는데, 2계층의 오류제어와 흐름제어는 물리적인 링크 간에 수행하고, 4계층은 발신지에서 목적지까지 전체 메시지를 전달하는 전송 과정에서 제어를 수행한다는 것이다.

**041** 다음 보기 중 연산자의 순위가 가장 높은 것은?

① ++ ② <<
③ == ④ ?:

해설 연산자의 순위는 괄호 및 구조체가 가장 높고 다음은 단항 연산자, 이항 연산자, 조건 연산자, 대입 연산자 순으로 이어진다. 제시된 선지 중에서는 단항 연산자인 ++가 가장 우선한다.

**042** 다음 중 배열(Array)에 대한 설명으로 가장 적절치 않은 것은?

① 같은 데이터 타입의 변수들로 구성된 유한한 집합
② 배열에 포함된 각각의 값을 배열요소라 함
③ 다차원 배열도 선언이 가능하나 복잡성 증가에 따라 통상 1차원 배열과 2차원 배열을 다수 사용
④ 배열에서 위치를 가리키는 숫자는 포인터라고 함

배열에서 위치를 가리키는 숫자는 인덱스라고 한다. 인덱스는 0부터 시작하며, 0을 포함하는 양의 정수만 정의할 수 있다.

3회

**043** IPv6에 대한 설명으로 틀린 것은?

① 32비트의 주소체계를 사용한다.
② 멀티미디어의 실시간 처리가 가능하다.
③ IPv4보다 보안성이 강화되었다.
④ 자동으로 네트워크 환경구성이 가능하다.

해설 IPv4는 32비트 주소체계로 구성되어 있고, IPv6는 128비트 주소체계로 구성되어서 훨씬 더 많은 IP주소를 사용할 수 있다.

1, 2회

**044** IPv6의 주소체계로 거리가 먼 것은?

① Unicast ② Anycast
③ Broadcast ④ Multicast

해설 Broadcast와 Multicast는 복수의 노드를 목적지로 하여 데이터를 동시에 전송하는 방식이며, 무작정 모든 노드에 발송하여 비효율적인 Broadcast는 IPv4에서만 사용하고 IPv6는 특정하게 목적지 노드를 정할 수 있는 진화된 Multicast 방식을 사용한다.

**045** C언어에서 배열 선언의 특징으로 가장 적절치 않은 것은?

① 배열 길이에 지정된 숫자만큼 같은 동일 데이터 타입의 데이터 공간이 배정
② 초기화를 하지 않으면 아무 의미 없는 값이 저장
③ 초기화 리스트 개수가 배열 길이보다 작으면 맨 앞부터 초기화되고 나머지 배열은 1로 자동 초기화
④ 배열 길이를 따로 입력하지 않으면 배열 초기화 개수에 맞춰 자동으로 배열 길이가 설정

해설 초기화 리스트 개수가 배열 길이보다 작으면, 맨 앞부터 초기화 데이터를 입력하고 나머지 배열은 1이 아닌 0으로 자동 초기화된다.

3회

**046** HRN 방식으로 스케줄링할 경우, 입력된 작업이 다음과 같을 때 처리되는 작업 순서로 옳은 것은?

| 작업 | 대기시간 | 서비스(실행)시간 |
|---|---|---|
| A | 5 | 20 |
| B | 40 | 20 |
| C | 15 | 45 |
| D | 20 | 2 |

① A → B → C → D
② A → C → B → D
③ D → B → C → A
④ D → A → B → C

해설 HRN 알고리즘은 응답률이 가장 높은 작업을 우선 선택하는 방식이며, 이때 응답율 계산 공식은 (대기시간+서비스시간)/서비스시간이다. 각 응답률을 구하면, A는 1.25, B는 3, C는 1.33, D는 11이며 이에 따라 가장 큰 응답률을 보이는 D, B, C, A 순으로 작업이 수행된다.

정답 036 ① 037 ② 038 ③ 039 ③ 040 ① 041 ① 042 ④ 043 ① 044 ③ 045 ③ 046 ③

1, 2회

**047** OSI-7계층에서 종단 간 신뢰성 있고 효율적인 데이터를 전송하기 위해 오류 검출과 복구, 흐름제어를 수행하는 계층은?

① 전송 계층 ② 세션 계층
③ 표현 계층 ④ 응용 계층

해설 전송 계층(4계층)은 TCP/IP 프로토콜을 사용하여 신뢰성 확보, 오류제어, 흐름제어, 혼잡제어를 수행한다.

3회

**048** 다음 중 bash 쉘 스크립트에서 사용할 수 있는 제어문이 아닌 것은?

① if ② for
③ repeat_do ④ while

해설 Bash 쉘은 리눅스에 탑재되어 있는 스크립트 언어로 제어문 중 조건문에 if, 반복문에 for, while를 사용한다.

**049** 다음에서 설명하는 제어문 유형은?

> • 조건에 따라 경로 중 하나를 선택하여 조건의 동일 여부와 case 뒤의 상수와 일치 여부를 확인하고 분기
> • 명령어를 벗어나려면 break문을 사용하고, 여러 개의 case문을 활용하기도 함

① if(조건)
② switch(변수)
③ while(조건식)
④ for(초기값, 최종값, 증감값)

해설 제어문 유형 중 switch(변수)~case(변수 해당 번호) 구문은 특정 조건에 따라서 분기하고 실행 경로를 달리하는 제어문이다.

1, 2회

**050** IPv6에 대한 설명으로 틀린 것은?

① 128비트의 주소 공간을 제공한다.
② 인증 및 보안 기능을 포함하고 있다.
③ 패킷 크기가 64Kbyte로 고정되어 있다.
④ IPv6 확장 헤더를 통해 네트워크 기능 확장이 용이하다.

해설 IPv4에서는 패킷 크기가 64Kbyte이나 IPv6에서는 가변 크기로 인하여 임의의 큰 크기 패킷도 전송 가능하며 대역폭을 좀 더 효율적으로 활용할 수 있다.

1, 2회

**051** 프로세스 상태의 종류가 아닌 것은?

① Ready ② Running
③ Request ④ Exit

해설 프로세스 상태전이는 준비(Ready), 실행(Running), 종료(Exit) 혹은 대기(Wait)로 구성된다.

**052** 다음 보기 중 절차적 프로그래밍 언어의 유형이 아닌 것은?

① C언어 ② 포트란(FORTRAN)
③ C++ ④ 피엘 원(PL/I)

해설 절차적 프로그래밍 언어는 로직과 알고리즘에 의하여 순서대로 단계를 진행한다. 프로그램이 실행되도록 구성되는 언어 대표적인 절차적 프로그래밍 언어에는 C언어, 포트란(FORTRAN), 피엘 원(PL/I) 등이 있으며, C++은 객체지향 프로그래밍 언어이다.

**053** 다음에서 설명하는 절차적 프로그래밍 언어의 유형은?

> • 1972년 데니스 리치가 개발한 유닉스 기반의 범용 프로그래밍 언어
> • 이식성이 좋고 저수준 및 고수준 제어가 모두 가능하며, 다양한 연산자를 갖춘 모듈러 언어

① C언어 ② 포트란(FORTRAN)
③ 피엘 원(PL/I) ④ 베이직(Basic)

해설 C언어는 초기 유닉스 기반으로 개발되어 유닉스의 단점을 동일하게 가지고 있으며, 사용이 다소 어렵고 모듈화가 안 되어 있을 경우 이해나 분석이 어렵다. C언어를 변형하여 C++, C#, 비주얼 C++ 등 다양한 언어가 개발되었다.

**054** 다음 중 객체지향 프로그래밍 언어의 구성요소가 아닌 것은?

① 클래스(Class)
② 객체(Object)
③ 개체(Entity)
④ 메시지(Message)

해설 객체지향 프로그래밍 언어의 구성요소는 4가지로 클래스(Class), 객체(Object), 메서드(Method), 메시지(Message)로 정의된다.

1, 2회

**055** 교착 상태 발생의 필요충분조건이 아닌 것은?

① 상호 배제(mutual exclusion)
② 점유와 대기(hold and wait)
③ 환형 대기(circular wait)
④ 선점(preemption)

해설 교착상태의 발생요건은 상호 배제, 점유와 대기, 환형 대기, 비선점으로 정의된다. 각 프로세스가 선점을 하게 되면 교착상태가 발생할 수 없다.

1, 2회

**056** 다음의 페이지 참조 열(Page reference)에 대해 페이지 교체 기법으로 선입선출 알고리즘을 사용할 경우 페이지 부재(Page Fault) 횟수는? (단, 할당된 페이지 프레임 수는 3 이고, 처음에는 모든 프레임이 비어 있다.)

> 〈페이지 참조 열〉
> 7, 0, 1, 2, 0, 3, 0, 4, 2, 3, 0, 3, 2, 1, 2, 0, 1, 7, 0

① 13 ② 14
③ 15 ④ 20

해설 최초 7, 0, 1이 3개 프레임에 적재되고(부재 1~3), 0, 1, 2(부재 4) → 1, 2, 3(부재 5) → 2, 3, 0(부재 6) → 3, 0, 4(부재 7) → 0, 4, 2(부재 8) → 4, 2, 3(부재 9) → 2, 3, 0(부재 10) → 3, 0, 1(부재 11) → 0, 1, 2(부재 12) → 1, 2, 7(부재 13) → 2, 7, 0(부재 14) 순으로 부재가 발생한다.

**057** 다음 보기 중 객체지향언어의 장점으로 적절치 않는 것은?

① 현실의 실체를 닮은 객체를 중심으로 하여 자연스러운 프로그램 모델링 가능
② 독립적인 객체를 사용함으로써 개발의 생산성 향상
③ 상속과 캡슐화를 통해 기존 프로그램의 재사용 가능성을 극대화
④ 복잡성과 호출로 빠른 처리 속도 가능

해설 객체지향 언어의 단점으로는 복잡성과 호출로 인한 느린 속도와 설계부터 구현까지 느린 개발 속도, 고도의 코딩 난이도 등이 있다.



정답 047 ① 048 ③ 049 ② 050 ③ 051 ③ 052 ③ 053 ① 054 ③ 055 ④ 056 ② 057 ④

**058 다음에서 설명하는 객체지향 프로그래밍 언어의 속성에 해당하는 것은?**

> • 동일한 이름의 오퍼레이션(메소드)이 각 클래스마다 다른 사양으로 정의될 수 있다는 것을 의미
> • 유형으로는 Overloading과 Overriding이 있음

① 캡슐화(Encapsulation)
② 추상화(Abstraction)
③ 다형성(Polymorphism)
④ 상속성(Inheritance)

해설 다형성은 객체지향 프로그램 설계의 편의성을 확보하기 위해서 메소드를 각 클래스마다 다르게 정의할 수 있는 특성이다.

**059 객체지향 프로그래밍 언어의 상속성 유형에 해당하지 않는 것은?**

① 단일　② 다중
③ 반복　④ 중첩

해설 객체지향 프로그래밍 언어의 상속성은 하위 클래스에 자신의 속성과 메소드를 사용할 수 있도록 허용하는 것으로 세부적으로 단일, 다중, 반복의 3가지 분류가 있다.

1, 2회

**060 IEEE 802.11 워킹 그룹의 무선 LAN 표준화 현황 중 QoS 강화를 위해 MAC 지원 기능을 채택한 것은?**

① 802.11a　② 802.11b
③ 802.11g　④ 802.11e

해설 IEEE 802.11e 표준은 무선 LAN 통신 방식의 국제 표준으로서 무선 통신에서 품질 전송(QoS ; Quality of Service)을 위한 기능을 정의한다.

1, 2회

**061 TCP/IP 네트워크에서 IP주소를 MAC 주소로 변환하는 프로토콜은?**

① UDP　② ARP
③ TCP　④ ICMP

해설 3계층 IP주소를 2계층 MAC(Media Access Control) 주소로 변환하는 프로토콜은 ARP 프로토콜이며, 반대로 2계층 MAC주소를 IP주소 변환하는 프로토콜은 RARP이다.

1, 2회

**062 HRN(Highest Response-ratio Next)스케줄링 방식에 대한 설명으로 옳지 않은 것은?**

① 대기 시간이 긴 프로세스일 경우 우선순위가 높아진다.
② SJF 기법을 보완하기 위한 방식이다.
③ 긴 작업과 짧은 작업 간의 지나친 불평등을 해소할 수 있다.
④ 우선순위를 계산하여 그 수치가 가장 낮은 것부터 높은 순으로 우선순위가 부여된다.

해설 HRN 스케줄링은 프로세스 비선점 스케줄링의 알고리즘 유형이며, 대기 중인 프로세스 중 현재 응답률이 가장 높은 것을 선택하는 방식이다. 이는 짧은 작업을 우선적으로 처리하는 SJF 스케줄링 알고리즘의 경우 긴 작업의 아사(Starvation) 현상이 발생하는 것을 방지하기 위해서 적용한다.

**063 다음 중 객체지향 프로그래밍 언어의 유형이 아닌 것은?**

① C++　② C#
③ Delphi　④ C

해설 C++, C#, Delphi, JAVA는 대표적인 객체지향 프로그래밍 언어이며, C는 절차적 프로그래밍 언어이다.

**064 다음에서 설명하는 프로그래밍 언어 유형은?**

> • 이미 개발된 응용 소프트웨어를 제어하는 컴퓨터 프로그래밍언어로 컴파일을 하지 않고 작성해서 바로 실행 가능함
> • 변수타입을 선언하지 않으며, 응용프로그램과 독립적으로 사용함으로써 사용자가 응용 프로그램을 커스터마이징해서 사용할 수 있도록 프로그래밍이 가능함

① 절차적 프로그래밍 언어
② 객체지향 프로그래밍 언어
③ 스크립트 언어
④ 선언형 프로그래밍 언어

해설 스크립트 언어는 컴파일과 기계어 변환 과정(빌드) 없이 바로 실행되는 언어로서 인터프리터 언어라고도 한다.

1, 2회

**065 스레드(Thread)에 대한 설명으로 옳지 않은 것은?**

① 한 개의 프로세스는 여러 개의 스레드를 가질 수 없다.
② 커널 스레드의 경우 운영체제에 의해 스레드를 운용한다.
③ 사용자 스레드의 경우 사용자가 만든 라이브러리를 사용하여 스레드를 운용한다.
④ 스레드를 사용함으로써 하드웨어, 운영체제의 성능과 응용 프로그램의 처리율을 향상시킬 수 있다.

해설 프로세스는 실행단위와 실행환경 2개의 핵심 요소로 구성되어 있으며, 이때 실행단위가 스레드로서 하나의 프로세스에 여러 개의 스레드를 가질 수 있다.

1, 2회

**066 은행가 알고리즘(Banker's Algorithm)은 교착상태의 해결 방법 중 어떤 기법에 해당하는가?**

① Avoidance ② Detection
③ Prevention ④ Recovery

해설 멀티 프로세싱 시스템에서 복수 개의 프로세스가 서로 다른 프로세스의 자원이 양도되기를 무한정 기다리는 상태가 교착 상태이며, 이에 대응하기 위한 예방, 회피, 발견, 회복 기법 중 회피 기법의 대표적인 알고리즘으로 은행가 알고리즘이 있다. 은행가 알고리즘은 사전에 자원 상황과 프로세스별로 최대 사용량을 파악하고, 프로세스가 자원 할당을 요구할 시 상황을 점검하여 Safe 상태일 때만 지원을 할당하는 원리를 활용한다.

**067 다음 중 스크립트 프로그래밍 언어의 유형이 아닌 것은?**

① 배시(Bash)
② 자바스크립트(JavaScript)
③ 펄(Perl)
④ 델파이(Delphi)

해설 대표적인 스크립트 프로그래밍 언어로는 배시(Bash), 자바스크립트(JavaScript), 펄(Perl), PHP, 파이썬(Python) 등이 있으며, 델파이(Delphi)는 객체지향 프로그래밍 언어이다.



정답 058 ③ 059 ④ 060 ④ 061 ② 062 ④ 063 ④ 064 ③ 065 ① 066 ① 067 ④

**068** 다음에서 설명하는 프로그래밍 언어는?

> • 1991년 귀도 반 로섬이 개발한 고급 스크립트 프로그래밍 언어
> • 객체 지향적인 범용 프로그래밍 언어로 동적 타이핑 대화형의 특징
> • 들여쓰기를 이용한 블록구조 문법으로 가독성을 높이고 복잡도를 낮춤
> • 다른 스트립트언어와 달리 빠르게 수치연산이 가능하여 과학 및 공학 분야에 적용성이 아주 높음

① 파이썬(Python)
② PHP
③ 자바스크립트(JavaScript)
④ 펄(Perl)

**해설** 제시된 내용은 파이썬에 대한 설명으로, 파이썬은 문자열에 대한 인덱싱과 슬라이싱 기능 지원으로 텍스트 처리에 장점에 있어서 오늘날 다수의 사용자를 보유하고 있다.

**069** 다음 중 선언형 프로그래밍 언어의 유형에 해당하지 않는 언어는?

① 머큐리 ② XAML
③ SQL ④ PHP

**해설** 선언형 프로그래밍 언어는 전통적으로 프로그램이 수행해야 할 알고리즘을 설계하고 개발하는 형태가 아닌 웹페이지의 형태, 제목, 글꼴, 내용과 같이 결과물에 대한 설명으로 프로그래밍하는 언어로서, 머큐리, SMIL, XAML, 리스프, 하스켈, SQL 등이 이에 해당된다.

**070** 다음 중 라이브러리의 구성으로 적절치 않은 것은?

① 도움말 ② 설치 파일
③ 샘플 코드 ④ 빌드 툴

**해설** 라이브러리는 SW 개발 시 자주 사용하는 기능을 별도로 구현하여 모듈화해서 제공하는 프로그램의 집합으로 도움말, 설치 파일, 샘플 코드로 구성된다. 빌드 툴은 별도의 지원도구를 설치해서 환경을 구성해야 한다.

1, 2회

**071** UNIX의 쉘(Shell)에 관한 설명으로 옳지 않은 것은?

① 명령어 해석기이다.
② 시스템과 사용자 간의 인터페이스를 담당한다.
③ 여러 종류의 쉘이 있다.
④ 프로세스, 기억장치, 입출력 관리를 수행한다.

**해설** 쉘은 운영체제와 사용자 간의 인터페이스와 인터프리터를 담당하고 있다. 프로세스와 기억장치 관리, 하드웨어 관리는 운영체제의 커널이 담당한다.

1, 2회

**072** TCP/IP 프로토콜 중 전송계층 프로토콜은?

① HTTP ② SMTP
③ FTP ④ TCP

**해설** TCP는 대표적인 4계층(전송계층) 프로토콜로서 신뢰성 있는 통신과 오류제어, 흐름제어, 혼잡제어를 통해서 네트워크 전송을 관리한다.

**073** 다음 중 C언어의 표준 입력 함수가 아닌 것은?

① putchar() ② getchar()
③ gets() ④ scanf()

**해설** putchar() 함수는 문자 데이터 타입에 대한 표준 출력 함수이며, getchar()는 문자, gets()는 문자열, scanf()는 형식화에 대한 표준 입력 함수이다.

**074** 다음 중 프로그래밍 언어에서 수행하는 예외 처리 방법이 아닌것은?

① catch ② throw
③ trap ④ event

해설 catch는 C++이나 JAVA에서, throw는 JAVA에서, trap은 리눅스에서, try는 파이썬에서 처리하는 대표적인 예외처리 방법이다.

**075** 다음에서 설명하는 운영체제 유형은?

- 실시간 응용 프로그램의 운영과 관리를 위해 개발된 운영체제로서 CPU의 시간관리에 중점
- 정해진 시간 내에 응용프로그램 요청을 처리하는 시스템

① RTOS ② 범용 OS
③ 임베디드 OS ④ 시큐어 OS

해설 RTOS(Real Time Operation System)은 처리의 시간 내 마감을 중요시하는 산업군이나 분야에서 사용하는 운영체제이다.

**076** 다음 메모리 계층구조에서 용량은 가장 크나 속도가 느린 메모리는?

① 레지스터 ② 캐시 메모리
③ 메인 메모리 ④ 가상 메모리

해설 가상 메모리는 메인 메모리보다 용량이 큰 프로그램을 실행하기 위해서 보조기억장치를 활용하는 공간을 의미한다. 통상 하드 디스크나 SSD(Solid State Disk)처럼 용량은 크나 속도가 느리고 가격이 저렴한 저장 장치를 의미한다.

**077** 다음 메모리 계층 구조를 속도 측면에서 고속에서 저속 순으로 나열한 것은?

㉠ 메인 메모리 ㉡ 캐시 메모리
㉢ 가상 메모리 ㉣ 레지스터

① ㉠-㉡-㉣-㉢ ② ㉣-㉡-㉠-㉢
③ ㉡-㉢-㉣-㉠ ④ ㉢-㉡-㉣-㉠

해설 메모리는 속도 측면에서 레지스터-캐시 메모리-메인 메모리-가상 메모리 순으로 나열되며, 용량은 증가하고 가격은 저렴해진다.

**078** 다음에서 설명하는 메모리 관리 기법으로 옳은 것은?

- 각 프로세스에 할당할 메모리 양을 관리하는 알고리즘
- 고정식 기법과 가변식 기법으로 분류

① 할당 정책 ② 반입 정책
③ 배치 정책 ④ 교체 정책

해설 보기의 설명은 메모리를 효율적으로 관리하기 위한 할당, 반입, 배치, 교체 정책 중 할당 정책에 해당하며, 할당 정책은 고정식 할당 기법과 가변식 할당 기법으로 다시 분류된다.

**079** 다음 중 메모리 배치 기법의 유형이 아닌 것은?

① First Fit ② Best Fit
③ Worst Fit ④ FIFO

해설 메모리 배치 기법은 메모리 공간에 데이터를 저장하기 위한 정책으로 처음 배치, 최적 배치, 최악 배치의 3개 기법으로 적용된다.

정답 068 ① 069 ④ 070 ④ 071 ④ 072 ④ 073 ① 074 ④ 075 ① 076 ④ 077 ② 078 ① 079 ④

**080** **다음에서 설명하는 메모리 관리 기법으로 옳은 것은?**

> • 메모리의 성능을 증가시키기 위해서 주소 지정 방식을 효율적으로 조정하고 순차적으로 실행되는 명령어 및 데이터들을 기억장치 모듈에 적절하게 분산 저장하는 기억장치 버스의 시분활 활용 기술
> • 주기억장치를 다수의 주소버퍼 레지스터, 데이터버퍼 레지스터로 구성하고 병렬로 동시처리를 수행하는 메모리 관리 기법

① 페이징 기법
② 세그먼테이션 기법
③ 페이징 / 세그먼테이션 혼용 기법
④ 메모리 인터리빙 기법

**해설** 메모리 인터리빙 기법은 메모리를 병렬 처리함으로써 대역폭을 마치 2배처럼 사용하는 기술이며, 현재는 듀얼채널 메모리라고 부른다. 페이징 기법, 세그먼테이션 기법 등은 메모리 관리 기법 중 할당 정책을 위한 방법이다.

**081** **다음 설명에 해당하는 메모리 교체 알고리즘은?**

> 한 프로세스에서 사용되는 각 페이지마다 타임스탬프용 카운터 및 스택을 두어 현 시점에서 가장 오래전에 사용된 페이지를 제거하는 방법

① FIFO(First－In First－Out) 알고리즘
② 최적 교체(Optimal Replacement) 알고리즘
③ LRU(Least Recently Used) 알고리즘
④ 2차 기회(second chance) 알고리즘

**해설** LRU(Least Recently Used) 알고리즘은 가장 오래전에 사용된 페이지를 교체함으로써 효율적인 메모리 교체가 가능하다. 반면 2차 기회(second chance) 알고리즘은 LRU(Least Recently Used)에 하나의 기회를 더 부여하여 2번 선정되면 오래된 페이지가 교체되는 알고리즘이다.

**082** **가상메모리 기법 수행 중 프로세스 실행보다 페이지 교체에 더 많은 시간을 소요하는 비정상적인 현상은?**

① 스레싱(Thrashing)
② 워킹셋(Working Set)
③ PFF(Page Fault Frequency)
④ 지역성(Locality)

**해설** 가상 메모리를 운영하면서 페이지 교체에 다수 시간이 소요되는 비정상적인 현상은 스레싱이라고 하며 이를 해결하기 위한 원리 및 기법은 워킹셋(Working Set), PFF(Page Fault Frequency), 지역성(Locality) 등이 있다.

6회

**083** **C언어에서 연산자 우선순위가 높은 것에서 낮은 것으로 바르게 나열된 것은?**

| | |
|---|---|
| ㉠ ( ) | ㉡ == |
| ㉢ < | ㉣ << |
| ㉤ \|\| | ㉥ / |

① ㉠ → ㉥ → ㉣ → ㉢ → ㉡ → ㉤
② ㉠ → ㉣ → ㉥ → ㉢ → ㉡ → ㉤
③ ㉠ → ㉣ → ㉥ → ㉢ → ㉤ → ㉡
④ ㉠ → ㉥ → ㉣ → ㉤ → ㉡ → ㉢

**해설** 연산자 순위는 괄호나 구조체가 가장 순위가 높고 그 다음은 단항 연산자, 이항 연산자, 조건 연산자, 대입연산자 순으로 순위가 이어진다. 이항 연산자 중에서는 승제, 가감, 쉬프트, 비교 및 등가, 논리 연산자 순으로 진행된다.

6회

**084** C언어 라이브러리 중 stdlib.h에 대한 설명으로 옳은 것은?

① 문자열을 수치 데이터로 바꾸는 문자 변환 함수와 수치를 문자열로 바꿔주는 변환 함수 등이 있다.
② 문자열 처리 함수로 strlen()이 포함되어 있다.
③ 표준 입출력 라이브러리이다.
④ 삼각 함수, 제곱근, 지수 등 수학적인 함수를 내장하고 있다.

해설 문자열을 수치로 변환하는 atoi() 함수와 수치를 문자열로 변환하는 sprintf() 함수가 포함되어 있다.
② strlen() 함수는 문자열에서 문자의 개수를 구하는 함수이다.

**085** 다음 중 운영체제에서 사용하는 프로세스 개념으로 가장 적절치 않은 것은?

① 프로세서에 의해서 수행되는 프로그램 실행 단위로 현재 실행 중이거나 곧 실행 가능한 PCB를 가진 프로그램
② 프로세스와 관련한 정보는 PCB에 저장되고 CPU에 의해서 Dispatch
③ 프로그램 수행을 위한 자원 할당 및 수집, 지원하는 최소 단위
④ 실행 단위와 실행 환경 2개 요소에서 전자인 실행 기본 단위를 의미하며 하나의 제어 흐름으로 실행되는 수행경로 및 실행코드

해설 실행 단위와 실행 환경 2개 요소에서 전자인 실행 기본 단위는 쓰레드이다.

**086** 다음에서 설명하는 프로세스 관리 개념은?

| 프로그램 실행 중 예기치 않은 상황이 발생 시, 실행 중인 작업을 중지하고 긴급 상황 처리 후 다시 이전 작업으로 복귀하여 프로그램 수행의 연속성을 보장하는 운영체제 매커니즘 |
|---|

① 문맥교환(Context Switching)
② 인터럽트(Interrupt)
③ 디스패치(Dispatch)
④ IPC(Inter Process Communication)

해설 인터럽트(Interrupt)는 운영체제 운영 중에 기계적 문제, 프로그램상의 오류, 의도적 조작 및 입출력 장치 동작 시에 발생하여, 프로세스 문맥교환과 유사한 형태로 ISR(Interrupt Service Routine) 처리를 수행한다.

**087** 다음 중 운영체제의 프로세스 스케줄링에 대한 설명으로 틀린 것은?

① 적절하지 못한 스케줄링은 높은 우선순위의 프로세스가 우선순위가 낮은 프로세스가 끝나기를 무한정 기다리는 현상인 기아 현상(Starvation) 발생 가능
② 멀티 프로세서 시스템에서 프로세서 간의 우순순위를 지정하고 CPU 활용을 극대화하기 위해 운영체제가 프로세스 스케줄링 관리 수행
③ 주어진 시간에 최대한 많은 작업 처리를 지향함
④ 정해진 시간 내에 최대한 CPU의 여유율을 확보하도록 스케줄링

해설 운영체제의 프로세스 스케줄링은 정해진 시간 내에 CPU 이용률(Utilization)을 극대화하는 것을 목표로 한다.

정답 080 ④ 081 ③ 082 ① 083 ① 084 ① 085 ④ 086 ② 087 ④

1, 2회

**088 시스템에서 모듈 사이의 결합도(Coupling)에 대한 설명으로 옳은 것은?**

① 한 모듈 내에 있는 처리 요소들 사이의 기능적인 연관 정도를 나타낸다.
② 결합도가 높으면 시스템 구현 및 유지보수 작업이 쉽다.
③ 모듈 간의 결합도를 약하게 하면 모듈 독립성이 향상된다.
④ 자료결합도는 내용결합도보다 결합도가 높다.

해설 결합도는 응집도와 배타적인 관계이며, 소프트웨어 개발에서 결합도는 낮고 응집도는 높을수록 재사용성과 구현성이 좋다. 모듈 간의 결합도를 약하게 하면 모듈만을 독자적으로 재활용하여 다른 소프트웨어 개발에 활용성이 좋아진다.

5회

**089 C언어에서 문자열을 정수형으로 변환하는 라이브러리 함수는?**

① atoi() ② atof()
③ itoa() ④ ceil()

해설 atoi() 함수는 stdlib.h 헤더 파일에 선언되어 있으며, 숫자로 정의된 문자열 등을 정수로 변환한다.

5회

**090 C언어에서 산술 연산자가 아닌 것은?**

① % ② *
③ / ④ =

해설 "*"와 "/"는 사칙연산 중 곱하기와 나누기이며, "%" 연산은 나눈 나머지를 계산하는 모듈러 연산자이다. 반면 "="는 산술 연산자가 아닌 대입 연산자로서 왼쪽 피연산자에 오른쪽 피연산자 값을 대입한다.

6회

**091 다음 JAVA 프로그램이 실행되었을 때의 결과는?**

```
public class Operator {
public static void main(String[] args) {
        int x=5, y=0, z=0;
        y=x++;
        z =--x;
        System.out.print(x+", "+y+", "+z)
    }
}
```

① 5, 5, 5 ② 5, 6, 5
③ 6, 5, 5 ④ 5, 6, 4

해설 증감연산자에 대한 계산 문제이다. y=x++ 연산은 후위 증가연산자로서 y에 5를 먼저 대입한 후 1을 더해서 6이 되고, z=--x에는 전위 감소연산자로서 연산 전에 6에서 1을 감소한 5가 z에 대입된다. 따라서 x=5, y=5, z=5의 값이 된다.

**092 운영체제의 프로세스 스케줄링 기법 중 다음에서 설명하는 유형은?**

- 대기 중인 프로세스 중 현재 Response Ratio가 가장 높은 것을 선택
- Response Ratio=(대기시간+서비스 시간)/서비스 시간
- SJF의 약점을 보완한 기법으로 긴 작업과 짧은 작업 간의 불평등을 완화

① First Come First Service
② Shortest Job First
③ Highest Response Ratio Next
④ Short Remaining Time

해설 HRN(Highest Response Ratio Next)은 비선점 방식의 프로세스 스케줄링 기법이며, SJF(Shortest Job First)에서 발생하는 CPU 요구시간이 긴 작업과 짧은 작업 간의 불평등으로 인하여 CPU 요구시간이 긴 프로세스는 Starvation이 발생하는 문제점을 해결한다.

## 093 다음 중 운영체제 교착상태 발생 조건과 거리가 먼 것은?

① 상호 배제　② 점유와 대기
③ 선점　④ 환형 대기

해설 교착상태(Dead Lock)는 멀티 프로세싱 시스템에서 복수 개의 프로세스가 서로 다른 프로세스가 소유하고 있는 자원이 무한정 양도되기를 기다리고 있는 대기 상태로서 상호배제, 점유와 대기, 비선점, 환형대기의 조건이 있어야 발생한다.

## 094 다음에서 설명하는 상호배제 알고리즘은?

- 운영체계 또는 프로그램 작성 내에서 상호배제를 지원하는 메커니즘
- 변수(S) 및 두 개의 연산(P, V)으로 임계영역에 접근하는 잠금장치에 대한 이론적 기반

① 데커(Dekker) 알고리즘
② 피터슨(Peterson) 알고리즘
③ 램포트(Lamport) 알고리즘
④ 세마포어(Semaphores)

해설 세마포어 변수(S)가 P일 때는 임계 구역에 들어가고, V는 임계 구역에서 나올 때 변수를 지정한다.

1, 2회

## 095 응집도가 가장 낮은 것은?

① 기능적 응집도　② 시간적 응집도
③ 절차적 응집도　④ 우연적 응집도

해설 응집도 두음암기는 "우논시절통순기"이며 우연적 응집도가 가장 낮고 기능적 응집도가 가장 높다.

3회

## 096 다음에서 설명하는 소프트웨어 취약점은?

| 메모리를 다루는 데 오류가 발생하여 잘못된 동작을 하는 프로그램 취약점 |
|---|

① FTP 바운스 공격
② SQL 삽입
③ 버퍼 오버플로
④ 디렉토리 접근 공격

해설 버퍼 오버플로는 메모리 영역에서 발생하는 취약점이며, 이러한 취약점을 악용하여 해커들은 비정상적인 악성 프로그램을 실행시키는 공격을 수행하기도 한다.

## 097 다음 중 운영체제의 환경변수에 대한 설명으로 가장 적절치 않은 것은?

① 운영체제 등 시스템 SW 동작에 영향을 주는 동적인 설정 속성값들의 모임으로 변수명 및 값으로 구성
② 시스템 전반에 적용되는 시스템 환경변수와 사용자 계정 내에서만 적용되는 사용자 환경변수로 분류
③ 환경변수는 셸 스크립트와 함께 사용하여 운영체제와 관련한 정보의 확인 및 표시, 설정 및 변경을 수행
④ 윈도우 환경 변수에서 %HomePath%는 운영체제의 전체 사용자 프로필이 저장된 폴더를 표시

해설 %HomePath%는 로그인한 계정의 폴더를 표시하며, 운영체제의 전체 사용자 프로필이 저장된 폴더를 표시하는 환경 변수는 %AllUsersProfile%이다.

정답 088 ③　089 ①　090 ④　091 ①　092 ③　093 ③　094 ④　095 ④　096 ③　097 ④

PART 06 PART 07 PART 08 PART 09 PART 10

**098** **다음 중 리눅스 및 유닉스 쉘 스크립트에 대한 설명으로 적절치 못한 것은?**

① who는 현재 로그인한 사용자 정보 출력
② uname ~a는 시스템 이름, 사용 중인 운영체제와 버전, 호스트명 등 모든 정보 출력
③ df는 시스템에 마운트 되어 있는 하드디스크 남은 용량 표시
④ pwd는 현 폴더 내의 파일 및 폴더 표시

해설 pwd는 현 디렉토리 절대 경로를 출력하며 현 폴더 내의 파일 및 폴더 표시는 ls로 수행한다.

4회

**099** **C언어에서 구조체를 사용하여 데이터를 처리할 때 사용하는 것은?**

① for ② scanf
③ struct ④ abstract

해설 구조체는 객체지향언어에서 하나의 객체의 다양한 속성을 구조화하여 활용하는 개념이며, struct 함수를 사용하여 정의한다.

3회

**100** **효과적인 모듈 설계를 위한 유의사항으로 거리가 먼 것은?**

① 모듈 간의 결합도를 약하게 하면 모듈 독립성이 향상된다.
② 복잡도와 중복성을 줄이고 일관성을 유지시킨다.
③ 모듈의 기능은 예측이 가능해야 하며 지나치게 제한적이어야 한다.
④ 유지보수가 용이해야 한다.

해설 모듈은 정보은닉 원리를 기반으로 보안성을 위해 모듈의 구현사항을 은닉하는 것이 좋으며 하나의 기능을 수행하는 것이 좋으나 지나치게 제한적일 필요는 없다.

3회

**101** **배치 프로그램의 필수 요소에 대한 설명으로 틀린 것은?**

① 자동화는 심각한 오류 상황 외에는 사용자의 개입 없이 동작해야 한다.
② 안정성은 어떤 문제가 생겼는지, 언제 발생했는지 등을 추적할 수 있어야 한다.
③ 대용량 데이터는 대용량의 데이터를 처리할 수 있어야 한다.
④ 무결성은 주어진 시간 내에 처리를 완료할 수 있어야 하고, 동시에 동작하고 있는 다른 애플리케이션을 방해하지 말아야 한다.

해설 주어진 시간 내에 처리를 완료하는 것은 배치 프로그램의 성능 효율에 관한 특성이다.

3회

**102** **다음에서 설명하는 응집도의 유형은?**

| 모듈이 다수의 관련 기능을 가질 때 모듈 안의 구성 요소들이 그 기능을 순차적으로 수행할 경우의 응집도 |
|---|

① 기능적 응집도 ② 우연적 응집도
③ 논리적 응집도 ④ 절차적 응집도

해설 응집도의 두음암기는 "우논시절통순기"이며, 모듈 안에서의 기능이 순차적 수행일 경우 절차적 응집도(내부)에 해당하고, 작업의 결과가 다른 모듈의 입력자료로 사용할 때는 순차적 응집도(외부)에 해당한다.

4회

### 103 PHP에서 사용 가능한 연산자가 아닌 것은?

① @　　② #

③ <>　　④ ===

해설 PHP언어에서 "@"는 오류 메시지를 표시하지 않는 오류 제어 연산자이며, "==="와 "<>"는 비교연산자이다. "#"은 연산자로 사용하지 않는다.

5회

### 104 다음 JAVA 코드 출력문의 결과는?

```
...생략...
System.out.pritln("5+2="+3+4);
System.out.pritln("5+2="+(3+4));
...생략...
```

① 5+2=34
　5+2=34

② 5+2+3+4
　5+2=7

③ 7=7
　7+7

④ 5+2=34
　5+2=7

해설 첫 번째 줄 ("5+2="+3+4);은 모두 문자열로 인식하여 "5+2=34"가 출력되고, 두 번째 줄 ("5+2="+(3+4));은 3+4가 연산된 7이 "5+2="와 함께 출력되어 최종으로는 "5+2=7"이 표시된다.

### 105 다음 OSI 7계층에 대한 설명에 해당하는 계층은?

- 두 프로세스 사이에 데이터가 흐를 수 있는 가상 경로의 확립이나, 해제를 수행
- 대표적인 프로토콜로는 SSH, TLS 등이 있음

① Presentation　　② Session

③ Transport　　④ Network

해설 4계층 세션층에 대한 설명으로, 통신 시스템 간의 상호대화 설정, 유지, 동기화 기능을 제공한다.

### 106 다음 중 데이터 링크계층의 오류제어 방식이 아닌 것은?

① 패리티 검사

② 블록 합 검사

③ 순환 중복검사

④ 검출 후 재전송(ARQ)

해설 데이터 링크계층의 오류제어 방식은 패리티 검사, 블록 합 검사, 순환 중복 검사, 해밍부호검사 방식이 있다. 검출 후 재전송(ARQ) 방식은 흐름제어 방식이며, 이 외에도 반향(Echo) 검사 방법, 전진 오류 수정(FEC), 정지 대기(stop and wait) ARQ 방식, 연속적(continuous) ARQ 방식, HARQ 등이 있다.

### 107 다음 중 IPv4의 주소 부족 문제를 해결하기 위한 방안이 아닌 것은?

① IPv6　　② Subnet

③ DHCP　　④ MAC Address

해설 IPv4의 주소 부족 문제를 해결하기 위한 방안으로는 IPv6, Subnet, DHCP, NAT 등의 방법이 있다.

3회

### 108 다음 중 가장 결합도가 강한 것은?

① date coupling

② stamp coupling

③ common coupling

④ control coupling

해설 결합도의 두음암기는 "내공외제스자"이며 내용(Contents) 다음으로 높은 결합도는 공통 결합도(common)이다.

정답 098 ④　099 ③　100 ③　101 ④　102 ④　103 ②　104 ④　105 ②　106 ④　107 ④　108 ③

3회

**109** 어떤 모듈이 다른 모듈의 내부 논리 조직을 제어하기 위한 목적으로 제어신호를 이용하여 통신하는 경우이며, 하위 모듈에서 상위 모듈로 제어신호가 이동하여 상위 모듈에 처리 명령을 부여하는 권리 전도 현상이 발생하게 되는 결합도는?

① data coupling
② stamp coupling
③ control coupling
④ common coupling

해설 특정 모듈이 타 모듈의 내부에서 작용하는 논리적 흐름을 제어하는 경우는 제어(control) 결합도에 해당한다.

3회

**110** 공통모듈의 재사용 범위에 따른 분류가 아닌 것은?

① 컴포넌트 재사용
② 더미코드 재사용
③ 함수와 객체 재사용
④ 애플리케이션 재사용

해설 모듈의 재사용은 함수와 객체 이상의 재사용을 의미하며, 모듈의 집합인 콤포넌트나 완성된 프로그램 형태인 애플리케이션은 모듈의 재사용 범위에 해당한다. 더미코드는 모듈보다 작은 개념으로 모듈의 재사용에 해당하지 않는다.

**111** 다음 중 TCP 프로토콜의 특징으로 적절치 않은 것은?

① 재전송 요청 및 오류 제어 수행
② 흐름 제어 수행
③ 1:1(Unicast) 통신만을 지원
④ Connectionless(비연결성) 지향

해설 Connectionless(비연결성) 지향은 UDP 프로토콜의 특징이며, 이 외에도 재전송이 없고 신뢰성이 없다는 특징이 있다.

4회

**112** Java에서 사용되는 출력 함수가 아닌 것은?

① System.out.print( )
② System.out.println( )
③ System.out.printing( )
④ System.out.printf( )

해설 Java에서 사용되는 출력 함수는 단순히 출력장치로 전달된 데이터를 출력하는 System.out.print( ) 함수와 전달된 데이터를 출력 후 자동으로 줄바꿈하는 System.out.println( ) 함수, 전달된 데이터를 서식에 의해서 여러 형태로 출력 가능한 System.out.printf( ) 함수로 정의된다. ③은 정의되어 있는 함수가 아니다.

4회

**113** 다음 파이썬으로 구현된 프로그램의 실행 결과로 옳은 것은?

```
>>> a=[0, 10, 20, 30, 40, 50, 60, 70, 80, 90]
>>> a[ : 7 : 2]
```

① [20, 60]
② [60, 20]
③ [0, 20, 40, 60]
④ [10, 30, 50, 70]

해설 파이썬의 문자열 인덱싱의 실행 결과로 배열의 첫 번째 요소에서 7번째까지 2개씩 증가되는 요소를 의미한다. 따라서 본 문제는 배열 요소가 7개인 [0, 10, 20, 30, 40, 50, 60]의 범위 내에서 최초 배열 요소와 2개 증가분 요소가 해당되며, 따라서 [0, 20, 40, 60]이 정답이다.

4회

**114** **응집도의 종류 중 서로 간에 어떠한 의미 있는 연관관계도 지니지 않은 기능 요소로 구성되는 경우이며, 서로 다른 상위 모듈에 의해 호출되어 처리상의 연관성이 없는 서로 다른 기능을 수행하는 경우의 응집도는?**

① Functional Cohesion
② Sequential Cohesion
③ Logical Cohesion
④ Coincidental Cohesion

해설 응집도가 가장 낮아서 각 모듈 간에 연관성이 전혀 없는 형태로서, 두음암기 "우논시절통순기" 중에서 가장 낮은 우연적 응집도(coincidental)을 의미한다.

5회

**115** **결합도가 낮은 것부터 높은 순으로 옳게 나열한 것은?**

| | |
|---|---|
| ㉠ 내용결합도 | ㉡ 자료결합도 |
| ㉢ 공통결합도 | ㉣ 스탬프결합도 |
| ㉤ 외부결합도 | ㉥ 제어결합도 |

① ㉠ → ㉡ → ㉣ → ㉥ → ㉤ → ㉢
② ㉡ → ㉣ → ㉤ → ㉥ → ㉢ → ㉠
③ ㉡ → ㉣ → ㉥ → ㉤ → ㉢ → ㉠
④ ㉠ → ㉡ → ㉣ → ㉤ → ㉥ → ㉢

해설 응집도 결합도 문제는 매번 시험에 출시되고 있다. 결합도 두음암기는 "내공외제스자"이며 낮은 것부터 높은 순이니 반대로 정렬하면 된다.

**116** **다음에서 설명하는 TCP 프로토콜의 기능은?**

> 송신 측에서 수신 측 버퍼에 데이터 전송 시 혼잡 상황이 발생하지 않도록 데이터 양을 조절하여 발송하는 제어기법

① 슬라이딩 윈도우 ② 세그먼트 재전송
③ 3 Hand Shake ④ 느린 출발 알고리즘

해설 TCP 프로토콜에서 흐름제어는 수신 측으로부터 ACK를 받기 전에 전송 측이 전송하는 데이터의 양을 조절하는 기능으로 슬라이딩 윈도우 매커니즘을 사용한다.

5회

**117** **WAS(Web Application Server)가 아닌 것은?**

① JEUS ② JVM
③ Tomcat ④ WebSphere

해설 JVM(JAVA Virtual Machine)은 플랫폼 독립적으로 JAVA 프로그램을 실행하기 위해서 실행되는 가상 머신이다.

6회

**118** **프레임워크(Framework)에 대한 설명으로 옳은 것은?**

① 소프트웨어 구성에 필요한 기본 구조를 제공함으로써 재사용이 가능하게 해준다.
② 소프트웨어 개발 시 구조가 잡혀 있기 때문에 확장이 불가능하다.
③ 소프트웨어 아키텍처(Architecture)와 동일한 개념이다.
④ 모듈화(Modularity)가 불가능하다.

해설 소프트웨어 프레임워크는 반구조 형태의 틀로서 개발 노력을 최소화해주며, 재사용성을 높이고 프로그램 호환성과 품질을 높여준다. 확장이 가능하고, 아키텍처와는 다른 개념이며, 모듈화가 가능하다.

정답 109 ③ 110 ② 111 ④ 112 ③ 113 ③ 114 ④ 115 ③ 116 ① 117 ② 118 ①

**119** **다음 중 UDP 프로토콜의 특징으로 적절치 않은 것은?**

① 비신뢰성
② 비순서화
③ 경량 헤더
④ 전송되는 데이터 크기 제한

**해설** UDP는 경량의 헤더로 고속의 데이터를 전송하며 멀티 캐스트를 지원하여 IPTV 등 컨텐트 방송에 유리하나, 전송되는 데이터의 크기에 제한이 없다.

**120** **다음 중 IPv4에서 IPv6로의 주소 변환에 적절치 않은 기법은?**

① DUAL STACK 활용
② Tunneling
③ 주소 변환
④ NAT 적용

**해설** IPv4에서 IPv6로의 주소 변환에는 라우터에 DUAL STACK 활용하거나 네트워크상에서 Tunneling을 적용하거나 주소 테이블을 통해서 주소를 변환하는 방법 등이 있다. NAT는 IPv4의 주소 부족에 대응하고 공인 IP와 사설 IP를 매핑하여 보안성을 강화하는 기법이다.

3회

**121** **C언어에서 정수 자료형으로 옳은 것은?**

① int ② float
③ char ④ double

**해설** C언어는 데이터 타입으로 총 5가지 유형을 가지며 조건 형태인 Boolean, 정수 형태인 int, 실수 형태인 float, 문자 형태인 char, 문자열 형태인 String으로 구성된다. double은 실수형 데이터 타입이며, Float의 2배 길이에 사용하는 형태이다.

4회

**122** **Java 프로그래밍 언어의 정수 데이터 타입 중 'long'의 크기는?**

① 1byte ② 2byte
③ 4byte ④ 8byte

**해설** 정수형 데이터 타입의 메모리 사용 크기는 byte 1, short 2, int 4, long 8Byte로 정의된다.

**123** **다음 중 웹 서버의 공통 기능으로 적절하지 않은 것은?**

① 가상 호스팅 제공
② 대용량 파일 지원
③ 동적 콘텐츠 지원
④ 대역폭 조절

**해설** 동적 콘텐츠 지원은 웹 애플리케이션 서버(WAS)에서 제공하는 기능이다.

**124** **다음 중 관계형 DBMS가 아닌 것은?**

① ORACLE ② MS-SQL
③ MySQL ④ MongoDB

**해설** MongoDB는 NoSQL의 개념을 지향하고 빅데이터 플랫폼에 적합한 DBMS이다.

정답 119 ④ 120 ④ 121 ① 122 ④ 123 ③ 124 ④

# 정보시스템 구축관리

다회독 Check! 1 2 3

**001** 다음 중 소프트웨어 개발 방법론의 유형이 아닌 것은?

① XP(Extream Programming)
② 폭포수 모델
③ 객체지향 방법론
④ SCRUM

해설 폭포수 모델은 SDLC 모델로서 개발 방법론이 아닌 소프트웨어 개발 단계 간 표준 모형을 제시함으로써 의사소통 및 계획 수립 시에 활용한다.

**002** SDLC(Software Development Life Cycle) 모델은 소프트웨어 개발 시에 표준화된 개발모형을 설명해준다. 다음 중 SDLC 모델 중 반복적인 개발 모델이 아닌 것은?

① 나선형 모델 ② 반복 모델
③ 폭포수 모델 ④ 클린룸 모델

해설 폭포수 모델은 반복이나 증분적인 단계가 없이 계단형(Cascading)의 순차적 개발 절차를 수행한다.

**003** 다음에서 설명하는 SDLC 유형은?

> • 증분형과 진화형의 두 개 모형으로 분류, 재사용성, 객체지향 개발을 지향하는 SDLC 모델
> • 사용자 요구사항을 부분적으로 반복 개발하여 최종 시스템으로 완성하는 모형

① 반복적 모델 ② 나선형 모델
③ 폭포수 모델 ④ 클린룸 모델

해설 반복적 개발을 수행하는 SDLC 모형은 반복적 모델, 나선형 모델, 클린룸 모델이 있으며, 이 중에서 증분형과 진화형의 2개 세부 유형이 있는 모델은 반복적 모델이다.

3회

**004** 블록 암호화 방식이 아닌 것은?

① DES ② RC4
③ AES ④ SEED

해설 블록방식은 대칭키방식(비밀키방식)의 대표적인 암호화 방식이며, DES, AES, SEED 등이 있다. RC4는 스트림 방식이다.

3회

**005** 큰 숫자를 소인수 분해하기 어렵다는 기반하에 1978년 MIT에 의해 제안된 공개키 암호화 알고리즘은?

① DES ② ARIA
③ SEED ④ RSA

해설 소인수 분해를 활용한 공개키(비대칭키) 방식의 암호화는 RSA이다. 워낙 보안의 기초 지식이며, 핵심 사항이라서 앞으로도 계속 문제가 출제될 것으로 예상된다.

정답 001 ② 002 ③ 003 ① 004 ② 005 ④

PART 06 PART 07 PART 08 PART 09 PART 10

**006** 다음 중 나선형 모델의 개발순서로 올바른 것은?

| | |
|---|---|
| ㉠ 개발 | ㉡ 위험 분석 |
| ㉢ 고객 평가 | ㉣ 계획 및 정의 |

① ㉡-㉣-㉠-㉢ ② ㉡-㉠-㉢-㉣
③ ㉣-㉡-㉠-㉢ ④ ㉣-㉢-㉠-㉡

**해설** 나선형 모델은 시스템을 개발하면서 생기는 위험을 최소화하기 위해서 점진적으로 완벽한 개발을 수행하는 모형으로 계획 및 정의-위험 분석-개발-고객평가의 프로세스를 반복하여 수행한다.

**007** 다음 중 클린룸 모델의 설명으로 가장 적절치 않은 것은?

① IBM에서 제안한 개발모형으로 시스템의 핵심이 되는 부분을 중심으로 점진적으로 개발
② 반복적 개발, 고품질 위험 대응, 각 단계별 5가지 박스를 이용한 단계적 상세화
③ 수학적, 과학적 방법이나 함수 등가성에 기초하여 검증 수행
④ 개발 비용과 검증 비용의 증가 발생

**해설** 클린룸 모델은 핵심부부터 개발하여 점차적으로 증분형 개발을 수행하며, 이때 3가지 상태 박스를 이용하여 단계적 상세화 및 검증을 수행한다.

**008** 다음 중 소프트웨어 개발 방법론 진화 과정 순서로 옳은 것은?

| |
|---|
| ㉠ 구조적 방법론 |
| ㉡ 객체지향 방법론 |
| ㉢ 정보공학 방법론 |
| ㉣ 컴포넌트 기반 방법론 |

① ㉠-㉢-㉡-㉣
② ㉡-㉠-㉢-㉣
③ ㉢-㉣-㉠-㉡
④ ㉣-㉢-㉠-㉡

**해설** 소프트웨어 개발 방법론 진화는 1970년대 구조적 방법론을 시작으로-1980년대 정보공학 방법론-1990년대 객체지향 방법론-2000년대 컴포넌트 기반 방법론을 거쳐 지금에는 여러 가지 방법론을 맞춤형으로 재단하여 활용하는 Tailoring 방법론으로 진화했다.

6회

**009** 침입차단 시스템(방화벽) 중 다음과 같은 형태의 구축 유형은?

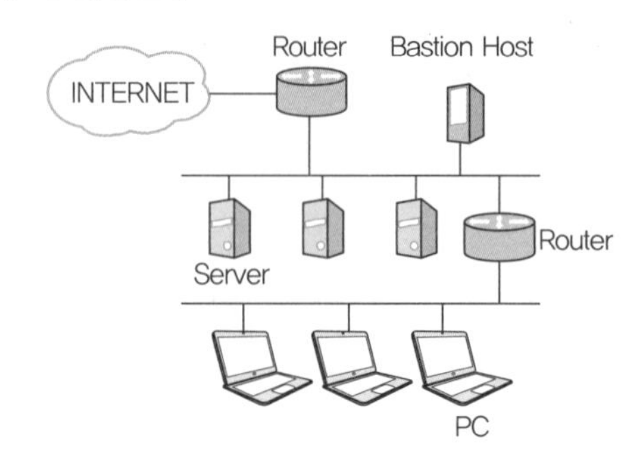


① Block Host
② Tree Host
③ Screened Subnet
④ Ring Homed

**해설** Screened Subnet방식은 라우터를 활용하여 Bastion Host를 보호하는 대표적인 방화벽 유형이다.

6회

**010** 서버에 열린 포트 정보를 스캐닝해서 보안 취약점을 찾는 데 사용하는 도구는?

① type ② mkdir
③ ftp ④ nmap

**해설** nmap(network mapper)는 보안 스캐너 유틸리티로서 IP패킷을 사용하여 포트 스캔, 원격 컴퓨터 정보 확인 등이 가능한 보안취약점 점검에 많이 활용하고 있다.

**011** 다음 중 소프트웨어 개발 방법론의 구성 요소가 아닌 것은?

① 작업 절차
② 절차 방법
③ 산출물
④ 소프트웨어 공학 원리

해설 소프트웨어 개발 방법론은 소프트웨어 공학 원리를 바탕으로 도출되었으며, 방법론은 훨씬 구체적인 요소들로 구성된다.

6회

**012** 다음에서 설명하는 접근 제어 모델은?

- 군대의 보안 레벨처럼 정보의 기밀성에 따라 상하 관계가 구분된 정보를 보호하기 위해 사용한다.
- 자신의 권한보다 낮은 보안 레벨 권한을 가진 경우에는 높은 보안 레벨의 문서를 읽을 수 없고 자신의 권한보다 낮은 수준의 문서만 읽을 수 있다.
- 자신의 권한보다 높은 보안 레벨의 문서에는 쓰기가 가능하지만 보안 레벨이 낮은 문서의 쓰기 권한은 제한한다.

① Clark–Wilson Integrity Model
② PDCA Model
③ Bell–Lapadula Model
④ Chinese Wall Model

해설 접근제어에서 활용하는 모델은 Bell–Lapadula Model과 Biba Model, Clark–Wilson Integrity Model, Chinese Wall Model 등이 있으며, 군대의 보안 레벨과 유사한 모델은 Bell–Lapadula Model이다.

6회

**013** IPSec(IP Security)에 대한 설명으로 틀린 것은?

① 암호화 수행 시 일방향 암호화만 지원한다.
② ESP는 발신지 인증, 데이터 무결성, 기밀성 모두를 보장한다.
③ 운영 모드는 Tunnel 모드와 Transport 모드로 분류된다.
④ AH는 발신지 호스트를 인증하고, IP 패킷의 무결성을 보장한다.

해설 VPN에 핵심기술인 IPSec방식은 터널링을 통한 안전한 데이터 전송에 활용하며 주로 대칭키 방식을 사용한다. 일방향 암호화는 복호화가 불가능하여 데이터 통신에 적합하지 않다.

**014** 다음에서 설명하는 소프트웨어 개발 방법론에 해당하는 것은?

- 정보시스템 구축을 위한 전 과정을 데이터 처리 중심으로 정형화시킨 광범위한 절차적 소프트웨어 개발 방법론
- 정보화전략계획(ISP)를 기반으로 하여 시스템을 개발

① 구조적 방법론
② 정보공학 방법론
③ 객체지향 방법론
④ 컴포넌트 기반 개발 방법론

해설 정보공학 방법론은 데이터를 중심으로 하여 정보화 전략계획 수립(ISP)–업무 영역 분석(BAA)–업무시스템 설계(BSD)–업무시스템 구현(BSC) 순서로 개발을 수행한다.

정답 006 ③ 007 ② 008 ① 009 ③ 010 ④ 011 ④ 012 ③ 013 ① 014 ②

1, 2회

**015 웹과 컴퓨터 프로그램에서 용량이 적은 데이터를 교환하기 위해 데이터 객체를 속성·값의 쌍 형태로 표현하는 형식으로, 자바스크립트(JavaScript)를 토대로 개발된 형식은?**

① Python ② XML
③ JSON ④ WEB SEVER

해설 JSON(Java Script Object Notation)은 경량의 데이터 교환 형식으로 여러 프로그램에서 응용하여 사용할 수 있는 독립형 언어로서 텍스트로 기술하여 사람도 쉽게 이해하고 작성할 수 있다.

1, 2회

**016 여러 개의 독립된 통신장치가 UWB(Ultra Wide Band)기술 또는 블루투스 기술을 사용하여 통신망을 형성하는 무선 네트워크 기술은?**

① PICONET ② SCRUM
③ NFC ④ WI-SUN

해설 PICONET은 블루투스나 UWB 등 WPAN(Wireless Personal Area Network)에서 활용하는 대표적인 통신망이다. SCRUM은 애자일 개발 방법론의 유형이며 NFC는 접촉식 통신기술, WI-SUN은 스마트 그리드 통신기술이다.

**017 다음 중 구조적 방법론의 요구분석 도구로서 가장 거리가 먼 것은?**

① E-R 모델링
② 자료 흐름도(Data Flow Diagram(DFD))
③ 자료 사전(Data Dictionary)
④ 소단위명세서(Mini-Specification)

해설 구조적 방법론의 요구분석 도구로는 자료 흐름도(DFD ; Data Flow Diagram), 자료 사전(Data Dictionary), 소단위명세서(Mini-Specification), 배경도(Context Diagram), 구조도(Structure Chart) 등이 있다. E-R모델링은 자료 모델링 기법으로 구조적 방법론 이후에 등장하였으며 최근에는 객체지향 개발방법론에서 다수 활용된다.

1, 2회

**018 시스템 내의 정보는 오직 인가된 사용자만 수정할 수 있는 보안 요소는?**

① 기밀성 ② 부인방지
③ 가용성 ④ 무결성

해설 무결성은 인가되지 않은 사용자가 데이터나 파일을 수정하지 않았는지 체크하는 보안의 핵심 3대 요소 중 하나이다.

3, 5회

**019 정보보안의 3대 요소에 해당하지 않는 것은?**

① 기밀성 ② 휘발성
③ 무결성 ④ 가용성

해설 정보보안의 3대 요소는 기밀성, 무결성, 가용성(기무가)이다. 참고로 인터넷 전자상거래 보안의 4대 특징은 인증, 기밀성, 무결성, 부인방지(인기무부)이다.

**020 다음에서 설명하는 구조적방법론의 분석 도구 유형은?**

- 자료의 대한 의미나 자료의 단위 및 값에 대한 사항을 정의하는 도구
- 자료 흐름도(DFD)에 표현된 자료 저장소를 구체적으로 명시하기 위한 도구

① 배경도(Context Diagram)
② 자료 사전(Data Dictionary)
③ 소단위명세서(Mini-Specification)
④ 구조도(Structure Chart)

해설 자료 사전(Data Dictionary)은 자료 흐름도와 상호 보완적인 관계이며 함께 분석도구로 활용된다.

**021 다음 자료사전 표기 내역 중 순차를 의미하는 표기법은?**

① +　　② =
③ [ | ]　　④ { }n

해설 자료 사전의 표기 내역은 아래와 같다.

| 표기 내역 | 표기법 | 설명 |
|---|---|---|
| 자료명과 내용과의 연결 | = | 다음과 같이 구성됨 |
| 순차(sequence) | + | ~ 과 |
| 선택(selection) | [ \| ] | ~ 중 |
| 반복(repetition) | { }n | n번을 반복 |
| 선택사양(option) | ( ) | 추가될 수 있음 |

5회

**022 정보 보안을 위한 접근 통제 정책 종류에 해당하지 않는 것은?**

① 임의적 접근 통제
② 데이터 전환 접근 통제
③ 강제적 접근 통제
④ 역할 기반 접근 통제

해설 접근 통제정책은 강제적 접근 통제(MAC), 임의적 접근 통제(DAC), 역할기반 접근 통제(RBAC)로 분류된다.

**023 다음 소프트웨어 비용산정 기법 중 수학적 산정 방식이 아닌 것은?**

① 델파이 방식
② COCOMO(I, II) 모형
③ Putnam 모형
④ Function Point 모형

해설 델파이 방식은 전문가의 경험에 의한 추정 방식이며 하향식 산정 모델이다.

5회

**024 소셜 네트워크에서 악의적인 사용자가 지인 또는 특정 유명인으로 가장하여 활동하는 공격 기법은?**

① Evil Twin Attack
② Phishing
③ Logic Bomb
④ Cyberbullying

해설 소셜네트워크, 혹은 업무 활동에서 발생하는 대표적인 가장 공격은 피싱이다. 다만 무선 네트워크 액세스포인트를 가장하는 공격인 Evil Twin Attack도 정답으로 간주한다는 의견이 있다.

5회

**025 세션 하이재킹을 탐지하는 방법으로 거리가 먼 것은?**

① FTP SYN SEGMENT 탐지
② 비동기화 상태 탐지
③ ACK STORM 탐지
④ 패킷의 유실 및 재전송 증가 탐지

해설 세션 하이재킹은 해커가 정상적인 사용자로 위장하고 TCP나 HTTP 등 4~7계층에서 수행하는 가로채기 공격이다. FTP는 제어채널과 전송채널이 분리되어 있어서 세션하이재킹보다는 패스워드 공격이 주를 이룬다.

정답 015 ③ 016 ① 017 ① 018 ④ 019 ② 020 ② 021 ① 022 ② 023 ① 024 ①, ② 025 ①

4회

**026** **다음은 정보의 접근 통제 정책에 대한 설명이다. 빈칸에 들어갈 내용으로 옳은 것은?**

| 정책 | ( ) | DAC | RBAC |
|---|---|---|---|
| 권한 부여 | 시스템 | 데이터 소유자 | 중앙 관리자 |
| 접근 결정 | 보안등급 (Label) | 신분 (Identity) | 역할 (Role) |
| 정책 변경 | 고정적 (변경 어려움) | 변경 용이 | 변경 용이 |
| 장점 | 안정적 중앙 집중적 | 구현 용이 유연함 | 관리 용이 |

① NAC ② MAC
③ SDAC ④ AAC

해설 MAC, DAC, RBAC은 모두 접근 통제 방식이며, 이 중 정책변경이 고정적이고, 보안등급에 기준하여 접근 통제를 수행하는 방식은 강제적 접근 통제인 MAC(Mandatory Access Control)방식이다.

4회

**027** **웹페이지에 악의적인 스크립트를 포함시켜 사용자 측에서 실행되게 유도함으로써, 정보유출 등의 공격을 유발할 수 있는 취약점은?**

① Ransomware ② Pharming
③ Phishing ④ XSS

해설 크로스 사이트 스크립팅(Cross Site Scripting) 공격은 선량한 사용자가 웹사이트의 악성 스크립트를 실행하도록 해킹하는 방식이다.

**028** **다음 중 COCOMO 비용 산정 모델의 세부 유형이 아닌 것은?**

① Basic COCOMO
② Intermediate COCOMO
③ Detailed COCOMO
④ Massive COCOMO

해설 COCOMO의 세부 유형은 총 3가지로 단순히 SW의 크기와 개발모드 기준으로 계산하는 Basic COCOMO, Basic의 확장형으로 15개 비용요소를 가미하여 곱한 가중치 지수를 이용하는 Intermediate COCOMO, Intermediate 방식에 컴포넌트별 개발비견적을 추가하는 Detailed COCOMO 방식이 있다.

1, 2, 6회

**029** **소인수 분해 문제를 이용한 공개키 암호화 기법에 널리 사용되는 암호 알고리즘 기법은?**

① RSA ② ECC
③ PKI ④ PRM

해설 소인수 분해를 이용한 공개키 암호화 알고리즘은 RSA이고 타원의 곡률을 이용한 공개키 암호화 알고리즘은 ECC이다. 이러한 공개키를 이용한 대표적인 신원확인 인프라가 PKI이다.

1, 2, 6회

**030** **메모리상에서 프로그램의 복귀 주소와 변수 사이에 특정 값을 저장해 두었다가 그 값이 변경되었을 경우 오버플로우 상태로 가정하여 프로그램 실행을 중단하는 기술은?**

① 모드체크 ② 리커버리 통제
③ 시스로그 ④ 스택가드

해설 해킹공격기법 중 프로그램 복귀 주소를 조작하여 해커가 원하는 프로그램 주소로 가도록 하는 오버플로우 공격에 대비하기 위해 스택을 보호하는 기술을 스택가드라고 한다.

**031** 다음에서 설명하는 소프트웨어 비용 산정 모델은?

> • 소프트웨어의 양과 질을 동시에 계산하고 전체 소프트웨어 규모를 측정하는 방식으로 기능적 복잡도 기반으로 사용자 관점의 비용을 산정하는 방식
> • 개략적인 견적을 산정하는 간이법과 상세한 항목을 모두 반영하여 정교한 견적을 산정하는 정규법의 2가지 산정 방법이 있음

① 델파이 방식
② COCOMO(I, II) 모형
③ Putnam 모형
④ Function Point 모형

**해설** Function Point 모형은 양과 질 2가지 측면에서 소프트웨어 규모와 비용을 산정하는 모델이며, ESTIMACS라는 자동화 산정 도구를 활용하거나 직접 계산을 수행하여 도출한다.

1, 2회

**032** 다음에서 설명하는 용어로 옳은 것은?

> • 오픈 소스를 기반으로 한 분산 컴퓨팅 플랫폼이다.
> • 일반 PC급 컴퓨터들로 가상화된 대형 스토리지를 형성한다.
> • 다양한 소스를 통해 생성된 빅데이터를 효율적으로 저장하고 처리한다.

① 하둡(Hadoop)
② 비컨(Beacon)
③ 포스퀘어(Foursquare)
④ 맴리스터(Memristor)

**해설** 하둡은 구글에서 개발한 대표적인 빅데이터 오픈소스 플랫폼이다. HBASE, HDFS, CHUCKWA, ZOOKEEPER 등의 세부 요소로 구성되어 있다.

3회

**033** 물리적인 사물과 컴퓨터에 동일하게 표현되는 가상의 모델로 실제 물리적인 자산 대신 소프트웨어로 가상화함으로써 실제 자산의 특성에 대한 정확한 정보를 얻을 수 있고, 자산 최적화, 돌발사고 최소화, 생산성 증가 등 설계부터 제조, 서비스에 이르는 모든 과정의 효율성을 향상시킬 수 있는 모델은?

① 최적화
② 실행 시간
③ 디지털 트윈
④ N-Screen

**해설** 디지털 트윈은 현실의 제조, 서비스 등 시스템을 가상의 디지털 세계에 구현 후 시뮬레이션을 통해 최적의 경영 효율화를 추구한다.

1, 2, 5회

**034** 크래커가 침입하여 백도어를 만들어 놓거나, 설정 파일을 변경했을 때 분석하는 도구는?

① trace
② tripwire
③ udpdump
④ cron

**해설** tripwire는 파일의 위변조 여부를 검토하고 모니터링하는 무결성 점검 도구이다. 보통 해커가 시스템을 침입하면서 중요 시스템 설정과 파일을 변조하게 되는데, tripwire를 이용하여 위변조 사항을 확인할 수 있다.



정답 026 ② 027 ④ 028 ④ 029 ① 030 ④ 031 ④ 032 ① 033 ③ 034 ②

3회

### 035 DDoS 공격과 연관이 있는 공격 방법은?

① Secure shell
② Tribe Flood Network
③ Nimda
④ Deadlock

해설 Secure shell은 보안원격 접속 기능이며, Nimda는 과거의 바이러스 이름이다. Deadlock은 운영체제에서 서로 다른 프로세스가 자원을 요청하는 과정에서 정지되는 상황을 의미하며, Tribe Flood Network(TFN)은 ICMP, SYN, UDP 등의 Flood(폭주)를 이용한 서비스 거부 공격을 의미한다.

4회

### 036 이용자가 인터넷과 같은 공중망에 사설망을 구축하여 마치 전용망을 사용하는 효과를 가지는 보안 솔루션은?

① ZIGBEE ② KDD
③ IDS ④ VPN

해설 VPN(Virtual Private Network)는 다수 사용자 망에서도 보안통신 방식인 터널링을 사용하여 마치 개인적인 전용망처럼 사용하는 통신망 방식이다.

### 037 다음 중 프로젝트 관리의 특징이 아닌 것은?

① 유일성 ② 점진적 상세
③ 목적성 ④ 영속성

해설 프로젝트 관리의 4가지 특징은 유일성, 일시성, 목적성, 점진적 상세로 정의된다.

### 038 다음 보기 중 프로젝트 팀원의 역할과 책임을 정의하고 관리하는 프로젝트 지식영역은?

① 통합관리 ② 의시소통관리
③ 인적자원관리 ④ 이해관계자관리

해설 프로젝트 관리의 세부 지식영역은 모두 10개의 영역으로 구성되어 있으며, 이 중 팀원의 역할과 책임은 인적자원관리에서 수행한다. 이해관계자관리는 프로젝트 외적으로 영향력 있는 인물들을 정의하고 관리하는 것이다.

### 039 다음에서 설명하는 프로젝트 일정관리 기법은?

> 미 해군에서 미사일 프로젝트 관리를 성공적으로 수행하기 위해 개발한 일정관리 방법으로 3점 추정방식(낙관치, 최빈치, 비관치)의 확률적인 모형을 사용

① PERT(Program Evaluation & Review Technique)
② CPM(Critical Path Method)
③ CCM(Critical Chain Method)
④ Crashing

해설 PERT(Program Evaluation&Review Technique)는 3점 추정 방식을 활용하는 확률적 모형을 적용하기 때문에 신규 사업이나 경험이 적어 위험성이 높은 프로젝트에 활용한다.

### 040 다음에서 설명하는 프로젝트 일정 단축 기법은?

> • 자원(비용)을 Critical path상의 activity에 추가 투입하여 프로젝트 기간 단축
> • 비용대비 효과가 높은 activity에 우선적 투입

① Fast Tracking
② Resource Leveling
③ Re-estimation
④ Crashing

해설 Crashing은 핵심 단위업무에 추가 비용을 투입하는 방식으로 납기를 단축하며, 이에 따라 비용 초과를 유발하므로 고객의 승인이 필요하다.

**041 다음 중 소프트웨어 개발 방법론 중 최신 트랜드인 Tailoring 방법론에 대하여 가장 거리가 먼 것은?**

① 전통적인 소프트웨어 개발 방법론의 절차, 활동, 산출물 들을 특정 사업 목적에 맞게 최적화하여 방법론을 유연하게 적용하는 활동 및 사상
② 개발 방법론의 내용이 선언적이고 방대함에 따라 프로젝트별로 구체화의 수준과 적용 방식에 대한 고민 필요
③ 프로젝트의 특성에 최적화된 산출물 및 도구/기법 적용 가능
④ 국제적인 표준보다는 유연한 개발 방법론 도출 및 적용에 주력

해설 개발 방법론에 대한 맞춤형 테일러링을 수행한다고 해도 국제 표준 등의 준수와 법적 준거성 확보가 필요하다.

1, 2회

**042 다음 설명의 정보보안 침해 공격 관련 용어는?**

> 인터넷 사용자의 컴퓨터에 침입해 내부 문서 파일 등을 암호화해 사용자가 열지 못하게 하는 공격으로, 암호 해독용 프로그램의 전달을 조건으로 사용자에게 돈을 요구하기도 한다.

① Smishing ② C-brain
③ Trojan Horse ④ Ransomware

해설 Ransomware는 이미지, 문서파일 등을 암호화하고 해독을 위한 복호화키를 제공한다고 하면서 가상화폐 등 금전적 이득을 요구하는 공격 기법이다. 최근에 전 세계적으로 공격이 부쩍 늘어나고 있다.

1, 2회

**043 백도어 탐지 방법으로 틀린 것은?**

① 무결성 검사 ② 닫힌 포트 확인
③ 로그 분석 ④ SetUID 파일 검사

해설 백도어 등 해킹탐지는 언제나 불필요하게 열린 포트가 있는지 확인하는 데서 시작한다.

**044 다음 중 소프트웨어 개발 프레임워크의 특징이 아닌 것은?**

① 실체성 ② 구체성
③ 단일성 ④ 재사용성

해설 소프트웨어 개발 프레임워크 특징은 실체성, 구체성, 다양성, 재사용성의 4가지로 정의된다. 특히 소프트웨어 개발 프레임워크는 다양성을 지향하며, 단일적인 성격으로 제한되어서는 안 된다.

**045 다음 중 Spring Framework의 특징이 아닌 것은?**

① 객체 관리
② 의존성 제거
③ 제어 반전(IoC)
④ 관점지향 프로그래밍(AOP)

해설 Spring Framework의 특징은 객체 관리, 제어 반전, 의존성 주입, 관점지행 프로그래밍, 영속성으로 정의된다. 여기서 의존성 주입이란 각각의 계층이나 서비스들 간의 의존성이 존재할 경우 프레임워크가 상호 연결시켜줌을 의미한다.

정답 035 ② 036 ④ 037 ④ 038 ③ 039 ① 040 ④ 041 ④ 042 ④ 043 ② 044 ③ 045 ②

**046** **다음 중 WPAN(Wireless Personal Area Network) 설명으로 적절치 않은 것은?**

① 개인의 활동 반경에서 존재하는 컴퓨터나 주변기기, 가전제품 등을 무선으로 연결하는 ad-hoc 방식의 통신 네트워크
② 통상 10m의 짧은 전송 거리
③ 근거리 통신 내 고정된 유선망으로 통신
④ 저전력 배터리 필수

**해설** WPAN(Wireless Personal Area Network)은 개인이 사용하는 단말의 작은 통신범위를 갖는 네트워크로서 유동적인 Ad-hoc 형태의 고정된 유선망 없이 통신한다.

**047** **다음 중 WPAN(Wireless Personal Area Network)의 유형 중 틀린 설명은?**

① IEEE 802.15.1은 블루투스라고 한다.
② IEEE 802.15.3은 지그비라고 한다.
③ IEEE 802.11n은 Wifi 표준으로 5Ghz의 주파수를 활용한다.
④ UWB는 3.1~10.6Ghz의 넓은 주파수 스펙트럼을 활용한다.

**해설** IEEE 802.15.3은 UWB(Ultra Wide Band)통신이며, 지그비는 IEEE 802.15.4의 표준으로 정의된다.

1, 2회

**048** **IP 또는 ICMP의 특성을 악용하여 특정 사이트에 집중적으로 데이터를 보내 네트워크 또는 시스템의 상태를 불능으로 만드는 공격 방법은?**

① TearDrop ② Smishing
③ Qshing ④ Smurfing

**해설** TearDrop은 TCP 통신에서 시퀀스 넘버를 위조하여 정상적인 데이터통신을 방해하는 공격이다. Smishing은 문자를 이용하고 Qshing은 QR코드를 이용한 피싱 공격이다. 본 문제는 PING 신호처럼 데이터를 집중적으로 보내서 시스템을 마비시키는 Smurfing에 대한 설명이다.

1, 2회

**049** **컴퓨터 사용자의 키보드 움직임을 탐지해 ID, 패스워드 등 개인의 중요한 정보를 몰래 빼가는 해킹 공격은?**

① Key Logger Attack
② Worm
③ Rollback
④ Zombie Worm

**해설** 사용자가 누르는 키값, 순서 등을 탐지하고 신용카드번호, 주민등록번호, 아이디와 패스워드 등을 해킹하는 공격은 Key Logger Attack이다.

**050** **다음에서 설명하는 네트워크 방식은?**

| 무선 통신망에서 스마트폰, 드론, 사물 인터넷 등이 이동하면서 네트워크에 포함되었다 제거되었다 하는 형태로 노드가 유동적인 형태의 네트워크 |
|---|

① Ad-hoc
② Internet of Things
③ Software Defined Networking
④ Overlay Network

**해설** Ad-hoc 네트워크는 단말이 네트워크망에 자유롭게 접속 및 제거되는 통신망 구조를 의미한다.

3회

**051 다음 JAVA코드에서 밑줄로 표시된 부분에는 어떤 보안 약점이 존재하는가? (단, key는 암호화 키를 저장하는 변수이다.)**

```
import javax.crypto.KeyGenerator;
import javax.crypto.spec.SecretKeySpec;
import javax.crypto.Cipher;
……생략
public String encriptString(String usr) {
String key="22df3023sf~2;asn!@ · />as";
if (key !=null) {
byte[] bToEncrypt=usr.getBytes("UTF-8");
.....생략
```

① 무결성 검사 없는 코드 다운로드
② 중요 자원에 대한 잘못된 권한 설정
③ 하드코드된 암호화 키 사용
④ 적절한 인증 없는 중요 기능 허용

**해설** 본 문제의 소스 코드에는 암호화키가 아예 포함되어 설계(하드코드)되어 있다. 원래 암호화키는 소스 코드가 실행되는 서버와 별도의 안전한 서버에 보관되어야 한다.

**052 다음 중 네트워크를 소프트웨어 방식으로 프로그래밍하고 제어와 관리를 용이하게 하는 새로운 네트워크 아키텍처는?**

① Software Defined Networking
② Overlay Network
③ Internet of Things
④ P2P Network

**해설** SDN(Software Defined Networking) 기존 하드웨어 중심의 네트워크 관리를 소프트웨어 중심으로 변경하는 아키텍처로, 기존 장비업체의 의존도를 줄이고 클라우드, 빅데이터, 사물인터넷 등 트래픽 패턴이 역동적인 시스템에 유연하게 대응하기 위하여 개발한다.

**053 다음 중 웹 2.0의 개방, 확장 정신을 활용하여 웹상의 다양한 기능을 묶어서 새로운 서비스를 창출하는 전략 및 기술은?**

① MASH－UP ② JSON
③ XML ④ AJAX

**해설** MASH－UP은 웹상의 다양한 오픈 서비스들을 조립하고 융합해서 새로운 서비스를 만들어내는 기술 및 전략이다.

**054 다음 중 인공지능에서 활용하는 알고리즘과 가장 거리가 먼 것은?**

① 심층 신경망 알고리즘
② 합성곱 신경망 알고리즘
③ LSTM(Long Short Term Memory)
④ Dijkstra Algorithm

**해설** Dijkstra Algorithm은 최단 거리를 구하는 알고리즘으로 가장 빠른 지름길을 찾는 서비스에 응용한다.

1, 2회

**055 프로토타입을 지속적으로 발전시켜 최종 소프트웨어 개발까지 이르는 개발 방법으로 위험 관리가 중심인 소프트웨어 생명주기 모형은?**

① 나선형 모형 ② 델파이 모형
③ 폭포수 모형 ④ 기능점수 모형

**해설** 나선형 모델은 SW개발 프로젝트에서 발생할 수 있는 위험을 최소화하는 데 중점을 두고 있는 개발 방법론으로서 계획 → 위험분석 → 개발 및 검증 → 고객평가를 반복적으로 수행한다.

정답 046 ③ 047 ② 048 ④ 049 ① 050 ① 051 ③ 052 ① 053 ① 054 ④ 055 ①

1, 2회

**056 폭포수 모형의 특징으로 거리가 먼 것은?**

① 개발 중 발생한 요구사항을 쉽게 반영할 수 있다.
② 순차적인 접근방법을 이용한다.
③ 단계적 정의와 산출물이 명확하다.
④ 모형의 적용 경험과 성공사례가 많다.

해설 폭포수 모델은 반복이나 증분적인 단계가 없이 계단형(Cascading)의 순차적 개발 절차를 수행하며, 프로젝트 진행 중에 요구사항 변경 발생 시 수정하기가 어렵다.

**057 다음 중 메타버스의 유형이 아닌 것은?**

① 라이프 로깅(Life Logging)
② 아바타(Avatar)
③ 증강 현실(Argument Reality)
④ 미러 월드(Mirror World)

해설 메타버스의 4가지 유형은 라이프 로깅(Life Logging), 증강 현실(Argument Reality), 미러 월드(Mirror World), 가상 세계(Virtual World)로 정의된다. 아바타는 메타버스에서 나를 대신하는 객체의 유형이다.

**058 다음에서 설명하는 기술은?**

- 서로 신뢰할 수 없는 환경에서 중립적이고 중앙화된 인증시스템이 없이도 신뢰를 보장하는 기술
- P2P 네트워크를 이용하여 거래내역을 분산, 온라인 네트워크 참가자 모두에게 내용을 공개 및 기록하는 기술

① Torrent
② Block Chain
③ Kerberos
④ PKI(Public Key Infrastructure)

해설 Block Chain은 새로운 거래가 일어날 때마다 노드(참가자)들이 가진 블록체인을 정보를 업데이트하여 무결성을 유지하도록 관리하는 분산형 거래시스템 및 기술을 지칭한다. Kerberos는 티켓(ticket)을 기반으로 동작하는 컴퓨터 네트워크상의 인증 암호화 프로토콜이며 PKI(Public Key Infrastructure)는 공개키 기반 구조로 우리가 흔히 사용하는 인증서 인프라를 의미한다.

**059 다음에서 설명하는 기술 및 서비스는?**

- 현실 세계에 존재하는 사물로부터 다양한 센싱 데이터를 수집하여 동적 소프트웨어로 모델링하는 기술
- 산업데이터는 타 데이터 대비 2배 이상의 속도로 증가하여 복잡도가 높아 정밀한 시뮬레이션 환경을 구성하고 실제 현실과 유사한 수준의 분석을 수행하기 위한 모델 필요

① 사물 인터넷　② 메타버스
③ 디지털 트윈　④ 인공지능

해설 디지털 트윈은 가상 시뮬레이션 환경을 구성하고 현실 세계의 업무와 사물들을 테스트하여 최적의 결과값을 예측하는 서비스 및 기술이다.

**060 다음 중 소프트웨어 개발자 및 IT 종사자들 사이의 의사소통, 협업, 융합을 강조한 소프트웨어 개발 방법론이며, 개발과 운영을 합친 말로 협업에 기초한 IT 문화 및 사상을 의미하는 것은?**

① Tailoring　② Agile
③ DevOps　④ Open Source

해설 DevOps는 Development와 Operation을 합친 단어로, 개발과 운영을 융합하는 사상으로 널리 활용된다.

6회

**061 Secure OS의 보안 기능으로 거리가 먼 것은?**

① 식별 및 인증 ② 임의적 접근 통제
③ 고가용성 지원 ④ 강제적 접근 통제

해설 Secure OS는 운영체제 안에 아예 핵심 보안기능을 통합하여 구현한 운영체제이며 식별, 인증, 접근 통제를 수행하나, 가용성을 보장하지는 못한다(고가용성은 하드웨어 레벨에서 이루어짐).

6회

**062 암호화 키와 복호화 키가 동일한 암호화 알고리즘은?**

① RSA ② AES
③ DSA ④ ECC

해설 RSA, ECC, DSA는 모두 비대칭키(공개키 알고리즘)인 데 반해 AES는 대칭키(비밀키 알고리즘)이다.

**063 다음 중 오픈소스 소프트웨어의 라이선스 유형이 아닌 것은?**

① GPL(General Public License)
② LGPL(Lesser General Public License)
③ BSD(Berkeley Software Distribution)
④ CCL(Creative Commons License)

해설 대표적인 오픈소스 소프트웨어의 라이선스 유형으로는 GPL(General Public License), LGPL(Lesser General Public Lice, BSD(Berkeley Software Distribution), MPL(Mozilia Public License) 등이 있다. CCL(Creative Commons License)은 웹상에서의 콘텐츠 저작권 이용 허락표시 제도이다.

**064 다음에서 설명하는 기술 및 서비스 유형은?**

> 물리적으로 다른 시스템을 하나로 통합하거나 하나의 물리적 시스템을 논리적으로 분리하는 기술로, 자원의 관리 효율성, 성능 극대화, 비용 절감 및 개발과 운영의 편의성을 제공

① 클라우드 ② 가상화
③ 블록체인 ④ 클러스터링

해설 가상화에 대한 설명으로, 클라우드 및 Software Defined 기술의 핵심이며 리눅스에서는 도커(Docker)를 통하여 소프트웨어 컨테이너 안에 프로그램들을 자동화 배치하기 쉽도록 서비스를 제공한다. 클러스터링도 가상화의 기술을 활용한 하드웨어 구성 형태이며 물리적으로 여러 시스템을 하나로 통합하여 활용한다.

**065 다음 중 정보시스템의 정보보호 및 개인정보보호를 위한 일련의 체계적이고 정형화된 조치 활동 혹은 활동을 평가하여 기준에 적합한지 심의하고 인증하는 제도로 옳은 것은?**

① ISO20000
② SLA(Service Level Agreement)
③ ISMS－P
④ PIA(Privcy Impact Analysis)

해설 ISMS－P(Personal Information & Information Security Management System)은 대상 기관이 102개의 정보보호 및 개인정보보호 인증 기준을 충족하고 있는지 평가 및 인증하는 제도이다.

정답 056 ① 057 ② 058 ② 059 ③ 060 ③ 061 ③ 062 ② 063 ④ 064 ② 065 ③

**066** 다음 중 업무연속성 계획(BCP)에서 수행하는 업무 영향도 분석(BIA)의 핵심 도출 사항이 아닌 것은?

① RPO(Recovery Point Objective)
② RTO(Recovery Time Objective)
③ DRS(Disaster Recovery System)
④ RSO(Recovery Scope Objective)

해설 업무 영향도 분석(BIA)의 핵심은 RSO(Recovery Scope Objective), RPO(Recovery Point Objective), RTO(Recovery Time Objective), RCO(Recovery Communication Objective), BCO(Backup Center Objective) 등으로 도출된다. DRS(Disaster Recovery System)는 이러한 BIA 핵심 사항을 준수하기 위한 재해 대응 시스템(복구 시스템)을 의미한다.

6회

**067** SSH(Secure Shell)에 대한 설명으로 틀린 것은?

① SSH의 기본 네트워크 포트는 220번을 사용한다.
② 전송되는 데이터는 암호화 된다.
③ 키를 통한 인증은 클라이언트의 공개키를 서버에 등록해야 한다.
④ 서로 연결되어 있는 컴퓨터 간 원격 명령실행이나 셸 서비스 등을 수행한다.

해설 SSH는 공개키 암호화 방식을 활용하여 원격지 시스템에 접근하고 안전한 암호메시지를 통신하는 시스템이다. 기본 포트는 22이며, 설정 시 포트 변경이 가능하다.

**068** 코드의 기입 과정에서 원래 '12536'으로 기입되어야 하는데 '12936'으로 표기되었을 경우, 어떤 코드 오류에 해당하는가?

① Addition Error ② Omission Error
③ Sequence Error ④ Transcription Error

해설 Transcription Error는 사본오류라고도 하며 원 데이터와는 다른 데이터로 전환되는 형태의 오류이다.

6회

**069** 해쉬(Hash) 기법에 대한 설명으로 틀린 것은?

① 임의의 길이의 입력 데이터를 받아 고정된 길이의 해쉬 값으로 변환한다.
② 주로 공개키 암호화 방식에서 키 생성을 위해 사용한다.
③ 대표적인 해쉬 알고리즘으로 HAVAL, SHA−1 등이 있다.
④ 해쉬 함수는 일방향 함수(One−way function)이다.

해설 공개키 암호화 방식에서 키 생성은 해쉬 함수가 아닌 소인수분해를 사용한다.

**070** 다음 중 DRS(Disaster Recovery System)의 유형이 아닌 것은?

① Mirrored Site ② Hot Site
③ Cold Site ④ Freezing Site

해설 DRS(Disaster Recovery System)는 RPO 및 RTO의 중요도에 따라서 Mirrored Site−Hot Site−Warm Site−Cold Site로 분류된다.

**071** 다음에서 설명하는 것은?

| 빅데이터를 저장하는 분산 파일시스템과 분산 병렬처리하는 맵리듀스로 구성되는 오픈소스 기반의 빅데이터 플랫폼 핵심 기술 및 사실상 표준 |
|---|

① Hadoop ② SPARK
③ MongoDB ④ Cassandra

해설 Hadoop은 구글에서 개발한 빅데이터 플랫폼으로 Scale−out(장비 증가 시 성능이 지수적 증가), Node 변경 용이, 고가용성의 특성으로 전 세계적으로 널리 사용되고 있다.

**072** 다음 중 빅데이터의 3가지 특성이 아닌 것은?

① Volume ② Variety
③ Velocity ④ Value

해설 빅데이터의 3가지 특성은 3V라고도 하며, Volume, Variety, Velocity로 정의된다.

**073** 다음에서 설명하는 것으로 옳은 것은?

| 거대한 IT 자원을 추상화, 가상화하여 동적 확장이 가능한 체계로 사용자가 필요한 만큼 네트워크를 통해 사용하는 컴퓨팅 서비스 환경 |
|---|

① Cloud Computing
② Edge Computing
③ Fog Computing
④ High Performance Computing

해설 Cloud Computing은 인터넷 기술을 활용하여 다수의 고객들에게 높은 수준의 확장성을 가진 IT 자원들을 '서비스'로 제공하는 컴퓨팅이다. Edge Computing은 사용자 근처에 여러 대의 서버를 구축해서 데이터를 처리하는 컴퓨팅이고, Fog Computing은 Edge Computing과 유사하지만 주로 사물인터넷처럼 소형 임베디드 장치들의 대량 데이터를 분석 · 처리하는 컴퓨팅이다.

5회

**074** 정보보호를 위한 암호화에 대한 설명으로 틀린 것은?

① 평문 – 암호화되기 전의 원본 메시지
② 암호문 – 암호화가 적용된 메시지
③ 복호화 – 평문을 암호문으로 바꾸는 작업
④ 키(Key) – 적절한 암호화를 위하여 사용하는 값

해설 복호화는 암호로 변환된 문서를 다시 평문으로 변환하는 과정을 의미한다.

5회

**075** 스트림 암호화 방식의 설명으로 옳지 않은 것은?

① 비트/바이트/단어들을 순차적으로 암호화한다.
② 해쉬 함수를 이용한 해쉬 암호화 방식을 사용한다.
③ RC4는 스트림 암호화 방식에 해당한다.
④ 대칭키 암호화 방식이다.

해설 블록 암호화는 문서를 특정 규격 단위로 그룹핑해서 암호화를 수행하는 데 반해 스트림 암호화는 일정한 순서로 N번째 비트, 바이트, 단어들을 암호화한다. 해쉬 함수는 별도로 해쉬 암호화 방식이 있으며, 공개키 및 비공개키와는 또 다른 방식이다.

3회

**076** 소프트웨어 개발 모델 중 나선형 모델의 4가지 주요 활동이 순서대로 나열된 것은?

| Ⓐ 계획 수립 | Ⓑ 고객 평가 |
|---|---|
| Ⓒ 개발 및 검증 | Ⓓ 위험 분석 |

① Ⓐ–Ⓑ–Ⓓ–Ⓒ ② Ⓐ–Ⓓ–Ⓒ–Ⓑ
③ Ⓐ–Ⓑ–Ⓒ–Ⓓ ④ Ⓐ–Ⓒ–Ⓑ–Ⓓ

해설 폭포수 모델과 함께 가장 많이 출제되는 나선형 모델의 절차는 계획 → 위험 분석 → 개발 및 검증 → 고객 평가(계위개고)를 반복적으로 수행하는 모델이다.

정답 066 ③ 067 ① 068 ④ 069 ② 070 ④ 071 ① 072 ④ 073 ① 074 ③ 075 ② 076 ②

4회

**077** CBD(Component Based Development)에 대한 설명으로 틀린 것은?

① 개발 기간 단축으로 인한 생산성 향상
② 새로운 기능 추가가 쉬운 확장성
③ 소프트웨어 재사용이 가능
④ 1960년대까지 가장 많이 적용되었던 소프트웨어 개발 방법

해설 1960년대 초기 SW 개발방법론은 구조적 방법론 위주로 개발이 수행되었으며, 컴포넌트 기반 개발방법론은 최근에도 사용하는 새로운 SW 개발방법론이다.

5회

**078** 공개키 암호에 대한 설명으로 틀린 것은?

① 10명이 공개키 암호를 사용할 경우 5개의 키가 필요하다.
② 복호화키는 비공개되어 있다.
③ 송신자는 수신자의 공개키로 문서를 암호화한다.
④ 공개키 암호로 널리 알려진 알고리즘은 RSA가 있다.

해설 공개키는 암호화키와 복호화키의 2배수가 필요하다. 따라서 10명이 공개키 암호화를 사용하게 되면 20개의 키가 필요하게 된다. 반면 동일한 네트워크 구성에서 공개키는 n(n−1)/2의 키가 필요하며, 10명이 사용하게 되면 45개의 키가 필요하게 된다.

**079** 다음 중 하둡(Hadoop)의 구성요소가 아닌 것은?

① ZooKeeper ② Pig
③ Chukwa ④ TensorFlow

해설 하둡(Hadoop)은 Core, ZooKeeper, Pig, Chukwa, Hive, HBase, HDFS, MapReduce 등으로 구성된다. TensorFlow는 구글에서 제공하는 인공지능 서비스 플랫폼이다.

**080** 다음에서 설명하는 것은?

- 안전한 소프트웨어를 개발하기 위해 전체 개발 단계별로 보안을 강화한 SW 개발 생명주기
- 소프트웨어 개발 과정에서 개발자 실수, 논리적 오류 등으로 인해 소프트웨어에 내재된 보안 취약점을 최소화하고, 해킹 등 보안 위협에 대응할 수 있는 안전한 소프트웨어를 개발하기 위한 일련의 과정 모형

① Secure OS
② Secure SDLC
③ Secure Cording
④ Secure Testing

해설 Secure SDLC은 소프트 개발 전 과정의 단계별로 필수보안 활동을 정의하고 제안함으로써 보안 측면의 품질을 확보하고 강건한 소프트웨어를 개발할 수 있는 모형을 제시한다.

**081** 다음 중 시큐어 코딩의 항목이 아닌 것은?

① 입력 및 데이터 검증 표현
② 보안 기능
③ 네트워크 구성
④ 시간 및 상태

해설 시큐어 코딩은 전자정부의 서비스 보안을 강화하기 위해 정보시스템 개발 및 유지보수 시 보안 취약점에 대한 점검과 제거를 위한 7개 카테고리 50개 항목 가이드를 제공한다. 7개 항목은 입력 및 데이터 검증 표현, 보안 기능, 시간 및 상태, 에러 처리, 코드 오류, 캡슐화, API 오용이다.

**082 다음 중 소프트웨어 에러처리를 위한 오류의 유형 파악에서 설명이 잘못되어 있는 것은?**

① 추가오류(Addition error) : 원 데이터보다 한 개 이상 추가되는 오류
② 임의오류(Random error) : 불특정한 곳에서 데이터가 바뀌는 오류
③ 생략오류(Omission error) : 한 개 이상의 데이터가 삭제되는 오류
④ 전위오류(Transposition error) : 한 개의 데이터 위치가 바뀐 오류

해설 임의오류(Random error)는 2개 이상의 오류 유형이 복합적으로 발생한 오류를 의미한다.

3회

**083 다음 빈칸에 알맞은 기술은?**

> (　　　　　　)은/는 웹에서 제공하는 정보 및 서비스를 이용하여 새로운 소프트웨어나 서비스, 데이터베이스 등을 만드는 기술이다.

① Quantum Key Distribution
② Digital Rights Management
③ Grayware
④ Mashup

해설 Quantum Key Distribution은 양자암호학에서 키를 분배하는 기술, Digital Rights Management은 조직의 콘텐츠, 파일 등의 디지털 자산을 보호하는 솔루션, Grayware는 악성프로그램과 정상프로그램의 중간 범주 프로그램으로 불필요한 광고를 제공하는 ADWare 등을 의미한다.

3회

**084 빅데이터 분석 기술 중 대량의 데이터를 분석하여 데이터 속에 내재되어 있는 변수 사이의 상호관례를 규명하여 일정한 패턴을 찾아내는 기법은?**

① Data Mining　② Wm-Bus
③ Digital Twin　④ Zigbee

해설 Data Mining은 데이터의 연관성, 연속성 등을 분석하여 각 데이터 간 관계 및 분석에 따른 가치 결과를 발굴하는 기법이다.

4, 6회

**085 소프트웨어 비용 추정모형(estimation models)이 아닌 것은?**

① COCOMO
② Putnam
③ Function-Point
④ PERT

해설 PERT는 간트 차트(Gantt Chart), CPM(Critical Path Method)과 함께 프로젝트 관리에서 일정을 계획하고 관리하는 기법이다.

3, 4회

**086 소프트웨어 프로세스에 대한 개선 및 능력 측정 기준에 대한 국제표준은?**

① ISO 14001　② IEEE 802.5
③ IEEE 488　④ SPICE

해설 함정이 있는 문제로서 국제표준은 통상 ISO나 IEEE를 사용하는 데 반하여 소프트웨어 프로세스 개선 및 능력 측정 기준은 ISO 15504이나 별칭으로 SPICE를 사용하고 있다.

정답 077 ④　078 ①　079 ④　080 ②　081 ③　082 ②　083 ④　084 ①　085 ④　086 ④

5회

**087 LOC기법에 의하여 예측된 총 라인 수가 36,000 라인, 개발에 참여할 프로그래머가 6명, 프로그래머들의 평균 생산성이 월간 300라인일 때 개발에 소요되는 기간은?**

① 5개월 ② 10개월
③ 15개월 ④ 20개월

해설 LOC(Line of Code)는 단순하게 한 달에 한 명의 개발자가 얼마나 라인을 생산할 수 있는지에 중점이 있다. 본 문제에서 총 개발 라인이 3.6만 건이고 6명이 참여하므로 각 개발자에게 할당된 라인은 6,000건이다. 이때 한 명이 한 달에 생산할 수 있는 평균 라인이 300라인이므로 6,000라인을 생산하려면 20개월이 소요된다.

3회

**088 기존 무선 랜의 한계 극복을 위해 등장하였으며, 대규모 디바이스의 네트워크 생성에 최적화되어 차세대 이동통신, 홈네트워킹, 공공 안전 등의 특수목적을 위한 새로운 방식의 네트워크 기술을 의미하는 것은?**

① Software Defined Perimeter
② Virtual Private Network
③ Local Area Network
④ Mesh Network

해설 Mesh Network는 대규모 공간에서 다수의 시스템에 통신서비스를 제공하기 위한 목적을 달성하기 위해 각각의 액세스 포인트(AP)가 마치 그물처럼 구성된 네트워크 형태이다.

3회

**089 다음에서 설명하는 소프트웨어 취약점은?**

> 메모리를 다루는 데 오류가 발생하여 잘못된 동작을 하는 프로그램 취약점

① FTP 바운스 공격
② SQL 삽입
③ 버퍼 오버플로
④ 디렉토리 접근 공격

해설 버퍼 오버플로는 메모리 영역에서 발생하는 취약점이며 이러한 취약점을 악용하여 해커들은 비정상적인 악성 프로그램을 실행시키는 공격을 수행하기도 한다.

**090 다음 중 암호화의 특징으로 거리가 먼 것은?**

① 인증(Authentication)
② 기밀성(Confidentiality)
③ 접근제어(Access Control)
④ 부인봉쇄(Non-repudiation)

해설 암호화의 특징은 인증(Authentication), 기밀성(Confidentiality), 부인봉쇄(Non-repudiation), 무결성(Integrity), 가용성(Availability)으로 정의된다. 접근제어는 접근제어 모델에 의거하여 정의된다.

**091 다음 암호화 기법의 유형 중 문자열의 위치를 서로 바꾸어 표현하는 방식은?**

① 대체(Substitution)
② 블록화(Blocking)
③ 치환(Transposition)
④ 확장(Expansion)

해설 암호화 기법에서 치환(Transposition)은 문자열의 위치를 변환하여 재구성하는 방식을 취한다(123456 → 456123).

3회

**092** **RIP(Routing Information Protocol)에 대한 설명으로 틀린 것은?**

① 거리 벡터 라우팅 프로토콜이라고도 한다.
② 소규모 네트워크 환경에 적합하다.
③ 최대 홉 카운트를 115홉 이하로 한정하고 있다.
④ 최단경로탐색에는 Bellman-Ford 알고리즘을 사용한다.

해설 대표적인 라우팅 프로토콜은 RIP, BGP, OSPF, EIGRP 등이 있으며, IS-IS의 경우 홉 카운트를 115홉 이하로 한정한다. RIP는 최대 홉 카운트가 15이다.

3, 5회

**093** **다음 LAN의 네트워크 토폴로지는?**

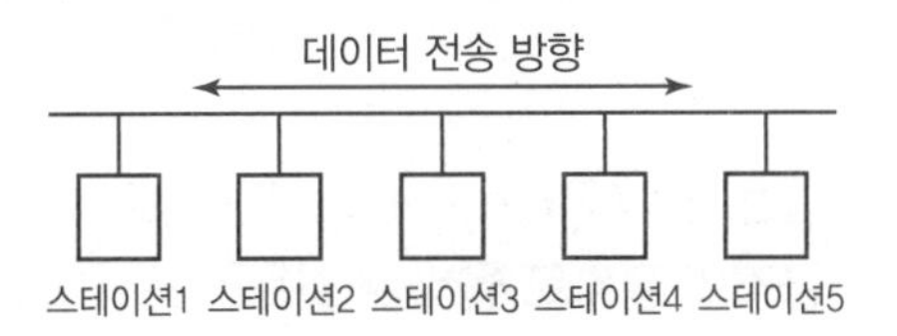


① 버스형　　③ 링형
② 성형　　④ 그물형

해설 LAN 토폴로지는 버스, 링, 성형 등이 있으며, 본 문제의 경우 버스형으로 마치 버스가 앞뒤 정거장을 왕복으로 왔다갔다 하는 형태로 구성되어 있다.

4, 8회

**094** **다음에서 설명하는 스토리지 시스템은?**

- 하드디스크와 같은 데이터 저장장치를 호스트 버스 어댑터에 직접 연결하는 방식
- 저장장치와 호스트 기기 사이에 네트워크 디바이스가 있지 말아야 하고 직접 연결하는 방식으로 구성

① DAS　　② NAS
③ N-SCREEN　　④ NFC

해설 DAS (Direct Attached Storage)는 명칭에서와 같이 저장장치와 제어장치가 직접 연결되는 구조를 갖고 있다.

**095** **다음 중 암호화 방식이 다른 유형 하나는?**

① DES　　② AES
③ RSA　　④ SEED

해설 암호화 방식 중 대칭키 방식과 비대칭키 방식을 묻는 문제로, 대칭키 방식에는 대표적으로 DES, 3DES, AES, SEED, IDEA 등의 방식이 있으며, 비대칭키 방식으로는 RSA, ECC, DSA 등의 방식이 있다.

**096** **다음 중 시스템에 침입하여 자기 복제를 수행하고 감염 대상을 파괴하는 프로그램으로 독자적 실행이 가능한 악성코드 유형은?**

① 바이러스(Virus)
② 웜(Worm)
③ 랜섬웨어(Ramsomware)
④ 스파이웨어(Spyware)

해설 시스템에 침입하여 자기 복제를 수행하고 감염 대상을 파괴하는 프로그램은 바이러스와 웜이 있다. 이 중 독자적으로 실행 가능한 것은 웜이며, 바이러스는 독자 실행이 불가능해서 감염된 대상이 실행될 때 같이 실행된다.

정답 087 ④ 088 ④ 089 ③ 090 ③ 091 ③ 092 ③ 093 ① 094 ① 095 ③ 096 ②

**097** 다음에서 설명하는 해킹 기법은?

> 특수 목적을 가진 조직이 특정 표적에 대해서 장기간 지속적으로 다양한 IT기술을 이용, 집요하게 공격하는 기법

① APT(Advanced Persistent Threat)
② 서비스 거부 공격(DDoS)
③ 익스플로잇(Exploit) 공격
④ 제로데이 공격(Zero-day Attack)

**해설** APT(Advanced Persistent Threat) 공격은 지능화되고 첨단화된 해킹 기술을 총동원하여 장기간에 걸쳐서 특정 타겟을 공격하는 해킹 유형이다.

3회

**098** 다음에서 설명하는 다중화 기술은?

> • 광섬유를 이용한 통신기술의 하나를 의미함
> • 파장이 서로 다른 복수의 광신호를 동시에 이용하는 것으로 광섬유를 다중화 하는 방식임
> • 빛의 파장 축과 파장이 다른 광선은 서로 간섭을 일으키지 않는 성질을 이용함

① Wavelength Division Multiplexing
② Frequency Division Multiplexing
③ Code Division Multiplexing
④ Time Division Multiplexing

**해설** Wavelength Division Multiplexing은 광섬유를 이용한 다중화 통신기술이며, FDM, CDM, TDM은 주파수 통신에 이용된다.

4회

**099** 소프트웨어 정의 데이터센터(SDDC ; Software Defined Data Center)에 대한 설명으로 틀린 것은?

① 컴퓨팅, 네트워킹, 스토리지, 관리 등을 모두 소프트웨어로 정의한다.
② 인력 개입 없이 소프트웨어 조작만으로 자동 제어 관리한다.
③ 데이터센터 내 모든 자원을 가상화하여 서비스한다.
④ 특정 하드웨어에 종속되어 특화된 업무를 서비스하기에 적합하다.

**해설** SDDC는 기존 하드웨어에 종속된 전통적인 IDC센터에서 탈피, 소프트웨어를 기반으로 운영되며, 다양한 업무의 정보통신 서비스를 제공할 수 있다.

**100** 다음 중 APT(Advanced Persistent Threat) 공격의 절차로 올바른 것은?

> ㉠ 진입 단계　　㉡ 조사 단계
> ㉢ 침투 단계　　㉣ 수집 단계

① ㉠－㉢－㉡－㉣　　② ㉡－㉠－㉢－㉣
③ ㉢－㉣－㉠－㉡　　④ ㉣－㉢－㉠－㉡

**해설** APT(Advanced Persistent Threat) 공격은 장시간에 걸쳐서 조사－진입－침투－수집 단계를 수행하고 기밀 문서 유출, 데이터 위변조, 랜섬웨어 감염, 마비, 장애 등을 유발한다.

4회

**101** **컴퓨터 운영체제의 커널에 보안 기능을 추가한 것으로 운영체제의 보안상 결함으로 인하여 발생 가능한 각종 해킹으로부터 시스템을 보호하기 위하여 사용되는 것은?**

① GPIB ② CentOS
③ XSS ④ Secure OS

해설 운영체제에 아예 핵심보안기능을 포함한 방식은 Secure OS이다. 참고로 GPIB는 통신방식, CentOS는 리눅스 운영체재의 한 유형, XSS는 해킹공격방식이다.

5회

**102** **다음 암호 알고리즘 중 성격이 다른 하나는?**

① MD4 ② MD5
③ SHA-1 ④ AES

해설 MD4, MD5, SHA-1은 모두 해쉬 함수로서 일방향 함수이다. AES는 비밀키방식(대칭키)의 대표적인 암호화 알고리즘이다.

**103** **다음 중 공격자가 TCP-IP 프로토콜을 악용, 정상적인 서버들에게 타겟 시스템의 IP를 응답하게 요청해서 시스템을 마비시키는 서비스 거부 공격 유형은?**

① DRDoS
② DDoS
③ Slow Read DDoS
④ Slowloris DDoS

해설 분산 반사 서비스 거부 공격(Distributed Reflect DoS attack)은 정상적인 서버를 악용하여 서비스 범람을 유발하는 DoS 공격이다.

4회

**104** **다음 내용에 적합한 용어는?**

- 대용량 데이터를 분산 처리하기 위한 목적으로 개발된 프로그래밍 모델이다.
- Google에 의해 고안된 기술로서 대표적인 대용량 데이터 처리를 위한 병렬 처리 기법을 제공한다.
- 임의의 순서로 정렬된 데이터를 분산처리하고 이를 다시 합치는 과정을 거친다.

① MapReduce ② SQL
③ Hijacking ④ Logs

해설 MapReduce는 하둡의 HDFS 시스템에서 대량의 데이터를 분산처리하기 위한 목적으로 개발된 소프트웨어 프레임워크이다. 맵과 리듀스라는 함수 기반으로 분산처리가 수행되며, 오픈소스 소프트웨어로 빅데이터 플랫폼에서 활용되고 있다.

5회

**105** **다음에서 설명하는 것은?**

- 사물통신, 사물인터넷과 같이 대역폭이 제한된 통신환경에 최적화하여 개발된 푸시기술 기반의 경량 메시지 전송 프로토콜
- 메시지 매개자(Broker)를 통해 송신자가 특정 메시지를 발행하고 수신자가 메시지를 구독하는 방식
- IBM이 주도하여 개발

① GRID ② TELNET
③ GPN ④ MQTT

해설 MQTT는 CoAP와 함께 사물인터넷의 핵심 프로토콜로서 경량의 메시지 통신을 통해 IoT 시스템의 성능한계 특성을 고려한 프로토콜이다.

정답 097 ① 098 ① 099 ④ 100 ② 101 ④ 102 ④ 103 ① 104 ① 105 ④

**106** 다음 중 랜섬웨어(Ransomware)의 특징으로 거리가 먼 것은?

① 최신 지능화 공격기법 이용
② 불특정 다수의 비표적화
③ 비지속적으로 제한 시간 내 비용 지불 유도
④ 암호화를 통해서만 금품 요구

해설 최근 랜섬웨어(Ransomware)는 암호화 방식이 아닌 운영체제 락, 메인화면 유해 이미지 노출 등의 비암호화 방식으로도 공격을 수행한다.

**107** 불법적 접속이나 서비스 사용을 방지하기 위해 사용자를 인증, 권한 관리, 과금 기능을 제공하는 AAA(Authentication, Authorization, Accounting)의 프레임워크가 아닌 것은?

① RADIUS ② TACACS+
③ WPKI ④ Diameter

해설 AAA(Authentication, Authorization, Accounting) 프레임워크 유형으로는 RADIUS, TACACS+, Diameter가 대표적이다. WPKI(Wireless Public Key Infrastructure)는 무선통신에서 사용하는 암호화 보안통신 방식으로 인증은 수행 가능하나 권한 및 과금에는 제한적이다.

**108** 다음 중 접근 통제 3요소에 해당하지 않는 것은?

① 접근 통제 정책
② 접근 통제 메커니즘
③ 접근 통제 보안모델
④ 접근 통제 암호화 방식

해설 접근 통제 3요소는 접근 통제 정책, 접근 통제 메커니즘, 접근 통제 보안모델로 정의된다. 접근 통제에서 암호화는 일부 유형에서만 활용한다.

**109** 다음에서 설명하는 접근 통제 유형은?

> • 중앙 관리자가 주체와 객체의 상호 관계를 통제하며 조직 내에서 맡은 역할에 기초하여 자원에 대한 접근 허용 여부를 결정
> • 관리자는 사용자에게 역할을 할당한 뒤 그 역할에 대한 접근 권한을 부여

① MAC(Mandatory Access Control)
② DAC(Discretionary Access Control)
③ RBAC(Role Based Access Control)
④ MLS(Multi Level Security)

해설 RBAC(Role Based Access Control)은 정보에 대한 사용자의 접근이 개별적인 신분이 아니라 조직 내에서 개인의 역할(또는 직무, 직책)에 따라 결정되는 접근 통제 유형이다.
④ MLS(Multi Level Security)는 MAC 접근 통제 유형의 일종으로 다단계 방식의 접근 통제를 구현한다.

1, 2, 7회

**110** COCOMO model 중 기관 내부에서 개발된 중소규모의 소프트웨어로 일괄 자료 처리나 과학기술계산용, 비즈니스 자료 처리용으로 5만 라인 이하의 소프트웨어를 개발하는 유형은?

① Embedded ② Organic
③ Semi-detached ④ Semi-embeded

해설 COCOMO model 중에서 규모가 가장 작은 프로젝트 개발 형태는 Organic이며, Semi-detached은 30만 라인 이하, Embedded는 30만 라인 이상의 소프트웨어를 개발하는 유형이다.

**111** 접근 통제 모델 중 다음에서 설명하는 모델 유형은?

> 최초의 수학적 모델로 정보의 기밀성에 따라 상하 관계가 구분된 정보를 보호하기 위한 접근 통제 모델

① Bell－Lapadula ② Biba
③ Clark－Wilson ④ Chinese Wall

**해설** Bell－Lapadula 모델은 군대의 보안 레벨과 같이 그 정보의 기밀성에 따라 상하 관계가 구분된 정보를 보호하기 위해 사용하는 모델이다. Biba 모델과 Clark－Wilson 모델, Chinese Wall 모델은 무결성을 보호 대상으로 한다

5회

**112** 다음에서 설명하는 것은?

> • 블록체인(Blockchain) 개발환경을 클라우드로 서비스하는 개념
> • 블록체인 네트워크에 노드의 추가 및 제거가 용이
> • 블록체인의 기본 인프라를 추상화하여 블록체인 응용프로그램을 만들 수 있는 클라우드 컴퓨팅 플랫폼

① OTT ② BaaS
③ SDDC ④ Wi－SUN

**해설** BaaS(Blockchain as a Service)는 블록체인 인프라를 필요로 하는 사용자들에게 필요한 만큼 편하게 사용이 가능하도록 서비스를 제공하고 있다.

5회

**113** 전기 및 정보통신기술을 활용하여 전력망을 지능화, 고도화함으로써 고품질의 전력서비스를 제공하고 에너지 이용효율을 극대화하는 전력망은?

① 사물 인터넷 ② 스마트 그리드
③ 디지털 아카이빙 ④ 미디어 빅뱅

**해설** 스마트 그리드는 기존 아날로그 방식의 전력 전송 시스템을 디지털로 전환하여 계량의 편의성, 부가 서비스 제공, 전력선을 이용한 정보통신 등을 수행 가능하도록 한 최신 전력관리 인프라이다.

**114** 다음 보기 중 정보보호 및 개인정보보호 등의 비즈니스 문제에 대응하고 안전한 정보시스템 환경을 구축하기 위해 관리적, 기술적, 물리적 보안 차원에서 도출된 정보시스템 보안 설계서를 의미하는 것은?

① Secure SDLC
② Secure Architecture
③ Secure OS
④ Secure Cording

**해설** Secure Architecture는 정보시스템에 대한 보안 측면의 전방위적 구성요소를 포함하는 설계도를 의미한다.



정답 106 ④ 107 ③ 108 ④ 109 ③ 110 ② 111 ① 112 ② 113 ② 114 ②

6회

**115** SPICE 모델의 프로세스 수행 능력 수준의 단계별 설명이 틀린 것은

① 수준 7 – 미완성 단계
② 수준 5 – 최적화 단계
③ 수준 4 – 예측 단계
④ 수준 3 – 확립 단계

해설 SPICE의 프로세스 수행능력 수준 단계는 0~5단계까지 총 6개 수준으로 표현되며, 수준 7은 없을뿐더러, 있다고 하더라도 7수준이면 완전한 최적화 단계일 것이다.

6회

**116** 소프트웨어 비용 산정 기법 중 개발 유형으로 organic, semi-detached, embedded로 구분되는 것은?

① PUTNAM ② COCOMO
③ FP ④ SLIM

해설 소프트웨어 비용 산정 기법은 PUTNAM, COCOMO, FP 3개를 암기하여야 하며, 이 중 organic, semi-detached, embedded의 3가지 유형을 갖는 기법은 COCOMO이다.

6회

**117** ISO 12207 표준의 기본 생명주기의 주요 프로세스에 해당하지 않는 것은?

① 획득 프로세스
② 개발 프로세스
③ 성능평가 프로세스
④ 유지보수 프로세스

해설 ISO12207 표준은 크게 기본 생명주기, 지원 생명주기, 조직 생명주기의 3개 프로세스로 구성되어 있다. 이 중 기본 생명주기는 계약관점의 획득, 공급, 요구사항도출, 운영 프로세스가 있으며, 공학관점에서는 개발, 유지보수 프로세스가 있다.

**118** 다음 중 웹 방화벽(Web Firewall)의 주요 기능이 아닌 것은?

① Request Validation
② Content Protection
③ Packet Encryption
④ Server Cloaking

해설 웹 방화벽(Web Firewall)의 주요 기능은 Request Validation, Content Protection, Server Cloaking으로 정의된다. Packet Encryption은 SSL이나 HTTPS를 통해서 구현한다.

6회

**119** 하둡(Hadoop)과 관계형 데이터베이스 간에 데이터를 전송할 수 있도록 설계된 도구는?

① Apnic ② Topology
③ Sqoop ④ SDB.

해설 Sqoop은 관계형 RDBMS와 하둡의 HDFS를 연동하고 Import 등의 수작업 명령어를 통해서 데이터를 이동하거나 적재한다. 하지만 NoSQL은 일부만 지원한다.

6회

**120** 라우팅 프로토콜인 OSPF(Open Shortest Path First)에 대한 설명으로 옳지 않은 것은?

① 네트워크 변화에 신속하게 대처할 수 있다.
② 거리 벡터 라우팅 프로토콜이라고 한다.
③ 멀티캐스팅을 지원한다.
④ 최단 경로 탐색에 Dijkstra 알고리즘을 사용한다.

해설 대표적인 라우팅 프로토콜에는 RIP, BGP, OSPF, EIGRP 등이 있으며, 이 중 거리 벡터 라우팅 프로토콜은 RIP(Routing Information Protocol)이다.

**121** **다음 보안 시스템 중 접속 단말기에 대한 정책 준수 여부를 평가하고 네트워크 접속 허용 여부를 관리하는 보안 시스템은?**

① IDS(Intrusion Detection System)
② NAC(Network Access Control)
③ DLP(Data Loss Prevention)
④ VPN(Virtual Private Network)

해설 NAC(Network Access Control)은 불법적인 클라이언트가 내부 네트워크에 접속하는 것을 정책적으로 차단하거나 제어하기 위한 보안 솔루션이다.

5회

**122** **소프트웨어공학에 대한 설명으로 거리가 먼 것은?**

① 소프트웨어공학이란 소프트웨어의 개발, 운용, 유지보수 및 파기에 대한 체계적인 접근 방법이다.
② 소프트웨어공학은 소프트웨어 제품의 품질을 향상시키고 소프트웨어 생산성과 작업 만족도를 증대시키는 것이 목적이다.
③ 소프트웨어공학의 궁극적 목표는 최대의 비용으로 계획된 일정보다 가능한 빠른 시일 내에 소프트웨어를 개발하는 것이다.
④ 소프트웨어공학은 신뢰성 있는 소프트웨어를 경제적인 비용으로 획득하기 위해 공학적 원리를 정립하고 이를 이용하는 것이다.

해설 소프트웨어공학의 궁극적 목표는 최소의 비용으로 일정을 앞당기고, 쉽게 개발하는 데 목적이 있다.

5회

**123** **정형화된 분석 절차에 따라 사용자 요구사항을 파악, 문서화하는 체계적 분석방법으로 자료흐름도, 자료사전, 소단위명세서(Mini Spec)의 특징을 갖는 것은?**

① 구조적 개발 방법론
② 객체지향 개발 방법론
③ 정보공학 방법론
④ CBD 방법론

해설 구조적 개발방법론은 요구사항을 분석할 때 자료흐름도(DFD), 자료사전(Data Dictionary), 소단위명세서(Mini Spec) 등을 활용한다

4회

**124** **NS(Nassi-Schneiderman) chart에 대한 설명으로 거리가 먼 것은?**

① 논리의 기술에 중점을 둔 도형식 표현 방법이다.
② 연속, 선택 및 다중 선택, 반복 등의 제어논리 구조로 표현한다.
③ 주로 화살표를 사용하여 논리적인 제어구조로 흐름을 표현한다.
④ 조건이 복합되어 있는 곳의 처리를 시각적으로 명확히 식별하는 데 적합하다.

해설 NS차트는 구조적 방법론의 분석을 위한 여러 기법 중 소단위명세서(Mini Spec)의 한 유형으로 코드를 개략적인 로직으로 표현하는 기법이며, 화살표 활용이 없다.

정답 115 ① 116 ② 117 ③ 118 ③ 119 ③ 120 ② 121 ② 122 ③ 123 ① 124 ③

**125** **다음 중 웹 취약점을 분석하는 지표로 활용하는 OWASP(The Open Web Application Security Project)에 대한 설명으로 적절치 못한 것은?**

① 사용자가 신뢰할 수 있는 웹 애플리케이션을 개발, 구입, 운영할 수 있도록 기준을 제공하는 비영리기관에서 발표한 보안위험 관리지표 10선을 제안
② 취약점이 아닌 가장 위험한 항목을 대상으로 상위 10가지를 선정
③ 개발자, 검증자, 경영층을 위한 다음 단계에 대한 가이드와 위험 평가 방법론 등 풍부한 부록 제공
④ 세부 항목을 참조하려면 일정 비용을 지불하고 열람

해설 OWASP TOP10은 오픈소스 프로젝트로 무료로 열람이 가능하다.

6회

**126** **PC, TV, 휴대폰에서 원하는 콘텐츠를 끊김 없이 자유롭게 이용할 수 있는 서비스는?**

① Memristor ② MEMS
③ SNMP ④ N-Screen

해설 최신 PC와 TV, 스마트폰 등 다양한 단말에서 영화, 동영상 등 콘텐츠를 연동해 주는 서비스는 N-Screen이다.

6회

**127** **서로 다른 네트워크 대역에 있는 호스트들 상호 간에 통신할 수 있도록 해주는 네트워크 장비는?**

① L2 스위치 ② HIPO
③ 라우터 ④ RAD.

해설 라우터는 내부 네트워크와 다른 네트워크를 연결해 주는 3계층 네트워크 장비이다.

**128** **다음 중 디지털 포렌식 수행 절차로 올바른 것은?**

㉠ 증거 수집
㉡ 보관 / 이송
㉢ 증거 분석
㉣ 보고서 작성 및 증거 제출
㉤ 수사 준비

① ㉤-㉢-㉡-㉠-㉣
② ㉤-㉠-㉡-㉢-㉣
③ ㉠-㉢-㉤-㉣-㉡
④ ㉠-㉢-㉣-㉤-㉡

해설 디지털 포렌식은 컴퓨터를 이용하거나 활용해 이뤄지는 범죄 행위에 대한 법적 증거를 확보하기 위한 일련의 절차와 방법을 의미하며 수사 준비 → 증거 수집 → 보관 및 이송 → 증거 분석 → 보고서 및 증거 제출의 단계로 수행한다.

1, 2회

**129** **CMM(Capability Maturity Model) 모델의 레벨로 옳지 않은 것은?**

① 최적 단계 ② 관리 단계
③ 계획 단계 ④ 정의 단계

해설 CMM의 단계적 표현의 단계는 1레벨(초기) → 2레벨(관리) → 3레벨(정의) → 4레벨(정량적) → 5레벨(최적화)로 구성되어 있다.

1, 2회

**130** **소프트웨어 개발 프레임워크를 적용할 경우 기대효과로 거리가 먼 것은**

① 품질보증 ② 시스템 복잡도 증가
③ 개발 용이성 ④ 변경 용이성

해설 소프트웨어 개발 프레임워크는 반제품 형태의 툴로서 개발 노력을 감소시키고, 호환성을 높이며, 적정한 품질을 제공하고, 시스템 복잡도를 줄여준다.

3회

**131 실무적으로 검증된 개발보안 방법론 중 하나로서 SW보안의 모범 사례를 SDLC(Software Development Life Cycle)에 통합한 소프트웨어 개발 보안 생명주기 방법론은?**

① CLASP ② CWE
③ PIMS ④ Seven Touchpoints

해설 Seven Touchpoints는 SW 개발 생애주기 단계별로 보안성을 강화하기 위한 방법론이며 코드 검토, 아키텍처 위험분석, 침투 테스트, 위험기반 보안 테스트, 악용사례, 보안 요구사항, 보안 운영의 7가지 포인트를 중심으로 한다.

4회

**132 공개키 암호화 방식에 대한 설명으로 틀린 것은?**

① 공개키로 암호화된 메시지는 반드시 공개키로 복호화해야 한다.
② 비대칭 암호기법이라고도 한다.
③ 대표적인 기법은 RSA 기법이 있다.
④ 키 분배가 용이하고, 관리해야 할 키 개수가 적다.

해설 공개키는 비대칭키 방식으로 암호화를 수행하는 키와 복호화를 수행하는 키가 다르다.

**133 국내 IT 서비스 경쟁력 강화를 목표로 개발되었으며 인프라 제어 및 관리 환경, 실행 환경, 개발 환경, 서비스 환경, 운영환경으로 구성되어 있는 개방형 클라우드 컴퓨팅 플랫폼은?**

① N20S ② PaaS－TA
③ KAWS ④ Metaverse

해설 PaaS－TA는 한국지능정보사회진흥원(NIA)에서 클라우드 서비스를 선도하기 위해서 개발한 개방형 플랫폼이다.

정답 125 ④ 126 ④ 127 ③ 128 ② 129 ③ 130 ② 131 ④ 132 ① 133 ②

# 최신기출문제

PART 07

# 2021년 제3회 정보처리기사 기출문제

## 1과목 | 소프트웨어 설계

**001 럼바우(Rumbaugh)의 객체지향 분석 기법 중 자료 흐름도(DFD)를 주로 이용하는 것은?**

① 기능 모델링 ② 동적 모델링
③ 객체 모델링 ④ 정적 모델링

**002 클래스 다이어그램의 요소로 다음 설명에 해당하는 용어는?**

> • 클래스의 동작을 의미한다.
> • 클래스에 속하는 객체에 대하여 적용될 메소드를 정의한 것이다.
> • UML에서는 동작에 대한 인터페이스를 지칭한다고 볼 수 있다.

① Instance ② Operation
③ Item ④ Hiding

**003 요구사항 검증(Requirements Validation)과 관련한 설명으로 틀린 것은?**

① 요구사항이 고객이 정말 원하는 시스템을 제대로 정의하고 있는지 점검하는 과정이다.
② 개발 완료 이후에 문제점이 발견될 경우 막대한 재작업 비용이 들 수 있기 때문에 요구사항 검증은 매우 중요하다.
③ 요구사항이 실제 요구를 반영하는지, 문서상의 요구사항은 서로 상충되지 않는지 등을 점검한다.
④ 요구사항 검증 과정을 통해 모든 요구사항 문제를 발견할 수 있다.

**004 소프트웨어 공학에서 모델링(Modeling)과 관련한 설명으로 틀린 것은?**

① 개발팀이 응용문제를 이해하는 데 도움을 줄 수 있다.
② 유지보수 단계에서만 모델링 기법을 활용한다.
③ 개발될 시스템에 대하여 여러 분야의 엔지니어들이 공통된 개념을 공유하는 데 도움을 준다.
④ 절차적인 프로그램을 위한 자료흐름도는 프로세스 위주의 모델링 방법이다.

**005 분산 시스템을 위한 마스터-슬레이브(Master-Slave) 아키텍처에 대한 설명으로 틀린 것은?**

① 일반적으로 실시간 시스템에서 사용된다.
② 마스터 프로세스는 일반적으로 연산, 통신, 조정을 책임진다.
③ 슬레이브 프로세스는 데이터 수집 기능을 수행할 수 없다.
④ 마스터 프로세스는 슬레이브 프로세스들을 제어할 수 있다.

**006 사용자 인터페이스(User Interface)에 대한 설명으로 틀린 것은?**

① 사용자와 시스템이 정보를 주고받는 상호작용이 잘 이루어지도록 하는 장치나 소프트웨어를 의미한다.
② 편리한 유지보수를 위해 개발자 중심으로 설계되어야 한다.
③ 배우기가 용이하고 쉽게 사용할 수 있도록 만들어져야 한다.
④ 사용자 요구사항이 UI에 반영될 수 있도록 구성해야 한다.

**007 객체지향 분석 기법과 관련한 설명으로 틀린 것은?**

① 동적 모델링 기법이 사용될 수 있다.
② 기능 중심으로 시스템을 파악하며 순차적인 처리가 중요시되는 하향식(Top-down) 방식으로 볼 수 있다.
③ 데이터와 행위를 하나로 묶어 객체를 정의 내리고 추상화시키는 작업이라 할 수 있다.
④ 코드 재사용에 의한 프로그램 생산성 향상 및 요구에 따른 시스템의 쉬운 변경이 가능하다.

**008 대표적으로 DOS 및 Unix 등의 운영체제에서 조작을 위해 사용하던 것으로, 정해진 명령 문자열을 입력하여 시스템을 조작하는 사용자 인터페이스(User Interface)는?**

① GUI(Graphical User Interface)
② CLI(Command Line Interface)
③ CUI(Cell User Interface)
④ MUI(Mobile User Interface)

**009 객체지향의 주요 개념에 대한 설명으로 틀린 것은?**

① 캡슐화는 상위클래스에서 속성이나 연산을 전달받아 새로운 형태의 클래스로 확장하여 사용하는 것을 의미한다.
② 객체는 실세계에 존재하거나 생각할 수 있는 것을 말한다.
③ 클래스는 하나 이상의 유사한 객체들을 묶어 공통된 특성을 표현한 것이다.
④ 다형성은 상속받은 여러 개의 하위 객체들이 다른 형태의 특성을 갖는 객체로 이용될 수 있는 성질이다.

**010 객체지향 설계에서 정보 은닉(Information Hiding)과 관련한 설명으로 틀린 것은?**

① 필요하지 않은 정보는 접근할 수 없도록 하여 한 모듈 또는 하부시스템이 다른 모듈의 구현에 영향을 받지 않게 설계되는 것을 의미한다.
② 모듈들 사이의 독립성을 유지시키는 데 도움이 된다.
③ 설계에서 은닉되어야 할 기본 정보로는 IP 주소와 같은 물리적 코드, 상세 데이터 구조 등이 있다.
④ 모듈 내부의 자료 구조와 접근 동작들에만 수정을 국한하기 때문에 요구사항 등 변화에 따른 수정이 불가능하다.

**011 익스트림 프로그래밍(XP)에 대한 설명으로 틀린 것은?**

① 빠른 개발을 위해 테스트를 수행하지 않는다.
② 사용자의 요구사항은 언제든지 변할 수 있다.
③ 고객과 직접 대면하며 요구사항을 이야기하기 위해 사용자 스토리(User Story)를 활용할 수 있다.
④ 기존의 방법론에 비해 실용성(Pragmatism)을 강조한 것이라고 볼 수 있다.

**012 순차 다이어그램(Sequence Diagram)과 관련한 설명으로 틀린 것은?**

① 객체들의 상호 작용을 나타내기 위해 사용한다.
② 시간의 흐름에 따라 객체들이 주고받는 메시지의 전달 과정을 강조한다.
③ 동적 다이어그램보다는 정적 다이어그램에 가깝다.
④ 교류 다이어그램(Interaction Diagram)의 한 종류로 볼 수 있다.

**013 분산 시스템에서의 미들웨어(Middleware)와 관련한 설명으로 틀린 것은?**

① 분산 시스템에서 다양한 부분을 관리하고 통신하며 데이터를 교환하게 해주는 소프트웨어로 볼 수 있다.
② 위치 투명성(Location Transparency)을 제공한다.
③ 분산 시스템의 여러 컴포넌트가 요구하는 재사용 가능한 서비스의 구현을 제공한다.
④ 애플리케이션과 사용자 사이에서만 분산 서비스를 제공한다.

**014 GoF(Gang of Four) 디자인 패턴과 관련한 설명으로 틀린 것은?**

① 디자인 패턴을 목적(Purpose)으로 분류할 때 생성, 구조, 행위로 분류할 수 있다.
② Strategy 패턴은 대표적인 구조 패턴으로 인스턴스를 복제하여 사용하는 구조를 말한다.
③ 행위 패턴은 클래스나 객체들이 상호작용하는 방법과 책임을 분산하는 방법을 정의한다.
④ Singleton 패턴은 특정 클래스의 인스턴스가 오직 하나임을 보장하고, 이 인스턴스에 대한 접근 방법을 제공한다.

**015 소프트웨어 설계에서 사용되는 대표적인 추상화(Abstraction) 기법이 아닌 것은?**

① 자료 추상화 ② 제어 추상화
③ 기능 추상화 ④ 강도 추상화

**016 소프트웨어 아키텍처와 관련한 설명으로 틀린 것은?**

① 파이프 필터 아키텍처에서 데이터는 파이프를 통해 양방향으로 흐르며, 필터 이동 시 오버헤드가 발생하지 않는다.
② 외부에서 인식할 수 있는 특성이 담긴 소프트웨어의 골격이 되는 기본 구조로 볼 수 있다.
③ 데이터 중심 아키텍처는 공유 데이터저장소를 통해 접근자 간의 통신이 이루어지므로 각 접근자의 수정과 확장이 용이하다.
④ 이해 관계자들의 품질 요구사항을 반영하여 품질 속성을 결정한다.

**017 애자일 개발 방법론과 관련한 설명으로 틀린 것은?**

① 빠른 릴리즈를 통해 문제점을 신속하게 파악할 수 있다.
② 정확한 결과 도출을 위해 계획 수립과 문서화에 중점을 둔다.
③ 고객과의 의사소통을 중요하게 생각한다.
④ 진화하는 요구사항을 수용하는 데 적합하다.

**018 UML 모델에서 한 사물의 명세가 바뀌면 다른 사물에 영향을 주며, 일반적으로 한 클래스가 다른 클래스를 오퍼레이션의 매개변수로 사용하는 경우에 나타나는 관계는?**

① Association ② Dependency
③ Realization ④ Generalization

**019** **요구사항 정의 및 분석 · 설계의 결과물을 표현하기 위한 모델링 과정에서 사용되는 다이어그램(Diagram)이 아닌 것은?**

① Data Flow Diagram
② UML Diagram
③ E−R Diagram
④ AVL Diagram

**020** **요구 분석(Requirement Analysis)에 대한 설명으로 틀린 것은?**

① 요구 분석은 소프트웨어 개발의 실제적인 첫 단계로 사용자의 요구에 대해 이해하는 단계라 할 수 있다.
② 요구 추출(Requirement Elicitation)은 프로젝트 계획 단계에 정의한 문제의 범위 안에 있는 사용자의 요구를 찾는 단계이다.
③ 도메인 분석(Domain Analysis)은 요구에 대한 정보를 수집하고 배경을 분석하여 이를 토대로 모델링을 하게 된다.
④ 기능적(Functional) 요구에서 시스템 구축에 대한 성능, 보안, 품질, 안정 등에 대한 성능, 보안, 품질, 안정 등에 대한 요구사항을 도출한다.

## 2과목 | 소프트웨어 개발

**021** **다음 중 선형 구조로만 묶인 것은?**

① 스택, 트리　　② 큐, 데크
③ 큐, 그래프　　④ 리스트, 그래프

**022** **테스트 드라이버(Test Driver)에 대한 설명으로 틀린 것은?**

① 시험대상 모듈을 호출하는 간이 소프트웨어이다.
② 필요에 따라 매개 변수를 전달하고 모듈을 수행한 후의 결과를 보여줄 수 있다.
③ 상향식 통합 테스트에서 사용된다.
④ 테스트 대상 모듈이 호출하는 하위 모듈의 역할을 한다.

**023** **다음 트리에 대한 중위 순회 운행 결과는?**

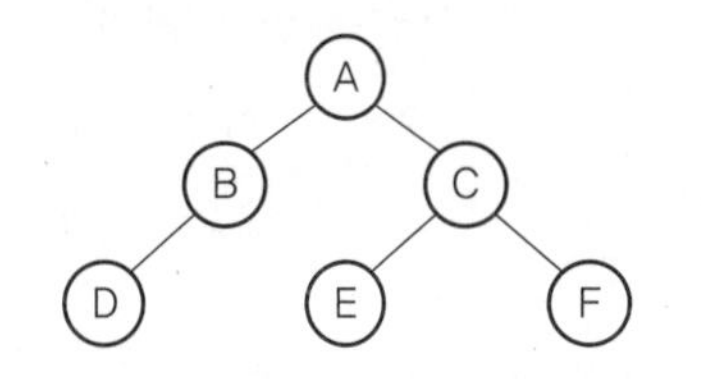


① ABDCEF　　② ABCDEF
③ DBECFA　　④ DBAECF

**024** **테스트 케이스 자동 생성 도구를 이용하여 테스트 데이터를 찾아내는 방법이 아닌 것은?**

① 스텁(Stub)과 드라이버(Driver)
② 입력 도메인 분석
③ 랜덤(Random) 테스트
④ 자료 흐름도

**025** **소프트웨어 테스트에서 검증(Verification)과 확인(Validation)에 대한 설명으로 틀린 것은?**

① 소프트웨어 테스트에서 검증과 확인을 구별하면 찾고자 하는 결함 유형을 명확하게 하는데 도움이 된다.
② 검증은 소프트웨어 개발 과정을 테스트하는 것이고, 확인은 소프트웨어 결과를 테스트하는 것이다.
③ 검증은 작업 제품이 요구 명세의 기능, 비기능 요구사항을 얼마나 잘 준수하는지 측정하는 작업이다.
④ 검증은 작업 제품이 사용자의 요구에 적합한지 측정하며, 확인은 작업 제품이 개발자의 기대를 충족시키는지를 측정한다.

**026** **저작권 관리 구성 요소 중 패키저(Packager)의 주요 역할로 옳은 것은?**

① 콘텐츠를 제공하는 저작권자를 의미한다.
② 콘텐츠를 메타 데이터와 함께 배포 가능한 단위로 묶는다.
③ 라이선스를 발급하고 관리한다.
④ 배포된 콘텐츠의 이용 권한을 통제한다.

**027** **다음 설명에 부합하는 용어로 옳은 것은?**

> • 소프트웨어 구조를 이루며, 다른 것들과 구별될 수 있는 독립적인 기능을 갖는 단위이다.
> • 하나 또는 몇 개의 논리적인 기능을 수행하기 위한 명령어들의 집합이라고도 할 수 있다.
> • 서로 모여 하나의 완전한 프로그램으로 만들어질 수 있다.

① 통합 프로그램 ② 저장소
③ 모듈 ④ 데이터

**028** **제품 소프트웨어의 사용자 매뉴얼 작성절차로 (가)~(다)와 〈보기〉의 기호를 바르게 연결한 것은?**

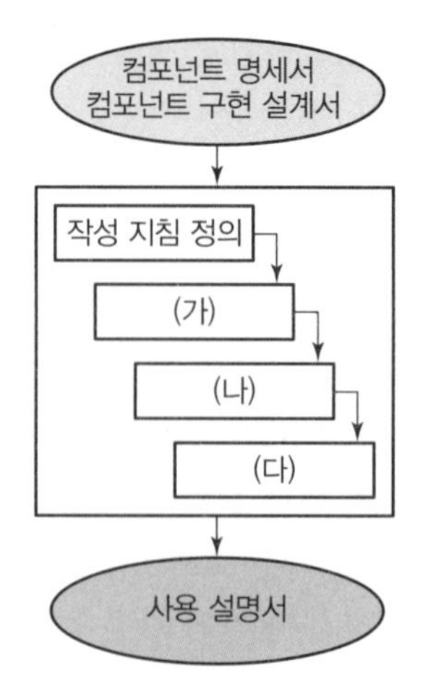


> 〈보기〉
> ㉠ 사용 설명서 검토
> ㉡ 구성 요소별 내용 작성
> ㉢ 사용 설명서 구성 요소 정의

① (가) – ㉠, (나) – ㉡, (다) – ㉢
② (가) – ㉢, (나) – ㉡, (다) – ㉠
③ (가) – ㉠, (나) – ㉢, (다) – ㉡
④ (가) – ㉢, (나) – ㉠, (다) – ㉡

**029** **코드의 간결성을 유지하기 위해 사용되는 지침으로 틀린 것은?**

① 공백을 이용하여 실행문 그룹과 주석을 명확히 구분한다.
② 복잡한 논리식과 산술식은 괄호와 들여쓰기(Indentation)를 통해 명확히 표현한다.
③ 빈 줄을 사용하여 선언부와 구현부를 구별한다.
④ 한 줄에 최대한 많은 문장을 코딩한다.

**030** 다음 중 최악의 경우 검색 효율이 가장 나쁜 트리 구조는?

① 이진 탐색 트리　　② AVL 트리
③ 2−3 트리　　④ 레드−블랙 트리

**031** 다음 그래프에서 정점 A를 선택하여 깊이우선 탐색(DFS)으로 운행한 결과는?

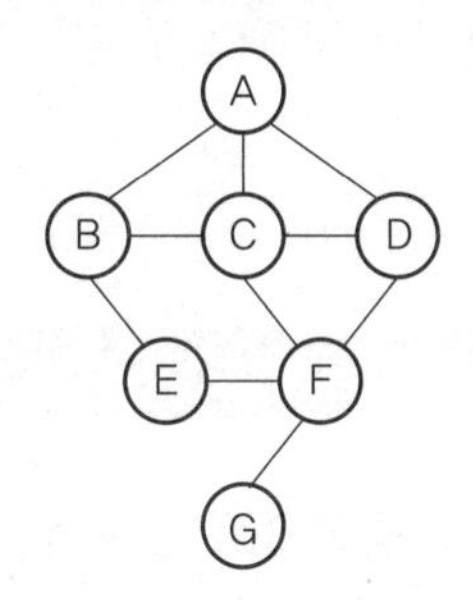


① ABECDFG　　② ABECFDG
③ ABCDEFG　　④ ABEFGCD

**032** 개별 모듈을 시험하는 것으로 모듈이 정확하게 구현되었는지, 예정한 기능이 제대로 수행되는지를 점검하는 것이 주요 목적인 테스트는?

① 통합 테스트(Integration Test)
② 단위 테스트(Unit Test)
③ 시스템 테스트(System Test)
④ 인수 테스트(Acceptance Test)

**033** 다음은 스택의 자료 삭제 알고리즘이다. ⓐ에 들어갈 내용으로 옳은 것은? (단, Top: 스택 포인터, S: 스택의 이름)

```
If Top=0 Then
   ( ⓐ )
Else {
      remove S(Top)
      Top=Top−1
}
```

① Overflow　　② Top=Top+1
③ Underflow　　④ Top=Top

**034** 다음 자료를 버블 정렬을 이용하여 오름차순으로 정렬할 경우 PASS 3의 결과는?

| 9, 6, 7, 3, 5 |
|---|

① 6, 3, 5, 7, 9　　② 3, 5, 6, 7, 9
③ 6, 7, 3, 5, 9　　④ 3, 5, 9, 6, 7

**035** 순서가 A, B, C, D로 정해진 입력 자료를 스택에 입력한 후 출력한 결과로 불가능한 것은?

① D, C, B, A　　② B, C, D, A
③ C, B, A, D　　④ D, B, C, A

**036** 소프트웨어 개발 활동을 수행함에 있어서 시스템의 고장(Failure)을 일으키게 하며, 오류(Error)가 있는 경우를 의미하는 것은?

① Fault　　② Testcase
③ Mistake　　④ Inspection

**037 소프트웨어 품질 목표 중 하나 이상의 하드웨어 환경에서 운용되기 위해 쉽게 수정될 수 있는 시스템 능력을 의미하는 것은?**

① Portability ② Efficiency
③ Usability ④ Correctness

**038 테스트를 목적에 따라 분류했을 때, 강도(Stress) 테스트에 대한 설명으로 옳은 것은?**

① 시스템에 고의로 실패를 유도하고 시스템이 정상적으로 복귀하는지 테스트한다.
② 시스템에 과다 정보량을 부과하여 과부하 시에도 시스템이 정상적으로 작동되는지를 테스트한다.
③ 사용자의 이벤트에 시스템이 응답하는 시간, 특정 시간 내에 처리하는 업무량, 사용자 요구에 시스템이 반응하는 속도 등을 테스트한다.
④ 부당하고 불법적인 침입을 시도하여 보안시스템이 불법적인 침투를 잘 막아내는지 테스트한다.

**039 형상 관리의 개념과 절차에 대한 설명으로 틀린 것은?**

① 형상 식별은 형상 관리 계획을 근거로 형상관리의 대상이 무엇인지 식별하는 과정이다.
② 형상 관리를 통해 가시성과 추적성을 보장함으로써 소프트웨어의 생산성과 품질을 높일 수 있다.
③ 형상 통제 과정에서는 형상 목록의 변경 요구를 즉시 수용 및 반영해야 한다.
④ 형상 감사는 형상 관리 계획대로 형상관리가 진행되고 있는지, 형상 항목의 변경이 요구사항에 맞도록 제대로 이뤄졌는지 등을 살펴보는 활동이다.

**040 소스 코드 정적 분석(Static Analysis)에 대한 설명으로 틀린 것은?**

① 소스 코드를 실행시키지 않고 분석한다.
② 코드에 있는 오류나 잠재적인 오류를 찾아내기 위한 활동이다.
③ 하드웨어적인 방법으로만 코드 분석이 가능하다.
④ 자료 흐름이나 논리 흐름을 분석하여 비정상적인 패턴을 찾을 수 있다.

## 3과목 | 데이터베이스 구축

**041 데이터의 중복으로 인하여 관계연산을 처리할 때 예기치 못한 곤란한 현상이 발생하는 것을 무엇이라 하는가?**

① 이상(Anomaly)
② 제한(Restriction)
③ 종속성(Dependency)
④ 변환(Translation)

**042 다음 중 기본키는 NULL 값을 가져서는 안되며, 릴레이션 내에 오직 하나의 값만 존재해야 한다는 조건을 무엇이라 하는가?**

① 개체 무결성 제약조건
② 참조 무결성 제약조건
③ 도메인 무결성 제약조건
④ 속성 무결성 제약조건

**043** 다음 두 릴레이션 R1과 R2의 카티션 프로덕트(cartesian product) 수행 결과는?

R1

| 학년 |
|---|
| 1 |
| 2 |
| 3 |

R2

| 학과 |
|---|
| 컴퓨터 |
| 국문 |
| 수학 |

①

| 학년 | 학과 |
|---|---|
| 1 | 컴퓨터 |
| 2 | 국문 |
| 3 | 수학 |

②

| 학년 | 학과 |
|---|---|
| 2 | 컴퓨터 |
| 2 | 국문 |
| 2 | 수학 |

③

| 학년 | 학과 |
|---|---|
| 3 | 컴퓨터 |
| 3 | 국문 |
| 3 | 수학 |

④

| 학년 | 학과 |
|---|---|
| 1 | 컴퓨터 |
| 1 | 국문 |
| 1 | 수학 |
| 2 | 컴퓨터 |
| 2 | 국문 |
| 2 | 수학 |
| 3 | 컴퓨터 |
| 3 | 국문 |
| 3 | 수학 |

**044** 정규화에 대한 설명으로 적절하지 않은 것은?

① 데이터베이스의 개념적 설계 단계 이전에 수행한다.
② 데이터 구조의 안정성을 최대화한다.
③ 중복을 배제하여 삽입, 삭제, 갱신 이상의 발생을 방지한다.
④ 데이터 삽입 시 릴레이션을 재구성할 필요성을 줄인다.

**045** 이전 단계의 정규형을 만족하면서 후보키를 통하지 않는 조인 종속(JD ; Join Dependency)을 제거해야 만족하는 정규형은?

① 제3정규형 ② 제4정규형
③ 제5정규형 ④ 제6정규형

**046** 물리적 데이터베이스 설계에 대한 설명으로 거리가 먼 것은?

① 물리적 설계의 목적은 효율적인 방법으로 데이터를 저장하는 것이다.
② 트랜잭션 처리량과 응답 시간, 디스크 용량 등을 고려해야 한다.
③ 저장 레코드의 형식, 순서, 접근 경로와 같은 정보를 사용하여 설계한다.
④ 트랜잭션의 인터페이스를 설계하며, 데이터 타입 및 데이터 타입들 간의 관계로 표현한다.

**047** SQL의 논리 연산자가 아닌 것은?

① AND ② OTHER
③ OR ④ NOT

**048** 학적 테이블에서 전화번호가 Null 값이 아닌 학생명을 모두 검색할 때, SQL 구문으로 옳은 것은?

① SELECT 학생명 FROM 학적 WHERE 전화번호 DON'T NULL;
② SELECT 학생명 FROM 학적 WHERE 전화번호 != NOT NULL;
③ SELECT 학생명 FROM 학적 WHERE 전화번호 IS NOT NULL;
④ SELECT 학생명 FROM 학적 WHERE 전화번호 IS NULL;

**049** 다음 중 SQL에서의 DDL문이 아닌 것은?

① CREATE ② DELETE
③ ALTER ④ DROP

**050** 동시성 제어를 위한 직렬화 기법으로 트랜잭션 간의 처리 순서를 미리 정하는 방법은?

① 로킹 기법 ② 타임스탬프 기법
③ 검증 기법 ④ 배타 로크 기법

**051** 데이터베이스에서 하나의 논리적 기능을 수행하기 위한 작업의 단위 또는 한꺼번에 모두 수행되어야 할 일련의 연산들을 의미하는 것은?

① 트랜잭션 ② 뷰
③ 튜플 ④ 카디널리티

**052** 로킹 단위(Locking Granularity)에 대한 설명으로 옳은 것은?

① 로킹 단위가 크면 병행성 수준이 낮아진다.
② 로킹 단위가 크면 병행 제어 기법이 복잡해진다.
③ 로킹 단위가 작으면 로크(lock)의 수가 적어진다.
④ 로킹은 파일 단위로 이루어지며, 레코드와 필드는 로킹 단위가 될 수 없다.

**053** 관계형 데이터베이스에서 다음 설명에 해당하는 키(Key)는?

| 한 릴레이션 내의 속성들의 집합으로 구성된 키로서, 릴레이션을 구성하는 모든 튜플에 대한 유일성은 만족시키지만 최소성은 만족시키지 못한다. |
|---|

① 후보키 ② 대체키
③ 슈퍼키 ④ 외래키

**054** 트랜잭션의 주요 특성 중 하나로 둘 이상의 트랜잭션이 동시에 병행 실행되는 경우 어느 하나의 트랜잭션 실행 중에 다른 트랜잭션의 연산이 끼어들 수 없음을 의미하는 것은?

① Log ② Consistency
③ Isolation ④ Durability

**055** 데이터베이스에서 인덱스(Index)와 관련한 설명으로 틀린 것은?

① 인덱스의 기본 목적은 검색 성능을 최적화하는 것으로 볼 수 있다.
② B-트리 인덱스는 분기를 목적으로 하는 Branch Block을 가지고 있다.
③ BETWEEN 등 범위(Range) 검색에 활용될 수 있다.
④ 시스템이 자동으로 생성하여 사용자가 변경할 수 없다.

**056** SQL문에서 HAVING을 사용할 수 있는 절은?

① LIKE절 ② WHERE절
③ GROUP BY절 ④ ORDER BY절

**057** 어떤 릴레이션 R에서 X와 Y를 각각 R의 애트리뷰트 집합의 부분 집합이라고 할 경우, 애트리뷰트 X의 값 각각에 대해 시간에 관계없이 항상 애트리뷰트 Y의 값이 오직 하나만 연관되어 있을 때 Y는 X에 함수 종속이라고 한다. 이 함수 종속의 표기로 옳은 것은?

① $Y \rightarrow X$ ② $Y \subset X$
③ $X \rightarrow Y$ ④ $X \subset Y$

**058** 관계 대수에 대한 설명으로 틀린 것은?

① 원하는 릴레이션을 정의하는 방법을 제공하며 비절차적 언어이다.
② 릴레이션 조작을 위한 연산의 집합으로 피연산자와 결과가 모두 릴레이션이다.
③ 일반 집합 연산과 순수 관계 연산으로 구분된다.
④ 질의에 대한 해를 구하기 위해 수행해야 할 연산의 순서를 명시한다.

**059** 관계 데이터베이스에 있어서 관계 대수 연산이 아닌 것은?

① 디비전(Division) ② 프로젝트(Project)
③ 조인(Join) ④ 포크(Fork)

**060** 데이터베이스의 무결성 규정(Integrity Rule)과 관련한 설명으로 틀린 것은?

① 무결성 규정에는 데이터가 만족해야 될 제약 조건, 규정을 참조할 때 사용하는 식별자 등의 요소가 포함될 수 있다.
② 무결성 규정의 대상으로는 도메인, 키, 종속성 등이 있다.
③ 정식으로 허가받은 사용자가 아닌 불법적인 사용자에 의한 갱신으로부터 데이터베이스를 보호하기 위한 규정이다.
④ 릴레이션 무결성 규정(Relation Integrity Rules)은 릴레이션을 조작하는 과정에서의 의미적 관계(Semantic Relationship)를 명세한 것이다.

## 4과목 | 프로그래밍언어 활용

**061** C class에 속하는 IP address는?

① 200.168.30.1 ② 10.3.2.1 4
③ 225.2.4.1 ④ 172.16.98.3

**062** 다음 중 페이지 교체(Page Replacement) 알고리즘이 아닌 것은?

① FIFO(First－In－First－Out)
② LUF(Least Used First)
③ Optimal
④ LRU(Least Recently Used)

**063** 다음 JAVA 프로그램이 실행되었을 때의 결과를 구하시오.

```
public class ovr {
  public static void main(String[] args) {
    int arr[] ;
    int i=0 ;
    arr=new int[10] ;
    arr[0]=0 ;
    arr[1]=1 ;
    while(i<8) {
      arr[i+2]=arr[i+1]+arr[i] ;
      i++ ;
    }
    System.out.println(arr[9]) ;
  }
}
```

① 13 ② 21
③ 34 ④ 55

**064** JAVA에서 힙(Heap)에 남아 있으나 변수가 가지고 있던 참조값을 잃거나 변수 자체가 없어짐으로써 더 이상 사용되지 않는 객체를 제거해주는 역할을 하는 모듈은?

① Heap Collector
② Garbage Collector
③ Memory Collector
④ Variable Collector

**065** C언어에서의 변수 선언으로 틀린 것은?

① int else;　　② int Test2;
③ int pc;　　④ int True;

**066** 모듈 내 구성 요소들이 서로 다른 기능을 같은 시간대에 함께 실행하는 경우의 응집도(Cohesion)는?

① Temporal Cohesion
② Logical Cohesion
③ Coincidental Cohesion
④ Sequential Cohesion

**067** 오류 제어에 사용되는 자동반복 요청방식(ARQ)이 아닌 것은?

① Stop-and-wait ARQ
② Go-back-N ARO
③ Selective-Repeat ARQ
④ Non-Acknowledge ARQ

**068** 사용자가 요청한 디스크 입·출력 내용이 다음과 같은 순서로 큐에 들어 있을 때 SSTF 스케쥴링을 사용한 경우의 처리 순서는? (단, 현재 헤드 위치는 53이고, 제일 안쪽이 1번, 바깥쪽이 200번 트랙이다.)

| 큐의 내용 : 98 183 37 122 14 124 65 67 |
|---|

① 53-65-67-37-14-98-122-124-183
② 53-98-183-37-122-14-124-65-67
③ 53-37-14-65-67-98-122-124-183
④ 53-67-65-124-14-122-37-183-98

**069** 파일 디스크립터(File Descriptor)에 대한 설명으로 틀린 것은?

① 파일 관리를 위해 시스템이 필요로 하는 정보를 가지고 있다.
② 보조기억장치에 저장되어 있다가 파일이 개방(open)되면 주기억장치로 이동된다.
③ 사용자가 파일 디스크립터를 직접 참조할 수 있다.
④ 파일 제어 블록(File Control Block)이라고도 한다.

**070** 귀도 반 로섬(Guido van Rossum)이 발표한 언어로 인터프리터 방식이자 객체지향적이며, 배우기 쉽고 이식성이 좋은 것이 특징인 스크립트 언어는?

① C++　　② JAVA
③ C·　　④ Python

**071** 다음 파이썬(Python) 프로그램이 실행되었을 때의 결과는?

```
def cs(n) :
   s=0
   for num in range(n+1) :
      s+=num
   return s

print(cs(11))
```

① 45 ② 55
③ 66 ④ 78

**072** 모듈화(Modularity)와 관련한 설명으로 틀린 것은?

① 소프트웨어의 모듈은 프로그래밍 언어에서 Subroutine, Function 등으로 표현될 수 있다.
② 모듈의 수가 증가하면 상대적으로 각 모듈의 크기가 커지며, 모듈 사이의 상호교류가 감소하여 과부하(Overload) 현상이 나타난다.
③ 모듈화는 시스템을 지능적으로 관리할 수 있도록 해주며, 복잡도 문제를 해결하는 데 도움을 준다.
④ 모듈화는 시스템의 유지보수와 수정을 용이하게 한다.

**073** 192.168.1.0/24 네트워크를 FLSM 방식을 이용하여 4개의 Subnet으로 나누고 IP Subnet-zero를 적용하였다. 이때 Subnetting된 네트워크 중 4번째 네트워크의 4번째 사용 가능한 IP는 무엇인가?

① 192.168.1.192 ② 192.168.1.195
③ 192.168.1.196 ④ 192.168.1.198

**074** 모듈의 독립성을 높이기 위한 결합도(Coupling)와 관련한 설명으로 틀린 것은?

① 오류가 발생했을 때 전파되어 다른 오류의 원인이 되는 파문 효과(Ripple Effect)를 최소화해야 한다.
② 인터페이스가 정확히 설정되어 있지 않을 경우 불필요한 인터페이스가 나타나 모듈 사이의 의존도는 높아지고 결합도가 증가한다.
③ 모듈들이 변수를 공유하여 사용하게 하거나 제어 정보를 교류하게 함으로써 결합도를 낮추어야 한다.
④ 다른 모듈과 데이터 교류가 필요한 경우 전역변수(Global Variable)보다는 매개변수(Parameter)를 사용하는 것이 결합도를 낮추는 데 도움이 된다.

**075** 프로세스와 관련한 설명으로 틀린 것은?

① 프로세스의 준비 상태에서 프로세서가 배당되어 실행 상태로 변화하는 것을 디스패치(Dispatch)라고 한다.
② 프로세스 제어 블록(PCB ; Process Control Block)은 프로세스 식별자, 프로세스 상태 등의 정보로 구성된다.
③ 이전 프로세스의 상태 레지스터 내용을 보관하고 다른 프로세스의 레지스터를 적재하는 과정을 문맥 교환(Context Switching)이라고 한다.
④ 프로세스는 스레드(Thread) 내에서 실행되는 흐름의 단위이며, 스레드와 달리 주소 공간에 실행 스택(Stack)이 없다.

**076** TCP 헤더와 관련한 설명으로 틀린 것은?

① 순서번호(Sequence Number)는 전달하는 바이트마다 번호가 부여된다.
② 수신번호확인(Acknowledgement Number)은 상대편 호스트에서 받으려는 바이트의 번호를 정의한다.
③ 체크섬(Checksum)은 데이터를 포함한 세그먼트의 오류를 검사한다.
④ 윈도우 크기는 송수신 측의 버퍼 크기로 최대 크기는 32,767bit이다.

**077** 다음 C언어 프로그램이 실행되었을 때의 결과는?

```
#include <stdio.h>
#include <string.h>
int main(void) {
        char str[50]="nation";
        char *p2="alter";
        strcat(str, p2) ;
        printf("%s", str) ;
    return 0 ;
}
```

① nation ② nationalter
③ alter ④ alternation

**078** 다음 중 JAVA에서 우선순위가 가장 낮은 연산자는?

① -- ② %
③ & ④ =

**079** 다음 C언어 프로그램이 실행되었을 때의 결과는?

```
#include <stdio.h>
int main(void) {
        int a=3, b=4, c=2;
        int r1, r2, r3 ;

        r1=b<=4 || c==2 ;
        r2=(a>0) && (b<5) ;
        r3=!c ;

        printf("%d", r1+r2+r3) ;
        return 0 ;
}
```

① 0 ② 1
③ 2 ④ 3

**080** 다음 C언어 프로그램이 실행되었을 때의 결과는?

```
#include <stdio.h>
int main(void) {
int n=4 ;
int* pt=NULL ;
pt=&n ;

printf("%d", &n+*pt-*&pt+n) ;
return 0 ;
```

① 0 ② 4
③ 8 ④ 12

## 5과목 | 정보시스템 구축관리

**081** 특정 사이트에 매우 많은 ICMP Echo를 보내면, 이에 대한 응답(Respond)을 하기 위해 시스템 자원을 모두 사용해 버려 시스템이 정상적으로 동작하지 못하도록 하는 공격 방법은?

① Role-Based Access Control
② Ping Flood
③ Brute-Force
④ Trojan Horses

**082** 구글 브레인 팀이 제작하여 공개한 기계 학습(Machine Learning)을 위한 오픈소스 소프트웨어 라이브러리는?

① 타조(Tajo)
② 원 세그(One Seg)
③ 포스퀘어(Foursquare)
④ 텐서플로우(TensorFlow)

**083** 비대칭 암호화 방식으로 소수를 활용한 암호화 알고리즘은?

① DES ② AES
③ SMT ④ RSA

**084** 시스템이 몇 대가 되어도 하나의 시스템에서 인증에 성공하면 다른 시스템에 대한 접근 권한까지 얻는 시스템을 의미하는 것은?

① SOS ② SBO
③ SSO ④ SOA

**085** 오픈소스 웹 애플리케이션 보안 프로젝트로서 주로 웹을 통한 정보 유출, 악성 파일 및 스크립트, 보안 취약점 등을 연구하는 곳은?

① WWW ② OWASP
③ WBSEC ④ ITU

**086** 생명주기 모형 중 가장 오래된 모형으로 많은 적용 사례가 있지만 요구사항의 변경이 어렵고 각 단계의 결과가 확인되어야 다음 단계로 넘어갈 수 있어 선형 순차적, 고전적 생명 주기 모형이라고도 하는 것은?

① Waterfall Model
② Prototype Model
③ Cocomo Model
④ Spiral Model

**087** Cocomo model 중 기관 내부에서 개발된 중소규모의 소프트웨어로 일괄 자료 처리나 과학기술계산용, 비즈니스 자료 처리용으로 5만 라인 이하의 소프트웨어를 개발하는 유형은?

① Embeded
② Organic
③ Semi-detached
④ Semi-embeded

**088** 다음에서 설명하는 IT 스토리지 기술은?

> • 가상화를 적용하여 필요한 공간만큼 나눠 사용할 수 있도록 하며 서버 가상화와 유사함
> • 컴퓨팅 소프트웨어로 규정하는 데이터 스토리지 체계이며, 일정 조직 내 여러 스토리지를 하나처럼 관리하고 운용하는 컴퓨터 이용 환경
> • 스토리지 자원을 효율적으로 나누어 쓰는 방법으로 이해할 수 있음

① Software Defined Storage
② Distribution Oriented Storage
③ Network Architected Storage
④ Systematic Network Storage

**089** TCP/IP 기반 네트워크에서 동작하는 발행-구독 기반의 메시징 프로토콜로 최근 IoT 환경에서 자주 사용되고 있는 프로토콜은?

① MLFQ ② MQTT
③ Zigbee ④ MTSP

**090** 다음 내용이 설명하는 것은?

> 개인과 기업, 국가적으로 큰 위협이 되고 있는 주요 사이버 범죄 중 하나로 Snake, Darkside 등 시스템을 잠그거나 데이터를 암호화해 사용할 수 없도록 하고 이를 인질로 금전을 요구하는 데 사용되는 악성 프로그램

① Format String
② Ransomware
③ Buffer overflow
④ Adware

**091** 정보 보안을 위한 접근 제어(Access Control)과 관련한 설명으로 틀린 것은?

① 적절한 권한을 가진 인가자만 특정 시스템이나 정보에 접근할 수 있도록 통제하는 것이다.
② 시스템 및 네트워크에 대한 접근 제어의 가장 기본적인 수단은 IP와 서비스 포트로 볼 수 있다.
③ DBMS에 보안 정책을 적용하는 도구인 XDMCP를 통해 데이터베이스에 대한 접근제어를 수행할 수 있다.
④ 네트워크 장비에서 수행하는 IP에 대한 접근 제어로는 관리 인터페이스의 접근제어와 ACL(Access Control List) 등 있다.

**092** 국내 IT 서비스 경쟁력 강화를 목표로 개발되었으며 인프라 제어 및 관리 환경, 실행 환경, 개발 환경, 서비스 환경, 운영 환경으로 구성되어 있는 개방형 클라우드 컴퓨팅 플랫폼은?

① N2OS ② PaaS-TA
③ KAWS ④ Metaverse

**093** 물리적 배치와 상관없이 논리적으로 LAN을 구성하여 Broadcast Domain을 구분할 수 있게 해주는 기술로 접속된 장비들의 성능 향상 및 보안성 증대 효과가 있는 것은?

① VLAN ② STP
③ L2AN ④ ARP

**094** S/W 각 기능의 원시 코드 라인 수의 비관치, 낙관치, 기대치를 측정하여 예측치를 구하고 이를 이용하여 비용을 산정하는 기법은?

① Effort Per TSK 기법
② 전문가 감정 기법
③ 델파이 기법
④ LOC 기법

**095** 소프트웨어 개발 프레임워크와 관련한 설명으로 틀린 것은?

① 반제품 상태의 제품을 토대로 도메인별로 필요한 서비스 컴포넌트를 사용하여 재사용성 확대와 성능을 보장받을 수 있게 하는 개발 소프트웨어이다.
② 개발해야 할 애플리케이션의 일부분이 이미 구현되어 있어 동일한 로직 반복을 줄일 수 있다.
③ 라이브러리와 달리 사용자 코드가 직접 호출하여 사용하기 때문에 소프트웨어 개발 프레임워크가 직접 코드의 흐름을 제어할 수 없다.
④ 생산성 향상과 유지보수성 향상 등의 장점이 있다.

**096** 정보 시스템 내에서 어떤 주체가 특정 개체에 접근하려 할 때 양쪽의 보안 레이블(Security Label)에 기초하여 높은 보안 수준을 요구하는 정보(객체)가 낮은 보안 수준의 주체에게 노출되지 않도록 하는 접근 제어 방법은?

① Mandatory Access Control
② User Access Control
③ Discretionary Access Control
④ Data-Label Access Control

**097** 소프트웨어 생명주기 모형 중 Spiral Model에 대한 설명으로 틀린 것은?

① 비교적 대규모 시스템에 적합하다.
② 개발 순서는 계획 및 정의, 위험 분석, 공학적 개발, 고객 평가 순으로 진행된다.
③ 소프트웨어를 개발하면서 발생할 수 있는 위험을 관리하고 최소화하는 것을 목적으로 한다.
④ 계획, 설계, 개발, 평가의 개발 주기가 한 번만 수행된다.

**098** SQL Injection 공격과 관련한 설명으로 틀린 것은?

① SQL Injection은 임의로 작성한 SQL 구문을 애플리케이션에 삽입하는 공격방식이다.
② SQL Injection 취약점이 발생하는 곳은 주로 웹 애플리케이션과 데이터베이스가 연동되는 부분이다.
③ DBMS의 종류와 관계없이 SQL Injection 공격 기법은 모두 동일하다.
④ 로그인과 같이 웹에서 사용자의 입력 값을 받아 데이터베이스 SQL문으로 데이터를 요청하는 경우 SQL Injection을 수행할 수 있다.

**099 침입 탐지 시스템(IDS ; Intrusion Detection System)과 관련한 설명으로 틀린 것은?**

① 이상 탐지 기법(Anomaly Detection)은 Signature Base 또는 Knowledge Base라고도 불리며 이미 발견되고 정립된 공격 패턴을 입력해두었다가 탐지 및 차단한다.

② HIDS(Host－Based Intrusion Detection)는 운영체제에 설정된 사용자 계정에 따라 어떤 사용자가 어떤 접근을 시도하고 어떤 작업을 했는지에 대한 기록을 남기고 추적한다.

③ NIDS(Network－Based Intrusion Detection System)의 대표적인 예로 Snort가 있다.

④ 외부 인터넷에 서비스를 제공하는 서버가 위치하는 네트워크인 DMZ(Demilitarized Zone)에는 IDS가 설치될 수 있다.

**100 시스템에 저장되는 패스워드들은 Hash 또는 암호화 알고리즘의 결과값으로 저장된다. 이때 암호 공격을 막기 위해 똑같은 패스워드들이 다른 암호 값으로 저장되도록 추가되는 값을 의미하는 것은?**

① Pass flag　　② Bucket

③ Opcode　　④ Salt

# 2022년 제1회 정보처리기사 기출문제

## 1과목 | 소프트웨어 설계

**001 User Interface 설계 시 오류 메시지나 경고에 관한 지침으로 가장 거리가 먼 것은?**

① 메시지는 이해하기 쉬워야 한다.
② 오류로부터의 회복을 위한 구체적인 설명이 제공되어야 한다.
③ 오류로 인해 발생할 수 있는 부정적인 내용을 적극적으로 사용자들에게 알려야 한다.
④ 소리나 색의 사용을 줄이고 텍스트로만 전달하도록 한다.

**002 다음 중 애자일(Agile) 소프트웨어 개발에 대한 설명으로 틀린 것은?**

① 공정과 도구보다 개인과의 상호작용을 더 가치 있게 여긴다.
② 동작하는 소프트웨어보다는 포괄적인 문서를 가치 있게 여긴다.
③ 계약 협상보다는 고객과의 협력을 가치 있게 여긴다.
④ 계획을 따르기보다 변화에 대응하는 것을 가치 있게 여긴다.

**003 소프트웨어 설계에서 요구사항 분석에 대한 설명으로 틀린 것은?**

① 소프트웨어가 무엇을 해야 하는가를 추적하여 요구사항 명세를 작성하는 작업이다.
② 사용자의 요구를 추출하여 목표를 정하고 어떤 방식으로 해결할 것인지 결정하는 단계이다.
③ 소프트웨어 시스템이 사용되는 동안 발견되는 오류를 정리하는 단계이다.
④ 소프트웨어 개발의 출발점이면서 실질적인 첫 번째 단계이다.

**004 객체지향 기법에서 상위 클래스의 메소드와 속성을 하위 클래스가 물려받는 것을 의미하는 것은?**

① Abstraction ② Polymorphism
③ Encapsulation ④ Inheritance

**005 설계 기법 중 하향식 설계 방법과 상향식 설계 방법에 대한 비교 설명으로 옳지 않은 것은?**

① 하향식 설계에서는 통합 검사 시 인터페이스가 이미 정의되어 있어 통합이 간단하다.
② 하향식 설계에서 레벨이 낮은 데이터 구조의 세부 사항은 설계 초기 단계에서 필요하다.
③ 상향식 설계는 최하위 수준에서 각각의 모듈들을 설계하고 이러한 모듈이 완성되면 이들을 결합하여 검사한다.
④ 상향식 설계에서는 인터페이스가 이미 성립되어 있지 않더라도 기능 추가가 쉽게 가능하다.

**006 자료흐름도(DFD)의 각 요소별 표기 형태의 연결이 옳지 않은 것은?**

① Process : 원
② Data Flow : 화살표
③ Data Store : 삼각형
④ Terminator : 사각형

**007 소프트웨어 개발에 이용되는 모델(Model)에 대한 설명 중 거리가 먼 것은?**

① 모델은 개발 대상을 추상화하고 기호나 그림 등으로 시각적으로 표현한다.
② 모델을 통해 소프트웨어에 대한 이해도를 향상시킬 수 있다.
③ 모델을 통해 이해 당사자 간의 의사소통이 향상된다.
④ 모델을 통해 향후 개발될 시스템의 유추는 불가능하다.

**008 다음의 설명에 해당하는 언어는?**

> 객체지향 시스템을 개발할 때 산출물을 명세화, 시각화, 문서화하는 데 사용된다. 즉, 개발하는 시스템을 이해하기 쉬운 형태로 표현하여 분석가, 의뢰인, 설계자가 효율적인 의사소통을 할 수 있게 해준다. 따라서 개발 방법론이나 개발 프로세스가 아니라 표준화된 모델링 언어이다.

① JAVA ② C
③ UML ④ Python

**009 다음 내용이 설명하는 UI 설계 도구는?**

> • 디자인, 사용방법 설명, 평가 등을 위해 실제 화면과 유사하게 만든 정적인 형태의 모형
> • 시각적으로만 구성 요소를 배치하는 것으로 일반적으로 실제로 구현되지는 않음

① 스토리보드(Storyboard)
② 목업(Mockup)
③ 프로토타입(Prototype)
④ 유스케이스(Usecase)

**010 애자일(Agile) 기법 중 스크럼(Scrum)과 관련된 용어에 대한 설명이 옳지 않은 것은?**

① 스크럼 마스터(Scrum Master)는 스크럼 프로세스를 따르고, 팀이 스크럼을 효과적으로 활용할 수 있도록 보장하는 역할 등을 맡는다.
② 제품 백로그(Product Backlog)는 스크럼 팀이 해결해야 하는 목록으로 소프트웨어 요구사항, 아키텍처 정의 등이 포함될 수 있다.
③ 스프린트(Sprint)는 하나의 완성된 최종 결과물을 만들기 위한 주기로 3달 이상의 장기간으로 결정된다.
④ 속도(Velocity)는 한 번의 스프린트에서 한 팀이 어느 정도의 제품 백로그를 감당할 수 있는지에 대한 추정치로 볼 수 있다.

**011 UML 다이어그램 중 정적 다이어그램이 아닌 것은?**

① 컴포넌트 다이어그램
② 배치 다이어그램
③ 순차 다이어그램
④ 패키지 다이어그램

**012** LOC 기법에 의하여 예측된 총 라인수가 36,000라인, 개발에 참여할 프로그래머가 6명, 프로그래머들의 평균 생산성이 월간 300라인일 때 개발에 소요되는 기간으로 가장 옳은 것은?

① 5개월 ② 10개월
③ 15개월 ④ 20개월

**013** 클래스 설계원칙에 대한 설명으로 옳은 것은?

① 단일책임의 원칙 : 하나의 클래스만 변경 가능해야 한다.
② 개방폐쇄의 원칙 : 클래스는 확장에 대해 열려 있어야 하며 변경에 대해 닫혀 있어야 한다.
③ 리스코프 교체의 원칙 : 여러 개의 책임을 가진 클래스는 하나의 책임을 가진 클래스로 대체되어야 한다.
④ 의존관계 역전의 원칙 : 클라이언트는 자신이 사용하는 메소드와 의존관계를 갖지 않도록 해야 한다.

**014** GoF(Gangs of Four) 디자인 패턴 중 생성(Creational) 패턴에 해당하는 것은?

① 컴퍼지트(Composite)
② 어댑터(Adapter)
③ 추상 팩토리(Abstract Factory)
④ 옵서버(Observer)

**015** 아키텍처 설계과정이 올바른 순서로 나열된 것은?

> ㉮ 설계 목표 설정
> ㉯ 시스템 타입 결정
> ㉰ 스타일 적용 및 커스터마이즈
> ㉱ 서브시스템의 기능, 인터페이스 동작 작성
> ㉲ 아키텍처 설계 검토

① ㉮ → ㉯ → ㉰ → ㉱ → ㉲
② ㉲ → ㉮ → ㉯ → ㉱ → ㉰
③ ㉮ → ㉲ → ㉯ → ㉱ → ㉰
④ ㉮ → ㉯ → ㉰ → ㉲ → ㉱

**016** 사용자 인터페이스를 설계할 경우 고려해야 할 가이드라인과 가장 거리가 먼 것은?

① 심미성을 사용성보다 우선하여 설계해야 한다.
② 효율성을 높이게 설계해야 한다.
③ 발생하는 오류를 쉽게 수정할 수 있어야 한다.
④ 사용자에게 피드백을 제공해야 한다.

**017** 소프트웨어 설계에서 자주 발생하는 문제에 대한 일반적이고 반복적인 해결 방법을 무엇이라고 하는가?

① 모듈 분해
② 디자인 패턴
③ 연관 관계
④ 클래스 도출

**018** 객체지향 분석기법의 하나로 객체 모형, 동적 모형, 기능 모형의 3개 모형을 생성하는 방법은?

① Wirfs-Block Method
② Rumbaugh Method
③ Booch Method
④ Jacobson Method

**019** 입력되는 데이터를 컴퓨터의 프로세서가 처리하기 전에 미리 처리하여 프로세서 처리 시간을 줄여주는 프로그램이나 하드웨어를 말하는 것은?

① EAI ② FEP
③ GPL ④ Duplexing

**020** 객체지향 개념 중 하나 이상의 유사한 객체들을 묶어 공통된 특성을 표현한 데이터 추상화를 의미하는 것은?

① Method ② Class
③ Field ④ Message

## 2과목 | 소프트웨어 개발

**021** 클린 코드(Clean Code)를 작성하기 위한 원칙으로 틀린 것은?

① 추상화 : 하위 클래스, 메소드, 함수를 통해 애플리케이션의 특성을 간략하게 나타내고, 상세 내용은 상위 클래스, 메소드, 함수에서 구현한다.
② 의존성 : 다른 모듈에 미치는 영향을 최소화하도록 작성한다.
③ 가독성 : 누구든지 읽기 쉽게 코드를 작성한다.
④ 중복성 : 중복을 최소화할 수 있는 코드를 작성한다.

**022** 단위 테스트에서 테스트의 대상이 되는 하위 모듈을 호출하고, 파라미터를 전달하는 가상의 모듈로 상향식 테스트에 필요한 것은?

① 테스트 스텁(Test Stub)
② 테스트 드라이버(Test Driver)
③ 테스트 슈트(Test Suites)
④ 테스트 케이스(Test Case)

**023** 스택(Stack)에 대한 옳은 내용으로만 묶인 것은?

> ㉠ FIFO 방식으로 처리된다.
> ㉡ 순서 리스트의 뒤(Rear)에서 노드가 삽입되며, 앞(Front)에서 노드가 제거된다.
> ㉢ 선형 리스트의 양쪽 끝에서 삽입과 삭제가 모두 가능한 자료 구조이다.
> ㉣ 인터럽트 처리, 서브루틴 호출 작업 등에 응용된다.

① ㉠, ㉡ ② ㉡, ㉢
③ ㉣ ④ ㉠, ㉡, ㉢, ㉣

**024** 소프트웨어 모듈화의 장점이 아닌 것은?

① 오류의 파급 효과를 최소화한다.
② 기능의 분리가 가능하여 인터페이스가 복잡하다.
③ 모듈의 재사용 가능으로 개발과 유지보수가 절감된다.
④ 프로그램의 효율적인 관리가 가능하다.

**025 소프트웨어 프로젝트 관리에 대한 설명으로 가장 옳은 것은?**

① 개발에 따른 산출물을 관리한다.
② 소요 인력은 최대화하되 정책 결정은 신속하게 처리한다.
③ 주어진 기간은 연장하되 최소의 비용으로 시스템을 개발한다.
④ 주어진 기간 내에 최소의 비용으로 사용자를 만족시키는 시스템을 개발한다.

**026 정형 기술 검토(FTR)의 지침으로 옳지 않은 것은?**

① 의제를 제한한다.
② 논쟁과 반박을 제한한다.
③ 문제 영역을 명확히 표현한다.
④ 참가자의 수를 제한하지 않는다.

**027 소프트웨어 재공학의 주요 활동 중 기존 소프트웨어 시스템을 새로운 기술 또는 하드웨어 환경에서 사용할 수 있도록 변환하는 작업을 의미하는 것은?**

① Analysis
② Migration
③ Restructuring
④ Reverse Engineering

**028 정보시스템 개발 단계에서 프로그래밍 언어 선택 시 고려할 사항으로 가장 거리가 먼 것은?**

① 개발 정보시스템의 특성
② 사용자의 요구사항
③ 컴파일러의 가용성
④ 컴파일러의 독창성

**029 소프트웨어 패키징에 대한 설명으로 틀린 것은?**

① 패키징은 개발자 중심으로 진행한다.
② 신규 및 변경 개발 소스를 식별하고, 이를 모듈화하여 상용제품으로 패키징한다.
③ 고객의 편의성을 위해 매뉴얼 및 버전관리를 지속적으로 한다.
④ 범용 환경에서 사용이 가능하도록 일반적인 배포 형태로 패키징이 진행된다.

**030 자료 구조의 분류 중 선형 구조가 아닌 것은?**

① 트리 ② 리스트
③ 스택 ④ 데크

**031 개발한 지 아주 오래되었거나 참고문서 또는 개발자가 없어 유지보수 작업이 아주 어려운 프로그램을 의미하는 것은?**

① Title Code ② Source Code
③ Object Code ④ Alien Code

**032 소프트웨어를 재사용함으로써 얻을 수 있는 이점으로 가장 거리가 먼 것은?**

① 생산성 증가
② 프로젝트 문서 공유
③ 소프트웨어 품질 향상
④ 새로운 개발 방법론 도입 용이

**033 인터페이스 간의 통신을 위해 이용되는 데이터 포맷이 아닌 것은?**

① AJTML ② JSON
③ XML ④ YAML

**034** **프로그램 설계도의 하나인 NS Chart에 대한 설명으로 가장 거리가 먼 것은?**

① 논리의 기술에 중점을 두고 도형을 이용한 표현 방법이다.
② 이해하기 쉽고 코드 변환이 용이하다.
③ 화살표나 GOTO를 사용하여 이해하기 쉽다.
④ 연속, 선택, 반복 등의 제어 논리 구조를 표현한다.

**035** **순서가 A, B, C, D로 정해진 입력자료를 push, push, pop, push, push, pop, pop, pop 순서로 스택연산을 수행하는 경우 출력 결과는?**

① B D C A　② A B C D
③ B A C D　④ A B D C

**036** **분할 정복(Divide and Conquer)에 기반한 알고리즘으로 피벗(pivot)을 사용하며 최악의 경우 $\frac{n(n-1)}{2}$회의 비교를 수행해야 하는 정렬(Sort)은?**

① Selection Sort　② Bubble Sort
③ Insert Sort　④ Quick Sort

**037** **화이트 박스 검사 기법에 해당하는 것으로만 짝지어진 것은?**

| |
|---|
| ㉠ 데이터 흐름 검사<br>㉡ 루프 검사<br>㉢ 동등 분할 검사<br>㉣ 경계값 분석<br>㉤ 원인 결과 그래프 기법<br>㉥ 오류 예측 기법 |

① ㉠, ㉡　② ㉠, ㉣
③ ㉡, ㉤　④ ㉢, ㉥

**038** **소프트웨어 품질 관련 국제 표준인 ISO/IEC 25000에 관한 설명으로 옳지 않은 것은?**

① 소프트웨어 품질 평가를 위한 소프트웨어 품질평가 통합모델 표준이다.
② System and Software Quality Requirements and Evaluation으로 줄여서 SQuaRE라고도 한다.
③ ISO/IEC 2501n에서는 소프트웨어의 내부 측정, 외부 측정, 사용품질 측정, 품질 측정 요소 등을 다룬다.
④ 기존 소프트웨어 품질 평가 모델과 소프트웨어 평가 절차 모델인 ISO/IEC 9126과 ISO/IEC 14598을 통합하였다.

**039** **코드 인스펙션에 대한 설명으로 틀린 것은?**

① 프로그램을 수행시켜보는 것 대신에 읽어보고 눈으로 확인하는 방법으로 볼 수 있다.
② 코드 품질 향상 기법 중 하나이다.
③ 동적 테스트 시에만 활용하는 기법이다.
④ 결함과 함께 코딩 표준 준수 여부, 효율성 등의 다른 품질 이슈를 검사하기도 한다.

**040** 프로젝트에 내재된 위험 요소를 인식하고 그 영향을 분석하여 이를 관리하는 활동으로서, 프로젝트를 성공시키기 위하여 위험 요소를 사전에 예측 · 대비하는 모든 기술과 활동을 포함하는 것은?

① Critical Path Method
② Risk Analysis
③ Work Breakdown Structure
④ Waterfall Model

## 3과목 | 데이터베이스 구축

**041** 데이터베이스 설계 단계 중 물리적 설계 시 고려 사항으로 적절하지 않은 것은?

① 스키마의 평가 및 정제
② 응답시간
③ 저장 공간의 효율화
④ 트랜잭션 처리량

**042** DELETE 명령에 대한 설명으로 틀린 것은?

① 테이블의 행을 삭제할 때 사용한다.
② WHERE 조건절이 없는 DELETE 명령을 수행하면 DROP TABLE 명령을 수행했을 때와 동일한 효과를 얻을 수 있다.
③ SQL을 사용 용도에 따라 분류할 경우 DML에 해당한다.
④ 기본 사용 형식은 "DELETE FROM 테이블 [WHERE 조건] ; "이다.

**043** 어떤 릴레이션 R의 모든 조인 종속성의 만족이 R의 후보 키를 통해서만 만족될 때, 이 릴레이션 R이 해당하는 정규형은?

① 제5정규형 ② 제4정규형
③ 제3정규형 ④ 제1정규형

**044** E-R 모델에서 다중값 속성의 표기법은?

① ②

③ 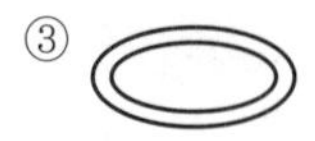 ④

**045** 다른 릴레이션의 기본키를 참조하는 키를 의미하는 것은?

① 필드키 ② 슈퍼키
③ 외래키 ④ 후보키

**046** 관계해석에서 '모든 것에 대하여'의 의미를 나타내는 논리 기호는?

① ∃ ② ∈
③ ∀ ④ ⊂

**047** 다음 릴레이션의 Degree와 Cardinality는?

| 학번 | 이름 | 학년 | 학과 |
|---|---|---|---|
| 13001 | 홍길동 | 3학년 | 전기 |
| 13002 | 이순신 | 4학년 | 기계 |
| 13003 | 강감찬 | 2학년 | 컴퓨터 |

① Degree : 4, Cardinality : 3
② Degree : 3, Cardinality : 4
③ Degree : 3, Cardinality : 12
④ Degree : 12, Cardinality : 3

**048** 뷰(View)에 대한 설명으로 틀린 것은?

① 뷰 위에 또 다른 뷰를 정의할 수 있다.
② DBA는 보안성 측면에서 뷰를 활용할 수 있다.
③ 사용자가 필요한 정보를 요구에 맞게 가공하여 뷰로 만들 수 있다.
④ SQL을 사용하면 뷰에 대한 삽입, 갱신, 삭제 연산 시 제약사항이 없다.

**049** 관계 대수식을 SQL 질의로 옳게 표현한 것은?

π이름(σ학과='교육'(학생))

① SELECT 학생 FROM 이름 WHERE 학과='교육';
② SELECT 이름 FROM 학생 WHERE 학과='교육;
③ SELECT 교육 FROM 학과 WHERE 이름='학생';
④ SELECT 학과 FROM 학생 WHERE 이름='교육';

**050** 정규화 과정에서 함수 종속이 A → B이고 B → C일 때 A → C인 관계를 제거하는 단계는?

① 1NF → 2NF ② 2NF → 3NF
③ 3NF → BCNF ④ BCNF → 4NF

**051** CREATE TABLE문에 포함되지 않는 기능은?

① 속성 타입 변경
② 속성의 NOT NULL 여부 지정
③ 기본키를 구성하는 속성 지정
④ CHECK 제약조건의 정의

**052** SQL과 관련한 설명으로 틀린 것은?

① REVOKE 키워드를 사용하여 열 이름을 다시 부여할 수 있다.
② 데이터 정의어는 기본 테이블, 뷰 테이블, 또는 인덱스 등을 생성, 변경, 제거하는 데 사용되는 명령어이다.
③ DISTINCT를 활용하여 중복 값을 제거할 수 있다.
④ JOIN을 통해 여러 테이블의 레코드를 조합하여 표현할 수 있다.

**053** 다음 SQL문의 실행 결과로 생성되는 튜플 수는?

```
SELECT 급여 FROM 사원 ;
```

〈사원〉 테이블

| 사원ID | 사원명 | 급여 | 부서ID |
|---|---|---|---|
| 101 | 박철수 | 30000 | 1 |
| 102 | 한나라 | 35000 | 2 |
| 103 | 김감동 | 40000 | 3 |
| 104 | 이구수 | 35000 | 2 |
| 105 | 최초록 | 40000 | 3 |

① 1 ② 3
③ 4 ④ 5

**054** 다음 SQL문에서 사용된 BETWEEN 연산의 의미와 동일한 것은?

```
SELECT *
FROM 성적
WHERE (점수 BETWEEN 90 AND 95)
        AND 학과='컴퓨터공학과' ;
```

① 점수> =90 AND 점수< =95
② 점수>90 AND 점수<95
③ 점수>90 AND 점수< =95
④ 점수> =90 AND 점수<95

**055** 트랜잭션의 상태 중 트랜잭션의 수행이 실패하여 ROLLBACK 연산을 실행한 상태는?

① 철회(Aborted)
② 부분 완료(Partially Committed)
③ 완료(Commit)
④ 실패(Fail)

**056** 데이터 제어어(DCL)에 대한 설명으로 옳은 것은?

① ROLLBACK : 데이터의 보안과 무결성을 정의한다.
② COMMIT : 데이터베이스 사용자의 사용 권한을 취소한다.
③ GRANT : 데이터베이스 사용자의 사용 권한을 부여한다.
④ REVOKE : 데이터베이스 조작 작업이 비정상적으로 종료되었을 때 원래 상태로 복구한다.

**057** 테이블 R과 S에 대한 SQL문이 실행되었을 때, 실행 결과로 옳은 것은?

R

| A | B |
|---|---|
| 1 | A |
| 3 | B |

S

| A | B |
|---|---|
| 1 | A |
| 3 | B |

```
SELECT A FROM R
UNION ALL
SELECT A FROM S ;
```

①

| 1 |
|---|

②

| 3 |
|---|
| 2 |

③

| 1 |
|---|
| 3 |

④

| 1 |
|---|
| 3 |
| 1 |
| 2 |

**058** 분산 데이터베이스 시스템(Distributed Database System)에 대한 설명으로 틀린 것은?

① 분산 데이터베이스는 논리적으로는 하나의 시스템에 속하지만 물리적으로는 여러 개의 컴퓨터 사이트에 분산되어 있다.
② 위치 투명성, 중복 투명성, 병행 투명성, 장애 투명성을 목표로 한다.
③ 데이터베이스의 설계가 비교적 어렵고, 개발 비용과 처리 비용이 증가한다는 단점이 있다.
④ 분산 데이터베이스 시스템의 주요 구성 요소는 분산 처리기, P2P 시스템, 단일 데이터베이스 등이 있다.

**059** 테이블 두 개를 조인하여 뷰 V_1을 정의하고, V_1을 이용하여 뷰 V_2를 정의하였다. 다음 명령 수행 후 결과로 옳은 것은?

```
DROP VIEW V_1 CASCADE ;
```

① V_1만 삭제된다.
② V_2만 삭제된다.
③ V_1과 V_2 모두 삭제된다.
④ V_1과 V_2 모두 삭제되지 않는다.

**060** 데이터베이스에서 병행제어의 목적으로 틀린 것은?

① 시스템 활용도 최대화
② 사용자에 대한 응답시간 최소화
③ 데이터베이스 공유 최소화
④ 데이터베이스 일관성 유지

## 4과목 | 프로그래밍언어 활용

**061** IP 주소체계와 관련한 설명으로 틀린 것은?

① IPv6의 패킷 헤더는 32octet의 고정된 길이를 가진다.
② IPv6는 주소 자동 설정(Auto Configuration) 기능을 통해 손쉽게 이용자의 단말을 네트워크에 접속시킬 수 있다.
③ IPv4는 호스트 주소를 자동으로 설정하며 유니캐스트(Unicast)를 지원한다.
④ IPv4는 클래스별로 네트워크와 호스트 주소의 길이가 다르다.

**062** 다음 C언어 프로그램이 실행되었을 때, 실행 결과는?

```
#include<stdio.h>
#include<stdlib.h>
  int main(int argc, char *argv[ ]) {
  int arr[2][3]={1,2,3,4,5,6} ;
  int (*p)[3]=NULL ;
  p=arr ;
  printf("%d, ", *(p[0]+1)+*(p[1]+2)) ;
  printf("%d", *(*(p+1)+0)+*(*(p+1)+1)) ;
  return 0 ;
}
```

① 7, 5　　② 8, 5
③ 8, 9　　④ 7, 9

**063** OSI 7계층 중 데이터링크 계층에 해당되는 프로토콜이 아닌 것은?

① HTTP　　② HDLC
③ PPP　　④ LLC

**064** C언어에서 두 개의 논리값 중 하나라도 참이면 1을, 모두 거짓이면 0을 반환하는 연산자는?

① | |　　② &&
③ **　　④ ! =

**065** IPv6에 대한 특성으로 틀린 것은?

① 표시 방법은 8비트씩 4부분의 10진수로 표시한다.
② $2^{128}$개의 주소를 표현할 수 있다.
③ 등급별, 서비스별로 패킷을 구분할 수 있어 품질보장이 용이하다.
④ 확장기능을 통해 보안기능을 제공한다.

**066** JAVA의 예외(exception)와 관련한 설명으로 틀린 것은?

① 문법 오류로 인해 발생한 것이다.
② 오동작이나 결과에 악영향을 미칠 수 있는 실행 시간 동안에 발생한 오류이다.
③ 배열의 인덱스가 그 범위를 넘어서는 경우 발생하는 오류이다.
④ 존재하지 않는 파일을 읽으려고 하는 경우에 발생하는 오류이다.

**067** TCP/IP 계층 구조에서 IP의 동작 과정에서의 전송 오류가 발생하는 경우에 대비해 오류 정보를 전송하는 목적으로 사용하는 프로토콜은?

① ECP(Error Checking Protocol)
② ARP(Address Resolution Protocol)
③ ICMP(Internet Control Message Protocol)
④ PPP(Point-to-Point Protocol)

**068** 좋은 소프트웨어 설계를 위한 소프트웨어의 모듈 간의 결합도(Coupling)와 모듈 내 요소 간 응집도(Cohesion)에 대한 설명으로 옳은 것은?

① 응집도는 낮게 결합도는 높게 설계한다.
② 응집도는 높게 결합도는 낮게 설계한다.
③ 양쪽 모두 낮게 설계한다.
④ 양쪽 모두 높게 설계한다.

**069** 다음과 같은 형태로 임계 구역의 접근을 제어하는 상호배제 기법은?

```
P(S) : while S<=0 do skip ;
S :=S-1 ;
V(S) : S :=S+1 ;
```

① Dekker Algorithm
② Lamport Algorithm
③ Peterson Algorithm
④ Semaphore

**070** 소프트웨어 개발에서 모듈(Module)이 되기 위한 주요 특징에 해당하지 않는 것은?

① 다른 것들과 구별될 수 있는 독립적인 기능을 가진 단위(Unit)이다.
② 독립적인 컴파일이 가능하다.
③ 유일한 이름을 가져야 한다.
④ 다른 모듈에서의 접근이 불가능해야 한다.

**071** 빈 기억공간의 크기가 20KB, 16KB, 8KB, 40KB일 때 기억장치 배치 전략으로 "Best Fit"을 사용하여 17KB의 프로그램을 적재할 경우 내부단편화의 크기는 얼마인가?

① 3KB ② 23KB
③ 64KB ④ 67KB

**072** 다음 C언어 프로그램이 실행되었을 때, 실행 결과는?

```
#include <stdio.h>
#include <stdlib.h>
int main(int argc, char *argv[ ]) {
   int i=0 ;
   while(1) {
     if(i==4) {
       break ;
     }
    ++i ;
     }
   printf("i=%d", i) ;
   return 0 ;
}
```

① i=0　　② i=1
③ i=3　　④ i=4

**073** 다음 JAVA 프로그램이 실행되었을 때, 실행 결과는?

```
public class Ape {
  static void rs(char a[]) {
    for(int i=0 ; i<a.length ; i++)
      if(a[i]=='B')
        a[i]='C' ;
      else if(i==a.length-1)
        a[i]=a[i-1] ;
      else a[i]=a[i+1] ;
  }

  static void pca(char a[]) {
    for(int i=0 ; i<a.length ; i++)
      System.out.print(a[i]) ;
    System.out.println() ;
  }

  public static void main(String[] args) {
    char c[]=rs(c)={'A','B','D','D','A','B','C'} ;
    rs(c) ;
    pca(c)
  }
}
```

① BCDABCA　　② BCDABCC
③ CDDACCC　　④ CDDACCA

**074** 개발 환경 구성을 위한 빌드(Build) 도구에 해당하지 않는 것은?

① Ant　　② Kerberos
③ Maven　　④ Gradle

**075** 3개의 페이지 프레임을 갖는 시스템에서 페이지 참조 순서가 1, 2, 1, 0, 4, 1, 3일 때 FIFO 알고리즘에 의한 페이지 교체의 경우 프레임의 최종 상태는?

① 1, 2, 0 ② 2, 4, 3
③ 1, 4, 2 ④ 4, 1, 3

**076** 다음 C언어 프로그램이 실행되었을 때, 실행 결과는?

```
#include <stdio.h>
#include <stdlib.h>
int main(int argc, char *argv[ ]) {
    char str1[20]="KOREA" ;
    char str2[20]="LOVE" ;
    char* p1=NULL ;
    char* p2=NULL ;
    p1=str1 ;
    p2=str2 ;
    str1[1]=p2[2] ;
    str2[3]=p1[4] ;
    strcat(str1, str2) ;
    printf("%c", *(p1+2)) ;
    return 0 ;
}
```

① E ② V
③ R ④ O

**077** 다음 Python 프로그램이 실행되었을 때, 실행 결과는?

```
a=100
list_data=['a', 'b', 'c']
dict_data={'a' : 90, 'b' : 95}
print(list_data[0])
print(dict_data['a'])
```

①
```
a
90
```
②
```
100
90
```
③
```
100
100
```
④
```
a
a
```

**078** C언어에서 정수 변수 a, b에 각각 1, 2가 저장되어 있을 때 다음 식의 연산 결과로 옳은 것은?

```
a<b+2 && a<<1<=b
```

① 0 ② 1
③ 3 ④ 5

**079** 다음 Python 프로그램이 실행되었을 때, 실행 결과는?

```
a=["대", "한", "민", "국"]
for i in a :
print(i)
```

①
```
대한민국
```
②
```
대
한
민
국
```
③
```
대
```
④
```
대대대대
```

**080** UNIX 시스템의 셸(shell)의 주요 기능에 대한 설명이 아닌 것은?

① 사용자 명령을 해석하고 커널로 전달하는 기능을 제공한다.
② 반복적인 명령 프로그램을 만드는 프로그래밍 기능을 제공한다.
③ 쉘 프로그램 실행을 위해 프로세스와 메모리를 관리한다.
④ 초기화 파일을 이용해 사용자 환경을 설정하는 기능을 제공한다.

## 5과목 | 정보시스템 구축관리

**081** 소프트웨어 생명주기 모델 중 나선형 모델(Spiral Model)과 관련한 설명으로 틀린 것은?

① 소프트웨어 개발 프로세스를 위험 관리(Risk Management) 측면에서 본 모델이다.
② 위험 분석(Risk Analysis)은 반복적인 개발 진행 후 주기의 마지막 단계에서 최종적으로 한 번 수행해야 한다.
③ 시스템을 여러 부분으로 나누어 여러 번의 개발 주기를 거치면서 시스템이 완성된다.
④ 요구사항이나 아키텍처를 이해하기 어렵다거나 중심이 되는 기술에 문제가 있는 경우 적합한 모델이다.

**082** 다음 설명에 해당하는 정보시스템은?

> • 각 시스템 간에 공유 디스크를 중심으로 클러스터링으로 엮여 다수의 시스템을 동시에 연결할 수 있다.
> • 조직, 기업의 기간 업무 서버 등의 안정성을 높이기 위해 사용될 수 있다.
> • 여러 가지 방식으로 구현되며 2개의 서버를 연결하는 것으로 2개의 시스템이 각각 업무를 수행하도록 구현하는 방식이 널리 사용된다.

① 고가용성 솔루션(HACMP)
② 점대점 연결 방식(Point-to-Point Mode)
③ 스턱스넷(Stuxnet)
④ 루팅(Rooting)

**083** 위조된 매체 접근 제어(MAC) 주소를 지속적으로 네트워크로 흘려보내, 스위치 MAC 주소 테이블의 저장 기능을 혼란시켜 더미 허브(Dummy Hub)처럼 작동하게 하는 공격은?

① Parsing
② LAN Tapping
③ Switch Jamming
④ FTP Flooding

**084** 다음 내용이 설명하는 스토리지 시스템은?

> • 하드디스크와 같은 데이터 저장장치를 호스트 버스 어댑터에 직접 연결하는 방식
> • 저장장치와 호스트 기기 사이에 네트워크 디바이스 없이 직접 연결하는 방식으로 구성

① DAS　② NAS
③ BSA　④ NFC

**085** 취약점 관리를 위해 일반적으로 수행하는 작업이 아닌 것은?

① 무결성 검사
② 응용 프로그램의 보안 설정 및 패치(Patch) 적용
③ 중단 프로세스 및 닫힌 포트 위주로 확인
④ 불필요한 서비스 및 악성 프로그램의 확인과 제거

**086** 소프트웨어 생명주기 모델 중 V 모델에 대한 설명으로 틀린 것은?

① 요구 분석 및 설계단계를 거치지 않으며 항상 통합 테스트를 중심으로 V 형태를 이룬다.
② Perry에 의해 제안되었으며 세부적인 테스트 과정으로 구성되어 신뢰도 높은 시스템을 개발하는 데 효과적이다.
③ 개발 작업과 검증 작업 사이의 관계를 명확히 드러낸 폭포수 모델의 변형이라고 볼 수 있다.
④ 폭포수 모델이 산출물 중심이라면 V 모델은 작업과 결과의 검증에 초점을 둔다.

**087** 블루투스(Bluetooth) 공격에 대한 설명이 올바르게 연결된 것은?

① 블루버그(BlueBug) : 블루투스의 취약점을 활용하여 장비의 파일에 접근하는 공격으로 OPP를 사용하여 정보를 열람한다.
② 블루스나프(BlueSnarf) : 블루투스를 이용해 스팸처럼 명함을 익명으로 퍼뜨리는 것이다.
③ 블루프린팅(BluePrinting) : 블루투스 공격 장치의 검색 활동을 의미한다.
④ 블루재킹(BlueJacking) : 블루투스 장비 사이의 취약한 연결 관리를 악용한 공격이다.

**088** DoS(Denial of Service) 공격에 대한 내용으로 틀린 것은?

① Ping of Death 공격은 정상 크기보다 큰 ICMP 패킷을 작은 조각(Fragment)으로 쪼개어 공격 대상이 조각화된 패킷을 처리하게 만드는 공격 방법이다.
② Smurf 공격은 멀티캐스트(Multicast)를 활용하여 공격 대상이 네트워크의 임의의 시스템에 패킷을 보내게 만드는 공격이다.
③ SYN Flooding은 존재하지 않는 클라이언트가 서버별로 한정된 접속 가능 공간에 접속한 것처럼 속여 다른 사용자가 서비스를 이용하지 못하게 하는 것이다.
④ Land 공격은 패킷 전송 시 출발지 IP주소와 목적지 IP주소 값을 똑같이 만들어서 공격 대상에게 보내는 공격 방법이다.

**089** 다음 설명에 해당하는 시스템은?

- 1990년대 David Clock이 처음 제안하였다.
- 비정상적인 접근의 탐지를 위해 의도적으로 설치해 둔 시스템이다.
- 침입자를 속여 실제로 공격당하는 것처럼 보여 줌으로써 크래커를 추적 및 공격기법의 정보를 수집하는 역할을 한다.
- 쉽게 공격자에게 노출되어야 하며 쉽게 공격이 가능한 것처럼 취약해 보여야 한다.

① Apache ② Hadoop
③ Honey pot ④ Map Reduce

**090** 다음이 설명하는 IT 기술은?

> • 컨테이너 응용프로그램의 배포를 자동화하는 오픈소스 엔진이다.
> • 소프트웨어 컨테이너 안에 응용 프로그램들을 배치시키는 일을 자동화해 주는 오픈 소스 프로젝트이자 소프트웨어로 볼 수 있다.

① Stack Guard
② Docker
③ Cipher Container
④ Scytale

**091** 간트 차트(Gantt Chart)에 대한 설명으로 틀린 것은?

① 프로젝트를 이루는 소작업별로 언제 시작되고 언제 끝나야 하는지를 한눈에 볼 수 있도록 도와준다.
② 자원 배치 계획에 유용하게 사용된다.
③ CPM 네트워크로부터 만드는 것이 가능하다.
④ 수평 막대의 길이는 각 작업(Task)에 필요한 인원수를 나타낸다.

**092** Python 기반의 웹 크롤링(Web Crawling) 프레임워크로 옳은 것은?

① Li-fi　② Scrapy
③ CrawlCat　④ SBAS

**093** Secure 코딩에서 입력 데이터의 보안 약점과 관련한 설명으로 틀린 것은?

① SQL 삽입 : 사용자의 입력 값 등 외부 입력 값이 SQL 쿼리에 삽입되어 공격
② 크로스사이트 스크립트 : 검증되지 않은 외부 입력 값에 의해 브라우저에서 악의적인 코드가 실행
③ 운영체제 명령어 삽입 : 운영체제 명령어 파라미터 입력 값이 적절한 사전검증을 거치지 않고 사용되어 공격자가 운영체제 명령어를 조작
④ 자원 삽입 : 사용자가 내부 입력 값을 통해 시스템 내에 사용이 불가능한 자원을 지속적으로 입력함으로써 시스템에 과부하 발생

**094** Windows 파일 시스템인 FAT와 비교했을 때의 NTFS의 특징이 아닌 것은?

① 보안에 취약
② 대용량 볼륨에 효율적
③ 자동 압축 및 안정성
④ 저용량 볼륨에서의 속도 저하

**095** DES는 몇 비트의 암호화 알고리즘인가?

① 8　② 24
③ 64　④ 132

**096** 리눅스에서 생성된 파일 권한이 644일 경우 umask 값은?

① 022　② 666
③ 777　④ 755

**097** **다음 내용이 설명하는 로그 파일은?**

> • 리눅스 시스템에서 사용자의 성공한 로그인/로그아웃 정보 기록
> • 시스템의 종료/시작 시간 기록

① tapping ② xtslog
③ linuxer ④ wtmp

**098** **상향식 비용 산정 기법 중 LOC(원시 코드 라인 수) 기법에서 예측치를 구하기 위해 사용하는 항목이 아닌 것은?**

① 낙관치 ② 기대치
③ 비관치 ④ 모형치

**099** **OSI 7 Layer의 전 계층 프로토콜과 패킷 내부의 콘텐츠를 파악하여 침입 시도, 해킹 등을 탐지하고 트래픽을 조정하기 위한 패킷 분석 기술은?**

① PLCP(Packet Level Control Processor)
② Traffic Distributor
③ Packet Tree
④ DPI(Deep Packet Inspection)

**100** **소프트웨어 개발 방법론의 테일러링(Tailoring)과 관련한 설명으로 틀린 것은?**

① 프로젝트 수행 시 예상되는 변화를 배제하고 신속히 진행하여야 한다.
② 프로젝트에 최적화된 개발 방법론을 적용하기 위해 절차, 산출물 등을 적절히 변경하는 활동이다.
③ 관리 측면에서의 목적 중 하나는 최단기간에 안정적인 프로젝트 진행을 위한 사전 위험을 식별하고 제거하는 것이다.
④ 기술적 측면에서의 목적 중 하나는 프로젝트에 최적화된 기술 요소를 도입하여 프로젝트 특성에 맞는 최적의 기법과 도구를 사용하는 것이다.

# 2022년 제2회 정보처리기사 기출문제

## 1과목 | 소프트웨어 설계

**001 UML 다이어그램 중 순차 다이어그램에 대한 설명으로 틀린 것은?**

① 객체 간의 동적 상호작용을 시간 개념을 중심으로 모델링 하는 것이다.
② 주로 시스템의 정적 측면을 모델링 하기 위해 사용한다.
③ 일반적으로 다이어그램의 수직 방향이 시간의 흐름을 나타낸다.
④ 회귀 메시지(Self-Message), 제어블록(Statement block) 등으로 구성된다.

**002 메시지 지향 미들웨어(Message-Oriented Middleware, MOM)에 대한 설명으로 틀린 것은?**

① 느리고 안정적인 응답보다는 즉각적인 응답이 필요한 온라인 업무에 적합하다.
② 독립적인 애플리케이션을 하나의 통합된 시스템으로 묶기 위한 역할을 한다.
③ 송신측과 수신측의 연결 시 메시지 큐를 활용하는 방법이 있다.
④ 상이한 애플리케이션 간 통신을 비동기 방식으로 지원한다.

**003 익스트림 프로그래밍에 대한 설명으로 틀린 것은?**

① 대표적인 구조적 방법론 중 하나이다.
② 소규모 개발 조직이 불확실하고 변경이 많은 요구를 접하였을 때 적절한 방법이다.
③ 익스트림 프로그래밍을 구동시키는 원리는 상식적인 원리와 경험을 최대한 끌어 올리는 것이다.
④ 구체적인 실천 방법을 정의하고 있으며, 개발 문서보다는 소스 코드에 중점을 둔다.

**004 유스케이스(Use Case)의 구성 요소 간의 관계에 포함되지 않는 것은?**

① 연관 ② 확장
③ 구체화 ④ 일반화

**005 요구사항 분석에서 비기능적(Nonfunctional) 요구에 대한 설명으로 옳은 것은?**

① 시스템의 처리량(Throughput), 반응 시간 등의 성능 요구나 품질 요구는 비기능적 요구에 해당하지 않는다.
② '차량 대여 시스템이 제공하는 모든 화면이 3초 이내에 사용자에게 보여야 한다'는 비기능적 요구이다.
③ 시스템 구축과 관련된 안전, 보안에 대한 요구사항들은 비기능적 요구에 해당하지 않는다.
④ '금융 시스템은 조회, 인출, 입금, 송금의 기능이 있어야 한다'는 비기능적 요구이다.

**006** **정보공학 방법론에서 데이터베이스 설계의 표현으로 사용하는 모델링 언어는?**

① Package Diagram
② State Transition Diagram
③ Deployment Diagram
④ Entity – Relationship Diagram

**007** **미들웨어(Middleware)에 대한 설명으로 틀린 것은?**

① 여러 운영체제에서 응용 프로그램들 사이에 위치한 소프트웨어이다.
② 미들웨어의 서비스 이용을 위해 사용자가 정보 교환 방법 등의 내부 동작을 쉽게 확인할 수 있어야 한다.
③ 소프트웨어 컴포넌트를 연결하기 위한 준비된 인프라 구조를 제공한다.
④ 여러 컴포넌트를 1대 1, 1대 다, 다대 다 등 여러 가지 형태로 연결이 가능하다.

**008** **UI의 설계 지침으로 틀린 것은?**

① 이해하기 편하고 쉽게 사용할 수 있는 환경을 제공해야 한다.
② 주요 기능을 메인 화면에 노출하여 조작이 쉽도록 하여야 한다.
③ 치명적인 오류에 대한 부정적인 사항은 사용자가 인지할 수 없도록 한다.
④ 사용자의 직무, 연령, 성별 등 다양한 계층을 수용하여야 한다.

**009** **객체지향 개념에서 다형성(Polymorphism)과 관련한 설명으로 틀린 것은?**

① 다형성은 현재 코드를 변경하지 않고 새로운 클래스를 쉽게 추가할 수 있게 한다.
② 다형성이란 여러 가지 형태를 가지고 있다는 의미로, 여러 형태를 받아들일 수 있는 특징을 말한다.
③ 메소드 오버라이딩(Overriding)은 상위 클래스에서 정의한 일반 메소드의 구현을 하위 클래스에서 무시하고 재정의할 수 있다.
④ 메소드 오버로딩(Overloading)의 경우 매개변수 타입은 동일하지만 메소드명을 다르게 함으로써 구현, 구분할 수 있다.

**010** **소프트웨어 개발 영역을 결정하는 요소 중 다음 사항과 관계있는 것은?**

- 소프트웨어에 의해 간접적으로 제어되는 장치와 소프트웨어를 실행하는 하드웨어
- 기존의 소프트웨어와 새로운 소프트웨어를 연결하는 소프트웨어
- 순서적 연산에 의해 소프트웨어를 실행하는 절차

① 기능(Function)
② 성능(Performance)
③ 제약 조건(Constraint)
④ 인터페이스(Interface)

**011** **객체에 대한 설명으로 틀린 것은?**

① 객체는 상태, 동작, 고유 식별자를 가진 모든 것이라 할 수 있다.
② 객체는 공통 속성을 공유하는 클래스들의 집합이다.
③ 객체는 필요한 자료 구조와 이에 수행되는 함수들을 가진 하나의 독립된 존재이다.
④ 객체의 상태는 속성값에 의해 정의된다.

**012** 속성과 관련된 연산(Operation)을 클래스 안에 묶어서 하나로 취급하는 것을 의미하는 객체지향 개념은?

① Inheritance ② Class
③ Encapsulation ④ Association

**013** 애자일(Agile) 프로세스 모델에 대한 설명으로 틀린 것은?

① 변화에 대한 대응보다는 자세한 계획을 중심으로 소프트웨어를 개발한다.
② 프로세스와 도구 중심이 아닌 개개인과의 상호소통을 통해 의견을 수렴한다.
③ 협상과 계약보다는 고객과의 협력을 중시한다.
④ 문서 중심이 아닌, 실행 가능한 소프트웨어를 중시한다.

**014** 명백한 역할을 가지고 독립적으로 존재할 수 있는 시스템의 부분으로 넓은 의미에서는 재사용되는 모든 단위라고 볼 수 있으며, 인터페이스를 통해서만 접근할 수 있는 것은?

① Model ② Sheet
③ Component ④ Cell

**015** GoF(Gang of Four) 디자인 패턴을 생성, 구조, 행동 패턴의 세 그룹으로 분류할 때, 구조 패턴이 아닌 것은?

① Adapter 패턴 ② Bridge 패턴
③ Builder 패턴 ④ Proxy 패턴

**016** UI와 관련된 기본 개념 중 하나로, 시스템의 상태와 사용자의 지시에 대한 효과를 보여주어 사용자가 명령에 대한 진행 상황과 표시된 내용을 해석할 수 있도록 도와주는 것은?

① Feedback ② Posture
③ Module ④ Hash

**017** UI의 종류로 멀티 터치(Multi-touch), 동작 인식(Gesture Recognition) 등 사용자의 자연스러운 움직임을 인식하여 서로 주고받는 정보를 제공하는 사용자 인터페이스를 의미하는 것은?

① GUI(Graphical User Interface)
② OUI(Organic User Interface)
③ NUI(Natural User Interface)
④ CLI(Command Line Interface)

**018** 소프트웨어 모델링과 관련한 설명으로 틀린 것은?

① 모델링 작업의 결과물은 다른 모델링 작업에 영향을 줄 수 없다.
② 구조적 방법론에서는 DFD(Data Flow Diagram), DD(Data Dictionary) 등을 사용하여 요구사항의 결과를 표현한다.
③ 객체지향 방법론에서는 UML 표기법을 사용한다.
④ 소프트웨어 모델을 사용할 경우 개발될 소프트웨어에 대한 이해도 및 이해 당사자 간의 의사소통 향상에 도움이 된다.

**019 유스케이스 다이어그램(Use Case Diagram)에 관련된 내용으로 틀린 것은?**

① 시스템과 상호작용하는 외부시스템은 액터로 파악해서는 안 된다.
② 유스케이스는 사용자 측면에서의 요구사항으로, 사용자가 원하는 목표를 달성하기 위해 수행할 내용을 기술한다.
③ 시스템 액터는 다른 프로젝트에서 이미 개발되어 사용되고 있으며, 본 시스템과 데이터를 주고받는 등 서로 연동되는 시스템을 말한다.
④ 액터가 인식할 수 없는 시스템 내부의 기능을 하나의 유스케이스로 파악해서는 안 된다.

**020 소프트웨어 아키텍처 모델 중 MVC(Model-View-Controller)와 관련한 설명으로 틀린 것은?**

① MVC 모델은 사용자 인터페이스를 담당하는 계층의 응집도를 높일 수 있고, 여러 개의 다른 UI를 만들어 그 사이에 결합도를 낮출 수 있다.
② 모델(Model)은 뷰(View)와 제어(Controller) 사이에서 전달자 역할을 하며, 뷰마다 모델 서브 시스템이 각각 하나씩 연결된다.
③ 뷰(View)는 모델(Model)에 있는 데이터를 사용자 인터페이스에 보이는 역할을 담당한다.
④ 제어(Controller)는 모델(Model)에 명령을 보냄으로써 모델의 상태를 변경할 수 있다.

## 2과목 | 소프트웨어 개발

**021 통합 테스트(Integration Test)와 관련한 설명으로 틀린 것은?**

① 시스템을 구성하는 모듈의 인터페이스와 결합을 테스트하는 것이다.
② 하향식 통합 테스트의 경우 넓이 우선(Breadth First) 방식으로 테스트를 할 모듈을 선택할 수 있다.
③ 상향식 통합 테스트의 경우 시스템 구조도의 최상위에 있는 모듈을 먼저 구현하고 테스트한다.
④ 모듈 간의 인터페이스와 시스템의 동작이 정상적으로 잘되고 있는지를 빨리 파악하고자 할 때 상향식보다는 하향식 통합 테스트를 사용하는 것이 좋다.

**022 다음과 같이 레코드가 구성되어 있을 때, 이진 검색 방법으로 14를 찾을 경우 비교되는 횟수는?**

| 1 2 3 4 5 6 7 8 9 10 11 12 13 14 15 |
|---|

① 2　　② 3
③ 4　　④ 5

**023 소프트웨어 공학에서 워크스루(Walkthrough)에 대한 설명으로 틀린 것은?**

① 사용사례를 확장하여 명세하거나 설계 다이어그램, 원시코드, 테스트 케이스 등에 적용할 수 있다.
② 복잡한 알고리즘 또는 반복, 실시간 동작, 병행 처리와 같은 기능이나 동작을 이해하려고 할 때 유용하다.
③ 인스펙션(Inspection)과 동일한 의미를 가진다.
④ 단순한 테스트 케이스를 이용하여 프로덕트를 수작업으로 수행해 보는 것이다.

**024 소프트웨어의 개발과정에서 소프트웨어의 변경사항을 관리하기 위해 개발된 일련의 활동을 뜻하는 것은?**

① 복호화 ② 형상관리
③ 저작권 ④ 크랙

**025 테스트 케이스와 관련한 설명으로 틀린 것은?**

① 테스트의 목표 및 테스트 방법을 결정하기 전에 테스트 케이스를 작성해야 한다.
② 프로그램에 결함이 있더라도 입력에 대해 정상적인 결과를 낼 수 있기 때문에 결함을 검사할 수 있는 테스트 케이스를 찾는 것이 중요하다.
③ 개발된 서비스가 정의된 요구사항을 준수하는지 확인하기 위한 입력 값과 실행 조건, 예상 결과의 집합으로 볼 수 있다.
④ 테스트 케이스 실행이 통과되었는지 실패하였는지 판단하기 위한 기준을 테스트 오라클(Test Oracle)이라고 한다.

**026 객체지향 개념을 활용한 소프트웨어 구현과 관련한 설명 중 틀린 것은?**

① 객체(Object)란 필요한 자료 구조와 수행되는 함수들을 가진 하나의 독립된 존재이다.
② JAVA에서 정보은닉(Information Hiding)을 표기할 때 Private의 의미는 '공개'이다.
③ 상속(Inheritance)은 개별 클래스를 상속 관계로 묶음으로써 클래스 간의 체계화된 전체 구조를 파악하기 쉽다는 장점이 있다.
④ 같은 클래스에 속하는 개개의 객체이자 하나의 클래스에서 생성된 객체를 인스턴스(Instance)라고 한다.

**027 DRM(Digital Rights Management)과 관련한 설명으로 틀린 것은?**

① 디지털 콘텐츠와 디바이스의 사용을 제한하기 위해 하드웨어 제조업자, 저작권자, 출판업자 등이 사용할 수 있는 접근 제어 기술을 의미한다.
② 디지털 미디어의 생명 주기 동안 발생하는 사용 권한 관리, 과금, 유통 단계를 관리하는 기술로도 볼 수 있다.
③ 클리어링 하우스(Clearing House)는 사용자에게 콘텐츠 라이센스를 발급하고 권한을 부여해주는 시스템을 말한다.
④ 원본을 안전하게 유통하기 위한 전자적 보안은 고려하지 않기 때문에 불법 유통과 복제의 방지는 불가능하다.

**028 위험 모니터링의 의미로 옳은 것은?**

① 위험을 이해하는 것
② 첫 번째 조치로 위험을 피할 수 있도록 하는 것
③ 위험 발생 후 즉시 조치하는 것
④ 위험 요소 징후들에 대하여 계속적으로 인지하는 것

**029 동시에 소스를 수정하는 것을 방지하며 다른 방향으로 진행된 개발 결과를 합치거나 변경 내용을 추적할 수 있는 소프트웨어 버전 관리 도구는?**

① RCS(Revision Control System)
② RTS(Reliable Transfer Service)
③ RPC(Remote Procedure Call)
④ RVS(Relative Version System)

**030** 화이트 박스 테스트와 관련한 설명으로 틀린 것은?

① 화이트 박스 테스트의 이해를 위해 논리흐름도(Logic-Flow Diagram)를 이용할 수 있다.
② 테스트 데이터를 이용해 실제 프로그램을 실행함으로써 오류를 찾는 동적 테스트(Dynamic Test)에 해당한다.
③ 프로그램의 구조를 고려하지 않기 때문에 테스트 케이스는 프로그램 또는 모듈의 요구나 명세를 기초로 결정한다.
④ 테스트 데이터를 선택하기 위하여 검증기준(Test Coverage)을 정한다.

**031** 알고리즘과 관련한 설명으로 틀린 것은?

① 주어진 작업을 수행하는 컴퓨터 명령어를 순서대로 나열한 것으로 볼 수 있다.
② 검색(Searching)은 정렬이 되지 않은 데이터 혹은 정렬이 된 데이터 중에서 키값에 해당되는 데이터를 찾는 알고리즘이다.
③ 정렬(Sorting)은 흩어져있는 데이터를 키값을 이용하여 순서대로 열거하는 알고리즘이다.
④ 선형 검색은 검색을 수행하기 전에 반드시 데이터의 집합이 정렬되어 있어야 한다.

**032** 버블 정렬을 이용하여 다음 자료를 오름차순으로 정렬할 경우 PASS 1의 결과는?

| 9, 6, 7, 3, 5 |
|---|

① 6, 9, 7, 3, 5 ② 3, 9, 6, 7, 5
③ 3, 6, 7, 9, 5 ④ 6, 7, 3, 5, 9

**033** 다음은 인스펙션(Inspection) 과정을 표현한 것이다. (가)~(마)에 들어갈 말을 보기에서 찾아 바르게 연결한 것은?

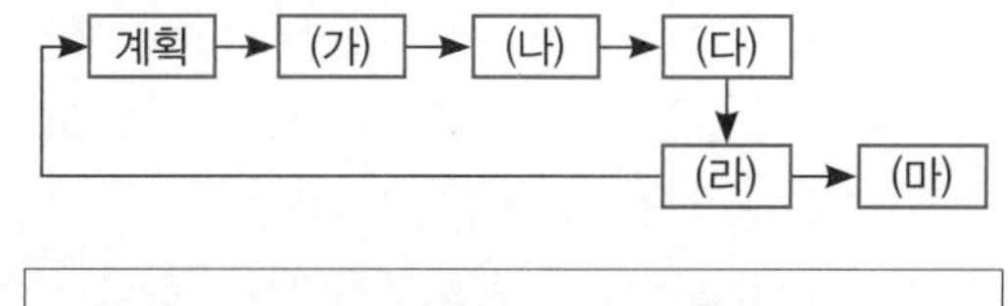


| ㉠ 준비 | ㉡ 사전 교육 |
|---|---|
| ㉢ 인스펙션 회의 | ㉣ 수정 |
| ㉤ 후속 조치 | |

① (가) – ㉡, (나) – ㉢
② (나) – ㉠, (다) – ㉢
③ (다) – ㉢, (라) – ㉤
④ (라) – ㉣, (마) – ㉢

**034** 소프트웨어를 보다 쉽게 이해할 수 있고 적은 비용으로 수정할 수 있도록 겉으로 보이는 동작의 변화 없이 내부구조를 변경하는 것은?

① Refactoring ② Architecting
③ Specification ④ Renewal

**035** 단위 테스트(Unit Test)와 관련한 설명으로 틀린 것은?

① 구현 단계에서 각 모듈의 개발을 완료한 후 개발자가 명세서의 내용대로 정확히 구현되었는지 테스트한다.
② 모듈 내부의 구조를 구체적으로 볼 수 있는 구조적 테스트를 주로 시행한다.
③ 필요 데이터를 인자를 통해 넘겨주고, 테스트 완료 후 그 결과값을 받는 역할을 하는 가상의 모듈을 테스트 스텁(Stub)이라고 한다.
④ 테스트할 모듈을 호출하는 모듈도 있고, 테스트할 모듈이 호출하는 모듈도 있다.

**036** IDE(Integrated Development Environment) 도구의 각 기능에 대한 설명으로 틀린 것은?

① Coding – 프로그래밍 언어를 가지고 컴퓨터 프로그램을 작성할 수 있는 환경을 제공
② Compile – 저급언어의 프로그램을 고급언어 프로그램으로 변환하는 기능
③ Debugging – 프로그램에서 발견되는 버그를 찾아 수정할 수 있는 기능
④ Deployment – 소프트웨어를 최종 사용자에게 전달하기 위한 기능

**037** 아래 Tree 구조에 대하여 후위 순회(Postorder)한 결과는?

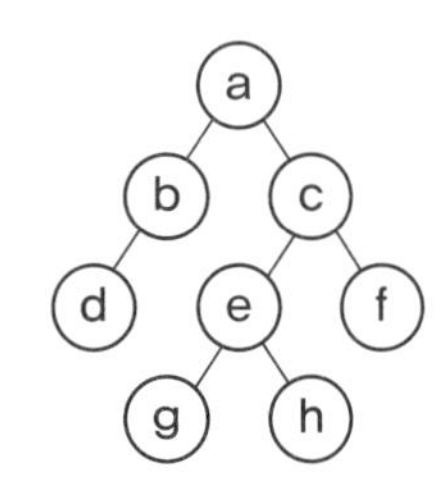


① a → b → d → c → e → g → h → f
② d → b → g → h → e → f → c → a
③ d → b → a → g → e → h → c → f
④ a → b → d → g → e → h → c → f

**038** 인터페이스 구현 시 사용하는 기술로 속성–값 쌍(Attribute–Value Pairs)으로 이루어진 데이터 오브젝트를 전달하기 위해 사용하는 개방형 표준 포맷은?

① JSON ② HTML
③ AVPN ④ DOF

**039** 순서가 있는 리스트에서 데이터의 삽입(Push), 삭제(Pop)가 한 쪽 끝에서 일어나며 LIFO(Last–In–First–Out)의 특징을 가지는 자료 구조는?

① Tree ② Graph
③ Stack ④ Queue

**040** 다음 중 단위 테스트 도구로 사용될 수 없는 것은?

① CppUnit ② JUnit
③ HttpUnit ④ IgpUnit

## 3과목 | 데이터베이스 구축

**041** 다음 조건을 모두 만족하는 정규형은?

> • 테이블 R에 속한 모든 도메인이 원자값만으로 구성되어 있다.
> • 테이블 R에서 키가 아닌 모든 필드가 키에 대해 함수적으로 종속되며, 키의 부분 집합이 결정자가 되는 부분 종속이 존재하지 않는다.
> • 테이블 R에 존재하는 모든 함수적 종속에서 결정자가 후보키이다.

① BCNF ② 제1정규형
③ 제2정규형 ④ 제3정규형

**042** 데이터베이스의 트랜잭션 성질들 중에서 다음 설명에 해당하는 것은?

> 트랜잭션의 모든 연산들이 정상적으로 수행 완료되거나 아니면 전혀 어떠한 연산도 수행되지 않은 원래 상태가 되도록 해야 한다.

① Atomicity ② Consistency
③ Isolation ④ Durability

**043 분산 데이터베이스 시스템과 관련한 설명으로 틀린 것은?**

① 물리적으로 분산된 데이터베이스 시스템을 논리적으로 하나의 데이터베이스 시스템처럼 사용할 수 있도록 한 것이다.
② 물리적으로 분산되어 지역별로 필요한 데이터를 처리할 수 있는 지역 컴퓨터(Local Computer)를 분산 처리기(Distributed Processor)라고 한다.
③ 분산 데이터베이스 시스템을 위한 통신 네트워크 구조가 데이터 통신에 영향을 주므로 효율적으로 설계해야 한다.
④ 데이터베이스가 분산되어 있음을 사용자가 인식할 수 있도록 분산 투명성(Distribution Transparency)을 배제해야 한다.

**044 다음 테이블을 보고 강남지점의 판매량이 많은 제품부터 출력되도록 할 때 다음 중 가장 적절한 SQL 구문은? (단, 출력은 제품명과 판매량이 출력되도록 한다.)**

〈푸드〉 테이블

| 지점명 | 제품명 | 판매량 |
|---|---|---|
| 강남지점 | 비빔밥 | 500 |
| 강북지점 | 도시락 | 300 |
| 강남지점 | 도시락 | 200 |
| 강남지점 | 미역국 | 550 |
| 수원지점 | 비빔밥 | 600 |
| 인천지점 | 비빔밥 | 800 |
| 강남지점 | 잡채밥 | 250 |

① SELECT 제품명, 판매량 FROM 푸드
ORDER BY 판매량 ASC;
② SELECT 제품명, 판매량 FROM 푸드
ORDER BY 판매량 DESC;
③ SELECT 제품명, 판매량 FROM 푸드
WHERE 지점명='강남지점'
ORDER BY 판매량 ASC;
④ SELECT 제품명, 판매량 FROM 푸드
WHERE 지점명='강남지점'
ORDER BY 판매량 DESC;

**045 데이터베이스의 인덱스와 관련한 설명으로 틀린 것은?**

① 문헌의 색인, 사전과 같이 데이터를 쉽고 빠르게 찾을 수 있도록 만든 데이터 구조이다.
② 테이블에 붙여진 색인으로 데이터 검색 시 처리 속도 향상에 도움이 된다.
③ 인덱스의 추가, 삭제 명령어는 각각 ADD, DELETE이다.
④ 대부분의 데이터베이스에서 테이블을 삭제하면 인덱스도 같이 삭제된다.

**046 물리적 데이터베이스 구조의 기본 데이터 단위인 저장 레코드의 양식을 설계할 때 고려 사항이 아닌 것은?**

① 데이터 타입 ② 데이터 값의 분포
③ 트랜잭션 모델링 ④ 접근 빈도

**047** SQL의 기능에 따른 분류 중에서 REVOKE문과 같이 데이터의 사용 권한을 관리하는데 사용하는 언어는?

① DDL(Data Definition Language)
② DML(Data Manipulation Language)
③ DCL(Data Control Language)
④ DUL(Data User Language)

**048** 데이터 사전에 대한 설명으로 틀린 것은?

① 시스템 카탈로그 또는 시스템 데이터베이스라고도 한다.
② 데이터 사전 역시 데이터베이스의 일종이므로 일반 사용자가 생성, 유지 및 수정할 수 있다.
③ 데이터베이스에 대한 데이터인 메타데이터(Metadata)를 저장하고 있다.
④ 데이터 사전에 있는 데이터에 실제로 접근하는 데 필요한 위치 정보는 데이터 디렉토리(Data Directory)라는 곳에서 관리한다.

**049** 데이터베이스에서 릴레이션에 대한 설명으로 틀린 것은?

① 모든 튜플은 서로 다른 값을 가지고 있다.
② 하나의 릴레이션에서 튜플은 특정한 순서를 가진다.
③ 각 속성은 릴레이션 내에서 유일한 이름을 가진다.
④ 모든 속성값은 원자값(atomic value)을 가진다.

**050** 데이터베이스에서의 뷰(View)에 대한 설명으로 틀린 것은?

① 뷰는 다른 뷰를 기반으로 새로운 뷰를 만들 수 있다.
② 뷰는 일종의 가상 테이블이며, update에는 제약이 따른다.
③ 뷰는 기본 테이블을 만드는 것처럼 create view를 사용하여 만들 수 있다.
④ 뷰는 논리적으로 존재하는 기본 테이블과 다르게 물리적으로만 존재하며 카탈로그에 저장된다.

**051** 트랜잭션의 상태 중 트랜잭션의 마지막 연산이 실행된 직후의 상태로, 모든 연산의 처리는 끝났지만, 트랜잭션이 수행한 최종 결과를 데이터베이스에 반영하지 않은 상태는?

① Active
② Partially Committed
③ Committed
④ Aborted

**052** SQL의 명령을 사용 용도에 따라 DDL, DML, DCL로 구분할 경우, 그 성격이 나머지 셋과 다른 것은?

① SELECT　② UPDATE
③ INSERT　④ GRANT

**053** 키의 종류 중 유일성과 최소성을 만족하는 속성 또는 속성들의 집합은?

① Atomic key　② Super key
③ Candidate key　④ Test key

**054 데이터베이스에서 개념적 설계 단계에 대한 설명으로 틀린 것은?**

① 산출물로 E-R Diagram을 만들 수 있다.
② DBMS에 독립적인 개념 스키마를 설계한다.
③ 트랜잭션 인터페이스를 설계 및 작성한다.
④ 논리적 설계 단계의 앞 단계에서 수행된다.

**055 테이블의 기본키(Primary Key)로 지정된 속성에 관한 설명으로 가장 거리가 먼 것은?**

① NOT NUll로 널 값을 가지지 않는다.
② 릴레이션에서 튜플을 구별할 수 있다.
③ 외래키로 참조될 수 있다.
④ 검색할 때 반드시 필요하다.

**056 데이터 모델의 구성 요소 중 데이터 구조에 따라 개념 세계나 컴퓨터 세계에서 실제로 표현된 값들을 처리하는 작업을 의미하는 것은?**

① Relation
② Data Structure
③ Constraint
④ Operation

**057 다음 [조건]에 부합하는 SQL문을 작성하고자 할 때, [SQL문]의 빈칸에 들어갈 내용으로 옳은 것은? (단, '팀코드' 및 '이름'은 속성이며, '직원'은 테이블이다.)**

[조건]
이름이 '정도일'인 팀원이 소속된 팀코드를 이용하여 해당 팀에 소속된 팀원들의 이름을 출력하는 SQL문 작성

[SQL문]
```
SELECT    이름
FROM      직원
WHERE     팀코드=(                    );
```

① WHERE 이름='정도일'
② SELECT 팀코드 FROM 이름
WHERE 직원='정도일'
③ WHERE 직원='정도일'
④ SELECT 팀코드 FROM 직원
WHERE 이름='정도일'

**058 무결성 제약조건 중 개체 무결성 제약조건에 대한 설명으로 옳은 것은?**

① 릴레이션 내의 튜플들이 각 속성의 도메인에 정해진 값만을 가져야 한다.
② 기본키는 NUll 값을 가져서는 안 되며 릴레이션 내에 오직 하나의 값만 존재해야 한다.
③ 자식 릴레이션의 외래키는 부모 릴레이션의 기본키와 도메인이 동일해야 한다.
④ 자식 릴레이션의 값이 변경될 때 부모 릴레이션의 제약을 받는다.

**059** 관계 데이터 모델에서 릴레이션(Relation)에 포함되어있는 튜플(Tuple)의 수를 무엇이라고 하는가?

① Degree ② Cardinality
③ Attribute ④ Cartesian product

**060** 사용자 'PARK'에게 테이블을 생성할 수 있는 권한을 부여하기 위한 SQL문의 구성으로 빈칸에 적합한 내용은?

```
[SQL 문]
GRANT (                              ) PARK;
```

① CREATE TABLE TO
② CREATE TO
③ CREATE FROM
④ CREATE TABLE FROM

## 4과목 | 프로그래밍언어 활용

**061** C언어에서 문자열 처리 함수의 서식과 그 기능의 연결로 틀린 것은?

① strlen(s) – s의 길이를 구한다.
② strcpy(s1, s2) – s2를 s1으로 복사한다.
③ strcmp(s1, s2) – s1과 s2를 연결한다.
④ strrev(s) – s를 거꾸로 변환한다.

**062** 다음 C언어 프로그램이 실행되었을 때, 실행 결과는?

```
#include  <stdio.h>
int main(int argc, char *argv[]) {
        int a=5, b=3, c=12;
        int t1, t2, t3;
        t1=a&&b;
        t2=a || b;
        t3=!c;
        printff("%d", t1+t2+t3);
        return 0;
}
```

① 0 ② 2
③ 5 ④ 14

**063** 다음 C언어 프로그램이 실행되었을 때, 실행 결과는?

```
#include <stdio.h>
struct st{
        int a;
        int c[10];
};

int main (int argc, char *argv[]) {
        int i=0;
        struct st ob1;
        struct st ob2;
        ob1.a=0;
        ob2.a=0;

        for(i=0; i<10; i++) {
                ob1.c[i]=i;
                ob2.c[i]=ob1.c[i]+i;
        }

        for(i=0; i<10; i=i+2) {
                ob1.a=ob1.a+ob1.c[i];
                ob2.a=ob2.a+ob2.c[i];
        }

        printf("%d", ob1.a+ob2.a);
        return 0;
}
```

① 30 ② 60
③ 80 ④ 120

**064** IP 프로토콜에서 사용하는 필드와 해당 필드에 대한 설명으로 틀린 것은?

① Header Length는 IP 프로토콜의 헤더 길이를 32비트 워드 단위로 표시한다.
② Packet Length는 IP 헤더를 제외한 패킷 전체의 길이를 나타내며 최대 크기는 $2^{32}-1$비트이다.
③ Time To Live는 송신 호스트가 패킷을 전송하기 전 네트워크에서 생존할 수 있는 시간을 지정한 것이다.
④ Version Number는 IP 프로토콜의 버전번호를 나타낸다.

**065** 다음 Python 프로그램의 실행 결과가 [실행결과]와 같을 때, 빈칸에 적합한 것은?

```
x=20

if x==10:
   print('10')
   (        )x==20:
      print('20')
else:
   print('other')
```

| [실행결과] |
|---|
| 20 |

① either ② elif
③ else if ④ else

**066** RIP 라우팅 프로토콜에 대한 설명으로 틀린 것은?

① 경로 선택 메트릭은 홉 카운트(hop count)이다.
② 라우팅 프로토콜을 IGP와 EGP로 분류했을 때 EGP에 해당한다.
③ 최단 경로 탐색에 Bellman-Ford 알고리즘을 사용한다.
④ 각 라우터는 이웃 라우터들로부터 수신한 정보를 이용하여 라우팅 표를 갱신한다.

**067** 다음에서 설명하는 프로세스 스케줄링은?

> 최소 작업 우선(SJF) 기법의 약점을 보완한 비선점 스케줄링 기법으로 다음과 같은 식을 이용해 우선순위를 판별한다.
>
> $$\text{우선순위} = \frac{\text{대기한 시간} + \text{서비스를 받을 시간}}{\text{서비스를 받을 시간}}$$

① FIFO 스케줄링 ② RR 스케줄링
③ HRN 스케줄링 ④ MQ 스케줄링

**068** UNIX 운영체제에 관한 특징으로 틀린 것은?

① 하나 이상의 작업에 대하여 백그라운드에서 수행이 가능하다.
② Multi-User는 지원하지만 Multi-Tasking은 지원하지 않는다.
③ 트리 구조의 파일 시스템을 갖는다.
④ 이식성이 높으며 장치 간의 호환성이 높다.

**069** UDP 프로토콜의 특징이 아닌 것은?

① 비연결형 서비스를 제공한다.
② 단순한 헤더 구조로 오버헤드가 적다.
③ 주로 주소를 지정하고, 경로를 설정한다.
④ TCP와 같이 트랜스포트 계층에 존재한다.

**070** Python 데이터 타입 중 시퀀스(Sequence) 데이터 타입에 해당하며 다양한 데이터 타입들을 주어진 순서에 따라 저장할 수 있으나 저장된 내용을 변경할 수 없는 것은?

① 복소수(complex) 타입
② 리스트(list) 타입
③ 사전(dict) 타입
④ 튜플(tuple) 타입

**071** 다음 JAVA 프로그램이 실행되었을 때, 실행결과는?

```
public class Rarr {
  static int[] marr() {
    int temp[]=new int[4];
    for(int i=0; i<temp.length; i++)
     temp[i]=i;
    return temp;
 }
 public static void main(String[] args) {
   int iarr[];
   iarr=marr();
   for(int i=0; i<iarr.length; i++)
    System.out.print(iarr[i]+"");
  }
 }
```

① 1 2 3 4 ② 0 1 2 3
③ 1 2 3 ④ 0 1 2

**072** 다음 JAVA 프로그램이 실행되었을 때의 결과는?

```
public class ovr {
  public static void main(String[] args) {
    int a=1, b=2, c=3, d=4;
    int mx, mn;
    mx=a<b?b:a;
    if(mx==1) {
          mn=a>mx?b : a;
    }
    else {
          mn=b<mx?d : c;
    }
    System.out.println(mn);
  }
}
```

① 1 ② 2
③ 3 ④ 4

**073** 다음 중 Myers가 구분한 응집도(Cohesion)의 정도에서 가장 낮은 응집도를 갖는 단계는?

① 순차적 응집도(Sequential Cohesion)
② 기능적 응집도(Functional Cohesion)
③ 시간적 응집도(Temporal Cohesion)
④ 우연적 응집도(Coincidental Cohesion)

**074** 다음 C언어 프로그램이 실행되었을 때, 실행 결과는?

```
#include <stdio.h>
int main(int arge, char *argv[]) {
        int n1=1, n2=2, n3=3;
        int r1, r2, r3;

        r1=(n2<=2) || (n3>3);
        r2=!n3;
        r3=(n1>1)&&(n2<3);

        printf("%d", r3-r2+r1);
        return 0;
}
```

① 0 ② 1
③ 2 ④ 3

**075** IP 프로토콜의 주요 특징에 해당하지 않는 것은?

① 체크섬(Checksum) 기능으로 데이터 체크섬(Data Checksum)만 제공한다.
② 패킷을 분할, 병합하는 기능을 수행하기도 한다.
③ 비연결형 서비스를 제공한다.
④ Best Effort 원칙에 따른 전송 기능을 제공한다.

**076** 4개의 페이지를 수용할 수 있는 주기억장치가 있으며, 초기에는 모두 비어 있다고 가정한다. 다음의 순서로 페이지 참조가 발생할 때, LRU 페이지 교체 알고리즘을 사용할 경우 몇 번의 페이지 결함이 발생하는가?

| 페이지 참조 순서 1, 2, 3, 1, 2, 4, 1, 2, 5 |
|---|

① 5회 ② 6회
③ 7회 ④ 8회

**077** **사용자 수준에서 지원되는 스레드(thread)가 커널에서 지원되는 스레드에 비해 가지는 장점으로 옳은 것은?**

① 한 프로세스가 운영체제를 호출할 때 전체 프로세스가 대기할 필요가 없으므로 시스템 성능을 높일 수 있다.
② 동시에 여러 스레드가 커널에 접근할 수 있으므로 여러 스레드가 시스템 호출을 동시에 사용할 수 있다.
③ 각 스레드를 개별적으로 관리할 수 있으므로 스레드의 독립적인 스케줄링이 가능하다.
④ 커널 모드로의 전환 없이 스레드 교환이 가능하므로 오버헤드가 줄어든다.

**078** **한 모듈이 다른 모듈의 내부 기능 및 그 내부 자료를 참조하는 경우의 결합도는?**

① 내용 결합도(Content Coupling)
② 제어 결합도(Control Coupling)
③ 공통 결합도(Common Coupling)
④ 스탬프 결합도(Stamp Coupling)

**079** **a[0]의 주소값이 10일 경우 다음 C언어 프로그램이 실행되었을 때의 결과는? (단, int 형의 크기는 4Byte로 가정한다.)**

```
#include <stdio.h>
int main(int argc, char *argv[]) {
        int a[]={14, 22, 30, 38};
        printf("%u", &a[2]);
        printf("%u", a);
        return 0;
}
```

① 14, 10　　② 14, 14
③ 18, 10　　④ 18, 14

**080** **모듈화(Modularity)와 관련한 설명으로 틀린 것은?**

① 시스템을 모듈로 분할하면 각각의 모듈을 별개로 만들고 수정할 수 있기 때문에 좋은 구조가 된다.
② 응집도는 모듈과 모듈 사이의 상호의존 또는 연관 정도를 의미한다.
③ 모듈 간의 결합도가 약해야 독립적인 모듈이 될 수 있다.
④ 모듈 내 구성 요소들 간의 응집도가 강해야 좋은 모듈 설계이다.

## 5과목 | 정보시스템 구축관리

**081** **소프트웨어 개발에서 정보보안 3요소에 해당하지 않는 설명은?**

① 기밀성 : 인가된 사용자에 대해서만 자원 접근이 가능하다.
② 무결성 : 인가된 사용자에 대해서만 자원 수정이 가능하며 전송 중인 정보는 수정되지 않는다.
③ 가용성 : 인가된 사용자는 가지고 있는 권한 범위 내에서 언제든 자원 접근이 가능하다.
④ 휘발성 : 인가된 사용자가 수행한 데이터는 처리 완료 즉시 폐기 되어야 한다.

**082** **어떤 외부 컴퓨터가 접속되면 접속 인가 여부를 점검해서 인가된 경우에는 접속이 허용되고, 그 반대의 경우에는 거부할 수 있는 접근제어 유틸리티는?**

① tcp wrapper　　② trace checker
③ token finder　　④ change detector

**083** 기기를 키오스크에 갖다 대면 원하는 데이터를 바로 가져올 수 있는 기술로 10cm 이내 근접 거리에서 기가급 속도로 데이터 전송이 가능한 초고속 근접무선통신(NFC ; Near Field Communication) 기술은?

① BcN(Broadband Convergence Network)
② Zing
③ Marine Navi
④ C-V2X(Cellular Vehicle To Everything)

**084** 취약점 관리를 위한 응용 프로그램의 보안 설정과 가장 거리가 먼 것은?

① 서버 관리실 출입 통제
② 실행 프로세스 권한 설정
③ 운영체제의 접근 제한
④ 운영체제의 정보 수집 제한

**085** 소프트웨어 개발 프레임워크와 관련한 설명으로 가장 적절하지 않은 것은?

① 반제품 상태의 제품을 토대로 도메인별로 필요한 서비스 컴포넌트를 사용하여 재사용성 확대와 성능을 보장받을 수 있게 하는 개발 소프트웨어이다.
② 라이브러리와는 달리 사용자 코드에서 프레임워크를 호출해서 사용하고, 그에 대한 제어도 사용자 코드가 가지는 방식이다.
③ 설계 관점에 개발 방식을 패턴화시키기 위한 노력의 결과물인 소프트웨어 디자인 패턴을 반제품 소프트웨어 상태로 집적화시킨 것으로 볼 수 있다.
④ 프레임워크의 동작 원리를 그 제어 흐름의 일반적인 프로그램 흐름과 반대로 동작한다고 해서 IoC(Inversion of Control)이라고 설명하기도 한다.

**086** 클라우드 기반 HSM(Cloud-based Hardware Security Module)에 대한 설명으로 틀린 것은?

① 클라우드(데이터센터) 기반 암호화 키 생성, 처리, 저장 등을 하는 보안 기기이다.
② 국내에서는 공인인증제의 폐지와 전자서명법 개정을 추진하면서 클라우드 HSM 용어가 자주 등장하였다.
③ 클라우드에 인증서를 저장하므로 기존 HSM 기기나 휴대폰에 인증서를 저장해 다닐 필요가 없다.
④ 하드웨어가 아닌 소프트웨어적으로만 구현되기 때문에 소프트웨어식 암호 기술에 내재된 보안 취약점을 해결할 수 없다는 것이 주요 단점이다.

**087** 다음 내용이 설명하는 기술로 가장 적절한 것은?

> • 다른 국을 향하는 호출이 중계에 의하지 않고 직접 접속되는 그물 모양의 네트워크이다.
> • 통신량이 많은 비교적 소수의 국 사이에 구성될 경우 경제적이며 간편하지만, 다수의 국 사이에는 회선이 세분화되어 비경제적일 수도 있다.
> • 해당 형태의 무선 네트워크의 경우 대용량을 빠르고 안전하게 전달할 수 있어 행사장이나 군 등에서 많이 활용된다.

① Virtual Local Area Network
② Simple Station Network
③ Mesh Network
④ Modem Network

**088** 물리적 위협으로 인한 문제에 해당하지 않는 것은?

① 화재, 홍수 등 천재지변으로 인한 위협
② 하드웨어 파손, 고장으로 인한 장애
③ 방화, 테러로 인한 하드웨어와 기록장치를 물리적으로 파괴하는 행위
④ 방화벽 설정의 잘못된 조작으로 인한 네트워크, 서버 보안 위협

**089** 악성코드의 유형 중 다른 컴퓨터의 취약점을 이용하여 스스로 전파하거나 메일로 전파되며 스스로 증식하는 것은?

① Worm ② Rogue Ware
③ Adware ④ Reflection Attack

**090** 다음 설명에 해당하는 공격기법은?

> 시스템 공격 기법 중 하나로 허용범위 이상의 ICMP 패킷을 전송하여 대상 시스템의 네트워크를 마비시킨다.

① Ping of Death
② Session Hijacking
③ Piggyback Attack
④ XSS

**091** 다음 설명에 해당하는 소프트웨어는?

> • 개발해야 할 애플리케이션의 일부분이 이미 내장된 클래스 라이브러리로 구현이 되어 있다.
> • 따라서, 그 기반이 되는 이미 존재하는 부분을 확장 및 이용하는 것으로 볼 수 있다.
> • JAVA 기반의 대표적인 소프트웨어로는 스프링(Spring)이 있다.

① 전역 함수 라이브러리
② 소프트웨어 개발 프레임워크
③ 컨테이너 아키텍처
④ 어휘 분석기

**092** 소프트웨어 개발 방법론 중 애자일(Agile) 방법론의 특징과 가장 거리가 먼 것은?

① 각 단계의 결과가 완전히 확인된 후 다음 단계 진행
② 소프트웨어 개발에 참여하는 구성원들 간의 의사소통 중시
③ 환경 변화에 대한 즉시 대응
④ 프로젝트 상황에 따른 주기적 조정

**093** 대칭 암호 알고리즘과 비대칭 암호 알고리즘에 대한 설명으로 틀린 것은?

① 대칭 암호 알고리즘은 비교적 실행 속도가 빠르기 때문에 다양한 암호의 핵심 함수로 사용될 수 있다.
② 대칭 암호 알고리즘은 비밀키 전달을 위한 키 교환이 필요하지 않아 암호화 및 복호화의 속도가 빠르다.
③ 비대칭 암호 알고리즘은 자신만이 보관하는 비밀키를 이용하여 인증, 전자서명 등에 적용이 가능하다.
④ 대표적인 대칭키 암호 알고리즘으로는 AES, IDEA 등이 있다.

**094** 두 명의 개발자가 5개월에 걸쳐 10,000라인의 코드를 개발하였을 때, 월별(man-month) 생산성 측정을 위한 계산 방식으로 가장 적합한 것은?

① $\frac{10,000}{2}$　② $\frac{10,000}{(5\times2)}$
③ $\frac{10,000}{5}$　④ $\frac{(2\times10,000)}{5}$

**095** 접근 통제 방법 중 조직 내에서 직무, 직책 등 개인의 역할에 따라 결정하여 부여하는 접근 정책은?

① RBAC　② DAC
③ MAC　④ QAC

**096** COCOMO(Constructive Cost Model) 모형의 특징이 아닌 것은?

① 프로젝트를 완성하는데 필요한 man-month로 산정 결과를 나타낼 수 있다.
② 보헴(Boehm)이 제안한 것으로 원시코드 라인 수에 의한 비용 산정 기법이다.
③ 비교적 작은 규모의 프로젝트 기록을 통계 분석하여 얻은 결과를 반영한 모델이며 중소 규모 소프트웨어 프로젝트 비용 추정에 적합하다.
④ 프로젝트 개발유형에 따라 object, dynamic, function의 3가지 모드로 구분한다.

**097** 각 사용자 인증의 유형에 대한 설명으로 가장 적절하지 않은 것은?

① 지식 : 주체는 '그가 알고 있는 것'을 보여주며 예시로는 패스워드, PIN 등이 있다.
② 소유 : 주체는 '그가 가지고 있는 것'을 보여주며 예시로는 토큰, 스마트카드 등이 있다.
③ 존재 : 주체는 '그를 대체하는 것'을 보여주며 예시로는 패턴, QR 등이 있다.
④ 행위 : 주체는 '그가 하는 것'을 보여주며 예시로는 서명, 움직임, 음성 등이 있다.

**098** 시스템의 사용자가 로그인하여 명령을 내리는 과정에 대한 시스템의 동작 중 다음 설명에 해당하는 것은?

> • 자신의 신원(Identity)을 시스템에 증명하는 과정이다.
> • 아이디와 패스워드를 입력하는 과정이 가장 일반적인 예시라고 볼 수 있다.

① Aging
② Accounting
③ Authorization
④ Authentication

**099** **다음에서 설명하는 IT 기술은?**

- 네트워크를 제어부, 데이터 전달부로 분리하여 네트워크 관리자가 보다 효율적으로 네트워크를 제어, 관리할 수 있는 기술
- 기존의 라우터, 스위치 등과 같이 하드웨어에 의존하는 네트워크 체계에서 안정성, 속도, 보안 등을 소프트웨어로 제어, 관리하기 위해 개발됨
- 네트워크 장비의 펌웨어 업그레이드를 통해 사용자의 직접적인 데이터 전송 경로 관리가 가능하고, 기존 네트워크에는 영향을 주지 않으면서 특정 서비스의 전송 경로 수정을 통하여 인터넷 상에서 발생하는 문제를 처리할 수 있음

① SDN(Software Defined Networking)
② NFS(Network File System)
③ Network Mapper
④ AOE Network

**100** **프로젝트 일정 관리 시 사용하는 PERT 차트에 대한 설명에 해당하는 것은?**

① 각 작업들이 언제 시작하고 언제 종료되는지에 대한 일정을 막대 도표를 이용하여 표시한다.
② 시간선(Time-line) 차트라고도 한다.
③ 수평 막대의 길이는 각 작업의 기간을 나타낸다.
④ 작업들 간의 상호 관련성, 결정경로, 경계시간, 자원할당 등을 제시한다.

# 최신기출문제 정답 및 해설

PART 08

# 2021년 제3회 기출문제 정답 및 해설

## 1과목 | 소프트웨어 설계

| 001 | 002 | 003 | 004 | 005 | 006 | 007 | 008 | 009 | 010 |
|---|---|---|---|---|---|---|---|---|---|
| ① | ② | ④ | ② | ③ | ② | ② | ② | ① | ④ |
| 011 | 012 | 013 | 014 | 015 | 016 | 017 | 018 | 019 | 020 |
| ① | ③ | ④ | ② | ④ | ① | ② | ② | ④ | ④ |

### 001
정답 ①

자료흐름도(DFD ; Data Flow Diagram)는 배경도를 기반으로 기능을 분할하고 분할된 기능을 버블 단위로 표현한 구조도이다. 럼바우(Rumbaugh)의 객체지향 분석 기법은 기능 모델링, 정적 모델링, 동적 모델링으로 구성되며, 자료흐름도의 기능 분할 및 구조화를 통해서 럼바우의 기능 모델링 구현이 가능하다.

### 002
정답 ②

클래스, 패키지, 컴포넌트, 배치 다이어그램 등 UML의 정적 모델은 클래스와 속성, 객체와 오퍼레이션을 기반으로 시스템의 구조를 표현한다. 이때 클래스의 동작, 객체애 대한 메소드 정의, UML 동작에 대한 인터페이스는 오퍼레이션(Operation)을 의미한다.

### 003
정답 ④

요구사항 검증은 사용자가 원하는 시스템에 대한 정의를 검토하고 검증하는 단계이며 실제 요구와 문서로 정의된 요구사항의 차이나 상충 등을 검토한다. 일반적으로 요구사항의 정의가 잘못되어 개발이 완료된 후 오류를 수정하면 초기에 수정할 때보다 비용 부담이 커진다. 하지만 요구사항 검증이 모든 요구사항 문제를 발견할 수는 없다.

### 004
정답 ②

소프트웨어 공학의 모델링은 시스템을 통해 해결하고자 하는 실세계 문제나 기능에 대한 정형화 및 개념화를 의미한다. 개발팀이나 이해관계자 간의 의사소통이나 이해를 용이하게 하며 개념 공유에 도움을 준다. 통상적으로 요구 분석이나 설계 단계에서 활용하며, 구조적 방법으로는 전반적인 시스템 범위를 표현하는 배경도, 기능단위 프로세스를 표현하는 자료흐름도, 자료 저장소를 구체적으로 명시하는 자료 사전 등과 자료 모델링을 위한 E-R 모델링, 동적 모델링을 위한 유즈케이스 다이어그램, 상태변화도 등을 활용한다.

### 005
정답 ③

마스터-슬레이브 구조는 실시간 시스템에서 활용되며, 마스터가 슬레이브 프로세스들을 통제하고 제어하고, 슬레이브는 마스터로부터 데이터를 제공받아 활용하는 형태로 구성된다.

### 006
정답 ②

사용자 인터페이스는 개발자가 아닌 사용자 중심으로 설계되어야 한다.

### 007
정답 ②

객체지향 분석 기법은 유즈케이스 다이어그램이나 상태변화도 등 동적 모델링 기법을 활용할 수 있다. 또한 데이터와 행위를 객체로 정의하고, 상향식(Bottom-Up) 모듈화를 통해 생산성 향상 및 시스템 변경 용이성을 제공한다.

### 008
정답 ②

사용자 인터페이스는 GUI, CLI, CUI, MUI 등등 다양한 인터페이스 유형이 있으며, 이 중 DOS 또는 UNIX와 같이 명령어를 입력하는 인터페이스는 CLI(Command Line Interface)이다.

### 009
정답 ①

객체지향의 주요 개념은 캡슐화, 추상화, 다형성, 정보 은닉, 상속화로 구성되며 이 중 캡슐화는 하나의 기능을 수행하는 함수와 데이터를 그룹핑하고 메시지만으로 객체와 상호작용함으로써 재사용성과 보안성을 향상하는 기본 원리이다. 상위클래스에서 속성이나 연산을 전달받아 새로운 형태의 클래스로 확장하여 사용하는 것은 상속화에 대한 설명이다.

### 010
정답 ④

정보 은닉은 객체의 내부구조와 실체를 분리하여 인터페이스를 통해서만 접근이 가능하도록 독립적으로 설계하는 보안성 향상 기법이며, 하부 시스템이 다른 모듈의 구현에 영향을 받지 않게 설계되는 것을 의미한다. 특히 IP 주소와 같은 물리적 코드나 데이터 구조 등 중요 정보는 은닉하여야 하며, 모듈 형태의 구성으로 요구사항 변화 시 특정 모듈만 수정하면 되기 때문에 수정에 대해서 유연한 대응이 가능하다.

### 011 정답 ①

소프트웨어 개발은 모두 테스트를 중요하게 생각하며 수행한다. 익스트림 프로그래밍 역시 반복 개발 과정에서 테스트를 수행한다.

### 012 정답 ③

UML 모델링은 유즈케이스 기반의 기능적 모델과 클래스, 패키지, 컴포넌트, 배치 다이어그램의 적정 모델, 상호작용, 순차(시퀀스), 협동, 액티비티, 상태 다이어그램의 동적 모델로 분류된다. 이 중 순차 다이어그램은 동적 다이어그램 및 교류 다이어그램의 유형으로 객체들의 상호작용을 나타내며, 시간의 흐름에 따라 객체들이 주고받는 메시지 전달 과정을 표현한다.

### 013 정답 ④

미들웨어는 시스템과 시스템 간의 연동을 지원한다.

### 014 정답 ②

GoF(Gang of Four) 디자인 패턴은 '갱 오브 포'라는 별칭의 개발자 4명(에리히 감마, 리차드 헬름, 랄프 존슨, 존 블리시디스)이 개발한 객체지향 경험적 패턴으로 크게 생성 패턴, 구조 패턴, 행위 패턴으로 분류되며, 이 중 Strategy 패턴은 객체의 행위를 조직화, 관리, 연합하고 객체나 클래스 연동에 대한 유형을 제시하는 행위 패턴에 해당된다.

### 015 정답 ④

객체지향 소프트웨어 설계에서 사용하는 추상화는 자료 추상화, 기능 추상화, 제어 추상화로 분류된다.

### 016 정답 ①

소프트웨어 아키텍처는 소프트웨어를 구성하는 컴포넌트와 컴포넌트 관계를 정의하여 시스템 설계 및 개발 시 적용되는 원칙과 지침을 제공하는 시스템 골격 구조로서, 품질 요구사항을 반영하여 품질 속성을 결정한다. 대표적인 아키텍처 스타일에는 계층형(Layered), 파이프 필터(Pipe&Filter), MVC(Model, View, Control), 레포지토리(Repository), 배포 구독(Publish&Subscribe) 아키텍처가 있으며, 이 중 파이프 필터 아키텍처는 데이터 교환 및 필터 이동 시 오버헤드가 발생한다.

### 017 정답 ②

애자일 개발 방법론은 절차나 형식보다는 사람이 중심이 되어 사용자의 요구변화에 신속하게 대응하며, 고객과 소통 및 상호협력을 중요시하는 소규모 반복적 SW 개발 방법론이다. 계획 수립과 문서화 등의 형식보다는 유연한 프로젝트 수행을 중점으로 한다.

### 018 정답 ②

Dependency(의존) 관계는 특정 사물의 명세 변경 시 다른 사물에 영향을 주며, 해당 클래스가 다른 클래스를 오퍼레이션의 매개변수로 사용하는 경우에 해당된다.

### 019 정답 ④

요구사항 정의, 분석 및 설계를 위한 모델링 다이어그램은 배경도(Context Diagram), 자료흐름도(Data Flow Diagram(DFD)), 자료사전(Data Dictionary), E-R 다이어그램, UML 다이어그램 등을 활용한다. AVL(Adelson-Velski, Landis) 다이어그램은 이진 트리의 한 유형인 균형 트리 구성에 활용되는 다이어그램이다.

### 020 정답 ④

요구 분석은 사용자가 원하는 기능적인 측면의 요구와, 기능적 요구를 달성하기 위한 성능, 보안, 품질, 안정 등의 비기능적 요구로 구분될 수 있다. ④는 비기능적 요구에 대한 설명이다.

## 2과목 | 소프트웨어 개발

| 021 | 022 | 023 | 024 | 025 | 026 | 027 | 028 | 029 | 030 |
|---|---|---|---|---|---|---|---|---|---|
| ② | ④ | ④ | ① | ④ | ② | ③ | ② | ④ | ① |
| 031 | 032 | 033 | 034 | 035 | 036 | 037 | 038 | 039 | 040 |
| ④ | ② | ③ | ② | ④ | ① | ① | ② | ③ | ③ |

### 021 정답 ②

큐는 2개의 포인터를 통해 한쪽은 입력을, 한쪽은 출력을 담당하는 선형 구조이며, 데크는 큐와 유사하게 선형 구조를 이루고 있으나 입력과 출력이 2개 포인트에서 가능하다.

### 022 정답 ④

테스트 드라이버와 스텁은 시험 대상 모듈을 호출하는 간이 소프트웨어로서 아직 모든 소프트웨어 개발이 완성되지 않았을 때 테스트를 수행하게 하는 임시 프로그램이다. 이때 테스트 드라이버는 상향식 통합 테스트에서 사용되며, 테스트 대상 모듈이 호출하는 상위 모듈의 역할을 수행한다. 하위 모듈의 역할을 수행하는 것은 스텁이다.

### 023 정답 ④

중위 순회는 왼쪽 → 중간 → 오른쪽 순으로 운행한다. 보기 트리에서는 가장 왼쪽에 있는 D부터 중간인 A까지 이동하고 ECF 자식 트리에서는 다시 왼쪽의 E부터 시작해서 오른쪽으로 순회한 DBAECF가 올바른 운행 순서이다.

## 024 정답 ①

스텁과 드라이버는 하향식, 혹은 상향식 통합 테스트를 수행할 때 아직 완성되지 않은 모듈을 대체하는 임시 소프트웨어이다.

## 025 정답 ④

검증은 제품 생산의 과정에서 산출물의 요구사항 적합성을 측정하고 제품을 올바르게 생산하는지 측정하는 활동이며, 확인은 생산된 제품을 대상으로 사용자의 요구사항 및 기대치를 만족시키는지를 측정하는 과정이다.

## 026 정답 ②

디지털 저작권 관리(DRM ; Digital Right Management)는 소프트웨어 실행 코드나 디지털 콘텐츠를 암호화하여 인증된 사용자에게만 서비스를 인가하는 보호 기술 및 시스템으로 패키저(Packager), 보안컨테이너(Secure Container), 클리어링하우스(Clearing House), DRM 컨트롤러(DRM Controller)로 구성된다. 이 중 패키저(Packager)는 콘텐츠 혹은 소프트웨어 코드와 메타데이터를 배포 가능한 단위로 묶는 기능을 제공한다.

## 027 정답 ③

모듈은 소프트웨어의 기본 구조이며, 캡슐화를 통해 독립적으로 구성되어 있다.

## 028 정답 ②

사용자 매뉴얼 작성은 작성 지침을 정의한 후 사용설명서 구성 요소 정의 → 구성 요소별 내용 작성 → 사용자 설명서 검토 순으로 진행한다.

## 029 정답 ④

코드를 최대한 간결하고 가독성 있게 작성하기 위해서는 실행문과 주석을 명확히 하고, 복잡한 논리식이나 산술식은 괄호와 들여쓰기를 가독성 있게 표현하며, 선언부와 구현부는 빈 줄을 사용해서 구별한다. 반면 한 줄에 너무 많은 문장을 코딩하게 되면 가독성이 훼손될 수 있다.

## 030 정답 ①

이진 탐색 트리 중 한쪽 쏠림 현상이 있는 이진 경사 구조 트리는 최악의 경우 탐색 시간이 O(n)이며, AVL 트리, 2-3 트리, Red-Black 트리는 Balanced 트리라고 하여 시간복잡도가 O(log n)로 상대적으로 양호하다.

## 031 정답 ④

깊이우선탐색(DFS)은 그래프의 모든 정점을 탐색하는 대표적인 방법으로 중간에서 시작해서 왼쪽, 오른쪽 순서로 순회한다. 이에 따라 A에서 시작해서 B, E, F로 이동한 후 왼쪽인 G, C, D로 진행한다.

## 032 정답 ②

단위 테스트는 개발 단계에서 하나의 모듈이 정상적으로 개발되었는지를 확인하는 테스트 과정이며 이후 복수의 모듈을 대상으로 통합 테스트를 수행한다.

## 033 정답 ③

스택 구조는 1개의 Top 포인트에 입력과 출력이 이뤄진다. 제시된 코드는 0이 될 때까지 하나씩 자료가 삭제되는 형태의 코드이며, 만약 Top이 0에 도달하면 Underflow에 해당된다.

## 034 정답 ②

버블 정렬은 인접한 두 개의 원소를 비교하여 서로 자리를 교환하는 알고리즘으로 오름차순 정렬은 두 개의 값을 비교해서 큰 값을 오른쪽으로 보내고 내림차순 정렬은 두 개의 값을 비교해서 작은 값을 오른쪽으로 보내는 방식이다. 첫 번째 원소부터 마지막 원소까지 반복하여 한 단계가 끝나면 가장 큰 원소가 마지막 자리로 정렬하게 된다.
보기 9, 6, 7, 3, 5에서 PASS 1번의 첫 번째는 9와 6을 비교해서 6, 9, 7, 3, 5가 도출되고 두 번째는 9와 7을 비교해서 6, 7, 9, 3, 5가 도출된다. 세 번째는 9와 3을 비교해서 6, 7, 3, 9, 5가 도출된다. 마지막으로 9와 5를 비교 후 자리를 교환하면 6, 7, 3, 5, 9가 도출되며 PASS 1단계가 완료된다. 2단계는 이미 정렬된 9를 제외하고 6, 7, 3, 5를 비교하여 자리 교환이 이뤄지며, PASS 2의 최종 결과는 6, 3, 5, 7, 9가 도출된다. 이후 6, 3, 5 값을 동일한 조건으로 위치교환을 수행하면 PASS 3단계는 3, 5, 6, 7, 9로 알고리즘이 종료된다.

## 035 정답 ④

스택(Stack)은 데이터를 삽입하는 Push 연산과 데이터를 삭제하는 Pop 연산으로 구성되고 LIFO(Last In First Out) 방식으로 운영된다. ①에서 ABCD 순서로 모든 데이터 입력 후 출력을 하게 되면 DCBA가 된다. ②의 경우 A와 B를 입력하고 B를 바로 출력, 이후 C를 입력하고 C를 바로 출력, 그 다음 D를 입력하고 D 출력 후 맨 마지막 A를 출력하면 BCDA 순서로 출력된다. ③의 경우는 ABC를 입력 후 C, B, A 순서로 출력한 후 마지막에 D를 입력했다가 바로 D를 출력하게 되면 CBAD 순서로 출력이 된다. 그러나 ④는 D 다음 B, C 다음 A 등 연속되지 않은 데이터의 출력 형태를 보이므로 스택의 출력 결과로 불가능하다.

## 036 정답 ①

시스템이 고장(Failure)을 일으켜 오류가 발생한 경우를 Fault(결함)라고 한다. 이러한 결함이 발생해도 규정된 기능을 지속적으로 수행하도록 구현한 시스템을 Fault Tolerant System이라고 한다.

## 037

정답 ①

소프트웨어 품질특성 국제표준인 ISO 9126에서 제시한 품질 목표에는 기능성(Functionality), 신뢰성(Reliability), 사용성(Usability), 효율성(Efficiency), 유지보수성(Maintainability), 이식성(Portability)이 있다. 이 중 복수의 하드웨어 환경에서 운영될 수 있도록 쉽게 수정이 가능한 속성을 의미하는 것은 이식성(Portability)이다.

## 038

정답 ②

강도 테스트는 짧은 시간에 많은 양의 자료를 부과하고 처리 여부와 다양한 스트레스를 적용하는 테스트 방식이다.

## 039

정답 ③

형상 관리는 무분별하고 빈번한 사용자 요구 변경을 제한하는 기능을 수행한다. 형상 통제 과정에서 형상 목록의 변경 요구는 형상통제위원회의 정식 변경 승인을 거친 후에 반영된다.

## 040

정답 ③

소스 코드 정적 분석(Static Analysis)은 소스 코드를 실행하지 않고 분석을 수행하며, 코드의 오류나 잠재적인 오류를 찾아낸다. 반드시 하드웨어적인 방법으로 코드를 분석하는 것은 아니며 소프트 측면의 검토(문서 검토 등)를 통해서도 코드 분석을 수행한다.

# 3과목 | 데이터베이스 구축

| 041 | 042 | 043 | 044 | 045 | 046 | 047 | 048 | 049 | 050 |
|---|---|---|---|---|---|---|---|---|---|
| ① | ① | ④ | ① | ③ | ④ | ② | ③ | ② | ② |
| **051** | **052** | **053** | **054** | **055** | **056** | **057** | **058** | **059** | **060** |
| ① | ① | ③ | ③ | ④ | ③ | ③ | ① | ④ | ③ |

## 041

정답 ①

데이터의 중복이나 종속성 특성으로 인하여 발생하는 비정상적인 삽입, 삭제, 갱신 등의 관계연산 처리 상황을 이상(Anomaly) 현상이라고 하며, 정규화를 통해서 무결성을 보장하여 이상 현상을 해결한다.

## 042

정답 ①

기본키가 NULL이 될 수 없는 무결성은 개체 무결성 제약조건이다.

② 참조 무결성 제약조건 : 외래키는 그 외래키가 기본키로 사용된 릴레이션의 기본 키이거나 널(Null)이어야 함

③, ④ 속성 무결성 제약조건 : 도메인 무결성이라고도 하며 릴레이션의 각 속성들은 그 속성이 정의된 도메인에 속한 값이어야 하는데 이때 데이터의 속성, 기본값, Null 여부 등 조건에 한정되어야 함

## 043

정답 ④

카티션 프로덕트는 곱집합을 의미하며, R1 테이블 데이터와 R2 테이블 데이터가 모든 경우의 수를 합쳐 테이블로 출력된다. 이를 위한 명령어는 'SELECT * FROM 테이블1, 테이블 2;'로 동시에 2개 테이블을 조회한다.

## 044

정답 ①

정규화는 데이터베이스의 이상 현상을 발생시키는 종속성, 중복성 등의 요인을 제거하고 무결성을 보장하기 위해 릴레이션을 무손실 분해하고 정리하는 과정이다. 정규화는 통상적으로 논리적 데이터 모델링 단계에서 수행한다.

## 045

정답 ③

제5차 정규화는 후보키를 통하지 않는 조인 종속성을 제거 수행하며, 제4차를 만족시키면서 후보키를 통해서만 조인 종속이 성립되는 경우이다.

## 046

정답 ④

물리적 데이터베이스 설계단계에서는 효율적 데이터 저장과 관리를 위해서 저장 공간 산정, 저장 레코드 형식, 접근 경로 등을 설계한다. 트랜잭션 인터페이스나 데이터 타입 등은 논리적 설계에서 구현한다.

## 047

정답 ②

SQL의 논리 연산자는 AND, OR, NOT, BETWEEN, EXISTS 등이 있다.

## 048

정답 ③

SQL의 연산자 중 NULL 값 조건은 'IS NULL'로, NULL 값이 아닌 조건은 'IS NOT NULL'로 표기한다.

## 049

정답 ②

DDL(Data Definition Language)은 데이터 정의어라고 하며 데이터베이스의 정의와 수정을 목적으로 사용하는 CREATE, ALTER, DROP, TRUNCATE문으로 구성된다. DELETE문은 DML(Data Manipulation Language), 즉 데이터 조작어이다.

## 050

정답 ②

동시성 제어는 트랜잭션의 무결성을 확보하기 위한 기법이며 로킹, 타임스탬프, 다중 버전 등을 활용한다. 이 중 타임스탬프는 트랜잭션의 순서를 시간 단위로 설정함으로써 상호배제를 구현하는 기법이다.

## 051

정답 ①

트랜잭션은 데이터베이스에서 한 번에 수행되어야 하는 일련의 Read와 Write 연산을 수행하는 업무 처리 단위를 의미한다.

## 052

정답 ①

병행 제어 로킹은 트랜잭션이 사용하는 자원에 대하여 상호 배제(Mutual Exclusive)를 제공하는 기법으로 데이터베이스, 파일, 튜플 등이 로킹 단위가 될 수 있다. 이때 로킹 단위가 크면 구현이 용이하고 오버헤드는 감소하나 병행성(동시성)이 약하며, 로킹 단위가 작으면 구현이 복잡하고 오버헤드가 발생하나 병행성(동시성)은 강해진다.

## 053

정답 ③

슈퍼키는 Record를 유일하게 식별할 수 있는 하나 또는 그 이상의 Attribute 집합으로 유일성은 만족시키나 최소성은 만족시키지 못하는 특성을 갖고 있다.

## 054

정답 ③

트랜잭션(Transaction)은 데이터베이스에서 한 번에 수행되어야 하는 일련의 Read와 Write 연산을 수행하는 업무 처리 단위로서 Atomicity(원자성), Consistency(일관성), Isolation(고립성), Durability(영속성) 등의 특성이 있다. 이때 트랜잭션 실행 중에 수행하는 연산의 중간 결과를 다른 트랜잭션에서는 접근할 수 없는 특성은 Isolation(고립성)이다.

## 055

정답 ④

인덱스는 데이터의 검색 속도 개선을 위해서 별도로 테이블의 Row를 동일한 경로로 식별 가능하도록 구조화된 데이터군이다. 순서 인덱스는 B-Tree 알고리즘을 이용하며, BETWEEN 등의 논리 연산자를 사용할 수 있고, 사용자가 직접 생성하고 구현한다.

## 056

정답 ③

HAVING은 GROUP BY절과 함께 사용하여 SELECT문에서 표시되는 그룹화된 레코드를 지정하고 표시한다.

## 057

정답 ③

함수 종속성은 화살표로 표기하고 시간에 관계없이 속성 Y가 X에 함수 종속일 시 종속 대상이 오른쪽에 표기된다.

## 058

정답 ①

관계 대수는 절차 중심의 언어로 순수 관계 연산자와 일반 집합 연산자, 연산 규칙을 활용해서 릴레이션 처리에 필요한 사항(How)과 순서를 정의한 언어이다.

## 059

정답 ④

대표적인 관계 대수 연산자는 조인(Join), 셀렉트(Select), 프로젝션(Projection), 디비전(Division) 등이 있다. 포크(Fork)는 유닉스 운영체제에서 새로운 자식 프로세스를 생성하는 함수이다.

## 060

정답 ③

③은 데이터베이스의 접근 제어 규정에 대한 내용이다.

# 4과목 | 프로그래밍언어 활용

| 061 | 062 | 063 | 064 | 065 | 066 | 067 | 068 | 069 | 070 |
|---|---|---|---|---|---|---|---|---|---|
| ① | ② | ③ | ② | ① | ① | ④ | ① | ③ | ④ |
| 071 | 072 | 073 | 074 | 075 | 076 | 077 | 078 | 079 | 080 |
| ③ | ② | ③ | ③ | ④ | ④ | ② | ④ | ③ | ③ |

## 061

정답 ①

C 클래스는 192.0.0.0부터 223.255.255.255 범위의 IP만 해당된다.

## 062

정답 ②

메모리의 페이지 교체 알고리즘으로는 FIFO(First-In First-Out), 최적 교체(Optimal Replacement), LRU(Least Recently Used), 2차 기회(Second Chance), LFU(Least Frequently Used), NUR(Not Used Recently) 등이 있다. 이때 LUF(Least Used First) 알고리즘은 없으며 구현하더라도 마지막으로 사용한 페이지를 먼저 삭제하는 상당히 비효율적인 Worst 알고리즘이다.

## 063

정답 ③

배열과 반복문을 묻는 문제로서, 최초 i=0, 배열은 10개를 준비하고 초기 arr[0]은 0, arr[1]은 1로 정의된다. 반복문의 연산 내용은 최초 arr[2]=arr[1]+arr[0]으로 시작하며, 따라서 1회 반복 시작에서는 arr[2]가 1로 정의된다. 두 번째 반복에서는 arr[3]=arr[2]+arr[1]로 값이 2가 된다. 세 번째 반복에서는 arr[4]=arr[3]+arr[2]로 값이 3이 된다. 이후 연산을 반복하게 되면 arr[5]=5, arr[6]=8, arr[7]=13, arr[8]=21, 마지막 arr[9]는 arr[8]+arr[7]로서 34로 값이 출력된다. 정리하면 arr[0]은 0, arr[1]은 1이고 이후 특정 배열 원소 arr[n]은 arr[n-1]+arr[n-2]로 정의된다.

## 064

정답 ②

자바가상머신(JVM)은 Garbage Collector 기능을 자동으로 수행하여 더 이상 사용하지 않는 변수 및 데이터 공간을 효율적으로 관리한다.

### 065 정답 ①

적정한 변수명 정의를 묻는 문제이다. 변수명에 공백, 언더스코어(_), 달러($) 기호 외의 특수 기호가 있으면 안 되고, 특히 언어별로 예약어로 정의되면 안 된다. 본 문제에서 "else"는 C언어의 예약어로 변수로 선언하면 안 된다.

### 066 정답 ①

응집도는 하나의 모듈 내부에서 각 요소 간의 기능적 연관성을 측정하는 개념 및 척도로서 우연적(Coincidental), 논리적(Logical), 시간적(Temporal), 절차적(Procedural), 통신적(Communication), 순차적(Sequential), 기능적(Functional)으로 스펙트럼을 갖고 있다. 이 중 모듈의 기능 요소들이 같은 시간대에 처리되어야 하는 것들을 모으는 개념은 시간적(Temporal)에 해당한다.

### 067 정답 ④

2계층 오류제어 기법에서는 Stop-and-wait ARQ, Go-back-N ARQ, Selective-Repeat ARQ 등의 방식이 사용되며 Non-Acknowledge ARQ 방식은 사용하지 않는다.

### 068 정답 ①

SSJF는 현재 헤드에서 가장 가까운 큐의 요청을 처리하는 방식으로 53에서 가장 가까운 65, 65에서 가장 가까운 67에서 가장 가까운 37…의 순서로 이동하는 스케줄링 방식이다.

### 069 정답 ③

파일 디스크립터(File Descriptor)는 유닉스에서 사용하는 추상적 개념으로 운영체제가 파일을 활용하기 위한 파일 ID, 디스크 주소, 파일 크기 등의 정보를 담고 있어 파일 제어블록(File Control Block)으로도 부른다. 파일시스템이 각 파일마다 독립적으로 관리하여 사용자의 직접적인 접근은 제한되며, 보조기억장치에서 파일 호출 시 주기억장치로 이관된다.

### 070 정답 ④

파이썬은 1991년 귀도 반 로섬이 개발한 고급 스크립트 언어이며, 가독성과 개발 용이성이 높아 최근 널리 사용되고 있다.

### 071 정답 ③

파이썬에서 반복문을 묻는 문제로, 0부터 11까지 1씩 증가되면서 합계가 진행되어 66이 출력된다.

### 072 정답 ②

모듈 수가 증가하면 상대적으로 모듈의 크기는 작아지고, 모듈 사이의 상호교류가 증가하여 이를 해결하기 위한 비용이 많이 증가한다.

### 073 정답 ③

서브네팅(Subnetting)은 IP를 분할하여 새로운 네트워크 대역을 형성하는 것이다. 본 문제는 256개의 하나의 클래스를 4개로 나눈 IP 대역과 관련한 사항을 묻는 것으로 첫 번째 대역은 192.168.1.0~192.168.1.63, 두 번째 대역은 192.168.1.64~129.168.1.127, 세 번째 대역은 192.168.1.128~192.168.1.191, 마지막 대역은 192.168.1.192~192.168.1.255로 구성된다. 이때 마지막 네 번째 네트워크 대역의 4번째 IP는 192.168.1.192+4인 192.168.1.196이다.

### 074 정답 ③

모듈들이 변수를 공유하거나 제어정보를 교류하는 것은 모듈 간의 결합도를 높이는 형태이다. 모듈들이 독립적으로 변수를 구성하고 기능을 수행하는 것이 바람직하며 이 경우 결합도가 낮아진다.

### 075 정답 ④

스레드는 프로세스 내에서 실행되는 흐름의 단위로서 프로세스와 스레드가 바뀌어서 설명되어 있다.

### 076 정답 ④

TCP 프로토콜은 신뢰성 있는 연결을 위해서 전달하는 바이트마다 순서번호를 지정하고, 순서번호 확인의 답변을 통해서 무사히 데이터가 전송되었는지 확인한 뒤 체크섬을 통해서 세그먼트의 오류를 검사 및 정정한다. 아울러 송신 측이 수신 측의 응답인 ACK를 받기 전에 미리 전송하는 데이터의 양을 조절하여 설정하는 기능으로서 슬라이딩 윈도우 매커니즘을 활용하여 흐름 제어를 구현하며, 이때 윈도우 최대 크기는 65,535bytes이다.

### 077 정답 ②

본 문제는 C언어에서 문자열을 합치는 strcat 함수를 활용한 소스코드를 구현하였다. char str[50]="nation";의 문자열 배열에서 처음 요소에 nation을 넣고 나머지 배열 요소는 0으로 채워졌으며, "*"는 포인터로서 p2 주소에는 alter라는 문자열이 배당된다. 그리고 strcat은 문자를 합치는 함수이므로 "nation"과 "alter"가 합쳐진 nationalter가 정답이다

### 078 정답 ④

연산자의 순서는 괄호, 구조체, 공용체가 가장 높은 우선순위를 갖고 있으며, 단항 연산자, 이항 연산자, 조건 연산자, 대입 연산자 순서로 처리된다. 선지에 주어진 연산자는 --(단항 연산자), &(단항 연산자) → &(이항 연산자) → =(대입 연산자) 순서로 처리된다.

## 079
정답 ③

다양한 연산자들의 연산 방법과 연산자들의 우선순위를 묻는 문제이다. r1의 경우 연산자 우선순위에 따라 중앙의 논리연산자 || 왼편의 b<=4 비교 연산자를 먼저 수행한 결과 b 값이 원래 4이므로 참인 1이 반환되고, 오른편의 c가 2이므로 c==2 역시 참이 반환되어 중앙 논리연산자는 참 || 참이 되며, 둘 중 하나라도 참이면 1이 반환되는 결과 r1=1이 도출된다.
r2의 경우 중앙의 논리연산자 &&의 왼편 (a>0)을 연산하면 a=3이므로 참이 성립, 오른편 (b<5)를 연산하면 b=4이므로 역시 참이 성립되고 '참&&참'으로 모두 참이므로 r2=1이 도출된다.
r3의 경우 !c 연산은 NOT 연산으로 c가 0이면 1을 반환하나 2 값이 있으므로 0을 반환하여 r3=0으로 도출되며, 최종적으로 1(r1)+1(r2)+0(r3)=2가 출력된다.

## 080
정답 ③

C언어의 포인터를 묻는 문제로 &는 변수 이름 앞에 사용하여 주소값을 반환하며 *는 참조 연산자로 포인터 이름이나 주소 앞에 사용하여 주소에 저장된 값을 반환한다. 보기에서 n=4이며, &n=4, *pt=4, *&pt=4이므로 4+4-4+4=8이 출력된다.

# 5과목 | 정보시스템 구축관리

| 081 | 082 | 083 | 084 | 085 | 086 | 087 | 088 | 089 | 090 |
|---|---|---|---|---|---|---|---|---|---|
| ② | ④ | ④ | ③ | ② | ① | ② | ① | ② | ② |
| **091** | **092** | **093** | **094** | **095** | **096** | **097** | **098** | **099** | **100** |
| ③ | ② | ① | ④ | ③ | ① | ④ | ③ | ① | ④ |

## 081
정답 ②

ICMP(Internet Control Message Protocol) 프로토콜은 네트워크상에서 IP의 상태 및 오류 정보를 확인하는 프로토콜로 PING 명령어로 유명하다. 해커는 대량의 PING 명령을 서버에 보내서 시스템을 마비시키는 서비스 거부 공격을 수행한다.

## 082
정답 ④

텐서플로우는 구글의 오픈 소프트웨어 라이브러리로서 대량의 데이터를 인공지능 학습시키기 편리한 기능을 제공하고 있다.

## 083
정답 ④

RSA(Rivest Shamir Adleman)는 소인수의 곱을 인수분해하는 수학적 알고리즘을 반영한 대표적인 비대칭키 방식 암호화 알고리즘 및 기법으로 현재 전자서명, PKI 등에 활용되고 있다.

## 084
정답 ③

SSO(Single Sign On) 시스템은 기업이나 조직에서 하나의 인증을 통해 다수의 시스템에 인증하고 권한을 사용하는 목적으로 활용된다.

## 085
정답 ②

OWASP 기관은 웹상에서 발생하는 핵심 공격기법 10순위를 연구하고 발표하는 활동을 하고 있다.

## 086
정답 ①

폭포수 모델은 한번 다음 개발 단계로 넘어가면 이전 단계의 작업을 수정하는 것이 어려운 단계적(Cascading) 개발 모형이다.

## 087
정답 ②

COCOMO model 중에서 규모가 가장 작은 프로젝트 개발 형태는 Organic이며, Semi-detached은 30만 라인 이하, Embedded는 30만 라인 이상의 소프트웨어를 개발하는 유형이다.

## 088
정답 ①

소프트웨어 정의 저장장치(Software Defined Storage)에 관한 설명으로 가상화 기술을 사용, 저장장치를 효율적으로 사용할 수 있다.

## 089
정답 ②

MQTT는 CoAP와 함께 사물인터넷의 핵심 프로토콜로서 메시지를 publish(발행)하고, 관심 있는 주제를 subscribe(구독)하는 경량의 메시지 통신을 통해 IoT 시스템의 성능 한계를 고려한 프로토콜이다.

## 090
정답 ②

랜섬웨어(Ransomware)는 몸값(Ransom)과 소프트웨어(Software)의 합성어로 악성 소프트웨어를 감염시킨 후 컴퓨터에 저장된 정상 파일을 암호화하고 복호화에 대한 비용을 요구하는 악성코드 및 공격기법이다. 최근 피해가 증가하고 있어 국가 차원에서 대대적인 대응 방안이 요구된다.

## 091
정답 ③

XDMCP(X Display Manager Control Protocol)는 리눅스에서 사용하는 원격데스크톱 프로토콜로서 DBMS 접근제어와 관계없다.

## 092
정답 ②

파스타(PaaS-TA)는 과학기술정보통신부와 한국지능정보사회진흥원이 개발한 개방형 클라우드 컴퓨팅 플랫폼으로 인프라 제어 및 관리 환경, 개발 환경, 실행 환경, 서비스 환경 및 운영 환경으로 구성되어 있다.

## 093

정답 ①

VLAN(Virtual Local Area Network)은 물리적인 구성과는 별도로 논리적으로 LAN을 재구성하여 사용하는 일종의 가상화 네트워크 기술로서, 효율적인 장비 운용이 가능하며 직접적인 물리 구성과 차별화되어 보안성 증가의 효과가 있다.

## 094

정답 ④

원시 코드의 라인 수(Line of Code)를 이용해서 SW의 비용을 산정하는 방식은 LOC 방식이다.

## 095

정답 ③

소프트웨어 개발 프레임워크는 반제품 형태의 제품으로 호환성과 재사용성을 높여주는 효과가 있으며, 프레임워크에서 직접 코드의 흐름 제어가 가능하다.

## 096

정답 ①

접근제어 유형은 크게 임의적 접근 통제(DAC ; Discretionary Access Control), 강제적 접근 통제(MAC ; Mandatory Access Control), 역할 기반 접근 통제(RBAC ; Role Based Access Control)으로 분류된다. 이 중 기밀성이 있는 객체에 대해 주체 및 주체 그룹에 설정된 권한에 근거하여 객체에 대한 접근을 차단하거나 제어하는 방법은 강제적 접근 통제 방법에 해당한다.

## 097

정답 ④

소프트웨어 생명주기 모형(SDLC) 중 폭포수 모델(Waterfall Model)과 나선형 모델(Spiral Model)은 워낙 기본적이고 중요한 모형이라서 꾸준히 문제가 출제되고 있다. 나선형 모델은 계획 및 정의 → 위험분석 → 개발 → 고객 평가의 사이클이 프로젝트 완료될 때까지 지속적으로 반복된다.

## 098

정답 ③

SQL Injection 공격 기법은 DBMS의 유형에 따라서 다르게 적용된다.

## 099

정답 ①

IDS 시스템은 오용 탐지(Misuse)와 이상 탐지(Anomaly)의 두 가지 유형이 있으며, 이 중 Signature Base 또는 Knowledge Base를 의미하는 탐지 유형은 오용 탐지이다.

## 100

정답 ④

시스템 패스워드는 모두 해쉬함수로 일방향 암호화되어 비밀번호가 유출되더라도 사용이 불가능하게 되어 있다. 다만, 해쉬함수는 전혀 다른 원문이라고 하더라도 일방향 암호화하는 과정에서 우연하게 동일한 암호화 값이 발생할 수 있으며, 이를 악용하여 암호를 유추하는 공격이 발생할 수 있다. 이때 Salt라는 임의 값을 추가하여 해쉬 암호화하면, 우연히 동일한 해쉬 암호값이 발생하는 것을 차단할 수 있다.

# 2022년 제1회 기출문제 정답 및 해설

## 1과목 | 소프트웨어 설계

| 001 | 002 | 003 | 004 | 005 | 006 | 007 | 008 | 009 | 010 |
|---|---|---|---|---|---|---|---|---|---|
| ④ | ② | ③ | ④ | ④ | ③ | ④ | ③ | ② | ③ |
| **011** | **012** | **013** | **014** | **015** | **016** | **017** | **018** | **019** | **020** |
| ③ | ④ | ② | ③ | ① | ① | ② | ② | ② | ② |

### 001 정답 ④

사용자 인터페이스 설계 시 오류나 경고는 사용자가 쉽게 확인이 가능하도록 소리나, 색으로 전달하는 것이 바람직하다.

### 002 정답 ②

애자일 소프트웨어 개발방법론은 절차나 형식보다는 사람이 중심이 되어 사용자의 요구변화에 신속하게 대응하며 고객과 소통 및 상호협력을 중요시하는 소규모 반복적 SW 개발 방법론으로 문서나 형식보다는 유연성을 강조한다.

### 003 정답 ③

요구분석은 요구사항 확인 절차의 한 과정으로 사용자의 요구사항을 도출하여 모델링하고 명세를 통해 문서화 및 검증하는 다양한 요구공학 방법을 의미하며 소프트웨어 개발에서 계획을 수립한 이후의 실질적인 첫 번째 단계이다. 소프트웨어 시스템이 사용되는 동안 발견되는 오류의 많은 부분이 요구사항 오류에서 파생되는 것이지만 이를 정리하는 단계는 아니다.

### 004 정답 ④

객체지향 설계 기법은 캡슐화(Encapsulation), 추상화(Abstraction), 다형성(Polymorphism), 정보 은닉(Information Hiding), 상속화(Inheritance)로 구성되며, 이 중 상위 클래스의 메소드와 속성을 하위 클래스가 물려받는 것은 상속화(Inheritance)이다.

### 005 정답 ④

하향식 설계는 상위 핵심 부분부터 설계하고 단계적으로 전체 시스템에 대해서 점차 상세화를 반복하는 설계 방법으로, 통합 검사 시에 이미 인터페이스가 정의되어 있고 데이터 구조 세부사항도 정의된 후 진행한다. 상향식 설계는 최하위 수준의 각 모듈을 설계하고 조립하듯이 결합하는 형태의 설계방법으로 인터페이스가 수립되어 있지 않다면 기능 추가가 어렵다.

### 006 정답 ③

자료흐름도는 배경도를 기반으로 기능을 분할하고 버블 단위로 표현한 구조도로써 Process는 원, Data Flow는 화살표, Terminator는 사각형, Data Store는 위아래 이중선으로 구성된다.

### 007 정답 ④

소프트웨어 개발에 이용되는 모델은 SDLC 모델로 폭포수 모델, 나선형 모델, 반복적 모델, 클린룸 모델 등이 있으며, 설계 및 모델링을 위한 UML, 배경도, 자료흐름도, 자료사전, 구조도, 소단위 명세서, E-R 모델 등이 있다. 이러한 모델은 이해 향상, 의사소통 지원, 시각적 표현 등이 가능하며 향후 개발 시스템을 개략적으로 유추할 수 있다.

### 008 정답 ③

UML은 OMG(Object Management Group)에서 객체모델링 기술과 방법론에 표준화하여 제안한 객체지향 기반의 모델링 표기법으로 럼바우의 OMT, 야곱슨의 OOSE, 부치의 OOD가 통합되어 개발된 모델 언어이다.

### 009 정답 ②

사용자 인터페이스 설계 도구는 목업, 프로토타입, 스토리보드, 유스케이스 등이 있으며, 이 중 정적인 형태의 모형은 목업이다.

### 010 정답 ③

SCRUM은 애자일 기법 중 하나의 유형으로 마스터(Master)가 팀을 리드하며, 제품 백로그(Product Backlog)는 요구 정의, 아키텍처 정의 등 실질적인 실무 목록을 의미한다. 스프린트(Sprint)는 프로젝트를 30일 단위로 분리하여 단기간에 반복하는 개발과정이며 이때 속도(Velocity)를 통해서 특정 팀이 제품 백로그를 수행할 수 있는지를 예측하고 평가한다.

### 011 정답 ③

UML 정적 다이어그램 유형은 클래스, 패키지, 컴포넌트, 배치 다이어그램이 있으며, 동적 다이어그램 유형은 상호작용, 순차(시퀀스), 협동, 액티비티, 상태 다이어그램이 있다.

## 012

정답 ④

LOC(Line Of Code) 기법은 소프트웨어 개발 시 상향식 비용산정 모델로 전체 SW 원시코드 수를 예측하여 도출 가능하다. 이 문제에서는 LOC 기법으로 36,000라인의 수는 이미 도출되었고, 이때 개발자 1인당 소요 개월 수를 묻는 것은 Man Month(M/M) 기법을 이용해 LoC/개발자 월간 생산성의 계산식으로 결과값을 도출한다. 먼저 6명 프로그래머가 투입되었으니 36,000을 6으로 나눈 6,000코드가 1인당 개발해야 될 범위이며, 1인당 한 달 평균 300라인 개발이 가능하므로 6,000/300라인을 계산한 20개월이 소요된다.

## 013

정답 ②

클래스 설계원칙(객체지향 설계원칙)은 단일책임의 원칙(SRP), 개방폐쇄의 원칙(OCP), 리스코프 치환의 원칙(LSP), 인터페이스 분리의 원칙(ISP), 의존관계 역전의 원칙(DIP)으로 구성된다.

- 단일 책임의 원칙 : 여러 개의 책임을 가진 클래스는 하나의 책임을 갖은 클래스로 대체되어야 한다.
- 리스코프 치환의 원칙 : 상속받은 자식 타입들은 부모 타입에 대체 가능하도록 설계한다.
- 인터페이스 분리의 원칙 : 객체의 기능과 입출력 기능을 분할하여 설계한다.
- 의존관계 역전의 원칙 : 상위 모듈이 하위 모듈에 의존하지 않고 모두 추상화에 의존해야 한다.
- 개방폐쇄의 원칙 : 클래스가 확장에는 열려 있고, 변경에는 닫혀 있음을 의미한다.

## 014

정답 ③

GoF(Gang of Four) 디자인 패턴은 '갱 오브 포'라는 별칭의 개발자 4명(에리히 감마, 리차드 헬름, 랄프 존슨, 존 블리시디스)이 개발한 객체지향 경험적 패턴으로 크게 생성 패턴, 구조 패턴, 행위 패턴으로 분류되며 생성 패턴은 추상 팩토리(Abstract Factory), 빌더(Builder), 프로토타입(Prototype), 싱글톤(Singleton)이 해당된다.

## 015

정답 ①

아키텍처는 '설계 목표 설정 및 요구 분석 → 시스템 타입 결정 및 스타일 적용 → 서브시스템 기능 및 인터페이스 작성 → 설계 검토' 순으로 설계를 수행한다.

## 016

정답 ①

사용자 인터페이스는 효율성이 높아야 하며, 오류 수정이 용이해야 한다. 아울러 사용자와의 소통을 중심으로 피드백을 제공하고 사용성을 높여야 한다.

## 017

정답 ②

디자인 패턴은 객체지향 설계원칙을 준수하여 프로그램 개발 시 자주 나타나는 설계 문제를 해결하기 위한 방법과 사례를 경험 기반으로 정리한 설계 패턴이다.

## 018

정답 ②

객체지향 분석기법 중 객체 모형, 동적 모형, 기능 모형을 생성하는 모형은 제임스 럼바우(James Rumbaugh)가 제안한 OMT(Object Modeling Technology)이다. 이와 함께 Booch Method인 OOD(Object Oriented Design)와 Jacobson Method인 OOSE(Object Oriented Software Engineering)가 UML로 지정된다.

## 019

정답 ②

FEP(front-end processor)는 입력데이터를 미리 처리하는 프로그램이나 하드웨어를 의미한다.

## 020

정답 ②

Class는 데이터를 추상화하는 단위이며, 단일 객체를 생성하거나 혹은 유사한 객체들을 묶어 공통의 특성을 도출한다.

# 2과목 | 소프트웨어 개발

| 021 | 022 | 023 | 024 | 025 | 026 | 027 | 028 | 029 | 030 |
|---|---|---|---|---|---|---|---|---|---|
| ① | ② | ③ | ② | ④ | ④ | ② | ④ | ① | ① |
| 031 | 032 | 033 | 034 | 035 | 036 | 037 | 038 | 039 | 040 |
| ④ | ④ | ① | ③ | ① | ④ | ① | ③ | ③ | ② |

## 021

정답 ①

클린 코드 작성을 위해서는 가독성, 단순성, 의존성, 중복성, 추상화를 고려해야 한다. 이 중 추상화는 상위 클래스, 메소드, 함수를 통해 애플리케이션 특성을 간략하게 나타내고 상세 내용은 하위 클래스, 메소드, 함수에서 구현하는 것을 의미한다.

## 022

정답 ②

테스트 드라이버는 상위에 구성된 임시 소프트웨어로 이때 하위 실제 테스트 대상인 하위 모듈을 호출하게 되며, 상향식 테스트에 필요하다. 테스트 스텁과 다소 혼동이 있을 수 있으니 정확한 개념 정립이 필요하다.

## 023

정답 ③

스택(STACK)은 데이터의 삽입 및 삭제가 한쪽 방향의 끝인 톱(top)에서만 이루어지는 유한 순서 리스트로써 LIFO(Last In First Out) 방식으로 운영된다. 주로 서브루틴 호출, 인터럽트, 이진트리 운행, 깊이 우선 탐색(DFS) 등에 활용된다.

## 024
정답 ②

모듈화를 통해서 오류 파급을 제한할 수 있으며 재사용을 통한 비용 및 유지보수 노력이 절감된다. 그러나 모듈화가 지나치게 심화되면 각 모듈 간의 인터페이스가 복잡해지고 오히려 비용이 증가하는 문제가 발생하여 적정한 트레이드 오프 기반의 설계가 필요하다.

## 025
정답 ④

소프트웨어 프로젝트 관리는 정해진 기간 내에서 최소 비용으로 사용자의 요구사항을 반영하고 만족하는 시스템을 개발하는 것을 목표로 한다.

## 026
정답 ④

정형 기술 검토는 소프트웨어 개발 산출물을 대상으로 요구사항의 일치 여부, 표준 준수 및 결함 발생 여부를 검토하는 정적 분석기법이며 동료검토, 인스펙션, 워크스루 등이 해당된다. 이때 참가자 역할 및 수는 제한하여 진행한다.

## 027
정답 ②

기존 소프트웨어나 하드웨어 혹은 데이터베이터를 새로운 환경으로 변환하는 것을 마이그레이션(Migration)이라고 한다.

## 028
정답 ④

정보시스템 개발 단계에서 언어 선정은 통상적으로 개발 정보시스템 특성 적합도, 기 구축된 시스템의 현황 분석, 사용자 요구 분석과 함께 이루어진다. 이때 프로그래머가 개발한 소스 코드를 바이너리 파일로 변환하는 컴파일 과정에서 소스 코드를 배포할 저장소의 가용성과 적시성은 프로그래밍 언어의 선택의 주요 사항이며 이는 컴파일의 독창성과는 크게 상관이 없다.

## 029
정답 ①

소프트웨어 패키징은 개발자가 아닌 사용자 중심으로 진행해야 한다. 특히 다양한 사용자 환경을 이해하고 고려하여 반영한다.

## 030
정답 ①

자료 구조는 선형 구조와 비선형 구조로 분류되며, 대표적으로 선형구조 유형에는 스택(Stack), 큐(Queue), 큐의 일종인 데크(DEQUE), 연결 리스트(Linked List)가 있고 비선형 구조로는 트리(Tree), 그래프(Graph) 등이 있다.

## 031
정답 ④

개발한지 오래되어 참고문서나 개발자를 구하기 어려운 경우의 프로그램을 에일리언 코드(Alien Code)라고 하며 프로그램 로직이 복잡하게 얽혀 있는 코드를 스파게티 코드라고 한다.

## 032
정답 ④

소프트웨어 재사용은 생산성을 증가시키고 기존 프로젝트 산출물과 문서를 공유해서 재활용이 가능하다. 아울러 검증된 소프트웨어를 활용함으로써 품질 향상에 기여하지만 기존 소프트웨어 개발 방법론을 고려해야 하는 사항이 발생할 수도 있어 새로운 개발 방법론 도입이 어려울 수 있다.

## 033
정답 ①

XML과 JSON은 대표적인 인터페이스 간 통신 데이터 포맷이다. YAML은 Yaml Ain't Markup Language, Yet Another Markup Language의 준말로 최신 마크업 언어이며, 사람들이 이해하기 쉬운 형태를 지닌 데이터 포맷이다.

## 034
정답 ③

N-S 도표(N/S Chart : Nassi-Shneiderman Diagram)는 구조적 언어, 의사 결정도, 의사 결정표 등의 도구를 활용하여 소단위 명세서를 구현하는 설계도로 제어 논리 기반의 기술 중심 표현, 도형을 이용, 이해 용이, 코드 변환 용이 등의 특징이 있다. 이러한 구조적 분석 및 설계도인 배경도, 자료흐름도, 자료사전, 소단위명세서 등은 모두 그 전의 GOTO 분기문을 사용한 복잡한 프로그램 구조를 지양하고 연속, 선택, 반복 등의 이해하기 용이한 구조로 개발하는 운동서 시작되었다.

## 035
정답 ①

스택은 데이터를 삽입하는 Push 연산과 데이터를 삭제하는 Pop 연산으로 운영되며 가장 마지막에 입력된 값이 가장 먼저 인출되는 LIFO(Last In First Out) 방식으로 운영된다. 보기에서는 A입력(A저장)>B입력(AB저장)>B인출(A저장)>C입력(AC저장)>D입력(ACD저장)>D인출(AC저장)>C인출(A저장)>A인출의 순서로 연산이 수행된다. 따라서 인출된 순서인 B, D, C, A가 출력된다.

## 036
정답 ④

퀵 정렬은 하나의 파일을 부분으로 나누는 피벗을 사용하여 정렬을 수행하며, 최악의 경우 $\frac{n(n-1)}{2}$회의 비교를 수행한다.

## 037
정답 ①

제어 흐름과 데이터 흐름을 검사하거나 루프 구조를 검사하는 방식은 모두 내부 구조를 확인하여야 하는 화이트 박스 테스트에 해당된다.

## 038
정답 ③

ISO/IEC 25000은 SQuaRE(Software product Quality Requirement and Evaluation)라고도 하며 S/W 개발 공정 각 단계에서 산출되는 제품이 사용자 요구를 만족하는지를 검증하기 위한 품질 측정과 평가를 위한 모델, 측정 기법, 평가 방안에 대한 국제 표준이다. ISO/IEC 2501n에서는 제품 품질 평가 일반 모형으로 ISO 9126-1을 기반으로 하고 있으며, 기능성, 신뢰성, 사용성, 효율성, 유지보수성, 이식성을 목표로 한다.

## 039
정답 ③

코드 인스펙션, 워크스루, 동료검토 등은 정적 테스트 기법으로 정형 기술 검토(FTR)에 해당된다.

## 040
정답 ②

프로젝트 관리는 ISO21500으로 표준화되어 있으며, 세부적으로 통합관리, 이해관계자관리, 자원관리, 일정관리, 범위관리, 의사소통관리, 원가관리, 위험관리, 품질관리, 조달관리 등으로 구성되어 있다. 이 중 위험 요소를 분석, 관리하는 활동은 위험관리이다.

# 3과목 | 데이터베이스 구축

| 041 | 042 | 043 | 044 | 045 | 046 | 047 | 048 | 049 | 050 |
|---|---|---|---|---|---|---|---|---|---|
| ① | ② | ① | ③ | ③ | ③ | ① | ④ | ② | ② |
| **051** | **052** | **053** | **054** | **055** | **056** | **057** | **058** | **059** | **060** |
| ① | ① | ④ | ① | ① | ③ | ④ | ④ | ③ | ③ |

## 041
정답 ①

데이터베이스의 설계는 추상적인 수준의 업무 현황을 개념적인 E-R모델로 도출하기 위한 개념적 모델링과 그 다음 단계인 시스템이 구현하고자 하는 업무의 모습을 DBMS 특성에 적합하도록 스키마를 정의하고 평가, 정제하는 논리적 데이터 모델 단계, 이후 최종적으로 데이터베이스를 실제 구현하기 위한 시스템 방식, 저장 공간 등을 정의하는 물리적인 설계 단계로 구성된다.

## 042
정답 ②

DML 언어인 DELETE는 테이블의 특정 데이터를 삭제하는 구문이며 DDL인 DROP은 아예 테이블을 삭제하는 명령어로서 서로 효과가 다르다.

## 043
정답 ①

제5정규형은 결합(Join)종속성에 기인하며 제4정규형을 만족시키면서 후보키를 통해서만 조인 종속이 성립되는 경우에 해당된다. 정규화는 후보키를 통하지 않는 조인의 종속성을 제거하여 수행한다.

## 044
정답 ③

E-R 모델에서 속성은 타원으로 표기하며, 다중값 속성은 중복 타원으로 표기한다.

## 045
정답 ③

외래키(Foreign key)는 연관관계가 있는 다른 테이블의 기본키 값을 참조한다.

## 046
정답 ③

관계해석은 관계대수의 식을 표현한 비절차적, 선언적 언어이며, 연산자는 θ, OR, AND, NOT로 구성된다. 정량자는 하나라도 존재하는 튜플(There Exist)을 의미하는 ∃와 모든 것에 대하여 혹은 모두 가능한 튜플(For All)을 의미하는 ∀로 구성된다.

## 047
정답 ①

차수(Degree)는 한 릴레이션에 포함된 속성(열, Colomn)의 개수를 의미하고 카디날리티(Cardinality)는 릴레이션 튜플(행, Row)의 개수를 의미한다. 보기에서는 차수는 속성인 학번, 이름, 학년, 학과로 모두 4개이며, 카디날리티는 13001번~13003번까지 총 3개의 행의 수이다.

## 048
정답 ④

뷰(View)는 사용자 관점에서는 일반 테이블과 동일하게 보이나 물리 테이블을 캐싱하여 별도로 구성된 논리 테이블을 의미한다. 복수 테이블이나 다른 뷰를 중복해 뷰를 생성할 수 있으며, 실제 물리테이블에 대한 직접 제어를 배제하여 보안성을 강화할 수 있다. 이외에도 사용자 요구를 가공 후 뷰를 활용함으로써 개발의 편의성을 확대할 수 있으나 뷰의 삽입, 삭제, 변경은 제약사항이 있다.

## 049
정답 ②

관계대수는 릴레이션을 처리하기 위한 연산의 집합으로 순수 관계 연산자로는 조인(join, ⋈), 셀렉트(select, σ), 프로젝션(Projection, π), 디비전(DIVISION, ÷) 등이 있다. 이때 프로젝션 π는 테이블인 '이름', 셀렉트 σ는 '학생' 컬럼, WHERE 절에서 '학과가 교육'인 범위를 조회한다.

## 050
정답 ②

A → B이고 B → C일 때 A → C인 관계는 이행함수 종속이며, 제3차 정규화가 이행함수의 종속성을 제거하는 정규화를 수행한다.

## 051
정답 ①

CREATE TABLE은 대표적인 DDL(Data Definition Language) 언어로서 테이블의 생성을 수행하며 속성에 데이터 입력이나 수정 시 Null 허용 여부, 기본 키 지정, 기본 키 제약조건 등을 정의하는 것이 가능하다. 속성의 데이터 타입 변경은 ALTER문으로 수행한다.

## 052 정답 ①

REVOKE는 GRANT로 부여된 권한을 회수하는 명령어이다.

## 053 정답 ④

튜플은 행(ROW)을 의미하며 5개 행의 급여 컬럼이 표시된다.

## 054 정답 ①

BETWEEN은 SQL 논리연산자로서 범위를 설정하며, 이때 'BETWEEN X AND Y'는 X 이상 Y 이하를 의미한다.

## 055 정답 ①

ROLLBACK은 트랜잭션을 이미 처리하였으나 이상이 생겨 그동안 수행한 처리를 철회하는 개념이다.

## 056 정답 ③

GRANT는 데이터베이스 사용자에게 특정 작업 권한을 부여한다.

① ROLLBACK : 트랜잭션 작업이 비정상적으로 종료되었을 때 원래대로 복구하는 기능을 수행한다.

② COMMIT : 데이터베이스의 트랜잭션 작업을 정상적으로 완료시킨다.

④ REVOKE : 다시 권한을 회수한다.

## 057 정답 ④

SELECT문의 결과를 합치고 빼는 집합연산자에 대한 문제로 합집합은 UNION, 차집합은 EXCEPT, 교집합은 INTERSECT이며, 본 문제에서는 R 테이블의 A와 S 테이블의 A 합집합인 1312를 결과로 하는 SQL문이다.

## 058 정답 ④

분산 데이터베이스 시스템의 주요 구성 요소는 분산 데이터베이스, 분산 처리기, 통신네트워크 시스템 등이 있다.

## 059 정답 ③

뷰는 원 테이블이 삭제되면 같이 삭제된다. 이에 따라 뷰 V_1을 삭제하는 명령어는 V_2까지 삭제하고 종료된다.

## 060 정답 ③

데이터베이스에서 병행제어는 트랜잭션을 공유하고 이를 통해 시스템 활용도를 최대화하고 일관성을 유지하면서 응답시간도 최소화하는 데 목적을 둔다.

# 4과목 | 프로그래밍언어 활용

| 061 | 062 | 063 | 064 | 065 | 066 | 067 | 068 | 069 | 070 |
|---|---|---|---|---|---|---|---|---|---|
| ① | ③ | ① | ① | ① | ① | ③ | ② | ④ | ④ |
| 071 | 072 | 073 | 074 | 075 | 076 | 077 | 078 | 079 | 080 |
| ① | ④ | ② | ② | ④ | ③ | ① | ② | ② | ③ |

## 061 정답 ①

IPv6는 차세대 IP 프로토콜 버전으로 현재 현실에서 다수 사용하고 있는 IPv4의 주소 고갈 문제나 보안성, 편의성 등 기능상의 문제점을 개선하기 위해 개발된 128bit 주소체계 기반 인터넷 프로토콜이다. IPv6의 패킷헤더는 가변길이로 구성된다.

## 062 정답 ③

C언어의 2차원 배열을 묻는 문제로 "타입 배열이름[열의 길이][행의 길이];"의 문구로 정의된다. 보기에서 int arr[2][3]은 정수형 2차원 배열로 2열 3행의 구조를 의미하며 arr[0][0]=1, arr[0][1]=2, arr[0][2]=3, arr[1][0]=4, arr[1][1]=5, arr[1][2]=6으로 메모리에는 선형구조처럼 구성되고 int (*p)[3]은 3열 2차원 배열의 주소를 저장할 수 있는 변수를 의미한다. 이때 arr[0][0]의 주소 표현은 "arr[0]+0" 혹은 " *(p+0)+0"으로 정의되며, arr[0][1]은 "arr[0]+1" 혹은 *(p+0)+1" 로 정의된다. 보기 소스 코드 중 첫 번째 출력코드에서 *(p[0]+1)는 arr[0][1]인 2값이며 *(p[1]+2)는 arr[1][2]인 6값으로 둘을 더하면 8이 출력된다. 두 번째 출력코드에서 (*(p+1)+0)는 arr[1][0]의 주소 값인 4이고 (*(p+1)+1)은 arr[1][1] 주소 값인 5로써 둘이 더하면 9가 출력된다. 이를 표로 정리하면 다음과 같다.

| 배열 | 주소표현 1 | 주소 표현 2 | 값 |
|---|---|---|---|
| arr[0][0] | arr[0]+0 | (*(p+0)+0) | 1 |
| arr[0][1] | arr[0]+1 | (*(p+0)+1) | 2 |
| arr[0][2] | arr[0]+2 | (*(p+0)+2) | 3 |
| arr[1][0] | arr[1]+0 | (*(p+1)+0) | 4 |
| arr[1][1] | arr[1]+1 | (*(p+1)+1) | 5 |
| arr[1][2] | arr[1]+2 | (*(p+1)+2) | 6 |

## 063 정답 ①

HTTP 프로토콜은 대표적인 7계층 프로토콜로서 응용계층에 해당된다.

## 064 정답 ①

논리 연산자 "||"에 대해 묻는 문제로서, OR의 연산을 뜻한다. "&&"은 모두 참이어야 1을 반환하는 AND 연산이고, "!="는 비교연산자로서 a와 b가 다르면 참값 1을 반환한다.

### 065
정답 ①

IPv6의 표시 방법은 16비트씩 8부분으로 나뉜 16진수로 표기하고 IPv4가 8비트씩 4부분의 10진수로 표기된다.

### 066
정답 ①

JAVA의 예외 오류는 하드웨어 문제, 운영체제 설정 문제 등의 환경적인 문제나 잘못된 연산 수식, 라이브러리 손상, 기억장치접근 실수 등 대체로 프로그램 외적인 오류에서 기인하며, 단순한 문법 오류는 해당되지 않는다.

### 067
정답 ③

ICMP 프로토콜은 인터넷 망에서 오류 처리를 지원하는 프로토콜이며, PING 명령을 통해서 호출 및 확인된다.

### 068
정답 ②

좋은 소프트웨어의 모듈 설계는 반드시 응집도(Cohesion)는 높이고 결합도(Coupling)는 낮춰야 한다.

### 069
정답 ④

P(S)와 V(S) 함수를 사용해서 상호배제를 수행하는 기법은 세마포어이다.

### 070
정답 ④

모듈은 다른 모듈에서 접근하여 컴포넌트 형태나 완성된 애플리케이션 형태로 재사용이 가능해야 한다. 다른 모듈에서 접근이 불가능하다면 재사용조차 못하게 된다.

### 071
정답 ①

메모리 배치전략 중 Best Fit는 내부 단편화를 가장 줄이는 전략 기반으로 적재적소에 프로그램을 배치하는 방법이다. 보기에서 17KB 용량이 탑재 가능한 빈 공간 중 가장 17KB 용량에 근접한 20KB에 적재하는 것이 효율적이며, 이때 잔여 공간 3KB(20KB−17KB)가 내부단편화로 발생한다. 나머지 빈 공간 16KB, 8KB, 40KB은 정상적인 빈 공간으로 내부단편화와 혼동되면 안 된다.

### 072
정답 ④

C언어의 제어문 중 반복문 while를 묻는 문제이며, 통상 while(조건식)을 통해서 조건식만큼 반복을 수행하나, while(1)는 무한반복을 하다가 별도의 조건식이 충족되어 break를 통해 정지된다. 본문은 i가 0부터 4가 될 때까지 반복하면서 1씩 증가하는 소스 코드이며, 총 4회 수행되어 최종 결괏값이 i=4가 되는 소스 코드이다.

### 073
정답 ②

자바 언어의 반복문을 묻는 문제이며, 문자열 개수만큼 반복하는데, 첫 번째 문자는 'A'이므로 a[i]='B'가 아니고 i == a.length−1이 아니어서 a[i+1]에 있는 B로 변환된다.
두 번째 문자는 'B'이므로 'C'로 변환되고, 세 번째 문자는 'D'이므로 그 다음 문자인 'D'로 변환되고, 네 번째 문자는 'D'이므로 그 다음 문자인 'A'로 변환된다. 다섯 번째 문자는 'A'이므로 그 다음 문자인 'B'로 변환되고, 여섯 번째 문자는 'B'이므로 'C'로 변환되며, 마지막 7번째 문자는 'C'이고, i == a.length−1이므로 이전 문자열인 'C'로 변환되어 'BCDABCC' 값이 출력된다.

### 074
정답 ②

Ant, Maven Gradle 등은 개발환경을 구성하고 컴파일이나 패키징을 통해서 소스 코드에서 애플리케이션을 생성하는 자동화 도구이다. 반면 Kerberos는 보안영역에서 사용하는 알고리즘으로서 개방 네트워크에서 인증과 암호화를 위한 키분배를 수행한다.

### 075
정답 ④

FIFO(First In First Out) 알고리즘은 저장 공간이 모두 가득찰 때 가장 먼저 입력된 값이 먼저 아웃되는 알고리즘이다. 3개의 프레임에 1 저장(1/−/−) → 2 저장(1/2/−) → 1 참조(1/2/−) → 0 저장(1/2/0) → 4 저장, 1 교체(2/0/4) → 1 저장, 2 교체(0/4/1) → 3 저장, 0 교체(4/1/3)로 운영되며, 최종적으로 3개의 프레임에는 4, 1, 3 값이 기록된다.

### 076
정답 ③

C언어의 문자열과 포인터를 묻는 문제로 p1은 KOREA가 저장되고 p2는 LOVE가 저장된다. 이후 str1[1] 주소에 있는 'O' 위치에 p2[2]인 'V'가 저장되어 str1은 KVREA가 되고, str2[3] 주소에 있는 'E' 위치에 p1[4]인 'A'가 저장되어 LOVA가 된다. strcat 문으로 str1 다음에 str2를 붙이면 KVREALOVA가 되고, *(p1+2) 는 str1[2]와 동일하므로 최종 'R' 이 출력된다.

### 077
정답 ①

파이선의 집합 자료형 문자열을 묻는 문제이며, list는 배열형, dict는 사전형 문자열로 key와 value 형태로 구성되어 있다. 첫 번째 열에서 a=100으로 선언되었으나, list_data=['a', 'b', 'c']에서 'a'는 문자형 배열요소 1번으로 print(list_data[0])에서 첫 번째 요소 'a'가 출력된다. 두 번째 dict_data={'a' : 90, 'b' : 95}에서는 사전형으로 a=90으로 정의되었으며, print(dict_data['a'])에서 90으로 출력된다.

## 078 
정답 ②

다양한 연산자의 처리와 우선순위를 묻는 문제로써 보기에서는 단항 연산자를 먼저 수행하고 이항 연산자, 대입 연산자 순서로 연산을 수행한다. 가장 먼저 b+2를 연산하면 4가 되고 a인 1보다 4가 크니까 && 연산자 왼편은 참이 된다. 오른편은 a<<1의 경우 a의 비트를 왼편을 1만큼 이동하면 비트값 01(1)에서 10(2)이 되고 a가 2가 되어서 a<=b는 참으로 반환된다. 이에 따라 참 && 참은 최종 1이 도출된다. && 연산자는 왼편과 오른편이 모두 참이면 참(1)을 반환한다.

## 079 
정답 ②

파이썬의 문자열과 반복문을 묻는 문제로 반복문이 수행될 때마다 대, 한, 민, 국이 한 줄씩 출력된다.

## 080 
정답 ③

운영체제 중 셸(Shell)은 명령어 해석기(Interpreter)를 통해 사용자 명령의 해석과 커널, 유틸리티 활용 및 사용자와 시스템 간의 인터페이스 역할을 수행하며 사용자 환경설정이나 배치 명령 등이 가능하다. 보기에서 프로세스와 메모리를 관리하는 기능은 커널(Kernel)에서 수행한다.

# 5과목 | 정보시스템 구축관리

| 081 | 082 | 083 | 084 | 085 | 086 | 087 | 088 | 089 | 090 |
|---|---|---|---|---|---|---|---|---|---|
| ② | ① | ③ | ① | ③ | ① | ③ | ② | ③ | ② |
| 091 | 092 | 093 | 094 | 095 | 096 | 097 | 098 | 099 | 100 |
| ④ | ② | ④ | ① | ③ | ① | ④ | ④ | ④ | ① |

## 081 
정답 ②

나선형 모델은 시스템을 개발하면서 발생하는 다양한 위험을 최소화하는 것을 목표로 점진적으로 완벽한 개발을 수행하는 소프트웨어 생명주기 모형이다. 계획 및 정의>위험분석>개발>고객 평가의 4단계 프로세스가 프로젝트 기간 동안 지속적, 반복적으로 수행된다.

## 082 
정답 ①

고가용성 솔루션은 하나의 시스템이 다운되어도 다른 시스템이 작동하는 구조를 통해 가용성을 높이고 있다.

## 083 
정답 ③

Switch Jamming은 MAC 주소를 위변조하여 정상적인 통신을 방해하는 해킹기법이다.

## 084 
정답 ①

DAS(Direct Access Storage)는 서버 등 호스트 기기가 네트워크 통신 채널을 통해 스토리지에 직접 접속하여 자신에게 할당된 스토리지 자원 및 영역에 대해서 입출력을 관리하는 기술 및 장비로써 직접 접속에 따른 성능과 지연율에서 우수한 특성이 있다.

## 085 
정답 ③

취약점 관리를 위해서는 현재 실행 중인 프로세스에 해킹툴이 없는지 살펴보고, 아울러 사용하지 않는 포트가 열려 있는지 열린 포트 위주로 점검이 필요하다.

## 086 
정답 ①

소프트웨어 모델 중 V모델은 폭포수모델을 기반으로 하는 테스트 중심의 변형모델로써 최초 소프트웨어를 개발하기 위한 요구 분석부터 사용자 인수테스트까지 전 단계를 포함하고 있다. Perry에 의해서 제안되었으며 테스트를 통한 검증과 확인, 신뢰도와 품질, 작업과 결과에 포커싱되는 특징을 갖고 있다.

## 087 
정답 ③

블루투스는 개인의 활동 반경에서 다양한 기기들을 무선으로 연결하는 저전력 ad-hoc방식의 WPAN(Wireless Personal Area Network) 통신네트워크 일종으로 표준은 IEEE802.15.1이다. 최근 블루투스의 활용 확대로 다양한 사이버 공격이 대두되고 있다.

- 블루프린팅(Blueprinting) : SDP(Service Discovery Protocol)을 활용하여 주변 블루투스 장치를 검색하고 모델을 확인한다.
- 블루스나프(BlueSnarf) : 블루투스 장치끼리 간편한 정보 교환을 위한 OPP(Obex Push Profile)의 블루투스 취약점을 이용하여 대상 기기의 임의 파일에 접근한다.
- 블루버그 : 블루투스 장비 간 연결 후 대상 장비의 임의 동작(과금 전화, 불특정 SMS 발송 등)을 유발시킨다.
- 블루재킹 : 블루투스를 이용해 스팸처럼 명함을 익명으로 퍼트리는 것이다.

## 088 
정답 ②

Smurf 공격은 브로트캐스팅 방식과 ICMP 패킷을 이용하여 서비스 거부공격을 수행한다. 멀티캐스트를 활용한 서비스거부 공격은 WS-디스커버리 프로토콜을 활용한 서비스 공격 등이 있다.

## 089 
정답 ③

하니팟(Honey Pot)은 마치 실제 조직 내 정보시스템인 것처럼 구성하고 해커들을 유도한 후 공격자의 IP주소, 공격기법 등을 수집, 분석하여 선제적으로 대응하는 미끼형 정보보안 시스템이다. 유사 시스템으로는 네트워크 침입자와 침입자 활동을 분석하고 정보를 수집하는 하니넷(Honey Net)이 있다.

### 090 정답 ②

Docker는 리눅스 컨테이너 기술을 자동화하여 가상화의 편리성을 높인 오픈소스 프로젝트이다.

### 091 정답 ④

간트 차트는 프로젝트 일정관리를 위한 가로막대형 차트로써 한눈에 중요 마일스톤을 확인할 수 있고, CPM(Critical Path Method)와 연동하여 쉽게 구현이 가능하며, 자원 배치계획에 유용하다. 이때 수평형 가로막대는 각 작업의 타임라인을 나타낸다.

### 092 정답 ②

Scrapy는 Python으로 개발된 웹 데이터 수집용 오픈소스 웹 크롤링 프레임워크이다. 빅데이터 수집 및 분석이나 웹을 통한 특정 도메인 데이터 수집 및 분석 등에 활용된다.

### 093 정답 ④

자원 삽입은 외부 입력 값에 대한 검증이 없거나 혹은 잘못된 검증을 거쳐서 시스템 자원에 접근하는 경로 등의 정보로 이용될 때 발생하는 보안 약점을 의미한다.

### 094 정답 ①

FAT와 NTFS는 모두 윈도우에서 사용하는 파일시스템이며, 최근 윈도우 운영체제는 디폴트로 NTFS를 사용한다. NTFS는 FAT 파일시스템보다 효율적이고 안정적이며, 보안에도 강하다.

### 095 정답 ③

DES는 64비트 암호화 알고리즘이다. 컴퓨터 성능이 낮은 시기에는 64비트 암호화도 안전했으나, 점차 컴퓨터 성능이 좋아지면서 DES는 짧은 시간에도 암호화 해독이 가능하게 되었다. 이에 대응하기 위해서 3번 DES를 수행하는 3DES와 AES 암호화 등이 등장했다.

### 096 정답 ①

umask는 리눅스에서 모든 계정의 사용자들이 생성하는 파일과 디렉토리 기본권한을 설정하는 명령이다. 디폴트 파일권한이 666이며, umask 값을 제외한 값이 644이므로 답은 022이다.

### 097 정답 ④

wtmp 명령어는 리눅스에서 사용자의 로그인과 사용 시간 등을 확인하는 명령어이다.

### 098 정답 ④

LoC(Line of Code)는 전체 SW 원시코드 라인 수를 낙관치, 중간치(기대치), 비관치로 3점 추정하고 예측치를 도출하여 소프트웨어 비용을 산정하는 방법론이다.

### 099 정답 ④

OSI 7 Layer의 전 계층을 모니터링하고 분석, 조정하는 최신의 기술 및 시스템은 DPI(Deep Packet Inspection)이다.

### 100 정답 ①

소프트웨어 개발 방법론의 테일러링(Tailoring)은 전통적인 소프트웨어 개발 방법론의 절차, 활동, 산출물을 특정 사업 목적과 환경에 맞게 최적화화여 방법론에 적용하는 활동 및 사상이다. 프로젝트 진행 간의 변화에 대해서 신속하고 유연하게 대응한다.

# 2022년 제2회 기출문제 정답 및 해설

## 1과목 | 소프트웨어 설계

| 001 | 002 | 003 | 004 | 005 | 006 | 007 | 008 | 009 | 010 |
|---|---|---|---|---|---|---|---|---|---|
| ② | ① | ① | ③ | ② | ④ | ② | ③ | ④ | ④ |
| 011 | 012 | 013 | 014 | 015 | 016 | 017 | 018 | 019 | 020 |
| ② | ③ | ① | ③ | ③ | ① | ③ | ① | ① | ② |

### 001 정답 ②

UML의 모델링의 분류에는 기능적 모델링, 정적 모델링, 동적 모델링으로 구분되며, 순차(시퀀스), 상호작용, 협동, 액티비티, 상태 다이어그램은 대표적인 동적 모델링으로 정보시스템 내부의 시간에 따른 동작과 상태의 변화를 표현한다.

### 002 정답 ①

메세지를 주고받아 연동하는 메시지 지향 미들웨어(Message-Oriented Middleware, MOM)는 독립적이고 다양한 응용 프로그램을 느슨한 결합과 비동기식으로 연결하는 미들웨어로써 대표적으로 ESB(Enterprise Service Bus) 솔루션이 있으며, 다소 느리지만 안정적인 특성을 갖고 있다.

### 003 정답 ①

익스트림 프로그래밍(XP ; eXtreme Programming)은 Scrum, UP, FDD 방법론과 함께 대표적인 Agile 개발 방법론으로써 이해관계자 간의 의사소통을 중심으로 하여 요구변화에 유연하게 대응 가능하며, 반복적인 소규모 개발, 경험 중시, 코드 개발에 중점을 둔다.

### 004 정답 ③

유즈케이스의 구성요소에는 행위자(Actor), 시스템(System), 일련의 행위인 유즈케이스((Use Case)가 있으며, 이러한 구성요소 간의 관계에는 연관(Association), 확장(Extend), 포함(Include), 일반화(Generalization)가 있다.

### 005 정답 ②

비기능적 요구사항은 사용자가 원하는 기능들을 원활하게 수행하기 위한 시스템의 내외부 제약 조건에 관한 사항들을 의미하며 대표적으로 시스템 성능, 보안성 등이 해당된다. 반면 기능적 요구사항은 사용자가 시스템을 통해서 해결하기를 원하는 구체적인 기능들로써 예를 들면, 회원관리, 자료검색 등이 해당된다.

### 006 정답 ④

정보공학 방법론은 정보시스템 개발을 데이터를 중심으로 하는 계획, 분석, 설계, 구축 과정으로 정형화한 개발 방법론으로 주요 모델링 기법은 데이터 흐름도, 결정트리, ERD를 활용하며, 데이터베이스 설계에는 ERD(Entity-Relationship Diagram)를 사용한다.

### 007 정답 ②

미들웨어는 분산 컴퓨터 환경에서 시스템 소프트웨어와 응용 소프트웨어, 혹은 다수 응용 소프트웨어 간에 연결을 지원하고 데이터 교환이 가능하게 지원해주는 중계 소프트웨어로써 사용자가 내부 동작을 쉽게 확인할 필요성이 크지 않으며, 확인하기도 용이하지 않다.

### 008 정답 ③

UI 설계지침은 가시성, 결과 예측 가능성, 단순성, 명확성, 사용자 중심, 오류 발생 해결, 일관성, 접근성, 표준화 등이 있다. 여기서 오류 발생 해결은 요구사항 처리에 발생하는 오류에 대해서 사용자가 인지하고 인터페이스를 통해서 대응할 수 있도록 구성하는 지침 사항을 의미한다.

### 009 정답 ④

객체지향 기본원리에는 캡슐화, 추상화, 다형성, 정보은닉, 상속성이 있다. 이 중에서 다형성은 동일 인터페이스에 각 객체가 서로 다른 응답을 다양한 형태로 하는 특성을 의미하며, 현재 코드를 수정하지 않고 새로운 클래스 추가가 용이하게 된다. 대표적인 방안으로는 오버라이딩(Overriding)과 오버로딩(Overloading)이 있으며, 오버라이딩은 상위 클래스 메서드를 하위 클래스가 재정의해서 재사용하는 기법을 의미하고, 오버로딩은 동일 명명 메소드를 복수 개로 구성하고 매개 변수의 개수와 유형을 다르게 하는 설계 기법을 의미한다. 즉, 메소드 명을 동일하게 구성하는데 보기에는 다르게 한다고 명기하여서 틀린 설명이다.

## 010 정답 ④

보기에서 기능은 사용자 요구 중 기능적 요구사항에 해당되며, 성능과 제약사항은 비기능적 요구사항에 해당된다. 소프트웨어 개발 시에 인터페이스는 복수 개의 시스템이나 소프트웨어 사이에서 정보를 송수신할때 사용하는 소프트웨어 혹은 시스템으로 소프트웨어에 의해서 제어되는 장치와 소프트웨어 실행 서버를 연결할 때도 활용된다.

## 011 정답 ②

객체(Object)는 프로그램을 구성하는 속성(상태, 변수)과 기능(행위, 함수)의 집합으로 속성은 멤버 변수로 선언하고, 행위는 메소드로 선언하여 구현한다. 클래스(Class)는 데이터를 추상화하는 단위이며, 객체를 생성하는 틀이다. 단일 객체를 생성하거나 혹은 유사한 객체들을 그룹핑하여 한 개의 공통 특성을 도출한다.

## 012 정답 ③

객체지향 기본원리는 캡슐화, 추상화, 다형성, 정보은닉, 상속성으로 구성되며, 이중 캡슐화(Encapsulation)는 하나의 기능을 수행하는 함수(Operation)와 데이터를 하나의 클래스로 그룹핑하고 메시지만으로 객체와 상호작용함으로써 재사용성과 보안성을 향상하는 방법이다.

## 013 정답 ①

애자일(Agile) 개발 방법론은 사용자 요구변화에 신속하게 대응하고 유연하며, 이해관계자 중심, 반복 개발, 소스 코드 중심의 특성이 있다.

## 014 정답 ③

콤포넌트(Component)는 특정한 기능을 수행하는 독립적인 소프트웨어 단위로써 객체지향 개발 방법론이나 콤포넌트 기반 개발 방법론 등 소프트웨어의 재사용성을 높이는 개발 방법론에 핵심 요소이다.

## 015 정답 ③

GoF(Gang of Four) 디자인 패턴은 '갱 오브 포'라는 별칭의 개발자 4명(에리히 감마, 리차드 헬름, 랄프 존슨, 존 블리시디스)이 개발한 디자인 패턴이며 생성, 구조, 행위 패턴의 총 3개 분류, 23개 패턴으로 정리된다. 이 중에 구조 패턴은 Adapter(Object), Bridge, Composite, Decorator, Façade, Flyweight, Proxy 패턴이 해당되며, Builder 패턴은 생성패턴에 해당된다.

## 016 정답 ①

UI(User Interface)에서 피드백(Feedback)은 사용자가 지시한 명령의 수행 과정, 결과, 시스템 상태 등을 표시하고 해석하는 것을 의미한다.

## 017 정답 ③

대표적인 UI의 유형에는 CLI(명령어 라인 인터페이스 : Command Line Interface), GUI(그래픽 사용자 인터페이스 : Graphical User Interface), AUI(오디오 사용자 인터페이스 : Auditory User Interface), NUI(자연스런 사용자 인터페이스 : Natural User Interface) 등으로 분류되며, 순서대로 사용자 친화적인 특성이 있다. 이중 전통적인 기존 입력장치 없이 사람의 감각과 행동을 통해서 디지털기기를 제어하거나 멀티 터치를 통해 소통하는 환경의 인터페이스는 NUI이다.

## 018 정답 ①

소프트웨어 모델링은 시스템을 통하여 해결하고자 하는 실세계 문제나 기능을 정형화하는 것을 의미하며, 다른 모델링 작업에 영향을 준다.

## 019 정답 ①

유스케이스 다이어그램(Use Case Diagram)에서 행위자(Actor)는 사용자인 행위자가 시스템에 대해 수행하는 역할(role)로써, 시스템과 상호작용하는 사물이나 사람을 의미한다. 이때 상호작용하는 외부 시스템도 액터로 파악한다.

## 020 정답 ②

MVC(Model–View–Controller)은 웹상에서 서비스를 제공하기 위하여 소프트웨어 개발 시에 활용되는 중요한 아키텍처 모델로 웹 화면과 인터페이스인 뷰, 백그라운드에서 실행되는 비즈니스 로직인 모델, 그리고 뷰와 모델 사이에서 데이터 흐름과 전달자 역할을 담당하는 컨트롤러로 구성된다.

## 2과목 | 소프트웨어 개발

| 021 | 022 | 023 | 024 | 025 | 026 | 027 | 028 | 029 | 030 |
|---|---|---|---|---|---|---|---|---|---|
| ③ | ② | ③ | ② | ① | ② | ④ | ④ | ① | ③ |
| **031** | **032** | **033** | **034** | **035** | **036** | **037** | **038** | **039** | **040** |
| ④ | ④ | ② | ① | ③ | ② | ② | ① | ③ | ④ |

### 021

정답 ③

상향식 통합 테스트는 가장 하위의 모듈부터 구현하면서 테스트를 수행하고 점차 상향 방향으로 확대한다.

### 022

정답 ②

이진(트리) 검색 방법은 데이터의 중간값을 선정하고 찾고자 하는 값과 비교하면서 원하는 데이터를 검색하는 방법이다. 보기 데이터 열에서 가장 가운데인 8번을 우선 선택하여 14와 비교하는데 이때 8은 원하는 데이터가 아니며, 8보다 큰 수이니 8의 오른쪽 9~15 데이터 열을 다시 비교하는데, 이때 9~15의 중간인 12를 선택하여 다시 14와 비교하게 된다. 역시 12는 14와 동일하지 않고 큰 수이기에 나머지 우측 데이터 열 13~15 중에서 가운데 값인 14를 선택하게 되며, 이때는 찾고자 하는 데이터 값과 동일한 값을 찾게 되니, 검색이 종료된다. 보기는 총 3번의 비교(8, 12, 14)를 통해서 원하는 검색 값을 확인하게 된다.

### 023

정답 ③

워크스루(Walkthrough)와 인스펙션(Inspection)은 모두 오류를 검증하기 위한 이해관계자 회의인데, 이때 인스펙션은 워크스루와 달리 공인된 중재자가 회의를 진행한다.

### 024

정답 ②

형상관리는 소프트웨어의 최종산출물들의 변경사항을 추적, 승인 등 관리하기 위한 일련의 활동을 의미한다.

### 025

정답 ①

테스트 케이스는 소프트웨어의 특정 부분이나 경로를 실제 실행해 보거나 사용자 요구사항에 부합하는지 확인을 위해 별도로 계획한 입력값, 조건, 예상 결괏값 등을 정의한 테스트 기준으로 테스트 계획이나 범위를 정의하면서 목표와 방법을 결정하고 그 다음 테스트 케이스를 작성한다.

### 026

정답 ②

JAVA에서 정보은닉(Information Hiding)을 표기할 때 공개를 뜻하는 것은 Public이다.

### 027

정답 ④

DRM(Digital Rights Management)은 소프트웨어 실행 코드나 디지털 콘텐츠를 암호화하여 인증된 사용자에게만 서비스를 인가하는 보호 기술로써 애초부터 불법 유통과 복제 방지를 위해 전자적으로 구현되는 보안 기술이다.

### 028

정답 ④

IT 분야에서 위험이란 정보시스템 개발이나 운영 간에 의도치 않게 발생하는 정상적인 업무 수행에 대한 위협 요인으로 모든 위험을 100프로 대응하고 제거하는 것은 사실 불가능하다. 이에 따라 지속적인 위험 모니터링을 수행하면서 위험을 인지하는 것이 중요하며, 이러한 위험에 대해서 기업이나 조직에서는 위험 회피(위험이 발생할 요인을 아예 제거), 위험 전가(보험사 가입), 위험 완화(예산을 들여 위험 수준 감소화), 위험 수용(위험 수준이 낮을 시 수용) 등의 전략을 사용한다.

### 029

정답 ①

RCS(Revision Control System)는 버전 관리 시스템의 유형으로 복수의 이해관계자들이 소스 코드를 수정하고 산출물 등을 관리할 수 있게 기능을 제공한다. RPC(Remote Procedure Call)는 원격 프로시저 호출이라고 하며 다른 컴퓨터의 함수나 프로시저 등 프로세스를 원격으로 호출하는 프로토콜이다.

### 030

정답 ③

화이트 박스 테스트는 프로그램의 내부 구조 및 동작을 분석하면서 검사하는 테스트 방식으로 제어 구조와 기본 경로 등을 중점으로 테스팅한다.

### 031

정답 ④

알고리즘(Algorithm)은 소프트웨어에서 특정 작업을 처리하기 위한 유한개의 명령어 집합군으로 특정 입력을 받아 원하는 출력값을 도출한다. 이중 선형 검색은 자료가 정렬되어있지 않는 상황에서 자료를 순차적으로 검색하는 방법으로 최악의 경우 복잡도는 O(N)에 해당된다.

### 032

정답 ④

버블 정렬은 두 인접한 원소를 검사하여 크기에 따라 정렬하는 알고리즘으로 시간은 오래 걸리나 안전성이 있는 완전 정렬로 이때 오름차순 정렬은 두 개의 값을 비교해서 큰 값을 오른쪽으로 보내고 내림차순 정렬은 두 개의 값을 비교해서 작은 값을 오른쪽으로 보내는 방식이다. 보기에서 첫 번째 라운드는 9와 6을 비교해서 큰 수인 9가 6과 자리를 바꾸게 되며, 다음 9와 7이 비교하여 다시 9가 오른쪽으로 이동하고 9와 3이 비교된다. 이렇게 마지막 9와 5가 비교돼서 최종 첫 번째 라운드에서는 9가 가장 마지막으로 위치하게 된다.

## 033
정답 ②

인스펙션(inspection)은 소프트웨어 설계와 코드에 대해서 검토를 수행하고 개발 초기에 결함을 제거하여 품질을 개선하고 비용을 절감하는 정적 테스트 기법이다. 절차는 '계획 수립 → 사전 교육 → 준비 → 인스펙션 회의 → 수정 → 후속 조치' 순서로 진행된다.

## 034
정답 ①

리팩토링(Refactoring)은 큰 개선 없이 코드의 효율화, 버그 수정 등을 위해서 수행하는 내부 구조 개선 코딩 작업을 의미한다.

## 035
정답 ③

단위 테스트(Unit Test)는 개별 모듈 단위로 테스트를 수행하기 위한 소프트웨어 단계 및 방법 등을 의미한다. 이때 테스트 드라이버는 단위 테스트에서 모듈만으로는 실행하면서 테스트가 불가능하므로 임시로 테스트를 수행하기 위해서 상위에서 테스트 모듈을 호출하기 위한 가상의 모듈을 뜻하며, 테스트 스텁은 드라이브와 반대로 특정 모듈 앞단에서 실행하면서 테스트를 수행하기 위해 만든 임시 모듈을 의미한다. ③은 테스트 드라이버에 관한 설명이다.

## 036
정답 ②

IDE(Integrated Development Environment)는 애플리케이션을 구축하기 위하여 필요한 개발자 툴을 하나의 사용자 인터페이스 환경하에 통합한 소프트웨어로써 Compile은 특정 프로그래밍 언어를 저급 프로그래밍 언어로 변환하고 번역하는 것을 의미한다.

## 037
정답 ②

이진 트리의 순회 방식에는 전위, 중위, 후위 운행이 있다. 이중 후위 운행은 왼쪽 → 오른쪽 → 중간 순으로 운행하는 방식으로 보기에서 가장 왼쪽에 있는 d에서 시작해서 오른쪽 b → g → h → e → f → c → a 순서로 운행된다.

## 038
정답 ①

JSON(JavaScript Object Notation)은 데이터 오브젝트를 속성-값의 쌍으로 구성하여 전달하기 위한 개방형 표준 포맷이다. 이외에도 인터페이스를 위해 XML(eXtensible Markup Language)이 있다.

## 039
정답 ③

스택(Stack)은 데이터의 삽입 및 삭제가 한 쪽 방향의 끝인 탑(top)에서만 이루어지는 유한 순서 리스트로써 순환프로그램이나 서브루틴 호출 등에 활용된다.

## 040
정답 ④

CppUnit은 C++ 언어, JUnit은 Java, HttpUnit은 웹사이트 단위 테스트에 사용되는 도구이다.

# 3과목 | 데이터베이스 구축

| 041 | 042 | 043 | 044 | 045 | 046 | 047 | 048 | 049 | 050 |
|---|---|---|---|---|---|---|---|---|---|
| ① | ① | ④ | ④ | ③ | ③ | ③ | ② | ② | ④ |
| 051 | 052 | 053 | 054 | 055 | 056 | 057 | 058 | 059 | 060 |
| ② | ④ | ③ | ③ | ④ | ④ | ④ | ② | ② | ① |

## 041
정답 ①

데이터베이스 정규화는 데이터베이스의 이상 현상을 발생시키는 종속성, 중복성 등의 요인을 제거하고 무결성을 보장하기 위해 릴레이션을 무손실 분해하고 정리하는 과정으로 정규형에는 1차, 2차, 3차, BCNF, 4차, 5차, 영역키 정규화가 있다. 보기는 BCNF(Boyce Code Normal Form) 정규형으로 릴레이션의 모든 결정자가 후보키일 경우 발생하며, 결정자가 후보키가 아닌 종속성을 제거하여 정규화를 수행한다.

## 042
정답 ①

트랜잭션의 성질은 모두 4가지로 원자성, 일관성, 고립성, 영속성이 있다. 이 중 원자성(Atomicity)은 트랜잭션이 더 이상 분해가 불가능한 최소 단위로써 연산 전체가 성공하거나 실패(All or Nothing)하는 성질로 COMMIT과 ROLLBACK을 통해 구현된다.

## 043
정답 ④

분산 데이터베이스는 복수 개의 병렬 데이터베이스 시스템으로 구성된 형태의 구조에서 트랜잭션의 원자성을 보장하기 위해 모든 노드가 COMMIT 하거나 ROLLBACK 하는 메커니즘 기반으로 구축한 데이터베이스이다. 이때 분산 투명성은 분산 데이터의 독립성을 위한 개념으로 위치 투명성, 중복 투명성, 장애 투명성, 병행 투명성, 단편화 투명성이 있으며, 사용자의 인식을 위한 개념이 아니며, 굳이 인식을 시킬 필요가 없다.

## 044
정답 ④

SELECT 구문은 테이블에서 특정 데이터를 읽어오는 구문이며 이때 다음과 같은 형태로 사용된다.

```
SELECT [ALL ; DISTINCT ; DISTINCTROW] 속성명1, 속성명2
  FROM 테이블명1,
[WHERE 조건]
```

ORDER BY 절은 특정 속성을 기준으로 정렬하여 검색할 때 사용하며, desc;를 입력하면 내림차순으로 정렬된다. 해당 쿼리를 위해서 푸드 테이블에서 제품명과 판매량 컬럼을 선택하고, 강남지점 조건에서 판매량을 내림차순으로 정렬하는 것이 필요하다.

## 045
정답 ③

인덱스(Index)는 데이터의 검색 속도 개선을 위해서 별도로 테이블의 Row를 동일한 경로로 식별 가능하도록 구조화된 데이터군으로 CREATE 문과 DROP 문을 통해서 생성과 삭제를 수행한다.

## 046 정답 ③

물리적 데이터베이스 설계는 데이터베이스의 성능 및 저장공간 관리와 관련해서 저장 레코드의 데이터 타입 정의, 테이터 값의 분포와 접근 빈도 등을 고려해서 설계한다. 트랜잭션 모델링은 논리적 데이터베이스 설계단계에서 고려된다.

## 047 정답 ③

SQL의 문법 유형은 Database 정의와 수정 목적으로 사용하는 DDL(Data Definition Language), 정의된 데이터베이스에 레코드를 조회, 수정, 삭제하는 역할의 언어인 DML(Data Manipulation Language), Database의 규정이나 기법 정의하고 제어하는 언어인 DCL(Data Control Language)이 있다. REVOKE는 특정 데이터베이스 사용자에게 특정 작업 권한 회수를 수행하는 명령문으로 DCL에 해당된다.

## 048 정답 ②

데이터 사전은 데이터와 데이터베이스 구조를 내용으로 하는 메타데이터이며, DBMS 내 구성요소로서 데이터베이스의 실제 데이터를 제외한 모든 정보를 포함한다. 주요 내용으로는 사용자 정보, 객체 정보, 제약 정보, 함수 정보 등으로 구성되며, DBMS에 의해서 직접 관리됨으로 사용자가 생성, 수정 등을 수행할 수 없다.

## 049 정답 ②

릴레이션은 관계형 데이터베이스에서 복수 개 개체들 간에 명명되어진 의미 있는 연결을 의미하며 튜플의 작업으로 시간에 따라 변경이 발생하고 한 릴레이션에 포함된 튜플들은 모두 상이하다. 이때 하나의 릴레이션의 튜플 사이에서 순서가 있지는 않다.

## 050 정답 ④

뷰(View)는 사용자 관점에서는 일반 테이블과 동일하게 보이나 물리 테이블을 캐싱하여 별도의 논리 테이블을 구성하여 만드는 가상 테이블로써 하나 이상의 물리 테이블로부터 논리적으로 생성이 가능하며 복수 테이블이나 다른 뷰를 이용해 생성 가능하다.

## 051 정답 ②

트랜잭션 상태변화에는 활동(Active), 부분 완료(Partially Commited), 완료(Commited), 실패(Failed), 철회(Aborted)가 있다. 이때 부분 완료는 트랜잭션에 구성되어 있는 모든 연산의 실행이 종료되었으나, COMMIT 연산이 수행되기 직전의 상태를 의미한다.

## 052 정답 ④

SELECT, UPDATE, INSERT 문은 모두 정의된 데이터베이스에 레코드를 조회, 수정, 삭제하는 역할의 언어인 DML(Data Manipulation Language)에 해당되나, GRANT 문은 객체의 소유자가 자신이 소유한 모든 권한 중에 특정 권한을 GRANT 문을 사용하여 다른 사용자에게 권한을 부여하는 문으로 Database의 규정이나 기법 정의하고 제어하는 언어인 DCL(Data Control Language)에 해당된다.

## 053 정답 ③

키는 릴레이션에서 튜플인 Row를 유일하게 식별 가능하게 하는 속성의 집합으로 하나의 엔티티 타입에서 각각의 엔티티를 구분하는 결정자로서 유형에는 슈퍼키(Super key), 후보키(Candidate key), 기본키(Primary Key), 대체키(Alternate Key), 외래키(Foreign Key)가 있다. 이중 후보키는 튜플을 유일하게 구분할 수 있는 최적화된 필드의 집합으로 유일성과 최소성을 만족하는 속성을 갖고 있다.

## 054 정답 ③

데이터베이스의 설계는 개념적 모델링 → 논리적 모델링 → 물리적 모델링 순서로 진행하며, 이때 트랜잭션 인터페이스 설계 및 작성은 논리적 모델링에서 수행한다.

## 055 정답 ④

기본키(Primary Key)는 후보키 중에서 튜플을 효율적으로 관리하도록 선택한 메인키로써 유일성, 최소성, Not null의 속성이 있으며, 외래키로 참조될 수 있다. 데이터 검색할 때 반드시 기본키만 활용하는 것은 아니다.

## 056 정답 ④

데이터 모델은 현실 세계의 문제 해결이나 업무 수행을 위한 정보시스템 개발 시 업무를 추상화하고 데이터베이스의 데이터로 표현하기 위해 설계하는 과정으로 구성요소에는 개체(Entity), 관계(Relation), 속성(Attribute 등이 있다. 이때 데이터 구조에 따라서 값들을 처리 작업은 Operation이다.

## 057 정답 ④

괄호 안에 정도일이 포함된 전체 소속팀의 전체 이름이 출력되도록 명령문을 넣어야 되며, 다시 SLECT 문을 활용해서 직원 테이블 중 정도일이 들어간 팀코드를 설정하는 명령문인 SELECT 팀코드 FROM 직원 WHERE 이름='정도일' 코드가 들어가야 한다.

## 058 정답 ②

개체 무결성은 특정 기본키 값이 Null 값이 될 수 없어야 하며, 릴레이션 내에서 하나의 값만 존재해야 한다.

### 059

정답 ②

카디널리티(Cardinality)는 릴레이션 튜플(행, ROW)의 개수를 의미하고 차수(Degree)는 한 릴레이션에 포함된 속성의 개수를 의미한다.

### 060

정답 ①

GRANT 문은 객체의 소유자가 자신이 소유한 모든 권한 중에 특정 권한을 GRANT 문을 사용하여 다른 사용자에게 권한을 부여하는 문으로 Database의 규정이나 기법 정의하고 제어하는 언어인 DCL(Data Control Language)에 해당된다. 통상 "GRANT 권한 TO USER" 형태로 구성된다.

## 4과목 | 프로그래밍언어 활용

| 061 | 062 | 063 | 064 | 065 | 066 | 067 | 068 | 069 | 070 |
|---|---|---|---|---|---|---|---|---|---|
| ③ | ② | ② | ② | ② | ② | ③ | ② | ③ | ④ |
| 071 | 072 | 073 | 074 | 075 | 076 | 077 | 078 | 079 | 080 |
| ② | ③ | ④ | ② | ① | ① | ④ | ① | ③ | ② |

### 061

정답 ③

C언어에서 strlen() 함수는 문자열에서 문자의 개수(길이)를 구하는 함수이며, strcpy(문자열1, 문자열2)는 문자열을 복사하는 함수이다. strrev(문자열) 함수는 문자열을 반대로 변환하며, strcmp(문자열1, 문자열2)는 두 문자열이 동일하면 0을 반환하고, 동일하지 않으면 0이 아닌 값을 반환한다. 문자열을 연결해서 이어 붙이는 함수는 strcat()이다.

### 062

정답 ②

C언어의 논리 연산자를 묻는 문제로 && 연산자는 AND 연산이며 양쪽 값이 모두 True일 때 True 값을 반환하고, || 연산자는 OR 연산이며, 한쪽이라도 True면 True 값을 반환한다. 마지막으로 ! 연산자는 NOT 연산으로 True이면 False, False 몇 True 값을 반환한다. 따라서 a, b, c는 모두 정수값으로 True이며, a&&b인 t1은 1, a||b인 t2는 1, 마지막 !c는 False인 0값으로 t3는 0이 된다. 최종 출력은 1+1+0임으로 2가 출력된다.

### 063

정답 ②

C언어의 구조체와 배열 및 FOR 문을 묻는 문제이다. 최초 c변수에 10개의 배열을 선언하고 이후 struct 첫 번째 문에서 st 구조체 명에 ob1 변수명을 선언하고, 두 번째 문에서는 st 구조체명에 ob2 변수명을 선언하였다. 이때 각 배열값은 FOR에 따라서 정의되는데 ob1.c[i]={0, 1, 2, 3, 4, 5, 6, 7, 8, 9}로 정의되고, ob2.c[i]={0, 2, 4, 6, 8, 10, 12, 14, 16, 18}로 2배씩 정의된다. 이후 ob1.a=0+2+4+6+8인 20으로 연산되고, ob2.a=0+4+8+12+16인 40으로 정의되어 두 값을 더하면 최종 60이 출력된다.

### 064

정답 ②

IP에서 Packet Length는 지원하는 패킷은 최대 크기가 $2^{16}-1$바이트이다.

### 065

정답 ②

파이썬의 if 문에서 elif는 여러 개의 조건을 검사하고 조건이 맞으면 다음 실행문을 수행하는 조건문이다.

### 066

정답 ②

RIP(Routing Information Protocol)는 대표적인 거리 벡터 라우팅 프로토콜로 소규모 네트워크 통신에 적합한 IGP(Internal Gateway routing Protocol)그룹으로 하나의 AS(Autonomous System, 하나의 조직 내에서 단일 관리시스템에 속해있는 네트워크 그룹) 내에서 동작한다. 참고로 EGP(Exterior Gateway Routihn Protocal)에는 BGP가 있으며 비교적 대규모로 AS와 AS 간 라우팅을 수행한다.

### 067

정답 ③

HRN 스케줄링(Highest Response Ratio Next)은 최단 작업 우선(SJF) 스케줄링 알고리즘에서 발생할 수 있는 기아문제(Starvation)를 보완한 기법으로 긴 작업의 프로세스와 짧은 작업 프로세스 간의 불평등을 완화하는 프로세스 비선점 방식 스케줄링 알고리즘이다. 작업 시간에 대기 시간을 반영한 응답률을 계산하고 대기 중인 프로세스에서 응답률이 가장 높은 프로세스를 선택하며 이때 응답률(Response Ratio)은 대기 시간과 서비스 시간을 더한 후 서비스 시간으로 나누어서 도출한다.

### 068

정답 ②

UNIX는 미국의 벨 연구소에서 C와 어셈블리어 기반으로 개발된 범용 OS로써 멀티태스킹이 가능한 대화식 운영체제이며 다중 사용자와 계층적 파일 시스템을 지원하는 운영체제이다.

### 069

정답 ③

UDP(User Datagram Protocol)은 가벼운 비연결, 비신뢰성 전송 프로토콜로써 TCP 프로토콜과 함께 대표적인 전송계층 프로토콜이다. TCP 프로토콜이 무겁고 처리시간 소요가 발생하여 이에 대응하기 위해 활용되며, 주로 스트리밍 동영상, IPTV, 온라인게임 등에 적용된다. 주소 및 경로설정은 IP 및 라우팅 프로토콜 등 네트워크 계층에 해당된다.

### 070

정답 ④

파이썬의 자료형 중에서 대표적으로 사용되는 유형은 숫자(numbers), 시퀀스(sequence), 매핑(mapping) 등이 있다. 이중 시퀀스 형에는 문자열(str)과 리스트(list), 튜플(tuple)이 있으며, 리스트는 요소값의 생성, 수정, 삭제가 가능하나 튜플은 해당 값의 변경이 불가능하다.

## 071

정답 ②

JAVA에서 배열과 FOR 문을 묻는 문제로써 길이가 4인 배열에서 FOR 문을 활용하여 0에서 4번 반복을 수행하면서 1씩 증가시키는 방법으로 0, 1, 2, 3이 최종 출력되는 문제이다.

## 072

정답 ③

JAVA의 연산자 유형 및 우선순위를 묻는 문제이다. mx=a<b?b:a에서 a<b는 비교 연산자이고, ?b:a는 삼항연산자인데, 우선순위는 비교 연산자가 먼저 수행된다. a<b 비교 연산자는 a가 b보다 작으면 1(참)을 반환하고, 다음 ?b:a는 앞에 조건이 참이면 b가 실행되고, 거짓이면 a가 실행되는데 조건식이 1(참)임으로 b=2인 값이 mx 값이 된다. 다음 if 문에서는 mx==1이 아님으로 else 문이 실행되며, 역시 앞에 비교 연산자 b<mx는 2<2값임으로 거짓이 되며, 이에 따라 삼항 연산자 ?d:c 에서 거짓인 c 값이 최종 mn이 된다. 맨 처음 c=3으로 선언되어 최종 mn값은 3으로 출력된다.

## 073

정답 ④

모듈화는 복잡하고 난해한 프로그램을 기능 단위로 독립시켜 구조화함으로써 개발의 효율성과 생산성, 재사용성을 높이는 설계 및 구현 기법으로써 이때 한 개 모듈 내에서 내부 요소 간에 기능적인 연관성에 관한 척도인 응집도는 높이고, 모듈과 외부 다른 모듈과의 상호관계와 의존도에 관련한 척도인 결합도는 낮춰야 한다. 이때 응집도는 우연적, 논리적, 시간적, 절차적, 통신적, 순차적, 기능적 스펙트럼 순으로 높다.

## 074

정답 ②

C언어에서 연산자의 유형 및 우선순위를 묻는 문제이다. 먼저 r1에서 가장 우선순위 연산은 괄호임으로 첫 번째 괄호 안에 n2<=2를 연산하면 참값인 1이 반환된다. 두 번째 괄호 안에 n3>3 값을 연산하면 거짓인 0이 반환된다. 다음 중간에 있는 논리 연산자 ||를 수행하면 논리값 중에 하나라도 참이 있어서 최종 1의 값이 r1이 된다. 다음 r2에서는 n3가 0(거짓) 값이 아니기 때문에 최종 0(거짓) 값이 연산된다. 다음 r3에서는 첫 번째 괄호 안 n1>1은 거짓이고, 두 번째 괄호 n2<3은 참인데 중간에 논리 연산자 &&에 의해서 하나라도 참이 아닌게 있어서 최종 0(거짓) 값이 연산된다. 맨 마지막 출력 값에서는 r3인 0에서 r2인 0을 뺄셈하고 마지막 r1인 1 값을 더해서 최종 출력은 1이 된다.

## 075

정답 ①

IP(Internet Protocol)는 출발지 주소와 목적지 주소를 지정하여 목적지까지 패킷을 안전하게 전달할 수 있게 지원하는 프로토콜로 헤더에는 16bits의 헤드 체크썸(Head Checksum) 기능을 포함하고 있다.

## 076

정답 ①

페이지 교체 기법 중 LRU(Least Recently Used) 알고리즘은 각 페이지별로 마지막으로 사용되었던 시간을 기억하는 타임스탬프용 카운터를 두고 페이지 교체가 발생할 시 현시점에서 가장 오래전에 사용되었던 페이지를 제거하는 방법이다. 문제에서는 최초 1, 2, 3 순서까지 3회 결함(페이지에 해당 값이 없어서 신규 적재)이 있고 이후 1, 2는 기존에 적재된 값이 있어서 문제가 없이 참조 가능하다. 다음 4번은 기존에 없는 값으로써 다시 4회 결함이 발생되는 상황이며, 그 다음 1, 2는 다시 기존 값이 있어서 정상적으로 참조가 된다. 마지막으로 5번의 경우 4개 페이지만 기억 가능한 주기억장치 한계로 가장 마지막에 사용한 3번 값이 삭제되고 그 자리에 5 값이 신규 저장되며, 최종 5번의 실패가 발생하게 된다.

## 077

정답 ④

프로세스는 실행단위와 실행환경 2개의 핵심 요소로 구성되어 있으며, 이때 실행단위가 스레드로서 하나의 프로세스에 여러 개의 스레드를 가질 수 있다. 이때 커널 스레드의 경우 운영체제에 의해 스레드를 운용하고, 사용자 스레드의 경우 사용자가 만든 라이브러리를 사용하여 스레드를 운용하게 되어 커널 모드의 전환 없이도 스레드 교환이 가능한 장점이 있다.

## 078

정답 ①

결합도는 내용, 공통, 외부, 제어, 스탬프, 자료 순으로 낮은 스펙트럼을 보여주며, 이때 특정 모듈이 다른 모듈의 내부 기능 및 그 내부 자료를 참조하는 경우는 내용 결합도에 해당된다.

## 079

정답 ③

C언어에서 배열에 따른 주소값을 묻는 문제이다. 최초 주소값이 10이고 모두 정수로 4Byte씩 증가함으로, a[0]은 주소값 10, a[1]은 주소값 14, a[2]는 주소값 18, a[3]은 주소값 22을 갖게 되며, 이에 따라 첫 번째 줄 printf 문에서 a[2]는 18(이때 변수 앞에 &는 주소값을 나타낸다), 두 번째 printf 문에서 a는 10을 출력한다. 참고로 printf 문의 서식문자 %u는 부호가 없는 10진 정수를 의미하고, 통상적으로 자주 사용하는 %d가 10진 정수 중 부호가 있는 것을 의미한다.

## 080

정답 ②

모듈화에서 특정 모듈과 외부 다른 모듈과의 상호관계와 의존도에 관련한 척도는 결합도로써 정도를 낮추는 것이 우수한 모듈화 구현이다.

## 5과목 | 정보시스템 구축관리

| 081 | 082 | 083 | 084 | 085 | 086 | 087 | 088 | 089 | 090 |
|---|---|---|---|---|---|---|---|---|---|
| ④ | ① | ② | ① | ② | ④ | ③ | ④ | ① | ① |
| 091 | 092 | 093 | 094 | 095 | 096 | 097 | 098 | 099 | 100 |
| ② | ① | ② | ② | ① | ④ | ③ | ④ | ① | ④ |

### 081
정답 ④

소프트웨어 개발 중 정보보안 3요소는 기밀성, 무결성, 가용성으로 구성된다. 정보시스템에서 휘발성은 전원이 들어와 있을 때만 데이터가 보존되고, 전원이 꺼지면 데이터가 사라지는 특성이다.

### 082
정답 ①

tcp wrapper는 유닉스에서 사용하는 침입 탐지 및 접근제어 솔루션으로 패킷을 모니터링 하다가, 정상적인 접근은 허용하고 침입 탐지는 차단하는 기능을 수행한다.

### 083
정답 ②

Zing은 초고속 근접무선통신(NFC ; Near Field Communication)의 유형으로 키오스크에서 데이터를 송수신하는 기술이며, 10cm 근거리에서 3.5Gbps 속도로 동작한다.

### 084
정답 ①

응용 프로그램은 통상 다수의 사용자들이 원격 접속해서 사용함으로, 기술적 보안을 수행하는 것이 훨씬 바람직하다. 실행 프로세스 권한 설정, 운영체제의 접근 제한, 운영체제의 정보 제한은 기술적 보안에 해당되며, 서버 관리실 출입 통제는 물리적 보안으로써 응용 프로그램 보안을 위한 방안으로는 다소 거리가 있다.

### 085
정답 ②

소프트웨어 개발 프레임워크(Framework)는 소프트웨어의 개발을 용이하고 일관성 있게 수행할 수 있도록 공통의 기준과 최소한의 코드 구현을 통해 완제품을 개발할 수 있도록 지원하는 반제품 형태의 틀이며, 이때 핵심 개념인 제어 반전(IoC ; Inversion of Control)은 프레임워크가 컨트롤의 제어권을 가지며 사용자 코드의 호출 가능함을 의미한다.

### 086
정답 ④

HSM(Hardware Security Module)은 별도의 하드웨어에 암호화와 복호화에 필요한 키를 저장하고 관리하는 보안 전용 장비로써 최근에는 클라우드를 활용하여 구현하기도 한다.

### 087
정답 ③

Mesh Network는 각각의 노드가 네트워크에 참여하여 데이터를 릴레이 송수신함으로써 단말의 네트워크 참여 범위가 확장되고 고속 통신이 가능한 그물망 형태의 네트워크 구조 및 구현 기술이다. 특히 통신 단말인 노드가 유동적인 형태 네트워크(Ad-Hoc) 등에 활용 가능하여 행사장이나 관광지, 군대 등에서 활용한다.

### 088
정답 ④

물리적 위협은 재해, 재난, 하드웨어 파손 및 고장 등과 관련한 정보시스템의 가용성, 기밀성, 무결성 손상을 의미한다. 방화벽 설정 오류는 기술적 위협에 해당된다.

### 089
정답 ①

웜(Worm)은 대표적인 악성코드로써 스스로 전파 및 복제하는 특성을 갖고 있다. 바이러스(Virus) 역시 웜과 같이 스스로 전파 및 복제하는 특성을 갖고 있는데, 웜은 독자적인 실행이 가능하며, 바이러스는 정상 파일에 기생하는 형태로써 독자적인 실행은 불가능한 차이가 있다.

### 090
정답 ①

Ping of Death는 ICMP 프로토콜의 주요 명령어인 Ping을 활용하여 특정 시스템에 과도한 요청을 보내고 시스템을 마비시키는 DoS 공격의 한 유형이다.

### 091
정답 ②

소프트웨어 개발 프레임워크(Framework)는 소프트웨어의 개발을 용이하고 일관성 있게 수행할 수 있도록 공통의 기준과 최소한의 코드 구현을 통해 완제품을 개발할 수 있도록 지원하는 반제품 형태의 틀로써 전자정부 프레임워크의 핵심인 스프링 프레임워크가 대표적이다.

### 092
정답 ①

애자일(Agile) 개발 방법론은 사용자 요구변화에 신속하게 대응하고, 유연하며, 이해관계자 중심, 반복 개발, 소스 코드 중심의 특성이 있다. 각 단계가 분명하고, 확인된 후 다음 단계로 진행되는 개발 방법론은 폭포수 개발 방법론에 해당된다.

### 093
정답 ②

대칭키 알고리즘은 암호화키와 복호화키가 서로 동일한 암호화 알고리즘으로 비밀키 방식이라고도 한다. 속도가 빠르며, 비밀키를 전송하는 특징이 있다. 비대칭키 알고리즘은 암호화키와 복호화키가 서로 다른 암호화 알고리즘으로 공개키 방식이라고도 한다. 속도가 느리나, 비밀키를 전송할 필요가 없다.

## 094

정답 ②

문제는 소프트웨어 공수산정 중 man-month 방식의 계산을 묻는 문제이다. 전체 10,000코드 수는 2명의 개발자가 5개월 동안 개발한 전체 작업량으로 한 달에 한 명의 개발자가 구현한 생산성을 측정하기 위해서는 $\frac{10,000}{(5\times2)}$ 으로 계산한 1,000 코드가 정답이다.

## 095

정답 ①

역할 기반 접근 통제(RBAC ; Role Based Access Control)는 중앙의 별도 관리자가 주체와 객체의 상호관계와 사용자의 맡은 역할에 기반하여 접근 허용 여부를 설정하고 관리하는 접근제어 유형이다.

## 096

정답 ④

소프트웨어 공수산정 모델 중 COCOMO(Constructive Cost Model) 모형은 개발 유형에 따라서 단순형 모드(Organic Mode), 중간형 모드(Semi-Detached Mode), 임베디드형 모드(Embedded Mode)로 구분된다.

## 097

정답 ③

사용자 인증 방식의 유형에는 지식, 소유, 존재, 행위가 있으며, 존재 방식은 지문, 홍채 등이 해당된다.

## 098

정답 ④

보기는 인증에 관련한 내용으로써 Authentication이다. Authorization은 권한으로 특정 개인이 갖고 있는 허가 내용을 의미한다.

## 099

정답 ①

SDN(Software Defined Networking)은 네트워크를 소프트웨어 방식으로 프로그래밍하고 제어와 관리를 용이하게 하는 가상화 기반의 새로운 네트워크 아키텍처로써 펌웨어 업데이트를 통해서 효율성, 자율성이 높은 네트워크 관리를 가능하게 해준다.

## 100

정답 ④

PERT(The Project Evaluation and Review Technique)는 작업에 필요한 각 업무 단위 시간을 계산하고 분석하는 프로젝트 관리 기법이다. 먼저 각 세부 업무를 검토하고 단위로 정의한 후에 각 단위 간에 관련성, 경로, 시간, 자원할당을 계산하여 할당한다.

# 기출유형 모의고사

PART 09

# 제1회 기출유형 모의고사

## 1과목 | 소프트웨어 설계

**001** SW 개발에 앞서 구성된 시스템 플랫폼의 주요 성능 특성에 해당하지 않는 것은?

① Response Time ② Throughput
③ Utilization ④ Atomicity

**002** 인터페이스 설계단계에서 내외부 인터페이스의 개요에 대한 설명으로 가장 거리가 먼 것은?

① 내외부 인터페이스란 시스템 개발 과정에서 조직 내부나 외부에 있는 타 독립된 시스템과의 연동을 위한 물리적 매개체 혹은 프로토콜을 의미한다.
② 인터페이스 설계를 위해서는 요구사항 확인>대상 식별>상세설계 순서로 진행한다.
③ 내외부 시스템 인터페이스 요구사항 분류는 기능적 요구사항과 비기능적 요구사항으로 나누며, 비기능적 요구사항은 핵심 업무 프로세스 외의 로그인, 회원 관리, 자료 검색 등 횡단관심사를 의미한다.
④ 요구사항 명세서에는 인터페이스 이름, 연계 대상 시스템, 연계 범위, 연계 방식 등을 정의한다.

**003** SW 개발에 활용하는 오픈소스(Open Source)와 관련한 설명으로 틀린 것은?

① 플랫폼 성능 특성 분석을 위해서 운영체제, 미들웨어, 개발환경 지원도구 중에 오픈소스 사용 현황을 파악하고 분석한다.
② 대표적인 오픈소스 운영체제로는 리눅스, 안드로이드 등이 있다.
③ 오픈소스는 누구나 사용 가능하도록 공개된 소프트웨어로서 언제나 무료로 사용할 수 있다.
④ 오픈소스를 기업에서 상용목적으로 활용할 때는 오픈소스마다 라이선스를 확인하고 제약사항 등을 고려해야 한다.

**004** 요구공학에 대한 설명 중 가장 거리가 먼 것은?

① 요구공학이란 시스템 개발을 위해 요구사항 설정부터 개발 최종 단계까지 매 단계마다 요구사항들이 제대로 지켜지고 있는지 검증하는 프로세스 및 학문이다.
② 요구사항 변화를 최대한 억제하여 개발 기간 동안 일관성을 확보하고 품질을 향상시키는 데 목적이 있다.
③ 각 이해관계자 간의 이해 부족, 의사소통, 잦은 요구사항의 변경 발생 등으로 인한 분석 어려움에 대응한다.
④ 묵시적 요구사항, 변경과 추적에 대한 문제, 해당 업무에 대한 지식 차이 등으로 인하여 사용자와 개발자 간의 갭 발생을 줄여준다.

**005** 코드 설계에서 일정한 일련번호를 부여하는 방식의 코드는?

① 연상 코드　② 블록 코드
③ 순차 코드　④ 표의 숫자 코드

**006** 다음 중 요구사항 확인 기법이 아닌 것은?

① 요구사항 검토(Requirement Reviews)
② 번다운 차트(Burndown Chart)
③ 인수 테스트(Acceptance Test)
④ 프로토타이핑(Prototyping)

**007** 코드의 기본 기능으로 거리가 먼 것은?

① 복잡성　② 표준화
③ 분류　④ 식별

**008** 다음 중 애자일 개발 방법론의 특징으로 옳은 것은?

① 애자일은 사람보다는 절차나 형식을 중요시하여 요구사항이 명확해지고 개발이 용이해진다.
② 애자일은 적시 개발, 배포가 가능해지고 신속한 대처가 가능하지만 요구사항 변화는 수용하기 어렵다.
③ 전통적인 폭포수 개발 방법론보다 산출물과 문서 작성이 많지만, 그만큼 체계적이고 명확한 개발 방법을 지향한다.
④ 대표적인 애자일 개발 방법론에는 XP(eXtreme Programming), SCRUM, Crystal 등이 있다.

**009** 클라이언트와 서버 간의 통신을 담당하는 시스템 소프트웨어를 지칭하는 것은?

① 웨어러블　② 하이웨어
③ 미들웨어　④ 응용 소프트웨어

**010** 소프트웨어를 개발하기 위한 모델링 절차를 순서대로 정의한 것은?

| | |
|---|---|
| ㉠ 요구 분석 | ㉡ 물리 모델링 |
| ㉢ 논리 모델링 | ㉣ 개념 모델링 |
| ㉤ 데이터베이스 설계 | |

① ㉠－㉣－㉢－㉡－㉤
② ㉢－㉣－㉠－㉤－㉡
③ ㉣－㉣－㉢－㉠－㉡
④ ㉤－㉠－㉣－㉢－㉡

**011** User Interface 설계 시 오류 메시지나 경고에 관한 지침으로 가장 거리가 먼 것은?

① 메시지는 이해하기 쉬워야 한다.
② 오류로부터 회복을 위한 구체적인 설명이 제공되어야 한다.
③ 오류로 인해 발생될 수 있는 부정적인 내용을 적극적으로 사용자들에게 알려야 한다.
④ 소리나 색의 사용을 줄이고 텍스트로만 전달하도록 한다.

**012** 소프트웨어 모델링 중 기능적 모델링 기법이 아닌 것은?

① E-R 모델링
② 자료 흐름도(Data Flow Diagram ; DFD)
③ 자료 사전(Data Dictionary)
④ 소단위명세서(Mini-Specification)

**013** 기능적 모델링 기법인 자료 사전(Data Dictionary) 표기법으로 틀린 것은?

① 순차(sequence) : +
② 선택(selection) : [ | ]
③ 선택사양(option) : ( )
④ 반복(repetition) : *n

**014** 응용프로그램의 프로시저를 사용하여 원격 프로시저를 로컬 프로시저처럼 호출하는 방식의 미들웨어는?

① WAS(Web Application Server)
② MOM(Message Oriented Middleware)
③ RPC(Remote Procedure Call)
④ ORB(Object Request Broker)

**015** UI의 유형에 대한 설명으로 틀린 것은?

① 그래픽 사용자 인터페이스(GUI) : 사용자가 쉽게 적용 가능하도록 그래픽 시각화를 기반으로 하는 사용자 환경
② 오디오 사용자 인터페이스(AUI) : 사용자의 목소리와 음성을 기반으로 상호소통하는 사용자 환경
③ 명령어 라인 인터페이스(CLI) : 컴퓨터와 컴퓨터 간의 링크를 통해서 다중 컴퓨터를 제어하고 소통할 수 있는 환경
④ 자연적 사용자 인터페이스(NUI) : 특별한 전통적인 입력장치 없이 사용자의 감각과 행동을 통해 컴퓨터를 제어하는 소통 환경

**016** 분산 시스템에서의 미들웨어(Middleware)와 관련한 설명으로 틀린 것은?

① 분산 시스템에서 다양한 부분을 관리하고 통신하며 데이터를 교환하게 해주는 소프트웨어로 볼 수 있다.
② 위치 투명성(Location Transparency)을 제공한다.
③ 분산 시스템의 여러 컴포넌트가 요구하는 재사용 가능한 서비스의 구현을 제공한다.
④ 애플리케이션과 사용자 사이에서만 분산 서비스를 제공한다.

**017** 대표적으로 DOS 및 UNIX 등의 운영체제에서 조작을 위해 사용하던 것으로, 정해진 명령 문자열을 입력하여 시스템을 조작하는 사용자 인터페이스(User Interface)는?

① GUI(Graphical User Interface)
② CLI(Command Line Interface)
③ CUI(Cell User Interface)
④ MUI(Mobile User Interface)

**018** UI 표준과 관련하여 가장 거리가 먼 것은?

① 시스템 내의 UI 구성 요소들에 대한 기준과 적용 방법 등을 상세화하고 기술한 규정과 문서이다.
② 사용자 요구 분석 이후 UX를 컨설팅하고 UI 표준 정의, 화면 설계, 디자인 개발 단계로 진행한다.
③ 별도의 UI 표준정의 조직에서 작성하고 UI 패턴 모델을 도출한 후 유스케이스를 이용, 패턴별 개발 방법론을 매칭한다.
④ UI 표준에서는 UI 스타일 가이드를 정의하고 패턴 모델을 정의하나 레이아웃, 네비게이션, 기능 등 세부 사항은 별도의 문서로 작성한다.

**019 객체지향 설계 시 구성 요소에 대한 설명이 잘못된 것은?**

① 클래스(Class) : 데이터를 추상화하는 단위이며, 객체를 생성하는 틀
② 메서드(Method) : 클래스 내의 여러 객체들이 가지고 있는 공통된 데이터 값들의 특성
③ 메시지(Message) : 객체 간에 상호 역할을 수행하기 위한 내용
④ 인스턴스(Instance) : 하나의 클래스 내에 속한 각각의 객체

**020 다음 중 UML(Unified Modeling Language)의 4+1개 관점에서 각 관점과 해당 이해관계자의 설정이 잘못된 것은?**

① Logical View－End User
② Component View－Programmer
③ Process View－System Integrators
④ Deployment View－System Architect

## 2과목 | 소프트웨어 개발

**021 다음 자료 구조 중 선형 구조가 아닌 것은?**

① 스택(Stack)
② 큐(Queue)
③ 트리(Tree)
④ 링크드리스트(linked List)

**022 소스 코드 정적 분석(Static Analysis)에 대한 설명으로 틀린 것은?**

① 소스 코드를 실행시키지 않고 분석한다.
② 코드에 있는 오류나 잠재적인 오류를 찾아내기 위한 활동이다.
③ 하드웨어적인 방법으로만 코드 분석이 가능하다.
④ 자료 흐름이나 논리 흐름을 분석하여 비정상적인 패턴을 찾을 수 있다.

**023 인터페이스 간의 통신을 위해 이용되는 데이터 포맷이 아닌 것은?**

① AJTML ② JSON
③ XML ④ YAML

**024 다음의 자료 구조가 설명하는 유형은?**

- 인덱스와 값의 쌍(인덱스, 값)으로 구성
- 순차적 메모리 할당 방식
- 원소들이 모두 같은 타입, 같은 크기
- 장점 : 임의의 위치에 있는 원소 값을 쉽게 얻을 수 있음
- 단점 : 기억장소를 정적으로 배당하므로 기억장소의 사용 효율성이 떨어짐

① 배열(Array)
② 링크드 리스트(linked List)
③ 스택(Stack)
④ 큐(Queue)

**025 인터페이스 구현 검증 도구가 아닌 것은?**

① ESB ② xUnit
③ STAF ④ NTAF

**026** 해싱 함수 중 레코드 키를 여러 부분으로 나누고, 나눈 부분의 각 숫자를 더하거나 X O R한 값을 홈 주소로 사용하는 방식은?

① 제산법 ② 폴딩법
③ 기수변환법 ④ 숫자분석법

**027** 다음 자료 구조의 대한 설명 중 큐(Queue)에 대한 설명으로 틀린 것은?

① 큐는 한쪽 끝(rear)에서는 삽입(enqueue)만, 또 다른 끝(front)에서는 삭제(dequeue)만 하도록 제한되어 있는 유한 순서리스트(finite ordered list) 구조로 되어 있다.
② 큐는 FIFO(First In First Out) 방식으로 작동한다.
③ 큐는 일방향으로 방향성이 있으며 1개의 포인터가 필요하다.
④ 주로 작업 스케줄링이나 그래프의 너비 우선 탐색에 활용된다.

**028** 소스 코드 품질 분석 도구 중 정적 분석 도구가 아닌 것은?

① pmd ② checkstyle
③ valance ④ cppcheck

**029** 다음 자료 구조 설명 중 트리(Tree)에 대한 설명으로 틀린 것은?

① 하나 이상의 노드(Node)로 이루어진 유한집합으로서 루트(root)라고 하는 노드가 하나 있고 어떠한 두 정점 사이에도 사이클(Cycle)이 존재하지 않는 연결그래프이다.
② 트리의 루트를 제거하면 포레스트(Forest)가 된다.
③ 포화 이진 트리(Full Binary Tree)는 높이가 h이면 노드의 수가 항상 h－1인 이진 트리를 가리킨다.
④ 트리 구조에서 간선수 e와 노드수 n의 관계는 항상 e＝n－1의 관계식을 따른다.

**030** 인터페이스 구현 시 사용하는 기술 중 다음에서 설명하는 것은?

| JavaScript를 사용한 비동기 통신기술로 클라이언트와 서버 간에 XML 데이터를 주고받는 기술 |
|---|

① Procedure ② Trigger
③ Greedy ④ AJAX

**031** 이진 트리의 운행과 관련한 설명으로 틀린 것은?

① 이진 트리 운행에는 전위 운행, 중위 운행, 후위 운행의 3가지가 있다.
② 전위 운행은 중간 → 왼쪽 → 오른쪽 순으로 트리를 운행한다.
③ 중위 운행은 왼쪽 → 중간 → 오른쪽 순으로 트리를 운행한다.
④ 후위 운행은 오른쪽 → 중간 → 왼쪽 순으로 트리를 운행한다.

**032** 다음 트리 구조 중 최악의 상황에서 탐색 시간이 가장 오래 걸리는 트리 구조는?

① 이진 경사 구조 트리
② AVL 트리
③ B 트리
④ 2-3-4 트리

**033** 다음 중 논리적 데이터의 물리적 데이터 변환으로 적절하지 않은 것은?

① 엔티티의 테이블 변환
② 속성의 칼럼 변환
③ 관계를 외래키로 변환
④ 정규화 수행

**034** 대표적인 상용 DBMS인 ORACLE에서 사용되는 데이터 유형으로 틀린 것은?

① BLOB-숫자(바이너리)
② CLOB-고정길이 문자열
③ DATE-날짜
④ NUMBER-숫자

**035** 다음 중 DBMS가 제공하는 기능이 아닌 것은?

① 트랜잭션 일관성 관리
② DB 튜닝 자동화
③ 데이터 사전 관리
④ 인덱스 관리

**036** 코드 인스펙션과 관련한 설명으로 틀린 것은?

① 프로그램을 수행시켜보는 것 대신에 읽어보고 눈으로 확인하는 방법으로 볼 수 있다.
② 코드 품질 향상 기법 중 하나이다.
③ 동적 테스트 시에만 활용하는 기법이다.
④ 결함과 함께 코딩 표준 준수 여부, 효율성 등의 다른 품질 이슈를 검사하기도 한다.

**037** 다음 중 트랜잭션 인터페이스 방안과 거리가 먼 것은?

① 데이터 미들웨어 솔루션 활용
② 트랜잭션 처리 모니터(TP ; Transaction Processing) 활용
③ JDBC(Java Database Connectivity) 활용
④ 애플리케이션 성능 모니터(APM ; Application Performance Monitor) 활용

**038** 클린 코드(Clean Code)를 작성하기 위한 원칙으로 틀린 것은?

① 추상화 : 하위 클래스 / 메소드 / 함수를 통해 애플리케이션의 특성을 간략하게 나타내고, 상세 내용은 상위 클래스 / 메소드 / 함수에서 구현한다.
② 의존성 : 다른 모듈에 미치는 영향을 최소화하도록 작성한다.
③ 가독성 : 누구든지 읽기 쉽게 코드를 작성한다.
④ 중복성 : 중복을 최소화할 수 있는 코드를 작성한다.

**039** **정형 기술 검토(FTR)의 지침으로 옳지 않은 것은?**

① 의제를 제한한다.
② 논쟁과 반박을 제한한다.
③ 문제 영역을 명확히 표현한다.
④ 참가자의 수를 제한하지 않는다.

**040** **분할 정복(Divide and Conquer)에 기반한 알고리즘으로 피벗(pivot)을 사용하며 최악의 경우 $\frac{n(n-1)}{2}$회의 비교를 수행해야 하는 정렬(Sort)은?**

① Selection Sort ② Bubble Sort
③ Insert Sort ④ Quick Sort

## 3과목 | 데이터베이스 구축

**041** **다음 중 트리거의 문법과 그 설명으로 옳지 않은 것은?**

① EVENT는 트리거의 명칭과 변수 및 상수 등 타입을 선언한다.
② CONTROL은 순차적인 조건문이나 반복문을 나열하여 흐름의 제어 처리를 수행한다.
③ SQL은 DML 등 SQL문법을 사용하여 데이터의 조회, 추가, 삭제 등 담당한다.
④ EXCEPTION은 나열된 SQL문이 실행될 때 발생하는 예외 처리 방법을 기술한다.

**042** **분산 데이터베이스 시스템(Distributed Database System)에 대한 설명으로 옳지 않은 것은?**

① 분산 데이터베이스는 논리적으로는 하나의 시스템에 속하지만 물리적으로는 여러 개의 컴퓨터 사이트에 분산되어 있다.
② 위치 투명성, 중복 투명성, 병행 투명성, 장애 투명성을 목표로 한다.
③ 데이터베이스의 설계가 비교적 어렵고, 개발 비용과 처리 비용이 증가한다는 단점이 있다.
④ 분산 데이터베이스 시스템의 주요 구성 요소는 분산 처리기, P2P 시스템, 단일 데이터베이스 등이 있다.

**043** **다음 중 트리거에 대한 설명으로 가장 거리가 먼 것은?**

① 데이터베이스에서 특정 조건인 이벤트가 발생하게 되면 자동으로 작동하도록 설정된 프로그램이다.
② 사용자가 직접 호출하면 DBMS에서 실행하여 정해진 명령어 처리를 수행한다.
③ 외부 변수 IN, OUT이 없으며, 트리거 내에 Commit, Rollback 등의 데이터 제어어(DCL ; Data Control Language)를 사용할 수 없다.
④ 트리거 실행 중 오류가 발생하면 트리거 실행의 원인을 제공한 데이터 작업에도 영향을 주는 경우가 있다.

**044** **뷰(view)에 대한 설명으로 옳지 않은 것은?**

① 뷰는 CREATE문을 사용하여 정의한다.
② 뷰는 데이터의 논리적 독립성을 제공한다.
③ 뷰를 제거할 때에는 DROP문을 사용한다.
④ 뷰는 저장장치 내에 물리적으로 존재한다.

**045** 다음 SQL문의 실행 결과는?

```
SELECT 가격 FROM 도서가격
WHERE 책번호=(SELECT 책번호 FROM 도서
WHERE 책명='자료구조');
```

[도서]

| 책번호 | 책명 |
|---|---|
| 111 | 운영체제 |
| 222 | 자료구조 |
| 333 | 컴퓨터구조 |

[도서가격]

| 책번호 | 가격 |
|---|---|
| 111 | 20,000 |
| 222 | 25,000 |
| 333 | 10,000 |
| 444 | 15,000 |

① 10,000 ② 15,000
③ 20,000 ④ 25,000

**046** 데이터베이스 로그(log)를 필요로 하는 회복 기법은?

① 즉각 갱신 기법
② 대수적 코딩 방법
③ 타임 스탬프 기법
④ 폴딩 기법

**047** 다른 릴레이션의 기본키를 참조하는 키를 의미하는 것은?

① 필드키 ② 슈퍼키
③ 외래키 ④ 후보키

**048** 다음에서 설명하는 SQL문법으로 옳은 것은?

- 정의된 데이터베이스에 레코드를 조회, 수정, 삭제하는 역할의 언어
- SELECT, UPDATE 등의 명령어를 수행

① DDL(Data Definition Language)
② DML(Data Manipulation Language)
③ DCL(Data Control Language)
④ TCL(Transaction Control Language)

**049** 다음 중 트랜잭션 제어어(TCL)에서 수행하는 명령이 아닌 것은?

① COMMIT ② ROLLBACK
③ SAVEPOINT ④ FETCH

**050** 다음 중 DDL(Data Definition Language)의 명령어 구문 설명으로 틀린 것은?

① CREATE : 데이터베이스, 테이블 등을 생성
② ALTER : 테이블을 수정
③ DROP : 데이터베이스를 삭제
④ TRUNCATE : 테이블을 삭제

**051** 병렬 데이터베이스 환경 중 수평 분할에서 활용되는 분할 기법이 아닌 것은?

① 라운드-로빈 ② 범위 분할
③ 예측 분할 ④ 해시 분할

PART 06 PART 07 PART 08 PART 09 PART 10

**052** **물리적 데이터베이스 설계에 대한 설명으로 거리가 먼 것은?**

① 물리적 설계의 목적은 효율적인 방법으로 데이터를 저장하는 것이다.
② 트랜잭션 처리량과 응답시간, 디스크 용량 등을 고려해야 한다.
③ 저장 레코드의 형식, 순서, 접근 경로와 같은 정보를 사용하여 설계한다.
④ 트랜잭션의 인터페이스를 설계하며, 데이터 타입 및 데이터 타입들 간의 관계로 표현한다.

**053** **다음 중 DQL의 SELECT 명령에 대한 설명으로 틀린 것은?**

① 특정 테이블에서 데이터를 조회하며 통상적으로 '속성명, 계산식'으로 표기한다.
② SELECT ALL 구문을 통해서 테이블 내 모든 대상을 검색한다.
③ SELECT DISTINCTROW 구문을 통해서 속성이 중복적으로 조회될 경우에는 그중에서 하나만 검색을 수행한다.
④ 2개 이상의 테이블을 대상으로 할 경우에는 '테이블명, 속성명'으로 표현한다.

**054** **다음 중 DQL의 SELECT의 비교 연산자에 해당하지 않는 것은?**

① != ② <>
③ <= ④ [^]

**055** **데이터베이스에 영향을 주는 생성, 읽기, 갱신, 삭제 연산으로 프로세스와 테이블 간에 매트릭스를 만들어서 트랜잭션을 분석하는 것은?**

① CASE 분석 ② 일치 분석
③ CRUD 분석 ④ 연관성 분석

**056** **다음 중 DQL의 SELECT의 논리 연산자에 해당하지 않는 것은?**

① IN ② AND
③ NOT ④ BETWEEN

**057** **관계 데이터모델의 무결성 제약 중 기본키 값의 속성 값이 널(Null)값이 아닌 원자값을 갖는 성질은?**

① 개체 무결성 ② 참조 무결성
③ 도메인 무결성 ④ 튜플의 유일성

**058** **분산 데이터베이스의 투명성(Transparency)에 해당하지 않는 것은?**

① Location Transparency
② Replication Transparency
③ Failure Transparency
④ Media Access Transparency

**059** **윈도우 함수 중 순위 함수의 유형이 아닌 것은?**

① RANK
② DENSE_RANK
③ ROW_NUMBER
④ FIRST_VALUE

**060** **분산 데이터베이스 목표 중 "데이터베이스의 분산된 물리적 환경에서 특정 지역의 컴퓨터 시스템이나 네트워크에 장애가 발생해도 데이터 무결성이 보장된다."라는 내용과 관계가 있는 것은?**

① 장애 투명성 ② 병행 투명성
③ 위치 투명성 ④ 중복 투명성

## 4과목 | 프로그래밍언어 활용

**061 다음에서 설명하는 프레임워크 유형은?**

> • 기존 자바엔터프라이즈 에디션(EJB)의 복잡함과 무거움을 극복하고 단순하면서도 고품질의 시스템 개발을 위한 경량의 오픈소스 웹 애플리케이션 프레임워크
> • 한국 전자정부 프레임워크의 핵심 기술이며 공공기관 웹 서비스 제공 시 권장되는 오픈소스 개발 프레임워크

① SpringNet Framework
② Net Framework
③ Modern Framework
④ Electron Framework

**062 프로세스와 관련한 설명으로 틀린 것은?**

① 프로세스가 준비 상태에서 프로세서가 배당되어 실행 상태로 변화하는 것을 디스패치(Dispatch)라고 한다.
② 프로세스 제어 블록(PCB ; Process Control Block)은 프로세스 식별자, 프로세스 상태 등의 정보로 구성된다.
③ 이전 프로세스의 상태 레지스터 내용을 보관하고 다른 프로세스의 레지스터를 적재하는 과정을 문맥 교환(Context Switching)이라고 한다.
④ 프로세스는 스레드(Thread) 내에서 실행되는 흐름의 단위이며, 스레드와 달리 주소 공간에 실행 스택(Stack)이 없다.

**063 다음 중 개발 프레임워크 구성 요소가 아닌 것은?**

① 개발 환경　② 유지보수 환경
③ 관리 환경　④ 운영 환경

**064 다음 C 프로그램의 결괏값은?**

```
main(void) {
int i;
int sum=0;
for(i=1; i<=10; i=i+2);
   sum=sum+i;
printf("%d", sum);
}
```

① 15　② 19
③ 25　④ 27

**065 TCP/IP 계층 구조에서 IP의 동작 과정에서의 전송 오류가 발생하는 경우에 대비해 오류 정보를 전송하는 목적으로 사용하는 프로토콜은?**

① ECP(Error Checking Protocol)
② ARP(Address Resolution Protocol)
③ ICMP(Internet Control Message Protocol)
④ PPP(Point-to-Point Protocol)

**066** 다음과 같은 형태로 임계 구역의 접근을 제어하는 상호배제 기법은?

```
P(S) : while S<=0 do skip;
S :=S-1;
V(S) : S :=S+1;
```

① Dekker Algorithm
② Lamport Algorithm
③ Peterson Algorithm
④ Semaphore

**067** 다음은 사용자로부터 입력받은 문자열에서 처음과 끝의 3글자를 추출한 후 합쳐서 출력하는 파이썬 코드에서 ㉠에 들어갈 내용은?

```
string=input("7문자 이상 문자열을 입력하시오 : ")
m=( ㉠ )
print(m)
```

```
입력값 : Hello World
최종 출력 : Helrld
```

① string[1 : 3]+string[-3 : ]
② string[ : 3]+string[-3 : -1]
③ string[0 : 3]+string[-3 : ]
④ string[0 : ]+string[ : -1]

**068** 다음 중 결합도의 단계적 수준으로 맞지 않는 것은?

① 자료 ② 스템프
③ 기능적 ④ 내용

**069** 다음 중 응집도의 단계적 수준이 적절하게 배치된 것은?

| | |
|---|---|
| ㉠ 논리적 | ㉡ 절차적 |
| ㉢ 통신적 | ㉣ 기능적 |

① ㉠-㉡-㉣-㉢
② ㉠-㉡-㉢-㉣
③ ㉡-㉠-㉣-㉢
④ ㉡-㉢-㉠-㉣

**070** JAVA 언어에서 접근제한자가 아닌 것은?

① public ② protected
③ package ④ private

**071** 사용자가 요청한 디스크 입 · 출력 내용이 다음과 같은 순서로 큐에 들어 있을 때 SSTF 스케줄링을 사용한 경우의 처리 순서는? (단, 현재 헤드 위치는 53이고, 제일 안쪽이 1번, 바깥쪽이 200번 트랙이다.)

| 큐의 내용 : 98 183 37 122 14 124 65 67 |
|---|

① 53-65-67-37-14-98-122-124-183
② 53-98-183-37-122-14-124-65-67
③ 53-37-14-65-67-98-122-124-183
④ 53-67-65-124-14-122-37-183-98

**072** 다음에서 설명하는 응집도의 유형에 해당하는 것은?

> • 프로그램 초기화 모듈같이 한 번만 수행되는 요소들이 포함된 형태
> • 모듈의 기능 요소들이 같은 시간대에 처리되어야 하는 것들을 모음

① 시간적 ② 절차적
③ 순차적 ④ 기능적

**073** 서버 프로그램에 대한 보안 취약성 대응 방안과 관련하여 다음 설명에 해당하는 것은?

> 화이트 해커가 타겟 정보시스템을 대상으로 취약점 분석 및 모의 사이버 공격을 수행하는 시험이며, 사전 모의 공격을 통해 취약점을 식별하고 실제 공격에 대한 대응역량을 강화하는 활동

① 침투 테스트
② 모의 해킹 훈련
③ 스트레스 테스트
④ 뮤테이션 테스트

**074** C Class에 속하는 IP address는?

① 200.168.30.1 ② 10.3.2.1 4
③ 225.2.4.1 ④ 172.16.98.3

**075** 다음 중 대표적인 보안 취약성 공격 유형으로 서비스 거부 오류 침입에 해당하는 것은?

① SQL INJECTION
② XSS(Cross Site Script)
③ Slow Read DDoS
④ Buffer Overflow

**076** 운영체제의 가상기억장치 관리에서 프로세스가 일정 시간 동안 자주 참조하는 페이지들의 집합을 의미하는 것은?

① Locality ② Deadlock
③ Thrashing ④ Working Set

**077** 다음 설명의 ㉠과 ㉡에 들어갈 내용으로 옳은 것은?

> 가상기억장치의 일반적인 구현 방법에는 프로그램을 고정된 크기의 일정한 블록으로 나누는 ( ㉠ ) 기법과 가변적인 크기의 블록으로 나누는 ( ㉡ ) 기법이 있다.

① ㉠ : Paging, ㉡ : Segmentation
② ㉠ : Segmentation, ㉡ : Allocation
③ ㉠ : Segmentation, ㉡ : Compaction
④ ㉠ : Paging, ㉡ : Linking

**078** 다음에서 설명하는 대표적인 보안 취약성 공격 유형은?

> 웹 애플리케이션의 대표적인 취약점 이용 공격으로 공격자가 웹페이지의 게시판에 악성 스크립트를 삽입하여 공격하는 방식

① SQL INJECTION
② DDoS
③ Buffer Overflow
④ XSS(Cross Site Script)

**079** 기억공간이 15K, 23K, 22K, 21K 순으로 빈 공간이 있을 때 기억장치 배치 전력으로 "First Fit"을 사용하여 17K의 프로그램을 적재할 경우 내부 단편화의 크기는 얼마인가?

① 5K　　② 6K
③ 7K　　④ 8K

**080** 다음 중 API에 대한 설명으로 틀린 것은?

① 컴퓨터 간 혹은 컴퓨터 프로그램 사이를 연결하여 서비스와 기능을 제공하는 소프트웨어 매개체이다.
② API를 사용하면 다수의 시스템 연동을 포함하는 신규 프로그램 설계 · 개발 시 효율성과 편의성이 대폭 상승한다.
③ 모든 API는 언제, 누구나 사용이 가능하도록 공개되어 있으며 이를 통해 다양한 서비스를 쉽게 개발할 수 있다.
④ 웹 서비스가 발달한 현재는 API라는 용어가 웹 API를 대신하여 사용되기도 한다.

## 5과목 | 정보시스템 구축관리

**081** 다음 중 나선형 모델의 개발 순서로 올바른 것은?

| | |
|---|---|
| ㉠ 개발 | ㉡ 위험 분석 |
| ㉢ 고객 평가 | ㉣ 계획 및 정의 |

① ㉡－㉣－㉠－㉢
② ㉡－㉠－㉢－㉣
③ ㉣－㉡－㉠－㉢
④ ㉣－㉢－㉠－㉡

**082** 침입탐지 시스템(IDS ; Intrusion Detection System)과 관련한 설명으로 틀린 것은?

① 이상 탐지 기법(Anomaly Detection)은 Signature Base나 Knowledge Base라고도 불리며 이미 발견되고 정립된 공격 패턴을 입력해두었다가 탐지 및 차단한다.
② HIDS(Host－Based Intrusion Detection)는 운영체제에 설정된 사용자 계정에 따라 어떤 사용자가 어떤 접근을 시도하고 어떤 작업을 했는지에 대한 기록을 남기고 추적한다.
③ NIDS(Network－Based Intrusion Detection System)에는 대표적으로 Snort가 있다.
④ 외부 인터넷에 서비스를 제공하는 서버가 위치하는 네트워크인 DMZ(Demilitarized Zone)에는 IDS가 설치될 수 있다.

**083** 웹과 컴퓨터 프로그램에서 용량이 적은 데이터를 교환하기 위해 데이터 객체를 속성 · 값의 쌍 형태로 표현하는 형식으로 자바스크립트(JavaScript)를 토대로 개발된 형식은?

① Python　　② XML
③ JSON　　④ WEB SEVER

**084** 여러 개의 독립된 통신장치가 UWB(Ultra Wide Band) 기술 또는 블루투스 기술을 사용하여 통신망을 형성하는 무선 네트워크 기술은?

① PICONET　　② SCRUM
③ NFC　　④ WI－SUN

**085** 다음 중 소프트웨어 개발 방법론의 유형이 아닌 것은?

① XP(eXtreme Programming)
② 폭포수 모델
③ 객체지향 방법론
④ SCRUM

**086** SDLC(Software Development Life Cycle) 모델은 소프트웨어 개발 시에 표준화된 개발 모형을 설명해준다. 다음 중 SDLC 모델 중 반복적인 개발 모델이 아닌 것은?

① 나선형 모델　② 반복 모델
③ 폭포수 모델　④ 클린룸 모델

**087** 다음에서 설명하는 공격 방법으로 옳은 것은?

> 특정 사이트에 매우 많은 ICMP Echo를 보내면, 이에 대한 응답(Respond)을 하기 위해 시스템 자원을 모두 사용해버려 시스템이 정상적으로 동작하지 못하도록 한다.

① Role－Based Access Control
② Ping Flood
③ Brute－Force
④ Trojan Horses

**088** 다음 중 소프트웨어 개발 방법론 진화 과정의 순서로 옳은 것은?

> ㉠ 구조적 방법론
> ㉡ 객체지향 방법론
> ㉢ 정보공학 방법론
> ㉣ 컴포넌트 기반 방법론

① ㉠－㉢－㉡－㉣　② ㉡－㉠－㉢－㉣
③ ㉢－㉣－㉠－㉡　④ ㉣－㉢－㉠－㉡

**089** 다음 중 소프트웨어 개발 방법론의 구성 요소가 아닌 것은?

① 작업 절차
② 절차 방법
③ 산출물
④ 소프트웨어 공학 원리

**090** 다음에서 설명하는 접근 제어 모델은?

> • 군대의 보안 레벨처럼 정보의 기밀성에 따라 상하 관계가 구분된 정보를 보호하기 위해 사용한다.
> • 자신의 권한보다 낮은 보안 레벨 권한을 가진 경우에는 높은 보안 레벨의 문서를 읽을 수 없고 자신의 권한보다 낮은 수준의 문서만 읽을 수 있다.
> • 자신의 권한보다 높은 보안 레벨의 문서에는 쓰기가 가능하지만 보안 레벨이 낮은 문서의 쓰기 권한은 제한한다.

① Clark－Wilson Integrity Model
② PDCA Model
③ Bell－Lapadula Model
④ Chinese Wall Model

**091** 다음 중 구조적 방법론의 요구 분석 도구로서 가장 거리가 먼 것은?

① E－R 모델링
② 자료 흐름도(DFD ; Data Flow Diagram)
③ 자료 사전(Data Dictionary)
④ 소단위 명세서(Mini－Specification)

**092** 다음에서 설명하는 구조적 방법론의 분석 도구 유형은?

> • 자료에 대한 의미나 자료의 단위 및 값에 대한 사항을 정의하는 도구
> • 자료 흐름도(DFD)에 표현된 자료 저장소를 구체적으로 명시하기 위한 도구

① 배경도(Context Diagram)
② 자료 사전(Data Dictionary)
③ 소단위 명세서(Mini-Specification)
④ 구조도(Structure Chart)

**093** 다음 자료 사전의 표기 내역 중 순차를 의미하는 표기법은?

① + ② =
③ [ | ] ④ { }n

**094** 정보 보안을 위한 접근 통제 정책 종류에 해당하지 않는 것은?

① 임의적 접근 통제
② 데이터 전환 접근 통제
③ 강제적 접근 통제
④ 역할 기반 접근 통제

**095** 다음 소프트웨어 비용 산정 기법 중 수학적 산정 방식이 아닌 것은?

① 델파이 방식
② COCOMO(I, II) 모형
③ Putnam 모형
④ Function Point 모형

**096** 다음 중 Spring Frame의 특징이 아닌 것은?

① 객체 관리
② 의존성 제거
③ 제어 반전(IoC)
④ 관점지향 프로그래밍(AOP)

**097** 다음 중 COCOMO 비용 산정 모델의 세부 유형이 아닌 것은?

① Basic COCOMO
② Intermediate COCOMO
③ Detailed COCOMO
④ Massive COCOMO

**098** 소인수 분해 문제를 이용한 공개키 암호화 기법에 널리 사용되는 암호 알고리즘 기법은?

① RSA ② ECC
③ PKI ④ PRM

**099** 다음에서 설명하는 소프트웨어 비용 산정 모델은?

> • 소프트웨어의 양과 질을 동시에 계산하고 전체 소프트웨어 규모를 측정하는 방식으로, 기능적 복잡도 기반으로 사용자 관점의 비용을 산정하는 방식
> • 개략적인 견적을 산정하는 간이법과 상세한 항목을 모두 반영하여 정교한 견적을 산정하는 정규법의 2가지 산정 방법이 있음

① 델파이 방식
② COCOMO(I, II) 모형
③ Putnam 모형
④ Function Point 모형

**100** **다음에서 설명하는 용어로 옳은 것은?**

- 오픈 소스를 기반으로 한 분산 컴퓨팅 플랫폼이다.
- 일반 PC급 컴퓨터들로 가상화된 대형 스토리지를 형성한다.
- 다양한 소스를 통해 생성된 빅데이터를 효율적으로 저장하고 처리한다.

① 하둡(Hadoop)
② 비컨(Beacon)
③ 포스퀘어(Foursquare)
④ 맴리스터(Memristor)

PART 06 PART 07 PART 08 PART 09 PART 10

# 제2회 기출유형 모의고사

## 1과목 | 소프트웨어 설계

**001 소프트웨어 아키텍처 설계에서 시스템 품질 속성에 해당하지 않는 것은?**

① 가용성(Availability)
② 독립성(Isolation)
③ 변경 용이성(Modifiability)
④ 사용성(Usability)

**002 다음 디자인 패턴의 구조 패턴 설명에 해당하는 세부 패턴명은?**

> • 클래스의 인터페이스를 사용자가 기대하는 다른 인터페이스로 변환
> • 호환성이 없는 인터페이스 때문에 함께 동작할 수 없는 클래스들이 함께 작동하도록 해줌

① Bridge　② Composite
③ Adapter　④ Proxy

**003 다음 중 인터페이스 설계 요구사항 검토 방법으로 적정하지 않은 것은?**

① 동료 검토(Peer Review)
② 인스펙션(Inspection)
③ 사후 회의(Post Mortem)
④ 워크스루(Walk Through)

**004 다음 중 객체지향 기본 원리에 대해서 올바르게 설명한 것은?**

① 캡슐화는 공통성질을 기반으로 하여 추상 클래스를 설정하고 설계의 편의성을 높이는 원리이다.
② 추상화는 하나의 기능을 수행하는 함수와 데이터를 그룹핑하고 메시지만으로 객체와 상호작용함으로써 재사용성과 보안성을 향상시키는 원리이다.
③ 정보은닉은 객체의 내부구조와 실체를 분리하여 인터페이스를 통해서만 접근이 가능하도록 설계하는 보안성 향상 기법이다.
④ 다형성은 수퍼 클래스의 성질을 서브 클래스에 자동 부여하여 설계 편의성을 향상시키는 원리이다.

**005 다음 중 스토리보드(Storyboard)의 작성 요건이 아닌 것은?**

① 기능성(Functionality)
② 가독성(Readable)
③ 일관성(Consistent)
④ 추적 용이성(Traceable)

**006 UML의 기본 구성 요소가 아닌 것은?**

① Things　② Terminal
③ Relationship　④ Diagram

**007** 다음에서 설명하는 UI 개발 도구 유형은?

> • 서비스 흐름 화면에 대해서 스케치와 콘티 수준으로 그려진 페이퍼나 문서 파일
> • 종이에 그림을 그리거나 워드프로세서, 파워포인트 등을 활용하여 작성

① 와이어 프레임(Wireframe)
② 목업(Mockup)
③ 프로토타입(Prototype)
④ 스토리보드(Storyboard)

**008** 인터페이스 송수신 데이터와 관련한 개념 중 가장 거리가 먼 것은?

① 인터페이스 시스템 간에 송수신되는 데이터로서 규격화된 표준 형식에 따라 전송되며, 사전 데이터의 대상과 범위를 식별하고 인터페이스 설계를 수행한다.
② 인터페이스 송수신 데이터는 전문 공통부, 전문 개별부, 전문 종료부로 구성된다.
③ 전문 개별부는 고정 길이 데이터부로 실제 업무 수행에 필요한 데이터를 담고 있다.
④ 시스템 공통부는 시스템 연동에 필요한 IP 주소, 포트 번호, 서비스 ID 등의 정보를 담고 있다.

**009** 다음 중 아키텍처 스타일 유형이 아닌 것은?

① Layered　　② Pipe & Filter
③ MVC　　④ Siemens Four view

**010** 인터페이스 송수신 데이터 식별을 위한 데이터베이스 산출물 검토 자료로 거리가 먼 것은?

① 개체 정의서　　② 코드 정의서
③ 테이블 정의서　　④ 테스트케이스 정의서

**011** 아래의 UML 모델에서 '차' 클래스와 각 클래스의 관계로 옳은 것은?

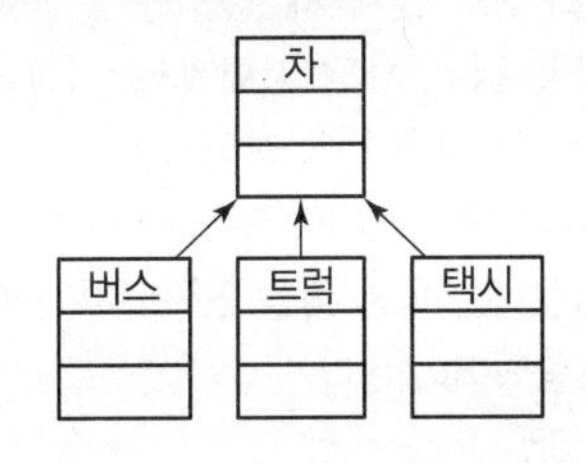


① 추상화 관계　　② 의존 관계
③ 일반화 관계　　④ 그룹 관계

**012** 디자인 패턴 중에서 행위적 패턴에 속하지 않는 것은?

① 커맨드(Command) 패턴
② 옵저버(Observer) 패턴
③ 프로토타입(Prototype) 패턴
④ 상태(State) 패턴

**013** 소프트웨어의 상위 설계에 속하지 않는 것은?

① 아키텍처 설계
② 모듈 설계
③ 인터페이스 정의
④ 사용자 인터페이스 설계

**014** 다음 중 인터페이스 시스템의 구성 대상 식별로 적절하지 않은 것은?

① 송신 시스템
② 콜드 스탠바이 시스템
③ 중계 서버
④ 수신 시스템

**015** 다음 (　　) 안에 들어갈 내용으로 옳은 것은?

> 컴포넌트 설계 시 "(　　　　　)에 의한 설계"를 따를 경우, 해당 명세에서는 (1) 컴포넌트의 오퍼레이션 사용 전에 참이 되어야 할 선행조건 (2) 사용 후 만족되어야 할 결과조건 (3) 오퍼레이션이 실행되는 동안 항상 만족되어야 할 불변조건 등이 포함되어야 한다.

① 협약(Contract)　② 프로토콜(Protocol)
③ 패턴(Pattern)　④ 관계(Relation)

**016** 다음에서 설명하는 개발 기법은?

> • 사용자 요구사항을 핵심 관심 사항과 부가적인 횡단 관심 사항으로 분류하고 분할하여 설계, 개발, 통합함으로써 모듈화를 극대화하는 프로그래밍 기법
> • 핵심 기능인 업무 관리 프로세스를 메인루틴의 모듈로 구현하고 부가적인 보안이나 로그인과 같은 기능은 서브루틴인 횡단 관심 모듈로 설계하여 위빙(Weaving)을 통해서 호출하고 느슨하게 통합함

① 애자일 방법론(Agile)
② 관점 지향 프로그래밍(AOP ; Aspect Oriented Programming)
③ 컴포넌트 기반 개발(Component Based Development)
④ RUP 방법론(Rational Unified Process)

**017** 다음 중 객체지향 모델 분석 방법론이 아닌 것은?

① OMT(Object Modeling Technology)
② OOSE(Object Oriented Software Engineering)
③ Coda & Yourdon
④ Shaw and Garlan's Model

**018** UML에서 사용하는 스테레오 타입 유형이 아닌 것은?

① 〈〈select〉〉
② 〈〈extend〉〉
③ 〈〈interface〉〉
④ 〈〈include〉〉

**019** 럼바우(Rumbaugh)의 객체지향 분석 절차를 가장 바르게 나열한 것은?

① 객체 모형 → 동적 모형 → 기능 모형
② 객체 모형 → 기능 모형 → 동적 모형
③ 기능 모형 → 동적 모형 → 객체 모형
④ 기능 모형 → 객체 모형 → 동적 모형

**020** UML 확장 모델에서 스테레오 타입 객체를 표현할 때 사용 하는 기호로 맞는 것은?

① 〈〈 〉〉　② (( ))
③ {{ }}　④ [[ ]]

## 2과목 | 소프트웨어 개발

**021** 다음 중 트랜잭션의 인터페이스 절차로 적절한 것은?

> ㉠ 인터페이스 명세 수립
> ㉡ 접근 대상 및 방법 정의
> ㉢ 검증 및 완료
> ㉣ 인터페이스 구현

① ㉠－㉡－㉢－㉣
② ㉡－㉠－㉢－㉣
③ ㉠－㉡－㉣－㉢
④ ㉡－㉠－㉣－㉢

**022** **소프트웨어 테스트에서 검증(Verification)과 확인(Validation)에 대한 설명으로 틀린 것은?**

① 소프트웨어 테스트에서 검증과 확인을 구별하면 찾고자 하는 결함 유형을 명확하게 하는데 도움이 된다.
② 검증은 소프트웨어 개발 과정을 테스트하는 것이고, 확인은 소프트웨어 결과를 테스트하는 것이다.
③ 검증은 작업 제품이 요구 명세의 기능, 비기능 요구사항을 얼마나 잘 준수하는지 측정하는 작업이다.
④ 검증은 작업 제품이 사용자의 요구에 적합한지 측정하며, 확인은 작업 제품이 개발자의 기대를 충족시키는지를 측정한다.

**023** **다음 중 프로시저의 장점이 아닌 것은?**

① 한 번의 실행으로 여러 SQL문의 실행이 가능하며, 일련의 처리로 네트워크 소요 시간을 줄여 성능 개선이 가능하다.
② API처럼 여러 애플리케이션과 공유 가능하다.
③ 문자나 숫자열 연산에서 C, JAVA보다 빠른 성능을 제공한다.
④ 모듈화가 가능하여 프로시저 내의 특정 기능 변경 시 프로시저만 변경함으로써 수정이 용이하다.

**024** **다음 중 프로시저의 생성 시 매개변수가 아닌 것은?**

① IN – 입력
② OUT – 출력
③ INOUT – 입출력 동시 수행
④ EXEC – 매개변수 실행

**025** **다음 중 프로시저 활용 유형이 아닌 것은?**

① 저장된 함수(Stored Function)
② 저장된 매크로(Stored Macro)
③ 저장된 패키지(Stored Package)
④ 트리거(Trigger)

**026** **다음 중 SQL PLUS의 설명으로 옳은 것은?**

① ORACLE 기반
② 데이터 및 테이블 정의 가능
③ SQL Buffer 사용
④ 다수행 입력 가능

**027** **다음 중 SQL PLUS의 파일 명령어가 아닌 것은?**

① EDIT ② SAVE
③ DEFINE ④ HOST

**028** **다음 중 쿼리 성능 측정과 관련하여 가장 거리가 먼 것은?**

① 구현된 프로시저의 로직을 처리할 시에 적정한 방법으로 성능을 측정하고 효율성이 떨어지거나 퍼포먼스에 이상이 발생 시 대응하기 위하여 수행한다.
② 주로 트랜잭션 처리 모니터(TP ; Transaction Processing)를 활용한다.
③ ORACLE DBMS의 경우 TKPROF와 EXPLAIN PLAN 도구 활용이 가능하다.
④ 도구를 병행 사용하여 성능 측정의 다양성과 정확도를 높일 수 있다.

**029 소프트웨어 테스트와 관련한 설명으로 틀린 것은?**

① 화이트박스 테스트는 모듈의 논리적인 구조를 체계적으로 점검할 수 있다.
② 블랙박스 테스트는 프로그램의 구조를 고려하지 않는다.
③ 테스트 케이스에는 일반적으로 시험 조건, 테스트 데이터, 예상 결과가 포함되어야 한다.
④ 화이트박스 테스트에서 기본 경로(Basis Path)란 흐름 그래프의 시작 노드에서 종료 노드까지의 서로 독립된 경로로 사이클을 허용하지 않는 경로를 말한다.

**030 TKPROF 툴을 활용하여 쿼리 성능을 측정할 때 세부 내역 확인 방법이 틀린 것은?**

① PARSE : SQL 구문 분석 발생 통계치 확인
② FETCH : SELECT문 등 데이터 추출 시 통계치 확인
③ CPU : 각 처리별 CPU 소요 시간 확인
④ DISK : 각 처리별 디스크 저장 공간 사용량 확인

**031 필드 테스팅(field testing)이라고도 불리며 개발자 없이 고객의 사용 환경에 소프트웨어를 설치하여 검사를 수행하는 인수 검사 기법은?**

① 베타 검사 ② 알파 검사
③ 형상 검사 ④ 복구 검사

**032 힙 정렬(Heap Sort)에 대한 설명으로 틀린 것은?**

① 정렬할 입력 레코드들로 힙을 구성하고, 가장 큰 키 값을 갖는 루트 노드를 제거하는 과정을 반복하여 정렬하는 기법이다.
② 평균 수행 시간은 O(nlog2n)이다.
③ 완전 이진 트리(complete binary tree)로 입력자료의 레코드를 구성한다.
④ 최악의 수행 시간은 O(2n4)이다.

**033 쿼리 성능을 측정하기 위한 EXPLAIN PLAN 활용과 관련하여 가장 거리가 먼 것은?**

① SQL문의 액세스 경로를 확인하고 분석을 통해 최적화 실행계획과 성능개선을 지원할 수 있도록 관련 정보를 테이블에 저장하는 기능을 제공한다.
② TKPROF와 달리 SQL문의 분석 및 해석 관련 정보 위주로 구성되어 있다.
③ Sort Disk는 사용된 디스크의 블록 내용을 정렬하여 표시한다.
④ Row Processed는 연산 수행 중 처리한 row 수를 표시한다.

**034 다음 중 SQL 소스 코드 인스펙션 검토 대상 중 SQL 구문 분석 기반 대상이 아닌 것은?**

① 미사용 변수와 쿼리
② 입출력 속도 저하
③ Null 값과 비교
④ 과거의 데이터 타입 적용

**035** **다음에서 설명하는 DBMS의 모듈은?**

> • DBMS의 핵심 모듈로 SQL문을 가장 효율적으로 수행하는 처리 경로를 생성하고 실행
> • Oracle은 비용 기반 CBO와 정책 기반 RBO의 2개 모드를 지원하는데, 이 중 CBO 모드를 기본으로 지원

① 옵티마이저(Optimizer)
② 데이터 사전(Data Dictionary)
③ 인덱스(Index)
④ 질의 처리기(Query Process)

**036** **테스트 케이스에 일반적으로 포함되는 항목이 아닌 것은?**

① 테스트 조건 ② 테스트 데이터
③ 테스트 비용 ④ 예상 결과

**037** **퀵 정렬에 관한 설명으로 옳은 것은?**

① 레코드의 키 값을 분석하여 같은 값끼리 그 순서에 맞는 버킷에 분배하였다가 버킷의 순서대로 레코드를 꺼내어 정렬한다.
② 주어진 파일에서 인접한 두 개의 레코드 키 값을 비교하여 그 크기에 따라 레코드 위치를 서로 교환한다.
③ 레코드의 많은 자료 이동을 없애고 하나의 파일을 부분적으로 나누어 가면서 정렬한다.
④ 임의의 레코드 키와 매개변수(h) 값만큼 떨어진 곳의 레코드 키를 비교하여 서로 교환해 가면서 정렬한다.

**038** **다음 중 SQL 성능 개선 조치 내용과 거리가 먼 것은?**

① 정규화 수행
② SQL문 재구성
③ 인덱스 재구성
④ 유지보수 실행계획 및 관리

**039** **다음 중 단위 모듈과 관련한 설명 중 틀린 내용은?**

① 소프트웨어 개발 시에 사용자 요구사항에 맞춰 필요한 한 가지 동작을 수행하도록 코딩된 기능 단위 소스 코드이다.
② 설계과정에서 정의된 UI, 인터페이스, 기능 및 비기능 요구사항에 대해서 모듈화를 수행하고 실제 프로그램언어를 통해 단위 모듈을 구현 및 통합하여 프로그램 개발을 추진한다.
③ 모듈 개념은 모듈<서비스<컴포넌트 단위로 확장된다.
④ 모듈의 주요 원리는 분할과 정복, 자료 추상화, 모듈 독립성, 정보은닉 등이 있다.

**040** **다음에서 설명하는 애플리케이션 통합 테스트 유형은?**

> • 깊이 우선 방식 또는 너비 우선 방식이 있다.
> • 상위 컴포넌트를 테스트하고 점증적으로 하위 컴포넌트를 테스트한다.
> • 하위 컴포넌트 개발이 완료되지 않은 경우 스텁(Stub)을 사용하기도 한다.

① 하향식 통합 테스트
② 상향식 통합 테스트
③ 회귀 테스트
④ 빅뱅 테스트

## 3과목 | 데이터베이스 구축

**041 다음에서 설명하는 그룹 함수의 유형은?**

> • 지정한 컬럼에 대한 소계를 작성하고 중간 집계 값을 산출하기 위해 사용
> • 지정 컬럼은 계층별로 구성되기 때문에 순서가 바뀌면 수행 결과가 바뀜

① ROLLUP
② CUBE
③ GROUPING SETS
④ GROUP BY

**042 데이터베이스에서는 프로시저나 SQL 구문에서 발생하는 오류 유형이 아닌 것은?**

① 연결 오류 ② 구문 오류
③ 정규 오류 ④ 제약조건 오류

**043 다음 설명에 해당하는 것은?**

> • 데이터베이스에서는 프로시저나 SQL 구문에서 발행하는 오류에 대해 대응
> • 액션과 에러 코드, 실행 명령의 구문으로 수행

① SQL Query Processor
② OPTIMIZER
③ SQL Handler
④ INDEX

**044 관계해석에서 '모든 것에 대하여'의 의미를 나타내는 논리 기호는?**

① ∃ ② ∈
③ ∀ ④ ⊂

**045 정규화 과정에서 함수 종속이 A → B이고 B → C일 때 A → C인 관계를 제거하는 단계는?**

① 1NF → 2NF ② 2NF → 3NF
③ 3NF → BCNF ④ BCNF → 4NF

**046 다음 중 DDL(Data Definition Language) 중 ALTER의 활용으로 잘못된 것은?**

① 열 추가 : ALTER TABLE 테이블이름 ADD 열이름 데이터타입 구문 수행
② 열 삭제 : ALTER TABLE 테이블이름 DROP 열이름 구문 수행
③ 열 데이터타입 변경 : ALTER TABLE 테이블이름 MODIFY 열이름 데이터타입 구문 수행
④ 열 조회 : ALTER TABLE 테이블이름 VIEW 열이름 구문 수행

**047 다음 중 관계형 데이터모델의 구성 요소로 거리가 먼 것은?**

① 데이터 ② 프로세스
③ 관계 ④ NoSQL

**048 다음 중 관계형 데이터모델링 절차로 옳은 것은?**

> ㉠ 요구사항 분석 ㉡ 개념 모델링
> ㉢ 논리 모델링 ㉣ 물리 모델링

① ㉠-㉡-㉢-㉣
② ㉡-㉠-㉢-㉣
③ ㉠-㉢-㉡-㉣
④ ㉡-㉢-㉠-㉣

**049** 릴레이션 R의 차수가 4이고 카디널리티가 5이며, 릴레이션 S의 차수가 6이고 카디널리티가 7일 때, 두 개의 릴레이션을 카티션 프로덕트한 결과의 릴레이션 차수 및 카디널리티는 얼마인가?

① 24, 35　② 24, 12
③ 10, 35　④ 10, 12

**050** 속성(attribute)에 대한 설명으로 틀린 것은?

① 속성은 개체의 특성을 기술한다.
② 속성은 데이터베이스를 구성하는 가장 작은 논리적 단위이다.
③ 속성은 파일 구조상 데이터 항목 또는 데이터 필드에 해당된다.
④ 속성의 수를 "cardinality"라고 한다.

**051** 다음에서 설명하는 것은?

> 데이터베이스에서 한 번에 수행되어야 하는 일련의 Read와 Write 연산을 수행하는 업무 처리 단위

① 커밋(Commit)
② 롤백(Rollback)
③ 트랜잭션(Transaction)
④ 원자성(Atomicity)

**052** 다음 릴레이션의 카디널리티와 차수가 옳게 나타낸 것은?

| 아이디 | 성명 | 나이 | 등급 | 적립금 | 가입연도 |
|---|---|---|---|---|---|
| yuyu01 | 원유철 | 36 | 3 | 2000 | 2008 |
| sykim10 | 김성일 | 29 | 2 | 3300 | 2014 |
| kshan4 | 한경선 | 45 | 3 | 2800 | 2009 |
| namsu52 | 이남수 | 33 | 5 | 1000 | 2016 |

① 카디널리티 : 4, 차수 : 4
② 카디널리티 : 4, 차수 : 6
③ 카디널리티 : 6, 차수 : 4
④ 카디널리티 : 6, 차수 : 6

**053** 다음 정의에서 말하는 기본 정규형은?

> 어떤 릴레이션 R에 속한 모든 도메인이 원자값(Atomic Value)만으로 되어 있다.

① 제1정규형(1NF)
② 제2정규형(2NF)
③ 제3정규형(3NF)
④ 보이스/코드 정규형(BCNF)

**054** 트랜잭션의 특성 중 분해가 불가능한 최소 단위로, 연산 전체가 성공 또는 실패를 수행함으로써 무결성을 보장하는 특성은?

① Consistency　② Atomicity
③ Isolation　④ Durability

**055** A1, A2, A3 3개 속성을 갖는 한 릴레이션에서 A1의 도메인은 3개 값, A2의 도메인은 2개 값, A3의 도메인은 4개 값을 갖는다. 이 릴레이션에 존재할 수 있는 가능한 튜플(Tuple)의 최대 수는?

① 24 ② 12
③ 8 ④ 9

**056** 다음 중 테이블의 구조에 해당하지 않는 것은?

① 행(ROW)
② 열(COLOMN)
③ 릴레이션 인스턴스(Relation Instance)
④ 함수(FUNCTION)

**057** 다음의 보기 중 다른 보기와 다른 하나는?

① 행(ROW) ② 레코드(Record)
③ 튜플(Tuple) ④ 속성(Attribute)

**058** 다음 테이블의 구조와 관련한 설명 중 틀린 내용은?

① 카디널리티(Cardinality)는 릴레이션 컬럼의 개수를 의미한다.
② 도메인(Domain)은 하나의 속성이 갖는 타입의 원자값들의 집합이다.
③ 릴레이션 인스턴스(Relation Instance)는 데이터 개체를 구성하고 있는 속성에 대하여 데이터 타입을 정의하고 구체적으로 데이터 값을 갖는 것을 의미한다.
④ 차수(Degree)는 한 릴레이션에 포함된 속성의 개수를 의미한다.

**059** 다음 중 ORACLE의 데이터 사전 검색에 대한 설명으로 틀린 것은?

① DBA_ : 데이터베이스의 모든 객체 조회 가능
② ALL_ : 자기 계정으로 접근 가능한 객체와 타 계정의 접근 권한을 갖는 모든 객체 조회 가능
③ USER_ : 현재 자기 계정이 소유한 객체 조회 가능
④ GRANT_ : 자기가 타인에게 부여한 접근 권한 조회 가능

**060** 다음 중 데이터베이스의 뷰(VIEW)에 대한 설명으로 틀린 것은?

① 사용자 관점에서는 일반 테이블과 동일하게 보이나 물리 테이블을 캐싱하여 별도의 논리 테이블을 구성한다.
② 뷰는 인덱스 생성이 불가하다.
③ 다른 뷰를 이중으로 이용하여 또 다른 뷰 생성은 불가하다.
④ 하나 이상의 물리 테이블로부터 생성이 가능하다.

## 4과목 | 프로그래밍언어 활용

**061** 다음 중 배치 프로그램의 특징으로 옳지 않은 것은?

① 견고성이란 예외 값이 있는 데이터도 비정상적 동작이나 중단 없이 처리하는 특성이다.
② 특정 시점에 단순한 업무를 대량으로 일괄 처리한다.
③ 주로 야간이나 다른 부하가 없는 시간에 시작해서 사전 정해진 시간 내에 처리를 완료하여 성능 효율을 증가시킨다.
④ 배치 프로그램은 상시 사람이 수동으로 실행하여 이상을 점검하고 이력을 관리한다.

**062** 다음과 같은 프로세스가 차례로 큐에 도착하였을 때, SJF(Shortest Job First) 정책을 사용할 경우 가장 먼저 처리되는 작업은?

| 프로세스 번호 | 실행시간 |
|---|---|
| P1 | 6 |
| P2 | 8 |
| P3 | 4 |
| P4 | 3 |

① P1 ② P2
③ P3 ④ P4

**063** 다음 데이터 타입 중 부동 소수점 유형인 것은?

① Boolean Type ② Int Type
③ String Type ④ Float Type

**064** UNIX에서 새로운 프로세스를 생성하는 명령어는?

① ls ② cat
③ fork ④ chmod

**065** 다음 중 배치 스케줄러가 아닌 것은?

① Cron ② Watch dog
③ 스프링 쿼츠 ④ 쿼츠 스케줄러

**066** 다음 중 C언어에서 문자열을 Double형 정수로 변환하는 함수로 정확한 것은?

① int atoi(문자열)
② int atol(문자열)
③ int atof(문자열)
④ sprintf(문자열, "%d", 정수)

**67** 다음에서 설명하는 것은?

> • 특정 데이터를 저장하기 위해서 할당받은 메모리 공간
> • 데이터 타입에 따라서 메모리 공간에 데이터 값을 저장

① 변수(Variable)
② 데이터 타입(Data Type)
③ 할당(allocation)
④ 처리(Query)

**068** 다음 중 변수 설정 규칙에 적절하지 않은 변수 예시는?

① AAbb12_$ ② 123AABB
③ MAN_age ④ APPLE123

**069** 200.1.1.0/24 네트워크를 FLSM 방식을 이용하여 10개의 Subnet으로 나누고 ip subnet-zero를 적용했을 때 서브네팅된 네트워크 중 10번째 네트워크의 broadcast IP주소는?

① 200.1.1.159 ② 201.1.5.175
③ 202.1.11.254 ④ 203.1.255.245

**070** 다음에서 설명하는 연산자 유형은?

> 단항 연산자로서 피연산자가 하나뿐이며, 연산자가 피연산자의 앞에 있으면 전위(증가), 뒤에 있으면 후위(감소) 수행

① 산술 연산자 ② 증감 연산자
③ 논리 연산자 ④ 삼항 연산자

**071** **다음 연산자 유형 중 다른 보기와는 성격이 다른 하나는?**

① ++a ② --a
③ !a ④ a--

**072** **다음 보기 중 연산자의 순위가 가장 높은 것은?**

① ++ ② <<
③ == ④ ?:

**073** **다음 중 배열(Array)에 대한 설명으로 적절하지 않은 것은?**

① 같은 데이터 타입의 변수들로 구성된 유한한 집합이다.
② 배열에 포함된 각각의 값을 배열요소라 한다.
③ 다차원 배열도 선언이 가능하나 복잡성 증가에 따라 통상 1차원 배열과 2차원 배열을 다수 사용한다.
④ 배열에서 위치를 가리키는 숫자는 포인터라고 한다.

**074** **IPv6에 대한 설명으로 틀린 것은?**

① 32비트의 주소체계를 사용한다.
② 멀티미디어의 실시간 처리가 가능하다.
③ IPv4보다 보안성이 강화되었다.
④ 자동으로 네트워크 환경 구성이 가능하다.

**075** **C언어에서 배열 선언의 특징으로 가장 적절하지 않은 것은?**

① 배열 길이에 지정된 숫자만큼 동일 데이터 타입의 데이터 공간이 배정된다.
② 초기화를 하지 않으면 아무 의미 없는 값이 저장된다.
③ 초기화 리스트 개수가 배열 길이보다 작으면 맨 앞부터 초기화되고 나머지 배열은 1로 자동 초기화된다.
④ 배열이 길이를 따로 입력하지 않으면 배열 초기화 개수에 맞춰 자동으로 배열 길이가 설정된다.

**076** **IPv6의 주소체계로 거리가 먼 것은?**

① Unicast ② Anycast
③ Broadcast ④ Multicast

**077** **다음에서 설명하는 제어문 유형은?**

> • 조건에 따라 경로 중 하나를 선택하여 조건의 동일 여부와 case 뒤의 상수와 일치 여부를 확인하고 분기
> • 명령어를 벗어나려면 break 문을 사용하고, 여러 개의 case 문을 활용하기도 함

① if(조건)
② switch(변수)
③ while(조건식)
④ for(초기값, 최종값, 증감값)

**078** 다음 보기 중 절차적 프로그래밍 언어의 유형이 아닌 것은?

① C언어 ② 포트란(FORTRAN)
③ C++ ④ 피엘 원(PL/I)

**079** 다음에서 설명하는 절차적 프로그래밍 언어의 유형은?

- 1972년 데니스 리치가 개발한 유닉스 기반의 범용 프로그래밍 언어
- 이식성이 좋고 저수준 및 고수준 제어가 모두 가능하며, 다양한 연산자를 갖춘 모듈러 언어

① C언어 ② 포트란(FORTRAN)
③ 피엘 원(PL/I) ④ 베이직(Basic)

**080** 다음의 페이지 참조 열(Page reference)에 대해 페이지 교체 기법으로 선입선출 알고리즘을 사용할 경우 페이지 부재(Page Fault) 횟수를 구하면? (단, 할당된 페이지 프레임 수는 3이고, 처음에는 모든 프레임이 비어 있다.)

〈페이지 참조 열〉
7, 0, 1, 2, 0, 3, 0, 4, 2, 3, 0, 3, 2, 1, 2, 0, 1, 7, 0

① 13 ② 14
③ 15 ④ 20

## 5과목 | 정보시스템 구축관리

**081** 다음 중 프로젝트 관리의 특징이 아닌 것은?

① 유일성 ② 점진적 상세
③ 목적성 ④ 영속성

**082** 소프트웨어 개발 방법론 중 최신 트랜드인 Tailoring 방법론에 대한 설명으로 가장 거리가 먼 것은?

① 전통적인 소프트웨어 개발 방법론의 절차, 활동, 산출물 들을 특정 사업 목적에 맞게 최적화화여 방법론을 유연하게 적용하는 활동 및 사상이다.
② 개발 방법론의 내용이 선언적이고 방대함에 따라 프로젝트별로 구체화의 수준과 적용 방식에 대한 고민이 필요하다.
③ 프로젝트의 특성에 최적화된 산출물 및 도구/기법의 적용이 가능하다.
④ 국제적인 표준보다는 유연한 개발 방법론 도출 및 적용에 주력한다.

**083** 다음 중 프로젝트 팀원의 역할과 책임을 정의하고 관리하는 프로젝트 지식 영역은?

① 통합 관리 ② 의사소통 관리
③ 인적자원 관리 ④ 이해관계자 관리

**084** 다음 중 소프트웨어 개발 프레임워크 특징이 아닌 것은?

① 실체성 ② 구체성
③ 단일성 ④ 재사용성

**085** 다음 중 SPRING Framework의 특징이 아닌 것은?

① 객체 관리
② 의존성 제거
③ 제어 반전(IoC)
④ 관점지향 프로그래밍(AOP)

**086** 다음 중 WPAN(Wireless Personal Area Network)에 대한 설명으로 적절하지 않은 것은?

① 개인의 활동 반경에서 존재하는 컴퓨터나 주변기기, 가전제품 등을 무선으로 연결하는 ad-hoc 방식의 통신 네트워크이다.
② 통상 10m의 짧은 전송 거리를 가진다.
③ 근거리 통신 내 고정된 유선망으로 통신한다.
④ 저전력 배터리가 필수적이다.

**087** 다음에서 설명하는 네트워크 방식은?

> 무선 통신망에서 스마트폰, 드론, 사물인터넷 등이 이동하면서 네트워크에 포함되었다 제거되었다 하는 형태로 노드가 유동적인 형태의 네트워크

① Ad-hoc
② Internet of Things
③ Software Defined Networking
④ Overlay Network

**088** Windows 파일 시스템인 FAT와 비교했을 때의 NTFS의 특징이 아닌 것은?

① 보안에 취약
② 대용량 볼륨에 효율적
③ 자동 압축 및 안정성
④ 저용량 볼륨에서의 속도 저하

**089** 다음 보기 중 네트워크를 소프트웨어 방식으로 프로그래밍하고 제어와 관리를 용이하게 하는 새로운 네트워크 아키텍처는?

① Software Defined Networking
② Overlay Network
③ Internet of Things
④ P2P Network

**090** 다음 중 웹 2.0의 개방, 확장 정신을 활용하여 웹상의 다양한 기능을 묶어서 새로운 서비스를 창출하는 전략 및 기술은?

① MASH-UP ② JSON
③ XML ④ AJAX

**091** 다음 중 인공지능에서 활용하는 알고리즘과 가장 거리가 먼 것은?

① 심층 신경망 알고리즘
② 합성곱 신경망 알고리즘
③ LSTM(Long Short Term Memory)
④ Dijkstra Algorithm

**092** 취약점 관리를 위해 일반적으로 수행하는 작업이 아닌 것은?

① 무결성 검사
② 응용 프로그램의 보안 설정 및 패치(Patch) 적용
③ 중단 프로세스 및 닫힌 포트 위주로 확인
④ 불필요한 서비스 및 악성 프로그램의 확인과 제거

**093** **다음 중 메타버스의 유형이 아닌 것은?**

① 라이프 로깅(Life Logging)
② 아바타(Avatar)
③ 증강 현실(Argument Reality)
④ 미러 월드(Mirror World)

**094** **다음에서 설명하는 기술은?**

> • 서로 신뢰할 수 없는 환경에서 중립적이고 중앙화된 인증시스템이 없이도 신뢰를 보장하는 기술
> • P2P 네트워크를 이용하여 거래내역을 분산, 온라인 네트워크 참가자 모두에게 내용을 공개 및 기록하는 기술

① Torrent
② Block Chain
③ Kerberos
④ PKI(Public Key Infrastructure)

**095** **다음 중 소프트웨어 개발자 및 IT 종사자들 사이 의사소통, 협업, 융합을 강조한 소프트웨어 개발 방법론이며, 개발과 운영을 합친 말로 협업에 기초한 IT 문화 및 사상을 의미하는 것은?**

① Tailoring ② Agile
③ DevOps ④ Open Source

**096** **Secure OS의 보안 기능으로 거리가 먼 것은?**

① 식별 및 인증 ② 임의적 접근 통제
③ 고가용성 지원 ④ 강제적 접근 통제

**097** **다음에서 설명하는 기술 및 서비스 유형은?**

> 물리적으로 다른 시스템을 하나로 통합하거나, 하나의 물리적 시스템을 논리적으로 분리하는 기술로 자원의 관리 효율성, 성능 극대화, 비용 절감 및 개발과 운영의 편의성을 제공

① 클라우드 ② 가상화
③ 블록체인 ④ 클러스터링

**098** **다음 중 정보시스템의 정보보호 및 개인정보 보호를 위한 일련의 체계적이고 정형화된 조치 활동 혹은 활동을 평가하여 기준에 적합한지 심의하고 인증하는 제도를 의미하는 것은?**

① ISO20000
② SLA(Service Level Agreement)
③ ISMS-P
④ PIA(Privcy Impact Analysis)

**099** **SSH(Secure Shell)에 대한 설명으로 틀린 것은?**

① SSH의 기본 네트워크 포트는 220번을 사용한다.
② 전송되는 데이터는 암호화된다.
③ 키를 통한 인증은 클라이언트의 공개키를 서버에 등록해야 한다.
④ 서로 연결되어 있는 컴퓨터 간 원격 명령 실행이나 셸 서비스 등을 수행한다.

**100** **코드의 기입 과정에서 원래 '12536'으로 기입되어야 하지만 '12936'으로 표기되었을 경우, 어떤 코드 오류에 해당하는가?**

① Addition Error ② Omission Error
③ Sequence Error ④ Transcription Error

# 제3회 기출유형 모의고사

## 1과목 | 소프트웨어 설계

**001 다음 중 객체지향 기본원리에 대해서 올바르게 설명한 것은?**

① 캡슐화는 공통성질을 기반으로 하여 추상클래스를 설정하고 설계의 편의성을 높이는 원리이다.
② 추상화는 하나의 기능을 수행하는 함수와 데이터를 그룹핑하고 메시지만으로 객체와 상호작용함으로써 재사용성과 보안성을 향상시키는 원리이다.
③ 정보은닉은 객체의 내부구조와 실체를 분리하여 인터페이스를 통해서만 접근이 가능하도록 설계하는 보안성 향상 기법이다.
④ 다형성은 수퍼클래스의 성질을 서브클래스에 자동부여하여 설계 편의성을 향상시키는 원리이다.

**002 객체지향 기법에서 클래스들 사이의 '부분-전체(part-whole)' 관계 또는 '부분(is-a-part-of)'의 관계로 설명되는 연관성을 나타내는 용어는?**

① 일반화 ② 추상화
③ 캡슐화 ④ 집단화

**003 객체지향 분석 방법론 중 E-R 다이어그램을 사용하여 객체의 행위를 모델링하며, 객체 식별, 구조식별, 주체 정의, 속성 및 관계 정의, 서비스 정의 등의 과정으로 구성되는 것은?**

① Coad와 Yourdon 방법
② Booch 방법
③ Jacobson 방법
④ Wirfs-Brocks 방법

**004 다음 중 내외부 송수신 연계기술에 해당하지 않는 것은?**

① API(Application Programing Interface)
② Hyper Link
③ AJAX(Asynchronous Javascript And XML)
④ Web Service Link

**005 다음 중 객체지향 설계원칙을 준수하여 프로그램 개발 시 자주 나타나는 설계 문제를 해결하기 위한 방법과 사례를 경험기반으로 정리한 것은?**

① 소프트웨어 아키텍처
② 소프트웨어 프레임 워크
③ 디자인 패턴
④ 소프트웨어 아키텍처 스타일

**006** **User Interface 설계 시 오류 메시지나 경고에 관한 지침으로 가장 거리가 먼 것은?**

① 메시지는 이해하기 쉬워야 한다.
② 오류로부터 회복을 위한 구체적인 설명이 제공되어야 한다.
③ 오류로 인해 발생될 수 있는 부정적인 내용을 적극적으로 사용자들에게 알려야 한다.
④ 소리나 색의 사용을 줄이고 텍스트로만 전달하도록 한다.

**007** **사용자 인터페이스(User Interface)에 대한 설명으로 틀린 것은?**

① 사용자와 시스템이 정보를 주고받는 상호작용이 잘 이루어지도록 하는 장치나 소프트웨어를 의미한다.
② 편리한 유지보수를 위해 개발자 중심으로 설계되어야 한다.
③ 배우기가 용이하고 쉽게 사용할 수 있도록 만들어져야 한다.
④ 사용자 요구사항이 UI에 반영될 수 있도록 구성해야 한다.

**008** **인터페이스 통신 유형 중 실시간 방식 구현과 가장 거리가 먼 유형은?**

① 배치 통신　　② 단방향 통신
③ 동기화 통신　　④ 비동기 통신

**009** **요구공학의 요구사항 관리 프로세스 중 다음 설명에 해당하는 단계는?**

- 요구 사항 기준선을 기반으로 모든 변경을 공식적으로 통제
- 형상관리위원회(CCB ; Configuration Control Board)에서 수행

① 요구사항 협상
② 요구사항 기준선
③ 요구사항 변경관리
④ 요구사항 확인검증

**010** **인터페이스 송수신데이터와 관련한 개념 중 가장 거리가 먼 것은?**

① 인터페이스 시스템 간에 송수신되는 데이터로서 규격화된 표준 형식에 따라 전송되며, 사전 데이터의 대상과 범위를 식별하고 인터페이스 설계 수행한다.
② 인터페이스 송수신데이터는 전문공통부, 전문개별부, 전문종료부로 구성된다.
③ 전문개별부는 고정길이 데이터부로 실제 업무 수행에 필요한 데이터를 담고 있다.
④ 시스템공통부는 시스템 연동에 필요한 IP주소, 포트번호, 서비스 ID 등의 정보를 담고 있다.

**011** **인터페이스 송수신데이터 식별을 위한 데이터베이스 산출물 검토 자료로 거리가 먼 것은?**

① 개체 정의서
② 코드 정의서
③ 테이블 정의서
④ 테스트 케이스 정의서

**012** **인터페이스 오류와 관련하여 가장 적절하지 않은 것은?**

① 시스템 연동 과정에서 발생하는 오류나 장애 현상이며, 오류의 영향을 최소화하고 빠른 처리가 가능하도록 인터페이스 설계가 필요하다.
② 비정형 명세기법은 사용자의 요구를 표현할 때 Z 비정형 명세기법을 사용한다.
③ 연계서버에서 발생하는 오류는 서버 다운, 접속 오류, 형식변환 기능 에러 등으로 발생한다.
④ 장애 발생 조치 후에는 오류를 식별할 수 있는 코드를 생성하고 관리한다.

**013** **인터페이스 수행 시 발생하는 오류 처리 절차로 적정한 것은?**

> ㉠ 오류 원인 분석
> ㉡ 점검 및 완료
> ㉢ 로그파일 설정 및 오류코드 정의
> ㉣ 해결방안 수립

① ㉠-㉡-㉢-㉣ ② ㉢-㉠-㉣-㉡
③ ㉠-㉢-㉡-㉣ ④ ㉢-㉡-㉢-㉣

**014** **다음 인터페이스 미들웨어 솔루션에 대한 설명은?**

> • 웹서비스를 기반으로 하여 다양한 시스템들을 대상으로 느슨한 결합을 구성하고 비동기식 연결을 지원하는 미들웨어 플랫폼
> • 메시지를 주고받아 연동하는 메시지 지향 미들웨어의 일종(MOM ; Message-Oriented Middleware)

① EAI(Enterprise Application Integration)
② ESB(Enterprise Service Bus)
③ TP(Transaction Processing)
④ WAS(Web Application Server)

**015** **다음 중 객체지향 프로그램 분석 모델링이 아닌 것은?**

① 정적 모델링 ② 추상 모델링
③ 동적 모델링 ④ 기능 모델링

**016** **객체지향 설계 시 구성요소에 대한 설명으로 잘못된 것은?**

① 클래스(Class) : 데이터를 추상화하는 단위이며, 객체를 생성하는 틀
② 메서드(Method) : 클래스 내의 여러 객체들이 가지고 있는 공통된 데이터 값들의 특성
③ 메시지(Message) : 객체 간에 상호 역할을 수행하기 위한 내용
④ 인스턴스(Instance) : 하나의 클래스 내에 속한 각각의 객체

**017** **사용자 인터페이스를 설계할 경우 고려해야 할 가이드라인과 가장 거리가 먼 것은?**

① 심미성을 사용성보다 우선하여 설계해야 한다.
② 효율성을 높이게 설계해야 한다.
③ 발생하는 오류를 쉽게 수정할 수 있어야 한다.
④ 사용자에게 피드백을 제공해야 한다.

**018** **입력되는 데이터를 컴퓨터의 프로세서가 처리하기 전에 미리 처리하여 프로세서가 처리하는 시간을 줄여주는 프로그램이나 하드웨어를 말하는 것은?**

① EAI ② FEP
③ GPL ④ Duplexing

**019** 다음 중 소프트웨어 아키텍처의 구성요소가 아닌 것은?

① 원리 ② 컴포넌트
③ 관계 ④ 속성

**020** UI 개발을 위한 대표적인 툴이 아닌 것은?

① 파워 목업(Power Mockup)
② 에이탐(ATAM)
③ 액슈어(Axure)
④ 발사믹 목업(Balsamiq Mockup)

## 2과목 | 소프트웨어 개발

**021** 다음 초기 자료에 대하여 삽입 정렬(Insertion Sort)을 아용하여 오름차순 정렬할 경우 1회전 후의 결과는?

| 초기 자료 : 8, 3, 4, 9, 7 |
|---|

① 3, 4, 8, 7, 9 ② 3, 4, 9, 7, 8
③ 7, 8, 3, 4, 9 ④ 3, 8, 4, 9, 7

**022** 단위 모듈의 유형으로 보기 어려운 것은?

① Macro ② Over loading
③ Function ④ Inline

**023** 블랙박스 테스트의 유형으로 틀린 것은?

① 경계값 분석 ② 오류 예측
③ 동등 분할 기법 ④ 조건, 루프 검사

**024** 다음 자료에 대하여 선택(Selection) 정렬을 이용하여 오름차순으로 정렬하고자 한다. 3회전 후의 결과로 옳은 것은?

| 37, 14, 17, 40, 35 |
|---|

① 14, 17, 37, 40, 35
② 14, 37, 17, 40, 35
③ 17, 14, 37, 35, 40
④ 14, 17, 35, 40, 37

**025** 알고리즘 설계 기법으로 거리가 먼 것은?

① Divide and Conquer
② Greedy
③ Static Block
④ Back tracking

**026** 다음 중 SW 생산성을 극대화하는 3R의 유형이 아닌 것은?

① Re-Compile
② Reverse Engineering
③ Re-Engineering
④ Reuse

**027** 정렬된 N개의 데이터를 처리하는데 $O(N\log_2 N)$의 시간이 소요되는 정렬 알고리즘은?

① 선택정렬 ② 삽입정렬
③ 버블정렬 ④ 합병정렬

**028** 다음 중 IDE(Integrated Development Environment) 도구의 주요 기능이 아닌 것은?

① 코딩 ② 라이브러리
③ 컴파일 ④ 배포

**029** 외계인코드(Alien Code)에 대한 설명으로 옳은 것은?

① 프로그램의 로직이 복잡하여 이해하기 어려운 프로그램을 의미한다.
② 아주 오래되거나 참고문서 또는 개발자가 없어 유지보수 작업이 어려운 프로그램을 의미한다.
③ 오류가 없어 디버깅 과정이 필요 없는 프로그램을 의미한다.
④ 사용자가 직접 작성한 프로그램을 의미한다.

**030** 다음 중 대표적인 IDE 도구가 아닌 것은?

① Visual Studio
② Eclipse
③ Balsamiq Mockups
④ IntelliJ IDEA

**031** 다음 중 협업도구의 주요 기능이 아닌 것은?

① 의사 소통 ② 일정 관리
③ 파일 공유 ④ 디버깅

**032** 다음 중 형상관리 절차가 올바르게 정렬된 것은?

| ㉠ 형상 감사 | ㉡ 형상 식별 |
|---|---|
| ㉢ 형상 통제 | ㉣ 형상 기록 |

① ㉠－㉡－㉢－㉣
② ㉡－㉢－㉠－㉣
③ ㉠－㉢－㉣－㉡
④ ㉣－㉡－㉢－㉡

**033** 형상관리 도구의 주요 처리기능이 아닌 것은?

① Check－In ② Check－Out
③ Commit ④ Fetch

**034** 소프트웨어 품질 관련 국제 표준인 ISO/IEC 25000에 관한 설명으로 옳지 않은 것은?

① 소프트웨어 품질 평가를 위한 소프트웨어 품질평가 통합모델 표준이다.
② System and Software Quality Requirements and Evaluation으로 줄여서 SQuaRE라고도 한다.
③ ISO/IEC 2501n에서는 소프트웨어의 내부 측정, 외부측정, 사용품질 측정, 품질 측정 요소 등을 다룬다.
④ 기존 소프트웨어 품질 평가 모델과 소프트웨어 평가 절차 모델인 ISO/IEC 9126과 ISO/IEC 14598을 통합하였다.

**035** 다음에서 설명하는 대표적인 형상관리 도구는?

- 2005년에 리누스 토발즈가 개발한 다양한 최신 기능을 제공하는 형상관리 도구
- 로컬 저장으로 오프라인 작업 가능하며 분산형 관리방식 지원

① CVS ② JIRA
③ SVN ④ GIT

**036** 다음 중 애플리케이션 패키징의 방향성과 거리가 먼 것은?

① 개발자 중심의 패키징 수행
② 모듈화 기반의 패키징
③ 버전관리 수행
④ 범용환경 지향

**037** 다음 중 DRM(Digital Rights Management)의 핵심 구성요소가 아닌 것은?

① 패키저(Packager)
② 보안컨테이너(Secure Container)
③ DLP(Data Loss Prevention)
④ 클리어링하우스(Clearing House)

**038** 다음 중 제품 소프트웨어 매뉴얼의 주요 항목과 가장 거리가 먼 것은?

① 목차와 개요
② 설치 방법
③ 고객지원 방법
④ 개발조직 전체 연락처

**039** 다음 중 소프트웨어 프로세스 품질 표준이 아닌 것은?

① ISO12207 ② ISO15504
③ CMMI ④ ISO9126

**040** 다음에서 설명하는 국제 표준은?

> • 사용자 관점에서 S/W 품질 특성을 정의하고 품질평가 매트릭을 정의한 국제표준
> • 총 4개 세부 표준을 구성되어 있으며, 첫 번째 품질특성은 6개의 품질특성과 21개 부특성으로 구성되어 있음

① ISO9126 ② ISO15504
③ ISO12207 ④ ISO25000

## 3과목 | 데이터베이스 구축

**041** 릴레이션에 대한 설명으로 거리가 먼 것은?

① 튜플들의 삽입, 삭제 등의 작업으로 인해 릴레이션은 시간에 따라 변한다.
② 한 릴레이션에 포함된 튜플들은 모두 상이하다.
③ 애트리뷰트는 논리적으로 쪼갤 수 없는 원자값으로 저장한다.
④ 한 릴레이션에 포함된 튜플 사이에는 순서가 있다.

**042** 데이터베이스의 인덱스(INDEX)를 구성하기 적정한 유형과 가장 거리가 먼 것은?

① 업무 처리를 위해서 반복적으로 액세스하는 조인 컬럼
② 분포도가 양호한 컬럼
③ 개인정보나 민감한 정보를 보유하고 있는 컬럼
④ 조회 조건에 사용되는 컬럼

**043** 관계대수의 순수관계 연산자가 아닌 것은?

① Select
② Cartesian Product
③ Division
④ Project

**044** 다음과 같이 위쪽 릴레이션을 아래쪽 릴레이션으로 정규화를 하였을 때 어떤 정규화 작업을 한 것인가?

| 국가 | 도시 |
|---|---|
| 대한민국 | 서울, 부산 |
| 미국 | 워싱턴, 뉴욕 |
| 중국 | 베이징 |

↓

| 국가 | 도시 |
|---|---|
| 대한민국 | 서울 |
| 대한민국 | 부산 |
| 미국 | 워싱턴 |
| 미국 | 뉴욕 |
| 중국 | 베이징 |

① 제1정규형 ② 제2정규형
③ 제3정규형 ④ 제4정규형

**045** 다음에서 설명하는 인덱스 유형은?

> • 임의의 길이를 가지는 메시지를 고정된 길이의 출력값으로 바꿔주는 함수를 활용하여 인덱스 생성에 활용
> • 충돌(Collision) 문제가 발생할 수 있음

① 순서(Ordered) 인덱스
② 해시(Hash) 인덱스
③ 비트맵(Bitmap) 인덱스
④ 단일(Singled) 인덱스

**046** 다음 중 집합 연산자의 유형이 아닌 것은?

① UNION
② GROUP
③ INTERSECTION
④ EXCEPT

**047** 다음 중 데이터베이스에서 조인(Join)에 대한 설명 중 가장 거리가 먼 것은?

① 두 테이블 간의 곱으로 데이터를 연결하는 대표적인 데이터 연결 방법이다.
② 조인은 데이터베이스의 옵티마이저에서 물리적인 방법으로만 테이블 결합을 수행한다.
③ 대표적인 조인 방식으로는 Nested-Loop, Merge, Hash 조인이 있다.
④ Sort-Merge 조인은 Sort의 부하가 많이 발생하며 이를 보완하기 위한 방법으로 소트 대신 해쉬값을 이용하는 조인이 Hash 조인이다.

**048** 다음 중 해시함수 인덱스 기법이 아닌 것은?

① 중첩법 ② 숫자 추출법
③ 중간 제곱 함수 ④ 지수 증분법

**049** player 테이블에는 player_name, team_id, height 컬럼이 존재한다. 다음 SQL문에서 문법적 오류가 있는 부분은?

```
(1) SELECT player_name, height
(2) FROM player
(3) WHERE team id='Korea'
(4) AND height BETWEEN 170 OR 180;
```

① (1) ② (2)
③ (3) ④ (4)

**050** **다음 서브쿼리(Sub Query)에 대한 설명 중 틀린 것은?**

① 서브쿼리에 사용되는 컬럼 정보와 메인쿼리의 컬럼 정보는 자유롭게 사용이 가능하다.
② SQL문 내부에 포함된 또 다른 SQL문을 의미한다.
③ 서브쿼리 유형은 동작방식과 반환 데이터에 따라 분류가 가능하다.
④ 반환데이터에 따른 세분류에는 Single Row, Multiple Row, Multiple Column의 유형이 있다.

**051** **관계대수 연산에서 두 릴레이션이 공통으로 가지고 있는 속성을 이용하여 두 개의 릴레이션을 하나로 합쳐서 새로운 릴레이션을 만드는 연산은?**

① ⋈ ② ⊃
③ π ④ σ

**052** **다음 중 관계 데이터모델링 설계 시 개체 타입 도출 방법으로 가장 적절치 않은 것은?**

① 업무 기술서 활용
② BPR(Business Processing Reengineering) 전의 자료 참조
③ 인터뷰 수행
④ DFD(Data Flow Diagram) 활용

**053** **다음 중 데이터베이스 모델링 시 적절한 개체 타입 명명 기준이 아닌 것은?**

① 현업 용어 사용 ② 약어 사용
③ 단수 명사 사용 ④ 유일한 명명어 사용

**054** **테이블 R과 S에 대한 SQL문이 실행되었을 때, 실행 결과로 옳은 것은?**

R

| A | B |
|---|---|
| 1 | A |
| 3 | B |

S

| A | B |
|---|---|
| 1 | A |
| 3 | B |

```
SELECT A FROM R
UNION ALL
SELECT A FROM S ;
```

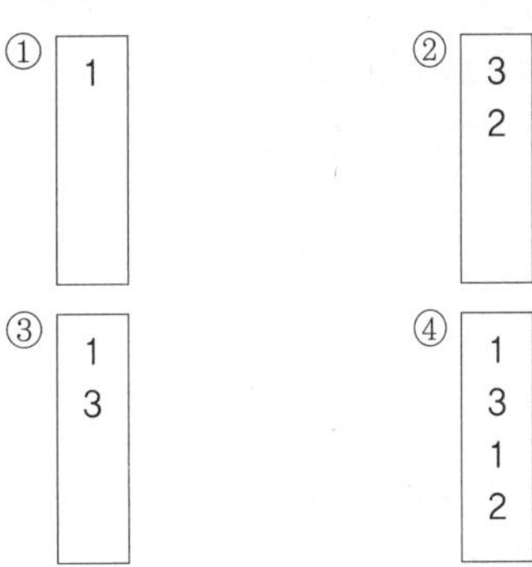


**055** **테이블 두 개를 조인하여 뷰 V_1을 정의하고, V_1을 이용하여 뷰 V_2를 정의하였다. 다음 명령 수행 후 결과로 옳은 것은?**

```
DROP VIEW V_1 CASCADE;
```

① V_1만 삭제된다.
② V_2만 삭제된다.
③ V_1과 V_2 모두 삭제된다.
④ V_1과 V_2 모두 삭제되지 않는다.

**056** **다음 중 데이터베이스 모델링 시 후보 식별자 조건으로 맞지 않는 것은?**

① 각 인스턴스를 유일하게 식별 가능해야 한다.
② 속성 집합을 선택하는 경우에는 개념적으로 유일해야 한다.
③ 후보 식별자는 NULL 값 허용을 포함한다.
④ 후보 식별자의 데이터는 잦은 변경을 지양한다.

**057** 다음 SQL문에서 사용된 BETWEEN 연산의 의미와 동일한 것은?

```
SELECT *
FROM 성적
WHERE (점수 BETWEEN 90 AND 95) AND 학과
='컴퓨터공학과';
```

① 점수>=90 AND 점수<=95
② 점수>90 AND 점수<95
③ 점수>90 AND 점수<=95
④ 점수>=90 AND 점수<95

**058** 관계형 데이터베이스 모델링 시에 설명의 관계 특성으로 옳은 것은?

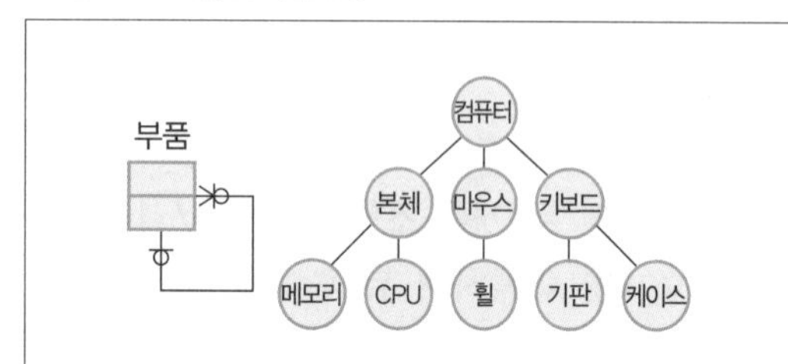


- 하나의 엔티티 타입 내에서 엔티티와 엔티티가 관계를 맺고 있는 형태의 관계
- 부서, 부품, 메뉴 등과 같이 계층 구조 형태를 표현할 때 유용한 관계 형식

① 정상적인 관계
② 자기 참조 관계
③ 병렬 관계
④ 슈퍼타입 서브타입 관계

**059** 다음 SQL문의 실행 결과로 생성되는 튜플 수는?

```
SELECT 급여 FROM 사원 ;
```

〈사원〉 테이블

| 사원ID | 사원명 | 급여 | 부서ID |
|---|---|---|---|
| 101 | 박철수 | 30000 | 1 |
| 102 | 한나라 | 35000 | 2 |
| 103 | 김감동 | 40000 | 3 |
| 104 | 이구수 | 35000 | 2 |
| 105 | 최초록 | 40000 | 3 |

① 1 ② 3
③ 4 ④ 5

**060** 다음 R1과 R2의 테이블에서 아래의 실행 결과를 얻기 위한 SQL문은?

[R1] 테이블

| 학번 | 이름 | 학년 | 학과 | 주소 |
|---|---|---|---|---|
| 1000 | 홍길동 | 1 | 컴퓨터공학 | 서울 |
| 2000 | 김철수 | 1 | 전기공학 | 경기 |
| 3000 | 강남길 | 2 | 전자공학 | 경기 |
| 4000 | 오말자 | 2 | 컴퓨터공학 | 경기 |
| 5000 | 장미화 | 3 | 전자공학 | 서울 |

[R2] 테이블

| 학번 | 과목번호 | 과목이름 | 학점 | 점수 |
|---|---|---|---|---|
| 1000 | C100 | 컴퓨터구조 | A | 91 |
| 2000 | C200 | 데이터베이스 | A+ | 99 |
| 3000 | C100 | 컴퓨터구조 | B+ | 89 |
| 3000 | C200 | 데이터베이스 | B | 85 |
| 4000 | C200 | 데이터베이스 | A | 93 |
| 4000 | C300 | 운영체제 | B+ | 88 |
| 5000 | C300 | 운영체제 | B | 82 |

[실행결과]

| 과목번호 | 과목이름 |
| --- | --- |
| C100 | 컴퓨터구조 |
| C200 | 데이터베이스 |

① SELECT 과목번호, 과목이름 FROM RI, R2 WHERE R1.학번=R2.학번 AND R1.학과='전자공학' AND R1.이름='강남길';
② SELECT 과목번호, 과목이름 FROM RI, R2 WHERE R1.학번=R2.학번 OR R1.학과='전자공학' OR R1.이름='홍길동';
③ SELECT 과목번호, 과목이름 FROM R1, R2 WHERE R1.학번 R2.학번 AND R1.학과='컴퓨터공학' AND R1.이름 '강남길';
④ SELECT 과목번호, 과목이름 FROM R1, R2 WHERE R1.학번=R2.학번 OR R1.학과='컴퓨터공학' OR R1.이름='홍길동';

## 4과목 | 프로그래밍언어 활용

**061 다음 보기 중 객체지향언어의 장점으로 적절치 않는 것은?**

① 현실의 실체를 닮은 객체를 중심으로 하여 자연스러운 프로그램 모델링 가능
② 독립적인 객체를 사용함으로써 개발의 생산성 향상
③ 상속과 캡슐화를 통해 기존 프로그램의 재사용 가능성을 극대화
④ 복잡성과 호출로 빠른 처리 속도 가능

**062 다음에서 설명하는 객체지향 프로그래밍 언어의 속성에 해당하는 것은?**

- 동일한 이름의 오퍼레이션(메소드)이 각 클래스마다 다른 사양으로 정의될 수 있다는 것을 의미
- 유형으로는 Overloading과 Overriding이 있음

① 캡슐화(Encapsulation)
② 추상화(Abstraction)
③ 다형성(Polymorphism)
④ 상속성(Inheritance)

**063 객체지향 프로그래밍 언어의 상속성의 유형으로 해당되지 않는 것은?**

① 단일　② 다중
③ 반복　④ 중첩

**064 HRN(Highest Response-ratio Next) 스케줄링 방식에 대한 설명으로 옳지 않은 것은?**

① 대기시간이 긴 프로세스일 경우 우선순위가 높아진다.
② SJF 기법을 보완하기 위한 방식이다.
③ 긴 작업과 짧은 작업 간의 지나친 불평등을 해소할 수 있다.
④ 우선순위를 계산하여 그 수치가 가장 낮은 것부터 높은 순으로 우선순위가 부여된다.

**065 다음 중 객체지향 프로그래밍 언어의 유형이 아닌 것은?**

① C++　② C#
③ Delphi　④ C

**066** 다음에서 설명하는 프로그래밍 언어 유형은?

> • 이미 개발된 응용 소프트웨어를 제어하는 컴퓨터 프로그래밍언어로 컴파일을 하지 않고 작성해서 바로 실행가능 함
> • 변수타입을 선언하지 않으며, 응용프로그램과 독립적으로 사용함으로써 사용자가 응용 프로그램을 커스터마이징해서 사용할 수 있도록 프로그래밍 가능

① 절차적 프로그래밍 언어
② 객체지향 프로그래밍 언어
③ 스크립트 언어
④ 선언형 프로그래밍 언어

**067** 스레드(Thread)에 대한 설명으로 옳지 않은 것은?

① 한 개의 프로세스는 여러 개의 스레드를 가질 수 없다.
② 커널 스레드의 경우 운영체제에 의해 스레드를 운용한다.
③ 사용자 스레드의 경우 사용자가 만든 라이브러리를 사용하여 스레드를 운용한다.
④ 스레드를 사용함으로써 하드웨어, 운영체제의 성능과 응용 프로그램의 처리율을 향상시킬 수 있다.

**068** 다음 중 스크립트 프로그래밍 언어의 유형이 아닌 것은?

① 배시(Bash)
② 자바스크립트(JaveScript)
③ 펄(Perl)
④ 델파이(Delphi)

**069** 다음에서 설명하는 프로그래밍 언어는?

> • 1991년 귀도 반 로섬이 개발한 고급 스크립트 프로그래밍 언어
> • 객체 지향적인 범용 프로그래밍 언어로 동적 타이핑 대화형의 특징
> • 들여쓰기를 이용한 블록구조 문법으로 가독성을 높이고 복잡도를 낮춤
> • 다른 스트립트 언어와 달리 빠르게 수치연산이 가능하여 과학 및 공학 분야에 적용성이 아주 높음

① 파이썬(Python)
② PHP
③ 자바스크립트(JaveScript)
④ 펄(Perl)

**070** 다음 중 선언형 프로그래밍 언어의 유형에 해당하지 않는 언어는?

① 머큐리 ② XAML
③ SQL ④ PHP

**071** 다음 중 C언어의 표준 입력 함수가 아닌 것은?

① putchar() ② getchar()
③ gets() ④ scanf()

**072** 다음 중 프로그래밍 언어에서 수행하는 예외 처리 방법이 아닌 것은?

① catch ② throw
③ trap ④ event

**073** 다음 C언어 프로그램이 실행되었을 때, 실행 결과는?

```
#include <stdio.h>
#include <stdlib.h>
int main(int argc, char *argv[ ]) {
  int i=0 ;
  while(1) {
   if(i==4) {
     break ;
   }
   ++i ;
   }
  printf("i=%d", i) ;
  return 0 ;
}
```

① i=0　　② i=1
③ i=3　　④ i=4

**074** 다음 메모리 계층 구조를 속도 측면에서 고속에서 저속 순으로 나열한 것은?

| | |
|---|---|
| ㉠ 메인 메모리 | ㉡ 캐시 메모리 |
| ㉢ 가상 메모리 | ㉣ 레지스터 |

① ㉠-㉡-㉣-㉢
② ㉣-㉡-㉠-㉢
③ ㉡-㉢-㉣-㉠
④ ㉢-㉡-㉣-㉠

**075** C언어에서 두 개의 논리값 중 하나라도 참이면 1을, 모두 거짓이면 0을 반환하는 연산자는?

① | |　　② &&
③ **　　④ !=

**076** 다음에서 설명하는 메모리 관리 기법으로 옳은 것은?

- 메모리의 성능을 증가시키기 위해서 주소 지정 방식을 효율적으로 조정하고 순차적으로 실행되는 명령어 및 데이터들을 기억장치 모듈에 적절하게 분산 저장하는 기억장치 버스의 시분할 활용기술
- 주기억장치를 다수의 주소버퍼 레지스터, 데이터버퍼 레지스터로 구성하고 병렬로 동시처리를 수행하는 메모리 관리기법

① 페이징 기법
② 세그먼테이션 기법
③ 페이징/세그먼테이션 혼용기법
④ 메모리 인터리빙 기법

**077** C언어에서의 변수 선언으로 틀린 것은?

① int else;　　② int Test2;
③ int pc;　　④ int True;

**078** 다음 C언어 프로그램이 실행되었을 때의 결과는?

```
#include <stdio.h>
#include <string.h>
int main(void) {
      char str[50]="nation";
      char *p2="alter";
      strcat(str, p2) ;
      printf("%s", str) ;
   return 0 ;
}
```

① nation　　② nationalter
③ alter　　④ alternation

**079** 다음 중 운영체제에서 사용하는 프로세스 개념으로 가장 적절치 않은 것은?

① 프로세서에 의해서 수행되는 프로그램 실행 단위로 현재 실행 중이거나 곧 실행 가능한 PCB를 가진 프로그램
② 프로세스와 관련한 정보는 PCB에 저장되고 CPU에 의해서 Dispatch
③ 프로그램 수행을 위한 자원할당 및 수집, 지원하는 최소단위
④ 실행단위와 실행환경 2개 요소에서 전자인 실행 기본단위를 의미하며 하나의 제어 흐름으로 실행되는 수행경로 및 실행코드

**080** 다음 JAVA 프로그램이 실행되었을 때의 결과는?

```
public class Operator {
public static void main(String[] args) {
        int x=5, y=0, z=0;
        y=x++;
        z =--x;
        System.out.print(x+", "+y+", "+z)
    }
}
```

① 5, 5, 5　　② 5, 6, 5
③ 6, 5, 5　　④ 5, 6, 4

## 5과목 | 정보시스템 구축관리

**081** 다음 중 DRS(Disaster Recovery System)의 유형이 아닌 것은?

① Mirrored Site　　② Hot Site
③ Cold Site　　④ Freezing Site

**082** 다음에서 설명하는 것으로 옳은 것은?

> 거대한 IT 자원을 추상화, 가상화하여 동적확장이 가능한 체계로 사용자가 필요한 만큼 네트워크를 통해 사용하는 컴퓨팅 서비스 환경

① Cloud Computing
② Edge Computing
③ Fog Computing
④ High Performance Computing

**083** 다음 중 빅데이터의 3가지 특성이 아닌 것은?

① Volume　　② Variety
③ Velocity　　④ Value

**084** 다음에서 설명하는 것은?

> 빅데이터를 저장하는 분산 파일시스템과 분산 병렬 처리하는 맵리듀스로 구성되는 오픈소스 기반의 빅데이터 플랫폼 핵심기술 및 사실상 표준

① Hadoop　　② SPARK
③ MongoDB　　④ Cassandra

**085** 다음 중 하둡(Hadoop)의 구성요소가 아닌 것은?

① ZooKeeper　　② Pig
③ Chukwa　　④ TensorFlow

**086** 다음에서 설명하는 것은?

> • 안전한 소프트웨어를 개발하기 위해 전체 개발 단계별로 보안을 강화한 SW 개발 생명주기
> • 소프트웨어 개발 과정에서 개발자 실수, 논리적 오류 등으로 인해 소프트웨어에 내재된 보안 취약점을 최소화하고, 해킹 등 보안 위협에 대응할 수 있는 안전한 소프트웨어를 개발하기 위한 일련의 과정 모형

① Secure OS ② Secure SDLC
③ Secure Cording ④ Secure Testing

**087** 다음 중 시큐어 코딩의 항목이 아닌 것은?

① 입력 및 데이터 검증 표현
② 보안 기능
③ 네트워크 구성
④ 시간 및 상태

**088** 다음 중 소프트웨어 에러처리를 위한 오류의 유형 파악에서 설명이 잘못되어 있는 것은?

① 추가오류(Addition error) 원 데이터보다 한 개 이상 추가되는 오류
② 임의오류(Random error) 불특정한 곳에서 데이터가 바뀌는 오류
③ 생략오류(Omission error) 한 개 이상 데이터가 삭제되는 오류
④ 전위오류(Transposition error) 한 개의 데이터 위치가 바뀐 오류

**089** LOC기법에 의하여 예측된 총 라인 수가 36,000라인, 개발에 참여할 프로그래머가 6명, 프로그래머들의 평균 생산성이 월간 300라인일 때 개발에 소요되는 기간은?

① 5개월 ② 10개월
③ 15개월 ④ 20개월

**090** 기존 무선 랜의 한계 극복을 위해 등장하였으며, 대규모 디바이스의 네트워크 생성에 최적화되어 차세대 이동통신, 홈네트워킹, 공공 안전 등의 특수목적을 위한 새로운 방식의 네트워크 기술을 의미하는 것은?

① Software Defined Perimeter
② Virtual Private Network
③ Local Area Network
④ Mesh Network

**091** 다음 암호화 기법의 유형 중 문자열의 위치를 서로 바꾸어 표현하는 방식은?

① 대체(Substitution)
② 블록화(Blocking)
③ 치환(Transposition)
④ 확장(Expansion)

**092** RIP(Routing Information Protocol)에 대한 설명으로 틀린 것은?

① 거리 벡터 라우팅 프로토콜이라고도 한다.
② 소규모 네트워크 환경에 적합하다.
③ 최대 홉 카운트를 115홉 이하로 한정하고 있다.
④ 최단경로탐색에는 Bellman-Ford 알고리즘을 사용한다.

**093** 다음 중 암호화 방식이 다른 유형 하나는?

① DES ② AES
③ RSA ④ SEED

**094** 다음 중 시스템에 침입하여 자기 복제를 수행하고 감염 대상을 파괴하는 프로그램으로 독자적 실행이 가능한 악성코드 유형은?

① 바이러스(Virus)
② 웜(Worm)
③ 랜섬웨어(Ramsomware)
④ 스파이웨어(Spyware)

**095** 다음에서 설명하는 해킹 기법은?

> 특수 목적을 가진 조직이 특정 표적에 대해서 장기간 지속적으로 다양한 IT기술을 이용, 집요하게 공격하는 공격

① APT(Advanced Persistent Threat)
② 서비스 거부공격(DDoS)
③ 익스플로잇(Exploit) 공격
④ 제로데이 공격(Zero-day Attack)

**096** 다음에서 설명하는 다중화 기술은?

> • 광섬유를 이용한 통신기술의 하나를 의미함
> • 파장이 서로 다른 복수의 광신호를 동시에 이용하는 것으로 광섬유를 다중화 하는 방식임
> • 빛의 파장 축과 파장이 다른 광선은 서로 간섭을 일으키지 않는 성질을 이용함

① Wavelength Division Multiplexing
② Frequency Division Multiplexing
③ Code Division Multiplexing
④ Time Division Multiplexing

**097** 다음 중 APT(Advanced Persistent Threat) 공격의 절차로 올바른 것은?

> ㉠ 진입 단계 ㉡ 조사 단계
> ㉢ 침투 단계 ㉣ 수집 단계

① ㉠-㉢-㉡-㉣
② ㉡-㉠-㉢-㉣
③ ㉢-㉣-㉠-㉡
④ ㉣-㉢-㉠-㉡

**098** 다음 중 공격자가 TCP-IP 프로토콜을 악용, 정상적인 서버들에게 타겟 시스템의 IP를 응답하게 요청해서 시스템을 마비시키는 서비스 거부 공격 유형은?

① DRDoS
② DDoS
③ Slow Read DDoS
④ Slowloris DDoS

**099** 소프트웨어 개발 프레임워크와 관련된 설명으로 틀린 것은?

① 반제품 상태의 제품을 토대로 도메인별로 필요한 서비스 컴포넌트를 사용하여 재사용성 확대와 성능을 보장받을 수 있게 하는 개발 소프트웨어이다.
② 개발해야 할 애플리케이션의 일부분이 이미 구현되어 있어 동일한 로직 반복을 줄일 수 있다.
③ 라이브러리와 달리 사용자 코드가 직접 호출하여 사용하기 때문에 소프트웨어 개발 프레임워크가 직접 코드의 흐름을 제어할 수 없다.
④ 생산성 향상과 유지보수성 향상 등의 장점이 있다.

**100** **다음 중 랜섬웨어(Ransomware)의 특징으로 거리가 먼 것은?**

① 최신 지능화 공격기법 이용
② 불특정 다수의 비표적화
③ 비지속적으로 제한 시간 내 비용지불유도
④ 암호화를 통해서만 금품 요구

Memo

# 기출유형 모의고사 정답 및 해설

PART 10

# 제1회 기출유형 모의고사 정답 및 해설

## 1과목 | 소프트웨어 설계

| 001 | 002 | 003 | 004 | 005 | 006 | 007 | 008 | 009 | 010 |
|---|---|---|---|---|---|---|---|---|---|
| ④ | ③ | ③ | ② | ③ | ② | ① | ④ | ③ | ① |
| 011 | 012 | 013 | 014 | 015 | 016 | 017 | 018 | 019 | 020 |
| ④ | ① | ④ | ③ | ③ | ④ | ② | ④ | ② | ④ |

### 001 정답 ④

플랫폼 주요 성능 특성을 분석할 시에는 응답시간(Response Time), 경과시간(Turnaround Time), 가용성(Availability), 사용률(Utilization) 등을 확인하여야 한다. 원자성(Atomicity)은 트랜잭션의 4가지 특성 중 하나로서 트랜잭션 연산을 모두 실행하거나 혹은 모두 미실행한다는 원리 개념이다.

### 002 정답 ③

내외부 인터페이스의 요구사항 중 비기능적 요구사항은 사용자가 원하는 기능들을 원활하게 수행하기 위한 시스템의 내 · 외부 제약조건으로 시스템 성능, 시스템 보안성 등을 의미하며, 핵심 업무 프로세스를 지원하는 로그인, 회원 관리, 자료 검색 등의 요구사항들은 기능적 요구사항에 해당한다.

### 003 정답 ③

오픈소스의 라이선스는 유형에는 GPL 2.0, LGPL, BSD, MPL 등이 있으며, 이 중 일부 라이선스의 경우는 기업에서 도입, 활용 시에 비용이 발생하는 경우도 있으니 신중하게 선택, 도입하여야 한다.

### 004 정답 ②

요구공학은 개발 기간 동안 모호한 요구사항이 정제되고 지속적으로 변화가 발생하는 현상에 대응하기 위해서 학문화된 것으로, 변화를 억제하는 데 그 목적이 있지는 않다.

### 005 정답 ③

코드를 설계할 시 일련번호에 맞춰서 설계하는 방식은 순차 코드이다.

### 006 정답 ②

요구사항 확인 기법에는 요구사항 검토(Requirement Reviews), 프로토타이핑(Prototyping), 인수 테스트(Acceptance Test), 모델 검증(Model Verification) 등이 있다. 번다운 차트(Burndown Chart)는 애자일 소프트웨어 개발방법론에서 남아있는 작업량(Backlog)을 시간의 2차원 그래프로 표기한 차트이다.

### 007 정답 ①

코드는 표준화된 방법론을 사용해서 작성해야 하며, 분류와 식별이 용이하도록 최대한 복잡하지 않게 작성해야 한다.

### 008 정답 ④

애자일 개발 방법론은 절차나 형식보다는 사람을 중요시하며, 요구사항 변화에 유연하게 대응 가능하나 각 프로세스별 정형화는 부족하고 대형 개발 프로젝트 적용에는 한계가 있다.

### 009 정답 ③

미들웨어는 클라이언트와 서버, 혹은 타 시스템 간의 연결을 지원하는 솔루션이다.

### 010 정답 ①

모델링 절차는 먼저 사용자 요구 분석을 수행하고 개념 모델링, 논리 모델링, 물리 모델링의 순서로 각 모델링을 수립한 후 데이터베이스 설계를 진행한다.

### 011 정답 ④

사용자 인터페이스 설계 시 오류나 경고는 사용자가 쉽게 확인이 가능하도록 소리나 색으로 전달하는 것이 바람직하다.

### 012 정답 ①

기능적 모델링 기법에는 자료 흐름도(DFD ; Data Flow Diagram), 자료 사전(Data Dictionary), 소단위명세서(Mini-Specification), 배경도(Context Diagram), 구조도(Structure Chart) 등이 있다. E-R 모델링은 자료 모델링 기법이다.

## 013
정답 ④

자료 사전(Data Dictionary)은 자료 흐름도에 표현된 자료 저장소를 구체적으로 명시하고 자료 의미나 자료별 단위에 대한 사항을 정의하는 표기법으로 반복은 '{ }n'으로 표현한다.

## 014
정답 ③

RPC는 원격 프로시저를 사용하여 시스템 간 연동을 지원한다.

## 015
정답 ③

명령어 라인 인터페이스(Command Line Interface)는 사용자가 원하는 결과를 얻기 위해서 직접 명령어를 타이핑해서 입력하는 방식의 소통 환경이다.

## 016
정답 ④

미들웨어는 시스템과 시스템 간의 연동을 지원한다.

## 017
정답 ②

사용자 인터페이스에는 GUI, CLI, CUI, MUI 등등 다양한 인터페이스 유형이 있으며, DOS나 UNIX처럼 명령어를 입력하는 인터페이스는 CLI(Command Line Interface)이다.

## 018
정답 ④

UI 표준은 스타일 가이드와 패턴 모델을 정의하면서 레이아웃이나 네비게이션, 기능 등 세부 사항까지 정의한다.

## 019
정답 ②

객체지향 설계 시 구성 요소로는 클래스(Class), 객체(Object), 메소드(Method), 메시지(Message), 인스턴스(Instance), 속성(Property)이 있으며, 이 중 메소드는 클래스로부터 생성된 객체에게 메시지를 발송하여 실행해야 할 행동을 정의한 함수 혹은 프로시저를 의미한다.

## 020
정답 ④

UML의 4개 관점 중 Deployment View의 이해관계자는 System Engineers에 해당하며, 소프트웨어와 하드웨어가 설치되는 관계에 대한 설명과 엔지니어 간 커뮤니케이션을 설명한다.

# 2과목 | 소프트웨어 개발

| 021 | 022 | 023 | 024 | 025 | 026 | 027 | 028 | 029 | 030 |
|---|---|---|---|---|---|---|---|---|---|
| ③ | ③ | ① | ① | ① | ② | ③ | ③ | ③ | ④ |
| 031 | 032 | 033 | 034 | 035 | 036 | 037 | 038 | 039 | 040 |
| ④ | ① | ④ | ② | ② | ③ | ④ | ① | ④ | ④ |

## 021
정답 ③

트리(Tree)는 사이클을 허용하지 않는 비선형 구조의 자료 형태이다.

## 022
정답 ③

소스 코드 정적 분석(Static Analysis)은 소스 코드를 실행하지 않고 분석을 수행하며, 코드의 오류나 잠재적인 오류를 찾아낸다. 반드시 하드웨어적인 방법으로 코드를 분석하는 것은 아니며 소프트 측면의 검토(문서 검토 등)를 통해서도 코드 분석을 수행한다.

## 023
정답 ①

XML과 JSON은 대표적인 인터페이스 간 통신 데이터 포맷이다. YAML은 'Yaml Ain't Markup Language, Yet Another Markup Language'의 준말로 최신 마크업 언어이며, 사람들이 이해하기 쉬운 형태를 갖는 데이터 포맷이다.

## 024
정답 ①

배열은 크기와 성격이 동일한 기억장소가 메모리에 연속적으로 할당되어 데이터를 기억하는 자료 구조로서 1차원 배열, 다차원 배열, 희소 행렬 등의 유형이 있다.

## 025
정답 ①

ESB(Enterprise Service Bus)는 웹 서비스 중심으로 표준화된 데이터, 버스를 통해 이기종 애플리케이션을 느슨하게 통합하는 플랫폼 기술을 의미한다.

## 026
정답 ②

해시 함수에서 폴딩법은 키를 몇 부분으로 나눈 다음 그 값을 더하여 해시 함수 결과를 도출하는 방법이다.

① 제산법 : 레코드 키가 해시표 크기보다 큰 수 중에서 가장 작은 소수로 나눈 나머지 값을 주소로 지정하는 방식
③ 기수 변환법 : 키 숫자의 진수를 다른 진수로 변환시켜 주소 크기를 초과한 자리수는 절단하고 이를 주소 범위에 맞추는 방식
④ 숫자 분석법 : 계수 분석법이라고도 하며 키 값을 이루는 숫자의 분포를 분석하여 비교적 안정적인 자리를 필요한 만큼 택해서 홈 주소로 삼는 방식

※ 자세한 사항은 PART 03에서 추가 학습 필요

### 027
정답 ③

큐는 가장 먼저 출력될 노드를 가리키는 Front와 가장 최근에 입력된 노드를 가리키는 Rear의 2개 포인트로 구성된다.

### 028
정답 ③

대표적인 소스 코드 품질 분석 도구 중 정적 분석 도구로는 checkstyle, cppcheck, pmd, SonarQube 등이 있다. 'valance'는 동적 소스 코드 품질 분석 도구이다.

### 029
정답 ③

포화 이진 트리(Full Binary Tree)는 모든 자식 노드가 구성된 트리로서 높이가 h이면 노드의 수가 항상 2h−1인 이진 트리이다.

### 030
정답 ④

AJAX는 Asynchronous JavaScript and XML의 준말로 자바스크립트를 활용하여 비동기 통신을 수행하며 JSON, XML, SOAP 등의 형식으로 사용 가능하다.

### 031
정답 ④

이진 트리의 운행에서 후위 운행은 왼쪽 → 오른쪽 → 중간 순으로 트리를 운행한다. 즉, 전위 운행만 중간에서 시작하고 중위와 후위는 모두 왼쪽에서 시작한다.

### 032
정답 ①

이진 경사 구조 트리는 한쪽 쏠림 현상이 있어서 최악의 경우 탐색 시간이 O(n)이며, AVL 트리, B 트리, 2-3-4 트리, Red-Black 트리는 Balanced 트리라고 하여 시간복잡도가 O(log n)로 상대적으로 양호하다.

### 033
정답 ④

논리적 데이터를 물리적 데이터로 변환 시에는 먼저 고려된 정규화에서 성능이나 처리 효율화를 위해 반정규화를 고려하고 수행한다.

### 034
정답 ②

ORACLE에서 가변길이 문자열은 최대 4GB까지 CLOB를 사용하고, 고정길이 문자열은 CHAR을 사용하여 최대 2000byte의 문자열을 저장한다.

### 035
정답 ②

DB 튜닝 자동화는 통상적으로 별도의 DB 튜닝 툴을 활용하여 수행하며, 소프트웨어 측면뿐만 아니라 하드웨어 측면까지 고려하여 수행한다.

### 036
정답 ③

코드 인스펙션, 워크스루, 동료 검토 등은 정적 테스트 기법으로 정형 기술 검토(FTR)에 해당된다.

### 037
정답 ④

대표적인 트랜잭션 인터페이스 방안으로는 데이터 미들웨어 솔루션, 트랜잭션 처리 모니터(TP ; Transaction Processing), JDBC(Java Database Connectivity), ODBC(Open DataBase Connectivity) 등의 활용이 있다. 애플리케이션 성능 모니터(APM ; Application Performance Monitor)는 시스템의 성능 측정, 적정 용량 산정 등에 활용된다.

### 038
정답 ①

클린 코드 작성을 위해서는 가독성, 단순성, 의존성, 중복성, 추상화를 고려해야 하며 이 중 추상화는 상위 클래스, 메소드, 함수를 통해 애플리케이션 특성을 간략하게 나타내고 상세 내용은 하위 클래스, 메소드, 함수에서 구현하는 것을 의미한다.

### 039
정답 ④

정형 기술 검토는 소프트웨어 개발 산출물을 대상으로 요구사항 일치 여부, 표준 준수 및 결함 발생 여부를 검토하는 정적 분석 기법이며 동료 검토, 인스펙션, 워크스루 등이 해당된다. 이때 참가자 역할 및 수는 제한하여 진행한다.

### 040
정답 ④

퀵 정렬은 하나의 파일을 부분으로 나누는 피벗을 사용하여 정렬을 수행하며, 최악의 경우 $\frac{n(n-1)}{2}$회의 비교를 수행한다.

## 3과목 | 데이터베이스 구축

| 041 | 042 | 043 | 044 | 045 | 046 | 047 | 048 | 049 | 050 |
|---|---|---|---|---|---|---|---|---|---|
| ① | ④ | ② | ④ | ④ | ① | ③ | ② | ④ | ④ |
| 051 | 052 | 053 | 054 | 055 | 056 | 057 | 058 | 059 | 060 |
| ③ | ④ | ③ | ④ | ③ | ① | ① | ④ | ④ | ① |

### 041
정답 ①

트리거의 명칭과 변수 및 상수 등 타입을 선언하는 구문은 DECLARE이며, EVENT는 트리거가 실행되기 위한 시간이나 조건을 명기한다.

### 042 정답 ④

분산 데이터베이스 시스템의 주요 구성 요소는 분산 데이터베이스, 분산 처리기, 통신네트워크 시스템 등이 있다.

### 043 정답 ②

트리거는 DBMS에 의해서 자동으로 호출되며 사용자의 직접 호출이 불가하다.

### 044 정답 ④

뷰는 물리적 테이블을 논리적으로 사상하고 캐싱하기 때문에 저장 장치 내에 물리적으로 존재하지 않는다.

### 045 정답 ④

먼저 괄호 안의 'SELECT 책번호 FROM 도서' 쿼리의 수행 결과는 책번호 222번이며, 괄호 밖에서는 'SELECT 가격 FROM 도서가격 WHERE 책번호=222'의 명령어가 실행되어 도서가격 테이블의 책번호가 222번인 가격 컬럼 데이터 25,000이 결괏값으로 도출된다.

### 046 정답 ①

데이터베이스 회복 기법에는 지연 갱신 기법, 즉시 갱신 기법, 체크포인트 회복 기법, 그림자 페이징, 미디어 회복 기법 등이 있으며, 이 중 로그를 필요로 하는 기법은 지연 갱신 기법, 즉시 갱신 기법, 체크포인트 회복 기법이다.

### 047 정답 ③

외래키(Foreign key)는 연관관계가 있는 다른 테이블의 기본키 값을 참조한다.

### 048 정답 ②

DML(Data Manipulation Language)은 직접 특정 테이블에 대해서 조회(Select), 삽입(Insert), 수정(Update), 삭제(Delete) 등의 조작을 수행한다.

### 049 정답 ④

TCL(Transaction Control Language)는 데이터베이스에서 트랜잭션 발생 내용을 영구적으로 확정하고 알람을 발생시키는 COMMIT 구문, 데이터베이스에서 오류나 특정 사항이 발생하여 SAVE된 지점으로 복구를 수행하는 ROLLBACK, 복구하고자 하는 지점을 정하고 이름을 부여하는 SAVEPOINT 등을 수행한다.

### 050 정답 ④

TRUNCATE는 테이블의 데이터를 전부 삭제하고 사용하고 있던 공간을 반납하는 명령어 구문이며, DROP은 데이터베이스와 테이블을 삭제하는 명령어 구문이다.

### 051 정답 ③

병렬 데이터베이스 환경은 하나의 테이블 내 각 행을 다른 테이블로 분산하는 수평 분할과 테이블의 열을 분할하는 수직 분할로 분류된다. 이 중 수평 분할에는 범위 분할, 라운드 로빈 분할, 목록 분할, 해시 분할 등이 있다.

### 052 정답 ④

물리적 데이터베이스 설계 단계에서는 효율적 데이터 저장 및 관리를 위해서 저장 공간 산정, 저장 레코드 형식, 접근 경로 등을 설계한다. 트랜잭션 인터페이스나 데이터 타입 등은 논리적 설계에서 구현한다.

### 053 정답 ③

SELECT DISTINCTROW 구문은 속성들과 상관없이 ROW 전체가 중복된 튜플들을 제거하고 조회를 수행하며, SELECT DISTINCT는 속성이 중복적으로 조회될 경우에는 그중에서 하나만 검색을 수행한다.

### 054 정답 ④

비교 연산자는 A와 B의 크기와 일치 여부를 비교하는 연산자로서 ==, !=, <>, >=, <=, !<, !> 등이 있으며, [^]는 LIKE에 사용되는 연산자로서 1개 문자와의 불일치를 의미한다.

### 055 정답 ③

CRUD 분석은 시스템 개발 과정에서 연산 프로세스와 DB에 저장되는 데이터 사이의 의존성을 나타내기 위한 메트릭스로서 트랜잭션을 분석한다.

### 056 정답 ①

논리 연산자는 A와 B가 참이거나 혹은 참이 아닌 경우, 특정 범위에 포함되거나 존재하는 경우를 판별하는 연산자로서 AND, OR, NOT, BETWEEN, EXISTS 등이 있다. IN과 NOT IN은 집합 연산자로서 IN은 여러 값 중 하나인 조건, NOT IN은 여러 값 중 하나가 아닌 조건의 연산을 수행한다.

### 057 정답 ①

데이터베이스 무결성의 제약조건 유형은 모두 5가지가 있다. 그중 개체 무결성은 기본키 값이 Not Null인 특성을 가지며, 참조 무결성은 관계 테이블의 외부 식별자인 Foreign Key가 관계테이블의 주 식별자이어야 함을 의미한다. 그 외에 릴레이션의 각 속성값이 그 속성이 정의된 도메인에 속한 값을 정의한 속성 무결성(도메인 무결성)과 사용자의 비즈니스 요구에 의미적 제한을 준수하는 사용자 정의 무결성, 한 릴레이션에 같은 키 값을 가진 튜플들이 허용되지 않는 키 무결성 등으로 정의된다.

## 058

정답 ④

분산 데이터베이스 목표는 위치 투명성(Location Transparency), 병행 투명성(Concurrency Transparency), 중복 투명성(Replication Transparency), 장애 투명성(Failure Transparency) 등이다.

## 059

정답 ④

순위 함수는 레코드의 순위를 계산하고 판별하는 구문으로 RANK, DENSE_RANK, ROW_NUMBER 등을 활용한다. FIRST_VALUE와 LAST_VALUE, LAG, LEAD 함수는 행 함수로서 파티션별 윈도우에서 특정 값을 찾을 때 활용하는 함수이다.

## 060

정답 ①

분산 데이터베이스 목표는 위치 투명성(Location Transparency), 병행 투명성(Concurrency Transparency), 중복 투명성(Replication Transparency), 장애 투명성(Failure Transparency) 등 4가지가 있으며, 이 중 국지적 장애가 발생해도 데이터 무결성이 보장되는 특성은 장애 투명성이다.

# 4과목 | 프로그래밍언어 활용

| 061 | 062 | 063 | 064 | 065 | 066 | 067 | 068 | 069 | 070 |
|---|---|---|---|---|---|---|---|---|---|
| ① | ④ | ② | ③ | ③ | ④ | ③ | ③ | ② | ③ |
| 071 | 072 | 073 | 074 | 075 | 076 | 077 | 078 | 079 | 080 |
| ① | ① | ① | ① | ③ | ④ | ① | ④ | ② | ③ |

## 061

정답 ①

Spring Framework는 작고 가벼운 과거의 자바 개발 환경으로 회귀하자는 POJO(Plain Old Java Object) 기반의 특징을 갖는 프레임워크이다. 특히 행정안전부 산하 한국지능정보사회진흥원(구 한국정보화진흥원)에서 개발한 웹 기반 애플리케이션 프레임워크인 전자정부 프레임워크의 핵심 기술로서 국가기관 및 공공기관에서 웹 개발 시 적용하는 표준이 된다.

## 062

정답 ④

스레드는 프로세스 내에서 실행되는 흐름의 단위로서 프로세스와 스레드가 바뀌어서 설명되어 있다.

## 063

정답 ②

개발 프레임워크 구성 요소는 개발 환경, 실행 환경, 관리 환경, 운영 환경의 4가지로 정의된다.

## 064

정답 ③

본 문제는 제어문 중 for을 사용하는 반복문에 대한 이해 여부를 묻는 문제이며, 변수 i는 2씩 증가하면서 10을 초과할 때까지 해당 값의 합산을 반복하는 소스 코드이다. 이에 따라 1+3+5+7+9의 합계인 25가 정답으로 출력된다.

## 065

정답 ③

ICMP 프로토콜은 인터넷망에서 오류 처리를 지원하는 프로토콜이며, PING 명령을 통하여 호출 및 확인된다.

## 066

정답 ④

P(S)와 V(S) 함수를 사용하여 상호배제를 수행하는 기법은 세마포어이다.

## 067

정답 ③

파이썬은 문자열의 인덱싱과 슬라이싱 기능이 있는데, 인덱싱은 문자열 앞에서는 0부터 시작하고 양수로 정의하며, 뒷부분에서는 1부터 음수로 시작한다. 본 문제에서는 앞 3글자, 뒤 3글자로 출력이 되었으며, 앞에는 0부터 3자, 뒤에는 −3부터 문자열 끝까지 정의되어야 하므로 ③이 정답이다. 최초 시작이 0부터이면 0은 생략 가능하며, 문자열 끝부분도 마지막까지 포함이면 생략 가능하다. 따라서 3번은 string[0 : 3]+string[−3 : −1]로 표기하여도 된다.

## 068

정답 ③

결합도의 단계적 수준은 자료, 스탬프, 제어, 외부, 공통, 내용으로 정의된다.

## 069

정답 ②

응집도는 '우연적−논리적−시간적−절차적−통신적−순차적−기능적'인 단계로 정의된다.

## 070

정답 ③

JAVA 등의 객체지향 언어에서는 클래스나 변수, 메소드 등을 외부에서 접근 제어하기 위한 제어자(제한자)가 있으며, private, default, protected, public 순으로 접근 범위가 상승한다. package는 이에 해당하지 않는다.

## 071

정답 ①

SSJF는 현재 헤드에서 가장 가까운 큐의 요청을 처리하는 방식으로 53에서 가장 가까운 65, 65에서 가장 가까운 67, 67에서 가장 가까운 37의 순서로 이동하는 스케줄링 방식이다.

## 072

정답 ①

시간적 응집도는 비공통 데이터들이 같은 시간대에 처리되도록 모듈의 기능 요소를 통합하는 것을 의미한다.

## 073

정답 ①

침투 테스트는 특정 시스템 및 특정 일정에 화이트 해커를 통해서 취약점을 분석하고 실제 해킹처럼 모의 테스트를 수행한다.

## 074

정답 ①

C 클래스는 192.0.0.0부터 223.255.255.255 범위의 IP만 해당된다.

## 075

정답 ③

서비스 거부 오류 침입은 DoS(Denial of Service)의 유형에 해당되며 대표적으로 DDoS, RDoS, Slow Read DoS 등이 있다.

## 076

정답 ④

가상기억장치 관리에서 프로세스 실행보다 페이지 교체에 더 많은 시간을 소비하는 문제점을 스레싱이라고 하며 이러한 문제를 해결하기 위해 일정 시간 동안 자주 참조하는 페이지인 워킹 셋(Working Set)의 지역성을 활용하여 주기억 장치에 적재하여 문제를 해결한다.

## 077

정답 ①

기억장치를 고정된 크기의 분할로 나누어 할당하는 것을 Paging 방식이라고 하며 가변 크기로 분할하여 할당하는 것을 Segmentation 방식이라고 한다.

## 078

정답 ④

XSS(Cross Site Script)는 매우 빈번한 웹 취약점 공격 기법으로 게시판에 악성 스크립트를 삽입하고 접근하는 사용자를 대상으로 해킹 공격을 수행한다.

## 079

정답 ②

First Fit 방식은 적재가 가능한 가장 첫 번째 공간에 적재하는 방식으로, 15K는 17K보다 공간이 작아서 적재가 안 되며, 적재가 가능한 첫 번째 공간인 23K에 17K 프로그램을 적재하고 남은 6K가 단편화 크기가 된다.

## 080

정답 ③

API는 공개 여부에 따라 언제, 누구나 사용이 가능하도록 공개되는 Open API와 특정 조직이나 기업만 사용 가능하도록 폐쇄되어 사용되는 Private API로 구분될 수 있다.

## 5과목 | 정보시스템 구축관리

| 081 | 082 | 083 | 084 | 085 | 086 | 087 | 088 | 089 | 090 |
|---|---|---|---|---|---|---|---|---|---|
| ③ | ① | ③ | ① | ② | ③ | ② | ① | ④ | ③ |
| 091 | 092 | 093 | 094 | 095 | 096 | 097 | 098 | 099 | 100 |
| ① | ② | ① | ② | ① | ② | ④ | ① | ④ | ① |

## 081

정답 ③

나선형 모델은 시스템을 개발하면서 생기는 위험을 최소화하기 위해서 점진적으로 완벽한 개발을 수행하는 모형으로 계획 및 정의-위험 분석-개발-고객 평가의 프로세스를 반복하여 수행한다.

## 082

정답 ①

IDS 시스템은 오용 탐지(Misuse)와 이상 탐지(Anomaly)의 두 가지 유형이 있으며, 이 중 Signature Base나 Knowledge Base를 의미하는 탐지 유형은 오용 탐지이다.

## 083

정답 ③

JSON(JavaScript Object Notation)은 경량의 데이터 교환 형식으로, 여러 프로그램에서 응용하여 사용할 수 있는 독립형 언어로서 텍스트로 기술하여 사람도 쉽게 이해하고 작성할 수 있다.

## 084

정답 ①

PICONET는 블루투스나 UWB 등 WPAN(Wireless Personal Area Network)에서 활용하는 대표적인 통신망이다. SCRUM은 애자일 개발 방법론의 유형이며 NFC는 접촉식 통신기술, WI-SUN은 스마트그리드 통신기술이다.

## 085

정답 ②

폭포수 모델은 SDLC 모델로서 개발 방법론이 아니며, 소프트웨어 개발 단계 간 표준 모형을 제시하여 의사소통 및 계획 수립 시에 활용된다.

## 086

정답 ③

폭포수 모델은 반복이나 증분적인 단계 없이 계단형(Cascading)의 순차적 개발 절차를 수행한다.

## 087

정답 ②

ICMP(Internet Control Message Protocol) 프로토콜은 네트워크상에서 IP의 상태 및 오류 정보를 확인하는 프로토콜로, PING 명령어로 잘 알려져 있다. 해커는 대량의 PING 명령을 서버에 보내서 시스템을 마비시키는 서비스 거부 공격을 수행한다.

## 088

정답 ①

소프트웨어 개발 방법론 진화는 1970년대 구조적 방법론을 시작으로 1980년대 정보공학 방법론, 1990년대 객체지향 방법론, 2000년대 컴포넌트 기반 방법론을 거쳐 현재는 여러 가지 방법론을 맞춤형으로 재단하여 활용하는 Tailoring 방법론으로 진화하였다.

## 089

정답 ④

소프트웨어 개발 방법론은 소프트웨어 공학 원리를 바탕으로 도출되었으며, 방법론은 훨씬 구체적인 요소들로 구성된다.

## 090

정답 ③

접근 제어에서 활용하는 모델은 Bell-Lapadula Model과 Biba Model, Clark-Wilson Integrity Model, Chinese Wall Model 등이 있으며, 군대의 보안 레벨과 유사한 모델은 Bell-Lapadula Model이다.

## 091

정답 ①

구조적 방법론의 요구 분석 도구로는 자료 흐름도(DFD ; Data Flow Diagram), 자료 사전(Data Dictionary), 소단위 명세서(Mini-Specification), 배경도(Context Diagram), 구조도(Structure Chart) 등이 있다. E-R 모델링은 자료 모델링 기법으로 구조적 방법론 이후에 등장하였으며 최근에는 객체지향 개발 방법론에서 다수 활용된다.

## 092

정답 ②

자료 사전(Data Dictionary)은 자료 흐름도와 상호 보완적인 관계이며 함께 분석도구로 활용된다.

## 093

정답 ①

**자료 사전의 표기 내역**

| 표기 내역 | 표기법 | 설명 |
|---|---|---|
| 자료명과 내용과의 연결 | = | 다음과 같이 구성된다. |
| 순차(sequence) | + | ~과 |
| 선택(selection) | [ ǀ ] | ~ 중 |
| 반복(repetition) | { }n | n번을 반복 |
| 선택사양(option) | ( ) | 추가될 수 있음 |

## 094

정답 ②

접근 통제 정책은 강제적 접근 통제(MAC), 임의적 접근 통제(DAC), 역할 기반 접근 통제(RBAC)로 분류된다.

## 095

정답 ①

델파이 방식은 전문가의 경험에 의한 추정 방식이며 하향식 산정 모델이다.

## 096

정답 ②

Spring Framework의 특징은 객체 관리, 제어반전, 의존성 주입, 관점지향 프로그래밍, 영속성으로 정의된다. 의존성 주입이란 각각의 계층이나 서비스 간에 의존성이 존재할 경우 프레임워크가 상호 연결시켜 주는 것을 의미한다.

## 097

정답 ④

COCOMO의 세부 유형은 총 3가지로, 단순히 SW의 크기와 개발 모드 기준으로 계산하는 Basic COCOMO, Basic의 확장형으로 15개 비용 요소를 가미하여 곱한 가중치 지수를 이용하는 Intermediate COCOMO, Intermediate 방식에 컴포넌트별 개발비 견적을 추가하는 Detailed COCOMO 방식으로 구분된다.

## 098

정답 ①

소인수 분해를 이용한 공개키 암호화 알고리즘은 RSA이며 타원의 곡률을 이용한 공개키 암호화 알고리즘은 ECC이다. 이러한 공개키를 이용한 대표적인 신원확인 인프라가 PKI이다.

## 099

정답 ④

Function Point 모형은 양과 질 2가지 측면에서 소프트웨어 규모와 비용을 산정하는 모델이며, ESTIMACS라는 자동화 산정 도구를 활용하거나 직접 계산을 수행하여 도출한다.

## 100

정답 ①

하둡은 구글에서 개발한 대표적인 빅데이터 오픈 소스 플랫폼이다. HBASE, HDFS, CHUCKWA, ZOOKEEPER 등의 세부 요소로 구성되어 있다.

# 제2회 기출유형 모의고사 정답 및 해설

## 1과목 | 소프트웨어 설계

| 001 | 002 | 003 | 004 | 005 | 006 | 007 | 008 | 009 | 010 |
|---|---|---|---|---|---|---|---|---|---|
| ② | ③ | ③ | ③ | ① | ② | ① | ③ | ④ | ④ |
| 011 | 012 | 013 | 014 | 015 | 016 | 017 | 018 | 019 | 020 |
| ③ | ③ | ② | ② | ① | ② | ④ | ① | ① | ① |

### 001

정답 ②

소프트웨어 아키텍처의 품질 속성은 시스템 품질 기준을 달성하기 위한 소프트웨어의 성능, 사용 용이성, 신뢰도, 보안성, 유지보수성 등의 행위적 특성을 의미하며 기능 외적인 사항을 의미한다.

### 002

정답 ③

구조 패턴은 Adapter, Bridge, Composite, Decorator, Façade, Flyweight, Proxy로 구성되며, 이 중 호환성 문제를 해결하고 다른 인터페이스로 변환하는 역할을 수행하는 세부 패턴은 Adapter 패턴이다.

### 003

정답 ③

Post Mortem은 전체 프로젝트가 끝나고 난 후, 성과를 분석하고 향후 다른 프로젝트에 적용하기 위한 사후 회의를 의미한다.

### 004

정답 ③

객체지향 기본 원리에는 캡슐화, 추상화, 다형성, 정보은닉, 상속성이 있다.

① 캡슐화는 하나의 기능을 수행하는 함수와 데이터를 그룹핑하고 메시지만으로 객체와 상호작용함으로써 재사용성과 보안성을 향상하는 원리이다.
② 추상화는 공통성질을 기반으로 하여 추상클래스를 설정하고 설계의 편의성을 높이는 원리이다.
④ 다형성은 동일 인터페이스에 각 객체가 서로 다른 응답을 하는 특성이다.

### 005

정답 ①

스토리보드는 UI 표준 정의서를 기반으로 하여 실제 시스템의 화면 설계를 위해서 각 화면별 구성 요소, 레이아웃을 규정하는 화면 정의서이며, 디자이너 및 개발자 등 이해관계자들이 최종 개발에 참고하는 산출물로서 가독성, 완전성, 일관성, 이해성, 추적 용이성, 수정 용이성의 작성 요건을 특징으로 한다.

### 006

정답 ②

UML의 기본 요소는 사물(Things), 관계(Relationship), 도해(Diagram)로 구성된다.

### 007

정답 ①

각 UI 개발 도구 유형들은 모두 UI 화면 설계를 위한 도구 및 산출물이지만 각각 활용 목적이나 구성 내용에서 차이가 존재하며, 이 중 와이어 프레임은 설계 초기 예상 화면을 종이와 스케치 툴을 활용하여 콘티 수준으로 그려서 회의나 의사소통에 활용한다.

### 008

정답 ③

전문 개별부는 실제 데이터를 정의하고 수록하기 때문에 통상적으로 가변길이로 운영된다.

### 009

정답 ④

아키텍처 스타일은 아키텍처를 설계할 시에 자주 발생하는 문제를 해결하고 품질속성을 달성할 수 있도록 Best Practice를 정리한 유형을 의미하며, 대표적으로 Layered, Pipe & Filter, MVC, Repository, Publish & Subscribe 등의 유형이 있다. Siemens Four view는 아키텍처 프레임워크의 유형으로 아키텍처 문서화 작성을 지원하는 툴이다.

### 010

정답 ④

테스트케이스는 개발된 소프트웨어가 사용자 요구사항을 준수했는지 확인하기 위해서 입력값, 실행조건, 기대 결과 등으로 기획된 테스트 항목 명세서로서 인터페이스 송수신 데이터 식별과는 관계성이 낮다.

## 011 정답 ③

일반화는 실선 화살표로 표현하며, 버스, 트럭, 택시가 차의 속성을 상속하는 것을 의미한다.

## 012 정답 ③

행위적 패턴은 Interpreter, Template Method, Chain of Responsibility, Command, Iterator, Mediator, Memento, Observer, State, Strategy, Visitor 패턴 등으로 분류된다. 프로토타입(Prototype) 패턴은 생성 패턴에 해당된다.

## 013 정답 ②

소프트웨어 개발 과정에서 설계 단계에서 수행하는 아키텍처 설계, 인터페이스 설계, UI 설계는 상위 설계에 해당되며, 모듈 설계는 구현 단계에서 고려되는 하위 설계에 해당된다.

## 014 정답 ②

인터페이스 시스템 구성은 통상적으로 송신 시스템, 수신 시스템, 중계 서버로 정의되며, 콜드 스탠바이 시스템은 장애가 발생할 경우의 복구를 위한 이중화 예비 시스템으로 인터페이스 시스템으로서는 적합도가 떨어진다.

## 015 정답 ①

협약에 의한 설계는 컴포넌트 설계 시에 클래스에 대한 가정을 공유하고 명세하는 방식으로 선행조건, 결과조건, 불변조건을 정의하고 설계를 수행한다.

## 016 정답 ②

관점 지향 프로그래밍은 사용자 요구사항을 분석해서 업무 핵심 사항과 부가적인 사항을 분리하여 설계하고 구현함으로써 모듈화를 극대화하는 개발 기법이다.

## 017 정답 ④

객체지향 모델 분석 방법론의 유형으로는 OMT(Object Modeling Technology), OOSE(Object Oriented Software Engineering), OOD(Object Oriented Design), Coda & Yourdon, Wirfs & Brock 등이 있다. Shaw and Garlan's Model은 컴포넌트, 커넥터, 패턴을 기반으로 하는 아키텍처 프레임워크의 유형이다.

## 018 정답 ①

UML 스테레오 타입은 UML의 기본 요소 외에 새로운 요소를 만들기 위한 확장 메커니즘 및 관련 표기법으로 길러멧(《 》) 기호를 사용하여 표현하며, 《include》, 《extend》, 《interface》, 《entity》, 《boundary》, 《control》 등으로 구성된다.

## 019 정답 ①

럼바우의 객체지향 분석 절차는 클래스, 컴포넌트 및 배치를 수행하는 객체 모형(정적 모형), 상호작용, 시퀀스 등을 분석하는 동적 모형, 유스케이스를 작성하는 기능 모형 순으로 진행한다.

## 020 정답 ①

UML 스테레오 타입은 UML의 기본 요소 외에 새로운 요소를 만들기 위한 확장 메커니즘 및 관련 표기법으로 길러멧(《 》) 기호를 사용하여 표현한다.

# 2과목 | 소프트웨어 개발

| 021 | 022 | 023 | 024 | 025 | 026 | 027 | 028 | 029 | 030 |
|---|---|---|---|---|---|---|---|---|---|
| ④ | ④ | ③ | ④ | ② | ① | ③ | ② | ④ | ④ |
| 031 | 032 | 033 | 034 | 035 | 036 | 037 | 038 | 039 | 040 |
| ① | ④ | ③ | ② | ① | ③ | ③ | ① | ③ | ① |

## 021 정답 ④

통상적으로 트랜잭션 인터페이스 절차는 접근 대상 식별 및 방법을 정의한 후 관련 지침에 따라서 인터페이스 명세 수립–실제 인터페이스 구현–테스트 등 검증 및 완료의 단계로 수행한다.

## 022 정답 ④

검증은 제품 생산의 과정에서 산출물의 요구 사항 적합성을 측정하고 제품을 올바르게 생산하는지 검증하는 활동이며, 확인은 생산된 제품 대상으로 사용자 요구사항 및 기대치의 만족 여부를 확인하는 과정이다.

## 023 정답 ③

프로시저는 문자나 숫자열 연산에서 C, JAVA보다 느린 성능을 보인다.

## 024 정답 ④

프로시저의 생성 시 매개변수는 IN, OUT, INOUT의 3개로 구성되며 EXEC는 프로시저 실행을 수행하는 명령어이다.

## 025 정답 ②

프로시저 활용 유형은 저장된 함수(Stored Function), 저장된 프로시저(Stored Procedure), 저장된 패키지(Stored Package), 트리거(Trigger)가 있다.

### 026
정답 ①

SQL PLUS는 ORACLE DBMS에서 사용하는 디버깅 및 테스트 수행 가능 툴로서 SQL과는 달리 데이터 및 테이블 정의나 SQL Buffer 사용, 다수행 입력이 불가하다.

### 027
정답 ③

SQL PLUS의 파일 명령어는 버퍼에 대한 제어와 저장 스크립트 실행, 조회 결과 파일 저장 및 운영체로의 복귀 등을 수행하며, 대표적으로 EDIT, SAVE, START, HOST, EXIT 등이 있다. 대화 명령어는 사용자 변수 생성 및 해제, 특정 컬럼에 가변 값 입력 등을 지정하며 DEFINE, PROMPT, ACCEPT 등이 있다.

### 028
정답 ②

트랜잭션 처리 모니터(TP ; Transaction Processing)는 인터페이스 미들웨어 솔루션으로 중계 서버에서 연계 기능을 수행하는 역할을 한다. 쿼리 성능은 주로 APM(Application Performance Management) 등의 툴로 측정한다.

### 029
정답 ④

기본 경로(Basis Path)란 프로그램 내에서 반복이 허용되지 않는 유일한 경로를 의미하며, 테스트하고자 하는 프로그램은 basis path의 조합으로 나타낼 수 있다.

### 030
정답 ④

DISK는 각 처리별 물리적인 디스크의 블록 Reads 수를 확인하기 위하여 수행한다.

### 031
정답 ①

인수 테스트는 알파 검사와 베타 검사로 나누어 수행하며 알파 검사는 개발자와 함께 특정 환경 내에서 사용자가 수행하고 이후 베타 검사는 다수 사용자 고객을 대상으로 고객의 환경에서 수행한다.

### 032
정답 ④

힙 정렬에서 N개의 요소를 정렬할 때 시간 복잡도는 $O(nlog_2n)$이다.

### 033
정답 ③

EXPLAIN PLAN은 SQL문의 액세스 경로를 확인하고 분석을 통해 최적화 실행계획과 성능개선을 지원할 수 있도록 관련 정보를 테이블에 저장하는 기능을 제공하는 툴로서, Sort Disk는 사용된 디스크에서 일어난 검색 수를 표시한다.

### 034
정답 ②

SQL 소스 코드 인스펙션 검토대상은 크게 입출력 속도 저하 및 CPU 사용량 과다를 대상으로 하는 옵티마이저 통계 기반 검토와 미사용 변수 및 쿼리, Null 값과 비교, 과거의 데이터 타입을 그대로 적용하는 경우의 SQL 구문 분석 기반으로 검토를 수행한다.

### 035
정답 ①

옵티마이저(Optimizer)는 SQL문 처리 경로를 최적화하여 실행하는 DBMS의 핵심 모듈이다.

### 036
정답 ③

테스트 케이스는 소프트웨어의 특정 부분이나 경로를 실제 실행해 보거나 사용자 요구사항에 부합하는지 확인을 위해 별도로 계획한 입력값, 조건, 예상 결괏값 등을 정의한 테스트 기준이며, 테스트 비용은 포함되어 있지 않다.

### 037
정답 ③

퀵 정렬은 고급 정렬 알고리즘 중 하나로 정렬할 전체 원소에 대해서 정렬을 수행하지 않고, 기준 값을 중심으로 왼쪽 부분 집합과 오른쪽 부분 집합으로 분할하여 하나의 파일을 부분적으로 나누어 가면서 정렬 수행한다.

### 038
정답 ①

SQL 성능 개선 조치 내용은 SQL문 재구성, 인덱스 재구성, 유지보수 실행계획 및 관리 등이 있고 필요시 DB 튜닝을 위해서 반정규화를 고려할 수 있다. 정규화는 오히려 성능 저하를 유발할 수 있다.

### 039
정답 ③

모듈의 개념은 모듈<컴포넌트<서비스 단위로 확장되고 확대된다.

### 040
정답 ①

하향식 통합 테스트는 스텁을 사용하여 상위부터 하위 컴포넌트 순으로 테스트를 수행한다.

## 3과목 | 데이터베이스 구축

| 041 | 042 | 043 | 044 | 045 | 046 | 047 | 048 | 049 | 050 |
|---|---|---|---|---|---|---|---|---|---|
| ① | ③ | ③ | ① | ② | ④ | ④ | ① | ③ | ④ |
| 051 | 052 | 053 | 054 | 055 | 056 | 057 | 058 | 059 | 060 |
| ③ | ② | ① | ② | ① | ④ | ④ | ① | ④ | ③ |

### 041 정답 ①

그룹 함수의 유형에는 ROLLUP, CUBE, GROUPING SETS 등이 있으며, 이 중 중간 집계값 산출에는 ROLLUP을 활용한다.

### 042 정답 ③

프로시저나 SQL 구문에서 발행하는 오류에서 발생하는 유형은 크게 실행 시에 운영체제, 파일 시스템과 데이터베이스 파일의 상호작용에 문제가 있을 시 발생하는 연결 오류, 잘못된 SQL 구문 형식으로 인해서 발생하는 구문 오류, INSERT나 UPDATE문에서 데이터를 열에 추가할 시에 발생하는 제약조건 오류로 분류된다.

### 043 정답 ③

SQL Handler는 프로시저나 SQL 구문에서 오류가 발생할 시 에러코드에 따라 사전 정의된 실행 명령을 수행하는 명령어이다.

### 044 정답 ①

관계해석은 관계대수의 식을 표현한 비절차적 · 선언적 언어이며, 연산자는 OR, AND, NOT으로 구성되고 정량자는 모든 가능한 튜플을 의미하는 ∀와 모든 것에 대하여를 의미하는 ∃로 구성된다.

### 045 정답 ②

함수 종속이 A → B 이고 B → C일 때 A → C인 관계는 이행 함수 종속이며, 제3차 정규화가 이행 함수의 종속성을 제거하는 정규화를 수행한다.

### 046 정답 ④

ALTER는 DDL(Data Definition Language) 중 데이터베이스 오브젝트에 대한 변경을 수행하며 조회는 불가하다.

### 047 정답 ④

NoSQL은 관계형 데이터베이스가 아닌 빅데이터에서 사용하는 개념으로 SQL에 대항하는 개념이다.

### 048 정답 ①

관계형 데이터모델링은 사용자 요구분석-개념 모델링-논리 모델링-물리 모델링-데이터베이스 구축 순으로 수행한다.

### 049 정답 ③

카티션 프로덕트는 관계대수 중 교차곱(Cartesian Product, X)으로 릴레이션 간에 차수는 더하고 카디널리티는 곱으로 계산된다. 문제에서 교차곱을 수행한 차수는 4+6=10이며, 카디널리티는 5×7=35이다.

### 050 정답 ④

속성은 개체의 특성이며 컬럼, 필드라고도 한다. 카디널리티(Cardinality)는 릴레이션 튜플(행, ROW)의 개수를 의미하고 속성의 수는 차수(Degree)이다.

### 051 정답 ③

트랜잭션은 한 번에 처리되는 업무의 단위이며 전부 성공하거나 전부 철회하는 별도의 연산을 수행한다.

### 052 정답 ②

카디널리티(Cardinality)는 릴레이션 튜플(행, ROW)의 개수를 의미하고 차수(Degree)는 한 릴레이션에 포함된 속성의 개수를 의미한다. 본 문제에서 카디널리티는 4, 차수는 6이다.

### 053 정답 ①

제1정규형은 다중값이나 반복되는 속성을 제거하고 속성의 원자화를 수행한다.

### 054 정답 ②

트랜잭션의 4가지 특성은 Atomicity(원자성), Consistency(일관성), Isolation(고립성), Durability(영속성)으로 구성되며, 전체 연산 수행 및 전부 철회를 통한 무결성 보존은 원자성을 의미한다.

### 055 정답 ①

한 릴레이션에서 튜플 최대 수는 각 도메인의 곱으로 구성되므로 3×2×4=24로 정의된다.

### 056 정답 ④

테이블은 행과 열, 도메인과 릴레이션 인스턴스로 구조화되어 있다.

### 057 정답 ④

테이블의 행(ROW)은 레코드(Record) 또는 튜플(Tuple)이라고 명명하며, 열(COLOMN)은 속성(Attribute) 또는 필드(Field)라고 명명된다.

### 058 정답 ①

카디널리티(Cardinality)는 릴레이션 튜플(Tuple)의 개수를 의미한다.

## 059
정답 ④

ORACLE에서는 DBA>ALL>USER 단계로 데이터 사전 검색 범위가 확장된다.

## 060
정답 ③

뷰(VIEW)는 다른 뷰 혹은 다른 뷰와 또 다른 테이블을 이용하여 뷰를 생성할 수 있다.

## 4과목 | 프로그래밍언어 활용

| 061 | 062 | 063 | 064 | 065 | 066 | 067 | 068 | 069 | 070 |
|---|---|---|---|---|---|---|---|---|---|
| ④ | ④ | ④ | ③ | ② | ③ | ① | ② | ① | ② |
| 071 | 072 | 073 | 074 | 075 | 076 | 077 | 078 | 079 | 080 |
| ③ | ① | ④ | ① | ③ | ③ | ② | ③ | ① | ② |

## 061
정답 ④

배치 프로그램은 조건이나 스케줄에 맞춰 자동으로 실행하고, 수행내용이나 오류 내역 등을 관리하기 위해서 이력 관리를 추진한다.

## 062
정답 ④

SJF는 가장 실행시간이 짧은 작업을 우선 수행하는 프로세스 스케줄링 알고리즘 기법으로 가장 짧은 P4가 제일 먼저 처리된다. 이러한 특성으로 인해서 실행시간이 가장 긴 작업은 무한히 기다리면서 아사(Starvation) 문제가 발생할 수 있으며, 이를 해결하기 위해서 HRN 스케줄링을 사용하기도 한다.

## 063
정답 ④

Boolean은 참인지 거짓인지 조건을 판별하며, Int는 정수, String은 문자열, Char는 문자형 데이터 타입이다.

## 064
정답 ③

UNIX에서 fork는 프로세스 생성 명령어로서 중요한 역할을 수행한다.

## 065
정답 ②

배치 스케줄러에는 운영체제 방식인 윈도우 배치파일 스케줄러와 Cron, 프로그램 배치 스케줄러인 스프링 쿼츠, 쿼츠 스케줄러가 있다. Watch dog은 임베디드 기기 등에서 오류가 있거나 정상적인 동작이 어려울 시 타이머 형태로 운영 상황을 확인하는 시스템이다.

## 066
정답 ③

int atoi(문자열) 함수는 문자열을 int형 정수로 변환하고, int atol(문자열)은 문자열을 long형 정수로 변환한다. sprintf(문자열, “%d”, 정수)는 정수를 문자열로 변환한다..

## 067
정답 ①

데이터 타입, 변수, 할당은 프로그래밍의 3대 요소라고 하며, 데이터 타입에 따라 변수를 선언하고 메모리 공간에 데이터 저장을 수행한다.

## 068
정답 ②

변수 설정 규칙에는 처음 문자는 숫자 불가, 변수 사이 공백 불가, 언어에서 미리 정의된 예약서 사용 불가 등이 있으며, 그 외 대소문자 영문자, 숫자, 언더스코어(_), 달러($) 기호로 명명 가능하다.

## 069
정답 ①

FLSM은 고정길이 서브넷 분할기법으로 모두 10개의 서브넷으로 나누려면 2^4=16, 즉 호스트 수는 16개로 정의된다(2^3은 8이므로 부족하여 10개 이상인 16이 필요하다). 이에 따라 10개의 네트워크를 16개 호스트로 구성해보면 네크워크 1 : 200.1.1.0~15, 네트워크 2 : 200.1.1.16~31, 네트워크 3 : 200.1.1.32~47 .... 네트워크 9 : 200.1.1.128~143, 네트워크 10 : 200.1.1.144~159 이며, 브로드캐스트 주소는 해당 네트워크 ID에서 가장 마지막 주소를 의미하므로 네트워크10의 마지막 주소인 200.1.1.159가 답이 된다.

## 070
정답 ②

증감 연산자는 피연산자를 1씩 증가나 감소시키는 연산자로서 단항 연산자이다.

## 071
정답 ③

피연산자를 1씩 증가나 감소시키는 증감 연산자는 ++a, --a, a++, a--가 있으며, !a는 논리 연산자로서 a의 논리식이 1(참)이면 거짓을 반환, 0(거짓)이면 참을 반환하는 NOT 연산을 수행한다.

## 072
정답 ①

연산자의 순위는 괄호 및 구조체가 가장 높고 다음은 단항 연산자, 이항 연산자, 조건 연산자, 대입 연산자 순이다. 선지 중에서는 단항 연산자인 ++가 가장 우선한다.

## 073
정답 ④

배열에서 위치를 가리키는 숫자는 인덱스라고 한다. 인덱스는 0부터 시작하며, 0을 포함하는 양의 정수만 정의 가능하다.

## 074
정답 ①

IPv4는 32비트 주소체계로 구성되어 있지만, IPv6는 128비트 주소체계로 구성되어 있어 훨씬 더 많은 IP주소를 사용할 수 있다.

## 075
정답 ③

초기화 리스트 개수가 배열 길이보다 작으면, 맨 앞부터 초기화 데이터를 입력하고 나머지 배열은 1이 아닌 0으로 자동 초기화된다.

## 076
정답 ③

Broadcast와 Multicast는 복수의 노드를 목적지로 하여 데이터를 동시에 전송하는 방식이며, 무작정 모든 노드에 발송하여 비효율적인 Broadcast는 IPv4에서만 사용하고 IPv6는 특정하게 목적지 노드를 정할 수 있는 진화된 Multicast 방식을 사용한다.

## 077
정답 ②

제어문 유형 중 switch(변수)~case(변수 해당 번호) 구문은 특정 조건에 따라서 분기하고 실행 경로를 달리하는 제어문이다.

## 078
정답 ③

절차적 프로그래밍 언어는 로직과 알고리즘에 의하여 순서대로 단계를 진행하며 프로그램이 실행되도록 구성되는 언어이다. 대표적인 절차적 프로그래밍 언어에는 C언어, 포트란(FORTRAN), 피엘원(PL/I) 등이 있으며, C++은 객체지향 프로그래밍 언어이다.

## 079
정답 ①

C언어는 초기 유닉스 기반으로 개발되어 유닉스와 단점이 동일하며, 사용이 다소 어렵고 모듈화가 되어 있지 않으면 이해나 분석이 어렵다. C언어를 변형하여 C++, C#, 비주얼 C++ 등 다양한 언어가 개발된다.

## 080
정답 ②

최초 7, 0, 1이 3개 프레임에 적제되고(부재1~3), 0, 1, 2(부재4)>1, 2, 3(부재5)>2, 3, 0(부재6)>3, 0, 4(부재7)>0, 4, 2(부재8)>4, 2, 3(부재9)>2, 3, 0(부재10)>3, 0, 1(부재11)>0, 1, 2(부재12)>1, 2, 7(부재13)>2, 7, 0 (부재14) 순으로 부재가 발생한다.

# 5과목 | 정보시스템 구축관리

| 081 | 082 | 083 | 084 | 085 | 086 | 087 | 088 | 089 | 090 |
|---|---|---|---|---|---|---|---|---|---|
| ④ | ④ | ③ | ③ | ② | ③ | ① | ① | ① | ① |
| 091 | 092 | 093 | 094 | 095 | 096 | 097 | 098 | 099 | 100 |
| ④ | ③ | ② | ② | ③ | ③ | ② | ③ | ① | ④ |

## 081
정답 ④

프로젝트 관리의 4가지 특징은 유일성, 일시성, 목적성, 점진적 상세로 정의된다.

## 082
정답 ④

개발 방법론에 대한 맞춤형 테일러링을 수행한다고 해도 국제 표준 등은 준수하여야 하며, 법적 준거성 확보가 필요하다.

## 083
정답 ③

프로젝트 관리의 세부 지식 영역은 모두 10개의 영역으로 구성되어 있으며, 이 중 팀원의 역할과 책임은 인적자원 관리에서 수행한다.

④ 이해관계자 관리는 프로젝트 외적으로 영향력 있는 인물들을 정의하고 관리하는 것이다.

## 084
정답 ③

소프트웨어 개발 프레임워크 특징은 실체성, 구체성, 다양성, 재사용성의 4가지로 정의된다. 특히 소프트웨어 개발 프레임워크는 다양성을 지향하며, 단일적인 성격으로 제한되어서는 안 된다.

## 085
정답 ②

SPRING Framework의 특징은 객체 관리, 제어 반전, 의존성 주입, 관점지향 프로그래밍, 영속성으로 정의된다. 의존성 주입이란 각각의 계층이나 서비스들 간의 의존성이 존재할 경우 프레임워크가 상호 연결시켜줌을 의미한다.

## 086
정답 ③

WPAN(Wireless Personal Area Network)은 개인이 사용하는 단말의 작은 통신 범위를 갖는 네트워크로서, 유동적인 Ad-hoc 형태이며 고정된 유선망 없이 통신한다.

## 087
정답 ①

Ad-hoc 네트워크는 단말이 네트워크망에 자유롭게 접속 및 제거될 수 있는 통신망 구조를 의미한다.

## 088
정답 ①

FAT NTFS는 모두 윈도우에서 사용하는 파일시스템이며, 최근 윈도우 운영체제는 디폴트로 NTFS를 사용한다. FAT 파일시스템보다 효율적이고 안정적이며, 보안에도 강하다.

### 089
정답 ①

SDN(Software Defined Networking)은 기존 하드웨어 중심의 네트워크 관리를 소프트웨어 중심으로 변경하는 아키텍처로, 기존 장비업체에 대한 의존도를 줄이고 클라우드, 빅데이터, 사물인터넷 등 트래픽 패턴이 역동적인 시스템에 유연하게 대응하기 위하여 개발되었다.

### 090
정답 ①

MASH-UP은 웹상의 다양한 오픈 서비스들을 조립하고 융합해서 새로운 서비스를 만들어내는 기술 및 전략이다.

### 091
정답 ④

Dijkstra Algorithm은 최단 거리를 구하는 알고리즘으로 가장 빠른 지름길을 찾는 서비스에 응용한다.

### 092
정답 ③

취약점 관리를 위해서는 현재 실행 중인 프로세스 중에 해킹 툴이 없는지 살펴보고, 아울러 사용하지 않는 포트가 열려 있는지 열린 포트 위주로 점검이 필요하다.

### 093
정답 ②

메타버스의 4가지 유형은 라이프 로깅(Life Logging), 증강 현실(Argument Reality), 미러 월드(Mirror World), 가상 세계(Virtual World)로 정의된다. 아바타는 메타버스에서 나를 대신하는 객체의 유형이다.

### 094
정답 ②

Block Chain은 새로운 거래가 일어날 때마다 노드(참가자)들이 가진 블록체인 정보를 업데이트하여 무결성을 유지하도록 관리하는 분산형 거래시스템 및 기술을 지칭한다.

③ Kerberos는 티켓(ticket)을 기반으로 동작하는 컴퓨터 네트워크 상의 인증 암호화 프로토콜이며 PKI(Public Key Infrastructure)는 공개키 기반 구조로 우리가 흔히 사용하는 인증서 인프라를 의미한다.

### 095
정답 ③

DevOps는 Development와 Operation을 합친 단어로 개발과 운영을 융합하는 사상으로 널리 활용된다.

### 096
정답 ③

Secure OS는 운영체제 안에 아예 핵심 보안 기능을 통합하여 구현한 운영체제이며 식별, 인증, 접근 통제를 수행하나, 가용성을 보장하지는 못한다(고가용성은 하드웨어 레벨에서 이루어진다).

### 097
정답 ②

가상화에 대한 설명으로 클라우드 및 Software Defined 기술의 핵심이며, 리눅스에서는 도커(Docker)를 통하여 소프트웨어 컨테이너 안에 프로그램들을 자동화 배치하기 쉽도록 서비스를 제공한다. 클러스터링도 가상화의 기술을 활용한 하드웨어 구성 형태이며 물리적으로 여러 시스템을 하나로 통합하여 활용한다.

### 098
정답 ③

ISMS-P(Personal Information & Information Security Management System)는 대상 기관이 102개의 정보보호 및 개인정보보호 인증기준을 충족하고 있는지 평가 및 인증하는 제도이다.

### 099
정답 ①

SSH는 공개키 암호화 방식을 활용하여 원격지 시스템에 접근하고 안전한 암호메시지를 통신하는 시스템이다. 기본 포트는 22이며, 설정 시 포트 변경이 가능하다.

### 100
정답 ④

Transcription Error는 사본오류라고도 하며 원 데이터와는 다른 데이터로 전환되는 형태의 오류이다.

# 제3회 기출유형 모의고사 정답 및 해설

## 1과목 | 소프트웨어 설계

| 001 | 002 | 003 | 004 | 005 | 006 | 007 | 008 | 009 | 010 |
|---|---|---|---|---|---|---|---|---|---|
| ③ | ④ | ① | ③ | ③ | ④ | ② | ① | ③ | ③ |
| **011** | **012** | **013** | **014** | **015** | **016** | **017** | **018** | **019** | **020** |
| ④ | ④ | ② | ② | ② | ② | ① | ② | ④ | ② |

### 001
정답 ③

객체지향 기본원리에는 캡슐화, 추상화, 다형성, 정보은닉, 상속성이 있다.

① 캡슐화는 하나의 기능을 수행하는 함수와 데이터를 그룹핑하고 메시지만으로 객체와 상호작용함으로써 재사용성과 보안성을 향상하는 원리이다.
② 추상화는 공통성질을 기반으로 하여 추상클래스를 설정하고 설계의 편의성을 높이는 원리이다.
④ 다형성은 동일 인터페이스에 각 객체가 서로 다른 응답을 하는 특성이다.

### 002
정답 ④

객체지향 기법에서 연관성은 복수 객체들이 상호 참조하는 관계를 의미하며, 연관화, 분류화, 집단화, 일반화, 특수화로 분류된다. 집단화는 유관된 객체들을 하나의 상위객체로 묶어 구성하는 것을 의미한다.

### 003
정답 ①

Coad와 Yourdon 방법은 E-R 다이어그램을 사용하여 객체 행위를 모델링하는 방법론이다.

### 004
정답 ③

인터페이스 송수신 연계기술에는 DB Link, DB Connection, API, JDBC, Hyper Link, Socket, Web Service Link 등이 있다. AJAX(Asynchronous Javascript And XML)는 비동기식 자바스크립트로서 대화식 웹 애플리케이션 제작을 위한 마크업 언어이다.

### 005
정답 ③

디자인 패턴은 Gang of Four라고 불리는 4명의 개발자가 총 3개 카테고리, 23개 패턴으로 정리한 객체지향 설계 패턴이다.

### 006
정답 ④

사용자 인터페이스 설계 시 오류나 경고는 사용자가 쉽게 확인이 가능하도록 소리나, 색으로 전달하는 것이 바람직하다.

### 007
정답 ②

사용자 인터페이스는 개발자가 아닌 사용자 중심으로 설계되어야 한다.

### 008
정답 ①

배치 통신은 스케쥴러에 의해서 정해진 일정에 따라 일괄적으로 처리 및 통신을 수행하는 방식이다. 단방향, 동기화, 비동기화는 모두 실시간에 준해서 처리 및 통신 수행이 가능하다.

### 009
정답 ③

요구사항의 유지보수 및 변경관리는 형상관리를 통하여 수행되며, 협상 → 기준선 → 변경관리 → 확인 및 검증의 단계로 수행된다. 이때 협상단계에서는 요구사항의 변화에 따라 구현 가능한 기능을 협상하고 기준선 단계에서는 이를 통해서 합의된 요구사항 명세서를 작성하며 변경관리 단계에서는 요구사항 변경 명세에 대해서 형상관리위원회가 공식적으로 승인 및 통제한 후 확인 검증 단계에서 구축된 시스템에 대해서 이해관계자들이 기대 요구사항의 부합 여부를 확인하고 종료한다.

### 010
정답 ③

전문개별부는 실제 데이터를 정의하고 수록하기 때문에 통상적으로 가변길이로 운영된다.

### 011
정답 ④

테스트 케이스는 개발된 소프트웨어가 사용자 요구사항을 준수했는지 확인하기 위해서 입력값, 실행조건, 기대 결과 등으로 기획된 테스트 항목 명세서로서 인터페이스 송수신데이터 식별과는 관계성이 낮다.

## 012

정답 ④

오류코드는 사전에 오류의 발생지, 유형, 일련번호 등 핵심내용이 포함되도록 명명규칙을 기반으로 정의하여 매뉴얼화 한 후 추후 장애 시에 활용한다.

## 013

정답 ②

인터페이스 오류 처리 절차는 사전 로그파일 프로그램 설정과 오류코드를 메뉴얼화 하고 이후 발생하는 오류 원인 분석-해결방안 수립-점검 및 완료 순으로 진행한다.

## 014

정답 ②

ESB(Enterprise Service Bus)는 웹 표준 서비스 프로토콜인 SOAP를 기반으로 하여 조직 내 다양한 시스템을 느슨하게 연결하는 미들웨어 솔루션이다.

## 015

정답 ②

객체지향 프로그램 분석 모델링에는 시스템 정적 구조를 분석하는 정적 모델링, 시간의 흐름에 따라 객체 간 변화를 조사하는 동적 모델링, 입력에 대한 처리 결과를 확인하는 기능 모델링이 있다.

## 016

정답 ②

객체지향 설계 시 구성요소로는 클래스(Class), 객체(Object), 메소드(Method), 메시지(Message), 인스턴스(Instance), 속성(Property)이 있으며, 이 중 메소드는 클래스로부터 생성된 객체에게 메시지를 발송하여 실행해야 할 행동을 정의 한 함수 혹은 프로시저를 의미한다.

## 017

정답 ①

사용자 인터페이스는 효율성이 높아야 하며, 오류 수정이 용이해야 한다. 아울러 사용자와의 소통을 중심으로 하여 피드백을 제공하고 사용성을 높여야 한다.

## 018

정답 ②

FEP(front-end processor)는 입력데이터를 미리 처리하는 프로그램이나 하드웨어를 의미한다.

## 019

정답 ④

소프트웨어 아키텍처는 프로그램과 시스템의 컴포넌트, 컴포넌트 간의 상호관계를 구조화하여 설계하고 활용 지침으로서 구성요소는 원리, 컴포넌트, 관계로 형성된다.

## 020

정답 ②

파워 목업과 발사믹 목업은 UI 개발을 위한 대표적인 목업 툴이며, 액슈어는 스토리 보드 제작을 위한 시스템 기획 툴이다. 에이탐(ATAM)은 소프트웨어 아키텍처 품질평가 유형 중 하나이며, 아키텍처의 품질 속성을 만족시키는지 판단 및 품질속성들의 이해상충(tradeoff) 관계를 분석하여 평가하는 방법이다.

# 2과목 | 소프트웨어 개발

| 021 | 022 | 023 | 024 | 025 | 026 | 027 | 028 | 029 | 030 |
|---|---|---|---|---|---|---|---|---|---|
| ④ | ② | ④ | ④ | ③ | ① | ④ | ② | ② | ③ |
| 031 | 032 | 033 | 034 | 035 | 036 | 037 | 038 | 039 | 040 |
| ④ | ② | ④ | ③ | ④ | ① | ③ | ④ | ④ | ① |

## 021

정답 ④

삽입정렬은 매우 간단한 정렬방법으로 소량의 자료를 처리하는데 유용하며, 한 번에 한 개의 새로운 레코드를 입력하여 정렬이 되어 있는 사이트의 적당한 위치를 찾아서 레코드를 삽입하는 행태로 활용되는 정렬방식이다. 실제 처리 과정은 두 번째 키를 기준으로 하여 첫 번째 키와 비교하며 키 값의 순서대로 나열. 초기 자료에서 두 번째 키 3을 8과 비교해서 3이 작기 때문에 3과 8을 교환한 3, 8, 4, 9, 7로 결과가 도출된다.

## 022

정답 ②

단위 모듈은 구현기법에 따라 Macro, Function, Inline 등으로 정의된다. Over loading은 객체지향언어의 설계원리 중 다형성에 해당하는 하나의 기법으로 함수의 중복정의를 의미한다.

## 023

정답 ④

조건, 루프 검사는 화이트박스 테스트의 대표적인 유형이다. 블랙박스 테스트는 실행결과를 기반으로 테스트를 수행하며 경계값 분석, 오류 예측, 동등 분할 기법 등을 사용한다.

## 024

정답 ④

선택정렬은 정렬 알고리즘의 하나로 원소의 수(N)만큼 순환을 돌면서 매 순환마다 가장 작은 수를 찾아 가장 앞으로 보내는 정렬방법이다. 1회에서 가장 작은 수 두 번째 자리 14가 첫 번째 자리 37과 교환되어 14, 37, 17, 40, 35가 되며, 2회에서 세 번째 자리 17이 두 번째 자리 37과 교환되어 14, 17, 37, 40, 35가 된다. 3회에서는 35가 37과 교환되어 14, 17, 35, 40, 37이 된다.

## 025
정답 ③

알고리즘 설계는 욕심쟁이 방법(greedy method), 분할과 정복 방법(divide and conquer method), 동적 프로그래밍 방법(dynamic programming method), 백트래킹(back tracking) 방법 등을 활용한다.

## 026
정답 ①

3R은 기존에 이미 개발되어진 단위모듈이나 컴포넌트를 역공학(Reverse Engineering), 재공학(Re-Engineering), 재사용(Reuse) 기법을 통해 통합 개발 단계에서 재 활용함으로써 SW 생산성을 극대화하는 기법이다.

## 027
정답 ④

합병정렬의 한 기법인 힙(Heap) 정렬은 힙 자료구조를 이용한 정렬 방법으로 항상 가장 큰 원소가 루트 노드가 되고 삭제 연산을 수행하면 항상 루트 노드의 원소를 삭제하여 반환하는 형태로 처리된다. 이때 N개 데이터 처리에는 $O(Nlog_2N)$의 시간이 소요된다.

## 028
정답 ②

IDE(Integrated Development Environment) 도구는 애플리케이션을 구축하기 위하여 필요한 개발자 툴을 하나의 사용자 인터페이스 환경하에 통합한 소프트웨어로서 코딩, 디버깅, 컴파일, 배포 등의 기능을 제공하나 통상적으로 별도의 라이브러리를 제공하진 않는다.

## 029
정답 ②

외계인코드(Alien Code)는 아주 오래된 프로그래밍 언어로 작성되어 참고문서 또는 개발자가 없어 유지보수 작업이 어려운 소스 코드를 의미한다. 프로그램 로직이 복잡하고 이해하기 어려운 소스 코드는 스파게티 코드라고 한다.

## 030
정답 ③

발사믹 목업(Balsamiq Mockups)은 대표적인 UI 화면의 설계 도구이다.

## 031
정답 ④

협업도구는 프로젝트 추진 간에 의사소통, 일정관리, 파일공유, 메모 및 노트 작성 등의 업무를 이해관계자와 협업을 통해 효율적으로 수행 가능하도록 기능을 지원하는 소프트웨어로서 디버깅은 IDE(Integrated Development Environment) 도구나 테스트 도구 등에서 기능 제공한다.

## 032
정답 ②

형상관리는 초기 계획을 수립한 후 식별, 통제, 감사, 기록의 순서로 진행한다.

## 033
정답 ④

형상관리 도구의 주요 처리기능은 개발자가 수정한 소스를 형상관리 저장소로 업로드 하는 기능인 Check-In, 형상 관리 저장소로부터 최신 버전을 개발자 PC로 다운로드 받는 기능인 Check-Out, 개발자가 소스를 형상 관리 저장소에 업로드 후 최종적으로 업데이트가 되었을 때 관리 서버에서 반영하도록 하는 기능인 Commit으로 정의된다.

## 034
정답 ③

ISO/IEC 25000은 SQuaRE(Software product Quality Requirement and Evaluation)라고 하며 S/W 개발 공정 각 단계에서 산출되는 제품이 사용자 요구를 만족하는지 검증하기 위해 품질 측정과 평가를 위한 모델, 측정기법, 평가방안에 대한 국제 표준이다. ISO/IEC 2501n에서는 제품 품질 평가 일반 모형으로 ISO 9126-1을 기반으로 하고 있으며, 기능성, 신뢰성, 사용성, 효율성, 유지보수성, 이식성을 목표로 한다.

## 035
정답 ④

GIT은 비교적 최신 형상관리 도구로서 CVS와 SVN의 단점을 보완하였으며, 분산형 방식을 지원하는 형태로 관리한다.

## 036
정답 ①

애플리케이션 패키징은 사용자 입장에서 매뉴얼을 작성하고, 환경을 이해하여 구현하여야 한다.

## 037
정답 ③

DRM(Digital Rights Management)의 핵심 구성요소는 패키저(Packager), 보안컨테이너(Secure Container), 클리어링하우스(Clearing House), DRM 컨트롤러(DRM Controller) 등으로 구성된다. DLP(Data Loss Prevention)은 개인정보나 중요한 정보 유출을 방지하는 별도의 보안 시스템이다.

## 038
정답 ④

제품 소프트웨어 매뉴얼의 주요 항목은 목차 및 개요, 서문, 기본사항, 설치 매뉴얼 내용, 고객지원 방법, 준수정보 등을 수록하고 있다. 개발조직 전체 연락처보다는 서비스 지원 조직의 연락처와 연락 방법을 소개하는 것이 타당하다.

## 039
정답 ④

소프트웨어의 품질과 관련한 국제 표준은 프로세스 품질과 제품 품질로 분류된다. 이 중 프로세스 품질은 대표적으로 ISO12207, ISO15504, CMMI 등이 있고, 제품 품질은 ISO9126, ISO14598, ISO12119, ISO25000 등으로 분류된다.

### 040
정답 ①

ISO9126은 사용자 관점에서 품질특성을 정의하고 있으며, 특히 기능성, 신뢰성, 사용성, 효율성, 유지보수성, 이식성의 6개 특성으로 표준화하여 측정 기준을 제공하고 있다.

## 3과목 | 데이터베이스 구축

| 041 | 042 | 043 | 044 | 045 | 046 | 047 | 048 | 049 | 050 |
|---|---|---|---|---|---|---|---|---|---|
| ④ | ③ | ② | ① | ② | ② | ② | ④ | ② | ① |
| 051 | 052 | 053 | 054 | 055 | 056 | 057 | 058 | 059 | 060 |
| ① | ② | ② | ④ | ③ | ③ | ① | ② | ④ | ① |

### 041
정답 ④

릴레이션은 관계형 데이터베이스에서 복수 개 개체들 간에 명명되어진 의미 있는 연결을 의미하며 튜플의 작업으로 시간에 따라 변경이 발생하고 한 릴레이션에 포함된 튜플들은 모두 상이하다. 애트리뷰트는 논리적으로 쪼갤 수 없는 원자값으로 저장해서 중복을 배제하고 이상 현상을 방지하나 한 릴레이션의 튜플 사이에서 순서가 있지는 않는다.

### 042
정답 ③

통상적으로 인덱스를 구성하는 컬럼은 반복적으로 액세스하는 조인 컬럼, 분포도가 양호한 컬럼, 조회 조건에 사용되는 컬럼, 자주 결합되어 사용되는 컬럼, 일련번호를 부여한 컬럼 등이 해당한다.

### 043
정답 ②

관계대수 연산자 중에서도 순수관계 연산자는 조인(join, ⋈), 셀렉트(select, σ), 프로젝션(Projection, π), 디비전(DIVISION, ÷)이 있다.

### 044
정답 ①

1차 정규화는 속성의 원자화, 다중값이나 반복되는 속성을 제거하는 것으로 도시의 다중값을 제거하여 결괏값이 도출된다.

### 045
정답 ②

해시 인덱스는 해시함수에 의하여 직접 데이터에 키값으로 접근하는 인덱스로 데이터에 접근 비용이 균일하고 레코드(Row)양에 무관하다.

### 046
정답 ②

집합 연산자는 테이블을 집합 개념으로 정의하고 두 테이블 연산에 집합 연산자를 사용하는 쿼리 방식이다. 여러 질의 결과를 연결하여 하나로 결합하는 형태로 도출하는 연산자이며, UNION, UNION ALL, INTERSECTION, EXCEPT 등의 연산자 유형이 있다.

### 047
정답 ②

조인은 데이터베이스의 옵티마이저에서 수행하는 물리적 방식과 사용자의 SQL문에 표현되는 테이블의 결합 방식인 논리적 방식이 있다.

### 048
정답 ④

해시함수를 활용한 인덱스 기법으로는 중간 제곱 함수, 중첩법, 숫자 추출법, 이동법, 진법 변환 함수 등의 기법이 있다.

### 049
정답 ④

SELECT 문의 BETWEEN 연산자는 'BETWEEN X AND Y' 형태로 사용되며, X에서 Y까지 범위의 모든 행을 리턴한다. 따라서 '170 OR 180'를 '170 AND 180'으로 수정해서 구현해야 된다.

### 050
정답 ①

메인 쿼리와 서브쿼리는 주종 관계로서 서브쿼리에 사용되는 컬럼 정보는 메인쿼리의 컬럼 정보를 사용할 수 있으나 반대로는 성립이 불가하다.

### 051
정답 ①

관계대수는 릴레이션을 처리하기 위한 연산의 집합으로 순수 관계 연산자로는 조인(join, ⋈), 셀렉트(select, σ), 프로젝션(Projection, π), 디비전(DIVISION, ÷)이 있으며, 일반 집합 연산자는 합집합(UNION, ∪), 교집합(INTERSECTION, ∩), 차집합(DIFFERENCE, −), 교차곱(Cartesian Product, X) 등이 있다. 이 중 두 개의 릴레이션을 하나로 합쳐 새로운 릴레이션을 만드는 연산은 조인(join, ⋈)이다.

### 052
정답 ②

BPR(Business Processing Reengineering)은 조직이나 기업의 업무 프로세스를 재정의하고 새로 구성하는 경영혁신 기법으로 BPR 이후의 자료를 참조하여 개체 타입을 도출해야 한다.

### 053
정답 ②

개체타입 명명 시 유추하기 힘들거나 모호한 경우를 배제하기 위해 되도록 약어를 배제한다.

### 054
정답 ④

SELECT 문의 결과를 합치고 빼는 집합연산자에 대한 문제로 합집합은 UNION, 차집합은 EXCEPT, 교집합은 INTERSECT이며, 본문에서는 R 테이블의 A와 S 테이블의 A 합집합인 1312를 결과로 하는 SQL문이다.

### 055 
정답 ③

뷰는 원 테이블이 삭제되면 같이 삭제된다. 이에 따라 뷰 V_1을 삭제하는 명령어는 V_2까지 삭제하고 종료된다.

### 056 
정답 ③

후보 식별자는 개체에서 각 인스턴스를 유일하게 식별할 수 있는 속성이나 속성 집합을 의미하며 이때 후보 식별자는 Null 값을 배제해야 한다.

### 057 
정답 ①

BETWEEN은 SQL 논리연산자로서 범위를 설정하며, 이때 'BETWEEN X AND Y'는 X 이상 Y 이하를 의미한다.

### 058 
정답 ②

자기 참조(Recursive) 관계란 엔티티 타입 내 에서 엔티티와 엔티티가 서로 관계를 맺는 형태이다.

### 059 
정답 ④

튜플은 행(ROW)을 의미하며 5개 행의 급여 컬럼이 표시된다.

### 060 
정답 ①

R1 테이블과 R2 테이블의 학번이 같고 R1에서 학과는 전자공학, 이름은 강남길인 학생의 학번 3000의 R2 테이블 과목은 C100 컴퓨터구조와 C200 데이터베이스이다.

## 4과목 | 프로그래밍언어 활용

| 061 | 062 | 063 | 064 | 065 | 066 | 067 | 068 | 069 | 070 |
|---|---|---|---|---|---|---|---|---|---|
| ④ | ③ | ④ | ④ | ④ | ③ | ① | ④ | ① | ④ |
| 071 | 072 | 073 | 074 | 075 | 076 | 077 | 078 | 079 | 080 |
| ① | ④ | ④ | ② | ① | ④ | ① | ② | ④ | ① |

### 061 
정답 ④

객체지향 언어의 단점으로는 복잡성과 호출로 인한 느린 속도와 설계부터 구현까지 느린 개발 속도, 고도의 코딩 난이도 등이 있다.

### 062 
정답 ③

다형성은 객체지향 프로그램 설계의 편의성을 확보하기 위해서 메소드를 각 클래스마다 다르게 정의할 수 있는 특성이다.

### 063 
정답 ④

객체지향 프로그래밍 언어의 상속성은 하위 클래스에게 자신의 속성과 메소드를 사용할 수 있도록 허용하는 것이며 세부적으로 단일, 다중, 반복의 3가지 분류가 있다.

### 064 
정답 ④

HRN 스케줄링은 프로세스 비선점 스케줄링의 알고리즘 유형이며, 대기 중인 프로세스 중 현재 응답률이 가장 높은 것을 선택하는 방식이다. 이는 짧은 작업을 우선 적으로 처리하는 SJF 스케줄링 알고리즘이 긴 작업은 아사(Starvation) 현상이 발생하는 것을 방지하기 위해서 적용한다.

### 065 
정답 ④

C++, C#, Delphi, JAVA는 대표적인 객체지향 프로그래밍 언어이며, C는 절차적 프로그래밍 언어이다.

### 066 
정답 ③

스크립트 언어는 컴파일과 기계어 변환과정(빌드) 없이 바로 실행되는 언어로서 인터프리터 언어라고도 한다.

### 067 
정답 ①

프로세스는 실행단위와 실행환경 2개의 핵심요소로 구성되어 있으며, 이때 실행단위가 스레드로서 하나의 프로세스에 여러 개의 스레드를 가질 수 있다.

### 068 
정답 ④

대표적인 스크립트 프로그래밍 언어로는 배시(Bash), 자바스크립트(JaveScript), 펄(Perl), PHP, 파이썬(Python) 등이 있으며, 델파이(Delphi)는 객체지향 프로그래밍 언어이다.

### 069 
정답 ①

내용은 파이썬에 대한 설명이며, 문자열에 대한 인덱싱과 슬라이싱 기능 지원으로 텍스트처리에 장점에 있어서 오늘날 다수의 사용자를 보유하고 있다.

### 070 
정답 ④

선언형 프로그래밍 언어는 전통적으로 프로그램이 수행해야 할 알고리즘을 설계하고 개발하는 형태가 아닌 웹페이지의 형태, 제목, 글꼴, 내용과 같이 결과물에 대한 설명이다. 프로그래밍 하는 언어로서 머큐리, SMIL, XAML, 리스프, 하스켈, SQL 등이 해당된다.

### 071 
정답 ①

putchar() 함수는 문자 데이터 타입에 대한 표준 출력함수이며, getchar()는 문자, gets()는 문자열, scanf()는 형식화에 대한 표준 입력 함수이다.

## 072

정답 ④

catch는 C++이나 JAVA에서, throw는 JAVA에서, trap은 리눅스에서, try는 파이썬에서 처리하는 대표적인 예외처리 방법이다.

## 073

정답 ④

C언어의 제어문 중 반복문 while를 묻는 문제이며, 통상 while(조건식)을 통해서 조건식만큼 반복을 수행하나 while(1)는 무한반복을 하다가 별도의 조건식이 충족되어 break 를 통해 정지된다. 본 문에서는 i가 0부터 4가 될 때까지 반복하면서 1씩 증가하는 소스 코드이며, 총 4회 수행되어 최종 결괏값이 i=4가 되는 소스 코드이다.

## 074

정답 ②

메모리는 레지스터-캐시 메모리-메인 메모리-가상 메모리 순으로 저속이며, 용량은 증가하고 가격은 저렴하다.

## 075

정답 ①

논리 연산자 "||"를 묻는 문제로서 OR의 연산을 뜻하며, "&&"은 모두 참이어야 1을 반환하는 AND 연산이다. "!="는 비교 연산자로서 a와 b가 다르면 참값 1을 반환한다.

## 076

정답 ④

메모리 인터리빙 기법은 메모리를 병렬 처리함으로써 대역폭을 마치 2배처럼 사용하는 기술이며, 현재는 듀얼채널 메모리라고 부른다. 페이징 기법, 세그먼테이션 기법은 메모리 관리기법 중 할당정책을 위한 방법이다.

## 077

정답 ①

적정한 변수명 정의를 묻는 문제이며, 변수명에 공백, 언더스코어(_), 달러($) 기호외의 특수 기호는 있으면 안 되고, 특히 언어별로 예약어로 정의되면 안 된다. 본 문제에서 "else"는 C언어의 예약어로 변수로 선언하면 안 된다.

## 078

정답 ②

본 문제는 C언어에서 문자열을 합치는 strcat함수를 활용한 소스 코드를 구현하였다. char str[50]="nation"; 의 문자열 배열에서 처음 요소에 nation을 넣고 나머지 배열 요소는 0으로 채워졌으며, "*"는 포인터로서 p2주소에는 alter라는 문자열이 배당된다. strcat은 문자를 합치는 함수로서 "nation"과 "alter"과 합쳐진 ②가 옳다.

## 079

정답 ④

실행단위와 실행환경 2개 요소에서 전자인 실행 기본단위는 쓰레드를 의미한다.

## 080

정답 ①

증감연산자에 대한 계산 문제이며, y=x++ 연산은 후위 증가연산자로서 y에 5를 먼저 대입한 후 1을 더해서 6이 되고, z=--x에는 전위 감소연산자로서 연산 전에 6에서 1을 감소한 5가 z에 대입된다. 따라서 x=5, y=5, z=5의 값이 된다.

### 5과목 | 정보시스템 구축관리

| 081 | 082 | 083 | 084 | 085 | 086 | 087 | 088 | 089 | 090 |
|---|---|---|---|---|---|---|---|---|---|
| ④ | ① | ④ | ① | ④ | ② | ③ | ② | ④ | ④ |
| 091 | 092 | 093 | 094 | 095 | 096 | 097 | 098 | 099 | 100 |
| ③ | ③ | ③ | ② | ① | ① | ② | ① | ③ | ④ |

## 081

정답 ④

DRS(Disaster Recovery System)는 RPO 및 RTO의 중요도에 따라서 Mirrored Site-Hot Site-Warm Site-Cold Site로 분류된다.

## 082

정답 ①

Cloud Computing은 인터넷 기술을 활용하여 다수의 고객들에게 높은 수준의 확장성을 가진 IT 자원들을 서비스로 제공하는 컴퓨팅이다. Edge Computing은 사용자 근처에 여러 대 서버를 구축해서 데이터를 처리하는 컴퓨팅이고, Fog Computing은 Edge Computing과 유사하지만, 주로 사물인터넷처럼 소형 임베디드 장치들의 대량데이터를 분석, 처리하는 컴퓨팅이다.

## 083

정답 ④

빅데이터의 3가지 특성은 3V라고도 하며, Volume, Variety, Velocity로 정의된다.

## 084

정답 ①

Hadoop은 구글에서 개발한 빅데이터 플랫폼으로 Scale-out(장비 증가 시 성능이 지수적 증가), Node 변경 용이, 고가용성의 특성으로 전 세계적으로 널리 사용되고 있다.

## 085

정답 ④

하둡(Hadoop)은 Core, ZooKeeper, Pig, Chukwa, Hive, HBase, HDFS, MapReduce 등으로 구성된다. TensorFlow는 구글에서 제공하는 인공지능 서비스 플랫폼이다.

## 086

정답 ②

Secure SDLC은 소프트 개발 전 과정의 단계별로 필수보안 활동을 정의하고 제안함으로써 보안측면의 품질을 확보하고 강건한 소프트웨어를 개발할 수 있는 모형을 제시한다.

## 087 정답 ③

시큐어 코딩은 전자정부의 서비스 보안을 강화하기 위해 정보시스템 개발 및 유지보수 시 보안 취약점에 대한 점검과 제거를 위한 7개 카테고리 50개 항목 가이드를 제공한다. 7개 항목은 입력 및 데이터 검증 표현, 보안 기능, 시간 및 상태, 에러 처리, 코드 오류, 캡슐화, API 오용이다.

## 088 정답 ②

임의오류(Random error) 2개 이상의 오류 유형이 복합적으로 발생한 오류를 의미한다.

## 089 정답 ④

LOC(Line of Code)는 단순하게 한 달에 한 명의 개발자가 얼마나 라인을 생산할 수 있는지에 관점이 있다. 본 문제에서 총 개발 라인이 3.6만건이나 6명이 참여하니까 각 개발자에게 할당된 라인은 6,000건이다. 이때 한 명이 한 달에 생산할 수 있는 평균 라인이 300라인이니까 6,000라인을 생산하려면 20개월이 소요된다.

## 090 정답 ④

Mesh Network는 대규모 공간에서 다수의 시스템에 통신서비스를 제공하기 위한 목적을 달성하기 위해 각각의 액세스 포인트(AP)가 마치 그물처럼 구성된 네트워크 형태이다.

## 091 정답 ③

암호화 기법에서 치환(Transposition)은 문자열의 위치를 변환하여 재구성하는 방식을 취한다(123456 → 456123).

## 092 정답 ③

대표적인 라우팅 프로토콜은 RIP, BGP, OSPF, EIGRP 등이 있으며, IS-IS의 경우 115홉 이하로 한정한다. RIP는 최대 홉 카운트가 15이다.

## 093 정답 ③

암호화 방식 중 대칭키 방식과 비대칭키 방식을 묻는 문제로 대칭키 방식에는 대표적으로 DES, 3DES, AES, SEED, IDEA 등이 있으며, 비대칭키 방식으로는 RSA, ECC, DSA 등이 있다.

## 094 정답 ②

시스템에 침입하여 자기 복제를 수행하고 감염대상을 파괴하는 프로그램은 바이러스와 웜이 있다. 이 중에 독자적으로 실행 가능한 것은 웜이며, 바이러스는 독자 실행이 불가능해서 감염된 대상이 실행될 때 같이 실행된다.

## 095 정답 ①

APT(Advanced Persistent Threat)공격은 지능화되고 첨단화된 해킹 기술을 총동원하여 장기간에 걸쳐서 특정 타겟을 공격하는 해킹 유형이다.

## 096 정답 ①

Wavelength Division Multiplexing은 광섬유를 이용한 다중화 통신 기술이며, 다른 FDM, CDM, TDM은 주파수 통신에 이용된다.

## 097 정답 ②

APT(Advanced Persistent Threat)공격은 장시간에 걸쳐서 조사-진입-침투-수집 단계를 수행하고 기밀문서 유출, 데이터 위변조, 랜섬웨어 감염, 마비, 장애 등을 유발한다.

## 098 정답 ①

분산 반사 서비스 거부 공격(Distributed Reflect DoS attack)은 정상적인 서버를 악용하여 서비스 범람을 유발하는 DoS 공격이다.

## 099 정답 ③

소프트웨어 개발 프레임워크는 반제품 형태 제품으로 호환성과 재사용성을 높여주는 효과가 있으며, 프레임워크에서 직접 코드의 흐름 제어가 가능하다.

## 100 정답 ④

최근 랜섬웨어(Ransomware)는 암호화 방식이 아닌 운영체제 락, 메인화면 유해 이미지 노출 등의 비 암호화 방식으로도 공격을 수행한다.

Memo

Memo

# 정보처리기사 필기


초판발행 2023년 02월 10일
개정1판1쇄 2023년 10월 20일

편저 최주원
발행인 정용수
발행처 (주)예문아카이브
주소 서울시 마포구 동교로 18길 10 2층
TEL 02) 2038-7597
FAX 031) 955-0660

등록번호 제2016-000240호

정가 30,000원





홈페이지 http://www.yeamoonedu.com

ISBN 979-11-6386-221-5 [13000]